사회복지실천이론과 기술

Direct Social Work Practice — Theory and Skills

Hepworth, Rooney & Larsen

THOMSON

Australia · Canada · Mexico · Singapore · Spain · United Kingdom · UnitedStares

Printed in Korea
1 2 3 4 07 06 05 04

For more information contact Thomson Learning Asia,
5 Shenton Way #01-01 UIC Building Singapore 068808,
or find us on the Internet at
http://www.thomsonlearningasia.com

For permission to use material from this text or product, contact us by

- telephone : 65 6410 1200
- fax : 65 6410 1208
- web : http://www.thomsonrights.com

When ordering this edition, please use ISBN 981-240-697-2

Direct Social Work Practice : Theory and Skills - 5th Edition
Dean H. Hepworth University of Utah and Arizona State University
Ronald Rooney University of Minnesota
Jo Ann Larsen Private Practice

사회복지실천이론과 기술

Direct Social Work Practice — Theory and Skills

Hepworth, Rooney & Larsen
허남순 | 한인영 | 김기환 | 김용석 옮김

사회복지 전문출판 나눔의집

역자서문

이 책은 Direct Social Work Practice–Theory and Skills의 다섯 번째 개정판을 번역한 것이다. Direct Social Work Practice–Theory and Skills는 미국의 사회복지대학과 대학원에서 사회복지실천론과 실천기술론의 교재로 가장 많이 사용하는 책 중의 하나다. 이 책의 저자들은 그 동안 사회복지실천의 이론과 가치 및 접근 방법의 변화를 주도해왔으며, 새롭게 변화하는 사회복지계의 다양한 이론과 접근 방법을 이 책에 담기 위하여 꾸준히 내용을 수정 · 보완하여 개정해 왔다. 이 책을 벌써 다섯 번이나 개정하였음이 이것을 증명하고 있다.

최근 들어 국내에서도 사회복지 실천이론이나 사회복지 실천기술에 대한 많은 책이 출판되고 있다. 그러나 대부분의 책이 사회복지 실천에 대한 간단한 개념과 이론을 소개하는 데 그치고 있기 때문에 사회복지를 공부하는 많은 학생이 사회복지실천론이나 실천기술론의 교육과정에서 배운 지식을 실천현장에서 어떻게 사용해야 하는지, 그리고 실제 상황과 대상에 따라 어떻게 적용해야 하는지를 알지 못하여 답답해하는 실정이다. 이와 같은 답답함은 비단 학생에게만 해당되는 것이 아니라 많은 교수들도 똑같이 경험하는 것이다. 사회복지 실천현장에 응용되는 전문지식과 기술을 가르치고 배우는 데 짧은 수업시간만으로는 한계가 있을 수밖에 없다. 이러한 사회복지학계의 현실은 다양한 사회복지 실천현장에서 벌어지는 사례에 대한 개입방법을 보다 자세하고 풍부하게 설명해주는 교재개발의 필요를 낳게 되었다. 이와 같은 요구에 부응하기 위해 우리 역자들이 이 책을 번역하였다.

본 교재는 생태체계 이론을 기초로 인간문제에 접근하고 있으나 사회복지실천이론과 그 이론을 행동으로 전환시키는 실천기술을 익히고 클라이언트에게 적용하기 위한 다양한 내용을 포함하고 있다. 학생들이 보다 넓은 범위에 걸친 기술을 습득할 수 있도록 하기 위해 체계 절충적인 관점을 제시하고 있으며, 각 클라이언트의 욕구에 부합하는 것을 선택하여 개입할 수 있도록 하기 위해 개인의 생태-물리, 인지적, 정서적, 행동적 기능을 발전시키는 데 적용되는 개입과 기법을 포함하고 있다. 따라서 사정과 개입에 있어서 매우 다면적인 접근을 제시한다. 또한 다양한 클라이언트를 접하는 사회복지사들이 직접적인 실천현장에서 직면하는 구체적인 도전에 대처할 수 있도록 필수적인 이론뿐만 아니라 효과적인 여러 기술과 그 기술을 발전시키는 훈련 방법을 포함하고 있다.

본 교재의 또 하나의 큰 장점은 사례연구를 통하여 사회복지사들이 의료세팅에서부터 노인복지, 미혼모 상담, 아동학대, 성폭력 등 다양한 세팅에서 접하게 되는 다양한 사례에 대한 전통적인 사정과 강점-지향적인 사정과정의 통합방법 등을 이해하기 쉽게 설명하고 있다는 것이다.

특히 본 교재는 사회복지사가 실천 현장에서 경험하는 비자발적인 클라이언트나 법에 의해 강제로 의뢰된 클라이언트와 효과적으로 일하는 방법, 장애물을 제거하는 방법, 목표를 세우는 방법 등을 구체적으로 설명하고 있으며 개인, 가족, 집단, 지역사회와 함께 일하는 방법을 구체적이고 경험적으로 알려주고 있기에 사회복지실천론이나 사회복지실천기술론 각각의 주교재나 부교재로 사용하거나, 사회복지실천론과 사회복지실천기술론 두 과목을 연계하여 이 한 권의 책을 두 학기용의 주교재로 활용하여도 높은 교육효과를 거두리라 확신한다.

또한 사회복지 실천현장에서 수고하고 있는 사회복지사들에게도 요리책처럼 필요한 부분을 찾아서 현장에 적용할 수 있는 많은 지식과 실천적 기술을 제공하리라 확신한다.

본 교재의 양이 방대하고 맡은 이들의 바쁜 일정으로 말미암아 계획하였던 것보다 출판이 많이 늦어졌다. 또한 원서에 제시된 많은 사례와 국내 실정에 어울리지 않은 부분은 원 저작자의 허락하에 일부 삭제했음을 밝힌다. 이러한 과정에서 이 책이 출판될 수 있도록 기획하고 인내로 기다려준 나눔의집출판사 류보열 대표와 마지막 순간까지 원고를 꼼꼼히 읽고 다듬어준 편집부 직원들의 노고에 진심으로 감사를 드린다.

2004년 2월

역자 일동

저자서문

이 다섯 번째 개정판이 출판되고 있을 때, 우리 사회복지사들과 이 책의 구독자들은 절박한 여러 가지 도전에 직면하게 되었다. 이러한 도전들을 직시하기 위해 우리는 사회정의의 실현과 자기결정권의 최대 실현이라는 소중한 전통을, 그리고 모든 사람이 존엄성과 존중받을 권리를 지니며 자원을 공급받을 자격이 있다는 주장을 참고하게 되었다. 그 소중한 전통은 이제 클라이언트의 강점과 역량강화라는 확장된 책무를 포함하는 희망찬 미래의 전망에까지 나아가고 있다. 목적으로서의 역량강화는 자기결정권이라는 우리의 방침에 따라 우리의 클라이언트들이 기술과 자원의 습득을 통해 스스로 세운 목적을 실현하도록 돕는 역할을 해준다(Hartman, 1993).

이러한 소중한 전통과 희망찬 미래의 전망 사이에는 종종 이 양자와는 대조적인, 걱정스러운 현재가 있다. 특히, 우리의 걱정스러운 현재는 종종 비용억제와 보호의 "사례관리"에 대한 강조를 포함하는데, 이때 실천적 결정은 더 이상 클라이언트와 사회복지사만의 예외적인 영역이 아니게 된다. 이러한 관리보호의 풍토는 우리가 강점시각과 역량강화의 원칙을 사회복지실천의 전망으로 구현한 바로 이 시점에 의료적 모델을 재생시키는 것이다(Strom, 1992).

또한, 우리는 사회복지사와 접촉하게 되는 사람들의 대다수가 자발적으로 서비스를 지원하고 있다는 가정을 더 이상은 할 수 없다. 사실 우리의 잠재적 클라이언트의 대다수는 타인에 의해 의뢰되거나 법적 압력에 의한 경우이다. 그러한 잠재적 클라이언트들은 다른 자발적 클라이언트들처럼 "나는 누구인가? 나는 어디로 가고 있는가? 나는 왜 여기에 있는가?" 라는 질문을 하지 않는다. 비자발적 클라이언트들은 오히려 "당신은 누구인가? 당신은 왜 여기에 있는가? 당신은 언제 떠날 것인가?" 라는 질문을 한다(Rooney, 1992).

마침내, 국가정책의 환경 변화는 많은 사회복지실천의 전통적 지지자들에게 주된 고충을 겪게 하는 예산 조절의 노력을 의미하게 되었다. 정책적 지도자들은 아동보호나 기술훈련, 직업소개 등을 위한 적절한 지원의 보장도 없이, 복지에의 의존을 줄이기 위해 역량강화와 같은 용어를 너무나 남발한다(Simon, 1994). 우리는 사회정의와 자원 배분에 대한 사회복지실천의 책무가 복지를 삭감하고 차별철폐 조처에 회귀하려는 노력과 직접적으로 상충한다는 것을 발견한다. 우리 사회에서 사회경제적으로 더 낮은 집단에 관한 양가감정에서, 우리는 우리의 전통적인 클라이언트들이 종종 미개발, 미발굴된 자원의 한 원천이기보다는 불충분한 국가적 자원의 소모요인으로서 인식됨을 발견한다.

우리는 난처한 현재 상황의 여러 공격에 다양한 방법으로 대처할 수 있다—예를 들어, 그런 공격을 무시하기로 하는 것이 있다. 우리 사회복지실천 교수회와 교과서 저자들은 학생들에게 흔히 다음과 같이 말한다. "이것은 한치 앞만 내다보는 오도된 실천 세팅에서 오로지 수퍼바이저들이 허락할 때에만 제군들이 행해야 하는 것이다". 우리는 또한 권력과 자원의 잘못된 배분을 다룰 때 우리의 믿음직한 상담기술에 너무 많이 의존함으로써 현실을 무시하기도 한다. 실제적으로 자원의 회복을 위해 클라이언트를 원조하기 위한 행동을 하지 않으면서, 자원의 손실에 대한 클라이언트의 감정 — "당신은 당신의 복지수급이 중단되는 것을 어떻게 느끼십니까?" — 에 초점을 맞추는 것으로는 불충분하다. 혹은 우리는 우리의 소중한 전통과 우리의 희망찬 미래에 대한 전망만을 붙들 수도 있다. 이런 결정은 우리가 다루는 문제들을 풀기에는 어려울 것이다.

이 책에서, 우리는 연구와 실천의 경험에서 온 실천적 지침들에 의해 뒷받침되는 전통과 전망에 의존하도록 학생, 실천가, 강사들을 격려함으로써 이러한 도전들에 직면할 것이다. 우리는 우리의 전통과 미래 모두에 적합한 관습 내에서, 역량강화를 촉진시키고, 클라이언트를 위한 자원을 얻고, 클라이언트의 강점을 동기화하기 위해 어떻게 클라이언트와 소비자와 함께 일할 것인지를 우리 자신에게 질문한다. 우리는 사회복지실천의 이론과 그 이론을 행동으로 전환시키는 실천기술 사이에서 균형에 도달하기 위해 노력해왔다. 우리가 이 교과서를 쓰는 본래의 동기는 다양한 클라이언트를 접하며 직접적인 실천에서 직면하는, 구체적인 도전들에 대처하는 데 도움이 될 경험을 습득하려는 학생들의 끊임없는 요구에 부응하려는 것이었다. 이론을 소개하는 것에 덧붙여, 우리는 효과적인 실천에 필수적인 기본 기술들을 지속적으로 제시해왔고, 관련된 기술을 발전시키는 훈련과 전형적인 답변을 포함시켜 왔다. 이러한 많은 내용은 우리가 직접적 사회복지실천의 80년 역사를 통해 직면해온 실제적 실천상황으로부터 만들어진 것이다.

우리는 미네소타주립대학의 교수이자 공적, 사적으로 직접적 실천 세팅의 넓은 경험을 소유하고 있으며, 특히 비자발적 클라이언트와의 실천에 있어 전문가인 론 루니(Ron Rooney) 교수에 의해 이번 출간에 합류하게 되었다. 이 책의 개정에 착수하기 전에, 우리는 이전 판의 비평가들로부터 많은 충고를 받았다. 우리는 그들의 많은 제안을 참고로 하였으며, 그 사려 깊은 제안들에 대하여 감사를 표한다.

구조적인 변화

우리는 네 번째 개정판에서 제12장에 해당했던 비자발적 클라이언트와의 실천에 관한 부분을 빼고 그 장의 내용을 책 전체를 통해 담아내었다. 결과적으로 이전 개정판에서 제13장이었던 부분이 이번 다섯 번째 개정판에서는 제12장이 되는 방식으로 바뀌었다. 역할의 사회화에 관한 내용은 의사소통기술의 사용에 관한 논의를 위한 배경을 제공하기 위해 제12장에서 제5장으로 이동되었다. 가족과 집단 사회복지실천(제11장과 17장)에 관한 장은 과업집단과 비자발적 집단을 포함하는 내용으로 확장되고, 제10장과 16장에서의 예들은 의료보호나 노인복지실천과 같은 세팅에서 가족대상의 실천에 이용된다.

내용의 변화

의뢰된, 혹은 법적인 강제에 의한 클라이언트와의 실천

이번 판본에서는 잠재적 클라이언트의 대다수가 서비스의 지원자라고 가정하기보다는, 자발적 클라이언트에 관한 내용을 지닌 법적 강제에 의한 클라이언트와 의뢰된 클라이언트의 주제를 총괄하여 통합하고 있다. 4장에서 클라이언트의 접근에 대한 장애물은 조작, 무력한 상황(helplessness), 그리고 비순응(noncompliance)을 재구조화하는 데 유용한, 전략적인 자기표현의 이론과 반응 이론에서 끌어온 정상화의 시각으로부터 다시 검토되었다. 게다가 5장에서는 이제 법적 강제에 의한 클라이언트와의 면접을 어떻게 소개할지에 관한 예를 포함해 역할의 사회화를 논함으로써 의사소통기술의 탐색을 위한 장을 마련한다. 7장은 서비스 지원자와 의뢰된 자, 그리고 법적 강제에 의한 클라이언트와의 문제 규명에 관한 예를 포함한다. 12장에서 계약체결의 주제는 자발적, 비자발적 클라이언트 양자를 포괄하는 것으로 확장된다. 더욱이 직면의 내용은 이제 보다 폭넓은 연속된 개입을 포함하며 18장에서의 비자발적 상황에 적용된다. 19장에서 저항은 반응행동 이론에서 비롯된 유용한 시각들과 함께 변화에 대한 저항으로서 재구성된다. 끝으로, 20장은 비자발적 클라이언트의 종결과정에 대한 적응을 포함한다.

다양한 사례와 세팅들

사회복지학과 학생들과 실천가들은 치료 제공이 우선 기능인 세팅을 포함하는 다양한 곳에서 일하게 된다. 사례관리의 현실을 반영하면서 2장의 사례연구와 4장의 딜레마상황의 예는 이제 입원환자의 입원비 결정과 같은 제3의 분야를 포함하는 것으로 묘사하고 있다. 5장과 6장에서 기술된 의사소통기술들 역시 노인복지분야, 퇴원계획, 의료사회사업, 그리고 약물의존 상황 등의 실천세팅에서 유용하다. 이러한 세팅들에의 적용을 반영하기 위해, 5장에서는 노인 클라이언트의 사례와 가정폭력의 사례를 보여주고 있다; 6장은 노인 클라이언트의 사례, 의료보호 사례, 그리고 십대 모와 아동복지의 사례가 포함된다. 의료보호 세팅의 주된 사례연구는 10장에서의 가족사정 기법의 효용성을 묘사하는 데 사용되었다. 이와 유사하게, 11장은 치료집단으로부터 비자발적 클라이언트의 집단이나 과업집단 등의 다른 사회복지 집단에까지 범위를 넓혀간다. 또한 17장은 과업집단과의 실천에 대한 보다 확장된 내용을 포함한다.

클라이언트 강점과 역량강화에 대한 더욱 확장된 초점

우리는 강점시각에 대해 더 많은 역점을 두며 이를 반영하기 위해, 제1장은 문제나 관련사항, 그리고 강점과 자원에 대한 이중초점을 소개하는 사례연구와 함께 시작했다. 제1장과 4장은 미국사회복지교육협의회의 인가지침(Council on Social Work Education Accreditation Guidelines)과 미국사회복지사협회 윤리강령(National Association of Social Work Code of Ethics)에 대한 개정판에 나온 새로운 자료를 포함시켰다. 사회복지전공학생은 때로 그들의 사정에 집중하고 강점-지향적 사정과정을 통합하는 데에 어려움을 겪어왔다. 이들을 돕기 위해, 제8장은 기관의 상황에서 사정을 소개하고 사정에서의 당면 과제를 소개하고 있다. 또한 여기서는 사정을 할 때 강점을 규명하는 데 큰 강조점을 두고 있으며 강점을 강조하는 예를 보여준다.

이론적 지향

이 텍스트에서 우리는 생태체계적 맥락에서 인간의 문제에 접근한다. 따라서 이 책의 주된 특징은 사회복지사들이 부딪치는 전형적인 문제들에 연관된 다양한 체계들과 그 하부체계들에 관한 적절한 자료를 포함하는 것이다. 개인, 부부, 가족, 집단, 그리고 다양한 환경체계들이 여기 포함된다.

학생들이 넓은 범위에 걸친 기술을 습득하도록 하기 위해, 우리는 실천에 임하는 체계-절충적인 관점을 제시한다.

이 관점은 엄격하고 노력을 요하는 것으로, 실천가들이 다양한 이론, 실천모델, 개입방법 중에서 각 클라이언트의 독특한 욕구에 부합하는 것을 선택할 수 있게 해준다. 가능한 한 더 확장하여 모델, 개입방법, 그리고 경험적으로 형성된 기술들을 포함하였다. 더 나아가, 환경을 수정하고, 대인관계를 향상시키며 개인의 생태-물리적, 인지적, 정서적, 그리고 행동적 기능들을 발전시키는 데 적용되는 개입과 기법들을 포함하였다. 이 텍스트는 따라서 사정과 개입에 있어 매우 다면적인 접근을 제시한다.

이 책의 구조

이번 개정판은 총 4부로 구성되어 기본적으로 기존의 구조를 유지하고 있다. 제1부는 전문직과 직접적 실천에 관해 소개하고 원조과정의 개관을 제공한다. 제1부는 사회사업 실천의 주요가치와 그것이 실천과정에서 어떻게 작용하는지에 관한 내용을 담은 제4장까지이다.

원조과정의 시작단계를 제시하는 제2부는 역할의 사회화라는 맥락에서 관계형성 기술에 초점을 맞춘 장으로 시작된다. 제6장은 클라이언트로부터 생생한 정보를 유도해내는 것, 깊이 감춰진 문제를 폭발시키는 것, 각 세션의 방향, 초점, 지속성을 제공하는 데 관한 이론과 기술에 초점을 옮겨간다. 제7장은 의사소통의 장애를 다루며, 제8장부터 12장까지는 개인, 가족, 집단의 문제와 강점을 사정하기, 집단 형성하기, 동기화하기, 그리고 목적을 명확히 하고 계약하기 등에 관한 내용을 담고 있다.

제3부는 원조과정의 중간단계(목적 달성)에 관한 것이다. 이는 계획을 세우고 과업중심적 접근방법과 위기개입, 인지 재구조화를 포함한 변화지향적 전략을 사용하는 데 관련된 제13장부터이다. 제14장은 독립적인 문제해결 기술, 사회적 기술, 자기주장, 스트레스 관리 등을 가르치는 것을 포함한 다양한 개입과 기술을 서술하고 있다. 제15장에서는 환경의 수정과 자원의 개발, 클라이언트의 역량강화, 사례관리자로서 일하는 것, 옹호자로서 일하는 것, 사회계획에 참여하는 것 등으로 초점을 옮겨간다. 제16장은 가족관계를 강화하는 방법을 다루며 제17장은 사회사업 집단의 실천에 수반되는 이론과 기술에 초점을 둔다. 제18장은 부가적인 공감, 이해, 직면, 그리고 그에 연관된 개입활동에 관한 것이다. 제3부는 제19장으로 끝나는데, 여기서는 관계에서의 반응과 변화를 위한 다른 장애를 다루는 방법과 조작, 변화를 방해하는 것에 대처하는 방법, 개인, 가족, 그리고 조직의 맥락에서 그러한 것들에 대처하는 전략 등을 논하고 있다.

제4부인 제20장은 원조과정의 종결단계를 다룬다. 여기서는 결과의 평가, 성공적 결과의 강화와 유지, 퇴행의 방지 등과 함께 다섯 가지 유형의 종결을 보여준다.

감사의 말

이 책이 나오기까지 유용한 조언과 권고로 많은 도움을 주신 모든 동료들께 감사드립니다. 미네소타주립대학의 콘스턴스 훼이붐니, 마이클 그레험, 린다 존스, 메건 모리세이, 마우라 설리번, 그리고 킴벌리 스트롬- 아우구스부르크 전문대학의 고트프리드, 토니 비버스와 로즈마리 링크 씨께 감사드립니다. 또한 최신자료를 토대로 새로운 내용을 꼼꼼히 검토해주신 엘리나 아이잭스너 여사께도 감사의 말씀을 전합니다.

또 짜임새 있는 비평과 조언으로 정말 큰 도움을 주신 이 책의 비평가들께도 감사드립니다. 에딘버로우 대학의 보니 벨카스트로, 루처스 대학의 페니 빌로프스키, 아리조나 주립대학의 캐롤린 카터, 보스턴 대학의 캐롤린 딜론, 성 에드워드 대학의 진 R. 프랭크, 웨인 주립대학의 브루스 D. 프리드만, 오스틴의 텍사스대학의 유니스 C. 가르시아, 퍼시픽 루터란 대학의 조디 켈러, 알라스카- 앤커리지 대학의 에바 코파즈 , 루처스 대학의 이레네 루키, 에링톤의 텍사스 대학의 제임스 I. 마틴, 시라큐스 대학의 메리 루폴로 , 버지니아 커먼웰스 대학의 조셉 월시께 모두 감사의 말씀을 전해드립니다.

마지막으로, 아우스부르크 대학의 글렌다 듀버리 루니, 그리고 글렌다와 론의 아들 크리스에게 감사의 말씀을 전합니다. 이분들의 지지와, 도전과, 영감이 없이는 이 책은 발간될 수 없었을 것입니다.

딘 H. 헵워스

로널드 H. 루니

조 앤 라슨

딘과 조 앤에게 보내는 추신:

여러분들과 함께 일할 기회를 가졌던 것에 감사하며, 이 책의 소중한 전통이 우리의 힘든 현재를 넘어 희망찬 미래를 향해 이어져 가기를 기원합니다.

R. H. R.

차 례

CONTENTS

C O N T E N T S

PART 1 서론

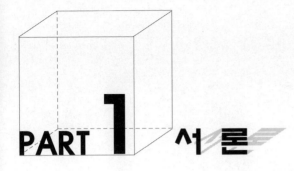

제 1 장

사회복지 실천에 대한 도전

The Challenges of Social Work

1장은 사회복지실천의 가치와 사회복지 서비스의 목적을 소개하고, 이러한 서비스를 제공하는 기관 맥락 내에서 사회복지사의 역할을 설명한다. 그리고 사회복지사에게 지침을 제공하는 가치관점들에 대해 정의한다. 이러한 주제를 다음 사례를 통해 살펴보자.

제인 퍼시는 39세로 13세 된 아들 제럴드를 혼자서 키우고 있는데, 가출, 부랑청소년이나 유기된 청소년을 위한 사회복지기관인 아치(Arch)로 전화를 해왔다. 아치는 아이들을 가능한 한 빨리 부모와 다시 연결시켜주는 것을 목적으로 일시보호 서비스를 제공하는 곳이다. 이 기관의 서비스는 대개 시간이 제한적이고 자원과 문제가 발생한 가정 내 상담과 사후 서비스도 제공한다.

퍼시 부인은 점차 문제아가 되어가는 제럴드의 일로 화가 나 있고 매우 절망적인 기분이어서 도움이 필요하다고 하였다. 최근 제럴드는 주거지 근처 한 고속도로 육교에서 지나가는 차들을 향해 돌을 던졌다고 하였다. 퍼시 부인은 제럴드가 방과후에는 집에 있도록 하여 문제를 일으킬 틈을 주지 않으려고 했고 최근까지는 집에서 잘 지냈는데, 지난 달 며칠 밤을 밖에서 보냈다는 것이다. 제럴드는 혼혈아로 아직 한번도 만나지 못한 아버지는 아프리카계 미국인이다. 그리고 어머니인 제인 퍼시는 백인계 코카시아 인이다. 임대주택재개발은 인근 지역사회보다 아프리카계 미국인 가족을 더 우대하였다. 퍼시 부인은 제럴드에 대해 충고해주는 어떤 코카시아 인 남자와 데이트하고 있는데, 그 남자는 인종차별주의자라고 했다. 퍼시 부인은 자신들을 소외받는 약자집단으로 느끼며 제럴드가 학교에서도 아프리카계 소년들과 어울려 다닌다고 하였다.

접수면접자는 첫 사정을 하면서, 임대주택재개발에서 퍼시 부인의 아파트 전세비가 싼 대신 대중교통 이용이 너무 불편해서 쇼핑센터나 시장 보러 가는 데에 불편할 것이라고 보았다. 시내에서 가고 오는 버스는 자주 운행하였지만, 퍼시 부인이 사는 동네와 같은 몇몇 노선은 자주 운행하는 것이 불가능하였다. 그래서 퍼시 부인은 일터에는 자전거를 타고 가고 시장에 갈 때는 택시를 이용하였다.

사회복지사는 가난한 자, 불이익집단, 박탈자, 억압받는 자들을 위하여 옹호활동을 한다(Barber, 1995). 따라서 사회복지사는 제인 퍼시와 그 이웃들과 같은 많은 사람들과 일하게 된다. 사회복지실천 영역은 서서히 확장되어 왔으며, 사회복지사는 정부기관, 학교, 보건센터, 가족과 아동복지기관, 정신보건센터, 기업과 산업영역, 교정 세팅, 그리고 사적 실천영역 등과 같은 다양한 세팅에서 일한다.

사회복지사는 연령, 인종, 종족, 사회경제적 지위, 종교, 그리고 성적 성향, 능력 등과 관계없이 모든 범위의 사람과 일하게 된다([표 1-1 참조]).

사회복지사는 자신의 직업에 대해 보람, 절망, 만족, 실망감, 스트레스 등을 느끼게 하는 직업이라고 묘사하며 무엇보다도 도전적이라고 표현한다. 예로 제인 퍼시의 사례에서 제시된 어려움을 생각해 보자. 이 경우에 생각해볼 수 있는 현재의 문제들과 고려할 사항들을 목록으로 작성하는 데만도 몇 분이 걸릴 것이다. 또한 이용할 수 있는 강점과 자원 역시 목록화해 보아야 한다.

1. 문제와 고려사항: 잠재된 장점과 자원들

퍼시 부인은 자신의 스트레스를 줄이고 아들 제럴드가 집에 잘 붙어 있지 않는 문제를 포함하여 아들을 잘 지도할 수 있도록 도움을 요청하고 있다. 접수면접자의 초기사정 동안 퍼시 부인이 고려하거나 대응을 요청하지 않은 몇 가지 부가적인 잠재적 이슈가 드러났다. 예를 들어, 퍼시 부인과 이웃들에게는 쇼핑을 하기 위한 적절한 대중교통수단이 부족했다. 퍼시 부인은 혼혈아 집단이나 편부모, 혹은 혼혈아의 부모에게 관심이 있을 수 있다. 레크리에이션 기회나 레크리에이션에 접근할 기회가 결여되어 있을 수 있다. 그리고 퍼시 부인의 남자친구는 제럴드에게 인종차별주의적인 태도를 보이고 있는 듯하다. 사회복지실천의 사정은 종종 ① 잠재적 클라이언트가 표현한 다차원적인 측면을 탐색하는 것, ② 법적으로 정해진 개입상황을 포함한 상황, 그리고 ③ 사정을 통해 드러날 수 있는 또 다른 잠재적 문제들을 포괄한다. 그러한 사정은 또한 장점과 잠재적인 자원들도 포함한다.

직업이 있고, 혼자 아이를 키우는 생활에서 받을 수 있는 많은 스트레스들을 잘 다루고 있다는 점 그리고 현재 도움을 구하고 있다는 사실 등은 퍼시 부인이 갖고 있는 잠재적인 장점이 될 수 있다.

[표 1-1] 사회복지사가 도움을 주는 사람들

- 노숙자(homeless)에 해당하는 사람들
- 아동유기, 성적 · 신체적 학대 및 부부학대와 관련된 문제를 지닌 가족들
- 결혼생활에 심각한 문제가 있는 부부
- 가출, 범죄, 폭력 등으로 심각한 갈등을 겪는 편부모 가족이나 일반 가족들
- 에이즈환자나 이들 가족으로 인해 고통받는 사람들
- 법적 제재나 처벌로 인해 삶이 파괴된 개인이나 가족
- 임신한 십대 미혼모
- 개인적으로 또는 가족 차원에서 어려움에 직면한 동성애 · 양성애자
- 신체적 · 정신적인 질환이나 장애로 삶이 파괴된 개인이나 가족
- 자신이나 가족 중 약물이나 알코올에 중독된 사람
- 부모가 사망한 아동이나 아이들을 안전하게 돌보지 못하는 위탁부모
- 생활의 필수 자원이 결여된 이민자와 소수자집단
- 심각한 신체 · 발달상의 장애가 있는 사람이나, 신체장애가 있는 사람 또는 그 가족
- 더 이상 스스로 적절하게 돌볼 수 없는 노인
- 필수 자원이 결여된 이주자 혹은 단기체류자
- 학교생활과 관련된 문제가 있는 아동이나 그 가족
- 실직, 사랑하던 사람의 죽음, 아동 가출, 게이나 레즈비언, 양성애자의 커밍아웃 등과 같이 외상적 사건이나 생의 주요 변화로 인해 고도의 스트레스를 경험하는 사람들

2. 사회복지실천 신념

전문가 입장에서 사회복지사가 갖는 관점은 퍼시 부인의 관심과 욕구를 어떻게 개념화하고 규정하는지에 영향을 미칠 것이다. 미국사회복지사협회(NASW)에 따르면, "사회복지전문직의 기본 신념은 인간의 복지를 증진하고 취약자, 억압받는 자, 가난한 자의 욕구에 특별하게 관심을 보이면서 인간의 기본 욕구를 충족시키도록 원조하는 것이다" 라고 하였다(NASW, 1994).

이와 유사하게 미국사회복지교육협의회(CSWE)는 사회복지전문직을 "인간의 복지를 향상시키고 빈곤과 억압을

경감시키는 사명을 갖는 것(CSWE, 1994)" 으로 정의하고 있다. 이러한 정의는 사회복지실천을 원조과정(인간복지를 증진하기 위한)으로 설정하면서도 빈곤과 억압의 경감, 그리고 취약자들에 대한 서비스에 특히 초점을 두고 있다.

어떠한 실천현장에서 사회복지실천이 이루어지든지 사회복지실천의 가치들은 부각되어야 할 것이다. 이러한 핵심가치는, 첫째 전문직의 목적, 둘째 가치와 윤리, 셋째 직접실천의 지식기반, 넷째 활용방법과 과정으로 분류될 수 있다.

이 장에서는 위의 가치 중에서 세 가지 내용을 각각 살펴본다. 네 번째 가치는 원조과정의 전체적 윤곽을 보여주기 위해서 3장에서 설명할 것이며, 이 책의 마지막까지 이를 설명할 것이다.

3. 사회복지실천 목적

사회복지사는 클라이언트의 특정한 목표를 위해 서비스를 제공하는데, 이러한 서비스 방법은 각 문제상황마다 특별한 환경에 따라 다양해진다. 모든 사회복지사의 활동은 전문직 목표와 목적을 뒷받침하는 공통된 목적이 있다. 이러한 목적은 전문직을 단합시키고 종사자가 특정 실천세팅에서만 유용한 제한된 관점을 발달시키지 않도록 돕는다. 전문직의 목표를 달성하기 위해서 사회복지사는 어떤 특별한 기관의 준 직원으로서의 개인적 역할보다 더 큰 의무를 갖고 활동해야 한다. 예를 들어, 위 사례에서, 아치기관에 종사하는 사회복지사는 퍼시 부인이 갖고 있는 문제들, 즉 교통문제나 제럴드에게 필요한 레크리에이션 프로그램과 관련해서 원조할 수 있다. 비록 이러한 서비스가 그 기관에서 제공하는 상담이나 단기수용시설 보호와는 직접적으로 관련이 없더라도 말이다. 미국사회복지교육협의회는 사회복지전문직이 사회 서비스를 제공하는 전문직으로서, 공적 · 사적 후원으로 인가를 받고, 기본적으로 광범위한 실천현장에서 서비스를 수행해야 한다고 설명한다(CSWE, 1994: 135). 미국사회복지교육협의회에서 언급한 사회복지실천의 네 가지 목표는 다음과 같다.

① **개인 · 가족 · 집단 · 조직 · 지역사회가 과업을 수행하고 디스트레스를 방지하거나 경감하며 자원을 이용하도록 도움으로써 이들의 사회기능을 촉진, 재활, 유지, 그리고 향상시킨다**(ibid., p.135).

이 목적은 퍼시 부인과 제럴드의 경우에 양육과 훈육, 지도, 보호를 포함해 그들의 관계 회복과 유지에 있어 원조 받는 것이 필요함을 보여준다. 또한 사회복지사는 제럴드가 그 자신이나 다른 사람에게 해를 입히지 않으면서 자신의 정체감을 찾고 친구관계, 학교문제 등에서 성장할 수 있도록 도울 수 있다. 그들은 기관 내외의 모두에서 자원에 접근하는 서비스를 통해 자신들의 과업을 달성하고 디스트레스를 경감하도록 원조를 받을 수 있다. 사회복지사가 복합적인 클라이언트 체계와 일할 때, 클라이언트 체계는 한 개인인 퍼시 부인에서 점차 제럴드를 포함한 가족단위로, 그리고 집단이나 또는 지역사회까지 포함하는 것으로 발전될 수 있다.

사회복지사는 이러한 목표를 추구하면서 예방적, 회복적, 그리고 치료적 기능을 한다.

'예방' 은 문제가 발전되기 전에 취약한 대상들의 사회기능을 향상시키는 것을 말한다. 가족계획, 유아 클리닉, 부모교육, 결혼예비상담이나 실직 전 상담, 결혼생활 활성화 등 시기 적절한 서비스 프로그램과 활동을 포함한다. 예를 들어, 퍼시 부인에게 편부모나 혼혈아들의 부모를 위해 진행되는 지지집단을 소개할 수 있고, 제럴드를 빅 브라더(Big brother) 프로그램이나 또래집단 프로그램 등에 연결할 수도 있다.

'회복' 은 클라이언트가 신체적인 혹은 정신적인 어려움으로 인해 약화된 기능을 회복하도록 돕는 데 초점을 맞추는 것이다. 심각한 척수손상으로 다양한 종류의 마비증상이 있는 사람, 심각한 정신병리증세로 고통받는 사람, 발달장애가 있는 사람, 교육이 결핍된 사람, 그 밖에 많은 장애가 있는 사람들이 이러한 클라이언트 집단에 속한다.

'치료' 기능은 현존하는 사회문제를 제거하거나 개선하는 것이다. 치료 서비스가 필요한 클라이언트는 사회복지사의 원조가 필요한 대규모 집단을 형성하고 다른 경우와 마찬가지로 [표 1-1]의 목록에 나타난 모든 유형의 클라이언트를 포함한다. 이러한 범주에 속한 다수의 잠재적 클라이언트는 퍼시 부인처럼 직접서비스를 청해온 사람이기보다 가족성원, 이웃, 욕구를 인지한 의사, 법적으로 서비스를 받아야 한다고 판결받은 사람들이라고 할 수 있다(Rooney, 1992).

사회기능을 향상시킨다는 것은 합리적인 수준에서 삶을 영위하는 데 필요한 욕구와 사회에 공헌하는 생산적인 성원으로 기능하려는 공통된 인간욕구에 적절하게 부응하는 것을 포함한다. 기본적인 자원들과 기회는 인간의 욕구를 충족시킬 수 있어야 하며, 사회복지사는 자원의 활용과 개발에 활동적으로 참여해야 한다. 로젠필드(Rosenfeld, 1983)는 사회복지실천 영역은 다양한 체계와 사회기관들이 적절하게 다루지 못하는 인간의 욕구와 자원 간의 불일치를 다루는 것으로 구성된 것이라고 정의한다.

사회복지사는 "자원과 욕구를 조화시켜 양자 간의 '적절한 이익'을 증진시키고, 잠재적 제공자 체계가 이러한 기능을 수행하는 것을 목표로 한다(p.187)." 인간욕구에 부응하는 필수 자원을 선별하는 것은 일반적으로 인간과 사회적 혹은 물리적 환경 사이의 상호작용을 향상시키는 것을 포함한다. 개인의 욕구와 환경 자원 사이의 상호작용을 더 명백히 하기 위해 사회복지사는 특정한 기본 욕구와 함께 그러한 욕구에 적합한 자원의 소재를 명확히 해야 한다. 이러한 상호작용을 [표 1-2]에 그림으로 제시하였는데, 이는 인간이 기본 욕구를 충족하기 위해 환경에 상당히 의존하고 있음을 보여준다. 따라서 사회복지실천은 사람들과 환경 간의 상호작용 영역을 지향한다.

사람과 환경 사이의 상호작용영역에서 발생하는 문제는 전적으로 환경상의 결핍에서만 비롯되는 것은 아니다. 사회복지사가 서비스를 제공하는 많은 클라이언트들은 유용한 자원들을 활용할 수 있는 능력에 문제가 있다. 예를 들어, 레크리에이션과 사회화 프로그램은 퍼시 부인과 제럴드에게 유용하지만 이들에게는 이러한 자원자체나 자원에 접근하는 방법을 모르는 문제가 있을 수 있다. 그러므로 사회복지사는 클라이언트의 욕구와 환경상의 자원 간의 부조화를 경감시키는 대인관계기술을 획득하도록 클라이언트를 돕는 데 노력해야 한다([표 1-2 참조]).

[표 1-2] 인간의 욕구와 관계 자원의 소재

인간의 욕구	자원의 소재
긍정적 자아개념 : 자아 정체감, 자기존중감, 자기확신	중요한 타인(부모, 친척, 교사, 또래집단)에 의한 양육, 수용, 사랑과 긍정적 피드백
감정적 : 타인에 의해 요구되고 가치평가 받는 감정, 동료의식, 소속감	부모, 배우자, 친구들, 유아, 문화적 관련집단, 사회적 관계망
개인적 만족감 : 교육, 레크레이션, 성취감, 미적 만족감, 종교	교육, 레크레이션, 종교, 직업, 그리고 다른 사회적인 제도들
물질적 욕구 : 음식, 의복, 주거, 보건, 안전, 보호	경제적, 법적, 보건기관 공공 사회복지체계들, 법적 강화, 재난구호 조직들

② 인간의 기본적인 욕구를 충족시키고 능력을 향상시키기 위한 사회정책, 서비스, 자원, 그리고 프로그램을 계획, 형성, 성취한다(CSWE, 1995: 135).

어떤 사회복지사는 퍼시 부인과 제럴드와 같은 클라이언트에게 직접적인 서비스를 제공하는 반면, 다른 사회복지사는 클라이언트가 자신의 욕구를 충족시킬 수 있도록 지지하고 사회적 토대를 형성하고 유지시키는 환경에 영향을 행사하는 간접적인 방식으로 활동한다.

③ **위기에 처한 집단의 능력을 고취하고 사회적, 경제적 정의를 증진시키기 위한 조직적 혹은 행정적 옹호와 사회적, 정치적 행동을 통해 정책, 서비스, 자원, 프로그램을 추구한다.**

이 목표 역시 사회복지윤리에 제정되어 있는 두 번째 가치에 반영되어 있다. 즉 "사회복지사는 사회의 부정의에 도전한다(NASW, 1995: 5)." 이 가치는 사회복지사가 빈곤이나 차별, 그 밖에 다른 형태의 부정의에 처해 있는 취약하고 억압받는 사람들을 위해 사회변화를 추구하는 것에 초점을 맞춘다. 위기상황에 처해있는 집단에 대한 노력의 초점은 그러한 사람들이 자신의 삶에 영향을 미칠 수 있도록 힘을 증진시키는 것이다.

자원과 기회가 사회의 모든 구성원에게 주어져야 한다면, 모든 시민이 자원과 기회에 동등하게 접근할 수 있도록 법과 정부정책, 사회프로그램이 마련되어야 한다. 사회복지사는 권리로서 부여된 서비스나 자원, 그 밖의 다른 이익에서 배제된 클라이언트를 위해 옹호활동을 함으로써 사회정의를 증진시킨다. 또한 클라이언트가 자신의 권리로서 가질 수 있는 자원들에 동등하게 접근할 수 있는 기회를 막는 인종차별주의, 성차별주의, 그 밖의 차별형태 등에 맞서 싸우는 데 적극적이어야 한다.

예를 들면, 퍼시 부인과 그 이웃이 적절한 교통편의를 제공받지 못하는 것은 인종차별이나 정치권력의 부재 때문일 수 있다. 앞서 제시된 목표는 사회복지실천 노력의 초점을 또한 위기에 처한 사람들에게 맞추고 있다. 사회복지실천의 교과과정은 "차별과 경제적 박탈, 억압 등의 패턴과 역동, 그리고 결과에 대한 이론적, 실천적인 내용을 제공해야만 한다. 사회복지 교육과정은 유색인종, 여성, 게이와 레즈비언에 대한 차별, 경제적 박탈과 억압의 영향을 강조해야 한다. 각 프로그램은 특히 신념과 관계하여 위기에 처한 사람들에 대한 내용을 포함하여야 한다(CSWE, 1994: 140)."

위기에 처한 사람들의 사회적, 경제적 정의를 증진시키기 위해 직접 실천을 하는 사회복지사는 불공정한 결정과 역기능적인 정책 및 실천에서 비롯되는 문제를 치료하고 보상하는 사회 활동과 법을 증진시키기 위해 다른 사회복지사 집단과 연합한다. 더 나아가 불이익을 받는 사람의 복지를 향상시키고 기회를 증진하기 위한 프로그램과 자원을 옹호하는 활동을 한다. 또한 특히 효과적으로 자기 자신을 옹호할 수 없는 사람들, 이를테면 발달장애가 있는 사람이나 심각한 정신장애가 있는 사람들을 위해 옹호한다. 예를 들어, 아치기관에 근무하는 사회복지사들은 지역사회의 다른 조직과 퍼시 부인의 이웃에 거주하는 사람들을 위한 보다 폭넓은 서비스를 제공하려는 옹호활동을 하였다.

④ **목표와 관련된 전문지식과 기술을 개발하고 시험한다.**

사회복지전문직은 효율적, 윤리적, 효과적인 서비스를 제공하기 위해 퍼시 부인과 제럴드, 그리고 그와 같은 클라이언트를 원조하기 위한 지식적 기반을 확장하기 위해 지속적으로 노력한다. 이 목표 역시 NASW 윤리강령에 제시된 여섯 번째 가치에 반영되어 있다. 즉 "사회복지사는 자신의 전문적인 능력의 범위 내에서 실천하며 전문성을 개발하고 향상한다(NASW, 1995)." 이러한 가치는 사회복지사가 끊임없이 자신의 전문지식과 기술을 개발하도록 하며 열정적으로 전문직 지식기반을 다지도록 한다.

4. 사회복지실천 가치

어떤 전문직이든 그 전문직에 속한 전문가들에게 목표와 방향을 제시해주는 가치선호가 있다. 사실 사회복지나 그 외 다른 전문직들이 갖고 있는 목표와 지향점은 각각의 가치체계에서 비롯된 것이다. 전문직 가치는 사회의 가치와 분리되어 있지 않다. 오히려 전문직은 사회적 가치를 선택적으로 수용하고 사회는 지지적인 입법, 자금지원, 특정 사회기능을 수행할 수 있도록 위임해주거나 그러한 기능이 적절히 이행되도록 체계화하는 것 등을 통해 전문직을 인가해 준다. 전문직은 특정한 사회가치와 연관되어 있으므로, 전문직은 이러한 특정가치들을 존중하는 사회의 양심으로 공헌하기 때문이다.

가치는 세계가 어떠해야 하며, 사람들은 일반적으로 어떻게 행동해야 하고 또한 최적의 생활환경은 어떠해야 하는지에 대해 강하게 다져진 신념을 의미한다. 미국의 전반적인 사회가치는 개인의 권리를 명시하고 있는 독립선언문과 헌법, 그리고 주정부의 법규범 등에 반영되어 있다. 사회적 가치는 또 인간의 권리를 수호하고 일반적인 선을 증진하기 위해 마련된 정부의 실재와 프로그램들에 반영되어 있다. 그러나 가치와 권리를 항상 일정하게 해석할 수 있는 것은 아니다. 예를 들면, 무기소지에 대한 뜨거운 국가적 논쟁이나, 여성의 낙태에 관한 권리, 그리고 국민개보험으로써 의료보험에 대한 권리, 복지와 노동을 연계하는 경향 등에서 알 수 있다(Ewalt, 1994).

사회복지전문직의 가치는 이와 유사하게 인간의 자유로운 선택과 기회를 가질 권리에 대한 강한 신념을 언급한다. 또한 인간의 복지를 향상시키는 생활환경의 향상을 언급하며, 어떻게 전문직 종사자들이 인간을 바라보고 간주해야 할지, 그리고 인간을 위해 선호되는 목적에 대해, 그러한 목적은 어떻게 달성되어야 할지에 대해 언급한다. 다음 단락에서 우리는 사회복지교육을 이끄는 다섯 가지 가치와 목표를 숙고해 본다.

① 사회복지사의 전문적 관계는 개인의 가치와 존엄성을 존중함으로써 확립된다. 그리고 상호참여, 수용, 신뢰, 정직, 사려 깊게 갈등을 조정함으로써 그 관계는 발전한다(CSWE, 1994: 139).

이 가치는 사회복지사 윤리강령에서도 여러 부분에 나타나 있다. 윤리강령에 제시된 첫째 가치는 "사회복지사의 기본적 목적은 봉사하는 것이다" 라고 언급한다(NASW, 1995: 5). 이는 타인에 대한 서비스가 자기의 이익을 넘어 고양되어야 하며 사회복지사는 욕구가 있는 사람들을 돕고 사회문제를 규정하는 데 자신의 지식, 가치, 기술을 사용해야 함을 의미한다.

둘째 가치는 "사회복지사는 인간 고유의 존엄성과 가치를 존중한다" 는 것과 같은 맥락에서 타인에게 봉사한다고 언급한다. 모든 인간은 독특한 개성과 고유의 가치를 가지고 있다. 그러므로 자원을 추구하고 활용하는 데 따른 사회복지사와 사람들의 상호작용은 그들의 존엄과 개별성을 향상시켜야 하고, 능력을 증진하며, 문제를 다루고 해결하는 능력을 증진시키는 것이라야 한다. 사회복지실천에 종사하는 사람들은 종종 과도한 어려움에 압도되며 문제를 해결하는 데 필요한 자원이 부족한 것을 경험한다. 퍼시부인 같은 많은 사람들이 복합다중적인 문제로 스트레스를 받는데, 사회복지사는 이러한 클라이언트가 스트레스를 경감하도록 돕고 다양한 방법으로 클라이언트에게 서비스를 제공한다. 즉 자신의 문제를 새로운 관점에서 볼 수 있게 돕고, 다양한 치료적 대안을 모색하며, 강점을 일깨우고 활동적, 잠재적인 양면에서 해결의 자원을 동기화하며 자아인식을 촉진하고 문제해결전략과 대인관계기술을 가르친다.

② 사회복지사는 개인의 독립적인 자기결정권과 원조과정에 적극적으로 참여할 권리를 존중한다(ibid., p.139).

자원을 찾고 활용하는 과정에서 인간과 상호작용하는 것은 그들의 독립성과 자기결정권을 향상시키는 것이라야 한다. 최근의 역량강화나 강점관점도 클라이언트가 스스로 생활환경을 향상시키는 능력을 고취하도록 돕는 것이다.

③ 사회복지사는 필요한 자원을 획득하도록 클라이언트체계를 원조해야 한다.

사람들은 인생에서 자신의 능력을 실현할 기회뿐 아니라 난관을 극복하는 데 필요한 자원에도 접근할 수 있어야 한다. 그러나 현실적으로는 목적달성을 위한 다양한 자원체계에 대해 정보가 부족한 경우가 많으므로, 사회복지사는 종종 공적, 법적 서비스나 보건기구, 아동복지부서나 정신보건센터, 노인복지센터나 가족상담소 등의 타 기관에 연결해주는 중개자 역할을 한다. 또한 사례관리자로서 직접서비스와 아울러 다양한 자원을 연결해 주고 일정기간 필요한 서비스를 받도록 도와주는 역할을 한다. 클라이언트의 욕구가 때로 현재의 상태에서 지원 불가능한 것일 경우에는 사회복지사가 새로운 자원체계를 만들어내고 조직하는 프로그램 개발자로서 역할을 수행해야 한다. 마지막으로 사회복지사는 종종 촉진자(facilitator)나 조력자(enabler)로서 기능하여, 가족 간 의사소통을 향상시키거나 문제학생을 위해 교사와 학교 상담교사와 조정하거나, 집단에 원조하는 것, 병원이나 정신보건센터 종사자들 간 팀워크를 촉진하거나 정책형성 과정에 대해 소비자 입장에서 압력을 행사하는 등의 일을 한다.

④ 사회복지사는 사회복지기관이 더 인간적이고 인간의 욕구에 부응할 수 있도록 노력해야 한다.

직접 서비스를 제공하는 것도 중요하지만, 정책과 법적 측면의 사회적 환경을 향상시키고 삶의 질을 높이는 데 기여하는 것도 중요하다. 자신의 역할을 치료적 활동에 제한하지 말고 문제의 환경요인을 개선하거나 극복하도록 원조해야 한다.

⑤ 사회복지사는 다양한 사람들의 독특성을 인정하고 존중해야 한다.

사회복지사는 민족, 인종, 문화, 계급, 성, 성적 지향, 종교, 신체적 · 정신적 능력, 연령, 국적 등을 불문한 다양한 사람들을 만나게 되므로 다양성을 인식하고 존중할 줄 알아야 한다.

● **사회복지사 윤리강령**

전문직으로서 법적 승인의 핵심은 전문가에게 기대되는 원칙들로 구성되는 윤리강령에 있다. 윤리강령은 그 성원들이 전문조직 내에 속하기 위해 따라야 하는 행동 규범을 특정화한 것이다. 그러므로 윤리강령은 금지된 행동과 함께 기대되는 책임과 행동을 정의한다. 윤리강령에는 ① 전문직을 승인한 사회에 대한 책임, ② 서비스를 이용하는 소비자에 대한 책임, ③ 자신의 전문직에 대한 사회복지사로서의 책임을 공식적으로 표현하는 기능이 있다. 책임성을 증진시키는 기능의 결과로 윤리강령은 다음과 같은 부가적인 실제목표를 위해 이바지한다.

- 구성원의 행위를 규정할 수 있는 명백한 기준을 제시함으로써 전문직의 신용을 수호한다.
- 구성원들의 유능하고 책임감 있는 실천을 촉진한다.
- 비도덕적이거나 무능한 구성원이 악용하지 않도록 대중을 보호한다.

대부분의 미국 주에는, 사회복지사의 실천을 위한 전문성을 증명하며 비도덕적 행위에 대한 진술을 검토하는 인가평의회가 있다(Land, 1988). 이와 유사하게 지방과 주 단위의 사회복지사협회는 전문직 윤리강령을 통하여 폭력행위에 대한 진술을 조사하는 청문회를 설립하고 있으며, 전국의회는 지방의회에 자문을 제공하고 지방단위에서 결정한 상고를 심의한다.

5. 사회복지실천의 지식기반

사회복지실천의 핵심요소 중 하나는 그것을 지탱하는 지식기반이다. 비록 기본지식의 많은 부분이 다른 사회과학과 행동과학 분야에서 차용되어 왔다고 하나, 그러한 지식은 독특한 방식으로 조합되었다. 더 나아가 사회복지실천에서는 전문직의 기초개념이 더욱 독특하다. 전문직의 광범위한 지식세계는 다음의 다섯 가지 범주 아래에 가정될 수 있다. 이들은 사회사업교육협의회(CSWE)에 의해 핵심 교과과정의 일부분으로 간주된다.

1) 인간행동과 사회환경

"……개인이 생활하는 사회체계(가족, 집단, 조직, 지역사회) 영역에 대한 인간의 생태-심리-사회적 발달(CSWE, 1994: 139-140)"에 대한 지식은 사회복지사로서 효과적으로 업무를 수행하기 위해 필요하다. 이러한 지식은 특별히 다른 발달단계에 직면한, 개인의 인생과업에서 강조되는 인간의 성장과 발달을 다루는 사회복지사에게는 필수적인 것이다. 인간의 문제에 접근하고 일하기 위해서, 사회복지사는 각각의 발달시기에 관련된 욕구와 자원에 대해 알아야만 한다. 또한 이러한 욕구는 어떻게 정의되고 다양한 문화와 어떻게 만나는지 알아야 한다.

다음 장에서 논의할 생태체계이론은 집단과 조직에서 행동을 동기화하는 힘에 대한 지식만큼 필수적이다. 사람의 사회기능을 향상시키려는 신념 때문에 사회복지실천은 특별히 발달상 어려움을 불러오는 요인에 대한 지식과 관련되어 있다. 일반적으로 부적절한 물리적, 정서적 자원을 포함하는 이러한 요인들에 관한 지식은, 효과적인 예방 및 치료 프로그램을 계획하고 실행하는 데 필수적이다. 상황 속의 인간에 대한 사회복지실천의 초점은 상호작용 방식에 반영되어 있는데 이것은 다음과 같은 사실을 포함한다. 즉 "최적의 건강과 복지를 유지하거나 성취하는 데 있어서 사람들을 그렇게 할 수 있도록 돕거나 혹은 그렇게 하지 못하도록 하는 체계 방식에 대한 내용"이 그것이다(ibid., p.141).

2) 사회복지정책과 서비스

이 교육과정 내용은 "사회경제적 정의의 원칙 내에서 정책, 정책형성과정, 그리고 사회정책분석에 영향을 미치는 정치적, 조직적 과정에 대해 제시해야 한다(CSWE, 1994: 141)"는 것이다. 사회정책과 관련한 지식기반을 강조함으로써 사회사업 교과과정은 관련된 다른 원칙들과 확연히 구분된다. 이 넓은 지식기반은 정부나 모든 수준의 사적 영역의 대인서비스체계에 대해 계획을 세우고 이끄는 사회정책 형성에 포함되는 복잡한 요인들을 구체화한다. 사회복지사는 전문직 신념과 윤리와 관계된 전체적인 조화 속에서의 실천을 위해 개인, 가족, 집단, 지역사회의 사회기능을 향상시키는 사회정책 개발과 활성화에 참여할 책임이 있다.

사회복지정책과 서비스 연구는 사회적, 경제적 정의에 대한 전문직의 책무라는 맥락에서 이루어져야 한다. 사회복지실천은 억압된 상황의 결과를 언급해야 한다(Longres, 1991). 미국에서 기회, 자원, 상품, 서비스 분배에 있어서의 불평등에 대한 지식과 이러한 불평등이 소수자와 불이익집단에 미치는 영향에 대한 지식은 사회복지실천에 필수적인 것이다(Brill, 1990).

3) 사회복지실천방법

"……상호성, 협력, 그리고 클라이언트체계에 대한 존중을 강조…… 실천의 사정에 관한 내용은 클라이언트의 강점과 개인 간의 상호작용, 사람과 환경 간의 상호작용에 초점을 둔다…… 사람들의 복지를 향상하고 사람에게 역기능적으로 작용하는 환경적 상황을 개선하기 위하여……사회적, 문화적, 인종, 종교, 영적, 계급배경 등에서 다양한 클라이언트와 그리고 모든 규모의 체계와의 실천…… (CSWE, 1994: 141).

사회복지사는 전문직 신념과 목표를 성취하기 위해 클라이언트의 사회기능을 향상시키도록 지식과 실천기술이 필요하다. 실천방법의 지식과 기술들은 사회복지사가 관여하는 클라이언트체계 수준에 따라 다양하다. 그 수준은 미시(micro), 중범위(mezzo), 거시(macro) 등으로 구분되어 왔다. 효과적인 실천은 실천의 세 가지 영역에 모두 관계된 지식을 요구하는데, 다만 사회복지 수업은 일반적으로 미시적이나 거시적인 실천에 '집중된' 성격으로 제공되며 다른 방법에 대해서는 상대적으로 요구를 덜 하는 편이다. 물론 교육과정은 다양하며, 몇몇 수업은 학생에게 세 가지 실천수준에서 모두 균형 있는 준비를 요구하는 '일반사회복지사'의 실천 교과과정을 진행한다. 학부 프로그램과 대학원 첫해 프로그램은 학생들이 모든 수준의 클라이언트체계와 일할 수 있도록 준비시키는 것을 목표로 하는 일반사회복지실천 교과과정을 진행한다. 실천의 세 가지 수준에 부합하는 실천방법은 다음과 같다.

● 미시 수준의 실천

이 수준에서 사회복지사가 서비스를 제공하는 대상집단은 개인, 부부, 가족들을 포함하는 다양한 클라이언트체계를 포함한다. 이 수준에서 사회복지사는 클라이언트와 일대 일 접촉하면서 직접서비스를 전달하므로 직접적인(혹은 임상적인) 실천으로서 명시된다. 그러나 직접실천은 2장에서 논의하겠지만 일대 일 접촉에만 제한되는 것은 결코 아니다.

● 중범위 수준의 실천

"……가족생활보다는 덜 밀접하게 관련된 대인관계, 조직과 기관의 대표들 사이보다는 더 의미 있는 관계, 자조집단이나 치료집단의 구성원 관계를 포함한, 학교나 직장, 이웃에서의 동료 간의 관계로 정의된다(Sheafor, Horejsi, & Horejsi, 1994: 9-10)." 중범위 수준의 상황은 "개인과 그 개인에게 가장 가깝고 중요한 사람들의 만남이 이루어지는 접점이다(Zastrow, & Kirst-Ashman, 1990: 11)." 중간수준에서 개입을 향상하는 것은 클라이언트에게 직접적 영향을 미치는 가족, 또래집단, 학급과 같은 체계를 변화시키는 것이다.

● 거시 수준의 실천

서비스를 직접 전달하는 것과 거리가 먼 것으로, 거시적 실천은 사회계획과 지역사회조직 과정을 포함한다. 이 수준에서 사회복지사는 사회문제를 다루기 위해 개인, 집단, 조직으로 구성된 지역사회 행동체계를 원조하는 전문적인 변화 매개자로서 역할한다. 이 수준에서 사회복지사는 시민단체나 사적, 공적, 혹은 정부조직과 연계하여 일하기도 한다. 그리고 ① 지역사회집단과 조직을 개발시키고 그들과 함께 일하기, ② 프로그램 계획과 개발, ③ 프로그램의 수행과 관리, 그리고 평가 등의 활동을 포함한다(Meenaghan, 1987).

관리는 사회의 가치와 법에 따라 효과적으로 서비스를 전달할 수 있게 하는데, 이를 위해 지정된 대인서비스 조직에서 리더십을 나타내야 한다. 관리에 대한 정의는 다양하지만, 새리(Sarri, 1987)에 따르면, "관리는 ① 정책 형성과 그 작동의 목적까지 연결되는 것, ② 프로그램 설계와 수행, ③ 자금조달과 자원분배, ④ 기관 내와 기관 간 작용의 행정, ⑤ 개인적 감독과 수퍼비전, ⑥ 조직의 대표와 공적 관계들, ⑦ 지역사회 교육, ⑧ 조직의 생산성을 높이기 위한 모니터링, 평가, 개혁(pp.29-30)"을 포함한 모든 과정의 총계이다.

직접서비스를 제공하는 사회복지사는 필수적으로, 다음 장에서 논의할 내용과 같은 행정관련 일들을 어느 정도 수행해야 한다. 나아가 대다수 사회복지학 석사출신인 사회복지사는 후에 수퍼바이저나 행정가가 된다. 따라서 행정 지식은 석사출신으로 직접서비스를 제공하는 사회복지사에게는 절대적으로 중요하므로 행정 교육과정은 종종 사회복지실천에 있어 석사수준의 교과과정에서 요구되기도 한다.

대다수 직접실천 사회복지사는 거시 수준에서는 거의 실행하지 않지만, 사회복지사가 거의 없거나 사회계획 전문가 역할을 기대할 수 없는 지역에서는 사회문제를 예방하거나 없애기 위하여 자원에 관한 계획과 개발을 하는 데에 시민들과 지역사회 지도자와 협조하면서 일할 수 있다.

4) 연구

"조사연구 교과과정은 실천을 위한 지식을 형성하고 실천의 모든 영역에서 서비스 전달을 평가하기 위해 과학적,

분석적으로 접근하는 데 이해와 설명을 제공할 수 있어야 한다(CSWE, 1994: 108).”

연구지식은 과학적이고 학문적인 요구에 필요불가결한 것이며, 지식의 발달 이면에서 추진하는 힘이다. 지식에 뒤지지 않고 따라가려면 사회복지사들은 조사연구에서 얻은 정보를 활용할 수 있어야 한다. 이를 위해서는 조사설계 지식과 경험적 자료에 기반한 결론과 검증되지 않은 다른 결론들을 구별하는 능력이 필요하다.

6. 유능한 실천: 윤리적 요구

NASW 윤리강령 개정판에는, “사회복지사는 자신의 전문영역 내에서 실천하고, 자신의 전문적 기술을 개발하고 강화한다(NASW, 1995)”는 내용이 들어 있다. 결국 사회복지사는 실천 속에서 전문적인 능력을 획득하고 유지하는 것을 윤리적으로 요구받는다. 이런 요구를 만족시키기 위해서 진취적인 사회복지사들은 전반적인 활동 속에서 전문적 능력을 획득해야 한다. 이러한 요구의 근거는 사회복지서비스의 많은 부분이 그것을 사용하는 사람들에게 달려 있기 때문이다. 게다가 자신의 실천영역에서 스스로를 전문가라고 공공연히 내세우는 사람들에게 클라이언트가 질 높은 서비스를 기대할 권리가 있음을 의문시여길자가 누구인가?

유능한 실천은 “목적에 잘 부합하고 적당하며, 충분하고 적절한 자격조건을 갖춤 있고 법적인 능력이나 자격을 갖춘 실천”으로 정의된다. 그러나 전문적인 능력을 평가하는 것은 단순하지 않다. 왜냐하면 실천에서 전문적인 능력은 특정한 전문적 역할을 기술적으로 수행하는 데 필요한 지식, 가치, 기술, 그리고 태도를 포함하기 때문이다. 어떤 역할을 적절하게 수행하기 위해 필요한 요소들은 각각의 상황이 요구하는 바에 따라 다양하다. 어떤 사회복지사는 부부 혹은 가족치료와 같은 형태의 서비스를 제공하는 데 유능하지만, 학대받거나 유기된 아동들에 대한 교정서비스나 보호서비스와 같은 다른 형태의 서비스에서는 유능하지 않을 수도 있다.

게다가 다양한 세팅에서 유능하게 실천하기 위해 필요한 요소들은 늘어나는 새로운 지식과 신기술의 출현, 그리고 실천대상의 변화로 나타난다. 따라서 유능함이란 현실의 맥락 안에서 파악되어야 한다. 왜냐하면 사회복지사는 점차 확장되는 지식과 기술에 따라가지 못하여 그 능력의 지속적인 잠식을 극복하기 위해, 단번에 유능함을 획득할 수도 있기 때문이다.

사회복지실천 영역은 세 가지 수준의 실천으로 구체화되기 때문에, 전문가 수준을 넘어서는 광범위한 연구 없이 사회복지사가 모든 수준의 실천에서 전문적 기술을 발전시킨다는 것은 아주 회의적이다. 이런 현실은 사회복지 교과과정에 반영되어 있는데, 교과과정은 전형적으로 전문가 수준의 학생을 요구한다. 이 책을 쓴 기본적인 목적은 사회복지를 전공하는 학생들과 일선에 종사하는 사회복지사에게 전문적 능력을 획득하고 발전시킬 수 있도록 돕는 것이다. 이것은 사회복지실천이론이 과거 25년 동안 격렬한 소요상태에 있었음을 감안할 때 적당한 목적은 아니다.

이 요소는 ① 전통적인 사회복지 개입방법들의 효과성을 의심하는 초기 조사연구분석(Fisher, 1976; Mullen & Dumpson, 1972), ② 새롭게 등장하는 이론들과 경험적으로 검증된 개입방법들, ③ 학생들에게 책임성과 서비스의 비용 효과성을 요구하는 사회복지 프로그램 비용에 대한 지속적인 축소 압력이라는 세 가지 주요한 요소에서 발생했다.

사회복지실천의 지식기반은 급속하게 팽창하고 있고, 경험적인 연구는 전문적 활동에 자극과 학문적 활력을 불어넣고 있다. 1970년대 이전의 연구결과가 사회복지 개입방법의 효과성에 심각한 회의를 일으켰던 시기동안 1970년대의 학생들은 이미 전문적 활동을 시작한 반면, 이후의 조사연구는 클라이언트를 원조하는 사회복지실천의 효과성에 더 많은 지지를 보냈다(Reid & Hanrahan, 1982;

Rubin, 1985; Thomlison, 1984).

더욱이 사회복지사들은 다양한 인간의 많은 문제에 적용할 수 있도록 점점 확대되는 개입방법들을 활용하고 있다. 사회복지 전공학생과 사회복지사가 능력을 획득할 수 있도록 돕는 이 책의 집필목적은 일종의 엄청난 도전이다. 그러나 유능한 이론가, 조사연구자, 교육자들이 확인한 효과적인 실천의 원칙들을 포함함으로써 이에 대응하려고 했으며, 유능함이란 실천이론을 아는 것 그 이상이며, 유능한 사회복지사는 지식을 행동으로 옮길 수 있어야 한다는 사실로 그 의도는 훨씬 더 정교해졌다. 사회복지교육자들은 점차 분명한 언어로 유능함(기술)을 정의하고 있고, 학생들이 이러한 기술을 습득할 수 있도록 돕는 기술 또한 발전시키고 있다. 이 책에서는 이러한 기술들에 대해 다룰 것이다.

1) 발전하는 이론과 능력

기술만 있다고 해서 유능하다고 할 수 없다. 왜냐하면 지식기반이 뒷받침되지 않으면 사회복지사는 기술자 이상 아무 것도 아니기 때문이다. 문제와 사람, 그리고 상황을 분석하고, 치료적 개입방법을 계획하고, 그리고 적절한 기술을 실행하기 위해서는, 사회환경 속에서의 인간행동에 대한 실천이론과 지식을 이해하는 것이 필요하다. 사회복지사는 문제가 발생하는 체계와 상황을 이해하기 위해 기술을 사용한다. 직접실천이론은 복잡한 영역을 포함한다. 그리고 최근 몇 년간 급속히 팽창하면서 어려움 없이 많은 활력을 제공했다. 많은 새로운 이론은 기존 이론의 경계를 확장하지 못하고, 이전의 이론과 서로 모순되어 구이론을 대체하는 경향이 나타났다. 따라서 새로운 이론을 포함하는 것은 사회복지교육에 도전적인 딜레마를 제공하며 그것에 어떻게 대응했는지에 대해서는 다음에 논의할 것이다.

2) 실천모델을 통합하는 경향

인간의 문제는 광범위한 영역에 걸쳐 드러나기 때문에, 단일한 접근이나 실천모델로는 전체 문제를 적절하고 충분하게 나타낼 수 없다. 게다가 다른 모델을 지지하는 사회복지사도 한 가지 실천모델과 관련된 기술들을 똑같이 효과적으로 적용할지도 모른다. 실제로 사회복지사는 주로 한 가지 실천모델만 활용할지라도 단일한 실천모델에서 나온 개입방법과 기술들만을 사용하는 사람은 거의 없다. 단일 모델을 사용하는 사회복지사는 모든 클라이언트와 문제에 한 가지 정해진 모델만을 적용시키려 함으로써, 자기 자신과 클라이언트에게 해를 끼칠 수도 있다. 사회복지사는 각각의 문제와 클라이언트에게 가장 적합한 개입방법과 기술들을 선택해야 한다(Berlin & Marsh, 1993).

실천이론은 각 이론의 세계관, 개입방법의 표적, 기술의 특화(specification), 사정방법, 개입 기간, 그리고 다른 중요한 차원에 따라 다양하게 나타난다. 그래서 어떤 개입방법은 특정한 문제에 관련이 깊고 비용면에서 더 효과적이다. 더군다나 특정한 문제를 다룰 때 어떤 개입방법은 더 효과적이고 어떤 개입방법은 덜 효과적이라고 판명되었다해도, 제한된 문제를 제외하고는 어떠한 단일이론도 다른 실천이론보다 더 효과적이라고 판명되지 못했다. 따라서 모든 이론은 전체 중 일부의 사실만을 지닌 것으로 여겨진다.

사회과학과 사회복지 그리고 관련 학문분야에서 새로운 이론들이 소개되고 있다. 이에 따라 사회복지사는 특정한 문제상황에 효과적인 것으로 판명된 개입방법을 선택할 수 있는 잠재성을 제공하는 새로운 영역으로 인도되었다. 그러나 유용한 지식은 종종 단편화되기 때문에 이런 잠재성을 획득하는 것은 해결하기 힘든 도전을 의미한다. 많은 이론과 개입방법들을 통합하기 위해서는 그러한 이론과 개입방법들을 포괄할 수 있는 전체적인 틀이 필수적이다. 다행히도 그러한 통합적인 틀로서 생태체계 모델은 유용하다(Germain, 1979, 1981; Meyer, 1983; Pincus & Minahan, 1973; Siporin, 1980).

3) 생태체계 모델(ecological systems model)

이 모델은 생물학에서 유래되었다. 개념적으로 1970년대 중반까지 사회복지실천에서 지배적이었던 '환경 속의 개인' 이라는 관점과 유사하다. 비록 이 관점은 환경요인이 인간의 기능에 미치는 영향에 대해 인정했지만, 인간의 문제를 사정할 때 개인의 행동이 환경에 영향을 주는 것을 충분히 인식하지 못한 채 환경에 대한 개인의 인식과 개인의 내적인 요인만을 지나치게 강조해왔다. 이러한 과도한 강조는 프로이드(Freud)의 이론이 널리 받아들여졌던 1920년대와 1930년대에서 비롯되며 1940년대와 1950년대에 이르러 절정을 이루었다. 그러나 자아심리학(ego psychology), 체계이론, 가족치료이론이 출현하면서 민족문화적 요인의 중요성에 대한 인식이 확대되었고, 1960년대와 1970년대에는 생태학적 요인에 대해 강조하기 시작했다. 그리고 환경요인과, 개인이 환경과 상호작용하는 방식을 이해하는 것의 중요성이 증대했다.

체계모델은 처음에 자연과학에서 시작되었지만 점차 생물학의 환경운동으로부터 생태학적 이론이 발전되었다. 사회복지실천에서 생태체계이론은 체계와 생태학 이론에서 나온 개념에 적용되었다. 특히 사회복지사와 관련된 생태학 이론의 두 가지 개념은 생활환경(habitat)과 적합한 지위(niche)이다.

① 생활환경

'생활환경' 은 생물체가 살고 있는 장소를 가리킨다. 인간의 경우, 특정한 문화적 배경 내의 물리적, 사회적 상황을 의미한다. 생활환경이 성장과 발전에 필요한 자원으로 풍부해질 때 인간은 쉽게 번성한다. 그러나 생활환경에 필수 자원이 부족하면 물리적, 사회적, 감성적 발전이나 진행중인 기능은 해로운 영향을 받을지도 모른다. 예를 들어, 연구결과는 대부분 친구, 친척, 이웃, 직업, 교회 동료, 애완동물과 같은 지지적 관계망이 고통스런 삶의 스트레스를 완화시켜준다는 사실을 지적한다. 반대로, 사회적 연결망이 부족한 사람들은 극심하게 억압받거나, 약물 혹은 알코올중독에 의지하거나, 폭력적인 행동을 하거나, 혹은 또 다른 역기능적 방식으로 대처함으로써 생활의 스트레스를 해소한다.

② 적합한 지위

'적합한 지위' 개념은 그 지역사회의 구성원이 갖고 있는 지위나 역할을 가리킨다. 인간이 성장하는 과정에서 당면하는 과업 중의 하나는 사회에서 자신에게 적합한 지위를 찾는 것이다. 이것은 자존감과 안정적인 정체성을 획득하기 위해 필수적이다. 그러나 적합한 지위를 가질 수 있다는 것은, 인간의 욕구에 적합한 기회들이 사회에 존재해야 함을 전제한다. 그 것은 인종, 민족, 성, 빈곤, 나이, 장애, 성적 정체성 등의 요인들로 인해 동등한 기회를 갖지 못하는 구성원들에게는 적용되지 않을 수도 있다.

③ 상호작용

앞에서 지적했듯이 사회복지실천의 목적은 사회정의를 증진하는 것이다. 즉 모든 사람이 자신에게 적합한 지위를 가질 수 있도록 기회를 확대하는 것이다. 생태체계이론은 모든 개인은 다른 사람과 환경 속의 다른 체계와 지속적인 상호관계를 맺으며, 이러한 다양한 사람들과 체계들 또한 서로 영향을 미친다는 사실을 전제로 한다. 나아가 각각의 체계는 특성과 상호작용방식에 따라 독특하다(예를 들어, 어떠한 개인이나, 가족, 집단, 혹은 이웃도 동일하지 않다). 따라서 사람들은 환경요인에 단지 반응하는 존재가 아니라 오히려 자신의 환경에 따라 행동하고, 그럼으로써 다른 사람과 집단, 제도, 심지어는 물리적 환경에 대응하면서 반응한다. 예를 들어, 사람들은 살 곳을 선택하고, 자신의 생활조건을 향상시킬 것인지 그대로 둘 것인지 선택한다. 그리고 도시오염과 대기오염, 그리고 수질오염을 막고, 가난한 노인에게 적절한 주거시설을 제공하는 정책을 지지할 것인지 반대할 것인지 선택한다.

따라서 인간문제와 개입계획을 적절하게 사정하기 위

해서는 사람들과 환경체계의 상호작용을 고려해야 한다. 사람들과 환경 사이의 상호작용을 고려하는 것의 중요성은 과거 몇 년 동안 변해온 다양한 인간문제에 대한 관점에 반영되어 왔다. 예를 들어, 장애는 현재 의학적 혹은 경제학적 용어보다는 심리학적 용어로 정의되고 있다. 로스(Roth, 1987)가 "오직 장애가 있는 사람이 존재하는 생태적 틀에 의해서만 사회가 장애문제에 관여하는 상호작용과 다른 사람들의 태도 그리고 장애가 없는 사람들이 만든 건물구조와 운송수단, 또한 사회조직에 의해서만 중요한 것이 드러날 수 있다(p.434)" 고 밝힌 바와 같다. 따라서 장애는 신체적 혹은 정신적 한계가 있는 사람들의 욕구와 그들의 특별한 욕구에 대응하는 환경자원(예를 들어, 재활 프로그램, 특별한 수용시설, 교육 · 사회적 지지체계) 사이의 적합성에 의해 최소화될 수 있다.

생태체계적 관점에서 볼때, 인간 욕구를 만족시키고 발달과업을 숙달하기 위해서 환경 내의 자원을 적절하게 활용하는 것과 개인과 환경 간의 긍정적인 상호작용이 필요하다는 것은 분명하다. 환경자원과 이러한 자원을 필요로 하거나 활용하는 개인의 한계 사이의 차이, 혹은 개인과 환경체계 간의 역기능적 상호작용 속에 존재하는 차이는 인간의 욕구 충족을 방해하고, 스트레스를 유발하거나 기능을 손상시킨다. 스트레스를 줄이거나 없애기 위해서는 욕구를 만족시키기 위한 노력을 하거나 개인과 환경 간의 적합성을 획득해야 한다. 그러나 사람들은 흔히 적절한 자원에 접근하려 하지 않거나 효과적인 대응방법이 부족하다. 사회복지실천은 이러한 사람들에게 필요한 자원을 연결해 주거나, 자원 활용과 환경에 대응하는 능력을 강화함으로써 각자의 욕구에 맞는 방법을 찾도록 도와줄 수 있다.

생태체계관점에 따라 사정하기 위해서는 확실히 사람들과 환경 간의 상호작용에 포함된 다양한 체계에 대해 알아야 한다. 이러한 체계들은 다음과 같다.

생물물리학, 인지력, 감정, 행위, 자극을 포함하는 개인의 하위체계(subsystems of the individual); 부모-자녀, 부부, 가족, 친척, 친구, 이웃, 문화적 관련집단, 그리고 사회적 관계망 내의 다른 요소들을 포함하는 대인관계체계(interpersonal systems); 제도 및 지역사회를 포함하는 조직체(organization); 주거, 이웃환경, 건물, 다른 인공적 창조물, 날씨와 기후 등을 포함하는 물리적 환경이 그것이다. 이러한 다양한 체계와 그들 간의 상호작용에 대해서는 8~11장 사이에서 논의할 것이다.

④ 클라이언트 체계

생태체계모델의 주요한 장점은 그 범위가 너무 넓어서 건강, 가족관계, 부족한 소득문제, 정신건강문제, 법률기관과의 갈등, 실업, 교육문제 등과 같은 전형적인 인간 문제들을 모두 포함할 수 있다는 점이다. 그 속에서 사회복지사는 그러한 문제들과 관련된 복잡한 변수들을 분석할 수 있다. 문제의 요소들을 사정하고, 개입방법의 초점을 결정하는 것은 생태체계모델을 적용하는 데 있어 첫 번째 단계이다.

핀커스와 미나한은 체계모델을 사회복지실천에 적용했다. 그리고 클라이언트체계는 변화를 요구하고 그것을 인정하며 그것으로부터 혜택을 받을 것이라고 기대되는 사람들을 포함한다고 지적했다(Pincus & Minahan, 1973; Compton & Galaway, 1994). 제인 퍼시(Jane Percy)는 그녀 자신이 변화를 요구했기 때문에 이 정의의 첫 부분에 적합한 사람이다. 변화를 요구하는 잠재적인 클라이언트들은 지원자(applicant)로 묘사된다. 퍼시 부인의 아들인 제럴드는 혜택을 받을 것으로 기대되지만 서비스를 요구하지 않았다. 제럴드처럼 많은 사람들은 서비스를 요구하지 않고 사회복지사와 계약을 맺는다. 잠재적인 클라이언트가 서비스를 받기 위해서는 추가적인 조건이 필요하다. 의뢰자는 다른 전문가나 의뢰한 가족성원이 된다. 제럴드의 경우 그 어머니가 의뢰자이다.

아웃리치(outreach) 노력을 통해서도 잠재적인 클라이언트에게 접근할 수 있다. 일부 의뢰되어 계약을 맺은 사람들은 성립되지 않은 계약으로 인한 압력을 경험하지 않을지도 모른다. 다른 사람들은 계약을 압력으로 생각한다.

비록 법적으로 강제되지 않았다고 하더라도 비자발적인 클라이언트라고 여겨질지도 모르기 때문이다(Rooney, 1992). 또 다른 사람들은 법적 압력을 통해 사회복지사와 계약을 맺으며, 법적으로 의뢰된 클라이언트로 간주된다. 사회복지사와 계약을 맺은 모든 사람들에게 즉시 '클라이언트' 라는 이름을 붙이기보다는 그들을 잠재적인 클라이언트로 생각하고 계약을 맺고 거기에 대응하는 방식을 잘 아는 것이 더 중요하다.

⑤ **표적체계**

다음 단계는 문제상황에 관련된 지속적인 체계를 통해 무엇을 할 것인지 결정하는 것이다. 이 단계에서 사회복지사는 활용할 수 있는 실천이론과 개입방법들을 다양하게 조사하는 것이 필요하다. 물론 효과성을 극대화하기 위해서는 개입방법이 주어진 문제체계 내에서 중요한 모든 체계에 맞추어져야 한다. 표적체계는 목표를 달성하는 데 영향을 미쳐야 하는 사람들과 문제들을 나타낸다(Compton & Galaway, 1994: 133). 클라이언트가 개인의 문제에서 도움을 필요로 할 때, 표적과 클라이언트 체계는 겹친다. 그러나 자주 클라이언트들은 문제에 대한 도움을 자신의 외부에서 찾으려고 한다. 그러한 경우에 그 문제는 표적체계의 중심이 된다. 예를 들어, 만일 퍼시 부인과 맺은 어떤 계약의 한 부분이 조건에 대한 사정과 스트레스를 만들어내는 것들에 대한 그녀의 반응을 포함한다면, 클라이언트 체계와 표적체계는 겹칠 것이다. 겹치는 부분이 있다고 하더라도, 표적으로서의 전체 개인에게보다는 겹쳐지는 '문제' 에 초점을 맞추는 것이 중요하다.

표적체계는 자주 개인의 외부에 있는 문제들과 관련된다. 예를 들어, 제럴드에게는 레크리에이션 기회가 부족하기 때문에 YMCA에 참여하고 가능한 한 학교와 스카우트(scout) 프로그램에 참여할 것을 제안하는 것이다. 행동체계(action system)는 사회복지사가 목적을 달성하기 위해 협력해야 할 필요가 있는 사람들과 관계된다. 한편 매개체계(agency system)는 문제에 동의하고 활동에 연관된 사회복지사와 서비스 체계를 포함한다(Compton & Galaway, 1994).

⑥ **사회체계**

사회체계(social system)도 새로운 정보나 피드백에 대한 개방적 · 폐쇄적인 정도에 따라 다양하다. 폐쇄체계는 정보의 투입이나 유출을 막는 비교적 엄격한 경계를 갖고 있다. 반면에 개방체계는 비교적 더 자유로운 교환을 허용하는 침투 가능한 경계를 갖고 있다. 따라서 가족은 새로운 정보에 폐쇄적인 것으로부터 극도로 개방적인 것까지 다양하다. 실제로 모든 가족과 인간체계는 다른 영역에서는 변화를 추구하고 그것에 대응하는 반면에, 어떤 영역에서는 안정성과 경계를 유지하려는 노력에 긴장감을 부여한다. 예를 들어, 위 사례에서, 퍼시 부인과 제럴드를 가족으로 연결하는 경계는 희미하지만, 퍼시 부인이 가진 체계의 부분은 문제의 해결책을 찾는 데 개방적이다. 예를 들어, 퍼시 부인과 함께 큰 스트레스라고 규정한 문제에 대해 이야기하는 것은 제럴드를 양육하는 방식에 영향을 미칠지도 모른다.

⑦ **결말**

동등결말 원칙(the principle of equifinality)은 다른 출발점으로부터 같은 결과를 얻을 수 있다는 사실을 제시한다. 예를 들어, 문제가 무엇이든 퍼시 부인과 제럴드 두 사람에게 동기를 부여할 수 있는 어떤 문제에서 시작하는 것은, 결국 더 좋은 관계를 맺도록 하는 것으로 끝날지 모른다.

반면 다양한 결말 원칙(the principle of multifinality)은 같은 출발점에서 시작하더라도 다른 결과로 끝날지도 모른다는 사실을 제시한다. 예를 들어, 퍼시 부인이 제럴드를 양육할 때의 어려움이라는 문제에서 시작하는 것은 퍼시 부인이 더 일반적으로 대처할 수 있는 능력을 강화하거나, 양육, 지지, 교통수단, 더 많은 교육과 훈련, 레크리에이션과 같은 변화를 위한 추가목표를 더 다양하게 할지도 모른다. 그러한 체계모델이 개인-상황 사이의 상호작용을 표현하는 개념을 제시하는 데 유용한 것으로 간주될지 모르지만, 다른 체계들은 특별한 개입방법을 위한 기본을 제시하는 데 한계가 있다(Whittaker & Tracy, 1989).

⑧ 절충

신중하게 판단하고 선택한 개입방법을 능숙하게 실행하기 위해서는 수많은 실천이론과 기술에 대한 지식이 필요하다. 그리고 클라이언트에게 가장 적합한 개입방법을 선택하기 위한 적극적인 접근이 필요하다. 체계적 절충주의(systematic eclecticism)는 이를 위한 적극적인 접근이다(Beutler, 1983; Beutler & Clarkin, 1990; Fisher, 1978; Siporin, 1979). 체계적 절충주의 사회복지사는 단일한 이론을 배타적으로 고집하지는 않고 오히려 주어진 문제 상황에 가장 적합한 모델과 이론을 선택하고 경험적으로 효과적이고 효율적이라고 증명되어온 기술에 우선권을 부여한다.

체계적 절충주의는 사회복지사가 새롭게 등장하는 이론과 연구에 대해 잘 알고 있어야 한다고 주장한다. 우리가 판단하기에 이러한 접근은 광범위한 클라이언트와 문제에 있어서 가장 효과적인 방법을 택한다. 따라서 이 책의 이론적 기반은 생태체계이론에서 실행된 체계적 절충주의이다. 사회복지실천에서 체계적 절충주의 접근을 위해 이론과 개입방법을 명확하게 선택할 수 있는 지침이 있다면 다소 수월하겠지만 아직은 그처럼 정교한 수준까지 도달하지 못했다. 그러나 1990년대에 중요한 진전이 있었는데(Beutler & Clarkin, 1990; Burman & Allen-Meares, 1991) 이에 대해서는 13장에서 논의할 것이다.

⑨ 기타 이론과 개입방법의 지침

깊이 있는 연구를 위해 어떠한 이론과 개입방법을 선택할 것인지 결정할 때 지침이 되는 여섯 가지의 일반적인 기준이 있다.

1. 주어진 이론이 경험적 연구에 의해 얼마나 뒷받침되는지의 정도는 중요한 기준이 된다. 확실한 연구를 통해 견해가 확고하고 효과성이 확립된 이론이 적극적인 경험적 검증을 받지 못한 이론보다 더 선호된다. 많은 학자들은 경험적 연구에 있어 직접실천의 기반이 얼마나 중요한지 강조해왔다. 이것은 오랫동안 논쟁이 되어왔는데 어떤 학자는 경험에 기반을 둔 실천을 고집함으로써 팽창하는 지식에 대한 다른 접근방식의 중요성이 떨어진다고 주장을 하기도 한다.

2. 두 가지 개입방법 모두가 효과적이라고 할 때 최소한의 시간과 비용, 노력을 투여해도 되는 개입방법이 더 효과적이고 다른 것보다 더 선호된다.

3. 개입방법과 기술이 이론에 어느 정도 포함되느냐는 특히 중요하게 설명되어야 한다. 주로 추상적인 용어로 구성된 이론은 실제 실천상황에서 사회복지사에게 구체적인 실행방법을 알려줄 수 없다. 심리분석 이론은 그러한 이유로 비판받아 왔다. 반대로 행동수정이론은 그 과정이 상세하게 구체화되는 특징이 있다.

4. 윤리적이고 가치함축적인 개입방법은 중요하다. 사회복지사는 클라이언트에게 감정적인 충격이나 굴욕감을 느끼게 하고, 비밀보장을 침해하거나 혹은 윤리강령과 충돌하는 상황을 발생시키는 개입방법은 피해야 한다. 원천이 되는 정보가 건강함과 강점을 강조하는지 아니면 병리(pathology)를 강조하는지 사정하는 것은 사회복지실천에서 강점을 강조하는 가치와 연관되어 있다. 가치는 그와 유사한 방법을 선호하게 되어 있다. 클라이언트의 강점을 강조하는 가치는 클라이언트와 협력하면서 일하는 것을 선호하게 하는 반면 클라이언트의 병리적인 측면을 강조하는 가치를 선호할 경우 사회복지사는 클라이언트를 조정(manipulation)하게 될 것이다.

5. 사회복지사의 지식과 기술은 일정한 개입방법을 숙지한 수준이어야 한다. 사회복지사는 개입방법, 개입방법을 활용할

때의 지시사항과 금기사항, 적절한 시점을 위한 지침, 실행을 위한 특정한 절차를 포함한 개입방법에 관한 지식에 대해 잘 알고 있어야 한다. 개입방법은 주의 깊은 수퍼비전을 통해서 가장 잘 배울 수 있다. 사회복지사는 위험한 방식으로 클라이언트에게 적용시키거나 클라이언트를 시행착오의 위험에 처하게 하지 않아야 할 윤리적 책임을 갖고 있다.

6. 마지막으로 개인적이고 사회적인 상황을 인식하는 것은 사회복지실천의 '상황 속의 인간' 관점에 부합하는 기준이다 (Compton & Galaway, 1994: 99).

이 책은 직접실천에 대해 체계적이고 절충적인 접근을 하고 있기 때문에 사회복지실천과 다른 원조활동에서 현재 활용되고 있는 수많은 행동이론과 모델들을 찾아내고 통합하고 있다. 이런 이론들과 모델들은 과업중심체계(task-centered systems), 인지치료, 행동수정, 클라이언트 중심치료, 자아심리학, 역할이론, 사회학습이론, 결정이론, 위기개입, 존재이론, 해결중심 치료, 여러 가지 가족치료 모델 등을 포함한다. 이 책에서는 이런 이론들과 모델들을 소개할 것이다. 그리고 여러분은 전문적인 사회복지 교육과정을 통해 이것들을 깊이 있게 공부하게 될 것이다.

제 2 장

직접실천 : 영역, 철학, 그리고 역할

Direct Practice : Domain, Philosophy, and Roles

1. 영역

1970년대 이전에 사회복지실천은 방법론이나 실천분야에 따라 정의되었다. 따라서 사회복지사는 개별사회복지사(caseworker), 집단사회복지사(groupworker), 지역사회조직가(community organizer), 아동복지사업가, 정신의료사회복지사, 학교사회복지사, 의료사회복지사 등으로 다양하게 정의되었다.

'직접실천(direct practice)' 과 '임상실천(clinical practice)' 이라는 용어는 사회복지실천 명칭 중에서는 비교적 새로운 것이다. 사회복지전문직은 1995년 미국사회복지사협회(NASW)에 의해 통일되었고, 사회복지저널이 창간되면서 비교적 협소한 실천 관점으로부터 현재의 넓어진 관점으로 점차 변형되어 왔다. 이런 변형은 미국의 사회적 불안으로 인해 사회복지실천을 포함한 모든 조직들이 도전과 비판을 겪던 1960년대와 1970년대에 가속화되었다.

소수집단, 조직된 빈민집단, 다른 억압된 집단들은 이러한 전문직의 역할이 자신들의 긴급한 욕구와 무관하다고 비난했다. 이러한 비난은 많은 사회복지사가 종종 억압받는 집단과 관련된 사회문제에 개입하지 않고 좁게 초점을 맞추어 치료적인 행동으로만 개입해왔기 때문에 합당했다(Specht & Courtney, 1994).

개별사회사업은 이 기간 동안 우세한 사회복지실천방법이었다. 개별사회사업은 폭넓게 다양화된 세팅에서 개인들과 부부 혹은 가족이 사회기능을 손상시키는 문제에 좀더 효과적으로 대응할 수 있도록 돕는 것을 목적으로 활동했다. 집단사회복지도 하나의 실천방법으로 발전해왔고, 집단사회복지사는 집, 이웃, 젊은 갱들이 있는 거리에서 문제를 해결하기 위해 활동하고 있다. 또 이들은 병원에서, 교정치료를 담당하는 조직에서, 그리고 다른 세팅들에서 활동하고 있다. 집단사회복지사의 표적단위가 아무리 커져도, 그 목적이 폭넓은 사회문제를 다루는 것은 아니었다. 폭넓게 정의된 사회서비스에 대한 긴급한 욕구가 좁게 정의된 개별사회사업과 집단사회복지 방법의 치료적 노력을 통해 충족될 수 없는 것은 명백했다.

사회복지실천을 위한 기본 틀을 마련하기 위한 고든(Gordon, 1965)과 바틀렛(Bartlett, 1970)의 노력은 목적, 가치, 인가(sanction), 지식, 그리고 사회복지실천의 관점을 넓히는 기본적인 기술들로 구성되었다. 이러한 새로운 관점은 실천방법론에 기반을 두지 않고, '사회복지실천' 이라는 일반적인 용어의 활용을 장려했다.

2. 일반주의 실천(generalist practice)

미국사회복지교육협의회는 표준 인가 기준을 충족시키기 위한 교과과정 정책을 마련하였다. 즉 사회복지교육 프로그램은 사회복지실천의 일반적인 기본 지식을 포괄하는 기초 과정을 포함해야 한다는 것이다. 학부생을 위한 사회복지실천(BSW) 프로그램과 대학원생을 위한 사회복지실천(MSW) 프로그램은 이러한 기본 과정들을 구체화하여 학생들에게 일반주의 실천에 대비하게 한다. 그러나 BSW의 교과과정은 주로 일반주의 사회복지사를 준비시키고 실천방법에 있어 전문화를 피하는 방향으로 설계되었다.

일반주의 프로그램의 기준은, 이미 1장에서 논의했던 것과 같이 사회복지사는 문제를 역사적으로 바라보아야 하며 클라이언트의 문제(클라이언트 체계로 일컬어지기도 한다)에 내재된 모든 체계를 포괄하는 개입방법들을 계획하도록 해야 한다는 것이다. 마찬가지로 클라이언트의 목적과 욕구는 개입방법에 이끌려 여러 가능한 목적을 탐구해 가기보다는 적절한 개입방법을 제시해야 한다. 클라이언트 체계는 개인, 부부, 가족, 집단과 같은 미시(micro) 체계로부터 조직, 공공시설, 지역사회, 종교, 국가와 같은 거시(macro) 체계까지 망라한다.

클라이언트 체계에 필요한 재화와 서비스를 제공할 수 있는 자원체계와 연결시키는 것은 BSW 수준의 사회복지사로서 최고의 기능이다. 많은 BSW 프로그램들은 사실 학생들로 하여금 사례관리자로서, 즉 클라이언트를 자원체계에 연결시키는 것에 초점을 맞추는 역할을 수행하도록 준비시키는 데 기반을 두고 있다. 우리는 1장에서는 이 역할을 언급했고, 이 장의 후반부에 다시 간단히 논의하고, 15장에서 더 자세하게 논의할 것이다.

MSW 프로그램의 첫해에는 역시 대학원생들에게 일반주의적 실천을 가르쳤다. 비록 소수의 MSW 프로그램들이 학생들에게 '선진적인 일반주의 실천'을 준비시키는 데 기반을 두고 있었을지라도, MSW의 2학년 교과과정의 대부분은 학생들로 하여금 실천현장에서 실천방법이 될지도 모르는 전문적인 방법 혹은 '집중적인 방법'을 선택하도록 짜여졌다. 대부분의 실천방법들은 '미시' 혹은 '거시'라고 표시되는데, 전자는 직접실천을, 후자는 사회정책, 지역사회 조직화, 사회적 · 경제적 정의를 가져오기 위한 계획을 가리킨다. 따라서 MSW 학생들은 일반주의 그리고 전문주의 실천 양쪽을 대비한다.

3. 직접실천

'직접실천' (direct practice)은 개인, 부부, 가족, 그리고 집단과의 활동을 포함한다. 직접실천을 행하는 사회복지사는 클라이언트를 직접적으로 대면하여 전달하는 서비스 외에도 많은 역할을 수행한다. 그들은 다른 전문가들이나, 조직, 그리고 공공기관들과 공동으로 활동하고, 건물주와 기관 행정가, 그리고 정책결정을 하는 위원회와 입법부에 어떤 주장을 하기 위한 행동을 한다.

'임상실천(clinical practice)' 이라는 용어는 보통 직접실천과 바꿔 쓸 수 있다. 그러나 그것은 다른 사람들에게는 다른 의미가 있을수도 있다. 그 용어를 제시한 사람들은 임상적인 사회복지실천이 사람들의 적합한 능력을 자유롭게 하고, 지지하고, 강화하는 것과 사람들의 욕구에 대한 물리적, 사회적 환경들의 민감성을 증가시키는 것을 포함한다는 사실을 강조했다. 임상사회사업협회(The Register of Clinical Social Work)는 임상적 사회복지실천을 정의할 때, 클라이언트의 문제가 확인되어야 하고 개입계획을 클라이언트가 동의해야 한다고 한다. 그리고 그 계획은 개인의 특성 내에 숨어 있는 힘에 대한 역사적 사실들과 단서들을 획득함으로써 뒷받침 된다(RCSW, 1976: xi).

어떤 사람들은 임상실천이 정신건강 세팅에서 행하는 심리치료에 제한된다고 생각하거나 독립적인 실천 세팅 혹은 그와 유사한 세팅이라고 생각한다. 거기에 반대하는 사람들은, 임상실천이라는 용어는 건강과 힘보다는 질병과 병리학에 대한 강조를 의미한다고 충고한다. 직접실천은 심리치료사로 활동하는 것을 포함하여 전 범위의 역할을 포함한다. 결과적으로 이 책에서는 직접실천 혹은 임상실천이라는 용어를 미시 수준의 다양한 세팅에서 서비스를 전달하는 사회복지실천이라는 넓은 의미로 사용한다. 사회복지사가 전달하는 서비스는 인간이 부딪치게 되는 대부분의 곤란한 상황에 나타날지 모르며 1장 시작 부분에서 열거한 다양한 세팅 중 어느 곳으로 전달될지 모른다.

곤란한 상황에 처한 사람들을 돕는 것의 중심은 문제해결에 관한 지식과 기술이다. 문제를 해결하기 위해서는, 인간 사회의 문제들을 평가하고 적절한 자원체계의 위치를 알아내고 개발하고 이용하는 지식과 기술이 필요하다. 클라이언트를 참여시키고, 관련된 목적을 상호 계획하고 참여자의 역할을 정의하는 것에 필요한 기술들도 문제해결과정의 필수적인 부분이다. 이와 유사하게 사회복지사는 개입방법에 관한 지식과 그것을 실행하는 데 필요한 기술을 습득해야 한다. 원조과정의 더 광범위한 문제는 다음 장에 포함되어 있고, 전체적으로 이 책은 직접실천과 관련된 이론과 기술들을 설명하고 있다.

직접실천을 행하는 사회복지사는 개인, 부부, 가족, 그리고 집단을 포함한, 문제 있는 상호작용에 대해 조사하고 평가하고 개입하는 지식과 기술을 갖추어야 한다. 집단 과정과 관련된 지식과 집단을 지도하는 기술도, 본래의 원조 연결망을 형성하고 여러 학문분야가 함께 하는 팀의 일원으로 활동하며 체계들 사이에서 협상하는 기술만큼이나 본질적인 요소이다. 협상기능은 갈등을 중재하고, 활동을 옹호하고, 자원을 획득하는 기술을 포함한다. 이것들은 높은 수준의 개인 상호간 기술을 구체화한다.

사회복지사가 심리치료에 참여하거나 혹은 참여해야 하는지에 관한 질문들은 여전히 심리치료를 심리학과 심령학의 배타적인 영역으로 간주하는 일부 사람들에 의해 제기되고 있다. 이러한 사람들은 심리분석가들만이 무의식적인 세계와 관련된 활동을 하도록 훈련받았으며, 사회복지사는 그들의 역할을 개별사회사업이나 상담에 제한해야 한다고 주장한다. 다른 사람들은 심리치료에 참여하는 것이 사회정의를 강조하는 전문가에게 적절한가에 대해 의문을 제기했다. 그러나 제롬 웨이크필드(Jerome Wakefield, 1995)는, 사회복지실천은 클라이언트를 위한 최소한의 분배적 정의를 추구하는 목적 때문에 전문직으로 구분된다고 주장한다. 또한 사회복지사는 이러한 목적을 추구하는 방법으로써 심리치료를 적절하게 활용할 수 있다고 한다.

우리 생각으로는 이러한 논의들은 논쟁의 여지가 있다고 본다. 현재 사회복지실천에 종사하는 많은 사회복지사와 다른 원조전문가들은 행동모델과 가족체계모델과 같은 추가적인 이론적 기반에 따르는 심리치료법을 활용하고, 그리하여 무의식적으로 심리분석이론이 그다지 관련이 되어 있지 않을 것이라고 전제하는 활동을 강조하게 된다. 사실 다른 어떤 핵심적인 원조 전문가들보다 정신건강센터에 종사하는 사회복지사의 수가 더 많다(Taube & Barett, 1983).

4. 직접실천의 철학

전문직이 발전함에 따라 지식기반은 확장되고 사회복지사는 특정한 실천상황에 추상적인 가치와 지식들을 적용시키는 경험을 얻게 된다. 따라서 점차적으로 수단적인 가치들은 발전하고 그것들을 채택하였을 때 그것은 실천의 원칙이나 지침이 된다. 그러한 원칙은 인간 사회 문제의 본질과 원인에 대해 선호하는 믿음과 태도, 문제를 다루는 인간의 능력, 바람직한 목적들, 원조관계의 바람직한 자격들, 원조과정의 필수적인 요소들, 사회복지사와 클라이언트의 역할, 효과적인 집단지도자의 성격, 인간 발전과정의 본질 등을 표현한다.

수년 동안 우리는 가치 선호를 포함하여 너무나 다양해서 다 인식하기도 어려운 자원들로부터 획득한 원칙들을 종합한 실천철학을 발전시켰다. 따라서 직접실천의 철학으로써 다음과 같은 원칙들을 제시한다([표 2-1] 참조).

[표 2-1] 직접실천의 철학 원칙들

1. 클라이언트가 경험한 문제들은 자원의 부족, 지식의 부족, 사회적 · 체계적 개인자원과 관련된 기술의 부족에서 발생하는데, 독립적으로 혹은 두 가지 이상의 요인이 결합하여 발생한다.

2. 클라이언트가 빈곤, 인종차별주의, 성차별주의, 분리주의, 그리고 자원 부족으로 괴로움을 당할 때, 사회복지사는 체계들과 협상하고, 클라이언트가 권리와 자원에 접근하고 존엄하게 대우받도록 보장하기 위한 변화를 옹호한다.

3. 사람들은 스스로 선택하고 결정할 수 있다. 비록 그들을 둘러싼 환경에 의해 어느 정도 통제되기는 하지만 스스로 깨닫고 있는 것 이상으로 환경을 관리할 수 있다. 사회복지사는 클라이언트가 각자의 삶에 영향을 주는 것을 결정할 수 있도록 능력을 키우고, 개인적으로나 집단의 성원으로서 각각 상반되게 영향을 미치는 환경을 변화시키는 능력을 키울 수 있게 도와주면서 각자의 역량을 강화하도록 한다.

4. 사회서비스 체계들은 때로는 개인적 역기능의 기반 위에 공급되기 때문에, 사회복지사는 종종 건강, 힘(strengths), 그리고 자원지지체계를 강조하면서 문제에 체계적으로 접근하게 하는 교육적인 역할을 한다.

5. 사회복지사는 자기 패배적이거나 법적 결과에 따라 의뢰된 비자발적인 클라이언트를 접한다. 대개의 사람들이 자신의 가치와 믿음에 대해 권리를 가지고 있는 반면에, 때때로 이러한 클라이언트의 행동은 다른 사람들의 권리를 침해하므로 사회복지사는 그들이 처한 어려움은 어떠한 것인지 직시하도록 돕는다. 비자발적인 클라이언트는 보통 원조관계를 찾지 않고 오히려 그것으로부터 벗어나고자 하므로 이때 종종 타협이 필요하다.

6. 어떤 클라이언트는 서비스를 신청하고 사회복지사의 도움을 통해 변화되기를 원한다. 그러한 클라이언트는 종종 적당하게 자기를 드러내고 관계를 수용함으로써 도움을 받는다. 이로써 그들은 더 큰 자기를 인식하고 현실 속에서 더 완전하게 살 수 있을 것이다.

7. 모든 클라이언트는 자발적이든 비자발적이든 각자의 존엄성을 인정받고, 선택 가능한 대안들을 소유하며 존중받아야 한다.

8. 클라이언트의 행동은 비록 이러한 목적을 쉽게 인식하기 어려울지라도 목적지향적이다. 그러나 클라이언트는 새로운 기술, 지식, 그리고 어려움을 해결하는 접근방법을 배울 수 있다. 원조를 담당하는 전문직은 클라이언트가 스스로 자신의 강점을 발견할 수 있도록 돕고, 자신의 능력이 성장하고 변할 수 있다는 확신을 갖도록 할 책임이 있다.

9. 현재의 문제들이 종종 과거의 관계와 관심사에 의해 영향을 받는다고 해도, 그리고 때로는 과거에 제한된 초점이 아무리 유익하다고 해도, 대부분의 어려움은 현재의 선택에 초점을 맞추고 강점과 대처유형을 조직함으로써 완화될 수 있다.

5. 사회복지사의 역할

최근 몇 년 동안 직접실천에 임하는 사회복사는 자신의 책임을 수행하는 다양한 역할에 관한 관심을 증대시키고 있다. 1장에서 우리는 이러한 역할을 언급했다. 이 부분에서 우리는 이 역할과 다른 역할을 요약 · 정리하고, 더 길게 논의할 특정 역할에 대해서는 책의 어느 부분에서 언급하고 있는지 소개하고자 한다. 본 장에서는 사회복지사의 역할을, 부분적으로 리스터(Lister, 1987)가 소개한 계획에 기반하여 범주화했다([그림 2-1] 참조).

1) 직접서비스 제공자

사회복지사는 클라이언트와 직접 대면하여 서비스를 제공한다. 구체적인 내용은 다음과 같다.

1. 개인적인 개별사회사업(casework) 혹은 상담
2. 부부, 가족치료(여기에는 개인 세션, 공동 세션, 집단 세션을 포함함)
3. 집단활동 서비스(여기에는 지지집단, 치료집단, 자조집단, 기술발전집단을 포함함)
4. 정보의 교육자 혹은 배포자. 사회복지사는 개인, 공동, 집단 세션에 필수적인 정보를 제공할 수도 있다. 혹은 클라이언트와 대중들에게 교육적인 제안을 할 수도 있다. 예를 들어,

사회복지사는 양육기술, 부부 간의 관계를 풍성하게 하는 것, 스트레스 관리법, 다양한 정신건강치료와 관련하여 교육적인 모임을 할 수도 있다.

[그림 2-1] 사회복지사의 역할

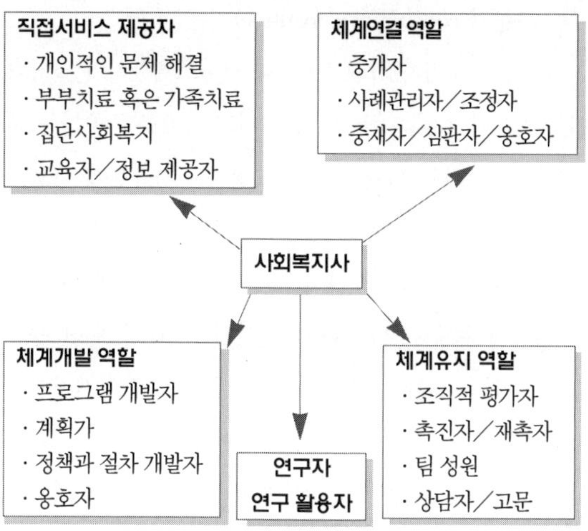

2) 체계와 연결하는 역할

클라이언트는 종종 기존의 사회기관이 제공하지 못하는 자원들을 필요로 한다. 그리고 다른 유용한 자원들에 대한 정보가 부족하거나 그것을 이용할 능력이 부족하다. 그래서 사회복지사는 사람들을 다른 자원들과 연결시키는 역할을 수행한다. 구체적인 내용은 다음과 같다.

① 중개자(broker)

사람들을 자원과 연결시키기 위해 사회복지사는 지역사회에 있는 자원에 대해 철저하게 파악하고 있어서 적절하게 의뢰할 수 있어야 한다. 자원체계에 대한 정책을 잘 파악하고, 주요하게 접촉하는 사람과 좋은 관계를 맺는 것은 성공적인 의뢰를 위해 필수적인 요소이다.

② 사례관리자(case manager)/조정자(coordinator)

어떤 클라이언트는 다른 체계에 의뢰될 때 능력, 기술, 지식, 혹은 자원이 부족하다. 그러한 경우에 사회복지사는 사례관리자의 역할을 담당하게 된다.

즉 클라이언트의 욕구를 사정하고, 다른 자원에 의해 제공된 필수적인 재화와 서비스의 전달을 조정하고, 클라이언트가 시기적절하게 서비스와 재화를 제공받도록 보장한다.

③ 중재자(mediator)/심판자(arbitrator)

클라이언트와 서비스 제공자 사이에 단절이 발생해서 클라이언트는 종종 받아야 할 서비스를 받지 못하는 경우가 있다. 서비스가 거절되는 경우는 다음과 같다. 서비스 제공자가 임의로 거절 결정을 내렸거나, 클라이언트가 자신들이 서비스를 받을 자격이 있다는 사실을 적절하게 표현하지 못했거나, 클라이언트와 서비스 제공자 사이에 긴장이 발생했기 때문이다.

그런 경우에 사회복지사는 서비스를 전달하는 과정에 존재하는 장애물을 제거할 목적으로 중재자의 역할을 수행한다. 중재는 '논쟁자들이 그들의 문제에 대해 상호 만족하는 해결책을 발견하도록 중립적인 논쟁의 장을 제공하는' 과정이다(Chandler, 1985: 346). 사회복지사는 양 당사자의 말을 주의 깊게 들어야 하고, 단절의 원인을 찾기 위해 양쪽에서 사실과 감정을 끌어내야 한다.

여기에서는 정확하고 완전한 정보를 가졌다고 확신할 때까지 어느 쪽에도 치우치지 않는 것이 중요하다. 단절의 원인을 찾았다면 사회복지사는 오해의 지점을 명확하게 하고 서비스의 전달을 방해해온 부정적인 감정을 극복하는 것을 목적으로 적절한 대응방안을 계획할 수 있다.

④ 클라이언트 옹호자(client advocate)

클라이언트와 클라이언트 집단을 옹호하는 역할은 이 전문직이 생겨난 이래로 사회복지사의 책임이었다. 이 역할의 의무는 아주 최근에 NASW의 윤리강령 개정판에서 다시 확인되었다. 즉 전문적인 업무를 수행하기 위해 사회복지사가 실행하는 활동들 중에 옹호(advocacy)가 포함된 것이다(NASW, 1995: 2). 클라이언트를 자원과 연결시킨다는 점에서 볼 때, 옹호는 클라이언트를 대신하여(이런 활동이 없었다면 제공되지 않았을) 자원과 서비스를 획득하는 활동과정을 말한다.

3) 체계유지 및 강화 역할

사회서비스기관의 직원으로서 사회복지사는 서비스를 전달할 때 효율성을 떨어뜨리는 기관 내의 구조, 정책, 기능적 관계를 평가할 책임이 있다. 이런 책임을 수행하는 것과 관련된 역할들은 다음과 같다.

① **조직 분석가**(organizational analyst)

이 역할은 기관구조와 정책, 그리고 절차들 내에서 서비스 전달에 부정적인 영향을 미치는 요인들을 정확하게 지적하는 것이다. 조직이론과 행정이론에 관한 지식은 이 역할을 효과적으로 수행하는 데 필수적이다.

② **촉진자**(facilitator/expediter)

서비스 전달을 방해하는 요인들을 정확하게 지적한 후에, 사회복지사는 서비스 전달체계를 강화하는 방법을 계획하고 실행할 책임이 있다. 여기에는 기관 행정가들에게 관련된 정보데이터를 제공하고, 문제를 표현하는 임원회의를 추천하고, 다른 직원들과 합동으로 작업하고, 필수적인 내부서비스 교육에 참가하는 등의 활동을 포함한다.

③ **팀 성원**

많은 기관과 공공기관(예를 들어, 정신건강, 건강보호, 사회적응 세팅)에서 사회복지사는 클라이언트의 문제와 전달체계를 사정할 때 협동하는 치료팀의 일원으로서 기능한다. 팀들은 보통 정신과의사, 내과의사(일반적으로 팀의 리더가 된다), 심리학자, 사회복지사, 간호사, 사회복귀상담사, 직업적 치료사, 레크리에이션 치료사 등으로 구성된다. 팀 성원으로서 사회복지사는 가족 역동성과 관련된 지식을 발전시키는 데 기여하고, 가족 구성원들과 치료작업을 하는 데 관여한다. 또 팀 성원으로서 사회복지사는 종종 지역사회에서 적절하게 기능할 수 없는 환자들을 위해 퇴원계획을 조정하는 사례관리자의 역할도 수행한다.

④ **자문가**(consultant/consultee)

자문은 전문가가 사회복지사나 서비스제공자가 클라이언트에 대한 지식, 기술, 태도, 그리고 문제를 존중하는 태도를 증가시키고, 발전시키고, 수정하고 자유롭게 함으로써 클라이언트에게 더 효과적으로 서비스를 전달할 수 있게 하는 과정이다. 비록 사회복지사가 자문을 제공하고 받는 역할 모두를 수행한다고 하더라도, 과거 수년 동안 MSW 사회복지사가 자문을 받는 것보다는 자문 제공자로서의 역할을 더 많이 수행하는 경향이 존재했다. 사회복지사는 약물남용, 아동학대, 성문제 또는 전문지식이 필요한 특정한 문제에 대해서는 의사, 간호사, 정신과의사, 심리학자, 그리고 수준 높은 전문 사회복지사로부터 자문을 받아야 한다.

4) 연구자 · 조사활용자(researcher/research consumer)

사회복지사는 평가 가능한 개입방법을 선택하여 그들의 개입방법에 대한 효과성을 평가하고, 체계적으로 클라이언트의 발전을 모니터하기 위해 공 · 사적 세팅 모두에서 평가할 책임이 있다. 이러한 과정의 실행은 사회복지사로 하여금 연구를 지도하고 활용할 것을 요구한다.

사회복지사가 수행하는 실제 연구는 때로 단일사례연구설계를 포함한다. 이 조사설계유형은 사회복지사가 문제행동(예를 들어, 공격적이거나 폭력적인 행동, 과식, 약물남용)을 제거하거나 감소시키는 것, 혹은 없거나 불충분한 행동(예를 들어, 집안일을 하고, 긍정적인 메시지를 보내고, 금주를 하는 등의 행동)의 빈도수를 증가시키는 것을 목적으로 하는 개입방법을 실행하기 전에 문제행동의 정도를 측정하는 수단을 얻을 수 있게 한다. 아마 사회복지사는 미리 계획된 지점들과 척도상에서 목표성취의 등급을 매기기를 요구하는 목표성취척도(Goal Attainment Scaling)를 자주 사용할 것이다.

5) 체계개발 역할(system development)

사회복지사는 때때로 클라이언트의 욕구 불충족 사정, 예방적인 서비스에 대한 욕구, 서비스 간의 괴리, 혹은 현재 활용되고 있는 것과는 다른 개입방법에 의한 연구결과에 근거하여 기관의 서비스를 확대하거나 개선할 기회가 있다. 체계 발전과 관련된 역할들은 다음과 같다.

① 프로그램 개발자

앞서 지적했듯이 사회복지사는 클라이언트의 욕구 발생에 대응하여 서비스를 개발할 기회가 있다. 그러한 서비스에는 교육적인 프로그램(예를 들어, 십대 미혼모 대상), 지지집단(예를 들어, 강간 피해자, 알코올중독자의 자녀, 근친상간의 피해자), 그리고 기술개발 프로그램들(예를 들어, 스트레스관리, 양육, 적극적 자기표현 훈련집단)이 포함될 수 있다.

② 기획가(planner)

사회복지사는 지역사회 기획가에 대한 접근성이 떨어지는 작은 지역사회, 시골 지역, 신흥도시에서 보통 지역사회 지도자와 함께 기획하는 역할을 맡을 필요가 있다. 이 역할에서 그들은 공식, 비공식적으로 영향력 있는 사람들과 함께 욕구의 발생에 대응하여 프로그램들을 계획한다. 그러한 욕구들은 아동보호 프로그램, 노인과 장애인들을 위한 운송수단, 레크리에이션 프로그램, 건강보호 프로그램 등을 포함한다.

③ 정책과 절차 개발자

정책과 절차들을 제정하는 과정에 사회복지사가 참여하는 것은 직접적으로 클라이언트에게 서비스를 제공하는 기관들에 제한된다. 이러한 참여의 정도는 크게 기존의 기관 내의 행정방식에 의해 결정된다. 유능한 행정가는 전문직원들로부터 기관이 서비스 이용자들에게 좀더 효과적으로 대응할 수 있는 방법에 대한 정보를 얻어낸다. 사회복지사는 전면에 있기 때문에 클라이언트의 욕구를 평가하고 어떤 정책과 절차들이 클라이언트의 관심에 부합하는지 평가하는 전략적 위치에 놓여 있다. 따라서 사회복지사가 적극적으로 정책과 관련된 의사결정과정에 참여하려고 하는 것은 중요하다.

④ 옹호자(advocate)

사회복지사가 클라이언트 개인을 옹호하는 것과 마찬가지로, 필요한 자원을 제공하고 사회정의를 강화하는 것을 목적으로 하는 사회정책과 법령을 지지하는 데 있어 클라이언트 집단과 다른 사회복지사, 그리고 결연을 맺은 전문가 집단들과 함께 해야 한다. 이 옹호자의 역할은 15장에서 상세히 다룰 것이다.

제 3 장

원조과정

Overview of the Helping Process

1. 다양한 이론가와 실천가들 사이에 존재하는 일반적인 요소들

개인, 부부, 가족, 집단, 다른 체계들과 함께 활동하는 사회복지사는 대조적인 인간행동이론을 끌어들이고, 다양한 실천모델들을 사용하고, 다양한 개입방법들을 실행하며, 수많은 클라이언트를 도와준다. 이렇게 다양한 요인들에 대해 모든 사회복지사는 클라이언트가 자신의 문제에 좀 더 효과적으로 대처하고 삶의 질을 향상시키도록 도와주는 활동을 한다. 어떤 사람들에게 현재의 해결방안은 더 이상 효과적이지 않기 때문에 사회복지 서비스를 획득하기 위해 내부요인 혹은 외부요인에 의해 동기를 갖게 된다.

따라서 이들은 사회복지사에게 이러한 내적 혹은 외적 문제들을 다룰 것을 요구하는 지원자(applicant)들이다 (Alcabes & Jones, 1985). 다른 많은 예에서 원조에 대한 욕구는 교사, 의사, 고용주, 혹은 가족 성원들에 의해 확인되어 왔고, 그들은 이러한 사람들의 요청에 의해 원조계약을 수립했다. 그러나 이런 사람들은 자신들이 직접 신청한 것이 아니기 때문에 의뢰된 자들(referrals)이라고 할 수 있다. 이때 의뢰된 자들 중에는 차이가 있는데 어떤 사람들은 원조를 구하는 것을 압력으로 인식하고 있는 반면, 다른 사람들은 적절한 도움을 발견하는 것이라고 파악한다. 그리고 또 다른 사람들은 적어도 현재 혹은 조만간 결정될 법적 위임에 의해 원조를 구하고자 할 때는 비자발적인 클라이언트이다. 신청자들, 의뢰된 자들, 그리고 피고들은 만일 그들이 계약을 체결할 수 있다면, 모두 잠재적인 클라이언트이다. 따라서 원조과정은 문제에 대한 긴장을 줄이고 주도권을 획득하는 방식으로 새로운 자원을 개발하거나 아직 활용되지 않은 자원들을 활용함으로써 평형상태를 다시 얻고, 문제해결능력을 키우려는 사람들을 돕는 것을 목적으로 한다.

클라이언트를 원조하는 접근이 어떠하든 간에 직접서비스를 제공하는 사회복지사는 문제해결과정을 활용한다. 나아가 그들은 클라이언트의 문제에 관련된 상이한 체계들과 활동하는 데 있어서 의사소통기술을 활용한다.

이 장 첫 부분에서는 원조과정과 이 과정의 세 가지 특정한 단계들을 개괄적으로 소개하고, 다음 부분은 이러한 단계에 대해 각각 설명한다. 그리고 이 장 마지막 부분은 인터뷰와 관련된 구조와 과정에 초점을 맞추고 있다. 여기에서는 구조, 과정, 그리고 가족과 집단을 대상으로 한, 과정을 수정하는 것과 관련된 기술들을 다루고 있다.

2. 원조과정

비자발적인 클라이언트는 많은 사회복지실천 세팅에서 대다수를 차지한다. 이들은 원조과정을 원하는 것이 아니라 오히려 원조가 필요하다는 다른 사람들의 압력에 대해 반응한 것이라고 할 수 있다. 그러한 사람들과 함께 하는 원조과정에서는 사회복지사를 만나보도록 이끈 이 압력들에 대해 탐색해야 하며, 또 이러한 잠재적인 클라이언트가 어떻게 원조과정을 받아들일 수 있을 것인지 주의 깊게 살펴보아야 한다. 우리는 어떤 외부의 압력도 받지 않고 서비스를 신청하는 자발적인 클라이언트를 다룬다고 가정하기보다, 오히려 잠재적인 클라이언트가 압력에 응답하고 있을 가능성을 먼저 고려하는 것이 더 적절하다. 이러한 역할, 기대, 그리고 사회복지사를 만나도록 영향을 미치는 압력에 대해 탐색하는 것을 역할의 사회화(role socialization)라 한다.

이러한 사회화 단계를 넘어서 실제로 모든 사회복지이론가들은 원조과정이 세 가지 주요한 단계로 이루어져 있다는 사실에 동의한다. 각각의 단계는 명확한 목적이 있고, 원조과정은 점차 이러한 단계를 통해 성공적으로 진행된다. 그러나 이러한 단계들은 활용된 활동과 기술들에 의해 명확하게 구분되지는 않는다. 세 단계의 활동들과 기술들은 종류보다는 빈도와 강도에 있어 더욱 차이가 드러난다. 예를 들어, 탐색과 사정의 과정은 1단계에서 중심적이지만, 이러한 단계들은 원조과정의 다음 단계에서는 다소 중요성이 줄어든 채 지속된다. 주된 세 단계는 다음과 같다.

1) 1단계 — 탐색, 계약, 사정, 계획

이 단계는 클라이언트의 문제를 해결하고 문제해결 기술을 증진시키는 것을 목적으로 하는 개입실행과 전략의 기본적인 토대이다. 이 단계에서 수행되어야 하는 관련 과정들과 과업들은 다음과 같다.

① 자료수집과 문제탐색

클라이언트의 문제를 탐색하는 과정은 클라이언트 개인, 문제, 그리고 계약을 의뢰하는 데 영향을 주는 환경요인들에 대한 포괄적인 자료를 수집하는 것이다.

계약은 그것을 초래한 환경들을 탐색하는 것에서 시작한다. 많은 세팅에서 자발적인 클라이언트는 소수이고, 자발적인 클라이언트 중에서도 종종 다른 사람의 제안이나 압력에 의해서 온 경우가 많다. 많은 경우 사회복지사는 접수형태나 그들을 계약을 하러 오게 한 환경에 대한 자원으로부터 정보를 얻을 것이다. 사회복지사는 클라이언트 자신이 시작한 계약에 대해 미친 동기는 어떤 것인지, 외부의 힘에 대해 반응하는 동기는 어느 정도인지 결정하도록 할 수 있다. 또한 이러한 초기계약의 목적에 대해 명확하고 간단하게 설명해야 하며 사회복지사가 어떻게 도움을 줄 수 있는지에 대해 탐색하도록 격려해야 한다.

② 라포수립과 동기강화

라포(rappport)를 수립하고 동기를 강화한다. 계약을 성공적으로 수립하는 것은 사회복지사가 돕고자 하는 의도에서 클라이언트의 위협을 줄이고 신뢰하면서 라포를 수립하는 것을 의미한다. 비자발적인 클라이언트의 경우, 원조과정에 대해 종종 의심하게 된다. 그들은 스스로 문제가 있다고 생각하지 않고 자신의 어려운 상황을 다른 사람이나 환경 탓으로 돌린다. 따라서 사회복지사는 이들의 부정적인 감정을 중화시키고 클라이언트의 문제들을 다룰 때 장점과 단점을 평가하고, 인식된 문제들에 대해 개입하기 위한 동기를 부여해야 한다.

③ 문제사정 및 체계와 관련된 자원확인

문제에 대해 다차원적으로 사정한 것을 정식화하고, 어려운 문제에서 중요한 역할을 수행하는 체계들을 확인하고, 개발될 수 있거나 개발되어야 하는 관련 자원들을 확인한다.

④ **목표설정과 계약**

문제상황을 개선하기 위해 달성되어야 하는 목표들이나 문제상황을 완화하는 것을 상호 결정하거나 계약을 정식화한다.

사회복지사와 클라이언트가 상호 계약을 정식화하는 것은 중요한 과정이다. 왜냐하면 그것은 원조과정을 명확하게 하고, 클라이언트에게 그들이 실제로 무엇을 기대하고 기대받을 수 있는지 명확하게 하기 때문이다.

⑤ **의뢰**

클라이언트의 문제를 탐색하는 과정에서 종종 현재 존재하고 있는 문제들을 개선하기 위해 필요한 자원과 서비스가 기관이 제공할 수 있는 것 이상으로 필요할 때가 있다. 그러한 경우에는 자원과 서비스를 제공해줄 수 있는 다른 기관으로 의뢰하는 것이 필요할지도 모른다. 클라이언트는 절실하게 필요한 자원들을 활용하기 위해 필요한 지식, 기술, 자원이 부족하기 때문에, 사회복지사는 그런 경우에 사례관리자의 역할을 해야 한다.

2) 2단계 — 실행과 목표성취

상호간에 계약을 정식화한 후에 사회복지사와 클라이언트는 문제해결과정, 즉 실행과 목표성취 단계의 중심으로 들어가게 된다. 2단계는 사회복지사와 개인 클라이언트, 부부, 가족, 혹은 집단 간에 정식화된 계획을 행동으로 옮기는 활동을 포함한다. 따라서 참가자들은 가장 중요한 문제를 성취하는 것을 목표로 하여 노력한다. 이러한 과정은 목표달성을 위해 일반적인 과업으로 세분하여 설명하는 것으로 시작한다. 이러한 일반적인 과업은 사회복지사가 한 세션에서 다음 세션 사이에 무엇을 해야 하는지 계획을 세운 세부적인 과업들로 나누어진다(Epstein, 1988; Reid, 1992; Robinson, 1930; Taft, 1937).[1] 과업들은 클라이언트의 개인적 기능과 관련될 수도 있고, 클라이언트의 환경에 속해 있는 다른 사람들과 상호작용을 할 수도 있으며, 다른 자원체계들(예를 들어, 학교, 병원, 혹은 법률기관)과의 상호작용과 연관될 수 있다.

클라이언트와 목표를 정식화한 이후에, 사회복지사는 클라이언트가 세운 목표와 부수적인 과업들을 실행하도록 도와주기 위해 계획된 개입방법들을 선택하고 실행한다. 개입방법은 문제와 클라이언트의 상호협상과 정확한 사정을 통해 도출된 목표들과 직접적으로 관련되어야 한다. 사회복지사가 클라이언트의 문제에 대한 그들의 생각과 그러한 문제들의 독특성을 고려하지 않고 보편적인 개입방법을 사용했을 때 원조는 종종 실패한다.

(1) 자기효능성 강화(enhancing self-efficacy)

자기효능성은 어떤 사람이 과업을 성공적으로 실행할 수 있거나 특정한 목표들과 관련된 행동들을 수행할 수 있다는 기대나 믿음을 말한다. 자기효능성을 강화하기 위한 가장 강력한 수단은 실제로 클라이언트가 그들의 목표를 달성할 때 필수적으로 필요한 행동들을 수행하도록 도와주는 것이다.

(2) 진행과정 조정(monitoring progress)

목표를 달성하는 방향으로 나아가는 과정에서 기본적인 규칙에 따라 진행과정을 조정하는 것은 중요하다. 그 이유는 다음과 같이 설명할 수 있다.

① 변화전략과 개입방법의 효과성을 평가하기 위해
② 목표를 달성하고자 하는 클라이언트의 노력을 지도하기 위해
③ 진행과정 혹은 진행과정의 불충분함에 대한 클라이

1) 개별사회사업을 구조화하는 데 있어 세부적인 단계와 그 단계마다의 과업들에 대한 생각은 본래 제시 타프트(Jessie Taft)와 버지니아 로빈슨(Virginia Robinson)과 기능학교 (The Functional School)에 의해 발전되었다. 그 생각은 이후에 과업중심 접근에서 리드(Reid, 1922)와 엡슈타인(Epstein, 1988)에 의해 정교화 되었다.

언트의 반응을 파악하기 위해
④ 목표달성에 집중하고 진행과정을 평가하기 위해

(3) 목표달성에 대한 장애물(barriers to goal accomplishment)

목표를 달성하는 과정에서 클라이언트는 장애물을 접하게 되고 걱정, 불확실함, 두려움으로 인해 문제를 해결하고자 하는 방향과는 다른 반응들을 경험하게 된다. 장애물은 변화하는 과정 속에서 잠재적으로 존재하고 있기 때문에, 사회복지사는 클라이언트의 노력이 의미하는 바에 민감해야 하고, 이러한 장애물을 극복하도록 돕는 데 있어 기술적이어야 한다.

(4) 관계의 반작용(relational reaction)

사회복지사와 클라이언트는 함께 문제를 해결해 나갈 때 목표를 달성하는 데 장애물이 되거나 그들 간의 효과적인 관계를 해칠지도 모르는 감정적인 반응을 경험하게 된다. 예를 들면, 클라이언트는 실망, 무기력, 상처, 분노, 거부, 친밀함에 대한 갈망, 혹은 목표를 달성하기 위한 진행과정을 방해할 수 있는 많은 다른 감정적인 반응을 경험할지도 모른다. 이러한 관계적인 반작용은 부모와 다른 중요한 주변인물들과의 관계에서 얻은 부적절한 태도와 믿음을 표현하는 것이다. 따라서 사회복지사는 관계적 반작용에 민감해야 한다. 그들은 클라이언트가 불쾌해 하는 반응을 알아야 하며, 그것을 다루는 방법에 대해 알고 있어야 한다.

(5) 클라이언트의 자기인식 강화(enhancing client' s self-awareness)

자기인식은 자아실현의 첫 단계이다. 많은 자발적인 클라이언트는 자신을 더 충분히 이해하고자 하며, 그들은 이전에 사장되었거나 거부되었던 표현을 더 아는 것을 통해 도움을 얻을 수 있다. 사회복지사는 목표달성 단계 동안 부가적으로 감정이입적인 반응을 활용함으로써 자기발견의 과정을 촉진시킨다.

(6) 자아의 활용(use of self)

관계를 원조하는 것이 목표달성 단계 동안 강화됨에 따라, 사회복지사는 점차 그들 자신을 성장과 달성을 촉진하기 위한 도구로 사용한다.

3) 3단계 — 종료, 계획유지전략, 평가

원조관계의 최종 단계는 네 가지의 양상을 띤다.

① 개인과 집단의 목표가 만족스럽게 달성되었을 때 이를 평가하고 종결계획을 세운다.
② 원조관계의 종결을 성공적으로 달성한다.
③ 변화 유지와 종결 이후의 지속적인 성장을 위한 계획을 세운다.
④ 원조과정 결과를 평가한다.

종결시기의 결정에서 종결이 초기 계약을 수립할 때 미리 결정되었을 때는 정해진 대로 나아간다. 또한 종결시기에 대한 결정문제는 개인이나 집단의 목표가 명확할 때(예를 들어, 직업을 구한다거나 특정집단의 활동을 실행하거나 아이들의 교육을 보장하는 등)는 간단하게 결정된다.

그러나 제한이 없는 성장이나 변화를 포함한 목표와 판단은 만족스러운 정도의 변화가 달성된 시기에 대해 상호적으로 결정되어야 한다. 그러한 목표의 예를 들자면 자아존중감의 증가, 효과적인 의사소통, 사회적응, 갈등의 효과적인 해결과 같은 것이다.

(1) 성공적인 원조관계 종결

사회복지사와 클라이언트의 종결에 대한 반응은 때로 자존감과 성취감을 반영하여 긍정적이다(Fortune, Pearlingi, & Rochelle, 1992). 사회복지사와 계약을 수립한 클라이언트는 법적으로 위임을 받았거나 그렇지 않으면

[표 3-1] 원조과정의 단계와 이를 구성하는 활동들과 과정들

1단계(탐색, 사정, 계획)	2단계(실행, 목표달성)	3단계(종결과 평가)
· 라포형성(적절한 워밍업 기간 활용) · 클라이언트가 있는 곳에서 출발 · 클라이언트의 문제와 생태학적 맥락 탐색 : 문제를 깊이 탐색하고 초점을 유지하고 중요한 질문에 답하기 위한 정보 도출 · 클라이언트의 감정적 반작용에 반응 · 만일 문제가 기관의 기능에 적합하다면 결정 · 필요할 경우에 클라이언트 의뢰 · 클라이언트의 기대 탐색 · 부족한 동기 강화 · 다차원적인 사정을 정식화 · 목표를 협상하고 우선순위에 따라 그것의 등급을 정함 · 역할 정의 · 계약 수립	· 목표를 하위목표와 과업으로 구분 · 개입방법의 선택과 실행 · 과업실행 계획 · 자기 효능성 강화 · 세션 내에서 초점 유지 · 세션 간 지속성 유지 · 진행과정 모니터 · 변화를 가로막는 장애물 해결: 감정이입방법을 활용하거나 관계적 반작용을 활용하여 인식을 강화하고, 직면기술이나 다른 기술들을 활용하여 변화에 대한 저항 해소 · 변화를 촉진시키기 위해 자기노출과 자기주장 활용	· 종결을 위한 결과 평가 · 상호 종결 계획 · 관계를 효과적이고 긍정적으로 종결 · 변화상태를 유지하고 성장을 지속시키기 위한 전략 계획 · 결과 평가 · 사후관리 평가 실행

외부의 엄격한 조사와 압력이 제거된 상황에서 안도감을 느낄지도 모른다. 결론적으로 종결은 클라이언트에게 복합적인 감정을 느끼게 만드는 경향이 있다. 그들은 사회복지사에게 깊은 감사를 느낄지도 모른다. 그러나 비록 클라이언트가 직면하고 있는 미래의 도전에 대해 긍정적으로 생각하더라도, 그들은 때때로 사회복지사와의 관계가 종결된 이후에 상실감을 느낄 수도 있다. 게다가 독립적으로 문제에 대처하는 능력에 대한 불안함이 그들의 낙관주의와 혼합되어 나타날 수도 있다.

오랜 기간 동안 원조과정에 참여하면서, 클라이언트는 때로 사회복지사에게 강한 애착을 갖게 된다. 그러한 클라이언트에게 종결은 중요한 감정적인 욕구를 만족시켜온 관계가 사라진다는 고통스러운 과정을 의미한다. 심리적인 스트레스를 최소화하면서 효과적으로 종결하기 위해서는 그러한 반응과정을 통해 클라이언트를 원조할 때 감정적 반응과 기술을 파악하는 것이 필요하다.

(2) 변화-유지전략에 대한 계획

최근에 사회복지사는 점차 변화된 상태를 유지하고 공식적인 서비스가 종결된 이후에도 성장을 지속할 수 있는 전략을 발전시키기 위한 요구에 대해 관심을 가져왔다. 이러한 관심은 상당수의 클라이언트가 종결 이후에 이전의 역기능적인 행동방식으로 되돌아가는 결과를 살피면서 증진되어왔다. 결과적으로 변화상태를 유지하기 위한 전략들은 많은 관심을 받고 있다. 이 부분은 20장에서 상세하게 다룰 것이다.

(3) 결과 평가

문제해결과정의 최종적인 단계는 결과를 평가하는 것이다. 평가는 사회복지사와 기관으로 하여금 재정자원과 서비스를 소비하는 클라이언트의 책임감에 대한 요구에 대응할 수 있게 하기 때문에 중요하다. 나아가 결과를 평가함으로써 사회복지사는 활용된 개입방법의 효과성을 검증할 수 있고, 그것들의 성공과 실패, 그리고 만족스러운 결과를 얻어내는 과정을 조정할 수 있다.

3. 요약

이 장에서 우리는 보편적인 관점에서 원조과정의 세 단계를 살펴보았다. [표 3-1]에서는 원조과정을 구성하는 요소와 다양한 인터뷰 과정의 상호관계를 나타냈다.

제 4 장

사회복지실천의 핵심가치의 운용

Operationalizing the Cardinal Social Work Values

1. 개인적 가치와 전문적 가치의 상호작용

이 장에서 우리는 전문적 사회복지의 기본 가치들을 소개하고, 이러한 가치들이 특정한 실천상황에서 어떻게 적용되는지를 보여주고자 한다. 이 장을 읽을 때, 사회복지사는 자신이 갖고 있는 가치를 분석하여 사회복지 가치와의 일치성을 평가할 것을 요구받는 상황에 놓이게 될 것이다. 또한 숙련된 사회복지사조차 가치 딜레마에 빠지게 하는 상황을 소개받을 것이다.

개인의 가치는 실제 원조과정에서 사회복지사의 행위에 크게 영향을 미친다. 왜냐하면 사회복지사의 믿음과 태도는 필연적으로 클라이언트를 대하는 사회복지사의 감정과 행동에 영향을 미치기 때문이다. 이러한 이유로, 사회복지사가 매일매일 클라이언트와 대면할 때 사회복지사는 자신의 가치가 어떤 역할을 하는지 평가해야 한다. 사회복지사가 이러한 가치들을 모르는 한, 사회복지사는 자주 그것을 알지도 못한 채 클라이언트에게 적용하려 할 것이다.

클라이언트에게 가치를 강요할 경우에 나타나는 다섯 가지 주요한 결과가 있는데, 첫째는 클라이언트의 자기결정권과 상반되는 것이다.

둘째는 클라이언트가 새로운 가치를 내면화할 때까지 자기의 고유한 가치와 상반되는 행동을 하게 될 경우에는 죄의식을 불러일으킬 수 있다.

셋째 결과는 많은 클라이언트가 그들에게 가치를 강제하려고 하는 것에 대해서 분노하고 반대하는 것이다.

가치를 강요할 경우에 나타나는 넷째 결과는 사회복지사는 가치갈등을 겪고 있는 클라이언트를 돕기 위해서 그들 자신의 고유한 가치들을 알아야 한다는 것이다. 그렇지 않을 경우에는 클라이언트의 다양한 가치선호와 관련된 이슈와 결과를 조심스럽게 탐색하고 분석하기보다는 무의식적으로 자신이 갖고 있는 가치들을 부여하려 할지도 모른다.

물론 클라이언트의 문제는 역기능적인 가치와 관련된 자멸적인 행동으로부터 나오는 것일 수도 있다. 따라서 사회복지사는 클라이언트와 관련된 가치와 그 가치에서 초래될 결과를 인지한 상태에서 좋은 선택을 할 수 있도록 도와줄 책임이 있다. 그러한 상황에서 사회복지사의 동기는 건설적이라고 할 수 있다. 왜냐하면 이러한 동기는 클라이언트의 욕구에 기반을 두고 있기 때문이다. 반대로 사회복지사 자신이 갖고 있는 가치가 옳다고 확신하여 클라이언트를 자신의 가치로 바꾸려고 시도하는 것은, 클라이언트가 아닌 사회복지사의 욕구를 만족시키는 것이다.

마지막 결과는 사회복지사는 때로 클라이언트의 문화와 갈등관계에 있는 조직적 혹은 문화적인 가치를 대표할 수도 있다는 것이다.

2. 사회복지실천의 기본 가치

사회복지에서 기본적인 가치를 운용할 수 있도록 하고, 특정한 실천상황에서 대응할 때, 그러한 가치를 잘 반영하기 위해서 전문가의 기본적인 가치로부터 나온 다음과 같은 가치와 개념을 설명하고자 한다.

1) 사회복지실천의 기본 가치

(1) 모든 인간은 그들의 삶의 문제를 다루고 잠재적인 능력을 개발하는 데 필요한 자원을 가질 가치가 있다

사회복지실천에 대한 역사적 정의는 사회적 관계에서 개인의 안녕에 중점을 두는 전문적인 활동이다. 사회복지실천의 기본 토대는 삶 속에 있는 문제를 발견하고, 기여하고, 규정하는 환경적 요소에 주목하는 것이다(NASW, 1995: 2). 결과적으로 "사회복지사는 클라이언트가 필요로 하는 자원을 획득하도록 도와줄 책임이 있다(CSWE, 1994: 139). 이런 가치를 실행하기 위해서 사회복지사에게는 가치와 지역사회의 자원을 활용하는 지식과 기술 그리고 인간의 욕구를 효과적으로 충족시킬 정책과 프로그램을 개발하고 실행하려는 의지와 책임감이 필요하다.

사회복지사는 일반적으로 이러한 가치에 대해 강한 책임감을 나타낸다. 그러나 어떤 특정한 상황에 적용되었을 때, 그러한 책임이나 헌신은 줄어들 수도 있다. 이러한 상황에서 신념의 갈등과 개인의 편견이 나타나게 되고, 궁극적으로는 클라이언트가 자원을 획득하도록 돕는 책임을 대신하게 하는 태도를 취할지도 모른다.

클라이언트의 욕구에 긍정적으로 반응하거나 혹은 대응할 때 장애물이 존재하는데 이는 다음과 같다.

- 사회복지사의 판단적인 태도
- 사회복지사나 중요한 다른 사람들에게서 개발되어야 하는 잠재성을 인식하지 못하는 것
- 관료주의나 많은 노력이 필요함으로 해서 욕구를 지원하지 않으려는 태도
- 사회복지사와 다른 사람들이 요구하는 입법화를 적극적으로 지지하지 않는 태도
- 사회복지사와 클라이언트가 모두 잠재적인 사회복귀(재활) 서비스를 무시하는 태도
- 판단적인 태도나 혹은 시기적절한 방법으로 단호하게 개입하는 것에 실패할 경우

사회복지사는 사회복지의 실천상황에서 위와 같은 반응이나 다른 추가적인 반응을 경험할 것이다. 그러한 반응은 초보 사회복지사 사이에서는 일반적인데, 이는 사회복지사가 개인적 가치를 세밀하게 검토하지 않았기 때문이다. 만일 사회복지사가 실천상황에서 부정적인 반응을 경험할 경우에, 과도하게 놀랄 필요는 없지만 이러한 반응은 자기인식의 증대와 추가적인 경험의 필요성을 나타내는 것이라고 인식해야 한다.

(2) 모든 인간은 고유의 가치와 존엄성이 있다

이 가치는 NASW의 윤리강령과 미국사회복지교육협회의 인가기준서에 모두 반영되어 있다. 윤리강령의 가치 III은, "사회복지사는 개인이 갖고 있는 고유한 존엄성과 가치를 존중해야 한다"라고 명시하고 있다. 그리고 인가기준서는, "사회복지사의 전문적 관계는 개인의 가치와 존엄성에 근거해서 형성된다"고 명시하고 있다. 이 기본가치는 사회복지사가 모든 인간은 과거 혹은 현재 그들의 행동, 믿음, 생활양식, 혹은 삶에서의 지위와 관계없이 고유한 가치가 있다고 믿고 있음을 의미한다. 그들이 자신들의 책임감을 실천으로 옮길 때, 사회복지사는 그들이 원조하

고 있는 클라이언트의 존엄성과 자기가치(self-worth)를 확신해야 한다. 이러한 가치는 전문적 원조활동에서 보편적으로 받아들여지면서 몇 가지 관련된 개념들을 구체화하였는데, 이것은 무조건적인 긍정적 보상, 비지배적인 온정(nonpossessive warmth), 수용, 그리고 존중과 같이 다양하게 나타난다.

① **수용**

비록 이러한 가치는 유대 기독교와 인본주의의 도덕적 믿음에서 출발하였지만 원조과정과 관련된 실용적인 의미도 있다. 클라이언트는 위험을 무릅쓰고 자신의 개인적인 문제를 공유하고 깊은 감정을 표현하기 전에, 먼저 자신들이 충분히 수용되었음을 느껴야 하고 사회복지사의 선의와 돕고자 하는 의지를 경험해야 한다. 많은 사람들이 원조를 요구하거나 받아들일 때 큰 상처를 받으며, 자신을 부적절한 사람 혹은 실패한 사람으로 볼지도 모른다는 불안함을 경험하게 된다는 사실을 유념해야 한다. 취약성은 클라이언트가 주장한 행동이 도덕적 위반, 학대, 아동유기, 부정행위, 그리고 일반적으로 사회적 규범을 위반하는 다른 행동을 포함할 때 더욱 커진다. 이러한 주장은 종종 비자발적인 상황과 일치하는데, 그 결과 잠재적인 클라이언트는 사회복지사가 자신을 비난할지도 모른다는 생각에 신경을 곤두세운 채 원조관계를 시작한다. 보통 이러한 클라이언트는 비판받고 비난받아왔으므로 사회복지사가 자신을 판단할 것이라는 기대와 두려움이 있을 것이라는 점은 쉽게 이해될 수 있다.

② **판단유보**

사회복지사의 역할은 판단하는 것이 아니라 클라이언트와 같이 그들의 어려움을 이해하고 그들이 스스로 해결책을 찾도록 도와주는 것이다. 판단하는 역할은 법률이나 교회법 권한의 영역에 있는 것이다. 따라서 사회복지사는 클라이언트가 선하다, 악하다, 가치가 있다, 잘못이 있다, 혹은 잘못이 없다와 같이 판단하는 것을 피해야 한다. 이와 유사하게 클라이언트가 자신의 곤란한 문제로 인해 어느 정도 비난받아야 하는지에 대해 사회복지사가 결정하려고 하는 것은 부적절하다. 이런 점에서 다양한 문제가 있는 많은 사람들에게 서비스를 제공하는 숙련된 사회복지사를 신참자보다 덜 판단적이라고 믿는다. 숙련된 사회복지사는 다른 사람의 삶의 경험을 많이 이해하면 할수록 더 많이 수용하게 된다는 것을 경험을 통해 배웠기 때문이다.

따라서 사회복지사는 클라이언트를 곤란한 상황에 처한 사람으로 보아야 한다. 그리고 게으름, 무책임, 비행, 강간, 알코올중독, 혹은 매춘과 같은 낙인에 따라 인식하는 것을 피해야 한다. 사회복지사가 클라이언트에 대해 더 많이 알수록, 그들 중 많은 사람이 학대, 거부, 혹은 착취적인 행동의 희생자라는 사실을 발견하게 될 것이다. 또한 많은 클라이언트가 중요한 발달기간 동안 지속적인 애정과 인정을 받지 못하였고, 그 결과 자존감이 줄어들었음을 이해해야 한다. 지속적인 존중과 수용은 클라이언트가 건전한 정신건강을 형성하는 데 필수적인 자존감을 획득하도록 도와준다.

판단을 유보하는 것은 사회복지사가 불법적, 비도덕적 학대, 착취, 혹은 무책임한 행동을 묵인하거나 승인하는 것을 의미하는 것은 아니다. 사회복지사는 그들 자신의 가치와 윤리강령이 있으며, 아동유기, 강간, 난폭한 범죄와 같은 행동을 거부한다. 게다가 전문직으로서의 사회복지 실천과 개인으로서의 사회복지사는 사람들이 사회의 법칙에 따라 살도록 도와줄 책임이 있다.

사회복지사는 곤란한 상황에 처한 사람들을 비난하지 않는 목적을 클라이언트 자신이 곤경에 처했을 때 자신의 책임을 스스로 회피하려는 데 도움을 주는 것으로 잘못 이해해서는 안 된다. 실제로 많은 경우에 클라이언트가 자신이 실행하는 부분에 대해 인식하고 그것에 따라 자신의 행동을 수정하려고 노력할 때에만 변화는 가능하다. 책임소재를 남에게 떠넘기는 것과 자신의 책임으로 인정하는 것의 차이점은 전자가 처벌적이기 쉬운 반면에 후자는 곤란한 상황을 개선하기 위한 긍정적인 의도에서 나온다는 사실이다.

앞에서 전개된 논의의 의미는, 사회복지사인 자신과 다른 사람들에게 공격적인 행동을 하는 사람들을 판단하지 않으면서 자신의 가치를 타인에게 부여하지 않은 채 잘 유지해야 한다(사람들과 효과적으로 연관짓는 것을 방해하는 것을 제외하고)는 것이다. 또 다른 도전은 사람들이 사회적으로 수용될 수 없는 행동과 관련된 가치에 대해 논의할 때, 사회복지사가 확연하게 당황하거나 실망하지 않을 정도로 평상심을 발전시키는 것이다. 특히 취약한 영역을 확인할 때 가치 명확화 연습이 도움이 될 것이다.

③ 개방성

사회복지사가 개방성과 자신의 가치에 반대되는 행동을 하는 사람들을 수용하는 능력을 발전시키지 못한다면 사회복지실천의 효과성은 줄어들 것이다. 왜냐하면 다른 사람에게 부정적인 감정을 숨기는 것은 불가능하기 때문이다. 사회복지사가 특정한 클라이언트에 대한 부정적인 감정을 숨긴다고 하더라도, 클라이언트는 빨리 무성의함을 식별하기 때문에 사회복지사는 그들을 원조하는 데 성공하지 못할 가능성이 크다. 사회복지사가 개방성과 수용 능력을 증대시키려고 할 때, 자신과 확연하게 다른 믿음, 생활양식, 그리고 행동방식을 가진 사람과 협조하는 것이 도움이 될 것이다. 사회복지사가 그들의 독특성을 경험할 때 사회복지사는 이것을 자신을 풍부하게 하는 기회로 간주하는 것이 좋다. 실제로 개방적인 사람은 차이를 재충전과 자극의 기회로 삼으면서 그러한 기회를 잘 활용한다. 나아가 사람들에게 동기를 부여하는 요인을 이해하는 것도 호기심을 자극할 수 있다. 모든 유형의 사람들을 관련시키는 기회를 갖고, 그들을 이해하려는 노력을 함으로써 사회복지사는 인간의 다양성과 복잡성에 대해 더 깊이 이해할 수 있을 것이다. 그렇게 할 때, 사회복지사는 판단을 내리지 않게 될 것이고, 그 과정에서 개인적인 성장을 이룰 수 있을 것이다.

(3) 가치 명확화

사회복지사가 지속적으로 보호와 관심을 표명하면서 클라이언트를 있는 그대로 따뜻하게 수용할 때, 클라이언트는 점차 방어적인 태도를 줄일 가능성이 있다. 신뢰와 상호 존중의 분위기가 발전되면서, 클라이언트는 사회복지사에게 선의를 느끼고 감사하게 된다. 수용은 클라이언트의 말을 주의 깊게 들음으로써, 클라이언트가 표명한 감정에 민감하게 반응함으로써, 사회복지사가 또한 관심을 보여주는 표정, 목소리 억양, 몸짓을 통해서 클라이언트를 편안하게 해주는 것이다.

수용은 아마도 지속적으로 클라이언트와 그들이 갖고 있는 어려움을 이해하려고 노력할 때 가장 강력하게 이루어질 수 있다. 특히 사회복지사가 감정이입적 반응에 뒤이어 하는 말은 그들을 이해하려는 책임감을 나타낸다. 비록 사회복지사가 클라이언트의 말 전부를 충분히 이해하지 못하더라도, 맡은 분야에서 그렇게 하기 위해 진정으로 노력한다면 그것은 나타날 것이고 평가될 것이다. 클라이언트의 문제를 탐색하려는 조심스러운 노력은 관심, 이해하려는 책임감, 그리고 어려움에 처해 있는 클라이언트를 도우려는 바람을 표현하는 것이다.

위에서 언급했듯이 수용은 또한 사회복지사의 온정을 통해 표현된다. 비록 온정의 요소를 정의하기는 어렵지만, 온정적인 사람이 주의 깊고, 클라이언트가 표명한 감정의 뉘앙스를 반영하는 잘 조절된 목소리로 말한다는 것은 잘 알려져 있다. 반대로 강세없는 목소리는 지루함을 나타내는 것으로 받아들여지기 쉬운 반면, 빠르고 톡톡 튀는 말투는 긴장감을 유발하는 흥분된 특성을 지닌다.

비록 자신의 말투를 바꿀 수 없더라도, 사회복지사는 자신의 상담 녹음 기록을 듣고 말 속에 들어 있는 긍정적, 부정적 유형을 확인함으로써 온정을 증대시킬 수 있다. 예를 들어, 만일 사회복지사가 특정 지점에서 클라이언트에 대한 관심을 전달하고 싶은데 자신의 억양이 적절하게 그러한 관심을 전달하지 못한다면, 사회복지사는 기대하는 억양을 얻을 때까지 억양을 조절하는 연습을 함으로써 효과를 얻을 수도 있다. 역할연습(role-play) 후에 동료들과 피드백 과정을 거치는 것도 도움이 될 것이다.

온정적으로 되기 위한 과도한 노력은 사회복지사가 기대하는 것과 정반대의 결과를 초래할 수도 있다. 특히 자신이 상처받지 않기 위해 습관적으로 다른 사람과 상당한 거리를 유지하는 어떤 클라이언트는 과도한 친근함과 온정을 두려워하기 때문이다. 또 어떤 사람들은 과도한 온정을 부적절하고 진실하지 못하고 혹은 유혹적인 것으로 간주할 수도 있다. 이것은 특히 의뢰된 클라이언트나 비자발적 클라이언트를 다룰 때 적용된다. 감정적 친밀감을 환영하거나 허용하는 정도는 클라이언트에 따라 다양하기 때문에 사회복지사는 클라이언트가 허용하는 범위를 넘어서는 친근함을 나타내지 말아야 한다. 온정적이고 활달한 태도는 긍정적인 원조관계를 만들고, 클라이언트도 그것에 대해 고마움을 표시한다. 그러나 반대로 지나치게 과장된 친밀감은 어떤 사람들의 감정을 상하게 할 수 있다.

2) 수용과 존중을 위협하는 다른 요인

사회복지사와 클라이언트 간의 가치 차이 그리고 특정한 클라이언트 집단에 대한 고정관념과 편견 외에도, 클라이언트의 특정한 행동유형은 사회복지사의 관용과 클라이언트의 존엄성을 주장하는 사회복지사의 능력을 심각하게 시험할지 모르는 또 다른 위협적인 요인이다. 물론 이러한 행동유형들은 결코 클라이언트에게 한정된 것은 아니고, 상황에 따라 그러한 행동은 관계를 긴장시키는 부정적인 상호작용을 만들어내게 된다. 클라이언트에 대한 수용과 존중은 원조과정에서 필수불가결한 요소이기 때문에, 사회복지사가 이러한 행동에 대한 자신의 반응에 대해 잘 알고 있고, 원조관계를 보호하는 반응유형을 발전시키는 것이 중요하다.

사회복지사는 개인적인 특성에 있어 매우 다양하기 때문에, 각각의 개인은 특정한 행동유형에 부정적으로 반응하게 될 수도 있다. 이 책에서는 수용과 존중을 위협하는 모든 행동유형을 다 설명하지는 않지만 가장 일상적으로 마주치는 종류의 행동을 한정시켜 검토하였고, 문제 행동과 정상적인 시각 모두를 소개함으로써, 이에 대한 이해를 높이려고 한다. 다음에 소개하는 행동유형은 자발적인 클라이언트보다 비자발적인 클라이언트에게서 더 발생하기 쉬운 행동들이다.

(1) 무력감

무기력한 행동의 위협적인 측면은 사회복지사가 클라이언트의 장점과 능력을 과소평가하게 되어 클라이언트의 어려운 상황의 해결을 책임짐으로써 클라이언트의 의존심을 조장하고 강화시킨다는 것이다. 다음에 소개하는 것은 무력감의 전형적인 사례들이다.

사춘기 아들을 둔 어머니

저는 래리(Larry)와 무엇을 해야 할지 모르겠어요. 제가 그 애 뜻대로 하도록 두지 않으면 그 애는 벅찬 주문을 요구하면서 화를 냅니다. 전 무엇을 해야 할지 알 수가 없어요. 그 애는 착한 아이지만 너무 고집이 세서 뭔가 뜻대로 안 될 때는 울고 팔을 비틀어요. 제발 그 애와 이야기를 좀 해주세요. 그리고 그 애가 지금 불쌍한 엄마를 얼마나 힘들게 하고 있는지 알 수 있게 해주세요. 전 어찌할 바를 모르겠답니다.

독신여성

전 갈 곳이 아무 데도 없고 저에게 관심을 가져주는 사람이 아무도 없어요. 당신은 나를 어떻게 도와줄 수 있지요?

무기력한 행동에 대한 설명은 매우 다양하다. 그 중 하나는 잠재적인 클라이언트가 전문적인 원조활동에 관하여 아무런 경험이 없기 때문에, 자신의 역할은 전문가의 자문을 받아들이는 것이라고 기대하는 것이다. 클라이언트가 서비스를 받도록 명령을 받은 경우에, 그들은 "나는 자비로움 속에 있다"고 믿으며, 사회복지사를 위협하지 않는 것이 자신들의 문제해결을 돕는 사회복지사를 도와주는 것이라고 생각한다. 사회심리학자들은, 목적을 더 잘 달성하기 위해 다른 이들이 자신에 대해 품는 인상을 조종하려는 노력을 '자기표현전략(self-presentation strategies)' 이라는 용어로 설명한다(Friedlander & Schwartz, 1985). 클라이언트는 그들이 바라는 바를 사회복지사로부터 쉽게 얻을 수 있다고 믿을 때, 그러한 전략을 시도한다.

이런 경우, 클라이언트의 압박에 대응하여 사회복지사가 주도권을 쥐는 것은 클라이언트의 강점을 존중하지 않는 것이며, 클라이언트가 사회복지사를 문제해결의 전능자라고 비현실적인 잘못된 기대를 하도록 만드는 것이다. 게다가 클라이언트 문제 해결의 부담을 비현실적으로 떠맡으므로써 자기결정이라는 기본적인 가치를 소홀히 하게 된다.

물론 많은 클라이언트는 문제에 성공적으로 대처하는 것에 실패한 후에야 무력감을 느껴서 도움을 구한다. 이러한 경우에 사회복지사의 임무는 의존심을 키우기보다는 희망을 불러일으키고, 동기를 강화하고, 행동 개선과정에 적극적으로 참여하도록 돕는 것이다. 이를 위해 클라이언트와 우리 자신에게 기대되는 역할을 명확히 규명할 필요가 있다. 독신 여성의 말에 대해 반응할 때 사회복지사는 이렇게 말할 수 있을 것이다.

> "당신이 위험한 상황에서 살고 있다고 말하고 있군요. 그리고 단지 그 말을 하는 것이 도움이 될 수 있을 것인지 의문스러워 할지도 모릅니다. 저는 당신의 안전과 주거에 관한 문제에 대해 쉽게 답을 하지 못하겠습니다. 우리 함께 이 문제를 한번 살펴보고 가장 해결이 가능한 것에서 출발해 봅시다. 당신 자신의 삶에 대해서는 당신이 전문가이고, 저는 이러한 문제를 처리할 때 당신을 위해 무엇을 할 수 있는지 알 수가 없습니다. 그러나 저는 우리가 함께 이 심각한 상황을 잘 분석함으로써 개선할 수 있다는 것은 알고 있습니다."

문제해결과정에 적극적으로 참여하는 클라이언트는 자신을 변화의 원인으로 간주하고 사회복지사에게 소극적으로 의존하기보다는 상호 선택된 행동과정을 따른다(Feld & Radin, 1982). 강점에 기반을 둔 시각을 채택하고 책임감 있고 독립적인 행동에 대한 기대를 표현하는 것도 희망, 자기존중, 그리고 변화전략실행의 책임을 촉진시킨다.

사회복지사는 자신의 고유 문화를 지키는 이민자들과 소수민족집단에 대해서도 수용과 존중에 있어서의 특별한 위협을 알아야 한다. 영어로 의사소통을 할 수 없는 사람들이나 미국사회에 낯선 사람들은 개인적 결함보다는 그들의 상황적 맥락을 반영하는 의존심과 무기력함을 표명한다. 이러한 클라이언트 중 대부분이 본국에서는 충분히 자기역할을 수행했고 생산적인 시민이었다는 사실을 기억하는 것이 중요하다. 따라서 그들의 무력감은 그들을 존중하고, 관료적 행정절차의 미로 속에서 도와주고, 언어능력을 향상시키고, 활용할 수 있는 자원과 권리에 대한 지식을 얻게 해주는 지지체계와 연결시켜줌으로써 잠재적인 강점이 발휘될 수 있도록 할 수 있다.

낯선 환경에 대한 현실적 반응인 의존을 과도하게 받아들이는 것은 의존을 촉진시키고 확대시키는 것이다. 그러한 클라이언트에게 상황에 대한 대처능력을 향상시키고, 새로운 기술을 가르치고, 지지 연결망을 개발하기 위해 그들과 소속감을 갖고 활동하고, 필요할 때 직접적인 도움을 제공하여 그들이 새로운 환경 속에서 적응할 수 있도록 도와주어야 한다.

(2) 침묵과 철회

침묵과 철회로 표현되는 위협은 과도한 의존이나 무력감과 유사하다. 침묵이나 철회에 직면했을 때, 초보 사회복지사는 대화를 계속 유지해야 한다는 과도한 책임감을 떠 안기 쉽다.

침묵이 어느 정도의 긴장감을 만들어내긴 하지만, 사회복지사가 대화의 주도권을 계속 차지함으로써 그러한 긴장에 대처하는 것은 사회복지사로 하여금 비생산적인 독백만 늘어놓게 하고 좌절감을 맛보게 한다. 게다가 대화의 주도권을 지속적으로 이끌어가는 것은 여러 세션 중 변화를 어렵게 하는 하나의 유형을 설정하게 된다. 왜냐하면 클라이언트는 이것을 규범이라고 가정하게 될 것이고, 사회복지사가 침묵을 깨뜨려주기를 소극적으로 기다릴 것이기 때문이다. 사회복지사가 다른 클라이언트와 함께 주도권을 쥐는 것은 클라이언트에게 상담을 통제하도록 하는 힘을 제공하는 것이다. 그럼에도 불구하고 침묵을 유지하면 사회복지사의 걱정을 유발할 수 있음을 깨닫고, 침묵을 일부러 적대적인 방법으로 이용하는 클라이언트도 있을 수 있다.

이러한 이유로 사회복지사는 과도하게 불편을 느끼지 않으면서 침묵을 허용하는 법을 배우는 것이 중요하다. 비록 성공적인 상담에서는 침묵하는 일이 거의 없지만 그렇다고 계속 얘기하기를 기대하는 것도 비현실적이다. 클라이언트와 사회복지사 중 한 명이 생각이나 감정을 정리할 순간이 필요하거나, 클라이언트가 주어진 주제에 대해서 이야기를 다 해버려 다른 주제로 넘어가기 전에 생각을 정리할 필요가 있을 때, 침묵은 자연스럽게 일어난다. 어떤 클라이언트는 전혀 쉬지 않고 많은 정보를 드러내는 반면에, 어떤 이들은 언어구사능력이 부족하거나 개인적인 정보를 드러내는 것을 어렵게 생각한다. 후자의 경우에, 사회복지사는 정보를 끌어내는 데 적극적일 필요가 있다. 침묵이 격심한 불안을 만들지도 모르기 때문에 그러한데, 특히 불안정하고 신경이 과민한 클라이언트의 경우에는 더욱 그러하다. 이러한 클라이언트는 침묵을 상대방에 대한 관심 부족 혹은 거절의 표시로 잘못 이해할지도 모른다. 수동성은 지속적으로 주도권을 쥐는 것과 마찬가지로 바람직하지 않다. 그러나 "천천히 하세요. 당신이 그 문제를 의논하는 게 힘들다는 거 알아요." 와 같은 말을 사용해서 클라이언트가 침묵하도록 허용하는 것이 적절한 경우가 있다. 가령, 클라이언트가 고통스러운 주제를 의논하고 있거나 어떤 문제를 심사숙고하고 있을 때가 그러하다.

침묵은 또한 변화에 대한 반대이거나 사회복지사에 대한 부정적 혹은 긍정적인 강한 감정의 표시일지도 모른다. 이러한 역동성은 일반적으로 원조과정의 후반부에 발생한다. 이러한 상황을 처리하기 위해 필요한 기술에 대해서는 19장에서 논의할 것이다. 현재로서는 현저한 침묵은 사회복지사가 만일 해결하지 않는다면, 진행과정에 커다란 장애물이 될지도 모르는 생각과 느낌에 가로놓인 탐색으로 초점을 전환할 필요를 알리는 표시임을 지적하는 것으로 충분하다.

침묵을 깨는 것은 클라이언트의 유형과 상황적 맥락에 따라 결정되어야 한다. 사회복지사는 클라이언트의 관심에 따라 계속 침묵할 것인지 아니면 침묵을 깰 것인지에 대해 충분히 유연한 자세를 취해야 한다는 것이 다 그렇지 않으면 사회복지사는 대화를 유지하기 위해 클라이언트에게서 적절한 책임수단을 가질 기회를 무의식적으로 박탈할지도 모른다. 마찬가지로, 사회복지사가 의존과 수동성을 촉진하는 의사소통유형을 만들어냄으로써 원조관계를 손상시킬지 모른다는 것도 중요한 문제다.

(3) 공격적이고 기분이 언짢은 행동

클라이언트와 수용의 가치를 서로 연관시키는 데 있어서 가장 큰 위협은 아마도 클라이언트의 공격적이고 언짢은 행동일 것이다. 이것은 비행청소년이나 교정기관 입소자의 경우에 종종 나타나지만 이들에게만 제한되어 있는 것은 아니다. 공격적인 행동은 사회복지사의 능력, 성실성, 또는 동기에 도전하는 언어적인 공격을 포함할 수도 있다. 또는 사회복지사의 지위, 외모, 말, 혹은 개인적인 행동의 여러 다른 측면에 대한 직접적인 모욕을 포함할지도 모른다. 클라이언트의 분노는 많은 요소에서 나온다. 어떤 클라이언트는 분노 표출을 부추기는 자극이 거의 없어도 사람들에게 화를 잘 낸다. 이러한 행동은 종종 잠재적인 클라이언트가 상담 상황을 위험한 것으로 보고 있다는 가장 명확한 표시이다. 언어적 혹은 신체적 위협은 잠재적으로 위협적인 상황에서 힘을 얻기 위해 고안된 자기표현전략의 형태일 수 있다.

공격적인 행동에 대한 또 다른 설명은 잠재적인 클라이언트가 소중한 자유에 대해 유도저항(reactance)이나 위협을 경험하고 있다는 것이다(Brehm, 1976). 유도저항은 클라이언트가 자신의 바람과 무관하게 바람직하지 않은 변화가 자신을 침범한다고 느낄 때 발생하기 쉽다(Brehm, 1991). 이 때에는 클라이언트의 부정적인 반응에 초점을 맞추는 대신에, 이렇게 묻는 것이 더 유용하다. "무엇에 반응하고 있습니까? 어떤 소중한 자유가 위협받고 있습니까?" 그리하면 유도저항은 강요된 선택과 요구조건을 충족시키는 대안을 강조함으로써 줄어들 수 있고, 특히 무엇이 변해야 하고, 어떤 자유가 남아 있어야 하는지 정확하고 자세하게 설명함으로써 줄어들 수 있다.

원인이 무엇이든지 간에, 공격적인 말에 대한 자연스러운 반응은 방어적인 감정을 갖거나, 똑같이 화를 냄으로써 분노에 맞서거나, 다른 사람에게 실상을 털어놓는 것이다. 마찬가지로 비자발적인 클라이언트가 가끔 노려보는 것을 제외하고는 눈을 마주치는 것을 피하면서 언짢아 할 때 나타나는 자연스러운 반응은 짜증을 내거나 행동을 똑바로 하도록 클라이언트를 타이르는 것이다. 그러나 이러한 방어적인 반응이나 역공격은 더 많은 공격과 역공격을 초래하면서 상황을 악화시키고 계속하여 문제를 점증시킬 뿐이다. 그러한 점증적 확대는 종종 자기 좌절적이고, 그것이 문제를 바로 처리하지 않을 때 상황을 악화시킬지도 모른다.

그렇다면 공격적이고 도발적인 행동에는 어떻게 대응해야 하는가? 먼저 방어적으로 반응하려는 사회복지사 자신의 성향을 다스리는 것이 필요하다. 클라이언트의 적대감이 다른 자원에서 옮겨졌음을 인식하는 것은 클라이언트의 언어적 공격이나 언짢은 행동을 사회복지사가 개인적으로 받아들이지 않도록 도와주기 때문에 위협을 느끼지 않고 편안하게 반응하도록 도와준다. 적대적인 감정을 해소하기 위해서는 클라이언트가 갖고 있는 분노의 감정을 약화시키도록 도와주는 것이 중요하다. 이것은 감정이입적인 반응을 보일 때 가장 잘 나타난다. 즉 감정표현을 많이 하는 것뿐만 아니라, 클라이언트에 대한 존중과 이해의 감정을 전달해야 한다. 클라이언트의 분노는 또한 특정한 사회복지실천의 역할이나 위협적인 기능(예를 들어, 아동유기에 관한 고소를 조사하는 것)에서 나올지도 모른다. 그러한 경우에, 사회복지사는 감정이입적으로 반응해야 한다. 감정이입적인 반응은 적대적인 감정을 해소함으로써 분노를 진정시키고, 클라이언트의 감정과 관련된 요인들에 대해 더 합리적으로 탐색하게 한다.

또한 사회복지사는 자신이 클라이언트의 독설의 지속적인 표적이 되어서는 안 된다는 사실을 인식하는 것이 중요하다. 일정기간 동안 감정이입적인 반응이 클라이언트의 분노를 완화시키지 못하든지 또는 반대로 상황이 적절하든지 간에, 사회복지사는 확실하게 클라이언트의 도발적이거나 독설적인 행동으로 받은 영향을 표현해야 한다(5장 참고). 클라이언트가 그들의 공격적이고 도발적인 행동에 대해 구체적인 피드백을 받는 것은 중요하다. 특히 그 행동이 중요한 관계에서 확연하게 드러나는 지속적이고 반복적인 행동유형인 것 같다면 더욱 중요하다. 도발적인 행동이 클라이언트의 행동 속에서 계속 나타나는 이유 중의 하나는, 다른 사람들이 클라이언트의 행동이 그들에게 미치는 부정적인 반응과 그러한 행동이 자신들의 관계에 미치는 해로운 영향을 확실하게 표현하지 않고, 방어적으로만 반응해왔기 때문이다. 나아가 만일 사회복지사와 클라이언트 간의 관계가 충분히 발전되고 클라이언트가 순종적이라면, 사회복지사는 클라이언트와 함께 다음의 변화 노력을 통해 도발적인 행동을 수정할 가능성을 탐색하고 싶어할지도 모른다.

자신의 분노를 처리하는 효과적인 방법을 아직 발전시켜 보지 못한 사회복지사에게는 분노표출에 대해 개방적이고도 비방어적으로 반응하기란 어렵다. 한 조사(Bandura, Lipsher, & Miller, 1960)는 사회적 개입방법에서 자신의 부정적인 감정을 표현하지 않는 사회복지사가 클라이언트를 무시하고 대상을 바꾸고 혹은 다른 기피방법을 활용함으로써 그들의 공격적인 감정을 피하려는 경향이 있음을 나타내고 있다. 불행하게도 그러한 경우에, 클라이언트는 종종 원조과정에 해를 입히면서 부정적인 감정과 싸우게 된다. 따라서 자기인식(self-awareness)은 공격적인 행동에 쉽게 대응하는 데 있어 필수적이다. 이 장의 마지막 부분은 공격적인 행동을 다루는 정형화된 반응뿐만 아니라 실천을 보여줄 것이다.

(4) 교묘하게 속이고 착취하는 행동

공격적인 행동과 유사하게, 사회복지사에게 영향을 미치는 것은 클라이언트가 교묘하게 속이고 착취하는 행동이다(Hepworth, 1993). 이러한 행동들은 속거나 착취에 대한 분노를 나타내는 자연스러운 반응이다. 어떤 경우에는 분노 역시 잘 속거나 착취당하도록 만든 자신의 실수에 대한 혐오감에서 나온다. 예를 들어, 한 초보 사회복지사는 교정기관에서 일시적인 휴가를 받은 비행청소년에게 긍정적인 경험을 제공하려고 하였다. 사회복지사는 그 청소년에게 새 옷을 사주고, 영화를 보여주고, 그 아이를 위해서 노력했다. 그 아이는 기관으로 찾아와서 깊은 감사를 표현했다. 그러나 그 직후에 그에게 감사해하던 클라이언트가 자신의 열쇠를 훔쳤다는 사실을 발견했을 때 사회복지사는 극도로 분노하게 되었다.

교묘하게 남을 속이는 행동을 하는 클라이언트가 가치와 존엄성이 있다고 믿는 것은 정말 자비롭고 인내심이 많은 사회복지사에게조차도 수용하기 힘든 것이다. 그러나 그 사람을 수용하는 것이 착취적인 행동을 묵인하거나 무시하는 것을 의미하는 것은 아니다. 그러한 경우에 사회복지사는 속임수에 대해 실망감을 표시하면서 진솔한 방식으로 클라이언트를 대할 필요가 있다. 이것은 직면(confrontation)과 다른 기술들을 현명하게 사용하는 것을 포함한다.

원조관계를 위태롭게 하는 것보다는 직면을 용이하게 하는 것이 궁극적으로 원조관계를 강화하는 것이다. 왜냐하면 직면은 클라이언트가 자유를 상실할 수 있고 다른 사람들로부터 사회적 비난과 추방을 당할 수 있는 행동에 대해서 그들이 가치 있고 중요하다는 것을 보여주는 행동이기 때문이다. 클라이언트가 어떻게 자신의 목적을 성취할 수 있을지, 어떻게 사회복지사가 클라이언트를 도울 수 있을지, 그리고 목적을 달성하는 데 방해가 되는 속이는 행동을 어떻게 다룰 것인지 이러한 사항에 대해 명확하게 하는 것은 추구하는 목적을 보호할 수 있는 매우 중요한 방법이다(Rooney, 1992: 143).

(5) 스스로 삼가는 행동(self-effacing behavior)

어떤 클라이언트는 사회복지사의 능력에 대해 아첨하거나 혹은 과도하게 혹평한다. 그러한 행동은 다양한 방식으로 설명될 수 있다. 첫 번째 가정에 의하면, 그 행동은 클라이언트가 자존감이 낮다는 사실을 나타낸다. 두 번째 가정에 의하면, 클라이언트는 사회복지사가 중요한 자원을 통제한다는 사실을 파악하고 있으며, 그것을 받기 위해서는 단순히 요구만 해서는 안 된다고 믿고 있다는 것이다. 세 번째 가정에 따르면 그러한 행동유형들은 어떤 문화와 제도 속에서 문화적으로 지지되는 것으로 클라이언트가 전문적인 활동에 대해 아주 높은 존경을 보여주는 행동이라는 것이다.

첫 번째 가정에서는, 어떤 클라이언트는 자신을 비하시키고, 계속 자책하는 등의 자신의 부족함과 무가치함에 대한 강한 느낌을 가지고 있음을 드러낸다. 그리고 비위를 맞추고 아첨을 하면서 사회복지사를 포함한 다른 사람의 인정을 받으려고 노력한다.

두 번째 가정에서는, 자기표현이론에서 설명하는 것처럼 아첨이 중요한 목적을 달성하는 방법으로 사용될 수 있다는 것을 다시 한번 이해하도록 도와준다. 절실하게 원하는 직업을 위해서는 전부가 솔직한 방법은 아니지만 좋은 인상을 만들도록 도와주는 다양한 전략을 사용하는 것과 유사하다. 예를 들어, 결점을 설명하라는 요구를 받았을 때, 많은 사람들이 "전 원조하고 있는 클라이언트에게 직접적으로 너무 헌신하다 보니 때로 그것을 사무보다 우선적으로 여깁니다" 라고 말하기보다는, "전 때로 일에 너무 짓눌리다 보니 그것을 사무처리하듯 다룬답니다." 라고 말하는 것을 택한다.

자기표현이론은 환심을 사는 행동(다른 사람의 의견에

아첨하고 동의하는 것), 자아증진(self-promotion, 자신의 능력을 강조), 그리고 도덕적 모범(개인의 도덕적 가치를 강조)을 포함하는 전략들에 대해 설명해준다(Rooney, 1992: 140). 이러한 용어들은 대부분 불명예스러운 오명을 나타낸다. 그러나 흥미롭게도 구직 안내서에는 대부분 이 용어들을 "여러분의 강점을 선전하는 것"과 같은 좀더 긍정적인 용어로 재구성하고 있다. 결론적으로 만일 불성실하게 노력하는 것이 사회복지사 자신에게 영향을 미친다고 느낀다면 사회복지사는 스스로 "그 클라이언트는 내가 자신의 매우 중요한 자원을 통제한다고 생각할까?" 라고 자문해보아야 할 것이다. 좋은 직장을 구하는 것과 같이 아주 중요한 목적을 위하여 자기표현전략을 사용한다는 것을 아는 것은, 클라이언트가 사회복지사를 보육, 필요한 재정자원, 혹은 유리한 재판에 필요한 권고와 같은 중요한 자원에 영향을 미칠 수 있는 사람으로 인식하고 있는지 여부를 파악하는 좋은 방법이다.

마지막으로 사회복지사는, 전문가에게는 존경과 존중으로써 대우해야 한다는 문화적인 배경을 체득해온 클라이언트도 있음을 고려해야 한다. 어떤 행동은 보상하고, 제도적으로 승인된 목적에 부합하지 않는 것을 선택하는 것과 같은 독단적인 행동을 막는 것은 공공세팅의 경우에도 마찬가지로 적용된다. 그러한 조건에서, 사회복지사가 그러한 행동이 역할기대를 통해 어떻게 학습되고 보상되는지, 클라이언트가 문제해결과정에서 적극적이고 성실한 역할을 하도록 어떻게 기대되는지 이해하는 것은 중요하다.

적절한 시기에 클라이언트로 하여금 그들 자신이 삼가는 행동과 그것의 반복적 특성, 그리고 그들의 행동이 자신과 다른 사람들에게 미치는 영향을 관찰하도록 도와주는 것은 중요하다. 사회복지사는 그러한 자기 패배적인 행동을 완화시키고, 더 기능적이고 단호한 관계형성방식을 취하기 위해 원조하고 있는 클라이언트의 목적을 가지고 이를 실행한다.

반복적인 유형과 같은 행동을 하는 클라이언트에게 있어서는, 사회복지사가 그들의 강점과 문제해결능력뿐만 아니라 그들의 가치와 존엄성을 확신하고 대하는 것이 중요하다. 사회복지사가 일정을 속여야 할 때, 사회복지사가 약속에 늦고, 상담을 짧게 끝내고, 다른 사람들보다 클라이언트와의 약속시간을 변경하는 것은 흔한 일이다. 비록 이런 클라이언트가 마지못해 동의하더라도, 그들은 상처받고 실망하고 원망한다는 사실을 파악하는 것이 중요하다. 게다가 그들은 자신의 가치가 부족하다는 증거로 받아들이기 쉽다.

사회복지사는 클라이언트가 다른 사람들로부터 많은 기대를 받을 권리가 있다고 믿게 도와줌으로써 그들을 존중하는 마음을 전달하고, 그들의 자존감을 향상시킬 수 있다. 사회복지사는 종종 클라이언트의 아첨하는 행동 뒤에 숨겨져 있는 진솔한 감정을 강조하고 조율함으로써 단호한 행동을 키울 수 있다. 그러한 감정이입적 반응은 부정적인 감정을 합리화하고 클라이언트가 이전에 억압받았거나 거부되었던 감정에 닿을 수 있게 한다. 점차적으로 클라이언트가 비난받거나 거부되지 않고 부정적 감정을 표현하려고 하면서, 그들은 사회복지사가 다른 사람에 대해 실제 혹은 상상의 기대에 맞추는 것과는 다른 방식으로 평가할 수 있다는 사실을 알게 된다. 결국 사회복지사가 친절하고 감정이입적이어서 클라이언트가 존중받을 완전한 권리가 있다고 생각한다면, 클라이언트는 점차 자존감을 획득해갈 것이다.

(6) 순응하지 않는 행동 혹은 치료에 집중하지 않는 행동

클라이언트를 수용과 존중으로 대응하려는 태도에 대해 위협을 가하는 또 다른 행동유형이 있는데, 이는 순응하지 않는 수동적인 행동이다. 마이켄바움(Meichenbaum)과 터크(Turk)는 순응하지 않는 행동은 '치료에 집중하지 않는 행동(treatment non-adherence)'으로 재규정할 것을 제안한다. 집중하지 않는 행동에는 사회복지사의 지속적인 가르침을 따르는 데 대한 실패에서부터 부적절한 승낙까지 포함된다고 한다. 그리고 '치료에 순응하지 않음' 이라는 용어는 클라이언트에게 책임을 전가한다는 의미이지 클라이언트와 전문가 사이의 계약에 있어서 그런 행위의 원인을 미해결 상태로 남기는 것은 아니다. 예를 들어, 클라이언트는 사회복지사, 의사, 유망한 고용주들과 동의한 약속을 지키지 못할 수도 있다. 혹은 그들이 실행하기로 합의한 중대한 행동(예를 들어, 아동에 대한 의료적 처방을 따르는 것)을 수행하지 않을 수도 있다. 그러한 행동을 설명하는 가장 직접적인 가설은, 사회복지사가 공유된 목적이나 합의 혹은 그것에 도달하는 수단을 잘못 가정하고 있다는 것이다. 유도저항이론에서 나온 두 번째 가설은, 클라이언트가 자신에게 기대된 행동을 수행하지 않음으로써 자신이 해야 할 일을 결정할 자유를 거듭 주장하고 있다는 것이다(Brehm, 1976). 클라이언트는 만일 자신에게 주어진 과업이 법적으로 위임된 것이 아니라면, 다른 사람들이 보기에 아무리 이익을 많이 주더라도 따르지 않을 자유가 있다. 이 경우 사회복지사는 목표를 공유할 것인지 혹은 클라이언트에게 강제할 것인지를 검토해야 한다. 만일 클라이언트가 목표를 받아들인다면, 클라이언트가 목표에 도달하기 위해 선택할 수 있는 또 다른 수단이 있는지, 제안한 행동을 실행하지 않아서 생긴 결과를 받아들일 것인지 여부를 검토해야 한다.

그러나 특정한 문화적 상황에서 치료에 순응하지 않는 태도에는 완전히 다른 의미가 있다. 예를 들어, 어떤 필리핀 사람들은 다른 사람이 자기 집에 초대하는 것을 거절하거나 다른 사람의 말에 공개적으로 동의하지 않는 행동을 무례하거나 공격적이라고 생각한다. 결과적으로 이러한 문화적 배경이 있는 사람들은 어떤 제안에 명백하게 동의하거나 행동과정을 계획하지만, 수동적인 무반응으로 실제 의도를 표현한다. 그러한 행동의 문화적 중요성을 이해하지 못한다면, 정확하지 못한 사정을 하게 되고 이런 클라이언트를 존중하지 못하게 된다.

그러나 문화적으로 중재적인 행동에 대해 잘 알고 있는 사회복지사는, 어떤 문제의 원인에 대해 클라이언트가 갖고 있는 믿음을 조심스럽고 민감하게 탐색한다. 그리고 클라이언트가 진심으로 받아들일 때까지 계획을 세우거나 제안하는 것을 미루고, 말로 표현되지 않는 부정적인 반응에 민감하게 주의를 기울인다. 클라이언트가 신뢰할 때, 사회복지사도 좀더 솔직하게 자신을 표현할 수 있도록 도와준다. 기대에 대한 문화적 차이를 분명하게 함으로써 사회복지사는 이러한 클라이언트가 새로운 행동을 할 위험을 무릅쓸 수 있도록 도와주어야 한다. 물론 그러한 가치와 믿음은 깊이 내재되어 있기 때문에 실제 행동에서의 변화는 점진적으로만 발생한다.

3) 모든 개인은 독특성과 개별성이 있다

수용적이고 판단하지 않는 태도와 동등하게 중요한 가치는, 모든 사람은 독특하고(unique), 사회복지사는 그들이 원조하는 클라이언트의 개별성(uniqueness)을 확신해야 한다는 것이다. 물론 인간은 신체적, 정신적 특성에 있어 폭넓은 차이가 있다. 게다가 그들의 삶의 경험은 무한히 다양하다. 결국 사람들은 외모, 가치관, 생리적 기능, 관심사, 재능, 동기, 목표, 가치, 감정적 · 행동적 형태, 그리고 많은 다른 요인들에서 다른 사람들과 차이가 있다.

(1) 독특성과 개별성

다른 사람의 독특성을 확신하기 위해, 사회복지사는 위에서 열거한 가치들에 충실해야 하고, 또한 사람들이 어떻게 인생을 살아가는지 이해하기 위해 노력하면서 그 사람의 세계로 들어가야 한다. 다른 사람의 입장에 서보려고 노력하는 것을 통해서만 사회복지사는 그 사람의 풍부하고 복잡한 개성을 충분히 이해할 수 있게 된다. 물론 다른 사람의 개별성을 확신하는 것은, 다른 사람들의 다양한 삶의 관점을 이해하는 것 이상이다. 다른 사람이 매순간 경험하고 있는 것을 알 수 있어야 하고, 그러한 경험의 타당성을 확신해야 한다.

다른 사람의 경험이 갖고 있는 타당성을 확신하는 것이 그 사람의 의견과 감정에 동의하거나 묵과하는 것을 의미하는 것은 아니다. 사회복지사의 역할 중 한 부분은, 사람들이 자신의 혼란스럽고 갈등하는 생각과 감정으로부터 빠져 나올 수 있도록 도와주는 것이다. 또 사실과 왜곡된 관점을 바로잡고, 비이성적인 반응을 실제와 구분할 수 있도록 도와주는 것이다. 이 역할을 수행하기 위해 사회복지사는 자신만의 독립성과 개별성을 갖고 있어야 한다. 그렇지 않으면 사회복지사는 클라이언트를 과도하게 규정할지도 모른다. 다른 사람의 경험을 확신하는 것은 그들의 경험을 정당화하는 것을 의미하며, 따라서 그 사람의 개인적 정체성과 자존감을 높이는 것을 의미한다.

개인의 독특성을 이해하는 것은, 한 집단에 대한 소속감을 통해 생기는 개인적 특성을 이해하는 것 이상이다. CSWE(1994)의 제안에 의하면, "사회복지사는 다양한 사람들의 독특한 특성에 대한 존중과 수용을 표현한다." 이러한 사람들은, "인종, 민족, 문화, 계급, 성(gender), 성적 취향, 종교, 신체적 혹은 정신적 능력, 나이, 국적에 의해 구분되는 집단" 등 모든 유형을 포함한다(CSWE, 1994: 140). 나아가 개정된 NASW 윤리강령은 문화적으로 유능한 실천지침으로 여겨지는데, 사회복지사는 자신의 클라이언트가 가진 문화적 기반에 대해 잘 알고 있어야 하고, 클라이언트의 문화에 맞으면서 다른 문화에 속한 사람들과 차별화된 서비스를 제공해야 한다고 제시한다(NASW, 1995: 8).

(2) 편견과 고정관념

사회복지사가 자신의 편견과 고정관념으로 인해 클라이언트의 개별성에 둔감해질 때, 개별성과 자존감을 확신시킬 기회를 잃어버리게 된다. 우호적 또는 비우호적 의미의 편견이 있기는 하지만, 일반적으로 편견은 실제 경험보다는 선입견에 기반을 두며 우호적이지 않은 판단이나 감정을 나타내는 용어로 사용하고 있다.

편견은 보통 인종, 민족, 성, 종교, 성적 취향, 사회경제적 지위, 정치적 신념, 생활방식 등이 다른 사람을 향한다. 그러한 편견은 일반적으로 제한적이고 부정확한 정보가 있고, 특정집단과 상호관계를 거의 혹은 전혀 하지 않아서 생긴 오해와 관련되어 있다. 예를 들어, 다양한 사회복지 전공학생들을 관찰해본 결과, 그들은 비행청소년이나 노인, 정신질환자와 이야기할 때 그들을 이상하게 여기고 애매하게 두려워하면서 비합리적인 공포를 드러낸다. 흥미롭게도 사회복지사는 선행자나 자유주의의 화신으로 인정받기는 하지만 스스로가 고정관념의 대상이 되어 왔다.

사람들이 특정집단과 자주 개인적으로 접촉할 때 편견은 줄어들거나 사라지는 경향이 있다. 그들이 실제 경험의 시험대에 놓이게 될 때, 그들은 차이점보다 유사점이 얼마나 많은지 더 잘 알게 되는 만큼 실제 차이는 줄어든다. 따라서 사람들은 편견으로부터 벗어나게 되고, 이전에는 이질적인 집단 구성원으로 간주하던 사람들을 권리와 가치가 있고 관심이 가는 개인으로 간주할 수 있게 된다.

틀에 박힌 고정관념은 특정집단에 소속되어 있는 다른 사람에 대해 고정적인 평가를 하는 편견과 밀접하게 관련되어 있다. 예를 들어, 어떤 사람들은 머리가 긴 남자들을 반항적이고 무책임하고 비도덕적이고 마약에 중독된 사람으로 생각한다. 이러한 낙인들이 그러한 개인들에게(머리가 짧은 남성과 여성에게도) 적용되는 것은 당연할지 모르지만, 다른 사람들에게는 전반적으로 부적절하다.

이와 같이 고정관념은 다른 사람의 독특성과 개별성을 확신하는 가치에 반대된다. 비록 고정관념이 필연적으로 다른 사람들에 대한 부정적인 판단을 반드시 포함하지는 않더라도, 그것은 사회복지사가 클라이언트의 잠재성에 대해 애매하게 알게 하는 부정확한 인식과 인습적인 사고를 포함한다. 결론적으로 사회복지사는 클라이언트가 이러한 잠재성을 현실화할 수 있도록 도우려는 노력을 막을지도 모른다. 심지어는 클라이언트가 자신을 충분히 발전시키려고 노력하는 것을 방해할지도 모른다.

사회복지사에게 가장 중요한 고정관념은 인종, 성역할과 관련하여 갖는 편견과 노인, 장애인, 문화적 다수와 현저하게 생활방식이 다른 집단에 대한 편견이다. 소수집단에 대한 고정관념은 우리 문화에서 일반적인 것이며, 전형적으로 아프리카인, 멕시코인, 이탈리아인, 폴란드인, 아일랜드인, 아메리카원주민, 유대인을 격하하는 농담들이 이를 입증한다.

(3) 다양한 고정관념

사회복지사는 클라이언트의 문화에 대해 이해하려고 노력함으로써 고정관념을 약화시킬 수도 있다. 만일 사회복지사가 한 문화에 대해 진정한 관심과 존중을 표시한다면, 그 문화의 구성원들은 지식을 넓히려는 사회복지사의 노력을 쉽게 수용할 것이다. 이 목적을 잘 받아들이고, 교차문화적(cross-cultural) 관계에서 잘 활동하는 것은 앞에서 언급한 것과 동일한 가치이다. 즉 다른 문화의 가치와 독특성을 확신하는 것이다. 만일 사회복지사가 다른 언어를 사용하는 문화집단과 폭넓게 활동하려 한다면, 그 언어를 배우는 것이 바람직하다. 클라이언트의 언어로 대화할 수 있는 능력은 원조관계를 촉진하고, 클라이언트와 그 문화에 대한 이해를 강화할 것이다. 사회복지사는 문화 간의 차이에 대해 개방적이고 다른 문화를 높이 평가함으로써 폭넓어지고 풍부해질 것이며, 자신의 문화보다 더 가치 있어 보이는 다른 문화의 가치를 내면화하게 될지도 모른다.

다른 문화의 가치와 독특성을 확신하는 것의 중요성을 강조하는 연구결과들이 있다. 멕시코계 미국인 클라이언트와의 개별사례 연구결과에서, 고메즈 등(Gomez, Zurcher, Farris, Becker, 1985)은 클라이언트의 서비스에 대한 만족도와 가장 관련성이 높은 (r=.43) 요인이 사회복지사의 "멕시코계 미국인으로서 클라이언트가 갖는 긍정적인 자아개념(self-concept)을 발전시키고 강화하는" 기술이었다는 사실을 발견했다.

사회복지사는 다른 문화를 직접 배울 기회가 거의 없었을 것이다. 하지만 사회복지사는 동료인 다른 민족과 접촉하고, 다른 문화의 실제 문헌이나 연구를 검토함으로써 지식을 얻을 수는 있다(많은 대학의 도서관들이 민족과 관련된 문헌들을 비치하고 있다). 또한 흑인 연구 프로그램과 같은 특정 소수집단과 관련된 프로그램에 참여할 수도 있다. 또 학생조직 내에서도 자원을 개발할 기회가 있는데 예를 들어, 학생들 내에서 문화적 향상을(cultural enrichment) 위한 프로그램을 조직하는 것이다.

성역할(sex role) 고정관념은 최근 사회복지사의 주된 관심사이며, 전문직 조직은 이러한 고정관념과 관련된 차별적인 관습을 철폐하려는 노력을 격렬하게 벌이고 있다. 성역할 고정관념은 또한 원조과정에 불리한 영향을 준다. 사회복지전공학생들과 사회복지사가 갖고 있는 성역할에 대한 고정적 인식의 정도와 관련된 연구들은, 전문가(특히 여성)들이 갖는 전통적이고 무정부주의적인 인식을 평등적인 인식으로 바꿔왔음을 지적하고 있다. 그러나 그 연구들이 결정적인 것은 아니고, 남성과 여성을 고정적이고 성과 연결된 관점으로 바라보는 것이 아닌 각자의 개별성을 증진시키려는 도전이 여전히 있다. 이러한 도전들에 대해서는 개인적인 노력을 할 필요가 있을 것이다. 예를 들어, 다벤포트(Davenport)와 라임즈(Reims, 1978)는 "임상학자들도 그들의 태도가 훈련 외적인 요인에 의해 영향을 받으며, 전문적 훈련 그 자체가 잠재적인 편견을 바로잡을 수는 없다는 사실을 알아야 한다(p.308)" 고 강조했다.

노인에 대한 고정적인 시각도 사정을 왜곡하고, 목적을 제한하며, 소수집단을 원조하려는 노력을 제한할지도 모른다. 사회적 기능에 있어 개인이 갖고 있는 문제가 나이로 인한 결점 탓으로 돌려질지도 모른다. 반대로 적절하지 못한 영양과 관련된 건강문제나 약물치료(medication)의 필요성은 단지 노령의 증상으로 무시될지도 모른다. 애정, 의미 있는 활동, 교제, 성적 만족에 대한 공통된 인간욕구가 충족되지 못한 것과 관련된 억압은 다른 방식으로 간과될지도 모른다. 많은 손실(에너지, 건강, 고용, 배우자, 지위, 소득감소)과 스트레스들은 일반적으로 노령과 관련되어 있음을 고려해야 하는데, 슬프게도 지역사회 건강센터의 2~3%만이 65세 이상의 노인이다(Butler, 1975).

노인들의 강점도 자주 간과되는데, 이로 인해 잘못된 사정을 하고 제한적인 계획을 하게 된다. 많은 미국인들이 갖고 있는 일반적인 고정관념은 노인들을 흔들의자에 앉아 있거나 노인센터에서 빙고게임을 하는 사람으로 생각하는 것이다. 그러나 새로운 기술을 획득하여 발전시키고, 생산적인 능력은 은퇴 연령에 이르렀다고 해서 멈추는 것은 아니다. 예를 들어, 토즈랜드(Toseland, 1977)는 노인들이 문제해결 기술을 숙달하고 사회적 기술을 강화하는 능력이 있다는 사실에 관한 연구결과를 발표했다. 노인 부부는 또한 부부치료와 성 치료(sex therapy)를 필요로 하며, 이것으로부터 혜택을 받을 수 있다(Sander, 1976).

신체 혹은 발달장애인에 대한 고정관념도 사회복지사로 하여금 클라이언트의 능력, 강점, 잠재성보다는 무능력에 관심을 갖도록 관점을 왜곡시킨다. 많은 사람들은 여전히 장애가 있는 사람들을 호기심과 동정의 대상으로 바라본다. 예를 들어, 해니(Haney)와 라빈(Rabin, 1984)은 각종 척수질환을 앓고 있는 사람들의 재사회화에 있어 주된 장애물로 부정적인 사회적 태도를 들었다. 이들 중 몇몇은 다른 사람들이 자신들을 응시하고, 줄곧 그들이 진열대 위에 놓여 있는 것처럼 느끼게 만든다고 보고한다. 그들의 장애에 대한 주제넘은 질문, 요청하지 않은 도움, 그리고 "나는 저렇게 사느니 죽는 편이 나을 것 같아"와 같은 귓속말은 장애가 있는 사람들의 권리를 빼앗는다(Weinberg, 1983).

발달장애인에 대한 사회적 태도는 아마도 신체장애인에 대한 것보다 훨씬 더 부정적이다. 게다가 많은 사람들은 발달장애가 있는 사람들이 그들의 장애에 대해 전혀 모르고 있고, 그들을 가리키는 용어들에 대해 무관심할 것이라는 잘못된 생각을 하고 있다. 심각한 신체적 장애가 있는 사람과 마찬가지로 발달장애가 있는 사람들은 다른 사람들이 응시하고 주제넘은 질문을 할 때 고통스러워한다. 이들 집단에 대한 낙인의 효과와 그것들을 극복하는 것이 갖는 의미는 더들리(Dudley, 1987)가 논의해 왔다.

사회복지사와 다른 건강보호 전문가들은, 그들에 대한 부정적인 사회적 태도를 극복하기 위해 노력하면서 장애가 있는 사람들과 함께 할 수 있다(그들의 능력을 존중하고 발전시키는 방향으로 그들과 함께 하는 것은 중요하다). 물론 사회복지사는 자신의 관점과 태도를 검토하는 것부터 시작해야 한다. 그리고 이 수준을 넘어 장애가 있는 사람들에게 기회를 제공하고 그들을 사회의 주류로 끌어들이는 정책들을 지지해야 한다. 이런 목적과 관련된 사회정책이 갖는 의미는 코드로글로우(Coudroglou)와 풀레(Poole, 1984)가 연구해 왔다.

사회복지사는 또한 지배적인 문화적 규범과 다른 생활양식과 성적 취향이 있는 사람들과 관련된 편견과 고정관념에 대해 알아야 하고 이를 고쳐 나가야 한다. 지금과 같이 다원화된 사회에서도 역시 많은 사람들은 바람직한 가족유형(아버지, 어머니, 자녀들로 구성된)에 대해 고정적인 생각을 하고 있으며, 삶의 형태가 다른 사람들을 비난한다. 사회복지사는 그러한 편견에 사로잡히지 말아야 하고, 다양한 형태의 가족구조에 대해 인정해야 하며, 공정하게 서비스를 제공해야 한다.

동성연애자에 대한 편견과 고정관념은 우리 사회에서 특히 공격적이다. 불행하게도 어떤 연구들(Wisniewski & Toomey, 1987)은 사회복지사의 상당수가 동성애공포증(예를 들어, 공포, 두려움, 혐오감)이 있다는 사실에 대해 '경험적 지지'를 나타낸다. 콜럼버스, 오하이오에서 조사한 임상 사회복지사 77명 중 1/3이 동성연애에 대한 태도 지표(Hudson & Ricketts, 1980)에서 동성애공포증이 있는 것으로 분류되는 점수를 얻었다. 동성애자에 대해 공포나 부정적인 태도를 보이고 있는 사회복지사는 그러한 클라이언트를 원조하는 과정에서 거의 도움이 되지 못하기 때문에, 이러한 발견은 확실히 관심대상이 된다.

그러나 필라델피아의 사회복지사 353명에 대한 이후 연구(Gillman, 1991)는, 교육과 정보를 제공하는 것이 동성애자에 대한 태도를 개선시킨다는 사실을 제시하면서 더 긍정적인 결과를 보고했다. 이러한 발견은 동성애자에 대해 비교적 긍정적인 태도를 나타낸 것인데, 응답자의 86%가 동성애를 받아들일 수 있는 생활양식으로 여기고, 94%가 이웃에 동성애자가 사는 것을 허용할 수 있다고 말했다.

HIV/AIDS를 보유한 동성애자와 함께 일하는 것에 대한 사회복지사의 태도는 덜 우호적인데, 응답자의 약 1/3이 HIV에 감염된 클라이언트를 원조하고 싶지 않다고 대답했다. 그러나 이러한 주저함은 동성애자에 대한 부정적인 태도보다는, AIDS에 대한 지식이 부족하고 병이 든 클라이언트와 함께 일하고 싶지 않은 것과 관련되어 있다. 흥미롭게도 AIDS에 대해 더 많은 지식이 있는 클라이언트는 AIDS에 감염된 클라이언트와 일하는 것에 대해 덜 공격적이다. 길만(Gillman, 1991)이 언급한 연구결과는, "사회복지사는 AIDS에 대해 많은 공포와 잘못된 편견이 있어서 그것이 클라이언트에게 서비스를 전달하는 것을 방해할지도 모른다고 생각한다"고 지적한다. 교육 관련 프로그램들의 필요성은 HIV/AIDS가 결국 모든 사회복지사의 전문적인 생활에 영향을 미칠 것이라는 관점에서 명백하다 (Shernoff, 1990). AIDS에 감염된 사람들은 사회복지사의 지지가 절실하게 필요하다. 왜냐하면 이러한 사람들은 사회적, 감정적 지지가 가장 필요한 시기에 사회로부터 고립감을 느낄 수 있기 때문이다.

동성애자에 대한 사회적 편견과 차별은 그들이 직장, 친구, 지위를 잃을 각오를 하고 스스로 추방당하고 학대받는 상황에 처하기보다는, 고립된 공간 속에 남아 있기를 선택하도록 많은 영향을 미친다(Roberts, Severinsen et al., 1992). 그러한 편견들로 인해 동성애자가 있는 가족들은 심각한 어려움을 겪게 되고, 따라서 이러한 가족들은 특별한 사회 서비스를 필요로 한다(Hall, 1978; Lewis, 1980; Wyers, 1987). 사회복지사의 임무는 동성애자 가족을 인정하고 그들의 특별한 정체성과 욕구를 인정하는 것이다 (Hall, 1978: 384).

홀이 제시한 임무는 여전히 다른 단계—개인의 편견이나 고정관념에 대해 아는 것—에 선행해야 한다. 우리 사회 내의 특정한 집단과 관련된 편견이나 고정관념을 갖는 것은 자연스러운 일이다. 사실 특정 집단에 대해 완전히 편견을 갖지 않는 것은 아마도 불가능할 것이다. 그러나 만일 특정 집단에 대한 편견이 있다고 생각한다면 그는 그것을 극복하기 위해 노력해야 하는 위치에 서 있음은 물론이다.

4) 자기결정

바이스텍(Biestek, 1957)은 자기결정(self-determination)을 "클라이언트가 스스로 선택하고 결정을 내릴 수 있는 자유로운 권리와 욕구가 있다는 점을 인식하는 것"으로 정의했다. NASW의 윤리강령도 "사회복지사는 클라이언트의 자기결정권을 존중하고, 증진시키고, 클라이언트가 자신의 목적을 확인하고 분명히 하려는 노력을 도와주어야 한다. 사회복지사는 전문적인 판단이 필요하고, 클라이언트의 행동이나 잠재적인 행동이 심각할 때 혹은 자신이나 다른 사람들이 급박한 위험에 처할 때, 클라이언트의 자기결정 권리를 제한할지도 모른다(NASW, 1995: 7)"고 지적하고 있다.

5) 비밀보장

사회복지사가 클라이언트의 가치를 확신하고 존중하는 마음을 전달하는 방법은 원조과정 동안 공개되지 않은 사적 정보들에 대해 비밀을 보장하는 것이다. 비밀보장 (safeguarding confidentiality)은 실천적, 윤리적, 그리고 법적 이유로 원조과정에 필수적이다. 실천적 관점에서 볼 때, 비밀보장에 대한 보증이 없다면 클라이언트는 자신의 사적인 면을 공개하려고 하지 않을 것이기 때문에 중요하다. 이것은 특히 클라이언트의 문제가 불륜, 비정상적인 성적 행동, 금지된 행동, 아동학대 등의 문제일 때 더욱 중요하다.

미국사회복지사협회(NASW) 윤리강령은 비밀보장에 대해 다음과 같이 설명한다.

- 사회복지사는 클라이언트의 사생활에 대한 권리를 존중해야 하며, 서비스를 제공하는 데 필요한 것이 아닌 한 클라이언트에게 사적 정보를 요구해서는 안 된다.

- 사회복지사는 클라이언트나 클라이언트를 대신하여 법적인 권한을 부여받은 사람의 적절한 동의가 있을 때는 비밀을 공개할 수 있다.
- 사회복지사는 전문서비스 과정에서 획득한 모든 정보를 보호해야 한다. 단, 클라이언트나 다른 사람들에게 심각하고 급박한 해를 끼치는 것을 막기 위해 공개가 필요할 때 혹은 법이나 규정이 클라이언트의 동의 없이 공개하는 것을 허가하거나 요구할 때는 예외적이다.
- 사회복지사는 비밀 정보를 공개하는 것에 대해, 사전에 클라이언트에게 알려야 한다.
- 사회복지사는 비밀의 성질과 비밀에 대한 클라이언트의 권리를 제한하는 것에 대해 클라이언트와 다른 이해 당사자들과 상의해야 한다.
- 사회복지사는 녹음 · 녹화하기 전, 혹은 그들의 활동을 제3자가 관찰하는 것에 대해 미리 클라이언트에게 동의를 구해야 한다.

6) 윤리적 딜레마의 조정

사회복지사는 종종 두 가지의 정당한 가치나 윤리 사이에서 갈등이 존재할 때, 하나의 가치나 윤리를 우선적으로 결정해야 하는 곤란한 상황을 경험하게 된다. 이런 윤리적 딜레마를 포함한 갈등은 사회복지사로 하여금 어려운 결정을 힘들게 내려야 하는 상황에 직면하게 한다. 그러나 리머(Reamer, 1989)는 이런 결정을 내려야 할 때 사회복지사를 도와줄 일반적인 윤리적 결정 지침을 제시하고 있다.

- 삶, 건강, 복지, 생활필수품에 대한 권리는 부, 교육, 여가와 같은 추가적인 재화에 대한 기회와 비밀에 대한 권리에 우선한다.
- 개인의 복지에 대한 기본적인 권리는 다른 사람의 사생활, 자유, 혹은 자기결정에 대한 권리에 우선한다. 따라서 아이들이 의료적인 치료를 받을 권리와 욕구는 부모가 종교적 신념으로 치료를 중지할 권리에 우선한다.
- 자기결정에 대한 사람들의 권리는 그들의 기본적인 복지에 대한 권리에 우선한다. 이 원칙은 그들이 관련 지식을 참고하여 자발적으로 결정했다는 것이 인정되고, 그들이 내린 결정의 결과 다른 사람의 복지를 위협하지 않는 조건하에 받아들여질 수 있다.
- 복지에 대한 사람들의 권리는 법, 정책, 조직의 질서를 번복할지도 모른다. 어떤 정책이 클라이언트나 사회복지사의 복지에 해를 주거나 부당할 때 법, 정책, 혹은 절차를 어기는 것은 정당화될 수도 있다.

PART 2 탐색, 사정, 기획

제 5 장

관계형성 기술 : 감정이입과 진실성으로 의사소통

Relationship-Building Skills : Communication with Empthy and Authenticity

사회복지실천에서 관계는 맥락을 이루며 행해진다. 클라이언트는 대개 사적 · 공적인기관을 통해 사회복지사와 접촉하게 된다. 이러한 관계의 초기단계에서 중요한 것은 계약에 대해 클라이언트가 무엇을 기대할 수 있는지 분명히 하는 것이다.

1. 참여자의 역할

클라이언트는 종종 원조과정에 대해 잘 모르고 있거나 사회복지사의 생각과는 다르게 오히려 원조를 방해하는 역할을 사회복지사에게 기대할 수 있다. 두 가지의 고전적인 연구(Aronson & Overall, 1966; Mayer & Timms, 1968)에 따르면, 중산층 클라이언트보다 저소득층 클라이언트는 기대가 일치하지 않으면 만족을 느끼지 못하거나 치료를 중단하기 쉬운 것으로 나타났다. 더 나아가 펄만(Perlman, 1968)은 접수과정에서 클라이언트의 원조과정에 대한 개념과 기대를 드러내고, 기대와 실제 가능한 것의 차이를 명확히 함으로써 중도탈락의 비율을 낮출 수 있었다는 것을 발견하였다. 동시에 면접과정에서 기대를 명확히 하고 서로 합의하는 것이 결정되었을 때 클라이언트가 다시 돌아올 확률을 보다 정확하게 예견할 수 있다는 것도 발견하였다.

클라이언트의 참여를 유도하기 위해서는 단순한 초기면접이 아니라 '역할을 명확히 하는 면접(role induction interview)' 이 유효하다는 것은 호엔-사릭 등(Hoehn-Saric, Frank, Imber, Nash, Stone, Battle et al., 1964)도 설명하고 있다. 역할을 명확히 함으로써 상담이 준비된 클라이언트는 특별한 준비를 하지 못한 클라이언트보다 계약할 비율이 높고 치료에도 잘 참여한다. 치료 전의 오리엔테이션(pretherapy orientation)을 위해 비디오테이프를 사용한 지크와 앳킨슨(Zwick & Atkinson, 1985) 또한 비슷한 결과를 제시하고 있다. 역할을 명확히 하고 이러한 긍정적인 결과를 이루기 위해 다음의 지침을 제시한다.

① 클라이언트의 기대를 결정한다.

클라이언트는 초기 단계에서 강의, 마술 같은 해결방법, 조언 제공, 다른 가족성원을 변화시키는 것 등의 다양한 기대를 하고 온다. 위에서 언급한 펄만의 연구에 따르면 26명의 클라이언트 중에 6명만이 사회복지사가 그들에게 해줄 수 있는 것에 대해 현실적인 기대를 가지고 있었다. 특히 전문적 원조관계를 경험해보지 않은 소수 클라이언트에게는, 클라이언트의 암시를 바탕으로 민감하게 기대를 탐색하고 역할을 조절하는 것이 좋다.

클라이언트는 때때로 사회복지사의 자극이 없어도 그들의 기대를 전달한다. 클라이언트가 자발적으로 그들의 기대를 표현할 때, 사회복지사는 비현실적인 기대를 다룰 수 있는 기회가 있다. 그러나 클라이언트는 흔히 명확하게 그들의 기대를 표현하지 않기 때문에 사회복지사는 이를 이끌어낼 필요가 있다. 클라이언트의 요구는 종종 가장 사적인 자기노출일 수 있기 때문에 관계가 형성되기 전에는 지나치게 캐묻지 않는 것이 중요하다. 자기노출을 지나치게 빨리 요구하는 것은 클라이언트를 방어적으로 만들 수 있다. 따라서 사회복지사는 클라이언트가 그들의 어려움을 전달하고 사회복지사의 민감한 이해와 선의의 의지를 인정하도록 충분한 기회를 준 후에, 자연스러운 이야기의 흐름을 통해 클라이언트의 기대를 탐색해야 한다.

만일 자발적인 클라이언트가 자신의 요구를 스스로 표현하지 않고 또 시간도 충분하다면, 사회복지사는 다음과 같은 질문을 통해 그들의 요구를 이끌어낼 수 있다.

"당신은 제가(혹은 저희 기관이) 어떻게 당신을 돕기를 바라나요?"

"당신이 여기에 오려고 했을 때, 어떤 도움이 필요하다고 생각했습니까?"

의뢰된 클라이언트의 경우에는 다음과 같은 질문을 통해 클라이언트의 요구가 드러날 수 있다.

"우리는 왜 당신이 우리 서비스를 받도록 의뢰되었는지 살펴보았습니다. 하지만 나는 당신이 이 과정에서 얻고자 하는 것을 당신에게 듣고 싶군요."

② 원조과정의 성격을 짧게 설명하고, 그들의 어려움에 대한 해결책을 찾는 파트너로서 사회복지사와 클라이언트의 관계를 정의한다.

클라이언트는 빨리 문제상황을 해결할 수 있는 해결책을 사회복지사가 제공해주기를 바란다. 사회복지사가 어떻게 그들을 도울 수 있는지, 그들이 지금 기대하는 방식으로 문제에 접근하는 것이 왜 무익한지를 분명히 한다면, 클라이언트는 실망과 낙담을 가장 적게 경험하면서 보다 현실적인 이해에 대해 찬성하고 비현실적인 기대를 버릴 수 있다. 클라이언트가 최선의 해결책을 찾아내기를 바라면서 성급하게 제공하는 조언은 오히려 해가 될 수도 있다는 점을 전달하는 것은 아주 중요하다. 그러한 설명 없이는, 클라이언트는 사회복지사가 자신들에게 관심을 가지고 있지 않기 때문에 그들의 기대를 충족시켜주지 않으려 한다고 잘못된 결론을 내릴 수 있다. 메이어와 팀스(Mayer & Timms, 1969)에 따르면, 서비스에 만족하지 못한 클라이언트는 사회복지사가 구체적인 조언을 제공하지 못하는 것은 그들이 자신에게 관심이 없고 도우려는 욕구가 부족하기 때문이라고 생각한다. 따라서 기대를 탐색하기 위한 시간을 가지고 사회복지사가 어떻게 도울 수 있는가를 분명히 하는 것은 클라이언트가 부정적인 결론을 내리고 중도에 탈락하게 되는 것을 막을 수 있다.

여기서 조언하는 것에 대해 부정하는 것이 아니라는 점을 분명히 하는 것은 중요하다. 효과적이기 위해서는, 문제와 문제 참여자의 역동성을 충분히 알아본 후에 조언이 이루어져야 한다는 것을 지적한 것이다. 그러한 이해는 초기 단계에서는 이루어지기 어렵다. 사회복지사는 비현실적인 기대를 조정하고 각자의 역할을 분명히 하도록 많은 클라이언트를 돕는 데에 다음과 같은 표현을 사용할 수 있다.

"당신이 문제를 빨리 해결하고자 하는 것을 알겠습니다. 문제를 해결할 수 있도록 제가 조언해 줄 수 있기를 바랍니다. 아마 많은 사람들이 자유롭게 조언했을 것이고, 그래서 당신은 이미 많은 조언을 들었을 겁니다. 그렇지만 제 경험으로는 어떤 사람(한 쌍 또는 한 가족)에게 잘 맞는 방법이 다른 사람에게는 잘 맞지 않을 수도 있습니다."

"제가 보기에는, 우리가 해야 할 일은 당신이 당신 상황에 제일 잘 맞는 해결책을 결정하도록 수많은 가능한 선택을 함께 고려해보는 것입니다. 결국 그 해결책이 당신에게 가장 잘 맞겠지요. 그렇지만 시간을 갖고 많이 생각해보아야 합니다."

위의 표현들이 다음의 중요한 요소들을 포함하고 있음을 주목해야 한다.

- 클라이언트의 비현실적인 기대와 긴급함에 대한 느낌을 알고 감정이입함
- 돕고자 하는 의도를 표현함
- 클라이언트의 비현실적인 기대는 충족될 수 없다는 이유를 설명함
- 사회복지사의 전문기술로써 클라이언트가 문제해결을 위해 활발하게 참여하고 계속해서 행동을 선택하도록 클라이언트의 책임을 정하여 원조과정을 분명히 하고 개입활동의 협력관계를 정의하기

클라이언트가 부부 간의 문제에 대한 도움을 찾을 때는, 대개 배우자를 문제의 원인으로 보고 부부치료가 배우자를 바꾸어놓을 것이라는 비현실적인 기대를 하고 있다. 이러한 기대가 너무나 강하기 때문에, 우리는 종종 초기단계에서 (개별적으로 혹은 함께) 배우자의 기대를 이끌어내어, 원조역할을 분명히 하고 더 생산적인 탐색이 따르도록 한다. 과정을 명확히 하는 것은 서로 간의 비난과 경쟁을 줄이는 경향이 있다. 더욱이 사회복지사가 '비난게임'에 끌려들어 가지 않고, 문제를 일으키는 자신의 부분에 대해 깨닫도록 초점을 두면, 배우자들은 보다 덜 방어적이 된다.

참여자의 역할에 대한 보다 심도 있는 명확화는 목표결정과 계약수립 단계에서 다루어진다.

한편, 클라이언트의 역할에 대해 다른 측면이 암시되는 경우에는, 개방에 대한 근거를 설명하고 개방적으로 의사소통을 하려는 의도를 설명함으로써, 사회복지사는 이 부분에 대해서 클라이언트가 잘 받아들이도록 할 수 있다. 다음의 표현은 클라이언트의 역할에 대한 이러한 면을 설명하는 한 방법이다.

"당신이 최대한 도움을 받을 수 있기 위해서는, 제게 가능한 한 개방적일 필요가 있습니다. 문제를 느끼는 감정이나 생각 또는 중요한 사건을 숨기지 말라는 것입니다. 당신이 제게 개방적이고 솔직할 때만 저는 당신의 어려움을 이해할 수 있습니다. 당신만이 당신의 생각과 느낌을 알고 있고, 당신이 저와 이를 공유하려 할 때에만 저는 이를 알 수 있습니다. 때로 어떤 생각과 감정을 공유하는 것이 괴롭기도 하지만, 이러한 감정이 가장 문제가 될 때가 많습니다. 당신이 숨기려 한다면, 스스로의 위신을 떨어뜨리려 하고 있다는 것을 자신에게 일깨울 필요가 있습니다. 어떤 것을 공유하기가 어렵다면 제게 알려주세요. 당신 안에서 무엇이 일어나고 있고 무엇이 문제인지 논의해보면, 고통스러운 것을 논의하는 것이 쉬워질 수 있습니다."

"저 역시 당신에게 개방적이고 솔직하겠습니다. 제게 질문이 있거나 무언가 더 알고 싶다면, 질문하세요. 저는 당신에게 솔직합니다. 모든 질문에 대답하지 않을 수도 있지만, 왜 그런지 설명해 드리겠습니다."

원조과정에서 클라이언트의 참여를 높이기 위해서는, 클라이언트가 상담과 상담 사이에 스스로 자신의 문제를 다루면서 문제해결이 진전될 수 있다는 것을 강조하는 것이 중요하다. 어떤 클라이언트는 변화가 상담시간 중에 일어날 것으로 잘못 알고 있다. 그러나 실제 상담내용은 클라이언트가 상담에서 얻은 내용을 어떻게 적용하느냐보다 훨씬 덜 중요하다. 다음의 표현은 클라이언트의 책임에 대한 이러한 측면을 명확히 하기 위한 것이다.

"우리는 당신의 목표가 가능한 한 빨리 진전되기를 바랍니다.

빠르게 진전시키기 위한 한 가지 방법은 상담과 상담 사이에 노력하는 것입니다. 당신이 동의한 업무를 수행하고, 우리가 이야기한 것을 당신의 일상생활에 적용하고, 머릿속으로나 혹은 실제로 문제와 관련된 생각, 느낌, 사건들을 기록해서 다음 상담 때에 생각해보도록 하는 것입니다. 실제로 상담과 상담 사이에 당신이 한 일이 상담 자체보다 중요합니다. 우리는 매주 짧은 시간만을 함께 합니다. 남는 시간에는 우리가 함께 이야기하고 계획 세웠던 것을 적용할 기회가 있을 겁니다."

클라이언트가 해야 할 다른 임무는 약속을 지키는 것이다. 사회복지사는 클라이언트의 여가에 대해서 논의함으로써 클라이언트의 책임을 강조하고 약속을 취소할 수 있는 장애물들에 대해 건설적으로 대응할 수 있도록 클라이언트를 준비시킬 수 있다. 다음은 클라이언트의 이러한 측면을 분명히 하는 메시지의 예이다.

"우리가 함께 작업할 때 당신이 약속을 지키는 것이 가장 중요합니다. 물론 질병과 같이 예상하지 못한 일이 일어나면 그땐 약속을 바꿀 수 있습니다. 그렇지만 때로는 스스로 낙담하거나 여기에 오는 것이 정말 도움이 되는지 회의가 들 수도 있습니다. 제 말이나 행동에 대해 화가 나거나 저를 보고 싶지 않을 수도 있습니다. 당신을 화나게 하는 말이나 행동을 의도적으로는 하지 않겠지만, 어쨌든 당신은 저에게 기분이 나쁠 수 있습니다. 그러나 중요한 것은 약속을 지켜야 한다는 것입니다. 당신이 낙담하거나 화가 났을 때에도 우리는 여기에 대해 이야기해 보아야 합니다. 이것이 그리 쉽지 않다는 것을 압니다만, 당신을 괴롭히는 감정을 다루는 데 도움이 될 겁니다. 그러나 약속을 어기고 나면, 돌아오기가 훨씬 더 어렵다는 것을 알아야 합니다."

마지막 요소는 변화를 일으키는 과정에서 어려움이 있는 것은 당연하다는 것을 알려주는 것이다. 이러한 사실을 확실히 함으로써 클라이언트가 나중에 경험하게 될 불가피한 저항에 대비시킬 수 있다. 이러한 어려움을 예상하면 클라이언트는 저항에 항복하거나 패배했다는 느낌을 가지기보다는 저항을 극복해야 할 자연스러운 장애물로 생각하게 된다. 이러한 예견된 어려움에 대해 다음과 같은 설명이 변화과정의 추이를 명확히 해준다.

"우리는 당신이 이루고자 하는 목표들에 관해 이야기해 왔습니다. 이것을 성취하는 것은 쉽지 않습니다. 때로는 어려움이나 심한 고통 없이는 변하는 것이 불가능합니다. 사람들은 변화하려 할 때 고조기와 침체기를 겪습니다. 이를 이해한다면 과다하게 낙담하거나 항복한 것처럼 느끼지 마세요. 무서운 예상을 하라는 것은 아닙니다. 사실 저는 당신이 충분히 목적을 달성할 것이라고 기대하고 있습니다. 동시에, 쉽지는 않겠지만 전 당신을 잘못 인도하기를 바라지 않습니다. 중요한 것은 당신의 감정을 공유하고 우리가 그 감정 위에 함께 해야 한다는 것입니다."

몇 년 동안 수많은 클라이언트는 위와 같은 설명에 감사했다고 회고하였다. 힘들어지고 목적을 추구하는 것에 대해 동요될 때, 그들은 이러한 낙담이 자연스러운 것임을 생각해내고 중단하기보다는 꾸준히 해나가려는 결심을 다시 했다.

클라이언트의 역할을 분명히 하는 데에 덧붙여, 사회복지사의 역할을 분명히 하는 것도 중요하다. 사회복지사는 클라이언트가 자신의 문제를 더욱 잘 이해하도록 돕는 조력자임을 스스로에게 강조하는 것이 바람직하다. 사회복지사는 외적으로 유리한 점을 지니고 있기 때문에, 새로운 관점으로 문제를 보고 클라이언트가 간과했던 해결책을 고려하도록 클라이언트를 도울 수 있다. 사회복지사가 할 수 있는 행동들을 찾는 데에 있어 활동적인 조력가일지라도, 마지막 결정은 클라이언트에게 남겨두어야 한다. 사회복지사는 클라이언트가 대안을 비교하도록 도울 수 있지만, 사회복지사의 바람은 그들이 스스로의 강점을 개발하고 독립적으로 행동할 수 있는 능력을 최대한 활용하도록 하는 것이기 때문이다. 사회복지사의 역할 중의 하나는 클라이언트가 강점에 초점을 맞추고 점진적인 목표달성을 해나가도록 돕는 것임을 명심해야 한다. 사회복지사의 또 다른 역할은 클라이언트가 목적을 달성하기 위해서 노력할 때 나타나는 여러 장애물들에 어떻게 대응해야 하는지에 대한 전략을 가르쳐주고 지원하는 것임을 명확히 설명해주는 것이다.

2. 신뢰를 촉진하는 조건

생산적인 개입활동 관계를 발달시키기 위해서 사회복지사는 의사소통기술을 기초적 요소로 사용한다. 이 장은 원조관계를 수립하는 데 있어서 신뢰를 촉진하는 조건 또는 핵심적인 조건이라고 알려진 세 가지 기술 중 두 가지에 대해 설명할 것이다. 이러한 조건이나 기술은 칼 로저스(Carl Rogers, 1957)가 감정이입, 무조건적인 긍정적 관심, 일치성 등으로 개념화한 것이 최초이다. 이후로 다른 용어들이 개발되어왔는데 여기서는 조건을 감정이입, 존중, 혹은 비지배적인 온정과 진실성, 순수성 등의 용어로 부르며 이들을 설명하고자 한다. 이 장에서는 특히 감정이입과 진실성에 초점을 두기로 한다.

여러 조사들에 따르면(특히 정신분석학의 조사), 핵심조건은 긍정적인 결과와 관계가 있다. 한 사회복지사의 중요한 연구에 따르면(Nugent, 1992) 이러한 긍정적인 원조관계를 촉진하는 데 있어 이들 핵심조건이 효과성이 있음을 언급하고 있다. 따라서 사회복지사가 이러한 기술을 익히는 것은 필수적이다. 신뢰를 촉진하는 조건은 자발적인 클라이언트에게 유용하지만, 비자발적인 관계나 치료를 사용하지 않는 계획의 실행 등의 다른 상황에서도 기초적인 기술이 될 수 있다.

3. 감정이입적인 의사소통

이 기술은 클라이언트의 내적 감정을 정확하고 민감하게 인지하고 클라이언트의 경험에 맞는 언어로 이러한 느낌을 잘 전달할 수 있는 사회복지사의 능력을 말한다. 감정이입의 첫 번째 차원, 즉 감정이입적 인식은, 두 번째 차원인 사회복지사가 클라이언트의 내적 경험을 이해했다는 느낌을 잘 드러내는 것의 전제조건이 된다.

감정이입적 의사소통은 원조관계를 발전시키고 유지하며 클라이언트의 삶에 있어 사회복지사를 감정적으로 중요하고 영향력 있는 존재로 만드는 데 중요한 역할을 한다. 원조관계를 바라지 않는 의뢰된 클라이언트의 경우, 감정이입적으로 이해를 전달하는 것은 위협과 방어를 감소시키고, 이해와 돕고자 하는 의도를 전달하며, 행동의 변화를 가져오는 분위기를 만들 수 있다. 더욱이 많은 클라이언트가 제한된 자원과 기회 안에서 살아가고 있다. 문제의 사회적, 경제적 맥락에 대한 사회복지사의 감정이입이 개인적 경험에 대한 감정이입에 덧붙여지는 것도 중요하다.

클라이언트의 감정에 대응할 때, 사회복지사는 감정을 숨기는 데 사용되는 상투적인 겉모습에 속지 말아야 한다. 따라서 감정적인 의사소통가는 "아, 아닙니다. 그건 정말로 중요한 게 아니에요" 라든가 "그가 무엇을 하든 상관없어요!" 라는 메시지 안에 숨겨진 감정에 대응해야 한다. 이러한 메시지는 고통스러운 외로움을 경험할 때 "아무도 필요 없어요" 라는 표현이나, 거절이 참을 수 없다는 것을 알았을 때 "아무도 나를 다치도록 내버려두지 않을 거예요" 라는 표현처럼, 종종 실망이나 상처를 감추고 있는 것이다. 클라이언트가 실제로 경험하는 사적인 세계로 들어가기 위해서는 사회복지사는 겉으로 보기에 약하고, 어리석고, 바람직하지 않게 보이는 클라이언트의 사적인 논리와 감정을 자신의 기준에서 해석하고 판단하지 말아야 한다.

감정이입을 하는 것은 클라이언트의 드러난 감정을 순간적으로 잡아내는 것뿐 아니라, 상호 공유하는 탐색적인 과정에서 숨겨진 감정을 밝혀내고 감정과 행동의 의미와 개인적인 중요성을 발견하는 것도 포함된다. 위장된 감정과 의미에 접근하기 위해서 사회복지사는 언어적 메시지뿐 아니라 얼굴 표정, 목소리의 높낮이, 말의 빠르기, 자세와 동작의 단서 등의 언어적인 메시지를 보완하고 때로는 이와 모순되는 보다 미세한 단서들에 집중해야 한다. 얼굴 붉히기, 울기, 멈칫거리기, 말 더듬기, 목소리의 어조 변하기, 이 악물기, 주먹을 꽉 쥐기, 입 오므리기, 고개 떨구기, 자세 고치기 등의 비언어적 단서들은 고민하는 감정이나 사고를 보여주는 것이다.

감정이입적인 의사소통은 다른 사람의 경험의 세계를 인지하려는 노력, 즉 "다른 사람의 신발을 신고 걷기"를 포함한다. 클라이언트가 다른 사람이 소개하였거나 비자발적인 방식으로 참여하여 압력을 느낀다면, 사회복지사는 이러한 압력과 그 느낌을 잘 알고 이해하고 있다는 것을 전달해야 한다. 그러나 사회복지사는 클라이언트의 두려움, 분노, 즐거움, 상처들의 의미와 중요성을 깊이 이해하고 있다고 해도, 이에 압도되지 말고 그 외부에 머물러야 한다. 클라이언트와 '함께 있는 것'은 관점을 잃거나 클라이언트의 감정에 흥분하지 않으면서, 클라이언트의 정서 상태에 집중하는 것을 의미한다.

한 사람이 다른 사람의 감정을 경험하고 그 사람의 경험에 감명을 받을 때, 감정이입적이기보다는 동정적으로 반응하기 쉽다. 감정적이거나 이성적인 동의에 기반을 둔 동정적 반응은, 다른 사람의 감정을 지지하고 용서하는 것인 반면(예컨대, "내가 당신의 입장이라면 나도 당신처럼 느꼈을 것 같군요" 또는 "당신이 옳다고 생각해요"), 감정이입 반응은 자신의 입장을 잃지 않고 다른 사람의 감정이나 상황을 이해하는 것이다("제 생각에 당신은 ……게 느끼는 것 같군요" 또는 "당신은 ……게 말하고 있는 것 같군요"). 사회복지사가 클라이언트의 감정을 지지할 때, 클라이언트는 자신의 행동과 환경을 재검토해볼 필요를 느끼지 못하며, 성장과 변화에 중요한 자기탐색의 과정에 참여하려 하지 않을 것이다. 오히려 클라이언트는 자신의 문제에 중요한 역할을 하는 다른 사람들의 행동을 변화시켜주기를 기대할 것이다. 따라서 분리와 객관성을 유지하는 것은 원조과정에서 필수적인 차원이다. 사회복지사가 클라이언트의 감정과 상황을 객관적으로 받아들이지 않을 때, 사회복지사는 중요한 관점을 잃을 뿐 아니라 도울 수 있는 능력 역시 잃는 것이다.

감정이입은 클라이언트의 감정을 인지하는 것 이상을 의미한다. 사회복지사는 또한 클라이언트의 내적 경험을 이해하였음을 보여줄 때 언어적으로, 비언어적으로 반응해야 한다. 한 사람이 다른 사람에 대해 감정이입적인 감정을 느낄 때 상대방에게 이를 전달하지 않는 경우가 많다. 사회복지사가 자주 저지르는 실수는 클라이언트에게 "당신이 어떻게 느끼는지 잘 알겠어요"라고 말하는 것이다. 이해했다는 특별한 진술이 없기 때문에 이러한 반응에 대해 클라이언트는 이해되었다고 느끼기보다는 사회복지사가 지각했는지에 대해 의심하게 된다. 실제로 이런 반응은 사회복지사가 클라이언트의 감정을 충분히 경험하지 못하여 문제 상황을 파악하지 못했다는 것을 의미한다. 사회복지사는 감정이입적으로 반응해야 하며, 이럴 때에 클라이언트가 보다 깊은 개인적 감정을 공유하는 데에 거부감이 없도록 하는 수용과 이해의 분위기를 조성할 수 있다.

4. 감정에 대한 통찰을 발전시키기

감정은 인간경험의 중요한 측면으로, 행동에 중요한 영향을 미치고 클라이언트의 문제에 있어서도 중요한 역할을 한다. 자발적인 클라이언트는 개방적인 원조관계를 원하며 자신의 걱정뿐 아니라 관련된 감정까지도 다루기를 원한다. 비자발적인 클라이언트는 강한 감정을 경험하지만 이를 다룰 원조관계를 원하지는 않는다. 따라서 기술을 사용하는 것은 이들에게 다소 색다른 경험일 수 있는데, 이 기술의 목적은 비자발적인 클라이언트가 경험하는 상황과 관련된 감정에 대한 감정이입을 표현하는 것이기 때문이다.

클라이언트가 표현하는 다양한 감정에 대한 표현들에 대응하기 위해서 사회복지사는 다양한 인간의 감정에 대해서 충분히 알고 있어야 한다. 더욱이 사회복지사는 클라이언트의 감정을 정확히 반영하면서 이 감정을 압축적으로 표현하는 용어가 필요하다.

숙련된 사회복지사라 할지라도 클라이언트의 감정을 정확히 표현하는 이러한 용어들을 알고 있거나 사용하지 않는 경우가 많다. 높은 수준의 감정이입 반응은 사고단계와 반응단계에서 모두 중요하다. 감정에 대한 용어를 제대로 알지 못하면 클라이언트의 경험을 개념화하고 충분한 밀도와 범위로 클라이언트의 경험을 반영하기가 어렵다.

특히 초보 사회복지사는 감정이입을 전달하는 표현을 많이 알지 못한다. 감정을 표현하는 언어는 수천 가지가 있지만, 사회복지사는 종종 너무 포괄적인 단어를 사용함으로써 클라이언트가 전달하는 메시지의 풍부한 부분들을 잃어버린다.

5. 정확하게 감정이입 표현하기

감정이입 반응은 체계적인 실천과 광범위한 노력이 요구되는 기본적이지만 복잡한 기술이다. 감정이입적 의사소통은 끝이 있는 것이 아니라 계속되는 과정이다. 가장 잘 훈련받은 전문가라 할지라도 감정을 간과하곤 한다. 많은 사회복지사가 감정이입적인 반응을 충분히 이용하지 못하거나 선택적으로 이용하지 못하여 이 기술의 다양한 용도를 제대로 파악하지 못하고 있다. 사실상 어떤 사회복지사는 스스로 클라이언트와 감정이입적으로 의사소통을 하고 있다고 믿으면서 감정이입 반응에 대한 훈련 자체가 필요 없다고 생각하기도 한다.

몇 가지 연구에서 감정이입적인 의사소통을 조작화하여 여러 단계로 분류하였다. 이러한 단계는 감정이입의 수준을 높은 수준부터 낮은 수준으로 분류하여, 핵심적인 실천기술을 조작화하는 동시에 이러한 기술과 성공적인 치료성과들의 관계를 제시하고 있다. 감정이입적 의사소통의 단계는 사회복지교육자에게도 중요하다. 이러한 단계를 통해 학생들이 높은 수준과 낮은 수준의 감정이입을 구분할 수 있도록 도울 수 있고, 학생들의 반응 수준에 대해 평가할 수 있다.

● 감정이입적인 의사소통의 수준

① 1단계 수준: 낮은 수준의 감정이입 반응(empathic responding)

이 단계에서는 사회복지사가 클라이언트에게서 가장 잘 드러나는 감정에 대해서도 거의 이해하지 못한다. 사회복지사의 반응은 관계가 없거나 종종 마찰을 일으키기까지 하며, 의사소통을 촉진하기보다는 오히려 방해한다. 사회복지사는 주제를 바꾸거나, 다투거나, 성급하게 조언을 하거나, 강의를 하거나, 의사소통을 방해하는 비효과적인 방식을 사용하고, 클라이언트가 문제에 관심을 집중하지 못하게 하고 원조과정을 끊기게 한다. 게다가 사회복지사의 비언어적 반응 역시 클라이언트가 표현하는 기분이나 내용에 적절하지 못하다.

사회복지사가 이러한 낮은 수준에 있을 때, 클라이언트는 종종 혼란스러워하거나 방어적이 되고, 피상적으로 반응하거나 다투거나 동의하지 않고, 주제를 바꾸거나 침묵 속으로 들어가게 된다. 따라서 클라이언트의 에너지는 문제를 탐색하는 문제해결로부터 흩어져버린다.

② 2단계 수준 : 비교적 낮은 감정이입 반응

사회복지사는 클라이언트가 표면적으로 드러낸 메시지에 대해 반응하지만 감정이나 실질적인 의미를 놓치는 수준이다. 사회복지사 자신의 개념틀에 따라 반응하며, 진단으로는 정확하지만 감정으로는 클라이언트의 표현에 맞추어져 있지 않다. 이 수준에서의 반응은 부분적으로는 정확하지만, 그래도 클라이언트를 이해하려는 사회복지사의 노력이 전달될 수 있기 때문에 클라이언트와의 소통이나 문제해결에 대한 작업이 완전히 막히지는 않는다.

③ **3단계 수준 : 상호교환적인 감정이입 반응**

사회복지사의 언어적 · 비언어적 반응은 정확하게 클라이언트 메시지의 사실적인 면과 드러난 감정을 반영할 수 있으며 클라이언트를 이해하려는 노력을 전달하면서 클라이언트의 분명한 표현과 상호교환이 가능한 수준이다. 이러한 반응은 클라이언트가 표현한 감정을 반영하는 것 이상도 이하도 아니다. 클라이언트 메시지의 사실적인 내용은 요구되지 않지만, 만일 요구된다면 그 내용은 정확해야 한다. 이 수준은 클라이언트가 보다 탐색적이고 문제중심적인 반응을 하도록 촉진한다. 초보 사회복지사는 효과적인 관계를 위해 이러한 단계의 기술을 잘 익혀야 한다.

④ **4단계 수준 : 비교적 높은 수준의 감정이입 반응**

이 수준의 반응은 사회복지사가 클라이언트의 숨겨진 감정이나 문제의 숨겨진 면을 정확하게 파악하는 단계이다. 사회복지사는 클라이언트 메시지의 미세하고 숨겨진 의미를 파악하여, 클라이언트가 보다 깊은 수준의 감정과 탐색되지 않은 행동의 의미나 목적을 이해할 수 있도록 한다. 이 단계는 자기인식을 제고하는 데 초점을 두는 단계이다.

⑤ **5단계 수준 : 높은 수준의 감정이입 반응**

각각의 감정적 뉘앙스들을 반영하고, 클라이언트의 순간순간의 경험에 적절히 맞추어진 목소리와 표현의 강도를 사용하여 표면적인 감정과 의미뿐 아니라 숨겨진 감정과 의미에 대해서도 그 범위와 강도에 맞게 정확하게 반응하는 수준이다. 사회복지사는 현재의 감정과 이전에 표현했던 경험과 감정을 연결시키며, 명백한 경향, 주제, 목적을 정확하게 확인한다. 또한 클라이언트 메시지 안에 있는 명백한 목표를 확인하여 개인적 성장의 방향을 잡아내고 행동의 길을 닦는다. 이 수준은 낮은 수준보다 클라이언트가 자신의 감정이나 문제를 더 깊게 탐색하도록 돕는 단계이다.

6. 상호교환적인 감정이입 반응 기술을 발전시키기

상호교환적인 감정이입 반응(3수준)은 클라이언트의 메시지를 알고 문제탐색을 증진시키기 위해 원조과정 전체에서 사용되는 기본기술이다. 이후의 4수준이나 5수준에서의 감정이입 반응은 클라이언트가 표현한 감정이나 의미의 수준을 넘어서는 것이다.

상호교환적인 감정이입 반응이 원조과정의 첫 번째 목적을 성취하기 위해 자주 사용되는 중요한 기술이기 때문에, 3단계 수준의 반응을 충분히 익힐 것을 권장한다. 이 기술을 더 응용해서 실천하게 되면 원조관계를 수립하고, 면접을 하고, 자료를 모으는 데 있어서 효율성을 높일 수 있다.

① **상호교환적인 반응을 수립하기**

3단계 수준에 도달하기 위해서는 클라이언트의 메시지에 담긴 내용과 표면적 감정을 정확하게 포착하는 것을 알아야 한다. 단순히 클라이언트의 메시지를 반복하지 않기 위해서 사회복지사가 전달할 메시지의 틀을 만들어두는 것이 중요하다. "당신은 (클라이언트의 감정을 정확히 포착함) ……에 대해서(때문에) ……(클라이언트가 표현한 상황이나 문제를 정확히 설명) 하게 느끼고 있군요"와 같은 표현은 감정이입 반응의 기술을 개념화하고 익히는 데 유용하다. 이 반응은 클라이언트의 반응에만 초점을 두고 사회복지사의 개념화는 반영하지 않고 있다.

많은 경우 클라이언트의 메시지는 갈등하는 관점들을 포함하게 되는데, 이러한 경우에는 "당신은 (클라이언트의 감정을 정확히 포착함) ……하게 느끼고 있지만, 또한 ……하게도 느끼고 있군요"와 같은 표현이 사용될 수 있다.

상호교환적 수준에서 감정이입 반응을 하기 위해서는, 클라이언트가 잘 이해하고 있는 용어를 사용해야 한다. 추상적이고 지적인 언어와 전문용어는 피해야 한다. 또한 표현할 단어들을 다양화하는 것도 중요하다. 많은 전문가들은 정형화되고 반복적인 말투를 사용하고 있고, 제한된 언어만을 사용하는 경향이 있다.

② 감정이입 반응을 사용하기

초기 단계에서 감정이입 반응은 신뢰관계(라포, rapport)를 형성하고 클라이언트와 '접촉을 유지하기' 위한 수단으로 자주 사용된다.

초기 단계에서 감정이입 반응을 사용할 때 사회복지사는 클라이언트가 평상시와 같은 의사소통 장벽을 느끼지 않으므로 몇 달이나 몇 년 동안 숨겨둔 감정을 드러낼까봐 종종 경계한다. 그러나 감정이입 반응은 이러한 감정을 유발하는 것이 아니라 표현을 활성화시키며, 이를 통해 클라이언트가 그러한 감정을 보다 합리적으로 탐색하게 해줄 뿐이다.

또한 많은 초보 사회복지사는 클라이언트의 감정을 정확하게 반영해주지 않는다면, 클라이언트나 원조과정을 '해치게' 될까봐 걱정한다. 그렇지만 정확성보다 중요한 것은 이해하려는 '시도' 이다. 계속적으로 선의와 도우려는 의도를 보여준다면 간혹 이해부족이나 어정쩡한 시간을 보내더라도 관계를 해치지는 않는다.

7. 감정이입적 의사소통의 다양한 이용

① 초기 단계에서 클라이언트와 관계 형성하기

감정이입 반응을 통해 사회복지사는 클라이언트의 감정을 잘 알고 있다는 것을 드러낼 수 있으며 클라이언트가 자신의 사고와 감정을 탐색할 만한 분위기를 만들어낼 수 있다. 사회복지사가 감정이입적인 관계를 형성했을 때, 클라이언트는 사회복지사와 접촉을 좀더 지속시키고 싶어한다. 실제로 모든 종류의 클라이언트에 대해서, 감정이입적인 관계형성은 필수적인 요소이다.

또한 사회복지사와 클라이언트가 서로 다른 윤리적, 문화적 배경을 가지고 있더라도, 존경심과 진실성을 가지고 감정이입적인 의사소통을 한다면 효율적인 업무관계를 형성하는 데 도움이 된다. 사회복지사는 소수민족이나 낮은 사회경제적 배경을 지닌 다양한 사람들과 함께 작업해야 하는 경우가 많기 때문에 이러한 사실은 더욱 중요하다. 문화가 다른 클라이언트와의 관계에서 효과를 극대화하기 위해서는, 사회복지사가 문화적 요소에 대해 잘 알고 있어야 하며 또한 민감해야 한다.

② 클라이언트와 접촉 유지하기

감정이입적 의사소통은 "클라이언트가 있는 곳에서 시작하라" 라는 원칙을 실질적인 방법으로 만든 것으로, 사회복지사가 클라이언트의 현재의 감정에 맞추도록 하는 것이다. 다른 여러 기술과 기법이 있지만, 클라이언트와 접촉을 유지하기 위해서는 사회복지사는 감정이입적 의사소통을 사용해야만 한다. 이러한 의미에서 감정이입적 의사소통은 다른 개입방식의 전제 조건이 되는 기본적인 개입방식이다.

겐들린(Gendlin, 1974)은 클라이언트와 접촉을 유지하는 데 있어서 감정이입의 중요성을 자동차를 운전하는 것에 비유했다. 운전하는 것은 도로를 바라보는 것 이상을 포함한다. 운전자는 핸들을 돌리고, 브레이크를 다루고, 신호를 보내고, 신호를 보는 등 많은 일을 한다. 잠시 주변을 둘러보거나 다른 사람을 방문하거나, 개인적인 생각을 할 수도 있지만 도로를 살피는 것이 가장 우선되어야 한다. 시야가 가려지거나 장애물이 나타나면, 모든 다른 동작을 멈추고, 도로를 관찰하거나 장애를 일으킨 상황을 살펴야 한다. 어떤 운전자들은 적절하게 시야를 유지하지 못해서 사고를 내듯이, 사회복지사 또한 클라이언트의 마음을 잘 알고 있다고 착각하면서, 클라이언트의 기분과 반응의 변화를 충분히 파악하지 못하는 경우가 있다. 이렇게 되면 결과적으로 사회복지사는 클라이언트 감정의 중요한 부분을 알아보지 못하고, 클라이언트는 사회복지사가 관심이 없거나 무감각하다고 생각하여 원조과정에서 벗어날 수도 있다.

③ **정확하게 클라이언트의 문제를 사정하기**

사회복지사의 감정이입 수준은 클라이언트의 자기탐색 수준과 관련이 있다. 높은 수준의 감정이입 반응은 클라이언트의 자기 발견을 증진시킨다. 초기 단계에서 사회복지사가 감정이입을 자주 사용하면서 클라이언트와 '함께' 움직인다면, 클라이언트는 그들의 문제를 털어놓고 사건과 관련 자료를 이야기해준다. 즉 클라이언트는 정확한 사정을 하는 데에 필수적인 정보를 제공하여 사회복지사를 도와줄 것이다. 이러한 접근방식은 클라이언트의 개인력(personal history)을 알아내는 것에 몰두하고, 사회복지사 자신의 의제(agenda)에만 몰두하여, 치고 빠지는 질문을 하거나 문제와는 관계없는 정보를 수집하면서 불필요하게 시간을 보내는 원조방식과 대비된다.

④ **클라이언트의 비언어적인 메시지에 반응하기**

클라이언트는 종종 얼굴 표정이나 몸짓을 통해 감정을 전달한다. 예컨대 상담시간 동안, 클라이언트는 생각에 잠겨 있거나, 혼란스러워하거나, 고통스러워하거나, 불편해할 수 있다. 이러한 경우 사회복지사는 클라이언트의 비언어적인 표현에 담긴 감정을 반영하여 언어화하면서 클라이언트의 감정상태를 잘 이해했다는 것을 전달할 수 있다. 클라이언트의 비언어적인 표현에 초점을 맞춘 감정이입 반응은 클라이언트가 이전에 경험했던 감정을 탐색하도록 촉진하는 역할을 한다. 클라이언트의 비언어적인 메시지를 찾아내는 것은 매우 중요한 기술이다.

⑤ **직면을 편안하게 만들기**

직면(confrontation)은 클라이언트의 인식을 넓히고 그가 행동하도록 동기화하는 변화유발 단계에서 사용된다. 클라이언트가 불법적이거나 위험한 행동을 하려고 할 때에 이러한 기술은 가장 적합하다. 또한 이러한 행동이 클라이언트가 스스로 자신을 위해 선택한 목표나 가치와 갈등을 일으킬 때에도 적합하다. 그러나 적절한 시기의 직면이라고 할지라도 그 수용에는 여러 단계가 있다. 사회복지사는 클라이언트가 경험할 직면의 충격을 고려하고 이러한 직면을 편안하게 만드는 과정을 보충해야 한다. 이를 위해서는 직면 직후에 클라이언트의 반응에 맞춘 감정이입 반응이 있어야 한다. 사회복지사가 주의 깊게 클라이언트의 표현과 방어적인 주장을 들어준다면, 클라이언트는 새로운 정보를 받아들이고 숙고하며 생각의 타당성을 검증해보게 되면서 옳은 것은 포용하고 부적절한 것은 거절할 수 있게 된다. 직면과 감정이입 반응을 혼합하는 것은 그룹이 논쟁적인 이슈나 그룹을 분열시키는 행동을 다루어야 할 때 특히 중요하다.

⑥ **클라이언트가 제시한 장애물 다루기**

클라이언트의 저항은 때로 도움이 된다. 저항으로 해석되는 것은 미숙한 면접이나 개입기술에 대한 부정적인 반응이거나, 클라이언트의 혼란, 오해, 무기력의 표현일 수 있다. 따라서 클라이언트의 반응을 주의 깊게 관찰하고 관련된 감정을 직접적이고 민감하게 다루어주는 것이 중요하다. 때로 클라이언트는 보다 직접적인 언어적 · 비언어적 행동으로 원조과정에서 무엇이 일어나고 있는가를 표현하기도 한다. 시계를 보거나, 상담이 얼마나 걸리겠느냐고 질문하거나, 사회복지사로부터 멀어지게 몸을 움직인다거나, 발장난을 하거나, 창 밖을 멍하니 쳐다보는 등이 그 예이다. 이렇게 클라이언트가 상담에 대해 무관심해졌다고 느낄 때, 클라이언트의 언어적 · 비언어적 메시지를 반영하는 감정이입 반응은 무엇이 일어나고 있는가에 대한 논의를 시작하는 데에 매우 효과적이다. '지금-여기' 에서 일어나고 있는 것으로 관심을 돌리게 하는 것은 매우 중요한 기술이다.

사회복지사는 또한 종종 말이 빠르며 특정한 주제에서 다른 주제로 빠르게 옮겨가는 클라이언트를 만난다. 지나치게 말이 많은 클라이언트는 때로 초보 사회복지사에게 도전이 되는데, 이때 초보 사회복지사는 이러한 클라이언트가 무례하다고 오해하지 말아야 한다. 이러한 오해로 인해서 초보 사회복지사는 종종 원조과정에 대한 어떤 정보나 방향도 제시하지 못한 채 말 많은 클라이언트의 이야기를 수동적으로 듣기만 하면서 초기 단계의 시간을 거의 다 소비하게 된다. 더욱이 초보 사회복지사는 이러한 과정이 건설적인 작업이라고 오해하고 끝없이 이야기하는 클라이언트를 허용한다. 그러나 이러한 장황한 이야기는 상담을 표면적인 과정에 머무르도록 하며 문제정의와 탐색을 방해하는 것이다.

사회복지사는 상담의 구조와 방향을 제시하는 것이 중요하며 어떤 특별한 주제에 대해 깊이 있게 이야기하고 싶어하는 기대를 전달해야 한다. 말이 많은 클라이언트에게는 과정을 좀더 느리게 만들고 논의에 깊이를 주기 위해서 감정이입 반응을 사용하는 것이 중요하다.

⑦ **분노와 폭력 다루기**

상담기간 동안 클라이언트는 종종 분노나 상처, 실망 등 갈등하는 강한 감정을 경험한다. 이러한 경우에 감정이입 반응은 위와 같은 감정을 다룰 수 있도록 클라이언트를 돕는 중요한 도구가 된다. 감정이입 반응은 이러한 감정을 표현하는 것을 촉진하기 때문에, 클라이언트는 다른 감정을 환기시키고, 분명히 하고, 경험하면서 조금씩 감정을 윤택하게 하고 보다 이성적인 상태를 유지하게 된다. 클라이언트의 감정에 날카롭게 초점을 맞춤으로써 감정이입 반응은 상담 발전에 방해가 되는 강한 감정을 효과적으로 다룰 수 있게 한다. 사회복지사가 성공적으로 이러한 순간을 다루고, 클라이언트가 증진된 자기인식과 카타르시스를 경험한다면 원조관계는 강화된다.

감정이입 반응은 특히 적대적 클라이언트를 다루는 데 도움이 되며, 클라이언트가 사회복지사에게 화가 났을 때에는 필수적이다. 클라이언트가 이러한 감정을 표현했을 때, 사회복지사는 방어적으로 반응하려는 충동을 억눌러야 하는데, 이러한 반응은 클라이언트와의 관계를 더 악화시키기 때문이다. 클라이언트의 생각에 대해 도전하는 것은 원조관계에 파괴적이다. 사회복지사가 반응하는 의도는 클라이언트의 경험과 감정을 이해하고 클라이언트가 이러한 감정을 충분히 탐색하도록 하는 것이 되어야 한다.

몇 분 동안 신중하게 감정에 따르고 클라이언트의 경험에 민감하게 맞춘다면, 사회복지사나 클라이언트 모두는 부정적인 메시지를 만들어낸 클라이언트의 강한 감정을 보다 명확히 이해할 수 있게 되며 이러한 감정의 원천을 적절하게 사정할 수 있다. 드러난 감정에 동참하는 것이 상담내용의 질을 떨어뜨리는 것을 의미하지는 않는다.

집단상담에서 화가 난 클라이언트를 다룰 때는, 분노를 발산하고 있는 클라이언트의 부정적인 감정과 상황에 대해 감정이입적으로 반응해주는 것뿐 아니라 그 상황을 다르게 받아들이고 있을지도 모르는 구성원의 감정을 반영하는 것도 중요하다. 이렇게 함으로써 사회복지사는 문제를 명료하게 하는 정보를 모으고, 구성원들의 분위기와 감정을 점검하고, 구성원들에게 다른 관점을 논의해보라고 제시할 수 있다. 더욱이 이러한 때에 감정이입 반응은 문제에 포함된 이슈를 보다 합리적으로 논의할 수 있도록 격려할 수 있다.

또한 이러한 원칙은 폭력적인 클라이언트에게도 적용될 수 있다. 폭력을 자주 사용하는 사람들은 잠재적인 무력감과 좌절감을 가지고 있거나, 문제해결을 보다 건설적인 방식으로 해결하는 기술과 경험이 결여되어 있는 경우가 많다. 어떤 클라이언트는 쉽게 화를 내거나 감정조절을 제대로 하지 못하는데, 이들은 감정조절의 메커니즘으로서 폭력을 배우게 된 것이다. 격렬한 분노를 진정시키고 그들의 좌절에 초점을 맞추기 위해 감정이입을 사용하는 것은, 이러한 클라이언트와 작업하기 위한 첫 번째 단계이다. 또 다른 클라이언트는 술에 취하거나 마약을 사용할 때에만 분노를 통제하는 것을 어려워한다. 이러한 클라이언트에게는 맑은 정신일 때 그리고 통제가 가능할 때 분노를 표현하고 경험하도록 지지함으로써 분노를 다루는 건설적인 방법을 배우도록 할 수 있다.

⑧ 소집단 토론 활성화를 위해 감정이입 반응을 사용하기

사회복지사는 집단상담에서 우선 클라이언트가 원하는 주제를 확인하고 다음으로 이러한 주제에 관한 집단구성원들의 의견에 대해 감정이입 반응을 사용하여, 특정한 주제에 대한 논의를 활성화시킬 수 있다. 사회복지사는 또한 이러한 주제에 대해 관심을 보이지 않는 클라이언트의 반응에도 주목하고 이들의 의견을 알기 위해 감정이입 반응을 사용할 수 있다. 감정이입 반응을 통해 이러한 방식으로 자주 활성화되면 집단상담에서 클라이언트의 참여가 강화된다.

8. 클라이언트에게 감정이입 반응 방식을 가르치기

클라이언트가 관계에서 어려움을 겪는 이유는 종종 그들의 의사소통방식이 다른 사람들의 메시지를 정확히 들으며 그 이해된 것을 제대로 전달하지 못하도록 하는 장벽을 많이 가지고 있기 때문이다. 따라서 사회복지사의 중요한 업무 중의 하나는 클라이언트에게 감정이입적으로 반응하는 방식을 가르치는 것이며, 이러한 과제는 모방을 통하여 어느 정도 성취될 수 있다. 다른 사람(대개 배우자, 가족, 다른 가까운 친척들)의 메시지를 왜곡하거나 무시하는 문제가 있는 사람들은 효과적으로 경청하고 감정이입적으로 반응하는 사회복지사를 관찰하는 것이 도움이 된다. 더욱이 자신을 잘 표현하지 않는 클라이언트는 사회복지사의 감정이입 반응을 경험함으로써 조금씩 자신의 감정을 인식하고 보다 완전하게 자신을 표현하는 방법을 배울 수 있다. 클라이언트에게 감정이입적 의사소통기술을 가르치기 위해서는 교사역할이 필요할 때가 있다. 심각한 갈등이 있는 배우자를 도와주는 많은 접근법은 서로에게 공감을 얻고 감정이입을 표현하는 방법을 가르쳐 왔다. 지난 20년 동안, 효과적인 부모역할 훈련(Parent effectiveness training)에서도 비슷한 접근법이 사용되었다. 아동학대의 위험이 있는 부모에게 아이들에 대한 감정이입을 증진시키도록 하는 접근법에서도 비슷한 방법이 사용된다. 여기에서는 고의적으로 부모를 화나게 만든다고 생각되던 아이들의 행동에 대해서 부모가 덜 부정적인 의미를 갖도록 도와준다.

사회복지사가 교사로서 역할하기 위해서는 적절한 순간에 적극적으로 개입하는 것이 필요하다. 특히 상담 중에 클라이언트가 다른 구성원들의 기여에 대해 무시하거나, 가치를 깎아 내리거나, 공격할 때 이에 대해 감정이입적으로 반응해주는 것이 필요하다.

9. 진실성(authenticity)

일반적으로 이론가들은 감정이입과 존경이 효과적인 업무관계를 발전시키는 데 필수적이라고 동의하지만, 사회복지사가 제공해야 할 개방이나 자기노출 정도에 대해서는 동의하지 않는다. 정신분석학적 이론을 지지하는 이론가들은 사회복지사가 클라이언트와 전문적인 방법으로 거리를 두어야 한다고 주장한다. 그러나 그런바운(Grunebaum, 1986)의 연구는 사회복지사가 감정적으로 거리를 두는 것은 클라이언트에게 해가 된다는 것을 보여주고 있다. 정신분석학자들에게 해를 입었다고 믿고 있는 47명의 환자들에 대한 연구에서, 18명이 치료자의 차가움, 거리감, 엄격성에 의해 상처를 입었다고 생각하고 있었다. 이 연구에 참여한 환자들이 모두 스스로 정신분석학자들을 찾은 정신보건전문가들이었다는 점은 주목할 만하다.

전통적인 견해와는 반대로 인본주의적 학자들은 사회복지사가 '실제' 사람으로서 개방적이고 진실하게 관계를 맺어야 한다고 주장한다. 즉 '전문적' 역할을 통해 관계를 맺는 것은 클라이언트가 개방성과 진실성을 모방할 수 없게 하고 클라이언트의 성장을 방해하며, 이들이 실제세계에서 통용 가능한 관계를 경험하는 것을 막는다는 것이다.

트러스와 미첼(Truax & Mitchell, 1971)의 연구와 거만(Gurman, 1977)의 연구는 많은 경험적인 증거를 통해 감정이입, 존경, 진실성이 긍정적인 결과와 서로 연관되어 있다는 것을 보여주고 있다. 그러나 이러한 연구에 대해 비판적이고 갈등하는 다른 연구들이 나왔기 때문에 전문가들은 초기의 발견에 의문을 가지고 "결과와 치료자의 '기술' 사이에는 보다 복잡한 관계가 있다"는 결론을 내리고 있다. 그러나 진실성과 다른 촉진조건들은 여전히 원조과정의 중요한 부분으로 검토되고 있다.

진실성은 자연스럽고, 개방적이고, 솔직한 방식으로 관계를 맺음으로써 자신을 공유하는 것으로 정의된다. 진실성은 억지로 고안된 표현보다는 자발적인 표현을 통해 개인적인 관계를 맺는 것을 포함한다. 사회복지사의 언어는 그들의 실제 감정과 사고와 모두 합치돼야 한다. 따라서 진실한 사회복지사는 실제의 사람으로서 관계해야 하며, 자신의 감정을 부인하거나 클라이언트가 이러한 감정을 유발했다고 비난하기보다는, 자기의 감정을 표현하고 이에 대해 책임져야 한다. 진실성은 또한 방어적이지 않고 클라이언트에 대한 자신의 실수를 인정할 만큼 인간적이어야 한다. 사회복지사는 클라이언트가 자기방어를 낮추고 개방적으로 관계하기를 바란다. 이러한 바람을 사회복지사는 스스로 인식하여 그들 자신부터 인간적 태도와 개방성을 본보기로 보여야 하며 '전문성'의 가면 뒤에 숨지 말아야 한다.

진실하게 관계한다는 것이 사회복지사가 무분별하게 감정을 노출시키는 것을 의미하지는 않는다. 실제로 진실한 표현은 때로 마찰을 일으키고 파괴적일 수 있다. 예컨대 얄롬과 리버만(Yalom & Lieberman, 1971)은 집단 구성원들의 공격이나 거절이 정신적으로 상처를 줄 수 있다는 것을 발견하였다. 따라서 사회복지사는 치료목표를 증진시키는 조건에서만 진실하게 관계해야 한다. 이러한 조건은 진실성의 적절한 정도를 제공해주며 또한 사회복지사가 ① 마찰을 일으키거나(사회복지사가 솔직하게 감정을 표현한다고 할지라도), ② 클라이언트의 감정에 초점을 두기보다는 사회복지사 자신의 욕구를 충족시키기 위해 진실성을 이용하는 것을 피할 수 있게 한다.

첫째 내용에 대해서 말하자면, 진실성이 있다고 해서 자신들이 바라는 모든 것—특히 적의의 표현과 같은 것—을 마음대로 해도 된다는 것을 의미하는 것은 아니다. 둘째 내용은 사회복지사 자신보다는 클라이언트의 욕구에 반응하는 것이 중요하다는 것을 다시 말하는 것이다. 더욱이 사회복지사가 치료 목적으로 자신의 감정이나 경험을 공유할 때에, 그들은 즉시 클라이언트에게로 초점을 이동시켜야 한다. 개인상담이든 가족상담이든 집단상담이든, 사회복지사가 진실하게 관계하는 목적은 클라이언트의 성장을 촉진하는 것이지 사회복지사 자신의 진실성이나 솔직함을 보여주기 위한 것이 아님을 명심해야 한다.

10. 자기노출 시기와 정도

자기노출(self-disclosure)의 시기와 정도는 피상적인 것으로부터 높은 개인적 수준에 이르기까지 다양하다. 사회복지사는 신뢰관계(rapport)가 이루어지고 클라이언트가 사회복지사의 개인적인 것을 받아들일 준비가 되었다는 것을 보여주기 전에는 자신의 개인적인 감정을 공유하지 말아야 한다. 미성숙한 자기노출은 클라이언트를 위협하며 위협과 자기방어를 낮추는 것이 필요한 시기에 클라이언트가 감정적으로 후퇴하도록 만들 위험이 있다. 특히 이런 위험은 강한 개인적 토대 위에서 관계를 맺는 것이 익숙지 않은 다른 문화의 클라이언트에게 심각하다.

클라이언트의 신뢰가 명백하면, 사회복지사는 더 진실하게 관계할 수 있다. 물론 이때에도 진실한 반응은 클라이언트의 욕구와 관련이 있어야 하며 짧은 시간 외에는 클라이언트로부터 초점을 옮기지 않아야 한다. 신뢰가 강한 경우에도 일정 수준 이상의 진실한 반응은 더 이상 원조과정을 촉진시키지 않기 때문에 사회복지사는 자기노출을 적당한 수준으로 해야 한다. 또한 사회복지사는 심각한 정신장애가 있는 클라이언트를 대할 때 자기노출에 신중을 기해야 한다. 예컨대 편집증 환자의 경우, 사회복지사가 자기노출을 한 이후에 클라이언트는 과대망상과 같은 징후를 보였다(Shimkunas, 1972; Doster, Surratt and Webster, 1975). 그러나 피상적인 자기노출 이후에는 증세가 악화되지 않는다.

최근 연구들은 1978년에서 1989년 사이에 사회복지사 간에 자기노출을 사용하는 것이 점점 인정을 받아왔다는 것을 지적하고 있다(Anderson & Mandell, 1989). 그렇지만 정신역동적 이론을 지지하는 사회복지사는 이러한 자기노출을 잘 사용하지 않고 있다.

● 진실되게 반응하기 위한 표현형식

초보 사회복지사(와 클라이언트)는 효과적인 메시지를 전달하기 위한 다음과 같은 형식이 있다면 진실되게 관계하기 위한 기술을 더 잘 배울 수 있다.

(1) 나는……	~에 대해 ~한다	왜냐하면~
(2) 특별한 감정 · 욕구	(3) 사건의 가치 중립적 묘사	(4) 다른 사람에게 미칠 영향

나는	당신과 이야기할 때	당신이 신문을보고 있으면	화가 나요.	왜냐하면	당신이 나를 무시하는 것 같으니까요.
(1)		(3)	(2)		(4)

위의 형식을 설명하면,

- '나' 라는 대명사를 사용하여 메시지를 개인화한다.
- 다양한 수준의 감정을 공유한다.
- 가치중립적이거나 묘사적인 표현을 사용하여 상황이나 표적행동을 묘사한다.
- 문제상황이나 행동이 다른 사람에게 미치는 특정한 효과를 확인한다.

이러한 형식을 사용할 때 항상 이러한 패턴으로만 반응해서는 안 된다. 진실한 메시지를 만드는 다양한 방법을 배우고 결합할 필요가 있다. 이후에 자신의 자연스러운 대화 레퍼토리를 내재화하면, 더 이상 이러한 형식이 필요하지 않게 된다.

이러한 형식은 또한 클라이언트가 진실로 반응하도록 가르치는 데에도 이용할 수 있다. 클라이언트에게 이러한 표현형식을 제시하고 몇 가지 예시를 보여준다.

● 진실되게 반응하기 위한 지침

1. '나' 라는 단어를 사용해서 메시지를 개별화한다.
2. 다양한 수준에 놓여있는 감정들을 공유한다.
3. 어떤 상황이나 주요한 행동에 대해서 중립적이고 기술적인 단어로 설명한다.
4. 클라이언트가 처해 있는 문제 상황이나 행동의 특별한 영향을 명확하게 한다.

11. 진실한 반응을 요구하는 단서들

사회복지사가 진실하게 반응하도록 만드는 요인은 ① 사회복지사의 자기노출을 요구하는 클라이언트의 메시지와 ② 자신의 인식과 반응을 이야기하는 것이 도움이 될 것이라는 사회복지사의 판단이다. 다음에서는 이러한 두 가지 원천으로부터 발생하는 진실한 반응에 대해 살펴보겠다.

● 클라이언트의 메시지에서 자극받은 진실한 반응

① 개인적 정보에 대한 클라이언트의 요구

클라이언트는 종종 실습생들이나 사회복지사에게 "몇 살이세요?" "자녀가 있나요?" "종교가 뭐예요?" "아내와 싸워본 적 있어요?" "학생인가요?" 등과 같은 개인적인 정보를 요구하는 질문을 한다. 클라이언트가 자신의 비밀을 털어놓는 사회복지사에 대해 궁금해하고 이러한 질문을 하는 것은 자연스러운 일이며, 특히 클라이언트의 현재상태와 미래가 불안정한 경우라면 더욱 그러할 것이다.

사회복지사는 클라이언트가 그렇게 질문하는 동기를 사정하여 자기노출을 하는 것이 적절한지를 결정해야 한다. 만약에 질문이 정보에 대한 자연스러운 욕구로부터 나온 것이라면, 자기노출은 적절하다. 하지만 자연스럽게 느껴지는 질문이라도 사실은 깊은 염려나 곤란한 감정을 드러내는 것일 수 있다. 이럴 경우 바로 답을 해주는 것은 클라이언트의 염려와 감정을 탐색하고 해결할 수 있는 문을 닫아버림으로써 치료에 위반하는 것일 수 있다. 이렇게 함으로써 클라이언트는 그러한 감정을 홀로 해결하도록 남겨지며 이것은 클라이언트의 발전을 심각하게 방해하거나 조기종결을 유발할 수 있다. 흔히 클라이언트의 질문이 자연스러운 정보욕구에 의한 것인지, 아니면 숨겨진 염려나 감정으로 인한 것인지를 구분하는 것은 어렵다. 만일 개인적인 질문을 하는 클라이언트의 동기가 명확하게 판단되지 않을 경우, 일단은 자신의 견해나 느낌을 드러내기에 앞서 개방형(open-ended)이나 혹은 감정이입적인 반응으로 대처하는 것이 좋다. 이런 식으로 반응하는 것은 클라이언트가 실제로 염려하는 것을 드러낼 가능성을 높여준다.

② 사회복지사의 인식에 대해 알고자 하는 질문

클라이언트는 사회복지사의 의견이나 견해, 감정 등을 묻는 질문을 할 수 있다. 전형적인 예로는 "다른 클라이언트와 비교해서 저는 어떤가요?" "내가 도움이 필요하다고 생각하세요?" "내가 미친 건가요?" "내게 희망이 있다고 생각하세요?" 등이 있다. 이러한 질문은 매우 도전적인 것일 수 있으며, 사회복지사는 여기에서도 역시 질문 뒤에 숨겨진 동기에 대해 깊이 생각해본 다음, 자신의 견해나 감정을 곧바로 노출해야 할 것인지 아니면, 개방적이고 감정이입적인 반응을 해야 할지 판단해야 한다. 사회복지사가 자신의 인식을 노출하기로 하였다면, 사회복지사는 진실성과 함께 클라이언트에 대한 감정이입을 충분히 표현해주어야 한다.

진실성에 충실하기 위해 클라이언트의 모든 질문에 대해 대답해야만 하는 것은 아니다. 개인적인 정보에 대해 이야기하는 것이 불편하다거나 별로 도움이 되지 않을 것이라고 생각한다면, 충분히 대답하지 않을 수 있다. 그럴 경우 대답을 하지 않는 자신의 이유를 설명하는 것이 중요하며 이 또한 일종의 진실한 반응일 수 있다.

● 사회복지사의 진실한 반응

사회복지사가 스스로 결정하며 표현하는 진실한 반응은 몇 가지 형태가 있을 수 있다. 각각에 대해 살펴본다.

① 과거의 경험 노출하기

앞에서 지적했다시피, 과거경험에 대해 노출하는 것은 절제해야 하며, 할 경우에는 간략하고, 클라이언트의 관심에 적절하고, 시의적절한 것이어야 한다. 특정한 클라이언트의 경우 사회복지사는 "제가 ……한 어려움을 겪을 때, 아주 비슷한 느낌을 받았던 기억이 나네요"라고 이야기할 수 있다. 예를 들어, 사회복지사는 클라이언트가 참고할 수 있도록 "제 생각에 그러한 행동은 아동들에게 매우 정상적인 것 같아요. 제 경우에도 다섯 살 때……"와 같은 자신의 개인적인 인식이나 경험을 언급할 수 있다. 이러한 노출에 있어서 사회복지사가 염두에 두어야 할 근본적인 지침은 그러한 노출이 클라이언트를 치료할 목적으로 사용하는 것이라는 확신이 바탕이 되어야 한다는 것이다.

② 인식과 생각, 반응, 공식 공유하기

원조과정의 변화지향 단계에서 사회복지사의 주요 역할은 클라이언트의 문제와 관련된 자신의 개인적인 생각과 인식을 밝힘으로써 솔직한 피드백을 해주어야 한다는 것이다(Hammond et al., 1977). 이러한 반응은 다음과 같은 방식으로 변화과정을 촉진시킨다.

- 문제의 주요 역동에 대한 클라이언트의 인식을 고양시킨다.
- 이슈와 사건과 관련한 다른 시각을 제공한다.
- 클라이언트가 행동과 감정의 목표를 개념화하는 것을 돕는다.
- 클라이언트가 다른 사람들에게 영향을 미치는 방식에 대해 알려준다.
- 개인과 집단 차원에서 작용하는 인지 및 행동양식에 클라이언트가 주의를 기울이도록 한다.
- 클라이언트의 행동이나 원조관계에서 발생하는 과정에 대하여 사회복지사가 지금-여기에서의 관점에 나타나는 감정적, 육체적 반응을 공유한다.
- 클라이언트의 강점과 성장에 대한 긍정적인 피드백을 공유한다.

이러한 목표 중 어느 것을 성취하기 위해 진실하게 반응한 후에는 클라이언트가 그들의 견해를 표현하고 스스로 결론을 이끌어낼 수 있도록 유도하는 것이 매우 중요하다. 클라이언트가 특정한 견해를 받아들이거나 사회복지사가 생각하기에 바람직해 보이는 방식으로 변화하도록 영향을 미치려고 할 때, 은근한 방법을 사용하는 것보다 사회복지사 자신의 인식에 대해 솔직하게 이야기하는 것이 오히려 클라이언트로 하여금 진실하지 않게 행동한다거나 그들이 동의할 수 없는 견해에 대해 자신을 방어할 필요를 줄여주기 때문이다.

클라이언트와 인식을 공유하는 것은 클라이언트가 사회복지사의 의도를 오해해서, 비난받고 있다거나, 억제되는 느낌을 받을 수 있다는 위험을 안고 있다. 사회복지사가 반응하기 전에 자신이 의견을 제시하는 것이 도움을 주려는 의도임을 명확히 하는 것이 이러한 위험을 어느 정도 감소시킬 수 있을 것이다. 그럼에도 불구하고, 자신의 반응이 클라이언트의 감정을 상하게 하지는 않았는지 클라이언트의 반응에 주의를 기울여야 한다.

관계를 손상시키는 것을 피하기 위해서 사회복지사는 자신의 솔직한 피드백에 대한 클라이언트의 감정에 깊이 감정이입해주어야 한다. 클라이언트가 사회복지사의 솔직한 반응에 감정적으로 상처받은 것처럼 보인다면, 악화된 감정을 제거하고 관계의 균형을 회복할 수 있는 반응을 하기 위해 감정이입의 기술을 사용할 수 있다. 염려를 표현하고 자신의 반응이 좋은 의도에 의한 것이었음을 명확히 하는 것이 도움이 될 수 있다.

③ 즉각적인 반응을 요구받을 때 개방적으로(또한 재치 있게) 반응 공유하기

클라이언트는 때때로 사회복지사가 자신에 대해 관심이 없는 것 같고, 비판적이며, 유능하지 못한 것 같다고 비난하면서 관계에 직접적인 영향을 주는 메시지에 대해서 반응하도록 상당한 압력을 가하는 경우가 있다. 또한 클라이언트는 즉각적인 반응을 요구하는 질문을 던지기도 한다.

수년간 학생들은 자신들이 유능하게 반응하는지를 시험하려는 곤란한 상황을 많이 접한다고 보고해왔다. 가령 한 집단의 남자 성원이 여학생 신분인 집단의 지도자에게 사진을 찍자고 요구하는 경우가 있다. 또한 어떤 사춘기 소년은 신발을 벗은 후 사회복지사의 책상에 지독한 냄새가 나는 발을 올려놓기도 한다. 많은 사회복지사가 자신의 경험 중에 클라이언트의 행동이 자신을 난처하거나 거북하게 했던 일들이 분명히 있었을 것이다. 상담에서 경험되는 이러한 불편함은 무엇인가가 잘못되어가고 있으며 클라이언트가 직접적으로 표현하지 않는 욕구에 대해 알아보아야 할 필요가 있다는 것을 나타내는 것일 수 있다. 따라서 그러한 불편을 유발하고 심화하는 것처럼 보이는 사건이 무엇인지에 대해 깊이 생각해보는 것이 중요하다.

클라이언트가 화가 나서 공격하는 경우도 사회복지사에게 즉각적인 반응을 요구하는 상황이다. 이에 대해서는 다음 절에서 다룰 것이다. 사회복지사는 이러한 상황에서 진실하게 반응하는 법을 배워야 한다. 클라이언트의 감정에 대해 깊이 감정이입하면서도 진실한 반응은 종종 클라이언트의 분노를 희석시키면서 그들이 상황에 대해 좀더 이성적으로 생각할 수 있도록 돕는다.

④ 불합리하거나 스트레스를 유발하는 클라이언트의 행동에 대해 감정 나누기

일반적으로 사회복지사는 클라이언트의 행동에 적절하게 대처할 수 있다가도 가끔씩 분노나 좌절감을 느끼고 심지어 상처를 받기도 한다. 어떤 클라이언트는 다른 경로를 통해 사회복지사의 집 전화번호를 알아내, 다음 세션까지 기다려서 이야기해도 충분한 일상적인 일에 대해 사사건건 전화를 걸어오기도 한다. 아니면 술에 취한 클라이언트가 한밤중에 그냥 이야기하려고 전화를 걸어온다거나, 청소년인 클라이언트가 사회복지사의 자동차 바퀴에 구멍을 뚫어놓기도 한다. 이러한 경우에 사회복지사는 자신의 느낌에 대해 솔직히 클라이언트에게 이야기하는 것이 좋다.

때때로 진실성과 감정이입의 기술만으로도 사건을 긍정적인 결론으로 이끌 수 있다. 사회복지사 자신의 감정을 무시하는 것은 클라이언트와 원활하게 관계를 맺는 자신의 능력을 손상시키는 것이며, 관계에 파괴적으로 작용할 수도 있다.

⑤ 클라이언트가 긍정적인 피드백을 줄 때 감정 공유하기

사회복지사는 때때로 클라이언트가 자신의 능력이나 활동에 대해 긍정적인 피드백을 줄 때 어떻게 반응해야 할지 몰라 어려움을 겪는다. 우리는 클라이언트에게 긍정적인 피드백에 대해 수용하라고 이야기해왔다. 사회복지사에게도 역시 이 같은 조언이 적용된다.

12. 긍정적인 피드백: 진실한 반응 형태

긍정적인 피드백(positive feedback)은 변화과정에서 매우 중요한 역할을 하기 때문에 이 절에서 자세하게 다루려고 한다. 사회복지사는 종종 클라이언트에게 그들의 강점과 효과적인 대처기제, 높은 수준의 성장을 보여주는 긍정적인 기질이나 특정한 영역에 대한 정보를 줄 때, 긍정적인 피드백을 사용한다. 그럼으로써 사회복지사는 클라이언트가 변화하려는 동기를 고양하고, 미래에 대한 희망을 키울 수 있도록 돕는다. 사회복지사가 클라이언트의 행동과 발전에서 따뜻하고 긍정적인 느낌을 받을 때, 이러한 감정은 원조과정에서 클라이언트에게 도움을 줄 수 있는 기회가 될 수 있다. 사회복지사는 적절한 시기에 곧바로 그러한 느낌을 클라이언트와 나누어야 한다.

사회복지사의 긍정적인 피드백은 클라이언트 개인의 강점을 칭찬해주는 것일 수도 있고, 집단과정에서 나타난 행동상의 변화에 대한 것일 수도 있다. 어떤 경우이든 클라이언트가 변화과정을 촉진시키는 특정한 행동에 초점을 맞추도록 도우며, 이것은 궁극적으로 그러한 행동의 빈도를 증가시키게 한다. 긍정적인 메시지가 지속적으로 주어진다면, 자아존중감이 낮은 클라이언트가 좀더 긍정적인 자아상을 발전시킬 수 있도록 하는 장기적인 효과를 볼 수도 있다. 또한 긍정적인 피드백이 클라이언트의 노력과 긍정적인 결과들 간의 인과관계를 확인하려는 근거로 이용된다면, 클라이언트는 만족감과 성취감, 상황에 대한 통제감 등을 경험할 수 있을 것이다. 나아가 긍정적인 피드백은 클라이언트가 자신의 대처능력에 대해 자신감을 가지도록 하는 효과가 있을 수도 있다. 우리는 상담에 처음 왔을 때는 무너지기 직전의 상태였지만, 세션에 참여하면서 스스로가 문제를 해결할 수 있다는 느낌을 가지게 된 클라이언트를 종종 보아왔다. 클라이언트의 기능이 향상된 것은 그들이 잘 대처하고 성공적으로 문제를 다루는 영역을 인정하고 강조해주었던 진실한 반응이 어느 정도 작용했을 것이라 생각된다.

학생들과 사회복지사의 상담기록은 종종 클라이언트의 강점이나 성숙한 측면을 과소평가하며, 진실한 반응을 잘 나타내지 않고 있음을 보여준다. 그러나 경험에 의하면 클라이언트의 변화는 사회복지사가 위의 이 두 영역에 얼마나 초점을 맞추는가와 관련되어 있다. 사회복지사가 지속적으로 클라이언트의 장점과 세션 초기부터 나타나는 미묘한 긍정적 변화들에 초점을 맞춘다면, 클라이언트는 변화과정에 더 많은 노력을 투자할 것이다. 변화의 속도가 빨라지면, 사회복지사는 클라이언트의 강점과 기능적인 대처행동을 확인해주고 강화해줌으로써 클라이언트의 성공에 더욱 집중적으로 초점을 맞출 수 있다.

사회복지사는 클라이언트의 강점과 성장을 인정해주기 위한 몇 가지 훈련이 필요하다. 우선, 클라이언트가 자신의 강점이나 발전을 보여줄 때, 순식간에 느껴지는 긍정적인 느낌을 인식하고 표현하는 능력을 고양시켜야 한다. 또한 클라이언트의 특정한 긍정적인 행동에 대한 정보를 제공할 수 있도록 사건을 기록하는 법도 배워야 한다. 그리고 클라이언트 간에 서로 긍정적인 피드백을 주고받을 수 있도록 가르치는 것도 사회복지사가 해야 할 일이다. 이에 대해서는 16장에서 살펴볼 것이다.

클라이언트의 강점을 알아볼 수 있는 능력을 증진시키기 위해서 사회복지사와 클라이언트는 그들의 자원에 대한 간단한 프로필을 만들어놓는 것이 좋다. 프로필은 개인이나 부부, 가족, 집단 등 어떤 단위에서든 적용할 수 있고, 특히 원조과정의 초기에 만들어놓는 것이 좋다. 각 세션에서 사회복지사는 클라이언트에게 그가 생각할 수 있는 모든 강점에 대해 찾아내 목록을 만들라고 요구한다. 사회복지사 역시 클라이언트의 강점을 발견하면, 목록에 추가시킨다. 이 목록은 계속해서 점검되면서, 새로운 강점들이 발견될 때마다 길어지게 된다.

가족, 부부, 집단에 대한 개입에 있어서 사회복지사는 개인 클라이언트의 강점을 사정할 때와 비슷한 절차를 따를 수 있다. 하지만 단위 내의 다른 성원들과 각 성원의 강점에 대해 어떻게 인식하는지 서로 이야기해보는 것이 좋다. 사회복지사는 부부나 가족, 집단에게 원조의 전 과정에 있어서 주기적으로 그들의 강점과 성장에 대해 이야기해달라고 요구할 수도 있다. 클라이언트가 그들의 강점에 대해 이야기를 하면, 사회복지사는 그에 대한 관찰을 해야 한다. 종종 사회복지사와 클라이언트는 클라이언트가 인식하고 있는 것보다 훨씬 많은 강점이 있다는 결론을 내리게 된다. 사회복지사는 클라이언트가 자신의 강점을 확인할 때 경험하게 되는 불편함에 대해서도 알아보아야 한다. 이를 통해 그들이 좀더 편안하게 자신들의 긍정적인 특징과 자원에 대해 인식할 수 있어야 한다.

더 나아가 사회복지사는 초기 세션 과정을 주의 깊게 살피고, 강점과 긍정적인 행동의 변화에 대한 미묘한 징후를 알아보아야 하는데, 이것은 이러한 것들을 체계적으로 기록함으로써 가능하다.

기록에서는 클라이언트의 강점과 성장뿐 아니라 사회복지사 자신 혹은 집단 성원들이 그러한 변화에 대해 초점을 기울이고 있는지도 점검해야 한다. 변화는 종종 한 번의 세션에서 아주 미묘한 형태로 발생한다는 점을 기억해야 한다. 예를 들어, 클라이언트는 세션의 후반에 가서야 좀더 솔직하게 자신의 문제에 대해 이야기할 수 있고, 전에는 직면하는 것을 거부했던 문제에 대해 조심스럽게 다가서고, 자신에 대한 위험한 정보를 털어놓음으로써 사회복지사에 대한 신뢰가 증진되었음을 보여주기도 하며, 처음으로 문제에 대한 자신의 책임을 인정하기도 한다. 집단과 가족도 비슷하게 짧은 기간 동안 성장을 보여줄 수 있다. 따라서 사회복지사는 항상 클라이언트의 변화에 민감함으로써 클라이언트의 향상을 지나쳐버리지 않도록 해야 한다.

13. 클라이언트와 단호하게 관계맺기

클라이언트와 단호하게 관계를 맺는 것(relating assertive to clients)은 진실한 관계형성의 또 다른 측면이다. 단호하게 관계를 맺어야 하는 이유는 다양하다. 사회복지사는 클라이언트에게 자신감을 불어 넣어주거나, 클라이언트가 사회복지사를 따르도록 하기 위해서 자신의 유능함을 보여줄 수 있는 방식으로 관계를 형성해야만 한다. 이것은 사회복지사가 자신의 문제를 이해하고 그들을 도울 수 있을지를 알아보기 위해 은밀히 사회복지사를 시험해보게 되는 원조과정의 초기에 있어서 특히 중요하다.

집단 세션이라면 클라이언트가 세션에서 발생할 수 있는 파괴적인 상호작용으로부터 자신들을 보호해줄 수 있을 만큼 유능한지를 알아보기 위한 질문을 할 수 있다. 실제로 가족이나 집단성원들은 사회복지사가 단호하게 행동하는 것을 지속적으로 관찰한 후에야 원조과정에 진지하게 참여하게 된다. 사회복지사가 여유 있고, 단호한 행동을 통해 그들이 클라이언트의 문제를 다룰 수 있고 발생할지도 모르는 혼란과 불안정한 상태를 통제하기 위해 필요한 보호와 구조를 제공해줄 수 있다는 것을 보여준다면, 클라이언트는 긴장을 풀고, 희망을 가지며, 문제해결을 위해 노력하기 시작한다. 반면에 사회복지사에게 클라이언트를 위험하게 할 수 있는 역기능적인 과정을 제거하고 보호해줄 수 있는 능력이 없어 보인다면, 클라이언트는 당연히 사회복지사가 제공하는 도움에 대해 자신을 위험에 빠뜨리지나 않을까 의심하게 되고 원조과정에 참여하지 않게 된다.

단호하게 관계를 맺는 기술은 또한 변화에 대한 저항을 극복하기 위해 사용하는 주요 기술인 직면을 활용하는 데 있어서도 필수적이다. 하지만 직면은 클라이언트와의 관계를 멀어지게 할 수 있기 때문에, 사회복지사는 직면을 활용할 때 세심하고 기술적이어야 한다. 실제로 모든 형태의 단호함은 클라이언트의 감정과 자기존중감을 신뢰하는 좋은 의도와 충분히 공감이 형성된 맥락에서 이루어져야 한다.

다음은 사회복지사가 클라이언트에게 단호하게 개입하는 데 있어 도움이 될 만한 지침들이다.

① **요구하기와 지시하기**

클라이언트가 다른 사람과 좀더 원활하게 관계를 맺고 자신의 문제를 해결하도록 도와주기 위해서 사회복지사는 자주 그들에게 세션 기간 동안에 새로운 방식으로 관계를 맺으라고 한다. 그러한 요구로는 다음과 같은 것들이 있다.

- 사회복지사를 통하기보다는 그들끼리 직접적으로 이야기하기
- 세션에서 다른 사람들에게 피드백주기
- 다른 사람들의 메시지의 의미를 확인함으로써 반응하고, 듣는 자세를 취하며, 메시지를 내재화하기
- 의자의 배열 바꾸기
- 역할 연습
- 다른 사람에게 요구하기
- 세션 내에서 특정한 방법으로 반응하는 과제 수행하기
- 한 주 동안 정해진 과업을 실행하는 것에 동의하기
- 집단이나 가족에서 자신이나 다른 성원의 강점이나 성장 알아내 주기

요구할 때는 단정적이고 비언어적 행동으로 요구를 확고하고 분명하게 전달하는 것이 중요하다. 사회복지사는 요구를 전달할 때 종종 주저하는 언어적 표현을 사용하는데, 그러면 클라이언트로 하여금 그러한 요구에 따라야 하는지 의심하게 하는 실수를 저지를 수 있다.

다음 표는 주저하는 언어표현과 확고한 언어표현의 비교이다.

[표 5-1] 주저하는 요구와 확고한 요구

주저하는 요구	확고한 요구
제가 잠시 방해해도 될까요?	잠시만 제가 말씀을 드리고 싶습니다.
역할연습하는 거 괜찮으세요?	잠시 함께 역할연습을 하면 좋겠습니다.
실례지만, 혹시 주제에서 벗어났다고 생각하지 않으세요?	제 생각에 우리가 주제에서 벗어난 것 같군요. 우리가 조금 전에 이야기하던 주제로 다시 돌아갔으면 좋겠습니다.
캐시가 방금 말한 것에 대해 얘기해볼 수 있을까요?	캐시가 방금 말한 것으로 돌아가 보죠. 제 생각에는 매우 중요한 것 같습니다.

많은 경우 사회복지사가 클라이언트에게 하는 요구는 확고한 요구의 난에 있는 예에서와 같이 실제적으로는 지시적이다. 사회복지사가 클라이언트에게 선택의 여지를 준다면(예를 들어, "자리를 바꿔 앉아 주시겠습니까?"), 클라이언트는 사회복지사의 제안에 따르지 않을 수도 있을 것이다. 따라서 클라이언트가 다른 방식으로 행동해 주기를 바란다면, 원하는 행동을 명확하게 지시해주는 것이 좋다. 클라이언트가 지시에 반대한다거나 유보적인 태도를 보이는 비언어적 행동을 나타낸다면, 감정이입을 이용하여 반응하고, 그들이 반대하는 근본적인 원인을 탐색해야 한다. 많은 경우 탐색을 통해 클라이언트의 두려움이나 오해를 해결하고, 그럼으로써 클라이언트로 하여금 요구되는 행동을 하도록 할 수 있다.

② 초점 유지하기와 방해 다루기

초점을 유지하는 것은 사회복지사에게 있어서 상당한 기술과 단호함을 요구하는 매우 중요한 기술이다. 방해가 발생하거나 초점이 분산될 때, 원래의 과정에 초점을 맞추기 위해 말로써 개입하는 것은 매우 중요하다. 때때로 사회복지사는 성원들이 중요한 진행과정을 방해하지 못하도록 비언어적으로 단호하게 반응할 수도 있다.

③ 역기능적인 과정 중단하기

숙련되지 않은 사회복지사는 종종 역기능적인 과정(dysfunctional process)이 발생했을 때, 어떻게 중단시켜야 할지 모르거나 클라이언트가 스스로 마칠 수 있도록 기다려야 한다고 생각해서, 오랫동안 역기능 과정이 계속되도록 하는 경우가 있다. 이는 사회복지사가 과정을 안내하고 지도하며 참여자들이 좀더 효과적인 방법으로 상호작용하도록 도와야 하는 그들의 중요한 책임을 다하지 못하는 것이다. 클라이언트는 종종 스스로 파괴적인 상호작용을 제어하지 못하기 때문에 도움을 바란다는 것을 기억할 필요가 있다. 그들이 서로에 대해 주장하고, 위협하고, 비난하고, 비판하며, 낙인찍는 지금까지의 방식을 계속하도록 하는 것은 그들의 문제를 악화시킬 뿐이다. 따라서 사회복지사는 그들에게 좀더 효과적인 행동을 가르치고, 계속적인 상호작용에서 그러한 행동을 실행할 수 있도록 안내해야 한다.

진행과정을 중단시키기로 결정했다면, 클라이언트가 자신의 지시를 듣고 따를 수 있도록 단호하게 개입해야 한다. 토론을 성공적으로 중단시킬 수 있다는 것은 사회복지사가 그들의 관계를 변화시킬 수 있는 힘과 영향력이 있음을 보여주는 것이기 때문에, 단호하지 않은 방식으로 개입할 경우 클라이언트(특히 공격적인 클라이언트의 경우)에게 영향력을 행사하는 것이 어려워질 수 있다(Parlee, 1979). 역기능적인 과정을 중단시키려는 사회복지사의 개입을 클라이언트가 무시하거나 피할 수 있도록 허용한다면, 사회복지사는 클라이언트와의 관계에서 통제력을 잃고 클라이언트보다 한 단계 낮은 위치에 서게 된다.

과정을 중단시키거나 개입하는 것과 관련해서 우리는 단호한 행동을 추천하는 것이지 공격적인 행동을 추천하는 것은 아니다. 따라서 사회복지사에게는 비생산적이거나 파괴적으로 보이는 과정이 클라이언트에게는 그렇게 보이지 않을 수 있으므로, 사회복지사는 클라이언트의 이익에 민감해야만 한다. 그러므로 언제 중단시켜야 하는지가 중요해진다. 클라이언트가 곧 발생할 일에 주의를 기울여야 할 필요가 없다면, 자연스럽게 멈추기를 기다려도 될 것이다. 그러나 짧은 시간 안에 멈추지 않는다면, 사회복지사가 중단시켜야 한다. 그러나 파괴적인 상호작용이 발생할 경우에는 즉시 중단시켜야 한다.

④ 클라이언트의 분노에 관심갖기

클라이언트의 분노와 불평을 개방적으로 다루는 것이 중요하다는 것은 아무리 강조해도 지나치지 않을 것이다. 사회복지사가 클라이언트의 분노를 단호하고 유능하게 다루지 못한다면, 클라이언트의 존경을 잃게 되고 그럼으로써 그들을 도울 수 있는 능력을 잃게 된다. 더욱이 클라이언트는 다른 사람에게 그랬던 것처럼 사회복지사를 조종하기 위해 분노를 이용할 수도 있다. 클라이언트의 분노와 그 밖의 감정(예를 들어, "나는 ~때문에 당신이 나에 대해 화났으며, 아마 ~에 대해 실망했을 거라는 걸 알아요")을 반영해주기 위해 깊은 감정적 감정이입을 가지고 반응해야 한다.

- 클라이언트를 화나게 한 사건의 본질에 대해 이해할 수 있을 때까지 그 상황과 감정에 대해 계속하여 탐색해야 한다. 그렇게 함으로써 사회복지사는 클라이언트가 사회복지사에 대한 분노를 거두고, 자신의 상황에 대해 적절한 책임감을 느끼면서 자기 자신에게로 초점을 맞추기 시작하는 것을 보게 될 것이다. 클라이언트가 갖고 있는 진짜 중요한 문제는 사회복지사와 직접적으로 상관없는 경우가 흔하다.
- 클라이언트의 분노를 탐색할 때, 사회복지사는 자신의 감정과 반응을 적절한 경우에 진실하게 표현하는 것도 좋다.
- 미래에 비슷한 상황이나 문제가 발생하는 것을 피하기 위해서는 문제해결 접근방법을 적용하는 것이 좋다. 특정 클라이언트가 역기능적인 방법으로 빈번하게 분노를 표현한다면, 사회복지사는 클라이언트가 분노를 표현하는 방식에 초점을 맞추어, 그것이 다른 사람들과 관계를 맺는 데 있어 발생시킬 수 있는 문제를 지적해주고 반응방식을 수정하는 목표를 세워야 한다.

⑤ 안 된다고 말하기와 한계 설정하기

사회복지사가 클라이언트 옹호하기, 다른 사람들이나 잠재적인 자원과 협의하기, 클라이언트의 행동 촉진하기와 같은 업무를 수행하는 것은 바람직하다(Epstein, 1992: 208). 클라이언트와 사회복지사의 견해가 다를 때, 사회복지사는 때때로 클라이언트의 요구를 거절하거나 한계를 설정해야만 한다. 이것은 다른 사람들에게 서비스를 제공하고 돕고자 한다는 것을 보여주고 싶은 마음으로 가득한 초보 사회복지사에게는 어려울 수 있다. 다른 사람들을 돕는 일에 헌신하는 것은 바람직하다. 하지만 그러한 헌신은 언제 클라이언트의 요구를 따를 때 클라이언트와 사회복지사에게 모두 가장 최선이 되는지 판단해야 한다. 어떤 클라이언트는 자신의 경험을 통해서 사회복지사가 세션 중 자신의 요구는 대부분 들어줄 것이라고 기대하기도 한다. 그러나 클라이언트는 스스로 할 수 있는 일도 대신해주는 사회복지사에 의해서가 아니라, 스스로 자신의 행동 범위를 넓혀 나감으로써 자신의 역량을 강화시킬 수 있다. 따라서 사회복지사가 클라이언트가 지금 혹은 미래에 할 수 있는 일을 대신해준다면, 그것은 수동적인 클라이언트의 행동을 강화시키는 것이 될 수 있다.

사회복지사가 비자발적인 클라이언트와 일할 때, 한계를 설정하는 것은 특별한 의미를 갖는다. 신올레이니(Cingolani)에 따르면 사회복지사는 클라이언트와의 관계에서 다소 편안한 상담가의 역할뿐 아니라 중재자와 협상가의 역할을 하게 된다고 한다. 예를 들어, 비자발적인 클라이언트가 법정명령의 수행을 완화해줄 것을 요구한다면, 사회복지사는 그러한 선택과 그에 따른 결과에 대해 명확히 해주어야 한다.

적절한 단호함은 클라이언트뿐만 아니라 일반 사람들도 즐겁게 해주고 싶은 욕구가 넘치는 사회복지사에게 있어서도 쉬운 일이 아니다. 이러한 사회복지사는 요구를 거절하거나 한계를 설정하는 것이 클라이언트에게 최선의 경우임에도 불구하고 한계를 정하는 데 어려움을 느낀다. 따라서 이러한 성격의 사회복지사라면 자신에 대해 깊이 성찰하고, 15장에서 다루는 단호하지 않은 행동과 관련한 인지적 요인들에 대해서 주의 깊게 공부해볼 것을 권한다. 나아가 이러한 사회복지사는 단호함을 증진시키는 것과 관련된 과업을 스스로 설정함으로써 도움을 얻을 수 있다. 단호한 훈련 집단에 참여한다거나 단호함에 관한 유명한 연구를 공부하는 것 역시 많은 도움이 될 것이다.

다음은 클라이언트의 요구를 거절해야 하는 많은 상황들 중 일부를 예시한 것이다.

- 클라이언트가 사회복지사를 사교모임에 초대하여 허물없이 자신들과 어울리자고 청할 때

- 우대 조치(정책으로 정해진 것보다 낮은 상담료 등)를 취해 달라고 요구할 때
- 육체적인 관계를 요구할 때
- 그들 스스로 다뤄야 할 상황을 중재해달라고 부탁할 때
- 타당하지 않은 이유로 정기적인 약속을 어긴 후 특별한 약속날짜를 잡자고 할 때
- 돈을 빌려달라고 할 때
- 보호관찰, 집행유예, 시설이용 규칙을 위반한 것을 비밀로 해달라고 할 때
- 클라이언트의 배우자가 클라이언트와의 상담내용을 알려달라고 요구할 때
- 범죄나 다른 사람을 해치는 행동 계획을 밝힐 때
- 징병위원회나 고용인 등에게 거짓 정보를 보고해달라고 부탁할 때

부탁을 거절하는 것 외에도 다음과 같은 상황에서는 클라이언트에게 한계를 설정하는 것이 필요하다.

- 사회복지사의 집이나 사무실로 너무 많이 전화를 걸어올 때
- 미리 알리지 않고 약속을 취소할 때
- 욕이나 폭력적인 방법으로 감정을 표현할 때
- 습관적으로 정해진 세션의 종료시간을 어기고 계속하려고 할 때
- 계속해서 계약사항을 위반할 때(비용을 지불하지 않는다거나 너무 자주 약속을 지키지 않는 것 등)
- 자신이나 다른 직원들에게 성(性)적인 요구를 할 때
- 술에 취한 채로 세션에 올 때

전문가로서 성숙해지는 것은 거절하고 한계를 설정하는 데 편안해질 수 있다는 것을 포함한다. 경험이 쌓여감에 따라 클라이언트가 합리적으로 기대할 수 있게 하는 것이 클라이언트를 위해 구체적인 행동을 하는 것만큼이나 많은 도움이 된다는 것을 알게 될 것이다.

때로는 다른 전문직이나 동료 사회복지사에게 자신의 의견을 피력하는 것이 필요할 경우가 있다. 경험과 자신감이 부족하기 때문에, 초보 사회복지사는 종종 의사나 법조인, 심리학자, 혹은 숙련된 사회복지사에게 압도되기도 한다. 그래서 그들과 소극적으로 관계한다든지 옳지 않다거나 합리적이지 않아 보이는 요구나 계획에 대해서도 마지못해 따르게 되는 경우가 있다. 다른 전문직의 생각에 대해 개방적이어야 하는 것은 중요하지만, 초보 사회복지사는 자기 자신의 견해를 표현하고 자신의 권리를 주장하는 것도 중요하다. 그렇지 않다면, 클라이언트에 대해 다른 전문가들보다 더 많은 것을 알고 있으면서도 합동사례계획모임 등에서 가치 있는 정보를 제공하지 못할 수 있다.

초보 사회복지사는 또한 비합리적인 의뢰나 사례의 부적절한 할당을 거부할 수 있는 권리에 대해서 단호해야 한다. 단호함이란 다른 전문직의 사람들이 클라이언트에게 부여된 자원을 제공하지 않는다거나 클라이언트에게 모욕적인 호칭을 쓴다거나 비윤리적인 행동을 할 때도 역시 요구된다. 단호함은 15장에서 자세하게 논할 클라이언트에 대한 옹호의 역할에서 매우 중요하다.

제 6 장

말 따라가기, 탐색, 초점 맞추기 기술

Verbal Following, Exploring, and Focusing Skills

1. 클라이언트와 심리적인 접촉을 유지하고 문제 탐색하기

조사자와 이론가들은 클라이언트와 의사소통을 함에 있어서 사회복지사의 말 따라가기(verbal following)가 중요하다는 데 동의한다(Finn & Rose, 1982; Katz, 1979; Mayadas & O' Brien, 1976; Schinke, Blythe, Gilchrist, & Smith, 1980). 말 따라가기는 사회복지사가 클라이언트와 순간순간 심리적인 접촉을 유지할 수 있도록 클라이언트의 메시지를 정확하게 이해했음을 전하기 위해 개별적인 기술을 사용하고 혼용하는 것을 말한다. 더욱이 구체화된 말 따라가기 행동은 클라이언트를 만족시키고 지속시킴에 있어 필수적인 두 가지 수행변수(performance variables)이다.

- 자극-반응 적합성 : 사회복지사가 클라이언트의 메시지를 정확하게 받아들였음을 피드백을 통해 전달하는 사회복지사의 반응의 범위(extent)
- 내용 관련성 : 클라이언트가 사회복지사의 반응 내용이 그들의 우선적인 문제에 관련되어 있다고 인식하는 정도

클라이언트 지속성과의 관계에 대해서 경험적, 이론적인 지지를 기술한 로슨(Rosen, 1972)에 의해 처음으로 개념화된 이 두 가지 변수는 듀엔(Duehn)과 프락터(Proctor)의 연구(1977)결과에서 사회복지사의 중요한 행동반응으로 유효성을 인정받았다. 사회복지사와 클라이언트의 상호작용을 분석하면서, 저자들은 사회복지사가 치료가 지속된 클라이언트보다 조기에 치료가 종결된 클라이언트와의 관계에서 보다 더 클라이언트의 메시지에 부적합하게 반응한다는 사실을 발견했다. 게다가 사회복지사는 '지속자(continuers)' 에 비해 '비지속자(discontinuers)' 에게는 그들이 기대하는 정도의 반응을 해주지 않았다.

이들 저자들은 클라이언트의 메시지에 관련하여 정확하게 반응하는 것은 면접에 있어서의 상호작용에 대한 클라이언트의 만족도를 더 증가시킨다는 결론을 내렸다. 반면, 이전의 클라이언트의 메시지와 클라이언트의 주된 관심사에 관련되지 않은 질문과 다른 반응을 지속적으로 사용하면 클라이언트는 계속해서 불만족스러워하게 된다. 클라이언트가 기대한 내용이 이행되지 않을 때, 클라이언트는 시기상조적으로 치료를 종결하게 되는 것이다. 그런 주목 행동의 효과적인 사용은 동기적합성(motivational congruence)을 촉진한다. 동기적합성이란 클라이언트의

동기와 사회복지사의 목표 사이의 적합성을 말하는 것으로 사회복지실천 효과성 연구에서 더 나은 결과를 낳는 것으로 나타났다(Reid & Hanrahan, 1982). 따라서 클라이언트의 메시지와 관심사에 직접 관계된 반응을 나타내는 것은 클라이언트의 만족도와 보호의 지속성을 높이고, 실행 가능한 작업관계를 마련할 수 있게 해준다.

츄이(Tsui)와 슐츠(Schultz)는 정신건강 문제를 지닌 아시아인들과 미국인들에게 질문할 때 질문의 관련성을 설명하는 것이 중요하다고 강조하였다(1985). 사회복지사는 반드시 임상 병력, 이전의 치료정보, 가족적 배경, 그리고 심리사회적 스트레스 요인 등을 질문하는 목적에 대해서 클라이언트에게 명백하게 교육해야 한다. 그들의 현재의 증상에 이런 문제들이 관련되어 있다는 것을 많은 아시안 클라이언트는 분명히 알지 못한다. 많은 아시안 클라이언트는 정신적인 고통을 심리적인 해체나 성격적 결함으로 본다. 이런 주제는 치료작업이 효과적으로 이루어지기 위해서 사전에 민감하게 다루어져야 한다(pp.567-568). 이와 마찬가지로 억압받은 집단 구성원인 클라이언트는 질문을 그들 자신의 문제를 돕기 위해서 계획된 것이 아닌 심문으로 생각할지도 모른다. 그래서 그런 질문에 대한 정당성은 반드시 설명되어야만 하는 것이다.

사회복지사가 클라이언트와의 밀접한 심리적 접촉을 유지할 수 있도록 하는 데 있어서, 말 따라가기 기술은 원조과정에서 두 가지 중요한 기능을 한다. 첫째, 이런 기술은 사회복지사가 클라이언트의 문제를 깊이 있게 탐색할 수 있게 함으로써 개인적 정보를 풍성하게 도출해낼 수 있다. 둘째, 이런 기술은 사회복지사가 클라이언트의 경험의 일면과 긍정적인 클라이언트의 변화를 촉진시키는 원조과정에서의 역동성에 선별적으로 초점을 맞출 수 있도록 한다.

다음은 말 따라가기 기술과 클라이언트의 문제를 탐색하는 기술을 소개하려고 한다. 이들 중 몇몇 기술은 쉽게 터득할 수 있다. 어떤 것들은 터득하기 위해서 더 많은 노력이 필요할지도 모른다. 능숙해질 수 있도록 하기 위해서 이 장 전체에서 사례를 제공할 것이다. 감정이입적인 반응이 클라이언트의 메시지를 말로 따라감에 있어 가장 중요한 기술이긴 하지만, 앞에서 이미 다룬 바 있으므로 이 장에서는 제외한다.

2. 말 따라가기 기술

1) 진행하기

'진행하기 반응(furthering reponses)'은 사회복지사가 주의 깊게 듣고 클라이언트가 언어로 표현할 수 있도록 격려하는 것이다. 진행하기를 잘 설명해 주는 몇몇 유형은 다음과 같다.

첫째, 사회복지사의 관심을 나타내고 클라이언트가 말로 계속해서 표현하도록 격려하는 최소한의 자극은 비언어적인 것일 수도 있고 언어적인 것일 수도 있다. 비언어적인 최소한의 자극은 고개를 끄덕이는 것, 얼굴 표정을 바꾸는 것, 혹은 수용과 관심을 나타내는 몸짓을 사용하는 것, 이해한 것에 대한 언급 등이 될 수 있다. 비언어적 자극은 암묵적으로 "나는 당신과 함께입니다. 계속해주세요" 라는 메시지를 전달하는 것이다.

언어적인 최소한의 자극은 관심을 나타내거나 클라이언트가 앞에서 표현한 것의 연장선상에서 더 많은 언어화를 격려하거나 요구하는 간단한 메시지가 될 수 있다. 이런 메시지는 "예" "알겠어요" "그런데요?" "음(말하자면 감정이입적인 소리)" "좀더 말씀해주세요" "그리고는 무슨 일이 일어났나요?" "그리고는요?" "계속해주세요." "제게 좀더 말씀해주시겠어요" 등이 포함된다. 그리고 클라이언트가 말해온 것들이 적절했음을 확신시키고 계속 얘기하도록 촉진하는 간단한 메시지들이 포함된다.

둘째, 강세반응(accent responses)은 질문하는 목소리의 높낮이나 강조를 통해 단어나 짧은 구를 반복하는 것에 관련되어 있다(Hackney & Cormier, 1979). 예를 들어, 만약 클라이언트가 "난 수퍼바이저가 나를 취급하는 방식으로 그것을 했어요" 라고 말한다면, 사회복지사는 "그것을 했다니요?" 라는 짧은 반응을 써서 클라이언트가 더 많이 말할 수 있도록 격려해야 할 것이다.

2) 부연반응

부연(paraphrase)은 클라이언트의 메시지를 정확하게 재진술하는 데 있어서 새로운 단어를 사용하는 것과 관련되어 있다. 부연반응(paraphrasing responses)은 클라이언트의 감정적인 진술에 초점을 맞추기보다는 메시지의 인식 측면(예를 들면, 상황이나 생각, 목표, 사람 등을 강조)에 초점을 맞추는 경향이 있다. 그렇지만 명백한 감정이 언급될 수도 있다. 아래에 부연의 세 가지 예가 있다.

노인 클라이언트 : 난 내가 스스로 아무 선택도 할 수 없는 상황에서 더 이상 살고 싶지 않아요.
사회복지사 : 그래서 당신에겐 독립이라는 것이 매우 중요한 문제군요.

클라이언트 : 난 오늘 최종적인 진료를 받기 위해서 병원에 갔는데, 의사가 날더러 좋아지고 있다고 말했어요.
사회복지사 : 그렇다면 의사는 당신에게 백지 상태의 진단서를 주었겠군요.

클라이언트 : 난 내 여자친구가 나를 대하는 방법에 대해서 어떻게 생각해야 할지 모르겠어요. 때로 그녀는 정말 부드럽고 따뜻한 것 같아요. 마치 그녀가 정말 나를 좋아하는 것 같죠. 그렇지만 또 어떤 때는 정말 냉정하게 행동해요.
사회복지사 : 그녀의 따뜻하면서 차가운 행동이 정말 당신을 혼란스럽게 하겠군요.

부연은 말을 삼갈 때 클라이언트의 표현을 장려하는 다른 촉진적인 반응으로 사용될 수 있다. 그러나 과도하게 사용했을 때 부연은 모방효과(mimicking effect)를 낳을 수도 있다. 부연은 역시 사회복지사가 클라이언트가 고려하는 생각이나 상황에 초점을 두기를 원했을 때 사용될 수 있다. 그러나 부연은 클라이언트가 감정에 몰두해 있을 때는 그다지 적절하지 않다. 그런 경우 사회복지사는 클라이언트의 감정을 정확하게 포착하는 감정이입적 반응을 사용하여 클라이언트가 감정을 반영하고 가려낼 수 있도록 도울 필요가 있다. 때로 사회복지사는 치료 목적으로 감정으로부터 직접 토론을 이끌어낼 수도 있다. 예를 들면, 사회복지사는 습관적으로 절망과 환멸감을 표현하는 만성적인 우울증 클라이언트가 감정에 덜 초점을 맞추고 고통을 경감시키는 행동에 더 초점을 맞추면 이익이 될 수 있다고 믿는다. 사회복지사가 감정을 강조하지 않기로 할 때 내용을 반영하는 부연은 유용하고 적절하게 된다.

3) 개방형 반응과 폐쇄형 반응

일반적으로 구체적인 정보를 이끌어내는 데 있어서 폐쇄형 질문(closed-ended question)은 화제를 규정하고 클라이언트의 반응을 몇 마디의 말이나 단순히 "예" 라는 대답 혹은 무응답으로 제한하게 된다. 폐쇄형 질문의 전형적인 예는 이러하다.

"언제 이혼하셨죠?"
"결혼생활에서 어떤 성적인 어려움이 있나요?"
"마지막으로 건강검진을 받은 게 언제였죠?"
"당신의 건강보험은 의료보호인가요?"

폐쇄형 질문이 클라이언트를 제한하고 제한된 정보만을 이끌어내는 것이긴 하지만, 그것이 적절하고 유용한 경우가 많이 있다. 이 절의 (2) 부분에서 어떻게 이런 유형의 반응을 효과적으로 사용할 수 있으며, 또 언제 사용해야 할지 논의한다.

클라이언트 메시지의 한계를 정해버리는 폐쇄형 반응과는 대조적으로 개방형 반응(open-ended responses)은 클라이언트가 더 광범위한 표현을 하도록 하며, 클라이언트 스스로 가장 관계 깊고 중요하다고 생각하는 것을 표현할 여지를 남겨둔다. 예를 들어보자.

사회복지사 : 당신은 딸에 대해서 말씀하셨는데, 제게 따님이 어떻게 문제와 연관되는지 말씀해 주시지 않겠어요.

클라이언트 : 난 무엇을 해야 할지 모르겠어요. 때로 난 그 애가 아빠와 같이 살기 위해서 나를 단지 몰아넣는다는 생각이 들어요. 내가 딸애에게 집안일을 도와달라고 부탁하면 그 앤 거절하면서 나에 대해서 어떤 책임도 지고 있지 않다고 말해요. 내가 딸애가 도와줄 것을 고집하면 어떤 것도 바뀌지 않은 채 언제나 추한 장면으로 끝나버리고 말아요. 그것은 날 더 무기력하게 만들어요.

앞의 예에서, 사회복지사의 개방형 반응은 클라이언트가 딸과의 문제의 세부적인 사항까지 확장하도록 했다. 딸의 행동에 대한 설명, 클라이언트의 대처노력, 그리고 그녀의 현재의 패배감까지 포함해서 말이다. 이런 메시지에 담긴 정보는 전형적으로 개방형 반응을 통해서 얻을 수 있는 풍부한 자료인 것이다.

어떤 개방형 반응은 구조화되지 않아서 클라이언트가 화제를 선택할 여지를 남겨둔다("당신이 오늘 무엇에 대해서 이야기를 나눠보기를 원하는지 제게 말씀해 주세요" 혹은 "당신이 경험한 문제에 대해서 그 밖에 다른 것을 제게 말씀해주실 수 있으세요?"). 다른 개방형 반응은 클라이언트가 논의할 화제를 규정한다는 점에서 구조화되어 있다고 할 수 있지만, 여전히 클라이언트가 원하는 방법으로 대답할 수 있는 여지를 남겨둔다("당신은 당신과 아들 사이에서 일어났던 사건에 대해서 나쁜 감정을 가지고 있다고 말씀하셨죠. 저는 그것에 대해서 더 듣고 싶어요"). 또 다른 개방형 반응은 사회복지사가 클라이언트에게 몇 단어로 대답할 수 있도록 여지를 주거나 더 많은 정보를 이야기할 수 있도록 권장한다는 점에서 구조화된 것과 비구조화된 것의 연속선상의 어느 부분에 존재한다("그것에 대해서 어떻게 느끼세요?" 혹은 "당신은 이것을 얼마나 기꺼이 하세요?").

사회복지사는 질문하거나 공손하게 요구함으로써 개방형 반응을 공식화할지도 모른다. 예를 들면, 말기 암 환자가 "그 의사는 내가 지금부터 6, 7개월 정도밖에 못 살 거라고 생각해요. 아니면 더 적게 살 수도 있다고 생각하겠죠. 그렇지만 그가 내게 이야기하는 것은 단지 경험에서 나온 추측에 불과한 것이에요"라고 말할 때, 사회복지사는 "그런 예측에 대해서 당신은 어떻게 느끼세요?"라고 묻거나 혹은 "그 예측에 대해서 어떻게 느끼는지 제게 말씀해 주시겠어요?"라고 질문함으로써 반응할 수 있다. 공손한 요구는 정보를 요구하는 데 있어서 직접적 질문효과를 가지고 있긴 하지만 덜 강압적이고 더 정교한 기교이다. 이와 유사한 성격을 띤 것으로 삽입된 질문이 있는데 이는 질문의 형태는 띠지 않았지만 정보를 요구한다. 삽입형 질문(embedded questions)의 예는 이러하다. "나는 ……에 대해서 궁금하군요." "……인지가 궁금한데요." 그리고 "전 ……에 대해서 알고 싶어요." 개방형 질문은 대개 "무엇(what)"이나 "어떻게(how)"로 시작한다. "왜(why)" 질문은 명백하거나 모호하거나, 클라이언트마저도 알지 못하는 이유, 동기, 그리고 원인을 묻는다는 점에서 비생산적이다. "왜(왜 그 일이 일어났죠?)"라고 묻는 것보다 "어떻게(어떻게 그 일이 일어나게 되었죠?)"라고 묻는 것이 클라이언트의 행동과 유형에 관한 더 풍성한 정보를 이끌어낸다.

(1) 모범적인 개방형 반응

다음의 예는 클라이언트의 진술과 이에 대한 사회복지사의 몇 가지 모범적인 개방형 반응을 나타낸 것이다.

클라이언트 : 내가 랠프와 한 집단에 있게 될 때마다 그가 나를 똑똑하다고 생각할 수 있게끔 내가 말하고 있다는 것을 발견해요.

사회복지사 : 랠프에게 영향을 주기를 원하는 것에 대해서 더

많이 말씀해주실 수 있나요?

클라이언트 : 저는 항상 부모님이 전화로 약속이나 다른 것에 대해서 말씀해주시도록 해왔어요. 난 당황할지도 몰라요.

사회복지사 : 무엇이 당신으로 하여금 잘못해왔다는 두려움을 주나요?

다음 부분에서는 특정한 화제에 초점을 맞춘 논의를 유지하기 위해서 어떻게 하면 개방형 반응과 감정이입적 반응을 적절하게 혼용할 수 있을까에 대해 설명하겠다. 이것을 준비하는 데 있어서 클라이언트가 같은 주제에 대해서 더 많이 말할 수 있게 격려하도록 개방형 질문을 하고 그 뒤에 감정이입적 반응을 나타냄으로써 다음 두 클라이언트의 메시지에 반응해 보라.

클라이언트(출산대안을 논의하기를 원하는 어머니와 함께 낙태하러온 십대 미혼모) : 난 당신이 엄마와 짜고 내가 결정한 것에 대해서 끝까지 말하려고 한다는 느낌이 들어요.

사회복지사 : 당신이 대항하고 싶으면서도 후회한다는 말로 들리는군요. 저는 그러한 감정을 더 잘 이해하고 싶어요. 제가 어머니 편을 들었을 때 무엇을 느꼈는지 말씀해주시겠어요?

폐쇄형 반응과 개방형 반응 사이의 구별은 명백해 보일 것이다. 그러나 초보 사회복지사와 심지어는 숙련된 사회복지사조차도 실제 상담에 있어서 그들의 반응이 개방형인지 폐쇄형인지를 구별하기 어려워한다는 것이 우리의 경험이다. 또한 풍부하고 관계있는 자료를 이끌어내는 데 있어서 이 두 가지 유형의 반응이 가져오는 다른 결과를 관측하기도 어렵고, 주어진 순간에 두 가지 유형 중 어떤 반응을 사용하는 것이 적절한지를 결정하는 것도 어렵다. 그러므로 사회복지사가 협력가와 이야기를 나눌 때, 개방형 반응을 사용함으로써 정보를 이끌어내도록 연습하고, 그들이 어떻게 반응하는지를 감지하도록 연습할 것을 권한다.

(2) 개방형 질문과 폐쇄형 질문의 차이점

초보 사회복지사는 전형적으로 폐쇄형 질문을 과도하게 사용한다. 그들이 사용하는 폐쇄형 질문의 상당 수 이상은 의사소통을 차단하거나 원조과정에 있어서 비효율적이거나 관련이 적은 것이다. 폐쇄형 질문이 사용될 때, 상담은 사회복지사가 클라이언트에게 질문 공세를 가하고 말로 표현할 책임을 줌으로써 심문의 분위기를 풍기게 되는 경향이 있다. 한 예를 들어, 한 사회복지사가 시설에 수용된 청소년과 면접한 것을 기록한 다음 글에서 무슨 일이 일어났는지를 감지해보자.

사회복지사 : 난 어제 네 어머니를 만났단다. 어머니는 너를 보기 위해서 콜로라도에서 먼 길을 오시지 않았니?

클라이언트 : 네.

사회복지사 : 네 어머니는 네가 버스를 타는 것이 매우 걱정스러워서 널 만나려고 여기까지 먼 길을 오셨다는 생각이 드는구나. 너는 그렇게 생각하지 않니?

클라이언트 : 그렇겠군요.

사회복지사 : 어머니와 함께 방문하는 것이 괜찮니?

클라이언트 : 네. 우린 좋은 시간을 보낼 거예요.

사회복지사 : 넌 어머니에게 집을 방문하는 것이 가능한지 물어보려 한다고 말했었지? 그렇게 했니?

클라이언트 : 네.

앞의 예처럼 정보를 이끌어내기 위해 개방형 반응 대신 폐쇄형 반응을 사용할 때 각기 따로따로 상호작용하게 될 것이며, 클라이언트의 반응은 간단하고 수확량도 두드러지게 줄어들 것이다.

개방형 반응은 때로 폐쇄형 반응에서 얻을 수 있는 자료와 같을 수도 있고, 그에 덧붙여 클라이언트로부터 문제에 대한 더 많은 정보를 얻어낼 수도 있다. 다음의 예는 클라이언트가 같은 주제에 대해서 말하는 데 있어서 개방형 반응과 폐쇄형 반응을 대비시켜준다. 이런 대조적인 반응으로부터 도출된 정보의 풍부함의 차이를 평가하기 위해, 위에서 사용한 폐쇄형 질문에 의해 도출된 클라이언트의 반응과 비교해 보라.

폐쇄형 : "너는 집을 방문하는 것이 가능한지에 대해서 어머니와 이야기를 나누어보았니?"
개방형 : "네가 집을 방문하는 것에 대해서 이야기를 했을 때 너의 어머니의 반응은 어떠했니?"

초보 사회복지사는 감정을 탐구하기 위해서 폐쇄형 질문을 사용하기도 한다. 그러나 이로부터 기대할 수 있는 클라이언트의 반응은 전형적으로 최소한의 자기노출에만 관련되어 있을 뿐이다. 다음 예에서 설명하고 있는 것처럼 폐쇄형 질문은 감정을 더 폭넓게 표현하도록 격려하기보다는 오히려 반응을 제한하게 된다.

사회복지사 : 그녀가 당신의 초대를 거절했을 때 당신은 거부당한 느낌을 받았나요?
클라이언트 : 네.
사회복지사 : 당신이 그런 식으로 거부당한 느낌을 받은 것은 지금까지 몇 번이나 있었나요?
클라이언트 : 많았죠.
사회복지사 : 처음으로 그랬을 때가 언제였나요?
클라이언트 : 글쎄요. 그건 말하기가 어려운 것이군요.

사회복지사가 거부당한 것에 관련된 클라이언트의 감정과 생각을 탐구하기 위해 감정이입적 반응과 개방형 반응을 사용했더라면 클라이언트는 더 많은 것을 드러냈을지도 모른다.

개방형 반응은 폐쇄형 반응보다 더 많은 정보를 이끌어내기 때문에 개방형 반응을 자주 사용하는 것은 자료수집의 효율성을 증가시킨다. 사실 클라이언트가 드러낸 정보의 풍부함은 개방형 반응이 사용된 빈도에 직접적으로 비례한다고 볼 수 있다. 개방형 반응을 자주 사용하는 것은 상담의 원활한 흐름을 촉진한다. 대조적으로 폐쇄형 질문을 지속적으로 사용하는 것은 파편처럼 되고 지속적이지 않은 진행을 야기한다.

폐쇄형 질문은 주로 필수적인 사실적 정보를 도출해내는 데 사용된다. 숙련된 사회복지사는 폐쇄형 질문을 아주 드물게 사용한다. 왜냐하면 클라이언트는 대개 사회복지사의 개방형 반응에 도움을 받아 그들의 이야기를 털어놓을 때 광범위한 사실적 정보를 자발적으로 드러내기 때문이다. 폐쇄형 질문은 초기 상담 회기 동안은 거의 사용하지 않다가 클라이언트가 빠뜨린 자료—가령, 아이들의 이름과 나이, 직장, 결혼날짜, 의료적인 사실, 그리고 원가족에 관한 자료 등—를 알아내기 위해서 나중에 더 광범위하게 사용된다.

앞에서와 같이 사실적인 자료를 얻기 위해서는 사회복지사가 화제에 직접적으로 관계된 폐쇄형 질문을 눈에 띄지 않게 논의 속에 끼워 맞출 수 있다. 예를 들면, 클라이언트는 수년 동안 계속되어온 어떤 결혼문제에 관련되어 있을 수도 있는데, 사회복지사는 "그러면 당신은 결혼하신 지 몇 년이나 되셨나요?"라고 삽입구처럼 물을 수도 있다. 마찬가지로 한 부모가 자신이 6개월 전 일을 시작하면서부터 아이가 학교에 무단결석하기 시작했다고 설명할 때 사회복지사는 "그렇군요. 부수적으로, 당신은 어떤 직업에 종사하시나요?"라고 반응할 수 있다. 물론 문제로 다시 초점을 맞추도록 방향을 전환하는 것도 중요하다. 필요하다면 사회복지사는 논의를 다시 시작하도록 개방형 반응을 사용함으로써 쉽게 초점을 유지할 수 있을 것이다. 예를 들면, 사회복지사는 "에린은 당신이 일하기 시작했을 때부터 무단결석을 하기 시작했다고 말씀하셨죠. 저는 그 당시에 가족에게 무슨 일이 일어났는지에 대해서 더 듣고 싶군요"라고 말할 수 있다.

개방형 반응은 일반적으로 더 풍성한 정보를 이끌어낼 수 있기 때문에 초기상담부터 계속해서 사용될 수 있다. 그러나 의사소통을 시작하기 위해서, 그리고 클라이언트가 문제를 지닌 그들의 생활의 측면을 드러낼 수 있도록 하기 위해서 상담 초반에 더 비중 있게 사용된다. 다음에

[표 6-1] 개방형 및 폐쇄형 반응을 위한 기록 양식

사회복지사의 반응	개방형 반응	폐쇄형 반응
1.		
2.		
3.		
4.		
5.		
6.		
7.		

* 각각 개방형 및 폐쇄형 반응을 기록한다. 시간이 흐름에 따라 사용하는 개방형 및 폐쇄형 반응이 적절하게 진보하고 있는 것을 검토할 수 있도록 양식의 복사본을 가지고 있어야 한다.

나오는 개방형의 공손한 요구는 전형적으로 초기상담 때 사용하는 메시지이다. "당신이 논의하기를 원하는 것이 무엇인지에 대해서 그리고 우리가 함께 그것을 생각할 수 있도록 제게 말씀해주시지 않겠어요?" 그런 반응은 클라이언트에게 관심이 있다는 것을 나타낼 뿐만 아니라 자신들의 방법으로 문제를 이야기할 수 있는 클라이언트의 능력에 대한 경의를 나타내기 때문에, 개방형 반응은 일하는 관계를 발전시키는 데 기여한다.

클라이언트가 어떤 문제영역을 드러낼 때, 개방형 반응은 역시 부가적인 관련 정보를 드러내는 데 광범위하게 사용된다. 예를 들어, 클라이언트가 직장에서나 다른 가족 구성원들과의 관계에 있어서 문제를 노출시킨다고 하자. 분명한 정보를 이끌어낼 수 있는 전형적인 개방형 반응은 이러하다.

"직장에서의 문제에 대해서 더 말씀해주세요."

"당신이 식료품을 사서 집으로 돌아오는 길에 강도를 만난 상황에 대해서 더 듣고 싶군요."

만약 클라이언트가 반응하지 않고 정보를 말하지 않거나 개념적 · 정신적 능력이 제한되어 있는 경우라면, 정보를 도출해내기 위해서 폐쇄형 질문을 광범위하게 사용하는 것도 때로는 필요하다. 그러나 이전의 경우에서 상담을 받는 것에 대해서 클라이언트의 즉각적인 감정을 탐구하는 것은 중요하지만, 때로 그것은 부정적일 수도 있으며, 언어적 표현을 방해할 수도 있다. 12장에서 논의하겠지만, 부정적인 감정에 초점을 맞추어 해결하는 것은 개방형 반응이 장점이 되도록 사용하는 것을 더 수월하게 한다. 초기상담에서 중요한 면접도구로 폐쇄형 메시지를 사용하는 것은 일부 어린이들에게는 적절할 것이다. 그러나 개방형 반응을 사용하는 것이 관계의 발전에 있어서 지속적으로 평가되어야 할 것이다.

개방형 반응을 개입 레퍼토리에 포함시킬 때 사회복지사는 면접 스타일과 자신감 수준에 있어서 극적인 긍정적 변화를 경험하게 될 것이다. 개방형 반응과 폐쇄형 반응을 섞어서 균형 있게 사용할 수 있는 기술을 개발시키도록 돕기 위해 사회복지사 자신의 면접 스타일을 시험하는 데 사용할 수 있는 기록양식을 제시하였다([표 6-1] 참조). 그 양식을 사용하면서 두 가지 반응유형을 사용하는 데 들어가는 변화를 결정하는 기간 전반에 걸쳐 몇몇 기록된 개인, 부부, 혹은 집단 상담을 분석해본다. 기록양식은 개방형 반응과 폐쇄형 반응을 사용해야 할 범위를 결정할 수 있도록 도울 것이다. 그러나 덧붙이자면 다음 목적을 위해 작업을 고찰하는 것이 좋을 것이다.

- 언제 관련 있는 자료를 듣지 못하고 놓쳐버렸는지, 그리고 개방형 반응과 폐쇄형 반응 중 어느 것이 그 정보를 더 적절하게 얻어낼 수 있는지를 결정하기 위해서이다.

- 자료수집 과정에서 사회복지사가 사용한 폐쇄형 질문이 부적절하고, 비효과적이고, 산만했을 때가 언제인지를 결정하기 위해서이다.
- 클라이언트의 참여를 증가시키고 더 풍부한 자료를 도출해 내기 위해서 폐쇄형 반응 대신에 개방형 반응을 공식화하여 사용하는 것을 실천하기 위해서이다.

4) 구체성 추구하기

사람들(클라이언트와 초보 사회복지사를 포함해서)은 그들의 경험을 말할 때 정확성이 결여된 단어를 사용하며 그것을 일반화시켜서 생각하고 이야기하는 경향이 있다. 그러나 한 사람의 감정과 경험을 전달하고 그것들이 완전히 이해되기 위해서는 구체적으로 반응할 수 있어야만 한다. 즉 구체성을 띠어야 한다는 것이다. 구체적으로 반응하는 것은 명백한 용어로 특정의 경험, 행동, 감정을 기술하는 단어의 사용을 말한다. 다음 메시지에서 응답자는 모호하고 일반적인 용어로 그의 경험을 표현한다. "난 당신이 좋은 말을 해주었다고 생각해요." 이와는 반대로 그는 정확한 말로 그의 경험을 기술했어야만 한다. "당신이 말했을 때, 난 당신의 편안한 방식과 그 문제에 대한 뚜렷한 반응에 깊은 인상을 받았어요." 구체성의 개념에 대한 이해력을 검증하기 위해서 다음 메시지 중 어떤 것이 클라이언트의 경험에 대해 설명적인 정보를 제공하는지를 사정해 보자.

"난 내가 손을 썼더라면 일어나지 않았을 일을 두 번이나 겪었어요. 그 결과는 심각하지 않았지만 그렇게 되어버렸어요."

"난 내가 상담에서 무엇을 기대하는지조차 모르기 때문에 지금 편안하진 않아요. 그러나 당신이 내가 상담을 전혀 필요로 하지 않는다고 생각할까봐 두려워요."

"사람들은 다른 사람들이 문제가 있는지 아닌지에 대해서 관심이 없는 것처럼 보여요."

"이전에 만난 상담가와의 경험은 불쾌했어요."

"난 정말 내가 울지 않을 수 있을는지, 내 남편에게 모든 것이 끝났다고, 그러니까 내가 이혼하기를 원한다는 것을 말할 수 있을지 모르겠어요."

"당신은 좋은 직업에 종사하는군요."

사회복지사는 클라이언트가 나타낸 앞의 메시지 중에서 어떤 것이 정보의 구체성이 높은 것인지를 쉽게 규정할 수 있을 것이다. 사회복지사로서 능력을 기를 때, 사회복지사가 도전해야 할 것 중 하나는 추상적이고 일반적인 용어로 표현되는 클라이언트의 메시지를 지속적으로 인식하려는 것이어야 한다. 또한 클라이언트가 감정과 경험에 관계된 특정한 정보를 잘 드러낼 수 있도록 돕는 것이어야 한다. 그런 정보는 정확하게 사정하는 데 있어서, 또한 적절하게 개입계획을 세우는 데 도움이 될 것이다.

두 번째 도전은 클라이언트가 다른 사람들과의 관계에서 어떻게 더 구체적으로 반응하는가를 알 수 있도록 돕는 것이다. 이 과업은 사회복지사 자신이 구체성 차원의 모델이 되지 않으면 성취할 수 없는 것이다.

세 번째 도전은 사회복지사 자신의 경험을 정확하고 설명적인 언어로 기술하는 것이다. 구체적인 메시지를 인식하는 것만으로는 충분하지 않다. 사회복지사는 구체적인 반응에 친숙해져야만 하고 그것이 다른 사람들과의 관계와 말하는 데 있어서 자연스러운 스타일이 될 정도로 연습해야만 한다. 구체성 추구 기술에 대한 나머지 논의는 세 가지 도전을 충족시키도록 돕는 것에 할애하고자 한다.

(1) 클라이언트의 구체적인 표현을 장려하는 반응 유형

일반적이고 추상적인 메시지를 극복하는 데 실패한 사회복지사는 종종 클라이언트가 지닌 문제의 구체성과 의미를 파악하지 못한다. 그러나 실수나 오해를 최소화하는 구체적인 정보를 끌어내는 것은 상당한 도전이다. 왜냐하면 클라이언트는 전형적으로 어떤 인상이나 견해, 결론, 의견 등을 나타내는데, 그것은 객관적이 되려는 노력에도 불구하고, 어느 정도 치우쳐 있고 왜곡되어 있기 때문이다. 게다가 우리가 이미 언급한 대로, 클라이언트는 일반화시켜서 말하는 경향이 있고 부정확한 언어를 사용하여 반응하기 때문에 그들의 메시지는 해석하기에 따라서 다를 수 있다. 클라이언트가 좀더 구체적으로 반응할 수 있도록 돕는, 다양한 방법으로 개념화할 수 있도록 구체성을 추구하는 반응을 아홉 가지 기술개발연습을 통해 알아본다. 이것을 이해한다면 구체성에 대해 일반적이고 추상적으로 이해하던 것에서 벗어나 특정적이고 실질적인 수준에서 구체성을 이해할 수 있게 될 것이다.

① **인식의 확인**(checking out perceptions)

사회복지사가 클라이언트의 메시지를 정확하게 들었는지 명료화하고 확인하는 반응은 클라이언트와의 신뢰관계(rapport) 형성에 있어서 필수적이며, 사회복지사가 클라이언트의 문제를 이해하기를 원한다는 것을 전달하는 데 있어서 중요하다(가령, "당신이 의미하는 것은……" 혹은 "당신이 말한 것은……"). 그러한 반응은 원조과정에 있어서 오해와 편견을 최소화할 수 있다. 명확한 반응은 클라이언트로 하여금 감정과 다른 관심사에 관계된 자신의 생각을 뚜렷하게 하고 재구조화할 수 있도록 하며, 결국 자아의식과 성장을 격려한다는 점에서 사회복지사가 이해하려고 노력하는 것은 클라이언트에게도 이익이 된다.

어떤 때는 인식의 확인은 클라이언트가 불충분하고 이중적이고 복잡한 메시지를 주기 때문에 필요하다. 때로 사회복지사는 고도로 추상적이거나 비유적인 형식을 사용해 반복적으로 의사소통하는 클라이언트를 만나기도 하며, 사고가 산만하고, 일정한 '궤도'가 없거나 이해할 수 없는 말을 하는 클라이언트와 마주칠 수도 있다. 그런 경우 사회복지사는 클라이언트의 메시지를 가려내고 인식을 명료화하는 데 터무니없이 많은 시간을 소비할 때도 있다.

또 다른 경우, 명료화는 혼란스럽고 결함이 있고 불충분한 클라이언트의 메시지 때문이 아니라, 사회복지사가 단순히 클라이언트의 메시지를 완전히 듣지 못했거나 그 의미를 이해하지 못했기 때문에 필요하기도 하다. 상담 내내 순간마다 완전히 주의를 기울이는 것은 온 신경을 집중하는 것을 의미한다. 더욱이 수많은 상호작용이 일어나고 사회복지사의 관심을 받기 위해 경쟁적으로 의사소통하는 집단이나 가족상담에서 모든 메시지에 초점을 맞추고 그 본질을 이해하는 것은 불가능하다. 따라서 사회복지사의 인식에 관한 피드백를 나타내기 위해서, 그리고 혼란스럽거나 불확실할 때 자유롭게 명료화의 필요성을 인정하기 위해 명료화 반응을 사용하는 기술을 개발하는 것이 중요하다. 정확하게 클라이언트의 의미와 감정을 포착하려는 노력은 개인적으로나 전문적으로 적절하지 않다는 것을 반영하기보다는 오히려 이해하기 위한 사회복지사의 순수함과 책임의식의 표시로 인식될 수 있다.

이는 명료화를 구하는 단순한 질문을 함으로써 혹은 클라이언트의 메시지에 대한 사회복지사의 인식을 반영하는 부연반응, 감정이입적 반응(가령, "나는 당신이 _____를 말하고 있다고 생각해요. 맞죠?")으로 명료화를 요구함으로써 인식을 확인할 수 있다. 메시지를 명료화하는 다양한 예는 다음과 같다.

"당신이 도움을 요청할 때 그가 반응하지 않을 뿐만 아니라 고의적으로 당신에게 상처를 주려고 하는 것처럼 보여서 당신은 정말 화가 나겠군요. 맞나요?"

"제가 당신을 잘 따라가고 있는지 모르겠군요. 당신이 설명한 사건의 순서를 이해할 수 있도록 해주시지 않겠어요?"

"내가 당신 말의 의미를 이해했음을 확신할 수 있게끔 당신이 말하고 있는 것에 대해서 좀더 이야기해주실 수 있으세요?"

"다시 설명해준다면 제가 이해하는 데 많은 도움이 될 수 있을 것 같은데요."

"어렵군요. 제가 당신이 말한 것에 대해 생각하고 있는 바가 맞는지 다시 말해주시겠어요?"

"집단 성원으로서 당신은 이 문제에 다른 접근을 하고 있는 것처럼 보이는군요. 제가 들은 것을 요약하고 싶어요. 그리고 제가 표현된 다양한 상황을 이해하고 있는지를 평가하려고 합니다."

클라이언트의 인식을 명료화하는 것에서 더 나아가 사회복지사는 부부상담이나 집단상담에서 클라이언트가 옆에 있는 타인의 메시지에 대한 그들의 인식도 명료화하도록 도와야 한다. 이것은 다음의 방식으로 실현될 수 있다.

1. 모델링(modeling) : 모델링함으로써 반응을 명료화한다. 이는 사회복지사가 클라이언트의 메시지에 대한 자신의 인식을 확인하면서 자연스럽게 나타날 수 있다.
2. 지시(directing) : 클라이언트에게 명료화에 대해 직접 요구한다.
3. 가르침(teaching) : 어떻게 인식을 명료화하는지 클라이언트에게 가르쳐줌으로써, 그리고 다른 사람들의 반응을 확인하는 클라이언트의 노력을 강화함으로써 가능하다.

② 모호하거나 익숙하지 않은 용어의 의미를 명료화하기

클라이언트는 표현에 있어서 복합적인 의미가 있는 용어를 사용하거나 아주 색다른 방법으로 용어를 사용하기도 한다. 예를 들면, "남편은 내게 잔인해요"라는 메시지에서, 잔인하다는 말은 사회복지사와 클라이언트에게 각각 다른 의미를 가지게 된다. 이 용어가 특별히 클라이언트에게 어떤 의미가 있는지를 확인하기까지, 사회복지사는 클라이언트가 신체적인 학대를 말하는 것인지, 비판, 잔소리, 애정의 결핍을 말하는 것인지, 혹은 다른 가능성을 말하는 것인지를 확신할 수 없다. 정확한 의미는 다음 반응 중의 하나를 사용함으로써 명료화될 수 있다.

"그가 잔인하다는 것은 어떤 것을 의미하나요?"

"당신이 잔인하다고 말하는 것이 무엇인지 잘 모르겠군요. 제게 그것에 대해서 분명하게 이야기해주시겠어요?"

"당신이 고통스럽다는 것을 알겠어요. 그가 잔인하게 했던 몇 가지 예를 제게 말씀해주시겠어요?"

많은 형용사들도 정확성이 결여되어 있다. 그러므로 클라이언트가 사용하는 용어가 그 용어를 사용할 때의 의미와 똑같은 것이라고 가정하지 않는 것이 중요하다. 성적 관심이 지나친, 무책임한, 이기적인, 조심성이 없는, 그리고 이와 비슷한 용어는 각각의 사람들의 평가기준에 따라 다양한 의미를 가지게끔 한다. 정확한 의미는 명료화를 요청함으로써나 그 행동이 실제로 드러난 사건의 예를 통해서 가장 잘 결정된다.

③ 클라이언트에게서 도출된 결론의 근거 탐색하기

클라이언트는 때로 마치 그들이 사실을 입증하는 것처럼 견해나 결론을 제시하기도 한다. 예를 들면, "난 미치고 있어요"라든가 "내 아내는 더 이상 나를 사랑하지 않아요"라는 메시지들은 클라이언트가 이끌어낸 견해나 결론이다. 클라이언트가 가지고 있는 어려움을 정확하게 사정하기 위해서는 그런 견해나 결론이 근거하고 있는 부가적인 정보를 반드시 이끌어내야 한다. 이 정보는 클라이언트의 사고유형을 사정하는 데 있어서 유용하다. 클라이언트의 사고유형은 감정과 행동에 강력한 영향을 미치는 요인이다. 예를 들면, 아내가 더 이상 자신을 사랑하지 않는다고 믿는 남편은 마치 그의 신념이 현실을 나타내는 것처럼 행동하는 것이다. 물론 사회복지사의 역할은 왜곡된 것을 해결하려고 하는 것이며, 촉진적인 태도로 잘못된 결론에 도전하려는 것이어야 한다.

앞에서 인용한 메시지에 포함된 견해와 결론의 가정을 명확하게 도출해내는 반응의 예는 다음과 같다.

"당신이 미쳐가고 있다는 것은 어떤 의미인가요?"

"당신이 미쳐가고 있다는 결론은 어떻게 내리게 되었나요?"

"아내가 더 이상 당신을 사랑하지 않는다고 믿게 된 이유는 무엇인가요?"

"아내가 더 이상 당신을 사랑하지 않는다는 결론은 어떻게 해서 내린 것인가요?"

집단 전체가 어떤 대상의 다양성에 대해서 공통적으로 잘못된 결론 혹은 치우치고 왜곡된 정보를 가지고 있을 수 있다는 것을 파악해야 한다. 그런 경우 사회복지사는 구성원들이 그들의 견해를 반영하고 분석할 수 있도록 돕는 도전과업이 생기는 것이다. 사회복지사가 집단성원들이 사정하는 것을 도와야 할 결론이나 왜곡의 예는 다음과 같다.

> "우리들의 문제에 대해서 어떻게 할 수가 없어요. 우리는 무기력하고 다른 사람들이 우리의 삶을 통제해요."
> "우리는 결백한 희생자들이에요."
> "누군가가 우리 문제를 책임져야 해요."
> "그들(다른 인종, 종교, 집단 등의 성원)은 나빠요."

왜곡과 잘못된 결론에 도전하는 사회복지사의 역할에 대해 이 책의 몇몇 장에서 관련 기법을 규정해놓았다.

④ 클라이언트의 진술 개별화 돕기

클라이언트의 특정 메시지의 상대적인 구체성은 그 메시지의 초점이나 주제에 관계되어 있다. 클라이언트의 메시지는 화제의 초점에 따라 몇몇 다른 종류로 구분된다(Cormier & Cormier, 1979). 그 각각은 다른 정보를 강조하고 매우 다른 논의 영역에 속하게 된다.

1. 자아에게 초점(focus on self) : '나'를 가리키는 것(예를 들면, "내가 약속을 지킬 수 없었다는 것에 실망했어요")
2. 다른 사람에게 초점 : 예를 들면, "그들" "사람들" "누군가" 등의 대상 혹은 특정인의 이름을 가리키는 것(예를 들면, "그들은 계약을 이행하지 않았어요")
3. 집단이나 자신과 다른 사람들 사이의 상호관계에 초점 : '우리'라는 대상을 가리키는 것(가령, "우리는 그렇게 하고 싶었어요")
4. 내용에 초점 : 사건, 제도, 상황, 생각 등의 대상을 가리키는 것(예를 들면, "난 학교에서 편하지 않아요")

클라이언트는 '나' 혹은 그 외 자신을 가리키는 대명사를 사용하여 그들의 진술을 개별화—예를 들면, "그것이 제게는 단지 옳은 것만으로 보이지는 않아요" "그들은 나를 싫어해요" 처럼 말하는 것—하기보다는 다른 사람과 내용에 초점을 맞추거나 그 집단의 일부로서 그들 자신에 대해 말하는 경향이 있다. 가령 "사람들은 자신들의 문제에 관해 이야기하는 것을 불편하게 느껴요." 이 예에서, 클라이언트는 그녀의 문제에 대해서 말하는 것이 편안하지 않다는 것을 의미했다. 그러나 그런 걱정에 대해서 말할 때, 그녀를 '사람들'이라는 용어를 사용하여 그 문제를 일반화시키고, 그녀의 저항을 모호하게 만들었다.

클라이언트가 개인적인 진술을 하도록 돕는 데 있어서 사회복지사는 두 가지 과업이 있다.

첫째, 클라이언트가 개인들 간의 정서적 관계와 그들의 걱정거리를 분명하게 보여주지 않는 화제에 집중하도록 하기보다는 자신을 가리키는 대명사인 '나' 혹은 '나를'을 사용할 수 있도록 모델이 되어주고, 가르치고, 지도해주는 것. 예를 들면, 자신에게 초점을 맞추기보다는 내용에 초점을 맞추는 클라이언트의 모호한 메시지—"집에서의 모든 것이 나빠지고 있는 것 같아요"—에 반응할 때, 사회복지사는 클라이언트의 경험에 대해 '나'라는 반응으로 시작하게 하고 구체적인 정보를 말할 수 있도록 그 메시지를 다시 구성할 것을 정중하게 요청할 수 있다. 또 클라이언트가 자신에게 초점을 맞추는 메시지("나는 ……하게 생각한다, 느낀다, 원한다")와 다른 사람과 관련된 메시지("당신은" "그들은" "우리들은" "그 사람은" "누군가가") 및 대상에 관계된 메시지(사물, 생각, 상황)를 구별할 수 있도록 가르치는 것은 유용하다. 클라이언트가 그들의 고민에 대해서 말할 때 자기를 가리키는 대명사를 사용하도록 가르치는 것은 존재를 나타내는 과업임에도 불구하고 클라이언트는 주요한 이득을 얻게 된다. 왜냐하면 감정에 대한 책임을 져야 하는 것이 아니라 문제에 대해서 일반적이고 추상적으로 이야기하는 것은 의사소통의 문제를 일으키는 가장 흔한 원인 중의 하나이기 때문이다.

둘째, 클라이언트에게 초점을 맞추기 위해서 클라이언

트의 이름이나 '당신' 이라는 대명사를 사용하는 것. 초보 사회복지사는 클라이언트가 다른 사람들이나 주변 상황, 큰 집단, 다양한 도피나 자기 자신, 혹은 자신과 상황 및 사람들과의 관계에 대한 정보가 덜 담긴 다른 사건이나 내용을 이야기하도록 하는 경향이 있다. 사회복지사는 클라이언트가 메시지를 개별화하는 것을 돕는 다양한 방법을 사용해야 할 것이다. 이때 사회복지사가 감정이입적 반응을 하는 기술은 클라이언트로 하여금 자기 자신에게 초점을 맞추도록 돕는 데 있어서 아주 효과적일 것이다. 개별화된 감정은 감정이입적인 반응 패러다임의 고유한 측면이라는 것을 명심한다("당신은 ……에 대해서, 이기 때문에 ……하게 느끼시는군요"). 따라서 감정이입적 반응을 사용함으로써 클라이언트는 자신을 나타내는 대명사가 없는 진술을 할 수 있고, 사회복지사는 클라이언트 자신의 감정을 '소유하도록' 돕게 되는 것이다.

⑤ 구체적인 감정 도출하기

클라이언트가 자신의 메시지를 개별화하고 감정을 표현할 때조차, 사회복지사는 그들이 경험한 것을 명료하게 하는 정보를 이끌어낼 필요가 있다. 확실히 감정용어(feeling words)는 '구체적인 감정' 보다는 '일반적인 감정상태' 를 나타낸다. 예를 들면, "월급이 인상되지 않아서 정말 '기분이 상해요' "라는 메시지에서 '기분이 상한' 이라는 용어는 클라이언트가 마음의 전반적인 특징을 명료화하는 데는 도움이 되었지만 정확한 감정을 구체화하는 데는 실패한 것이다. 이 예에서 '기분이 상한' 은 아마 실망, 낙심, 인정받지 못함, 가치절하, 분노, 분개 등의 감정을 가리키는 것일지도 모른다. 혹은 심지어 무능함, 월급을 올려 받지 못한 것에 대한 부적절한 감정까지 가리킬 수 있다. 요점은 사회복지사가 부가적인 정보를 이끌어낼 때까지 그들은 클라이언트가 어떻게 '기분이 상한 것' 을 실제로 어떻게 경험했는지를 확신할 수 없다는 것이다. 그 외 구체성이 결여된 감정상태 단어는 '좌절한', '불편한', '안락하지 않은', '당황한', '귀찮은' 등이 있다. 클라이언트가 그런 말을 쓸 때 사회복지사는 다음과 같은 반응을 함으로써 그들의 감정을 정확하게 지적할 수 있다.

"기분이 상한다는 것은 어떤 의미인가요?"

"저는 그런 감정에 대해서 좀더 이해하고 싶군요. 당신이 좌절했다고 말한 의미에 대해 명확하게 이야기해줄 수 있나요?"

"어떤 식으로 귀찮다는 느낌을 받나요?"

⑥ 지금-여기에 초점 맞추기

구체성의 또 다른 측면은 초점을 과거에서 현재로, 즉 지금 여기에로 옮기는 반응이 있다. 가까운 현재와 관계되는 메시지들은 구체성이 높다. 반면 과거에 중점을 두는 메시지들은 구체성이 낮다. 어떤 클라이언트(그리고 어떤 사회복지사)들은 과거의 감정과 사건에 대해 이야기하는 경향이 있다. 그러면 사회복지사는 면접 당시에 나타내는 감정과 경험에 초점을 맞추지 못함으로써 성장과 이해를 촉진하는 귀중한 기회를 놓치게 된다. 감정과 경험이 일어날 때의 감정에 초점을 맞추는 것은 사회복지사가 직접적으로 반응과 행동을 관찰할 수 있게 해준다. 따라서 편견과 실수를 제거하는 것은 사실 이후에 감정과 경험을 기록할 때 일어날 수 있다. 게다가 사회복지사의 피드백은 클라이언트가 겪은 직접적인 경험과 관련될 때 더 유용성이 커진다.

다음 발췌문은 그런 상황 속에서 구체성의 예를 보여준다.

[흥분한] 클라이언트 : 그녀가 모든 것이 끝났다고, 다른 남자를 사랑하고 있다고 말했을 때, 글쎄요, 제가 느낀 것은 그 일이 다시 벌어졌다는 것이었어요. 난 완전히 혼자인 것처럼, 마치 아무도 없는 것처럼 느꼈어요.

사회복지사 : 그것은 정말 끔찍하게도 고통스러운 것이에요. [클라이언트가 고개를 끄덕이고 눈물을 흘렸다.] 전 당신이 지금 이 순간에도 그런 감정을 느끼고 있지 않은지 궁금하군요. [클라이언트가 동의의 표시로 고개를 끄덕인다.]

이런 예는 클라이언트의 내적 경험에 직접적인 접근을

하는 것일 뿐만 아니라, 많은 이득을 생기게 하는 것이기도 하다. 왜냐하면 클라이언트가 따뜻하고 지지하는 상황에서 깊고 고통스러운 감정을 나누기 때문이다. 사회복지사에 대한 감정(분노, 상처, 실망, 사랑 받고 싶은 욕구, 공포와 같은 것)에 관련된 여기, 그리고 지금의 경험은 '관계의 즉시성(relational immediacy)' 이라 한다. 관계의 즉시성에 관한 기술은 19장에서 다룰 것이다.

집단과 부부, 그리고 가족이 지금, 그리고 여기의 경험에 초점을 맞추는 것은 16장에서 길게 논의하겠지만, 특별히 이러한 체계의 구성원들이 우울한 감정의 분위기를 환기시키도록 돕는 잠재적인 기법이다. 게다가 즉시적인 감정에 초점을 맞추는 개입은 은밀하고 가려 있었던 문제를 표면적으로 드러나게 하므로 사회복지사가 이런 체계의 구성원들로 하여금 자신들의 문제를 규정하고 표출하며, 적절할 경우 문제해결에 참여하도록 돕는 것을 수월하게 한다.

⑦ 클라이언트의 경험과 관련된 세부사항 도출하기

앞에서 언급한 바와 같이 구체적인 반응이 필수적인 이유 중 하나는 클라이언트가 종종 그들의 경험에 관해 모호한 진술을 하기 때문이다. 예를 들면, 집단 내의 어떤 사람들은 힘써 노력해야 할 만큼 나쁜 상황을 변화시키기를 원치 않는다. 이것을 다음의 구체적인 진술과 비교해 보라. 다음 진술은 클라이언트가 문제의 소유권을 가정하고 그것의 성질을 명료화하는 세부사항에 채워 넣은 것이다. "난 이 집단에서 내 문제를 해결하기를 원하지만, 그것들에 대해서 말하려고 할 때, 존 당신이 어떤 비꼬는 말을 하기 때문에 걱정이 되어요. 여러분 중의 몇몇은 단지 내 문제에 대해서 웃어버릴 것 같고 어떤 사람은 대화의 주제를 옮겨버릴 것만 같아요. 그때는 정말 내가 무시당한다는 느낌이 들어서 나만의 세계로 들어가 버리고 싶어져요."

클라이언트가 자신의 메시지를 개별화하고 감정과 문제를 '자기의 것으로 만들도록' 돕는 것은 일단 제쳐두고, 사회복지사는 클라이언트의 경험을 밝히는 정보를 이끌어내는 질문, 예를 들면 앞에서 서술한 것과 같은 질문을 하는 과업이 있다. 이 점에 관해서는 주로 '어떻게' 혹은 '무엇을' 로 시작하는 질문이 클라이언트가 구체적인 자료를 말하도록 돕는 데 유용하다. 클라이언트의 메시지가 "이 집단의 어떤 사람들은 최선의 노력을 해야 할 만큼 나쁜 상황을 변화시키기를 원하지 않는다" 라고 말하는 데 대해 사회복지사는 "구체적으로 어떤 일로 인해 당신이 이런 결론을 내리게 되었나요?" 라고 물을 수 있다.

⑧ 상호작용 행동에 관한 세부사항 도출하기

구체적인 반응은 또한 상호작용 행동을 정확하게 사정하는 데 있어서 중요한 것이다. 그런 반응은 상호작용 사건에서 실제로 어떤 일이 일어났는지를 지적하는 것이다. 즉 그 사건이 일어나기 전에 무슨 일이 일어났는지, 참가자가 무슨 말을 하고 어떤 행동을 했는지, 클라이언트가 경험한 특정한 생각과 감정은 무엇인지, 그 사건 뒤에는 어떤 결과가 발생했는지를 정확하게 지적한다. 다시 말하면 사회복지사는 클라이언트의 관점과 결론에 안주하기보다는 무엇이 일어났는지에 대한 세부사항을 이끌어내라는 것이다.

"그때 무슨 일이 일어났나요?" "그 다음에 당신은 어떻게 했나요?" 혹은 "그때 누가 무엇을 말했나요?" 등의 질문을 사용해서 클라이언트가 사건을 계속 관련시킬 수 있도록 함으로써 클라이언트가 화제를 유지해 나가도록 하는 것은 중요하다. 만약 수많은 사건을 조사한 후에 역기능적인 유형이 분명해지면, 사회복지사는 클라이언트로 하여금 유형화된 행동의 영향력을 평가할 수 있도록 하기 위해서, 그리고 유형화된 행동을 변화시키려는 그들의 동기를 사정하기 위해서 클라이언트와 함께 그들의 관찰을 공유해야 할 책임을 지게 된다.

⑨ 사회복지사의 표현 구체화하기

구체성을 추구하는 것은 클라이언트의 의사소통에 적용되는 것만이 아니라 사회복지사의 의사소통에도 적용되는 것이다. 이런 역할로 사회복지사는 클라이언트와 개인적인 감정과 관점을 이야기하고, 명료화하고, 피드백을 주고받게 된다. 전문적인 교육을 막 받기 시작한 사회복지사 역시 대부분의 의사소통에서 모호하고 일반적으로 말하는 경향이 있다. 그런 일이 발생할 때면, 클라이언트와 다른 사람들은 오해하게 되고, 잘못된 결론을 내리게 되고, 혹은 사회복지사가 말한 의미를 혼동하게 된다. 예를 들어, 다음에 나와 있는 사회복지사의 실제 메시지에서 구체성이 결여된 것에 대해 생각해 보자.

"당신이 표현하지 않는 적개심이 많은 것처럼 보여요."

"당신은 정말 오늘 집단에서 스스로를 잘 다루었어요."

'적개심', '자신을 잘 다루는 것'과 같은 모호한 용어는 사회복지사가 실제로 무엇을 의미했는지에 대해서 클라이언트가 진퇴양난에 빠지도록 내버려두게 된다. 게다가 결론은 정보를 지지하지 않은 채 나타내지고, 따라서 클라이언트가 직면한 가치를 무가치한 것처럼 거절하도록 요구하거나 결론의 근거에 관해서 추측하도록 요구하게 된다. 운 좋게도 몇몇 클라이언트는 더 많은 구체성을 요구하는 것에 대해 충분히 인식하고, 호기심이 많고, 단정적일 수 있지만, 대부분은 그렇지 않다.

앞에서와 같은 상황이지만 이번에는 사회복지사가 높은 수준의 구체성을 띤 메시지로 같은 상황에 반응하게 되는데, 이를 앞의 메시지와 비교해 보자.

"우리가 아이들의 양육권 조정을 당신의 아내와 함께 풀려고 이야기하는 동안 당신이 쉽게 몇 번이나 화를 내고 좌절하는 것을 느꼈어요. 이것은 당신에게 매우 고통스러운 일인 것 같아요. 난 당신이 느끼고 있는 것에 대해서 좀더 알고 싶어요."

"우리는 당신이 식구들과 비교 당할 때 열등감을 느끼고, 당신의 감정과 견해의 가치를 낮게 생각하는 경향이 있다고 이야기를 나누었어요. 저는 당신이 설명한 여동생과의 문제를 관찰해 보려고 해요. 당신은 동생 부부가 늘 싸우기 때문에 그들과 함께 여행하기를 원하지 않지만, 그녀가 당신에게 압력을 가하기 때문에 가야 할 것만 같다고 말했어요. 다른 경우에서처럼 당신이 그 문제에 대해서 어떻게 느끼느냐는 중요하지 않다는 결론을 내리는 것 같아요."

사회복지사가 구체적으로 이야기하고, 의미를 명료화하고, 진술을 개별화하고, 결론의 근거를 증명할 때, 클라이언트는 오해를 적게 하게 되고 그들 자신의 감정이나 생각을 덜 거부하게 된다. 그들이 다양한 문제에 대해 논의하기 때문에 클라이언트는 그들이 기대하는 것이 무엇인지, 그들이 어떻게 인식되고 있는지, 뿐만 아니라 사회복지사가 어떻게, 그리고 왜 그렇게 생각하고 느끼는지에 대해서 명확히 알게 된다. 사회복지사가 구체적인 메시지를 보내는 것의 모델이 됨으로써 클라이언트는 더 구체성을 가지고 말하는 것을 대신 배우게 되는데 이것 또한 중요하다.

초보 사회복지사와 숙련된 사회복지사 모두 비전문가는 알아들을 수 없는 전문용어(jargon)의 부적절한 사용을 피해야 한다는 점도 있다. 전문용어는 전문적 담화에 널리 퍼져 있고, 사회복지실천 문헌과 케이스 기록에 만연해 있다. 전문용어의 사용은 클라이언트의 의미를 명확하게 하기보다는 오히려 혼란스럽게 한다. 동료들 사이의 부주의한 전문용어의 사용은 고정관념을 만들어내고 따라서 중요한 클라이언트의 개별화의 가치와는 상반되는 것이다. 게다가 명명하는 것(label)은 사회복지사마다 다른 클라이언트의 이미지를 상상으로 만들어내는 경향이 있어서 잘못된 의사소통의 근원이 된다.

클라이언트에 대한 정보를 동료 사회복지사에게 정확하게 알리기 위해서 그들의 행동과 사회복지사가 내린 결론의 원천에 대한 증거를 분명하게 기술해야 한다. 행동을 설명함으로써 모호한 인상이나 잘못된 결론을 내어 동료 사회복지사가 클라이언트에 대해 편견을 갖는 것을 막아야 한다.

구체성을 가지고 의사소통하는 기술을 터득하는 것은

오랜 기간에 걸쳐서, 굳은 결심으로 노력할 때에만 얻을 수 있다. 초보 사회복지사는 자신의 의사소통의 모호함과 일반성에 대해 의식이 부족하기 때문에 이 과업을 까다롭게 생각한다. 구체성을 가지고 의사소통을 한, 혹은 그렇지 않은 예를 규정하는 관점을 가지고 기록된 상담과 매일의 대화를 주의 깊게, 그리고 꾸준히 검토하기 바란다. 그렇게 검토하면 사회복지사는 적절한 목표를 세울 수 있을 것이며, 경과를 계획하는 데 도움이 될 것이다. 또한 이런 중요한 기술을 수행하기 위한 피드백을 받는 데 있어서 실습과목 지도자에게 도움을 구하기를 바란다.

5) 반응 요약하기

요약기법은 네 가지 별개의 면을 포함한다. 이 네 가지는 다른 시간, 다른 방법으로 사용됨에도 불구하고 서로 기능적으로 관련 있는 요소의 공통적인 목적을 지지한다. 이 네 가지 측면은 다음과 같다.

(1) 문제의 요점 부각시키기

문제가 어느 정도 탐구된 초기 세션 동안 요약은 부가적인 문제의 탐구를 하기 이전에 문제의 주요한 측면을 함께 묶고 부각시키는 데 효과적으로 사용될 수 있다. 사회복지사는 어떻게 문제가 몇몇 요인들—외부적인 압력, 명백한 행동패턴, 충족되지 못한 욕구와 요구, 숨겨진 사고와 감정 등을 포함—의 상호작용에 의해 생산되어 나타났는지를 요약해야 한다. 이런 주요 요소에 연결하는 것은 클라이언트가 그들의 문제에 대해서 더 정확하고 완전한 관점을 가질 수 있도록 돕는다. 이런 방식을 사용할 때, 요약은 전체를 만들기 위해서 문제의 각 부분을 함께 끼워 맞추는 것이다. 더 새롭고 정확한 관점으로 문제를 보는 것은 유익하다. 왜냐하면 그것은 클라이언트의 의식을 넓히고 도저히 극복할 수 없는 것으로 보였던 자신의 문제와 씨름하려는 희망과 열의를 북돋우기 때문이다.

문제를 강조하는 요약은 일반적으로 문제에 관련된 측면이 적절하게 탐구되었고 클라이언트가 고민을 표현할 기회를 가지는 것에 대해서 만족을 느낀다고 사회복지사가 생각할 때 상담 세션 중에 자연스럽게 사용된다.

문제의 다양한 차원을 강조하는 것은 다음 문제의 윤곽과 전반적인 목적 달성을 위해 수행해야만 하는 과업을 촉진시킨다. 문제가 드러나는 측면을 요약하는 것은 집단, 부부, 가족을 대상으로 하는 상담에서 가치 있는 기법이며, 이는 사회복지사가 적절한 시기에 각각의 구성원들이 경험한 어려움을 부각시킬 수 있도록 한다.

(2) 긴 메시지 요약하기

클라이언트의 메시지는 한 단어 혹은 한 문장에서 길고 때로는 종잡을 수 없을 정도로 혼자서 말하는 것까지 그 범위가 다양하다. 간단한 메시지의 의미는 쉽게 분별할 수 있지만, 긴 메시지는 사회복지사가 아주 복잡하고 다양한 요소를 요약해서 함께 묶어야 하는 도전에 직면하도록 한다. 그런 요소를 함께 연결시키는 것은 클라이언트의 메시지의 의미를 부각시키고 확장시킨다. 이런 이유들 때문에 그런 메시지들은 부가감정의 한 형태를 나타낸다. 이 기술은 18장에서 논의하도록 하겠다.

클라이언트의 긴 메시지는 전형적으로 감정, 사고, 설명적인 내용을 포함하기 때문에, 사회복지사는 어떻게 이런 차원이 논의의 초점에 관련되는가 하는 것에 대해 인식하는 것이 필요하다. 이를 설명하기 위해서, 약간의 뇌손상을 입고 사회적으로 도태된 16세 여자아이의 메시지를 숙고해 보자. 이 여자아이는 외동딸로 어머니의 과보호에 극도로 의존적이면서도 미묘하게 어머니를 거부하고 있다.

"엄마는 날 사랑한다고 말해요. 그렇지만 난 믿기 어려워요. 난 엄마에게 무엇인가를 부탁해본 적이 없어요. 엄마는 내가 혼자서 머리감기 싫다고 했을 때 나에게 소리쳤어요. 그렇지만 난 엄마의 도움 없이 머리를 제대로 감을 수가 없어요. 엄만 '넌 언제 다 크니?' 라고 말하고는 엄마 친구들과 볼링을 치러 나갔고 전 삐걱거리는 집에 혼자 남게 되었지요. 엄마는 내가 혼자 집에 있어야만 할 때 얼마나 무서워하는지 알고 있어요. 그렇지만 엄마는 '낸시, 난 온종일 너를 보살피고 있을 수만은 없단다. 난 나를 위해서도 해야 할 것이 있단다. 친구들과 함께 텔레비전을 보거나 기타를 치는 게 어떻겠니? 너를 항상 불쌍하다고 생각하는 것을 이제 그만 해야 해' 라고 말했어요. 이런 말이 누군가가 너를 사랑한다는 소리로 들리나요? 난 엄마가 내게 소리칠 때 미쳐가요. 내가 엄마를 죽이지 않을 수 있는 것은 그 방법뿐이에요."

앞의 메시지에는 다음의 요소들이 포함되어 있다.

- 엄마에게 사랑받기를 원하지만 때로는 불안하고 엄마에게 거절당한다.
- 어떤 과업, 가령 머리를 감는 것을 수행하는 데 있어서 부적절함을 느낀다.
- 어떤 서비스와 교우관계에 있어서 엄마에게 극도로 의존을 느낀다.
- 엄마가 자신을 혼자 남겨두면 불안함을 느낀다.
- 엄마가 야단을 치거나 혼자 남겨둘 때 마음의 상처를 받고 분노한다.
- 엄마가 클라이언트에게 큰 소리를 지를 때 심한 분노를 느끼고 달려들어 때리고 싶다.

다음은 이런 요소를 한 데 묶은 요약반응이다.

"그래서 당신의 감정이 어머니에 대해서 다른 방향으로 잡아당기고 있다는 것을 발견했군요. 당신은 어머니가 당신을 사랑하기 원하지만 사랑 받고 있지 못하다고 느끼고, 그래서 어머니가 당신을 꾸짖거나 혼자 남겨둘 때 화를 내는 것이지요. 당신이 많은 면에 있어서 어머니에게 의존하기 때문에 괴로워하지만 동시에 어머니가 소리쳤던 것에 대해서 상처를 되돌려주고 싶어서 화를 내는 것이죠. 당신은 긴장감 없이 부드러운 관계를 맺고 싶어하는군요."

다음에서 상호작용과 사회복지사의 요약반응을 설명한 것처럼, 부부상담이나 집단상담에 있어서 요약은 상호작용에 포함된 주요한 요소나 역동성을 부각시키고 한 데 묶는 데 효과적으로 사용될 수 있다.

아내(남편에게) : 당신은 내가 필요로 할 때 한 번도 집에 있어준 적이 없어요. 아이들에 관한 결정을 내릴 때 난 당신의 도움이 필요해요. 이번 주말에 수잔과 함께 중요한 활동을 제안했어요. 그런데 당신은 어디에 가려고 했죠? (흥분되고 비꼬는 말투로) 물론 사슴사냥이겠죠.

남편(화를 내고 방어적으로) : 지긋지긋하군. 마치 그것이 범죄라도 되는 것처럼 말하는데 난 당신이 단지 결정할 수 없기 때문에 내가 사슴사냥 가지 않기를 바라는 줄 알았어. 1년에 한 번쯤은 내가 정말 즐기는 일을 하는데, 당신은 그것에 대해서 불평하는군. 왜 혼자서 결정할 수 없지? 난 당신이 결정을 내리는 데 도움이 되려고 당신과 결혼한 것이 아니야. 아이들에 관한 결정을 내리는 것은 당신이 할 일이야. 자주적으로 행동하는 것을 배워보는 건 어때?

사회복지사 : 이쯤에서 멈추고 각자가 말한 것에 대해서 생각해보도록 합시다. (아내에게) 당신은 아이들을 혼자서 다루는 것이 너무 힘들었나 보군요. 난 당신이 결론적으로는 당신 남편이 당신에게 매우 중요하고 아이들과 관련된 문제를 처리하는 데 있어서 한 팀으로서 함께 일하고 싶어한다는 것을 말하고 싶어한다고 생각해요. (아내는 동의의 뜻으로 고개를 끄덕였고 남편은 주의 깊게 듣고 있다.) (남편에게) 제가 보기엔 당신은 아내의 메시지를 당신을 비난하려고 하는 시도로 받아들인 것 같군요. 그리고 마치 당신이 공격받은 것처럼 느끼고 당신 삶을 즐길 기회를 막으려는 시도로 이해한 것 같군요. (그는 강하게 긍정의 뜻을 표시했다.) (둘 모두에게) 두 분은 모두 서로에 대해서 주의와 이해가 부족한 것 같아요. 이런 필요는 두 분의 비판과 스스로를 방어하려는 노력 때문에 묻혀버리는 수가 많죠. 각자 서로에게 필요한 것에 대해

서 더 이야기를 나누어 봅시다.

사회복지사는 배우자에 의해서 교환된 부정적이고 파괴적인 메시지의 기저에 깔린 욕구를 명확히 하는 부가적인 감정이입을 사용함으로써 요약했다. 겉으로 드러나는 부정적인 감정을 넘어서서 사회복지사는 함축된 메시지와 욕구, 즉 상호비난보다는 이해를 증가시키고 긍정적인 감정을 가지게 하는 표출을 요약했다.

때로 클라이언트의 메시지는 너무 많이 관계없는 요소들을 포함하고 있어서 모두 한 데 엮을 수 없을 정도로 장황하다. 그런 경우 사회복지사가 할 일은 그때의 상담의 요점에 가장 관련 있는 메시지의 요소를 뽑아내서 초점을 맞추는 것이다. 이런 식으로 요약하는 것은 상담의 초점과 방향을 제시하고 목적없이 떠도는 것을 막아준다. 산만하거나 장황한 사고를 하는 클라이언트가 자신의 불쾌한 문제에 초점을 맞추는 것을 회피하려 하면, 그 문제의 중요성에 대한 강조와 지속성을 나타내기 위해 경우에 따라서는 클라이언트의 그런 행동을 저지해야 한다. 그렇지 않으면 면접은 뒤죽박죽이 되며 비생산적으로 되어버린다. 초점과 지속성을 유지하는 기술은 이 장의 뒷부분과 13장에서 더 길게 다룰 것이다.

(3) 상담의 초점 살펴보기

개인, 부부, 집단상담 과정 동안 한 문제 이상에 초점을 맞추거나 각 문제에 관련된 많은 요소들을 논의하는 것은 일반적이다. 요약은 첫 번째나 두 번째 상담의 끝 부분에서 탐구되었던 주요한 문제를 다시 고찰하기 위해서, 문제에 관련된 주제나 유형을 부각시키기 위해서 사용된다. 주제와 유형을 요약하는 것은 클라이언트의 역기능적인 유형과 드러난 어려움에서 그들의 역할에 대한 자각을 넓히기 때문에(클라이언트가 요약의 유효성을 확신한다고 가정하면), 이런 기술을 사용하는 것은 성장과 변화의 가능성을 열어준다.

사실 요약반응을 통해서 사회복지사는 상담 중에 나타나는 문제가 있는 주제와 유형을 재고찰할 수 있다. 또한 이런 역기능적인 유형을 수정하려는 의도를 가진 클라이언트의 준비성을 시험해 볼 수 있다. 다음은 그런 메시지의 예이다.

"당신이 우울해지기 전에 나타나는 스트레스에 대해서 우리가 살펴봤을 때, 가족들의 비합리적인 요구를 충족시키기 위해서 힘겹게 노력함으로써 당신 자신을 무시하는 이야기는 제게 꽤 의미 있게 다가왔어요. 우리의 목적을 생각해 보면, 당신 자신의 욕구 중 어떤 것에 우선권을 부여하는지 궁금해요. 그리고 다른 사람들이 당신의 욕구에 반대되는 요구를 했을 때 그것에 대해서 너그럽게 느끼고, '아니오' 라고 말하는 것를 배우는 것을 어떻게 생각하는지 궁금해요."

(4) 초점과 맥락 제공하기

사회복지사는 개인, 집단, 부부상담의 시작 단계에서 클라이언트가 지난 상담에서 성취했던 것을 고찰하도록 하기 위해서, 그리고 현재의 상담에서 해야 할 단계를 고정시키기 위해서 요약을 사용할 수 있다. 동시에 사회복지사는 논의하고자 하는 화제를 규정하고자 사용할 수도 있고 혹은 그 상담에서 수행하려는 일에 대해 클라이언트가 마음가짐을 새롭게 하기를 원할 때 사용할 수도 있다. 또 요약은 논의의 결론을 종합하기 위해서 주기적으로 사용될 수도 있고 혹은 주요한 초점을 재고하기 위해서 상담의 마지막 부분에서 활용될 수도 있다. 그렇게 할 때, 사회복지사는 클라이언트의 목표에 대한 관점에서, 상담에서 수행되었던 것을 정리할 수 있다. 각 세션에서 두드러진 내용과 드러난 움직임이 어떻게 전체로 맞춰지는가를 고려함으로써, 사회복지사와 클라이언트 모두 방향감각을 유지할 수 있고, 방황(wandering)이나 우회(detours) 때문에 발생하는 불필요한 지연을 피할 수 있다. 방황이나 우회는 한 세션 안에서 혹은 세션 사이의 지속성이 약할 때 주로 나타난다.

정해진 상담시간이 거의 다 끝나갈 때 '정리하기(wrap-

[표 6-2] 말 따라가기 기술 기록

클라이언트의 메시지	개방형 반응	폐쇄형 반응	감정이입 반응	감정이입 수준	구체적 반응	요약 반응	그 외 반응유형
1.							
2.							
3.							
4.							
5.							
6.							
7.							

up)' 로 사용되는 요약은 사회복지사가 상담을 자연스러운 결말로 이끌어가도록 돕는다. 상담의 요점을 부각시키고 함께 연결하는 것에 덧붙여서 사회복지사는 다음 세션이 되기 전에 수행하기로 동의한 과업을 수행할 계획에 대해 클라이언트와 함께 고찰해야 한다. 그런 방법으로 세션을 종결할 때 모든 참가자들은 그들이 해왔던 것과 상호 노력해 나아가야 할 목표와 관련해서 그들이 어디로 나아가야 하는지에 대해서 명쾌해지게 된다.

● 말 따라가기 기술 분석하기

이 장에서 제안한 것처럼 주요한 말 따라가기 기술(감정이입, 구체화, 개방 · 폐쇄형 반응)을 일정한 기간에 한 빈도를 세고 난 후, 각각에 관계된 이런 기술을 사용하고, 혼용하고, 균형을 맞출 정도를 사정할 준비를 한다. 말 따라가기의 양식([표 6-2] 참조)을 사용할 때, 기록된 상담 세션으로부터 각각 반응을 분류해 본다. 반응을 섞어서 나름대로 사용한 것에 대해서 혼자서 혹은 실습교사와 함께 분석할 때 어떤 유형의 반응을 자주 사용했는지, 아니면 너무 적게 사용했는지를 결정한다. 더 나아가 다음 상담에서 기술을 사용할 때 불균형을 수정할 단계를 고려해 본다.

3. 초점화 : 복잡한 기술(focusing : a complex skill)

초점을 맞추는 기술은 몇 가지 이유 때문에 사회복지실천에서 중요하다. 그 중 첫 번째는 전적으로 실용적인 이유이다. 클라이언트와 사회복지사는 제한된 시간을 함께 보낸다. 그들이 목표에 초점을 맞추고 최대한의 수확량을 거두도록 진행함으로써 그 시간을 유용하게 사용하는 것은 중요하다. 그러므로 사회복지사는 원조하는 과정에서 방향을 제시하고 불필요하게 귀중한 시간을 소비해버리는 시행착오를 피할 책임이 있다. 일반적인 사회관계와 효과적인 원조관계를 구별하는 한 가지 특징은 효과적인 원조관계는 분명한 초점과 맥락이 있는 데 비해, 일반적 사회관계는 상대적으로 비구조화되어 있다는 것이다.

둘째 이유는 클라이언트가 그들의 문제에 대해 제한적인 관점을 가지고 있으며 전문지식과 지침을 구하기 위해서 전문가를 찾기 때문이다. 게다가 대부분의 클라이언트와 사회복지사 모두가 한 주제에서 다른 주제로 급격하게 초점이 이동됨에 따라 사고가 산만해지고 에너지를 다 써버리게 되는 경향이 있다. 이 때 사회복지사는 클라이언트가 문제에 초점을 맞추어 더 깊이 다룰 수 있도록 돕고, 클라이언트가 바람직한 변화를 얻을 때까지 초점을 유지하도록 돕는 귀중한 역할을 수행하는 것이다.

셋째 이유는 가족이나 집단구성원은 상호작용의 어려움을 야기할 뿐 아니라 집단이 그들의 문제에 효과적으로 초점을 맞추는 것을 방해하는 역기능적 과정에 연관되어 있기 때문이다. 가족과 집단의 기능을 강화하기 위해서 사회복지사는 가족이나 집단이 화제에서 벗어나려 하면 언제나 상호작용과정에 대한 논의에 다시 초점을 맞출 수 있어야만 한다.

초보 사회복지사가 어떻게 하면 효과적으로 초점을 맞출 수 있는지에 대해 배우도록 돕기 위해 우리는 다음과 같은 초점화기술의 다양한 기능을 고려하고자 한다.

이런 기능에 대해 아는 것은 분명하게 관련 주제에 초점을 맞추고 정확한 문제의 사정—역량 있는 실천의 전제조건—을 공식화하는 충분한 자료를 이끌어내는 데 도움이 된다.

1) 탐색할 화제 선택

탐색(exploration)과 관련된 영역은 상황에 따라 다양하다. 그러나 같은 인구집단—가령, 비행청소년, 미혼모, 요양소 거주자, 정신지체환자, 정신질환 시설에 있는 환자—이나 같은 생애발전단계에 있는 가족은 일반적으로 많은 문제를 공유한다. 익숙한 클라이언트 인구집단과는 다른 예상 가능한 어려움이 있는 클라이언트를 만나기 전에, 사회복지사는 탐색하는 것에 관련 있고 가망 있는 문제영역 목록을 개발함으로써 효과적인 탐색이 되도록 준비해야 한다. 이런 준비는 초보 사회복지사가 클라이언트의 문제와 관련 없는 영역에 초점을 맞추는 경향을 피하도록 해주고 따라서 수많은 불합리한 정보를 이끌어내는 것을 피할 수 있게 해준다. 예를 들면, 시설청소년의 초기면접에서 미리 다음 영역에서 표출할 것을 안다면 더 효과적으로 질문과 반응을 고를 수 있을 것이다. 시설청소년은 자발적인 클라이언트가 아니기 때문에 이런 표출은 그 청소년이 그의 일과 협상할 수 있는 요구가 무엇인지, 그리고 어떤 부분이 협상할 수 있고 자유롭게 선택할 수 있는지에 대한 이해가 있어야 한다(Rooney, 1992).

- 문제영역에 대한 클라이언트의 인식
- 클라이언트가 인식하고 있는 감정과 자원
- 시설에 수용되게 된 이유와 법적 권위, 약물 및 알코올 사용과 관련된 문제의 간략한 과거력
- 지지의 문제와 원천으로서, 클라이언트와 가족 구성원과의 관계에 관한 세부사항
- 간단한 가족력
- 성적, 문제과목, 관심분야, 그리고 여러 선생님들과의 관계에 관한 정보를 포함하는 학교 적응력
- 또래와 수퍼바이저의 관계를 포함한 시설에서의 생활에 대한 적응력
- 시설 밖에서의 또래관계
- 인생의 목표
- 상담과 관련된 이전 경험에 대한 반응
- 상담관계에 참여하고 문제에 대해 다루게 된 동기

마찬가지로 스스로 찾아온 우울증에 빠진 중년 여성과 면접할 계획을 세운다면, 다음 같은 화제의 영역은 초기면접을 처리하는 데 도움이 될 것이다. 클라이언트 스스로 찾아왔기 때문에 시설청소년보다는 더 자발적일 것이다. 그녀가 도움을 청해오게 된 특정문제를 규정하는 데는 고도의 집중이 필요하다.

- 특징적인 우울증을 포함하여 그녀가 문제라고 간주하는 것들
- 스스로의 감정과 자원에 대한 클라이언트의 인식
- 건강상태, 마지막 건강검진 날짜, 그리고 처방된 약물치료
- 우울증의 징후와 기간, 이전의 우울증이나 조증 사건들
- 우울증의 징후에 관련된 생애 사건(특별히 상실)
- 자살사고, 의도, 혹은 계획
- 역기능적 사고유형(자기비하, 자기비난, 죄책감, 무가치함,

무기력, 절망)

- 이전의 대처노력, 치료
- 개인 상호간 관계의 질(개인 상호간의 기술과 결점, 결혼과 부모-자녀관계에서의 갈등, 지지)
- 클라이언트의 우울증에 대한 유의미한 타인들의 반응
- 지지체계(충분함과 이용가능성)
- 일상활동
- 우월감 대 열등감
- 우울증 및 조증의 가족력

앞에서 기록한 것처럼 문제영역은 다양하고, 따라서 마찬가지로 화제가 될 만한 영역의 개요도 다양하다. 결혼관계상담을 요청하는 부부의 초기상담이나 알코올중독자들의 집단상담에서 설명할 목록범위는 첫 번째 목록의 사항과는 다른 사항이 많이 있다. 그러나 첫째와 둘째, 그리고 여덟째에서 열한 번째까지 사항은 개별적인 클라이언트와의 탐구 인터뷰(면접)에 모두 포함될 것이며, 장래의 집단성원들과의 사전면접에도 똑같이 적용될 수 있다.

개요를 사용할 때, 사회복지사는 개요에 너무 한정시켜서 사용하거나 전적으로 의지해서 사용하지 않아야 한다. 왜냐하면 그렇지 않을 경우 세션의 자발성을 파괴하고 클라이언트가 자신의 방식으로 말하는 것을 방해하기 때문이다. 오히려 클라이언트가 자유롭게 자신의 문제를 말할 수 있도록 격려해야 하며, 드러나는 문제를 더 깊이 표출할 수 있도록 촉진하는 역할을 해야 한다. 사회복지사는 화제의 순서를 재배치하고, 수정하고, 덧붙이거나, 개요가 의사소통을 방해할 경우 토픽을 삭제하거나 개요를 모두 포기하더라도 개요를 유연성 있게 사용해야 한다.

사회복지사가 항상 효과적인 화제영역을 예상할 수 있는 것은 아니라는 것을 기억해야만 한다. 왜냐하면 같은 집단의 클라이언트가 공통점이 많이 있다고 하더라도 또한 그들의 문제는 독특한 측면이 있다. 따라서 다음 세션에서 표출해야만 하는 다른 화제영역을 규정하기 위해서 실습지도자 혹은 기관 수퍼바이저와 함께 상담 녹음테이프를 재고찰하는 것이 중요하다.

2) 깊이 있게 주제 탐색하기

초점화의 주요한 측면은 탐색의 수준을 일반적이고 피상적인 것에서 더 깊이 있고 의미심장한 것으로 확실히 옮기기 위해서 관련 화제에 논의를 집중시키는 것이다. 사회복지사는 문제를 완전히 탐색할 수 있도록 하는 기술이 있어야만 한다. 왜냐하면 원조과정에서의 성공은 문제의 명백하고 정확한 정의에 달려 있기 때문이다.

상담내용이나 감정의 중요한 측면을 지나치고 정보를 표면적으로 나타내고 때로 왜곡하기까지 하는 초보 사회복지사가 선별적으로 특정화제에 집중하는 것은 어렵다. 다음은 학교 세팅에서 청소년과 실시한 첫 번째 상담에서 발췌한 것이다.

사회복지사 : 너의 가족에 대해서 얘기해주겠니?

클라이언트 : 아빠는 편찮으시고 엄마는 돌아가셨어요. 그래서 난 내 여동생이랑 살고 있어요.

사회복지사 : 너와 여동생은 잘 지내고 있니?

클라이언트 : 좋아요. 잘 지내는 편이에요. 동생은 나에게 잘 해줘요.

사회복지사 : 아버지는 어떠시니?

클라이언트 : 우린 꽤 잘 지내고 있어요. 문제가 있을 때도 있지만, 대부분은 좋아요.

사회복지사 : 학교에 대해서 말해주렴. 학교에서 어떻게 지내니?

클라이언트 : 글쎄요. 전 학교가 별로 좋지 않아요. 그래도 내 성적은 그럭저럭 졸업하기에 충분해요.

사회복지사 : 올해 우리 학교에 새로 들어왔지? 네가 출석했던 마지막 학교에서는 좋았니?

가족과 학교에 대한 화제에서 표면적으로 초점을 맞춤으로써 사회복지사는 이에 해당하는 문제영역을 깊이 있게 탐색할 기회를 놓쳐버렸다는 것에 주의해야 한다. 잠재적인 문제영역이 클라이언트의 상황을 설명하는 데 필요한 것임에도 불구하고 말이다. 사회복지사가 화제영역에 깊이 있게 초점을 맞추는 반응을 사용하지 못했기 때문에 탐색은 유용한 많은 정보 가운데서 조금밖에 끌어내지 못했다. 다음은 앞장에서 논의한 기술, 즉 사회복지사가 특정영역에 초점을 맞추고 유지하는 능력을 상당히 고양시키는 기술을 더 많이 설명해준다.

(1) 개방형 반응

사회복지사는 강제하지 않고 원하는 화제에 초점을 맞추기 위해서 개인과 부부, 집단상담 모두에 걸쳐 개방형 반응을 사용할 수도 있다. 이전에 우리는 어떤 개방형 반응은 클라이언트가 자유롭게 화제를 선택할 수 있는 여지를 남겨두며, 또 다른 개방형 반응은 화제에 초점을 맞추지만 클라이언트가 그 화제에 대해서 자유롭게 반응하도록 격려한다고 기술했다. 다음 예에서는 사회복지사가 어떻게 개방형 반응을 화제영역—클라이언트의 문제의 역동성의 열쇠를 쥐고 있는 중요한 정보를 도출해내는 화제영역—을 규정하는 데 사용할 수 있는가를 설명한다. 이 예는 8명의 아이가 있으며, 우울증에 걸린 어머니와 실시한 초기상담에서 인용한 것이다.[2)]

- "지난 몇 분간 많은 화제에 대해서 말씀하셨는데, 가장 중요한 것을 골라서 말씀해주시겠어요?"
- "큰아들이 예전에 그랬던 것처럼 하교 후에 집에 오지 않고 동생 돌보는 것을 돕지 않는다고 말씀하셨어요. 그 부분에 대해서 좀 더 듣고 싶군요."
- "몇 번 당신이 말씀하신 것처럼 당신은 남편이 당신을 떠날까 봐 걱정하고 있어요. 당신의 목소리가 떨렸어요. 당신이 느끼고 있는 것을 저와 함께 나눌 수 있을까요?"
- "당신은 배우자가 아이를 돌보는 것을 잘 도와주지 않는다고 지적했어요. 당신 혼자서 아이를 다루는 것에 대해서 압박감과 무력감을 느끼는 것처럼 보이네요. 아이들을 다루려고 했을 때 무슨 일이 일어났는지 말씀해주세요."
- "당신은 다른 애들보다는 14살 된 딸과 더 많은 문제를 가지고 있다고 말씀하셨어요. 제게 제닛에 대해서, 그리고 제닛과 당신의 문제에 대해서 좀더 말씀해주세요."

위의 설명에서, 사회복지사의 개방형 질문과 반응은 점차 일반적인 탐색에서 구체적인 것으로 이동하고 있다. 각 반응과 질문은 탐색의 새로운 화제를 규정한다는 것을 또한 기억해야 한다. 규정된 화제의 깊이 있는 탐색을 격려하기 위해서 사회복지사는 반드시 개방형 질문과 다른 촉진적인 말 따라가기 반응—초점을 맞추고 더 많은 클라이언트의 표현을 이끌어내는 반응—을 함께 사용해야 한다.

사회복지사는 개방형 반응을 사용하여 화제영역을 규정한 이후에 다른 개방형 반응을 논의 속에 엮음으로써 더 깊이 있는 탐색을 할 수 있다. 그러나 만약 개방형 반응이 초점을 다른 영역으로 이동시킨다면, 탐색은 후퇴하게 된다. 다음 설명에서 사회복지사의 두 번째 개방형 반응은 불안감을 표현한 클라이언트의 메시지와 상관없이 초점을 이동시켜버렸다.

사회복지사 : 은퇴에 대해서 걱정된다고 말씀하셨죠. 당신이 걱정하고 있는 것에 대해서 저와 함께 이야기를 나누면 좋겠어요. [개방형 반응]

클라이언트 : 매일 일하러 가지 않는다는 것은 상상할 수조차 없어요. 난 벌써 할 일이 없어서 주체하기 힘들어요. 한 번도 일을 중단한 적이 없었거든요. 내가 무엇을 해야 할지 모른다는 게 너무나도 두려워요.

사회복지사 : 여행을 떠나보는 것에 대해서는 어떻게 생각하

2) 이러한 몇몇 메세지들을 구체성 추구의 범주로 분류할 수도 있다. 구체성을 추구하는 메시지와 개방형 메시지들은 상호 배타적이지 않고, 겹쳐지는 부분이 상당히 많다.

세요? [개방형 반응]

개방형 반응이 클라이언트의 문제에 대한 정보를 끌어냈음에도 불구하고 시기상조인데도 클라이언트를 다른 방향으로 끌고 가버린다면 그런 반응은 원조과정을 촉진할 수 없다. 만약 사회복지사가 너무 자주 화제를 변화시키는 개방형 반응이나 다른 유형의 반응을 이용한다면, 사회복지사는 파편처럼 되고 뒤죽박죽 섞인 정보만을 얻게 될 것이다. 그 결과 사정은 클라이언트의 문제에 관한 사회복지사의 지식과는 큰 차이가 있게 된다. 사회복지사는 개방형 반응을 공식화할 때 반응이 취할 수 있는 방향에 대해서 민감하게 의식해야만 한다.

(2) 구체성 추구

앞에서 우리는 구체성(concreteness)을 추구하는 다양한 측면을 논의하고 설명했다. 구체성을 추구하는 것은 사회복지사가 일반적인 것에서 구체적인 것으로 이동시킬 수 있게 하고, 깊이 있게 화제를 탐색할 수 있도록 하기 때문에 초점화의 주요한 기술이다. 깊이 있게 화제영역에 초점을 맞춤으로써 사회복지사는 역기능적인 사고, 행동, 상호작용을 파악할 수 있고 또한 클라이언트가 그런 것을 인식하도록 도울 수 있게 된다. 우리는 다음 부분에서 어떻게 사회복지사가 구체성과 다른 초점화기술을 함께 사용함으로써 탐색 세션에서 화제영역에 효과적으로 초점을 맞출 수 있는지 설명하려고 한다. 실제적으로 사회복지사는 초점을 맞추고 유지하기 위해서 다양한 유형의 구체적인 반응을 함께 사용한다.

(3) 감정이입 반응

감정이입 반응(empathic responding)은 다음 예시에서 설명하고 있는 것처럼, 사회복지사가 힘든 감정에 대해 깊이 있게 초점을 맞추게 함으로써 결정적인 역할을 한다.

클라이언트 : 매일 일하러 가지 않는다는 것은 상상할 수조차 없어요. 난 벌써 할 일이 없어서 주체하기 힘들어요. 한 번도 일을 중단한 적이 없었거든요. 내가 무엇을 해야 할지 모른다는 게 너무나도 두려워요.

사회복지사 : 당신은 '전 지금도 은퇴에 대해서 걱정하고 있어요. 난 내게 가장 중요했던 것을 포기하고 있어요. 그리고 난 그것을 대체할 만한 어떤 것도 가지고 있지 않은 것 같아요.' 라고 말씀하시는 것 같군요. 당신이 느끼는 것처럼 할 일이 없어서 주체할 수 없어 하는 감정을 헤아릴 수 있어요. 당신은 은퇴했을 때 쓸모 없게 느껴지는 것을 걱정하는 것이지요.

클라이언트 : 그것이 저의 큰 문제라고 생각해요. 때로 난 지금도 쓸모 없다고 느껴요. 난 취미를 개발하기 위해서라든가 어떤 관심사를 추구하기 위해서는 일년이 가도록 시간을 내본 일이 없어요. 난 다른 어떤 것도 할 수 있을 거라고 생각하지 않아요.

사회복지사 : 그 말씀은 당신이 과거에 다른 취미를 개발하지 않은 것을 후회하고 있다는 것으로 들리는군요. 그리고 다른 영역에서 개발할 능력이 부족할지도 모른다는 것을 두려워하는 것이고요. 아마 당신은 때가 너무 늦지 않았나 하고 생각하고 있는 것 같군요.

클라이언트 : 맞아요. 바로 그거예요. 그렇지만 그것이 전부는 아니에요. 난 집에서 시간을 허비하게 되는 것이 정말 두려워요. 지금 그것을 상상해볼 수 있어요. 내 아내는 내가 온종일 자기를 위해서 집안일을 해주기를 원할 거예요. 난 그런 일은 정말 하고 싶지 않아요.

위의 예에서 사회복지사가 감정이입적 반응을 사용함에 따라 클라이언트의 문제는 계속해서 밝혀지고, 그 과정에서 더 풍부한 정보가 드러나는 것에 주목해본다.

3) 개방형 반응, 감정이입적 반응, 구체적 반응 혼합하기

선택한 화제에 초점을 맞추는 개방형 반응을 사용한 이

후에 사회복지사는 그 화제에 대한 초점을 유지할 수 있는 다른 반응을 사용해야 한다. 다음 발췌문에서 사회복지사가 깊이 있게 문제를 탐색하기 위해서 어떻게 개방형 반응과 감정이입적 반응을 사용했는지를 관찰해보자. 그렇게 함으로써 클라이언트가 자신의 문제에 대해서 대항할 기운이 생기게 했다. 또한 클라이언트의 풍부한 반응이 혼합 메시지에 의해서 도출되었다는 것에도 주목하자.

사회복지사 : 당신이 아들에 대해서 이야기하고 있을 때, 그에 대해서 말하는 것이 당신의 입장에서 고통스럽고 거리낌이 있다는 것을 느꼈어요. 전 당신이 경험한 것에 대해서 좀더 이해하고 싶어요. 지금 당신이 경험하고 있는 것에 대해서 저와 함께 나누지 않겠어요? [감정이입적 반응과 구체성을 추구하는 개방형 반응의 혼용]

클라이언트 : 난 오늘 아침에 여기 오는 게 그다지 좋게 느껴지지 않았어요. 난 내 스스로 아들의 문제를 다룰 수 있어야만 한다고 느껴요. 여기에 오는 것은 내가 더 이상 짐을 다룰 수 없다는 것을 인정하는 것만 같아요.

사회복지사 : 그래서 당신은 여기에 오는 것을 보류했던 것이군요. [부연] 당신은 패배를 인정하고 있는 것 같고 그것은 아마 당신이 실패했다거나 부적절하다는 것을 인정하는 것 같아서 상처를 받은 거군요. [감정이입적 반응]

클라이언트 : 글쎄요. 그런 것 같아요. 내가 어떤 도움이 필요한지에 대해서 알지만, 그것을 인정하기가 어려웠던 것 같아요. 그렇지만 이런 점에서 나의 가장 큰 문제는 남편이에요. 그는 나보다도 더 강경하게 이 문제를 우리 스스로 해결해야 한다고 느껴요. 그래서 그는 내가 여기에 오는 것에 대해서 동의하지 않았어요.

사회복지사 : 그건 당신에게 고통스럽지만 짐에 대해서 어떤 도움을 받아야 한다는 것을 확신하는군요. 그렇지만 남편의 태도 때문에 여기에 오는 것은 괴로운 것이죠. 전 그 점에 대해서 좀더 듣고 싶은데요. [감정이입적 반응과 개방형 반응의 혼용]

앞의 예에서 사회복지사는 개방형 반응과 감정이입적 반응을 함께 사용하고, 이어서 다른 감정이입적 반응을 사용함으로써 클라이언트의 지금, 여기에서의 경험에 관한 논의를 시작하였다. 그리고 클라이언트가 감정을 더 많이 표출하도록 하기 위해서 반응을 함께 사용하였다. 마지막 반응으로 사회복지사는 원조과정에서 잠재적 장애물(치료에 대한 남편의 자세)로 초점을 좁혔는데, 그것은 역시 비슷한 방법으로 표출될 수 있었다.

개방형 반응과 감정이입적 반응은 또한 규명된 화제에 대한 집단성원들의 논의를 촉진하고 격려하는 데 사용될 수 있다. 예를 들어, 특정 화제에 관한 피드백을 집단에게 요청하기 위해서 개방형 반응을 사용한 후에("당신이 ……에 대해서 어떻게 느끼는지 궁금합니다.") 사회복지사는 사회복지사의 말에 반응을 보내온 성원의 기여를 인정하는 감정이입적 반응이나 다른 촉진적 반응을 사용할 수 있다. 나아가 개방형 반응을 이용함으로써, 사회복지사는 성공적으로 기여하지 않는 개별 구성원들의 의견에 도달할 수 있다("레이 씨, 당신은……에 대해서 어떻게 생각하나요?")

다음 보기에서 사회복지사가 부부를 초기상담하는 과정에서 상호작용의 세부사항을 이끌어내기 위해 어떻게 감정이입적 반응과 구체적인 반응을 혼합하는지 관찰해보자. 그러한 혼합은 클라이언트의 문제에 직접적으로 관계가 있는 구체적이고 풍부한 정보를 이끌어내는 효과적인 기법이다. 구체성을 추구하는 반응이 세부사항을 이끌어내는 반면, 감정이입적 반응은 장애물을 표출하는 감정에 초점을 맞춤으로써 사회복지사가 클라이언트의 순간의 경험에 맞출 수 있게 한다.

사회복지사 : 당신은 의사소통에서 어려움이 있다고 말씀하셨습니다. 저는 당신이 효과적으로 의사소통하지 못했다고 느꼈던 때에 관해 이야기를 듣고 싶습니다. 그리고 나서 만약 우리가 어떤 일이 일어나고 있는지 더 명백하게 이해할 수 있는지 보기 위해서 차근차근히 되짚어나가 봅시다.

아내 : 글쎄요. 주말이 한 예가 되겠군요. 대개 난 밖에 나가서 아이들과 함께 재미있는 것을 하고 싶어해요. 그렇지만 존은 집에 있기를 원하죠. 그이는 내가 그저 나가고 싶어 한다는 것을 비판하기 시작하죠.

사회복지사 : 구체적인 예를 말씀해주실 수 있나요? [구체성 추구]

아내 : 그러죠. 지난 토요일에 난 우리 모두 밖에 나가서 외식을 하고 영화를 보고 싶었어요. 그렇지만 존은 집에서 텔레비전을 보고 싶어했어요.

사회복지사 : 존이 무엇을 했는가를 생각하기 전에 먼저 잠깐 당신 자신에 대해 생각해보죠. 당신은 정말 영화 보러 가기를 원했나요? 정확하게 당신이 무엇을 하고 싶어하는지 말씀해주세요. [구체성 추구]

아내 : 난 "존, 아이들 데리고 나가서 저녁 먹고 영화 봐요" 라고 말했던 것 같아요.

사회복지사 : 네. 당신은 그때 그렇게 말했군요. 어떻게 얘기했나요? [구체성 추구]

아내 : 난 그가 거절할 것을 예상했던 것 같아요. 그래서 방금 내가 말한 식으로 말했던 것 같지는 않네요.

사회복지사 : 존에게 그때 당신이 말했던 방식으로 지금 말해 보세요. [구체성 추구]

아내 : 네. [존을 향해서] 우리 영화 보러 나가는 게 어때요?

사회복지사 : 존이 그렇게 하기를 원하는지 아닌지에 대해서 의심쩍어하는 목소리인 것 같군요. [초점화된 관찰]

아내 : [끼어 들며] 난 그이가 그렇게 하기를 원하지 않는다는 것을 알아요.

사회복지사 : 당신은 존이 나가는 것을 원하지 않는다고 확신하는군요. 마치 당신이 답을 미리 알고 있다는 것처럼요. [남편에게] 그 당시 아내가 당신에게 지금과 같이 물었나요? [남편이 고개를 끄덕였다.]

사회복지사 : 아내가 당신에게 영화 보러 가자고 부탁한 후에 당신은 무엇을 했나요? [구체성 추구]

남편 : 난 아니라고 말했어요. 난 토요일은 집에 있으면서 편안하게 쉬고 싶어요. 그래서 난 집에서 우리가 뭔가를 할 수 있다고 생각해요.

사회복지사 : 당신의 대답은 짧군요. 분명히 당신은 왜 당신이 나가는 것을 원하지 않는지에 대한 정보를 주지 않은 채 단지 '아니' 라고 말했군요. 그렇죠? [초점화된 관찰]

남편 : 맞아요. 난 아무튼 그녀가 나가기를 원한다고 생각하지 않았어요.

사회복지사 : 당신이 '아니' 라고 말했을 때 어떤 것을 느꼈나요? [구체성 추구]

남편 : 난 단지 정말 피곤했던 것 같아요. 난 일 때문에 많은 압박감이 있었고, 그래서 쉴 시간이 필요했어요. 아내는 그것을 이해하지 않아요.

사회복지사 : 당신은 그때 "난 모든 것에서 떨어져 있을 시간이 필요해" 라고 말하고 있었군요. 그렇지만 전 당신이 아내가 당신의 감정에 대해 어느 정도 이해하고 있는지에 대해 확인했어야 한다는 생각이 드는군요. [남편이 고개를 끄덕였다. 아내를 향해] 남편이 '아니' 라고 말한 후에 무엇을 하셨나요? [감정이입적 반응과 구체적인 반응의 혼용]

아내 : 난 남편이 집에서 단지 앉아 있는 것에 대해서 얘기하려고 했던 것 같아요.

사회복지사 : 존이 당신이 좋아하는 대로 반응하지 않았기 때문에 상처를 받고 다소 무시당한 것 같았군요.

아내 : [고개를 끄덕이며] 난 그이가 내가 하고 싶어하는 것에는 전혀 관심이 없다고 생각했지요.

사회복지사 : 그리고 당신은 자신의 감정을 그대로 존에게 얘기하기보다 존을 비판하는 방식으로 당신의 감정을 다루었군요. [아내가 고개를 끄덕였다.] [구체성 추구]

사회복지사 : [남편에게] 돌이켜보세요. 아내가 당신을 비판했을 때 어떻게 했나요? [구체성 추구]

남편 : 나도 비판을 했어요. 난 아내가 때로는 집에 있어야 하고 일을 좀 해야 한다고 말했어요.

위에서 사회복지사는 부부가 상호작용 순서에 대한 지침을 얻을 수 있도록 주요한 세부사항을 이끌어내고, 말하지 않은 가정(assumption)과 메시지에 관한 통찰력을 제공하는 방식으로 질문을 했다.

4. 초점화와 탐색기술 평가

초점화와 다른 말 따라가기 기술 및 탐색기술을 숙달하기 위해서는 사회복지사는 문제영역을 깊이 있게 탐색하고 있는 정도를 측정하는 자신의 반응을 추적하는 것이 중요하다. 화제영역을 규명하고, 각각의 탐색의 깊이를 측정하고, 사용된 반응범주를 분석하기 위해서, 축어적 형태로 기록된 일부 세션을 조사함으로써 세션을 도표로 그릴 수 있다. 초기 세션의 면접에서의 첫 시도가 이러한 형태를 취한다는 것을 발견할 수도 있다.

면접의 15분 분량

t1	t2	t3	t4	t5	t6	t7	t8	t9	t10
OER	OER	OER	OER	OER	OER	OER	OER	OER	P
OER		OER	MP	P	MP	OER		OER	
						MP			
						CEQ			

* t = 화제영역 / CEQ = 폐쇄형 질문 / OER = 개방형 반응 / MP = 최소한의 시도 / P = 부연

위의 표에서 사회복지사가 말 따라가기 기술을 제한적으로 사용하고 화제를 자주 바꾸었기 때문에 피상적으로만 주제를 탐색했다는 것에 주목한다. 이러한 유형의 면접은 왜 초보자가 세션 중에 어느 곳에서도 어떻게 할 수 없었다거나 클라이언트가 모호한 용어로 그들의 문제를 논의한다고 불평하는지를 설명해준다. 물론 나중에 논의하겠지만, 그런 어려움의 일부는 사회복지사가 초점화하려는 노력을 방해하는 클라이언트의 행동 때문이기도 한다. 그러나 대개 도출한 정보가 적고 클라이언트의 상황에 대해서 윤곽이 잡히지 않은 것에 대한 책임은 대개 사회복지사의 면접 스타일에 있다.

만약 선택된 영역에 초점을 맞추기 위해 개방형 반응을 사용하고 그 초점을 유지하기 위해 말 따라가기 기술을 사용한다면, 15분 분량의 면접 프로파일(profile)은 다음과 비슷해질 것이다.

t1	t2	t3	t4	t5
OER	OER	ER/OER	OER	OER
MP	ER	CEQ	ER	OER
ER	ER	ER	OER/SC	ER
A	ER	ER	ER	A
ER		ER	ER	ER
SC		MP	CEQ	
ER		P	ER	
SR		SC	A	
			SR	

* t = 화제영역 / ER = 감정이입적 반응 / CEQ = 폐쇄형 질문 / OER = 개방형 반응 MP = 최소한의 시도 / P = 부연반응 / A = 강조반응 / SC = 구체성 추구 / SR = 요약반응

물론 실제 초기 세션의 도표에서는 우리의 설명만큼 만족스럽지 않을 수 있다. 다른 반응유형(가령, 정보제공 반응)은 탐색반응과 초점화반응 사이에 섞일지도 모른다. 더욱이 사회복지사는 세션 도중 목적과 계약협상과 같은 활동에 많은 시간과 노력을 써버릴 수도 있다.

사회복지사가 자신의 초점화유형을 사정하려는 목적으로 실제 및 가상 세션의 부분을 도표로 그리고 분석하기를 권한다. 그렇게 하면 면접 스타일을 적당하게 수정할 수 있도록 해서 두 번째 유형의 프로파일을 달성할 수 있도록 도울것이다.

집단상담이나 부부상담보다는 개인상담을 도표로 그리는 것이 더 쉽지만 집단성원들이 적절한 화제에 초점을 맞추거나 재초점화할 수 있도록 초점을 맞추고 돕는 정도를 측정하기 위해서 집단상담이나 부부상담을 도표로 그리는 것도 가능하다.

1) 초점화에 있어 장애물 처리하기

때로 사회복지사는 선별적으로 초점을 맞추고 깊이 있게 화제영역을 탐색하도록 하려는 노력이 적절한 정보를 끌어내는 데 실패했다는 것을 발견하게 된다. 그런 경우 사회복지사 자신의 면접양식의 효과성을 사정해야 하는 책임이 있다. 그러나 또한 클라이언트의 의사소통 양식을 분석해야만 한다. 클라이언트의 행동은 사회복지사가 초점을 맞추려고 노력하는 것을 방해할 수 있다. 앞의 장에서 이미 언급한 것처럼, 클라이언트가 도움을 구하는 공통적인 이유는 클라이언트에게 있지만 의식하지 못하는 정형화된 의사소통이나 행동이 있는데, 그것이 관계에 있어서 어려움을 야기한다는 것이다. 게다가 아직까지도 원조관계를 이해하지 못하고 있는 비자발적인 클라이언트는 초점화를 피하려는 경향이 있다. 또한 사회복지사와의 접촉에서 명백해진 이런 반복적인 행동은 의사소통과 추구하는 실천목표, 적절한 논의, 문제의 탐색 등을 방해할 수 있다. 다음 목록은 클라이언트가 가지고 있는 공통적인 의사소통 유형을 나타낸다. 이러한 클라이언트의 의사소통 유형은 개인, 가족, 집단상담에서 초점을 맞추려는 사회복지사의 노력을 시험할지도 모른다.

- "난 모르겠어요" 라고 반응하는 것
- 민감한 주제일 경우 화제를 바꾸려고 하거나 피하는 것
- 여러 가지 화제를 두서없이 이야기하는 것
- 지성화하거나 추상적이고 일반적인 용어를 사용하는 것
- 현재에서 과거로 초점을 옮기는 것
- 질문에 대해서 질문으로 반응하는 것
- 심하게 방해하는 것
- 질문 받았을 때 견해를 표현하지 못하는 것
- 말을 과도하게 많이 하는 것
- 화제와 문제를 피하기 위해서 유머와 풍자를 사용하는 것
- 논의에 있어서 말을 독점하는 것

사회복지사는 이 목록을 잘 이해하면 재치있게 클라이언트의 주의를 환기시키고 클라이언트가 또 다른 실천목표라고 가정하고 있는 것을 도울 수 있다. 즉 반복적으로 탐색하는 문제에서 벗어나 초점을 옮기려고 하는 클라이언트의 행동과 의사소통에 반격을 가할 수 있다. 사회복지사가 집단성원이 효과적인 초점화와 의사소통을 반복적으로 방해하는 행동을 수정하도록 도울 때까지, 집단은 문제해결에 관련된 대부분의 일에서 발전하는 방향으로 움직이지 않을 것이다. 이것을 인식하는 것이 중요하다.

사회복지사는 탐색을 방해하는 클라이언트의 행동을 다루고 수정하는 많은 기법을 사용하게 된다. 이 기법에는 클라이언트에게 다른 방법으로 의사소통하고 행동하도록 요청하는 것이 있다. 즉 더 효과적인 의사소통 유형이라고 여기게 하기 위한 교육, 모델링, 지도 등이다. 또한 촉진적인 반응을 강화시키는 것과 기능적 행동에 대해 선별적으로 주목하도록 하는 것 등이 있다.

● 클라이언트의 초점화 혹은 재초점화를 위해 개입하기

집단이나 부부상담에서 일어나는 의사소통은 많고 복잡할 뿐만 아니라 산만하고 관계없는 것일 수도 있다. 따라서 사회복지사의 과제는 집단성원들이 이 주제에서 저 주제로 떠돌아다니도록 하는 것이 아니라 규정된 화제를 충분히 탐색하도록 돕는 것인데, 이것은 쉽지 않은 과업이다. 여기에 관련해서 사회복지사가 사용하는 기법은 문제를 부각시키거나 명료화하는 것 혹은 클라이언트가 간과해왔던 진술이나 문제에 집중할 수 있도록 해주는 것이다. 그런 예에서는 화제를 탐색하는 것만이 목표는 아니다. (물론 이것은 부수적으로 발생하는 것일 수도 있다.) 오히려 중요한 내용을 강조하고 명료하게 하는 것이 목표이다. 따라서 사회복지사는 클라이언트가 의사소통, 그리고(혹은) 이전 상담에서 발생했거나 사회복지사가 초점화하려는 반응 바로 전에 일어난 사건에 주의를 기울일 수 있도록 초점화해야 한다. 이는 다음 메시지에서 설명한다.

[부모와 함께 하는 상담에서 아들에게] : 레이, 조금 전에 네가 중요한 말을 한 것 같은데, 부모님이 들으셨는지 모르겠구나. 다시 한 번 말해줄 수 있겠니?

[개인에게] : 당신이 조금 전에 말씀하신 것으로 돌아가 보고 싶군요. 방해할 생각은 없어요. 그렇지만 우리가 그 의견을 되짚어보아야 할 만큼 중요하다고 생각해요.

[가족에게] : 우리가 조금 전에 이야기하고 있을 때 중요한 일이 일어난 것 같군요. [사건을 설명한다.] 그때 당신에게 일어났던 모든 일이 당신에게 매우 깊이 영향을 끼쳤기 때문에 그것을 기억하고 있어요. 어떤 일이 일어났는지에 대해서 곰곰이 생각해야 할 것 같아요.

[집단 구성원에게] : 존, 조금 전에 당신이 얘기했던 내용을 잘 모르겠군요. 다른 성원과 저에게 명확하게 말씀해주시지 않겠어요?

[집단에게] : 잠시 전에, 우리는 ……에 대한 논의에 열중했죠. 그런데 벌써 우리 목적과 관계없는 것에 대한 논의로 옮겨가게 된 것 같아요. 여러분이 힘들게 해결책을 찾았고 돌파구에 근접한 것 같기 때문에 다른 주제로 넘어가는 것에 대해서는 걱정이 되는군요.

집단과 가족상담에서 의사소통이 매우 복잡하기 때문에 초점을 맞추는 과정에서 약간의 비효율성은 피할 수 없는 것이다. 그러나 사회복지사는 집단이 초점화하는 노력을 증진시킬 수 있다. 또한 초점화 행동을 가르침으로써 시간을 좀더 효율적으로 사용할 수 있도록 격려할 수 있다. 우리는 사회복지사가 실제적으로 집단의 초점화 역할을 설명해주기를 제안한다. 또한 주목, 적극적 경청, 그리고 개방형 질문으로 묻기, 이런 기술을 통해 성원들이 문제를 탐색할 수 있도록 촉진하는 강조하기 등의 행동을 규정하기를 권한다. 사회복지사는 또한 집단이나 가족 구성원들이 문제에 초점을 맞추는 것이 적절했을 때 그들에게 긍정적인 피드백을 함으로써 이런 기술을 사용하도록 길러줄 수 있다. 이렇게 함으로써 그들의 노력을 강화시킬 수 있다.

전통적으로 사회복지사는 초점화를 가르치고 행동을 탐색하는 것 등의 역할을 이해하지 못했다. 오히려 직접적인 접근, 즉 특정한 화제나 문제영역의 중심부로 들어가도록 집단을 격려하는 안내와 모델링 등을 사용해왔다. 과거에 집단은 문제를 규정하고 탐색하는 사회복지사의 노력을 모방함으로써, 그리고 사회복지사가 격려해주는 것에 반응함으로써 이러한 행동을 점차 배워왔다. 그 결과 집단 환경에서의 초점화는 불충분하거나 우연히 일어났고, 혹은 중요한 문제영역을 무시해버리고 피상적으로 문제를 탐색하고, 소수의 사람에게 터무니없이 많은 시간을 주는 구성원들에 의해 이루어졌다.

집단성원들이 대개 어떻게 초점화를 하는지에 대해 배우는 것을 어려워하지만, 사회복지사가 충분히 이끌어주고 교육한다면, 그들은 3, 4회기쯤이 되면 깊이 있게 문제를 탐색할 수 있게 된다. 사회복지사가 그런 노력을 하면 집단이 더 빨리 성숙해질 수 있고 최대의 치료적 이익을 달성할 수 있다. 사실 집단의 성격은 구성원이 많은 화제를 피상적으로 다루기보다는 상당히 깊이 있게 화제를 탐색하는 것이다.

제 7 장

역생산적인 의사소통 패턴 제거

Elimination Counterproductive Communication Patterns

1. 역생산적인 의사소통 패턴의 영향

초보 사회복지사는 도움이 되는 것을 배우려는 희망과 개선하려는 소망이 있다. 그 희망과 열심히 임하는 자세만으로는 모든 클라이언트에게 도움이 되는 흠 없는 기술을 갖출 수는 없다. 대신 학습은 어떤 것을 할 수 있을지 혹은 큰 성과가 없을지 확신하지 못하고 실수하는 경험을 갖게 한다. 가장 성공적인 사회복지사조차 초보자였을 때에는 이러한 경험을 분명 거쳐왔으며 또 실수를 통해 학습해 왔다. 이러한 실수는 전체 학습의 한 부분에 지나지 않는다.

이 장에서는 원조과정에 내재되어 있는 언어적 · 비언어적 유형에 초점을 맞추려 한다. 열정적인 사회복지사는 정보의 자유로운 흐름을 막고 원조관계에 부정적으로 영향을 미치는 어떤 반응으로 의사소통하기도 한다. 또 새로운 기술에 대해 초기에는 확신이 없는 상태에서 실천하기도 한다. 이러한 반응은 전체 진행을 방해하고 방어, 적개심, 침묵 등을 유발해 클라이언트에게서 반응을 이끌어내는 것을 막는다. 또 이를 지속해서 사용할 경우 진전을 방해하고, 시기상조로 종결을 재촉하거나, 클라이언트의 기능을 저하시킨다. 뉴젠트(Nugent)의 연구결과는 이 장에서 논의할 원조관계를 저해하는 반응유형, 즉 어떤 반응유형이 원조관계를 저해하도록 영향을 미치는지 그에 대한 증거를 제시하고 있다. 이러한 메시지와 행동을 피하는 것을 배워야 능력을 획득할 수 있다. 이 장은 그런 역생산적(counterproductive)인 언어적 · 비언어적 의사소통 레퍼토리를 명확하게 규정하고 이를 줄일 수 있도록 해 줄 것이다.

2. 효과적으로 의사소통하기 위해 비언어적 장벽 제거하기

비언어적인 행동은 사람들 사이의 상호작용에 큰 영향을 미친다. 이 의사소통 수단의 중요성은 사회복지사의 비언어적 면접행동이 상담 효과의 등급에 유의미한 영향을 끼친다는 수많은 연구 결과에 의해 강조된다. 언어적으로 드러난 메시지를 확신시키거나 부정하는 비언어적 신호는 참가자가 의식하는 것을 능가하는 넓은 부분이다. 사실 비언어적 신호는 전달자가 의도하지 않은 정보를 전달함으로써 '노출' 된다. 얼굴 붉히는 것, 비웃음, 충격, 혹은 낙심한 표정 등과 같은 얼굴표정은 사회복지사가 말하는 것보다 사회복지사의 클라이언트에 대한 자세에 대해 더 많은 것을 전달한다. 사실 만약 사회복지사의 언어적 의사소통과 비언어적 의사소통 사이에 모순이 존재한다면, 클라이언트는 말에 대해서 더 믿을 수 없을 것이다. 사람들은 비언어적인 신호가 말보다 감정을 더 정확히 나타낸다는 것을 다른 사람들과의 무수한 상호작용을 통해 배웠기 때문이다.

1) 신체적으로 주목하기(physical attending)

초보 사회복지사는 비교적 자신의 비언어적 행동을 의식하지 못한다. 그리고 이런 행동들이 보호, 이해, 그리고 존경을 전달하는 데 더 유리하다는 것을 아직 깨닫지 못했을 수 있다. 그러므로 원조과정에 있어서 기본적이고 중요한 기술인 신체적으로 주목하는 행동을 터득하는 것은 초기의 학습과업이다. 다른 사람에 대해 신체적으로 주목하는 행동은 수용적인 행동, 가령 클라이언트와 정면으로 마주보는 것, 시선을 맞추어 유지하기, 그리고 편안한 상태를 유지하는 것 등에 의해 전달된다. 주목은 역시 사회복지사가 완전히 거기에 있을 것을 요구한다. 즉 그것은 훈련된 주목을 통해 클라이언트와 매순간 접촉을 유지하는 것을 말한다.

2) 비언어적 신호의 미묘한 문화 차이

문화의 상호성 관계에 있어서 최대한의 장점을 가져오는 비언어적 행동을 의식적으로 사용하기 위해서, 사회복지사는 다른 문화집단이 다양한 의미가 있는 특정 비언어적 행동을 사용하는 것을 이해해야 한다. 예를 들면, 시선접촉은 주류 미국문화에서 의사소통을 하는 사람들 사이에서 기대되는 것이다. 사실 시선접촉을 피하는 사람들은 믿음직스럽지 못하거나 회피적인 사람으로 보인다. 그러나 많은 본토 미국인들은 직접적으로 응시하는 것을 사생활 침해라고 간주하기 때문에 이 문화집단과는 최소한의 시선접촉만을 사용하는 것이 중요하다.[3)]

사회복지사가 아시안 클라이언트의 비언어적인 행동의 의미를 이해하는 데 실패하는 것은 효과적인 의사소통에 있어 주요한 장벽이다. 많은 아시안 클라이언트는 원조 전문가를 그들 자신의 문제를 해결해 주는 권위자로 보는 경향이 있다. 아시안 문화는 권위자에 대해 복종해야 하는 것으로 나타나기 때문에 거의 대부분은 사회복지사가 언급하지 않은 사항에 대해서는 거의 얘기하지 않는 경향이 있다. 따라서 사회복지사는 클라이언트가 수동적이고, 침묵하고, 비위를 맞추려는 듯한 행동을 자신의 의견을 받아들이는 것으로 오해할 수 있다. 결과적으로 클라이언트의 오랜 침묵은 사회복지사가 상담을 이끌고 그 상담에 책임을 지며 그리고 궁극적으로는 자신의 문제를 해결해 줄 것이라고 클라이언트가 기대하는 것을 의미한다(Tsui & Schultz, 1985: 565). 의사소통에서의 이러한 차이는 신뢰관계를 서서히 허물고, 원조과정을 망가뜨릴 수 있다. 더욱이 클라이언트의 비언어적 행동을 잘못 해석하는 것은, 사회복지사가 클라이언트는 플렛 이펙트(flat effect, 예를 들면, 감정에 치우치지 않는 것)를 나타낸다는 잘못된 결론을 내리게 만든다. 이런 내재적인 위험이 있기 때문에, 사회복지사는 아시안 클라이언트와 적극적이고 직접적으로 반응해야 한다.

3) 다른 비언어적 행동

사회복지사가 클라이언트와 심리적인 접촉을 유지하지 못하게 하는 방해물은 클라이언트에 대해서 판단 내지 평가함으로써 갖는 편견으로 야기될 수도 있고, 클라이언트의 문제에 즉각적인 해결을 찾아야 한다는 심적 부담감에 의해서 야기될 수도 있다. 클라이언트에 대한 집중을 줄이

---

3) 실제적인 행동을 나타내는 것이 아닌 인위적인 이분법을 주장하지 않는 것이 중요하다. 엠마 그로스(Emma Gross)는 저자들은 너무 자주 부적절하게 본토 미국문화 전반에 걸쳐 일반화해버린다고 주장한다. 그로스(1995) 참조.

[표 7-1] 사회복지사의 비언어적 의사소통 목록

	바람직함	바람직하지 못함
얼굴 표정	직접적인 시선접촉(문화적으로 금지될 때를 제외) 얼굴표정에 온화함과 관심 반영하기 클라이언트와 같은 높이의 시선 적당하게 다양하고 생기 있는 얼굴표정 편안한 입모양: 때로 미소짓기	시선접촉 피하기 사람이나 물건 응시하기 눈썹 치켜올리기 클라이언트보다 높거나 낮은 시선 과도하게 고개 끄덕이기 하품하기 경직되었거나 엄한 얼굴 표정 부적절한 가벼운 웃음 입술을 씰룩거리거나 꽉 다물기
자세	팔과 손을 겸손하게 표현: 적절한 움직임 몸을 앞으로 가볍게 기대기: 주의 깊게, 그러나 편안하게	딱딱한 신체 자세: 팔짱 끼기 (클라이언트에 대해) 비스듬한 자세 손 만지작거리기 의자 흔들기 앞으로 숙이거나 책상에 발 올리기 입에 손이나 손가락 대기 (강조하기 위해) 손가락으로 가리키기
목소리	분명히 들을 수 있지만 크지 않게 따뜻한 어조의 목소리 클라이언트의 메시지 뉘앙스와 감정적 어조를 반영하는 목소리	중얼거리거나 들을 수 없게 말하기 단조로운 목소리 더듬거리는 말 잦은 문법적인 실수 긴 침묵 과도하게 생기발랄한 말투 느리거나 빠르거나 끊는 말투 신경질적인 웃음 계속해서 목을 가다듬기 크게 말하기
신체적 근접성	의자 사이의 거리는 1m~1.5m	너무 가깝거나 먼 거리 책상이나 다른 방해물 너머로 이야기하기

는 것은 역시 새로운 기술을 실천하는 자신에 대해 선입견을 갖는 결과를 가져온다. 게다가 외부의 소음, 전화벨 소리, 부적절한 면접공간, 혹은 사적 독립성의 결여 등도 사회복지사가 심리적으로 몰두하게 하는 데 방해가 될 수 있다.

클라이언트에 대한 관심부족은 수많은 부적절한 행동과 자세와 몸짓을 통해서 전달될 수 있다. 예를 들면, 공허하게 쳐다보는 것, 창 밖을 내다보는 것, 자주 시계를 보는 것, 하품하는 것, 부주의함을 전달하는 초조함, 즉 손을 떠는 행동이나 엄격한 자세 등은 분노나 불안을 전달한다.

관심부족, 비난, 불인정, 혹은 비난과 같은 메시지를 전달하는 이러한 많은 행동은 대부분의 클라이언트가 쉽게 인식한다. 그들 중 많은 사람들은 어떤 형태의 비판이나 거부에 대해 상당히 민감하다.

4) 비언어적 반응유형 목록 작성하기

클라이언트에 대한 반응유형 목록을 작성하는 것을 돕기 위해서, 표 7-1에 바람직한, 바람직하지 못한 비언어적 행동목록을 작성해 놓았다. 이것을 보면 아마도 다양한 비언어적 반응문제가 있다는 것을 발견하게 될 것이다. 그것들 중 일부는 원조관계를 고양시키고 클라이언트의 경과를 촉진시키는 잠재력을 가진 것이며, 또 클라이언트가 자유롭게 정보를 드러내는 것을 방해하는 초보 사회복지사의 신경성을 나타내는 것이고, 그 외 원조과정의 흐름을 지연시키는 것일 수도 있다. 따라서 다음 세 가지 과업, 즉 ① 사회복지사의 반복적인 비언어적 행동을 사정하는 것, ② 효과적인 의사소통을 방해하는 비언어적인 양식을 제거하는 것, ③ 바람직한 비언어적 행동을 유지하고 증가시키는 것을 훈련하도록 한다.

비언어적으로 주목을 끄는 행동에 대한 피드백을 얻기 위해 훈련이나 지도감독에서 사용할 수 있는 목록이 이 장 마지막에 있다. 실제의 혹은 가상적인 면접에서 당신이 실행한 녹화테이프를 고찰할 수 있는 기회가 주어진다면, 그리고/혹은 지도감독자나 동료로부터 행동으로 특정한 피드백을 받을 수 있는 기회가 주어진다면, 비교적 짧은 시간 안에 신체적으로 주목하는 행동(physical attending behaviors)을 적절하게 터득할 수 있을 것이다. 직접 녹음하여 리뷰해 보면 표 7-1에 나와 있는 신체적으로 주목하는 바람직한 행동을 보여줄지도 모른다. 더 나아가 다른 사람과의 관계를 형성하는 데 있어서 특별히 유용한 개인적인 비언어적 방식—가령 친근하게 미소짓는 것이나 편안한 매너—이 있을 수도 있다. 비언어적 행동의 목록이 생기게 됨에 따라, 바람직하거나 바람직하지 못한 비언어적 행동 모두에 관해 다른 사람들로부터 피드백을 받게 된다. 규정된 긍정적인 행동의 빈도를 늘려 가면 적절할 것이고, 특히 온정의 질을 키울 수 있다. 이것에 대해서는 3장에서 논의한 바 있다.

비디오 테이프를 볼 때 특별히 압박감이나 긴장감을 느꼈던 때의 비언어적인 반응에 주의하여 보라. 그것은 그 반응이 역생산적인지 아닌지를 결정하는 데 도움이 될 것이다. 모든 초보 사회복지사는 클라이언트와 처음으로 만나는 자리에서 불편함의 순간을 경험하게 되는데, 비언어적인 행동이 그들의 안락함의 수준을 나타내는 지표가 되는 것이다. 작업을 고찰할 때, 당신이 압박감을 느끼고 있을 때, 유머, 초조함, 음성의 변화, 경직된 태도를 취함, 혹은 다른 명백한 신경질적 방식으로 반응한다는 것을 알아차릴 수 있을 것이다. 불안의 명백한 신호를 의식하려 하거나 제거하려는 노력을 하는 것은 비언어적인 반응을 완벽하게 터득하는 데 있어서 중요한 단계이다.

3. 의사소통에 있어 언어장벽 제거하기

많은 유형의 비효과적인 언어적 반응은 클라이언트가 문제를 표출할 수 없게끔 하고 사회복지사와 자유롭게 공유할 수 없게 한다. 여기서 우리는 클라이언트에게 가치 있는 자유를 보호하기 위해 행동할 것이라 주장하는 반응이론(reactance theory)의 도움을 받고자 한다. 그러한 자유는 자기 자신의 견해에 대한 자유와 행동 경향의 자유를 포함할 수 있다. 그런 가치 있는 자유가 위협받을 때, 클라이언트는 때로 뒤로 물러나거나, 논쟁을 하거나 피상적인 화제로 이동하려 한다. 다음 목록은 공통적인 언어장벽을 나타낸다. 언어장벽은 대개 의사소통에 있어서 즉각적인 부정적 효과를 가져오게 되어 클라이언트가 적절한 정보를 드러내는 것을 막고 문제를 푸는 것을 방해한다.

어떤 유형으로 나타나는 반응의 부정적 효과는 항상 명백하지는 않다. 왜냐하면 클라이언트가 다루기 어려운 명백한 반응을 하는 것이 아니기 때문에 혹은 원조과정에 대한 지연효과(retarding effect)가 공통적인 상호작용에서 관측될 수 없기 때문이다.

그러므로 반응의 효과를 사정하기 위해서 사회복지사는 해로운 반응의 빈도를 결정해야만 하고, 그런 반응이 원조과정에 미치는 전반적인 영향을 평가해야만 한다. 사회복지사가 이런 유형의 반응을 빈번하게 사용하는 것은 다음과 같은 역생산적인 의사소통 유형을 가지고 있다는 것을 가리킨다.

개인의 반응은 이런 패턴 안에 속하게 되는데 이 반응이 이례적으로 사용될 때 비효과적일 수도, 그렇지 않을 수도 있다. 그러나 다양한 반응유형 대신에 광범위하게 사용될 때는 그런 반응은 상담의 자연스러운 흐름을 방해하고 풍부한 정보가 드러나는 것을 제한시키게 된다.

1) 효과적인 의사소통을 방해하는 언어

① "이래야 한다" "저래야 한다"로 설교하고 가르치기

"당신은 그렇게 하면 안 되는 거였어요."
"너는 결혼하기에는 너무 어려."
"너는 부모님의 입장을 이해해야만 해. 부모님은 진심으로 네가 편안해지기를 원하신다."
"당신은 세금을 내야만 합니다."

흔히 사회복지사는 클라이언트의 문제를 보는 적절한 방법과 해결하는 방법에 대해서 뚜렷한 견해를 가지고 있다. 그러나 도덕화, 설교, 훈계, 또는 판단은 클라이언트가 선택을 하도록 돕는 데 있어서 비윤리적이고 비효과적인 방법이다. 이러한 해야만 한다는 메시지는 클라이언트가 다소 막연하게 느끼고 외부의 권위에 대한 의무가 있다는 것을 의미한다. 이는 때로 클라이언트의 삶 속에서 유의미한 타인에 의해서 효과적으로 사용되어 그들이 죄책감이나 의무감을 느끼도록 할 수 있다. 사회복지사가 도덕적 반응을 보이는 것은 똑같이 죄의식이나 후회를 이끌어내는 효과가 있다. 그런 메시지는 신뢰가 부족하다—"당신이 무엇을 해야 하는지 스스로 알만큼 충분히 똑똑하지 못하기 때문에 제가 말씀해드리겠습니다"—는 것을 전달하기도 한다. 그러한 비판이나 자신의 능력과 판단에 대한 신뢰감의 부족을 경험할 때, 클라이언트는 그들 자신의 입장에 접근하거나 다른 사람들을 고려하는 데 있어서 덜 수용적일 수 있다. 반응이론에서 그런 노력은 클라이언트가 자신의 생각의 자유를 보호하기 위해서 행동하고 그런 압력에 대해 반대되는 행동을 하게끔 하는 부메랑이 될 수도 있다.[4]

② 성급하게 충고, 제안하거나 해결방법 제시하기

"당신이 여기에서는 너무 많은 어려움을 겪었기 때문에 새로운 곳으로 이사하라고 권하고 싶습니다."
"당신이 딸에 대해서 새로운 접근을 시도하는 것이 필요하다는 생각이 드는군요."
"휴식을 취하려고 애쓰는 것이 당신에게 가장 좋은 것 같군요……"
"당신의 남자친구는 전과자예요. 다른 남자와 사귀는 게 어때요?"

클라이언트가 종종 충고를 구하기도 한다. 물론 시기적절한 충고는 중요한 원조수단일 수도 있다. 그러나 시기상조인 충고는 위에서 살펴보았던 도덕화하려는 노력과 비슷한 이유로 반대의 결과를 가져올 수도 있다. 흥미로운 것은 클라이언트가 원조과정의 초반에서 충고를 구할 때조차 그런 충고를 받으면 부정적으로 반응한다는 것이다. 왜냐하면 피상적인 정보에 근거해서 사회복지사가 추천하는 해결책은 종종 그들의 진정한 욕구에 중점을 두지 않기 때문이다. 게다가 클라이언트는 종종 사소한 이해갈등, 감정, 압박감 때문에 짐스러워하고 압도당하기 때문에 그들의 문제에 대해 행동을 취할 준비가 되어 있지 않다. 이런 이유들 때문에 사회복지사가 너무 조급하게 충고하면 클라이언트는 흔히 "네. 하지만 난 이미 그렇게 해봤어요"라든가 "그렇게 할 수 없어요"라고 대답한다.

사회복지사는 때로 시기상조로 충고를 하기도 한다. 왜냐하면 그들은 비현실적으로 기적적인 대답을 기대하고

---

4) 반응이론에 대해서 좀더 살펴보려면 Rooney(1992, pp.129-136)를 보라.

있는 클라이언트에게 빨리 대답을 해야 하고 해결책을 제시해야 한다는 심리적 압박감을 느끼고 있기 때문이다. 그리고 오랜 시간 동안 클라이언트를 괴롭혀온 문제들로부터 빨리 벗어나게 해야 한다는 부담감이 있기 때문이기도 하다. 초보 사회복지사는 또한 클라이언트의 문제에 대해서 해결책을 제시해야 한다는 내적 압박감을 경험하기도 한다. 초보 사회복지사는 그들에게 의사처럼 치료요법을 지시해야 하는 새로운 역할수요가 있다고 잘못된 믿음을 가질 수도 있다. 그래서 클라이언트가 자신의 문제에 대해서 충분히 표출하도록 이끌기 이전에 충고하는 위험을 무릅쓰게 된다. 그러나 분별하는 방법을 가르쳐주는 대신 사회복지사의 주요한 역할은 클라이언트가 과정을 창조하고 형성해가도록 하는 것이다. 그렇게 하면 클라이언트는 문제와 해결책에 대해 상호발견을 하게 되고 시간을 집중하는 노력을 하면서 일하게 된다.

원조과정에서는 충고를 하는 시기와 형식 모두가 중요하다. 일반적으로 충고는 적게 해야 한다. 즉 문제와 가능한 해결책에 대한 클라이언트의 생각이 충분히 표출된 다음에만 해야 한다. 그때에 사회복지사는 상담가로서 도울 수 있으며 클라이언트가 생각한 해결책을 보충하는 정도의 해결책에 관한 견해를 임시적으로 나눌 수 있다.

사회복지사가 클라이언트의 성장과 자기신뢰를 발전시키는 가능한 해결책을 개발하는 데 있어서 필요한 상호참여에 대해 그 역할과 기대를 적절하게 명료화하지 않을 경우 클라이언트가 일찍 충고를 받고자 기대하게 된다. 사회복지사가 우월한 위치를 차지하는 것과 클라이언트로 하여금 가능한 행동을 형성하도록 격려해보지도 않은 채 문제에 대한 해결책을 빨리 제공하는 것은 의존성을 기르고 창조적인 사고를 방해한다. 마음대로 충고하는 것은 클라이언트의 강점과 잠재력을 최소화하거나 무시해버리게 된다. 그래서 클라이언트는 대부분 내적으로 분노한 상태에서 반응하게 되는 것이다. 그리고 적극적으로 자기 자신의 행동을 계획하지 않은 클라이언트는 사회복지사가 주는 충고를 수행하려는 동기가 부족할 수도 있다. 게다가 충고가 문제를 해결하지 않을 때, 클라이언트는 사회복지사를 비난하게 되고 바람직하지 않은 결과에 대한 자신의 책임을 부인하기도 한다.

③ 훈계, 지시, 논쟁 등을 통해 옳은 관점에 대해 클라이언트를 확신시키고자 하기

"약물에 대한 사실을 살펴봅시다."

"당신은 문제를 해결해야 할 책임이 있다는 것을 기억하세요."

"당신이 어떤 행동을 취하는 것은 문제를 더 어렵게 만들 뿐이에요."

"그런 자세로는 도저히 성공할 수 없을 거예요."

클라이언트는 때로 사회복지사가 보기에 안전하지 않고, 합법적이지 않고, 자신의 목적에 반대되기까지 하는 행동을 취한다. 그러나 이때 논쟁, 지시, 혹은 그런 것과 비슷한 것으로 클라이언트를 납득시키려고 한다면 위에서 설명한 부메랑효과를 가져올 수 있다. 반응이론에 따르면 클라이언트는 자신의 행동이 위협받을 때 자유라는 가치를 방어하려고 시도하게 된다. 어떤 클라이언트(특히 발달단계상 독립적인 사고를 하게 되는 청소년들)에게 있어서 사회복지사에게 모든 것을 맡기거나 동의해버리는 것은 개성이나 자유를 포기하는 것과 다름이 없다. 클라이언트에게 다른 관점을 가지도록 무리하게 설득할 때, 이전에 클라이언트의 인간관계에서 있었던 역동성이 끊임없이 일어남에 따라 사회복지사는 종종 권력투쟁을 조장하게 된다. 논쟁함으로써 사회복지사는 클라이언트의 감정과 견해를 무시하게 되고, 그 대신 '옳게 되는 것'에 초점을 맞추어 분노, 소외감, 적개심 등의 감정을 일으키게 된다. 따라서 그런 노력은 비윤리적일 뿐만 아니라 비효과적이다. 클라이언트의 동의하에서 클라이언트가 정확한 정보를 가질 수 있도록 돕는다는 의미에서의 설득은 윤리적인 개입이 될 수 있다. 클라이언트가 그들 자신의 목적과 반대되는 행동이나 자신과 타인을 위험에 빠뜨릴 수 있는 행동을 하려고 할 때, 설득하려는 노력은 윤리적인 개입이 될 수 있다. 그런 노력들은, 위에서 말한 것처럼, 사회복지사가 '좋아하는' 해결책에 초점을 맞춘 것이 아니고 오히려 클라이언트가 몇 가지 선택사항을 평가하도록 돕는 것이다. 물론 그 선택사항은 사회복지사가 동의하지 않을지도 모르는 선택사항을 포함한 것이다(Rooney, 1992). 따라서 그 노력은 납득시키려는 것이 아니라 클라이언트가 결정하도록 도우려는 것이다.

④ 판단, 비판, 혹은 비난하기

"그렇게 하는 것은 잘못된 것입니다."

"가출한 것은 정말 네가 잘못한 거야."

"당신의 문제점 중 하나는 다른 관점을 생각해보려고 하지 않는다는 것입니다."

"당신은 올바른 생각을 하고 있지 않아요."

평가하거나 동의하지 않는다는 것을 보여주는 반응은 클라이언트와 원조과정에 해로운 것이다. 클라이언트는 대개 방어적으로 반응하기 쉽고, 그들이 사회복지사에게 비판을 받을 때면 때로 역으로 공격을 하기도 한다. 게다가 그들은 때로 사회복지사와의 의미 있는 의사소통을 차단해버리기도 한다. 사회복지사의 더 탁월한 의견에 의해서 위협받을 때, 어떤 클라이언트는 자신의 부족한 판단을 정확하게 반영한 것으로, 혹은 무가치함을 그대로 반영한 것으로 부정적인 평가를 받아들여 버리기도 한다. 클라이언트에 대해서 그러한 부정적인 판단을 할 때, 사회복지사는 비심판적인 태도 및 수용이라는 사회복지실천의 기본적인 가치를 무시해버리는 것이기도 하다.

⑤ 분석, 진단, 탁상공론, 혹은 독단적인 해석, 클라이언트의 행동 명명하기

"당신은 남편에 대해서 화가 났기 때문에 그런 식으로 행동하고 있군요."

"그것은 수동-공격성 행동이에요."

"당신은 오늘 정말 적개심에 차 보이는군요."

가끔씩 그리고 시기적절하게 사용하는 행동의 역동성에 대한 해석은 효과있는 변화지향기술이다(19장 참조). 그러나 클라이언트 행동의 목적과 의미(역동생)에 대한 정확한 해석을 할지라도 그 해석이 클라이언트의 의식수준 이상일 때는 클라이언트의 저항을 받게 되어 실패를 경험하게 된다. 독단적으로 말할 때(가령, "난 당신의 무엇이 잘못된 것인지 알아요" 혹은 "당신이 어떻게 느끼는지 알아요" "당신의 진정한 동기가 무엇인지 알아요"), 해석은 클라이언트에게 하나의 위협으로 다가가기 때문에 자신이 노출되어 있는 것처럼 느끼게 하고, 갇힌 것처럼 느끼게 만든다. 그럴듯한 해석을 클라이언트에게 억지로 적용시킬 때 그들은 즉시 그 문제를 해결하려고 하기보다는 그 해석이 부당하다는 것을 입증하고, 그들 스스로를 변호하고 혹은 화를 내며 반박하는 데 힘을 쏟게 된다.

사회복지실천용어, 예를 들면, 고착(fixation), 전이(transference), 저항(resistance), 강화(reinforcement), 억압(repression), 수동적인(passive), 신경성(neurotic) 등이나 클라이언트의 행동을 설명하는 다른 용어를 클라이언트 앞에서 사용하는 것은 원조과정에 이롭지 못하다. 때로 그것은 클라이언트를 혼란스럽게 하거나 당혹스럽게 하고 저항을 불러일으키기도 한다. 이러한 용어는 역시 복잡한 현상과 정신기제를 과도하게 단순화시키고 클라이언트를 유형화한다. 그들의 독특성을 없애기 때문이다. 덧붙여 이런 포괄적인 일반화는 클라이언트의 문제에 대한 조작적 정의를 제공할 수 없을 뿐만 아니라 행동을 수정하는 방법을 제시하지도 못한다. 만약 클라이언트가 문제에 대해서 사회복지사의 제한적인 정의를 수용한다면 그들은 사회복지사가 사용한 것과 같은 용어로 스스로를 규정하게 될지도 모른다(예를 들면, "난 수동적인 사람이에요" "난 정신분열적 인격자예요.") 이런 유형의 고정관념적 명명화

(labeling)는 클라이언트가 스스로를 '병적'으로 보게 하고, 그들의 상황을 전혀 가망이 없는 것으로 보게 한다. 따라서 그들에게 문제를 해결하지 않아도 되게끔 하는 편리한 구실을 제공하게 된다.

⑥ 안심시키기, 동정, 격려, 위로, 사과하기

"내일이 되면 더 나아질 거예요."
"걱정하지 마세요. 모든 것이 잘 해결될 거예요."
"당신이 상황을 악화시킨 것이 아니에요."
"정말 유감이군요."

선별적으로, 정당한 이유를 가지고, 시기적절하게 안심시키는 것은 필요한 희망과 지지를 가져올 수 있다.[5] 그러나 그럴듯하게 클라이언트에게 "모든 일이 잘 해결될 것이다" "모든 사람이 문제를 가지고 있다" "그것은 보이는 것만큼 힘들진 않아요"라고 안심시킬 때, 사회복지사는 클라이언트가 절망감, 분노, 희망 없음, 무기력함의 감정을 표출하는 것을 맞게 된다. 클라이언트가 직면한 상황은 냉혹하고, 즉각적으로 고통이 사라지지도 제거되지도 않는다. 사회복지사의 과업은 클라이언트의 감정을 대강 덮어버리고 불편함을 피하는 것을 추구하는 것이 아니라 오히려 고통스러운 감정을 표출하고 클라이언트가 고통스러운 현실을 인정하도록 돕는 것이다.

시기상조로 혹은 어떤 진실한 근거 없이 클라이언트를 안심시키는 것은 클라이언트의 목적을 위한 것이기보다는 사회복지사의 목적을 위한 것이다. 그리고 사실 사회복지사가 클라이언트를 괴로운 감정으로부터 설득해서 단념시키려고 하는 노력을 나타내는 것일 수도 있다. 따라서 안심시키기는 클라이언트에게 도움을 주기보다는 사회복지사의 안정상태를 회복시키고 평형상태를 회복하도록 하는 데 도움이 될 뿐이다. 그럴듯한 안심시키기는 희망을 길러주기보다는 클라이언트의 감정에 대한 이해의 부족을 나타내는 것이고, 사회복지사의 신빙성에 대한 의심을 야기해서 클라이언트가 "당신이 그렇게 말하는 것은 쉬운 일이겠죠. 그렇지만 당신은 내가 정말 얼마나 놀랐는지에 대해서는 전혀 몰라요"라든가 "당신은 단지 더 좋게 느낄 수 있을 것이라고 말하는 것뿐이죠"라는 생각을 하면서 반응하도록 만들어버린다. 게다가 클라이언트의 책임을 없애는 반응(가령 "당신은 비난받지 않을 거예요")이나 그들의 처지를 동정하는 반응(가령 "난 당신이 왜 그런 식으로 느끼는지에 대해서 정확하게 알 수 있어요. 저도 아마 그렇게 했을 거예요")은 자기도 모르는 사이에 부적절한 행동을 강화시키는 결과를 가져오게 된다. 그런 반응은 클라이언트의 불안을 줄여서 문제를 해결하고자 하는 동기를 약화시키기도 한다.

⑦ 클라이언트의 문제를 분산시키거나 경감시키는 유머나 풍자 사용하기

"우리가 예전에도 이런 일을 마치 겪었던 것 같네요."
"정말 그 일을 당해버렸군요."
"당신이 문제가 있다고 생각해요?"

유머는 중요한 치료도구이다. 유머는 마음의 부담을 덜어주고 때로는 유머가 없었다면 긴장되고 지루할 일에 대한 다른 기대를 제공해준다. 그러나 유머의 과도한 사용은 마음을 혼란스럽게 한다. 그리고 상담의 내용을 피상적인 수준에 머무르게 하고 치료적인 목표를 방해하게 된다. 풍자는 종종 인지되지 못한 적개심을 발산하게 한다. 왜냐하면 풍자는 클라이언트로 하여금 적개심을 역으로 불러일으키는 경향이 있기 때문이다.

---

5) 안심시키기를 사용할 때 클라이언트의 능력을 이끌 수 있는 가장 좋은 방법이다. 적절하게 안심을 시키는 것은 5장에 설명된 긍정적 피드백기술을 통해서 효과적으로 전달될 수 있다.

⑧ 위협, 경고, 혹은 역공격하기

"당신은 …… 그렇게 하지 않으면 곤란해질 거예요."
"만약 당신이 ……하지 않는다면 후회하게 될 거예요."
"만약 당신에게 무엇이 좋은 것인지 안다면, 당신은 ……하게 될 거예요."

때로 클라이언트는 스스로 혹은 다른 사람들을 위험에 빠뜨리거나 불법적인 행동에 관심을 기울이게 된다. 그런 경우 클라이언트의 잠재적인 결과에 대해서 경고하는 것은 윤리적이고 또한 적절한 개입이다. 그러나 위에서 설명한 그런 종류의 위협을 전달하는 것은 때로 이미 부담을 느끼고 있는 상황을 더 악화시킬 수 있다. 더욱이 가장 선의로 대하고 있는 사회복지사조차 화를 내고 방어적인 반응을 하게 될지도 모른다. 예를 들어, 청소년과 집단상담을 실행하고 있는 사회복지사는 이들 클라이언트 집단의 약올리는 행동에 적절하게 반응하려는 대단한 노력조차 좌절될 수도 있다는 것을 보여준다.

화나게 하는 행동 이면의 역동성이 무엇이든지 간에 사회복지사가 방어적인 반응을 하는 것은 역생산적이고 클라이언트가 다른 사람에게서 보았고 경험했던 파괴적인 유형의 반응을 그대로 보여주는 것이기도 하다. 그러므로 능력을 획득하려면 천성적인 방어적 행동을 숙달하는 것이 필요하고 부정적인 감정을 다루는 효과적인 방법을 개발해야 한다. 예를 들면, 감정이입적 의사소통은 부정적인 감정을 정화하고(cathartic release), 긴장된 상황을 완화시키며, 클라이언트의 감정 기저에 깔려 있던 사실에 대해 더 합리적이고 정서적인 탐구를 할 수 있게 한다.

⑨ 질문을 과도하게 많이 하기

문제를 표출하는 데 있어서 사회복지사는 촉진적인 질문을 사용해서 클라이언트가 특정한 문제영역에 대해서 상세한 정보를 드러내도록 도와야 한다. 그러나 사회복지사가 계속해서 여러 가지 질문을 할 때, 그 질문은 특정 내용영역에 초점을 맞추지 못하게 되며 클라이언트를 혼란에 빠뜨리게 된다. 다음 메시지에 이를 설명해놓았다.

"당신이 상황을 통제할 수 없다고 느낄 때, 당신 마음은 어떠했나요? 그것에 대해서 어떻게 생각했죠? 그리고 무엇을 했습니까?"
"당신이 어디에서 살아야 하는지 생각해보신 적이 있으십니까? 그것이 당신의 가장 큰 걱정거리인가요? 아니면 그보다 더 큰 문제가 있습니까?"

전술한 질문의 하나에라도 적절하게 대답하려면 클라이언트가 대단히 많은 대답을 해야 한다. 그러기에 한꺼번에 많은 질문을 하면 클라이언트는 피상적이고 구체적이지 않게 대답을 하게 되는 경우가 많다. 그 과정에서 중요한 정보가 빠지게 된다. 따라서 질문을 과도하게 많이 하는 것은 정보를 많이 끌어내지 못하게 되고, 관련 정보를 수집하는 데 있어서 비생산적이고 비효과적이게 된다.

⑩ 유도질문하기

유도질문(leading questions)은 숨긴 의제(agenda)가 있는 것이다. 숨긴 의제란 클라이언트가 특별한 견해에 동의하도록 혹은 사회복지사가 클라이언트의 최대의 관심사일 것이라고 여기는 해결책을 클라이언트가 받아들이도록 유도하려는 계획을 말한다. 예를 들면,

"당신은 정말 아내와 잘 지내려고 노력했다고 생각합니까?"
"당신이 말하는 것은 결코 그런 의미가 아니죠?"
"당신은 너무 어려서 독립할 수 없었던 게 아닙니까?"
"당신이 어머니와 싸우게 되면 어머니가 당신을 위축되게 할 것이라고 생각하지는 않나요? 과거에 어머니가 그러했던 것처럼 말이에요."

실제로 그런 유도질문은 종종 사회복지사가 클라이언트와 논의해야 하는 진정한 관심사를 모호하게 만든다. 사

회복지사는 그런 문제에 대해서 자신의 감정이나 견해를 드러낸다. 유도질문이란 클라이언트가 바람직한 결과를 이끌어나가기를 바라는 마음에서 자신들의 감정이나 견해를 해결책의 형태로 간접적으로 나타내는 것이다. (가령, "당신이 ……해야만 한다고 생각하지 않나요?") 그러나 클라이언트가 그런 교묘한 수법을 간파하지 못한다고 생각하는 것은 실수이다. 사실 클라이언트는 사회복지사의 동기를 분별하고 있으며, 유도질문이라는 속임수로 그들의 관점이나 지시를 강제로 지우려고 하는 것에 내적으로 저항한다. 그럼에도 불구하고 사회복지사와 충돌과 논쟁을 피하기 위해서 클라이언트는 약한 동의를 보이거나, 단순히 다른 화제로 논의를 돌려버리기도 한다.

반대로 사회복지사가 클라이언트가 생각하길 원하는 문제에 대한 책임을 확실하게 질 경우 클라이언트가 잘 받아들일 가능성은 훨씬 높아지게 된다. 게다가 질문들이 사회복지사의 관점에서 '옳은' 대답을 함축하고 있지 않을 때에 더 많이 제시될 수 있다. 예를 들면, "당신은 아내와 합의를 하기 위해서 얼마나 노력해왔습니까?" 라는 질문은 위의 첫 번째 질문에서 발견되는 '옳은' 대답의 지시를 포함하고 있지 않다. 비슷하게 위에서 마지막 질문은 "저는 과연 당신이 어머니와 논쟁하는 것이 더 성공적일 것이라고 생각하는지 잘 모르겠어요." 라는 말로 고쳐서 말할 수 있다.

⑪ 부적절하게 또는 과도하게 끼어들기

초보 사회복지사는 때로 자신이 속한 기관의 아젠다를 모든 아이템에 적용하는 것에 대해서 과도하게 걱정한다. 관련된 문제영역에 초점을 맞추도록 확신시키기 위해서 사회복지사는 때로 클라이언트가 말하는 것을 중단시켜야만 한다. 그러나 효과적으로 되기 위해서 이야기를 중단시킬 때는 단호하면서도 시기 적절하고 부드럽게 해야만 한다. 클라이언트가 말하는 것을 중단시키는 것이 너무 갑작스럽거나 클라이언트가 한 문제영역을 표출하고 있는 것에서 다른 곳으로 주의를 돌리도록 할 때, 그것은 원조과정에 해롭게 된다. 너무 이른 차단은 종종 클라이언트를 초조하게 하고, 자발적으로 표현하는 것을 막고, 문제를 표출하지 못하게 방해한다.

⑫ 지배적인 상호작용(dominating interaction)

때로 사회복지사는 말을 너무 많이 함으로써 혹은 과도하게 폐쇄형 질문을 많이 함으로써 상호작용을 지배하게 된다. 따라서 클라이언트에게 논의의 책임을 맡기기보다는 자신이 논의의 주도권을 쥐어야 한다. 사회복지사가 권력을 휘두른다고 하는 것은 자주 충고를 주는 것, 클라이언트가 상하도록 압력을 주는 것, 클라이언트를 납득시키기 위해서 긴 논쟁을 하는 것, 때로는 의사소통의 차단 등을 포함한다. 어떤 사회복지사는 마치 그들이 모든 것을 안다는 것처럼 행동하는 경향이 있어서 문제해결에 대한 클라이언트의 관점이나 능력을 존중하고 있다는 것을 전달하는 데 실패하게 된다. 그런 독단적이고 권위적인 행동은 클라이언트가 스스로 표현을 하지 못하도록 만들고 한 사람은 위에, 다른 한 사람은 아래에 있게 되는 관계를 만들어버린다. 그 관계로 인해서 클라이언트는 크게 실망하고, 사회복지사의 거만한 행실에 대해서 화를 내게 된다.

사회복지사는 개인, 가족, 집단상담에 참여하고 있는 모든 사람(사회복지사 자신을 포함해서)이 적절하게 참여하는지 관찰해야 한다. 클라이언트는 각기 본래부터 대화의 참여수준과 주장이 다르긴 하지만, 모든 집단성원들은 원조과정에서 정보와 관심사 내지 고민, 관점을 공유하는 데 있어서 동등한 기회가 있어야만 한다. 사회복지사는 이런 기회를 보장할 책임이 있다.

원조과정에서 사회복지사보다는 클라이언트에게 말하는 시간을 더 많이 주는 것이 일반적인 지침이다. 물론 앞에서 논의한 바와 같이 많은 동양계, 미국계 클라이언트와의 초기 상담에서는 사회복지사가 앵글로계 클라이언트와의 상담에서보다 더 지시적임에는 틀림없다. 때로는 사회복지사는 집단, 부부상담에서 어느 한 성원에게 더 초점을 맞추어 이야기를 하거나 말할 시간을 주는 등의 행동을 함으로써 상호작용을 지배하기 때문에 목표를 실천하지 못하기도 한다.

특별하게 말이 많지 않은 사회복지사조차도 수줍어하거나 주장하지 못하는 클라이언트와의 상담에서 침묵과 수동성의 불편함으로부터 벗어나기 위해서 상담을 지배하게 될 수도 있다. 말이 많은 클라이언트에게보다 과묵하고 뒤로 물러나 버린 클라이언트와 더 적극적이 되는 것이 당연하기는 하지만, 사회복지사는 지배적인 상호작용을 피해야만 한다. 클라이언트가 말하도록 하는 촉진적인 반응을 사용하는 것은 침묵과 수동성을 최소화하는 효과적인 방법이다.

상호작용을 독점했다는 것이 드러나는 상담 녹음 테이프 중 하나를 리뷰해 보면서 자신의 행동에 대한 이유를 설명하는 것이 중요하다. 권위적인 특정반응과 그런 반응이 나오기 전의 상황을 규명해본다. 그리고 그러한 반응에 관한 단서가 되는 클라이언트의 스타일을 설명하고 그때 경험했던 감정을 분석한다. 또 실행한 것에 대해서 고찰하고 사정한 후 촉진적인 반응이 비효과적인 반응을 대체하도록 자신의 스타일을 수정할 전략을 세워본다. 원조과정에서 클라이언트의 참가를 증가시키도록 그들과 계약을 맺는 목표를 가지고 클라이언트의 수동적이고 비주장적인 행동에 초점을 맞추고 탐구하는 것도 역시 필요하다.

⑬ 안전한 사회적 관계 만들어내기

감정을 무시하고 자기노출을 최소화하여 안전한 화제에 초점을 맞춰 논의해 유지해나가는 것은 원조과정에 해롭다. 날씨, 뉴스, 취미, 상호관심사나 아는 사람 등에 대한 사회적 잡담이나 이와 비슷한 것은 치료적 관계보다는 사회적 관계를 만들어내는 경향이 있다. 더 가볍고 더 산만한 의사소통이라는 특성이 있는 사회적 관계와는 달리 도움이 되고 성장을 돕는 관계는 날카로운 초점과 구체성으로 특징지을 수 있다.

주로 원조과정에서 안전한 사회적 상호작용은 피해야만 한다. 이에 대한 일반적인 법칙에 있어서 두 가지 조건을 기억하는 것이 중요하다. 첫째, 안전한 화제에 대한 논의는 아동과 청소년들을 대상으로 할 때 방어심을 낮추고 개방성을 증가시키려고 시도하기 위해서 사용될 수 있다. 그렇게 하는 것은 사회복지사가 그러한 클라이언트와 친구와 비슷한 역할을 할 수 있도록 돕는다. 둘째, 초기의 상담이나 계속되는 상담에서 처음에 친숙하게 하고 준비하도록 하는 방법의 일환으로 상투적인 화제에 대해서 간단하게 이야기하는 것은 적절하고 도움이 된다.[6] 3장에서 논의한 것과 같이, 클라이언트가 비공식적인 시작이 문화적인 규범으로 되어 있는 인종집단에 속해 있을 때 그런 기간은 특히 더 중요하다.

그러나 부적절한 사회적 상호작용을 피하려고 애쓸 때조차도, 어떤 클라이언트는 사회복지사가 화제를 클라이언트가 경험한 문제에 관련이 있는 것이나, 원조과정의 목적에 관련이 있는 것으로 옮기려는 노력과 시도에 저항한다. 그러한 상황을 다루는 기법은 다음 장에서 다룬다.

⑭ 수동적으로 반응하기

개인, 부부, 집단상담에서 반응의 빈도를 파악하는 것은 중요한 과업이다. 사회복지사로서 제한된 계약시간을 클라이언트와 함께 실천목표를 추구하고 그들의 일반적인 복지를 높이는 데 충분히 활용할 직업윤리상의 책임이 있다. 그러나 비교적 게으른 사회복지사는 클라이언트의 성장을 북돋우고, 부적절하고 비생산적인 내용으로 빗나가는 순간을 무시하는 경우가 많다. 최대한 도움이 되도록 하기 위해서 사회복지사는 원조과정에 맞는 구조를 세워야만 한다. 구조는 문제를 규정하고 탐구하는 과정에 클라이언트가 참여하고, 목적을 형성하고 클라이언트의 어려

6) 사회복지사가 클라이언트에게 제의하는 관계는 그 관계 안에 친구라는 요소가 있을 수도 있지만, 사회복지사는 반드시 클라이언트의 문제에 대한 초점을 전달함으로써 친구보다 더 나은 관계를 맺을 수 있도록 주의해야만 한다.

움을 완화시키는 과업을 기술하여 참가자 전원의 개별적인 책임을 구체화하는 계약을 성립시킴으로써 세울 수 있다. 변화기회를 최대화함으로써 원조과정에 대한 형식과 방향을 제시하기 위해서 클라이언트와 과업을 구조화하는 데 항상 적극적이어야 한다.

사회복지사의 나태함은 역생산적인 과정과 문제해결의 실패로 이어진다. 예를 들면, 사회복지사가 클라이언트와 다른 사람들에게 해를 끼치는 상황을 돕는 데 실패할 경우, 클라이언트는 사회복지사에 대한 신뢰를 잃는다는 것이다. 클라이언트가 부부, 집단상담에서 파괴적으로 의사소통을 할 때, 사회복지사가 개입에 실패할 경우 신뢰는 특히 더 심하게 손상된다.

사회복지사의 활동 그 자체가 물론 중요하지만, 그들의 매순간의 반응의 질 역시 중요하다. 그러나 사회복지사는 촉진적인 반응을 활용하는 것을 무시함으로써 혹은 충분하게 이용하지 않음으로써 그들의 효과성을 감소시킨다.

⑮ 특정한 문구나 상투적인 표현을 반복하거나 과용하기

메시지를 반복하는 것은 클라이언트를 화나게 만들고, 때로는 "글쎄요. 네. 제 말이 그 말이에요"라는 반응을 하도록 만들기도 한다. 단지 클라이언트의 말을 반복하는 것보다는 사회복지사가 클라이언트의 메시지의 핵심을 포착하고 더 정확한 관점으로 평가하는 새로운 단어를 사용하는 것이 더 중요하다. 일반적으로 사회복지사는 불필요한 문구를 사용해서 의사소통을 강조하는 것을 삼가야만 한다. 다음 메시지에서 그런 문구의 좋지 않은 인상을 볼 수 있다. 즉 "그러니까 말하자면, 많은 사람들이 도움을 구하려고 오지는 않아요. 그러니까 당신이 문제가 있다는 것을 깨달은 것에 대해서 말씀해주세요. 해결하기를 원하는 문제에 대해서 말씀해주세요. 제가 말하는 바를 아시겠어요?"

"그러니까" "괜찮죠?"("이 과업을 시작합시다. 괜찮죠?"), "말씀해보세요"("우리는 시내로 갔어요. 그리고 말씀해보세요."), "그거 멋지군요" 등의 문구를 자주 사용하는 것은 어떤 클라이언트에게 매우 거슬릴 수 있다. 그리고 만약 과도하게 사용할 경우, 현대어에 침투한 '근사한' '과격파' '얼간이' '멋쟁이' '촌놈'과 같은 유행을 좇는 상투적인 문구의 일부를 사용할 때도 클라이언트에게는 거슬릴 수 있다.

사회복지사가 범하는 또 다른 실수는 청소년들의 언어를 지나치게 사용함으로써 청소년들과 과도하게 관련을 맺으려는 것이다. 청소년들은 그러한 의사소통을 위선으로 간주하기 쉽고, 사회복지사를 믿을 수 없다고 생각하는 경향이 있다. 이것은 과업을 수행하는 관계로 나아가게 하기보다는 오히려 방해하게 된다.

⑯ 먼 과거에 대해 초점 맞추기

사회복지사의 언어적 반응은 과거, 현재, 혹은 미래에 초점이 맞춰져 있을 수 있다. 원조전문가들은 클라이언트의 역사적 사실을 모으는 것이 중요하다고 믿는다. 그러나 현재에 초점을 맞추는 것이 중요하다. 왜냐하면 클라이언트는 현재의 상황, 행동, 그리고 감정만 변화시킬 수 있기 때문이다. 개인, 집단, 부부, 가족이 과거를 곰곰이 생각하게 하는 것은 현재의 어려움의 고통스러운 측면을 다루는 것을 피하고, 변화를 위한 욕구를 다루는 것을 피하도록 하는 전략을 강화하게 된다. 클라이언트의 메시지에 과거와 관련된 것이 있으면 그것은 곧 클라이언트가 과거의 일을 현재 경험하는 것처럼 느끼고 있다고 생각하면 된다. 예를 들면,

> 클라이언트(떠는 목소리로) : 그는 나를 정말 화나게 하곤 했어요.
> 사회복지사 : 그가 당신을 화나게 했을 때가 있었군요. 당신이 과거에 대해서 생각할 때면 지금도 화가 나고 상처가 되는 것 같아 보이네요.

따라서 클라이언트의 진술을 과거시제에서 현재시제로 옮기는 것은 종종 클라이언트의 현재의 감정과 문제에 대해서 더 풍부한 정보를 준다. 클라이언트의 미래지향적인

진술을 현재(가령 "당신이 말한 미래의 사건에 대해서 지금은 어떻게 느끼십니까?")로 가져오는 것도 똑같이 설명될 수 있다. 요점은 역사적인 사실이 클라이언트의 문제를 설명하기 위해서 유도되고 있을 때조차도 클라이언트의 현재의 경험에 대한 초점을 변화시키는 것은 가능할 뿐만 아니라 생산적이기까지 하다는 것이다.

⑰ 염탐하기

초보 사회복지사(와 경험이 많은 사회복지사)들은 클라이언트의 문제와 관심사, 클라이언트와 가족의 안전 문제, 혹은 법적 권리 등에서 동떨어진 질문을 하는 우를 범한다. 그런 내용은 사회복지사나 기관이 좋아하는 이론에 관련된 것일 수도 있지만 만약 그런 내용이 계약과의 상관관계가 불명확할 때 클라이언트를 당혹하게 할 수도 있다. 그러므로 사회복지사는 클라이언트의 관심사 및 문제, 안전, 법적 권리에서 다소 떨어진 새로운 영역의 질문을 할 때는 그 질문의 관련성을 클라이언트에게 설명해주는 것이 좋다.

4. 반응의 효과성 측정

앞의 논의에서 그동안 사용해온 유형화된 비효과적인 의사소통을 파악하도록 도왔다. 대부분 배우는 과정에 있는 초보 사회복지사는 전형적으로 폐쇄형 질문을 과도하게 사용하고 주제를 자주 바꾸고, 클라이언트의 문제가 완전히 탐구되기도 전에 해결책을 제시하기 때문에 특별히 이런 유형을 주의 깊게 살펴보아야 한다. 덧붙여 역생산적인 반응유형을 사용하는 특유의 면접양식을 검토할 필요가 있다.

이 책을 사용하는 선생들이 제시한 입문서는 교실 안에서 할 수 있는 연습문제가 포함되어 있다. 이 연습문제들은 학생들이 비효과적인 반응을 인식하고 제거하도록 고안되어 있다. 게다가 비효과적인 면접양식을 정확하게 파악하는 것은 반응의 빈도와 유형에 선별적으로 초점을 두어야 하기 때문에, '의사소통의 언어적 장애 사정하기'의 양식을 사용하여 녹음된 상담의 일부분을 더 자세하게 분석하는 데 유용하다.

자신의 반응 효과성을 측정하는 한 가지 방법은 자신의 반응 뒤에 전개되는 클라이언트의 즉각적인 반응행동을 주의 깊게 관찰하는 것이다. 집단 및 가족상담에 참여하는 클라이언트에게서 다양하고 비언어적인 신호를 느끼게 되기도 한다. 자신의 메시지를 사정할 경우 클라이언트가 다음 중 하나와 같은 방식으로 반응한다면 반응이 유용하다는 것을 기억하기 바란다.

- 문제를 계속해서 표출하거나 화제에 고정시킨다.
- 문제되는 상황에 관련된 울적한 감정을 표현한다.
- 깊은 자기표출 및 자기경험에 참여한다.
- 자발적으로 개인적인 정보를 말한다.
- 언어적 혹은 비언어적으로 자기 반응의 타당성을 확신시킨다.

반대로 클라이언트가 다음 중 하나와 같은 방식으로 반응한다면 반응은 너무 직면적이고 시기적절하지 못하고 대상을 벗어난 것이 된다.

- 언어적 혹은 비언어적으로 당신의 반응이 부당함을 증명한다.
- 화제를 바꾼다.
- 메시지를 무시한다.
- 혼란스러움을 나타낸다.
- 더 피상적이 되거나 더 비인격적으로 되거나 더 정서적으로 밀착되거나 혹은 더 방어적으로 된다.
- 관련된 감정을 설명하기보다는 논쟁하고 화를 낸다.

사회복지사-클라이언트의 상호작용을 분석할 때 참가자들 서로가 영향을 미친다는 것을 마음에 새기는 것이 중요하다. 따라서 개인면접에서 어느 한 사람의 반응이 다른 사람의 다음 표현에 영향을 끼치게 된다. 집단상담 및 부부상담에서는 사회복지사를 포함한 각 사람의 의사소통이 역시 다른 모든 참가자들의 반응에 영향을 미치게 된다. 그러나 집단의 상황에서 메시지가 다른 성원의 계속적인 반응에 미치는 영향은 때로 간파하기 어렵다. 왜냐하면 의사소통이 너무 복잡하기 때문이다. 상호 영향을 주는 과정에 대해서 분별없이 아무렇게나 혹은 긍정적인 반응으로, 즉 목표를 실천한 것을 지지하거나 성장을 반영하는 그러한 반응을 언급하지 않은 채 넘어감으로써 가끔 비생산적인 클라이언트의 반응을 강화시키기도 한다. 또 초보 사회복지사는 자신들이 클라이언트에게 역기능적이고 조작적인 행동을 해서 상담을 통제하고 있다는 것을 깨달을 때 충격을 받게 된다. 초보 사회복지사로서 자신과 클라이언트가 저지르고 있는 비효과적이고 해로운 의사소통을 피하기 위해 클라이언트와 매순간의 상호작용을 검토하고 고찰하는 것이 매우 중요하다.

초보 사회복지사가 개인면접에서 비효과적인 유형의 의사소통에 직면함에도 불구하고, 그들은 집단이나 부부상담 혹은 가족상담에서 되풀이되는 역기능적인 의사소통에도 직면하게 되는 것 같다. 사실 효과적인 부부상담, 집단상담을 조직하는 것은 잘 훈련된 사회복지사에게조차도 하나의 도전이다. 왜냐하면 클라이언트가 비효과적인 의사소통을 마구잡이로 해서 가족들이나 집단성원들 사이에 심한 분노, 방어, 혼동을 야기하기 때문이다.

요약하자면 사회복지사에게는 자신의 비효과적인 반응을 검토하고 분석하고 감소시키는 것과 클라이언트에 의한 비효과적인 반응, 다소 터무니없는 요구를 관찰하고 관리하고 수정하는 두 가지 과업이 있는 것이다.

5. 새로운 기술을 학습하는 도전

원조과정의 독특한 성격 때문에 치료적 관계를 형성하고 유지하는 데에는 고도로 훈련된 노력이 필요하다. 매순간마다, 상호작용마다 사회복지사는 클라이언트의 욕구와 문제에 분명하게 초점을 맞추어야만 한다. 상호작용을 매번 성공하기 위해서는 사회복지사가 치료적 목표를 향해서 그 과정을 진행시키기 위해 특정의 기술을 의식적으로 적용하는 능숙함도 필요하다.

흥미롭게도 새로운 기술을 학습하는 데 있어서 위협이 되는 주요한 요인 중 하나는 옛 방식을 포기해야 한다는 학생들의 두려움에서 기인하는 것이다. 유사하게 이전에 사회복지실천에 종사했던 학생들은 과거에 클라이언트에게 영향을 주고 변화시킨 방법이나 양식을 발전시켜왔다는 사실에 대해 두려움을 경험한다. 따라서 이런 반응유형을 포기하는 것은 어렵게 획득한 능력을 포기한다는 것을 의미한다. 이러한 두려움은 교실 내에서의 교육 및 수퍼비전이나 실습과목의 초점이 주로 실수와 비효과적인 개입과 반응을 줄이는 데 있을 뿐 새로운 기술을 개발하거나 긍정적인 반응이나 클라이언트에 대한 개입을 더 많이 사용하는 데 비중을 두지 않을 경우 더 심해진다. 따라서 학습자들은 그들의 실수에 대해서 많은 피드백을 받게 되고 그들의 비효과적인 반응이나 반응유형에 대해서는 적절하지 않은 투입을 받게 된다. 결과적으로 그들은 방어하는 데 취약하고(클라이언트가 하는 것처럼), 친숙한 어떤 것을 잃는 것을 경험하게 된다.

학습자로서의 사회복지사는 비효과적이고 파괴적이기까지 한 관계 및 개입유형에 관해서 개방적이고 방어적이지 않게 건설적인 피드백을 하는 능력을 개발하는 것이 중요하다. 그러나 교육자와 동료에게 순간순간 긍정적인 반응에 관해서 긍정적인 피드백을 끌어낼 책임이 있다는 것을 생각하는 것이 중요하다. 수퍼비전을 받는 시간은 제한되어 있다는 것을 기억하자. 그리고 그 시간을 효과적으로 이용하고 여러분 자신과 실습교사가 동등하게 결정능력을 획득할 책임이 있다는 것을 기억하자. 자신의 성장을 체계적으로 검토하는 단계를 밟는 것도 중요하다. 그것은 오디오나 비디오테이프를 다시 살펴봄으로써, 바람직한 반응과 바람직하지 않은 반응을 자주 헤아려봄으로써, 그리고 자신의 반응을 책에 제시해놓은 효과적인 메시지를 사용하는 지침을 기준으로 비교함으로써 검토할 수 있다.

[표 7-2] 의사소통의 언어적 장애 사정하기

지시 : 15분 분량의 면접녹음 샘플을 고찰할 때, 적절한 칸에 표시함으로써 당신이 사용한 비효과적인 반응을 기록하라.

15분 녹음 샘플	1	2	3	4
1. 도덕화, 설교(해야 한다)				
2. 시기상조인 충고				
3. 확신, 강의, 지시, 논쟁, 지성화				
4. 판단, 비판, 비난				
5. 분석, 진단, 극적 해석, 명명화				
6. 재확신, 감정이입, 위안, 동정				
7. 풍자와 혼란된 유머의 사용				
8. 위협, 경고, 역공격				
9. 개방형 질문의 과도한 사용				
10. 과도한 질문				
11. 유도질문 사용				
12. 반복적 구문 사용(예를 들어, 좋아, 있잖아, 그렇지)				
13. 염탐하기				
의사소통을 방해하는 다른 반응 목록:				

능력을 향상시키기 위해서 가장 필요하고 중요한 조건은 항상 자신의 반응을 검토하고 입증된 기술을 연습함으

[표 7-3] 신체적으로 주목하는 행동 사정하기 (assessing physical attending behaviors)

	평 가
1. 직접적 시선 접촉 0 1 2 3 4	
2. 따뜻함과 관심을 얼굴 표정에 반영한 정도 0 1 2 3 4	
3. 클라이언트와 같은 높이의 시선 0 1 2 3 4	
4. 적당하게 다양하고 활기찬 얼굴표정 0 1 2 3 4	
5. 팔과 손을 적절하게 표현: 적당한 몸짓 0 1 2 3 4	
6. 몸을 가볍게 앞으로 숙이는 것: 주의를 기울이지만 편안한 자세 0 1 2 3 4	
7. 분명하게 들리지만 크지 않은 목소리 0 1 2 3 4	
8. 온화한 어조 0 1 2 3 4	
9. 클라이언트 감정의 미묘한 차이와 정서적 기분을 반영하여 목소리를 조절하는 정도 0 1 2 3 4	
10. 적당한 말의 속도 0 1 2 3 4	
11. 혼란스럽게 하는 행동(초조함, 하품, 창문을 응시하는 것, 시계를 보는 것)을 하지 않는 횟수 0 1 2 3 4	
12 . 기타 0 1 2 3 4	

비율척도(rating scale)
0=서툴음. 주의 깊은 개선이 필요
1=부족함. 상당한 개선이 필요
2=최소한 수용할 만함. 성장의 여지가 있음
3=전반적으로 높은 수준
4=언제나 높은 수준

로써 자신의 기술수준을 높일 책임을 지는 것이다. 이 책에서 설명하는 기술의 대부분은 쉽게 숙련될 만한 것이 아니다. 유능한 사회복지사는 클라이언트의 내면의 경험에 자신을 완전하고 민감하게 조화시키는 능력을 발휘하기 위해서 많은 시간을 들여야만 한다. 또한 믿을 만하고 유용한 방법으로 그들 자신의 경험을 나눌 수 있는 능력을 발전시키는 데 있어서, 그리고 이런 방법과 다른 방법을 시기적절하게 사용하는 예민한 감각을 발달시키는 데 많은 시간을 들여야만 한다.

몇 달이 지나서 새로운 반응유형이 서서히 발전하고 기술을 시험할 때 성장에 아픔을 맛보게 될 것이다. 그 아픔이란 사회복지사가 새로운 방식에 반응하려고 애쓰고, 동시에 클라이언트와 온화하고 자연스럽고 주의 깊게 관계를 맺어나가려고 애쓸 때 느끼는 불안정적인 느낌을 말한다. 아마 그때 여러분은 자신의 반응이 기계적이라는 것을 느끼게 될 것이고, 또한 솔직한 심정, 즉 "클라이언트는 내가 진실하지 않다는 것을 알 것이다"라는 느낌을 경험하게 될 것이다. 그러나 만약 집중적으로 몇 달간 특정기술을 숙달하기 위해서 노력한다면 당신이 느끼는 어색함은 점진적으로 줄어들 것이며, 이런 기술을 개입 레퍼토리 안에 자연스럽게 포함시킬 수 있을 것이다.

제 8 장

복합적 사정

Multidimensional Assesment

1. 사정의 주요 역할

사정은 계약, 목표설정, 개입설계를 위한 기초작업이다. 사실 선택된 개입의 효과와 궁극적인 사례의 결과는 대체로 사정의 정확성에 의존한다.

우리는 역사적으로 사정을 '진단' 또는 '심리적 진단'으로 언급해왔으나 증상, 병, 결함 등과의 연관성으로 인하여 그러한 단어를 피하고자 한다. 그러나 그러한 의미부여에도 불구하고 자금부(funding services)의 요청으로 많은 관리의료세팅(managed care setting)에서 임상적 진단을 사용하고 있다(Storm, 1992).

사정은 소위 나쁜 것이라고 일컬어지는 것을 포괄하며 때로는 임상적 진단을 포함하지만 어려움을 해결하고 성장촉진, 기능 강화, 잠재성의 구체화, 새로운 자원 개발 등을 위한 강점, 자원, 건강한 기능, 그리고 다른 긍정적 요소를 평가하는 넓은 의미를 지닌다.

2. 사정의 정의

우리는 사정을 두 가지 방식으로 정의할 수 있다. 첫째, 사회복지사와 클라이언트 간에 발생하는 것으로, 정보를 수집, 분석, 종합화해 가며 다면적 공식화를 형성해 가는 과정이라 하겠다. 사회복지의 주요한 전문적인 세팅에서 사회복지사는 때때로 개별적으로 또는 다른 동료들과 함께 1~2 세션에서 사정을 마무리한다.

둘째, 사정이란 잠정적 클라이언트의 욕구나 요구가 기관에서 다룰 수 있는 것인지를 기관과 사회복지사와 상호작용하며 타진하는 과정이라 하겠다(Specht & Specht, 1986a). 이는 잠재적 클라이언트에 대한 사정은 종종 기관과 클라이언트의 목적, 능력, 자원의 맥락에서 이루어지기 때문이다. 기관의 관점에서 사정은 서비스욕구를 결정하는 것으로부터 시작한다. 기관이나 세팅의 기능이 잠재적 클라이언트(자발적이거나 비자발적이거나 또는 의뢰되었거나)의 욕구를 충족시킬 수 있는가? 만약 이러한 욕구가 발견된다면 적격성 탐색을 위한 사정이 계속 진행된다. 의료보험체계(managed health care)에서는 보험이 적용되는 범위와 잠재적 클라이언트에게 지불가능성이 있는 계획에 관한 상세한 탐색이 수반된다. 잠재적 클라이언트가 적격하다면 기관의 서비스를 제공하기 위한 클라이언트의 자원과 능력에 관한 사정에서 계약으로 발전하도록 초점을 맞추게 된다(Specht & Specht, 1986)([그림 8-1] 참조).

사회복지실천이 유일 또는 주요한 전문적이지 못한 세팅(소위 2차 세팅이라 일컬어지는)에서는 사회복지사는 임상팀의 한 일원이 되며, 사정과정은 정신병리학자, 심리치료사, 간호사 등의 다른 분야의 사람들과 공동작업으로 진행된다. 이러한 세팅에서 사회복지사는 클라이언트에 대한 사회력, 결혼이나 가족역동에 관한 지식을 축적하고 있어야 한다. 이런 세팅에서 사정과정은 팀구성원이 개별적 사정을 완수하고 임상팀의 집합적 사정에 도달하기 위해 요구되는 시간 때문에 대개는 좀더 길어지게 된다.

[그림 8-1] 기관의 사정순서

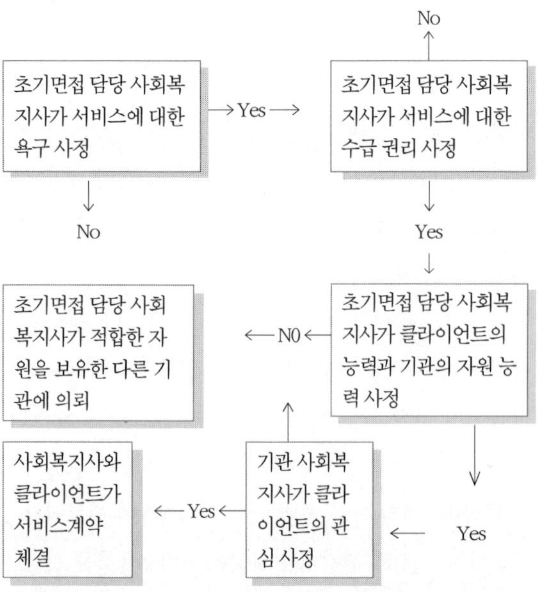

* 출처 : Adapted from Hary and Riva Specht(1986). *Social work assessment: rout to clienthood*. Part I (Novenber), 524-532. Part 2(December), 587-593.

사회복지사가 정보를 수집해야 하는 다양한 분야에 관해 묘사하기 전에 다시 한번 강조한다면, 사정의 목적은 필요한 정보를 수집하는 것이다. 즉 잠재적 클라이언트가 사회복지사와 세팅에 의하여 서비스를 받을 수 있는가를 결정하기 위해서 그리고 계약과 개입계획을 발전시키기 위해서이다. 체계와 요소의 다양성이 잠재적 클라이언트의 관심과 부딪치게 될 때에는 사정이 다음의 세 가지 문제에 대하여 초점을 맞추는 것이 중요하다.

잠재적 클라이언트가 보여주는 문제나 관심은 무엇인가

사회복지전문직은 클라이언트의 자기결정에 높은 우선권을 부여한다. 즉 가능한 한 클라이언트가 가장 크게 관심을 두는 문제에 초점을 맞춤으로써 클라이언트를 원조한다.

(만약) 법적 중재가 진행 중이거나 임박하였다면 잠재적 클라이언트와 사회복지사는 이를 고려하기 위해 무엇을 해야 하는가

어떤 잠재적 클라이언트는 자의반 타의반으로 사회복지사에게 위임된 상태로 의뢰된다. 어떤 항목은 법적 중재에 따라 고려해야 하기도 한다. 예를 들면, 아동보호 사회복지사는 클라이언트의 관심과는 무관하게 아동학대의 위험을 사정해야 한다.

(만약) 잠재적으로 심각하고 위험한 건강이나 안전 문제에 사회복지사와 잠재적 클라이언트가 관심을 기울여야 할 때는 어떻게 해야 하는가

4장에서 묘사하였듯이 사회복지사의 윤리적 우선권에는 잠재적 클라이언트와 그 가족들의 건강이나 안전에 심각한 위험, "심각하고, 예측가능한, 그리고 즉각적인 위험(NASW, 1995: 9)"을 탐색하는 것이 있다. 어떤 경우에 이런 위험들은 잠재적이지만 성인에 의한 학대가 발생할 경우, 클라이언트 보호를 위한 적절한 행동이 일어나야 한다. 다른 경우 잠재적 클라이언트나 다른 사람들에게 위험이 충분히 시작될 시점이 아닐 때에는 잠재적 클라이언트가 이를 고려하는 것을 선택하거나 피할 수 있다.

이러한 주요한 세 가지 문제는 사회복지사가 행동계획의 발전에 관계되는 고려의 측면과 추가적 체계의 사정을 진행시킬 수 있도록 한다. 이러한 초점이 없다면 잠재적 클라이언트의 관심, 중재, 안정성에 접하는 요소에 관한 방대한 정보를 수집하는 과정에서 가치 있는 시간과 잠재적 클라이언트를 상실하게 된다.

다음으로 사정의 두 번째 측면은 네 가지 주요 유형에 관한 것이다. 즉 문제와 도전에 대한 탐색, 잠재적 강점과 자원에 관한 탐색, 발달 욕구와 삶의 변화에 대한 탐색, 그리고 클라이언트의 관심이나 환경과 충돌하는 체계에 대한 탐색이다.

[그림 8-2] 사정의 초점

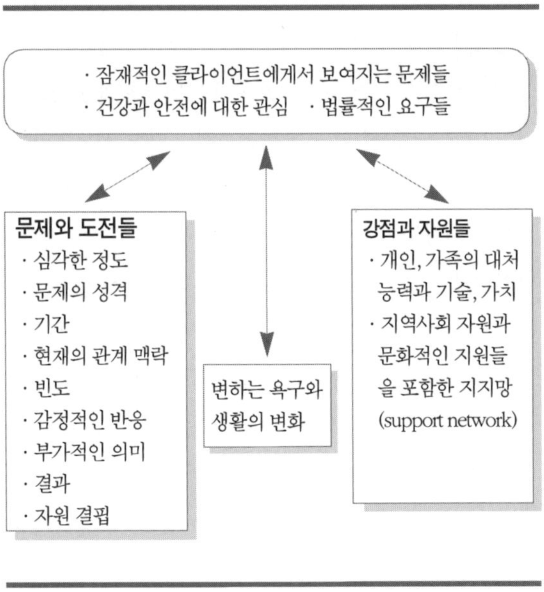

사회복지사는 문제와 도전에 관한 탐색의 측면에서는 문제에 관한 구체적 자료를 수집해야 하는데, 이는 문제가 일어난 장소, 심각성, 지속기간, 시간, 빈도, 결과, 감정적 반응, 의미부여 등을 포함한다. 추가적으로 문제해결과 관련한 개인과 가족의 한계도 탐색해야 한다. 강점과 자원탐색의 측면에서는 클라이언트와 중요 인물(대개는 가족구성원)의 대처자원, 즉 강점, 기술, 가치와 동기화 등에 관한 자료를 획득해야 한다. 사회복지사는 또한 삶의 변화와 관련된 부분, 발달 욕구와 요구를 탐색해야 한다. 마지막으로 사회복지사는 클라이언트에게 관련된 체계(클라이언트와 가족의 상호작용을 포함하여)를 탐색해야 하며, 사정은 개선 가능한 문제 또는 치료를 위해 필요하거나 가능한 체계, 자원(지역사회, 문화적 자원을 포함하여)과 클라이언트 사이의 상호성의 본질로 구성되어야 한다([그림 8-2] 참조).

3. 지속적인 사정

여기서 중요한 것은 진행과정으로서의 사정과 결과로서의 사정 사이의 차별화이다. 사회복지사는 몇 주, 몇 달 심지어 몇 년이 걸릴 수 있는 클라이언트와의 초기계약에서부터 최종계약까지의 사정과정에 참여한다. 따라서 사정은 주어진 사례의 전과정 동안에 나타나는 새로운 정보를 수집, 분석, 조직화를 포함하는 유동적이며 역동적인 과정이다. 첫 번째 세션에서 일반적으로 사회복지사는 풍부한 정보를 유도하고, 정보가 나타났을 때 그 의미와 중요성을 사정해야 한다. 즉각적인 사정은 사회복지사가 어떤 정보가 중요하고 보다 깊은 탐색을 해야 하는지 판단하는 안내 역할을 한다. 사회복지사가 문제를 해석할 만큼의 충분한 정보를 수집한 이후에는 클라이언트와 함께 이를 분석하고 문제의 시험적인 공식화를 위해 자료를 통합해야 한다. 많은 잠재적 클라이언트들은 이 지점 이상으로는 사회복지사와 함께 진행하지 않는다. 만약 클라이언트의 관심이 다른 자원에 의뢰해서 최상으로 다루어질 수 있다면, 또는 클라이언트가 적격성 범주를 충족시키지 않는다면, 또는 클라이언트가 계속하기를 선택하지 않는다면 계약은 종종 여기서 멈추게 된다. 스펙트와 스펙트(Specht & Specht, 1986b)는 초기사정과 적격판정 과정에서의 관계가 치료적 관계로 이끄는 데 필수적인 것으로 고려되어서는 안 됨을 강조해왔다(Specht & Specht, 1986b). 이전 장에서 언급한 것처럼 의사소통 기술이 치료적 관계의 전조로써 반드시 필수적인 것은 아니지만 사정에서는 매우 중요하다.

사회복지사와 잠재적 클라이언트들은 탐색적 국면으로부터 전체 클라이언트의 상태, 사정지속, 서비스하기 위한 계약을 포함하는 지속적인 접촉을 시도하게 된다. 흔한 일은 아니지만 클라이언트들이 문제해결과정으로 새로운 정보를 보여주는데, 이는 처음 나타났던 문제를 새로운 국면으로 접어들게 한다. 예를 들면, 어떤 클라이언트들은 사회복지사의 비난을 야기하는 중요한 정보를 그들의 의지나 원조의향이 확실해질 때까지 보류한다. 따라서 많은 예비적 사정은 부정확하므로 버려지거나 극적으로 수정되기도 한다.

사정과정은 심지어는 서비스의 최종국면까지 계속된다. 최종 만남에서 사회복지사는 주의 깊게 클라이언트의 종결에 대한 준비정도를 평가하고, 미래에 어려움을 야기할 수 있는 잔여 문제의 존재를 사정하고, 종결에 대한 감정적 반응을 확인해야 한다. 사회복지사는 또한 클라이언트의 향상된 기능을 유지하고 원조하기 위하여 그리고 공식적인 사회복지 서비스의 종결 이후 추가과정을 완수하기 위하여 활용가능한 전략을 고려해야 한다.

4. 사정에서 강점 강조

약점이 아닌 강점을 강조하는 유서 깊은 사회복지실천의 상투성에도 불구하고 사회복지사들이 병리와 클라이언트의 기능을 강조하는 사정을 공식화함으로써 실천에서는 진단에서 사정에 이르는 기간 동안의 변화에 뒤쳐져왔다(Cowger, 1994; Saleeby, 1992). 살리비(Saleeby)는 이것은 혐오스럽거나 일탈한 사람들, 그리고 종종 경제적으로 빈곤한 클라이언트의 도덕적 결함에 초점을 맞춤으로써 추론된 것이라고 주장한다(Saleeby, 1992: 3). 문제는 개인에게 있으며, 전문직은 문제를 고정시키고 사람을 문제화하는 것이었다. 강점에 초점을 두는 것은 전문가의 가치경향과 일치하며, 권력공유와 함께 종종 수동성을 강화하는 진단적 범주의 낙인화를 덜 강조함으로써 동료의식을 촉진한다(Cowger, 1992: 140-141).

병리에 초점을 맞추는 사회복지사들은 몇몇 중요한 지류를 형성하여 왔다. 첫 번째 지류는 효과적으로 클라이언트의 강점을 건드리는 것이다. 사회복지사들은 클라이언트의 강점에 민감해야 하며, 사례의 목적을 달성하기 위한 서비스에서 클라이언트의 강점을 잘 활용해야 한다. 최소한 단일조사연구(Maluccio, 1979) 결과는 사회복지사들이 클라이언트의 강점을 평가절하하고 있음을 강하게 보여주고 있다. 말루치오(Maluccio)에 따르면, 개입의 결과에 관해 클라이언트가 사회복지사를 보는 인식을 비교한 연구에서 클라이언트는 자신에 대해 '행동적이며, 자율적이고, 인간적인 존재' 로 표현했다. 그리고 자신의 기능과 능력을 강화시킬 수 있는 존재로 표현한 반면 사회복지사는 클라이언트를 '지속적인 문제와 근본적인 약점, 제한적인 가능성만 있는 반발이 강한 인간' 으로 바라보았다(p.399).

둘째 지류는 선택적으로 병리학에 의존하는 것은 클라이언트의 성장 가능성을 식별하는 사회복지사의 능력을 손상시킨다는 것이다. 인간은 잠재성을 발전시킬 권리와 기회가 있다는 신념에 대한 사회복지사의 열렬한 신봉이 있을지라도 병리에 초점을 맞추는 그들의 경향은 바로 그 매우 가치 있는 신념을 훼손하는 효과를 지닌다. 이 신념을 전적으로 이행하기 위해서 사회복지사는 역기능 · 병리뿐만 아니라 클라이언트의 강점과 가능성을 조화시킴으로써 클라이언트에 대하여 보다 균형잡인 인식을 취해야 한다. 클라이언트에 대한 이러한 관점을 확대시킴으로써 사회복지사는 개입효과의 효능을 강화시킬 수 있다. 카우저(Cowger)는 "역량강화(empowerment)에 기반을 둔 임상실천은 클라이언트가 자신의 문제상황을 표현하고 그들의 삶을 변화시키는 데 보다 많은 통제력을 선택할 수 있을 때 클라이언트 권력이 달성될 수 있다고" 고 주장한다(Cowger, 1994: 263).

과도하게 병리학에 의존하는 세 번째 지류는 대부분의 클라이언트는 그들의 자아존중감을 강화하는 것에 원조를 필요로 한다는 사실에 관심을 둔다. 자기의심, 부적절하다거나 무가치하다고 느끼는 감정, 자신감 · 자아존중감의 부족 등의 문제는 실패에 대한 두려움이나 우울증, 사회적 퇴보, 알코올중독, 그리고 과도한 비판주의 등을 포함하는 많은 역기능적 인식 · 감정 · 행동 경향에 놓여 있다는 것이다. 클라이언트가 자기 자신을 보다 적극적으로 보는 관점을 갖도록 원조하기 위해서는 먼저 사회복지사와 그들을 고용한 세팅이 클라이언트를 보다 적극적으로 보아야 한다.

강점을 강조해야 한다고 경고함에도 불구하고 이러한 병리학에 계속 몰두하는 이유는 무엇인가? 의료보호 보험체계는 종종 개인에 대한 임상적 진단을 요구하고 치료를 받아야만 하는 의료모델에 근간을 두고 있기 때문이다. 강점을 강화할 수 있도록 그리고 사정과정에서 역량을 고취할 수 있도록 원조하기 위하여 카우저(Cowger, 1994: 265)는 사회복지사에게 다음을 제시하고 있다.

- 사건에 대해 클라이언트가 어떻게 이해하는지 우선권을 둔다.
- 클라이언트가 원하는 것을 발견한다.
- 복합적 수준에서 개인적 · 환경적 강점을 사정한다.

5. 정보의 출처

사정과정에서 고려해야 하는 주요한 정보의 출처는 다음과 같다.

1) 언어적 보고

주요한 출처 중에서 클라이언트가 말로 표현한 보고는 일반적으로 가장 중요한 정보의 출처이다. 언어에 의한 보고는 문제에 대한 묘사, 감정의 표현, 사건보고, 관점 제시 등으로 구성된다. 클라이언트의 느낌과 보고는 항상 그들의 환경을 이해하는 지표로서 중요하게 여겨진다. 그러나 언어에 의한 보고는 간접적인 정보의 출처이다. 왜냐하면 언어에 의한 보고는 문제시되는 행동, 사건, 느낌이나 관점의 직접적인 관찰을 통해서라기보다는 사실 이후에 제공되기 때문이다. 다른 정보의 출처와 비교할 때, 몇몇 클라이언트가 거짓으로 재구성하거나, 편견, 제한된 자기인식 때문에 언어에 의한 보고는 종종 고려해야 할 필요성이 있다. 그러나 언어에 의한 보고는 종종 구체성의 추구와 깊이에 초점을 맞춤으로써 클라이언트에게 인식된 행동이나 사건의 아주 상세한 부분까지도 추가적으로 정보를 도출할 수 있다.

2) 비언어적 행동의 직접관찰

일반적으로 사람들은 자신의 비언어적 행동에 대한 인식이 부족하고 언어에 의한 보고보다 의식의 통제에 적게 종속되어 있으므로 클라이언트의 비언어적 행동에 대한 직접관찰은 추가적인 정보를 제공해준다. 비언어적 신호는 분노, 상처, 당혹, 두려움과 같은 감정상태나 반응에 대한 가치 있는 지표이다. 말투나 목소리의 떨림, 눈물, 주먹을 불끈 쥔 모습이나 손의 떨림, 팽팽해진 턱, 다문 입술, 표정 변화 등 몸짓의 비언어적 신호에 민감한 인식을 발달시키는 것이 중요하다. 클라이언트의 감정에 풍부하게 교감하는 것은 사회복지사가 클라이언트의 비언어적 신호에 감정이입해서 직접적으로 반응함으로써 시작된다.

3) 상호작용 관찰

배우자, 가족 구성원, 그리고 집단성원들 사이의 '상호작용에 대한 직접관찰'은 종종 매우 설명적이다. 학생들은(노련한 사회복지사뿐만 아니라) 클라이언트의 자기보고에 의한 정보와 실제 상호작용을 직접 관찰해서 얻은 정보의 현격한 차이에 자주 놀란다. 클라이언트가 얘기한 사실에만 의존하기보다 먼저 상호작용을 관찰하는 것은 사회복지사에게 하나의 원칙이다. 클라이언트와 상담하는 동안 갈등적 사건을 재현할 때 사회복지사는 클라이언트를 관찰하는 것이 필요하다. 사회복지사는 사건이 일어난 그대로, 같은 단어, 행동, 어조를 사용하여 상황을 재창조하도록 해야 한다.

대부분의 클라이언트는 기꺼이 재현에 응하지만 격려가 종종 필요하다. 격려는 부부나 가족이 어떤 일을 결정 · 설계하고, 역할을 조정하고, 아동을 훈육하며 이와 같은 다른 활동들을 포함하는 상황에서 어떻게 상호작용을 하는지를 보기 위해 설계된 상황에서도 사용된다. 사회복지사가 관찰하기 원하는 상호작용 유형을 유발하고 명확히 하기 위해 상황을 설계할 때에는 창조성을 발휘해야 한다.

그러나 자연스러운 행동 또는 재현된 상황을 직접 관찰하는 데에는 한 가지 단점이 있다. 즉 클라이언트는 종종 실제상황에서 경험한 것과 다른 호의적인 행동이나 느낌을 갖도록 노력한다. 이때 사회복지사는 실제상황에서 그들의 행동에 대응하는 참여자의 행동의 정도가 무엇인지를 질문함으로써 재현된 상황에서의 이러한 가능성에 대항할 수 있다.

사무실은 가족의 상호작용을 관찰하기에 자연스러운 장소가 아니다. 가능하다면 클라이언트의 집을 방문하는 것이 바람직하다. 우연한 기회에 생생한 상황을 관찰하는 것은 그렇지 않았더라면 볼 수 없었던 문제를 볼 수 있게 해준다.

관찰자, 즉 사회복지사의 왜곡된 인식도 주의해야 한다. 이를 보완하는 방법은 한 명 이상의 관찰자를 두고, 서로 다른 관찰자가 독립적으로 관찰한 상황에 대해 일치하는 정도를 살펴보는 것이다. 그러나 이 방법은 시간이 필요하며 실천현장에서 일반적으로 가능하지 않다. 직접관찰의 이러한 약점에도 불구하고 이 방법에 의하여 획득한 정보는 클라이언트에게서 얻은 정보에 중요한 추가적 내용이 된다.

4) 클라이언트의 자기 모니터링

클라이언트의 자기 모니터링은 정보의 유력한 출처이다(Kopp, 1989). 자기 모니터링을 포함시키는 것은 풍부하고 방대한 정보를 생산할 뿐만 아니라 클라이언트를 소극적인 참여자라기보다 협력자로서 정보를 적극적으로 획득하게 해 사정과정 동안 능력을 고취시키게 될 것이다.

자기 모니터링은 클라이언트가 그들의 표적문제의 발생과 관련하여 글로 기록한 느낌이나 행동, 생각 등을 포함한다. 자기 모니터링의 첫 번째 단계는 사건의 인식이다(예: 분노의 폭발, 아동에 의해 짜증이 난 기분, 열띤 논쟁, 음주나 과식 등에 관한 일화를 유발한 사건). 다음 단계는 행동의 기초선을 결정하는 정보를 도표나 그래프로 나타내는 것이다.

자기 모니터링을 사용하는 것의 주요한 이점은 클라이언트의 관심에 초점을 맞춤으로써 클라이언트가 그들의 상황에 대한 안목을 획득하는 것이다. 게다가 클라이언트가 자신의 기록된 관찰을 논의함으로써 "변화에 대한 욕구를 자발적으로 조직화하고 제시할 것이다(Kopp, 1989: 278)". 그러면 표적행동은 수량화가 가능할 것이며, 이는 모니터링 과정을 원조할 것이다.

5) 정보의 이차적인 출처

가끔 친척, 친구, 의사, 그리고 클라이언트의 삶에 관련한 측면에 필수적인 정보를 소유한 다른 사람들에 의해서도 정보가 제공된다. 이러한 이차적인 정보의 출처에서 얻은 내용은 다른 간접적인 출처들과 마찬가지로 제한성을 지닌다. 그럼에도 불구하고, 문제상황에 대한 직접적인 암시를 하지 못하는 사람도 문제행동의 불명료한 역동을 묘사하는 정보를 제공할 수 있다.

이러한 부수적인 출처를 점검하느라 중요한 정보를 놓칠 수도 있고, 이들은 중요하지 않은 것일 수도 있으므로 이를 자주 접하는 것은 바람직하지 않다. 사회복지사는 이러한 정보가 필요한 때를 결정하는 것에 신중해야 한다. 더구나 긴급상황을 제외하고는 클라이언트의 동의가 필요하다. 종종 클라이언트가 이차적인 정보의 필요성에 대해 요구할 때조차도 사회복지사는 이를 신중하게 제안해야 한다.

이차적 출처로부터 획득한 정보의 유용성을 가늠함에 있어, 이차적인 정보출처의 사람들이 클라이언트와 어느 정도로 감정적인 유대를 가지고 있는가를 고려하는 것이 중요하다. 직접적인 가족구성원처럼 감정적인 유대를 가진 사람들은 감정적인 편견을 가진 경향이 있기 때문에 보다 주관적일 수 있다. 유사하게 사례를 진행하는 중에 결정을 해야 하는 것과 관련된 사람들은 사례의 상황과 감정적으로 무관한 사람들보다 더 신용할 수 없는 경향이 있다. 그리고 최종적으로 감정 · 정신적으로 안정성이 의심되는 사람이나 또는 행동경향이 매우 변덕스러운 사람으로부터 얻은 정보는 조심스럽게 다루어야 하다. 이러한 상황에서 회의론은 정당화된다.

6) 심리검사

정보의 다른 출처는 자기보고 목록(예: 인성목록·두려움, 사회기술, 그리고 우울증목록)과 문제행동, 문제시되는 기술 등에 관한 행동 점검표와 가족의 언어행동 점검표 등을 포함한 심리검사가 있다. 또한 정보의 간접적인 출처로서 심리검사는 자료와 행동을 수량화하는 유용하고 편리한 방법을 나타낸다. 이를 효과적으로 사용하기 위해서 사회복지사는 검사이론과 구체적 검사에 대한 지식을 잘 알고 있어야 한다. 예를 들면, 대부분의 검사는 낮은 신뢰도와 타당도를 가지고 있으므로 매우 조심스럽게 사용되어야 한다. 자격이 없는 사람에 의해 이루어지는 심리검사는 심하게 왜곡될 수 있다. 사회복지사는 일반적으로 심리검사의 영역에서 제한된 지식과 경험만 있으므로 "조금 아는 것은 매우 위험한 일이다"라는 오랜 격언을 기억하도록 충고한다. 검사가 필요하고 검사결과가 유용하다면 사회복지사는 자격 있는 심리학자로부터 결과를 적절하게 해석하는 것에 충고를 구하기를 희망할 수 있다.

7) 컴퓨터를 활용한 사정(computer-assisted assessment)

기술진보는 사정에 있어 다른 유능한 조력자를 조달했다. 뉴리어스와 허드슨(Nurius & Hudson, 1988, 1993)은 앞에서 언급한 알미르 사정척도의 모든 것을 포함시켜 컴퓨터에 기반을 둔 측정도구를 보고했다. 클라이언트는 자신의 선호도에 따라 척도를 손으로 완성할 수도 있으며 컴퓨터를 사용하여 완성할 수도 있다. 컴퓨터를 사용할 경우 사회복지사는 클라이언트의 문제의 심각성을 사정할 수 있도록 고안된 다른 척도를 추가적으로 사용할 수 있다. 게다가 컴퓨터 프로그램은 하나의 항목, 복합항목, 복합영역의 평점척도, 점검표와 다른 것들을 포함하는 서로 다른 유형의 정보를 축적할 수 있다. 더욱이 컴퓨터의 객관성은 사회복지사에 의한 주관적 해석으로부터 유발될 수 있는 실수를 감소시킨다.

8) 직접적인 상호작용에 기반을 둔 개인적 경험

정보의 마지막 출처는 클라이언트와의 직접적 상호작용에 기반을 둔 '개인적 경험'이다. 사회복지사는 서로 다른 클라이언트에게 다양한 방법으로 반응할 것이며, 사회복지사의 반응은 다른 사람들이 클라이언트를 이해하는 방식을 아는 데 유용할 것이다. 예를 들면, 사회복지사는 수동적이고, 개인적이고, 의존적이며, 보호를 필요로 하고, 잘 속이며, 유혹하려고 하고, 고집 세고, 건방지며, 단호한 어떤 클라이언트를 경험할 수 있다. 이러한 클라이언트의 행동은 사회복지사와의 만남이라는 상황에 의해 종종 영향을 받는다. 예를 들면, 타인에 의해 또는 서비스가 위임됨으로써 의뢰된 잠재적 클라이언트는 서비스를 신청한 다른 사람들보다 방어적으로 행동하도록 기대된다. 그러나 어떤 유형은 그들의 일반적인 사회관계에서 일어난 것이 명확해질 수 있다. 그러므로 사회복지사 자신의 반응은 대인관계에서 가능한 어려움이나 성공을 이해하는 중요한 열쇠가 될 수 있다. 예를 들면, 클라이언트가 다른 사람들이 그를 당연시 여기고 그에게 합당하지 않은 요구를 한다고 말한다면, 그는 사회복지사를 즐겁게 하기 위해 과도한 노력을 하거나 자기애원조의 행동을 나타낼 수 있다. 클라이언트에 대한 사회복지사의 기대는 적어도 문제 출처의 부분에 관한 열쇠를 제공할 것이다.

9) 자기인식의 중요성(importance of self-awareness)

사회복지사의 클라이언트에 대한 첫 느낌은 물론 잘못된 것일 수 있으며 클라이언트와의 이후의 만남을 통하여 보충되어야 한다. 게다가 이러한 느낌은 주관적이며, 자신의 대인관계 유형이나 인식에 의하여 영향을 받을 수 있다. 심지어 임시적인 결론을 도출하기 전에도 사회복지사는 가능한 한 편향이나 왜곡된 인식, 클라이언트의 행동에 영향을 줄 수 있었던 행동을 확인하기 위해 자신의 반응을 세밀하게 살펴보는 것이 중요하다. 사회복지사가 거만한 경향이 있거나 격리를 위하여(아동보호서비스 기관과 같은 곳에서) 권위가 있는 기관(권위를 받을 만하거나 또는 그렇지 못하든지 간에)을 제시할 때, 많은 클라이언트들은 부정형의 역공격성이나 소극성으로 반응한다. 유사하게 사회복지사의 과도하게 도전적이거나 직면하는 행동은 사회복지사의 부적절한 행동에 대한 자연스러운 반응의 한 부분으로서 방어적이거나 퇴보하는 행동을 생산할 수 있다.

클라이언트에 대한 사회복지사의 인식과 반응은 사회복지사 자신의 삶의 경험에 의하여 왜곡될 수 있다. 만약 사회복지사가 학대받았거나 성적인 괴롭힘을 아동기에 경험하였다면 사회복지사는 아동학대의 희생자들을 과도하게 집착하거나 학대의 가해자에 대한 적의를 느끼는 경향이 있을 수 있다. 이처럼 클라이언트와 관련한 인식과 판단을 왜곡하는 삶의 다양한 유형이 존재한다. 따라서 자기인식은 클라이언트에 대한 사회복지사의 경험적 반응에 관한 유용한 결론을 내리는 데 필수불가결하다. 클라이언트에 관한 사회복지사의 역할이 현실의 반응으로부터 자유롭도록 원조하는 것과 마찬가지로 사회복지사는 자기자신을 향해서도 유사한 원칙이 있어야 한다.

6. 사정의 포괄성

매우 간단해 보이기도 하는 인간의 문제는 종종 많은 요소 간의 복합적인 상호작용이 내재되어 있다. 문제의 원인이 단독으로 개인 내부에 또는 개인 환경의 내부에 존재하고 있는 경우는 거의 없다. 오히려 인간과 외부세계의 호혜적인 상호작용이 일어나는 것이 많다. 사람은 외부세계에 대하여 행동하고 반응하며, 사람의 행동의 질은 재반응이나 악행(vice versa)에 영향을 미친다. 예를 들면, 부모는 성년기인 자녀와의 대화의 빈곤에 관하여 불평하면서 그 어려움의 원인을 성인기의 자녀가 퉁명스럽고 대부분의 것들에 관하여 이야기하기를 꺼려하는 것으로 돌릴 수 있다. 그러나 성인기의 자녀는 부모가 항상 상세하게 따지기 좋아하며, 훈계하려 들며, 비판하려 하기 때문에 부모와 대화하는 것이 무의미하다고 불평할 수 있다.

다른 사람에 대한 각각의 참여자들의 불만은 정확할 수 있다. 그러나 각각은 무의식적으로 그러한 행동을 했고 현재에도 그들의 역기능적 상호작용을 생산하는 방식으로 행동한다. 따라서 어떠한 사람의 행동도 원인-결과의 (일직선적) 경향에서 대화의 실패에 대한 독립적 원인으로 존재하지 않는다. 오히려 문제를 발생시키는 것에는 그들의 호혜적인 상호작용이 있다. 즉 각각의 행동이 원인이고 결과이며, 원인과 결과의 우세함에 따라 불만은 달라진다.

또한 인간문제의 복합성은 인간이 사회적 존재이며 타인과 그들의 욕구를 충족시키기 위한 복합적 사회제도에 의존하고 있다는 사실의 결과이다. 음식, 주거, 의복, 그리고 의료보호와 같은 기본적인 욕구는 적당한 경제적 재산과 재화 · 서비스의 유용성을 요구한다. 교육적이고 사회적인, 그리고 재창조적인 욕구는 사회제도와 조화를 요구한다. 타인에게 보다 가까이 다가가고 사랑받고자 하는 것이나 우정, 소속감, 성적 만족감을 경험하고자 하는 욕구는 그들의 결혼이나 배우자, 가족, 사회관계망, 그리고 지역사회 내에서의 만족할 만한 사회적 관계를 요구한다. 사람들이 경험하는 자아존중감의 정도는 개인의 심리적 요소와 다른 사람으로부터의 반응에 의존한다.

클라이언트의 관심, 법적 위임, 안정성의 문제, 클라이언트 체계(개인, 부부 또는 가족)에 대한 사정 등에 초점을 두는 것에 관한 이전의 경고를 마음에 새기는 것은 따라서 그러한 체계뿐만 아니라 클라이언트 체계에 영향을 미치는 다양한 체계(예: 경제적, 법적, 교육적, 의료적, 종교적, 사회적, 대인관계적)에 대한 고려를 요구한다. 게다가 개인의 기능을 사정하는 것은 그러한 개인의 기능의 다양한 측면을 평가하는 것을 상세화한다. 예를 들면, 사람들은 생물적 · 인식적 · 감정적 · 문화적 · 행동적 · 촉진적인 체계와 문제상황에 대한 그것들의 상호작용의 관계 사이의 역동적 상호작용을 고려할 필요가 있다. 사회복지사는 부부 · 가족 클라이언트 체계에 대하여 체계의 각 구성원뿐만 아니라 그들의 대화나 상호작용의 유형에 주목함이 유용할 것이다. 위에서 언급된 다양한 체계와 그 하위체계의 모두가 어떤 주어진 클라이언트의 체계의 문제에서 중요한 역할을 하는 것은 아닐지라도 관련된 체계를 간과하는 것은 적어도 부분적으로는 관련이 없거나 왜곡된 사정을 초래한다. 따라서 불완전하고 부정확한 사정에 기반을 둔 개입은 제한된 치료효과만 있는 경향이 있으며, 심지어 해로운 결과를 생산하는 경향이 있다. 역으로 정확하고 포괄적인 사정에 기반을 둔 개입은 보다 효과적인 경향이 있다.

사정에서의 선택과 우선권은 클라이언트의 관심과 기관의 목적이나 자원에 준한다. 되풀이해서 말하면, 사정의 한 부분은 잠재적 클라이언트가 사회복지사와 기관으로부터 서비스를 받을 수 있는지 또는 받아야 하는가를 결정한다. 사정의 다른 부분은 확인된 문제와 관심을 다루기 위한 계약과 치료계획을 공식화하는 것을 원조하는 정보를 수집하는 것이다. 인간문제의 다양한 부분을 고려하는 사정을 사회복지사가 공식화하도록 원조하기 위해 이 장에서는 사정을 공식화함에 있어서 사회복지사가 대답할 필요성이 있는 주요한 질문을 살펴본다. 다음 장에서는 개인과 환경에 대한 복합사정에 관한 정보를 전달할 것이다. 10장에서는 특히 결혼과 가족을 강조하는 대인관계에 관한 사정에 초점을 맞출 것이고 11장에서는 성장집단의 목록 내에서 사정을 고려할 것이다.

7. 문제의 확인

세션 초기에, 도입단계 이후(또는 준비기간) 사회복지사는 잠재적 클라이언트에게 자신의 문제와 관심을 표현해 주도록 부탁한다. 이러한 요구에 지원자들은 대개는 그들의 문제에 관한 일반적인 설명으로 시작한다. 클라이언트에 의해 확인된 문제는 일반적으로 필요로 하는 어떤 것(예: 의료보호, 적절한 수입과 주거, 우정, 원만한 가족관계, 자아존중감)이 부족하거나 원하지 않는 어떤 것(예: 두려움, 죄의식, 분노 폭발, 결혼 또는 부모-아동 간의 갈등, 마약중독)이 과도한 경우들을 포함한다. 이런 경우 지원자들은 불균형 상태에 놓여 있게 되고 긴장감과 불안함을 느끼게 된다. 클라이언트의 감정은 문제의 일부분을 잘 보여주며 따라서 감정이입적 대화는 매우 중요한 기술이 된다. 지원자들의 관점에 의해 표현된 문제는 그들의 문제에 대한 즉각적인 인식을 반영하고 있으며 또한 동기화를 위한 핵심적 지점이므로 매우 중요하다.

다른 사람이 의뢰한 잠재적 클라이언트는 의뢰된 출처(종종 의사, 고용주, 가족 구성원 또는 학교 선생님)가 문제에 대한 관점을 가지고 있으며 치료계획에 관하여 권고를 한다는 사실과 부딪치게 된다. 의뢰한 출처의 관심사가 반드시 필수적인 것은 아니지만 그들에게 중요하게 인식되는 문제를 클라이언트와 함께 선택하여 명확하게 것이 중요하다(Epstein, 1992).

법적으로 위탁된 비자발적 클라이언트의 경우 또한 선택은 유용하다. 법원 명령을 피한 결과나 법적 조치가 임박한 상황의 결과는 심각하므로 비자발적 클라이언트는 그 결과를 수용하고 행하는 것을 선택할 수 있다. 보다 중요한 것은 비자발적 클라이언트는 그들의 법적 강제와 상응하기 힘든 자신의 관점을 가지고 있으며 "그들이 나를 억누르고 있다"고 결론 내릴 수 있다는 것이다(Rooney, 1992). 많은 경우에 계약에서 비자발적 클라이언트의 동기를 찾아서 포함시킴으로써 적어도 부분적으로는 자발적인 계약을 그들과 체결하는 것은 가능하다.

모든 유형의 잠재적 클라이언트에게 있어 문제의 정의는 클라이언트가 중심이 되어야 한다. 확실히 클라이언트는 이전에 그들이 잘 몰랐던 사실에 대한 탐색을 할 때에는 일반적으로 그들의 문제에 관한 인식을 수정 · 변경한다. 게다가 잠재적 클라이언트는 몹시 난처할 수 있거나 비난을 받을 위험성이 높은 문제를 항상 초기에 내보이는 것은 아니다. 중요한 것은 클라이언트가 정의한 문제를 조심스럽게 다루어야 한다는 것이다. 그들이 인식하지 않은 문제만을 배타적으로 다루는 것은 그들의 동기화를 감소시킬 위험이 있다. 사회복지실천의 효과성에 관한 몇몇 연구들은 보다 성공적인 결과는 동기화와 관련되어 있으며 또한 문제에 대한 사회복지사와 클라이언트의 조화와 관련되어 있음을 보여준다(Reid & Hanarahan, 1982; Videka-Sherman, 1988).

클라이언트가 표현한 문제는 이후에 탐색되어야 할 영역을 보여주기 때문에도 매우 중요하다. 만약 부모에 의하여 묘사된 문제가 무단결석, 어른에게 반항하는 행동을 포함한다면 가족, 학교, 동료체계에 대한 탐색이 진행될 것이다. 결혼관계에서의 어려움이 부모-아동관계에 부정적으로 영향을 미치고 있는 징후가 있다면 결혼체계에 대한 탐색 또한 유용할 것이다. 학습에 대한 어려움이 무단결석에 기여하고 있다면 성인의 인지 · 지각의 하위체계가 문제의 한 부분으로 사정될 필요가 있다. 따라서 표현된 문제는 문제의 구성요소가 되는 체계를 확인할 수 있게 한다. 마지막으로 무단결석과 반항적 행동은 부모에게서 보이는 문제를 반영하는 것임을 인지해야 한다. 만약 그들의 관점이 단독으로 수용된다면 그 성인은 잠재적 클라이언트로부터 문제의 표적으로 변형될 것이다. 이러한 행동은 중요한 초점이 될 수 있다.

1) 생태학적 요소의 명확화

클라이언트가 자신의 어려움을 묘사할 때, 그들은 타인과 보다 큰 체계가 그들의 문제상황에 관련되어 있음을 확인하는 것이다. 클라이언트, 사회환경, 문제를 생산하고 지속키는 상호작용을 하는 관련체계에 대한 윤곽은 문제의 생태학적 범위를 구성한다. 클라이언트와 관련 체계가 어떻게 문제를 생산하고 지속시키는 상호작용을 하는가에 대한 보다 깊은 이해는 이러한 관련 체계들의 기능과 상호작용에 관련된 구체적 정보를 유도할 수 있게 한다.

클라이언트가 흔하게 접하는 체계는 다음을 포함하고 있다.

1. 가족 그리고 확대가족 또는 대가족
2. 사회관계망(친구, 이웃, 동료, 종교 지도자와 관련인들, 집단 성원, 문화적 집단)
3. 공적 제도(교육, 여가, 법률집행이나 법적 보호, 정신건강, 사회 서비스, 의료보호, 취업, 경제적 안정성, 법, 다양한 정부기관)
4. 대인 서비스 제공자(의사, 치과의사, 이발사, 미용사, 술집 바텐더, 기계 수리공 등등)

개인들은 자신의 발달단계와 환경에 의하여, 1과 2의 체계들과 빈번하게 계속적인 순환작용을 하며 3과 4의 다른 체계와는 보다 적게 순환작용을 한다. 도전은 클라이언트 문제의 생태적 범위에 존재하는 체계들을 포함하는 것이다. 관련 체계들은 클라이언트의 어려움에 기여하거나 또는 어려움의 해결을 원조하는 체계들이다(Congress, 1994).

2) 발달적 욕구와 요구사정

클라이언트의 문제에는 보통 욕구와 환경에서의 자원 사이의 적절한 조화의 부족에서 야기된 충족되지 못한 욕구(needs)와 요구(wants)가 포함된다. (1장의 표 1-2에서, 개인적 욕구와 사회적 환경, 기타 주변환경에서의 욕구충족의 원천을 밀접하게 연결시키고 있다.) 충족되지 못한 욕구를 한정하는 것이 발전시켜야 될 자원을 확인하기 위한 첫 단계이다. 만약 자원이 이용이 가능하지만 클라이언트가 자원을 유용하게 사용할 수 없다면, 자원의 유용화에 장애가 되는 것이 무엇인지를 결정하는 것이 중요하다.

인간의 욕구는 보편적인 생필품(적절한 영양섭취, 의복, 주거, 그리고 의료보호)을 필요로 한다. 욕구는 결정적이며 인간은 건전한 신체 · 정신건강과 복지를 위해 적어도 부분적으로는 충족되어야 한다. 우리가 그 단어를 사용하는 것은, 요구가 충족된다면 행동을 동기화하고 만족과 복리를 강화시키고자 하는 강한 바람을 포함한다. 비록 이러한 요구를 충족하는 것이 생존에 필수적인 것은 아니지만 어떤 요구는 그 강도에서 강제적 측면이나 경쟁하는 욕구들을 발전시킨다. 이에 대해 설명하기 위해 현존하는 문제들이 포함하는 전형적 요구의 예에 관한 목록을 다음에 제시한다.

클라이언트의 충족되지 못한 욕구와 요구를 한꺼번에 표출하는 데 있어서 클라이언트 개인, 부부, 가족의 발달단계를 고려해야 한다. 그리고 클라이언트의 문제가 종종 명확한 욕구와 요구(예: "실업급여가 만기가 되어서 우리는 수입이 없다")를 나타내더라도 부족한 것이 무엇인지 추론하는 것은 필수이다. 현존하는 문제는 표면적으로 클라이언트를 괴롭히는 것들만을 보여줄 수 있다. 충족되지 못한 욕구와 요구를 확인하기 위해서는 조심스런 탐색과 감정이입에 의한 '동조'가 필요하다.

[표 8-1] 표현된 문제와 관련된 전형적 요구

가족갈등의 감소	보다 많은 자유
배우자에게 가치있는 존재로	갈등을 효과적으로 해결
인정	기질에 대한 통제
자기 지지	우울증 극복
결혼에서 보다 훌륭한 동반자	지지자 또는 자신을 지원할 수
관계의 형성	있는 것 획득
보다 큰 자신감의 획득	어려운 결정을 잘 하는 것
보다 많은 친구	두려움이나 걱정 극복
결정과정에 참여	아동에게 보다 효과적으로 대처
문제상황 외부에 존재	

또 클라이언트의 불평이나 문제를 욕구나 요구로 해석하는 것도 유용하다. 특히 자신의 구체적인 욕구와 요구를 생각하지 않거나 또는 문제체계에서 다른 참가자들의 문제시되는 행동에 의존하고 있는 클라이언트들에게 유용하다.

욕구와 요구를 확인하는 것은 목표를 협상하는 과정으로 나아가는 중요한 전제이다. 물론 목표는 문제체계의 한 부분으로 있는 사람들의 욕구만족의 정도를 강화시킬 수 있도록 참여자들의 문제행동의 구체적인 변화를 기한다. 욕구와 요구를 전달하는 말에서 목표를 표현하는 것은 클라이언트에게 목표중심적 결과를 명확하게 함으로써 클라이언트의 목표도달을 위한 동기화를 보다 진전시킨다.

비록 목표가 일반적으로는 충족되지 못한 욕구와 요구와 관련되어 있지만, 사정에서의 클라이언트의 요구는 때때로 클라이언트의 능력이나 사회환경에서의 기회에 반하는 것으로 나타난다. 바람직한 목표를 성취하기 원하는 것이 시간과 노력을 투자하고 목표에 도달하기 위해 요구되는 불편함을 기꺼이 감내하겠다는 것과 동일하지는 않다. 따라서 13장에서 주요하게 다룰 내용인 포괄적인 면들을 고려한 계약은 매우 중요하다.

3) 삶의 변화와 관련된 스트레스

연령과 관련된 발달단계와 더불어 개인 · 가족은 흔히

또 다른 주요한 변화들, 즉 특정 나이와는 다소 관련이 없는 그러한 변화에 적응해나가야 한다. 이러한 변화(예: 이사 또는 이민, 이혼, 배우자와 사별에 의한 과부나 홀아비)는 실제로는 불특정 발달단계에서 일어날 수 있다. 이러한 많은 변화는 외상을 동반할 수 있으며, 이때 요구되는 적응은 개인이나 가족의 대처능력의 범위를 일시적으로 벗어날 수 있다. 예를 들면, 사람, 고향, 친숙한 규칙에서의 분리는 대부분의 사람들에게 강한 스트레스를 주며 종종 단기적으로는 사회적 기능의 손상을 가져온다.

사람들이 주요한 변화에 잘 적응할 수 있도록 하는 것에 환경은 중요한 역할을 한다. 일반적으로 강한 지지체계를 가진 사람들(예: 가족이나 친지, 친구, 이웃과 매우 밀접한 관계를 형성하고 있는)은 강한 지지체계가 부족한 사람들보다 외상적 변화에 대한 적응에서 어려움을 적게 겪는다. 따라서 단기적인 기간에 관련된 사정과 개입은 능력이나 필수적인 지지체계의 부족을 고려해야 한다.

성인들에게 흔히 일어날 수 있는 주요한 변화는 다음과 같다.

일거리나 직업선택 그리고 변화	불시에 과부나 홀아비
결혼	출산기
부모기	퇴직
이사(지리적 이동)나 이민	건강의 손상
별거나 이혼	공공시설에 수용
편모 또는 편부로서의 부모기	배우자의 사별로 혼자됨

위의 변화 외에도 다른 변화가 특정집단에게 영향을 미칠 수 있다. 예를 들면, 동성연애자들은 그들의 성정체성을 누구에게 그리고 어떤 상황에서 말해야 할지를 결정해야 하는 어려움이 있다. 케인(Cain, 1991)은 남성 동성연애자들이 자신의 성정체성을 밝힐 때 경험하는 어려움이나 이로움 등에 관한 6개의 상황을 확인하고, 이러한 남성 동성연애자를 원조하기 위한 지침을 제시한다. 유사하게 혼혈아동은 종종 성인기에 자신의 인종 정체성을 '선택'해야 하는 강한 압력을 경험한다.

클라이언트가 어떤 발달국면에 있는지 또는 변환기에 있는지를 사정하는 것은 매우 중요하다. 종종 클라이언트에게 나타나는 현재의 문제는 삶의 발달국면이나 변환기에 성공적으로 적응하는 데 필수적인 과업수행의 실패가 '고착된' 것들을 포함하고 있기 때문이다. 사회복지사들은 필수적인 과업을 확인하고 클라이언트가 그러한 과업을 수행하는 것을 원조하는 활동에서 중요한 역할을 수행하며, 13장에서 다룰 위기개입의 양상에서도 중요한 역할을 수행할 수 있다.

8. 사정에서 확인할 수 있는 핵심 요소

정확하고 완벽한 사정은 클라이언트의 문제와 관련된 핵심요소들을 언급하고 있어야 한다. 사정의 지침으로 이 장의 2절에서 정의한 요소들을 사용하는 것은 전체적인 설명과 적절한 사정을 수행하는 것을 원조할 것이다.

이러한 많은 요소들의 중요성과 적용을 묘사하기 위하여, 사회복지사에게 중요한 관심사인 문제, 즉 아동학대(방임, 신체적 학대, 성적 학대)와 배우자폭력 등에 이러한 요소들을 관련시켜 설명해왔다. 이는 사회복지사에게 서비스를 받는 가족수가 지속적으로 증가하고 있고 특히 이러한 문제와 관련해서 어려움을 표출하고 있음과 무관하지 않다.

1) 문제의 현시(現時)(manifestations of the problem(s))

전형적으로 자발적인 클라이언트는 자신의 문제를 설명할 수 있지만 일반적으로는 문제에 대한 정확한 사정을 하기 전에 보다 상세한 정보를 끌어낼 필요가 있다. 그러나 비자발적인 클라이언트는 종종 그들의 문제를 의뢰한 기관과는 다르게 문제를 묘사한다. 결과적으로 신체적 · 정신적 안정이 아동학대나 배우자학대라고 일컬어지는 위험상황에 처하였을 때에는 이러한 문제들이 비자발적인 클라이언트의 문제에 덧붙여 사정되어야 한다.

① **방임, 신체적 학대의 징후**

부모의 방임은 다음과 같은 수많은 요소에 의하여 확인된다: 저체중아의 출산 또는 성장지체, 왜소한 외모, 무감각, 아동이 이웃 · 교사 · 타인들에게 음식에 대한 되풀이되는 요구를 하는 것, 세탁이 안 되어 있거나 또는 지저분하고 누추한 의복상태, 보호기능을 상실한 의복착용이나 추운 날씨에 맞지 않는 신발착용, 항상 때묻은 얼굴이나 손발, 그리고 헝클어진 머리모양, 머리에 이가 있거나 또는 콧물을 흘리는 모습, 아동이 혼자 있다거나 또는 음식을 구걸한다는 이웃으로부터의 불평.

신체적 학대의 징후는 빈번하고 심각한 상처(회복의 다양한 단계에서 보이는), 데거나 화상을 입은 흉터, 입술의 찢어짐, 뼈가 부러지거나 눈 또는 머리의 상처, 복부의 상처, 입으로 깨문 자국 등이 포함된다(Wolff, 1990).

아동학대의 결과는 신체적 상처뿐만 아니라 감정적인 부분과 사회관계에서의 손상을 가져오며 극히 약한 자아존중감을 갖게 한다. 이러한 결과는 사회적 · 감정적 발달을 방해하며 종종 성인기까지 지속된다.

② **아동에 관한 성적 학대의 징후**

성학대의 희생자는 대개 그들의 학대경험을 자발적으로 보여주지는 않는다. 그들은 가해자에 의한 위협이나 죄의식 또는 수치심 때문에 성적인 학대를 받아온 사실을 숨긴다. 대부분은 그들 자신을 그들의 경험으로부터 분리시키고 "성학대를 경험한 것이 현재의 어려움에 관련이 없거나 중요하지 않은 것으로 인식" 한다(Kilgore, 1989: 228). 종종 학대는 아동이 타 아동에게 이야기를 하고, 그 아동이 부모에게 이야기하고, 부모가 권력기관에 이야기함으로써 세상에 알려지게 된다(성적 학대로 보고된 법적 위임도 신체적 학대와 같은 경우이다). 따라서 사회복지사의 성적 학대의 징후에 관한 지식이 매우 중요하다. 성적 학대는 복합적이며 몇 가지 영역을 포함하고 있기 때문이다. 어떤 하나의 징후로 성적 학대가 일어났다고 결론 내릴 수 없음을 인식하는 것이 중요하다.

2) 강점과 장애물 사정

찰스 카우저(Charles Cowger)는 두 개의 주요한 영역이 묘사된 사정을 위한 주요한 축(framework for assessment)을 발전시켜왔다. 수직선으로 만나는 축 위에서, 한 축의 끝에는 잠재적 강점과 자원이, 그리고 그 축의 다른 쪽 끝에는 잠재적 약점, 도전, 그리고 장애물이 그려진다. 평면의 다른 한 축에는 환경적(가족과 지역사회)인 요소에서 개인적인 요소까지의 범위가 그려진다. 이러한 뼈대는 개인적 약점에 대한 빈번한 선입관(4사분면)을 제거하고 개인의 강점과 환경적 강점 및 장애물을 포괄할 수 있도록 원조하는 유용한 한 방법을 제공한다(Cowger, 1992)([그림 8-3]).

[그림 8-3] 사정의 주요한 축

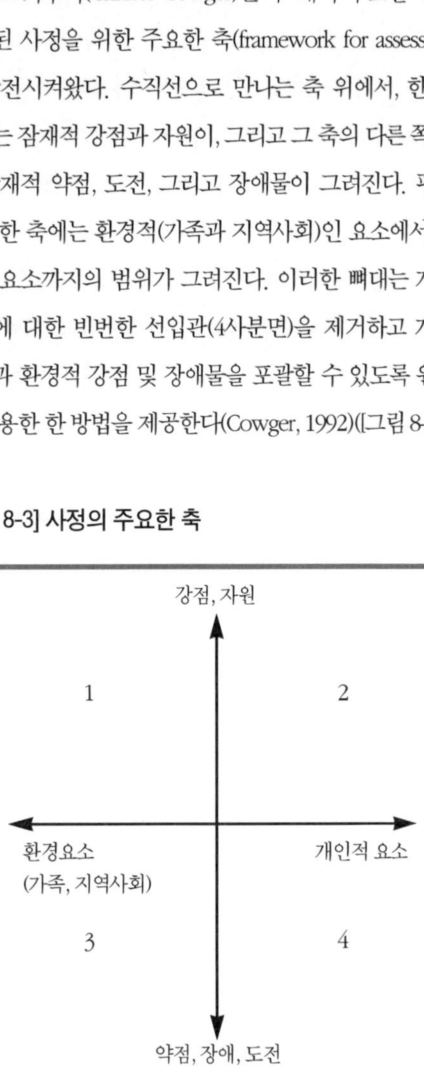

* 출처: Charles D. Cowger, Assessment of Client Strengths, *The Strengths Perspective in Social Work*, New York, 1992: 139-147.

3) 관계자들과의 상호작용 방법

문제와 관련된 핵심적인 사람을 확인하는 것, 그리고 더 깊이 있는 탐색은 클라이언트의 어려움에 관련된 다른 사람들이나 집단, 조직 등을 알 수 있게 한다. 정확한 사정은 이 모든 요소와 그들이 어려움을 생산하는 상호작용의 방법을 고려해야 한다.

관계자들의 상호작용이 어떻게 어려움을 유발하는가에 대해 이해하기 위해서는 문제상황에 대한 각각의 기여를 이해하는 것이 필수적이다. 이는 모든 관계자들의 행동에 관한 상세한 정보를 요구한다. 즉 문제가 발생하기 이전, 문제가 발생한 동안, 문제발생 이후에 그들이 어떻게 말하고 행동하였는가에 대한 정보를 알아야 한다. 이에 대한 분석은 문제행동과 관련한 환경을 묘사할 수 있게 하는 것이다. 각각의 사람들이 어떻게 영향을 미쳤고 타인에 의하여 어떤 영향을 받았는가를 알 수 있게 하며, 더불어 문제행동을 지속시키고 있는 사건의 결과를 알 수 있게 한다. 인간의 행동은 의도적이며, 또한 인간의 행동은 그 행동을 동기화하는 힘을 분석함으로써 이해될 수 있는 것임을 기억해야 한다. 동기화는 신체 · 심리적 상황뿐만 아니라 외부사건(즉 다른 사람에게 보여지는 것)과 내재된 힘(즉 생각, 신념, 감정, 소망, 이미지)으로 구성된다.

외부사건과 관련한 환경이나 행동들은 대개 문제행동에 선행한다. 한 가족 구성원이 어떤 것을 말하거나 행동하여 관련자들을 화가 나게 하거나 상처를 줄 수 있다. 문제행동에 선행된 사건은 전사(antecedents)로 언급된다. 어떤 한 관계자가 다른 한 사람에게 자극적이거나 공격적인 행동으로 부정적 반응을 유발하고, 다시 부정적인 반응이 뒤따라 문제상황이 작동하게 되는 것에 있어, 전사는 눈여겨보아야 하는 요소이다.

문제행동과 관련한 환경적 결과를 결정하는 것이 역기능적 행동을 지속시키는 요소를 명확하게 할 수 있다. 어떤 행위나 반응은 선행하는 행동의 빈도를 증가시키므로 효과적인 개입은 이러한 환경을 수정하는 것을 목표로 해야 한다. 기분에 따라 맘대로 하는 행동은 아동의 요구를 모두 들어주는 부모에 의해 무의식적으로 지속될 수 있다. 이러한 반응유형의 역동적 측면에 대한 인식은 사회복지사가 클라이언트로 하여금 역기능적인 순환을 깨거나 문제행동의 빈도를 점점 줄일 수 있는 새로운 반응유형을 발전시키는 것을 원조할 수 있게 할 것이다.

문제행동의 전사를 분석하고 구체적인 말로 행동을 묘사하며 문제행동의 결과를 사정하는 것은 역기능적 행동을 동기화하는 요소를 확인하고 적절한 개입목표를 설정하는 것에 중요한 역할을 수행한다. 행동의 기능적 측면을 분석하는 접근은 수많은 학자들에 의해 ABC(전사 antecedents, 행동behavior, 결과consequence) 모델로 일컬어진다. 비록 이 모델이 생각보다 간단하지는 않지만, 인지적 요소에 대한 고려가 보충된다면 행동을 이해하는 일관되고 실용적인 접근을 제공할 것이다.

4) 충족되지 못한 욕구와 요구

이에 대해서는 앞에서 설명하였으므로, 여기에서는 아동학대와 배우자학대가 일어나는 가정에서 충족되지 못한 기본적 욕구로 한정하여 다루고자 한다. 명백히 아동방임은 아동이 받아야 할 적절하고 지속적인 신체보호, 적당한 영양, 감정적 지지(관심, 애정, 인정, 칭찬)와 지도 등의 안전한 양육환경이 충족되지 못하고 있는 것이다. 학대받는 아동 또한 같은 욕구가 있으나 추가적으로 폭력, 위협이나 성적 괴롭힘이 없는 안전한 가족환경을 필요로 한다. 부적절하게 양육되는 아동도 모든 아동이 가지는 욕구, 즉 부모에 의해 사랑받으며, 가치를 인정받고, 보호되며, 건강과 복리를 위해 안전한 보호망이 제공되는 것 등의 욕구가 있다.

배우자와 안전하고 신뢰있는 관계를 형성하는 것과 더불어 학대를 당하는 배우자는 그들의 배우자로부터 가치있고 존경받는 사람이라는 느낌을 필요로 한다. 배우자 둘 다 감정을 다루는 기술에 대한 욕구가 있을 수 있고 건설적인 문제해결과정에 참여하고자 할 수 있다. 자아존중감의 증진에 대한 욕구가 학대받는 여성과 그들을 학대하는 배우자 모두에게 나타나며, 그들 중 많은 사람들은 아동기에 학대경험이 있다.

5) 문제의 심각성

문제의 심각성을 결정하는 것은 클라이언트가 지역사회에서 계속적인 기능을 수행할 수 있는가의 여부를 결정하고 또는 입원이나 다른 강력한 지지적 · 보호적 조처를 필요로 하는가를 결정하는 데 유용하게 이용될 수 있다. 게다가 스트레스의 수준을 결정하는 것은 상담의 빈도와 지지체계 형성의 필요성을 결정하는 데 유용하다. 대부분의 클라이언트는 적절한 기능을 수행할 수 있으므로 일주일 단위 또는 그 이상의 단위로 만나는 것이면 충분하다.

그러나 클라이언트가 심각하게 우울하거나 자살의 가능성이 있을 때에는 그들이 상당한 호전을 보일 때까지는 입원시킬 필요가 있다. 유사하게 일시적으로 극단적인 불안을 나타내거나 감정을 통제할 수 없는 사람들, 심각한 외상 후 스트레스 장애를 경험한 사람들은 단기간의 입원이 필요하다.

클라이언트의 스트레스 수준을 평가하기 위해서는 면접기술을 통해 스트레스 수준을 탐색해야 한다. 스트레스의 수준을 수량화하고자 한다면 이러한 목적을 위해 개발된 척도를 사용할 수 있다. 허드슨(Hudson, 1992)의 임상적 스트레스 지수(The index of clinical)가 편리하며, 신뢰도가 검증된 Abell(1991)의 자기관리척도(Self-administered scale)가 있다. 우울증을 사정하기 위해 발달된 다른 도구나 자살 위험은 다음 장에서 다룰 것이다.

6) 클라이언트가 문제를 묘사하는 것의 의미

ABC모델의 유용성에도 불구하고 클라이언트의 행동을 동기화하는 힘에 대한 사정은 완성된 것이 아니므로 클라이언트의 문제에 대한 지각과 정의가 조심스럽게 다루어져야 한다. 사건 그 자체뿐만 아니라 사건에 기여하는 사람들이 가지는 의미(문제에 대한 태도) 또한 중요하다는 것에 대한 인식이 증가하고 있다. 고대 그리스의 스토아학파 철학자 에픽테투스(Epictetus)는 "사람들은 그들에게 일어난 어떤 것에 의해서가 아니라 그것에 관한 그들의 생각에 의해 교란된다"고 하였다. 따라서 사회복지사와 그의 클라이언트, 문제에 관련된 다른 관계자들, 그리고 외부 관찰자는 매우 다른 방식으로 문제상황을 바라볼 수 있다. 사람들은 그들에게 문제상황에 던져주는 의미에 따라 행동하므로 각각의 사람들을 동기화하는 힘에 대한 사회복지사의 이해를 돕기 위해서는 주요한 행위자의 관점을 결정해야 한다. 골드스타인(Goldstein, 1983)은 클라이언트가 존재하고 있는 곳에서 시작해야 한다는 원칙을 적용하기 위해서는 사회복지사는 문제행동의 원인에 대한 클라이언트의 지각을 알아야 한다고 말하고 있다.

문제를 유발하는 요소에 관한 클라이언트의 믿음은 문제를 개선하기 위해 필요한 변화에 대해 장애를 나타낼 수 있으므로 의미의 참뜻이 무엇인지를 결정하는 것이 매우 중요하다. 헵워스(Hepworth, 1979)에 의하면, 이러한 의미의 참뜻이 문제행동을 지속시키는 경향이 있으며 변화의 목표로 고려될 수도 있다. 허비츠(Hurvitz, 1975: 228-229)는 변화에 장애가 되는 의미의 참뜻을 다음과 같이 범주화하고 있다.

- 비과학적인 설명

"우리는 바이오리듬이 잘 맞지 않는 것 같아, 우리가 할 수 있는 일이라곤 아무 것도 없어, 아마도 우린 서로 잘 맞지 않는가봐."

"제니(입양아)는 혈통이 좋지 않은 게 분명해, 아마 그애 친 엄마는 매춘부였을 거야."

- 심리적 낙인

"어머니는 편집증 환자예요. 그래서 난 어머니에게 어쩔 수 없이 지금까지 거짓말만 해왔지요."

"나는 래리가 단지 지나치게 활동적인 사람이라 생각해요."

• 다른 주요한 행위자가 능력이나 반드시 변화해야 한다는 열망이 부족하다는 신념

"그는 우리 결혼생활이 지속되기를 원한다고 말하지만 나는 더 잘 알고 있어요. 그는 이혼을 원하고 있는 거예요. 그는 나를 화나게 해서 내가 이혼하고 싶어지기를 바라는 거예요."

"그 여자는 절대 변하지 않을 거예요. 지금까지도 그렇게 해왔으니깐요. 난 지금 우리가 시간과 돈을 낭비하고 있다고 생각해요"

• 변하지 않는 외부요소

"우리 선생님에게 이야기할 필요 없어요. 선생님은 항상 나를 이해하려고 하지도 않아요."

"그이의 아버지가 살아 있는 한 우리에게는 기회가 없을 거예요. 시아버지가 항상 그이를 꼼짝 못하게 만들어요."

• 변화될 수 없다는 신념(innate qualities) 대한 잘못된 인식

"나는 본래 실패자입니다. 정비사가 되려고 공부한 것은 이야기할 필요가 없어요. 난 단지 또 실패했을 뿐이에요."

• 비현실적 절망감

"내가 할 수 있는 일은 전혀 없는 것 같아요. 글로리아는 매우 강한 사람이라소 나를 항상 좌절시키지요."

"내가 무엇을 할 수 있겠어요? 내가 그이 말을 따르지 않으면 그 사람은 나에게서 아이들을 데려갈 거예요."

• '고정된' 종교 또는 철학적 원칙, 자연의 순리 또는 사회적 힘에 관한 언급

"확실히 제겐 지금 아이들만으로도 충분해요. 하지만 저에겐 선택권이 없지요. 교회에서 낙태는 죄악이니깐요"

• 인간 본질에 기반을 둔 고집이나 주장

"모든 아이들은 그 나이에 거짓말을 하기 마련이야. 그건 당연한 일이지. 나도 어렸을 때 그랬고."

• 문제와 관련된 중요한 사람들의 한계에 관해 충분한 증거가 없는 상태에서 주장하는 것

"그는 매우 우둔해. 나는 그를 이해시키기 위해 내가 아는 모든 방법을 다 사용해보았거든. 그러나 그는 너무 우둔해서 내 감정을 이해하지 못해."

다행히 많은 클라이언트는 변화에 적대적이지 않은 태도를 보인다. 어떤 클라이언트는 개방적이며 기꺼이 문제상황에서 그들이 했던 부분을 실행하기도 하며, 그들의 행동을 변하게 하고자 하는 부분이나 열망을 알고 있다. 그러나 위에서 언급된 장애가 나타난다면, 변해야 할 목표를 협상하거나 개입을 하기 전에 이를 탐색하고 변하게 하는 것이 중요하다. 이러한 장벽이 변하기 전까지는 클라이언트는 문제에 대해 책임지려고 하지 않으며 일반적으로 그들에게 부과되는 목표나 개입에 저항한다.

클라이언트가 의미하는 태도를 끌어내기 위해서는 클라이언트가 문제를 설명할 때 적절한 탐색반응을 사용해야 한다. 적당한 반응은 다음과 같은 것을 포함한다.

"그의 행동이 당신에게는 어떤 의미로 다가왔습니까?"

"당신의 부모님이 당신을 꾸지람한 이유가 무엇입니까?

"집주인이 당신에게 나가라고 한 이유에 대하여 당신은 어떤 결론을 내렸습니까?"

"승진하지 못한 것에 관하여 당신은 어떻게 생각하십니까?

의미하는 바가 나타내는 태도는 또한 아동학대와 배우자학대와도 관련이 있다. 신체적으로 학대를 당하는 어린 아동은 미성숙하며 그들의 부모가 학대하는 행동이 역기능적 대처유형이나 현재의 좌절감 또는 과거의 충격과 관련된 복합적 원인으로 유발되는 것임을 인식하는 관점도 부족하다. 대신 그들은 그들이 부모의 학대를 받을 만한 나쁘고, 사랑받지 못할 행동을 하였다고 스스로를 비난할 수 있다. 성적인 학대를 경험하는 아동은 일반적으로 부모의 성적 괴롭힘을 자신의 탓으로 돌리며, 그 결과로 자신

을 나쁘고 가치 없는 사람으로 바라본다. 심지어 아동기 때 학대를 경험한 많은 학대받는 배우자들도 배우자학대를 정상적인 것으로 잘못 바라보고 있기 때문에, 그들도 똑같이 존경받을 권리가 있음을 믿도록 원조하는 것이 필요하다. 각각의 앞선 예에서 클라이언트가 학대행동에 기여하고 있다고 의미되는 바는 그들이 보다 현실적인 관점을 가질 수 있도록 하며, 또한 그들이 부모나 배우자의 지독한 학대로 인한 괴롭힘으로부터 해방되는 것에 결정적인 역할을 수행한다.

7) 문제행동의 현장

문제행동이 일어났는가를 결정하는 것은 문제행동을 유발하는 요소에 대한 이해에서 핵심이다. 아동은 어떤 특정상황에서 짜증을 낼 수 있다. 반복되는 경험의 결과로 그들은 곧 그들의 행동이 허용되는 장소인지 그렇지 않은 장소인지를 구분한다. 어른들은 어떤 특정적인 환경적 맥락에서 우울증이나 불안을 경험할 수 있다. 예를 들어, 한 부부는 배우자의 부모님의 집에서는 항상 의사소통의 단절을 경험할 수 있다. 어떤 아동은 집이 아닌 학교에서만 문제행동을 나타낸다. 문제행동이 어떤 장소에서 나타나는가를 알아보는 것은 사회복지사가 문제가 되는 행동과 관련된 바로 그 요소에 보다 깊은 탐색을 할 수 있는 근거를 제공한다.

문제행동이 어떤 장소에서는 일어나지 않는가를 확인하는 것 또한 가치 있는 일이다. 브라운과 레빗(Brown & Levitt, 1979)에 의하면, 이에 대한 이해는 클라이언트가 단기간의 고통스러운 상황, 즉 두려움, 불안, 우울증, 외로움, 불안정 등과 같은 상황에서 유용한 자원을 확인할 수 있게 한다. 어떤 클라이언트는 자신을 아껴주는 삼촌댁을 방문함으로써 극도의 불안에서 일시적인 휴식을 얻을 수 있으며, 다른 예에서는 클라이언트가 극도의 스트레스를 이직이나, 휴학, 긴장이나 불편한 감정을 느끼게 하는 특정상황의 관계에서 벗어남으로써 지속적인 휴식을 얻을 수도 있다.

8) 문제행동의 일시적 맥락

문제행동이 언제 일어나는가를 확인하는 것은 클라이언트의 문제에서 중요한 요소를 알 수 있게 한다. 예를 들어, 우울증의 시작이 사랑하는 사람이 죽었거나 이혼했을 때부터 일어날 수 있다. 또한 가족문제가 아버지가 실직했을 때, 아동의 취침시간이나 식사시간에, 아동의 등교시간에 발생할 수 있다. 한밤중에 한 명의 배우자가 활동을 하거나, 부인이 생리를 시작하기 며칠 전에, 혼자 참석한 모임 이후에, 한 명 또는 배우자 둘이 모두 술을 마셨을 때에 심각한 부부싸움을 할 수도 있다. 이러한 것들은 문제와 관련된 스트레스의 본질을 묘사해주며 문제체계와 관련된 관계자들의 행동에 대한 상세한 탐색의 영역을 제시해준다.

아동학대의 일시적 맥락을 확인하는 것은 치료계획에 관련된 적절한 요소를 제시해준다. 존스(Jones, 1990)에 의하면, 부모가 어떤 시간과 어떤 사건에서 심각한 스트레스를 경험하는가 등에 관한 정보를 제공해주는 것이다. 예를 들면, 학대는 심각한 부부싸움 이후, 법적 기관에서 방문한 이후 또는 심각한 음주 이후에 일어날 수 있다. 학대는 또한 아동의 도발적 행동에 의해 유발될 수도 있고, 연인에 의한 거부나 남성의 실직 기간 동안에 발생할 수 있다.

9) 문제행동의 빈도

문제행동의 만연과 문제행동이 관계된 사람들에게 미치는 것에 있어 문제행동의 빈도가 지수가 된다. 가족 구성원들을 지속적으로 괴롭히고 비난하거나, 습관적으로 지나친 음주를 하며, 빈번하게 폭력을 사용하여 분노를 표출하는 클라이언트는 가족 구성원들에게 긴장, 갈등, 두려움, 자아존중감의 저하를 야기함으로써 가족기능에 심각한 손상을 준다. 이러한 클라이언트와 그 가족에 대한 서비스는 역기능적 행동이 보다 덜한 빈도를 보이거나 가끔씩 발생하는 클라이언트보다는 더 집중적으로 제공되어야 한다. 유사하게, 계속적인 우울증을 경험하는 클라이언트는 단기간의 우울증을 경험하는 클라이언트보다 더 정력적이고 활발한 치료조처를 요구할 수 있다. 따라서 문제행동의 빈도를 확인하는 것은 역기능적 행동의 정도와 그것이 클라이언트와 그 가족의 일상적 기능에 어느 정도로 영향을 미치는가를 명확하게 해준다.

또한 문제행동의 빈도를 사정하는 것은 변화를 위해 표적행동의 기초선을 제공해준다. 이후의 표적행동의 빈도에 대한 비교는 사회복지사가 그의 개입의 효과성을 검증할 수 있게 한다. 이에 대해서는 13장에서 다룰 것이다.

10) 문제의 지속기간

문제를 사정하는 것의 또 다른 중요한 영역은 문제력과 관련한 것이다. 문제가 언제 어떤 환경에서 발달하게 되었는가에 대한 정보는 문제 정도의 진전을 평가하고, 문제와 관련한 심리적 역기능 요소를 확인하고 또한 원조를 구하게 되는 동기화가 무엇인지를 알아보며, 적절한 개입계획을 세우는 데 있어 중요한 역할을 한다. 사람들의 삶에서의 중요한 변화는 그들이 그러한 변화에 적응할 수 없을 정도로 그들의 평형감을 붕괴시킨다. 계획하지 않은 임신, 실직, 승진, 심각한 질환, 첫 아기의 출산, 새로운 도시로 이사, 사랑하는 이의 죽음, 이혼, 퇴직, 심한 실망 등의 많은 삶의 사건들이 심각한 스트레스를 야기한다. 종종 문제의 지속기간에 대한 조심스러운 탐색이 역기능적 행동의 전사를 드러내주기도 한다. 이러한 전사는 즉각적인 문제 상황이나 다루어야 하는 감정과 문제에 대한 탐색과 더불어 매우 중요하다.

원조를 구하고자 하는 결정을 하기 직전의 전사는 특히 중요하다. 촉진하는 사건으로서의 전사는 이를 보지 않았더라면 간과하기 쉬운 유용한 정보를 제공할 수 있다. 종종 배우자와 부모는 1년도 훨씬 더 된 문제를 이야기한다. 특별한 시점에서 도움을 구하게 된 원인이 명확하지는 않지만 얼마간은 그들이 서로 다른 방식으로 문제의 실마리를 보고 있는 것을 알 수 있게 한다. 예를 들면, 그들의 문제를 지난 4년 동안의 끊임없는 싸움으로 보고 있는 한 부부가 부인이 가정 밖에서 일을 하기 시작하게 될 때(면접 약속이 있기 바로 2주 전)까지는 도움을 구하지 않았다는 것을 조심스러운 탐색이 보여줄 수 있다. 청소년기 딸의 오래된 반항을 불평하는 부모도 딸이 6세 연상의 여자와 애정관계를 갖게 되었다는 것을 알기 전까지(기관에 도움을 구하기 일주일 전)는 도움을 요청하지 않았다는 것을 알 수도 있다. 이 두 사례에서 촉진하는 사건은 사회복지사가 왜 그들이 특정 시점에서 도움을 구하게 되었는지를 묻지 않는다면 듣기 힘들었을 것이다.

대개 촉진하는 사건은 클라이언트에게 특정한 시점에 원조를 구하게 된 원인을 질문함으로써 확인할 수 있다. 예를 들어, 클라이언트 자신은 그 이유를 전혀 인식하지 못할 수도 있지만 원조를 구하기 직전에 일어난 사건이나 감정에 관한 경험을 탐색하는 것이 필수적이다.

문제의 지속기간을 확인하는 것은 클라이언트의 기능수준을 사정하고 적절한 개입을 설계하기 위해서도 필요하다. 탐색은 클라이언트의 적응이 몇 년 동안 한계적 상황에 있었으며, 당면한 문제는 장기간의 복합적인 문제들의 가속화라는 사실을 보여준다. 다른 사례에서는 문제의 시작이 갑작스럽거나 또는 클라이언트가 몇 년 동안 매우 높은 수준에서 기능해왔을 수도 있다. 전자에서는 온건한(modest) 목표와 장기간의 간헐적인 서비스가 필요할 것이며, 후자에서는 단기간의 위기개입이 클라이언트의 이전 기능수준을 회복하는 데 충분할 것이다.

11) 문제에 대한 클라이언트의 감정적 반응

사람들이 살아가면서 문제에 부딪치게 되면, 문제에 대한 감정적 반응을 일반적으로 경험하게 된다. 세 가지 이유로 이에 대한 탐색과 사정이 중요하다. 먼저 때때로 사람들은 문제와 관련된 고통스러운 감정을 표현함으로써 휴식을 얻는다. 일반적인 문제상황에 대한 반응은 걱정, 근심, 상처, 두려움, 당황함, 무기력, 비관 등이다. 이러한 감정을 환기시키는 것은 많은 사람들에게 큰 위안을 줄 수 있다. 게다가 가두어둔 감정을 분출시키는 것은 스스로 무거운 짐을 내려놓는 것과 같은 효과를 준다. 사실 감정을 환기하는 것은 고통스러운 감정이 있는 자신과 다른 사람들에게 인식되지 못하는 그들의 감정에서 벗어나고자 하는 사람들을 해방시키는 효과가 있다.

감정적 반응을 탐색하고 사정해야 하는 두 번째 이유는 감정이 행동에 매우 강한 영향을 미치므로 어떤 사람의 감정적 반응은 어려움을 가속화하는 방향으로 행동할 수 있다. 예를 들어, 실제 사람들은 감정적으로 재반응된 행동의 결과로 새로운 어려움을 만들 수 있다. 화가 매우 많이 나 있는 상태에서 어떤 사람들은 아동이나 배우자를 신체적으로 학대하는 행동을 하기도 한다. 또 어떤 사람들은 언어적 학대를 가하거나, 가족 구성원이나 다른 중요한 사람들을 위협하거나, 공격하거나 또는 소원하게 하도록 행동한다. 따라서 강력한 감정적 재반응은 전체적인 문제의 형상에서 아주 중요한 부분이다.

감정적 반응을 사정해야 하는 세 번째 주요한 이유는 가끔 격렬한 재반응이 주요한 문제가 되어 이전의 문제상황을 압도하는 경우가 있다. 어떤 사람들은 문제상황과 관련하여 심각한 우울증을 보인다. 어머니가 미혼의 딸의 임신에 우울증을 경험할 수 있다. 또는 남성들은 실직이나 퇴직과 관련하여 우울증을 보이기도 하며, 문화가 매우 다른 사회로 이주한 사람들이 우울증을 경험하기도 하여 다시 이전 사회로 되돌아가는 경향도 있다. 어떤 사람들은 심각한 마비증상을 유발하는 절망이나 공황의 감정을 경험한다. 이런 사례에서의 개입에서는 문제상황뿐만 아니라 과도한 감정적 재반응까지 다루어야 한다.

학대받은 아동은 학대에 우울증, 두려움, 당황하는 감정으로 반응하며 자신의 상황은 해결되지 않을 것이라고 바라본다. 이러한 상황에 대한 절망적 감정의 결과로 확연한 자살 경향이 나타나기도 한다. 좀더 나이가 든 아동은 공격적인 학대를 가하는 부모를 원망하고 좌절감을 가출로 행동화하기도 한다. 학대받는 부인의 감정적 재반응도 위에서 묘사한 것과 유사하다.

12) 대처노력과 필요한 기술

클라이언트가 문제에 어떻게 대처하려고 노력했는가를 알아보는 것이 중요하다. 그들이 사용하는 대처방법은 그들의 스트레스 수준과 기능수준을 잘 보여준다. 탐색은 클라이언트의 대처기술이 현저하게 부족하여 클라이언트가 역기능적으로 나타나는 융통성이 없는 유형에 의존하고 있음을 보여줄 것이다. 어떤 클라이언트는 약이나 알코올에 대한 의존을 강화함으로써 무감각해지거나 도피하려 하기도 하며, 어떤 클라이언트는 공격적 · 강압적인 행동을 보이거나 또는 순종적으로 행동할 수 있다. 어떤 클라이언트는 유연하고 효과적인 대처유형을 보이지만 그 사람을 압도하는 매우 높은 수준의 스트레스를 경험할 때에는 일시적으로 그러한 대처유형이 붕괴되기도 한다. 또한 어떤 클라이언트는 문제상황에 대하여 타인에게 전적으로 의존하기도 한다.

클라이언트가 문제상황에 어떻게 대처하려고 하는가에 대한 탐색은 그들이 과거의 유사한 문제상황을 효과적으로 다루었으나 지금은 그렇지 못하다는 것을 보여주기도 한다. 이런 사례에서는 무엇이 변하였는가에 대한 탐색이 중요하다.

또한 클라이언트의 기능수준의 변화는 그들의 대처능력을 저하시킨다. 일반적으로 심각한 우울증을 경험하는 클라이언트는 문제를 과도하게 보지만 그들의 대처능력은 과소평가한다. 어떤 클라이언트는 하나의 문제에는 잘 대처하지만 다른 문제에서는 그렇지 못하기도 하다. 어떤 사람들은 작업능력에서는 탁월하지만 가족 구성원의 감정이나 욕구에는 적절하게 대처하지 못한다. 어떤 교사는 학생들은 엄격하고 일관되게 잘 다루지만 자신들의 자녀는 효과적으로 다루지 못하기도 한다. 어떤 사회복지사는 자신의 클라이언트의 말을 경청하거나 이해하는 능력은 탁월하지만 배우자의 '불합리'는 전혀 이해하지 못하기도 한다. 이러한 지점은 서로 다른 환경, 태도, 감정적 재반응을 탐색함으로써 다양한 결과를 설명하는 희미한 차이를 확인할 수 있게 한다.

사정의 다른 측면은 클라이언트가 그들의 문제를 개선하기 위해 가지고 있는 기술을 확인하는 것이다. 필요로 하는 기술에 대한 지식은 사회복지사가 클라이언트가 소유하고 있지 못한 기술들을 발전시킬 수 있도록 원조하는 것에 적합한 목표를 잡을 수 있도록 협상할 수 있게 한다. 예를 들어, 부모와 아동의 관계를 향상시키기 위해 클라이언트가 경청하고 협상하는 기술을 발전시키는 것이 필요할 수 있으며, 사회적으로 고립된 클라이언트는 타인에게 다가가 자신을 소개하고 그들과의 대화에 참여할 수 있는 기술을 발전시킬 필요가 있으며, 결혼관계를 강화하기 위해서 배우자들이 의사소통이나 갈등을 관리하는 기술이 필요할 수 있다. 또 자신을 이용하려고 하는 사람들에게 효과적으로 대처하기 위해 어떤 클라이언트는 자기주장 기술을 획득해야 한다.

13) 문화적, 사회적, 그리고 사회계급 요소

민족문화적(ethnocultural) 요소는 사람들이 도움을 요구하는 것을 어떻게 느끼는가, 그들의 문제를 어떻게 바라보는가, 어떻게 의사소통하고, 전문가의 역할을 어떻게 인식하는가, 그리고 문제를 해결하기 위해 어떠한 다양한 방법들을 사용하는가 등에 영향을 미친다. 따라서 이러한 요소에 대한 지식이 중요하며 각각에 맞는 대응을 할 수 있는 능력이 중요하다.

가족폭력의 사회적 요소 또한 가족폭력에서 중요한 역할을 한다. 미국에서 폭력에 대한 역사와 폭력에 대한 대중매체(특히 영화, 텔레비전, 만화책)는 가족의 내 · 외부에서 폭력행동의 높은 발생과 밀접한 관련이 있다. 데이비드(Davis, 1991)는 아동을 향한 부모의 폭력이나 부인을 향한 남편의 폭력은 역사적 관점에 위치시키면 간단하지만 생각해볼 만한 글을 적고 있다. 이 책을 읽어볼 것을 권한다.

14) 필요한 외부자원

클라이언트가 서비스를 요구할 때에는 필요한 서비스가 기관의 기능과 조화되는지 그리고 직원들이 높은 질의 서비스를 제공하기 위해 요구되는 기술을 가지고 있는가를 확인해야 한다. 종종 클라이언트가 기관이나 사회복지사로부터 서비스를 요구할 때 그들은 기관이나 사회복지사의 서비스를 사용한 다른 사람에게서 획득한 정보에 기반을 한다. 이런 사례에서 요구되는 서비스는 유용하여 외부자원을 필요로 하지 않을 수 있다.

그러나 대부분의 클라이언트는 기관의 기능이나 적합한 자격기준에 대하여 적절치 못하거나 잘못된 정보가 있으며, 기관에서 제공되는 서비스 외에도 의료조치, 재수용서비스, 특수교육 서비스 등을 필요로 한다. 클라이언트의 욕구에 부합하는 특정 서비스는 그 분야를 전공한 다른 기관의 직원에 의해 보다 잘 제공되거나(예: 성문제, 이혼에 관한 상담, 강간에 대한 위기상담) 또는 의뢰가 클라이언트에게 높은 서비스의 질을 보장하기 위해 적절할 수도 있다. 이런 사례에서 사회복지사는 중개자나 사례관리자의 역할을 수행한다. 이런 역할을 효과적으로 수행하기 위해서는 지역사회 자원에 관한 지식이나 또는 최소한 관련된 필수 정보를 획득하는 지식이 필요하다. 다행히도 미국에는 많은 수의 큰 지역사회에서 클라이언트와 전문가에게 필요한 자원이 어디에 있는가에 대한 지역사회자원 정보센터(community resource information centers)를 두고 있다. 큰 지역사회에서 이용가능한 전형적인 자원에 대하여 [표 8-1]에서 보여주고 있다.

어떤 사례에서는 [표 8-1]에서 제시된 공 · 사적 자원 외에도 두 가지의 주요한 자원이 고려되어야 한다. 먼저 사적인 문제가 있는 개인에게 매우 유용한 자조집단이다. 전문적인 리더십을 피하고 집단의 구성원들이 서로에게 도

[표 8-1] 지역사회자원 유형

욕 구	자 원
소득보장	공공부조; 노령, 유족, 장애, 건강보험(OASDHI); 실업보험; 산재보험; 교회복지프로그램; 푸드스탬프
주거	노인, 저소득, 노숙자를 위한 특별한 주거프로그램; 주거조사프로그램; YMCA, YWCA, 이동주거(migrant housing)
의료보호	무료병원(Tax-funded hospitals), 지방의 공 · 사적 의료센터, 예비역 병원, 노인의료보험, 방문간호사업, 요양소, 재활 프로그램, 가정의료사업
아동 서비스	주간보호센터, 아동보호 클리닉, 아동복지국, 쉼터, 아동서비스국, 교회 프로그램, 해드스타트 프로그램, 입양기관, 학교사회복지, 특수교육 및 발달지체 프로그램, 아동치료센터, 장애아동서비스
직업교육, 재활	일자리 서비스, 공공직업훈련 프로그램, 예비역 서비스, 일자리 법인, 파운틴 하우스(Fountain House)와 정신적으로 무능한 사람들을 위한 수용시설
정신건강보호	정신건강센터, 정신병원, 약물남용센터, 민간 사회복지사들
법적 서비스	법 서비스국(Legal service societies)(United way), 사적 옹호자, 변호사, 미국시민자유연맹
부부 · 가족치료	가족서비스센터(United way), 가족서비스 영역(공적), 목사, 교회에 다니는 서비스, 민간 사회복지사들, 정신건강센터
청년서비스 (Youth service)	YMCA, YWCA, 공 · 사적 여가 프로그램, 지방의 청년서비스 프로그램, 시설치료프로그램, 청년 그룹홈, 소년법정, 청소년 공공 프로그램
여가	공 · 사적 여가프로그램 및 센터, 상급시민센터, 예술 및 수공예 프로그램
교통	여행자 원조국, 지방정부 프로그램, 자원봉사자

움을 주는 것으로, 최근 몇 년 동안 그 가치가 인정되어 빠른 성장을 보이고 있다. 일반적으로 자조집단은 감정적 지지와 유사한 문제에 대처해온 타인과 공유하고 그 이익을 취할 기회를 제공한다.

두 번째 주요한 자원은 때때로 간과되기 쉬운 자연적인 지지체계로 구성된다. 이는 일시적 스트레스로 인한 혼란에 대처하는 데 있어서의 어려움이나 고립을 원조하는 데 도움이 된다. 자연적 지지체계는 가족, 친지, 친구, 이웃, 동료와 학교, 교회, 다른 사회집단과의 친분으로 구성된다.

일부의 가족치료사들이 관계망치료(network therapy)로 알려진 개입을 통해 효과적으로 지지체계를 끌어들이는 혁신적 방법을 발전시켜왔다. 이런 치료사들은 역기능적 행동은 사람들의 삶에서 중요한 관계를 형성하는 자연적 사회관계망과의 소원으로부터 느끼는 감정에서 유발되는 정신질환으로 보았다. 이러한 사회복지사들은 관계망치료에서 관계망 구성원의 한 명 또는 그 이상이 위기를 경험하는 동안에 함께 하고자 하는 40~50명의 사람들을 동원한다. 목표는 고통받고 있는 사회관계망 구성원에게 지지, 확신, 연대를 제공하고자 하는 사회관계망을 공고하게 형성하도록 결합하는 것이다. 사회관계망을 동원하는 것은 사회복지실천에서 가장 최선의 전통이다.

문화적 고립의 사례에서 자연적 지지체계는 가족으로 제한된다. 따라서 사회복지사는 지역사회의 잠재적 자원을 동원할 필요가 있다. 문제는 지역사회에서 유용한 문화적으로 관련된 집단이 없는 것이다. 언어장벽이 또 다른 장애를 형성하기 때문에 사회복지사는 통역가나 또는 그 가족에게 주거, 고용, 언어학습, 이질의 문화에 적응하고 사회지지체계를 발전시키는 것을 도울 수 있는 사람들을 구해야 할 필요가 있다.

또 다른 사례에서는 사람들의 환경이 자연적 지지체계의 결핍을 가져올 수 있다. 결과적으로 환경이 변화하는 것은 욕구와 자원 간의 보다 나은 조화를 추구해야 할 필요성을 생산하며, 이 부분에 대해서는 다음 장에서 깊이 있게 다룰 것이다.

9. 사정에 포함해야 할 질문들

진행과정에서 논의해야 할 모든 요소를 고려할 수 있는가를 결정하도록 원조하기 위해 다음과 같은 질문으로 요소를 요약할 필요가 있다. 사회복지사는 이러한 질문을 목록표에 포함시켜 사정에서 중요한 요소를 간과하지 않도록 해야 한다.

1. 잠재적 클라이언트가 인식한 문제와 관심사는 무엇인가?
2. 진행중이거나 임박한 법적 명령(만약 있다면)이 이 상황에 관련되는가?
3. 심각하거나 급박한 건강 · 안전의 문제가 이 상황과 관련되는가?

4~7까지의 질문은 문제의 더 구체적인 부분에 관련된다. 18~22의 질문에서 강점과 자원탐색에 초점을 둔 문제에 우선권을 부여함을 의미한 것은 아니다. 앞에서 묘사한 강점모형에서 제시하였듯이 강점, 자원, 그리고 한계와 도전에 대한 사정이 완전한 사정을 위해 필요하다.

4. 문제의 구체적 징후나 조짐은 어떠한가?
5. 어떤 사람과 체계가 문제에서 지적되는가?
6. 관계자들과 체계는 문제를 유발하고 지속시키는 것에 어떠한 상호작용을 하는가?
7. 문제에 관련된 충족되지 못한 욕구와 요구는 무엇인가?
8. 어떠한 발달단계와 삶의 변화가 문제를 수반하는가?
9. 문제의 심각성과 그것이 관계자들에게 어떻게 영향을 미치는가?
10. 클라이언트가 문제를 묘사할 때 어떤 태도나 의미를 보이는가?
11. 문제행동은 어느 장소에서 일어나는가?
12. 문제행동은 언제 일어나는가?
13. 문제행동의 빈도는 어떠한가?
14. 문제행동의 지속기간은 어떠한가?
15. 문제의 결과는 무엇인가?
16. 알코올중독이나 약물중독, 신체적 또는 성적 학대와 같은 다른 문제들이 클라이언트와 가족구성원의 기능에 영향을 미쳤는가?
17. 문제에 대한 클라이언트의 감정적 재반응은 무엇인가?
18. 클라이언트는 문제에 어떻게 대처하였으며, 문제해결을 위해 요구되는 기술은 무엇인가?
19. 클라이언트의 기술과 강점은 무엇인가?
20. 민족문화적, 사회적, 사회계층적 요소는 문제와 어떤 관련이 있는가?
21. 어떤 지지체계가 존재하며 클라이언트를 위해 생성되어야 할 지지체계는 무엇인가?
22. 클라이언트에게 필요한 외부자원은 무엇인가?

10. 사정에서의 다른 요소

위에서 열거한 핵심요소 외에도 여전히 다른 영역들이 사정이 완수되기 전에 탐색되어야 한다. 다음 요소를 포함시켜야 될 것이다.

1. 몇몇 핵심적인 하위체계를 포함하는 클라이언트의 개인적 기능
2. 구체화된 표적 문제에 대한 클라이언트 동기화
3. 부부, 가족체계와 관련된 역기능
4. 문제체계에서 참가자와 충돌하는 환경요소

이러한 요소 외에도 다음 두 장에서 언급될 사정에서 클라이언트의 역할이 매우 중요하다. 클라이언트의 관점은 사정을 수행함에 있어서 매우 중요한 자원이지만 종종 무

시된다. 프레저(Prager, 1980)는 다음과 같이 말하고 있다.

"일반적으로 클라이언트는 실천의 전문영역(진단, 재활, 평가)에 실질적인 별 관심이 없다. 정신건강에 문제가 있는 클라이언트가 관계를 형성하는 또는 의사소통 기술을 학습하고 실행하는 데 많은 시간을 투자하지만 도움이 여전히 그들에 의해서가 아니라, 그들을 위해 정의되고, 계획되고 평가된다는 사실은 역설적이다."

만약 사회복지사가 클라이언트의 관점을 취하고 각각에 대하여 반응을 하는 것 등등의 가능한 모든 정도로 사정에 클라이언트를 참여시킨다면, 클라이언트는 사회복지사의 관점에 유사하게 반응하는 경향이 있다. 반대로 만약 사회복지사가 클라이언트에게 자신의 관점을 강요한다면, 클라이언트는 솔직하거나 또는 숨김으로써 저항하는 경향이 있다. 우리가 지지하는 것은 사회복지사와 클라이언트의 관점을 최고조로 조화시키는 개방적이고 상호적인 과정이다. 이러한 상호성의 결과는 보다 정확한 사정과 사정에서 클라이언트의 보다 많은 투자를 가져올 것이며, 설계와 계약과정에서도 그러할 것이다.

제 9 장

개인내부 체계와 환경체계에 관한 사정

Assessing Intrapersonal and Environmental Systems

1. 인간문제에 있어서 다중 체계의 상호작용

직접적인 사회복지실천에서 대하게 되는 각종 문제, 강점, 자원은 개인내부, 개인 간, 환경체계가 상호작용한 결과이다. 그들이 여러 체계 중 한 체계에만 제한되는 경우는 드물다. 왜냐하면 한 체계에서의 기능적 불균형은 대부분 다른 체계의 불균형을 가져오게 마련이기 때문이다. 개인적 어려움(예를 들어, 자신이 가치 없다고 느낀다든지 침울해진다든지)은 반드시 다른 사람과의 관계에 영향을 주게 된다. 개인 간의 어려움(예를 들어, 결혼생활에서의 긴장) 또한 개인의 기능에 비슷하게 영향을 주게 된다. 마찬가지로 부적절한 주택이나 사회적 격리 등 환경적인 자원의 부족도 개인의 기능에 영향을 미친다.

물론 세 가지 주요한 체계의 상호영향은 기능불균형이나 체계 결손과 같은 부적절한 영향만을 주는 것은 아니다. 자산, 강점, 자원은 상호 긍정적인 효과 또한 있다. 좋은 환경은 개인의 어려움을 부분적으로 보충할 수 있으며, 비슷하게 부모와 자식 사이의 강한 유대관계는 자식들에게 환경적 결손을 보충하고도 남을 정도로 긍정적 경험을 제공할 수 있다.

상호작용하여 문제를 만들어내는 각종 힘들에 대해 충분히 사정하기 위해서는, 문제와 연관된 세 가지 주요한 체계에 대한 지식에 기초를 잘 잡는 것이 필수적이다. 그래서 이 장과 다음 두 장에서 이러한 체계들의 복잡성을 보다 완전히 이해할 수 있게 할 것이다. 이 장은 개인내부의 그리고 환경의 체계를 다룬다. 다음 장은 특히 결혼문제와 가족문제를 강조하면서 개인 간 체계에 초점을 맞추었다.

2. 생물물리학적 기능

생물물리학적(biophysical) 기능은 개인과 가족 모두에게 매우 중요하며 또한 많은 영향을 준다. 생리적 기능은 신체특징, 건강요소, 유전요소를 포함한다. 그리고 우리는 이러한 요소를 각각 따로따로 고찰할 것이다. 약물이나 알코올의 사용이나 남용은 생물물리학적 구성성분이기 때문에 우리는 이러한 물질의 사용에 대한 사정 또한 다루면서 생물물리학 외의 다른 체계 또한 관련되어 있음을 깨닫게 된다.

1) 신체특징과 외모

클라이언트의 신체적 특징과 외양은 유리한 것이거나 불리한 것이다. 서구사회에서 신체적 매력은 높게 평가된다. 매력적이지 못한 사람들은 사회적 바람직함, 고용기회, 결혼의 영역에서 불이익을 당하게 된다. 게다가 적어도 하나 이상의 연구에 따르면(Farina, Burns, Austad, Bugglin, & Fischer, 1986) 신체적 매력은 퇴원한 정신병 환자들의 사회적응을 촉진한다고 밝히고 있다. 따라서 사회기능에 영향을 줄 만한 독특한 신체특징을 잘 관찰하는 것이 중요하다. 주의를 끌 만한 특징에는 체격, 자세, 얼굴생김새, 걸음걸이, 자기이미지를 왜곡시키거나 사회적으로 불이익을 부여하는 다양한 신체적 이상이 있다.

클라이언트들이 자기 자신을 어떻게 표현하는가 또한 중요하다. 옷 차림새는 그 사람의 사기와 가치, 생활방식에 대한 많은 것을 드러내준다. 재정적 어려움이나 다른 나쁜 환경에도 불구하고 깨끗하게 입고 다니거나 복장이 좋은 사람은 문제에 성공적으로 대처하고 호감을 주는 외양을 만들기 위해 계속된 노력을 보이는 것으로 간주된다.

외모와 관련하여 주의를 끌 만한 다른 요소에는 손을 떠는 것, 얼굴을 떠는 것, 계속해서 움직이는 자세, 얼굴이나 손, 팔 근육의 긴장이 있다. 물론 클라이언트가 초기에 어느 정도 걱정을 표현하는 것은 당연하다. 아동학대의 가능성을 사정하는 등 특히 법적으로 의뢰된 클라이언트는 더욱 그렇다.

2) 신체건강

건강이 나쁘면 우울증, 섹스 곤란, 과민반응, 원기부족, 불안, 걱정, 집중불능, 그 밖의 많은 어려움이 따른다. 따라서 사회복지사가 클라이언트 프로그램을 수행할 때 건강상태를 규칙적으로 살펴보는 것이 중요하다. 첫 번째 사정활동의 하나는 클라이언트가 의학적 치료를 받고 있는지, 그렇지 않으면 마지막으로 의학적 진찰을 받은 시기가 언제인지를 조사하는 것이다.

3) 질병의 문화적 요인들

질병, 신체이상, 불구, 정신병증후의 원인에 대한 클라이언트의 관점을 알아보는 것은 사정에서 매우 중요한 작업이다. 왜냐하면 클라이언트가 의학적 진단과 치료를 얼마나 수용하는가 하는 것은 클라이언트 입장에서의 신뢰도에 달려 있기 때문이다. 현대 서구사회에서는 체계 관점의 전문가들의 지지가 증가함에도 불구하고, 대부분의 사람들이 여전히 질병의 원인을 신체적 요인(예를 들어, 전염, 독, 퇴행, 유전, 부적당한 영양, 화학적 불균형, 운동부족, 혹은 다른 알려지지 않은 신체적 요소들)에 돌리고 있다. 이렇게 사람들은 자신들의 기대에 맞는 진단과 치료만을 받아들이는 경향이 있다.

주류문화 구성원들과는 달리, 많은 소수인종의 클라이언트들은 질병이나 신체적 고통에 대해 전혀 다른 믿음을 가지고 있다. 결과적으로 진단과 치료에 관한 그들의 기대는 서구의 의료보호 전문가들의 견해와는 현저히 다르다. 이 점에 대해서 로우(Low)는 다음과 같이 말하고 있다.

> "치료에 대한 기대, 행동, 순종의 인종적 차이는 고유한 문화적 행동이 깊이 새겨진 신념체계와 규범의 문화적 차이에 연유하는 경우가 많다(p.13)."

클라이언트의 기대와 의사의 진단 및 치료권유 사이에 큰 차이가 존재할 때, 클라이언트는 문화적 신념의 강력한 영향을 잘 이해하지 못하는 의료보호 전문가들에 대해 종종 혼란스러워하고 경악하면서 은연중 진찰을 거부하고 치료요법에 따르지 않는 경우가 많다. 의료보호기관에 있는 숙련된 사회복지사는 질병과 신체이상의 원인에 관련된 다양한 문화와 서구의학의 신념의 충돌로 인해 클라이언트들이 의사가 추천하는 치료를 받아들이지 못하는 경우가 많음을 증언해주고 있다. 큐마브 등(Kumabe et al.,

1985)이 보고한 많은 예들 중 하나는 문화적 요소의 중요성을 강조하고 있다.

3. 알코올과 약물의 사용과 남용에 대한 사정

라우치(Rauch)는 클라이언트가 규칙적으로 약물을 복용하는지 여부를 알아보는 것이 매우 중요하다고(특히 의료보호기관의 경우) 말한다. 심지어 유익한 약물 또한 다양한 신체 · 정신적 체계의 기능성에 영향을 끼칠 부작용을 낳을 수 있다. 예를 들어, 졸음은 많은 약물의 부작용이다. 고혈압을 치료하기 위해 쓰는 어떤 약물은 성기능의 변화를 유발할 수 있다. 어떤 정신병을 치료하기 위해 사용되는 강한 신경안정제의 과다한 사용은 비뚤어진 외양, 딱딱한 걸음걸이, 좀비 같은 외양, 혀 굳음, 그리고 다양한 무의식적인 근육수축을 일으킬 수 있으며, 복용에 대한 의학적 사정이 요구된다. 걱정과 긴장을 치료하기 위해 사용하는 약한 신경안정제의 과다복용 또한 다른 문제들과 연관되어 있을 수 있다. 그리고 이러한 것들은 일반적으로 사용되는 각종 약물의 무수한 부작용 중 일부에 불과하다. 다른 건강문제들도(예를 들어, 월경증후군, 폐경기곤란, 심한 우울증, 주의산만 증세, 아이들의 과민활동, 간질발작) 약물에 쉽게 반응할 수 있으며, 의사나 의료보호기관에 의뢰해보는 것이 바람직하다.

알코올남용은 건강을 심각하게 약화시키고, 가족생활을 혼란 · 파괴시키며, 심각한 공동체 문제를 일으킨다. 또한 자살, 살인, 아내학대, 아동학대의 높은 발생률과 관계 있다.

1) 알코올남용이 태아에게 미치는 영향

알코올남용과 관계된 또 다른 심각한 문제는 임신 중 알코올섭취로 인해 신생아에게 끼치는 나쁜 영향과 관련이 있다. 영향은 FAS(Fetal Alcohol Syndrome, 태아 알코올증후군)에서부터 FAE(Fetal Alcohol Effects, 태아 알코올 악영향)에 이른다. 알코올이 태아에 끼칠 가능성이 있는 영향의 범위 중에서 극단적인 경우, FAS(매일 4 내지 6잔씩 마시는 만성 알코올 중독 산모의 유아에게서 발견된다)는 출산 전 및 출산 후 성장지체, 중추신경계의 문제, 머리나 얼굴 크기, 모양의 비정상(기형아)을 동반할 수 있다. FAS의 가장 심각한 증상 중 하나는 정신지체이다(미국의 FAS 아동의 평균 IQ는 65이다). 피해는 돌이킬 수 없는 것이다.

알코올 섭취량에 따라서 FAE(직업적으로 술을 마시는 산모에게서 발견된다)의 영향의 심각성 정도는 다양하다. 그러나 술을 매일 두 잔씩 마시는 경우 유산, 출산 전 성장지체, 행동장애 등 다양한 비정상적인 증상을 일으킬 위험이 있다. 알코올 섭취량이 증가하면 부분적으로 FAS의 영향이 생길 수 있다. 게다가 어떤 신생아들은 알코올 섭취 중단으로 인하여 과민, 떨림, 호흡시 알코올냄새가 나는 증상, 발작, 신경질과 같은 금단증상을 보이기도 한다.

과도한 알코올 섭취로 인해 태아발육에 심각한 해를 끼칠 가능성이 있기 때문에, 사회복지사는 정기적으로 산모의 임신 중 알코올 섭취에 대해 살펴보아야 한다. 임신 중의 맥주, 와인, 주류 섭취의 내력을 작성함으로써(빈도와, 양, 다양성에 초점을 맞춰서) 사회복지사는 클라이언트의 음주유형에 대해 상세히 기록해야 한다. 알코올중독에 대한 다양한 심사도구가 사용 가능하다. 임신 중에는 모든 여성들에게 음주를 금하라고 권고한다. 만약 산모가 매일 2~3잔 이상씩 마시거나 어떤 경우라도 5잔 이상을 마신다면, 사회복지사는 치료 프로그램을 받아볼 것을 권유해야 한다.

2) 여성의 알코올 섭취

술을 마시는 여성은 남성보다는 오히려 비중독 여성과 비슷한 유형을 보인다. 그들은 처방약물을 남용하는 경향이 있으며, 혼자서 술을 마시는 경향이 있고, 근친상간, 인종차별, 가정폭력과 같은 엄청난 충격을 받았을 때 남용하기 시작하는 경향이 강하다(Nelson Zlupko, Kauffman & Dore, 1995). 술을 마시는 여성은 마약이나 알코올을 음용한 가정 출신일 가능성이 높다. 여성은 남성보다 치료프로그램을 시작하거나 마치기가 어렵다. 치료기간 중 아이를 돌봐야 하는 것이 주요한 장애물이다. 알코올을 남용하는 여성들에게는 원래 죄책감과 부끄러움이 높은 경향이 있기 때문에, 부정을 통해 술을 끊고자 계획된 적극적 만남은 오히려 역효과를 낳는 수가 많다. 약물 사용을 유발한 좋지 못한 환경의 특성을 확인하는 것, 여성들에게 억압의 전후상황에 대해 잘 알게 하는 것과 같은 대처도구들이 이러한 사람들을 돕기 위해 보다 좋은 방법으로 추천된다(같은 책, 1995).

3) 알코올중독에 있어서의 생체심리 사회적(biopsychosocial) 요인

최근 연구에 따르면, 알코올중독은 다차원적인 심신장애로서, 적절한 사정은 유전, 인성, 심리, 심리사회적 요인들을 포함해야 함이 갈수록 명백해지고 있다. 월리스(Wallace, 1989)는 이러한 요소들에 대해 상세하게 논하고 있다. 그의 논문을 읽어볼 것을 권하지만 공간의 제약 때문에 관련된 요소에 대해서 피상적으로 다룰 수밖에 없다.

알코올중독 부모의 가족사를 살펴보면 대략 80%에서 85%의 부모나 조부모가 알코올중독인 것을 알 수 있다. 이는 알코올중독이 유전적 요소가 강한 것임을 시사하는 것이다. 알코올중독 부모에게서 태어났지만 다른 환경에서 자란 아이들에 대한 연구는 알코올중독에 대한 유전적 취약성을 잘 보여주고 있다. 월리스의 연구는 어떤 남성들은 생체유전적으로 알코올 중독에 걸리기 쉽다는 것을 밝히고 있다. 특히 2종(type 2) 알코올중독(10대에 일찍 시작되는 것을 특징으로 한다)은 특성상 거의 유전에 의한 남성 질병인 것으로 보인다. 그래서 부모와 조부모의 음주 유형에 대한 가족사를 잘 살펴보는 것은 알코올중독이 발생할 위험성이 있는 남성을 확인하는 데 매우 중요하다. 그러한 사람들을 확인함으로써, 사회복지사는 그들이 알코올중독자가 될 수 있는 위험성에 대해 예방하고 상담할 수 있다.

알코올중독과 관련된 인성, 심리적 요소, 정신사회적 요인들은 특히 사회복지사와 관련된 것이다. 2종 알코올중독은 새로운 것을 찾는 행동이 강하며 해를 피하고 행동의 보상에 의존하는 특징이 강하다. 게다가 그들은 사회적 인정을 구하는 데 적응하지 못하고, 즉각적 만족을 주지 않는 행동은 금방 포기해버린다.

알코올중독자들은 알코올 사용 문제를 잘 인정하지 않으며, 공격적 행동을 합리화하고, 어려움을 이유로 다른 사람이나 환경을 비난하며, 그들의 능력과 중요성에 대해 과장된 생각을 표출하며 불쾌감을 줄이거나 자부심을 지켜야 하는 상황이나 관계에 대해서만 선택적으로 관심을 보인다.

또한 알코올중독자의 사회문화적 환경에 대해서도 사정해야 한다. 환경요소는 알코올 섭취 특징과 치료행위의 결합뿐만 아니라 치료결과의 다양성도 설명하는 것으로 보이기 때문이다(Wallace, 1989: 331). 다른 알코올중독자와 사귀고, 술집에 자주 가며 혹은 음주를 권하는 사람들과 사귀는 것은 명백히 음주를 더욱 촉진하게 된다. 반대로 남에게 걱정을 표하고 금주를 권하고 술에 대한 의존이나 과음을 허용하지 않고, 술 마시고 함부로 행동한 결과로부터 알코올중독자를 보호하지 않는 비음주자와의 교제는 금주를 촉진하게 된다.

4) 알코올중독 가능성을 사정하기 위한 면담기술

사회복지사는 종종 사전예방단계라고 불리는 단계에서 주벽이 있는 사람을 접하게 된다. 이 단계는 주벽이 있는 사람이 문제를 인정하고 도움을 구하기 이전 단계이다(Barber, 1995). 그리핀(Griffin, 1991)은 알코올중독자가 될 가능성이 있는 사람을 인터뷰함에 있어 맹목적 지지를 분명히 보여줄 필요가 있다고 말했다. 물론 그렇게 하는 것은 매우 어렵다. 왜냐하면 그들이 알코올 섭취를 문제로 보지 않거나, 거짓말, 언쟁, 왜곡, 협박, 면담주제를 그들의 음주문제에서 다른 데로 돌리기, 사회복지사를 말로 공격하기 등을 통해 음주사실을 은폐하려 시도할 수 있기 때문이다. 이러한 혐오스러운 행동에도 불구하고 사회복지사는 그러한 행동이 당황함, 죄책감, 수치, 동요, 분노의 핑계일 뿐이라는 사실을 자각하고, 클라이언트의 감정에 대해 동정과 다감함을 보여줄 필요가 있다.

단도직입적으로 구체적인 것을 찾는 것이야말로 조사를 돕고 대면을 가능케 해준다. 알코올 섭취에 대해서 물을 때, 사회복지사는 그러한 질문을 왜 계속해서 하는지에 대해 기탄없이 말해야 한다. 그러한 질문을 단도직입적으로 하지 않으면 클라이언트는 문제를 회피하는 경향이 있으며 또한 상담은 비생산적이 되는 경우가 많다. 알코올중독은 클라이언트의 생활의 모든 요소에 두루 영향을 끼칠 가능성이 높기 때문에, 클라이언트의 생활에서 중요한 역할을 하는 모든 사회적 체계에 대해서 살펴보는 것이 중요하다.

① 가족내력

앞에서 언급했듯이 알코올중독에 있어 유전적 요소가 중요하기 때문에 부모, 조부모, 삼촌, 숙모 등의 알코올 섭취를 가족사 연구의 부분에 포함하는 것이 중요하다. 가족생활을 조사함에 있어, 다른 가족 구성원들과의 관계 정도와 빈도를 조사하는 것도 중요하다. 또한 싸움의 빈도와 성격, 그들이 술 마시는 일이 증가하고 있는지 여부 등을 조사하는 것 또한 중요하다. 다른 구성원에게 폭력을 휘두를 가능성이 있는지 여부는 클라이언트뿐만 아니라 다른 가족구성원도 조사해야 한다.

② 고용경력

직업변화, 직업만족도, 동료나 관리자와의 문제, 장기결근, 교육기술 수준보다 낮은 직업에 종사하는 것은 알코올중독과 관련된 직업적 곤란의 조짐이 될 수 있다. 잦은 직업변화나 해고는 클라이언트가 폭음 때문에 자주 일을 하지 않거나 작업 중 음주한다는 단서가 될 수도 있다.

③ 사회생활

클라이언트의 사회생활(친구들의 유형, 사회활동 및 그 장소)에 대해서 논하는 것은 클라이언트의 생활에서 알코올이 어느 정도의 위치를 차지하는지를 밝힐 수 있다. 또한 클라이언트와 사회적 관계에 있는 중요한 사람들이 클라이언트와 술을 마시는지 여부는 알코올중독의 가능성의 징후일 수 있다.

④ 법적 어려움

음주운전으로 인한 체포, 특히 면허취소는 알코올중독의 강한 징후이다. 사기, 절도, 난폭행동, 술집 내외에서의 싸움질 등의 불법행동도 마찬가지이다.

⑤ 건강요인

비정상적인 식습관으로 인해 알코올중독자 사이에서 영양실조는 흔히 볼 수 있다. 영양실조는 초췌한 외모를 통해 뚜렷하게 드러난다. 손떨림도 마찬가지로 흔히 있다.

⑥ 음주 유형

아침에 술을 마시는 것, 숙취의 영향에서 벗어나기 위해서 술을 마시는 것, 혼자 술을 마시는 것, 근심을 줄이거나 근심을 초래하는 상황에 맞서서 자신의 기운을 북돋우기 위해 술을 마시는 것 등은 모두 알코올중독자들의 특징적인 유형이다. 기억상실(예를 들어, 그가 어디에 있었는지, 어젯밤 무슨 일이 벌어졌는지를 기억하지 못하는 것) 또한 알코올중독의 징후이다. 한두 잔의 음주에 멈추지 못하는 것도 물론 알코올 중독의 중요한 징후이다. 음주문제가 있는 클라이언트는 "알코올이 당신의 삶을 지배합니까?" 와 같은 일반적인 질문보다는 사실에 관련된 구체적인 질문에 더욱 쉽게 대답한다.

[표 9-1] 흔히 사용되는 약물남용의 징후 (Indications of abuse of commonly used drugs)

약물의 종류	전형적 징후
1. 진정 · 최면제(Quaalude, Doriden), 기타 각종 진통제 등의 진정제	알코올 냄새를 못 맡는 것, 비틀거림이나 더듬기, 작업 중 잠들기, 분명치 않은 발음, 동공팽창, 집중곤란 등의 중독된 행동
2. 흥분제 (amphetamine, methamphetamine 혹은 'speed')	과도한 활동성, 과민함, 논쟁을 좋아함, 신경질, 동공팽창, 장기간 식사나 수면을 취하지 못함
3. 코카인 (흥분제)	기운이 넘침, 다행증(역주: 근거 없는 병적인 행복감), 떨림 가능성 (다행증은 걱정, 불안, 침울함이 금방 바뀌며 종종 환각과 천국환영을 동반한다.)
4. 마취제 (아편, 헤로인, 모르핀, 코데인)	마약주사로 인해 팔이나 손등에 상처가 있음. 동공고정이나 동공팽창, 잦은 생채기, 식욕저하(그러나 자주 맛있게 먹는다). 코를 킁킁거리기, 붉고 젖은 눈, 재복용 때까지 기침을 함. 혼수상태, 졸음, 졸았다 깼다를 반복(꾸벅꾸벅 조는 것)
5. 마리화나 (환각제)	처음에는 다행증, 활기참, 말을 빨리 함, 큰 웃음을 터트림, 동공팽창, 눈은 충혈됨, 지각이 왜곡, 환각을 경험함. 나중에는 졸림
6. 기타 환각제(LSD, STP, DOM), 흥분제(mescaline, DTM, DET)	행동과 기분이 매우 다양하다. 최면상태에 빠진 것처럼 앉아 있거나 기댐. 두려움을 느끼거나 심지어 공포를 느낌. 어떤 경우에는 동공이 팽창됨. 구역질, 한기, 격앙, 불규칙적 호흡, 땀이 많이 남, 손떨림. 시각, 청각, 촉각, 후각, 시간감각에 있어 변화가 있을 수 있음

● 알코올중독 사정을 위한 도구 및 절차

알코올중독 가능성 사정을 위해 사용하기 쉬운 여러 가지 도구가 있다. 월미어척도(Walmyr Scales; Hudson, 1992)에는 알코올남용등급(Alcohol Abuse Scale)이 포함되어 있다. 미시간 알코올중독증 측정테스트(Michigan Alcoholism Screening Test; Selzer, 1971)또한 폭넓게 이용되는 테스트이다. 알코올사용표(Alcohol Use Profile; Hystad, 1989)역시 또 다른 척도이다. 이러한 모든 척도는 자기진단이 가능하며, 짧은 시간에 완성해서 기록하고 해석될 수 있다.

위에 열거한 것과 같은 자기진단 도구의 단점은 환자가 결과를 위조할 수 있다는 것이다. 이러한 어려움을 피하려면, 알코올 섭취를 사정하기 위해서 분류법에 의거한 면담과정에 따른 행동방법 또한 사용된다. 포괄적인 음주표(Comprehensive Drinking Profile, CDP; Marlatt & Miller; 1984)가 이러한 목적으로 널리 사용된다. 중독성 질병(알코올중독과 더불어)의 사정과 관련된 요소의 광범위한 분석을 위해 도노반과 머랫(Donovan and Marlatt, 1988)의 책을 추천한다. 이 책은 적절한 도구와 공정에 대해서도 설명하고 평가하고 있다.

4. 약물남용의 사정

약물남용과 과다투여로 인한 위험과 비극적 결과를 다룬 홍보는 대중에게 이에 대한 결말을 잘 알게 해준다. 그러나 사회복지사와 매우 친근한 이들을 제외하면 대중들은 알코올이 개인의 삶에 끼치는 파괴와 알코올, 약물남용자의 가족들이 경험하는 파멸과 고통은 잘 알지 못한다.

사람들은 많은 종류의 약물을 남용한다. 급성 약물중독의 경우에 즉각적인 치료가 필수적이기 때문에, 또 약물남용자들은 약물복용 사실을 숨기려 하기 때문에, 흔히 쓰이는 약물남용 징후에 대해서 사회복지사가 잘 아는 것이 중요하다. [표 9-1]은 가장 많이 남용되는 약물과 그 징후의 종류를 열거하고 있다.

[표 9-1]에서 열거된 특정 약물남용의 징후와 더불어, 보통의 일반적인 징후에는 다음과 같은 것들이 있다.

- 작업태도나 수업태도에서의 변화
- 정상 능력의 저하(작업수행 정도, 능률, 습관, 기타 등등)
- 초췌한 신체 외양, 복장과 위생 무시
- 동공팽창이나 동공고정을 숨기기 위해, 그리고 햇빛에 적응하는 눈의 능력이 감소된 것을 보충하기 위해 선글라스를 사용함
- 팔을 덮거나 주사자국을 가리기 위한 유별난 노력
- 유명한 약물 사용자와의 친분
- 약물구입에 필요한 자금을 마련하기 위해 도둑질을 하거나 매춘에 종사함

약물남용 가능성을 사정함에 있어서, 약물남용자로 의심되는 사람(종종 복용사실을 숨기려고 애쓰는 사람)뿐만 아니라 습관이나 생활양식을 잘 알고 있는 사람으로부터도 정보를 얻는 것이 중요하다.

조사를 통해 클라이언트가 약물남용자(혹은 알코올중독자)로 밝혀지면 약물치료센터(몇몇 정신의료센터나 병원은 약물남용과 관련한 부서가 있다)에 문의하는 것이 바람직하다. 이들 센터의 직원들은 다루기 어려운 클라이언트들을 다루는 데 필요한 특별한 기술이 있다. 게다가 약물남용센터들은 특히 약물남용자들을 조치하는 데 효과가 있는 집단요법을 사용하고 있는데, 대표적으로 익명의 알코올중독자(Alcoholics anonymous) 모임과 익명의 마약중독자(Narcotics anonymous) 모임이 있다.

그리고 체계의 시각에서 약물남용 문제를 사정하는 것이 중요하다. 가족관계를 살펴보면 약물남용자들은 대개 다른 가족 구성원으로부터 소외된 느낌을 받고 있음을 밝힐 수 있다. 게다가 가족 구성원들은 자기도 모르게 알코올중독자와 약물남용자의 문제의 원인이 될 수도 있다. 그 결과로 많은 전문가들은 약물남용 문제를 가족 체계 내부의 기능장애의 징후로 간주하고 있다. 마약남용자들이 가족 체계에 영향을 주고받을 수 있음을 명심해야 한다.

알코올중독이 클라이언트의 사회 체계에 두루 영향을 끼치듯이, 약물남용과 중독 또한 그러하다. 알코올중독이 체계에 주는 영향과 관련한 초기의 정보는 약물남용 사정과 관련되어 있고 검토되어야 한다. 게다가 알코올남용과 약물 사용의 공통성 때문에, 알코올중독을 사정하기 위해 사용되는 면담기술의 지침은 약물남용의 사정에도 적용이 가능하다.

1) 약물남용 사정을 위한 도구 및 절차

알코올중독에서와 마찬가지로, 월미어척도에는 약물중독 사정을 목적으로 한 것도 들어 있다. 약물사용 척도(Drug use scale)가 그것이며, 약물남용 측정 테스트(Drug abuse screening test, DAST; Skinner, 1982)도 광범위하게 사용되는 척도이다. 이 두 척도는 모두 짧은 시간에 쉽게 끝내고 기록할 수 있는 자기진단 척도이다. 다양한 약물남용 사정 요소, 더불어 거기에 관련된 다양한 도구와 공정에 대한 분석과 논의를 바란다면, 도노반과 머랫(Donovan & Marlatt, 1988) 이 쓴 권위 있는 책을 살펴볼 것을 다시 추천한다.

2) 사정결과를 클라이언트에게 전하기

알코올중독이나 약물남용 가능성이 있는 클라이언트와의 사정 면담을 하면서, 사회복지사는 클라이언트가 알코올중독인지, 알코올에 의존하고 있는지, 약물을 남용하고

있는지 여부를 살펴보아야 한다. 충분한 정보를 통해 사회복지사가 그러한 판단을 분명히 하게 된다면, 사회복지사는 면담 과정에서 충분히 살펴보았겠지만, 알코올이나 약물남용 행위가 클라이언트의 생활의 다양한 부분에 어떤 영향을 끼치는지 다시 한번 더 자세하게 살펴보아야 한다. 그리고 문제의 정도에 대한 클라이언트의 견해를 물어봐야 한다. 사회복지사는 알코올이나 약물남용의 징후로 인정되는 객관적 행동기준이 어떤 것인지 정확히 말하고, 클라이언트에게 그의 행동이 이러한 기준과 비교하여 어떤지를 물어볼 수 있다. 문제의 음주가는 알코올 섭취가 개인의 삶에 어떤 영향을 끼치는가에 대한 구체적 정보와 함께 감정적이고 맹목적으로 전달된 피드백에 더 잘 반응한다. 피드백의 원천이 의학적 사회복지사인 것으로 간주되거나 사용 결과를 사정하기에 특별히 적합할 때는 그러한 피드백은 더욱 쉽게 받아들여진다(Barber, 1995).

또한 사회복지사는 문제의 심각성에 대한 판단까지를 포함해서 자신만의 결론을 직설적으로 표현해야 한다. 선택할 수 있는 치료방법들을 설명하고, 힘들지만 지속적인 노력이 있다면 클라이언트가 알코올 의존성이나 중독성을 극복할 수 있다는 신중한 낙관주의를 피력하는 것이 적절하다. 그러나 장밋빛 그림만을 그리지 말고 치료과정은 길고 때때로 고통스러울 수 있음을 설명하는 것이 중요하다(Griffin, 1991).

3) 유전요인들

우리가 앞에서 논의했듯이, 유전요인은 2종 알코올중독에서 중요한 역할을 한다. 유전요소는 조울증, 특정형태의 정신지체, 정신분열증, 기타 정서와 연관된 질병에도 연관되어 있다(후자의 질병에 있어 유전의 역할에 대해서는 논쟁이 분분하긴 하지만).

라우치(Rauch, 1988)에 따르면 사회복지사가 유전에 관심이 있는 사람을 만나는 일이 늘어나고 있다. 예를 들어, 입양사업가는 입양아의 유전내력에 관심을 가져야 한다. 양부모 예정자와 입양아 모두 입양아의 유전적 위험 요소에 대해 알 권리가 있다. 국가 및 주 차원의 최근의 상황전개에 비추어볼 때, 라우치는 미래에는 다음과 같이 될 것이라고 말한다. "정식으로 허가된다면, 입양기관은 완전하고 좋은 가족 유전 내력, 입양 예정 아동에 대한 유전적 평가, 양부모를 위한 유전적 상담을 제공하라는 요구에 직면하게 될 것이다(p.393)."

사회복지사는 혼전 상담을 요구하는 사람이나 선천성 질병으로 고통받거나 그런 친척을 둔 사람과 같이 유전에 대해 관심이 있는 사람에게 서비스를 제공할지도 모른다. 그런 경우에 사회복지사가 스스로 유전적 상담을 제공하도록 준비되어 있을 것 같지는 않다. 그러나 사회복지사는 클라이언트와 필요한 전문기술을 소유한 사람을 연결하는 중개인 역할을 수행할 수 있다.

4) 정신의학적인 진단

보험료 지급을 요구하는 어떤 기관에서는(예를 들어, 정신건강 개인의사), 사회복지사는 진행중인 다양한 종류의 정신병에 대해 정신의학적 진단을 할 것을 요구받는다. 정신의학적 진단을 강화하는 질병모형은 사회복지사의 사정견해에 비해 폭넓은 체계, 견인력, 힘을 지향하는 견해에 대해 강조하지 않는다(Kirk & Kutchins, 1995). 커크와 쿠친(Kirk and Kutchins)은 임상사회복지사를 대상으로 한 조사결과, 그들이 DSM을 이용한 것은 치료나 약물치료를 위한 유용한 지침이기보다는 주로 변상이 목적이었다고 밝히고 있다(Kirk & Kutchins, 1988; Kurk, Kutchins & Kirk, 1988).

진단의 신뢰성에 문제가 있긴 하지만 정신의학적 진단은 종종 정신약학적이거나 다른 치료를 받아야 할 상태를 확인하는 데 중대한 역할을 한다. 그런 진단을 하기 위해서, 사회복지사는 반드시 미정신의학협회(American psychiatric association)에서 발행한 진단통계사용법(Diagnostic and statistical manual, DSM IV)을 사용할 줄 알아야 한다. 그러나 정신의학적 진단과 관련된 내용은 앞서 나가는 행동과 실습 과정에서 가르치며, 이 책의 범위를 넘어서는 내용이다. 그럼에도 불구하고, 어떤 진단은 클라이언트가 자살 위험성이 있으며, 심각한 증후군을 통제하기 위해서 약물투여가 강력히 필요함을 제기할 수 있다. 그렇기 때문에 모든 사회복지사는 이러한 질병을 진단할 수 있어야 한다. 이것에 대해서는 이 장의 뒷부분에 있는 '감정에 관한 질환에 대한 사정' 부분에서 다룰 것이다. 그런 진단상황을 사정해야할 필요성이 있는 기관에서 일하는 사회복지사는 그 클라이언트의 상태가 꼭 그렇지는 않더라도 클라이언트를 정신의학적 상황에 놓여 있는 사람으로 간주하는 것이 필수적이다.

5. 인식 · 지각기능

클라이언트가 그들의 경험세계를 어떻게 지각하는가 하는 것은 매우 중요하다. 왜냐하면 다른 사람, 자기 자신, 사건들에 대한 지각이 그들이 일반적인 생활의 경험이나 특수한 문제 상황에 대해 어떻게 느끼고 어떻게 반응하는 가를 결정하기 때문이다. 물론 지각은 그것들로 인해 생기는 의미와 따로 존재하지 않는다. 따라서 지각기능과 인식기능을 하나로 간주할 것이다. 앞장에서 지적했듯이, 사건 그 자체보다는 사건의 의미나 해석이 인간의 행동을 부추긴다. 게다가 나이든 사람의 경험세계는 고유하다. 개인마다 독특한 신념체계, 가치, 태도, 정신상태, 자아관념의 복잡한 상호작용에 따라 동일한 사건과 환경에 대한 인식도 매우 다양하게 된다. 당연히도 인간의 행동을 이해하고 거기에 영향을 미치기 위해서는, 우선 그들이 어떻게 생각하는가 알아야 한다.

물론 사람들의 사고 패턴은 지적 기능, 판단력, 현실감각, 일관성, 인식의 유연성, 가치, 잘못된 믿음, 자기확신, 그리고 인식, 감정, 행동 사이의 역동적인 상호관계 등 몇 가지 요소에 의해 영향을 받는다. 다음에서는 이러한 요소에 대해 간략히 다룰 것이다.

1) 지적 기능

클라이언트가 쉽게 이해할 수 있는 수준으로 언어표현을 조절하고, 자신의 강점과 어려움을 사정하고, 목표를 정하고, 자신의 능력에 맞게 계획을 세우는 것과 관련해서 클라이언트의 지적 능력을 평가하는 것은 필수적이다. 대부분의 경우에 지적 능력 수준을 대충 어림잡는 것만으로도 충분하다. 당신이 사용할 수 있는 기준에는 추상적 개념을 이해하고, 자기가 말하고자 하는 바를 유창하게 표현하고, 논리적으로 분석하거나 생각할 수 있는 능력이 있다. 부가적인 기준에는 클라이언트의 교육기회나 학습곤란의 가능성과 관계지어 고려해야겠지만 아무튼 클라이언트의 학력이나 구사하는 어휘 또한 기준이 될 수 있다. 어떤 사람들은 학습이 불가능하거나 열악한 교육으로 인하여 평균 이상의 지적 능력이 있음에도 읽거나 쓰지 못할 수 있다. 비토착인이 언어를 잘 구사하지 못하는 것과 지적 기능에 문제가 있는 것 사이에서 혼동을 하지 않는 게 중요하다.

클라이언트가 지적 한계를 보이면, 당신은 쉽게 이해할 수 있는 단어로 구성된 어휘를 구사하는 것이 중요하다. 당신은 추상적인 설명을 피하고 당신이 설명하고자 하는 의미를 클라이언트가 잘 이해하는지 확인하는 피드백을 이용하는 것이 필수적이다. 왜냐하면 지적 능력이 부족한 많은 클라이언트들은 이해하지 못하는데도, 곤혹스러움을 숨기기 위해 이해하는 척 하는 경향이 있기 때문이다. 그래서 그런 클라이언트와는 더 많은 시간과 끈기가 필요하다. 클라이언트에게 개념의 구체적인 예를 사용하는 것은 복잡한 개념을 설명하는 데 자주 도움이 된다.

물론 클라이언트의 지적인 능력은 클라이언트가 무리없이 성취할 것으로 기대되는 목표의 최대한도를 결정한다. 클라이언트의 능력을 뛰어넘는 목표를 추구하도록 독려하는 것은 무모하게 실패를 불러올 뿐이다. 클라이언트가 이미 그들의 한계를 괴롭지만 알고 있다면, 이러한 일은 그들의 의지를 더욱 꺾는 일이 된다. 교육계획이나 직업계획과 관련해서는 특히 이러한 점에 주의해야 한다. 이러한 무모한 실패는 클라이언트를 기죽게 만들어서 자신의 능력에 대한 확신을 잃게 하거나 노력을 쉽게 그만두게 할 수도 있다.

2) 판단력

어떤 클라이언트는(이 경우에는 클라이언트가 아니어도 마찬가지다) 적당하거나 심지어 예리한 지적 능력이 있음에도 불구하고 판단력 부족으로 인해 삶에서 심각한 어려움에 맞닥뜨리게 된다. 판단력이 부족한 클라이언트는 지적 능력이 부족한 사람보다 더 큰 어려움을 겪을 수 있다. 왜냐하면 판단력이 부족한 클라이언트는 자기 자신을 계속해서 궁지로 몰아넣기 때문이다. 반대로 지적 능력에 한계가 있는 사람들은 결정을 하고 행동을 제어함에 있어 신중하게 되므로 그들의 장점을 잘 드러내며 안정되고 생산적인 삶을 영위한다. 판단력의 부족을 드러내는 전형적인 예에는 끊임없이 자신의 재산을 초과하는 생활을 영위하는 것, 가능한 결과에 대한 면밀한 고려없이 돈을 벌기 위한 계획을 세우는 것, 충동적으로 직업을 그만두는 것, 어린 자녀를 내버려둔 채 떠나는 것, 배우자에 대해서 아는 것이 별로 없는 상태에서 결혼하는 것, 개인재산을 지키거나 유지하지 못하는 것, 재산을 낭비하는 것, 기타 등등이 있다.

보통 당신이 클라이언트의 문제 있는 상황과 유형을 자세히 살피면 판단력의 부족이 있음을 파악할 수 있다. 대개 클라이언트는 깊은 생각 없이 행동하며, 있음직한 행동의 결과에 대해 고려하지 못하며, 어떻게든 일이 잘 될 거라는 부질없는 기대에 빠지는 것이 확연히 드러난다. 다른 클라이언트들은 좋지 않은 결과에 도달할 것이 충분히 예상되도록 문제 있는 대처를 반복적으로 보인다. 이 클라이언트들은 과거의 실수로부터 교훈을 얻는 데 실패하고, 그들의 행동이 가져올 결과에 대한 고려를 압도하는 강한 충동에 휘둘린다. 이 충동에 지배당하는 클라이언트들은 엄청난 액수를 낭비하며, 수표를 함부로 쓴다. 두 가지 모두 당장은 만족을 주지만 결국에는 직업의 상실, 체포, 다른 나쁜 결과를 가져온다.

3) 현실감각

이 요소는 개인의 정신건강에 있어 결정적인 징후이다. 이 차원의 강한 기능은 다음과 같다.

- 시간, 장소, 개인에게 올바르게 적응하는 것
- 인과관계에 대한 적절한 결론에 도달하는 것
- 이치에 맞게 외부 사건을 인식하며 다른 사람의 의도를 인지하는 것
- 자기 자신의 생각, 감정과 다른 사람에게서 나오는 생각, 감정을 구별하는 것

상대적으로 소수의 클라이언트만이 현실감각 상실을 보인다. 그러나 보통 현실감각을 상실하는 사람은 약물의 영향에서, 뇌질환 증후로 고통받으면서, 정신적으로 심각한 혼란을 보인다. 현실감각 상실은 보통 쉽게 알아챌 수 있다. 그러나 의심이 든다면, 날짜, 요일이나 누구나 알고 있는 일반적인 사건, 클라이언트의 생활 중 최근의 사건에 대해 물어보면 보통 문제를 분명히 할 수 있다. 현실감각을 상실한 사람은 흔히 엉뚱하게 대답하며, 대개 기묘한 답을 한다. 예를 들어, 한 은둔자는 그의 일상생활에 대한 질문을 받았을 때, 그는 18마리의 애완견과 대화에 푹 빠져 있었다는 보고가 있다.

행동에 대해 개인적 책임을 지기보다 환경과 사건을 비난하는 것은 일탈로 분류되고 있는 사람들의 공통적인 반응이다(Rooney, 1992). 예를 들어, 비행청소년들은 자신의 체포이유를 설명함에 있어, 대개 그 원인을 앙심을 품고 있는 경찰에게 돌리거나 누명이라고 함으로써 책임을 자

신의 외부로 돌린다. 자동차를 훔친 한 클라이언트는 차 안에 열쇠를 놓고 간 주인을 비난함으로써 자신의 행동을 외부의 영향으로 돌렸다. 심지어 어떤 클라이언트는 뚜렷하지 않은 이유로 습관적으로 결근했음에도 불구하고, 자신이 직업을 잃은 이유를 고용주에게 돌린다. 또 다른 사람들은 자신의 어려움을 운명이 자신을 패배자로 선언했다는 사실에 돌린다. 클라이언트가 자신의 행동에 대해 책임감을 가진다면 그것은 환영할 만한 일이다.

외부 사건의 왜곡과 관련된 지각유형은 클라이언트들 사이에서 거의 일반적이다. 그리고 개인간의 관계(대부분이 범위에서 지각 왜곡이 생긴다)에 심각한 곤란을 일으킬 수 있다. 정도가 심하지 않은 온건한 왜곡(mild distortions)의 경우 대부분은 틀에 박힌 인식(stereotypical perceptions)과 관련이 있다(예를 들어, "모든 경찰은 잔인하고 가혹하다" 혹은 "모든 남자들이 내게 가지고 있는 관심은 성적인 것뿐이다"). 이러한 왜곡에는 다른 사람들의 동기에 대한 오해가 있으며 개인 간의 관계를 심각하게 손상시킬 수 있다. 정도가 극심한 왜곡(extreme distortions)의 경우에는, 남들에게서 자신을 해칠 거라는 환영을 볼 수도 있으며, 드물게는 상상 속의 학대자로부터 자신을 보호하기 위해 공격적 행동을 취하기도 한다. 종종 미친 사람들은 상상의 공산주의자, CIA요원, 연방정부, 다른 무서운 집단으로부터 자신을 보호하기 위해 엉뚱하게도 무고한 이방인을 죽이기도 한다.

정신병적인 현실감각의 기능장애는 억제된 생각이나 걱정을 남들에게 투영시키는 것과 관계가 있다. 자신에게 살인하고, 훔치고, 강간하라거나 자신이 절대적 패배자라고 비난하는 소리(환청)를 '들을 때'에는 오히려 자기 자신의 생각을 인정할 때보다 자신의 자부심은 일정 정도까지 보호된다. 자부심을 가장하기 위한 그런 극단적인 방법의 대가는 인성조화의 손실이다. 왜냐하면 그런 사람들은 자기 자신으로부터 나오는 생각, 믿음과 외부로부터 기인하는 생각, 믿음을 구분할 수 있는 능력이 부족하기 때문이다. 현실감각에 있어서의 기능장애는 위에서 논의한 것과 같은 정신적 원인에 뿌리가 있긴 하지만, 최근의 이론에 의하면 생각의 혼란은 생화학적, 신경병학적 기능장애에 의해 보다 빈번히 발생하며, 그것들 중 일부는 유전적 요소와 연결되어 있다고 한다. 원인이 무엇이든 간에, 그렇게 영향을 받은 클라이언트는 보통 치료와 입원을 요하기 때문에, 그러한 심각한 인식기능 장애를 알아보는 것이 매우 중요하다.

4) 일관성

사회복지사는 산만하고 일관성 없이 말하는 것으로 특징지을 수 있는 주요한 생각의 장애를 보이는 클라이언트를 종종 대면하게 된다. 이런 사람들의 생각의 연속은 각각 매우 파편화되어 있으며 분절적이다. 이는 사고과정의 연관성의 느슨함으로 지칭되는 현상이다. 이러한 종류의 사고장애는 정신분열증이라 명시되는 정신장애의 두드러진 특징이다. 물론 심각한 사고 혼란은 실제로 사회적 기능의 모든 양상에 두루 영향을 미치며, 종종 개인이 적절한 사회적 역할을 수행하는 능력을 없애기도 한다(물론 말의 앞뒤가 맞지 않는 비일관성은 심한 약물 중독에 의해서 생길 수도 있다. 사회복지사는 이 가능성을 배제하지 않도록 주의해야 한다).

정신질환을 사정하기 위해 몇몇 척도가 사용 가능하다. 쉬나이더와 스트루닝(Schneider & Struening, 1983)은 사회복지사에 특히 유용한 행동평정 척도를 개발했다. 이 척도의 장점은 그것이 일상생활에 필요한 특정기술에 초점을 맞추고 있다는 것이다.

5) 인식의 유연성

문제상황의 많은 측면을 분석하기 위해 새로운 사고나 능력을 수용하는 것은 효율적인 문제 해결에 도움이 될 뿐 아니라 일반적인 적응력에도 도움이 된다. 인식의 유연성(cognitive flexibility)은 성장기를 추구하는 클라이언트, 어려움 속에서 자신이 점하는 역할을 이해하고자 노력하는 클라이언트에게서 잘 나타난다. 그러한 클라이언트들은 또한 도움을 구하는 것이 나약함이나 실패의 증명이라고 생각하지 않고서 남에게서 도움을 구할 줄도 안다. 그러나 많은 사람들은 자신의 신념에 대해 완고하고 고집이 세다. 그러한 비유연성은 클라이언트를 돕는 과정을 진행하는 데 주요한 장애물이 된다.

인식이 유연하지 못한 경우 공통적으로 상대적인 용어보다 절대적인 용어를 사용하고 사고한다. 예를 들어, 어떤 사람이 선하거나 악하다, 성공한 사람이거나 패배자이다, 믿을 만한 사람이거나 믿지 못할 사람이다, 중간이란 없다 등이다. 그런 식으로 생각하는 클라이언트들은 그들의 엄격한 기대치를 충족시키지 못하는 사람들을 비판하는 경향이 있다. 남들과 어울려 살기 어렵기 때문에, 그런 사람들은 결혼생활이나 부모-자식관계의 어려움을 이유로 사회기관에 많이 나타난다. 이런 문제를 개선하기 위해서는 그들이 자신의 완고함의 파괴적 영향을 스스로 알도록 도와주는 것, 자기 자신과 남들에 대한 관점을 넓히도록 도와주는 것, 일반적인 의미에서 '느슨해지도록' 도와주는 것이 필요하다.

부정적인 인식태도에는 특정집단의 구성원들을 개인으로서 바라보지 못하도록 만드는 선입관과 고정관념도 포함된다. 우울증이 심각한 클라이언트는 자신을 무력하고 쓸모 없다고 생각하거나 미래를 음침하고 희망 없이 바라보는 터널성 시야증(tunnel vision)을 보인다. 이러한 클라이언트들은 또한 자신의 부정적 특징에만 선택적으로 주의를 기울이며, 자신에 대해 좋게 느낄 여지를 남겨두지 않는다.

6) 가치

인식-지각의 하부체계의 필수불가결한 부분인 가치는 인간의 행동에 강한 영향을 끼친다. 종종 클라이언트에게서 나타나는 문제에서 중요한 역할을 하기도 한다. 이러한 이유로 사회복지사는 클라이언트의 가치관이 무엇인지 알아보고, 그들의 어려움에서 가치가 어떤 역할을 하는지 사정하고, 그들의 문제 있는 행동을 수정하는 동기를 만드는 데 쓰일 수 있는 가치는 무엇인지 숙고해야 한다. 더불어 사회복지사는 클라이언트가 자신의 가치관에 충실하고 그 가치관과 일치된 선택을 할 수 있는 클라이언트의 권리를 존중하는 윤리적 의무감, 그들의 가치관을 아는 것을 필요로 하는 의무감을 가져야 한다.

물론 많은 가치들은 문화적 조건의 산물이다. 그래서 사회복지사는 사정에서 실수를 피하기 위해, 클라이언트가 문화적으로 관계된 집단에 대한 지식이 있어야 한다. 또한 대부분 많은 사람들이 전통적 가치지향을 선호하듯이, 어떤 문화에 속한 개인들 사이에서 실제 선호도는 차이가 상당하다.

가치충돌은 어려움에 처했을 때 종종 발생한다. 예를 들어, 한편으로는 의존을 바라는 마음과 한편으로는 가정주부가 되고자 하는 마음이 갈라진다. 어떤 클라이언트들은 억압적 결혼 상대자로부터 독립하고자 하는 마음과 어떤 경우에도 결혼은 유지되어야 한다는 믿음 사이에서 끈질긴 줄다리기를 할 수도 있다. 가치충돌은 배우자들 간에 어려움의 중심이 될 수도 있다. 한 배우자는 아이를 가져야 한다는 가치가 강한 반면, 다른 배우자는 그러한 가치를 거부할 수 있다. 종교적 가치관에 관한 배우자 간의 충돌, 혼전 성행위나 교육, 학력의 중요성에 대한 부모와 청소년 간의 가치충돌은 흔한 일이다.

클라이언트의 역기능적 행동의 변화를 위한 동기를 만드는 데 이용하기 위해서도 클라이언트의 가치관을 잘 아는 것은 필수적이다. 클라이언트는 어떤 가치관에 대해 강한 의무감을 가지면서도 그들이 추구하는 가치관과 정반대의 행동을 할 수 있다. 클라이언트 자신이 신봉하는 가치관의 잣대에 비추어 자신의 행동을 평가할 수 있도록 도와주면, 그들은 처음으로 그들의 행동이 모순되고 자멸적인 행동임을 깨닫는 경우가 자주 있다. 예를 들어, 부모가 자신을 믿어주어야 한다고 주장하는 청소년은 신뢰를 받

[표 9-2] 일반적인 잘못된 믿음과 바람직한 믿음의 예 (Examples of common misconceptions and functional belief)

잘못된 믿음	바람직한 믿음
만약 내가 남을 불쾌하게 만든다면, 그것은 큰 잘못이므로, 나는 고통스러워야 한다.	나는 항상 남들의 반응에 따를 수는 없다. 그렇지 않으면 나는 매우 상처받기 쉽다. 나를 기쁘게 하는 것이 남을 기쁘게 하는 것보다 중요하다.
세상은 인정사정 없는 곳이다. 사람들은 자기 자신 외에는 누구에게도 신경 쓰지 않는다.	세상에는 다양한 종류의 사람들이 있다. 무자비한 사람도 있고, 이타적인 사람도 있다. 내가 후자 같은 사람을 찾으려 한다면, 찾을 수 있다. 만약 내가 이타적인 사람이 되기 위해 노력한다면, 세상은 보다 좋은 곳이 될 것이다.
남자들의 여자에 대한 유일한 관심은 여자들을 지배해서 성적 노리개로 쓰는 것뿐이다.	여자들이 다양하듯이 남자들도 다양하다. 건강한 남성과 여성들은 섹스에 관심이 있지만 반드시 자신만의 쾌락을 위해 남을 이용하는 것은 아니다.
훌륭해지기 위해서는, 사람은 완벽히 유능해야 하며, 모든 노력마다 성공해야 한다.	모든 사람은 고유한 재능의 영역이 있으며 어떤 부분에서는 남들보다 잘 할 수 있다. 어떤 이도 완벽하지 않으며, 실망은 때때로 하기 마련이다.
경쟁에서 지는 것은 끔찍한 충격이다.	이기면 기분이 좋긴 하지만, 승자가 있으면 항상 패배자도 있게 마련이다. 승리뿐만 아니라 아름다운 패배에서도 얻는 것이 있다.
타인의 복지를 증진하기 위해 자신을 희생하고, 고통스럽게 하고 자신의 뭔가를 빼앗는 것이 미덕이다.	남을 돕고 남에게 관심을 주는 것이 바람직한 일이긴 하지만, 나의 개인적 만족을 추구하는 것 또한 나의 몫이다. 불필요한 고통은 미덕이 아니다.

는 것이 중요하다는 데 동의한다. 그때 사회복지사는 클라이언트가 부모에게 거짓말을 계속 한다면 결국 부모의 신뢰를 받을 수 있는 가능성이 파괴된다는 것을 명확히 해야 한다. 오로지 자신의 행동을 바꿈으로써만 그는 부모가 자신을 믿어줄 것을 현실적으로 기대할 수 있다.

클라이언트의 가치관을 아는 것은 윤리적 설득에 있어 매우 중요하다. 클라이언트는 궁극적 가치(궁극적 목표)보다는 도구적 가치(목표의 수단)에 끼치는 영향에 보다 개방적이다(Rooney, 1992). 사고와 가치관 행동 사이에 불일치가 발견될 때 인식의 부조화가 생길 수 있다. 당신은 클라이언트에게 가장 중요한 것이 무엇인지, 배우자가 서로에게 어떤 관계를 맺어야 한다고 믿는지, 아이들은 어떻게 교육받아야 한다고 생각하는지, 기타 등등을 알아봄으로써 거기에 관련된 클라이언트의 가치관을 알 수 있다. 클라이언트의 가치관을 명확하게 해줄 질문의 예는 아래와 같다.

"당신은 부모님의 성 가치관이 구식이라고 생각하는군요. 그렇다면 당신은 어떤가요?"

"당신이 생각하는 이상적인 아내는 어떤 사람인가요?"

"당신은 부부가 함께 모든 것을 결정해야 한다는 것에 대해 어떻게 생각하나요?"

"그래서 당신은 삶에서 성공하지 못하고 있다고 믿는군요. 그러면 당신에게 성공한다는 것은 어떤 의미입니까?"

7) 잘못된 믿음

클라이언트들은 공통적으로 인간관계, 성역할, 권위, 그리고 생활의 셀 수 없이 많은 면에서 잘못된 믿음을 가지고 있다. 이러한 견해에 대한 강조가 증가하고 있는데, 한 유명한 정신치료학(이성-감정치료) 학교는 믿음이 감정과 행동을 모두 계획한다는 견해를 밝혔다(Ellis, 1962). 이러한 접근의 주된 전제는 잘못된 믿음이 인간의 부적응의 핵심이라는 것이다. [표 9-2]에서 우리는 기능적 믿음과 그에 반대되는 몇 가지 공통적인 잘못된 믿음들을 열거했다. 잘못된 믿음은 인간의 많은 생각의 원인이 되기 때문에, 그것들을 확인하는 법을 배우고 사정에 그것들을 포함시키는 것은 매우 중요하다. 목표는 종종 주된 잘못된 생각을 고치는 것을 수반한다. 그러한 목표의 성취는 행동의 변화를 가능케 한다.

8) 자기확신

자신에 대한 확신(self-concept), 믿음, 생각은 일반적으로 인간행동에 있어 가장 결정적인 요인의 하나로 인정된다. 레이미(Raimy, 1975)와 다른 많은 이론가들은 "자기자신에 대한 믿음은 적응된 행동을 이끄는 현실과 일치하는 반면, 부적절한 믿음은 부적응된 행동을 이끈다(p.9)" 고 결론을 내렸다. 그래서 높은 자부심을 가지며, 자신의 한계와 결점뿐만 아니라 긍정적 특징, 성취, 가능성을 현실적으로 잘 아는 것은 강점이며 정신건강에 도움이 된다. 건강한 사람은 비통해하거나 낙담하는 것 없이 자신의 한계를 인간 누구나 잘못하기 쉬운 자연스러운 부분으로 인정할 수 있다. 사실 높은 자부심(high self-esteem)을 가진 사람은 한계와 실패에 대해 농담할 수 있다. 그러나 많은 인간들은 쓸모 없음, 불충분함, 무력함의 감정으로 괴로워한다.

또한 자부심이 심각하게 낮은 것은 정신질환의 주요한 원인이 된다. 어떤 정신질환의 증상은 심각하게 떨어진 자부심을 보충하기 위한 잘못된 노력의 결과임이 드러났다. 예를 들어, 어떤 정신병 환자는 자기 자신이 예수, 성모마리아, 나폴레옹, 다른 역사적 위인과 같이 힘이 있는 사람이라고 생각하는 식으로, 자신이 다른 사람이라는 망상에 사로잡힌다. 어떤 사람들은 쓸모 없음의 감정을 표출하며 "너는 별로야" "너는 썩었어" 라는 환청을 듣는다.

자기확신이 부족한 클라이언트는 대개 자부심을 높이기 위한 도움이 절대 필요하기 때문에, 그들의 이러한 차원의 기능성을 사정하는 것은 매우 중요하다. 대개 클라이언트들은 자신이 스스로를 어떻게 보는지 자발적으로 검토하게 된다. 그들이 그렇게 하지 않으면, "당신이 스스로를 어떻게 보는지 말해주세요" 라는 것과 같은 열려 있는 반응에서 종종 풍부한 정보를 얻을 수 있다. 많은 사람들이 실제로 그런 문제에 대해 고민해보지 않았기 때문에, 그들은 대답을 주저하거나 "무슨 소리인지 잘 모르겠어요. 무슨 말이죠?" 라고 대답할 것이다. 당신 쪽의 집요함이 필요할 것이다. "당신과 같은 종류의 사람들을 생각하면 당신은 머릿속에 무슨 생각이 드는가요?" 와 같이 좀더 앞선 반응을 당신이 해야 할 것이다.

자부심을 측정하기 위한 도구도 개발되어 있다. 월미어 척도 중의 하나인 자부심목록(Index of self-esteem)은 클라이언트가 수 분 내에 작성할 수 있는 것이다. 쉽게 기록하고 해석할 수 있다.

6. 감정기능

감정은 행동에 강력한 영향을 끼치며 사회복지사에게 높은 관심을 받고 있다. 대개 강한 감정이나 감각은 도움을 구하는 사람의 문제에서 중요한 역할을 한다. 예를 들어, 어떤 사람들은 감정적으로 격해지기 쉽고 분노가 치밀면 공격적 행동을 하기도 한다. 어떤 사람들은 감정적으로 불안정해서, 사나운 감정의 바다에 떠 있으려 힘들게 노력한다. 어떤 사람들은 사랑하는 사람의 죽음이나, 이혼, 심한 실망, 자부심에의 충격과 관련된 스트레스의 결과로 감정적으로 동요한다. 또 다른 사람들은 감정에 대항함으로써 다른 방향으로 끌리게 되어 그들의 감정적 모순을 해결하기 위한 도움을 구한다. 감정기능을 사정하는 사회복지사를 돕기 위하여 전반부는 이러한 차원의 중요한 양상을 서술하는 데 할애한다.

1) 감정조절

사람들이 발휘하는 감정 조절에 있어, 사람들은 감정압축에서 감정과다에 이르기까지 그 정도가 매우 다양하다.

인간관계에서 표현을 잘 못하고, 감정을 억누르는 사람은 전자의 대표적인 사람이다. 감정과의 접촉에서, 그들은 자신에게 기쁨, 아픔, 흥미, 그 밖에 인생에 재미와 의미를 부여하는 다른 감정을 느끼도록 허용치 않는다. 그런 사람들은 편안하게 지적으로 이야기한다. 그러나 감정을 표현하거나 논하는 데서 후퇴한다. 그들은 종종 지적인 스타일로 남들에게 감명을 잘 주지만, 그들의 감정적 무뚝뚝함이 친밀함이나 감정자극에 대한 다른 사람의 필요성을 채우는 것을 방해하기 때문에 그들은 가까운 인간관계를 유지하는 데서 자주 어려움을 겪게 된다.

감정적 과다를 보이는 클라이언트는 아마 '짧은 퓨즈(short fuse: 화를 잘 내고 감정이 격한 것—옮긴이)'를 가지고 있을 것이고, 작은 자극에도 격하게 반응할 것이다. 예를 들어, 가족 구성원을 신체적으로 학대하는 클라이언트들은 분노를 조절하지 못하며, 분노를 폭력적인 방법으로 표현한다. 어떤 사람들은 울음, 당황함, 우울증, 무력함 등의 압력에 대해 과잉 반응한다. 또 다른 사람들은 지나치게 성마르고, 예민하고, 까다롭기 때문에 개인 간의 관계에서 어려움을 겪는다.

2) 감정의 범위

감정기능의 또 다른 양상에는 인간이 맞닥뜨리게 될 다양한 상황에 적합한 감정의 범위를 경험하고 표현할 수 있는 능력도 포함된다. 어떤 사람들의 감정 경험은 제한된 범위로 한정되는데, 그것이 개인 간의 어려움을 종종 야기한다. 어떤 사람들은 즐거움을 느끼거나 기쁜 감정을 표현하지 못한다. 이것은 무쾌감증(anhedonia)이라 지칭되는 역기능이다. 또 다른 사람들은 분노의 감정을 막고, 자기 자신을 비난하며, 인간관계에서 마찰이 발생하면 남들과 화해하도록 습관이 되어 있다. 자연스러운 감정의 억제 때문에 그들은 정상적이라면 분노를 일으킬 상황에 처할 때 되면 종종 극도의 긴장이나 천식, 대장염, 두통과 같은 생리적인 증상을 경험하게 된다. 마지막으로 어떤 사람들은 참을 수 없는 감정으로부터 자신을 보호하기 위해, 어릴 때부터 거절과 고독과 고통을 막는 심리기제를 발달시킨다. 그러한 감정의 봉쇄는 "나는 누구도 필요없어", 혹은 "아무도 날 해치지 못해"와 같은 구두표현을 동반하면서, 강하고 무정한 듯한 모습으로 보상하려는 것을 보여준다.

감정적으로 건강한 사람들은 정상적인 범위의 강도와 지속시간 내에서 인간감정의 전 영역을 경험하게 된다. 그래서 즐거움, 슬픔, 유쾌함, 실망, 그리고 감정의 나머지 모든 스펙트럼을 경험하는 것은 강점이다. 클라이언트가 도움을 구하는 문제의 해결을 막는 감정 봉쇄를 보인다면, 사회복지사는 클라이언트에게 막힌 감정을 접촉할 수 있도록 해야 하는 임무가 있다.

3) 정서의 적절함

클라이언트가 드러내는 정서(affect)를 직접 관찰하다 보면 종종 그들의 정서기능에 대한 가치있는 정보를 알 수 있게 된다. 한 극단의 극도의 걱정과 긴장이나 정반대 극단의 긴장이완에 비하면 초기에 조금의 걱정이나 온건한 염려는 자연스럽다(특히 비자발적인 클라이언트나 타인에 의해 의뢰된 사람들은 더욱 그러하다). 논의된 요소의 내용에 적합한 자연스러운 감정의 경험과 표현은 건강한 감정기능의 징표이다. 그래서 각각의 감정들이 그 시기의 기분에 맞게 웃고, 울고, 아픔, 낙담, 분노, 기쁨을 표현할 수 있는 것은 강점이다. 그러한 자연스러움은 클라이언트가 감정과 접촉하고 있으면, 감정을 적절히 표현할 수 있다는 것을 가리킨다.

근육긴장, 지속적인 자세변화, 손비틀기, 입술깨물기 등과 같은 행동들을 통해 드러나는 과도한 걱정은 두려움, 의심, 예외적으로는 익숙지 못한 개인 간의 상황에서의 불편함을 가리킨다. 그러한 과도한 긴장은 자기도 모르는 상황에서 일어날 가능성이 높다. 다른 경우에는 다른 개인 간의 상황에서 클라이언트의 품행의 특징일 수도 있다.

완전히 이완되어 보이고 정상적이라면 염려나 걱정을

일으킬 상황에서 자기 자신을 자유롭게 표현하는 것은 문제 자체에 대한 부정을 반영하거나 문제해결 과정에 참여하고자 하는 동기의 부족을 가리키는 것일 가능성이 높다. 그리고 매력적인 품행은 그렇게 하는 것이 이득이 될 때의 유리한 모습을 투영하는 기술의 반영일 수 있다. 판매나 승진과 같은 상황에서는 그러한 매력은 유용한 자질일 수 있다. 그러한 행동은 종종 인간관계에서 자기중심적이며, 남을 잘 속이며, 남을 잘 이용하는 성질을 속이기 위한 개인의 대처 방법일 수 있다. 그러한 개인들은 자신의 속임수로 희생된 사람들에 대한 걱정을 유발한다. 그러나 그들은 일반적으로 그들 자신의 행동을 바꾸고자 하는 데 필수적인 걱정이 부족하다.

감정적으로 무디거나 무감각한 것은 흔히 심각한 정신질환의 징표이다. 클라이언트가 초연하고 무미건조한 방식으로 이야기하면, 부모 중 한 쪽이 다른 쪽을 죽였다든지, 근친과의 사별이 있었다든지, 신체적 학대나, 성적 학대와 같은 생애에서 잊지 못할 사건이나 조건에 처해 있을 가능성을 고려해야 한다. 그러한 무딘 감정이 사고의 혼란과 함께 나타나면, 클라이언트는 정신병적이며, 주의 깊은 정신의학적 평가가 필요할 가능성이 높다.

부적절한 정서는 고통스러운 이야기를 하면서 웃거나(섬뜩한 웃음) 무슨 이야기를 하든 상관없이 계속 미소만 짓든지 하는 형태로 드러날 수도 있다. 하나의 주제에서 다른 주제로 끊임없이 이동하기(사고의 비약), 불안 초조, 과대망상적인 사고, 지속적인 움직임을 동반하면서, 그 사람의 생활 상태와 어울리지 않게 의기양양해 하고 행복해하는 것도 조증 행동(기분의 고양, 의욕의 항진, 관념의 분일(奔逸—옮긴이) 따위의 상태를 특징으로 하는 정신 장애)으로 지칭되는 역기능을 나타낸다.

7. 정서장애에 대한 사정

정신의학적 진단과 관련한 앞의 절에서 우리는 정신의학적 진단을 공식화하기 위한 지침서로 폭넓게 활용되는 안내서인 DSM-IV에 대해 언급했다. 일반적으로 말해서, 정신의학적 진단은 사회복지사에게 제한된 가치를 가진다. 왜냐하면 정신의학적 진단은 폭넓게 기술하고 있지만 우연성에 대한 정보가 적고, 치료계획을 공식화하는 데 별로 도움이 되지 못하기 때문이다(Beutler & Clarkin, 1990). 그러나 어떤 정서장애는(예를 들어, 기분장애) 예외다. 즉 양극성 주요 정서장애(조울병으로 알려져 있기도 하다)와 단극성 주요 정서장애(심각한 우울증)는 라우치 등(Rauch, Sarno, and Simpson, 1991)이 밝힌 연구결과에 따르면 유전적 요소가 이러한 장애에 연관되어 있다는 증거를 밝히고 있다. 그래서 적어도 부분적으로, 진단은 우리에게 원인이 되는 요소에 대해 알려준다. 치료 계획의 방향을 제시할 수 있도록 하는 이러한 진단으로 사람들을 치료하는 것은 일반적으로 약물치료를 포함한다(종종 인식에 관한 정신치료나 개인 간의 정신치료를 동반한다). 게다가 이러한 장애가 있는 사람들은 자살 위험과 다른 심각한 위험요소가 있다. 이러한 이유로 다음에서 주요한 정서장애의 진단에 대해서 논한다.

1) 양극성 정서장애(bipolar affective disorders)

이 장애의 주요한 특징은 고양된 분위기(조증) 혹은 그 사이사이에 우울증을 동반하는 현상이다. 고양된 분위기일 때는, 아래의 일곱 가지 징후 중 적어도 세 가지가 지속되어야 한다(American psychiatric association, 1987: 217).

- 부풀려진 자부심이나 과장
- 수면욕구 저하
- 보통보다 말이 많거나 계속해서 말을 해야 하는 압박감을 느낌
- 사고의 비약(flight of idea) 혹은 사고가 질주하는 것 같은 주관적 경험
- 산만함

- 목표지향의 활동성 증가(사회적으로, 직장이나 학교에서, 혹은 성적으로) 혹은 정신운동의 동요(psychomotor agitation)
- 고통스러운 결과를 초래할 가능성이 높은 행위에 대해 과도하게 휩쓸림. 예를 들어, 돈을 물 쓰듯 하거나, 성적인 무분별, 어리석은 사업투자 등

완전하게 조증증상이 나타나면 작업수행이나 인간관계가 두드러지게 손상받는다. 환자를 보호하거나 환자로부터 타인들을 보호하기 위해 입원을 시켜야 할 정도로 증상이 매우 심각할 수 있다.

클라이언트가 양극성의 주요한 정서장애가 있다고 생각된다면 사회복지사는 반드시 위에 열거한 증상이 있었는지 확인해야 한다.

만약 조사결과 클라이언트가 장애가 있는 것으로 판단되면 즉각 정신의학적 상담이 필요하다. 우선 입원이 필요한지 결정하고, 다음으로 약물치료가 필요한지 결정해야 한다.

2) 주요 단극성 정서장애(major unipolar affective disorders)

침울한 기분증상의 재발을 경험하는 이러한 종류의 장애는 양극성 장애보다 훨씬 더 자주 일어난다. 중증의 우울증은 불쾌기분(dysphoria)의 우울증과 다르며 무쾌감증이 존재한다. 고통스러운 감정은 보통 걱정이나 정신적 논쟁, 과도한 죄책감(대개 비교적 사소한 잘못에 대해서), 침착하지 못함(동요)과 관계있다.

주요한 우울증 증상이 있는지 여부를 진단을 받기 위해서는 2주 동안 다음 아홉 가지 증상 중 적어도 다섯 가지 증상이 나타나야 한다(ibid., 222-223).

- 하루의 대부분, 거의 매일 우울한 분위기
- 모든 혹은 거의 모든 행위에 있어 흥미나 기쁨이 현저히 줄어듦
- 식이요법이 아닌데도 체중이 상당히 감소하거나 증가하는 것 혹은 식욕의 감소나 증가
- 거의 매일 불면증이나 수면과다증세
- 정신운동적인 동요나 정신지체
- 거의 매일 피로하거나 원기부족
- 자신이 쓸모없다고 느끼는 것 혹은 과도하거나 부적절한 죄책감
- 생각하거나 집중하는 능력의 감퇴 혹은 우유부단함
- 빈번하게 죽음에 대한 생각, 자살시도, 자살을 하기 위해 특정한 계획을 세우는 등 자살에 관련된 관념 작용

라우치 등(Rauch, Sarno, and Simpson, 1991)은 클라이언트가 위에서 열거한 위기에 직면했는지 여부를 결정하도록 사회복지사가 할 수 있는 특정 질문들을 제공한다. 게다가 우울증의 존재 여부와 정도를 사정하기 위해 쓸 수 있는 몇 가지 척도도 있다. 거기에는 월미어척도의 우울증 척도(Depression scale in the Walmyr scales; Hudson, 1992), 벡의 우울증 목록(Beck depression inventory; Beck, Ward, Mendelson, Mock & Erbaugh, 1961), 중의 자기평정 우울증 척도(Zung self-rating depression scale; Zung, 1965)가 있다. 이들 척도 모두는 완성하고 기록하고 해석하기 쉽다. 또한 모두 서로 밀접히 연관되어 있다.

사정을 통해 클라이언트가 약간의 혹은 심각한 우울증이라는 것이 드러나면, 약물치료나 입원치료의 필요성을 결정하기 위해 정신의학적 상담이 필요하다. 항우울증 약물요법은 우울증으로부터 회복을 빠르게 하며 인지의 혹은 개인 간의 정신요법과 상승작용을 한다는 것이 증명되었다. 전기충격요법(ECT) 또한 특정 종류의 우울증에 효과가 있다. 흔히 빠뜨리고 지나치는 집단인, 우울증 걸린 노인들은 항우울증 약이나 ECT로 치료하면 극적으로 개선될 수 있다.

우울증을 사정함에 있어, 우울증 발현을 촉진하는 것이 무엇인지 확인하는 것이 중요하다. 보통은 중요한 상실이

나 연속된 상실이 일어난다. 클라이언트는 이러한 손실과 관련된 슬픔을 겪고 이러한 손실을 보충할 사교와 도움의 원천을 만드는 데서 도움이 필요할 수 있다.

3) 자살위험 사정

클라이언트가 심각한 우울증을 보이면, 자살의 위험을 평가하여, 징후가 있으면 예방수단을 취하는 것이 중요하다. 성인에 있어 아래의 요소들은 높은 자살위험성과 관련되어 있다.

- 절망, 희망이 없음
- 자살을 시도한 경험이 있음
- 자살할 구체적인 계획(언제, 어디서, 어떻게)
- 자살에 대한 깊은 생각
- 지지체계 부족
- 쓸모없다고 느낌
- 자신이 죽으면 남들은 더 좋아질 거라는 믿음
- 이미 죽은 사랑하는 사람과 결합하는 것에 대한 깊은 생각

위에 열거한 요소에 대한 세심한 조사는 자살 위험성을 사정하는 데 도움이 될 것이다. 게다가 자살 위험성을 평가하기 위해 다음의 척도들이 사용 가능할 것이다: 절망척도(Hopelessness scale; Beck, Resnik, & Lettieri, 1974), 자살관념척도(Scale for suicide ideation; Beck, Kovacs, &Weissman, 1979), 자살가능성 척도 (Suicide probability scale; Cull & Gill, 1991). 자살가능성이 분명할 때는 정신의학적 평가와 입원치료가 고려되어야 한다.

4) 아동과 청소년의 우울증과 자살위험성 사정

아동과 청소년들 또한 우울증을 겪을 수 있다. 이 집단 내에서 자살의 위험성이 있다. 사실 지난 30년 동안 미국 청소년의 자살률은 세 배로 증가했다. 15세와 24세 사이의 50만 명의 젊은이들이 매년 자살을 시도하며, 5천명이 자살에 성공한다. 그래서 청소년 우울증의 징후와 부모들이 보고하는 행동적 징후를 잘 아는 것이 중요하다. 심각한 우울증에 걸린 청소년에 대한 세밀한 연구에 기초하여, 연구자들은(Ryan et al., 1987) 공통적인 징후를 확인했다. 35%이상의 경우인 것만 열거한 다음의 목록은 가장 높은 빈도(60%)부터 가장 낮은 빈도(35%)까지 정렬되어 있다.

1. 우울한 기분
2. 무쾌감증
3. 피로
4. 자신에 대한 부정적인 이미지
5. 분위기에 잘 좌우되는 것
6. 집중력 감소
7. 자살 관념
8. 수면부족

부모들은 자녀가 우울해 있다는 것을 깨닫지 못하는 경우가 많기 때문에, 부모들에게 아래의 추가적인 행동적 징후를 경고해주는 것이 중요하다(Gold, 1986: 10).

- 개인적 습관이 나빠지는 것
- 학업 성취도가 떨어지는 것
- 슬픔, 우울증, 갑작스럽게 눈물을 흘리는 반응이 눈에 띄게 증가하는 것
- 식욕저하
- 약물이나 알코올 사용
- 죽음에 대한 이야기(심지어 농담의 형식이라 하더라도)
- 친구나 가족과 갑자기 만나지 않는 것

기분상태의 동요나 거친 변화는 청소년기의 특징이기 때문에, 위에서 열거한 경고신호들은 오직 10일 이상 지속될 때만 우울증의 징후로 간주할 수 있다. 만약 아이가 이 징후들 중 여러 가지를 보인다면, 정신의학적 상담을 받을

것을 권해야 한다. 위에서 열거한 심각한 우울증의 징후에 더불어 청소년이 절망적인 감정을 드러내거나, 최근 사랑하는 사람의 죽음을 경험했거나, 부모와 심각한 갈등을 겪었거나, 중요한 동료나 연인과의 밀접한 인간관계를 잃어버리게 되거나, 그를 도와줄 원조 체계가 없을 때, 자살의 위험성이 가장 높다. 청소년 자살에 대한 연구는(Fowler, Rich, & Young, 1986) 적어도 자살의 50%가 과도한 음주나 약물남용과 연관되어 있다는 것을 밝히고 있다.

아동우울증에 관해서 이야기하자면, 빈도순서는 약간 다르긴 하지만, 아동의 우울증 징후는 앞에서 열거한 청소년의 징후와 별로 다르지 않다. 한 가지 주목할 만한 차이가 있는 것은 심각한 아동우울증의 34%에서 이별걱정(부모로부터 버림받을 것에 대한 공포)이 나타난다는 것이다.

8. 행동기능

직접상담에 있어 변화노력은 대개 클라이언트와 문제에 연관된 다른 사람들의 사회적 기능을 손상시키는 행동유형을 수정하는 것을 전형적인 목표로 한다. 행동을 사정함에 있어서 한 사람의 행동이 다른 사람의 행동에 단순한 단선적 방식으로 영향을 끼치지 않는다는 것을 명심하는 것이 중요하다. 오히려 모든 관계자의 행동은 다른 사람들과 상호간에 영향을 준다.

대개 행동의 변화가 개입의 목표이기 때문에 행동의 역기능유형과 정상기능유형 모두를 분간하고 사정을 잘 해야 한다. 개인적 상담의 직접적인 관찰과 관련해서 개인적인 습관과 특징뿐만 아니라 클라이언트의 사회적 행동유형, 의사소통유형을 관찰할 수 있어야 한다. 공동면담과 집단상담에서는 이러한 종류의 행동유형을 관찰할 수 있을 뿐만 아니라, 더불어 권력 · 통제, 돌봄, 도움의 차원에서 클라이언트의 기능성을 관찰할 수 있다.

행동을 사정함에 있어, 문제가 클라이언트 쪽의 과다와 결핍으로 구성되어 있다고 간주하는 것이 도움이 될 것이다. 전자의 경우, 개입은 감정폭발, 지나치게 말을 많이 하는 것, 언쟁하기, 지나친 목표성취, 과도한 행동(예를 들어, 과식, 부적절한 음주, 섹스에 대한 지나친 탐닉) 등의 행동과다를 줄이거나 없애는 것을 목표로 한다. 결핍의 경우 개입은 클라이언트가 보다 효율적으로 기능하기 위해 필요한 기술과 행동을 습득할 수 있도록 돕는 데 목적이 있다. 예를 들어, 클라이언트의 행동 레퍼토리에는 감정을 솔직히 표현하기, 사회적 대화에 참여하기, 남의 이야기 경청하기, 문제를 해결하기, 재정을 유지하기, 영양가 있는 식단 짜기, 다정한 섹스 상대자 되기, 갈등 처리하기, 그리고 효율적인 사회적 기능에 필수적인 여타의 기술들이 포함되어 있지 않을 수 있다.

역기능 행동유형을 확인하는 것과 더불어 효율적이며 강점을 드러내는 행동유형에 대해서 잘 아는 것이 중요하다. 역기능 행동유형과 정상기능 행동유형을 사정하는 데 도움이 되도록 주요한 행동 범주에 따라서 몇 가지 행동유형을 열거했다([표 9-3] 참조). 목록이 길기는 하지만 결코 포괄적인 것은 아니며, 범주가 모든 것을 포괄하는 것도 아니다. 그러나 개인 간의 어려움을 만들어내는 행동유형을 가장 많이 포함했다. 목록을 살펴보면 몇몇 유형이 정상기능인지 역기능인지 의문이 생길 것이다. 물론 이러한 결정은 행동이 일어난 전후 상황 관계에 의존할 것이다. 공격적 행동은 감옥 환경에서는 자신을 보호하는 정상기능으로 작용할 수 있지만, 가족관계나 대부분의 집단 내에서는 역기능일 것이다. 목록을 열거할 때, 우리는 참고틀에 전형적인 결혼, 가족, 집단의 배경상황을 포함했다.

목록은 해석을 다르게 할 수 있는 매우 일반적인 형용사와 동사로 많이 구성되어 있다. 그래서 행동을 사정할 때, 실제의 문제행동을 구체화하는 것이 중요하다. 예를 들어, 사회복지사는 클라이언트의 행동을 '마찰을 일으키기 쉬운' 이라고 사정하는 것보다는, 클라이언트가 계속해서 동료 작업자에게 시비를 걸고, 옆 사람이 틀렸다고 말함으로써 상처를 주고, 자신만의 지식과 성취물에 대해 자랑을 떠벌린다는 식으로 구체화해주는 것이 좋다. 이렇게 역기능

[표 9-3] 행동유형들(behavioral patterns)

행동차원	역기능 행동유형	정상기능 행동유형(강점)
능력/통제	독재적, 고압적, 공격적, 무자비, 엄격, 오만, 남을 통제, 수동적, 복종적, 결정과정에서 타인을 배제.	민주적, 협조적, 고집 있는, 결정과정에 타인을 참여시킨다, 자신의 권리를 옹호한다.
도움/원조	자기중심적, 비판적, 거절, 만류, 헐뜯음, 냉담, 징벌적, 트집, 이기적, 남에 대해서 둔감하거나 무관심함.	남을 돌봄, 남의 의견에 찬동, 남에게 베풂, 동정적, 격려, 참을성 있는, 관대, 이타적, 따뜻함, 수락함, 지지적, 남들에 관심이 많음.
책임감	의존할 수 없음, 변덕스러움, 책임 회피. 책임보다 즐거움을 앞세운다. 문제의 책임을 외부로 돌린다. 개인소유물의 유지를 무시한다.	의존할 만함, 침착함, 일관됨, 신뢰할 만함, 끝까지 노력함, 책임성을 인정, 문제의 부분을 인정, 개인 소유물을 지킴.
사교기술	마찰을 일으키기 쉬움, 비꼼, 성마름, 무감각함, 쌀쌀함, 나서기를 꺼림, 빈정댐, 불만이 많음, 소극적, 내성적, 남의 비위를 맞춤, 사교적 섬세함이 부족함.	외향적, 침착함, 매력있음, 말씨가 유창함, 붙임성이 있음, 재기발랄함, 공손함, 애교있음, 협력적, 자발적, 남을 존중함, 타인의 감정에 섬세함, 예의바른 감각이 있다.
대처유형	완고, 충동적, 반항적, 문제에 직접 맞서는 것을 회피한다. 스트레스를 받으면 알코올이나 약물을 복용한다, 허둥댄다, 남에게 비난을 퍼붓는다, 부루퉁해진다	유연함, 문제에 직접 맞선다. 대안을 고려하고 평가한다, 결과를 예상한다, 평형을 유지한다, 성장을 추구한다, 충고를 위해 남들과 상담한다, 협상하고 타협한다.
개인적 습관과 특징	어질러짐, 꾸물거림, 에두름, 부정적, 강박관념에 사로잡힘, 성미가 까다로움, 형편없는 개인 위생상태를 드러낸다, 과잉행동을 한다, 걸핏하면 예민해진다.	계획적, 잘 정돈됨, 유연함, 깨끗함, 효율적, 참을성 있음, 자기수양, 몸차림이 단정함, 정직함, 개방적임, 진지함, 따뜻함, 사려 깊음, 공평함, 규칙적임
의사소통	웅얼거린다, 과도하게 불평한다, 잔소리한다, 지나치게 말을 많이 한다, 남의 이야기에 끼어 든다, 남의 말에 귀를 기울이지 않는다, 말을 더듬는다, 화나면 고함을 친다, 견해를 말하지 않는다, 방어적, 단조로움, 언쟁적인, 말없음, 심한욕설	주의 깊게 듣는다, 유창하게 말한다, 견해를 표현한다, 감정을 공유한다, 피드백을 이용한다, 자발적으로 자신을 표현한다, 남의 견해를 고려한다, 목소리를 알아들을 수 있음, 견딜 만한 범위에서 말한다.
성취/독립	동기가 없음, 목표가 없음, 비생산적임, 쉽게 낙담함, 쉽게 산만해짐, 목표를 온전히 성취하지 못함, 진취성의 부족, 시도를 완성하는 것이 드물다, 일중독, 일의 노예.	야망 있음, 근면함, 자발적으로 일을 시작함, 독립적, 재주 있음, 목적을 이루어냄, 시도에 성공함, 전진이나 상황개선을 추구한다.
정서적/성적	애정없음, 주저함, 냉담함, 성적으로 억제됨, 상대를 가리지 않고 섹스함, 성적 욕구가 부족함, 일탈적인 성행위를 함.	따뜻함, 사랑함, 애정 어림, 민주적, 성적으로 민감함(적당히).

행동이 정확히 지적되면, 어떤 변화가 있어야 할지 명확해진다.

물론 행동에 대한 적절한 사정은 역기능 행동을 확인하는 것을 넘어선다. 사회복지사는 행동에 앞선 사정—언제, 어디서, 얼마나 자주 일어났는가—또한 결정해야 하며, 행동의 결과 또한 구체적으로 서술해야 한다. 더불어 사회복지사는 행동과 관련된 감정의 성질과 강도와 함께 행동에 앞서거나, 행동과 동반하거나, 행동에 뒤따르는 생각들을 조사해야 한다. 이것은 앞의 장과 이 장의 앞부분에서 이러한 요소를 확인했다.

또한 목록에 포함된 역기능 행동을 개인적 행동유형으로 한정시켜야 한다. 목록은 결혼, 가족, 집단 상황에서의 둘 이상의 상호작용의 역기능유형은 포함하지 않고 있다. 그러나 다음 장에서 이 중요한 주제를 서술할 것이다.

9. 동기

클라이언트의 동기를 평가하고 향상시키는 것은 사정 과정의 필수적인 부분이다. 자신이 환경에 영향을 끼칠 수 있다고 믿지 않는 클라이언트는 습득된 무기력함을 드러낼 수 있다(Gold, 1990: 51). 동기를 사정하기 위해서 사회복지사는 클라이언트와 환경에 대한 클라이언트 자신의 인식을 이해할 필요가 있다.

물론 동기는 원래의 동기정도를 사정할 뿐만 아니라 힘이나 방향성이 부족한 동기를 향상시키기 위해 책임감을 지닌 사회복지사와 계속된 상호작용에 의해 강하게 영향을 받는 역동적인 힘이다. 편안한 관계를 맺고 클라이언트의 부족한 점과 목표를 결정함으로써, 사회복지사는 동기부여를 일으키고 클라이언트를 끌어들이는 데 성공할 수 있다. 반대로 만약 사회복지사와의 만남이 부정적이라면, 원래 적절히 동기부여 되어 있던 클라이언트조차 동기를 잃어버릴 수 있다. 아마도 가족이나 집단의 구성원들은 동기의 정도에 따라 다양한 편차를 보이리라는 것도 예상할 수 있다.

리드(Reid, 1978)가 지적했듯이, 동기는 두 가지 중요한 양상으로 구성되어있다. 첫째 양상은 동기의 방향이다. 즉 클라이언트가 어떤 목표를 향해서 동기부여되어 있는가 하는 것이다. 클라이언트는 대개 어떤 요구나 필요를 채우는 데로 동기부여되어 있다. 동기의 방향성을 평가함에 있어서 중심이 된 주제는 클라이언트가 원하는 것이 현실적이고 실현가능한가 여부이다. 어떤 클라이언트는 자신의 능력을 넘어서는 목표를 성취하고자 한다. 또 어떤 사람들은 클라이언트나 사회복지사의 영향의 한계를 넘어서는 변화를 요구한다.

그런 경우에는 클라이언트가 그들의 요구의 비현실성을 인정하고, 그들의 문제상황과 관련된 현실적인 목표를 추구할 수 있도록 전략적으로 돕는 것이 중요하다.

둘째 양상은 동기의 강점과 관련되어 있다. 클라이언트는 종종 요구를 드러내지만, 개선된 행동을 계획하고 실행하는 데 필요한 의지나 기술이 부족하다. 많은 클라이언트들은 도움의 역할에 대해 오해를 하고 있다. 그들은 사회복지사에게 자신의 어려움을 해결할 마술적 힘을 요구한다. 어떤 사람들은 기꺼이 참여는 하지만, 그들의 역할을 고분고분 사회복지사의 지시 정도를 따르는 것쯤으로 생각한다. 다른 사람들은 사회복지사를 협력자나 촉진자로 제대로 인식하며, 그들의 문제를 상호 조사하는 것과 개선 방법을 계획하고 실행하는 것의 책임을 짐으로써 강점과 독립성을 보여주기도 한다.

● 상담을 재촉하는 사건과 동기

모든 잠재적 클라이언트들, 지원자와 위탁된 자 모두 동기부여되어 있다. 그러나 그들의 동기는 보통 남들이 생각하는 동기와는 다르다. 지원자가 상담을 받도록 결정하게끔 재촉한 생활의 사건들을 세심하게 조사함으로써, 그들의 초기 동기의 방향과 강점 모두를 알아낼 수 있다. 지원자가 심각한 사건 직후에 상담받기를 결정하고, 그러한 사건과 연관된 행동이나 환경을 개선하는 데 도움을 요구한다면, 그들의 동기는 방향과 강점에 있어 모두 적당할 것이다.

가족구성원이나 고용주가 최후조치의 형태로 잠재적 클라이언트의 상담위탁을 결정한 것이라면, 잠재적 클라이언트에게 있는 것으로 여겨지는 문제에 작용하는 동기는 덜 강력할 것이다. 그러한 위탁된 클라이언트와 지원자를 구분하기 위하여, 루니(Rooney)는 그러한 클라이언트를 외부의 비법률적인 압력에 반응하는 데 있어 비자발적이라고 묘사하고, 그들을 '눈에 보이지 않는 비자발성'이라고 말했다. 왜냐하면 그들이 경험하는 비법률적인 압력은 흔히 감춰져 있거나 혹은 사회복지사에 의해 무시되기 때문이다(Rooney, 1992).

선택 가능한 것을 명확하게 하는 것은 타인에 의해 제기된 문제보다 클라이언트가 인정하는 문제에 관심 두는 데 초점을 맞추게 한다(Reid, 1978). 만약 클라이언트가 인정하는 문제로 관심을 돌리면 결국 강점과 방향 모두에서 적절한 동기가 존재하는 문제를 발견할 수 있게 된다. 흔히 비자발적인 클라이언트는 압력을 제거하거나 줄이는 것을 선택할 것이다.

한편 법적 명령이나 그와 유사한 위협에 의해 도움 전문가와의 접촉을 강제당한 클라이언트는 그 법적 명령을 내린 당국이 생각하는 것과 같은 문제를 인식하지 못한다. 예를 들어, 법원에서 자신의 아이를 학대하거나 경시한 것으로 인정된 부모들이 자기 생각으로 아동학대나 아동경시를 인정하는 경우는 드물다. 비슷하게, 교정기관에서 위탁된 클라이언트들은 그들이 구속된 이유인 문제를 인정하는 경우가 드물다. 루니는 무엇에 의하여 사회복지사가 위탁된 클라이언트가 인정하는 문제를 찾을 것이며, 그것들을 위탁된 강제와 연결할 것인지에 대한 전략을 서술하고 있다(Rooney, 1992). 12장에서 이 전략들에 대해 논할 것이다.

10. 문화적 요인들

이 장과 8장에서는 원조 과정의 다양한 양상과 연관된 많은 문화적 요소에 대해 논했다. 이 절에서는 사정 과정과 관련된 일반적인 문화적 요소에 초점을 맞출 것이다. 다른 많은 문화적 요인들은 이 책의 나중 부분에서 다룰 것이다.

1) 문화적 표준(cultural norms)

클라이언트의 문화적 배경이 당신의 그것과 뚜렷이 다를 때, 클라이언트의 출신지의 문화와 관련된 표준에 대한 지식은 없어서는 안 될 요소이다. 그런 지식이 없으면 개인 체계와 개인 간 체계 모두를 사정함에 있어 치명적인 실수를 할 수 있다. 왜냐하면 하나의 문화적 문맥에서 기능을 발휘할 인식, 감정, 행동, 대인유형은 거꾸로 다른 문화에서는 문제가 된다. 게다가 사정에서의 그런 실수는 클라이언트의 문제를 감소하기는커녕 오히려 악화하는 개입의 선택을 유발할 수 있다.

아이 돌보기, 아이 키우기, 청소년의 역할, 배우자 선택, 부부역할, 노인 돌보기 등 단지 몇 가지만 봐도 정해진 문화의 유형은 매우 다르다. 예를 들어, 앵글로 미국인의 문화에서는 성평등을 지향하는 주요한 경향이 있어서 남편의 권위적인 행동은 역기능적이라는 견해가 우세하다. 라틴아메리카인들과 중동문화에도 페미니스트는 존재하지만, 남편의 독재적 행동과 아내의 의존적 행동이 대개 표준이다.

2) 개인적 유형과 문화적으로 결정된 유형 구별하기

문화 간의 작업에 있어 클라이언트의 문화에 대한 지식은 중요하지만, 사회복지사는 그 지식에 기초하여 클라이언트에 대해 선입견을 가지는 것을 반드시 피해야 한다. 동일한 인종집단 내의 하위집단 간에도 상당한 다양성이 존재한다. 이러한 집단의 구성원들에 대한 일반화는 개인 행동의 의미를 명확히 하기보다는 흐리게 할 수 있다.

동종의 문화적 집단 내부에서 개인 간에도 폭넓은 다양성이 존재한다. 정해진 집단의 문화적 특징에 대해서 아는 것은 필수적이지만 그 집단의 개인 구성원의 행동을 이해하는 데는 불충분하다. 문화적 다수집단의 구성원에게와 마찬가지로, 소수인종집단의 각각의 구성원은 독자적이다. 그래서 사회복지사는 각각의 소수인종 클라이언트들을 개인으로 고려해야 한다. 왜냐하면 문화적 다수자의 시각에서 보는 역기능행동이나 비정상행동은 소수인종집단의 구성원이 보기에도 비슷할 것이기 때문이다. 그래서 사회복지사가 해야 할 일은 문화적으로 성립된 행동과 개인 성격의 결과로 된 행동을 구분하는 것이다. 정해진 집단에 대한 심층적인 지식을 소유하는 것은 그러한 구별을 하는 것을 보다 쉽게 해준다.

그러나 의심이 들면 사회복지사는 박식하고 협조적인

소수인종집단 구성원과 그 의문에 대해 상의할 것을 충고한다. 예를 들어, 큐마브와 그의 동료들(Kumabe et al., 1985)은 우울증인 것으로 보이는 한 게으른 동남아시아 난민 어머니와 관련한 경우를 보고했다. 이 어머니를 돕기 위해 광범위하고 헛된 노력을 하고 난 후, 사회복지사는 다른 난민과 상의를 했고, 그 엄마(영어를 잘 못한다)가 우울증이 아니라 지능발달이 늦다는 것을 알게 되었다. 게다가 그녀는 미국으로 오기 전 출신지의 지역공동체에서 아동방임(child neglect) 전력이 있었다.

3) 문화변용의 정도

소수인종 클라이언트의 기능성을 사정함에 있어 그들이 주류 문화로 어느 정도 사회화되었는지를 고려하는 것이 중요하다. 소수인종 클라이언트들은 실제로 두 문화의 구성원들이다. 그들의 기능성은 그들의 출신 문화와 주류 문화 모두와의 관계 속에서 고려되어야 한다.

같은 인종집단 출신의 클라이언트들은 그들의 문화변용(acculturation) 정도에 있어 매우 다양하다. 그러한 문화수용 정도는 여러 가지 요소에 의존한다. 가장 중요한 점은 출신지로부터 이민해온 지 몇 세대나 지났느냐 하는 것이다. 보통 1세대 소수인종 클라이언트들은 그들의 전통적인 신념과 가치, 행동유형에 더욱 집착한다. 그러나 3세대에 이르면 클라이언트들은 전형적으로 가족관계에서 전통적인 유형을 많이 보존하지만, 지배 문화의 많은 유형을 내면화해 온다.

심지어 소수인종 클라이언트의 문화변용 정도를 고려함에 있어서도 만약 사회복지사가 클라이언트 개인의 고유함에 주의를 기울이지 않는다면 실수가 생길 수 있다. 예를 들어, 사회복지사는 문화적 변용을 겪지 못한 아시아계 미국인들이 대체로 감정을 잘 표현하지 못하며, 조직과 지시를 좋아하는 것으로 간주하지만, 수와 잔(Sue & Zane, 1987)은 "많은 이들이…… 그들의 감정을 적극적으로 말하며, 작은 조직에서도 일을 잘 하는 것으로 보인다"고 보고했다.

다른 요소들 또한 '두 문화 사이의' 사회화 정도와 소수인종 클라이언트와 주류 사회의 상호작용에 영향을 끼친다. 한 작가(De Anda, 1984: 102)는 그런 요소 여섯 가지를 확인하고 논했다.

1. 표준, 가치, 신념, 인식 등과 관련한 두 문화 간의 공유성 정도
2. 문화적 번역자, 중개자, 본보기를 활용할 가능성
3. 표준행동을 만드는 시도와 관련한 각각의 문화가 제공하는 교정 피드백의 양과 유형(긍정적 혹은 부정적)
4. 소수인종 개인의 개념양식과 문제해결 시도 그리고 주류문화의 우세하고 가치있는 양식과의 맞물림
5. 그 사람의 두 개 언어 사용능력
6. 피부색깔, 얼굴특징 등에 있어서 주류문화와의 신체적 외양의 차이 정도

그래서 문화적으로 민감한 사정은 클라이언트가 드러내는 이중문화성의 정도를 세심히 고려한다. 여러 관계자들은(Kumabe et al., 1985)은 같은 가족과 같은 세대의 구성원들 사이에서도 문화변용의 정도가 다양하다고 보고했다. 이들 권위자들은 또한 부모가 각기 다른 소수인종 출신일 경우의 문화변용과 관련한 복잡성에 대해서 논의하고 설명했다.

4) 이중문화성과 정신건강

정책적으로 소수인종 구성원들에게 그들의 문화적 뿌리를 간직할 것을 권할지, 주류사회로 동화될 것을 권할지 혹은 둘 다 권할지에 대해서 수년 동안 논쟁이 계속되어왔다. 물론 다수인종의 견해를 채택하거나 소수인종의 견해를 채택할 것인지를 포함해 많은 요소가 논쟁에 끼어 들었다. 차우(Chau)는 대부분의 문화 간 변화노력이 소수인종 사람들의 다수인종 문화로의 정신적 적응에 초점을 맞춰왔다고 밝혔다(Chau, 1990). 이러한 노력들은 대개 소수인

종 사람들이 다수인종문화의 강점을 획득할 필요가 있다는 자기민족 중심주의적인 가정을 반영하고 있다. 만약 가정이 자기민족중심주의에서 문화적 다원론으로 이동하면, 변화 노력은 다른 문화가 서로에게 줄 수 있는 강점에 주의를 돌리는 양방향의 상호작용을 반영할 수 있다. 그러면 다수인종문화와 소수인종문화 모두를 강하게 할 수 있을 것이다.

정신건강의 견지에서, 이 문제에 대하여 하나의 중요한 연구가 빛을 발한다. 쿠바계 미국인들의 정신건강을 연구한 결과, 고메즈(Gomez, 1990)는 연구집단의 이중문화성(biculturalism)의 정도를 측정했다. 그리고 이중문화성의 정도와 피험자의 정신적 행복, 자부심, 결혼 적응성 간의 관계를 결정했다. 연구결과는 피험자가 보다 이중문화화될수록 그들의 정신적 행복과 자부심이 더 높다는 것을 밝혔다. 더불어 기혼 피험자들 사이에는 이중문화성과 더 높은 결혼 조화성 간의 관계가 있었다. 직업만족과 관련한 결과는 별로 인상적이지 않았다. 더 나아가 이러한 연구결과는 사회복지사가 클라이언트의 이중문화성을 사정하고, 소수인종 문화에 민감해하고, 클라이언트가 자신의 문화적 뿌리와의 유대를 유지하도록 권하고, 주류 문화에 적응할 수 있도록 돕는 것이 필요함을 지지하고 있다.

5) 문제해결 방법들

소수인종 클라이언트의 기능성을 사정하고 개입을 계획함에 있어 다른 문화의 구성원은 다른 방식으로 문제를 정의한다는 사실을 아는 것이 중요하다(Green, 1982: 44-47). 어떤 문화에서 정상적인 것으로 간주되는 행동은 다른 문화에서는 비정상인 것으로 간주된다. 예를 들어, 아시아계 미국인들의 견지에서 봤을 때, 개인주의와 적극적인 경쟁(주류사회를 특징짓는)은 아시아의 전통적 가치인 권위에 대한 존경과 부모, 조상에 대한 자식으로서의 효성과 충돌한다(Ho, 1976: 196).

다른 문화 사이에는 문제해결에 대한 접근방법 또한 다양하다. 주류문화에서는 분석적 인지 양식이 대부분의 문제를 정의하고 그에 대한 해결책을 찾기 위한 가장 높이 평가받는 접근방법으로 보인다(De Anda, 1984). 그러나 어떤 소수인종집단은 문제를 대처하는 데 있어 개인에 초점을 맞춘 주류 문화의 양식과는 다른 집단적 가치에 기초한 접근법에 의존한다.

모든 문화는 개인에게 주어진 문제상황에서 규범적인 과정의 행동을 따르도록 압력을 끼친다. 문화적 전제가 다른 참신하고 창조적인 해결책은 그런 상황에서 억제된다. 문화적으로 규정된 규칙과 다른 일탈은 그들의 문화에 강한 영향을 받는 클라이언트에게 걱정이나 죄책감을 낳게 할 수도 있다.

문제를 해결하기 위한 노력과 표준적으로 관련되는 중요인물에 관련해서도 문화적 다양성은 존재한다. 예를 들어, 대부분의 아메리카 인디언 부족집단에서 가족 구성원들은 실제로 가족 문제를 대처함에 있어 확대가족 단위의 나이든 구성원에게서 조언을 구한다. 노인의 지혜는 높게 평가된다. 부족의 나이든 구성원들은 많은 존경을 받는다(Hull, 1982). 조언을 요청받으면, 나이든 원주민은 대개 이야기의 형태로 그들의 지혜를 전해준다. 아시아계 미국인 역시 비슷하게 확대가족에게 문제해결 상황의 방향성을 구하며 노인의 지혜를 높게 평가한다.

6) 신뢰 획득하기

클라이언트가 호감을 가지며, 신뢰를 보이며, 마음으로 가장 큰 관심을 보일 수 있는 사회복지사는 클라이언트에게 긍정적 영향의 원천으로 이해되기 쉽다(Rooney, 1992). 클라이언트와 사회복지사 간에 문화적 유사성이 있다면 이러한 요소는 더욱 강화될 것이다. 그러나 클라이언트와 문화적으로 유사한 사회복지사도 가치관, 교육, 문화변용의 정도 등과 같은 중요한 점에 있어 클라이언트와 다를 수 있다. 데이비스와 젤소미노(Davis and Gelsomino)의 연구에 따르면 소수인종 사회복지사는 심각한 구조적 문제를 잘 다루는 반면 전적으로 내부적 어려움에 초점을 맞추는 데는 힘들어했다고 밝혔다.

문화 간 접촉은 다수인종 문화 내에서 소수인종 사회복지사와 소수인종 클라이언트 간에도 일어난다. 대개 다수인종 문화의 사회복지사가 소수인종 문화에 대해 보이는 친숙함보다 소수인종 사회복지사가 다수인종 문화에 대해 보이는 친숙함이 더 크기 때문에, 클라이언트들은 종종 소수인종 사회복지사의 신뢰성을 문제삼는다(Proctor & Davis, 1994). 사회복지사와 클라이언트 간의 문화적 차이는 서비스는 인종적 차이에 영향을 받지 않는다는 가정에 의해 종종 무시된다. 프락터와 데이비스(Proctor and Davis)는 클라이언트가 좋아하는 용어로 사회복지사가 말하거나 원조과정을 설명하거나 사정과정 중 질문에 대한 정당한 이유를 설명하면 신뢰가 향상될 수 있다고 밝히고 있다. 더불어 사회복지사는 클라이언트의 가치관에 대한 무지를 숨기려해서는 안 되며, 대신 차이를 인정하고 배우는 사람의 역할을 취해야 한다(ibid.). 마지막으로, 사회복지사는 클라이언트에게 다른 문화의 사회복지사와의 만남이 어떤지 클라이언트가 말하기를 바라지 말고 자신이 직접 물어봐야 한다.

교육, 지위, 역할, 나이, 성 또한 클라이언트의 문화에서 강조하는 다른 요소 등의 이유로도 사회복지사에게 신뢰가 주어진다. 물론 그런 요소에 대해 사회복지사의 통제력은 낮을 것이지만. 한편 존경, 확신, 믿음, 희망을 촉진하는 사회복지사와의 호의적인 경험을 통해서도 클라이언트는 신뢰를 가질 수 있다. 수와 쟌(Sue and Zane, 1987)은 사회복지사가 다음의 세 가지 주요한 지침을 따름으로써 신뢰를 키울 수 있다고 주장한다.

1. 사회복지사는 클라이언트의 신념체계와 일치하는 방법으로 문제를 개념화해야 한다. 클라이언트의 문제를 클라이언트의 신념체계와 대립하는 방식으로 정형화하면 신뢰를 획득하지 못할 수 있다.

2. 클라이언트의 문화적 가치에 따라 클라이언트의 변화노력을 기대해야 한다. 예를 들어, 사회복지사가 아시아계 클라이언트로 하여금 아버지에게 직접적으로 분노를 표현하도록 권한다면 이는 클라이언트의 마음속 깊숙이 내재되어 있는 가치에 반하는 것으로 클라이언트는 이러한 사회복지사의 조언을 파괴적이고 부적절한 것으로 생각할 것이다.

3. 치료목적은 클라이언트가 생각하는 바람직한 목적과 일치해야 한다. 만약 목표가 클라이언트의 아젠다(agenda)보다 사회복지사의 아젠다를 반영한다면, 신뢰는 획득할 수 없으며 클라이언트는 원조과정을 그만둘 것이다.

위 지침들은 모든 클라이언트 집단에 적용이 가능하지만, 특히 소수인종 클라이언트와 관계된 것이다. 물론 이 지침을 지키기 전에 필요한 것은 주어진 인종문화적인 집단의 신념체계와 가치에 대한 지식을 소유하는 것이다.

7) 즉각적인 이익의 제공

수와 쟌(Sue & Zane, 1987)은 신뢰를 형성하는 것에 더불어, 선물주기 또한 타 문화 간 사업에 있어 중요하다고 주장한다. '선물 주기(gift giving)'는 상징적인 용어로 클라이언트가 가능한 한 빨리 가급적 원조단계 초기에 직접적으로 이익을 얻는 것을 경험하게끔 해주는 것을 가리키는 것이다. 이 권위자들은 "선물 주기가 아시아인들 사이에 인간관계의 한 부분을 구성하는 의식(p.42)"이기 때문에 '선물'이라는 용어를 사용한다. 수와 쟌에 따르면, 도움 과정의 이익이 미래에 올 것이라고 설명하는 것은 불충분하다. 오히려 서구의 치료 형태에 회의적인 경향이 있는 소수인종 클라이언트들, 특히 아시아인들은 도움 과정의 활동과 문제 완화의 직접적 관계에 대한 증명을 요구한다.

사회복지사는 어떤 종류의 선물(즉각적인 이익)을 제공할 것인가? 언급된 하나의 중요한 선물은 표준화(보편화라고 표시되기도 한다)이다. 그것은 "클라이언트가 그들의 생각, 감정, 경험이 일반적인 것이며, 많은 사람들이 비슷한 어려움을 겪는다는 것을 깨닫는 과정(p.42)"을 가리킨다. 이 도움이 되는 기술은 그의 어려움이 이상하고 다르며, 그 자신이 이상하고 남들보다 부적당한 사실을 반영한다는 잘못된 믿음과 관련된 걱정을 줄이는 경향이 있다. 사회복지사가 제공할 수 있는 다른 선물에는 스트레스 완화 절차, 구체적 원조, 우울증 완화, 어려움을 만들어낸 요소에 대한 명료화, 안심(그것이 현실에 기초했을 때), 희망, 기술 연마 계획, 가망있는 대처방법 토론, 적절한 목표설정이 포함된다. 신뢰에서와 마찬가지로, '선물 주기' 또한 비소수인종 클라이언트에게도 적용이 가능하지만 소수인종에게는 더욱 그러하다.

8) 외부 도움에 대한 태도

어떤 소수인종 집단의 구성원의 행동은 도움을 구하는 자세와 필요한 도움의 유형에 강한 영향을 받는다. 예를 들어, 일본인들에게는 "정신건강서비스를 받아야 하는 것은 부끄러운 일로 간주된다(Mass, 1976)." 정신적인 문제가 있는 사람들은 병약자로 멸시받는다. 한국인들도 정신 문제에 대하여 비슷한 자세를 취한다. 하비와 청(Harvey & Chung, 1980)에 따르면, "한국인들은 가족 중에 정신적 질병이 있으면 부끄럽게 생각하며, 정신적 질병을 비정상적이고 해로운 행위의 형태로 간주한다. 정신적 질병의 원인은 조상 혼령의 불쾌함, 신령의 방해, 타고난 신체조건, 개인 간의 부조화에 기인하는 정신적 비탄과 같은 초자연적 힘의 탓으로 돌려진다(p.147)." 그러한 믿음은 아메리카 인디언의 그것과 많은 공통점이 있다. 그러나 치료에의 접근은 뚜렷하게 다르다. 아메리카 인디언들이 토착 민속치료사(예를 들어, 주술사)들에게 관심을 보이는 반면, 한국인들은 질병이 가족 내에서 개인 간의 부조화 때문에 생겼다고 믿으면, 가족이 돌보는 것을 가장 논리적이고 효율적인 치료법으로 간주한다.

방금 언급한 것과 같은 태도의 견지에서 언급된 인종집단 출신의 클라이언트는 초기 면담 과정에서 수치와 걱정을 드러낼 것이다. 사회복지사는 두 가지 중요한 이유로 그러한 반응의 이유에 대해서 민감해야 한다. 우선, 클라이언트가 드러낸 행동은 불규칙적이다. 이러한 지식이 없이 클라이언트의 기능성을 사정하면 사회복지사는 잘못된 결론을 끌어낼 수 있다. 둘째로, 도움을 구하는 것에 대한 다루기 힘든 감정 반응은 믿음과 신뢰를 형성하는 데 만만치 않은 장벽이 될 수 있다. 그러나 클라이언트의 감정을 알면 사회복지사는 감정이입과 이해심을 가지고 클라이언트에게 반응할 수 있다. 그것은 감정이 통할 가능성을 향상시킨다.

어떤 소수인종 집단의 주류문화, 특히 정부와의 부정적인 경험은 이 집단의 구성원들에게 원조기관에 접근하는 데 회의와 심지어 적의를 가지게 한다. 아메리카 인디언들을 처음에는 전멸시키려 하고 다음에는 동화시키려한 연방정부의 노력을 생각해보면, 그들이 정부에 대해서 갖고 있는 불신은 이해할 만한 것이다(Diorio, 1992; Hull, 1982). 비슷하게 아프리카계 미국인, 라틴아메리카인, 아시아계 미국인이 앵글로 미국인에 대해서 가지는 회의감은 공공연한 인종차별주의와 제도화된 인종차별 관습에 의해 착취당하고 희생당해온 그들 역사의 자연스러운 결과이다. 따라서 다른 문화 간의 관계에서 이 사람들의 행동은 사정되어야 한다. 더불어 사회복지사는 다른 문화 간의 관계에서 불신, 두려움, 심지어 적의를 다룰 준비가 되어 있어야 한다.

9) 문화적 자원

문화적 요소에 주의를 기울이면, 다른 문화에 익숙하지 못한 클라이언트나 가난, 언어장벽, 제한된 경험, 정보의 부족으로 중대한 곤경에 직면했을 때 무엇을 할지, 누구를 봐야 할지 모르는 클라이언트를 돕는 데 사용될 수 있는 출신문화 고유의 문화적 자원을 알아내거나 개발할 수 있을 것이다. 주어진 문화집단에서 보다 경험 많고 세련된 다른 구성원들은 그런 클라이언트가 관료조직의 미로에서 길을 찾을 수 있도록 기꺼이 도와주려 할 것이다. 토착의 비전문가들도 클라이언트의 변호사로 근무하고, 가난한 소수인종 클라이언트에게 직접적인 빈곤원조 서비스를 제공하는 직원으로 고용된다(Budner, Chazin, & Young, 1973). 토착의 비전문가들이 수행하는 소중한 서비스에는 변호사와 통역사의 역할을 맡는 것(두 가지 언어와 정책 모두), 사람들이 주어진 기관에서 자원을 이용하도록 돕는 것, 클라이언트의 요구에 시간적으로 늦지 않은 응답을 얻도록 다른 사회적 체계에 개입하는 것, 직접적인 서비스를 제공하는 것, 위기시 문제에 대해 토론해주는 것, 기술적 도움을 주는 것(예를 들어, 기입서식 작성, 편지 쓰기, 서비스 받을 자격 얻기) 등이 있다.

문화적 요소에 대해 아는 것은 또한 클라이언트와 그들의 문화에 고유한 다른 가치있는 자원을 연결하도록 도울 수 있게 한다. 예를 들어, 융(Jung, 1976)과 호마-트루(Homma-True, 1976)는 두 개의 미국 대도시에 있는 차이나타운에 존재하는 고유한 자원에 대해 서술했다. 다른 많은 대도시에 있는 소수인종 집단들에 비슷한 자원들이 존재한다.

소수인종 클라이언트와 일하는 데 있어서 확대가족 구성원도 중요한 자원으로 고려될 수 있다. 물론 소수인종이 확대가족에게 도움을 받는 정도는 그 가족이 초기 이민세대에서 몇 세대 지났느냐에 따라 다양하다. 또 지리적 거리에도 영향을 받을 수 있다. 한 예로 장거리 전화나 가끔씩 만나는 것만으로도 돈을 많이 써야하기 때문이다.

11. 환경체계

환경은 19세기 후반과 20세기 초의 사회복지선구자의 중심이 된 관심사였다. 그러나 환경은 1920년대에 사회복지실천이론의 뒤로 후퇴했다. 개인기능성과 관련된 발전된 이론의 충격이 환경중심의 이론을 볼품없게 만들었다. 그러한 발전된 이론 중 가장 눈에 띄는 것은 프로이드 정신분석이었다. 개인에 대한 강조는 1960년대와 1970년대까지 지속되었다. 그리고 그때 상호작용의 체계 이론(가족치료법이론을 포함해서)이 그것을 보완하였다. 이론가들은 그들의 공식에서 환경을 배척하지는 않았지만, 환경을 그다지 중요하게 여기지 않았다. 개인을 강조하고 개인 간의 상호작용을 덜 강조하는 것은 의심할 바 없이 개인과 대인관계의 기능성에 관한 이론이 환경에 관한 이론보다 훨씬 더 발전한 이론이라는 사실의 결과였다.

환경에 대한 관심의 강력한 부활은 1970년대 초반에 시작되었다. 생태이론, 체계이론, 저명한 자아 심리학자들이 환경에 더욱 강조를 둔 데 강한 영향을 받아서, 저메인과 기터만(Germain and Gitterman, 1973), 메이어(Meyer, 1970), 그리고 시포린(Siporin, 1975)은 체계이론과 생태이론을 빙빙 도는 사회복지실천의 견해를 옹호했다. 이 이론가들은 실천 교과서에서 이 견해를 구체화하였으며, 생태학적 견해의 수용은 착실히 확장되었다. 더불어 많은 주거환경과 공공시설환경에서 환경치료법이 눈에 띄게 되었다.

생태적 관점은 개인에 주된 초점을 두는 것에서부터 환경에 주된 초점을 두는 다른 극으로의 진자의 이동을 나타내지는 않는다. 오히려 사정은 둘 간의 상호작용에 초점을 둔다. 그리고 문제 해결의 노력은 사람들이 환경에 적응하도록 돕거나(예를 들어, 그들에게 대인관계 기술을 훈련시키는 것), 클라이언트의 요구를 더 적절히 충족할 수 있도록 환경을 바꾸거나(예를 들어, 요양소의 매력과 그 활동의 질 모두를 향상시키는 것), 혹은 둘 다의 결합(예를 들어, 격리된 만성환자의 대인관계 기술을 향상시키고 그 사람을 보다 자극적인 환경으로 옮기는 것)으로 지도될 수 있다.

클라이언트의 환경을 사정함에 있어, 문제상황에 두드러진 환경의 양상에만 관심을 제한시켜야 한다. 관련 요소는 특정 클라이언트의 요구에 따라 다양하다. 그것은 클라이언트 각각의 성격, 건강상태, 발전단계, 관심, 소망, 기타 다른 요소에 의해 결정된다. 그래서 사회복지사는 클라이언트의 환경에 대한 사정을 할 때 클라이언트의 환경 내에 있는 필수자원과 기회의 이용보다는 클라이언트의 고유한 요구에 보다 무게를 두면서, 그들의 다양한 생활 상황에 초점을 맞추어야 한다.

1) 건강과 안전 요인들

노인들에게 안전한 환경은 주된 고려사항이다. 왜냐하면 이들은 도둑과 폭력단, 심지어 강간범의 쉬운 먹이감이기 때문이다. 실제로 범죄율이 높은 지역에 사는 몇몇 노인들은 강도를 당하거나, 두드려 맞고, 살인을 당할지도 모르는 두려움 때문에 자신의 아파트에 틀어박혀 있다. 대개 그런 사람들은 더 안전한 장소로 옮기는 도움을 받을 필요가 있다. 그러나 몇몇은 친근한 이웃과 친구들, 그들이 친밀해진 생활배치를 떠나는 것이 힘들다. 몇몇 경우 사회복지사는 '골목순찰대' 를 구성하여 노인들 서로를 점검하고, 안전에 위협이 발생했을 때 경찰에게 신고하기 위한 방책을 세우도록 노인들을 조직화함으로써 주민안전을 높이도록 주민들을 조직화했다. 이런 방식으로 노인집단을 조직화하는 것은 의지할 데가 없다는 느낌을 막는 기능을 강화하는 데 도움이 된다.

건강요소를 사정하는 데는 공중위생, 공간, 체온을 고려하는 것을 포함한다. 대가족이 적절한 침대와 침구도 없이 두세 개의 꽉 막힌 방에 밀집 거주하는 것을 종종 발견할 수 있다. 사생활은 불가능하다. 더욱이 어떤 건물에는 쥐들이 들끓어서 유아의 건강과 안전에 위협이 된다. 그런 경우에 생활조건을 개선하기 위한 조치를 취해야 하는 것은 명확하다. 그러나 대개 저렴한 적당한 주택이 부족한 상황이 문제를 어렵게 한다. 노인들에게는 정부가 보조금을 지급하는 주택시설이 적당하다. 그런 시설은 적절한 주택을 제공할 뿐만 아니라 좋은 사회적 조건도 제공한다. 다른 경우, 집주인들은 건물표준을 따르고 위생을 위한 배관설비를 유지하는 데 무관심하다. 그런 경우에는 집주인이 거주인에 대한 의무를 지키라고 클라이언트를 옹호하는 행동에 참가하는 방법도 있다.

2) 보편적으로 요구되는 환경자원

클라이언트의 요구는 매우 폭넓고 다양하다. 그럼에도 불구하고 누구나 원하는 보편적인 요구사항이 있다. 그래서 여기에서는 기본적으로 요구하는 환경자원에 대해 다음과 같은 목록을 열거했다. 클라이언트의 환경이 적절한지 평가할 때 이 환경자원 목록을 이용할 수 있을 것이다. 물론 이 목록은 각각 클라이언트의 특성에 맞게 사용해야 한다.

- 적절한 사회적 원조체계(예를 들어, 가족, 친척, 친구, 이웃, 조직화된 집단)
- 특정 의료보호서비스에의 접근성(예를 들어, 외과의사, 치과의사, 물리치료사, 병원, 요양시설)
- 일일 보호서비스에의 접근성(일하는 어머니와 편부, 편모가족을 위해서)
- 휴양시설에의 접근성
- 사회생활에 적응하고, 자원을 이용하고 시민으로서의 권리를 행사할 수 있는 사회적 유동성
- 넉넉한 공간과 위생, 사생활, 위험과 공해로부터의 안전(대기오염과 소음공해 모두)을 제공해주는 적절한 주택
- 적절한 경찰과 소방 보호와 적당한 정도의 안보
- 안전하고 건강한 작업조건
- 필수자원을 구입하기 위한 적절한 재정자산
- 적절한 영양섭취
- 누구나 알 수 있는 생활 배치(특히 어린이를 위해)
- 교육과 자기달성의 기회
- 법적 자원에의 접근
- 종교적 조직에의 접근
- 고용기회

3) 관련된 사회체계 확인

앞에서 열거한 자원목록에는 클라이언트가 요구하는

[그림 9-1] 생태적 사회체계의 도식

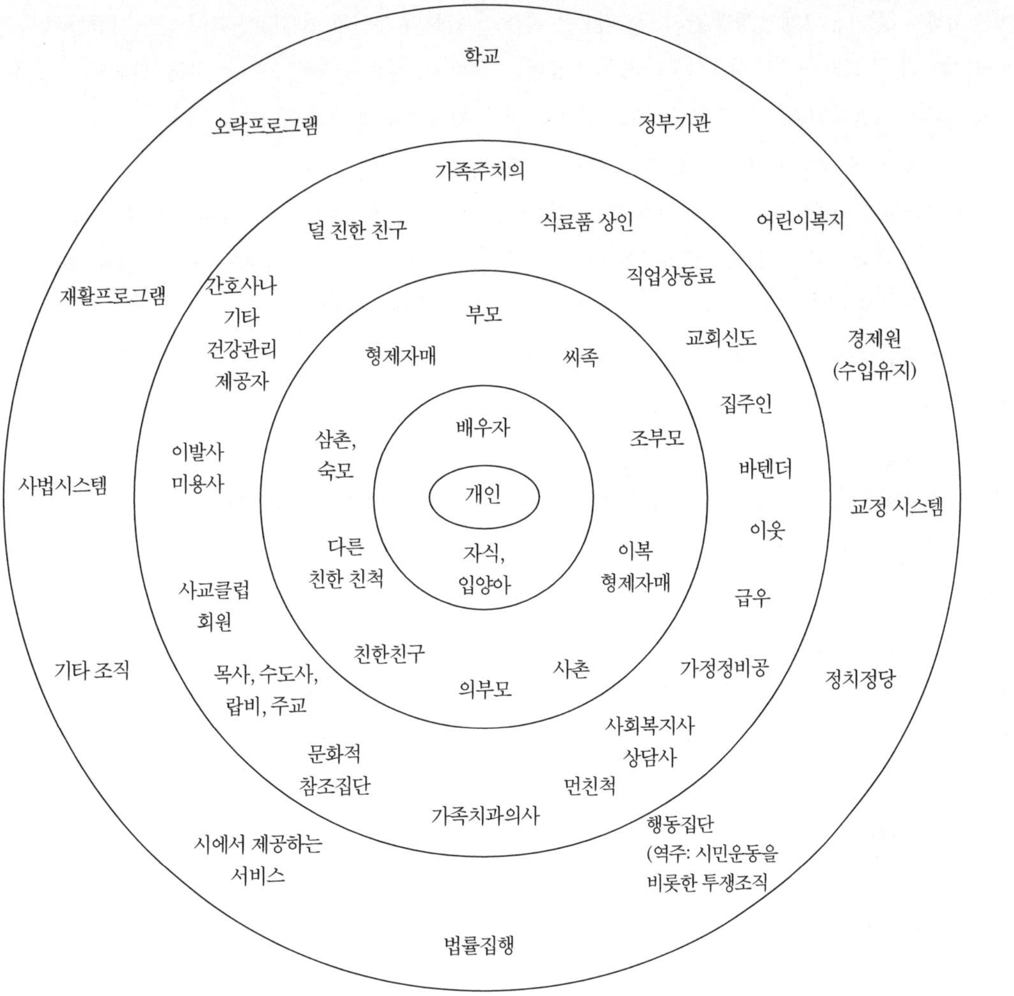

물자와 서비스를 제공하는 몇몇 사회적 체계가 포함되어 있다. 각각의 사회적 체계는 전체 문제의 부분이거나 개인과 가족의 요구와 환경적 자원 사이의 적합성을 향상시키기 위해 필요한 자원을 나타낸다. 당신이 적절한 사회적 체계를 확인할 수 있도록, 우리는 개인과 가족, 다른 체계 간의 상호관계(Hartman, 1994)를 묘사하는 도식을 구성했다([그림 9-1]).

어떤 사람의 삶에 있어 중심적인 체계는 도식의 가운데에 있다. 특히 이 체계들은 문제해결과정에서 개발되거나 수정될 어려움과 자산 두 가지 모두의 원천으로 중요한 역할을 한다. 중심에서 동심원으로 포위된 영역으로 이동하는 것은 개인과 그의 가족으로부터 점차로 더 거리가 있는 체계이다. 물론 개인이 가족 구성원보다 친한 친구나 목사에게 더 밀접함을 느끼는 것과 같이 예외는 있다. 게다가 클라이언트의 상황이 기관이나 조직과의 빈번한 접촉이 필요하면(예를 들어, 어린이 보호 서비스, 수입유지 프로그램, 사법체계), 그것들이 그러한 때에 개인과 가족에게 주는 강한 영향 때문에 그러한 기관들은 더 이상 주변부의 위치를 점하지 않는다. 그래서 쌍방 간의 상호작용은 시간에 따라 변한다. 그리고 그러한 상호작용의 도식적 표현은 오로지 제한된 시간틀 내에서만 올바른 스냅사진으로 여겨져야 한다. 그러한 클라이언트의 사회적 관계망의 생태적 다이어그램을 고안하는 데 있어서의 과제는 클라이언트 상황의 뚜렷한 경계를 포함하고, 클라이언트의 요구에 반응하여 체계들이 어떻게 상호작용하는지, 상호작용에 실패하는지, 혹은 상호작용할 필요가 있는지 구체화하는 것이다.

개인이나 다른 가족 구성원을 적절한 체계에 연결하기 위해 다른 색깔의 선을 사용함으로써 긍정적 상호작용, 부정적 상호작용, 혹은 요구되는 자원의 성질이 묘사될 수 있다. 여기서 특정 색깔은 그 체계와의 긍정적, 부정적인, 요구되는 연결과 상호작용을 표현한다. 만약 색선이 당신의 마음에 들지 않는다면, 다른 유형의 선들—단선, 복선, 파선, 물결선, 점선, 해치선—이 사용 가능하다.

4) 사회지지체계

사회지지체계(social support systems, SSSs)가 인간의 사회적 기능성의 수준을 결정함에 있어 결정적인 역할을 한다고 더욱더 인정받고 있다. 물론 이론가들은 유아와 어린이의 건강한 성장에 있어서의 양육환경의 결정적인 중요성을 오랫동안 인정해왔다. 그러나 최근에 어른들 또한 오로지 양육환경을 통해서만 충족될 수 있는 중요한 요구가 있음이 명확해졌다. 다양한 생활문제를 드러내는 사람들이 이용할 수 있는 SSS의 상당한 부족에 최고의 중요성을 부여하는 글이 포함된 문헌은 풍부하다. 게다가 클라이언트의 다양한 문제를 치료하기 위한 대책과 관련한 글들은 마찬가지로 SSS를 동원하는 것에 높은 강조를 둔다. 적절한 SSS가 없을 때 사회적 기능성이 와해되기 쉬운 클라이언트 집단을 살펴보기 전에, SSS를 통해서 충족될 수 있는 사람들의 중요한 요구를 명확히 하는 것이 중요하다. 웨이스(Weiss, 1974)가 밝힌 목록에 어느 정도 기초를 두고 사람들의 개인적 연계망에 속해 있는 사람들(예를 들어, 배우자, 가족 구성원, 가까운 친척, 친구들, 작업 동료들)에 대해 다음과 같이 열거했다.

- 안심과 소속감을 주는 가까운 친밀한 관계가 제공되는 애정
- 관심과 가치를 공유하는 사람들의 연계망의 구성원들이 제공하는 사회적 통합
- 남들을 양육할 수 있는 기회(보통 어린이), 그것은 역경에 맞서서 견딜 수 있는 동기를 제공해준다.
- 질병, 무능력, 심각한 장애 때문에 자기 자신을 돌볼 수 없을 때 신체적으로 돌봐주는 것
- 가족이나 동료가 제공하는 개인 가치의 확인(그것은 자부심을 키운다)
- 주로 친척들이 제공하는 믿을 만한 인척관계
- 어려움에 대처하는 과정에서 받을 수 있는 지도, 어린이 보호, 재정 지원, 기타 다른 도움

어떤 문제상황과 관련된 스트레스가 너무 심각하면, 그리고 앞의 단락에서 구체적으로 열거된 요구들에 대한 사회적 원조기관의 일관되고 믿을 만한 반응이 없으면, 괴로워하는 사람들은 기능성의 심각한 붕괴를 경험할 수도 있다. 게다가 사회적 원조의 주 원천이 임시로 혹은 영원히 붕괴되면, 틀림없이 어떤 상황에서 심각한 스트레스를 유발할 것이다. 그런 스트레스가 많은 상황은 공통적으로 사랑하는 이의 죽음, 이혼, 아이의 가출, 직장에서의 해고, 은퇴, 소중한 인간관계의 단절, 기타 여러 가지를 통한 손실과 관련되어 있다. 예를 들어, 슬라터와 데퓨(Slater & Depue, 1981)는 우울증에 걸린 사람들 중 자살을 시도한 사람과 그렇지 않은 사람의 비교 연구를 통해 여러 '사망' 사건(위에서 열거한)이 일어난 동안 중요한 사회적 지지를 상실한 것이 처음 자살시도를 하게 만드는 데 중요한 역할을 했음을 밝혔다. 이 연구자들은 또한 SSS의 존재가 사망

사건의 충격을 완화하고 그래서 자살 위험성을 줄인다는 결론을 내렸다. 따라서 적절한 SSS의 부재는 주요한 부적응을 일으키기 쉬운 사람들에게 외부의 스트레스가 되며, 다른 측면에서 볼때 마치 사회적으로 고립되거나 사회로부터 소외되었다고 느끼는 사람들에게처럼 스스로 스트레스의 주원천이 되기도 한다. 반대로 적절한 SSS의 존재는 스트레스 많은 상황의 충격을 완화하고 성공적인 적응을 촉진하는 경향이 있다. 그래서 SSS는 사회복지사가 생활의 문제를 사정할 때 고려해야 할 중요한 원천을 나타낸다. 게다가 사회복지사는 클라이언트가 삶의 스트레스에 잘 대처하는 것을 돕는 과정에서 정지되어 있는 사회원조체계의 가능성을 개발하고, 새로운 사회원조기관을 동원하는 개입을 더욱더 이용하고 있다.

사회적 원조기관은 사회적 환경의 부족 때문에 심각한 부적응에 걸리기 쉬운 클라이언트 집단에게 특히 중요하다. 앞에서 우리는 중요한 인간관계의 손실을 참고 견디는 클라이언트를 언급했다. 다른 집단은 편부모나 교우관계가 거의 없거나 배우자나 친척으로부터 다감한 원조를 거의 받지 못하는 부모들로 구성된다. 아이를 돌봐야 할 필요성은 높고, 사회적으로 참여할 기회와 시간은 한정되어 있기 때문에, 이 부모들은 양육을 위한 자신의 요구를 거의 충족시키지 못한다. 결국 그런 부모들은 공허함과 좌절을 느끼고, 계속되는 아이돌보기의 요구에 성마르게 된다. 그래서 그들은 자녀들의 좌절과 원한의 대상이 된다. 10장에서 다루겠지만, 그것은 어린이 학대로 이어질 수 있다.

혼자 사는 독신노인들, 특히 자식이 없거나, 혹은 자식들이 그들의 요구에 무관심한 사람들은 SSS가 매우 필요한 또 다른 집단이다. 대개 재정자원이 한정되어 있고 이동성이 제한되어 있기 때문에, 노인들은 생활이 메마르고 공허해지는 수준으로까지 사회적으로 고립된다. 그런 사람들에게 우울증은 공통된 것이다. 고립된 환경으로부터 활동성이 증가되고 영양이 향상되고 사회적 접촉이 더 빈번한 환경으로 옮기면 그런 노인들은 대개 육체적으로, 정신적으로 향상된다. 다른 노인들은 만성질환과 병, 시력약화, 청력약화를 포함한 복합적인 고통이 있다. 이 사람들의 요구는 워낙 많아서 사회복지사나 다른 사람들은 재정, 의료, 오락, 교통, 영양, 간호, 기타 서비스를 포함한 필수자원의 이용을 조정하는 데서 구호관리자로서 잘 복무할 수 있다.

만성정신질환자 또한 일반적으로 SSS의 부족으로 고통받는다. 이 사람들은 지역공동체에서 자립하는 데 필수적인 대인기술과 대처기술이 부족하다. 그래서 사회복지사는 사회지지기관을 포함한 복합적 자원을 동원하는 데서 적극적인 역할을 해야 한다. 사회복지사나 다른 사람들은 구호 관리자로서 이 클라이언트들에게 잘 복무할 수 있다 (Harris & Bergman, 1987; Rapp & Chamberlin, 1985).

사회적 원조기관의 부족과 관련된 문제를 겪기 쉬운 또 다른 집단은 지리적 · 문화적 이동을 경험한 사람들이다. 난민과 이민자들은 주택, 건강보호, 직업훈련, 언어훈련을 포함해서 사회적 원조기관의 필요조차 넘어서는 중대한 요구가 있다(Mayadas, 1983; Montero & Dieppa, 1982; Timberlake & Cook, 1984). 난민들 중에는 반드시 고려해야 하는 독특한 필요가 있는 집단이 있다. 그들에는 동행자가 없는 여성이나 어린이, 장애 노인, 심각한 질병에 의한 장애인이 포함된다.

적절한 SSS에 의존해야 할 특별한 요구를 가진 다른 클라이언트 집단에는 임신한 청소년, 십대의 어머니와 십대의 부모, 아동학대의 희생자, 과부와 홀아비, 정신적 질병의 가족, 죽음이 가까운 환자, 이혼한 부모의 자식들, 발육상의 장애인, 장애인, 떠돌이, 그리고 지역공동체, 특히 급속히 팽창하는 지역공동체(신흥도시)로 새로 이사해온 사람들이 포함된다. 특히 신흥도시는 사회적 관계망을 느슨하게 짠다. 신흥도시에서 휴먼서비스 프로그램은 시민의 요구에 뒤쳐지는 경향이 있다. 이 지역공동체들은 사회복지사가 공동으로 협력하여 정상적인 원조망을 개발하고 각각의 지역공동체의 고유한 요구에 잘 반응하는 서비스 전달 체계를 계획하도록 하는 힘든 기회를 제공한다.

5) 부정적인 사회지지체계

지금까지 우리는 SSS의 긍정적 양상을 강조해왔다. 그러나 어떤 유형의 사회적 원조기관은 역기능 행동을 조장하고 지속시킬 수도 있다. 그래서 사회복지사는 문제 체계를 사정함에 있어 이러한 가능성에 주의를 기울여야 한다. 예를 들어, 과잉보호하는 부모가 있는 가족은 아이들이 자율성과 책임성을 개발하는 것을 방해한다. 그런 가정의 아이들은 대개 사회기술, 문제해결기술, 성숙된 타협(give-and-take) 방법과 관련된 능력을 제대로 개발하지 못한다. 남들에 대한 비현실적인 기대와 과도한 의존성은 그런 꽉 막힌 환경에서 양육된 사람들이 전형적으로 드러내는 성격이다. 도시의 폭력단 또한 폭력과 범죄를 조장하는 부정적 원조 체계이다.

부정적 SSS는 약물남용을 조장하고 유지하는 데서 결정적인 역할을 한다. 거리 마약중독자의 사회적 관계망을 분석함으로써 프레이저와 하우킨스(Fraser & Hawkins, 1984)는 이 사람들이 고립되어 있거나 외롭지 않으며 오히려 그들이 보고 싶어하는 사람들과 친밀한 관계를 공유하고 있음을 보고했다. 바츠(Bates, 1983)는 비슷하게 여인숙 거리 알코올중독자의 사회적 환경은 지속적인 음주를 조장하고 알맞은 성인기능에 필수적인 요소가 부족하다고 특징지었다. 약물남용자 문제를 사정함에 있어서 클라이언트의 사회적 관계망에 관심을 기울여야 한다. 그리고 이 관계망을 절주문화로 대체하도록 지도해야 한다.

6) 개인과 사회지지체계 간 상호 호환성의 사정

사정을 정식화함에 있어 사회복지사는 개인과 그들의 SSS 간의 상호작용을 고려해야 한다. 스트레스에 시달리는 개인과 가족에 대한 SSS 구성원의 반응성은 이들 체계 간의 상호작용의 성질에 크게 의존한다. 예를 들어, 남들의 요구에 반응하는 데 있어 따뜻하고, 다감하고, 관대한 사람들은 남들에게 불평하고, 공격적이고, 깐깐하게 대하는 사람들보다 고통스러운 때에 좋은 사회적 원조를 받기가 훨씬 더 쉽다. 더불어 역경에 있어 사회적 원조의 적절성에 대한 사람들의 인식은 다양하다. 어떤 사람들은 원조의 양과 질에 상관없이 자신들이 남들로부터 부적절한 원조를 받는다고 믿는다. 예를 들어, 헨더슨(Henderson, 1982)은 노이로제를 가진 사람들이 역경에서 받는 사회적 원조에 대한 인식을 연구한 결과 다음과 같은 결론을 내렸다. "노이로제에 관한 한, 사회적 관계의 중대한 특성은 가용성이 아니라, 개인이 역경에 처했을 때 그 사회적 관계를 얼마나 적절하다고 생각하는가이다(p.227)." 그러므로 그런 사람들의 정신내부와 성격요인들은 그들이 사회적 원조체계에 대한 인식을 결정함에 있어 주요 결정 요인으로 작용한다. 클라이언트 자신과 클라이언트의 SSS는 그러기에 따로 떨어뜨려서는 충분히 사정할 수 없다.

7) 사회지지체계를 사정하기 위한 도구

클라이언트의 개인적 사회지지체계(SSS)를 사정하기 위해 몇몇 도구가 개발되어 있다. 그 중 한 도구는 사회적 상호작용에 대한 면담계획표(Interview schedule for social interaction; Henderson, Duncan-Jones, Byrne, & Scott, 1980)이다. 다른 것들에는 사회지지망 목록 (Social support network inventory; Flaherty, Gaviria, & Pathak, 1983), 사회지지망 인지 목록(Perceived social support network inventory; Oritt, Paul, & Behrman, 1985)이 있다. 사회복지사에게 특히 실용적인 도구는 사회망 격자(Social network grid; Tracy, Whittaker, 1990)이다. 이 도구는 다음의 정보를 제공한다.

- 클라이언트의 사회적 관계망에서 중요한 인물
- 지지를 받는 생활 영역
- 각 사람들이 제공하는 지지의 특정 유형
- 지지정도의 중요도
- 지지의 성격 : 상호적인가 혹은 일방적인가

- 개인적 친밀감 정도
- 접촉 빈도
- 관계한 기간

사회망 격자를 완성하는 것은 사회복지사와 클라이언트 모두에게 풍부한 정보를 제공한다. 그것을 사용해본 학생들은 클라이언트로부터 호의적인 반응을 얻었다고 보고했다. 클라이언트는 그들이 받거나 혹은 접촉할 수 있는 사회적 지지에 대해 더 폭넓게 알게 됨으로써 보다 긍정적인 느낌을 보인다.

제 10 장

다양한 가족적 · 문화적 맥락에서의 가족기능에 대한 사정

Assessing Family Functioning in Diverse Family and cultural Contexts

1. 가족체계의 변화

가족은 사회복지실천의 관심체계들 중 최고로 중요하다. 가족은 그 구성원들의 사회적, 교육적, 보건적 욕구를 포함하는 기본적인 욕구를 충족시키는 기능을 수행한다(Hartman, 1981: 10). 대부분의 경우 가족을 통해서 인격을 형성하고 생존에 필요한 기능을 배운다. 그리고 어린이들은 사회적 책임감을 가지고 사회로 진출하도록 사회화된다. 더욱이 어린이들은 가족을 통해서 기초적인 자부심, 소속감, 대인관계 기술 등을 발전시키거나 실패하는 것을 경험한다. 저소득 빈곤계층 가족이 자녀의 자부심을 향상시키기 위해 노력하는 것은 상위 사회체계와 충돌하기도 한다. 사회는 그들에게 직업 등의 사회적 역할을 맡기지 않음으로써 그들이 사회적 책임감을 기를 수 있는 기회를 종종 박탈하기 때문이다.

가족은 구성원들의 욕구충족에 있어 가장 핵심적인 역할을 담당한다. 그러므로 사회복지사는 개별 가족들의 기능을 사정하는 기술을 습득해야 한다. 이 기술은 쉬운 것이 아니었다. 지난 10여 년간 미국에서는 두드러진 인구증가와 인종의 다양화가 진행되어왔기 때문이다(Ho, 1987; Mindel, Habenstein, & Wright, 1988). 미국에 문화적 인종적으로 더욱더 다양한 인종이 등장하면서 사회복지사들은 다양한 인종과 문화를 수용하는 동시에 자신들의 가치와 생활양식이 '모든 집단이 따라야 할 기준' 이라는 생각을 버려야 했다(Maretzki & McDermott, 1980).

게다가 전통적 가족형태가 그보다 훨씬 수동적인 가족형태로 변화하는 과정에서 사회복지사들이 가족에 대한 사정을 하는 것은 더욱 어려워졌다. 메이어(Meyer, 1990)는 "사람들이 '가족' 이라는 이름으로 모이는 방법이 너무나도 다양해진 것은 현대사회의 한 단면이다" 라고 했다. 그럼에도 불구하고 메이어는 많은 사회복지사들과 그 종사자들이 미국에서는 이제 이러한 새로운 가족 형태가 영구히 자리잡을 것이라는 것을 아직도 완전하게 이해하지 못한다고 주장했다.

메이어의 주장에 따르면, 가족을 사정하고 원조하기 위해서는 사회복지사들이 그들의 개인적이고 전문적인 편견을 버려야 한다. 이 편견은 현대적 가족을 과거의 핵가족 양식으로 인식하는 것을 말한다. 다시 말해서 현대적 가족형태는 임상적으로 병리현상이라는 환상을 만들어내는 것이다. 반대로 "현대적 가족이란 둘 이상의 사람들이 유대와 친밀감으로 함께 지내는 것" 이라고 개념화하는 것이 유용하다. 이러한 융통성 있는 정의는 사회복지사들이 클라이언트를 대할 때 클라이언트의 입장에서 그들의 용어를 사용하여 그들의 수준에 맞추도록 하는 동시에, 사회복지사들로 하여금 급변하는 시대조류 속에서 각자 자신들만의 삶의 이유를 갖고 사는 사람들에게 원조를 제공하는 데 있어 많은 방법들을 제시할 것이다(Meyer, 1990: 16).

사회복지사는 가족의 문제에 대해 여러 가지 방향으로 접근한다. 어떤 경우에, 사회복지사는 가족 구성원 전체를 대상으로 가족 구조에 변화를 주도록 미리 짜여진 가족치료요법을 사용하기도 한다. 다른 많은 경우에서 사회복지사는 특정한 문제에 관련이 있는 가족 구성원들만을 대상으로 사업을 수행하기도 하고 타 기관과의 연결활동을 하기도 한다. 예를 들어, 사회복지사는 종종 노인복지기관과 협력하여 노약자들의 건강, 안전, 독립문제에 관여한다. 아동대상 사업에는 그와 관련된 기관과 협력하는 경우도 있다. 이러한 활동에 대해 가족치료에 관한 문헌들이 유익한 자료들을 풍부하게 제공하고 있다. 사회복지사는 그 중에서 타 기관에 대한 연결이나 가족문제에 관한 요소만을 선택적으로 사용해야 한다(Reid, 1985).

사회복지사의 개입이 끝난 후에도 가족은 종종 적대적이거나 냉담한 환경에 직면한다. 결함이 많은 건강보조, 낮병원, 하교 후의 아동프로그램 등과 부모들의 과중한 근무시간과 부족한 소득, 적대적인 이웃과 학교 등도 여전히 위험으로 남아 있다. 더욱이 아동복지 서비스의 제공이 빈약하고 금전지급 액수가 부적당하며 부모들이 충분한 보건서비스와 아동복지 혜택을 포기한 채 직장을 구해야 하는 상황도 자주 발생한다.

이런 과제들을 염두에 두고 이 장을 썼다. 이 장의 내용은 사회복지사들의 사정기술을 개발하기 위한 것이다. 즉 사회복지사들이 문화적으로 다양한 시각에서 각 가족만의 독특한 맥락을 이해하면서 사정업무를 수행하는 데 도움을 주기 위한 것이다. 서론에서는 가족에 대한 사정을 위해서 체계분석틀(systems framework)을 소개할 것이다. 이 장에서의 가족개념은 하나의 체계로서 그 구성원들이 예측 가능한 유기적인 방식으로 상호작용하는 것이다. 본론에서는 가족사정 과업의 주요 차원을 논할 것이다. 그럼으로써 사회복지사들은 기능적인 가족과 기능장애가 있는 가족을 구분하는 방법을 터득할 것이다. 그 후 이 장의 내용을 15장에서 연결시켜 설명할 것이다. 15장에서는 부부관계의 성립 및 가족형성의 방법과 함께 가족 구성원들의 상호작용과 문제해결에 중점을 두고 개입하는 방법에 대해 자세히 논할 것이다.

2. 가족기능 사정을 위한 체계분석틀

가족 구성원들은 서로에게 영향을 주고받는다. 그래서 가족은 그들만의 특징적인 체계를 만들어간다. 가족 내에 잠재하는 무언의 규칙에 의해 구성원들 간의 역할분담, 권력관계, 의사소통 양식, 문제해결과 타협 방법이 정해진다.[7)]

각각의 가족은 하나의 특이한 체계이기 때문에 사회복지사는 체계의 분석틀(systems framework)을 익혀야 한다. 그러면 가족집단의 현안에 대한 구성원들 간의 관계와 행동양식을 이해하고 분석할 수 있을 것이다. 그러므로 이 절에서는 가족을 하나의 체계(system)로 바라봄으로써 가족을 사정할 준비단계를 익히도록 주요 개념에 대해 설명할 것이다. 진부한 가족치료 요법의 관점에서 가족에 대한 사정의 중요성을 언급하는 것은 불필요할 뿐 아니라 그것은 중개자로서의 사회복지사의 역할도 아니다. 가족에 대한 사정이란 개념을 건강보조 사업의 사례연구에 적용하여 설명할 것이다.

---

7) 비록 논의의 대상이 가족에 맞춰져 있지만 이 개념은 부부에게도 적용할 수 있다.

카를로스 디아즈(66)는 남자이고 16살짜리 아들 존과 함께 정부보조로 얻은 3층짜리 아파트 2층에서 산다. 디아즈는 당뇨병이 있고 시력도 상당히 약하다. 그리고 알코올중독 기록이 있으나 7년 전부터는 절제하고 있다. 18년 동안 디아즈의 동반자였던 앤 머시는 최근 뇌혈관 경색증으로 사망했다. 앤 머시는 디아즈에게 정서적 안정감을 주었을 뿐만 아니라 인슐린 주사를 놓아주었고 집안 살림을 맡아왔다. 디아즈는 걷기가 불편하고 작년에는 여러 번 쓰러지기도 했다. 그래서 지금은 아파트를 나서기를 꺼린다. 디아즈는 존을 제외하고도 이전 결혼관계에서 낳은 8명의 자녀가 있다. 자녀들은 근교에 살고 있지만 마리아만이 정기적으로 전화한다. 담당의사는 디아즈가 계단을 오르내리는 등의 집안 생활이 위험하다고 생각한다. 또한 인슐린을 주사하는 것에 대해서도 걱정하고 있다. 의료사회복지사는 디아즈, 존, 딸 마리아, 의붓딸 애니타에게 가족모임을 갖도록 했다.

1) 가족체계와 기능 간의 충돌

문제는 개인이나 가족과 주위환경 사이에서 발생한다. 앞의 사례에서 문제는 디아즈의 생활환경, 대안적 생활환경에의 접근능력, 재가복지 등의 원조 지속능력 등의 이유로 발생한 것이다. 디아즈의 소득과 보험급여 수준도 가족문제의 개선에 영향을 줄 것이다. 이러한 가족체계의 문제의 원인은 항상 드러나는 현상과 일치해야 한다. 그렇지 않으면 가족문제는 가족체계 내부의 원인이므로 내부적 원인에 대해 개입함으로써 해결해야 한다는 추측에 빠질 수 있기 때문이다.

2) 가족의 항상성(family homeostasis)

체계로서의 가족은 구조와 기능에 균형과 항상성을 유지하기 위한 체제를 발전시킨다. 모든 가족은 구성원들의 행동이나 태도를 상식적인 수준으로 제한하고 균형이 깨지려 하면 다시 유지하려 한다(마치 자동온도조절기가 집안의 온도를 통제하는 것과 유사하다). 미누친(Minuchin, 1974)은 가족의 이런 성향에 대해 가능한 선호하는 양식을 유지하고 정해진 행동이나 태도를 넘어서는 변화에 대해 저항하려는 것이라고 말한다. 체계의 범위 내에서의 약간의 다른 행동양식은 가능하다. 그러나 체계가 용인하는 범위를 넘어서는 모든 일탈이 발생하면 방어기제가 작동한다. 누군가가 체계의 불균형을 만들면 다른 구성원들은 그들의 의무를 제대로 수행하지 않는 것이 보통이다. 가족에 충실할 것을 요구하고 죄책감을 일으키는 수단이 생겨난다(p.52).

디아즈 가족을 모이게 할 때 의료사회복지사는 앤 머시가 사망함으로써 디아즈의 생활과 건강보조에 균형이 깨졌다는 것을 발견한다. 마리아는 디아즈가 자신과 아들 존을 돌볼 수 있는 능력에 대해 걱정하고 있다. 앤의 의붓딸 애니타는 세탁기를 비롯한 가정용품을 디아즈 몰래 소유하고 있다.

디아즈는 자식들이 그를 요양소에 보내고 아들 존과 떨어지게 할까 봐 두려워한다. 그는 스스로 인슐린도 주사하고 요리와 청소를 할 수 있다고 강조한다. 그러나 그는 그런 일들을 여러 해 동안 하지 않았다.

디아즈의 바람은 독립성을 지키고 가능한 한 예전의 균형상태를 회복하려는 노력이라고 볼 수 있다. 그러나 존을 제외한 가족들과 의사는 그의 능력에 대해 의심하고 있다.

3) 가족규범

가족 구성원들이 정해진 규범들이나 무언의 약속에 충실하면 가족의 항상성은 어느 정도 유지된다. 그 약속들은 가족 내에서의 권리, 의무, 적절한 행동이나 태도에 대한 것이다. 가족규범은 가족 내에서의 관계나 역할수행과 행위 지침에 대한 지도원리이다. 글로 쓰지 않더라도, 가족규범은 가족 구성원의 상호작용 방식을 조직하고 관계를 결정하는 행태에 대한 명령 같은 것이다. 가족규범은 명시된 것이 아니기 때문에 가족의 상호작용과 의사소통을 관찰함으로써 그 가족의 규범을 추론해야 한다.

당연히 가족은 흔히 다음과 같이 인식하거나 은연중에 하는 말에서 드러나는 규범을 형성한다. 말하자면 "애들은 밤 10시까지는 집에 들어와야 한다" "애들은 하루에 TV를 2시간만 봐야 한다" "이 집에서 욕설하는 일은 없어야 한다" "애들은 부모에게 말대꾸하면 안 된다." 가족체계를 사정하는 데 있어 사회복지사는 가족의 행동을 명령하는 명시되지 않은 규범에 가장 큰 관심을 가진다. 왜냐하면 이 규범들이 역기능을 할 경우에는 가족에게 눈에 보이지는 않지만 영향을 미치기 때문이다. 가족규범이 잠재되어 있으므로 가족생활에 미치는 악영향은 많은 경우 드러나지 않고, 가족 구성원들은 알지도 못하는 사이에 그런 규범들이 시키는 대로만 행동하는 상황에 빠진다. 앞에서 말한 그런 역기능적 규범에 충실함으로써, 가족 구성원들은 그들 자신이 불만을 호소하는 정말 문제 있는 행동을 지속하고 강화한다.

어느 곳에도 이런 가족규범이 있지만 문화적 맥락에 따라 규범들은 판이하게 다르다. 그런데 남미계통의 디아즈 가족에서는 아시아 전통 문화권의 가족규범과 자기주장 개인주의를 강조하는 서구문화 가족규범이 함께 나타난다. ① 웃어른을 존중하라. 그리고 ② 어린이는 어른 말씀을 듣고 따라야 한다. 디아즈는 육체적으로나 가족 앞에서나 그의 자주성이 위협받고 있다는 것을 이해하는 듯하다.

(1) 기능적 규범과 역기능적 규범

앞의 논의를 따른다면, 기능적이거나 역기능적일 수 있는 가족규범 또는 표준을 발견하는 것이 중요하다. 다음과 같이 가족규범은 가족에게 유해한 의미가 있을 수 있다:

> "아빠는 마음대로 말할 수 있지만 다른 사람들은 아빠 귀에 거슬리지 않는 말만 해야되요."
> "엄마한테 얘기할 땐 조심해야 돼. 엄마가 화 내지 않게."
> "자기 절제를 잘해야 강한 사람이야. 다른 사람에게 애정을 보이거나 화를 내서 사람들이 너의 약한 면을 보게 하지 마."
> "가족문제에 대해서 심각하게 의논하지 말자."
> "말싸움에서 이겨야 해. 말싸움에서 지면 체면을 읽게 돼."

하지만 가족규범이 기능적이라면, 가족은 사회환경, 개인적 욕구, 가족 단위의 욕구에 융통성 있게 대응할 수 있다. 다시 말해 기능적 가족규범은 건강하고 적응력과 수용력을 갖춘 가족을 발전시키는 데 기여한다. 기능적 가족규범은 다음과 같이 예를 들 수 있다.

> "가족은 모두 소중하단다. 각자의 생각과 거기에 대한 다른 사람의 의견은 중요한 거야."
> "서로 다르다는 것을 인정해야 해. 가족 구성원이 항상 어떤 것에 대해 동의할 필요는 없어."
> "실망, 두려움, 상처, 분노, 비난, 즐거움, 성취 등 어떤 감정이든 얘기하는 것이 바람직하다."
> "서로 의견이 맞지 않는 것에 대해서 토의하는 것은 좋은 일이야."
> "실수를 인정하고 사과하는 것이 좋아. 가족들이 이해하고 도와줄 거야."

그러면 앞에서 살펴본 대로, 모든 가족은 기능적이고 역기능적인 규범과 행동양식을 둘 다 가지고 있다. 가족기능에 대한 객관적인 사정을 하기 위해서는 이 두 가지 가족규범을 이해하는 것이 무엇보다 중요하다는 점을 명심해야 한다. 또한 가족체계는 비교적 적은 수의 규범들로 관계를 유지한다는 것도 기억해야 한다. 가족규범을 이해하면 가족체계의 사정을 강화할 수 있다. 가족은 규범에 의해 유지되므로 많은 행위들과 의사소통들을 관찰하면 그것들을 양식과 경향에 따라 분류할 수 있을 것이다. 가족생활 전반에 나타나는 반복적인 행동 양식에 주의를 기울여야 한다. 가족기능에 있어 결정적인 행동들이 계속해서 보일 것이고 그러면 양식화된 행위를 관찰할 기회를 많이 갖게 될 것이다. 그 행위는 가족기능에 있어 필수적인 부분이다.

디아즈의 가족에서 의료사회복지사는 만약 다른 가족

구성원들이 디아즈의 자립을 위한 문제해결방법에 초점을 맞추어 의견을 낸다면, "다른 사람이 의견을 낼 수는 있지만, 결론은 아빠가 말하는 대로" 라는 규범이 기능적일 수 있다고 보았다.

(2) 규범의 위반

가족 중 누군가가 규범을 위반하고 새로운 행위를 하면, 가족은 과거의 평형상태로 돌아가기 위한 관습적인 방법을 사용할 것이다. 그것에 의하여 가족체계를 궤도 위로 다시 올려놓는 것이다. 이 방법은 종종 그 구성원에게 부정적인 피드백을 주는 형태를 띤다. 이것은 표준에서 벗어나는 행위를 수정 또는 제거하기 위해 "해야한다, 하지 않으면 안 된다, 하지 말아야 한다" 등의 용어를 사용한다. 또한 분노, 우울, 침묵, 죄책감 유도 등의 표현으로 위반행위에 대해 대응하기도 한다. 금지된 행위를 제한하거나 제거하려는 가족체계의 영향력을 파악하기 위해 다음의 사례를 주목해야 한다. 디아즈가 그의 의붓딸에게 "결론은 아빠가 말한 대로" 라는 규범을 강요하는 대목이다.

애니타: 저는 세탁기를 비롯해서 엄마가 쓰시던 물건을 가졌어요. 왜냐면 그것들은 엄마가 산 것들이거든요. 난 엄마의 유품을 갖고 싶고 또 엄마는 내가 가져도 된다고 했어요.

디아즈: 넌 이 집에 들어와서 네 엄마와 내가 공동소유로 된 물건을 가져갈 권리가 없어. 계부인 내게 존경심이라고는 조금도 보이지 않는구나.

애니타: 당신은 술이랑 인슐린 주사로 엄마에게 짐이 되었어요. 당신은 존을 보살필 수 없고 뭔가 해결책이 있어야 한다는 게 명백하군요.

디아즈: 넌 이 집에 들어와서 물건을 가져갈 수도 없고 집안일에 대해 관여할 수도 없어.

애니타: 정 그러시면 저는 재판으로 존의 양육권을 딸 수도 있어요.

이 장면에서 애니타가 디아즈를 자신의 아버지라고 생각하지 않기 때문에 두 사람은 "결론은 아빠가 말한 대로" 라는 규범에 동의하지 않는다.

만약 어느 가족이 말이나 행동 같은 공격적인 방법으로 분노를 표현하는 것을 금지하는 규범이 있다면, 그 사람에 대해 다른 가족들이 그와의 대화를 멈추고 그가 사과할 때까지 그를 무시할 것이다. 만약 다른 가족이 나쁜 일이 있어도 유머감각을 가지고 대응해야 한다는 규범이 있다면, 어느 한 명이 침울해 할 때 다른 모든 가족들은 그를 웃기려고 할 것이다. 더욱이 만약 어떤 가족이 "가족이 우선이고 친구와 사회활동은 둘째이다" 라는 규범에 따라 산다면, 누군가가 가족의 날에 사회활동 계획이 있다면 가족들은 그가 죄책감을 느끼도록 유도할 것이다(예를 들어, "가족의 날인데 넌 함께 하고 싶지 않니?" 라고 물음으로써).

앞의 예를 통해 독자는 과거 여러분의 핵가족 혹은 확대가족에서 여러분의 행동양식이 성립되고 강화되었던 또는 이웃의 영향으로 소멸되었던 상황을 떠올릴 것이다. 여러분의 경험을 깊이 생각하면, 비록 고향을 떠나 몇 년이 지나더라도 클라이언트들의 문제와 행동양식, 그들의 삶에 대해 개입하다 보면, 아마도 여러분의 가족으로부터 받은 많은 영향들에 더욱더 감사하게 될 것이다.

(3) 규범의 융통성

가족들마다 규범의 형성에 영향을 미치는 요소와 규범의 발전과정은 광범위하게 다양하다. 가족기능이 정상적인 경우의 가족규범을 보면 변화하는 가족 구성원들의 새로운 욕구에 순응하여 변화의 융통성을 갖는 경우가 많다. 반면 역기능적인 가족의 경우에는 규범이 엄격하여 가족 구성원들이 변화하는 시대와 환경의 스트레스로부터 그들의 행동을 수정해나가는 것을 금지한다. 이와 같이 틀에 갇힌 가족관계와 판에 박힌 역할을 고집하는 것이다.

규범의 융통성에 관해, 베크바와 베크바(Becvar & Becvar, 1988)는 구조유지(morphostasis)와 구조변화(morphogenesis)의 개념을 도입했다. 구조유지는 역동적인 평형상태를 위해 체계가 안정성을 추구하는 경향을 말한다. 구조변화는 구조의 변화, 성장, 창조성을 위해 구조의 변화 향상을 추구하는 행위를 일컫는다.

베크바와 베크바는 체계가 변하는 환경 속에서 균형과 안정을 유지하는 동시에 안정성을 잃지 않는 범위 내에서 변해야 한다고 말한다. 건강한 체계는 개인이나 가족의 욕구에 부합하는 변화를 받아들이려 한다. 가족체계를 사정함에 있어 가족규범의 형식과 기능뿐만 아니라 가족체계와 규범의 융통성 또는 고정성의 정도도 함께 측정해야 한다. 융통성 또는 고정성의 정도는 가족이 역동적인 균형상태의 조절과 유지에 어려움을 겪는 정도를 평가함으로써 관찰할 수 있다. 역동적인 균형상태에 위험이 되는 요소는 개인의 성장, 청소년기로부터의 해방, 결혼, 출산, 노쇠, (앞의 앤 머시의 사례에서처럼) 사망 등 인생주기 전체에 있다.

가족의 긴장상태를 유발하는 원인에는 첫아이의 출산, 할아버지나 할머니의 부양, 자녀의 사춘기, 막내아이의 출가, 아내의 직장활동, 가장의 퇴직 등이 있다. 가족이 받는 또 다른 압박의 원인은 자녀의 성장과정에서 발생하는 당면한 변화, 가족의 전통과 상반되는 가치 등의 괴로운 문제도 들 수 있다. 골덴버그와 골덴버그(Goldenberg & Goldenberg, 1991)의 글에 의하면, 이러한 압박은 가족체계의 불균형, 상실감 또는 경우에 따라 낯선 감을 유발한다. 이러한 불안한 상태는 새로운 형태의 규범이 균형상태를 회복할 때까지 계속된다.

마지막으로, 사회 하류층의 가치, 신념체계, 통찰력에 있어서 가족은 상류층 문화와의 충돌로 인해 극심한 스트레스를 받는다. 성장단계의 변화 등 가족 내부의 요인을 조사하는 것에 더해서, 거대한 사회적 스트레스, 즉 가장의 실직, 이사, 자연재해에 의한 피해, 정치적 도피에 의한 과격한 철거 등 외부적 위협에 대해 가족체계와 규범이 얼마나 유연하게 대처하는지도 파악해야 한다. 사회생활의 양식 변화와 사회규범의 변동에서 기인하는 모호한 사회적 역할은 가족체계의 긴장을 유발한다.

내외적 스트레스 요인에 성공적으로 대응하기 위해서는 가족의 지속성을 유지하면서도 필요한 변화에 적응하기 위해 규범과 생활양식을 지속적으로 바꿔가야 한다. 가족 전체나 구성원들의 정상적인 사회화 과정을 미루게 하는 시급한 과제들이 축적되면 이따금 가족은 도움을 요구한다. 생활변화양상을 연구하면서 홀머스와 라헤(Holmes & Rahe, 1967)는 사람들이 너무 짧은 기간에 너무 많은 변화에 직면한다는 것을 발견했다. 그래서 질병, 사고와 부상, 정서적 장애(우울증 등)가 상당히 증가한다. 역설적으로 이러한 변화가 더 나은 것을 향한 것이라도—결혼, 출산, 더 좋은 직장; 큰집으로 이사, 쾌적한 휴가, 뜻밖의 상속—만약 이것들이 충분한 정도라면, 가족의 사회화 기능을 매몰시킬 수 있다. 가족은 축적된 스트레스에 쉽게 망가지는 약한 체계라는 개념은 미누친(1974)의 견해와 비슷하다. 그는 변화하는 새로운 환경에 적응하기 위해 고통받는 가족에 대한 치료에 종사하면서 많은 가족들을 관찰했다 (p.60). 사실 미누친은 스트레스에 직면해서 가족의 변화양상 범위를 완고하게 제한하고 어떠한 대안의 모색도 피하는 가족들은 병리학적으로 문제가 있다고 한다(p.60).

대부분의 가족이 내외적으로 거대한 힘에 대응하기에는 적응성이 부족한 행위규범을 갖고 있다. 순기능적인 가족의 주요 특징을 규명하기 위한 르위스(Lewis), 비버스(Beavers), 고셋(Gossett), 필립스(Phillips, 1976)의 권위 있는 연구는 가족의 기능을 최선의, 적절한, 중간의, 모호한, 심하게 교란된 다섯 단계로 구분했다. 그러나 이들은 가족을 별개의 차원으로 명확히 구분하기보다는 단계의 연속선상에 존재한다고 지적했다. 가장 유연하고 적응력 있고 목표지향적인 정점과 다른 한편으로 가장 완고하고 획일적이며 비능률적인 한 정점이 그것이다. 비버스(1977)는 그 연구의 제2판에서 앞의 논의를 더욱 자세히 했다. 그는 인구의 상대적 비율의 측면에서, 앞의 단계에서 양극단에 위치한 가족들에 비해 중간 정도에 위치해 있는 가족들이 아마도 대부분을 구성하고 있을 것이라고 했다. 그래서 미국사회에서 웬만한 가족은 부적응적 측면을 조금씩 갖고 있고, 르위스 등(1976)이 말하는 최선의 가족이라는 것은 사실상 예외적인 현상이라는 것이다.

디아즈 가족은 아마 앞의 연속선상에서 보면 중간 정도에 있을 것이다. 왜냐하면 이 가족은 유연한 규범과 완고한 규범을 동시에 갖고 있기 때문이다. "결론은 아빠가 말한 대로"라는 규범은 디아즈의 직계자녀에게 적용되는 완고한 규범이다. 반면 "가족을 먼저 생각해야 한다"는 것은 마리아와 존에게 받아들여지는 기능적인 규범이다. 디아즈가 그의 건강과 안녕을 돌보면서도 독립적인 생활을 계속할 수 있도록 도움을 바라고 있고, 이에 대해 마리아는 근처 아파트에 1층집을 구해주려 하고, 아버지와 존에게 인슐린 주사 방법을 가르치려 한다.

4) 상호작용 내용과 진행단계

적절한 가족체계의 사정과 주요 행위규범의 파악을 위해서는, 상호작용의 내용과 진행단계에 대한 개념을 이해하는 것 역시 중요하다. 예를 들어, 버클리 부부가 가족치료기관에서 최초로 면접을 받는다고 가정해보자. 우선 그들이 경험한 문제들에 대해 이야기하면서, 남자가 그의 아내를 잠깐 쳐다보고는 그동안 아내가 우울해하고 아파서, 즉 '아내의' 문제로 찾아왔다고 한다. 여자를 보니 동의하는 듯이 고개를 끄덕인다. 여기서 사회복지사는 그들이 말하는 바가 무엇인지 숙고한다. 어쨌든 사회복지사는 그들의 말에 숨겨진 다른 의도가 있는지에 대해 꼼꼼히 파악하려 한다. 그리고 부부를 관찰하여 문제에 대해 이야기하는 그들의 태도나 몸짓에 대해서도 면밀히 관찰한다.

다시 말해, 사회복지사는 이 부부가 문제에 대해 이야기하는 상황에 대한 면밀한 관찰자인 것이다. 그 결과 남편은 아내의 암묵적 동의하에 아내의 대변자 역할을 하고 있는데 부부가 말하는 문제는 아내의 문제란 것이다. 그래서 그들 부부는 그 문제가 남편에게 미치는 영향, 아내의 우울증이나 다른 문제들을 남편이 강화하거나 악화시켰을지도 모르는 상황이나 남편이 겪고 있을 수 있는 문제들을 경시하고 있다.

근본적으로 역할문제에 있어 그들 부부는 스스로 아내는 문제 있는 사람이고 남편은 상담자의 역할을 한다고 말한다. 이 면접의 초기 진행단계에서 몇 가지 중요한 상호작용적 행동이 관찰된다. 문제를 규정하는 태도는 그들의 상호작용에 대한 정보와 문제를 파악하는 방법에 대한 정보를 준다.

가족의 규범은 종종 면접 초기단계에서 드러난다. 초심자의 경우 종종 클라이언트들이 '말하는' 것에 집중한 나머지 이러한 측면을 무시하기도 한다. 사람들이 문제에 관해 이야기할 때 그들의 행동에 대한 관찰력을 높이는 것은 가족체계에 대한 면접과 사정에 있어 결정적으로 중요하다. 그렇지 못하면 사회복지사는 내용에 매몰되기 쉽다. 앞의 버클리 부인의 우울증에 대한 조사를 예로 들면 주요 문제에 대한 부부의 형식화된 행동양식을 간과하면 아내는 수동적이고 겉으로 드러난 환자이며 남편은 거기에 대한 정보를 제공하는 사람이라는 잘못된 결론을 내리게 된다.

5) 상호작용의 연속성

가족규범에 대한 적합한 사정을 하기 위해서는 구성원 간의 상호작용의 연속성에도 주의를 기울여야 한다. 모든 가족은 의사소통과 행위에 있어 허용한계를 명시하고 있다. 상호작용의 연속성을 분석하면 가족체계 전체나 각 구성원들이 받아들이는 기능적 혹은 역기능적 학습화 과정을 밝혀낼 수 있다. 그런데 문제가 있는 가족은 학습화 과정이 유해하고 부적응적 행동이나 역기능적 규범을 강화하는 형태를 띤다. 유해한 상호작용의 연속성을 관찰하면 의사소통의 성격과 함께 가족 전체가 역기능적 상호작용을 강화하게 만드는 가족 구성원의 유해한 행동양식에 대한 풍부한 정보를 얻을 수 있다.

다음의 디아즈 가족에 대한 최초 면접의 첫 부분에 대한 발췌를 보면—디아즈, 딸 마리아, 아들 존, 의붓딸 애니타—가족체계에 강력한 영향력을 행사하는 습관적이고 연속적인 행동양식에 대해 설명할 수 있다. 앞에서 말한 의료사회복지사는 디아즈의 건강과 안전을 위한 대안 마련을 위해 가족 모임을 주선했다.

애니타[사회복지사에게]: 카를로스는 자신과 존을 보살필 수 없어요. 존은 어른들 보살핌 없이 마구 뛰어다니고, 카를로스는 엄마가 죽은 이후 자기 몸도 못 추스려요. [애니타가 사회복지사를 진지하게 쳐다보는 반면, 디아즈는 무관심한 듯 팔짱을 끼고 불쾌한 표정으로 앞을 보고 있다.]

마리아[사회복지사에게]: 최근 몇 년간 앤 머시가 요리와 청소, 인슐린 주사까지 하는 동안 아빠는 존과의 사이에 문제가 있고 거동이 불편했어요. [디아즈에게] 아빠, 저는 아빠를 존경해요. 그리고 어떻게든 아빠를 돕고 싶은데 일이 쉽지가 않네요.

디아즈[사회복지사에게]: 내 자식들은 존경심이 없어요.(스페인어로). 아버지에게 당연히 해야할 존경심을 전혀 표시하지 않는단 말이오. 자식들은 날 요양소에 넣어버리고 존과도 헤어지게 하려 하고 있어요.

애니타: 당신이 존과 자기 자신을 돌보지 못하니까 그게 최선의 방법일 거예요.

마리아[사회복지사에게]: 아빠는 자신의 길을 걸어왔고 우리는 정말로 아빠를 존경해요. 최소한 저는 그래요. 그렇지만 어떻게 뭔가 변해야 한다는 걸 들으시려 하지 않아요.

디아즈: 마리아, 넌 좋은 딸이었단다.

존: 아빠, 제가 곁에 있잖아요. 그리고 저도 뭔가 도와드릴 수 있어요. 전 아빠랑 살고 싶어요. 우린 사이좋게 잘 지내왔잖아요. 저 좋은 아들이 되고 싶고 아빠를 돌봐드리고 싶어요.

애니타: 존, 넌 길거리에서 뛰어다니고, 법을 어길 뿐 아니라 아버지에게서 돈도 타고 있잖아. 넌 아무런 도움이 못 돼. 그리고 아버진 아빠노릇도 제대로 못할 거야.

마리아: 존, 네가 아빠를 돕고 싶어하고 아버지랑 가까운 걸 알아. 그렇지만 넌 아빠에게 말썽을 많이 피웠어. 그리고 나 역시 네가 아빠를 도울 수 있을지, 아빠가 널 돌볼 수 있을지 모르겠구나.[8)]

앞의 예에서, 이 가족은 정도에 차이는 있지만 부조화스러운 상호관계를 계속해서 보여준다.[9)] 이것은 마치 이 가족이 연극을 하는 것처럼 커튼이 올려지면 미리 정해진 가족 대본에 따라 모두가 연극에 참여하는 것과 같다. 중요한 것은 가족 대본에는 끝도 시작도 없다는 것이다. 즉 누구나 자신의 대사를 읽으면 연극은 시작된다는 것이다. 그러면 나머지 가족들은 변함없이 예전의 습관적인 관계의 형태 그대로 약간의 각색만을 더해서 연극에 참여하는 것이다. 각 장면마다, 논의되는 주제는 다르겠지만 개개인이 맡은 역할과 연극을 끌고 가는 의사소통 및 행동양식은 거의 변하지 않는다.

앞의 예에서 발생하는 연속적인 상호작용에 주목하면,

- 애니타는 디아즈의 활동능력과 존의 문제에 대한 자신의 생각을 직설적으로 말한다. 말로 대꾸하진 않지만(팔짱을 끼고 불쾌한 듯 정면만 바라보지만), 디아즈는 대화에 적극적으로 참여하는 것을 거부하고 있다.
- 마리아는 애니타의 걱정에 어느 부분 동의하고 있다. 그러나 가장인 아버지를 존경한다는 것을 강조하면서 역시 직접적으로 말한다.
- 디아즈는 자식들이 '존경심이 없고(스페인어로)' 자신을 집에서 내보내려 한다고 강력히 주장한다.
- 애니타는 요양소가 최선책일 것이라는 것을 부정하지 않는다.
- 마리아는 아버지에 대한 존경을 거듭 강조하면서도 무언가 변화가 필요하다는 것에 대해 언급한다.

8) 이 사례에 나오는 사회복지사는 미네소타 대학의 박사 Marilyn Luptak이다.

9) 비록 가족이 문제에 대해 의논하기 시작할 때 상호작용의 파괴적인 연속성에 빠져들지만, 사회복지사는 초기단계에서 활발하게 개입하여 이러한 일을 막고, 가족이 문제에 대해 좀더 쉬운 방향으로 의사소통할 수 있게 도와야 한다.

- 디아즈는 마리아에게 말하면서 정말로 아버지로서의 자신에게 적절한 존경심을 보여줬는지 묻는다.
- 존은 이 말다툼에 끼어 들면서 자신이 '존경심'을 가진 좋은 아들이란 걸 보여주려고 노력한다.
- 애니타는 존이 그동안 말썽피운 사실과 디아즈의 보육능력을 언급하면서 존을 말다툼에 끼지 못하게 한다.
- 마리아는 존이 좋은 아들이 되고 싶다는 말에는 지지를 보내면서도, 이들 부자가 서로를 도울 수 없다는 데에는 동의한다.

이러한 디아즈 가족의 비슷한 대화내용들을 보고 있으면, 한 사례만 가지고는 찾을 수 없는 감춰진 가족규범과 행동양식을 발견할 수 있을 것이다. 예를 들면,

- 애니타는 아마도 의붓딸이기 때문에 가족의 '존경심'이란 규범을 인정하지 않으면서 디아즈의 바람과 그의 능력에 도전하고 있다.
- 마리아는 디아즈의 가족 내에서의 위치를 인정한다. 동시에 문제의 존재 역시 인정하면서도 적절한 존경심을 보이고 있다.
- 존은 현재 상황을 지속시키고 싶은 바람을 나타내면서 디아즈와 강한 일체감을 표현하려 애쓴다.
- 디아즈는 사회복지사와 마리아와는 말을 하는 반면, 가족의 규범을 어긴 애니타는 무시한다.
- 애니타와 디아즈는 의견이 항상 불일치 한다.
- 마리아는 디아즈의 지위와 가족규범에 동의하는 동시에 문제에 대해서도 인정하는 등 중재를 위해 노력한다.

가족의 습관적인 상호작용 과정에 초점을 맞추면 몇 개의 한정된 유해한 상호작용 과정에 대해 전략적으로 개입할 수 있다.[10]

상호작용에 관련된 규범과 경향을 분석함으로써, 가족의 문제에 있어 결론에 도달하기 위한 과정에 많은 개입지점을 찾을 수 있다. 마리아와 애니타 두 의붓자매 사이에 디아즈가 스스로를 돌볼 수 없고 변화가 필요하다는 데 동의하는 측면이 있음에도 불구하고, 디아즈의 역할에 대해서는 아주 명확하지가 않다. 디아즈와 존은 가족 내에서의 남성으로서 서로를 보호하는 연합관계처럼 보인다. 디아즈 가족처럼 가족의 규범과 행동양식이 명확한 가족이 많다는 것을 깨달아야 한다. 그렇지만 사회복지사의 기능은 가족의 치료가 아니며 이것은 클라이언트가 요구하는 바도 아니다. 그럼에도 불구하고 가족규범과 행동양식은 가족문제에 관여하며 잠재적인 해결책도 있다.

6) 행동양식에 대한 '순환적' 설명 도입

앞의 논의에서 디아즈 가족의 행동양식을 체계분석틀의 측면에서 보았다. 이 가족은 상호관계의 행동양식의 성격과 서로에 대한 영향력을 반복적으로 성립시켜왔다. 그러면서 디아즈 가족에 순환적(circular) 원인관계의 개념을 적용한다. 이것은 각 가족 구성원의 행위는 다른 사람에게 자극이 됨을 나타냈다. 더욱이 이웃을 포함하여 지속적인 서비스를 제공할 수 있는 주위환경과의 상호작용은 문제를 다루는 데 한 부분을 차지한다. 이것은 A라는 사건은 B의 원인이고 B는 C의 원인이라는 직선적 설명과 대조될 수 있다. 행동양식에 대한 원인을 파악하는 이 두 가지 구조론의 차이점을 설명하기 위해, 디아즈 가족의 예를 다시 거론하기로 한다. 직선적 설명을 도입하면, 애니타가 공격하고 디아즈는 방어한다. 순환적 설명에 의하면 다음과 같을 것이다. 애니타가 공격하고 디아즈는 방어한다. 마리아는 둘 다를 지지하면서 중재역할을 한다. 중재는 받아들여지지 않고 공격과 반격은 존이 아버지 편으로 가세하면서 계속된다. 더욱이 어려움을 풀어주는 적절한 도움의 부족

10) 클라이언트는 다양한 주제나 이슈에 대해 끊임없이 이야기할 수 있지만, 그들은 제한된 수의 규범이나 양식화된 행동에 대해서만 이야기한다는 것을 짚고 넘어가야 한다.

으로 문제 전체는 지속된다.

톰(Tomm, 1981)은 가족문제의 과정을 면접하고 사정하는 데 있어 순환적, 직선적 원인 개념은 상반되는 접근법을 반영한다고 역설한다. 그에 의하면 순환적 설명은 조직적이므로 체계 중심의 사업가들이 선호한다. 왜냐하면 순환적 설명이 행동양식의 설명에 더 적절하고 개입할 수 있는 방법도 많기 때문이다. 앞의 예에서 만약 사회복지사가 직선적 설명을 사용한다면, 중간에 간섭하여 디아즈에 대한 애니타의 공격을 멈추려 했을 것이다. 순환적 설명을 적용하는 사업가라면 개입을 위해 전체적인 순환관계에 초점을 맞췄을 것이다. 더욱이 환경의 역할을 중시하는 사회복지사라면 가족 구성원들이 환경적 원인과 해결방안에 눈을 돌리게 했을 것이다.

톰은 순환성에 대한 선호는 사회복지사의 사정과 개입활동을 위한 면접의 형태에 영향을 준다고 강조한다.

톰에 의하면, 순환적 관점을 사용할 경우 가족의 사정에 있어 차이를 분석하는 세 가지 유용한 방법이 있다고 한다. 첫째는 개인들 간의 차이점이다. 예를 들어, '누가 가장 화를 잘 내는가.' 둘째는 상호관계의 차이점이다. 예를 들어, '디아즈가 애니타와 마리아를 대하는 데 있어 차이점이 무엇인가?' 셋째는 시간의 변화에 따른 차이점이다. 예를 들어, '지금과 비교해서 작년의 애니타와 디아즈의 관계는 어떠했는가?' 톰은 이러한 차이점을 찾아내는 쪽으로 사정의 방향을 맞춤으로써 사회복지사는 현상에 대한 직선적 설명에서 얻는 것보다 더 많은 관련 깊은 자료를 얻을 수 있다고 지적한다.

초심자들은 행동양식을 설명할 때 순환적 관점보다 직선적 관점을 취하려는 경향이 있다. 그래서 상호작용을 작용과 반작용의 연속이라고 본다. 또한 눈에 쉽게 보이는 문제행동을 하는 가족 구성원을 비난하고 그들에게 책임을 돌리는 경향도 자주 보인다. 그러나 역기능적 상호작용의 반복성에 초점을 맞추지 않으면, 상호작용의 유해한 성격으로 인해 전문적인 도움이 필요한 가족을 도울 수 있는 능력을 잃게 된다. 초심자들은 또한 문제의 해결과정에 있어 주위환경의 역할을 쉽게 무시한다.

초심자들과 다르지 않게, 가족 구성원들도 직선적 모형으로 그들의 행동을 설명하려 한다. 상호작용의 연속선상에서 임의의 한 부분만을 이야기하며 자신은 피해자이며 다른 가족들은 가해자라고 하는 것이다. 디아즈의 경우, 자신은 애니타의 존경심 없는 행위에 대한 죄 없는 피해자이고, 애니타는 가족 내에서 변화가 필요한 사람이라고 보고 있다.

7) 체계분석틀을 이용한 문제의 사정

가족의 문제를 체계의 측면으로 보는 관점을 사용하면 사정 과정에 필요한 관련성 깊은 자료들을 모을 수 있다. 많은 클라이언트들은 비록 그들이 다른 가족들로부터 가해자라고 불리더라도, 그들이 통제할 수 없는 외부적 힘이나 행동에 대해서 자신은 피해자라고 생각한다. 대부분은 최초 상담에 들어올 때 자기 자신을 변화시키려 하기보다 문제를 일으키는 다른 사람에 대한 '불평'을 하려 한다. 사건의 '원인'에 대한 클라이언트의 선택적 수용으로 인해, 가족 체계 내에서 클라이언트 또는 다른 사람들로 인해 어떻게 문제가 강화되고 악화되는지에 대해 사회복지사가 그림을 그리기 어렵게 만든다. 사회복지사는 가족문제에 대한 주제를 파악하고 가족체계에 대한 관련성 깊은 자료를 수집하기 위해 적절한 개념적 분석틀과 거기에 수반하는 기술이 있어야 한다. 그렇지 않으면 사회복지사는 클라이언트가 말하는 문제인물을 무의식중에 채택하고, 그 문제인물의 행동변화에 개입의 초점을 맞추며, 가족체계 내의 다른 구성원들의 문제에 대한 영향을 무시할 수 있다.

클라이언트의 행동양식을 제한하고 틀에 맞추는 체계적 상호작용의 구조는 많은 클라이언트들의 문제가 엮인 천과 같다는 것을 염두에 두어야 한다. 사회복지사가 이러한 문제에 대한 직접자료를 관찰할 기회는 그리 많지 않다. 경우에 따라 접근성의 문제로 인해 가족 구성원들은 원조를 거부하거나 원조에 응할 수 없을 수도 있다. 디아즈 가족의 예에서 가까운 곳에 살던 애니타는 간단히 말해 접근성이 있다. 그러나 이 과정에서 그녀가 문제 해결의 참가자로서 가족 속에 관계되어 있는지는 명확하지 않다. 달리 말해 문제에 대해 클라이언트 중 누가 핵심적 역할을 하는가를 규정하는 것은 적절하지 않다. 어쨌든 클라이언트가 문제에 대해 이야기할 때는 그 자리에 없는 사람들(가족 구성원이나 외부 사람)과의 관계의 어려움을 종종 과장해서 이야기한다. 그러므로 직접적으로 상호작용 과정을 관찰할 수 없는 경우에는 클라이언트로부터 명확한 정보를 한정적으로 모으는 과제가 중요하다. 그러면 가족체계의 대인관계 유형과 규범을 사정하는 데 도움이 될 것이다. 이 과제는 가족체계에서 문제행동의 양식을 명백하게 보여주는 결정적인 순간을 주의 깊게 조사함으로써 가장 잘 달성될 수 있다.

가족유형의 내재된 측면을 파악하기 위해서는 관련된 사람 모두의 행동과 의사소통에 대한 서술적 정보를 모으고, 특정 상황의 과거, 현재, 미래의 뚜렷한 사건과 상호작용의 연속성을 구성해야 한다. 클라이언트가 주요 상황만 요약하여 말함으로써 결정적인 세부사항을 빠뜨리기 때문에, 사회복지사가 가족관계의 성격에 관심이 있다는 것을 클라이언트에게 설명하는 것이 좋다. 그리고 단서가 되는 어떠한 사건이라도 그 속에 있는 개별적인 상황과 상호작용을 주의 깊게 조사하는 것이 중요하다. 사회복지사가 마치 그 상황에 함께 있었던 것 같은 효과를 위해, 클라이언트에게 사건을 가능한 한 있었던 그대로 말해줄 것을 요구하는 것이 좋다.

클라이언트가 문제의 원인은 외부환경이 아니라 오직 가족 구성원들에게만 있다고 규정한다 해도, 사회복지사는 외부환경과 가족의 여러 하위체계 사이의 주요 상호작용 유형과 연관성을 파악하기 위해 가족과 외부환경과의 관계를 조사해야 한다. 이러한 조사를 하다 보면, 부모를 제외한 다른 사람들(형제, 계부, 할아버지 등)이 전문적 원조가 요구되는 수준의 아동문제의 원인을 제공하는 경우는 드물지 않게 발견된다. 가족의 외부연관과 규범을 조사하여 정보를 얻으면, 원래 클라이언트가 지적한 것 이상으로 확장하여 문제를 재정의해야 할 필요가 있을 것이다.

가족 중 한두 명만 문제에 관련되어 있다고 믿는 클라이언트에게 가족관계 전반에 대한 사정의 필요성을 설득하기 위해서는, 가족은 하나의 체계이며, 한 사람의 문제로 인해 가족 전체가 영향을 받으며 문제가 악화될 수도 있다는 것을 설명하는 것이 좋다. 또한 가족문제란 것은 둘 사이의 관계에 있기보다는 전체 가족의 상호작용 속에 존재한다는 것을 역설해야 할 것이다. 와일(Wile, 1978)이 강조했듯이, "가족 구성원들은 '비정상적 개인' 으로 인한 가족문제라는 개념이 일반적인 가족 문제로 재정의되면 위협을 느끼고 저항하면서도 동시에 안심하고 반가워한다(p.16)." 와일은 그러나 그러한 접근법은 사회복지사가 비난하는 태도를 보이지 않고, 가족의 문제상황에 대해 전체 가족이 얼마나 어려운 모순과 딜레마에 빠져 있는지를 이해하기 쉽게 설명할 때에만 유효하다고 강조한다.

3. 가족사정의 차원

앞의 논의에서의 가족기능을 바라보는 구조분석틀의 전체적 개념을 해명함에 있어, 필자는 가족사정의 단계를 설정했다. 이 단원에서는 가족체계를 다룰 때 얻을 자료들을 조사하고 분류할 때의 지침이 되는 사정의 차원에 대해 소개할 것이다. 이러한 분류는 또한 상호작용의 경향성의 윤곽을 보여주고 가족기능의 기능적, 역기능적 측면을 평가하는 준비자료가 될 것이다. 다시 말해 가족문제의 해결을 위한 개입 계획을 짜기 위해 중요한 예비단계이다.

다음의 목록은 이 단원에서 우리가 상세히 검토할 가족사정의 차원들을 담고 있다.

- 가족의 주변배경
- 가족체계의 외부 경계선

- 내부 경계선과 가족의 하위체계
- 가족의 권력구조
- 가족의 의사결정 과정
- 가족의 정서와 감정표현의 범위
- 가족목표
- 가족의 신앙과 인식 성향
- 가족역할들
- 가족 구성원들의 의사소통양식
- 가족의 장점들
- 가족의 인생주기

사정과 개입계획의 고안을 위해 위의 차원들을 활용하는 데 있어, 다음의 형식을 활용할 것을 권한다.

① 클라이언트에게 가장 관련성 높은 항목을 정하라

위 차원이 모든 부부와 가족에 적용된다 하더라도 몇 가지 항목은 현재의 불만과 가족이 요구하는 원조의 성격이라는 관점에서 볼 때 반드시 적절한 것은 아니다. 예를 들어, 어떤 가족은 치매증세가 있는 나이 많은 친척이 한 집에 살아서 생기는 스트레스로 원조를 요구할 수 있다. 최초 조사에서는 가족문제의 원인이 되는 가족의 주요 기능장애(예를 들어, 의사결정과정의 비능률성)를 발견하지 못할 수도 있다. 그렇게 되면 사회복지사는 가족들이 표현하는 특정한 문제의 원인으로 조사 범위를 한정해버릴 것이다.

② 가족의 행동양식 조사에 지침이 될 수 있는 차원들을 활용하라

최초 조사단계 이후, 위의 차원들을 재검토하여 다음 단계의 조사에 관련 있는 질문항목을 만들라.

③ 주제와 경향성에 대한 새로운 자료를 골라내는 지침으로서의 차원들을 활용하라

가족 또는 부부 관계에 있어 규범이나 관습적 양태와 각각의 관련 있는 차원들과의 관련성을 파악하라. 예를 들어, 어떤 가족규범이 의사결정과 의사소통, 그리고 다른 차원들과 관련이 있는지 자문해 보아라. 책에 나오는 적절한 논의들을 참고하면 특정한 가족규범을 끄집어내는 데 지침이 될 것이다.

④ 관련이 깊은 차원들에 기초하여, 가족체계 내의 '개인들의' 기능적, 역기능적 행동양식에 대한 분석표를 작성하라

예를 들어, 의사소통의 차원이라는 측면에서, 한 개인은 다른 가족들의 의사를 자신의 말처럼 바꾸어 말할 수 있다(기능적 행동). 동시에 그 개인은 대화 도중 간섭하여 과도하게 말을 하려는 경향을 가질 수 있고, 그렇게 되면 면접 도중 대화를 독점하게 된다(역기능적 행동). 각 가족 구성원의 이러한 두 가지 행동양식에 대한 분석표를 작성하면, 행동양식의 사정뿐만 아니라 개입계획에 있어서도 좋은 개념적 분석틀이 될 것이다.

⑤ 가족체계 자체가 인식하는 명백한 기능적, 역기능적 행동양식에 대한 분석표를 작성하면서, '가족 전체'의 행동양식과 관련 있는 사정의 차원들을 활용하라

다시 한번 의사소통에 관한 차원을 활용하면, 가족의 기능적 행동에는 경청하는 행위와 "좋은 일 했구나" 처럼 다른 사람의 기여를 일깨워주는 대답 등이 있다. 반대로, 똑같은 가족이 인식하는 역기능적 반응에는 아마도 다른 사람에게 "넌 멍청해" 같은 규정을 내리는 것이나 자주 다른 사람에게 분노를 표현하는 것이 있을 것이다.

1) 가족의 주변배경

가족의 주변배경(family context)은 식생활, 의료, 주거, 재정지원, 직업교육 등 기본적 자원에의 접근력과 확보능력을 포함한다. 사실 생존욕구에 대한 원조는 가족역학의 변화나 배우자와 부모로서의 기술교육을 위한 개입에 우선한다. 이러한 개입들은 간단히 말해 기초생계수단에 극심한 곤란을 겪고 있는 가족들과는 관계가 없다고 할 수 있다.

자료의 수집과 가족 사정의 왕도는 가족을 문화적 환경, 성적 특성, 가족의 형태와 관련된 주변배경의 맥락을 정확히 보는 것이다. 사회복지사가 가족을 이끌어 가는 사람이 누구인지를 파악하는 문제의 답은 맥파터(McPhatter, 1991)의 글에서 찾을 수 있다.

> 가족의 구조를 탐구함에 있어, 전통적 가족개념에 의존하여 가족의 구성과 성격을 추측해서는 안 된다. 예를 들어, 전형적인 미국가족이라고 하면 편부모가족, 할아버지 할머니와 손자로 이루어진 가족, 양부모 가족, 확대가족, 영향력 있는 동거인들이 포함되는 가족 등이 모두 해당된다(p.16).

가족이라는 정의는 문화마다 엄청나게 다르다. 이는 사회복지사의 사정 과업에 더욱 많은 혼란을 준다.

가족들마다의 주변배경이 극단적으로 다름에도 불구하고, 더 큰 배경적 이슈들(예를 들어, 인종, 문화, 성, 민족성)이 치료 이후에도 영향을 미치는데도, 사회복지사가 여기에 대한 최소한의 이해와 지식, 존중 없이 가족치료를 시작하고 전개하며 마치는 것이 흔한 일이다. 이러한 간과는 종종 '환경적 맥락의 무시' 를 초래하고 이것은 가족치료 요법 분야에 널리 존재한다(Hardy, 1989: 17-18). 그 결과 사회복지사들이 "가족의 자원, 가치, 정보, 기풍, 지혜 등 내부적 요소만 걸러내어, 가장 중요하게는 그들이 사는 사회적 배경의 영향을 과소평가할 수 있다는 것이다(Saba 외, 1989: 2)."

그렇다면 가족의 현실성, 고유문화, 혼합문화, 인종적 출신, 사회계층, 관습, 역사, 성적 배경 등 가족에 대한 지식을 갖는 것이 필수적이다. 이런 시각을 가지게 되면, 노튼(Norton, 1978)과 맥파터(McPhatter, 1991)가 이중관점(dual perspective)이라고 부르는 것을 사용할 수 있다. 이 관점은 "상위사회체계의 가치 및 태도와 클라이언트와 접해 있는 가족과 지역사회의 그것을 동시에 의식적이고 체계적으로 인지하고 이해하며 비교할 수 있게 한다." 이것은 현존하는 가족문제의 사회적 배경을 사정하는 주요한 측면이다(McPhatter, 1991: 14-15).

이중관점의 유용성은 예를 들어, 동성애 부부의 사정과정에서 그 가족과 상위체계 간의 갈등을 파악하는 데서 발견된다. 이같은 부부는 상위체계서 가진 "동성 간의 친밀성, 사랑, 성, 관계와 그것에 참여하고 찬성하며 지지하는 개인, 기관에 대한 두려움과 혐오라고 조작적으로 정의되는 '동성애 공포증'"이라는 환경적 맥락 속에 살아간다. 결론적으로 동성애부부는 만약 상위체계에서 밝혀질 경우 직업, 자유, 자녀양육에 있어 위험을 감수해야 한다(Brown & Zimmer, 1986: 451-452).

이중관점은 다양한 문화의 가족을 사정하는 데 있어 절대적으로 갖추어야 할 요소이다. 왜냐하면 가족의 행동양식은 "그것이 심어진 상위체계의 배경적 맥락 속에서만" 받아들여지기 때문이다(McGoldrick, 1982a: 4). 이중관점은 또한 사회복지사들이 자신들 집단의 가치가 부정적으로 간주된 다른 인종적 집단의 성격보다 '옳거나 참되다' 라는 민족중심적 관점에 사로잡히는 것을 막아준다(McGoldrick, 1982a: 25).

이중관점을 사용함으로써 가족의 기능성을 진단할 때, 그 가족의 특수한 문화적 맥락에서 무엇이 정상적인지, 그와 다른 문화적 맥락에서는 무엇이 역기능적인지를 평가할 수 있다. 권과 킬파트릭(Gwyn & Kilpatrick, 1981), 그리고 위버(Weaver, 1982)는 예를 들어, 흑인문화는 독특한 것이어서 흑인이 아닌 사회복지사는 흔히 흑인의 행동양식과 생활방식을 역기능적으로 보는 실수를 저지를 수 있다고 역설한다.[11]

사회복지사가 인종 간의 다양한 문화적 맥락을 이해하더라도, 소수인종에 대한 편견의 위험은 여전히 존재한다. 그러므로 소수인종들은 전형적인 행동양식과는 상당히 다른 성향을 보일 수 있다는 것을 반드시 알아야 한다. 각 가족체계가 독특하므로 사회복지사는 각 가족을 그 문화적 맥락에 따라 개별화할 수 있어야 한다.

다양한 문화적 맥락을 가진 가족들을 사정할 때, 8장에서 논의한 바와 같이, 가족이 사회주류문화에 동화된 정도를 파악해야 한다. 미국으로 이민하거나 피난한 모든 소수인종 집단은 문화적 동화와 관련된 문제에 직면한다. 아시아계 피난민들이 이러한 동화과정에서 겪는 문제는 심각한 수준이며 눈으로 쉽게 파악할 수 있다. 그런데 맥골드릭(1982a)의 연구가 보여주듯이, 몇 세대 이전에 이민해온 가족들이라 하더라도 여전히 이민콤플렉스를 갖고 있다. "그들은 민족적 유산을 버릴 것을 강요당해왔고, 그래서 정체성의 일부를 상실했다. 이런 문제들은 묻히거나 망각된 형태로 계속해서 가족들의 사회를 보는 시각에 영향을 준다(p.12)."

이민가족의 기능을 사정할 때는 가족의 이민과정과 관련된 자료들과 둘 이상의 문화들에 적응하는 문제와 관련된 압박들에 대해 조사해야 한다. 고국으로부터 쫓겨나 삶의 모든 측면에서의 상실로 고통받는 아시아나 쿠바 등의 이민가족의 붕괴정도는 특히 심각하다 (Queralt, 1984).

타국으로의 이주, 대중매체, 여성의 직장활동과 자립 등의 가족붕괴 요인들은 전통적 가치에 의문을 제기한다 (Ghali, 1982). 이민과정은 때때로 가족붕괴의 원인이 된다. 취직문제, 의식주문제, 새 언어의 학습 문제 등 이민과 관련된 과제들이 가족 발전의 실현이라는 과제보다 우선하기 때문이다(Bernal & Flores-Ortiz, 1982).

사회복지사는 비슷한 처지의 이민가족들이 서로를 모방하여 그들만의 문화적 준거집단과의 '연계'를 회복하는 상대적 능력을 사정해야 한다. 예를 들어, 팀버레이크(Timberlake)와 쿡(Cook, 1984)은 베트남 이민들이 새 삶에 정착하는 과정에서의 서로에 대한 모방노력을 묘사했다.

가족단위가 모국으로부터의 추방과 이민국과의 이질감에 대응하는 방법은 그들의 전통적 구조를 가능한 한 빨리 개선하거나 재구성하는 길을 찾는 것이다. 이주과정에서 기존의 사회와 격리된 가족들은 먼 친척이나 친구 또는 같은 처지의 타인들과 관계를 형성하는 등 사회적 연계를 재구성하기 위해 노력한다. (사실, 글자 그대로 한 배에 탄 사람들은 강한 상호 연계를 형성하는 것처럼 보인다.) 더욱 많은 집단이 합해질수록 그들의 문화는 점점 더 회복된다 (p.110).

2) 가족체계의 외부 경계선

상위체계의 한 부분인 생활단위로의 가족은 부득이하게 주변환경과 다양한 상호작용을 한다. 그런데 가족들마다 다른 체계에 대한 개방성의 수준과 외부경계선들에 대한 유연성에 따라 광범위한 차이가 있다. 유연성의 기준은 가족체계에 제3자의 개입이 허용되고 환영받는 정도, 가족구성원이 외부인과 정서적 관계를 맺는 것을 허용하는 정도, 외부환경과 정보와 자원을 교환하는 정도이다. 칸토와 레어(Kantor & Lehr, 1975)는 가족을 개방형, 폐쇄형, 임의형의 전통적인 세 가지 방법으로 분류했다. 이 세 가지 형태는 각각 외부환경과의 관계와 관련이 있다.

(1) 폐쇄형 가족체계

가족 내에서 권위가 있는 사람이 이웃과 지역사회라는 더 넓은 공간과 떨어진 가족공간을 만들어낸다. 따라서 폐쇄형 가족체계(closed family systems)의 특징은 외부와의 상호작용과 사람, 물건, 정보, 생각의 출입을 엄격히 제한하는 것이다. 잠긴 문, 대중매체에 대한 부모의 꼼꼼한 통제, 여행에 대한 감시와 통제, 낯선 사람에 대한 세밀한 조사, 출입금지, 높은 담장, 전화번호부에 등록되지 않은 전화 등은 폐쇄형 가족체계의 전형적인 모습이다. 폐쇄형 체계의 견고한 경계망은 텃세권의 보존, 침입자로부터의 보

11) 흑인이 아닌 사회복지사가 가끔 흑인문화를 역기능적으로 보는 실수는 Jones(1983: 419)의 글을 보면 이해할 수 있다. "흑인가족을 종종 무질서와 '병리현상의 얽힘'으로 특징지으면서 미국 백인가족의 가난한 형태로 보는 경우가 있다."

호, 사생활 보호, 보안유지 등의 기능을 한다. 가족 내 권위자들은 가족의 울타리에 대한 철저한 통제를 계속한다. 그리고 이러한 기능을 결코 포기하거나 외부인, 심지어는 나머지 가족 구성원들과 공유하지 않는다.

(2) 개방형 가족체계

개방형 체계에서 구성원들의 행위를 제한하는 규칙은 집단의 합의과정에서 도출된다. 결론적으로 가족의 경계는 유동적이다. 가족의 영토는 더 큰 지역사회의 공간으로 확대되는 동시에 외부 문화도 가족공간으로 유입되는 것이다. 개인은 다른 식구들에게 악영향을 주거나 가족규범을 위반하지 않는 범위 내에서 외부와의 왕래를 스스로 통제할 수 있다. 개방형 가족체계(open family systems)의 특징은 손님이 많은 집, 친구의 방문, 외부활동에의 참여, 외부집단에의 소속, 지역사회활동에의 참여, 대중매체에 대한 최소한의 검열과 정보교환의 자유 등이다. 가족경계의 개방성은 지역사회 구성원들과의 유익한 교류를 촉진한다. 사실 손님은 단지 손님의 의미만이 아니라 가족의 안녕을 위해 기여하는 사람으로 파악된다.

(3) 임의형 가족체계(random family systems)

이 부류에 속하는 가족 구성원은 각자 자신의 영역과 가족의 영역을 확보하면서 개별적인 패턴을 만들어 간다. 예를 들어, 집안 내 사생활에서의 갈등이 공공장소에서도 표현될 수 있는 것이다. 임의형 가족체계는 또한 가족경계선의 방어를 중요치 않게 생각한다. 그래서 외부와의 교류에 제한이 없는 것이다. 실제로 임의형 가족은 집안 출입의 권리를 손님이나 제3자에게도 확대하려 한다.

위에서 언급한 세 가지의 전통적인 가족분류방법은 현장에서 만나는 가족들의 경계양식을 파악하는 데 도움이 될 것이다. 그러나 이 세 가지는 어디까지나 전통적인 분류방식이므로 실제 가족은 세 가지 측면이 모두 있을 수 있다는 것에 주의해야 한다. 즉 완전히 닫힌 가족체계란 존재하지 않는다. 그러므로 외부환경과 상호작용하는 각각의 가족개인적인 경계와 영역을 설립하고 유지한다. 가족의 테두리란 없는 것이다. 그리고 가족 숫자와 같은 수의 테두리들이 있을 수 있다. 달리 말해 임의형 가족의 테두리란 것은 개인의 테두리들의 집합이다. 가끔 개인들끼리 충돌하기도 하지만, 고정된 양식은 존재하지 않는다. 그러므로 가족 구성원들은 그들의 방식을 수정할 필요를 느끼지 못한다. 가족생활의 특성은 가족공간에만 한정되지 않고 집 밖에서 생겨난 고유한 양식들을 사정하는 것이 중요하다. 개방형 가족체계가 구성원들의 정서적, 사회적 욕구충족에 가장 좋지만, 그 체계의 장단점을 가족의 개별적인 욕구와 성향의 맥락 속에서 사정해야 한다.

여기서 가족의 경계양식에 관계있는 친척이나 동거인도 사정범위에 포함된다. 예를 들어, 영국계 백인가족(Anglo families)에서는 흔히, 할아버지, 동거하는 애인, 가족사에 영향력을 행사하는 대부 등이 함께 산다. 다른 문화권의 가족들에서는, 확대가족이 많다. 많은 수의 일가친척들이 잘 정착된 의무와 책임을 분담하여 살아가는 체계인 것이다. 예를 들어, 푸에르토리코(남미출신의 일부) 출신들이 내리는 가족의 정의는 원래 의미를 크게 벗어난다. 혈연관계와 혼인관계는 물론 공통의 풍습이 있는 사람들도 가족이라는 범위에 포함된다(Mizio, 1974).

계부모가족(stepfamilies)은 구성원 간의 잦은 의견분열과 서로 한 식구라는 의식의 부족으로 특히 더 어려움을 겪을 수 있다. "그 결과 계부모와 자식들 사이의 불명확한 관계, 세대 간의 갈등, 상호관계의 복잡한 얽힘 등 불명확한 가족의 테두리가 생긴다(Visher & Visher, 1988: 203)." 앞에서 말한 디아즈 가족이 여기에 해당한다. 의붓딸 애니타가 동생 존과 계부 디아즈에 관한 문제를 다루는 방식에 대해 아무도 동의하지 않는 것을 볼 수 있다.

가계도(family genograms)를 작성하여 몇 세대에 걸친 가족의 역사를 표로 그리면, 세 가지 가족의 경계양식 모두에 중요한 자료가 된다(McGoldrick & Gerson, 1985). 비셔와 비셔(Visher & Visher, 1988)는 특히 계부모가족에 개입할 때 가계도를 사용할 것을 권한다. 가계도는 과거의 결혼관계, 편부모의 가족부양 기간, 자녀들이 겪은 부모들의 변경 등에 대한 상세한 정보를 제공하기 때문이다. 가계도는 또한 "가족들이 걸어온 길과 앞으로 나아가야 할 방향을 제시해 준다(p.32)."

3) 내부 경계선과 가족의 하위체계

모든 가족은 성, 관심사, 세대, 기능의 토대 위에 형성된 하위체계들 간의 공존을 위한 연계를 구축한다(Minuchin, 1974).[12] 가족 구성원들은 여러 개의 하위체계에 동시에 속해 있으며, 같은 하위체계들에 공통적으로 속해 있는 다른 구성원들과 개별적인 관계들을 맺는다. 핵가족의 예를 들면, 남편과 아내, 어머니와 딸, 형제자매, 아버지와 딸 등의 하위체계들이 있고, 확대가족의 예를 들면, 할머니와 손녀, 삼촌과 조카, 장모와 사위 등의 하위체계들이 있다. 각각의 하위체계는 소속된 구성원들 간의 자연적 연대로 여겨진다. 슬루즈키(Sluzki, 1975)의 언급에 의하면, "자연적 연대는 친밀성의 필수조건이다(p.69)." 가족이 형성하는 연합(coalitions)이나 동맹(alliances)은 자연히 상황여건에 따른 임시적인 것이다. 어떤 청소년이 아버지로부터 특별한 일에 대한 허락을 얻거나 새 옷을 원할 때 어머니의 협력을 요청하는 경우가 있다. 할머니는 자신의 딸과 사위가 자식의 일에 어떤 결정을 내리려 할 때, 그에 반대하면서 손자와의 임시 연대를 형성할 수 있다. 이러한 일시적인 연대는 하위체계의 임시성의 한 특징이다(Goldenberg & Goldenberg, 1991). 디아즈의 의붓딸들 사이에서 이와 같이 상황에 따른 연합현상을 볼 수 있다.

하위체계들 중 특히 부부체계, 부모-자녀체계, 형제체계의 세 가지 주요 하위체계는 정상적인 경우 상대적으로 오래 지속된다. 미누친(1974)에 따르면, 이러한 주요 하위체계의 안정적인 형성은 가족전체의 건강과 안녕에 결정적인 작용을 한다. 예를 들어, 부부라는 하위체계가 튼튼하고 지속적으로 융합해 있지 않으면 그 갈등의 여파는 가족전체로 퍼지고, 아이들은 부모의 권력다툼에 어느 한편을 들도록 유도된다. 미누친에 따르면, 최상의 가족기능을 위해 위에서 말한 세 가지 주요 하위체계의 경계선들이 명확하게 규정되어야 한다. 그러면서도 구성원들은 각 체계를 불필요하게 침범하는 일없이 그들의 기능을 수행하고, 동시에 각 하위체계들은 서로 간의 접촉과 자원의 교환을 충분히 허용해야 한다. 미누친은 하위체계들의 경계선을 명확히 하는 것이 어떤 하위체계들이 존재하는가를 파악하는 것보다 훨씬 더 중요하다고 지적한다. 미누친에 따르면, 예를 들어, 노모와 자식관계의 하위체계에서 서로 간의 책임영역이 명확히 정해져 있을 때 그 체계는 아주 바람직한 기능을 한다.

부부체계, 부모-자녀체계, 형제체계들은 관련된 가족규범에 따라 상대적으로 완성된다. 예를 들어, 어떤 어머니는 막내가 심부름을 하지 않은 것을 꾸짖을 때 첫째가 끼어 들지 못하게 함으로써 부모-자녀체계의 영역을 확실하게 규정한다. 즉 이것의 의미는 자녀들은 나이 어린 형제에 대해 어머니 노릇을 해서는 안 된다는 것이다. 하지만 부모가 집에 없을 때는 첫째에게 부모-자녀체계의 역할을 위임할 수도 있다. 그럼에도 불구하고 누가 어떤 상황에서 부모노릇을 할 수 있는가에 대한 규범은 부모-자녀체계와 형제체계의 영역을 뚜렷하게 구분한다.

문화적 맥락도 가족의 하위체계들의 역할을 규정하는 요소이다. 전통적인 인디언 부족들은 어떤 사람이 50대 중반이 되거나 손자를 보기 전까지는 성인으로서의 역할을 할 수 없다고 생각해왔다. 이런 이유로, 조부모가 자녀양육의 책임을 맡았고, 부모-자녀체계라는 하위체계의 의미는 부모와 자식관계보다는 조부모와 손자를 포함하는 넓

12) 이 절의 내용의 일부는 미누친의 구조적 접근에 대한 Goldenberg & Goldenberg의 논의에서 발췌한 것이다.

은 의미의 개념인 것이다(Tafoya, 1989).

가족 하위체계 간 경계선의 명확성은 가족기능을 평가하는 데 유용한 기준이다. 미누친은 모든 가족이 내부 경계선의 기능에 있어, 양극단의 연속선상의 어느 한 곳에 위치한다고 본다. 이 연속선의 양극단은 이탈성 강한 가족영역에 따른 책임성의 결여 쪽과 지나치게 강한 결속성에 따른 구속이다. 결속성이 강한 가족체계는 모든 구성원들의 획일적인 감정과 생각을 강요하여 속박감을 준다. 이런 가족은 구성원들에게 가족전체에 대한 희생을 요구한다. 그래서 구성원들의 자립적인 탐구, 활동, 문제해결을 지원하지 못한다. 반대로 가족영역의 이탈성이 강한 가족은 구성원들의 개별적 차이들을 광범위하게 수용한다. 그러나 일치감, 애정, 소속감이 부족한 경향이 있다. 이와 같은 가족의 구성원들은 서로 도움을 주고받기가 어렵다. 이러한 가족체계를 조직화하는 것은 불안정적이고 혼란스럽다. 가족의 지도원리가 매순간 변하기 때문이다.

이런 가족에서는 심각한 어려움을 겪는 구성원이 발생했을 때에만 그것이 다른 구성원들에게 영향을 미치고, 가족의 지원체계도 그 때 비로소 작동한다. 이러한 가족은 또한 적절히 해야 할 간섭조차 하지 않으려 한다. 예를 들어, 자녀가 밤늦게 집에 돌아오지 않아도 부모는 걱정하지 않는다. 반대 극단으로 강한 결속력이 있는 가족에서는 한 구성원의 행위가 다른 구성원들에게 바로 영향을 미치고 가족 전체에 반향을 일으킨다. 가족 구성원들은 관습에 벗어나는 어떠한 차이에 대해서도 즉각적이고도 격렬하게 반응하려 한다. 예를 들어, 아이가 식탁에서 음식을 남기면, 부모는 매우 화를 낸다.

과정으로서의 결속성과 이탈성은 반드시 역기능적인 것은 아니다. 미누친에 따르면, 모든 가족은 발전과정에서 이러한 두 가지 속성을 모두 경험한다. 가족의 초기발전단계에서, 어머니와 어린 자식은 아버지를 주변에 머물게 한 채, 결속된 하위체계의 모습을 보여준다. 반면 청소년기가 되면 조금씩 부모-자녀체계를 이탈하여 가족을 떠날 준비를 한다. 그런데 이 하위체계가 자신의 기능을 계속하게 되면, 구성원들의 성장적 욕구를 지연시키는 부적응적 양식과 규범을 지속시키게 된다. 상대적으로 역기능적이고 아주 완고한 구성원들 간의 밀착현상은 결속력이 강한 가족관계에서 많이 발생한다. 어머니와 자식 간의 결속력이 강한 하위체계는 아버지에 대해 적대적인 연합을 형성할 수 있다. 반대의 경우, 어머니가 형제지간의 하위체계에 소속되고 싶어서 부모로서의 기능을 포기하는 경우가 있다. 이러한 경향은 어머니가 "난 내 딸을 동생처럼 대한다" 라고 말하는 것에서 찾아볼 수 있다.

부모역할의 일부를 맡은 어떤 자녀는 부모와 함께 부모-자녀체계에 소속되어 다른 자식들과는 거리를 두는 적대적 연합을 형성할 수 있다. 또는 어떤 여성이 2세대에 걸쳐 자식과 손자 모두에 대해 부모역할을 하려고 할 수 있다. 그렇게 되면 부모가 된 자식의 부모로서의 기능을 방해하게 된다. 또한 가족 전체는 규정된 질서에 벗어나는 행동을 하는 구성원과의 관계를 피하려 한다.

반대로 이탈성이 강한 가족의 경우, 구성원들 간의 당면한 욕구의 만족을 위한 연합은 일시적이고 깨지기 쉬운 경향이 있다. 이러한 연합은 욕구가 일시적으로 충족되거나, 그것이 더 이상 욕구충족에 도움을 주지 못하면 금방 깨진다. 이러한 가족은 개인의 성장을 돕는 안정적인 연합을 형성할 기회가 부족하다. 결과적으로 이러한 가족의 '단절성' 은 구성원들을 서로로부터 격리, 소외시킨다. 그래서 가족이 가진 정서적 지지라는 자원을 활용할 수 없게 한다. 이탈성 강한 가족은 구조적으로 가족조직화가 취약하고, 이것은 아폰테(Aponte, 1977)가 말한 것처럼, 사회경제적으로 낮은 지위의 가족들의 특징적 모습이다.

가족 구성원들은 개인들의 성장과정이나 가족의 대인관계구조 개선을 위한 시기적절한 상호지원이 부족하다. 가족들은 고립된 공간에 갇혀 있고, 힘없는 지역사회는 그들의 사회적 환경개선뿐만 아니라 정상적인 삶을 위한 기본적인 정서적, 사회적 수단을 개발하기 위해, 사회적 강자들에 대해 투쟁한다. 가족을 지원하는 사회구조가 상대적으로 극소수에, 고정적이며, 비연속적이라는 관점에서 가족의 조직화는 취약한 것이다(pp.101-102).

구조적으로 광범위한 가족들을 사정함에 있어, 가족 구성원들과 외부인들과의 관계는 가족체계에 심각한 스트레스를 유발할 수도 있다는 데 주의해야 한다. 예를 들어, 따로 사는 조부모는 가족 내부의 다툼에서 자식의 편을 들고 그들에게 피난처를 제공할 수 있다. 이것은 가족 내부에서 부모와 자식의 문제해결 노력을 방해할 수 있다. 15살짜리의 어느 여자아이가 연상의 남자와 친분을 맺고 부모의 반대에도 불구하고 몰래 그 남자와의 만남을 지속할 수 있다. 또는 아내의 반대를 무시한 채, 남편이 다른 여자와 밤늦게까지 술집출입, 카드게임 등을 할 수도 있다. 더욱이 부부 중 어느 한쪽이 결혼관계를 지속하면서 다른 사람과의 관계를 시작할 수도 있다.

심지어 사회복지사도 클라이언트와 부적절한 연합을 맺음으로써 가족 구성원들이 협동하여 문제를 해결하는 것을 방해할 수도 있다. 예를 들어, 어떤 여성은 30년 동안 여러 사회복지사들과 간헐적으로 원조관계를 가져왔다. 그녀의 문제는 대부분 결혼생활과 관련된 것이었음에도, 그녀의 남편은 단 두 번만 사회복지사를 만났다. 그것도 아내의 문제를 호소하기 위한 것이었을 뿐, 문제해결 과정에 참여하기 위해서가 아니었다. 이 사례가 너무 극단적이긴 하지만, 클라이언트들은 그들의 문제가 부부관계나 가족관계에 의해 발생하고 악화되더라도, 혼자서 치료기관을 찾아오는 경우가 많다.

4) 가족의 권력구조

가족체계의 권력관계의 변천은 가족의 하위체계를 구성하고 연합관계를 형성하는 과정과 밀접한 관계가 있다. 여기서의 권력은 한 구성원이 다른 구성원의 행동변화를 지시할 수 있는 힘을 말한다. 가족의 한 구성원이 다른 구성원들과의 관계에서 차지하는 '욕구달성'의 자원이 많을수록, 그 구성원은 가족 내에서 더 많은 권력을 행사한다. 여기서의 욕구란 경제적 지원, 사회적 지위, 사랑, 애착, 승인에 대한 요청을 말하고, 자원이란 이러한 욕구달성의 요소를 다른 사람에게 공급할 수 있는 능력을 말한다. 모든 가족은 권력구조, 즉 체계 내에서 각 구성원들이 서로에게 행사하는 상대적 영향력의 크기와 의사결정과정에 누가 어떤 방식으로 참여할 수 있는 정도를 만들어간다. 이러한 권력구조에 의해 가족체계가 개인들의 행동을 허용할 수 있는 범위 내에서 유지하고, 이러한 유지기능에 대한 지도력을 가짐으로써 그 집단의 생존가능성을 최대화하는 것이 가능하다.

(1) 권력의 분배와 균형

가족의 권력구조는 대부분 단일하게 통일되어 있는 것처럼 보인다. 예를 들어, 남편이나 아내가 의사결정권의 전부를 갖거나 똑같이 나눠 갖는 것이다. 그러나 실제에 있어서는 가족의 권력구조는 복합적이다. 각자의 전문지식이나 맡은 분야에 따라 부부사이에서 어떤 주제에 대해서는 아내가 더 큰 영향력을 행사하고 다른 주제에 대해서는 남편이 더 그럴 수 있다. 경우에 따라 불평등할 수도 있지만, 남편과 아내가 의사결정 과정을 공유하기 때문에, 어떤 의사결정에 누가 더 큰 영향력을 행사하는지, 그리고 가족에 배분된 권력의 균형은 어떠한지를 조사하는 것이 중요하다.

자녀들도 부부체계가 결정한 의사에 영향을 미치거나, 스스로에게 의사결정자의 역할을 부여함으로써 가족의 권력구조의 일부분이 된다. 미누친(1974)은 어떤 가족에서는 한 아이가 부모의 부재중에 형제들을 돌봄으로써 '양육기능'을 수행하는 것을 관찰했다. 만약 그 아이가 적합한 권위를 위임받았다면, 가족체계는 그 기능을 원활하게 수행할 수 있고 그 아이는 그 나이 또래를 넘어서는 책임감과 능력을 기를 수 있을 것이다. 그러나 만약, 부모가 자신들의 책임을 소홀히 하거나 권위의 위임을 명확하게 하지 않았다면, 그 아이는 그 연령기의 능력치를 초과하는 통제기능과 의사결정 기능을 수행해야 하는 압박을 받아, 청소년기의 반항행위나 동생들에 대한 학대행위를 저지를 수 있다.

문화적 맥락은 가족 내 권력배분에 강력한 영향을 준다. 예를 들어, 즈보로우스키와 헤르조그(Zborowski & Herzog, 1952: 138)가 유대인 여성에 대해 묘사한 것을 살펴보자.

> "그녀는 완벽한 유대인 여성이었다. 순수하고 인내심 강하며 근면하다. 또 과묵하며 하나님과 남편에게 순종한다. 자식들에게 헌신적이다…… 자신의 안락은 중요하지 않았다."

많은 문화권은 남성중심적이며 여성을 남성의 부속물로 명확히 규정하는 동시에 여성의 모든 권력을 묶어두었다. 산업화, 여성의 교육수준 향상과 사회진출, 평등권 운동 등의 복합적 원인에 의해, 서구사회의 가족들은 남녀의 역할을 평등주의적 방향으로 정의하고 있다. 하지만 많은 가족들이 여전히 남녀역할에 대한 전통적 가치와 새로운 평등주의 가치 사이의 격차를 해소하는 데 어려움을 겪고 있다. 이민가족들도 미국으로 이주하면서 역시 같은 문제에 직면하고 있다.

스튜어트(Stuart, 1980)는 부부관계의 권력불균형을 사정하고, 다양한 의사결정 영역에서 결정을 내릴 수 있고, 부여된 권력을 공유할 수 있는 권한에 대한 평가를 위해 '권력척도(power-gram)' 라는 용어를 사용한다. 부부관계의 권력배분방식을 파악하기 위해, 스튜어트는 부부들을 대상으로 일반적인 의사결정 영역을 나타내는 다음의 목록을 통해 연구했다.

- 어디에서 살 것인가
- 남편이 어떤 직장에 나갈 것인가
- 남편의 근로시간은 얼마나 될 것인가
- 아내도 직장에 나갈 것인가
- 아내는 어떤 직장을 얻을 것인가
- 아내의 근로시간은 어느 정도로 할 것인가
- 자녀는 몇 명이나 둘 것인가
- 자녀에 대한 칭찬과 처벌의 기준은 무엇인가
- 자녀와 함께 보내는 시간은 어느 정도로 할 것인가
- 언제 친척 등과의 사회적 접촉을 할 것인가
- 언제 성관계를 할 것인가
- 어떻게 성관계를 할 것인가
- 돈은 어떻게 쓸 것인가
- 언제 어떻게 개인적 취미활동을 할 것인가
- 교회에 갈 것인지, 만약 그렇다면 어떤 교회에 갈 것인가

각각의 배우자들은 위의 각각의 항목에 대해 어느 쪽이 의사결정의 책임을 주로 맡아왔는지를 다음의 척도를 사용해 평가하게 되었다.

1. 거의 항상 남편이 결정한다.
2. 아내와 상의한 뒤, 남편이 결정한다.
3. 공평하게 같이 결정한다.
4. 남편과 상의한 뒤, 아내가 결정한다.
5. 거의 항상 아내가 결정한다.

배우자들에 의한 평가가 끝나면, 각각의 배우자들은 의사결정의 영역들을 그들이 바람직하다고 생각하는 권한의 정도에 따라 다시 평가하게 된다. 다시 말해 각각의 항목에 대해 둘 사이에서 어느 쪽이 결정권한을 가지는 것이 좋은지에 대해 각자 평가하는 것이다. 마지막으로 부부들은 관계에 있어 가장 중요하다고 생각되는 영역에 대한 바람직한 권력의 균형을 위한 협상을 하게 된다. 그 결과 양쪽은 현재 상황과 바람직한 권력의 균형에 대한 자신들의 관점을 인식할 수 있고, 배우자와 함께 의사결정에 관한 새로운 규칙에 대해 협의할 수 있다.

(2) 권력의 이동

권력기반은 그 가족이 적응해야 하는 내부적, 외부적 압

력의 요인에 따라 이동한다는 것 역시 가족체계의 사정에 있어 중요하다. 예를 들어, 아내의 독립적 수익의 증대는 아내의 권력을 향상시킨다. 더욱이 남편에 비해 아내의 교육수준이 높을수록 아내의 권력도 더 커진다. 그러므로 현재의 사회적 변화의 결과로 더욱 많은 수의 여성이 사회생활에 진출하거나 높은 수준의 교육을 받을수록, 가족권력의 균형에 역동적인 변화가 발생한다. 권력기반은 다른 요인의 결과에 의해서도 이동할 수 있다. 권력을 가진 사람이 위기발생시 효과적인 지도력을 보여주지 못하면 권력의 크기나 영향력이 줄어들 수 있다. 반대로 권력자가 위기를 성공적으로 극복하면, 그 사람의 권한은 눈에 띄게 증가할 수 있다.

권력의 이동은 이전 부부관계에서의 구성원이 가족에 유입될 때에도 나타날 수 있다. 가족 내에서 어른들 중 권력을 가질 수 있는 원인에는 보살필 자녀가 있고, 나이가 많으며, 남자이고, 교육수준이 높고, 소득이 많으며, 친자녀나 양자녀에게 경제적 지원을 더 많이 하고, 대인관계가 좋은 것이 있다. 새로 결혼을 하게 되면 위의 원인들은 변하게 된다. 그리고 아이들은 그들의 부모 둘 다와 함께 살던 핵가족에서보다는 새로운 결혼으로 생긴 가족에서 오히려 더 높은 지위를 차지한다. 그 결과 아이들은 두 어른(새로운 부모) 중 최소한 어느 한쪽보다는 더 높은 위치에 서게 되는 것이다(Visher & Visher, 1988).

이민가족의 경우는 새로 정착한 나라에서 남자가 직장을 구하지 못할 경우 권력이동이 발생한다. 예를 들어, 푸에르토리코 출신 가족에서 완벽한 남자(macho completo)가 된다는 것은 가족의 부양자이면서 보호자가 되는 것이다. 남자가 직장이 없는데, 여자가 더 쉽게 직업을 구해서 가내공업이나 재봉틀 작업이라도 한다면, 역할전도는 가족에게 엄청난 변형을 가한다. 가족의 권력기반을 재편성하고 아내로 하여금 남편을 경멸하고 더 이상 '남자(macho)' 로 보지 않게 만든다(Mizio, 1974).

가족은 실직, 정신적 약화로 인한 적응력의 감소, 사고에 의한 쇠약, 아내의 직장생활 등 많은 압박에 직면한다. 이것은 권력균형을 위협하고 권력기반의 재편성을 야기할 수 있다. 사실 이러한 압박들과 격변기 가족 구성원들 간의 권력다툼에 의한 동요가 초래하는 정서적 충격은 가족문제의 핵심적 원인이 된다. 그러므로 가족권력이 누구에게 배분되어 있는가와 함께 권력기반을 '위협하는' 가족상황의 변화 여부도 파악해야 한다. 또한 가족규범이 권력의 재분배와 변화하는 주변환경의 요구에 따른 가족들의 역할조정을 융통성 있게 용인하는지도 파악해야 한다. 마지막으로, 남편과 아내가 각자의 상대적 권력에 대해 어떻게 생각하는가의 문제도 중요하다. 권력이 불평등하게 배분되어 있더라도, 둘 모두 거기에 대해 크게 만족할 수도 있기 때문이다. 이와 같은 상황일 때, 권력의 역학이 가족문제에 중요한 원인이 아니라면 여기에 대한 조정을 시도하는 것은 적절하지 않다.

(3) 암시적 권력(covertly held power)

가족권력은 대부분 명시되어 있지만, 경우에 따라 암시적으로 인정되기도 한다는 것을 명심해야 한다. 예를 들어, 부부 중 한 쪽(전통적으로 남편)은 가족 내 권력자임을 명시적으로 인정받는다. 그는 남들보다 많은 경제적 자원, 사회적 지위, 사업유지의 기술을 갖고 있고 그래서 의사결정에 더 많은 권력을 행사한다. 하지만 권력자의 권력은 실질적으로 부부체계의 역할을 수행하는 다양한 암시적 연합관계에 의해 박탈당할 수 있다. 예를 들어, 할머니와 손자 간의 강한 연합관계는 부모의 권력기반을 실제로 약화시킨다. 비슷한 예로, 남성 지배의 가부장적 가족에서, 어머니와 딸이 만든 세력권은 아버지의 권위를 훼손시킨다. 비록 대부분의 문화권에서 남성지배가 표면적인 모습을 보이지만, 가족 내에서 누가 권력을 쥐고 있는지를 조급하게 판단하는 실수를 피해야 한다. 암시적 수준에서는 여성들이 종속적 역할의 규정에도 불구하고 중심적이고 강력한 역할을 유지하는 경우도 자주 있다.

어떤 문화권에서 여성들이 종속적 상태에도 불구하고 암시적

> 권력을 가진다는 것은 어떤 전문가들이 보기에는 모순이다. 아내란 이름은 흔히 모욕적인 것으로 또는 남편에 비해 열등한 존재로 간주되어왔다. 반대로 집안의 1차적 역할에 있어서 아내는 매우 강력한 역할을 했다. 실제 일상에서 아내들은 지휘자 역할을 하며 가족의 운명을 좌우하는 기초적인 결정을 했다. 이것은 물론 모순이다. 여성은 권력을 가졌지만, 동시에 그 사실을 부인해야 한다(p.374).

사람들은 정서적 또는 신체적 증후군을 보임으로써 가족 내에서 암시적 권력을 행사한다. 손씻기 강박 사례를 통해 본 고전적인 상호관계의 역학에 관한 해일리(Haley, 1963)의 글을 보면, 인간관계의 권력이 증후군에 의하여 작용하는 방식과, 사람들이 나타내는 증후군이 인간관계를 규정하고 통제하는 방식을 이해할 수 있다. 해일리의 사례에서, 한 여성이 하루에도 몇 번씩 손을 씻고 샤워를 하고 싶은 강박을 느껴 치료기관을 찾아왔다. 이 문제에 대해 여성 본인과 남편을 함께 조사한 결과(이 부부는 최근에 독일에서 미국으로 이민왔다), 이들이 이 강박현상에 대해 심하게 다투어온 것이 밝혀졌다. 부부생활의 사소한 면에까지 위압적인 남편은 끊임없이 자신의 방식을 강요하고 항상 아내가 순종적일 것을 주장해왔다. 아내의 증후군적 행동을 통제하기 위해 남편은 계속해서 아내가 손 씻는 것을 금지했다. 아내를 따라다니며 손을 씻지 못하게 하고 샤워 횟수를 제한하고 비누사용량을 통제했다. 손씻기를 제외한 어떤 쟁점에 대해서도 아내는 남편에게 직접적인 반항을 할 수 없었음에도 아내는 남편의 작전에 대해 승리를 거두었다. 아내는 자신의 강박증세를 스스로 통제하지 못함을 보였기 때문이다. 더욱이 이 증후군을 보여줌으로써 아내는 남편이 요구하는 다른 일들도 회피할 수 있었다. 예를 들어, 남편은 주방이 항상 깨끗하고 설거지는 식사 직후 할 것을 요구했다. 그러나 아내는 설거지를 위해 물에 손을 담그자마자 강박적으로 손을 씻었다. 그리고 남편이 얼룩 하나 없는 청소를 요구했지만 아내는 손 씻는 일이 바빠 청소를 할 수 없었다. 손씻기 강박으로 아내는 남편과의 관계에서 유리한 고지를 점령했다. 그리고 해일리가 지적하듯이, 남편이 자신을 집주인이라고 주장했지만 사실 "그는 손씻기라는 단순한 행위에 의해 권좌에서 쫓겨났다"(p.14).

어린이들도 어른들처럼 극심한 증후군을 통해 가족 내에서 통제력을 얻을 수 있다. 어린이들은 그들의 발작증세, 식사거부, 가출, 정신병적 행위 등에 대한 주위의 관심을 얻는 것으로 적어도 일시적인 기쁨을 느낀다. 또한 이런 어린이들은 '아프다' 또는 '별나다' 라는 꼬리표를 달고 다님으로써 특별한 관심을 요구한다. 더욱이 비정상인의 이름으로 책임들을 면제받고 가족이 설정한 현실적 제한의 준수로부터 벗어난다.

비록 증후군적 행동을 하는 사람이 가족 내에서 상당한 영향력을 가졌지만 가족의 행동양식에 의해 가족 구성원 전체가 증후군의 지속을 암시적으로 지원했다는 것에도 주의를 기울여야 한다. 보겔과 벨(Vogel & Bell, 1960)은 자녀의 역기능적 행동을 부추기는 부모의 역할을 날카롭게 관찰했다.

> 부모가 아이의 행동을 명시적으로 비난하고 동시에 처벌까지 한다면, 모든 경우에 있어 그것은 그 행동의 지속을 은연중에 허용하는 것과 같다. 이러한 허용은 경고의 후속조치 부족, 처벌의 연기, 증후군에 대한 무관심과 수용, 자녀의 증후군에 대한 비상한 관심, 증후군의 이유로 제공되는 상당량의 2차적 만족의 제공 등 다양한 형태를 갖는다(p.390).

(4) 권력사정

가족에 대한 사정에서는, 그러므로 권력기반과 권력배분방식의 몇 가지 요인들이 열거되어야 한다. 여기에는 누가 권력균형을 유지하는 사람인가, 누가 공식적으로 지정된 권력자인가, 다른 세력권을 형성한 구성원들의 암시적 권력은 어느 정도인가, 극심한 증후군을 보이는 구성원이 가지는 암시적 권력은 어느 정도인가 등이 포함될 것이다. 권력배분을 결정하는 가족의 문화적 맥락도 물론 고려되어야 한다.

권력다툼과 그 결과 형성되는 유해한 연합은 가족의 일상생활에서 나타난다는 사실을 명심해야 한다. 가족의 상호작용을 관찰하면 권력과 관계의 규정(누가 누구에게 제약을 가할 수 있는가)을 위한 싸움으로서의 "연합의 제안, 수용, 수정, 고정, 시험, 인정, 파기, 거부, 배신에 영향을 주는 사건들"이 드러난다(Sluzki, 1975: 69). 가족 과정을 관찰할 때 다음의 항목들을 염두에 두면 이러한 문제에 대한 중요한 정보를 수집할 수 있을 것이다.

- 누가 무엇을 하고 누가 거기에 대해 논평하는가?
- 누가 누구를 대변하는가?
- 누가 먼저 말하는가?
- 누가 동시에 남의 입장에서 말하는가?
- 누가 누구에게 간섭하는가?
- 누가 누구에게 찬성하는가?
- 누가 말을 가장 많이 하는가?
- 누가 누구의 결정을 결정하는가?
- 의사결정에서 대개 누구의 의견이 채택되는가?
- 가족 의사결정에서 누가 의견을 제시했는가와 상관없이 누가 절대적 권위를 쥐고 있는 것 같은가?

모든 가족 구성원들은 어떤 식으로든 권력문제에 발언하고 권력분배에 참여해야 한다. 그것은 개인의 심리적 욕구와 체계의 건강향상을 충족시키는 권력구조의 기능성이며 이번 장의 가족기능 사정 범위에서 다루어야 하는 내용이다. 권력구조의 기능성에 대한 질문내용에는 다음이 포함된다.

- 가족의 권력구조가 질서 속에서 그 유지기능을 수행할 정도로 안정적인가, 아니면 권력기반이 구성원들의 권력다툼으로 이동하는가?
- 권력기반이 공식적인 하위체계 안에 존재하는가, 아니면 암시적 연합 속에 존재하는가?
- 가족 구성원들이 권력구조의 배분에 만족하는가?

5) 가족의 의사결정 과정

권력문제와 밀접한 관계가 있는 것은 가족의 의사결정 방식이다. 가족의 의사결정 방식은 양극단 사이의 한 지점에 존재한다. 한 극단은 권력자가 없는 집단으로서, 누구도 구성원들에게 지시를 내리거나 의사결정 과정을 조직할 만한 권력을 가지지 못한 쪽이다. 다른 극단은 사실상 의사결정에 있어 실질적인 절대적 권력이 한 사람에 의해 굳건하게 유지되는 쪽이다. 비록 효과적 의사결정과 신중함이 체계와 구성원들의 안녕을 결정하는 데 결정적이지만, 대부분의 가족들은 의사결정의 절차를 의식적으로 선택하지 않는다. 오히려 가족의 의사결정 양식은 대개 형식적인 체계발전의 단계를 따른다. 즉 의사결정 방식은 부부의 개별 성장배경들에 따라서 양식화된다. 더욱이 불안정한 가족이 경험하는 지속적인 갈등은, 부부가 몇 년 동안 권력의 배분과 의사결정의 양식에 대해, 서로에 대한 역할 기대의 차이(각자의 성장배경에 따라 역할 모델이 다르기 때문)를 해결할 능력이 없을 때 발생하는 경우가 많다. 아이가 생기면, 그 부부는 양쪽 모두 서로로부터 성공적으로 권력을 빼앗지 못하므로, 갈등에 빠진다.

가족에서 의사결정 과정의 기능성을 발견하기 위해서는, 가족체계의 효과적인 문제해결을 위한 근본적인 요소들을 이해하는 것이 중요하다:

① 효과적인 의사결정을 위해서는 구성원들 간의 개방적 피드백과 자기표현이 필요하다

인간관계의 체계를 폐쇄형과 개방형으로 구분하면서, 사티어(Satir, 1967)는 이 두 가지 형태를 구성원들의 상대적 자율성과 의사표현의 자유와의 연관 속에서 비교한다. 폐쇄형 체계의 구성원들은 같은 의견, 감정, 소망을 가져야 하고, 따라서 의사표현을 아주 조심스럽게 해야 한다. 개방적이고 솔직한 자기표현은 다른 구성원들에게 일탈적이거나 '미친' 것으로 간주된다. 그리고 차이는 위험한 것이므로 구성원들은 체제 안에 남기 위해 다른 사람들로부터 닫혀 있어야 한다. 반대로 개방형 체제에서는 구성원들이 자유롭게 대화하고, 타인의 부정적 평가에 대한 두려움 없이 상호관계를 맺는다. 차이는 자연스럽게 받아들여진다. 더욱이 구성원들은 차이에 대해 협상하고 해결하기 위해 양보, 반대의 인정 등의 방식을 사용한다. 개방형 체계에서 구성원들은 자신이나 다른 구성원이 상처를 입는 데 대해 걱정 없이 생각하고 느끼는 바를 말할 수 있다. 감정, 선호, 견해에 대한 피드백을 허용하지 않는 체계에서의 구성원들은 욕구와 소망을 포기하고, 불합리한 체계에 불만 없이 순응하도록 억눌린다. 개방적 피드백과 자기표현이 없다면, 의사결정과정은 급변하는 체계의 발전국면에서 내외적 스트레스와 위기에 적응하는 데 필요한 구성원들의 개별적인 욕구에 부응하지 못한다.

② 효과적인 의사결정을 위해서는 가족 구성원 모두가 '신뢰' 할 수 있는 이성적이고 개인적 의견에 바탕을 둔 형식이 필요하다

즉 각자의 욕구는 전체의 논의 대상이 되어 다시 개인에게 작용해야 한다. 사티어(1967)는 가족의 의사결정과정에서 '자신-타인(self-other)' 이라고 부르는 네 가지의 소모적 해결자세를 나열했다.

1. '나를 고려하지 않는다' : 자신의 요구를 경시한다. 이 자세에서는, 사람들이 다른 사람과 협상할 때 자신이 실제로 느끼는 바를 고려하지 않은 채 감수, 동의, 위로, 사과 또는 자신의 욕구를 줄이는 방법으로 차이를 조절한다.
2. '다른 사람을 고려하지 않는다' : 남의 요구를 경시한다. 이 자세에서는 사람들이 남의 결점 찾기, 비난하기, 반대하기 등의 방법으로 행동할 것이다. 그러므로 협상의 여지를 남기지 않는다.
3. '두 사람 모두의 요구를 제외하자' : 양쪽의 요구를 동시에 고려하지 않는 다. 이 자세에서는 사람들이 관련성 줄이기, 주제 바꾸기, 상황 유보하기 등 다른 사람과 개방적으로 협상하는 것을 불가능하게 만듦으로써 양쪽의 요구를 화제에서 제외시킨다.
4. '내 문제도 중요하지만 다른 사람도 고려한다' : 양쪽의 요구를 함께 고려한다. 이 자세에서는 사람들이 차이에 대해 개방적이고 명확하게 협상한다. 그리고 다른 사람의 협상 요구를 환영한다.

사티어는 이 넷째 자세만이 유일한 '발전-생산적(growth-producing)' 협상방법이라고 말한다. 이것은 각 구성원이 체계의 한 부분으로 남아 있으면서도 성장할 수 있는 동시에, 체계에 활력과 에너지를 불어넣는 대안이다. 이에 비해 다른 세 해결자세는 다른 사람들의 희생을 감수하면서 개인을 성장시키는 방법이므로 갈등, 음모, 적개심의 원인이 된다. 그래서 생산적 과업의 에너지를 다른 곳으로 돌리고 가족의 발전을 막는다.

이러한 해결자세들은 개별적인 가족 구성원들이 일관성 있게 표현하는 인간관계의 특성과 방식으로 볼 수 있다. 의사결정 등 인간관계의 사건에 있어, 개별구성원들과 가족 전체는 어떤 사람은 고려하고 어떤 사람은 제외할 수 있다. 가족이 개인의 발전을 위한 바람직한 환경이 되려면, 개인에게 영향을 미치는 의사결정에서 모든 사람들의 욕구가 고려되어야 한다. 가족 구성원들은 의사결정에서, 모든 사람들이 고려되고 권력보다는 욕구가 더 중요하다고 생각될 때 생산적으로 의사결정에 참여하려 한다. 전통적인 크리스트교 가족에서는, 의사결정에서 자신이 고려되고 있다는 아내의 느낌(비록 결론은 남편이 내린다는 데 부부가 동의하더라도)이 매우 중요하다. 더욱이 어린이들은 부모보다 적은 권력을 가져야 하고 문제해결과정에 끼어 들지 말아야 하더라도, 그들과 관련 있는 의사결정에서 자신을 표현하고 피드백을 줄 수 있는 기회가 있어야 한다. 예를 들면, 가족의 집안에서의 책임 분담과 개인적 여가활동 시간 등의 결정과정이 있다.

③ 효과적인 의사결정을 위해서는 구성원들이 해결책보다 욕구에 초점을 맞추어야 한다

가족 구성원들은 문제해결 과정에서 종종 이분법적 상황에 처한다. "우리는 네 방식 또는 내 방식대로 한다. 둘 중 하나는 지게 된다." 이것은 분쟁에 의한 해결책에 초점을 맞춘 편협한 접근으로 협상과 양보를 막는다. "내가 원하는 것을 하고, 내가 생각하는 것을 생각하고, 내가 느끼는 것을 느껴라." 다시 말해, "내 방식을 따라라"라는 것은 개별적 가족 구성원들이 상대방에게 강요하거나 상대방을 회유하여 자신의 문제해결책을 채택하도록 만들 때 취하는 자세이다. 사랑과 완전한 동의는 공존한다는 원리에서 출발하여, 그들은 실제로 이러한 자세를 취한다. "네가 날 사랑한다면, 너는 내가 원하는 것을 할 것이다. 네가 그렇지 않으면, 그것은 나쁜 것이다(Satir, 1967)." 한 부부가 저녁식사로 한쪽은 햄버거를, 다른 한쪽은 치킨을 원할 때 협상을 하는 평범한 예를 통해, 사티어는 역기능적으로 의사소통하는 사람들의 의견불일치는 어떠한지를 묘사한다(p.14).

- 망설이고 미룬다: "뭘 먹을지 조금 있다 정하자."
- 강요하려 한다: "우리는 햄버거를 먹을 거야!"
- 서로를 속이려 한다: "둘 다 음식인 건 마찬가지니까 햄버거를 먹자."
- 서로를 간접적으로 공격한다: "당신 치킨 별로 안 좋아하잖아." 또는 "당신 치킨에 미친 것 같군."
- 언제나 비난하고 도덕적인 평가를 내린다: "햄버거를 먹지 않으려고 하니 당신은 나쁘고 이기적이야. 당신은 절대로 내가 바라는 걸 하지 않아. 당신은 나에 대해 심술궂은 의도를 갖고 있어."

반대로 기능적인 형태로 반대를 표현하는 부부는 원하는 것을 한 번씩 교대로 하거나, 둘 다 만족시킬 수 있는 대안을 찾거나, 따로따로 행동함으로써(한쪽은 치킨을, 다른 쪽은 햄버거를 먹음) 문제를 해결하려 할 것이다. 문제가 있을 때 즉시 이기고 지는 식의 해결책을 사용하면, 가족 구성원들은 욕구에서 비롯되며 욕구에 부응할 수 있는 창조적이고 분쟁 없는 협상을 할 수 없다. 욕구에는 만족스러운 해결책에 도달하기 위해 얻어야할 기본적인(예를 들어, 신뢰받고 고려되는) 조건이 포함된다. 앞의 예에서, 부부의 기본적 욕구는 아마도 저녁시간을 함께 보내는 것이고, 적절한 해결책이라면 반드시 이 욕구를 고려대상에 포함해야 한다.

④ 효과적인 의사결정을 위해서는 구성원들의 대안발견 능력이 필요하다

이것은 구성원들이 아무리 무리한 의견이라도 비난과 검열 없이 내놓는 창조적 브레인스토밍과 흡사하다. 개인들은 단지 한 가지 주제에 대한 다양한 의견이라기보다는 주어진 문제에 대한 다양한 해결책으로 각자의 생각을 제시한다. 그럼으로써 대안발견의 능력은 발휘되는 것이다. 중요한 것은 개인이 취사선택의 관점에서 생각하느냐이다. "나는 이것을 할 수도 있고, 심지어 저것을 할 수도 있다." 또는 이와 반대로 대안적 방향을 고려하지 않고 특징적으로 미리 결론을 내린다(Spivack, Platt, & Shure, 1976: 5).

그러므로 사정과정에서의 한 과제는 가족이 분쟁에 의한 해결책에 비해 대안을 탐구하는 정도가 어느 수준인지를 파악하는 것이다.

⑤ 효과적인 의사결정을 위해서는 구성원들이 대안들을 비교 검토하는 능력이 있어야 한다.

의사결정은 정보의 수집과 검토, 심사숙고 뒤에 이루어질 수 있다. 반대로 의사결정은 관련있는 정보의 수집과 검토 없이, 또는 구성원들의 욕구와 해결가능한 대안의 관계에 대한 고려 없이 충동적으로 이루어질 수도 있다.

⑥ 효과적인 의사결정을 위해서는 구성원들이 결정한 내용을 서로 나누어 실행할 수 있도록 가족이 조직화해야 한다

결정을 실행하기 위한 계획은 의사결정 행위만큼 중요

하다. 어떤 가족체계는 너무 조직화되지 못하고 혼란스러워서 구성원들이 의사결정과 결정의 실행에 큰 어려움을 겪는다. 또 다른 가족체계에서는, 의사결정과정에서 구성원들의 의견이 반영되거나 고려되지 않았기 때문에 구성원들의 실행동기가 결여되어 있다. 따라서 의사결정이 이루어지더라도 실행단계에서 중단될 수 있다. 어떠한 가족이 의사결정만큼 결정의 실행도 잘 할 수 있는가를 확인하는 것이 가족기능 사정의 핵심과제이다.

⑦ **효과적인 의사결정을 위해서는 가족체계가 새로운 정보와 개인, 가족 전체의 욕구발생에 기초하여 기존 결정에 대해 재협상하고 수정하는 것 또한 허용해야 한다**

물론 어떤 가족체계는 비교적 이 문제에 대해 융통성 있게 반응한다.

따라서 가족의 의사결정양식을 사정하기 위해서는 위의 평가기준에 따라 의사결정과정을 관찰하고 정보를 끌어내야 한다. 각각의 평가기준의 영역에서는 역기능적 양식과 함께 기능적 양식도 찾아봐야 한다. 또한 앞에서 논의한 의사결정기술들은 서구 문화권에서는 최적의 가족기능을 촉진한다는 것도 명심해야 한다. 이러한 의사결정기술들은 대개 불안정한 가족에서는 결여되어 있고, 심지어 가족기능이 건강한 서구문화권의 가족에서도 미성숙한 경우가 많다. 또한 이러한 기술들은 대개 여러 민족이 혼합된 가족에서 부족한 경우가 많다. 왜냐하면 많은 문화적 집단들은 공동의 의사결정을 위한 준거틀이 없고, 이 장과 13장에서 논의하는 의사결정방법에 정면으로 반대되는 행동에 대한 문화적 가치를 신봉하기 때문이다.

가족 구성원들을 의사결정에 포함시키고 모든 사람의 욕구충족을 보장하는 것은 원조전문가들과 사회과학자들이 옹호하는 서구문화의 이상이다. 비록 가족이 의사결정기술을 학습해야 할 필요성을 신봉하더라도, 사회복지사는 이러한 기술의 소개가 가족기능을 촉진할 것인지, 아니면 문화적으로 깊이 뿌리 박힌 양식을 불안하게 함으로써 가족붕괴를 유발할 것인지를 판단해야 한다. 따라서 사정과정에 가족과 협력하는 것이 필수적이다.

6) 가족의 정서와 감정표현 범위

르위스와 동료들의(1976) 정상적, 비정상적 가족들의 특징에 관한 믿을 만한 조사에 따르면, 감정표현의 정도는 가족체계의 구조와 밀접한 관계가 있다. 완고하고 융통성 없는 경계선과 모호한 구조를 지니며 또한, 구성원들 사이의 다양성이 부족한 체계에서의 일반적인 분위기는 실망, 절망, 우울증, 근심, 적개심, 죄책감, 냉소, 무관심일 것이다. 이런 현상에 대해 논평하면서, 비버스(Beavers, 1977)는 심각하게 역기능적인 가족에 만연한 부정적인 정서적 풍토의 원인을 추측한다.

> 나는 사람과의 만남에서 예상하는 결과, 즉 기대가 이번 연구의 중심이라고 생각한다. 심각하게 역기능적인 가족의 구성원들은 사람과의 만남이 필연적으로 유해한 결과를 낳는다고 생각한다. 인간관계는 반드시 대립하기 때문이다. 이런 기대를 이해하는 것은 교란된 의사소통방식(진실한 만남을 막는 것)의 결과를 이해하는 것이다. 그것은 또한 만연한 불쾌한 정서적 상태를 설명한다. 왜냐하면 사람들의 선택은 갈등을 피하고 홀로 있거나 아니면 자신, 관계, 가족체계를 위협하는 만남에 뛰어드는 것 중 하나이기 때문이다.

대조적으로 비버스는 최상의 가족기능에서는 낙관주의, 공감, 포근함, 애정, 친절, 긍정적 감정의 어조 등이 가득한 분위기가 있다고 지적한다. 그것은 사람과의 만남이 만족을 만들어내고, 타인에 대한 반응과 분명한 감정표현이 보상받을 것이라는 기대에 바탕을 두고 있다.

비록 전체로서의 체계에 대한 관찰이 분위기와 어조의 관점에서 가족의 성격을 밝혀낼 것이지만, 개인의 애정표현은 가족체계가 허용하는 범위 안에서 다양할 것이다. 더욱이 각자 다른 가족출신의 개인들은 각양각색의 인간관계 양식과 감정표현의 강도를 발전시킨다. 예를 들어, 어떤 사람들은 모든 내적 감정과의 접촉에 커다란 어려움을 경험하면서, 감정적으로 마비되어 있고 정서가 메말라 있는 것처럼 보인다. 또 어떤 사람들은 분노, 절망, 죄책감 등 한 가지 특정한 종류의 감정은 쉽게 표현하면서도, 애정이 깃들인 또는 비난받기 쉬운 감정은 표현하지 못한다. 반면 다른 어떤 사람들은 넓은 범위의 감정을 거의 어려움 없이 경험하고 표현할 수 있다. 어떤 사람들은 차분하고 침착하게 감정을 나타내는 반면, 다른 사람들은 아주 작은 스트레스에도 격렬하게 반응한다. 어떤 사람들은 '구제불능의 낙천주의자'인 반면, 다른 사람들은 다루기 힘든 우울한 비관주의자이거나 낙천주의와 절망 사이를 오가는 극단적인 기분을 경험하는 사람들이다. 문화적 맥락은 당연히 개인의 표현성격을 결정하는 핵심적 역할을 한다. 예를 들어, 많은 미국인디언들은 다른 사람에게 상처를 주지 않도록 분노를 표현하지 않고 조심할 것을 배운다(Tafoya, 1989).

가족 구성원들이 서로에 대한 관심과 사랑을 표현할 수 있는가는 중요한 사정항목이다. 클라이언트들은 식구들을 생각하는 애정의 감정을 지니거나 말로 표현할 수 있는 능력에 따라 상당한 차이가 있다. 예를 들어, 자신의 딸에게 사랑한다고 말한 적이 있느냐는 질문에 한 여성이 단호하게 말했다. "절대 그렇게 할 수 없었어요!" 애정표현을 신체적 접촉 등 비언어적 방법으로 표현하는 것 역시 사람에 따라 매우 어려운 일이다. 예컨대 많은 부모들은 자녀가 일단 옷입기, 식사하기 등 자신을 돌볼 만큼 나이가 들면 자녀를 만지거나 안아주는 일이 거의 없다. 가족체계의 구성원들이 애정의 언어적, 비언어적 표현과 수용능력과 선호하는 애정표현방법에 차이가 있으므로, 사회복지사는 필요하거나 실현가능한 변화의 양을 측정하기 위한 다음의 질문들을 이용하여 가족의 성격을 평가할 필요가 있다.

- 언어적, 비언어적으로 표현되는 관심과 애정은 어느 정도이며, 누가 애정표현을 하는가?
- 관심을 보이는 행위를 그 대상자가 인지하고 감사하는 정도는 어떠한가?
- 가족 내에서 낮은 수준의 관심표현에 대해 각 구성원들이 어느 정도 불만스러워하는가?
- 각 가족 구성원들이 얼마나 관심표현을 주거나 받고 싶어하는가?
- 각 구성원들과 체계 전체가 이 부분의 조정에서 얼마나 유연한가? 수용한계는 무엇인가?

가족의 정서와 감정표현의 범위는 구성원들의 임상적 우울증에 의해 양적으로 영향을 받을 수 있다. 예컨대 분노의 폭발, 과민반응, 감정의 기복, 지나치게 치우친 감정, 의기소침, 과도하게 우쭐한 감정상태들은 우울증 또는 조울증의 널리 알려진 증상들이다. 이러한 증상들의 특성을 사정함에 있어, 그것들이 개인이나 가족 정서의 단순한 특성이라거나, 우울증에는 그에 맞는 원인이 있으므로 효과적인 치료를 통해 진정시키는 것이 가능하다는 가정을 해서는 안 된다. 우울증이 생물학적 유전에 의한 장애인 경우에는, 약물요법을 쓰지 않으면 단순히 스스로의 장애에 대해 잘 알고 잘 적응하지만 여전히 우울증인 사람만을 만들뿐이다. 후천적인 우울증의 경우에도, 최상의 치료를 받더라도 몇 달 혹은 몇 년간 증세가 지속될 수도 있다. 왜냐하면 우울증이 신체적 장애로 발전하고 어느 정도는 스스로 지속시키기 때문이다. 예를 들어, 만성적인 스트레스 속에서, 뇌 화학물질이나 신경전달물질의 순환장애가 발생하여, 뇌에 정보를 전달하는 전기적 충격의 순환이 짧아지기 때문이다. 이러한 화학작용은 쉽게 개선되지 않는다. 특히 클라이언트가 치료를 요구하게 만드는 강한 환경적 스트레스 요인은 여전히 남아 있기 때문이다.

사정에 있어 가족 구성원들의 우울증은 의사소통을 침식시키고 관계의 분열을 일으켜, 가족기능에 심각한 영향을 미친다는 것을 깨달아야 한다. 유전적 우울증의 경우에는, 여러 명의 가족 구성원들이 동시에 증상을 지니고 개개인의 고통들은 가족의 갈등과 긴장을 심각하게 증가시킬 수 있다. 그러므로 라우치(Rauch, 1991) 등이 지적한 것처럼, 정서적 장애에 대한 조사는 가족사정의 초기단계에 고정적인 부분이 되어야 한다. 그리고 사회복지사는 정서장애가 있는 클라이언트와 주요 주변인물들을 조사하는 방법을 알아야 한다.

7) 가족목표

가족은 어떤 목표를 이루기 위해 구성원들이 일반적으로 서로 협력하고 노력을 통합하는 하나의 사회적 조직이다. 브라이어(Briar, 1964)에 따르면, 가족목표는 두 가지의 기본적인 요소에 기반한다. 첫째, 가족은 보통 사회가 설정한 일반적 목표를 채택한다. 그것은 자녀의 사회화, 다시 말해 사회유지와 구성원들의 개인적 욕구충족에 기본적인 주류문화양식을 전수시키는 것이다. 둘째, 결혼상대자는 개인적인 목표를 가족으로 가져온다.

가족목표들은 가족 구성원들이 잘 인식하는 것도 있고 암시적이거나 심지어 가족들 스스로 모르는 것들도 있다. "모든 자식들을 대학에 보내고 싶다." 또는 "테드가 45살이 되면 퇴직하고 싶다"는 명시적인 가족목표의 예이다. 가족체계에 깊은 영향을 줄 수 있는 암시적 또는 인식되지 않은 가족목표는 "우리는 사회계층의 상층으로 올라가야 한다." "우리는 이상적인 가족의 상을 보여줘야 한다" 등이다. 브라이어는 목표가 종종 명시적이지 않지만, 가족이 위기에 처했을 때에는 가족목표와 요구가 더욱 명시적이 된다고 지적한다. 위기상황에서는 가족이 종종 대립되는 목표와 가치들 사이에서 어느 하나를 선택해야 하는 상황에 놓이기 때문이다. 예를 들어, 가족이 갑작스럽게 수입의 급격한 감소에 직면하면, 문제의 해결을 위한 다양한 의견들이 나오는 것을 볼 수 있다.

대부분의 가족에서 구성원 각자가 중요하게 생각하는 목표와 공통목표에 대한 각자의 가치는 다양하다. 모든 조직에서처럼 가족목표와 그에 필요한 자원에 대한 높은 수준의 의견일치가 있을 때 가족은 최상의 기능을 한다. 여기서 말하는 자원은 한 체계 내에서 개인들의 독특한 욕구, 의도, 소망을 서로 협상하고 공론화할 수 있는 능력을 말한다. 실제로 브라이어는 다음을 관찰했다. "가족목표의 순위를 부여하는 가족들 사이의 의견일치의 수준은 위기에 적절히 대처할 수 있는 능력을 결정짓는 요인이다(p.248)." 왜냐하면 목표는 종종 명시적이지 않다. 그러나 주요 목표와 기대에 대한 구성원들 간의 차이는 집단 내에서 서로 간의 불화와 실망을 발생시켜 일을 어렵게 만들 수 있기 때문이다. 더욱이 집단 내에서 가장 권력과 영향력이 강한 구성원의 압력 때문에 다른 대다수의 구성원들은 특정 목표에 대해 말로만 따르면서 근본적으로는 동의하지 않을 수도 있다. 이러한 가족들은 스트레스 상황에서 특히 더 붕괴되기 쉽다.

가족의 다양한 상호작용 양식은 목표달성과 관계가 있다. 브라이어의 관찰에 따르면, 사회복지사가 가족의 목표에 대한 고려 없이 가족의 상호작용을 조사하면, 그 상호작용 양식들의 의미를 파악할 수 없게 된다. 이 절에서 지금까지 논의한 이와 같은 요점들을 명확히 하기 위해, 가족의 에너지가 광범위하게 조직된 암시적 목표에 대한 다음 사례를 보자.

화이트의 가족에게 최우선의 가족목표는 "집안을 깨끗이 하는 것"이었다. 그 목표는 화이트 부인 때문에 세워진 것으로 주로 그녀를 중심으로 유지되고 있다. 그녀는 친어머니와 다른 친척들로부터의 비난을 피하기 위해 집안을 깔끔하게 유지해야 한다는 내부적 압력을 지속적으로 느껴왔다. 가끔 우울해지면, 화이트 부인은 대부분의 시간을 방에서만 보내고 가끔씩만 집안청소에 참여했다. 그러나 14살과 16살인 셋째와 넷째 딸들에게는 집안을 깨끗하고 정돈된 상태로 유지하라고 지속적으로 압력을 가했다. 하지만 학교에 다니면서 시간제 일을 나가는 첫째와 둘째 딸에게는 최소한의 집안청소, 심부름하는 것을 용인했다. "학교에서 돌아오면 피곤하니까 휴식과 공부를 위한 시간이 필요하다"는 것이 이유였다. 심지어 첫째와 둘째가 집안을 어지럽힌 경우에도 청소를 면제받는 것을 보면서, 다른 두 어린 딸들은 매우 분개하며 종종 아버지에게 그 상황을 몹시 불평했다.

더욱이 동생들은 두 언니에게 공격적으로 비난을 퍼부었다. "언니들은 한 식구가 아닌 것처럼 행동한다." "언니들은 집안 식구들을 전혀 생각해주지 않는다." 어머니 역할을 대신 맡으면서 셋째와 넷째는 언니들이 어지럽힌 것들을 지적하고 대신 청소하면서 언니들을 감시했다. 학대와 오해를 받는다고 느낀 두 언니들은 자신들을 방어하는 동시에 명분과 협박으로 동생들에게 반격했다. 화이트 씨는 평온을 유지하기 위해 양측의 중재인 역할을 끊임없이 해왔고, 딸들에게 심부름이 주어졌을 때 발생할 수 있는 말다툼을 피하기 위해 자주 쓰레기를 줍거나 청소를 했다. 가끔씩 아내가 방에서 나올 때마다 화이트는 아내와 딸들 사이에 자신이 중재인 역할을 강요당하는 것을 느꼈다. 왜냐하면 아내는 항상 무언가 정돈되지 않은 것을 찾아내어 딸들 중 한 명에게 "시킨 일을 하지 않는다"며 화를 내며 비난하려 하기 때문이다.

이 사례에서 드러난 것은 화이트 씨 가족의 모든 구성원들은 집안의 청결상태 유지라는 어머니의 목표에 충실했다. 하지만 어린 딸들이 나이 많은 딸들보다 훨씬 더 많은 압력을 경험했기 때문에, 그들의 에너지의 많은 부분은 이 목표를 수행하거나 다른 구성원들도 그 목표를 수행하도록 재촉하는 데 투자되었다. 가족 내에서의 공평하지 않은 일의 분배는 이 가족이 처음으로 치료기관을 찾아올 당시 몇 개의 동맹관계들을 형성했다. 사회복지사가 가족목표와 그에 따른 가족규범을 상세히 조사하고 명확히 했을 때, 비로소 가족 구성원들은 스스로 그들의 행동이 가족목표의 주위를 맴돌고 있었음을 깨달을 수 있었다.

앞의 논의를 요약하면서 가족목표의 장단점을 사정하는 데 도움이 되는 다음의 질문항목들을 제공한다.

- 명시적 목표에 따라 가족 구성원들은 어느 정도 조직화되어 있나?
- 가족의 최우선 목표에 대해 구성원들은 어느 정도 인지하고 있나?
- 주요 목표와 그에 따른 우선순위에 대한 구성원들의 의견은 어느 정도 일치하는가?
- 구성원들의 주요한 개인적 목표에 대해 의견이 일치하지 않기 때문에 발생하는 가족갈등은 어느 정도인가?
- 공통적으로 받아들여지는 목표가 개별구성원들의 욕구와 집단 전체의 안녕에 얼마나 기여하며 기능적인가?
- 가족이 받아들이는 암시적 목표와 역기능적 상호작용 양식은 어느 정도 관련되어 있는가?

가족목표의 명확성, 주요목표에 대한 의견일치, 목표와 개별구성원들의 욕구일치의 정도를 통해 가족은 이 범위에서 논의하는 가족기능에 대한 핵심적인 부분을 드러낸다.

주의할 점은, 가족목표를 그 가족의 문화적 맥락에서 보아야 하고, 서구문화에서 바람직한 것으로 받아들여지는 것과 어긋나는 목표를 사정하는 위험을 피해야 한다.

8) 가족신화와 인식 성향

이 장의 앞부분에서 가족규범과 그것이 어떻게 가족생활의 모든 측면에 배어들어 있는지에 대해 논의했다. 규범은 행동양식과 인식성향에 관한 요소를 동시에 갖고 있다. 다시 말해 규범은 가족 구성원들의 행동양식이 드러나는 원천이며 개인, 가족단위, 넓게는 세계 전체에 대한 공유된 인식이나 신앙과 복잡하게 관련되어 있다. 이러한 공유된 인식은 외부의 중립적 관찰자의 시각과 일치할 수도 있고, 부적절하게 형성되고 자기 기만적이면서 잘 체계화된 믿음에 의해 구성원들이 무비판적으로 받아들인 현실에 대한 왜곡일 수도 있다. 이러한 왜곡은 가족에 의해 승인된, 상호작용과 인간관계의 양식을 형성, 유지, 정당화하는 믿음 또는 신화의 한 부분이다. 이것은 다음의 발췌된 사례에서 볼 수 있다.

지난 4년간, 10살인 제프리 리차드(Jeffrey Richards)는 학교규칙에 대한 공개적인 반항, 다른 아이들과의 말다툼이나 주먹질 등의 이유로 학교선생님들과 지속적으로 곤란을 겪어왔다. 그 결과 리차드 씨 부부는 지난 3년 동안 레프리를 여러 번 전학시켰다. "세상은 우리를 잡아먹으려 한다"라는 인식을 공유하면서, 이 부부는 선생님들과 교장선생님을 한결같이 처벌하기 좋아하고 앙심을 품은 사람들이라고 생각한다. 그러면서 자기 아들은 "진가를 인정받지 못한 사람"으로 생각한다. 이러한 생각을 바탕으로 부부는 학교를 권리를 위해 싸우고 저항하며 아들을 보호해야 하는 전쟁터로 여긴다. 계속적으로 허황된 태도로 학교관계자들을 멀리했고 규칙을 잘 따른다면 상호협상이 가능한 쟁점에서도 극단적인 주장을 계속했다. 더욱이 이 부부는 아들의 선생님과 학교에 대한 부정적이고 분노에 찬 발언을 집에서도 계속하였고 이는 아들의 부정적인 행동을 강화하고 조장하는 결과로 이어졌다.

위의 예에서, 리차드 씨 가족의 역기능적 행동양식과 인식의 과정은 서로를 강화시키고 있다. 그 인식은 학교관계자들로부터의 부정적인 반응을 예견할 수 있는 행동양식의 결정 요인이 된다. 다시 말해서 학교와의 부정적인 접촉은 세계가 위험하고 권위주의적인 사람들은 믿어서는 안 되며 그들은 자신들을 잡아먹으려 한다는 인식을 굳게 강화한다.

행동양식과 가족 구성원들 또는 외부인과의 상호작용을 형성하는 다른 신화들도 다음과 같이 가족체계 내에 널리 존재한다.

"우리 가족에게서 변할 수 있는 것은 없다. 우리가 무엇을 하든 우리는 주위환경을 변화시킬 힘이 없다. 우리는 운명의 희생자다."

"가족문제는 알아서 해결될 것이다."

"상처를 준 사람에게 복수하는 것은 중요하다."

가장 유해한 신화 중에는 집단 중 한 명을 골라내어 특이하고 일탈적이라고 완강하게 믿는 것이다. 이것은 인간의 발달에 말로 표현할 수 없는 피해를 입힌다. 아프다, 나쁘다, 미쳤다, 게으르다 등의 꼬리표(label)가 붙은 구성원은 종종 가족을 위한 희생양이 된다. 이 희생양은 문제에 대한 비난을 한 몸에 받으며 빗나간 상호작용과 의사소통에 다른 사람들도 책임이 있다는 사실을 흐리게 한다.

많은 가족에서(심지어 상대적으로 건강한 가족도), '검은 양' '똑똑한 사람' '어린애' '엄한 부모' '귀염둥이' '쓸모없는 사람', '착한 아이' '멍청이' 등 구성원들에게 붙은 꼬리표는 영구히 지속된다. 이러한 꼬리표들은 가족 구성원들의 역할에 고정관념을 부여한다. 그래서 다른 구성원들로 하여금 한 가지 특징만 보게 만들고, 다른 많은 특성, 태도, 감정을 간과하게 만든다. 그들에게는 좁은 범위의 행동만을 선택할 수 있기 때문에, 이러한 구성원들의 성장은 억눌릴 수 있다. 심지어는 긍정적인 꼬리표(예컨대, 재능 있다, 잘생겼다, 영리하다)들도 그 구성원을 다른 구성원들로부터 떼어놓고 소원하게 만들 수 있다는 것에 주의해야 한다. 왜냐하면 다른 가족들이 좋아하거나 가족 내의 귀염둥이라는 꼬리표가 붙은 구성원에 대한 지나친 주목, 칭찬, 포상은 다른 가족들의 적개심을 유발할 수 있기 때문이다.

문화적 요인도 가족의 인식성향의 많은 부분을 결정한다는 것에 주의해야 한다. 예를 들어, 아시아인들이 신봉하는 문화적 가치인 권위에 대한 존경은 그 구성원들의 인식 성향에 영향을 준다.[13)]

13) 가족신앙에 대한 자세한 내용은 Bagarozzi & Anderson(1989)의 『개인, 부부, 가족의 신앙들』에 나와 있다.

9) 가족역할

각 가족 구성원들은 많은 역할을 한다. 그것들은 가족구조로 통합된 다음, 기대되고 허용되거나 금지된 특정한 행동으로 나타난다. 가족역할의 배분은 법적인 지위나 연령에 따라 이루어지는 것이 보통이지만, 전통적인 서구문화권에서의 역할배분은 성에 기초한 것이 많았다. 여성에 비해 남성은 더 적극적이라고 생각했기 때문에, 돈벌기나 의사결정처럼 수단적 역할에 더 적합하다고 여겨졌다. 반대로 여성은 더 협력적이고 감정적이며 부드럽다고 생각했기 때문에 음식장만, 자녀보호, 애정표현 등 표현적 역할에 적합할 것으로 생각되었다. 하지만 지난 수십 년 동안의 성혁명(sexual revolution)의 힘은 성에 따른 역할과 지위를 평등하게 변화시키고 있다. 그리고 남녀 성역할은 생물학적 차이에 기인하고 한 성이 다른 성에게 지배권을 가진다는 그동안의 생각으로부터 남성과 여성 모두를 해방시키고 있다.

많은 결혼관계에 퍼져 있는 성역할의 평등화를 위한 운동은 전통적 성역할에 대한 인식에 의문을 불러일으켰다. 이는 특히 전업주부인 아내가 직장생활에 뛰어든 가족들에서 많이 발생하는 현상이다. 결국은 많은 부부들이 생활양식을 급격하게 변화시켜야 했다. 이들은 다양한 방법으로 이러한 격변에 대응했다. 어떤 부부들은 그들 삶의 현상황과 주위환경의 엄청난 변화에도 불구하고 전통적인 성역할에 집착한다. 다른 부류는 성역할 변화를 받아들이면서, 성역할을 재정의하고 변화에 잘 정의했다. 또 다른 부류는 부부관계의 큰 붕괴를 경험했다. 그래서 마침내는 심각한 갈등과 심지어는 이혼으로 끝을 맺는다.

호크차일드(Hochschild, 1989)는 맞벌이부부에서 여성들의 과도한 역할분담으로 인한 극심한 피로를 강조한다. 맞벌이부부에 대한 8년간의 연구에서 호크차일드는 다음을 관찰했다. "나는 여성들이 남성에 비해 대략 주당 15시간을 더 많이 일한다는 것을 발견했다. 하루 24시간 내내 일한다고 계산하면 1년에는 한 달을 더 일한 셈이다. 12년 동안이라면 1년을 매일 24시간 내내 더 일한 것이다(p.3)." 호크차일드의 이야기에 따르면, 여성은 "배고픈 사람이 음식에 대해 말하는 것처럼 잠에 대해 말했다(p.9)." 호크차일드는 남성이 도움은 주지만 여성과 똑같이 일하지는 않는 결혼관계에 대해서도 언급한다.

특히 오늘날 여성이 받는 스트레스에 대한 논의는 라젠(1991)에 의해 더욱 발전한다. "1990년대 여성의 생존지침—하루 더 일하고 1000원 덜 받는다." 라젠은 여성들이 전통적인 여성의 역할에서 기인하는 무의식 중에 심어진 문화적 조건에 의해 혹사당한다는 관점을 유지하면서, 너무 많이, 그리고 너무 잘 하려고 노력하는 여성들의 여섯 가지 특징을 규정한다. 관리인, 마술사, 완벽주의자, 과실흡수자(The guilt sponge), 기쁨조(The pleaser), 소진된 여성이 그것이다. 모르는 사이에 이러한 특징은 여성들에게 갑작스런 스트레스, 소진, 우울증을 유발한다.

브라운과 짐머(Brown & Zimmer, 1986)는 동성애부부도 이성 간의 부부에 비해 아주 다른 역학관계나 현안을 가지고 있기 때문에 역할 정의에 있어 특수한 어려움을 겪는다고 한다.

동성애부부는 근본적으로 비슷한 형식의 성역할에 대한 사회화로 인해 양쪽이 비슷한 장점과 단점이 있다. 일반적 사회화가 만든, 대부분의 이성 간의 부부가 가진 상호보완성은 그것이 무엇이든 동성애 부부에서는 결여되어 있다. 동성애부부의 양쪽은 모두 같은 성역할에 대한 사회화를 받았기 때문이다(p.450).

두 사람에 의해 똑같이 사회화된 성역할은 동성애부부에게 역할혼란을 유발한다. 또한 일반적으로 규정된 이성 간의 성역할에 관계된 표현을 해야 할 경우, 전통적인 여성, 남성의 역할 모두를 부정하는 과정에서, 레즈비언 부부들은 더 많은 갈등을 겪을 가능성이 높다(Brown & Zimmer, 1986).[14]

가족문제의 원인이 되는 역할의 규정과 수행에 대한 정확한 사정을 위해서는 성역할 혁명과 관계된 요인들을 포함하여 많은 원인들을 고려해야 한다. 독자들이 이러한 다양한 원인들을 고려할 수 있도록, 가족역할 사정과 관계있는 다음의 질문항목들을 제시한다.

① 가족역할을 분배할 때 능력, 관심, 구성원들의 수행 가능 시간 등의 요인보다 성에 기초해서 결정하는 것은 어느 정도인가?

성에 따라 분배된 부부관계에서의 역할은 양쪽의 배우자들이 역할수행에 할애할 수 있는 시간에 따라 불공평할 수 있다. 더욱이 결혼관계의 문제는 종종 수년 전 결혼 당시에 합의한 역할분배에 의해 발생한다. 과거의 전통적인 가치에 근거한 역할분배는 변화하는 현재의 상황에서는 더 이상 기능적이지 않기 때문이다. "당신 전에는 절대 직장생활 하지 않겠다고 했잖아!" 또는 "당신은 내가 돈 벌러 나갈 필요는 결코 없을 거라고 말했잖아요!" 라는 비난은 아내가 일하기를 원하거나 일을 해야만 하는 결혼관계에서 흔히 볼 수 있다.

② 가족역할은 얼마나 명확하게 규정되어 있는가?

부부 사이의 역할변형은 역할이 모호하고 광범위할 때 발생할 수 있다. 그것은 서로에 대한 역할수행의 기대차이의 결과로 인해 불화를 유발한다. 더욱이 앞에서 지적한 것처럼, 자녀와 부모 사이의 역할영역이 희미해질 수도 있다. 극단적인 경우에는 이러한 역할이 뒤집힐 수도 있다. 보조메니-네이지(Boszormenyi-Nagy)와 스파크(Spark, 1973)는 이러한 과정을 자녀의 부모화, 즉 자녀가 자신의 유년기를 희생하면서, 아이 같은 부모와 경우에 따라서는 동생들까지 돌볼 수밖에 없는 상황에 처하는 현상이라고 한다.

역할변형은 재혼으로 두 편부모가족이 새로운 가족을 형성할 경우(stepfamily) 양쪽 자녀들의 서열변화가 있을 경우에도 발생할 수 있다. 비셔와 비셔(Visher & Visher, 1988)는 "가사분담이 날마다 바뀌는" 이러한 재혼가족(stepfamily)의 자녀들이 역할상실로 고통받는 것을 관찰했다(p. 100). 이러한 상실감은 예를 들어, 첫째는 성숙하고 책임감이 있어야 한다. 그리고 막내는 가장 많은 보살핌을 받아야 한다는 어떤 역할기대에 의해 초래되는 경우도 있다. 이와 같이 이러한 재혼가족(stepfamily)의 역할규정은 모든 구성원들에게 모호하게 적용된다. 그래서 개인들은 경쟁적으로 충성심을 표현하려 한다(Visher & Visher, 1988).

③ 부부가 규정된 역할에 얼마나 만족하는가, 그리고 여기에 대한 불만이 가족문제의 핵심원인인 경우 부부가 각자 얼마나 이것을 수정하려 하는가? 더 나아가 변화하는 환경과 매일 겪는 압력에 대응하기 위한 역할 재조정에 있어 가족체계 전체가 얼마나 유연한가?

역할배분의 역기능성은 구성원들이 완고하게 규정된 역할에 의해 그들의 행동범위를 극심하게 제한당할 때 발생할 수 있다. 완고하게 규정된 역할은 가족 구성원들을 장님으로 만든다. 왜냐하면 구성원들은 그들의 개성을 희생하면서 적응하거나, 다른 가족들로부터 호의를 잃고 소외당하면서 저항하거나 둘 중 하나를 선택해야 하기 때문이다. 완고한 역할규정은 가족이 외부압력에 유연하게 적응하기 어렵게 한다. 더욱이 해로운 역할규정은 가족체계가 변화하는 환경에 적절히 적응하고 위기상황에서 결집하는 것을 불가능하게 한다.

④ 부부가 배우자와 부모로서 주어진 역할을 얼마나 적절히 수행하는가?

⑤ 부부의 역할규정에 대해 가까운 외부(부모, 친척, 친

14) 동성애부부의 역할배분 문제에 대한 더 많은 정보는 Card(1990), Barret & Robinson(1990), Bozett(1987)의 글에서 찾아볼 수 있다. Levy(1992)와 Cain(1991)도 레즈비언과 게이들의 역할배분에 관한 내용을 덧붙이고 있다.

구) 사람들이 얼마나 의견을 내세우는가? 이러한 외부의 의견이 부부체계에 미치는 영향은 무엇인가?

⑥ **부부가 가진 시간과 에너지를 집안일과 직장일에 너무 많이 사용할 때, 역할의 과부하로 인한 압력과 스트레스는 얼마나 발생하는가?**

가족기능 사정에 위의 지침들을 고려한다면, 가족의 몇 가지 장점들에 주목하게 될 것이다. 예를 들어, 부부는 명확하게 규정된 역할을 갖는 동시에 부모로서의 역할을 대단히 적합하게 수행하는 경우가 있다. 또는 부부가 역할규정에 만족하지 않는다면, 치료과정에서 수정의 필요성을 느끼고 쉽사리 상대방과 의견조율을 할 수도 있다. 지적하고 싶은 것은 사정과정에서 가족이 역할수행에서 보여주는 많은 장점들을 발견하고 신용하는 것이 중요하다는 것이다. 그렇지 않으면 장점들은 현존하는 문제에 의해 묻혀 있을 수도 있다.

어떤 가족을 사정하든 가족의 역할규정과 노동분배에 미치는 문화적 영향도 반드시 고려해야 한다. 왜냐하면 각각의 문화적 가치는 남녀의 역할에 있어 서로 다른 역할기대나 기준을 갖고 있기 때문이다.

각각의 문화는 남녀 역할에 대해 고유하게 정의하고 있으므로, 사회복지사는 소수민족의 가족이 가진 역할들을 파악하고 그 가족 구성원들의 욕구에 맞는 미덕을 사정해야 한다. 또한 가족기능에 부정적인 영향을 주는 문화적 역할규정을 변화시키는 데 가족이 얼마나 잘 따르는지도 파악해야 한다.

10) 가족 구성원들의 의사소통 양식

많은 문화적 집단을 관통하는 하나의 주제는 개방적 감정표현을 억제하는 경향이다. 비록 서구문화는 개방성과 정직이 최선의 가치라는 것을 신봉하지만, 사실은 대부분의 사람들이 남들과 직면해서 자신을 드러내는 데 상당한 어려움이 있다. 특히 사람들은 어려운 방법보다는 쉬운 방향으로 행동하기 때문이다. 다른 많은 문화권의 사람들은 깊이 심어진 관습으로 인해 서구사회의 사람들보다 훨씬 덜 개방적이다. 예를 들어, 아시아 문화권에서는 자유로운 참여와 의견의 교환은 겸손과 절도라는 아시아적 가치와 모순된다(Ho, 1987). 하와이 문화에서는, "상대방과 직접 대면하면서 개방적으로 분쟁을 해결하는 것은 절대로 수용할 수 없는 방식이다"(Young, 1980: 14).

그러므로 가족문제의 일부분은 개방성에 대한 문화적인 금지에서 비롯된다. 그리고 경우에 따라서 사회복지사는 클라이언트에게 그의 문화적 관습을 이해시킬 수 있다. 그래서 가족관계에 부정적 영향을 주는 의사소통의 양식을 변화시킬 필요성을 일깨워줄 수도 있다. 그렇게 하기 힘들다면, 가족 구성원들의 성장발전에 충분한 체계의 개방성을 불러일으키기 위해 좀더 교묘하게 일해야 한다. 팔리코브(Falicov, 1982)는 이러한 간접적 접근에 관해 멕시코 출신 미국인에 대한 접근을 예로 들어 설명한다,

> 멕시코계 가족은 치료자가 감정을 표현하라고 직접적으로 요구했을 때보다, 치료자가 가족의 감정을 교묘하게 끌어냈을 때 훨씬 더 개방적으로 반응을 보인다. '사실을 있는 그대로 말하기' 또는 '마음을 드러내기' 또는 비언어적 행위에 대한 해석을 강조하는 의사소통에 대한 실험적인 접근은 그것이 개인의 표현을 금지하려 하고 대칭적인 상호작용을 지지한다면 위협적이 될 것이다(p.148).

가족의 의사소통 방식이 문화적인 영향을 받았느냐에 상관없이, 그것은 심각한 문제를 유발하고 가족 구성원에게 고통을 안겨줄 수 있다. 그러므로 가족의 의사소통 방식이 가족 구성원들의 문제에 미치는 충격을 사정할 준비가 되어 있어야 한다. 그렇게 함으로써 이어지는 논의에서 나타나듯이, 여러 가지 차원에서 의사소통의 복잡함을 이해하고 의사소통의 기능성을 사정할 준비가 될 것이다.

(1) 의사소통의 일치성과 명확성

가족 구성원들은 언어적, 비언어적 통로를 통해 의사를 전달한다. 받아들이는 쪽은 그런 의사를 다른 언어적, 비언어적 의미로 이해한다. 그러므로 의사소통의 일치성을 사정해야 한다. 즉 의사표현의 다양한 언어적, 비언어적 요소들 간에 일치성이 있는지를 파악해야 한다. 사티어(1967)와 다른 의사소통 이론들에 따르면, 의사는 다음의 세 가지 의사소통 수준 중 하나로 이해될 것이라고 한다.

① 언어적 수준

사람들이 의사전달의 의도를 설명할 때 전의사소통(metacommunication) 수준에서 말한다.

"난 네가 내 말에 찬성하는지 알아보려고 했어."

"네 기분이 나쁜 것 같아서 나는 너를 편하게 하려고 했어."

② 비언어적 수준

사람들은 그들의 의사소통을 많은 비언어적 방법을 통해 이해한다. 예를 들면, 몸동작, 표정, 목소리, 자세, 눈빛 등의 변화가 있다. 비언어적 의사소통은 아마도 다음과 같은 의미를 내포할 수 있다.

a. 언어적 의사를 강화한다

- 한 어머니가 자녀에게 미소를 보이면서 말한다. "사랑해."
- 한 남편이 아내가 새 직장을 구해서 기쁘다고 말한다. 그때 그의 표정은 진짜 기뻐한다는 것을 전달한다.

b. 언어적 표현과 모순되거나 그 표현을 변경한다

- 어떤 연인이 말한다, "가까이 와봐, 자기야. 다정하게 있자." 그리고는 그의 몸이 경직된다.
- 지루한 얼굴로 어느 친구가 말한다, "물론 나는 요즘 네가 하는 일에 관심이 있어."

c. 비언어적 표현과 모순되거나 그것을 변경한다

- 어떤 사람이 유혹하는 듯 행동하다가 상대방이 애정적인 몸짓을 보내면 이내 물러선다.
- 한 손님이 가려고 외투를 입고는 현관에서 꾸물거린다.

③ 상황적 수준

의사소통이 벌어지는 상황은 말하는 사람의 언어적, 비언어적 표현을 강화하거나 약화한다. 예를 들어, 한 어머니가 교회에서 잘못을 저지른 자식을 야단칠 때 아이에게 몸을 기대고 있다. "그만두지 않으면 '지금 당장' 때릴 거야!" 어머니가 의사를 전달하는 상황이나 맥락은 따라서 본질적으로 언어적 표현을 약화한다.

기능적인 의사소통을 위해서는 위의 의사소통 수준들의 차이를 파악해야 한다. 그리고 누군가의 말과 몸짓이 서로 다를 때는 명확한 의도를 찾아야 한다. 그리고 피드백을 수용하고 모호한 의사를 전달했을 때 그것을 명확하게 할 수 있어야 한다. 그러므로 결정적인 사정의 과제는 가족체계 구성원들의 의사전달에서 언어적, 비언어적, 상황적 수준 사이에 어느 정도 일치성이 있는지 알아내는 것이다. 체계가 곤궁에 처해 있고 행동양식에 병적 징후가 있으면 있을수록, 표면적인 의사소통은 모순되어 가족 구성원들을 당황하게 하고 화나게 하며 상처를 입게 만들어 거기에서 빠져 나올 수 없게 만든다.

의사소통의 일치성을 고려하는 것에 덧붙여, 의사전달의 '명확성'을 사정하는 것도 중요하다. 라잉(Laing, 1965)은 어떻게 가족이 의사소통을 현혹시키고 껍질을 입혀서 가족관계의 의견불일치나 갈등의 성격과 원인을 흐리게 하는지를 설명하기 위해 '신비화'라는 용어를 사용한다. 의사소통의 신비화는 다른 사람의 경험을 부정하는 등("그런 생각을 한다면 너는 미친 것이 틀림없다") 무수한 술책에 의해 행해진다. 이것은 특히 말하는 사람의 의도가 특정한 한 사람에게 의사를 전달하려는 것일 때 아무에게도 반응하지 않음으로써 드러난다. 말하는 사람의 인식을 흐리게 하는 데 효과적인, 판독하기 어려운 모호한 반응을 한다든가 비꼬는 반응을 하여 의미를 다중적으로 만드는 것이다(Lewis 등, 1976). 다음은 의사소통을 흐리게 하는 장애물이 되는 소모적인 반응에 대한 내용이다.

(2) 의사소통의 장애물

7장에서 사회복지사가 만들어낼 수 있는 클라이언트와의 의사소통을 가로막고 치료과정을 지체시키는 많은 장애물들을 살펴보았다. 이와 같이 클라이언트들은 종종 다른 사람과의 의사소통에서 이와 비슷한 파괴적인 반응을 반복적으로 보인다. 그래서 의미있는 교류를 막고 인간관계의 갈등과 긴장을 만들어낸다. 다음의 목록은 인간관계에서 열린 의사소통과 진실한 접촉을 막는 반응들을 나열하고 있다.

- 조급하게 주제를 바꾸거나 피하기
- 과잉일반화
- 지나친 질문
- 동정하기, 용서하기, 거짓안심 시키기
- "마음 읽기," 진단하기, 해석하기
- 관계에서 부정적인 과거사건을 떠올리기
- 부족한 대답
- 의견표현의 실패
- 언어 중심의 상호작용
- 단언적인 말하기, 흑백논리의 태도
- 과도한 동의 또는 반대
- 빈번한 조언
- 부정적 평가, 문책, 비판
- 지시, 명령, 위협, 훈계
- 비꼬는 유머, 지나친 농담, 조르기

부부와 가족의 문제점 있는 의사소통에 대한 사정은 비언어적 수준의 행동도 포함해야 한다. 예를 들면, 노려보기, 외면하기, 얼굴 붉히기, 초조해하기, 자세 바꾸기, 손가락질하기, 목소리 높이기, 위협적인 표현 또는 혐오, 멸시하는 표현 등이 있다. 앞에서 강조했듯이 의사소통의 언어적, 비언어적 수준 간의 차이를 파악해야 한다.

모든 가족은 대화습관에 따라서 의사소통의 장애물이 있다. 하지만 어떤 가족의 구성원들은 스스로의 의사소통양식을 감시하고, 다른 사람에게 부정적인 충격을 줬을 경우, 그들의 반응태도를 조정한다. 사실 이러한 가족은 많은 부정적 의사소통을 예방하는 '규범'이 있다. 예를 들면, "소리치거나 사람들의 이름을 크게 부르지 않는다" "누가 말할 때는 집중해서 들어야 한다" 등이 있다. 그와 다른 가족은 구성원들 사이에 만연한, 파괴적인 의사소통양식이 확립되어있다. 그리고 구성원들은 스스로의 혐오적 특성에 대해 거의 모른다. 더욱이 이러한 가족의 구성원들은 자신의 의사표현으로 다른 사람에게 미친 부정적인 충격에 거의 책임지려하지 않는다. 그러면서 파괴적인 의사소통양식을 포기하는 것에 저항한다. 그것이 다른 사람들을 위해서도 좋고 훨씬 쉬운 방법인데도 말이다. 가족의 의사소통양식을 관찰할 때는 다음을 사정하는 것이 중요하다. ① 경향화된 부정적 의사소통의 존재, ② 그런 부정적 경향이 퍼져있는 정도, ③ 습관화된 의사소통양식을 수정하기 위한 개별 구성원들의 상대적인 능력.

앞의 요인들뿐만 아니라, 개별구성원들이 서로 반응할 때 반복적으로 나타나는 다양한 의사소통양식의 조합 또한 밝혀내야 한다. 다음의 두 남녀의 예와 같이 어떤 결혼관계에서, 한쪽이 다른 쪽을 빈번하게 지배하고 비난하며 책망한다. 이에 비해 다른 쪽은 방어, 사과, 위로, 복종한다(Larsen, 1982).

아내: 당신은 전혀 조디[딸]와 놀아주지 않는군요. 인터넷 하면서 전혀 모르는 사람들이랑 얘기하는 게 당신한테는 더 중요하군요.

남편: 나는 조디랑 놀아주고 있어[예를 든다], 당신이 몰라서 그렇지.

아내: 나도 알아요. 조디랑은 정말 조금만 같이 놀아주지요. 당신은 컴퓨터에서 떨어지는 걸 힘들어하잖아요.

남편: 지난 주 토요일에 조디랑 몇 시간 동안 같이 놀아줬다고. [얼마나 딸과 시간을 보냈는지 자세하게 설명하기 시작한다.]

위 대화에서, 아내는 끊임없이 남편을 공격하고 남편은 끊임없이 방어한다. 그리하여 결혼관계의 의사소통양식인 '비난-방어(fault-defend)' 양식이 나타난다(Thomas, 1977). 행동양식의 차이에 의한 의사소통과 관계있는 이러한 양식은 상호보완적 양식이라고 일컬어져왔다. 이러한 경우 이야기하는 갈등의 주제와 내용은 변하지만, 각 배우자의 형식화된 의사소통의 차원과 그들이 이야기를 진행하는 태도는 변하지 않는다. 더욱이 부부가 서로 주고받는 똑같은 양식의 반복은 부부의 다른 상호작용에서도 나타날 것이다.

부부 간의 의사소통에서 나타나는 주제에 대한 태도는 그 숫자가 제한되어 있고 부부마다 다르다. 예를 들어, 어떤 부부는 일방적인 비난-방어 형태가 나타내기보다는 상호대칭적으로 서로를 공격하고 비난하며 지속적으로 서로의 결점을 찾아내려 한다. 즉 비난-비난양식이라 할 수 있다. 다른 부부는 피상적인 문제나 부부관계와 상관없는 문제들에 대해서만 얘기하기로 '공모' 하는 경우도 있다. 그래서 의견불일치, 개방적인 감정공유, 불만제기를 지속적으로 회피한다.

가족 전체의 의사소통양식을 사정하는 것은 더 많은 구성원들이 복합적으로 관계하고 있기 때문에 부부의 경우보다 훨씬 더 복잡하다. 가족 내부의 각 개인은 양식화된 의사소통방식이 있다. 그것은 동일한 주제에 대한 다른 가족 구성원들의 의사소통과 양식화된 방법과 결부된다. 예를 들어, 어느 아버지가 가족 내에서 대변자 또는 '정신적 지도자' 로서 역할을 지속적으로 한다. 예를 들어, 아버지는 "네가 정말 느끼는 것은 그게 아닐 거야", "랜디, 넌 지금 배고픈 게 아니라 단지 먹고싶은 거란다" 라고 말한다. 이러한 아버지의 양식화된 행동에 대한 가족 구성원들의 양식화된 반응의 범위는 다양하다. '마음을 읽는 능력에 대한 이의제기' ("전 그렇게 느끼지 않아요!")에서부터 '비언어적 철회' (예컨대 아버지를 외면하고 의자에 움츠리는 것) 또는 '암묵적 승인' ("우리는 언제나 눈으로 대화합니다) 까지 다양할 수 있다.

(3) 의사수신 기술

의사소통의 세 번째 중요한 차원은 타인의 내적 생각과 감정의 수용성 또는 개방성이다. 수용성은 우리가 곧 논의하게 될 '수신기술(receiving skill)' 을 통해 나타난다. 하지만 이에 앞서 심각하게 교란된 가족에서는 가족 구성원들이 다른 사람의 독특한 생각에 상냥하고 지지하는 태도로 반응하는 것을 거의 인정하지 않는다. 도리어 구성원들의 반응은 대개 비웃음, 부정적 평가, 개성의 무시 등 개인적인 생각과 감정표현을 지속적으로 처벌하거나 부정하는 비판적인 언급의 형태가 있다. 이러한 가족에서 구성원들은 또한 빈번한 '이중 독백(dual monologues)' 에 관련되어 있다. 즉 그들은 다른 사람의 반응을 얻지 못한 채 동시에 의사표현을 하는 것이다. 반대로 건강한 가족에서는, 구성원들은 서로의 관점과 시각을 환영하고 인정한다. 또한 찬성이나 반대를 개방적으로 표현하는 것이 가끔은 갈등이나 논쟁을 불러일으킬 것을 알면서도 표현의 자유를 느낀다. 현상에 대한 인식의 차이를 누릴 권리는 가족체계 안에서 보호된다.

기능적 가족과 역기능적 가족을 비교하면, 전자가 가진 여러 언어적 비언어적 반응의 범주들을 후자에게서는 눈에 띄게 부족하다는 것이 명백해진다. 이러한 반응에 포함되는 것은 이해함을 전달하고, 말하는 사람의 경험의 특수성을 존중함을 나타내며, 계속해서 이야기를 들어주겠다는 뜻을 내비치는 것들이다. 이러한 이해와 수용의 뜻을 전달하기 쉬운 반응의 형태는 다음과 같다.

- 신체적 집중 (예: 쳐다보기, 수용하는 몸가짐, 집중하는 얼굴 표정 등).
- '듣기' 혹은 되받아 말하기, 즉 상대방의 말의 요점을 새로

운 말로 다시 말하는 식의 반응(예: "그러니까 네 말은……," "네 느낌은……").

- 말의 의미를 좀더 명확하게 하도록 유도하는 반응(예: "무슨 말인지 확실히는 잘 모르겠다. 다시 말해줄래?" "네 말을 이렇게 받아들였는데 맞니?")
- 상대방이 더 자세히 말하도록 재촉하기 위한 간단한 반응(예: "아!" "응, 그래" "계속해봐")

가족의 의사소통양식을 사정함에 있어, 개인들(또는 집단)이 위에서 제시한 의사소통의 범주를 사용하는지를 측정해야 한다. 곤란에 처한 많은 가족들은 그들의 의사소통에서 대부분

이러한 반응들을 거의 하지 않는다. 다행히 교육적 개입을 통해 이들에게 이러한 의사소통기술을 발전시키게 할 수 있다.

(4) 의사전달기술

의사소통의 네 번째 중요한 차원은 가족 구성원들이 내밀한 생각과 감정을 가족 내의 다른 사람들과 공유하는 정도이다. 르위스 등(1976)은 이것을 '자기중심(I-ness)' 이라고 부른다. 그것은 "개별 가족 구성원들이 감정, 생각, 행동, 가치를 명확히 표현하고 개인들을 구분하며 생각, 감정, 행동에 대한 책임을 질 수 있는 능력이다(p.57)." 조작화해서, '자기중심(I-ness)' 은 자신의 감정, 생각의 좋고 나쁨을 개방적이고 솔직하게 드러내는 것이다. 즉 '나' 에 대한 이야기를 하는 것이다. "나는 이렇게 느끼고 생각하고 바란다. 왜냐하면 이러이러하기 때문이다." 건강한 가족은 구성원들이 솔직하고 개방적으로 마음을 표현하는 것을 허용한다. 감정은 자유롭게 공유되고 사람들은 자신의 실수를 인정하고 용서를 구할 수 있다. 반대로 교란된 가족에서는, 의사소통이 간접적이고 모호하며 신중하다. 그리고 개인은 자신의 감정, 생각에 책임을 지지 않는다. 오히려 이들은 '너' 에 대한 이야기를 많이 한다. 그래서 말한 사람은 자신의 생각에 대해 책임을 피하고 숨기거나 남에게 책임을 넘긴다(예컨대 "너는 날 어리둥절하게 했다, 그래서 난 기억이 안 난다"). 이러한 의사표현은 주로 다른 사람의 행동에 대해 명령형이 많다(해야 한다, 하지 않으면 안 된다). 또는 듣는 사람을 부정적으로 평가한다(예컨대 "제니, 너는 정말 게으르구나" "네가 그렇게 생각하면 안 돼").

(5) 장점, 성취, 성장을 인정하는 반응들

가족 구성원들의 높은 자부심(self-esteem)을 발전시키는 데 중요한 의사표현은 사람의 가치와 잠재력을 계속해서 인정하는 것이다. 이러한 반응은 대부분의 문제가족에서는 드물다. 오히려 이러한 가족의 의사소통양식은 낮추기, 평가하기, 비난, 공격, 비판, 자존심 상하게 하기, 상대방의 경험을 부정하기 등이 지속적으로 나타나는 것이다. 어린이의 자부심은 이러한 파괴적인 의사소통에 의해 특히 상처받기 쉽다. 어린이들이 다른 사람들로부터 긍정적인 말을 자주 듣지 않으면, 부모와 형제들이 말하는 부정적인 면을 서서히 내면화하게 된다.

더욱이 파괴적인 말의 지속적인 반복의 결과로 어린이들은 부모의 말에 들어 있는 예언과 들어맞는 부정적인 행동양식을 발전시킬 수 있다(예컨대 "너는 네 아버지와 꼭 닮았구나, 넌 어떤 일을 해도 결코 성공하지 못할 거야"). 마지막으로 어린이들은 모든 긍정적인 말을 자신의 부정적인 관점에 부합하지 않기 때문에 무시하거나 불신하는 정도의 상황에 처하기도 한다. 그 때문에 남들에 의해 투영된 결함 있고 손상된 자신의 이미지를 영속시킨다. 어린이의 자신에 대한 부정적인 관점과 긍정적인 것을 비뚤어지게 보는 경향과, 주위사람들의 부정적이고 불길한 예언을 현실화하는 것은 그들이 성인이 되었을 때의 성격을 결정하는 한 요소가 된다.

반대로 건강한 가족체계의 구성원들은 결점과 불길한 예언보다는 서로에 대한 긍정적인 특질과 잠재력을 더 강조한다. 예를 들어, 이들은 실수를 실패로 보지 않고 성장을 위한 기회로 본다. 가족 구성원들이 다른 사람의 고유

한 가치와 독특한 성취를 인정하는 반응을 지속할 때, 그들의 자부심은 성장을 계속하고, 이러한 환경에서 어린이가 발전시키는 자아에 대한 강한 관념은 이후 성인이 되었을 때 시련을 잘 견딜 수 있게 한다.

건강한 가족은 구성원들의 가치를 인정하는 많은 방법들을 알고 있다. 따뜻한 육체적 표현 (만지기, 안아주기, 머리 쓰다듬기 등), 직접적인 언어적 표현(예컨대 "난 너를 사랑한다"), 다른 사람의 말에 대한 언어적, 비언어적 집중, 다른 사람이 하는 활동에 대한 관심(예컨대 어린 아들이 농구를 하며 노는 것을 본 아버지가 아들에게 공을 던지고 받는 법을 가르치기 시작하는 것) 등이 포함된다. 비록 이러한 주요 영역을 찾아내고 이에 대한 긍정적인 반응을 줄 수 있는 능력이 보통 약간은 부족하더라도, 어느 정도까지는 대부분의 건강한 가족은 구성원들의 장점, 성장, 긍정적 활동 또한 인정할 줄 안다.

11) 가족의 강점들

간신히 기능을 유지하는 가족을 포함하여 모든 가족은 그 개인과 집단의 강점을 가지고 있고, 사정과정에서는 이점을 밝혀내야 한다. 그러나 원조전문가의 뿌리깊은 병리학적 관점 때문에, 사회복지사는 때때로 인식틀을 수정해야 한다. 이는 가족을 떠받치는 강점들이 처음에는 명확하지 않기 때문이다. 문제가족에서 어떤 일이 올바로 진행되고 있는지를 밝히는 것은 어렵다. 왜냐하면 문제와 곤란함이 이러한 가족의 구성원들에 붙어있기 때문이다. 그러므로 가족이나 부부와 관계된 사정에서 체계의 고유한 강점들을 관찰하고 확인하는 일에는 신중하고 단련된 노력이 필요하다.

또한 문화적 맥락에 따른 가족의 강점에도 특별한 주의를 기울여야 한다. 많은 인종집단은 역사적인 인종차별에 고통받아왔거나, 정치적 추방으로 인해 고향, 자아정체성, 준거집단, 지지집단, 사회적 역할, 직업에 극심한 상실을 경험했다. 차별에 기죽고, 가족붕괴로 불구가 되고, 언어의 차이와 교육부족, 기술 부족, 정보와 자원의 부족으로 장애를 겪는 많은 하층 가족들은 불가항력적 환경에 대항함에 있어 무기력함을 느끼는 경우가 많다. 그럼에도 불구하고 이러한 가족들은 많은 강점들이 있다. 그리고 사회복지사는 이러한 강점들을 발견하고 치료과정에 사용함으로써 가족이 바람직한 변화를 수행할 수 있게 하는 것이 중요하다. 흑인가족에 대해 말하면서, 위버(1982)는 사회복지사가 그 문화적 배경을 고려하며 동시에 문제가족의 안녕을 증진하기 위해 가족의 강점을 인정하고 활용할 때 부딪치는 어려움에 대해 정확하게 꼬집어낸다.

> 가족체계의 강점에서부터 시작하는 것이 매우 중요하다. 가족은 약점이 아니라 강점을 따라간다. 모든 가족은 선천적인 강점이 있다. 그리고 사회복지사는 가족이 스스로 그 강점을 사용하여 선택하고 결정하는 것을 도와야 한다. 그러면 가족은 스스로 그들의 목표를 달성할 수 있을 것이다(p.103).

가족의 문화적 배경에 관한 한 연구는 예를 들어, 친척끼리 돕는 것 등 흔히 볼 수 있는 문화적 강점을 드러내고 있다. 하와이 사람들의 인심 좋은 대접, 미국 인디언의 협동정신, 유태인의 교육과 성공에 대한 열정, 독일 사람들의 도덕(완벽주의, 장인정신, 작은 것에 대한 정성에서 드러남) 등 각각의 문화적 집단은 고유한 강점들이 있다.

성공적인 또는 잘 적응한 가족은 전통적인 관습, 공예, 언어, 가치의 유산을 보존하는 것에 강한 관심을 보이고 있다(Ho, 1987). 이와 같이 성공한 가족은 종교, 계절적 휴일, 노동, 놀이 의식을 통해 가족의 유대를 보존하고 있다.

주의 깊은 관찰을 통해 가족이나 부부의 많은 강점들을 발견해야 한다. 중요한 강점들의 예는 문제에 대해 의논하려 하고 도움을 받아들이는 자세, 고통스러운 일의 해결에 착수하려는 마음가짐, 가족 구성원들 간의 관심의 표현, 가족문제를 발견하려는 노력, 가족에 유익한 방향으로 문제를 수정, 변화하려는 의도의 표현 등이 있다.

12) 가족의 인생주기

가족사정의 마지막 척도는 가족전체가 통과해야 하는 발달단계에 관한 것이다. 듀발(Duvall, 1977)과 다른 이론가들의 발달이론에 기초하여, 카터와 맥골드릭(Carter & McGoldrick, 1988)은 미국 중산층 가족의 인생주기에 대한 개념적 분석틀을 제시한다. 이 모델은 3~4세대에 걸쳐 가족체계가 시간의 경과에 따라 변화하는 것을 관찰하여, 예측가능한 발달사건(예컨대 출산, 결혼, 은퇴)과 인생주기를 붕괴시킬 수 있는 예측 불가능한 사건들(예컨대 불시의 사망, 장애아의 출산, 이혼, 만성질환, 전쟁 등)을 포함시키고 있다.

카터와 맥골드릭은 가족발달의 여섯 단계를 제시한다. 모든 단계는 시간의 흐름에 따른 가족 구성원들의 유입과 배출에 관련된 결절점(結節點)적 사건들과 관계가 있다. 이 단계에는 '미혼의 젊은 성인' '신혼부부' '어린아이를 둔 가족' '청소년을 둔 가족' '자녀의 독립시기' '노년기의 가족' 들이 있다. 이 단계들을 잘 거쳐나가기 위해 가족은 각 단계마다의 과업을 성공적으로 완수해야 한다. 예를 들어, '미혼의 젊은 성인' 단계에서는 가족으로부터 분화하여 새로운 가족체계를 형성하기 이전에 독립해야 한다. '신혼부부' 와 그들의 출신가족들은 그들의 관계를 새로 설정해야 한다. '어린아이를 둔 가족' 은 부모의 과도한 개입과 모자란 개입 사이에 세심한 균형을 이루어야 한다. 모든 단계에서 문제들의 대부분은 가족의 인생주기가 펼쳐지면서 단계의 중단 또는 위치변화가 있을 때 발생한다. 즉 그 가족은 정체되어 있고 다음 단계로 넘어가는 데 어려움이 있다는 말이다.

메이어(Meyer, 1990)가 지적하듯이, 물론 인생주기의 다양화, 특히 재구성된 가족의 인생주기의 다양화는 오늘날의 세계에서 발생하고 있다.

사건의 시간적 연속성과 관련된 부분에서 기존의 규범은 변해왔다. 교육, 노동, 사랑, 결혼, 출산, 은퇴는 지금의 연속선상을 벗어나 있다. 사건은 여러 단계의 선상에서 어느 한 방향으로 이동할 것이라는 예측이 불가능하다. 오늘날의 세계에서, 삶의 사건들은 미리 정해져 있지 않다. 그 사건들은 독립되고 섞여 있으며 자아정체성과 기회에 반응이 강하다(p.12).

가족 인생주기의 다양화는 문화적 맥락에서도 발생하고 있다. 모든 문화권은 인생의 단계들을 구분한다. 각각의 단계에서 기대하는 것에 따라 남자 또는 여자가 된다는 것, 나이가 들어 집을 떠난다는 것, 결혼하여 아이를 갖는다는 것, 나이가 들어서 죽는다는 것에 대한 정의를 내리고 있다.

제 11 장

사회복지실천에서 집단 형성과 사정

Forming and Assessing Social Work Groups

사회복지사는 흔히 집단을 대상으로 실천한다. 토슬랜드와 리바스는 집단사회복지(group work)를 "사회정서적인(socio-emotional) 욕구를 충족시키고 과업달성을 목적으로 하는 사람들로 이루어진 소규모 집단 사람들과 행하는 목표 지향적인 활동이다. 이 활동은 집단의 개별 성원들을 대상으로 행해지는 것으로, 이 때의 집단은 어떤 서비스 전달체계 내의 전체"라고 정의했다(Toseland & Rivas, 1995: 12). 이러한 정의는 집단을 대상으로 하는 모든 사회복지실천이 특정 목표에 도달하는 것을 목적으로 하고 있다는 점을 시사한다. 그러한 목표는 개개인이 변화를 이루도록 돕는 것에 중점을 둘 수도 있다. 또한 집단목표는 변화단위 전체로서의 집단에 중점을 둘 수도 있고, 주위환경에 영향을 미치는 메카니즘으로서의 집단에 중점을 둘 수도 있다. 전자들 중에는 사회기술, 교육, 그리고 치료의 제공을 통해 성원들의 사회정서적 행복감을 증진시키는 것을 목적으로 하는 치료집단이 있다. 후자들 중에는 어떤 프로젝트의 완성이나 어떠한 성과물을 내는 것에 중점을 둔 과업집단이 있다. 과업집단에서 사회복지사는 자문집단이나 클라이언트 서비스를 촉진시키기 위한 팀형식으로 다른 전문가들과 협력한다.

두 종류 집단 모두에 있어서 유능한 집단지도자들은 세 가지 과제를 안고 있다. ① 그들이 계획한 목적에 이바지하는 효과적인 집단 만들기, ② 그러한 집단 내에서 개인과 집단역동들을 정확하게 사정하기, ③ 집단과정들이 집단목표달성에 집중되도록 조절하기 위해 효과적으로 개입하기.

기술적으로 집단을 계획하고 집단의 목적, 구조, 구성 등을 조직적으로 세우는 것은 다른 모든 것들에 선행되어야 하는데 이러한 과정들이 효과적인 사정과 개입 그리고 궁극적인 집단의 성공 둘 다를 위한 기초작업에 놓이는 것이기 때문이다. 집단구조와 분위기를 만들 때 세심한 사전의 고려가 없다면 그것들을 지탱할 수 있는 단단한 구조가 없는 것이기 때문에 모든 사정과 개입노력은 헛될 것이다.

이 장에서는 사회복지사가 효과적으로 집단을 형성하고 정확하게 집단과정을 사정할 수 있도록 하는 기본틀을 제시해줄 것이다. 궁극적으로 이 장은 17장의 주제인 효과적인 집단개입을 위한 기초를 놓는 것이다.

이러한 목표에 초점을 맞추기 전에 간단하게 사회복지사가 세팅 내에서 형성하고 이끌어가야 할 집단의 유형에 대해 논의해보고자 한다.

1. 집단의 분류

사회복지사가 자주 관여하는 집단을 두 가지 범주로 나눌 수 있다. 치료집단과 과업집단이 그것이고, 각각은 다음과 같은 몇 가지 특징이 있다.

치료집단(treatment group)은 성원의 사회정서적 욕구에 대한 만족을 증가시키려는 광범위한 목표가 있다. 그 반대로 과업집단(task group)은 과업의 달성을 위해서, 성과물을 산출해 내기 위해서 또는 명령을 수행하기 위해서 만들어진다(Toseland & Rivas, 1995: 15). 치료집단과 과업집단은 여러 가지 근본방식에 있어 대조적일 수 있다. 치료집단에서는 의사소통이 공개적으로 이루어지고 성원들이 적극적으로 상호작용할 수 있도록 격려한다. 반면에 과업집단에서는 의사소통이 특정 과업에 관한 논의에 집중되어 있다. 치료집단에서 하는 역할들은 상호작용의 결과에 따라서 끌어낼 수도 있지만 한편으로는 과업집단 내의 각 성원들에게 할당될 수도 있다. 치료집단에서의 과정은 집단에 따라 유연하거나 형식적이지만 과업집단에는 보통 형식적인 일정과 규칙들이 있다.

치료집단과 과업집단은 자기공개성(self-disclosure), 기밀성(confidentiality), 그리고 평가의 측면에서 한층 더 달라진다. 치료집단에서 자기공개성은 매우 높고, 진행과정은 집단 내에서만 이루어지며 집단과정의 성공은 성원들의 치료목표가 성공적으로 충족되었는가에 근거한다. 대조적으로 과업집단은 자기공개성이 낮고, 진행과정은 은밀할 수도 있고 대중에 공개적일 수도 있으며 집단의 성공이 성원들이 그 과업이나 명령을 달성했는가 또는 성과물을 산출했는가에 근거한다.

더 나아가 토슬랜드와 리바스(Toseland & Rivas, 1995)는 위와 같은 집단들이 가지고 있는 다음의 네 가지 주요 목적들에 의해 결정되는 특징을 이용하여 치료집단의 분류를 더욱 세밀히 하였다.

1. 지지 : 장차 일어날 인생의 사건에 좀더 효과적으로 적응하기 위한 대처기술을 부흥시킴으로써 성원들이 삶의 위기에 대처할 수 있도록 돕는 집단들. 예를 들어, 이혼의 영향에 대해 토론하기 위한 취학아동모임이나 암의 영향과 그것에 어떻게 대처할 것인가에 대해 논의하는 암환자들(ibid., p.21).

2. 교육 : 성원들이 그들 자신과 사회에 대해 배우는 것이 주요 목적인 집단들(예: 사춘기의 성별집단)

3. 성장 : 능력과 자의식을 넓히고 개인적인 변화들을 이끌어낼 수 있는 기회들을 성원들에게 제공하면서 자아향상을 강조하는 집단들(예: 부부를 위한 결혼생활 향상 집단). 성장집단은 사회 정서적인 병리를 치료한다기보다는 사회 정서적인 건강을 증진시키는 데 중점을 둔다(ibid., p.26).

4. 치료 : 성원들이 자신의 행동을 바꾸고 개인적 문제들을 완화하거나 거기에 대처하고, 또는 사회적 또는 건강상의 외상 이후에 그들 스스로를 원상으로 복귀시킬 수 있도록 돕는 집단들(예: 마약중독집단). 치료집단에서는 지지를 강조함과 동시에 치료와 회복에 중점을 둔다.

5. 사회화 : 발달단계에 의해 어떤 역할 또는 환경에서 또 다른 것으로 전환하는 향상된 대인관계 또는 사회기술을 통해 촉진시키기 위한 집단들. 그러한 집단들은 종종 프로그램 활동, 구조화된 실천, 역할기법, 그리고 이와 비슷한 것 등을 사용한다(예: 이전에 공공시설에 수용되었던 사람들을 위한 사교클럽).

자조집단(self-help group)은 마약이나 암 또는 비만과 같은 핵심적인 공동 관심사가 있다는 점에서 치료집단이나 과업집단과 구분될 수 있다. 비록 사회복지사가 자조집단을 형성하는 데 도움을 줄 수도 있지만 이 집단 자체는 집단의 성원으로서 같은 이슈를 놓고 애쓰고 있는 비전문가들이 이끌어간다. 그러한 집단들이 강조하는 것은 대인

간의 지지, 그리고 개개인이 다시 한번 그들의 삶을 책임질 수 있는 환경을 만들어주는 것이다. 그러한 집단들은 특히 마약중독이나 공격적 행동, 정신질환, 장애, 자녀의 죽음, 도박, 체중조절, 가정폭력, 성적 지향성의 문제, 그리고 에이즈 등과 같은 공유된 문제들에 대해 지지를 제공한다. 이 집단들을 자신이 떠맡지 않고 지지와 상담을 제공해주는 것이 사회복지사의 일이다.

토슬랜드와 리바스(Toseland & Rivas, 1995)는 실제 실천에서는 서로 다른 집단유형 간에 그 기능과 목적이 여러 가지로 겹쳐 존재한다는 점을 강조하였다. 또한 모든 집단 사회복지실천의 형식에 적용되는 기본적인 원칙들이 있다. 여기서는 과업집단을 다루기 전에 치료집단의 생성과 사정을 먼저 다룰 것이다.

2. 치료집단의 형성

치료집단의 성패 여부는 집단형성과 집단경험을 위한 주의 깊은 성원의 선택과 준비에 크게 좌우된다. 이 섹션은 긍정적인 집단결과에 필수적인 초기 조건을 이루기 위한 접근법들을 제시하고 있다.

1) 치료집단의 목적 설정하기

한 집단의 전반적인 목적을 명백히 하는 것이 중요한데 그 이유는 집단의 목표가 뒤따를 모든 과정에 영향을 끼치기 때문이다. 더 나아가 레빈(Levine, 1967)이 강조한 것처럼, "그 집단을 만든 목적을 명백히 하는 것은 관찰과 사정, 그리고 활동을 위한 기본틀을 제공하고, 집단성원들이 결속하기 위한 토대를 제공하며 공동목표에 도달하기 위한 수단들을 제공한다(p.2)." 그래서 집단의 기본적인 목적의 윤곽을 분명하게 잡는 것이 세부적인 목적과 목표를 세우는 기초를 제공한다. 일반적인 집단의 목적은 다음과 같다.

- 성원들이 자기주장기술을 배우고 그 기술들을 실제상황에서 적용하도록 연습해보는 기회를 제공한다.
- 요양원 거주자들이 자기 자신들과 요양원 내 삶의 질에 영향을 끼칠 수 있는 의사결정에 참여하도록 하는 관리협의회를 만든다.
- 투옥된 사춘기 아이들이 학업수행능력, 동료와 직원들에 대한 행동을 개선하고 이를 통해 특정 행동상의 변화를 가져오면 석방이 가능하도록 밝힌 문서에 계약할 수 있도록 하는 것을 돕는다.

2) 기관과 사회복지사의 시각

목적을 결정하거나 목적에 영향을 끼치는 데에는 기관이 중요한 역할을 하기 때문에 사회복지사는 집단의 전반적인 목적에 기관의 목적을 반드시 반영해야 한다. 그러나 새로운 집단에게 바라는 목적에 관해서 기관과 사회복지사의 시각이 항상 공통되지 않을 수도 있다. 예를 들어, 사회복지사의 개인적이거나 혹은 전문적인 지향성 때문에 또는 기관이나 사회복지사가 상대가 신봉하지 않는 특정 이론이나 이데올로기 또는 기술 등을 더 선호함으로써 양측 사이에 의견차이가 발생할 수 있다. 예를 들어, 저자 중 한 명이 외래정신보건세팅에서 진정제를 남용하는 것으로 보이는 여성 집단을 만들어달라는 요청을 받았다. 이때 그는 약물남용자의 부정적인 특성에 초점을 맞춘 집단보다는 여성의 성장집단을 만드는 경우도 있었다.

사회복지사는 집단을 형성하기 이전의 과정 내내 지명된 집단을 위한 자신의 목표를 명확히 해야 하고, 집단목적과 관련된 관점을 도출해내기 위해서 행정가, 직원들과 함께 대화해야 한다. 기관과 사회복지사의 목적이 다른 경우, 사회복지사는 행정가와 일치하지 않는 면들을 언급해야 하고 양측 모두가 동의할 만한 일반적인 집단목적을 설정하기 위해 토론해야 한다.

3) 클라이언트의 시각

집단에 들어갈 때 클라이언트의 목적이 기관 또는 사회복지사의 목적과는 상당히 다를 수 있다. 이것은 잠재적 성원들이 다른 사람으로부터 의뢰되었거나 그 집단에 참여하도록 명령받았을 때 특히 그러하다(Rooney, 1992). 스코플러와 글린스키(Schopler & Glinsky, 1974)는 클라이언트의 목적이 여러 내부 또는 외부의 힘에 의해 영향받을 수 있다는 점을 강조한다.

그래서 사회복지사는 집단에 대한 클라이언트의 기대를 주의 깊게 탐색하고 그들이 현실적으로 이룰 수 있는 개인적이고 집단적인 목적들을 세워나갈 수 있도록 도와야 한다. 사회복지사는 개인, 집단, 기관의 목적이 서로 조화를 이룰 수 있도록 더더욱 노력해야 한다. 예를 들어, 윤락여성집단의 잠재적 클라이언트들이 집단에 참여할 것인가 아니면 기소를 당할 것인가를 두고 강제적인 선택을 해야 하는 양자택일 과정에서, 사회복지사는 대안의 인생스타일을 찾아보는 것이 집단참여의 협상 불가능한 조건이라는 점을 인식하면서 성원들에게는 기소를 피하려는 것이 주요목적이라는 점을 인식시키는 것이 중요하다(Rooney, 1992). 자발적으로 구성된 집단의 경우 클라이언트의 목적을 바꿔서는 안 되는데 클라이언트는 서비스의 소비자이기 때문이다. 클라이언트의 목적을 강조해주고 지켜주는 것에 대한 욕구는 레빈슨(Levinson, 1973)의 연구결과에도 반영되어 있다. 레빈슨은 사회복지사와 집단성원들 간의 목적에 대한 일치 또는 불일치의 결과에 관한 공통적인 몇 가지 유형들을 밝혀냈다. 사회복지사와 성원들의 목적이 일치하거나 또는 목적이 서로 다르지만 사회복지사가 집단의 목적을 따를 때 집단은 최상으로 기능하는 경향이 있었다. 그러나 사회복지사가 성원들이 거부한 목적을 주장하면 집단들은 일찌감치 해체되었다.

4) 세부적인 개인 및 집단목표 세우기

전반적인 집단목적을 세우고 그 집단을 불러모은 후에, 사회복지사는 성원들이 개별목표와 집단목표의 수준에 따라 세부적인 목표를 세우는 작업에 관여해야 한다. 개별목표는 성원들이 집단에 들어왔을 때의 바람과 목표들을 구체화하는 것이다. 반면에 집단목표는 "모든 참여자들, 즉 조직가와 성원들이 집단의 존재이유와 예상되는 결과들에 대해 서로의 생각과 느낌을 이야기할 때, 상호작용을 통해 생겨나는 산출물이다. 그렇기 때문에 집단목표는 그 집단이 집단적 노력을 해야 하는 근본적 이유, 기대사항, 그리고 목표를 포함하고 있다(Hartford, 1971: 139)."

다음의 항목은 개인 또는 집단 수준에서 형성될 수 있는 구체적인 목표의 예이다.

- 자기 자신의 행동(또는 집단과정)에 대한 인식을 넓혀간다.
- 자기 패배적인 행동을 밝혀내고 이러한 것들을 좀더 기능적인 행동으로 대체한다.
- 타 성원에 대한 확신의 증가에 대해 이야기한다.
- 외부적 강제, 즉 해야만 하는 것으로부터 좀더 자유롭게 된다.
- 자신이 원하는 것을 정확하게 요청하는 법을 배운다.
- 자기수용력을 높이고 숨겨져 있었던 잠재력과 독창성을 높인다.
- 자기 자신의 판단에 대한 신뢰를 키운다.

5) 사전면접

사회복지사는 집단을 소집하기 전에, 집단에 참여하기로 동기를 부여받은 사람들과 초기계약을 공식적으로 맺고 친밀한 관계를 형성하고 적절한 관심사를 찾아내며, 비자발적인 클라이언트에게는 강제적인 선택을 명확히 하기 위해서 잠재적인 집단성원들과 개인적으로 자주 만난다. 개별면접을 실시하는 것은 집단을 세심하게 구성하기 위해 필수적인데 여기에는 사전에 결정된 기준에 따라 성원들을 선택하는 것과 특정행동과 성격특성들이 집단의 목적에 이로울 것이라 생각되는 사람들을 포함시키는 것이 뒤따른다. 더 나아가 비자발적인 클라이언트 집단(예: 비행자, 법원이 의뢰한 부모 또는 중범죄자)을 구성할 때, 개별면접을 하는 것이 잠재적인 성원들의 문제라고 생각되는 것뿐만 아니라 문제라 인정된 것들을 확인하고, 강제적인 선택을 명백히 하도록 돕는 데 중요한 첫 번째 단계이다.

잠재적 성원들과의 사전집단모임은 사회복지사가 초기 모임에서 성원들에 대한 개입을 선택하고 방향을 잡아줄 때 실질적으로 가치 있을 수 있는 필수적 정보들을 얻도록 돕는다(정규집단모임에서는 시간상의 제약 때문에 그러한 중요정보들이 몇 주 동안 나타나지 않을 수도 있다). 게다가 사전면접을 실시하는 것은 사회복지사가 각각의 성원들과 이전에 확립된 관계를 가지고 초기집단모임에 들어가도록 해주는 데 있어 개인이나 집단수준에서 복합적인 의사소통과정에 참여해야 한다는 점에서 명백히 이점이다. 게다가 개별성원들에 대한 사전지식은 집단 내에서 성원들이 보이는 행동의 의미를 빨리 파악할 수 있도록 해주는데 이는 사회복지사가 집단과정과 성원들이 서로서로 관계를 맺는 것을 돕는 일에 집중할 수 있도록 해준다. 또한 초기모임 이전에 사회복지사와 친밀한 관계를 형성하는 것이 성원들이 첫 번째 만남에서 좀더 편안하고 쉽게 좀더 공개적이 되도록 돕는다.

사회복지사가 사전면접에서 성취하기 원하는 목표는 다음과 같다.

1. 잠재적 성원들이 지명된 목적과 집단의 목적, 그 내용과 구조, 집단과정을 운영해 가는 사회복지사의 철학과 스타일, 그리고 사회복지사와 집단성원 각각의 역할에 따르도록 한다.
2. 클라이언트의 지도자와 타 성원과의 관계속성과 사전집단에서 클라이언트가 보여주는 말하는 스타일, 클라이언트가 성취한 목적들, 그리고 개인적 성장 등을 포함하여 사전집단경험에 대한 클라이언트의 관점을 도출해 낸다.
3. 클라이언트의 문제를 도출해내고, 탐색하고 분명히 하며 그 집단에 무엇이 적절한지 명확하게 한다.
4. 지명된 집단에 관련하여 클라이언트의 희망, 열망, 그리고 기대를 탐색한다.
5. 클라이언트가 성취하고자 하는 특정 목표를 밝히고, 이러한 목표가 지명된 집단을 통해 성취될 수 있는지에 대해 논의한다. 그리고 그 집단이 개인적인 문제를 해결하기에 적절한 수단인가에 대해 클라이언트의 견해를 확정한다.
6. 상호간에 그 클라이언트 특성에 대한 프로파일을 만들고 그 클라이언트가 집단 내 활동을 통해 증가시킬 수 있을 것 같은 것을 결정한다.
7. 클라이언트가 그 집단에 참여할 수도 있다는 유보권을 포함하여 클라이언트가 집단에 참여하거나 집단을 통해 바라는 이점을 얻는 데 방해가 될 수 있는 잠재적 장애물들을 탐색하고 밝힌다.
8. 집단을 구성하기 위한 선별 과정은 두 가지 과정을 포함한다. 즉 잠재적인 구성원은 집단을 형성하기 이전에 집단지도자와 면접할 기회를 가져야 하며 그 집단이 자신의 문제를 해결하고 자신의 관심에 맞는 것인지 결정할 수 있어야 한다.

6) 집단구성

대부분의 경우에 집단성원을 선별할 때의 최우선적 요소는 후보로 된 성원이 변화를 일으키기 위한 동기가 있고 생산적인 집단성원이 되는 데에 필요한 노력을 기꺼이 할 사람인가의 여부이다. 또 다른 요소는 집단 내에서 다른 성원과의 친화성에 관한 것이다. 사회복지사는 또한 집단구성을 결정할 때 보통 다음의 것들을 고려한다. 즉 성, 연령, 혼인여부, 지적능력, 교육수준, 사회경제적 지위, 자아의 힘, 그리고 문제의 유형(Flapan & Fenchel, 1987)이 그것이다.

이러한 요소들이 동질적인가 이질적인가의 문제는 집단을 구성하는 데 중요한 이슈이다. 개인적 특성과 그 집단의 목적이 유의미한 정도로 동질한가의 여부는 의사소통과 집단응집력을 촉진하는 데 필수적이다. 그러한 동질성이 없다면 성원들은 서로 상호작용하기 위한 기반을 별로 갖지 못할 것이다. 예를 들어, 토슬랜드와 리바스(Toseland & Rivas, 1984)는 교육수준과 문화적 배경, 집단과제와 관련된 전문성의 정도, 그리고 의사소통능력 등이 집단 내에서 동질성을 만들어내는 데 중요한 요소임을 밝혀냈다.

반면에 대처기술, 인생경험, 그리고 전문성의 정도에 있어서 성원들이 갖게 되는 일부 다양성들은 학습을 촉진시키고 서로 다른 관점, 생활방식, 의사소통방법과 문제해결방법 등을 성원들에게 경험하게 한다. 예를 들어, 치료집단이 지지와 상호원조 그리고 학습을 위한 복합적인 기회를 제공하여 최종 성과물을 얻기 위해서는 서로 다른 문화와 사회계급, 직업 또는 지역을 가진 성원들로 구성될 수도 있다. 이질성은 복잡한 과업을 다룰 때 일의 효율적인 분할을 위해 충분한 자원들을 제공해야만 하는 과업집단의 멤버십에서는 매우 중요한 변수이다(Toseland & Rivas, 1995: 158). 극복해야 할 문제는 이질성과 동질성 사이에서 실행 가능한 균형을 이루는 것이다.

코리(Corey, 1990)는 "매우 박식한 일부 사람들은 집단의 에너지를 다 빨아들여서 생산적인 집단사업실천을 위한 에너지가 거의 남아 있지 않게 한다"는 이유로 행동 또는 병리가 극단적인 성원을 자발적 집단에 포함시키는 것에 경고하였고, 집단 응집력의 발달에 심각하게 방해를 끼치는 사람도 집단에 포함시키지 않도록 하였다.

이것은 부분적으로 독점하려 하고 지배하려는 욕구가 있는 사람과 억압된 감정을 행동화하려는 욕구를 지닌 공격적인 사람이나 적대적인 사람들 그리고 극단적으로 자기중심적이고 한 집단을 청중정도로 보는 사람들에게는 맞는 말이다. 그러나 그러한 적대적인 행동은 가정폭력이나 마약남용을 다루는 집단과 같은 몇몇 집단에서는 공통요소일 수 있다(Milgram & Rubin, 1992). 일반적으로 대부분의 집단으로부터 제외되는 사람들은 심각한 위기상황에 있고, 자멸적이고, 사회 병리적인 성격이며, 매우 수상쩍고 또는 자아의 힘이 부족하고 분열된 행동이나 이상한 행동을 하는 경향이 있는 사람들이다(p.89).

한 클라이언트를 포함시킬 것인가 제외시킬 것인가에 대한 결정은 그 집단의 목적과 많은 관련이 있다. 예를 들어, 알코올중독자들은 개인성장집단에서는 제외될 수 있지만 여러 유형의 중독으로 고통받고 있는 사람들로 이루어진 동질적인 집단에서는 충분히 포함될 수 있다. 이와 유사하게 험악한 클라이언트는 가정폭력집단에 포함될 수 있다.

가빈(Garvin, 1987)은 치료집단에 일반성원들과는 매우 차이나는 성원을 포함시키는 것에 대해 다음과 같은 이유를 들어 경고하였다.

> 그 이유는 이 사람이……바람직하지 못한 것으로 인식될 것이고 또는 사회적인 관점에서 다른 성원들에 의해 일탈된 존재로 인식될 위험이 있기 때문이다. 그 차이가 나이나 인종과 같은 일부 속성에 근거한 것일 때, 성원들은 이 사람과 의사소통하는 것을 피할 수도 있는데 이것으로 집단을 고립시킨다. 그 차이가 논의되는 주제나, 개인적 발표 또는 사회기술과 같은 행동에 근거한 것일 때는 성원들이 그 개인에 대해 비판적이 될 수 있고, 그 사람에게 죄를 전가하여 그 사람은 이후에 그 집단에 대한 부정적인 감정을 키워나가고 그 집단의 작용을 피하다가 결국에는 집단에 참여하는 것을 그만둘 것이다(p.64).

가빈은 집단구성이 이상성격의 성원을 만들어낼 가능성이 있을 때, "성원들 성격을 병렬(continuum)적으로 구성하기 위해 그 당사자와 유사하거나 또는 어디에서든 '중간'에 서 있는 사람을 또 다른 성원으로 집어넣을 것을 권고"(p.65)하였다.

7) 개방집단 대 폐쇄집단

집단들은 계속해서 새로운 성원에게 집단을 열어두는 개방형식일 수도 있고 일단 집단이 진행되고 있으면 어떠한 성원도 받아들이지 않는 폐쇄형식일 수도 있다. 개방형식 그 자체는 성원들이 자기 선택적이고 가입기준이 매우 광범위하여 원하기만 한다면 기간상 무제한적으로 들어올 수 있는 드롭 인 모델(또는 드롭 아웃)을 포함하여 여러 다른 모델이 있다(Henry, 1988; Reid, 1991). 두 번째로는 사회복지사가 곧바로 집단의 공백을 메울 수 있는 누군가를 찾는 대체모델이 있고, 셋째로 집단성원이 일정 시간 동안 계약을 하여 새로운 성원들이 추가되지는 않지만 초기성원들이 중도에 나갈 수는 있는 개량모델이 있다. 계약기간이 끝나면 옛날 성원의 일부와 새로운 성원의 일부로 구성된 새로운 집단이 형성된다.

형식의 선택은 그 집단의 목적과 세팅 그리고 기능하는 인구집단에 좌우된다. 개방집단은 새로운 성원이 그 집단에 신선한 시각을 줄 수 있는 기회를 제공하고 어려움에 처한 사람들에게 즉각적으로 지지를 제공해주는데, 이 사람들은 선택하기만 하면 계속해서 그 집단에 머무를 수 있다. 때때로 이러한 형식의 불안정성은 입구가 폐쇄된 집단이 갖는 강한 특성이라고 할 수 있는, 공개적인 문제공유나, 탐색에 대한 신용, 그리고 신뢰감을 성원들이 키워나가는 것을 어렵게 한다. 멤버십의 빈번한 변화 또한 입구가 개방된 집단의 집단사회복지를 분열시킬 수도 있다. 폐쇄집단과 관련된 이점은 집단의 의욕을 높이고, 역할행동을 더 잘 예측할 수 있고, 성원들 간의 협동심을 증가시킨다는 것이다. 그러나 단점은 만약 너무 많은 성원들이 중도에 나가버리면 그 집단과정은 높은 감소율에 철저하게 영향받는다는 것이다.

8) 집단크기

집단의 크기는 대부분 목적, 클라이언트의 연령, 탐구할 문제의 유형, 그리고 성원들의 욕구에 따라 좌우된다. 5명에서 12명 정도가 대개 친밀한 관계를 강조하는 집단에서 최적의 성원수이다(Reid, 1991). 버처와 메이플(Bertcher & Maple, 1985)은 다음의 사항을 진술하였다. "일반적으로 집단은 그 목적을 달성할 수 있을 정도로 충분히 작아야 하지만 성원들을 만족시킬 수 있는 경험을 얻기 위해 충분히 커야 하기도 한다."

9) 모임의 빈도와 존속기간

폐쇄집단은 처음부터 종료일이 있다는 이점을 지니는데, 이는 생산적인 집단사회복지를 격려한다. 집단의 적정한 존속기간에 대해서 코리(Corey, 1990)는 다음과 같이 말한다.

> 존속기간은 집단의 유형과 구성 인구집단에 따라 집단마다 다르다. 집단은 응집력과 생산적인 작업이 이뤄질 수 있을 만큼 충분히 길어야 하지만 그 집단이 질질 끌고 있는 것처럼 보일 만큼 무한히 길어서는 안 된다(p.92).

리드(Reid, 1991)는 시간상의 제한을 두고 있는 치료집단에게 대략 20회기 정도를 권고하면서 이 정도의 길이가 집단응집력과 신뢰감을 발달시키기에 적절한 시간을 제공한다고 하였다. 리드는 시간의 제한을 둘 것을 권하면서 만약 사회복지사가 필요한 시간의 길이를 측정하는 데 잘 못한다면 "집단이 무한하게 계속해서 진행되어나가는 것과는 반대로 재형성될 수 있는 종료점이 있다"고 했다(p.189).

10) 집단의 지침 만들기

집단성원들의 행동지침과 관련하여 여론을 형성해나가는 것은 초기국면에 있어서 계약의 중요한 측면이다. 비록 집단지침 문헌에서는 종종 집단규칙이란 용어를 쓰지만 우리는 집단지침이라는 용어사용을 권한다. 왜냐하면 집단규칙이라는 용어는 집단과정과 행동을 따르기 위해 성원들이 자발적으로 지켜나가야 하는 지침이라기보다는 집단에게 강제적으로 부과된 조항이라는 점을 의미하기 때문이다. 성원들과 지침을 만들 때, 사회복지사는 특정 목표를 성취할 능력이 있는 '워킹그룹(working group)'을 만드는 것을 첫 단계로 삼아야 한다. 지침을 만들기 위한 시도는 종종 다음의 세 가지 주요 이유 때문에 의도했던 효과를 얻지 못한다.

첫째, 사회복지사는 단순히 성원들이 지켜 주기를 기대하는 기대행동들을 알리는 것이 아니라, 그 집단의 한계를 설정할 수 있다. 출석과 같은 협상 불가능한 요구는 종종 비자발적 집단의 일이지만 그러한 통제를 지나치게 강조하는 것은 "이것은 내 집단이고, 이것은 내가 당신이 이 집단 안에서 어떻게 해주기를 바란다는 것입니다"라는 메시지를 전달할 수도 있는데 이것은 후에 성원들이 그 집단의 책임감을 떠맡도록 격려해야 하는 것을 부인할 수도 있다. 성원들 간에 바람직한 집단지침에 관한 의견일치가 없다면 특정행동의 적절성을 놓고 세력투쟁과 반대가 잇달아 일어날 수 있다. 게다가 성원들은 그들이 '지도자의 규칙'이라고 생각하는 것에 구속받지 않는다고 생각할 수도 있으며 사실상 비생산적인 시나리오를 만들어가면서 고의적으로 사회복지사를 시험해볼 수도 있다. 그래서 성원들은 사회복지사를 '권위적인 부모'의 역할 속으로 던져놓고 '잘못된 아이'의 역할을 떠맡는다.

둘째, 사회복지사는 집단지침을 단지 피상적으로만 논의할 수도 있어서 그들이 지침에 전념하는지를 확인하거나 전념하도록 하는 것을 소홀히 할 수 있다. 집단지도자가 그렇게 소홀히 하는 것은 불행한 일인데 성원들이 세부적이고 기능적인 제한에 대해 윤곽을 그리는 정도는 그들이 앞으로의 모임에서 채택된 지침을 따르기 위해 또는 언급된 집단의 목표를 달성하기 위해 행동을 수정할 것인가의 정도에 영향을 끼친다.

셋째, 심지어 집단이 내부의 행동을 위한 실천 가능한 지침을 채택할 때조차, 사회복지사는 그 성원들이 지속적으로 이러한 지침들을 따르게 될 것이라고 잘못 인식할 수 있다. 반면, 약속된 행동과 실제 행동 사이에는 별 연관이 없는 경우가 종종 있다. 집단의 지침을 만드는 것은 성원들이 그들 자신의 현재행동을 측정할 수 있기 위한 지침을 정하는 것에 불과하다. 사회복지사는 합의된 행동이 실제적으로 규범이 되기에 앞서 성원들이 이 지침을 지키고 약속된 것과 현재행동 간의 불일치를 생각할 수 있도록 돕기 위해 지속적으로 개입해야 한다.

지침을 만드는 것은 집단의 성공에 상당히 영향을 미치는 중요한 과정이기 때문에 도움을 줄 수 있는 다음 몇 가지를 제안한다.

1. 만약 협상 불가능한 기관의 규칙이 있다면 그 규칙을 제시하고 그 이유를 설명하며 그것들에 대해 논의하도록 격려한다(Behroozi, 1992). 기밀성은 종종 협상 불가능한 규칙이다. 집단에서 계속 논의되는 이슈를 집단외부에서는 공유해서는 안 된다는 점에 대해 확실히 설명해야 한다.
2. 모든 협상 가능한 항목에 대해서는 의견을 조율해서 결정해야 함을 설명하고, 집단지침을 만들기 전에 이러한 결정과정을 어떻게 해나가야 할 것인지 결정하도록 한다.
3. 집단 성원들에게 각자 원하는 집단에 대한 비전을 공유할 것을 요청한다. 모든 성원에게 대답을 얻고 나면 그 집단에 대한 집단적 사고를 요약한다. 성원들이 개인적 문제에 대해 노력하거나 또는 집단목표에 대해 노력하는 것을 돕는 지지적인 집단구조에 대한 사회복지사의 견해를 피력한다.
4. 성원들에게 그들이 원하는 집단구조와 분위기를 만드는 데 도움이 되는 행동지침이 무엇일지 생각해보도록 한다. 이 시점에서 사회복지사는 자신의 제안을 덧붙이고 가능한 지침들을 중심으로 브레인스토밍하도록 한다. 그러면 집단의 여론을 통해 가장 적절하다고 생각되는 것을 선택할 수 있다.

집단의 목적과 세팅에 따라 당신은 다음의 집단행동에

적절한 지침들을 만들어 나가야 한다. 이러한 행동에 관하여 많은 집단들이 채택한 지침들은 개인적이고 집단적인 목표들을 달성하는 데 도움이 되는 것으로 입증되었다.

(1) 집단형식

효율적으로 시간을 사용하는 데 필요한 지침을 제공하지 않는 구조 내에서 잘못 규정된 목표를 따르는 것은 집단지도자 또는 집단구성원을 좌절시킬 수 있다. 다음 활동을 구체화시키는 초기국면 동안 집단구조를 만들어나가는 것은 지도자인 사회복지사와 구성원들이 치료목표에 적극적이고 효율적으로 에너지를 집중시키는 데 도움을 준다.

- 행동측면에서 집단목표와 개별목표를 정하고 우선순위에 따라 순위를 매긴다.
- 목적을 달성하기 위해 집단에게 할당된 여러 모임 내에서 해야 할 일들을 조직화시키는 전반적인 계획을 만들어 나간다.
- 매주 개개인이 원하는 변화를 만들어 가는데 도움을 주는 집단외부에서 해야 할 행동과제들을 구체화시킨다.
- 매주 형식과 협의사항에 관하여 성원들 간에 의견을 조율한다. 예를 들면, 매주 목적을 달성하기 위해 어떻게 시간을 할당할 것인지에 대해 다음의 형식에 따라 일주일에 두 시간을 할당할 수 있다.

15분	1시간 30분	15분
과제를 재검토하고 모니터링하기	관련내용에 집중하고 과제 만들기	집단회기들을 평가하기

비자발적인 집단에서 협상 불가능한 방침이 아니라면 집단을 강요하는 구조는 피해야 한다. 대신 차라리 그 집단이 설정한 목표들을 달성하도록 촉진시키는 형식을 발전시킬 수 있도록 도와야 한다. 집단이 채택한 구조는 집단과정과 성원들의 욕구에 조화를 이룰 수 있을 만큼 충분히 유연해야 한다. 지속적인 기능을 보장하기 위해 그 집단이 존속하는 동안 그 형식을 정기적으로 검토해야 한다.

(2) 집단 의사결정

효과적인 토의와 의사결정은 집단의 생산성과 성공을 결정하는 데 중요하다. 목표를 달성하기 위해서 모든 집단들은 궁극적으로 의사결정방법을 만들어나간다. 그러나 집단들은 그들 자신의 장치는 내버려두고 역효과를 초래하는 다른 의사결정과정을 전개할 수 있다. 예를 들어, 일부 집단들은 몇몇 구성원들에게 의사결정을 부여할 수 있는 힘을 허용함으로써 일부 성원들끼리 '한패가 되게' 하고, 다른 성원들은 '빼버리게' 한다. 이러한 처리방식은 생산적인 과업에서 에너지를 다른 곳으로 분산시키고 발전적인 과정을 막아버리는 불안과 분개를 야기하면서 집단 내 갈등과 음모를 영속시킨다.

갓 형성된 집단의 성원들은 의사결정방식이 다양하여 한 집단으로 효과적으로 의사결정하는 법을 모른다. 그 결과 대부분의 치료집단들은 장기간에 걸친 시행착오과정을 통해, 보통 실수를 통해서 문제해결법을 배운다. 그러나 대부분의 집단들은 그 집단을 교육할 때 효과적인 리더십이 있다면 의견일치에 따른 결정방식을 선택하는 방법을 빨리 배울 수 있다. 더 나아가 발달 초기단계에 효과적인 의사결정방법을 갖추고 있는 집단은 집단과정을 촉진할 수 있고 집단이 좀더 쉽게 집단기능을 개선하는 것을 도울 수 있다. 집단 내에서 의견일치 의사결정방법에 따라 어떤 사항을 결정하는 과정에 대해 다음과 같이 집단 첫 모임에서 가르칠 수 있다.

- 의사결정방법이 필요함을 설명하고 각 사람에게 동등한 투표권을 준 뒤 "모든 표를 세어본다."
- 의사를 결정하는 방식에 대해 집단의 승인을 얻는다.
- 효과적인 의사결정을 위한 단계에 대해 설명한다.
- 모든 성원들의 욕구를 충족시킬 수 있는 의사를 결정하기 위해 사회복지사는 어떤 역할을 해야 하는지 확인한다.
- 초기계약을 작성할 때 의견일치 의사결정법을 사용한다. 그리고 이 접근법을 사용하는 것에 대한 집단의 인식을 키우는 과정에 집중한다.

(3) 원조제공과 원조추구 역할

개인적인 문제를 지니고 있는 사람을 돕기 위해 형성된 집단은 원조제공과 원조추구 역할이라 불리는 것을 명확히 하는 것에서 이득을 얻을 수 있다. 비록 두 가지 용어가 자명하긴 하지만 사회복지사는 이 안에 구체화된 행동들을 생각해봄으로써 그 집단이 이러한 역할을 조직하도록 돕기 바랄 수도 있다. 예를 들어, 원조추구 역할(help-seeking role)은 자신의 감정을 진실하게 공유하고 피드백에 개방적이며 문제에 대한 새로운 방법을 기꺼이 테스트 해보면서, 직접적으로 원조를 청하는 것과 같은 행동을 통합시키는 것이다. 원조제공 역할(help giving role)은 주의 깊게 들어주고 비판을 삼가고 지각을 명확히 하며 요약하고, 간략하게 말하고 그 문제에 계속해서 집중하고 강점과 성장을 지적해주는 것과 같은 행동들을 포함한다. 당신이 집단성원으로서 분명히 해야 할 원조제공 역할의 중요한 측면은 문제들을 해결하려고 하기 전에 동료성원들의 개인적 문제를 주의 깊게 탐색하는 것이다. 그렇지 않으면 집단은 한 성원이 '해야 하는 것' 또는 '해서는 안 될 것' 등에 대한 평가적인 훈수를 제공하고 너무 빨리 조언을 하기 쉽다. 당신은 더 나아가 성원들이 이러한 원조의 역할 중 하나를 수행해오고 있는 상황을 강조하고 그에 알맞은 인정을 해줌으로써 그 집단이 이 두 가지 역할을 받아들일 수 있도록 도울 수 있다.

(4) 방문객

치료를 목적으로 소집된 집단은 어떤 조건 하에 방문객이 집단모임에 참석할 수 있는지의 여부를 구체화하는 명백한 지침을 만들어 나가야 한다. 만약 그 집단이 멤버십의 잦은 변화를 허용하는 개방형식이라면, 방문객이 있는 것이 별로 큰 영향을 끼치지 않는다. 그러나 폐쇄집단에서는 방문객이 성원들로 하여금 감정과 문제를 공개적으로 공유하는 것을 막게 하고, 그 방문객을 초대하여 집단의 통합력을 깨뜨린 그 성원(또는 사회복지사)에 대해 적대감을 키움으로써 집단과정에 파괴적인 영향을 끼칠 수도 있다. 성원들과 함께 집단에서 생길 수 있는 방문객의 영향을 예상해보고 어떤 방문객이 모임에 참석해도 되는지에 대한 것과 그 절차를 만드는 것이 개인성원에 대한 당혹감뿐만 아니라 집단의 혼란을 딴 곳으로 돌릴 수 있다.

(5) 새로운 성원

새로운 성원들을 추가하고 그들을 교육하는 절차 또한 확립할 필요가 있다. 몇몇 경우에, 집단지도자는 성원 선택에 대한 특권을 보유할 수 있다. 다른 경우에 사회복지사는 선택이 특정 기준에 근거해야 한다는 것과 그 집단은 잠재성원에 관한 의견일치를 이뤄야 한다는 것에 대한 이해와 함께 그 집단이 새로운 성원을 선택하는 것을 허용할 수 있다. 그 어느 경우에 있어서도 새로운 성원을 추가시키는 절차와 그들을 교육시킬 때 집단역할의 중요성 등을 명확히 해야 한다.

(6) 사회복지사와의 개별접촉

사회복지사가 집단 밖에서 성원들과 개별접촉을 장려하는가의 여부는 그 집단의 목적과 그러한 접촉을 통해 얻을 수 있다고 예상되는 이득 또는 결과에 좌우된다. 몇몇 경우에 개별접촉은 집단목표를 촉진시키는 데 도움이 된다. 예를 들어, 교정시설에서 사춘기청년과 계획된 만남을 하는 것은 집단 내에서 그 젊은이의 문제행동에 초점을 맞출 수 있는 기회를 제공하고 그 행동들을 수정하고 강점을 지지하기 위해 그 젊은이와 개별접촉을 해나갈 수 있는 기회를 제공한다. 그러나 부부치료집단의 경우에는 한쪽 배우자가 먼저 접촉을 시도하는 것은 상대편에 반하도록 사회복지사와 동맹을 맺으려는 것일 수도 있고 또한 그렇다고 상대편이 인식할 수도 있다. 만약 당신이 집단외부에서의 개별접촉 타당성에 관하여 의문들을 갖고 있다면 당신은 이 문제들을 성원과 철저하게 논의해야 하고 상호간에 이 문제와 관계된 지침을 만들어나가야 한다.

(7) 대청소

지저분한 모임공간을 놓고 싸우기 전에 청소에 관한 집단결정을 내리는 것이 성원 스스로의 책임과 집단의 책임을 맡는 것을 격려하는 효과적인 전략이다. 분노가 더 깊어지고, 집단응집력에 파괴적일 수 있는 하위집단형성은 다른 사람들은 그렇지 않은데 일부 성원들이 계속해서 청소를 도울 때 일어나기 쉽다.

(8) 기록

집단모임을 기록하기 이전에 반드시 집단의 허락을 얻어야 한다. 더 나아가 결정을 요구하기 전에, 당신은 그 기록물이 모임 밖에서 사용될 수 있는 방법에 관한 정보를 제공해야 한다. 모임기록에 대한 의혹들은 철저하게 발표해야 하고 집단의 바람이 존중되어야 한다.

(9) 불경스러움

일부 사회복지사는 집단성원들이 그들 스스로를 표현할 때 선택하는 언어는 무엇이든지 허용해야 한다고 믿고 있다. 그러나 불경스러움은 사회복지사를 포함하여 다른 성원들을 불쾌하게 할 수 있고 그 집단은 이 문제에 대한 지침들을 만들기 바랄 수도 있다. 일부 집단에서는 사회복지사가 사람들을 화나게 하는 유일한 사람일 수도 있는데 사회복지사는 자신이 선호하는 것을 강요해서는 안 된다.

(10) 출석률

불규칙한 출석이 그 집단에 일으킬 수 있는 문제를 사전에 논의하는 것과 성원들에게 규칙적으로 출석할 것을 청하는 것은 장차 집단모임에 집단출석률을 확고히 하는 데 많은 일을 할 수 있다. 비자발적 집단은 종종 제한된 수의 결석과 지각만을 허용하는 출석방침을 가지고 있다. 더 나아가 만약 그 집단이 미리 관련지침을 만든다면 지각이나 일찍 오는 것에 대한 문제를 최소화할 수 있다. 물론 특정 상황에 놓인 성원들의 일정을 조정하기 위해서는 이러한 상황이 드물 것이라는 점을 이해하면서 개인적인 사유를 참작해야 할 필요가 있다. 시간과 관련된 집단계약을 잘 지킬 수 있도록 하기 위해서 당신은 모임을 정확하게 시작하고 끝내야 하며 단지 집단이 그렇게 하기로 결정을 내렸을 때만 시간을 연장할 수 있다. 비록 때때로 모임이 끝나갈 무렵에 끝내지 못한 일에 대한 압박감을 느끼긴 하겠지만 합의 없이 집단성원들을 시간이 지났는데도 붙잡아두는 것은 집단계약을 위반하는 것이고 분노를 일으킬 수 있다.

(11) 음식물 섭취, 음주, 흡연

집단 내에서 이러한 행동들에 대한 사회복지사의 선택은 매우 다양하다. 일부 집단과 사회복지사는 이러한 행동들이 집단과정으로부터 주의를 분산시킨다고 믿고 있다. 다른 집단과 사회복지사는 이러한 행동들이 긴장을 풀어주고 실제적으로 집단운영에 도움이 된다고 생각한다. 사회복지사는 이 행동에 대해 성원들로부터 여러 견해를 도출해내길 바랄 수 있고 성원의 욕구를 충족시키고 집단과정을 촉진시킬 수 있는 지침을 만들기를 바랄 수도 있다.

(12) 프로그램 활용

가끔씩 집단형식은 활동 또는 행사 등을 포함하다. 그러나 불행하게도 그러한 프로그램들이 항상 집단의 목적과 관련되는 것은 아니다. 게다가 그 집단이 참여하고 있는 활동 또는 행사가 경험으로부터의 학습을 목적으로 한다고 또는 성원들이 이루고자 하는 행동상의 변화와 연관되는 것이라고 성원들이 논의한 것이 아닐 수도 있다. 그래서 프로그램을 이용할 때 사회복지사는 성원들과 그러한 활동들이 특정 목표들을 충족시키기 위해 가장 잘 이용할 수 있는 방법이라는 것에 대해 논의하고, 그 집단의 경험을 평가하고 일반화하는 방법들을 성원들과 함께 계획할 필요가 있다.

3. 집단과정 사정하기

집단을 사정할 때 사회복지사는 틀림없이 개인과 집단의 기능증진을 방해하는 것으로 생각되는 패턴이나 주제를 포함하여, 개인과 집단수준에서 일어나는 과정 둘 다를 전체적으로 주의 깊게 지켜봐야 한다. 다음 부분에서 개인과 집단 둘 다의 과정에 대해 정확한 사정을 위한 절차의 윤곽을 밝혀줄 것이다. 그러한 사정은 사회복지사가 개인과 집단행동의 패턴을 볼 수 있도록 해주는 체계틀 내에서 이뤄져야만 한다.

1) 집단사정을 위한 체계틀

가족과 마찬가지로 집단은 반복적인 패턴을 특징으로 하는 사회체계이다. 모든 사회체계 내에서의 기능들은 중요한 원칙들을 공유한다. 즉 일정 체계를 구성하는 사람들은 그 행동을 점차 그 체계 내의 다른 사람과 상호작용함에 따라 나타나는 패턴화된 반응의 상대적으로 협소한 범위에 제한시킨다. 그래서 집단은 행동들을 지배하고, 패턴을 형성하고, 내부의 작용을 조정하는 뚜렷한 규칙들이 있다. 집단과정을 사정할 때 체계틀을 사용하면서, 사회복지사는 구성원들의 패턴화된 상호작용에 주의를 기울여야 하고 그러한 상호작용들을 지배하는 규칙들을 도출해내며, 그 규칙과 패턴의 기능의 중요성을 가늠해 봐야 한다.

집단과정을 반응패턴으로 개념화시킬 수 있고 조직화할 수 있다는 것은 사회복지사를 체계적이고 지속적이며 적절한 사정을 할 수 있도록 해준다. 이러한 지식은 종종 자신이 집단모임에서 허둥대고 있다고 느끼는 미숙련 집단지도자를 편하게 해줄 수 있다. 사실상 일부 집단지도를 맡기 시작한 사람은 집단과정을 통해 '이해하는 것' 이 가능하다는 것을 깨달으면서 상당한 자신감을 얻고 매우 많이 안도한다.

집단지도자인 사회복지사는 집단을 패턴화된 행동으로 구분하여 관찰하기 때문에 집단과 개인 그 자체가 나타내는 행동에 동시에 주의를 기울여야 한다. 그러나 양 측면의 모든 과정을 관찰하는 것은 어렵고 때때로 개인 또는 집단패턴들을 애매하고 불완전하게 만드는 집단역동보다는 개인역동에 더 많이 주의를 기울였다는 것(또는 그 반대)을 깨달았을 때 낙담하기 쉽다. 그래서 우리는 이 장 나머지 부분에서 집단과 개인패턴 모두를 정확하게 사정하는 전략에 대해 논의할 것이다.

2) 개인의 패턴화된 행동 사정

집단성원들의 일부 패턴화된 행동들은 기능적인 것으로 나타났는데, 즉 개별성원의 행복감과 관계의 질을 강화시킨다는 것이다. 다른 패턴화된 행동들은 성원들의 자아존중감을 떨어뜨린다는 점에서 역기능적이고 관계에는 파괴적으로 작용한다. 사실상 많은 성장집단의 성원들은 그들의 특정 패턴화된 역기능적인 행동들이 대인관계시에 자신과 다른 사람들에게 스트레스를 주기 때문에 그 집단에 참여하는 것이다. 물론 이러한 성원들은 종종 그들 행동의 패턴화된 속성을 알지도 못하고 이러한 행동들 중 일부가 대인관계문제를 일으킨다는 점도 인식하지 못한다. 오히려 집단성원들은 그들이 겪는 어려움의 원인을 종종 다른 사람에게 돌린다.

그래서 성장집단의 사회복지사가 맡게 되는 주요역할은 성원들이 그들의 패턴화된 행동상의 반응들을 인식하도록 돕는 것인데 이러한 반응들이 그들 자신과 남들에게 끼치는 영향을 확정하고 그러한 반응들을 변화시킬 것인지를 선택하기 위해서이다. 이러한 역할을 수행해내기 위해서는 사회복지사가 각 성원들에게 재발하는 반응들에 대하여 프로파일을 만들어야만 한다.

(1) 반응내용과 과정 이해하기

개인의 행동반응을 정확하기 사정하기 위해서는 반응내용과 과정에 대한 개념을 사용해야 하는데, 이 두 가지는 우리가 앞서 논의했던 것들이다. 반응내용(content)이란 성원들이 논의한 관련 주제와 표현된 진술을 가리키는 반면에 과정(process)이란 성원들이 집단 내에서 상호작용을 하고 반응내용들을 논의하면서 언급하거나 행동하는 수단들을 포함하는 개념이다. 집단과정에 대한 개념을 더 잘 이해하려면 두 번의 초기집단모임에서 한 성원의 행동에 대한 다음의 설명에 대해 잠시 생각해 보라.

> 첫 번째 모임에서 존은 그의 의자를 사회복지사 가까이 옮겼다. 사회복지사가 말할 때 몇 번이나 존이 동의한다는 것을 표현하였다. 두 번째 집단모임에서 존은 또 다시 사회복지사 옆에 앉아서 자신이 생각한 것이 사회복지사의 생각과 같은 의견이라는 점을 강조하면서, '우리' 라는 말을 여러 번 사용했다. 이후에 존은 자신이 부정적이라고 생각하는 어떤 성원의 행동에 대해 나머지 구성원들과 그 성원이 있는 앞에서 사회복지사와 이야기 나누려고 하였다.

이 예는 존이 말하고 있는 것보다는 존이 어떻게 행동하고 있고 의사소통하고 있는지를 설명한 것이기 때문에 이것은 반응이라기보다는 과정을 다룬 것이라고 할 수 있다.

사회복지사가 개개인에 대한 여러 패턴화된 행동상의 반응들을 발견하는 것은 과정단계에 해당한다. 앞선 예는 존의 패턴화된 또는 주제가 되는 행동들을 나타내고 있다. 예를 들어, 우리는 존이 사회복지사와 독점적인 관계를 형성하기 위해 교묘하게 움직이고 있다고 추론할 수도 있고, 집단에서 공동지도자의 비공식적인 자리를 청하고 있는 것이라 추론할 수도 있다. 개별적으로 보면 앞선 예에서 따로따로 살펴본 행동들 중 어떤 것도, 있을 수 있는 반응패턴에 대해 결론을 이끌어내는 것을 정당화할 정도로 충분한 정보를 제공하지는 못한다. 그러나 집단적으로 보면 반복적인 반응에는 사실상 패턴이 존재하고 있다는 것을 도출하는 것을 정당화한다.

(2) 집단성원의 역할 명확히하기

개인의 패턴화된 반응을 밝힐 때 사회복지사는 또한 집단에서 성원들이 맡고 있는 여러 역할에 주의를 기울일 필요가 있다. 예를 들어, 성원들은 공식적이거나(그 집단에 의해 명백하게 인정을 받은) 또는 비공식적인(집단의 필요의 결과로서 나타난 것) 지도자역할을 맡을 수도 있다. 더 나아가 집단은 서로 다른 기능을 하거나 또는 경쟁적인 하위집단들을 지휘하는 여러 지도자를 둘 수도 있다.

일부 성원들은 문제를 규정하고 문제해결전략을 수행하며 과제들을 성취해낼 수 있는 집단의 노력을 촉진하는 과제관련 역할들을 맡을 수도 있다. 이러한 성원들은 목표와 그에 따른 활동을 제안할 수 있고 절차를 제안할 수도 있고, 이슈들을 분류하거나 또는 집단이 생각할 수 있는 결론이나 대안들을 제공할 수 있다. 다른 성원들은 유지역할을 맡을 수도 있는데 집단의 기능을 변경하고, 유지하고, 강화하는 역할을 의미한다. 그러한 역할을 맡은 성원들은 양보하고, 다른 사람들의 기여를 지지하고 격려하며 또는 집단의 기준을 제시할 수도 있다. 비자발적 집단의 일부성원들은 종종 집단의 관심사에 대해 대변인으로 나온다. 그러한 사람을 부정적인 작용으로 맞서기보다는 사실상 그 사람이 집단외부에서 논의되고 있는 주제를 가져다주고 있지는 않은지를 탐색해보는 것이 종종 도움이 된다.

요컨대 그러한 사람은 그 집단을 성공적으로 만들기를 바랄 때 참여시킬 수 있는 비공식집단지도자로서 사실상 활동할 수도 있다(Breton, 1985). 여전히 다른 성원들은 집단을 희생하여 자신의 욕구만을 충족시키려 함으로써 이기적인 역할을 맡을 수도 있다. 그러한 성원들은 집단 또는 집단의 가치를 공격하고 집단의 바람에 완강히 저항하고 지속적으로 다른 사람들을 방해하고 의견에 동의하지 않으며, 자율권과 우월성을 주장하고 낮은 참여를 보이며 관계없는 주제를 추구하거나 또는 다른 사람들의 주의를 끌 수 있는 여러 방법들을 찾는다.

성원들은 또한 다른 성원이 붙여준 '광대' '열심히 하지 않는' '게으른' '바보 같은' '조용한 사람' '반역자' '과잉행동자' '좋은 엄마' 와 같은 꼬리표를 달고 다닐 수도 있다. 그러한 꼬리표는 성원들에게 일련의 기대되는 행동을 포기하기 어렵게 하고 그 집단에 대해 말하는 방식을 바꾸기 어렵게 만들면서 성원들을 고정관념화한다.

또 어떤 성원은 그 집단의 문제에 대해 책임져야 할 부담을 갖고 다른 성원들이 지속해서 부정적으로 비난하는 것을 감내해야 하는 희생양 역할을 할 수도 있다. 그러한 사람은 사회기술이 서투르거나, 다른 사람들의 긍정적인 반응을 끌어내려는 효과 없는 시도를 하다가 사교상의 실수를 반복했기 때문에 희생양 역할을 유도한 셈이다(Balgopal & Vassil, 1983; Klein, 1970). 또는 이 역할을 더 촉진시키는 비언어적인 단서를 인식하는 데 실패하였기 때문에 다른 성원의 행동을 지배하는 미묘한 뉘앙스와는 상관없이 행동한다(Balgopal & Vassil, 1983; Klein, 1970). 개개인은 또한 자신도 모르게 자신의 가족에서 맡고 있었던 희생양 역할을 영속시키는 것일 수도 있다. 비록 집단 희생양이 그 집단에 대한 적대감을 끌어내는 반복적인 역기능적 행동들을 나타내기는 하지만 희생양 역할의 존재는 한 집단현상의 특징이고(패턴이고) 모든 성원들의 암묵의 협력을 필요로 하는 것에 대한 유지이다.

개개인은 또한 고립된 역할을 맡을 수도 있는데 하트포드(Hartford, 1971)가 설명한 특징은 다음과 같다.

> 사회적 고립 역할을 맡은 사람은 존재하고 있음에도 불구하고 다른 사람들에게 무시당한다. 그는 다른 사람에게 다가가려는 것 같지도 않고 다가가도 거부당한다. 집단에서 타인과의 교우관계 부족은 다른 사람들과 잘 어울리는 능력부족에 기인하거나 또는 가치관, 신념, 그리고 삶의 방식이 확실히 다른 사람들과 다를 수도 있다. 일반적으로 고립된 역할을 하는 사람은 희생양이 아니며 그렇다 하더라도 그는 부정적이긴 하지만 사람들의 관심을 끌고 있다. 정말로 고립된 사람은 무시당하고 공헌해도 다른 사람이 이를 인정하지 않으며 그 사람의 의견은 물어보지도 않는다(p.208).

그러한 역할들은 성원의 개별적 요구에 대해 반응할 수 있는 집단능력과 치료목적을 달성할 수 있는 능력에 심오한 영향을 끼치기 때문에 성원들이 맡고 있는 역할을 확인하는 것이 중요하다. 더 나아가 역할들을 확인해보는 것이 중요한데, 성원들은 치료집단에서 그들이 다른 사회맥락에서 맡았던 것과 똑같은 역할을 맡는 경향이 있기 때문이다. 성원들은 그들 자신과 다른 사람들에게 역기능적인 역할을 하는 것이 끼치는 영향에 대해 이해할 필요가 있다. 물론 몇몇 성원들은 관계를 강화하고 집단기능에 도움이 되는 역할들을 맡고 있다. 이러한 긍정적인 행동들을 강조해줌으로써 사회복지사는 성원들의 자아존중감을 강화시키고 또한 다른 성원들이 흉내낼 수도 있는 행동들에 중점을 둔다.

(3) 개별행동에 대한 프로파일 만들어 나가기

사정을 할 때 집단사회복지사는 각각의 성원에 대한 정확한 행동 프로파일들을 만들어 나갈 필요가 있다. 이 기능을 수행해내기 위해서 사회복지사는 초기모임에서 밝혀진 성원들의 기능적이고 역기능적인 반응들을 기록해야 한다. 강점시각의 측면에서 관리를 할 때 다음과 같은 기능적 행동들을 인정하고 기록하는 것이 중요하다.

● 기능적 행동들

① 집단성원이나 또는 중요하다고 생각하는 사람들을 좋아한다고 표현하는 것
② 조직적인 또는 리더십 능력을 나타내는 것
③ 자기 자신을 명확하게 표현하는 것
④ 다른 사람들을 지지하고 협력하는 것
⑤ 집단이 목적을 성취할 수 있도록 돕고 거기에 계속해서 집중할 수 있도록 돕는 것
⑥ 감정을 공개적으로 그리고 적절하게 표현하는 것
⑦ 다른 사람이 말한 것을 (피상적 의미를 뛰어넘어) 정확하게 인지하고 이해했다는 것을 전달하는 것
⑧ 공개적이고 적극적으로 건설적인 피드백에 대해 반응하는 것

[표 11-1] 집단성원의 행동 프로파일 예

이 름	특 징	기능적 행동	역기능적 행동
준	35세의 법정비서 8세된 아들이 있고 5년 전에 이혼	여러 번 긍정적인 피드백을 주었음, 감정을 명확하게 표현함, 외향적이고 자발적임: 집단에 에너지를 부여함	여러 번 과거에 대한 생각에 잠긴다. 때때로 다른 사람들을 방해하고 토론을 지배함
레이	29세의 주부 세 명의 아이가 있음	명확함. 집단의 감정을 요약하는 데 예리함 집단참여에 대한 양가감정을 표현함	자기견해의 타당성에 대해 자신을 의심하고 있는 것으로 보임
쟈넷	34세의 사무감독관 1년 전에 이혼	여러 주제에 대한 집단토론을 주도함	자신의 견해에 대해 여러 번 독단적이고 단호한 자세를 보임, 모임 동안 여러 번 화를 냄
팜	35세의 트럭운전사 아들 여럿을 두었고 3년 전에 이혼	토론에 참여함 자신의 여러 강점을 인정함	자녀에게 부당한 꼬리표를 붙이면서 괴롭힌다는 것을 보여주는 반응을 함, 다른 사람의 견해에 두 번 비난함
디지	30세의 주부 두 아이를 두고 이혼절차 진행 중	집단에 오는것이 상당히 불안했지만 왔다고 말함 예술가	모임에서 매우 조용함, 집단의 강요로 행동함, 앉아 있는 원둘레 약간 밖에 앉음
레이첼	30세의 미혼	기꺼이 문제를 공유하고자 함 다른 사람들에 대해 반응적임, 감정을 설명할 수 있음, 명료함	집단이 자신을 불쌍하게 여기도록 끌고 나가려는 듯이 보임, 계속 이야기함
카렌	31세의 주부, 세 명의 아이를 두고 1년 전에 이혼	문제에 대해 알려고 하는 열망이 있는 것 같음, 자신에 대해 성찰적으로 이야기함	자신이 이슈들에 대해 실제로 어떻게 느끼는가를 표현한다기보다 여러 번 다른 사람을 진정시키려는 듯이 보임
엘레인	45세의 카페직원 두 명의 십대 아이를 두고 있고 이혼절차 진행 중	다른 사람의 말을 주의 깊게 들어줌, 다른 사람들이 말할 때 동의하며 끄덕임	집단에서 말하지 않음

⑨ 집단이 설정한 지침에 따라 활동하는 것

⑩ 행동에 대해 책임감을 갖는 것

⑪ 자신을 바꾸려는 시도를 감행하고 노력하는 것

⑫ 다른 사람이 결정을 내리거나 이견을 평가하는 데 포함시키고 그 의견을 고려함으로써 다른 사람을 제외시키지 않는 것

⑬ 토론에 참여하고 다른 사람들도 참여할 수 있도록 돕는 것

⑭ 다른 사람에게 강점과 성장에 대한 긍정적인 피드백을 주는 것

⑮ 자신의 강점을 발전시키고 성장해 나가는 것

⑯ 집단과정을 촉진시키도록 유머를 사용하는 것

⑰ 다른 사람들을 비언어적인 방법으로 지지하는 것

● 역기능적 행동들

① 방해하고 다른 사람을 대변하고 다른 사람들의 생각을 거부하는 것

② 달래면서 보호하는 것

③ 과소평가하고 비판하고 빈정대는 것

④ 논쟁하고 비난하고 공격하고 욕하는 것

⑤ 말로 집단에게 주어진 시간을 지배하는 것

⑥ 미성숙하게 충고하는 것

⑦ 비언어적인 방법으로 혐오감이나 반대의사를 표현하는 것

⑧ 너무 많이 이야기하고 너무 시끄럽게 굴거나 속삭이는 것
⑨ 모임에서 벗어나 있거나, 방관자 역할을 취하거나, 무시하고, 무관심을 보이는 것
⑩ 주제에서 벗어나는 이야기 또는 관계없는 이야기들을 하는 것
⑪ 주의를 분산시키는 신체적 움직임
⑫ 신체적으로 공격적이거나 법석 떠는 것
⑬ 광대짓을 하거나, 흉내내거나, 다른 사람을 조롱하는 것
⑭ 다른 사람들과 연합하여 파괴적인 하위집단을 형성하는 것
⑮ 이지적으로 말하거나 진단을 내리는 것(예를 들어, "나는 당신 문제가 뭔지 알고 있다").
⑯ 자신에 집중하기를 피하거나 개인의 문제에 대한 적절한 관심과 감정들을 억누르는 것

[표 11-1]은 사회복지사가 어떻게 초기 만남에서 성원들이 보여준 기능적이고 역기능적인 행동들을 기억함으로써 각각 성원에 대한 정확한 행동 프로파일들을 만들어 나갈 수 있었는지에 대해 설명하는 여성 지지집단의 기록이다. [표 11-1]에 적힌 집단 성원들의 행동 프로파일은 집단 내 개인이 나타낸 특정반응들을 밝힌 것이지만 그렇다고 이것이 반드시 그들의 패턴화된 또는 유형화된 행동들은 아니다. 그러나 각 모임에서 개인의 특정반응들을 기록하는 것은 재발하는 행동과 성원이 갖고 있는 역할들을 밝히는 데 도움이 된다. 예를 들어, 역할에 관한 프로파일을 한번 보면 디지(Dixie)가 집단 내에서 고립되기 쉽다는 것을 볼 수 있다.

(4) 개인의 성장 확인하기

성장은 미묘하고 다양한 형태로 일어나기 때문에 집단 지도자로서 사회복지사의 주요역할은 각 성원의 점진적인 성장을 기록하는 것(그리고 그 집단이 기록할 수 있도록 돕는 것)이다. 개인의 성장에 대한 관찰능력을 더욱 예리하게 하기 위해 성원들이 한 모임에서 다음 모임으로 넘어가면서 또는 여러 모임에 걸쳐서 보이는 성장에 관한 표시를 해둘 공란이 있는 기록포맷을 작성할 것을 제안한다. 그러한 기록체계가 없다면 의미 있는 변화들을 훑어보기 때문에 변화를 위한 노력과 성취한 긍정적인 결과들 간의 직접적인 관계를 실증할 수 있는 중요한 기회를 빠뜨리기 쉽다.

(5) 문화의 영향

개별기능을 사정할 때 물론 그 개인의 문화적 배경을 함께 검토해야 한다. 츄이와 슐츠(Tsui & Schultz, 1998)는 "이른바 치료적 환경을 이루는 집단규범은 실제적으로 백인의 집단규범으로 이것은 소수집단의 문화가 그 안으로 들어오는 것과 혼란을 가지고 오는 것에 거부한다"라고 강조했다(p.137). 그래서 소수집단 성원들의 행동은 소수집단 출신 성원들이 치료적 환경이라 생각하는 것에 동화시키려 하는 대다수의 백인으로 구성된 집단에서는 매우 부정적인 영향을 받을 수 있다.

(6) 다른 출처에서 정보 얻기

직접적인 관찰에 덧붙여서 성원들의 행동스타일에 관한 정보들을 다른 여러 출처로부터 얻을 수 있다. 예를 들면, 집단의 형성단계에서 사회복지사는 성원이 될 가망이 있는 후보와의 사전면접에서 또는 가족성원, 기관기록 또는 그 성원을 집단에 의뢰한 사회복지사로부터 적절한 자료들을 이끌어낼 수 있다. 집단 내에서 사회복지사는 또한 자신의 문제를 설명하는 것과 다른 사람과의 상호작용에 주의 깊게 파장을 맞추어 이러한 것들을 탐색함으로써 성원의 패턴화된 행동에 관한 상당한 자료들을 주워 모을 수 있다.

3) 패턴 사정하기

성원들이 패턴화된 행동방식을 발달시켜나가는 만큼,

인식도 패턴화해 나가는데 이는 곧, 자신과 다른 사람들 그리고 주위세계에 대해 전형적이거나 길들여져 있는 방식으로 지각하고 사고한다는 의미이다. 그러한 패턴화된 인식은 개개인이 인생의 사건에 대한 의미를 만들기 위해 사용하는 조용한 정신상의 대화나 내적 대화형태에서 나타난다. 유추하자면 사건에 대한 그 사람의 인식을 변색시키고 그들의 현실을 결정하면서, 다양한 유형의 인생사건들이 그들 마음속에 자동적으로 계속해서 같은 메시지만을 반복하도록 하는 테이프를 녹음하는 것과 같다. 집단성원에게 문제를 일으키기 쉬운 부정적인 내적 대화의 예에는 "나는 실패자야" "나는 결코 성공할 수 없을 거야" 그리고 "다른 사람들이 나보다 더 나아" 등과 같은 되풀이되는 메시지들이 있다.

패턴화된 인식과 행동은 복잡하게 관련되어 있고 상호 강화시킨다. 집단성원의 문제에 대한 다음의 예는 인식과 행동의 결합을 설명하고 있고 부정적인 인식이 한 클라이언트의 삶에 끼칠 수도 있는 잠행성의 영향에 대해 설명하고 있다.

> 진은 25살의 치과 간호보조사로 그녀의 위치를 위태롭게 하는 직장에서의 문제 때문에 성인지지집단에 들어갔다. 진이 자신의 문제를 집단에 설명했을 때 상황은 다음과 같았다. 진은 고용주인 A의사에 대해 심하고 부정적인 반응들을 경험하고 있었다. A의사는 매력적인 젊은 의사였기 때문에 진이 일하는 치과에서 모든 사람들의 사랑을 받았다. 미혼인 A의사는 사무실에서 다른 젊은 여자들을 꼬셨는데, 진은 그가 자신에 대해서는 무관심하고 '지루해하고' 있으며 자신이 부적합한 일을 하고 있다는 결론을 내리게 되었다. 진이 A의사와 매일같이 일할 때마다 그녀는 자기 자신에게 "그는 나를 좋아하지 않아", "그는 차라리 다른 보조사를 두고 싶어할 거야" "나에게 뭔가 문제가 있어" 등등의 말을 했다. 진은 A의사에 대한 커져가는 분개심을 숨기면서 일하다가 결국에는 그녀의 감정을 담고 있을 수가 없었다. 그녀는 자기 자신에게 해온 말들 때문에 화를 잘 내고 쉽게 짜증을 냈고 환자들 앞에서 A의사에게 쌀쌀맞게 마치 화난 사람처럼 대했다. 진의 황당한 행동에 화가 나고 혼란스러워진 A의사는 점점 분노해갔고 진에게 더더욱 냉담해졌다. 진은 A의사의 행동을 보고 자신의 판단이 옳았고 그가 자신을 좋아하지 않으며 자신이 한 인간으로서 뿐만 아니라 보조사로서도 적절치 못하다는 증거로 해석하였다.

패턴화된 행동과 인식은 상호간에 복잡하게 얽혀 있고 서로를 영속화하기 때문에 사회복지사는 역기능적인 인식들을 수정할 수 있도록 집단에 개입할 수 있어야만 한다. 그러나 개입하기에 앞서서 사회복지사는 성원의 언어 진술에서 나타나는 수정해야 할 대상을 인식하고 밝혀내는데 초점을 맞춰야 한다.

집단지도자인 사회복지사가 이와 같은 방식으로 성원들의 기능적인 그리고 문제가 되는 행동반응들을 관찰하고 기록할 때 그들은 또한 성원들의 인식주제나 패턴들을 기록할 수 있어야 한다. 앞서 인용되었던 여성지지집단의 예로 돌아가서, [표 11-2]에 나와 있듯이 같은 모임에서 사회복지사가 기록한 몇몇 성원들의 인식반응을 기록하라.

사회복지사는 문제를 탐색할 동안 "언제 그 일이 일어났고 당신은 스스로에게 뭐라고 말했습니까?" "그러한 상황에서 당신이 남들에 대해 내린 결론은 무엇입니까?" 또는 "그 일이 일어날 때 당신을 우울하게 만드는 데 사용하는, 스스로에게 하는 이야기(self-talk)는 어떤 것입니까?" 등과 같은 질문들을 함으로써 성원들이 인식패턴을 확인하는데 도움을 줄 수 있다. 사회복지사는 또한 집단이 패턴화된 인식의 조짐을 인식할 수 있도록 도울 수 있다.

집단이 내적 대화(self-talk)의 의미를 파악하고 성원들에게 나타나는 인식패턴들에 관심을 기울일 때 사회복지사는 성원들에게 그들의 성취에 대한 서술적인 피드백을 줌으로써 그 집단의 성장을 증가시킬 수 있다.

4) 패턴화된 집단행동 확인하기

집단에서 일어날 수 있는 기능적이고 역기능적으로 패

[표 11-2] 집단성원들의 인식주제에 대한 예

이 름	기능적 인식	문제가 되는 인식
준	느끼는 것에 대해 한번 이야기해보는 것도 괜찮아. 다른 사람들은 그러한 감정들을 보통 존중하면서 대해줄 것이고 잘 반응해줄 거야. 나는 내 기분을 더 좋게 하기 위한 일들을 할 수 있어. 나는 이 집단으로부터 도움을 받을 수 있어.	나는 과거에 상처받아왔어. 나는 내가 그것을 극복할 거라고 생각하지 않아. 나는 항상 일어나는 일에 대해 내 자신을 비난해왔어. 나는 내가 너무 많이 말하는 것을 멈출 수가 없어. 나는 걱정이 될 때만 뭔가를 해.
레이	나는 다른 사람들을 걱정하고 있어. 나는 그들을 돕고 싶어. 나는 위험을 무릅쓰고라도 이 집단에 남아 있을 거야. 왜냐하면 나는 내게 도움이 필요하다는 것을 알기 때문이야.	다른 사람들의 견해가 내 견해보다 중요해. 만약 내 의견을 말하면 다른 사람들이 나에게 동의하지 않거나 또는 내가 똑똑하지 않다고 생각할 거야. 이 집단에 있는 사람들은 나를 좋아하지 않을 거야.
자넷	나는 개인적인 강점이 있어. 나에 대한 몇 가지 좋은 점들이 있어. 나는 피해경험자이지만 내 자신을 돌볼 수 있어.	내 생각, 믿음, 입장은 옳아. 다른 사람들은 잘못된 거야. 나는 옳아야만 해. (또는 다른 사람들은 나를 존중하지 않을 거야.) 넌 다른 사람들을 신뢰할 수 없어. 만약 그들은 그럴 수만 있다면 너에게 상처를 줄 수 있을 거야. 네가 너 자신에 대해 덜 이야기할수록 더 좋아.

턴화된 행동에 대한 인식을 강화시키기 위해서 그러한 행동들의 예를 [표 11-3]에 대조하면서 제시하였다.

표에 있는 기능적 행동들은 성숙한 치료집단의 특징이다. 그러나 촉진적인 집단행동들이 집단발달 초기단계에 나타날 수도 있다는 점을 알아둬라. 이러한 행동들은 보통 빨리 지나가게 되는데 왜냐하면 집단활동단계의 지지적이고 생산적인 행동들을 해내기 이전에 그 집단이 신뢰감을 형성한다든지, 공통적인 관심사를 정하는 것 등과 같은 여러 발달상의 과제를 이뤄야만 하기 때문이다. 집단초기에 잠깐 나타날 수 있는 긍정적 행동들은 다음과 같다.

- 집단은 문제를 '직면하고' 필요한 수정이나 조정을 한다.
- 집단은 한 성원이 처음으로 각오하고 개인적인 문제를 드러낼 때 긍정적으로 반응해준다.
- 집단의 성원들은 다른 성원들에 대해 지지적이거나 또는 그 집단에 투자한다.
- 집단은 집단지도자의 지침이나 개입 없이도 긍정적인 방향으로 움직인다.
- 집단은 일정 시간 동안 조화롭게 작용한다.
- 성원들은 효과적으로 다함께 의사결정을 내린다.
- 성원들은 성취해야 할 임무에 계속해서 집중하는 것과 같은 세부적인 집단지침을 지킨다.
- 성원들은 다른 성원에게 긍정적인 피드백을 주거나 그 집단이 함께 해온 긍정적인 노력들을 관찰한다.
- 집단은 어떤 식으로든 집단의 과업을 성취하는 데 방해하거나 또는 상호작용을 지배하려는 성원에 대해 확실하게 직면한다.
- 성원들은 집단모임 후에 청소를 열심히 하기 시작한다.

물론 긍정적인 행동에 대한 앞의 목록이 결코 모든 것을 속속들이 들어낸 것은 아니다. 사회복지사가 관찰기술을 긍정적인 집단행동을 기록하는 데 잘 맞추기만 한다면 집단의 기능을 강화하는 많은 새로운 행동들을 한번 보고 파악할 수 있을 것이다. 그러면 사회복지사는 또한 그러한 기능적인 행동들을 집단이 사용하는 것을 촉진시키는 데 개입할 수 있다. 물론 그들이 해결해야 할 문제는 진정으로 긍정적인 감정을 터놓고 말하고 행동적 측면에서 관찰해온 긍정적인 움직임을 기록함으로써 그 순간이 지나가기 전에 빨리 지나가버리는 행동들에 초점을 맞추는 것이다(Larson, 1980).

집단은 또한 초기모임에서 일시적으로 부정적인 행동들을 보일 수도 있다. 위에서 언급했듯이 이러한 많은 행

[표 11-3] 집단행동 예

문제가 되는 집단행동	기능적인 집단행동
피상적인 수준에서 이야기하고 자신들의 감정과 견해를 드러내는 것에 대해 조심스러워 한다.	공개적으로 개인감정과 자세를 전달하고 다른 성원들이 자신에게 도움이 될 것이라 예상한다.
선뜻 다른 사람들에 대해 평가적으로 반응하고 비판적이다. 좀처럼 다른 사람의 공헌을 인정하려 하지도 않고 들으려 하지도 않는다.	다른 사람들의 말을 주의 깊게 듣고 공평하게 들어준다.
독재적인 성원은 다른 성원들을 의사결정과정에서 빼놓는다. 성원들은 있을 수 있는 대안을 밝히거나 그것에 대해 생각해 보지 않고 조급하게 결정 내린다.	모든 사람들의 견해와 감정을 고려하고 나서 집단의 의견일치를 통해 결정을 내린다. 성원들은 반대하는 사람들의 의견을 무시하고 누르기보다는 이 관점들을 통합시키려 노력한다.
부정적인 것에 초점을 맞추고 좀처럼 다른 사람들의 긍정적인 행동을 인정하려 하지 않는다.	다른 성원의 강점과 성장에 대해 인정하고 피드백을 준다.
다른 사람과의 차이에 대해 비판적이고 그러한 차이를 하나의 위협으로 간주한다.	각 개개인의 독특함을 인정하고 다양하고 상호보완적인 방식의 참여를 격려한다.
말할 기회를 놓고 싸우고 종종 다른 사람의 말에 끼기도 한다.	차례로 이야기한다. 문제에 대해서 쉽사리 자신의 감정과 입장을 내세우면서 그들 자신을 위해 말하기 위한 '나' 중심의 메시지를이용한다
그들 자신의 메시지를 개인화하지 못하고 그들의 감정과 입장을 드러내기 위해 직접적인 의사소통의 형식을 사용한다.	다른 사람들이 그들 자신을 위해 말하도록 부추긴다. 성원들은 초기 만남에서 설정된 지침이나 행동에 따른다.
다른 사람들을 대변하여 말한다. 집단지침과 맞지 않는 파괴적인 행동들을 보인다. 지금 여기에 대해 이야기하기를 거부하고 또는 개인문제나 집단문제에 대해 이야기하기를 거부한다. 물건을 만지작거리는 것, 속삭이는 것 그리고 종이를 뭉쳐 던지는 것과 같이 주의를 산만하게 하는 행동도 그 책략에 포함된다.	집단은 고유의 기능에만 관심을 갖고 성원들의 완전한 참여를 방해하거나 그룹 목표에 도달하는 것을 방해하는 장애물들을 다룬다.
자신이나 집단의 성공에 책임지기를 꺼려하고 일이 잘 되지 않으면 사회복지사를 비난하는 경향이 있다.	집단은 계속해서 과업을 완수하고, 집단의 임무를 떠맡고, 집단의 기능을 손상시키는 문제들을 해결해나가면서 열심히 활동한다.
과거의 위업과 경험에만 마음을 두고 집단목적에서 벗어나는 이슈에 대해 이야기한다. 또한 그들 자신보다는 남에게 초점을 맞춘다.	현재에 집중하고 그들이 스스로를 변화시키기 위해 할 수 있는 일이 무엇인가에 집중한다.
다른 사람들의 욕구와 감정을 별로 인식하지 못한다. 다른 사람에 대한 감정적인 투자가 제한되어 있다.	다른 사람들의 욕구와 감정에 민감하며 기꺼이 정서적 지지를 해준다. 또한 남들에 대한 걱정을 표현한다.

동들은 또한 집단발달의 초기국면에서 볼 수 있다. 이러한 행동들은 확실하게 그 집단의 상호작용적 레퍼토리에 '정해져' 있지 않은, 전개중인 집단패턴들을 나타내는 것일 수도 있다. 패턴화될 수도 있는 역기능적인 행동에는 앞서 게재한 [표 11-3]의 역기능적 행동들의 모든 예가 포함될 수 있다.

사회복지사에게 개별성원에 대한 기능적이고 역기능적인 반응들을 기록하기 위한 시스템을 사용하도록 제안하는 것과 마찬가지로 또한 그 집단자체의 기능적이고 역기능적인 행동들을 기록할 수 있고, 성장을 기록하거나 집단행동 내에서 파악한 변화들을 기록할 수 있는 항목을 추가한 같은 유형의 시스템을 사용할 것을 권한다.

5) 집단의 동맹관계 확인하기

새로운 집단의 성원이 양립할 수 있는 태도나 관심사 그리고 반응들을 지닌 다른 성원들을 발견했을 때, 성원들은 이러한 성원들과 제휴와 관계의 패턴을 발달시킨다. 하트포드(Hartford, 1971)가 지적했듯이 둘씩, 셋씩 또는 넷 으로 된 하나의 하위집단을 형성한다. 네 명이 하위집단을 이룬 경우 보통은 둘씩 갈라지고 때때로 3:1로 갈라지기도 한다. 다섯 명처럼 큰 집단은 전체단위로서 기능할 수도 있지만 일반적으로 이러한 집단들은 "누가 누구를 맡고, 누구와 함께 앉을 것이며, 누구와 함께 오고 가는지 그리고 심지어는 누구를 집단 밖에서 만나거나 또는 함께 이야기해도 되는지"에 영향을 끼치면서 더 갈라진다(Hartford, 1971: 204).

반드시 생겨나는 하위집단화는 집단의 기능에 꼭 해를 끼치는 것은 아니다. 사실상 집단성원들은 종종 그들의 참여와 더 큰 집단에 대한 투자를 증진시키는 하위집단으로부터 강점과 성장을 이끌어낸다. 더 나아가 하위집단이나 자연적인 연합체의 형성과정을 통해 집단성원들은(가족 성원들처럼) 진정한 친밀감을 얻게 된다. 그러나 성원들이 다른 집단과 친밀한 관계를 맺지 못하게 하거나 성원들이 더 큰 집단의 목표를 지지하지 못하도록 하는 배타적인 하위집단을 발달시켜나갈 때는 집단에 문제가 발생한다. 파벌에 맞서는 것이 종종 집단활동을 진척시키거나 또는 파괴시킬 수 있다.

집단을 대상으로 효과적인 실천을 하기 위해서 사회복지사는 반드시 집단의 분할을 밝혀내고 그것이 집단에 끼치는 영향 등을 사정하는 데 능숙해야 한다. 이러한 분할을 인식하기 위해서 사회복지사는 집단동맹관계에 대한 소시오그램을 만들기를 바랄 수도 있다. 모레노(Moreno)와 제닝스(Jennings, 1950)의 공로로 만들어진 소시오그램은 사람과 상호작용에 대한 상징을 사용함으로써 집단성원들 간의 관계와 패턴화된 제휴관계 등을 그림으로 설명해준다. 하트포드(Hartford, 1971: 196)는 집단성원들 간에 일어나는 유인력과 반감을 포착해주는 소시오그램(sociogram)을 그렸다([그림 11-1] 참조).

[그림 11-1]

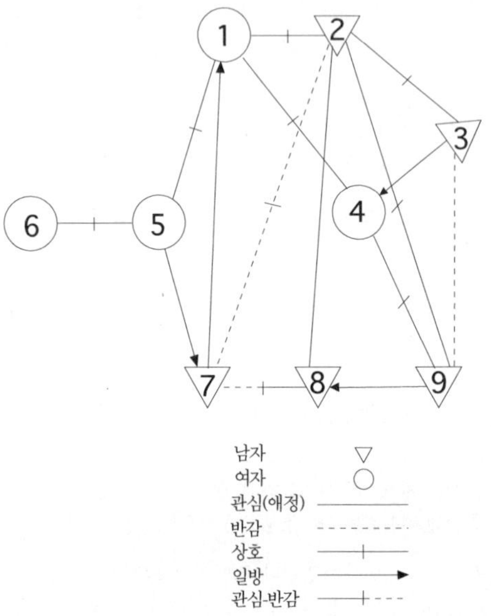

소시오그램은 집단 내에서 일정시점의 동맹관계를 나타내주는 것인데 특히 집단발달초기단계에는 동맹관계가 변화하고 바뀌기 때문이다. 집단생활 초기에 발생하는 일시적인 결속을 표로 나타내는 것은 성원들 간의 관계를 언제 어디서 개입하고, 수정하고, 강화하고 또는 고정할지를 결정하는 데 매우 중요할 수 있다.

집단관계가 그 집단의 치료목표를 지지하는 긍정적인 방식으로 안정되었다고 확신할 때까지는 모든 만남 후에 성원들의 상호작용을 나타내는 소시오그램을 그려볼 것을 권한다. 소시오그램을 독창적으로 그리면 좋다. 유인과 반감, 또는 관계의 강도 등을 보여주기 위해서 또는 정서적인 밀착과 거리를 전달하기 위해 성원들을 좀더 가깝게 또는 좀더 멀리 떨어뜨려 놓기 위해 서로 다른 색들을 사용할 수도 있다. 각 성원들이 집단 내 모든 한 사람, 한 사람과 맺고 있는 관계의 정확한 속성들을 단일한 소시오그램에 담으려고 하지는 않는 게 좋다. 그 그림이 지나치게 복잡해지기 때문이다. 차라리 그 집단에서 주요한 하위집단들만 그리고, 주요한 견인 또는 반박의 관계만 밝힌다.

6) 세력과 의사결정방식 확인하기

가족과 같은 집단들은 성원들 간에 세력을 분배하는 방식을 발달시킨다. 자신의 욕구가 무시되지 않게 하기 위해 일부 성원들은 세력을 얻으려고 노력할 수도 있고 다른 성원들을 도외시할 수도 있다. 다른 사람들은 그들 스스로를 도외시하고 좀더 공격적인 성원들이 집단을 지배하도록 허용할 수 있다. 여전히 다른 사람들은 세력을 중요시하고 세력 그 자체를 수단으로 적극적으로 추구한다. 세력싸움에 말려들면 집단은 초반에 의사결정을 내리는 데 실패할 수 있다. 더 나아가서 하위집단들은 자신의 파벌에 반대하는 세력을 제거하려 할 수도 있고 또는 다른 성원 내지는 하위집단과 연합하여 그들의 세력을 증가시키려 할 수도 있다. 사실상 때때로 집단이 분열되어 사라질 수도 있는데 해결되지 않은 세력문제가 일부 성원들의 욕구를 충족시키지 못하게 한다.

집단에서 발생하는 세력싸움은 종종 성원들이 문제해결방안을 놓고 공격적으로 경쟁하면서 발생한다. 이해관계가 있는 성원들이나 파벌은 그들이 포기하려 하지 않는 해결책에 반대하는 것을 격렬하게 옹호할 수 있다. 이러한 상황 하에서 일부 성원들은 이기고 일부는 지는데 결국에는 경쟁하는 파벌 중 단 하나만이 이기기 때문이다.

사회복지사는 가족을 사정하는 것과 유사하게 집단을 사정할 때 성원들이 세력과 자원을 동등하게 공유하고 '윈-윈' (win-win)방식의 해결책을 보장하는 문제해결단계를 실행해나갈 수 있는 능력을 확인시켜줄 필요가 있다(13장 참조). 집단이 모든 성원들을 '한편으로 모을 수 있는' 능력은 그 집단이 발달단계를 거쳐 성숙한 집단으로 발전해 나가는 과정에서 반드시 생겨난다. 성원들은 만약 그들이 의사결정에 있어서 공정한 발언권을 가지고 있다고 생각하면 결정을 내리는 데 좀더 전념하게 된다. 그래서 사회복지사는 촉진적인 의사결정을 모델링하고 가르치는 촉진적인 역할을 맡고 성원들이 초기 만남에서 의사결정을 위한 명백한 지침들을 채택할 수 있도록 도움으로써 다양한 단계를 통해 그 집단의 향상을 촉진시킬 수 있다.

4. 집단규범, 가치, 응집력

집단사정에서 가장 중요한 것은 집단규범인데, 이 용어는 주어진 환경 내에서 어떻게 행동해야 하는가에 관련되어 성원들이 공유하고 있는 명백한 기대상황과 신념 등을 가리킨다. 규범은 성원들이 서로에게 무엇을 기대할 수 있는가에 관련된 정보들을 제공함으로써 안정과 예측의 수단을 제공하는 규제적인 메커니즘이다. 규범은 적절하거나 허용 가능한 개인의 특정행동을 규정짓거나 또는 그 집단 내에서 받아들여지는 행동의 범위를 규정짓기도 한다. 따라서 집단규범은 앞서 논의되었던 가족규범과 유사하다.

가족들에게 규칙위반을 다루는 절차가 있는 것과 마찬가지로 집단들 또한 일탈이라 간주되는 행동을 감소시키거나 이전의 평온상태로 돌아가려는 제재사항들을 만들어 나간다(Lieberman, 1980).

사람들은 종종 규범을 어기는 상황들을 관찰함으로써 특정 집단의 규범들에 대해 배운다. 토즐랜드와 리바스(Toseland & Rivas, 1984: 67)는 성원들이 다른 사람의 행동을 지켜보기 때문에 "곧 특정행동에서 제재나 사회적 비난이 나오고 다른 행동들에서 칭찬이나 사회적 인정이 나온다는 것이 확실해진다"고 말했다. 일단 성원들이 특정 행동에 제재가 가해진다는 것을 인식하기만 하면 보통 그들의 행동은 비난이나 처벌을 피하도록 적응해가려 한다. 제재는 행동에 대한 강력한 단속자인데 리버만(Lieberman, 1980: 501)은 다음과 같이 고찰하였다. "제재는 보통 자주 또는 격렬하게 사용될 필요가 없다. 오히려 제재에 대한 예상이 실제 적용했을 때처럼 일탈행동을 통제하는 데 종종

[표 11-4] 집단규범의 예

기능적 집단규범	문제성 집단규범
자신의 개인적인 것들을 자발적으로 드러낼 각오를 하는 것	피상적인 주제에 중점을 둔 토론만 계속해서 하는 것. 위험 회피, 자기 폐쇄적
지도자를 존경심으로 대하고 지도자의 투입을 진지하게 생각할 것	지도자를 갖고 노는 것. 기회가 있을 때마다 지도자를 괴롭히고 비판하고 그에 대해 불평하는 것
개인의 문제 해결에 초점을 둘 것	문제를 불평하는 데 시간을 보내고 그것을 해결하는 데 필요한 에너지를 쏟지 않는 것
성원들이 집단토론에 참여하고 그 집단의 중심이 될 수 있는 동등한 기회를 부여할 것	공격적인 성원들이 그 집단을 지배하게 내버려두는 것
당신의 문제에 적합한 어떤 주제라도 말할 것. 다른 성원들에게 직접적으로 전달할 것	감정적으로 긴장되었거나 미묘한 주제에 대해 말하지 말 것
집단목표를 이루는 데 방해가 되는 장애물에 대해 말할 것	지도자에게 직접적인 주석을 다는 것. 장애물을 무시하고 집단문제에 대해 이야기하는 것을 회피하는 것

효과적이다."

성원들이 규범을 지키는 정도는 다양하다. 일부 규범들은 유연해서 위반성원들에 대한 심리적 '비용'이 낮거나 또는 존재하지 않는다. 다른 경우 규범에 대한 집단의 투자가 중요해서 성원들이 그러한 규범들을 위반했을 때 집단반응은 엄격하다. 성원들의 상대적 지위, 즉 집단 내 각 성원들의 평가나 서열은 다른 사람에 대해 상대적인데 이것은 또한 성원들이 규범을 지키는 정도를 결정한다. 토슬랜드와 리바스(Toseland & Rivas, 1984: 68-69)는 다음과 같이 고찰하였다.

> 낮은 지위의 성원들은 일탈로 인해 잃을 것이 거의 없기 때문에 집단규범에 별로 따르려고 하지 않는다. 만약 그들이 더 높은 지위를 가질 희망이 있다면 그 정도는 덜 해질 것이다. 중간정도 지위의 성원들은 집단규범을 따르려는 경향이 있는데 그들의 지위를 계속 유지하면서 아마도 더 높은 지위를 얻을 수 있기 때문이다. 높은 지위의 성원들은 그 집단을 위해 가치 있는 많은 봉사를 하고 자신의 위치를 세워가고 있을 때는 일반적으로 귀중한 집단규범들에 순응한다. 그러나 그들의 지위 때문에 높은 지위의 성원들은 인정된 규범에서 일탈할 자유를 좀더 많이 가지고 있다.

규범은 한 집단의 치료목적을 지지할 수도, 그렇지 않을 수도 있고 그것이 성원의 행복감과 전반적인 치료목적에 유익한가 또는 해로운가의 여부에 따라 판단해야 한다. 기능적이고, 문제가 될 수 있는 규범의 예가 [표 11-4]에 제시되어 있다.

모든 집단은 규범을 발달시켜나가며 일단 어떤 규범이 채택되면 그것은 상황에 대한 집단의 반응에 영향을 끼치고 그 집단이 성원에게 치료적 경험을 제공하는 정도를 결정한다. 그래서 지도자의 주요역할은 집단규범을 발달시켜나가는 것을 확인하고 변화를 위한 긍정적인 분위기를 만들어내는 방식으로 영향을 끼쳐야 한다.

그러나 그러한 규범들이 집단과정에 미묘하게 박혀 있어서 오직 집단에서 일어나는 행동을 통해서만 추론해낼 수 있는 한 그것들을 분간하는 것은 종종 어렵다. 사회복지사는 다음 내용을 자문함으로써 규범을 확인할 수 있어야 한다.

- 집단에서 말해도 되는 것과 말하면 안 되는 주제는 무엇인가?
- 그 집단에서 허용되는 정서적 표현은 무엇인가?
- 문제해결 노력이나 지속적인 활동에 관한 그 집단의 패턴은 무엇인가?
- 집단성원들은 집단의 경험을 성공적으로 만드는 것을 지도자만의 책임이라 생각하는가?
- 지도자에 대한 집단의 자세는 어떠한가?
- 피드백에 대한 집단의 자세는 어떠한가?
- 그 집단은 개별성원들의 기여를 어떻게 바라보는가? 그 집단은 성원들에게 어떤 꼬리표와 역할을 부여하고 있는가?

이러한 질문을 하는 것은 또한 사회복지사가 성원들의 과잉된 또는 패턴화된 행동들에 대한 관찰을 증가시키기 때문이다. 이 점이 중요한데 패턴화된 행동들은 항상 지지하는 규범들에 의해 뒷받침되기 때문이다. 규범을 밝혀내는 또 다른 전략은 규범의 개념을 집단성원들에게 설명하고 집단에서 그들의 활동에 영향을 끼치는 지도규칙들을 확인하도록 요청하는 것이다. 이 전략은 성원들이 발전해 나가고 있는 집단규범들을 의식적인 수준으로 옮기며, 치료적 가능성을 높일 수 있는 규범들을 분간해주는 선택들을 할 수 있도록 해준다.

규범에 덧붙여서 모든 치료집단은 모든 또는 대부분의 집단구성원들이 공통적으로 지니고 있는 생각이나 신념, 이데올로기 또는 진실에 대한 이론, 옳고 그름, 선함과 악함 그리고 아름다움과 추함 또는 부적절함 등을 포함하는 일련의 가치들을 만들어낸다(Hartford, 1971). 그러한 가치들의 예는 다음과 같다.

- 이것은 '좋은' 집단이고 우리가 시간을 투자하고 전념할 만한 가치가 있다(혹은 이것은 '쓰레기 같은' 집단이다. 우리는 그것으로부터 그 어떤 것도 얻어내지 못할 것이다).
- 외부인에 대한 신념을 배반하는 것은 '나쁜' 것이다.
- 다른 집단에 속해 있는 사람들(서로 다른 인종과 종교, 지위를 지닌 사람들)은 '나쁘거나' 또는 열등하다.
- 집단에서 감정을 내보이는 것은 바람직하지 못하다. 어떤 권위의 속성을 능가하려는 시도는 흥미롭다(특히 소년범죄자 집단이나 성인범죄자 집단에 적용될 수 있는 부분임).

집단이 어떤 규범을 '선택' 하느냐가 치료적 환경을 제공할 수 있는 능력에 의미심장한 영향을 끼치는 것과 마찬가지로 가치를 '선택' 하는 것 또한 그러하다. 규범과 마찬가지로 가치들 또한 집단의 치료목표의 견지에서 볼 때 기능적이거나 혹은 역기능적인 것으로 나눌 수 있다. 예를 들어, 개인적 문제나 자기를 드러내는 것, 다른 사람들을 수용하는 것, 집단에 대한 긍정적인 태도를 갖는 것 등에 대한 노력을 격려하는 가치는 집단발달에 기능적이다. 대조적으로 자기 자신에 대해 털어놓는 것을 좌절시키고, 관계에 대한 장애물을 만들거나 집단에 대한 부정적인 태도를 갖는 것 또는 성원들이 문제에 대해 노력하는 것을 방해하는 것들은 명백하게 역기능적이다.

초기국면에서 사회복지사는 반드시 집단에서의 응집력의 발달을 사정하고 촉진해야 한다. 성원들이 서로에게 끌리는 정도로 규정되는 응집력은 특정 조건 내에서 생산성과 집단 내외부에서의 참여, 자기폭로, 각오하고 뛰어들기, 출석률, 그리고 다른 중요한 관심사 등과 상관이 있다(Rose, 1989; Stokes, 1983). 집단응집력은 성원들의 만족과 개인적 조정에 긍정적인 영향을 끼친다. 더 나아가 응집력은 자아존중감을 존중시키고 다른 사람의 말을 좀더 기꺼이 듣고자 하며, 감정을 더 자유롭게 표현하고, 더 나은 현실을 점검해보고, 더 높은 자신감과 성원들 자신의 발달을 강화시키는 다른 성원들의 평가를 효과적으로 이용하게끔 이끈다(Toseland & Rivas, 1995; Yalom, 1985).

응집력은 출발하는 집단의 규범발달과 서로 복잡하게 얽혀 있다. 집단의 형성과 응집력을 방해하는 규범에는 불규칙적인 출석과 빈번한 지각, 지도자에 대한 과도한 의존, 몇몇 성원들에 의한 지배적인 상호작용, 그리고 상호작용에서의 일반적인 수동성 등이 있다(Rose, 1989). 낮은 단계의 응집력을 나타내주는 규범들이 있다는 것은 집단과 집단지도자의 관심을 필요로 한다는 것인데 그러한 변수들을 무시하는 것은 집단발달을 좌절시키고 집단 그 자체를 위험에 빠뜨릴 수 있기 때문이다.

5. 과업집단

과업집단(task groups)은 "조직적인 문제에 대한 해결책을 찾고 새로운 아이디어를 만들어내며, 결정들을 내리기 위해서" 조직된다(Toseland & Rivas, 1995: 29). 과업집단에는 팀, 처리위원회(treatment council), 그리고 직원발전집단 등이 있다. 다른 과업집단들은 위원회나 자문위원회 그리고 이사회 등과 같은 조직적인 욕구를 충족시키기 위해 형성된다. 결론적으로 공동체의 욕구를 만족시키기 위한 과업집단은 사회행동집단, 연합체, 그리고 대표위원회 등을 포함한다(Toseland & Rivas, 1995). 과업집단은 성원의 개인적 성장보다는 방침을 만들어나가면서 의사를 결정하고 산출물을 만들어내는 것에 집중한다(Ephross & Vassil, 1988). 사회복지사는 클라이언트의 강점과 자원을 강조하면서 클라이언트 관심사에 대한 처리 협의회에 초점을 맞추면서 클라이언트 서비스의 질을 높이기 위해 종종 행동할 수 있다(Toseland, Ivanoff, & Rose, 1987). 그러한 집단들은 너무 자주 클라이언트와 가족성원들을 포함하지 않고 클라이언트와 가족성원들의 상호관여의 잠재력은 무시하는 반면 전문적인 의견일치에 중점을 둔다(ibid., p. 91).

과업집단을 형성하고 사정할 때 초기의 중요과제는 그 집단을 위한 계획을 세우고 집단이 목적을 다룰 수 있는 초기 만남을 구성하는 것이다.

1) 과업집단을 위한 계획 세우기

치료집단의 성원들이 그 집단의 특정목적을 위해 소집되는 것과는 달리, 과업집단의 성원들은 조직상의 부칙이나 구조에 따라야 한다(Toseland & Rivas, 1995: 144). 예를 들어, 대표위원회의 성원은 정관에 의해 선출될 수 있고 누가 처리위원회에 참여해야 하는가를 조직이 결정할 수도 있다. 그러나 선정이 되면, 과업집단은 그 집단의 목표에 명확히 초점을 맞춤으로써 도움을 받게 된다. 예를 들어, 처리위원회는 소비자들이 안전하게 그 목적에 도달할 수 있도록 팀성원들을 조정하고자 노력한다는 목적을 둘 수 있다.

과업집단의 목적은 원래 사회복지사, 기관직원 또는 성원들이 만든다. 예를 들어, 직원성원은 사회복귀시설에 대표위원회를 만들자고 제안할 수도 있고 기관의 이사는 그 기관을 위한 자금재원의 대안을 마련하는 것에 힘을 쏟자고 제안할 수도 있으며 주택개발의 거주자들은 빈곤주거상태를 다루기 위한 사회행동집단을 제안할 수도 있다(ibid., p. 149).

과업집단의 성원들은 그 집단의 목적을 달성하기 위해 요구되는 관심사와 정보, 기술, 그리고 힘이 있어야 한다. 명확한 목적은 그 집단에게 자원을 제안하는데 예를 들어, 서비스 전달체계에 대한 관리보호의 영향에 대해 공부하기 위해 형성한 집단에는 소비자, 제공자, 그리고 보험집단의 대표자가 포함될 수 있다. 멤버십은 그 집단이 중점을 두는 것에 영향을 받는 지지자들을 대표할 수 있을 만큼, 그리고 목적을 다루기 위한 적절한 기술과 지식을 소유할 수 있을 만큼 충분히 크고 다양해야 한다.

2) 과업집단 시작하기

과업집단의 초기 만남을 위한 협의사항은 치료집단과 유사하다. 그 협의사항에는 소개를 용이하게 하고, 집단의 목적을 명확히 하고, 근본규칙을 논의하며, 성원들이 집단의 일부라는 것을 느낄 수 있도록 돕고, 목표를 설정하고, 장애물을 예상하는 것 등을 포함한다(ibid., p. 177). 집단 목적과 관련되는 것으로 기관의 기능과 사명을 포함하는 모임 시작 성명은 성원들이 왜 서로 모였는가를 이해할 수 있도록 공유해야 한다. 그러면 성원들은 그들의 관심사와 경험에 대한 공통사항들을 찾을 수 있도록 도움 받을 수 있고 집단참여를 위한 목적을 수용할 수 있을 것이다. 일부 성원들은 이전의 역할로부터 서로에 대해 잘 알고 있어서 과거로부터의 긍정적 또는 부정적 선입견을 가질 수도 있다. 그들은 집단목적에 대한 그들의 관심사와 관점을 공유하기 위해 알지 못하는 누군가와 한편이 되도록 요청받을 수도 있다. 그러한 편성이 끝난 후에는 집단의 목적을 다루기 위한 잠재적 자원과 관점들에 대한 항목들을 만들 수 있다. 예를 들어, 정보의 성급한 유출이 그 집단의 일을 방해할 수 있다(ibid., p. 184).

과업집단에서 규칙들은 공적인 문서협의사항을 그 집단에 우선하여 만들어둔다. 성원들은 또한 미래의 협의사항에 포함되어야 할 공식적인 항목을 따르는 데 고무될 수 있다. 이러한 협의사항들은 보통 의사록의 승인, 위원회와 행정가로부터 온 보고서들, 현재 사업과 새로운 사업에 대한 연구 등을 포함한다. 이 항목들은 더 나아가 정보, 논의, 행동이라는 세 가지 범주로 나뉠 수 있다. 그러한 협의사항들은 성원들이 충분하게 그 항목에 대해 논의할 수 있도록 충분한 정보와 함께 모임 며칠 전에 주어져야 한다.

그러고 나면 과업집단은 목적을 설정해 나간다. 그러한 목적에는 그 기관에서 관리보호의 합의를 재검토하는 것과 같은 집단의 외적목적에 의해 위임된 것들을 포함한다. 게다가 그 집단은 소비자와 공급자 그리고 자금제공자의 욕구를 충족시키는 가장 최고의 실천들에 대한 항목과 이 집단의 한사람 한사람 모두의 욕구를 충족시키는 데도 가장 문제가 될 수 있는 상황에 대한 세부적인 설명 등에 대한 항목을 만드는 것을 포함하는, 자신만의 목적을 만들 수도 있다. 그래서 개별목표는 다음 모임 이전에 이러한 구성집단의 성원들을 면접하는 것을 포함할 수도 있다.

제 12 장

목표의 협의와 계약의 공식화

Negotiating Goals and Formulating a Contract

1. 계약이 필요한 이유

클라이언트가 관련된 문제와 체계의 본질, 그리고 사회복지사와 기관의 적합성에 대해 서로 충분히 파악하고 동의한다면, 사회복지사와 클라이언트는 계약을 공식화할 준비가 되었다고 본다. 계약의 체결은 초기 주요 개입단계와 변화목적(목표달성)의 개입을 자연스럽게 소개하는 최고점이며 원조과정의 핵심이다. 계약은 달성해야 할 목표와 그를 위한 수단을 명확히 하고, 참여자의 역할을 설명하며, 도움이 제공되는 조건을 형성한다. 그러므로 최초의 계약은 사회복지사와 클라이언트가 정해진 목적을 달성하기 위한 공동의 노력을 이끌어가겠다는 약속이다. 자발적인 클라이언트와는 대개 적절하게 계약을 만들 수 있다. 또한 비자발적인 클라이언트와도 반(半)자발적인 계약을 협상할 수 있다 (Rooney, 1992).

조사결과는 사회복지실천에서의 계약의 가치를 입증한다. 우드(Wood, 1978)는 사회복지사가 명확한 계약을 만들지 않았을 경우 직접적인 개입의 결과를 논평하면서, 상당한 경우에서 부정적인 결과를 보인다고 보고했다. 긍정적인 결과를 보고하는 연구들은 전형적으로 계약을 이용한 경우이다. 리드와 한라한(Reid & Hanrahan, 1982)은 성공적인 결과를 보인 사례의 특징은 그 계약이 동기부여의 역할을 한다는 연구결과를 제시했다. 동기부여적 조화는 클라이언트의 동기가 사회복지사가 제공하려고 의도하는 것과 일치한다는 것을 말한다(ibid.).

계약을 최대한으로 활용하기 위해서는, 계약의 부분들에 대해 숙지하고 그 계약을 체계적으로 협상하는 기술에 능통해야 한다. 이 장의 목적은 계약을 효과적으로 활용하는 지식과 기술을 습득하기 위한 것이다. 우선 목표를 협상하는 과정을 논의한다. 그 다음으로 계약의 다른 부분들과 함께 실제로 계약을 공동으로 공식화하는 과정을 논의할 것이다.

2. 목표

목표를 공식화하는 것의 중요성은 오랜 기간 사회복지실천 문헌에서 강조되어왔다. 1960년대 중반에서 1970년대 후반에 걸친 조사연구의 결과 목표의 공식화에 대한 현저한 발전이 이루어졌다. 표본적인 조사연구에 근거하여, 리드(1970)는 사회복지사가 목표를 수립하는 데 있어 너무 포괄적이어서 '비현실적인 야망과 방향성의 혼란' 을 이끌어낸다는 결론을 내렸다(p.145). 우드(1978)도 모호하거나 비현실적으로 높은 수준의 목표를 정하는 것은 "클라이언트로 하여금 그들의 수용력을 넘어서서 실망, 좌절, 자신감의 약화라는 잔인하고 파괴적인 경험을 하게 한다"라고 경고하면서, 리드와 비슷한 결론을 내렸다. 우드는 또한 클라이언트의 의견을 듣지 않은 채 목표들을 설정하는 경우를 많이 발견했다. 이러한 상황에서는 클라이언트와 사회복지사가 서로 양극단에 서 있기 때문에 미약한 성과가 나오기 십상이다(동기화의 일치조화가 빈약함).

1) 목표의 존재목적

목표는 클라이언트가 무엇을 이루고자 하는지를 명확히 한다. 목표의 속성은 문제의 조사와 사정 이후에 클라이언트의 상황에 부응하는 요구와 욕구에 대한 바람직한 변화이다. 그러므로 목표는 사정과정으로부터 직접적으로 도출되며 그것과 긴밀한 관련이 있다. 실제로 클라이언트의 요구와 욕구를 조사한다는 것은 예비목표의 선별작업을 하는 것이다. 클라이언트가 비자발적일 때는, 법적인 지시를 만족시키는 방법으로 일부 목표에 동의할 수도 있다.

목표는 원조과정에서 아래의 가치 있는 기능들을 위해 유효하다. 그것들은 다음과 같다.

- 사회복지사와 클라이언트가 달성하고자 하는 목표에 대해 동의하는 부분을 확실히 한다.
- 원조과정의 방향과 연속성을 제공하고 불필요한 과정을 방지한다.
- 적절한 전략과 개입방법의 선택과 향상을 쉽게 한다.
- 사회복지사와 클라이언트가 진행과정을 점검하는 것을 돕는다.
- 특정한 개입과 원조과정의 효과성을 측정하는 성과의 기준이 된다.

위에서 말한 기능들의 수행에 필요한 목표를 활용하기 위해서는 앞으로 논의하게 될 목표의 유형, 목표선택의 표준, 목표협상에 관한 지식과 기술에 대한 지식이 필요하다.

2) 목표의 유형들

목표는 넓은 의미에서 한 측면으로는 개별적인, 다른 측면으로는 진행중이거나 연속적인 부분으로 나누어 볼 수 있다. 개별적인 목표(discrete goals)들은 문제를 해결하거나 개선하는 일회의 조치나 변화들로 구성된다. 예를 들면, 필요한 자원의 획득(예를 들어, 공공부조 또는 의료서비스), 주요 사항에 대한 결정(예를 들어, 아기를 낳을지 또는 입양을 할지를 결정하는 것), 주위 환경에 변화를 주는 것(예를 들어, 생활환경을 바꾸는 것) 등이 있다. 반대로 진행중인 목표(ongoing goals)들은 지속적이고 반복적인 조치들과 관계가 있다. 그러므로 이러한 목표는 진행과정을 거치면서 서서히 달성된다. 진행중인 목표의 예는 갈등의 효과적 조종, 개방적 감정표현, 클라이언트 권리의 옹호, 어린이에 대한 규율의 성립, 분노의 통제, 집단토의에 참여 등이 있다.

목표의 유형을 결정짓는 다른 요인은 변화에 초점이 될 체계나 하위체계들이다. 클라이언트가 개인인 경우에는 이러한 초점은 전형적으로 클라이언트의 사회적 · 물리적 환경과의 상호작용뿐만 아니라 클라이언트의 내면적인 하위체계와도 관계가 있다. 개인 클라이언트와의 목표는 일반적으로 명시적, 암시적 행동 모두의 변화에 관련이 있다. 일반적인 사례들은 '인지적 작용'의 변화(예를 들어, 자기비하적 생각을 하는 경우를 줄이는 것), '감정적 작용'의 변화(예를 들어, 우울한 감정의 빈도와 강도를 줄이는 것), 행동의 변화(예를 들어, 알코올의 소비를 줄이거나 없애는 것) 등이 있다. 또한 대인관계의 행동양식의 변화도 목표가 될 수 있다(예를 들어, 누군가에게 데이트를 신청하거나 대화에서 남의 마음을 끄는 것).

클라이언트의 체계가 부부, 가족 또는 집단일 때, 목표는 일반적으로 체계 내의 모든 관련 있는 참여자들의 변화라는 형태로 나타난다. 이렇게 상대적으로 큰 체계에서는, 목표가 보통 그 체계의 구성원들에 의해 지지를 받는 경우가 있고(공유된 목표) 또는 그것이 서로 다른 행동에 대한 타협이 될 수도 있다(상호교환적 목표). 공유된 목표(shared goals)의 사례는 부부가 서로의 말을 끊지 않고 끝까지 듣는 것에 동의하는 것 또는 의사결정방법에 어떤 계획을 세우는 것 등이 있다. 가족과 집단 구성원들은 타인에 대해 비판적이고 품위를 손상시키는 의사표시를 긍정적이고 정서적인 지지적 의사로 바꾸자는 공유된 목표에 동의할 수 있다. 공유된 목표의 두드러진 특징은 모든 구성원들이 그들의 행동 변화에 대해 본질적으로 같은 방법으로 약속한다는 것이다.

상호교환적 목표(reciprocal goals)에서는 체계의 구성원들이 상이한 행위들을 교환함으로써 상호작용의 문제점들을 해결하는 방법을 찾는다. 예를 들어, 부부가 의사소통이 뜸하고 그래서 정서적으로 점점 멀어지기 때문에 원조를 요구하는 경우가 있다. 아내는 아마도 남편이 말을 적게 하는 것을 불평할 것이고, 남편은 이에 대해 아내가 자신의 말에 거의 귀기울여 듣지 않고 그 대신 그를 비난하고 그의 관점을 비웃었기 때문에 점점 말수가 줄었다고 대응할 것이다. 이들의 문제를 진단한 다음에는, 이 부부는 아마도 언어적 교환의 증대라는 공유된 목표에 동의할 것이다. 더 나아가 이들은 아내의 주의 깊은 경청과 남편의 언어적 공유의 증가라는 상호 개인적인 하위목표에도 동의할 것이다. 상호교환적 목표는 따라서 자연스럽게 보상의 성격을 띤다. 즉 각자는 다른 사람도 변할 것이라는 조건에 의존하여 자신의 행동을 수정하는 데 동의하는 것이다.

3) 목표를 선택하고 결정하는 지침들

목표가 몇 가지 중요한 기능들을 위해 필요하기 때문에(앞에서 나열한 것처럼), 목표들을 주의 깊게 선택하고 결정하는 것이 중요하다. 다음의 지침들은 목표를 형성하는 것을 숙달시키는 것을 도와줄 것이다.

① 목표는 자발적인 클라이언트가 찾아낸 바람직한 결과와 관련이 있어야 한다

적절한 동기부여를 위해서는, 자발적인 클라이언트가 선택된 목표를 달성함으로써, 그들의 생활환경이 개선되거나 문제가 완화될 것이라고 믿어야 한다. 그러므로 클라이언트는 그들이 정서적으로 투자한 목표들만을 추구하려는 경향이 있다. 그러므로 목표를 일방적으로 결정하거나 클라이언트에게 목표를 강요하는 사회복지사는 그들의 협력을 이끌어낼 수 없다. 클라이언트는 표면적으로 동의하거나 조기에 종결하는 식으로 반응하는 경향이 있다. 협상에 의한 목표에 있어 숨겨둔 의제가 있어서는 안 되며, 자발적인 클라이언트가 적절한 목표의 선택에 있어 마지막 결정을 하게 해야 한다. 반대로 클라이언트는 목표의 선택에 있어 사회복지사의 지도를 구할 것이고, 사회복지사는 이에 대해 그의 전문적인 기술을 공유할 책임이 있다. 다음에서 목표협상에 있어서의 사회복지사의 역할을 논의할 것이다.

② 비자발적인 클라이언트를 위한 목표는 가능한 한 클라이언트에게 동기를 부여할 수 있는 일치되는 것을 포함해야 한다

클라이언트의 문제를 다루는 데 있어서 동기부여적 일치점(motivational congruence)이 있다면, 즉 그것이 개인적으로 의미있는 목표라면, 그것은 단지 처벌을 피하거나 보상을 얻기 위한 동기화보다 더 성공할 가능성이 높고 변화가 오래 지속되는 결과를 낳을 것이다(Rooney, 1992). 결과적으로 사회복지사는 비자발적인 목표를 법적 의무로만 제한하고 비자발적인 클라이언트가 이해하는 목표를 포함해야 한다. 비자발적인 클라이언트는 종종 법적인 치료명령을 이끌어낸 문제나 상황에 대해 자신의 관점을 표현한다. 대개의 경우 그 관점은 법정의 관점과 동떨어져 있다. 이러한 법적 의무에 동의하게 하는 전략은 상이한 두 관점에 교량역할을 하는 일반적인 기반을 찾는 것이다. 문제에 대한 정의를 클라이언트의 관점과 법정의 관점을 적절히 나타내는 방향으로 재구성하는 것은 거부감을 줄이고 동의 가능한 점을 만들어낸다.

이러한 매매협상방법(bargaining)은 "상호 교환하자" 라는 전략을 통해 비자발적인 클라이언트의 사적인 관심을 법정의 사회복지치료명령을 이끌어낸 문제와 연관시키는 데 쓰일 수 있다. 이러한 전략은 클라이언트에게 보상을 제공할 수 있다는 점에서 유인책을 만들어내며 따라서 효과적이다.

몇몇 비자발적인 클라이언트의 경우에는, 앞에서 말한 어떤 전략도 실행가능하지 않다. 그리고 사회복지사에게 남겨진 유일한 자원은 법정의 치료명령이라는 구속으로부터 벗어나고자 하는 클라이언트의 소망에 호소하는 것뿐이다. 이러한 전략에는 법적 명령이나 외부 압력으로부터 벗어난다는 목표가 포함된다(Rooney, 1992).

③ 목표는 명확하게 표현하고 측정 가능한 것으로 규정되어야 한다

원조과정에 방향성을 제공하기 위해 목표는 특히 바람직한 최종 산출을 명시하여, 모든 참여자가 문제의 구조에 대해 수행해야 할 변화에 대해 명확하게 알 수 있도록 해야 한다. 다시 말하면 각각의 참여자는 그들이 특히 무엇을 해야 하고 어떤 환경적 요인이 변할 것인지를 명확히 말할 수 있어야 한다. 그러므로 목표는 일반적인 형태가 아닌 구체적인 형태로 규정되어야 한다. 그러나 사회복지사가 규정한 어떤 목표들은 너무 막연해서(예를 들어, '영 씨 부부의 관계개선' 또는 '윌리엄 씨 가족의 연대감 증대') 원조과정이 '표류' 하거나 방황하게 되는 결과를 초래하고, 상당한 숫자의 클라이언트는 사회복지사가 그들에게 무엇을 수행하기를 바라는지 불분명하다고 보고해왔다.

적절하게 표현하자면 목표는 수행해야 할 명시적, 암시적 변화 모두에 대해 명확히 하는 동시에 측정 가능해야 한다. 명시적 행동변화(예를 들어, "지미는 매일 저녁 TV를 보기 전에 숙제를 끝내야 한다")는 다른 사람에 의해 관찰될 수 있으며 정확한 측정을 가능하게 한다. 암시적 변화(예를 들어, 자신을 경멸하는 생각을 줄이기) 또한 측정 가능하지만, 어디까지나 그것은 클라이언트에 의해서만 가능하다. 따라서 암시적 행위의 측정은 자기진단의 일관성 부족, 목표행위에 대한 자기진단의 부수효과, 그외 타 요인들의 결과로 오류가 발생하기 쉽다.

[표 12-1]에 나온 항목은 광범위한 목표와 명시적 목표를 구분하는 데 도움이 될 것이다. 항목에 포함된 것은 명시적 행위와 암시적 행위 모두와 관계가 있다. 명시적 목표들이 치료적 개입에 부응하는 본질을 보여주는 특정한 행위나 환경변화와 관계되는 것을 파악하라.

목표는 다양한 추상적 수준으로 표현될 수 있다. 클라이언트와 사회복지사는 목표를 일반적인 수준으로 규정하려는 경향이 있으므로, 목표를 규정할 때 한정성을 증가하는 방향을 연습할 필요가 있다. 목표는 변화노력에 의한 바람직한 결과물로 간주되어야 한다. 예를 들어, 종합교육개발의 학문 프로그램을 완수하는 것은 하나의 목표이다.

개입노력의 바람직한 결과로서의 목표를 일반적인 과업 또는 이러한 목표들을 시도하기 위한 도구적 전략들과 구분하는 것이 중요하다(Reid, 1992). 예를 들어, 목표들은 [표 12-1]의 왼쪽에, 일반적 과업들은 오른쪽에서 나열하고 있다. 예를 들어, 어느 부모가 하루에 세 번 화를 내던 것에서 하루 한 번으로 줄이겠다는 목표를 세우려 할 수 있다. 횟수 제한은 이러한 목표에 대한 일반적 과업이 될 것이다. 횟수 제한은 자체로 목표가 아니다. 왜냐하면 그것은 우선 클라이언트의 목표에 도달하기 위한 방법으로서 가치를 부여받기 때문이다.

목표를 명시적으로 규정하는 또 하나의 측면은, 목표체계의 모든 사람들의 본질적인 행동의 변화를 공유된 또는 상호교환적 목표의 관점에서 명확히 규정하는 것이다. 이러한 지침을 살펴본다면, 모든 참가자들은 상위체계와 관계 있는 주요한 목표의 수행에 그들이 참가하고 있는 부분에 대해 명확히 알고 있다는 사실을 확인할 수 있다. 예를 들어, 가족치료의 광범위한 또는 '궁극적인' 목표가 갈등을 줄이고 더욱 가깝고 조화로운 가족관계를 달성하는 것

[표 12-1] 목표와 일반적 과업

목 표	일반적 과업
1. 감정통제력 증가	1. 화를 내는 자극을 알아챔으로써 분노표출의 빈도와 강도 줄이기, 화를 평정하는 내면적 대화법 사용하기, 분노에 대항하는 긴장완화 과정 사용하기
2. 사회적 관계 개선	2. 경청기술과 발전적 대답으로 타인에게 접근하여 대화를 먼저 시작하고 이끌어가기
3. 사회적 환경 증진	3. 연장자의 사회활동을 중심에 둔 생활환경의 재정비
4. 자부심 증진	4. 자신과의 대화를 통해 습관적이고 부정적인 자기 자신에 대한 파괴적인 평가를 제한하기, 역할기대를 현실적인 표준으로 정비하기, 장점과 긍정적 측면에 힘쓰기, 가치를 인정받아야 할 때 스스로 인정함을 조용히 표현하기
5. 부모역할의 질적 향상	5. 지속적인 자녀양육을 자신하는 역량과 책임감 보여주기, 영양가 높은 음식을 계획하고 준비하기, 적절한 위생상태 유지하기
6. 집단맥락에서 사회적 참여 증대	6. '바보같이 보이는 것' 에 대한 두려움 해소하기, 개인적 시각에 대한 대화를 시작하기, 질문하기, 문제의 탐구와 해결의 집단활동에 참여하기
7. 부부 대화 증대	7. 욕구와 요구를 서로 표현하기, 중간간섭 없이 경청하고 말의 의미를 파악하기, 긍정적 메시지의 빈도 증가시키기, 경쟁적 상호작용 피하기, 비판적이고 비난적인 메시지 줄이기
8. 서로 로맨틱한 상대로서 더욱 편하고 바람직하게 관계하기	8. 거부에 대한 두려움을 분석하고 해결하기, 자신을 내보이고 대화를 시작하기, 데이트 신청하기, 적절한 활동을 만들어내기

이라고 한다면, 가족 구성원들은 상위체계와의 관계 속에서 개인의 목표에 대해 명확히 알고 있어야 한다. 동일한 원리가 부부치료와 다른 작은 집단에도 적용된다.

목표를 명확하게 규정하는 마지막 측면은 클라이언트가 생각하는 변화의 수준이나 범위를 명시하는 것이다. 진행중인 행위와 관계 있는 목표에는 잠재적으로 셀 수 없을 만큼 다양한 수준이 존재한다. 그러므로 클라이언트가 추구하는 변화의 범위를 결정하는 것이 바람직하다. 변화의 바람직한 수준을 명확히 하는 것은 사회복지사와 클라이언트가 추구하는 결과에 상호 동의할 수 있다는 장점이 있다. 예를 들어, 사회기술을 향상시키고 사회적 참여를 확장하기 원하는 클라이언트는 각자 일반적으로 성취하고자 하는 목표의 수준에 차이가 있다. 어떤 클라이언트는 대화의 폭을 특별히 직장 동료와 친척으로 최소한 제한하는 것에 만족하는 반면, 또 어떤 클라이언트는 광범위한 사회상황에서 개방적이고 활동적으로 참여하기를 갈망할 수 있다. 갈등의 빈도와 강도를 줄이고 싶어하는 부부들 역시 받아들일 수 있는 목표달성 수준을 규정하는 데 차이가 있다. 어떤 부부는 소리지르기, 이름 부르기나 기타 파괴적 행동과 관계 있는 강렬한 갈등 자체를 제거하기를 원한다. 다른 부부는 단지 혐오스러운 상호작용의 빈도를 줄이기만을 원한다.

④ 목표는 실행 가능해야 한다

성취 불가능한 목표를 선택하는 것은 클라이언트에게 실패를 안겨주어 사기저하, 환멸, 패배감을 만들어낸다. 그러므로 클라이언트의 목표달성능력과 목표달성의 장애요인으로 작용하는 환경적 제약을 동시에 고려하는 것이 중요하다. 거의 모든 경우에, 클라이언트는 스스로 설정한 목표를 성취할 능력을 가지고 있다. 그래서 그 목표의 타당성을 지지하고 목표달성능력을 믿고 있음을 표현하는 것이 바람직하다. 상황에 따라 사회복지사는 클라이언트가 거창한 계획이 있거나, 남들이 보기에 확연한 개인적 한계를 부정하는 경우에 맞닥뜨린다. 이러한 경우에는 섬세하고 재치 있게 클라이언트의 목표를 실제로 가능한 범위로 하향 조정하는 것을 도울 수 있다.

기관이나 법정에서 사회복지사에게 클라이언트를 의뢰하면서 짧은 기간 동안 너무 많은 변화를 요구하는 경우가 있다. 그 기관이나 법정 관계자를 만족시키려고 하는 사회복지사들은 하나에서 열까지 모든 것을 포함하는 '만능' 계약에 수긍해왔다. 클라이언트를 맡는 동시에 집단도 도와주고, 프로그램 훈련과 다른 업무기대도 만족시키는 것이다. 클라이언트를 실패로 몰아가는 것은 비윤리적이다. 법정의 명령과 현존하는 문제 중 가장 중요한 사례에 초점을 맞추어 하나의 특정한 계약기간만을 우선적인 목표로 설정하는 경우에, 비자발적인 클라이언트는 기술과 능력을 발달시키고 보여 줄 수 있는 합리적인 기회를 갖는다 (Rooney, 1992).

환경적 제약이라는 관점에서는 기회를 평가하는 것이 중요하다. 이것은 바람직한 변화와 관련이 깊은 타인들의 이해력과 수용력, 경제적 상황과 취업상태, 집단과 지역사회의 태도, 그 외 관련 있는 요인들을 말한다. 다음 예는 환경적 기회를 고려하는 것의 중요성을 보여준다. 어느 클라이언트가 요양소에서 친척집으로 옮기고 싶어한다. 그러나 그 친척은 그것을 원하지 않을 수 있고 편의와 필요한 간호를 제공할 수 없는 경우가 있다. 사회복지사는 클라이언트가 목표를 성취하기 위해 필요한 주요한 외부 자원과 기관의 도움과 원조를 얻으려고 하는 데 동의할 수도 있다. 만약 이러한 원조가 목표를 성취하는 데 필수적이지만, 반면 획득 불가능한 것이라면 클라이언트의 목표(요양소에서 나오는 것)에 동의하는 것은 비윤리적이며, 클라이언트에게 실패를 안겨주는 설정을 하는 것이다.

⑤ 목표는 사회복지사의 지식, 기술과 동등해야 한다

클라이언트와 함께 일할 목표에 대해 협의할 때, 사회복지사는 그에 필요한 필수 지식과 기술이 있거나, 접촉 과정에서 그 지식과 기술들을 얻을 수 있는 경우에만 그 목표에 동의해야 한다. 어떤 문제와 목표는 사회복지사가 아직 얻지 못한 높은 전문적 수준을 요구한다. 그리고 사회복지사의 능력 밖의 개입을 맡지 않는 것은 전문가로서 클라이언트에 대한 사회복지사의 책임이다. 예를 들어, 어떤 문제들은 가족치료, 성치료, 행동개조, 정서장애에 대한 전문화된 지식과 치료기술을 필요로 한다.

사회복지사가 이러한 필수 능력을 가진 사람에게 지도감독을 받고 있다면, 그 사회복지사의 능력을 넘어서는 목표에 협의하는 것도 윤리적일 수 있다. 필수적인 서비스를 가능하게 하는 데 필요한 지도원리에 접근할 수 있기 때문이다. 그렇지 않다면 사회복지사는 자신의 능력에 맞는 목표만을 취하고, 능력을 넘어서는 서비스가 필요한 클라이언트는 다른 자격 있는 전문가에게 추천해야 하는 윤리적 책임이 있다. 시골지역에서 자주 있는 경우로 자격 있는 전문가가 없는 경우에는 물론, 어떠한 조치의 절차를 따라야 하는지에 대한 질문을 해야 한다.

이러한 상황에서 할 수 있는 선택은 서비스를 제공하지 않는 경우 또는 바람직한 서비스에 못 미치는 경우 둘 중의 하나이다. 필자의 판단으로는, 이러한 경우에 사회복지사는 두 가지 조건을 충족시키는 서비스를 제공하는 경우에 정당화된다. 첫째, 사회복지사는 목표에 대한 자신의 한계를 설명하여 클라이언트가 과정을 지속할 것인지 스스로 결정하도록 도와야 하는 의무가 있다. 둘째, 사회복지사는 그 목표를 맡는 것이 클라이언트나 다른 사람들을 위험에 빠뜨리지 않을 것이라는 데 대한 자신감이 있어야 한다. 예를 들어, 심각한 우울증이 있는 클라이언트와 함께 할 경우 의료기관의 자문이나 관련 전문가의 예방적 조치 없이 자살의 위험을 안고 그 과정을 진행하는 것은 불가능하다.

⑥ 목표는 발전을 강조하는 긍정적인 형식으로 작성해야 한다

발전을 강조하는 방향으로 목표를 규정하는 것은 그 목표달성의 결과로 클라이언트의 삶에서 나타날 유익한 변

[표 12-2] 부정적인 목표와 긍정적인 목표

부정적인 목표	긍정적인 목표
1. 가족구성원들 사이에서 비난의 빈도를 줄인다.	가족구성원들이 서로의 장점에 대해 많이 알아가고, 긍정적인 메시지의 빈도를 늘인다.
2. 부부 간에 서로 못마땅해하는 것을 없앤다.	의견불일치를 개방적으로 신속히 그리고 건설적으로 의논한다.
3. 하위집단을 형성하거나 참여적이지 않은 행위를 없앤다.	집단 구성원들의 노력을 결합하여 공동 작업을 하고 각 구성원들의 참여를 이끌어낸다.
4. 흥청망청한 술자리의 빈도를 줄이거나 없앤다.	금주기간을 끊임없이 증대시킨다. 기간 중 한 번만 술자리를 연다.
5. 자녀에게 소리를 지르고 육체적 처벌에 의존하는 것을 없앤다.	일관적으로 자녀에게 영향을 미치고 규율을 적용하는 새로운 방법들을 도입한다. '횟수 제한' 방법의 사용, 긍정적인 피드백의 증가, 자녀들과 함께 하는 문제해결적 접근의 사용

화나 이득을 돋보이게 한다. 목표를 글로써 형식화할 때, 없애야 할 부정적 행동을 명시하는 것은 클라이언트가 포기해야 하는 것에 대한 주의를 철회시키는 경향이 있다. 심지어 클라이언트가 통상적으로 역기능적 행동(예를 들어, 자기 학대, 싸움, 과식 또는 과음)에서 손을 떼는 것을 환영하더라도 그들은 임박한 상실감을 느낄 수 있다. 이러한 행위가 스트레스와 문제를 만들어낸다 하더라도, 클라이언트는 그러한 행위에 길들여 있기 때문이다. 심리학적으로, 상실보다는 획득을 표현하는 목표를 규정하는 것이 동기를 유발시키고 변화에 대한 저항을 완화한다. 부정적인 목표와 긍정적인 목표의 상반되는 사례는 [표 12-2]에 나타나 있다.

⑦ 사회복지사 스스로 의심이 되는 목표는 피해야 한다

어떠한 목표를 추구하기 위한 목표에 합의하는 것이 윤리적이지도 현명하지도 않은 상황이 때때로 발생한다. 클라이언트는 사회복지사의 주요 가치와 양립할 수 없는 목표를 추구하기 위해 도움을 요청할 수 있다. 당연히 가치라는 것은 아주 개인적인 것이다. 그러나 많은 사회복지사가 생활철학, 도덕적 가치, 성생활 습관이 현저하게 다른 클라이언트와 일하는 것에 대해 심각한 정도로 확신을 갖지 못한다. 예를 들어, 깊은 종교적 또는 도덕적 믿음으로 인해 어떤 사회복지사는 개인적 이해관계 때문에 임신중절을 고려하거나 양육권을 포기하려는 클라이언트와 효과적으로 일하지 못할 수 있다. 만약 클라이언트의 목표가 사회복지사가 강하게 의심하는, 또는 확신하지 못하는 내용이라면 가능하다면 그러한 목표에 편하게 일할 수 있는 다른 전문가에게 위탁하는 것이 일반적으로 현명한 것이다.

이 경우 클라이언트의 자부심을 조심스럽게 보호하면서 다른 사회복지사에게 의뢰하는 이유를 설명하는 것이 중요하다. 의뢰할 수 없는 경우, 사회복지사가 제공할 수 있는 도움의 한계에 대해 솔직하게 공유해야 한다.

경우에 따라, 클라이언트의 목표가 그 자신과 타인의 육체적, 심리적 안녕에 잠재적으로 해가 될 수 있는 것에 대해서 제한할 수 있다. 어떤 임신한 청소년은 순진한 남자를 속여 결혼하려는 계획에 사회복지사의 도움을 요청할 수도 있다. 이 같은 경우 클라이언트의 부질없는 계획을 돕는 것을 거절하는 것은 정당하다. 솔직하면서도 재치 있게 사회복지사가 염려하는 근거를 설명하고 다른 목표들을 고려해보려는 의지를 표현해야 한다.

⑧ **목표는 기관의 기능과 조화로워야 한다**

문제 또는 클라이언트의 요구가 때때로 기관의 기능과 상반되는 경우가 있다. 예를 들어, 부부문제에 대해 상담을 마친 가족서비스기관은 이 부부의 첫번째 욕구가 가족서비스가 아닌 직업상담소와 관련이 있다는 것을 알게될 수 있다. 이러한 경우에는 클라이언트에게 필요한 서비스를 위해 다른 기관에 의뢰할 수 있다.

4) 상호 협동하여 목표를 선택하고 규정하는 과정

목표를 채택해야 하는 이유와 목표를 선택하고 규정하는 기준에 대해 윤곽을 그리는 것에 대해서는 이미 고려했으므로, 이제는 목표를 협상하는 실제 과정에 대해 논의할 준비가 되었다. 이 과정을 더 쉽게 이해하기 위해 다음에서 각 단계에 대해 짧게 논의할 것이다.

(1) 클라이언트의 준비정도 판단

클라이언트의 문제들을 충분히 파악했다고 판단되면, 클라이언트가 사회복지사의 의견에 찬성하여 목표를 협상할 준비가 되었는지를 판단하는 것이 적합하다.[15] 다음과 비슷한 메시지를 사용하여 클라이언트의 준비정도를 측정할 수 있다.

> "당신의 문제들과 상황에 대해 잘 말씀해주셨습니다. 그리고 저는 그것을 잘 이해했다고 생각합니다. 이제 이 점에 대한 어떤 구체적인 목표에 대해 이야기할 준비가 되셨는지, 아니면 아직 좀더 보충적인 정보에 대해 이야기할 필요가 있다고 생각하시는지 궁금합니다."

만약 클라이언트가 준비되었음이 파악되면 다음 단계로 넘어갈 수 있다.

(2) 목표를 설정해야 하는 목적 설명

목표를 정해야 하는 목적을 설명하는 것은 클라이언트의 과정에 대한 이해력을 높이고 참여를 이끌어낸다. 이러한 설명에 대해 클라이언트가 문제해결과정에 있어 목표의 중요성에 대해 이해하고 그 진가를 알아서, 이에 대해 긍정적으로 반응한다는 것은 이미 경험했다. 보통 간단한 설명이면 충분하다. 물론 이에 대한 설명은 이 장에서 이미 나열한 목표의 기능과 부합해야 하고 클라이언트 참여의 중요성과, 자발적으로 목표를 선택하는 결정적인 장점을 강조하는 것이어야 한다.

> "우리는 당신이 처한 문제점들에 대해 어느 정도 이야기를 했습니다. 그리고 당신은 당신의 삶(또는 부부관계 또는 가족)에서 달라졌으면 하는 몇 가지 것들을 지적해주셨습니다. 이제는 당신이 성취하고 싶어하는 몇 가지 구체적인 목표들에 대해 생각해봤으면 합니다. 목표를 선택하는 것은 우리가 같은 결과를 위해 함께 노력한다는 것을 보장해줍니다. 또한 목표는 방향성을 제시해주고, 우리가 궤도에서 벗어나는지 확인시켜주는 표지가 됩니다. 목표가 있으면 우리는 당신의 진척 정도를 측정할 수 있고 함께 노력한 것이 얼마나 성공적인가 판단할 수 있습니다. 목표는 당신에게 가장 중요한 변화를 상징한다는 점에서 매우 중요합니다. 저는 목표에 대한 몇 가지 의견이 있는데 그것들을 당신과 공유할 것입니다. 실제로 그 내용은 대개 당신이 생각하는 것과 거의 같을 것입니다. 목표들을 한 번 살펴본 다음 그 중에서 당신이 가장 중요하다고 생각하는 것들을 골라낼 것입니다."

비자발적인 클라이언트의 경우에는 다음과 같이 설명할 수 있다.

15) 적절한 문제파악을 위해 필요한 시간은 다양하나, 대개 45분에서 90분 사이이다. 보통 최초의 공동 인터뷰는 개인 인터뷰보다 30분 정도 더 시간이 필요하다.

"우리가 법적으로 반드시 다루어야 할 문제점들이 있다는 것과 그에 대한 당신의 걱정과 시각에 대해 이미 이야기한 것처럼, 이 과정을 통해 무엇을 수행해야 하는지 이야기할 수 있다면 우리 노력에 초점을 잡는 데 도움이 될 것입니다. 아시다시피 부모역할훈련 집단활동과 프로그램 이후에 부모역할능력을 평가하는 것이 법정에서 명령한 당신의 의무입니다. 당신은 승인된 목록 중에서 프로그램 하나를 선택할 수 있습니다. 당신은 다시 학교로 돌아가고 싶은 소망에 대해서도 말씀하셨습니다. 그것은 꼭 이 과정을 통해 성취해야만 하는 목표는 아닙니다. 하지만 우리는 당신이 스스로 원하는 목표에 접근하는 최선의 방법을 선택할 수 있습니다."

만약 클라이언트가 혼란스러워하거나 계속 진행하는 것을 불안해 한다면, 그 감정에 대해 더 고려하고 목표의 기능은 나중에 설명해야 할 것이다. 만약 클라이언트가 긍정적인 반응을 보인다면 다음 단계로 넘어갈 준비가 된 것이다.

(3) 적절한 목표의 공동선택

자발적인 클라이언트가 스스로 성취하고자 하는 목표를 정하는 것을 돕는 것과 마찬가지로, 비자발적인 클라이언트가 법정 명령에 따라 목표를 정하고 있을 때에도 사회복지사는 도움을 줄 수 있다. 도움을 주는 효과적인 방법은 다음과 같은 메시지를 전달하는 것이다.

"만약 우리가 함께 노력하는 데 성공한다면, 당신은 어떤 식으로 전과 다르게 생각하고 행동할 것입니까?"

"두 분 모두 결혼생활을 개선하고 싶어하신다는 것은 이제 아주 확실해졌습니다. 저는 두 분 모두에게 어떤 변화를 원하는지 더 구체적으로 듣고 싶습니다."

"우리가 이야기한 것처럼 이제 법원은 당신의 부모역할기술이 어느 정도 달라졌는지 보고 싶어합니다. 법정과 상관없이 당신은 자신이 어떻게 바뀌기를 원하나요?"

위의 각각의 메시지는 클라이언트로 하여금 바라고 있는 구체적인 변화들을 확인할 것을 요구한다는 것을 알 수 있다. 그것은 다음 단계로 넘어가기 위한 발판이 된다. 만약 클라이언트가 목표를 확인하는 데 어려움을 겪는다면, 초기 조사과정 동안 파악된 문제와 요구를 참고하게 하여 클라이언트가 생각할 수 있도록 자극하고 그러한 문제와 요구에 관련시켜 변화를 고려할 것을 제안할 수 있다.

약간 격려만 해주면 대부분의 클라이언트는 핵심 목표를 찾을 것이다. 클라이언트가 목표를 정할 때 그것을 기록하는 것은 그 목표가 매우 중요하기 때문이라고 설명하는 것이 좋다.

클라이언트가 목표를 말로 표현할 때 그것의 의미와 구체성을 명확하게 하기 위해서 바꿔 말하거나 의견을 첨가하는 것이 필요하다. 하지만 클라이언트의 목표를 왜곡해서는 안 되며 바꿔 말할 때에는 클라이언트의 승인을 얻는 것이 중요하다. 제안할 때 조심스럽고 공손한 태도를 취하면 클라이언트는 기꺼이 받아들일 것이다.

(4) 목표를 명확하게 규정

목표를 함께 선택한 후에는 그것을 명확하게 규정하고 클라이언트의 요구 또는 법정의 요구에 따른 변화의 범위를 결정함으로써 그 목표들을 정교하게 하는 단계로 넘어간다. 이전 단계가 성공적이었다면 이 단계는 쉽게 진행할 수 있다. 하지만 만약 목표가 다소 광범위한 형식으로 표현되었다면 구체성을 높일 필요가 있다.

목표의 구체성을 높이는 바람직한 변화의 범위를 결정하는 측면에서 다음의 메시지는 유용하다.

"당신은 집안일을 좀더 잘 하고 싶다고 말씀하십니다. 그렇다면 어떤 기준에서 집안 일을 잘 한다고 평가할 수 있을까요?"

[가족 구성원에게]: "한 가족으로서 좀더 많은 것들을 함께 하고자 하는 목표는 추구할 만한 가치가 있어 보입니다. 성취하기 원하는 가족 중심적 활동의 범위는 어디까지입니까?"

(5) 목표의 실현가능성, 그리고 그 잠재적 이득과 위험에 대한 논의

목표를 설정하기 전에 그 실현가능성을 확인하고 관련된 이득과 위험을 사정하는 것이 중요하다. 실현가능성에 의문의 여지가 있는 목표를 클라이언트가 평가하도록 돕는 데에 다음의 예는 도움이 될 것이다.

"이 목표를 수행하는 것을 가로막을 수 있는 장애물은 무엇이라고 보십니까?"

"그것은 아주 의욕적인 목표로 보입니다. 당신이 얼마나 그 목표를 달성하고자 하는지 알겠습니다. 그러나 도달하지 못할 수도 있는 목표 때문에 어려워하시는 것을 보고 싶지는 않습니다. 그 목표를 성취하기 위해 우리가 무엇을 해야 하는지 함께 생각해 봅시다."

목표를 완수함으로써 얻을 수 있는 이득에 관해 논의하는 것은 클라이언트의 노력을 촉구하고 책임감을 강화하는 경향이 있다. 다음은 목표달성으로 얻을 수 있는 이득을 확인하는 내용이다.

"이 목표를 완수하면 무슨 이득을 얻을 것이라고 기대하십니까?"

[부부에게]: "이 목표를 완수함으로써 결혼생활이 어떻게 나아질 것 같습니까?"

[가족 구성원들에게]: "이 목표를 성공적으로 완수하면 가족생활이 어떤 방향으로 개선되겠습니까?"

사회복지사는 또한 목표의 달성에 따른 위험의 가능성을 클라이언트에게 확인시켜줄 의무가 있다. 기능의 향상은 부정적인 결과뿐 아니라 긍정적인 결과에서도 때때로 성장의 고통을 수반한다. 클라이언트는 잠재적인 위험에 대해 알 권리가 있고 사회복지사가 이러한 의무를 무시한다면 사회복지사는 소송을 당하기 쉽다. 클라이언트는 특정한 위험에 대해 잘 알지 못하기 때문에 사회복지사는 그들의 주의를 끌어낼 필요가 있다. 또한 클라이언트는 사회복지사가 간과한 위험에 대해 알 수 있다. 그러므로 클라이언트가 예상하는 위험에 관해 물어보는 것이 중요하다.

(6) 클라이언트가 특정한 목표에 투자하는 것을 선택하도록 원조

특정한 목표를 추구할 때 발생할 수 있는 이득과 위험에 대해 논의한 후, 그 다음 단계로 이러한 잠재적 결과를 측정하고 그 목표를 달성하기 위해 노력할 것인지 결정한다. 대부분의 경우 이득은 위험에 비해 과대 평가되기 쉽다. 그래서 클라이언트는 그 목표에 힘쓸 적절한 준비가 되었다는 의사를 표시한다. 클라이언트의 준비정도를 사정하는 간단하면서도 효과적인 수단은 이 요소를 1에서 10까지 척도로 나누어 묻는 것이다. 1은 "극히 불확실하고 전혀 준비되지 않음"을 나타내고 10은 "낙관적이고 시작할 열의가 있으며 아주 헌신적임"을 나타낸다. 대부분의 클라이언트는 그들의 준비정도를 6~8 사이라고 대답한다. 그것은 보통 진행과정으로 나아가는 충분한 의지를 나타낸다. 클라이언트가 5 이하로 준비성을 평가한다면, 대개 준비가 되지 않았다고 판단할 수 있다.

경우에 따라 클라이언트는 자신의 현재 상황과 조건에 대해 의문을 제기하면서 동요할 수 있다. 이러한 일이 발생할 때에는 이러한 클라이언트의 염려를 수용하고 다음 단계로 진행하는 것을 잠시 미루는 것이 좋다. 물론 이 염려가 비합리적인 두려움에 기초하고 있는지 확인하는 것은 매우 중요하다. 과장된 두려움을 대할 때는 클라이언트로 하여금 그 두려움이 문제에 있어서는 중요한 동력일 수 있지만, 비현실적인 두려움에 기초하여 가치 있는 목표 수행을 결정하는 데 반대하는 것은 불행한 사실이라는 것을 깨우치도록 도와야 한다. 오히려 클라이언트는 다른 목표에 집중하기 이전에 두려움을 해결한다는 목표를 우선 추구해야 할 것이다. 이러한 매개 목표(intermediate goal)에 협상하는 것은 주요 목표에 대한 위협을 줄이고 원조과정에 대한 클라이언트의 준비정도를 향상시킨다.

비자발적인 클라이언트의 경우, 법적 의무에 따른 목표를 높은 수준에서 성취하리라는 기대는 하기 어렵다. 그러나 사회복지사가 바라지 않는 목표를 수행하는 데 따른 클라이언트의 압박감에 대해 감정이입한다면 클라이언트는 자신의 방식으로 그것에 접근하는 방법을 선택할 수 있다. 즉 그로부터 개인적 이득을 얻는 쪽을 택하거나 그것을 무시하여 법적인 처벌을 감수하거나 둘 중 하나를 선택한다(Rooney, 1992).

자발적인 클라이언트가 지속적인 동요를 나타낼 때, 더 시간을 주고 결정하도록 하는 것이 바람직하다. 감정과 관심을 다른 사람과 의논하는 것은 종종 이슈를 분명하게 하고 감정을 푸는 데 도움이 되므로 사회복지사가 문제에 대해 클라이언트와 계속 함께 생각하겠다는 의지를 표현하는 것이 좋다. 다시 한번 자발적인 클라이언트에게 압력을 가하지 않는 것이 중요함을 강조한다. 마지못해 압력에 승낙하는 자발적 클라이언트는 종종 다음 약속시간에 나오지 않음을 기억하라. 사회복지사가 무의식중에 클라이언트의 권리를 충분히 존중하지 않을 때 클라이언트는 자기결정 권리를 행사하려고 하는 것이다.

(7) 클라이언트의 의견에 따라 목표의 우선순위 결정

클라이언트가 목표를 수립하고 노력하기로 한 후에는 목표협상의 마지막 단계로 목표 사이의 우선순위를 정하는 일이 남아 있다. 이 단계의 목적은 초기의 변화노력에 대한 협력이 클라이언트에게 가장 중요한 목표로 향하는 것을 보장하기 위함이다. 위임받은 목표가 있는 경우, 그것을 우선해야 한다. 즉 모든 목표에 대해 동시에 노력하는 것은 불가능하며 어떤 목포가 다른 것에 비해 더 중요하다. 더구나 이 단계는 클라이언트의 책임과 참여를 최대한으로 보장한다. 그리하여 목표달성에 대한 클라이언트의 의욕을 향상시킨다. 순위를 결정하는 이 단계의 도입부에 다음과 같은 메시지를 전달할 수 있다.

"이제 당신은 다음과 같은 목표를 세웠습니다. 이제 각 목표의 중요성에 따라 우선순위를 매기는 것이 중요합니다. 당신에게 가장 중요한 목표부터 시작할 것을 제안합니다. 그런 다음 다른 것들은 적당히 배치할 수 있습니다. 우리는 이 모든 내용들을 하나씩 다룰 것입니다. 하지만 반드시 가장 중요한 것부터 시작하는 것이 좋겠습니다."

비자발적인 클라이언트의 경우에는 다음과 같이 얘기할 수 있다.

"우리는 당신에게 가장 중요한 목표에 대해 동의했습니다. 하지만 법적으로 꼭 성취해야 하는 목표들 또한 중요하게 생각해야 합니다. 법원 명령서에 따르면 당신은 조만간 약물의존도 검사를 받아야 합니다. 그러므로 이것 또한 우선순위에 들어갑니다. 그래서 교육과 직장에 대한 것은 약간 뒤로 미루게 될 것입니다. 하지만 약물에 대한 것이 끝난 후 당신은 이 둘 중에서 무엇을 먼저 시작할지 선택하실 수 있습니다."

클라이언트가 한 명 이상인 체계를 다룰 때, 목표에 대해 구성원마다 우선 순위를 달리 생각할 수 있다. 더욱이 구성원들은 공유된 또는 상호협상에 의한 목표 외에 각자 개인적인 목표들을 가지고 있을 수도 있다. 클라이언트가 부부, 소집단, 가족일 경우에는 개인과 집단, 가족 모두와 관계 있는 목표를 정하는 것이 바람직하다. 가족 이상의 집단일 경우, 개인과 집단에 따른 목표들을 나열하고 각각에 대해서 순위를 따로 매기는 것이 바람직하다. 집단의 우선순위를 정하는 것에 불일치가 존재한다면, 사회복지사는 구성원들이 순위에 대해 협의하는 것을 도울 필요가 있다.

3. 기초자료의 측정과 평가

1장과 3장에서 요약했듯이, 클라이언트와 함께 치료과정의 결과를 평가하는 것은 직접실천(direct practice)의 중요한 부분이며 그렇게 되어야 한다. 책임에 대한 재정지원 기관과 행정가들의 증가하는 요구로 인해 원조제공자는 클라이언트와의 활동의 효과성에 대한 증거를 반드시 제시하게 되었다. 최근까지 직접실천을 주로 하는 사회복지사는 이러한 요구에 저항하는 경향을 보였다. 이것은 소수의 사회복지사가 실제로 활동을 평가해왔다는 긴저리치(Gingerich, 1984)의 조사 결과에서 나타난다. 하지만 펜카와 커크(Penka & Kirk, 1991)의 연구는 훨씬 더 거슬리는 책임에 대한 요구와 함께, 평가작업을 수행할 자격과 의지가 있는 사회복지실천 분야의 졸업생들의 증가라는 결과가 조합되어 사회복지실천 분야에 현저한 발전이 있었다는 것을 밝혀냈다. 비록 이들의 평가에는 양적인 측정이 결여되어 있지만 이 연구에 포함되는 대다수의 사회복지사는 그들의 클라이언트에 대한 광범위한 평가작업을 수행한다. 이러한 경향에 발맞추어 앞으로는 양적인 평가방법의 현저한 발전을 보여줄 비슷한 연구가 수행될 것이라고 예상한다.

1) 양적인 기초자료 측정

양적 평가(quantitative evaluation)는 문제의 발생빈도와 심각성의 정도를 측정하는 과정의 활용이라는 형태로 나타난다. 변화목적의 개입을 사용하기 이전에 취하는 측정은 '기초자료'의 측정이라 할 수 있다. 왜냐하면 그것은 발전정도와 절차의 종료, 후속조치들을 비교할 수 있는 기초자료를 제공하기 때문이다. 그러므로 이러한 비교는 클라이언트에게 개입한 활동의 효과를 평가하는 것을 가능하게 하는 양적인 자료를 제공한다.

(1) 명시적 행동 측정

기초자료 측정은 명시적 또는 암시적 행동 모두에 관한 것일 수 있다. 명시적 행동(overt behavior)은 관찰 가능하므로 빈도를 셀 수 있다. 예를 들어, 가족 구성원들이 서로에게 긍정적인 메시지를 보내는 횟수를 증가시킨다는 공유된 목표에 협의했다면 사회복지사는 그들에게 일주일 동안 매일 그러한 메시지를 사용한 횟수를 기록하도록 지시할 수 있다. 따라서 날마다의 평균적인 빈도는 발전상황을 측정하는 기초자료가 될 것이다. 이러한 측정은 문제행동을 계량화하고 주간 발전 상황과 변화 노력의 궁극적 결과를 탐지할 수 있게 한다. 더욱이 클라이언트도 정도가 작은 변화의 증가를 식별하여 그들의 의욕을 유지하고 강화시킬 수 있다.

빈도측정은 클라이언트, 관찰자 또는 사회복지사가 수행할 수 있다. 편하다는 이유로 사회복지사는 종종 클라이언트에게 치료과정 바깥에서 발생하는 개인적 행위를 기록하도록 하기도 한다. 하지만 자기진단을 통해 얻은 기초자료는 '개입이 없는' 상황에서의 행동에 대한 진정한 측정자료가 아니다. 왜냐하면 자기진단은 종종 그 자체로 치료과정에 효과를 미치기 때문이다. 예를 들어, 바람직한 행위의 비율을 측정하게 만드는 것은 클라이언트로 하여금 그 행동의 발생빈도를 증가시키도록 할 수 있다. 이와 유사하게 부정적인 행위의 비율을 측정하게 하면, 클라이언트는 그러한 행동의 빈도를 줄일 수 있다. 측정되는 행위들에 대한 이러한 자기진단의 효과를 반작용 효과라고 한다. 조사연구자의 관점에서 보면, 반작용효과는 측정하려는 개입의 효과를 혼란스럽게 오염시키는 요소라고 한다. 하지만 치료자의 관점에서는 반작용효과가 특정한 행동을 증가시키거나 감소시키는 경향이 있으므로 자기진단은 당연히 개입의 한 방법으로 활용할 수 있다고 본다.[16] 긍정적, 부정적 행동에 대한 자기진단을 통해 바람직한 변화가 일어날 수 있다고 하더라도, 긍정적인 행동을 선택하는 것이 목표 달성의 장점이 되는 데 초점을 맞추므로 더

16) 실제로, Paquin(1981)은 이러한 목적으로 부부치료와 가족치료에서 자기진단을 사용하는 것에 관해 진술했다.

낫다고 할 수 있다.

기초자료를 측정하는 것이 최근의 명시적 행동에 관한 것일 때는, 특정 시간간격 동안의 반복적인 발생빈도를 측정하는 것이 전형적으로 이용된다. 시간간격을 정할 때는 행동의 과잉이 가장 많이 발생하는 시간간격 또는 긍정적 행위가 요구되는 시간간격으로 해야 한다. 측정하는 상황이 비교적 일관성을 가지는 것도 중요하다. 그렇지 않으면 측정결과는 실제의 진정한 모습을 대표하고 반영하지 못할 것이다(Procto, 1990).

(2) 기초자료가 되는 행위를 소급해서 추정하는 것 (retrospective estimate)

변화목적의 개입이 이행되기 이전의 기초적 측정자료들은, 클라이언트로 하여금 변화를 목표로 한 행동범위를 소급해서 추정하거나, 다음 개입 단계 이전 자료들을 수집함으로써 확보된다. 정확성이 떨어진다고 하더라도 전자의 방법은 자주 사용된다. 왜냐하면 변화목적의 노력은 기초자료를 수집할 때까지 미룰 필요가 없기 때문이다. 이것은 중요한 이점인데 사실 예민한 문제들은 자주 신속한 주의를 요구하고 이 경우, 일주일이라도 개입을 연기하는 것은 정당화될 수 없기 때문이다. 다른 한편 기초자료를 수집하는 동안 개입을 일주일간 미루는 것이 종종 심각한 난관을 만들지 않기도 한다. 그리고 그 결과로 얻은 자료는 단지 추정한 것보다는 훨씬 더 신뢰성을 가지게 된다.

소급 추정(retrospective estimate)에 따라 표적 행동의 기초자료를 파악할 때, 클라이언트에게 표적 행동의 일상적인 빈도에 따라 특정 시간간격(몇 분에서부터 하루) 동안의 행동을 추정하도록 요구하는 것이 일반적인 방법이다. 신경질적인 습관처럼 빈도가 높은 행위를 측정하기 위한 시간간격은 상대적으로 짧아야 한다(예를 들어, 15분 단위). 울화를 폭발하는 것처럼 상대적으로 빈도가 낮은 행동에 대해서의 시간간격은 몇 시간 정도이다.

(3) 암시적 행동의 측정

문제 유발적인 감정이나 생각 같은 암시적 행위(covert behaviors, 예를 들어 비이성적 공포, 우울증 상태, 자기비하적 생각)에 대한 기초자료 역시 얻을 수 있다. 클라이언트는 표적이 되는 생각의 발생빈도를 세거나 감정적 상태에 대한 점수를 매길 수 있다. 목표가 분노, 우울, 외로움, 근심 같은 감정을 변화시키는 것과 관련이 있다면 다양한 수준의 내면 상태를 나타내는 클라이언트의 개별측정척도를 만드는 것이 바람직하다(Bloom, 1975). 이를 위해서 문제되는 감정이나 생각이 없는 극단과 내면적인 상태의 극심한 강렬함을 범위로 나타내는 5점이나 7점 척도를 사용한다. 이러한 척도를 '고정적으로' 만들기 위해서, 클라이언트에게 극도의 내면적 상태의 경험을 가정하게 하고 그들이 무엇을 경험하는지를 묘사하도록 요구한다. 그러면 최소한 이 척도의 양극단과 중간을 정의하는 데 그들의 묘사를 이용할 수 있다.

이런 식으로 척도를 개발하면 각각의 클라이언트에게 독특한 내면적 상태를 계량화할 수 있다. 개별측정척도를 만드는 데 있어 두 가지 서로 다른 내면적 상태를 혼합하는 것은 피해야 한다. 심지어 '기쁘고' '슬픈' 감정이 같은 연속선상에 속해 있는 것처럼 보일지라도 그것들은 질적으로 다르다. 그리고 그것들을 혼합하는 것은 혼란을 초래한다. [그림 12-1]은 7점의 척도를 나타낸다.

[그림 12-1] 근심에 대한 개발측정척도의 사례

1	2	3	4	5	6	7
가장근심이없음 (고요하고, 느긋하며, 평온함)			중간정도 (긴장되고, 초조한 그러나 여전히 기능을 위해 노력함)			극심함 (긴장된 근육, 집중하거나 가만히 있지 못함)

클라이언트는 특정한 시간간격에 따라(예를 들어, 7일

간 하루 세 번씩) 문제유발의 내면 상태 정도를 기록하는 개별측정척도를 사용할 수 있다. 이는 명시적 행동의 빈도를 세는 것과 비슷한 방식이다. 두 가지 모든 경우에 클라이언트는 표적 행동에 대해 계산한 것을 보관한다. 최소한 10가지 별개의 측정항목이 자료의 형식을 분별하는 데 일반적으로 필요하다. 그러나 때때로 긴급한 개입의 필요성이 있는 경우에는 사회복지사는 그보다 적은 수의 측정항목을 사용할 수 있다.

2) 기초자료 측정에 유용한 지침들

기초자료를 사용하는 데 있어 그 타당성과 신뢰성을 극대화하는 것은 필수적이다 (Berlin과 Marsh, 1993). 그렇지 않으면, 기초측정자료와 그에 따른 비교작업은 결함을 가질 것이다. 다음의 지침들은 타당성과 신뢰성을 극대화하는 데 도움이 될 것이다:

1. 측정의 목표를 명확하고 조작적인 형식으로 규정하라. 신뢰성은 표적이 되는 변화에 대한 (명시적 또는 암시적) 행동이 구체적으로 규정될 때 향상된다. 행동에 대한 광범위한 묘사와 부주의한 구체화는 정확한 측정을 막는다.

2. 측정은 변화에 초점을 맞춘 목표에 직접적이고 구체적으로 관련되어 있음을 확인하라. 그렇지 않으면 기초자료와 그에 따른 시각에 대한 평가의 타당성은 크게 의심스러울 것이다. 예를 들어, 클라이언트의 문제들이 낮은 자부심으로 나타난다면, 자부심을 타진하는 측정방법이 사용되어야 한다. 어머니의 자녀양육과 가사활동의 과업에 결함이 있다면, 필수적이라고 생각되는 행동의 변화를 직접적이고 구체적으로 명시하는 측정기준을 고안해야 한다. 이와 비슷하게, 폭력적 행동과 알코올남용에 관한 측정기준은 분노폭발(또는 화나는 상황에서의 감정통제)의 빈도와 알코올 소비(또는 절제의 기간)에 각각 상응하는 것이어야 한다.

3. 클라이언트는 대개 하나 이상의 문제를 호소하고 하나의 문제는 몇 가지 차원으로(예를 들어, 우울증의 요소들은 의기소침한 감정, 낮은 자부심, 낮은 자기주장 등이 있다) 나타나므로 복합적인 측정기준을 사용할 필요가 있다.

4. 측정기준은 상대적으로 일관성 있는 상황에서 얻어야 한다. 그렇지 않으면 변화는 목표와 관계있는 행동들보다는 상황의 차이를 반영하게 될 것이다.

5. 따로 떨어진 별개의 목표에서의 기초자료에 대한 측정기준은 실현가능성이 없다. 왜냐하면 이러한 경우 원조행위의 효과성을 평가하는 것은 클라이언트가 목표를 달성하든 그렇지 않든 명백히 문제가 된다. 반대로 진행중인 목표에 대한 것은 발전적이며 고정된 제한의 영향을 받지 않는다. 그러므로 기초적인 측정과 그 후의 주기적인 측정은 사회복지사와 클라이언트 모두가 간과할 수도 있는 발전적인 변화를 알아채게 하는 데 효과적으로 기여한다.

3) 자가시행척도를 사용한 측정

자가시행척도(self-administered scales) 역시 기초자료를 얻는 데 유용하다. 많은 심리학적 척도들의 사용이 가능하지만 월미어척도는 사회복지실천에 특별히 유용하다. 허드슨(Hudson)과 동료 사회복지사에 의해 개발된 22가지 별개의 척도들은(이 중 대부분은 8장에서 나열했다) 사회복지사와 관련있는 많은 차원들을 진단한다. 믿을 만한 타당성과 신뢰성뿐만 아니라 시행, 채점, 해석의 용이함도 이 척도의 장점이다.[17]

17) 다른 많은 척도들도 물론 유용하다. 다른 척도들은 코코란과 피셔(Corcoran & Fischer, 1987)의 책에 나와있다.

[그림 12-2] 기초조사와 개입 기간 동안의 근심의 정도의 그래프 기록의 견본

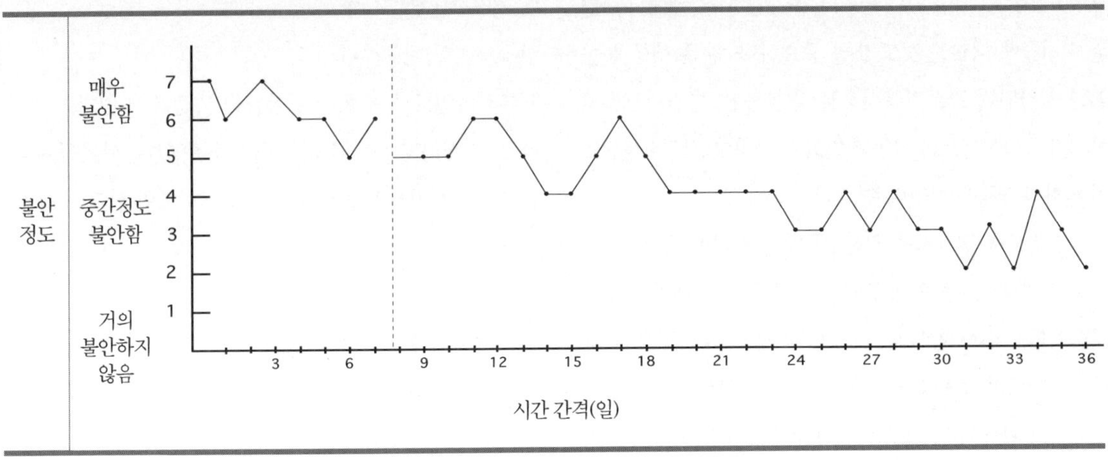

자가시행척도는 또한 표적문제에 대한 측정을 계량화한다. 그리고 비록 그것이 주관적이고, 명시적 행동의 빈도를 측정하는 것 보다 덜 정밀하지만 암시적 상태(예를 들어 근심, 우울증, 자부심, 임상적 스트레스)와 인간관계에 대한 클라이언트의 인식을 측정하는 데 특히 유용하다. 명시적 행동의 측정과 마찬가지로, 선택된 척도들은 치료과정을 시작하기 이전에 시행할 수 있다. 그리고 난 후 주기적인 시간간격에 따라 발전정도를 점검하고 종결과 후속조치 시기에 최종결과를 사정한다. 재미있는 사실은 행동을 자가 점검하는 것과 달리 앞에서 논의한 주관적인 자가시행척도를 사용하는 것이 반작용 효과를 덜 발생시킨다(Applegate, 1992).

4) 측정에 대한 클라이언트의 수용력

어떤 사회복지사는 클라이언트가 저항하거나 부정적으로 반응할 것을 걱정하여 자기점검에 착수하거나 자신에 대한 보고서 작성을 요구하는 것을 망설이기도 한다. 애플게이트(Applegate, 1992)와 캠벨(Campbell, 1990)의 조사연구는 이러한 걱정이 정당화되지 않는다고 지적한다. 이들은 클라이언트가 일반적으로 공식적인 평가과정에 대해 수용력이 있다는 것을 발견했다. 그리고 실제로 캠벨은 클라이언트가 사회복지사의 의견에 제한된 평가를 하는 것보다는 직접 평가에 관여하는 것을 선호한다는 것을 발견했다. 더욱이 캠벨은 사회복지사가 상이한 유형의 평가과정에 대한 클라이언트의 느낌을 정확하게 추정할 수 있다는 것을 발견했다.

5) 발전정도 점검

변화의 초점에 대한 기초자료를 얻은 후의 다음 단계는 이 자료를 그래프로 전환하는 것이다. 가로 선은 시간간격(몇 일 또는 몇 주)을 나타내고 세로 선은 표적행동의 빈도나 강도를 나타낸다. 이러한 그래프는 만들기 쉽기 때문에 클라이언트의 발전정도와 개입의 효과성을 평가하기 쉽게 한다. [그림 12-2]는 이러한 그래프의 사례이다. 이것은 변화목적의 개입의 이행 이전과 그 도중의 근심의 발생빈도를 나타낸다. 기초조사 기간은 7일이었고 자가점검을 위해 선택된 시간간격은 하루였다는 점을 유념하라. 개입은 4주가 넘는 기간 동안 진행되었다. 이 그래프에 의하면 클라이언트는 약간의 기복을 보였지만(대개의 경우와 마찬가지로), 현저히 발전하였다.

반복적으로 측정하면서 발전정도를 점검할 때 기초자

료측정과 동일한 과정과 도구를 사용하는 것이 중요하다. 그렇지 않으면 의미 있는 비교가 불가능하다. 앞에서 나열한 지침들에 따르는 것도 또한 중요하다. 같은 행동을 동일한 시간간격으로 반복적으로 측정하면, 발전정도뿐만 아니라 클라이언트의 행동의 변화와 클라이언트의 생활조건 변화의 영향도 사정할 수 있다.

발전정도를 점검하는 것은 더 많은 장점이 있다. 측정결과는 치료과정을 언제 종결할 수 있는지에 대한 정보를 클라이언트와 사회복지사 모두에게 제공한다. 예를 들어, 클라이언트의 우울증에 대한 측정치가 임상적인 수준이 아니라고 판단되면, 치료를 종결할 수도 있다. 또 다른 장점은 만약 합당한 개입 후 적절한 결과를 얻지 못했을 때, 사회복지사는 그 원인에 대해 파악하고 필요한 경우 다른 개입방법에 대해 협의할 수 있다.

4. 평가의 다른 목적들

앞에서 설명한 평가과정은 원래 단일주제 또는 단일체계에 대한 조사를 위한 형식이다. 이것의 기본적인 접근법은 또한 특정한 개입의 효과성 시험, 여러 개입 방법들 간의 비교 등 다른 조사목적으로도 활용될 수 있다. 프록터(Proctor, 1990)는 이러한 목적에 관한 이슈와 단일체계조사의 설계(앞에서 말한 일부의 방법들은 프록터의 글에 근거하고 있다)에 관해 논의한 바 있다. 엄밀하게 조사목적으로만 사용될 때에는 엄격한 지침들이 수반되어야 한다. 그리고 그렇게 하는 것은 바람직한 방식의 서비스 제공과 마찰을 만들어낼 수 있다(Gambrill & Barth, 1980; Thomas, 1978). 더욱이 단일주제에 대한 엄격한 조사설계는 이 책의 범위를 넘어서는 지식을 필요로 한다.[18]

5. 계약의 공식화

클라이언트와 목표를 협상하는 과정을 마쳤다면, '계약'을 공식화할 준비가 되었다고 볼 수 있다. 학자들은 일반적으로 계약은 다음의 요소들을 포함해야 한다는 데 동의한다.

- 수행해야 할 목표들(우선순위를 부여함)
- 참가자들의 임무
- 사용할 개입방법 또는 기술
- 면접주기, 면접빈도, 면접시간
- 발전정도 점검의 수단
- 계약 재교섭에 대한 약정
- 세부 규정들, 시작하는 날짜, 예약된 날짜의 취소 또는 변경에 대한 조항, 요금에 관한 문제

이 마지막 과정이 비록 원조과정의 다른 초기활동들과 분리되어 있더라도 계약을 맺는 것은 원조과정의 전 기간 동안 계속된다. 목표는 유동적이다. 그래서 상황의 변화와 새로운 정보의 유입에 따라 확장되거나 수정되어야 한다. 그러므로 계약 때 성립된 목표는 종결 때까지 고정되는 것이 아니다. 목표는 진행과정 내내 원조의 중심을 잡아준다. 시간적 제약, 개입방법의 특징, 면접의 빈도, 원조과정의 참여자들은 각 사례의 변화하는 환경에 따라 바뀔 수 있다. 이 때문에 계약 재교섭에 대한 약정이 계약의 주요 목록에 포함되는 것이다. 사회복지사와 클라이언트 사이의 지속적인 명확한 이해는 필수적이다. 계약의 내용을 지속적으로 갱신하는 것 또한 클라이언트의 지속적인 존중과 의욕, 협력을 이끌어낸다. 따라서 최초의 계약은 단지 예비단계일 뿐이고 각 사례의 변화하는 환경에 맞게 변형

18) 단일주제조사연구에 관심이 있는 사람들은 블룸과 피셔(Bloom & Fischer, 1982), 자야 래이튼과 레비(Jayaratne & Levy, 1979), 트리퍼디와 엡스타인(Tripodi & Epstein, 1980)의 저서에서 더 많은 정보를 얻을 수 있다.

시켜야 한다.

사회복지사는 다양한 형식으로 계약을 만든다. 공공기관은 종종 서명이 첨가된 서비스계약서를 요구한다. 이러한 서면계약은 각 요소를 구체화하고 세부사항이 들어갈 공간을 포함한다. 클라이언트와 사회복지사는 계약서에 서명하여 공식적인 계약서와 똑같은 형식으로 만든다. 서면계약을 사용하는 근본적인 이유는 클라이언트와 사회복지사의 의무를 강조하고 오해의 소지를 최소화하기 위한 것이다. 물론 서류를 만드는 것은 법적인 의무가 아니다. 또 이 과정은 말로써 명확히 하거나 계약서를 작성하여 조항을 만들거나 할 수 있다. 그렇지 않으면 클라이언트는 사회복지사가 계약에 나오는 목표들을 완수하지 않았을 때 서비스의 과오에 대해 제소하는 것이 정당하다고 믿을 수 있다.

어떤 사회복지사는 서면계약과 똑같은 조항을 모두 포함하는 구두계약을 더 선호한다. 그러나 그것은 서면계약이 지니는 결정적인 힘이 없다. 세 번째 방법은 구두계약과 서면계약을 부분적으로 함께 사용하는 것인데, 후자는 기본적인 문제와 목표, 역할기대, 시간제한, 수정에 관한 조항들을 포함한다. 서면계약이 사용되지 않는다면, 동의에 대한 의문이 발생한다. 만약 사회복지사나 그가 속한 기관이 서면계약을 사용하지 않기로 한다면, 목표와 그들 간의 우선순위를 사회복지사가 개인적으로 기록하는 것이 좋다. 그것은 목표설정의 중대함을 개괄하고 강조하는 데 도움이 될 것이다. 개입과정과 결과에 대한 서면계약과 구두계약 사이의 효과성의 차이를 비교하는 조사연구로 어느 한쪽의 우수성은 밝혀내지 못했다(Klier Fein, & Genero, 1984).

1) 참가자들의 임무

5장에서 구두에 의한 클라이언트의 사회화과정과 사회복지사의 임무에 관해 개괄했다. 그 내용은 계약체결 과정에서 재검토되어야 한다. 그리고 법적 명령에 따른 클라이언트 또는 공익 기관에 의한 원조의 경우에 있어서 그것은 서면으로 명시되어야 한다. 클라이언트는 서면계약을 통해 모든 참여자들의 서로에 대한 책임을 이해할 수 있다. 사회복지사는 자신과 기관이 무엇을 제공할 것인지를 명시해야 한다. 예를 들어, 기관은 면접기간 중 자녀의 보호 또는 교통수단을 제공할 것을 약속할 수 있다. 이와 비슷하게 만약 클라이언트가 부모역할훈련 집단에 참여하는 데 동의했다면 이 내용도 명시해야 한다.

2) 사용할 개입방법 또는 기술

계약의 이번 측면은 목표수행을 위해 사용될 개입방법과 기술을 명시하는 것과 관련이 있다. 개입방법을 다소 광범위한 수준, 즉 개인, 소집단, 가족 또는 그들의 조합으로 명시하는 것은 초기 계약과정에서만 가능하다. 그러나 사회복지사가 문제 상황에 대해 논의하고, 모든 문제해결 과정에 공통적으로 취할 수 있는 대안적 치료과정을 고려할 것이라는 것을 명시할 수는 있다.

어떤 경우에는 사정의 결과에 따라, 개입과정을 좀더 구체적으로 제시할 수도 있다. 따라서 이러한 개입과정은 이완훈련 등의 모습으로 명시할 수 있다. 비이성적 생각, 신념, 공포를 파악하여 제거하는 것(인식의 재구성), 역할 연습과 행동 연습, 자기관리 기술, 기술개발(예를 들어 의사소통, 자신감훈련, 문제해결, 갈등해소).

개입을 고려할 때에 항상 클라이언트와 함께 토의하고 개입의 개요를 요약설명하며 클라이언트의 반응을 이끌어 내고 그들의 동의를 얻는 것이 중요하다. 계약을 맺는 과정은 지속된다는 것을 명심하라.

3) 시간적 조건들

계약의 또 다른 필수적인 측면은 원조과정의 지속성과 면접시간의 길이와 면접의 빈도이다. 지속성의 측면에서는 기본적으로 두 가지 유형이 있다. 시간 제한적 서비스

(계획적인 단기간의 서비스로도 알려져 있다)와 개방적인 서비스이다. 전자의 경우는 면접시간의 최대한계를 명시한다. 반면 후자의 유형은 시간제한을 두지 않는다. 두 유형은 모두 몇 십 년 동안 사회복지실천의 방법으로 쓰여왔다. 개방적 유형은 역사적으로 프로이트 정신분석 이론에 뿌리를 두고 발달한 개별지도사업의 분석적 학파와 결합되어있다. 시간제한을 두는 방법은 프로이트와 동시대의 사람인 오토 랭크(Otto Rank)에 의해 소개되었으며, 1930년대에 출현한 사회복지실천적 학파에 의해 채택되었다.

최근까지도 시간제한적 방법은 1972년에 출현한 실천모델인 과업중심 사회복지실천 모델의 주요 요소에 포함되지 않았다(Reid & Epstein, 1972). 널리 채택된 이 모델은 연구의 결과물을 강조하는 분위기의 결과로 발달했다. 리드(Reid)와 샤인(Shyne)은 시간제한적 개별지도와 개방형 개별지도의 효과성을 비교하는 연구를 수행했다. 그 결과 전자의 서비스를 받은 클라이언트는 후자의 유형과 동일하거나 때때로 더 나은 결과를 성취했다는 것이 밝혀졌다. 더욱이 그 결과는 서비스 종결 후 6개월 동안 지속된 것으로 측정되었다(Reid & Shyne, 1969).

시간제한을 사용하는 것은 위에서 언급한 연구 결과에 의해 지지된다고는 할 수 없다. 엄격하게 논리적인 관점에 따른다면 대부분 사람들은 마감시간이 있을 때 주어진 과업을 달성하려는 노력을 증가시킨다는 것이 설득력있다. 그 예로 시험 직전의 학생들은 벼락치기를 한다. 따라서 시간제한을 사용하는 서비스는 사람의 미루려는 습성에 대항하는 기제로서 사용될 수 있다.

한편 시간제한 방법을 지지하는 또 다른 주장은 계획된 장기간의 치료과정에서도 대부분의 성과는 초기에 획득된다는 것이다. 시간제한 개입의 장점은 다음과 같이 사회복지사에게 광범위한 함의가 있다.

- 시간제한적 서비스는 효율적이다. 개방형 서비스가 달성할 수 있는 것과 같은 정도의 성과를 훨씬 적은 비용으로 성취할 수 있다.
- 시간제한적 유형에서는 더 많은 클라이언트가 서비스를 받을 수 있다. 기관이 시간제한적 서비스를 서비스 전달의 일차 유형으로 채택할 때 대기명단이 많아지는 문제는 눈에 띄게 줄어들 것이다.
- 사회복지사가 짧은 기간 동안 향상 가능성에 대한 자신감을 표현할 때, 시간제한적 방법은 클라이언트의 낙관적인 시각을 이끌어낸다.
- 예비계약단계에서 시간제한적 서비스에 대해 설명하는 것은 종결과정을 쉽게 만든다.
- 시간제한적 서비스는 문제해결과정을 시작, 중간, 종결부분으로 뚜렷하게 구분한다.
- 재정지원기관들은 목표의 명확성과 시간의 제한 때문에 개방형 서비스보다 시간제한적 서비스를 더욱 인정하고 지원하려고 한다(Corcoran & Vandiver, 1996).

앞의 함의들에 더해서 또 다른 내용을 살펴보면 첫째, 시간제한적 개입을 서비스 전달의 일차적 방법으로 채택함으로써 기관은 같은 시간 동안 더 많은 클라이언트를 수용할 수 있다. 이것은 가장 필요할 때 서비스를 공급할 수 있는 가능성을 증가시킨다. 서비스를 제때 제공하지 못하는 것이 부정적인 결과에 영향을 미친다는 연구결과를 볼 때 이것은 매우 중요한 장점이 될 수 있다.

두 번째는 사회복지사의 원조를 받지 못하는 대부분의 사람들, 즉 혜택을 받지 못한 클라이언트에게 시간제한적 서비스를 사용하는 문제와 관련이 있다. 조사연구들에 기초하여, 로리언(Lorion, 1978)과 리드(Reid, 1978)는 노동자 계급의 클라이언트가 체계적이고 시간제한적인 개입을 더 잘 이용하고 선호한다는 결론을 얻었다. 사실 과업중심의 개입구조의 발전에 원동력을 제공한 전자의 연구와 계속해서 그 구조에 치밀함을 보강하는 후자의 연구는 노동자 계급을 대상으로 광범위하게 진행되어 왔다.

물론 시간제한적 개입이 모든 클라이언트 집단이나 상황에 적절한 것은 아니다. 클라이언트의 문제와 그에 대한 목표가 깊이 스며든 성격장애와 관련이 있는 경우에는 장기간의 치료가 필수이다. 또 만성적으로 방치되어 온 문제들은 단기간의 치료보다 오랜 기간 동안 기관의 자원과 지원이 필요하다. 요양소에 입원해 있는 정신질환자나 만성 정신질환이 있는 외래환자의 경우, 사회복지사가 지속적인 책임을 지지 않는 상태라면 주위환경의 문제를 목표로 규정한 경우를 제외하고는 시간제한적 개입방법을 사용하는 것은 실용적이지 못하다.

시간제한의 길이는 사회복지실천, 개인상담, 정신치료학의 다양한 이론 또는 모델에 따라 다르다. 대부분 과업중심 계약은 2개월에서 4개월 동안 6회에서 12회의 상담 횟수를 정한다(Reid, 1987). 이 범위는 융통적이며 따라서 사회복지사는 클라이언트와 함께 협상하여 결정할 수 있다. 면접 횟수를 정할 때 클라이언트의 기호와 사회복지사가 추측하는 필요 횟수를 동시에 고려해야 한다.

시간을 구성하는 또 다른 측면은 면접의 빈도와 관련이 있다. 집중적인 원조와 감독이 필요한 사례의 경우 더 자주 상담해야 하지만 그러한 경우를 제외하면 사회복지실천에서는 1주 1회 상담이 표준 빈도이다. 또한 계약을 정할 때 원조과정의 종결단계를 위해 여분의 면접횟수를 준비할 수도 있다.

계약과정의 상호신뢰를 향상시키기 위해서는 면접의 빈도와 관련된 클라이언트의 기호를 이끌어내는 것이 일반적으로 바람직하다. 경우에 따라 클라이언트는 적절해 보이는 것 이상의 잦은 면접을 요구할 수 있다. 그러면 사회복지사는 자신의 권장빈도에 대해 설명해야 한다. 대부분 클라이언트는 사회복지사의 권장사항에 의지하며 그 내용에 동의한다.

시간적 조건의 마지막 요소는 각 면접의 소요시간에 관한 것이다. 이에 관해 규정된 지침은 없다. 개인 면담의 경우 50분이 일반적인 표준시간이다. 그러나 초기면접이나 가족, 집단을 대상으로 한 면담은 종종 더 많은 시간(대개 한 시간, 한 시간 반에서 두 시간)이 배정된다. 어린이, 청소년, 노인들은 50분 동안 진행되는 면접을 견디는 데 어려움이 있기 때문에 더 짧은 시간으로 자주 면접을 하는 방법이 일반적이다. 마지막으로 학교, 병원 등 환경은 종종 면접시간에 영향을 준다. 예를 들어, 병원에서는 환자의 건강상태와 달성하고자 하는 목표에 따라서 면접시간은 15분 내지 20분으로 정해진다.

4) 발전정도 점검 수단

계약과정에서 발전정도를 어떻게 점검할 것인가를 정하는 것은 변화에 공헌하는 실천적인 마음가짐을 유발하는 중요한 기능에 도움을 준다. 변화에 대한 기대를 유지하는 것은 의욕을 높이고 긍정적인 자기달성의 가능성을 현실화한다.

표적문제에 대한 기초측정자료를 얻은 다음, 발전정도를 점검하는 방법을 선택할 때는 앞에서 지적했듯이 정해진 기간들마다 동일한 측정방법을 사용하도록 해야 한다. 기초측정자료가 없는 경우에는 다소 거친 방법으로 발전정도의 계량화를 시도한다. 그것은 클라이언트로 하여금 1에서 10까지의 척도로 스스로 발전정도를 평가하게 하는 것이다. 1은 발전이 없음을, 10은 주어진 목표에 대한 완벽한 달성을 표시한다. 수 차례의 결과들을 비교하면 클라이언트의 발전정도에 대한 대강의 추정치를 얻을 수 있다.

발전정도를 사정하는 또 다른 방법은 그것을 그래프로 나타내는 것이다. 각각의 목표에 대해 1에서 10까지의 눈금이 있는 척도를 사용하여, 클라이언트는 그래프에 색을 칠하여 자신의 발전정도를 반영할 수 있다. 이 방법은 특히 어린이와 발달장애가 있는 성인들에게 유용하다. 그들은 발전의 성취에 따라 각 항목에 색을 칠함으로써 만족감을 얻는다. 사회복지사나 주위사람들에게 인정받는다면 더욱 인상적인 효과가 발생한다.

점검을 위한 면접의 빈도를 정하는 것도 협상해야 한다. 클라이언트는 대개 여기에 대한 충고를 요구한다. 그리고 각각의 면접 때마다 잠깐씩 발전정도를 평가하는 시간을 보내는 것은 효과가 좋다. 어떤 클라이언트는 각 면접마다 잠깐의 평가시간을 보내는 것을 선호하는 반면, 다른 클라이언트는 발전정도에 대해 자주 논의하는 것을 좋아하지 않을 수 있다. 융통성을 가지되 최소한 3회에 한 번은 발전정도에 대해 논의할 것을 권장한다. 점검의 빈도가 낮으면 성장과 바람직한 변화에 대한 초점을 통한 이득이 희석된다.

5) 계약 재교섭에 대한 약정

계약과정은 원조의 전체과정을 통해 계속되기 때문에, 계약의 조건들은 언제라도 재협상할 수 있다는 것을 클라이언트에게 명확히 알리는 것이 중요하다. 주위환경의 변화, 새로운 사실의 발생, 사정의 전개, (바라건대)발전이 발생할 때, 이와 같은 변화요인들은 계약내용이 관련성과 적합성을 유지하도록 지속적으로 갱신될 것을 요구한다. 그러므로 원조과정에 참여하는 모든 사람들이(사회복지사를 포함해서) 언제라도 계약의 수정을 요구할 수 있다는 것을 그들에게 설명해줄 것을 권장한다. 이러한 설명은 변화에 대한 기대를 더욱더 부각시키고 원조과정의 상호신뢰를 대단히 향상시킨다. 비자발적인 클라이언트와의 계약에 있어서는, 명백한 법규위반 등 계약의 일방적인 변화를 초래할 모든 상황을 명시해야 한다.

6) 세부 규정들

계약을 공식화하는 마지막 요소에는 시작날짜의 확정, 이미 정한 면접의 취소 또는 변경에 관한 규정의 확립, (요금을 받는 경우) 요금의 조절 등이 포함된다. 약속의 변경에 있어서, 클라이언트를 위해 마련된 시간에 대해서는 클라이언트 자신이 책임감을 가져야 한다는 것을 강조하는 것이 중요하다. 클라이언트는 약속을 변경하거나 취소하는 정당한 사정을 일반적으로 최소한 24시간 전에 알려야 한다. 그래야만 그 시간을 다른 클라이언트를 위한 약속시간으로 활용할 수 있다. 보통 클라이언트를 위해 할당된 약속시간을 지키는 데 실패할 때는 클라이언트에게 책임을 묻는 것이 바람직하다. 이 문제에 대해 뚜렷하게 논의하는 것은 면접에 출석하는 것의 중요성을 강조하고 오해를 피하게 하며 약속시간을 변경하거나 취소 또는 약속시간에 불참하는 빈도를 줄인다.

상담료 문제에 대해 의논하는 것은 자신의 서비스에 대해 남들에게 돈을 요구하는 것을 불편해하는 많은 학생들에게 고통스러운 일이다. 학생들은 일반적으로 경험이 부족하고 자신이 제공한 서비스의 가치에 대해 자신이 없기 때문에 그들이 느끼는 불편함은 이해할 만하다. 그러나 많은 기관들은 서비스 요금에 대한 방침이 있고, 대다수의 클라이언트도 요금을 내야 하는 것을 예상하고 있다. 더욱이 학생들은 그들의 서비스의 질을 향상시키게 하는 지도를 받으며 많은 학생들은 질 높은 서비스를 제공하고 있다.

학생들은 그들의 능력으로 요금문제를 효과적으로 다룰 수 있으며 이에 대해 개방적으로 의논하되 사과할 필요는 없다는 것을 명심해야 한다. 클라이언트가 요금문제에 대해 의논할 것을 예상하고 있다는 사실을 인식한다면 이 문제를 좀더 편안하게 다룰 수 있을 것이다. 물론 사회복지사의 책임은 계약의 협상과 함께 끝나지 않는다. 만약 클라이언트가 계약에 따른 요금을 지불하는 데 실패하면, 사회복지사는 즉시 그 문제에 대해 그들과 함께 조사해야 한다. 이 문제를 뒤로 미루는 것은 상황을 더욱 어렵게 할 뿐이다. 더욱이 요금을 내지 않는 이유는 사회복지사에 대한 부정적인 감정, 경제적 부담 또는 의무에 대한 책임감의 결여일 수 있다. 따라서 이에 대해 신속하게 주의를 기울여야 한다.

PART 3 변화 지향 국면

제 13 장

변화지향 전략의 기획과 실행

Planning and Implementing Change-Oriented Strategies

1. 목표달성 전략기획

12장에서 강조했듯이 목표를 달성하기 위한 전략을 기획할 때 클라이언트와 함께 하는 것은 매우 중요하다. 이것은 클라이언트의 자기결정권을 보호하는 것이기도 하지만 이외에도 개입방법을 선택할 때 클라이언트를 참여시킴으로써 협조를 한층 강화할 수 있다. 선택이 제한되어 있는 비자발적인 클라이언트도 마찬가지인데, 비자발적인 클라이언트가 제한된 조건에서 선택할 수 있다면 같은 결과를 초래할 수 있다. 예를 들면, 약물의존 여부를 검사하라는 법원명령은 타협의 여지가 없다. 그러나 어떤 검사방법을 선택할 것인지 선택의 여지는 있다. 개입을 이해하지 못하거나 개입이 자신의 문제와 목표에 어떤 연관이 있는지 잘 모르는 클라이언트는 변하려고 노력하지 않을 것이며 협조한다고 해도 건성으로 하거나 아니면 억지로 하게 될 것이다. 클라이언트가 협조적으로 참여하기 위해서는 개입에 대해 분명하게 이해해야 한다. 물론 전략을 짜는데 클라이언트를 참여시킨다는 것은 그 전략에 대해 자세하게 토론하거나 또는 사용할 모든 전략을 확인해본다는 의미가 아니다. 일반적으로 사용할 수 있는 전략들에 대해 설명하고 왜 그렇게 하는지 논리적으로 간단하게 설명하는 것만으로 족하다.

반드시 문제를 사정한 결과에 따라 개입전략을 세우는 것이 효과적이다. 그리고 설정한 목표를 성취하기 위해서는 가장 적절하고 실현 가능한 방법이어야 한다. 개입방법, 문제, 목표를 잘 연결하기 위해서는 표적체계(target system), 여러 하위체계(subsystems), 그리고 클라이언트의 구체적인 문제와 개입방법을 적절하게 연결하는 것이 중요하다.[19)]

2. 표적체계에 맞는 개입

효과적인 결과를 얻기 위해서, 문제가 있는 체계에 개입해야 하고 개입은 그 체계에 적절해야 한다. 그러나 이것은 쉬운 일이 아니다. 왜냐하면 개입방법에 대한 폭넓은

19) 직접적인 훈련에서 신중하게 계획을 세운다는 것의 중요성은 로젠, 프락터, 리브네(Rosen, Proctor & Livne, 1985)가 강조했다. 치료전략을 계획할 때 사회복지사가 고려해야 할 요소를 논의하는 데에 이 논문은 유용할 것이다.

지식을 갖추고 그것을 선별하여 사용하는 데 기술적이어야 하기 때문이다. 어떤 개입방법은 개인의 문제에만 적절하고, 어떤 개입방법은 가족이나 집단의 부적응관계를 개선하는 데 적절하고, 어떤 것은 환경을 수정하는 것과 관련이 있는 개입방법도 있다. 따라서 변화를 목표로 하는 체계와 부합하는 개입을 선별하고 사용하는 것이 중요하다. 이것이 잘 맞지 않으면 부정적인 결과, 즉 클라이언트가 조기에 종결하는 상황을 초래하기도 한다. 예를 들어, 클라이언트의 우울증이 열악한 물리적, 사회적 환경과 맞물린 사회적 고립에서 발생했는데, 개입목표를 클라이언트의 자아인식에 둔다면 부적절한 것이다.

3. 문제에 맞는 개입

계획을 세울 때 문제에 맞게 개입하는 것은 대단히 중요하다. 어떤 개입이 특정문제에 효과적이라는 것이 경험적으로 증명되었을 때는 더 수월해진다. 예를 들면, 인지치료는 우울증 치료에 효과적이라고 알려져 있고, 어떤 행동기술훈련 프로그램은 기본적인 대인관계기술과 문제해결기술이 부족해서 발생하는 문제를 개선하는 데 효과적이라고 판명되었다. 또 교육측면에 초점을 맞춘 집단개입방법은 배우자를 학대하는 사람을 다루는 데 효과적임이 증명되었다(19장 참조).[20)]

4. 발달단계에 맞는 개입

클라이언트마다 성숙 정도가 다르기 때문에 발달단계에 맞게 개입하는 것은 대단히 중요하다. 아동은 전형적으로 추상적인 사고능력이 부족하기 때문에 놀이치료, 구조화된 집단활동, 대처기술을 높이려는 목적으로 이야기 들려주기, 도덕적 원칙을 가르치거나 기술개발 집단 등을 일반적으로 사용한다. 난폭성, 무단결석, 약물남용, 반사회적 행동, 그리고 다른 관련 행동의 바탕에 부모와 자녀 간에 상호관계에 문제가 있는 것처럼 보인다면, 가족치료 개입방법을 선택할 것이다. 부모의 대화기술, 한계설정, 타협기술, 그리고 문제해결기술 등을 강화하기 위해 부모훈련 집단 프로그램을 많이 사용한다. 아동이나 청소년과 관련하여 심각한 가정문제는 환경을 바꾸는 개입방법이 필요하다. 즉 시설치료, 정신병원, 소년원 같은 프로그램이 필요하다. 아동학대나 방임의 경우, 아동을 단기간 또는 영구히 안전한 곳으로 옮길 장소가 필요하다.

모든 발달단계에 적합한 개입방법을 논의하려는 것은 아니다. 다만 개입방법을 계획하는 데 각 개인과 가족의 발달단계를 주의 깊게 고려해야 한다는 것을 다시 한번 강조하려는 것이다.

5. 스트레스를 야기하는 전환기에 맞는 개입

8장에 소개했듯이, 클라이언트가 갖고 있는 문제는 종종 인생의 주요 전환기에 겪는 감당 못할 스트레스와 결부된 때가 많다. 이 장에서 논의하는 위기개입과 과제중심체계(task-centered system)는 전환기 문제에 일반적으로 적용할 수 있는 모델이다. 최근 지지집단(support groups)이 이런 전환기 문제(transition problem)를 다루는 데 광범위하게 사용되고 있다. 이런 집단은 이혼자모임, 강간위기집단, 자녀와 사별한 부모모임, 배우자가 사망한 사람들의 모임, 배우자가 동성연애자인 것을 발견한 집단 등 수없이 많다.

20) 다양한 임상문제를 다루는 데 적당한 통합방법을 논의하기 위해선 아주 여러 권의 책으로 쓸 수밖에 없을 것이다. 임상심리학 분야에서 뷔틀러와 클라킨(Beutler & Clarkin, 1990)이 바로 그 일을 해냈다. 그들이 집필한 책을 강력히 추천한다. 오해어(O'Hare, 1991)는 연구와 실제를 통합하는 틀을 제시하는 논문을 집필했다. 사회복지사에게 유용할 것이다.

6. 과제중심체계

목표를 달성하기 위한 과제중심 접근은 체계적이면서도 효율적이다. 이 접근방법은 지난 33년 동안 사용한 단기개입방법과 특히 지난 24년에 거쳐 발달한 과제중심체계 결과로 나타난 방법이 보다 진보한 형태이다. 1960년대 이전에는 시작은 있지만 종결이 없는 개방형태의 장기개입방법이 사회복지실천분야나 관련 학문분야에서 지배적이었다. 변하려는 노력은 무의식적 저항, 원조관계에서 느끼는 알지 못하는 것에 대한 두려움, 상반되는 힘 등에 저항 받는다는 실천이론이다.

저항은 클라이언트 발전에 가속을 더하는 중대한 변화로 들어가는 문을 여는 것이기 때문에 문제가 되는 저항의 근원을 인식하는 것은 중요하다. 곧이어 단기치료(brief therapy)가 출현했는데, 이는 1960년대에 강한 기세였고 또 지금까지 이어지고 있다. 많은 연구논문들 또한 단기치료가 장기치료만큼, 아니 어떤 면에서는 훨씬 더 효과적임을 밝혀냈다(Wells, 1982; Wells & Gianetti, 1990).

그러나 초기의 단기치료는 체계적이지 못했으며 원조과정에서 사회복지사가 어떻게 방향을 제시해야 하는지 지침을 거의 제공하지 못했다. 월버그(Wolberg, 1965)는 이런 딜레마에 대해 "오늘날 당면한 단기치료의 가장 시급한 문제는 적절한 방법론이 없다는 점이다. 단지 장기치료에서 유용하다고 입증된 기술들을 가져다가 적용하고 있다(p.128)" 고 말했다. 사회복지실천 방법론 중 상당히 구체적인 개입방법으로 알려진 '과제중심체계(task-centered system)' 는 적절한 해법이었다. 이 체계는 많은 실천모델에서 나온 개입방법과 기술을 종합한 틀을 제공한다는 장점이 있다.

다양한 사회복지기관들이 과제중심체계를 받아들였고, 12장에서 언급했듯이 그 유효성은 다양한 클라이언트 집단에 적용한 결과 그 효과가 경험적으로 입증되어왔다(Reid, 1987). 그렇다고 이 체계를 무턱대고 어떤 클라이언트 집단에나 적용할 것을 권하지는 않는다. 사실 이 체계의 중심 개념인 '시간제한' 이란 것은 어떤 특정 클라이언트나 문제상황에는 적합하지 않을 수 있다. 그러나 다른 형태의 개입방법의 능률을 높이는 데 사용할 수 있다. 예를 들면, 과제중심체계의 중요한 측면인 날카로운 초점을 유지하고 지속성을 견지한다면 개방형의 개입방법을 사용할 때 그 진행속도를 가속시킬 수 있다. 사실 과제수행의 중요한 요소인 준비, 실행, 사후관리는 모두 구체적인 변화지향 개입방법을 뒷받침한다.

1) 일반과제 개발

12장에서 일반과제와 목표의 차이점 또는 문제점을 줄이고 목표에 도달하기 위해 계획하는 방법에 관해 논의했다(Reid, 1992; Epstein, 1990). 이 일반적인 과제는 어떤 경우에는 클라이언트가, 어떤 경우에는 사회복지사가 수행하는 각 행위이다. 과제는 명백하지만 또 은밀하기도 하다. 인지적 과제는 어떤 사람이 자신의 견해를 표현할 때 놀림받을 것이라는 비합리적인 공포를 없애버리거나 또는 모든 사람은 실수하게 마련이므로 평범한 실수를 하는 것은 엄청난 실패가 아님을 단순히 상기하는 것 등을 포함한다.

목표를 세분하는 것(partializing goals)은 사회복지실천분야에서 새로운 기술은 아니다. 사실 세분화는 오랫동안 실천이론의 기본주의였다(Perlman,1957: 147-149). 우드(Wood, 1978: 443)는 공공기관 직원이 수혜대상자에게 주는 집중적인 서비스를 연구한 7가지 결과를 논평하면서, 성공적으로 과업을 수행했던 사회복지사가 과업을 실패한 사회복지사보다 문제나 목표를 세분화하는 데 더 능숙했다고 말했다.

목표를 아주 구체적으로 설정했다 해도 대개 매우 복잡하고 또 적절한 순서로 완성해야 하는 복합적인 행동을 수반한다. 이런 복잡성 때문에 수많은 클라이언트가 아예 질려버리기도 하고 또는 자신에게 덜 위협적인 구성요소로 목표를 세분하는 데 실패한다. 사회복지사가 인도하는 대로 목표를 알맞게 나눈다면 클라이언트는 용기를 얻어 구체적이고 올바르게 과제를 수행할 것이고(행동할 것이고) 결국 목표를 성취할 것이다. 따라서 목표를 세분화하는 과정은, 클라이언트가 스스로 결정할 수 있도록 돕고 자신의 삶에서 스스로 성과를 거둘 수 있도록 역량을 강화하는 사회복지실천 가치관과 일치한다.

세분화란 목표를 만들고 그 목표들을 일반과제(목표달성을 위해 명시된 사전행동들)로 세분하는 것이다. 이 과정을 설명하기 위해 세 가지 다양한 목표를 생각해 보았고, 이에 수반되는 일반과제를 알아보았다.

① 어떤 편모(single mother)의 최종목표는 방임으로 빼앗긴 아이의 양육권을 되찾는 것이다. 사회복지사와 어머니는 양육권을 되찾을 수 있는 적합한 조건을 탐색하면서 다음과 같은 일반과제들을 개발했다.

a. 사회복지사와 협조하여 '가사 계획표'를 만들고 실천해서 집안 조건 향상하기

b. 공중보건 간호사와 협조하여 인정받을 수 있는 위생과 영양의 기준 만들기

c. 부모집단이나 부모교실 등에 참가하여 효과적인 양육기술 향상하기

d. 아이를 돌봐줄 수 있는 원조체계를 조사하고 개발하여 저녁에 자유롭게 사회활동 할 수 있도록 하기

② 어떤 부부의 최종목표는 결혼생활에서 일어나는 갈등의 정도나 횟수를 줄이는 것이다. 그 목표는 다음과 같은 일반과제들로 세분할 수 있다.

a. 방어자세나 역비난을 유발하는 흠 잡기나 말대꾸 줄이기

b. 상대방에게 분노를 터뜨리지 않기, 자신의 분노를 표현하되 분노만을 표현하지 않기, 상처받음, 좌절 또는 무시 등 분노 밑에 깔린 감정을 표현하고 확인하기

c. 분노의 근원을 확인하고 갈등해소기술을 배우고 효과적으로 적용하기

d. 부부가 함께 문제를 확인하고 문제해결 전략 세우기

e. 긍정적이고 지지적인 메시지(칭찬, 인정, 감동, 그리고 감사) 키우기

위의 예에서 일반과제는 클라이언트와 사회복지사 각자가 또는 모두가 행동해야 함을 알 수 있다. 예를 들어 첫 번째 사례의 경우, 사회복지사는 공중 보건간호사의 도움을 받도록 해줄 책임이 있다.

2) 집단목표 세분화

똑같은 절차를 가족이나 치료집단에도 적용할 수 있다. 이런 경우 구성원 전체가 설정한 집단목표 달성을 위한 일반과제를 결정하는 데 참여한다. 목표를 일반과제로 세분한 후 이를 자연스런 흐름으로 하나씩 잘 진행하도록 순서를 정한다.

그러나 일반과제는 앞서 자녀의 양육권을 되찾기 원하는 어머니의 예에서처럼, 때로 연결되지 않고, 논리적인 흐름을 따르지 않는 때도 있다. 이런 경우 클라이언트에게 가장 절박한 관심사가 무엇인지 결정하고 초기 변화 노력을 그 하위목표에 집중해야 한다. 예를 들어, 편모 스스로 아이들을 돌볼 수 있는 지지체계에 우선순위를 둔다면 그것을 개발할 수 있는 행동을 고려할 수 있고, 만약 자유로운 시간이 시급히 필요하다면 그것에 우선순위를 둘 수 있다. 그러나 주의해야 할 것은 클라이언트가 성공적으로 달성할 가능성이 높은 특정과제를 결정하는 것이 무엇보다도 중요하다. 어떤 중심과제가 성공적이라면 또 다른 것을 시도할 때 용기와 신뢰를 갖게 될 것이며, 실패한다면 원조과정에 대한 신뢰가 손상되거나 용기를 잃게 될 것이다.

3) 과제를 구체적으로 만들기

일반적인 과제들은 고통당하는 클라이언트에게는 때로 부담으로 작용하기도 한다. 그래서 과제중심체계의 핵심은, 매 세션마다 일반적인 과제를 수행하는 클라이언트와

사회복지사가 취해야 할 행동에 대해 구체적으로 계약을 맺는 것이다. '일자리 구함'과 같은 일반적인 과제는 '이력서 작성' 그리고 '구직 담당자와 만나기'와 같은 구체적 과제로 나누어야 한다. 위에서 예를 든 편모는 첫째 주에 이 모든 일반적인 과제들을 시작하지는 못할 것이다. 둘째 주 정도면 사회복지사와 함께 집안일 계획표를 작성하는 것에 동의할 것이다. 그 다음, 사회복지사는 공중 보건간호사와 함께 방문해도 좋은지 동의를 얻게 될 것이다. 사회복지사는 다음 번 치료모임에서 언제 누구를 처음으로 만나게 될 것인지 결정할 수 있도록, 부모교실이나 부모모임에 대해 설명해주어야 한다. 구체적인 과제는 클라이언트의 노력이 수반되는(쉬운 것은 아니지만) 행동적이거나 인지적인 활동들로 구성되어 있다. 다음은 행동적이고 인지적인 구체적 과제의 예이다.

● 행동적 과제들

- 재활 프로그램에 대한 정보를 얻기 위해 전화하기
- 손상당한 감정에 대해 친한 사람에게 알리기
- 매일 정해진 시간 동안 공부하기
- 집안일을 완수하기 위해 계획표를 실천하기
- 가족들에게 매일 적어도 세 번 긍정적인 피드백주기

● 인지적 과제들

- 매일 30분 동안 명상하기
- 직장상사에게 말하기 연습 등 인지적 예행연습 하기
- 세 시간마다 한 시간씩 자기 비하적인 생각에 대해 일일기록지 작성하기
- 통제할 수 없을 정도로 분노하기 전에 그 징후를 파악하기
- 아침에 15분 동안 직장에서 예상되는 어려움을 생각해보고 대처방안을 마음속으로 연습해보기

핵심과제는 쉽고 분명하게 나타난다. 게다가 때로 클라이언트 자신이 과제를 제안하기도 하고, 만약 그 과제가 현실적이라면 자신이 정한 과제에 대해 최선을 다하려고 하기 때문에 성취할 가능성은 높다. 그러나 또 많은 경우, 과제가 구체적이지 않기 때문에 하나의 일반적인 과제를 성취하기 위해서 많은 대안을 강구해야 한다. 그러므로 특정 클라이언트에게 가장 적당하고 확실한 대안을 선택하는 것이 관건이다.[21)]

대안을 찾아내는 효과적인 방법 중 하나는 클라이언트와 '브레인스토밍'을 활용하는 것이다. 이 방법은 가능한 방법을 선택하려는 창조적인 과정이다. '브레인스토밍' 방법은 어떤 상황(맥락)에도 다 유용하지만, 특히 집단이나 가족과 작업할 때 대안을 만들어내는 데 효과적이다. 만약 클라이언트가 대안을 잘 내지 못한다면, 더 광범위한 대안을 확보할 수 있도록 추가의 방안을 제공해주는 것이 중요하다. 클라이언트가 대안을 제시하지 못하는 경우, 사회복지사가 먼저 대안을 제시할 수도 있다. 그러나 기억해야 할 것은, 만약 클라이언트가 스스로 상세하고 효과적인 치료행동과정을 형성할 수 있다면, 처음부터 도움을 받으러 오지 않았을 것이라는 점이다.

사회복지사는 제시한 과제에 대한 클라이언트의 반응에 민감해야 한다. 연구결과에 의하면(Reid, 1978), 과제를 진행하는 과정은 클라이언트의 참여나 과제에 관해 적극적으로 자신의 의지를 표현하는 정도와 절대적으로 관련이 있다(p.250). 비록 클라이언트가 사회복지사가 제시한 과제를 자신이 생각해낸 것처럼 열심히 하려고 했더라도, 만약 사회복지사가 과제를 '명령'한다고 생각하면, 열심히 하는 데 오히려 실패할 것이다. 저항이론은, 클라이언트는 자신들에게 선택의 여지가 없다고 생각하면 자유의 가치를 지키려고 더 애를 쓰는 경향이 있다고 하였다. 같은 원칙이 집단이나 가족과 일할 때에도 적용된다. 체계에

21) 리드(Reid, 1992)는 매우 다양한 클라이언트의 문제점과 상황을 처리하기 위해 상세한 과제전략들을 고안했다.

속한 사람들은 체계에 있는 다른 구성원들이 해야 할 거라고 생각되는 과제에 대해서 빨리 생각을 떠올릴 수 있다. 따라서 집단의 리더는 각 구성원이 다른 사람들의 압박을 받지 않고 과제를(어떤 과제를 수행한다고 해도) 선택할 권리를 보호해주는 것이 중요하다. 신참 사회복지사가 저지르는 일반적인 실수는 클라이언트가 과제를 거부한다고 해서 변화마저 싫어한다고 잘못 결론짓는 것이다. 그런 거부는 때로 건강한 자기주장을 드러내는 것이기도 하다.

일반적인 과제에서 어떻게 구체적인 과제를 만들어내는지 증명하기 위해 인용했던 예를 들어보자.

> 돈(Don)과 진(Jean)은 좀더 효과적인 대화로 결혼생활의 갈등을 해소하기 위해 방법들을 찾아보았다. 목표를 성취하기 위해 대화방법을 바꾸는 등 구체적인 방법을 찾아보면서, 사회복지사는 그 부부를 도와 목표를 몇 가지 일반적인 과제들로 나누었는데 그 중 하나가 '우리는 서로 적대감 없이 자신을 표현한다' 는 것이다. 여러 주제에 대해 의논하면서 서로 어떻게 적대시하는지 살펴본 결과, 진은 남편이 자신의 의견을 무시하고 자신의 품위를 떨어뜨린다고 생각했는데 그렇게 생각하도록 하는 남편 돈의 말투는 "거참, 열 받게 하는구먼!" 따위였다. 돈의 생각으로도 진의 불만은 정당했으며, 그것이 매번 수세에 몰리는 자신의 입장에서 벗어나길 갈망하는 표현이라는 데 동의했다. 돈은 성취감을 맛볼 수도 없고 만족감도 없는 직장에서 그동안 아주 불행했다고 말했다. 진은 "남편은 종종 가족 전체에 먹구름을 뿌리는 우울한 표정으로 직장에서 돌아오곤 했어요" 라고 불평하면서 남편의 어려움을 시인했다. 남편 돈은 그렇게 행동한 것이 사실이었음을 인정하면서 자신은 누구에게도 별로 중요하지 않은 사람처럼 느낀다고 덧붙였다. 계속해서, "난 칭찬이 필요해요. 만약 아내가 나에게 조금이라도 칭찬해주었다면 난 아내에게 좀더 밝게 대했을 거고 덜 무시했을 거예요" 라고 말했다. 진은 도움이 된다면 기꺼이 남편을 칭찬해줄 것이며, 돈에게는 많은 장점이 있기 때문에 칭찬하는 것이 어렵지 않을 거라고 말했다.

사회복지사가 관찰한 바로는 이 부부는 적대감 없이 표현한다는 일반적인 과제를 성취하는 데 도움을 주는 가치 있는 정보를 서로 제공했다. 서로 의논하는 가운데 변해보겠다는 느낌과 의지가 있음을 파악한 후, 사회복지사는 함께 다음과 같은 과제를 만들었다.

- 아내가 자신의 의견을 말할 때, 남편은 비난하거나 무시하지 않고 집중하여 듣는다. 또 직장에서 집에 돌아올 때 보다 긍정적인 태도를 보이려고 노력한다.
- 아내는 남편이 직장에서 겪는 좌절감에 대해 더 깊은 관심과 애정을 갖고 좀더 세심해지고 지지적이 된다.

진과 돈은 각 과제에서 제시한 행동을 일일기록표에 기록하기로 동의했는데, 첫째 주 동안 이 행동의 빈도를 적어 매일 두 배씩 늘릴 것을 기꺼이 작정했다.

어떤 특정상황은 역기능의 행동빈도를 줄이고 기능적인 행동빈도를 늘리는 두 가지 과제를 결합하는 경우도 있다. 예를 들면, 부모는 아이가 주어진 임무를 잘 수행할 때는 잔소리를 줄이고 아이를 인정한다는 표현을 더 많이 하는 과제를 실행하는 데 동의할 것이다.

그러나 여러 가지 과제를 파악하는 것보다 더 중요한 것은, 한 세션이 끝나기 전에 적어도 하나의 과제를 실행하도록 구상하고 주의 깊게 계획하는 것이다. 사실 많은 클라이언트가 '숙제' 를 내기를 바란다. 매번 클라이언트와 사회복지사가 상담이 끝나기 전에 함께 과제를 파악하고 실행계획을 세우는 것은 변화를 향해 집중력을 날카롭게 하고 매 세션마다 클라이언트를 행동 지향적으로 참여하게 하여 과제수행 과정을 용이하게 한다. 그런 행동이 없다면, 상담은 근본적으로 말잔치에 지나지 않으며 상담한다고 해도 거의 또는 아예 바뀌지 않을 것이다. 반대로 과제달성에 초점을 두면 클라이언트는 목표를 향해 지속적으로 변해갈 것이다.

4) 과제달성을 계획하기

하나 또는 그 이상의 과제를 설정하고 난 다음 단계는, 클라이언트가 각 과제를 실행하도록 준비할 수 있게 돕는 것이다. 이 과정을 잘 진행하면 클라이언트는 과제를 수행하는 동기를 갖게 될 것이고 성공할 가능성이 실제로 강화된다. 과제수행(task implementation sequence, TIS)이라는 체계적인 접근은 리드(Reid, 1975)가 고안했다. 클라이언트는 이 TIS를 사용할 때 과제를 성취하는 데 더 성공한다는 보고가 있다.

TIS는 성공적인 변화 노력을 수반하는 불연속의 단계를 차례로 나열한 것이다. 비록 리드는 이 TIS를 체계적으로 적용해야 한다고 권하지만, 사회복지사는 각 상황에 맞게 충분히 유연해야 한다고 주의를 준다. 집단 형태에 맞게 TIS를 수정할 수 있다는 뜻이다. TIS 단계는 다음과 같다.

1. 구체적인 과제를 수행하도록 클라이언트의 책임감을 강화한다.
2. 과제를 수행하기 위해 세부계획을 세운다.
3. 과제를 수행하는 동안 직면할 수 있는 장애물을 분석하고 해결한다.
4. 과제를 수행하는 것과 관련이 있는 행동을 클라이언트가 연습하고 실행하게 한다.
5. 과제수행계획을 요약하고, 클라이언트가 과제를 수행할 수 있다는 기대와 격려를 표현한다.

매번 다음 단계로 나아가기 전에 잘 알아둬야 할 점은 과제를 성취하는 것이 때로 클라이언트에게 무서운 도전으로 다가선다는 점이다. 즉 클라이언트가 그 과제를 수행하겠다고 동의한다는 것은 자신이 그 과제를 성공적으로 수행하기 위해 지식, 용기, 대인관계기술, 그리고 정서적인 준비까지 다 갖추고 있음을 확신한다는 것이다. 이런 요소를 갖추고 있는 클라이언트는 우선 사회복지사의 도움이 필요 없다. 만약 클라이언트가 과제를 수행하기 위한 준비가 미흡하다면, 과제를 시도하든지 완수하든지 간에 예상되는 결과는 실패일 것이다. 그 결과 클라이언트는 위축감을 느끼거나 낮은 자존감을 경험하게 될 것이며, 그 후 사회복지사의 얼굴을 대하는 게 어려울 수도 있다. 이런 때 저항감이 생기는데, 클라이언트는 다음 약속을 지키지 않거나 관련 있는 과제에서 주의를 딴 데로 돌리는 등의 행동을 보인다.

과제에 내재한 어려움을 밝히고 각 단계를 보다 자세히 살펴보자.

(1) 과제수행 책임(성실성)을 강화하기

과제수행동기를 더 강하게 부여하고 이에 직접 초점을 맞추는 이 단계에서는 클라이언트와 과제의 관련성을 밝히고 과제수행결과로 얻을 수 있는 이익을 확인한다. 이 단계의 원리는 과제 종결을 이해하는 것, 즉 새로운 행동에 수반하는 위험 가능성 있는 대가(불안이나 공포 등)를 클라이언트가 충분히 알고 있어야 한다는 것이다. 변화란 불안, 불편, 불확실성을 수반한 어려운 작업이기 때문에 클라이언트가 주어진 과제를 수행해야 하는 동기를 의심할 때 이 단계는 특히 위험하다.

이 첫 번째 단계는 클라이언트가 과제를 성공적으로 수행했을 때 얻을 이익을 알아보려고 요청함으로써 시작하는 것이 좋다. 대개 클라이언트는 뭔가 확실한 이익은 잘 알아내면서도 덜 확실한 것들은 간과하는 경우가 많다. 따라서 간과하기 쉬운 이점들을 알려주는 것이 필요하다.

얻게 될 이익을 살펴보는 것이 중요한 것처럼, 과제를 실행할 때 예상할 수 있는 위험을 생각해보는 것 역시 필수요소이다. 다시 말하건대, 클라이언트 스스로가 위험요소를 살펴보게 하고 그 다음 떠오르는 것을 덧붙이길 바란다.

행동을 바꾸기 위한 동기를 강화하는 데 있어서 때로 명백한 보상책을 강구하는 것도 대단히 중요하다. 어느 클라이언트는 끊임없이 먹어대는 오랜 습관이 있는데 한 번에 먹는 양도 대단한 이런 행동이 나중에는 분노로 가득 찬 마음으로 끝나곤 했다. 처음에는 자신이 탐식 충동을 억제하는 데 무기력하다고 보았고 의지력이 박약하기 때문이라고 생각했다. 세심하게 검사해본 사회복지사는 문제는 다음과 같다고 설명했는데, 즉 ① 클라이언트는 자신에 대해 잘못되고 격하된 믿음이 있고, ② 만족감을 얻기 위해 선택한 '식사하기'를 습관적으로 했는데 그것보다 더 적절한 행동양식을 찾아내지 못하고 있었던 것이다.

자기통제훈련을 성공적으로 경험하게 하기 위해 사회복지사는 클라이언트가 원하는 것이 무엇인지 말하라고 했으며 일주일 동안 먹기 습관을 수정하면 원하는 것을 얻을 수 있는 특권을 허락하겠다고 제안했다.

클라이언트는 미소를 머금고 대답하기를 몇 달 동안 가죽부츠를 사고 싶었는데 너무 사치스럽게 보여 구입하지 못했다고 했다. 그녀와 사회복지사는 다음 일주일 동안 식사 때에만 적당량을 먹는다면 그 부츠를 사도 좋다는 자기보상에 서로가 동의했다. 클라이언트는 매일 간식을 조금 먹을 수 있는데 의식적으로 선택한 간식을 반드시 식탁에 앉아서 먹기로 결정하였다. 반면 만약 다시 탐식에 빠진다면 적어도 4개월 동안은 가죽부츠를 살 권리를 박탈당할 것이라고 했다. 그녀는 이런 도전에 신이 나 보였고 남편에게도 이 일을 알릴 것이라고 했는데 남편은 또 다른 격려가 되었다.

만약 클라이언트가 과제를 성공한다면 스스로 무언의 인정으로 더 큰 보상을 받는 것이고 자신이 의식적으로 자기통제를 위한 훈련을 결정했다는 사실을 스스로 상기할 수 있을 것이다. 더구나 자신에 대해 매주 자기통제능력을 키워나가는 사람이라고 믿게 될 것이다.

일주일 후 사회복지사와 만났을 때 클라이언트의 표정에서 성공을 예감할 수 있었다. 클라이언트는 자신이 어떻게 자기통제훈련을 지속적으로 일깨워왔는지 자신만만하게 설명했다. 일주일 동안 일군 성공으로 클라이언트는 실질적인 사고를 할 수 있게 되었다. 자신의 성공으로 어떻게 남편을 기쁘게 했는지 그리고 같이 부츠를 사러 나가면서 어떻게 축하할 계획을 세웠는지 설명했다. 제일 처음 성공한 경험은 다음으로 이어져 유사한 성공을 낳기 시작했고, 이것으로 자신감이 커져 결국 과식하는 버릇을 고치게 되었다.

과제수행을 격려하기 위한 '스스로 보상하기(자기강화)'는 특히 폭식 욕구를 제압했을 때 오는 기쁨, 회피하고 싶은 꼭 필요한 행동들(공부하기, 집안 청소하기, 잔디 깎기, 접시 닦기, 하루 세 끼를 계획하고 준비하기 등)을 바꿔야 할 때 아주 적절하다. 보상은 클라이언트에 따라(개성과 취향에 따라) 고려해야 한다.

보상은 아동이 과제를 수행하도록 격려하는 데 이용할 수 있다. 아이와 과제를 설정할 때 과제를 수행하는 것을 돕거나 부모 또는 아이의 역기능적인 행동방식을 수정하기 위해 사회복지사는 부모나 다른 주요 관계자와 함께 보완책을 강구하기도 한다. 아동을 격려하기 위해 보상을 사용할 때 주의해야 할 점은 변화 초기단계에서 아동이 요구한 행동을 했을 때는 즉각 보상해 주어야 한다는 점이다. 또 작은 변화가 있을 때도 마찬가지로 보상하는 것이 중요한데, 그렇지 않으면 아이들은 스스로 부모님 기대에 부응하지 못한다고 믿고 용기를 잃어 결국 포기할 수 있기 때문이다. 서툰 부모나 사회복지사는 먼 미래에 보상하는 것(예를 들면, 6개월 후에 자전거를 사주겠다고 말하는 것)으로 아동이 변할 것이라고 잘못 판단한다. 사실 좀더 큰 아이들에게도 행동한 즉시 작은 보상을 주는 것이 동기유발에 더 효과적이다.

아이와 부모(또는 선생님과 같은 주요 관계인)를 위해 보상을 주는 과제를 설정하는 데 다음과 같은 지침이 도움이 된다.

1. 아이나 부모가 언제 무엇을 해야 하는지 명확하게 정의한 과제의 틀을 작성하라. 예를 들면, 부모가 아이에게 무언가 요구했을 때 말대꾸하고 불만을 늘어놓는 여덟 살짜리 남자아이에게는 부모가 얘기한 즉시 행동하도록 과제를 짜야 한다. 과제는 또한 주어진 환경에서 부모가 무엇을 해야 하는지 자세히 명시해야 한다. 마지막으로 시간계획과 과제 수행 조건을 자세히 명시해야 하는데, 예를 들면, 두 시간마

다, 매일, 매주 수요일마다, 다음 나흘 동안 등으로 세분해야 한다.

2. 특정한 목표행위를 했을 때 아이가 얻을 수 있는 점수를 설정한다. 그리고 아이가 점수를 계속 따려고 노력하는 방법을 모색하라. 예를 들면, 아이가 부모의 요청에 적절히 반응했을 때, 부모는 아이와 함께 만든 도표에 점수를 표시하는 것도 한 방법이다.

3. 규정된 시간에 지정한 점수를 얻었을 때 주는 보상방법을 세운다. 예를 들면, 만약 아동이 매일 밤 8시까지 5점을 얻으면 간단한 게임을 할 수 있다든지 부모님께 책을 읽어달라고 할 수 있다. 가능하면 돈이나 물질적인 것보다는 '관계'에서 얻을 수 있는 보상을 주는 것이 중요하다. 관계적 보상은 부모나 주요관계 인물과 재미있는 활동을 하면서 시간을 보내는 것이다. 아이들이 받고 싶은 보상을 스스로 선택하게 하는 것도 좋은 방법이다. 아이들은 분명 자신이 가장 좋아하는(자신을 가장 격려할 수 있는) 최고의 가치가 있는 보상을 선택할 것이다.

4. 설정한 기간을 넘어 과제를 지속해서 수행한다면 보너스를 준다. 예를 들면, 아이가 5점짜리 과제를 7일 동안 연속 달성했다면 아이가 좋아하는 햄버거와 음료수를 먹으러 나가는 등 축하행사를 여는 것이다.

5. 부모나 다른 사람들에게 아이가 과제를 수행하는 동안 지속해서 긍정적으로 반응하며, 아이들이 과제와 관련하여 노력할 때 격려하고 인정해주는 행동을 하도록 가르쳐라.

(2) 과제수행 세부계획 세우기

이 단계는 클라이언트가 과제를 수행할 수 있도록 도와주는 중요한 단계이다. 모든 과제는 인지적이고 행동적인 하위과제로 구성된 일련의 행위들로 연결되어 있다. 예를 들면, 사장에게 봉급을 올려달라고 요청하거나 집주인에게 수리를 요구하거나 또는 고통스런 의료수술을 허락하는 등 대담한 행동을 취하기 전에 클라이언트는 스스로 심리적으로 준비하여 효과를 얻는다.

이 단계에서 가능한 효과를 미리 그려보기도 하는데, 예를 들어, 현실적인 요소들을 떠올리면서 불필요한 공포를 제거한다든지, 과거의 성공적인 경험에서 용기를 얻는다든지, 사회복지사가 북돋워주었던 용기를 회상해본다든지, 종교적 경향이 있는 사람이라면 기도를 해보는 등이다.

이런 인지적 전략을 계획하여 클라이언트는 새로운 과제를 실행할 때 수반되는 필연적인 마음의 동요와 양가감정(ambivalence) 문제를 더 잘 다룰 수 있게 된다.[22]

과제에 수반하는 행위를 계획할 때, 실제로 해야 하는 행동의 구체적인 부분까지 생각해야 한다. 예를 들면, 제1단계에서 인용했던 사례에서처럼 클라이언트는 자신의 여자친구에게 언제 얘기할 것이며, 어떻게 주제를 풀어나갈 것이며, 어떻게 자신의 감정을 표현할 것이며, 또 여자친구 쪽에서 반응하는 것에 어떻게 대처할 것인지 등을 고려할 필요가 있다. 계획이 치밀할수록 성공 가능성은 더 크다. 게다가 각각 독립적인 행위를 의논하여 잘못된 조언이나 두려움 또는 기술부족 등 클라이언트가 성공적으로 과제를 수행하는 데 장애가 되는 것을 없앨 수 있는 기회를 늘릴 수 있을 것이다.

과제를 계획한다는 것은 클라이언트가 해야 하는 행동과 사회복지사가 수행해야 하는 과제도 포함한다. 예를 들면, 기술도 없고 직장도 없는 어떤 청년은 취업알선 정보를 얻는 것에 흥미가 있을 것이다. 그렇다면 과제는 특정 직업에 대한 태도나 흥미를 평가하는 검사를 하는 것일 수

22) 과제중심 접근을 이용한 개인과 가족이 훈련한 내용을 담은 비디오테이프 시리즈는 미네소타 대학의 로널드 루니(Ronald Rooney)에게서 구할 수 있다.

도 있다. 그럴 때 과제를 달성하기 위해 계획을 세운다는 것은, 클라이언트에게 정보를 제공하거나 클라이언트가 적당한 자료를 얻도록 사회복지사가 전화하거나 또는 검사하기 위해 계획을 세우고 그 결과를 클라이언트에게 설명하는 행동을 포함한다. 그리고 적절한 직업훈련을 찾아서 연수계획을 세우고, 갖고 있는 재정을 잘 안배하는 등 후속 과제로 이어진다. 사회복지사는 클라이언트를 위해 작업을 원활히 할 수 있는 자원이나 정보를 모을 수 있을 때 그 일을 맡는다. 만약 클라이언트 자신이 사회복지사의 과제를 수행해 이익을 얻을 수 있다면 함께 단계를 진행하는 것도 좋은 일이다.

한편 사회복지사는 클라이언트가 과제를 수행할 때 함께 일할 다른 사람을 섭외할 수도 있다. 집단의 규모로 볼 때, 한 집단이나 가족 구성원은 어떤 특정 단체 밖에서 행동을 계획하고 수행하는 데 비공식적으로 지원을 받을 수가 있다.

많은 경우 그 과제를 수행하는 조건을 주의 깊게 구체화하는 것이 중요하다. 예를 들면, 소란스럽게 떠들고 수선스런 행동으로 끊임없이 친구들을 방해하고 선생님을 귀찮게 하는 6학년 남자아이가, 한 시간짜리 수학 시간에 세 번이나 손을 들고 질문에 대답할 때, 아마도 '주의를 기울여 듣기' 과제를 받아들여야만 할 것이다. 그 아이는 이 과제를 5일 동안 매일 수행해야 한다.

(3) 장애물들을 분석하고 제거하기

클라이언트가 변하기 위하여 과제를 수행할 때 정면으로 부딪치는 문제는 반드시 존재한다. 이번 단계의 목표는 이런 문제들에 맞서는 것이다.[23)]

이 맞서기는 클라이언트가 과제를 완성하려고 할 때 직면하는 장애물을 예상하고 분석하는 것이다. 효과적으로 사용한다면 과제를 더 잘 성취하고 변화를 가속하는 강력한 기술이다.

일상적인 과제에서 경험할 수 있는 장애물이란, 일반적으로 사소한 것이며 있다고 해도 클라이언트에게 예상되는 어려움이 어떤 것인지 질문함으로써 어렵지 않게 찾을 수 있는 것들이다. 클라이언트와 사회복지사가 찾아낸 문제점을 해결하는 데 필요한 지원을 해줄 수 있는지 지역사회의 기관에 전화하는 정도가 한 예이다.

과제가 복잡할 때 장애물을 구분하거나 해결하기 어려워 보이는 경향이 있다. 인간의 상호관계 구조에서 해야 할 과제는 너무 다양하고 잡다한 부가물로 둘러싸여 있는 경향이 있긴 하지만, 특별히 상호관계 하는 기술을 잘 알아야 하는 것처럼, 개인문제를 다루는 기술은 먼저 갖추어야 할 필수조건이다.

클라이언트가 장애물을 예견하는 능력은 광범위하고 다양하다.

결론적으로 클라이언트가 계획한 과제를 성취하는 데 장애가 되는 것을 제거하는 것이 핵심이다. 사회복지사는 장애물을 고려하여 관찰하는 것이 필요하다. 가능성 있는 관련 장애를 알리고자 할 때, 장애물이 있는 것은 누구나 경험하는 보편적인 것이라고 설명하여 클라이언트의 자존감을 지켜주는 것이 중요하다.

과제를 성취하는 데 있어 심리적인 장벽은 표적이 되는 문제와는 전혀 상관없는 모습으로 부딪칠 수 있다. 어떤 경우에는 이런 것을 간과하여 과제를 성취하는 데 필요 없는 어려움을 경험하기도 하고, 심지어는 이것 때문에 완전히 실패하기도 한다. 직업 구하기, 의료검사 받기, 학교 선생님께 말하기, 부드러운 감정을 표현하기 등 매일 일상적인 것처럼 보이는 이러한 과제들은 타인에 대한 강한 감정으로 꽉 차 있는 것들이며 때로 위협적이기도 하다.

그러므로 과제를 성공적으로 성취하기 위한 전제조건은 비뚤어진 감정을 없애는 것이다. 무엇이 불안한지 명확

---

23) 이 부분에서 설명한 내용 중 많은 부분은 헵워스(Hepworth, 1979)가 저술한 책에 수록되어 있다.

히 알아보고 그것을 제거하거나 이성적으로 분석해 보거나 또는 성공적으로 과제를 수행하기 위해 필요한 행동들을 연습하면서 아주 짧은 시간에 제거할 수도 있다.

장애물을 파악하는 데 유용한 또 다른 방법이나 기술이 있다. 과제수행에 대해 논의할 때 클라이언트의 불안과 염려를 나타내는 비언어적 암시에 주의해야 한다. 사회복지사를 쳐다보지 않는다든지, 과제에 대해 별 상관없거나 별 흥미 없는 듯 말한다든지, 이야기 주제를 바꾼다든지, 비정상적으로 안절부절 한다든지, 얼굴과 몸 근육이 바짝 긴장되어 있는 등이다. 만약 이런 반응을 감지했다면 숨겨진 장애물을 자세히 분석해 보거나 이미 밝혀진 장애물을 해소하기 위해 한층 더 작업을 강화해야 한다.

과제를 성공적으로 수행하느냐 그렇지 못하냐를 결정하는 가장 중요한 요소는 사회복지사와 상호 협상이 끝난 과제에 대해 클라이언트가 얼마나 수행할 준비가 되어 있느냐 하는 것이다. 이는 준비된 편안한 기분을 말하는 것이 아니며 또 클라이언트가 모든 과제에 편안하게 느끼기를 기대하는 것은 현실적이지도 바람직하지도 않다. 과제수행에 따른 어느 정도의 스트레스와 불안은 당연한 것이다. 중요한 것은 클라이언트가 과제를 수행할 때 필요한 새로운 행동을, 위험을 감수하면서 스스로 기꺼이 하도록 동기를 부여하는 것이다. 그러나 지나친 불안은 과제수행에 방해물이며 효과적으로 수행하는 데 손상을 입힐 수 있다. 클라이언트가 과제를 전혀 수행하지 않았다고 말한다면, 과제를 너무 조급하게 부여했을 가능성과 아직 제거되지 않은 장벽이 남아 있는지 생각해 보아야 한다. 또 다른 가능성은 클라이언트가 부적절한 방법으로 과제를 열심히 했을 경우인데, 이는 중요한 요소로 다음에 논의하기로 한다.

과제수행에 대한 준비정도를 측정할 수 있는 간단하고도 효과적인 방법이 있다. 이 방법은 클라이언트가 1에서 10까지 숫자 중(1은 전혀 준비되어 있지 않음, 10은 준비가 완성됨) 자신이 어디에 위치하는지 스스로 묻는 것이다. 먼저 어느 정도의 불안은 자연스러운 것임을 설명하는 것이 중요하다. 클라이언트가 새로운 행동을 시도하려는 노력을 막아서는 안 된다. 사실 불안에서 비롯하는 상대적 자유는 과제를 성취하기 전에는 느낄 수 없는 것이며, 그것은 오히려 성공적으로 과제를 성취할 때 얻게 되는 부산물이다. 클라이언트는 대부분 스스로 위험을 감수하기 꺼려하고, 행동을 취할 때 쓸데없이 꾸물거리기 때문에 이런 설명을 해주는 것이 중요하다.

클라이언트가 자신의 준비정도를 평가했을 때 7 이상이라고 한다면 과제를 수행할 준비가 된 것이라고 말해줘도 좋다. 그리고 클라이언트가 성공적으로 과제를 수행할 것임을 확신한다고 표현하고 계획한 행동을 잘 수행할 것 같다는 기대를 전달하여 클라이언트를 지지하고 있음을 보여줘야 한다. 또 클라이언트가 왜 10 대신에 7이란 숫자로 평가했는지를 논의하여, 장애물과 관련해서 가능한 정보, 즉 과제성취에 대한 걱정 등의 정보를 얻을 수도 있다.

변화에 장애가 되는 것을 파악한 후 클라이언트가 이를 극복하도록 도와줘야 한다. 가장 빈번히 부딪치는 장벽은 '과제수행과 관련 있는 사회기술이 부족하거나 잘못된 생각 그리고 비합리적인 두려움' 이다. 전자는 과제를 수행하는 방법을 아는 데 필요한 기술과 경험이 부족해서 경험하는 반드시 극복해야 할 만만치 않은 장벽이다. 그런 경우 클라이언트는 대개 일을 서투르게 해낼까 봐 두려워하고, 결과적으로 우스꽝스러워 보일 수 있다. 그래서 과제를 수행한다는 것이 자신의 자존감을 위태롭게 하는 것이라고 생각하게 된다.

치료모임에서 과제수행 모델을 보여주거나(modeling) 행동시연(behavioral rehearsal)을 해보는 것은 클라이언트가 대인관계 과제를 수행하는 데 필요한 기술과 용기를 갖도록 돕는 것이다. 또 어떤 경우 개인의 능력을 훈련하거나 확신하는 훈련 등 집중적으로 개입하는 것이 필요한 경우도 있다.

(4) 과제수행에 필요한 행동을 예행 연습하기

어떤 과제는 클라이언트가 수행하기에 기술이 부족하거나 경험부족으로 생기는 미숙한 행동을 내포한다. 이런 이유로 네 번째 단계는 클라이언트가 과제를 성취하는 데 필요한 핵심 행동을 경험하고 또 숙달할 수 있도록 돕는 것이 목표이다. 가상의 환경에서라도 성공적인 경험은 과제를 효과적으로 수행할 능력이 있다는 믿음을 길러준다. 성공에 대해 기대한다는 것은 생명과 같은 것인데, 이것에 대해 반두라(Bandura, 1977)는 "확신의 위력은, 그 사람이 주어진 환경을 극복하려고 노력할지 아닐지에도 영향을 미치는 것 같다(p.193)"고 했다. 반두라는 연구결과를 바탕으로 '효과'에 대해 믿을 만한 사례를 내세웠는데, 즉 클라이언트가 효과적으로 과제를 수행할 수 있을 것이라고 자신에 대해 긍정적으로 기대하는 수준은 클라이언트가 얼마만큼 노력을 기울여 시도하느냐 그리고 장애물이나 혐오스러운 환경에 대해 얼마나 오랫동안 견딜 것인가에 따라 결정된다는 것이다. 돕는 과정의 주된 목표는 클라이언트 자신이 선택한 과제를 존중해서 '자아효능감(self-efficacy)'을 강화하는 것이라고 했다.

반두라(1977: 195)는 연구결과를 인용해 자아효능감과 기술은 한번 생기면 예전에 회피했던 다른 상황에 도전하는 경향이 있다고 하였다. 반두라에 따르면, 자아효능감은 다음 네 가지 자원을 통해서 얻는다. ① 과제수행, ② 간접경험, ③ 언어적 설득, ④ 정서적 흥분이다. 이 네 가지 중 '과제수행'은 개인이 무엇인가 해낸 경험에 바탕을 두는 것이기 때문에 특별히 영향력이 있다.

'과제수행'을 통해 자아효능감을 키우는 주요 방법은 모델링하면서 핵심 행동을 완전히 습득하는 것이다. 이는 행동시연 그리고 예상되는 상황에 대해 지침을 만드는 것인데 자세한 내용은 이 장 후반부에서 다룰 것이다. '과제수행 완수'의 한 예로, 가족 구성원들이 실제적인 치료모임 동안 특정한 의사소통기술을 완수하도록 도와줄 수 있다.

간접경험은 다른 사람이 목표한 행동을 하는 것을 관찰하여 얻을 수 있다. 불행한 결과 없이 위협적인 행위를 실행하는 것을 볼 수 있다면 이것 자체가 클라이언트 스스로 그 목표한 행동을 할 수 있다는 기대감을 갖게 한다. 그러나 이 간접경험은 과제를 완수하면서 얻은 것에 비하면 변화면에서 약하고 무기력한 것 같다.

클라이언트 자신이 새로운 행동을 수행할 수 있다고 확신하는 일은 자아효능감을 지지해줄 자원이 있어야 한다는 한계가 있다. 그럼에도 불구하고 클라이언트가 얼마나 효과적으로 행동하는지 측정할 방법이 있다면 클라이언트는 자신을 믿게 되고 이는 성공적인 과제수행에 기여할 것이다. 언어적 설득력은 자아효능감 자체를 강화하기보다 '결과에 대한 기대감'을 높여주는 데 도움을 준다.

자아효능감의 네 번째 자원인 감정적 흥분은 흥분수준에 대한 지각이 과제수행에 영향을 미친다는 사실에 바탕을 둔다. 새로운 행동에 대해 극도로 불안해하거나 두려워하는 클라이언트는 행동을 만족스럽게 해낼 수 있다는 충분한 확신이 없다. 그래서 불안이나 두려움을 줄이는 데 개입해왔으며 클라이언트가 스스로 두렵지도 불안하지도 않다고 '믿게끔' 힘써왔다. 반두라가 인용한 자료에 따르면, 감정의 흥분을 줄이기 위해선 반드시 진실해야 하며, 클라이언트가 불안해 하는데도 그렇지 않다고 안심시키려고 거짓에 근거하지는 말아야 한다. 자기 능력이 파악되어야 감정의 흥분이 줄어드는 것이지, 감정의 흥분이 줄어야 자기능력이 파악되는 것은 아니다.

자아효능감에 대해 살펴보았고, 이제는 행동시연(behavioral rehearsal)이란 주제로 넘어가자. 실제 치료모임에서 사용해 보았듯이, 행동시연은 사회복지사의 지도 아래 클라이언트가 새로운 대응양식을 훈련하도록 돕는 것이다.

역할극(role-playing)은 가장 일반적으로 활용하는 행동시연 형태이다. 계획한 행동을 연습해보기 전에 사회복지사는 클라이언트의 기술 수준들을 나타내도록 역할극을 사용할 수 있으며, 사회복지사는 클라이언트가 갖고 있는 기술들 외에 본보기가 될 새로운 기술을 제시할 수 있다. 사회복지사는 실제로 그 행동을 시연하기 전에 클라이언트가 해야 할 행동을 자주 모델로 제시해야 한다. 특히 클라이언트에게 낯선 행동을 요구할 때 사용하는 모델링은 앞에서 언급했듯이 클라이언트가 새로운 대처행동 양식을 간접적으로 배우는 데 효과적인 방법이다.

역할극을 할 때, 실제로 삶의 어려움을 겪고 있는 '다른' 사람의 역할을 해보도록 권한다. 그렇게 하여 실제 상황에서 부딪치게 될 행동을 예상하는데 가능한 한 최고로 정확한 가상 현실을 만들 수 있다. 따라서 역할극은 클라이언트가 예전에 겪었던 짓눌렸던 행동에 대해 적절한 본보기를 보여줄 수 있게 한다. 역할극을 한 후, 클라이언트의 반응에 초점을 맞추면서 무슨 일이 일어났는지 토론해보거나 질문하고 격려해주는 것은 생산적인 행동이다. 또 특정한 반응에 대해 이론적 근거를 설명해준다든가 또는 경험한 어려움 등을 함께 나눈다면 많은 이득이 있을 것이다. 경험한 바로는 클라이언트의 역할을 설정하면서 새로운 통찰력을 얻기도 하고 클라이언트가 겪게 되는 어려움에 대해 보다 깊이 있게 이해하게 되었다.

만약 모델링 상황에서 제시한 대처방법이 기대했던 효과에 미치지 못했다면, 어려움을 사실대로 알리고 서로 힘을 합해 다른 가능한 대처방안이 무엇인지 함께 고려해보는 것이 적절하고 또한 도움이 될 것이다. 사실, '완벽하게 숙달하는(mastery)' 것보다 불완전하더라도 '대처노력(coping efforts)'을 보여주는 것이 더 바람직하다. 클라이언트가 '대처모델(coping model)'을 관찰하면서 더 많은 이득을 얻는다(Kazdin, 1979; Meichenbaum, 1977)는 연구결과로도 이 사실을 입증할 수 있다.

대처모델은 한 개인이 행동하는 데 경험할 것이라 예상되는 불안이나 망설임 그리고 실수 등의 어려움을 명백히 보여준다. 클라이언트는 거침없이 또는 완벽하게 수행한 사람보다 대처모델에 의해 훨씬 쉽게 자신을 확인하고 위협을 덜 받는다.

겉으로 드러난 행동에만 모델링을 한정할 필요는 없다. 과제를 성취할 때 인지적 장벽에 대처하는 데에는 은밀한 모델링에서 이득을 얻을 수도 있기 때문이다. 은밀한 모델링(covert modeling)은 표출된 어려움과 함께 수반하는 사고와 감정을 명백히 하고 이와 관련이 있는 문제 있는 사고와 감정에 대처하는 적절한 방법을 보여준다. 표현하는 모델링과 마찬가지로 은밀한 모델링도 '완수'보다는 '대처' 함을 보여줘야 한다.

모델링 연습을 끝낸 후, 그 다음 단계는 클라이언트가 실제 목표행동을 연습할 수 있게 역할을 바꾸는 것인데, 그때 사회복지사는 다른 중요한 인물의 역할을 맡을 수도 있다. 중요한 점은 클라이언트가 이전에 수행했던 다른 인물의 역할을 사회복지사가 하게 될 때 그 인물의 예상되는 행동들, 즉 목소리 톤이나 얼굴표정, 몸짓, 단어선택, 그리고 자극적인 행동 등을 그 인물과 비슷하게 하려고 노력하는 것이 중요하다. 가상행동(simulated behavior)에 대한 클라이언트의 반응은 '강화'나 '격려' 등과 마찬가지로 교정을 위한 제안이나 부가적인 연습의 필요성 등을 알아낼 수 있는 기회이다. 클라이언트가 실생활 상황에 적극적으로 뛰어들 준비가 되어 있는지는 행동시연 과정을 관찰하면서 가장 잘 파악할 수 있다. 가장 중요한 것은 클라이언트가 과제를 수행하겠다는 자신감이 연습으로 강화된다는 것이다. 사회복지사는 클라이언트가 계획한 과제를 성공적으로 수행할 능력이 있다는 확신을 표현하여 클라이언트가 스스로 능력이 있다고 한층 더 강하게 믿게 할 수 있을 것이다.

행동시연과 밀접한 관계가 있는 '지침에 따라 연습하기(guided practice)'는 수행성취의 또 다른 형태인데, 이는 가상행동이기보다 더 '실제적인(in vivo)' 내용이라는 점에서 행동시연과 다르다. 지침에 따라 연습한다는 것은 클라이언트가 그 목표행동을 마치 실제 수행하는 것같이 사회복지사가 지도하면서 완수하도록 돕는 것이다. 예를 들면, 부부치료모임에서 사회복지사는 부부가 실제 문제나 갈등상황을 다루는 것처럼 지도하면서 그런 기술을 완전히 습득할 수 있도록 도울 수 있다. 지침에 따라 연습하는 것은 특히 가족 등 집단환경에서 적절하다. 브레인스토밍 기술, 적극적으로 경청하기, 주장하기, 분노를 통제하기 등 수많은 방법을 습득할 때 이 방법을 효과적으로 활용할 수 있다.

(5) 과제수행계획 요약하기

이 마지막 단계는 과제를 성취하는 데 클라이언트가 수행해야 할 다양한 행동을 살펴보는 것이다. 이 단계는 치료모임 종결단계에서 행하는 것인데, 클라이언트가 어떤 순서로 무슨 일을 해야 할지 분명하게 이해하는지 알게 되는 단계이다. 클라이언트가 직면하게 될 장벽들에 대처할 전략들을 포함해서 과제를 수행하기 위한 자신의 계획을 자세하게 말해보라고 요청하길 권한다. 클라이언트가 계획을 설명하도록 유도하면 그 계획의 어떤 면들이 더 명확해야 하는지 파악할 수 있을 것이다. 때로 사회복지사가 자신의 계획을 설명하면서 시작하는 것도 유용하다. 즉 "다음 주까지 당신이 계획하신 것이 무엇인가요?" 하고 클라이언트가 어떤 계획을 세우고 있는지 질문한 후에 바로 "저는 우리가 다음 주에 만날 때까지 XYZ라는 과제를 하겠다고 동의했습니다"라고 말해주는 것이다. 클라이언트가 문서로 만든 작업동의 목록을 갖고 있으면 과제를 수행하는 데 도움이 된다. 사회복지사가 과제를 써줄 수도 있는데, 어떤 클라이언트는 자신의 기록을 담은 복사본을 간직하면서 자신이 손으로 쓴 목록을 더 좋아하기도 한다. 진행이 지연되지 않게 실행계획에 시간배정을 상세히 하는 것이 유익하다.

과제수행계획을 요약한 뒤 모임을 끝내는 것이 적절하다. 모임을 마무리짓는 효과적인 한 방법은 클라이언트가 계획한 것에 동의하고 계획을 실행할 수 있을 거라는 기대감을 표현하는 것이다. 그러나 결과를 정확하게 예측할 수 없으므로, 너무 지나치게 낙관하기보다 다소 절제하는 것도 바람직하다. 다음 모임을 시작할 때 사회복지사는 클라이언트가 경험한 것을 들어주면서 관심을 표현해주는 것이 좋다.

5) 초점유지와 지속

과제중심체계의 장점은, 과제를 수행하면서 변화에 초점을 두는 것과 지속해서 변화노력을 촉진하는 체계적인 구조가 있다는 점이다. 각 치료모임에는 초점이 있고, 한 세션에서 다음세션으로 그 지속성을 유지한다. 매 세션은 클라이언트가 이전 모임에서 동의한 과제를 실행하면서 겪었던 경험들을 살펴보는 것으로 시작한다. 과제를 실행할 때 클라이언트가 겪는 경험에 대해 이야기하는 것은 두 가지 중요한 목적과 이점이 있다. 첫째, 클라이언트가 새로 개발한 행동을 하는데 그 효과를 확신할 수 있는 어떤 방법이 있는지 파악해볼 수 있다. 이 부분에 대해 논의하면서 클라이언트가 문제 상황에 좀더 편안하게 대처하게 하고, 또 세련된 기술을 보여주는 부수행위들을 제안하기도 한다. 두 번째 이점은 사회복지사가 클라이언트의 타인에 대한 영향력의 개념과 과제를 수행했을 때의 감정을 알 수 있다는 점이다. 이를 통하여 부가로 해야 할 일을 파악하거나 또 미래 과제를 계획할 수 있는 기회를 얻는다.

과제수행을 살펴보는 것의 또 다른 이득 중 하나는, 클라이언트가 계획한 과제를 수행하도록 강화한다는 것이다. 클라이언트가 과제를 성공적으로 마쳤다고 말했을 때, 기쁜 마음을 표현하고 진보와 저력을 인정해주고 또 짧게 나마 성공을 함께 맛보는 것이 적절하다. 사회복지사 각자 나름의 고유한 방법으로 긍정적인 감정을 전달하는 것이 최선이다. 다음의 예는 전형적인 그러한 표현 중 하나이다.

> (기쁨의 미소를 머금고) "네가 너무 잘 해내서 참 기쁘다. 네가 선생님과 나눈 얘기를 설명할 때, 네 자신의 감정을 명확히 표현하는 걸 보고 감명받았단다. 선생님도 감명받으셨을 거야. 왜냐하면, 선생님도 예전에 미처 알지 못했던 네 자신의 한 부분을 함께 나누었기 때문이야."

과제성취를 검토할 때 클라이언트에게 도움이 되었던 행위나 행동들에 대한 세부사항을 평가하는 것은 상당히 중요하다. 비록 과제를 일부만 완성했어도 클라이언트가 성취한 노력의 산물인 결과에 초점을 맞추는 것이 중요하다. 클라이언트가 얻은 것, 즉 자신들의 삶을 만들어갈 능력을 과시한 그 각각의 과제를 높이 칭찬하면서 자신의 노력으로 그런 결과를 만들어냈다는 구도를 밝혀주는 것이 중요하다. 클라이언트가 스스로 자신이 예전에 알았던 것보다 더 통제력이 있다는 믿음을 얻게 되는 것은, 이들이 많이 경험하는 무기력, 절망감, 그리고 우울증 등 감정에 맞서 이길 수 있는 강력한 힘이 된다.

과제성취를 검토한 후, 클라이언트가 핵심목표로 더 가까이 나아갈 수 있도록 부가의 과제를 상호협조 아래 계획해야 한다. 앞서 과제들을 파악하기 위해 설명했던 단계적인 방법들 뿐만 아니라, 변화를 가속하고 지속할 수 있도록 '지속적인 목표(ongoing goals)' 를 성취해 가는 일 또한 중요하다.

클라이언트가 과제를 열심히 하지 않은 것, 압박감, 사회복지사나 집단에 대한 부정적인 반응, 그리고 부적절한 준비성 등의 이유로 실패하는 경우가 있다. 어떤 경우이든, 사회복지사와 클라이언트가 모두 그 과제를 수행할 가치가 아직 남아 있다고 판단한다면, 그 이유를 주의 깊게 살펴보고 장애가 되는 요소들을 해결하도록 시도하는 것이 매우 중요하다. 만약 별 가치가 없다고 판단하면, 더 중요한 과제로 초점을 옮기는 것이 중요하다. 리드(Reid, 1977)는 과제를 수행하기로 서약(commitment)하는 것이 "과제 진행에 있어서 통계적으로 유일하게 지속성이 있는 중요한 예측요소이다" 라고 말했다(p.69).

성실성 부족과 준비성 부족을 혼돈해서는 안 된다. 전자는 변화에 대한 의지가 결여된 것이고, 후자는 클라이언트가 의지는 있지만 장벽에 부딪쳐 행동할 수 없는 경우를 말한다.

전자는 비자발적인 클라이언트에서 자주 찾아볼 수 있다. 12장에서 논의했듯이, 이런 경우 비자발적인 클라이언트에게 변화에 대한 자극을 증폭시킴으로써 과제에 참여할 수 있도록 하는 것은 사회복지사의 책임이다. 지속적인 실패는 밖으로 표현된 의도가 잘못된 것임을 나타낸다. 즉 전혀 행동하지 않는 것은 몇 마디 말보다 더 강한 표현이다. 그리고 이런 경우 계속하도록 충고해야 할지 아주 조심스럽게 고려해야 한다.

클라이언트가 성실성이 부족한 것처럼 보이는 경우 더 부담이 되는 어떤 다른 일이 있음을 반영하는 것일 수도 있다. 중복된 문제가 있을 뿐 아니라 대처기술이 부족한 클라이언트가 매번 계속되는 치료모임에 임할 때 중요한 문제를 대신하는 다른 어려움 때문에 괴로워할 수도 있다. 이런 상황은 사려 깊게 처리해야 한다. 사회복지사나 클라이언트가 모두 어려운 결정을 해야 하는 상황에 직면했기 때문이다. 한편 지금 벌어지는 문제가 즉각 주의를 요하는 것일 때에는 재빨리 그 문제로 초점을 맞추는 유연성이 필요하다. 그러나 어떤 클라이언트는 끊임없이 '위기' 에 둘러싸여 있는 경우도 있는데, 이 문제에서 저 문제로 너무 많이 상황을 바꾼다면 어느 한 문제도 제대로 해결할 수 없으며 그 결과가 어떠할지 지각해야 한다.

클라이언트가 일을 진행하지 않을 때도 있다. 이는 아직 이야기하지 않은 문제들 때문에 다른 상황에서 수행 과제를 적용하지 않을 수도 있다. 몇몇 클라이언트는 초기 인터뷰에서, 이야기하기가 좀더 편안해지기 전까지는 아주 어려운 문제는 드러내지 않고 단지 상대적으로 사소한 어려움만 얘기하기도 한다. 때문에 초기에 진행하기로 합의한 과제는 클라이언트의 핵심 관심사와 관계없는 것일 수도 있다. 이런 경우 더 심각한 고민거리로 옮겨가는 것이 마땅하고 그에 따라 새로운 목표와 과제를 계획하는 것이 중요하다. 그러나 이런 경우 사회복지사는 그렇게 하는 것이 정당하다는 확신이 있어야 하며 클라이언트가 더 회피하도록 조장해서는 안 된다.

과제를 적절하게 상술(specified)하지 못해 실패하는 경우가 많다. 이는 클라이언트가 무엇을 해야 할지 이해하지 못했기 때문이다. 또는 사회복지사와 클라이언트가 반대되는 신념을 갖는 경우도 마찬가지이다. 예를 들면, 어떤 부모는 보상을 주는 방법을 꺼려할 수 있다. 자녀와 뭔가 교환하는 관계를 맺어서는 안 된다는 믿음이 있기 때문이다(Rooney, 1992: 241).

이 외에도 과제를 실패하는 이유는 다양하다. 결혼상담치료에서 배우자 각자가 과제를 성실히 수행할 거라는 약속을 어기는 경우가 많은데, 이는 상대방이 계약을 수행하리라고 신뢰하지 못하기 때문이다. 또 한 사람 혹은 두 사람 모두 다 일주일 내내 상대방의 성실치 못했던 '증거'를 대면서 자신이 일을 수행하지 못한 것을 정당화하려 한다. 그러므로 결혼상담치료 초기과제를 적절히 준비하기 위해서는 신뢰문제를 충분히 살펴야 하고, 상대방이 과제를 수행하는 여부와 관계없이 자신의 과제만 엄격히 신경쓸 것으로 계약을 맺는 것이 좋다.

클라이언트의 문제가 가족체계와 연관된 것이라면 치료모임에 가족 구성원을 참여시키는 것이 중요하다. 어떤 체계에서 다른 사람들의 행동이 확인된 문제에 대해 매우 대립적일, 사회복지사는 종종 개별 클라이언트를 만나는 것을 제한하여 클라이언트가 추구하는 목적(사회복지사의 목적)을 좌절시키는 경우가 있다. 때로 가족들은 꾸준히 지속적으로 변하는 가족 구성원들을 받아들이기도 하지만, 많은 경우 그 개인의 변화의지를 좌절시킬 때도 있다. 어떤 가족은 구성이 너무 어수선하거나 개인의 변화의지에 민감하지 못하기 때문에 행동을 수정하기 위한 구성원들의 긍정적인 노력을 좌절시키기도 한다. 또 어떤 가족은 고집스럽고도 만연된 역기능적인 상호작용 유형이 있어 가족체계 전체를 수정하지 않는 한 구성원들로서 큰 대가를 치르지 않고는 행동을 수정한다는 것이 극히 어려울 수 있다. 이런 상황에서 모든 가족 구성원이 가족의 역동성과 함께 각 개인의 욕구를 평가하는 치료모임에 참여하는 것과 목표와 과제를 계획하는 데 함께 참여하는 것은 매우 중요하다.

집단이 과제를 수행하도록 도울 때 사회복지사가 반드시 고려해야 할 요소는 그 집단의 발달단계이다. 집단 구성원은 처음 두 단계에서 중요한 변화 지향의 과제를 성취하는 데 어려움을 느낀다. 이 두 단계에서 구성원은 사회복지사나 다른 구성원 그리고 집단 자체에 대해 시험적으로 테스트하며, 동시에 자신의 위치를 찾기 위해 노력하게 된다. 그래서 때로 개인이나 집단 과제를 수행할 심리적 에너지나 열심히 하려는 마음이 거의 없을 경우도 있다. 이러한 이유 때문에 과제는 단순성을 유지해야 하며 과제를 성취하기 위해 구성원이 과도하게 투자하도록 요구해서는 안 된다. 예를 들면, 교정기관에서 비행청소년 집단을 새롭게 구성했을 때, 그 집단의 목표에 '감정적으로 헌신' 하기 전에 동료나 직원들의 행동이 변할 것을 요구한다면 실패를 초래하게 될 것은 당연하다. 다른 한편, 첫 주 동안 구성원들이 흥미 있는 활동에 참여하도록 조그마한 과제를 부여한다면 호감을 살 수 있을 것이다.

사회복지사에 대한 부정적인 반응도 과제수행을 가로막는다. 이러한 반응은 사회복지사가 일방적으로 과제를 지시할 때 자주 있다. 그런 식으로 과제를 지시하는 것은 클라이언트에게 부정적인 감정을 일으키는 경향이 있는데, 이는 어렸을 때 하기 싫은 일들을 부모님에게 명령받았을 때 느꼈던 감정과 비슷하다.

과제수행을 방해하는 다른 요소는 사회복지사가 과제를 실행과정에 맞추어 잘 관리하지 못하는 것이다. 클라이언트가 과제를 수행할 때 겪는 경험을 사회복지사가 소홀히 검토한다면 클라이언트 또는 사회복지사 자신이 예전에 기울였던 노력이 완성된 모습으로 실제로 나타나기도 전에 초점을 다른 주제로 돌려버리게 된다. 이처럼 중도에 초점을 이동하는 것은 지속적인 변화 노력을 붕괴하고 원조과정을 더 오래 끌고 희미하게 해서 결국 그것을 표류하게 하는 결과를 초래한다. 이런 이유 때문에 과제 실행과정을 될 수 있는 한 매 세션이 시작할 때마다 잘 살펴보는 것이 매우 중요하다. 서면으로 기록한 과제목록을 사용하는 것이 이 작업을 더 용이하게 한다.

때로 준비를 부적절하게 하여 실패하는 경우도 있다. 사회복지사는 클라이언트의 대처기술을 과대 평가하거나 또는 과제수행을 위한 준비가 부족한데도 불구하고 그냥 방치하는 등 과제 실행과정에 충분한 시간과 노력을 기울이지 않기도 한다. 사실 그런 클라이언트는 적절히 준비되어 있지 않기 때문에 시도했다가 실패하는 것보다 시도하지 않는 것이 더 나을 수도 있다. 앞의 예에서 이야기했듯이 아예 시도하지 않는 경우 대개 자존심에 타격을 입히는 정도는 최소한이고 오히려 클라이언트가 더욱 적절히 준비하도록 부차의 노력을 기울이게 한다. 반대로 실패는 자존심에 손상을 입히고 또 원조과정에서 가져야 할 확신을 눌러버릴 수도 있다.

준비가 적절했다고 할지라도 성공적인 결과가 보장되는 것은 아니다. 다른 구성원들의 예상치 못했던 반응, 비효과적인 과제수행, 부정확한 평가 때문에 과제를 부적절하게 선택하는 것, 적대적인 주위환경 등이 목표성취를 가로막을 수 있다. 결과가 부정적일 때, 클라이언트의 낙담을 줄이거나 피하기 위해 그런 부정적인 결과를 실패로 해석하지 말고 오히려 부가적인 정보와 과제계획을 위한 지표로 해석하는 것이 도움이 될 것이다. 사실 부정적인 결과는 때로 문제의 역동성에 대한 보다 깊이 있는 해명과 건설적인 목적을 제공할 수 있으며, 클라이언트나 사회복지사는 이것으로 평가와 목표와 과제에 대해 더 예리해질 수 있다.

6) 진행과정 평가

초점을 유지하는 마지막 방식은 목표를 성취해가는 진행과정을 정기적으로 평가하는 것이다. 이 과정을 앞장에서 논의했는데, 여기에서는 진행과정을 체계적으로 모니터링하면서 얻는 목적에 대해 부언하고자 한다.

- 클라이언트가 진보하는 과정에 대해 견해를 분명히 하거나, 목표행동에 대한 기초선과 최근 진행정도를 비교하여 변화노력을 강화한다.
- 클라이언트의 궁극적인 목표와 관련해서 자신이 어디쯤 있는지 알게 할 뿐만 아니라 치료 이전의 상태와 비교할 수 있는 시각을 얻게 한다. 목표를 향하여 점진적으로 진보하는 것에 대한 통찰력을 얻는 것은 동기를 유지하고 원조과정이나 사회복지사에 대한 신뢰를 높여준다.
- 진보과정에 관한 클라이언트의 감정과 관점을 유도해내는 것은 사회복지사로 하여금 앞으로 진행하는 데 걸림돌이 되거나 미완성 상태에서 중단해야 할지 모른다는 클라이언트의 좌절감이나 주눅드는 감정을 감지하고 처리하는 데 도움이 된다.
- 사회복지사는 개입방법과 변화전략에 대한 효과성을 평가할 수 있다. 만약 시도했던 접근방법이 적당한 시간에 긍정적인 결과를 낳는 데 실패했다면 다른 비슷한 시도도 비슷한 실패를 초래할 것이다. 사회복지사는 최선의 노력을 다해야 하며, '만약 지금하고 있는 것이 잘되지 않으면 다른 방법으로 노력해야 한다.'
- 목표 달성 진행정도를 표시하는 것은 클라이언트가 다른 목표로 초점을 옮길 준비가 되었는지 또는 실제로 목표를 성취했을 때 종결에 대한 계획을 고려해야 할지 알려준다.

진보를 평가하는 내용은 처음 계약단계에서 협상한 동의 내용에 따라야 한다. 진보과정은 최소한 치료모임의 매 2~3회마다 한 번씩 점검해야 한다. 진보과정을 평가하는 방법도 계약할 때 협상해야 한다.

7. 위기개입(CI)

위기개입(crisis intervention, CI)은 광범위하게 적용되는 또 하나의 일반적인 개입전략 혹은 방식이다. 이 모델은 과제중심의 개별사회사업(case work)에서 보편적으로 사용한다. ① 시간 제한이 있고, ② 정신병리학적 관점보다는 삶의 문제에 초점을 맞추고, ③ '지금 여기'를 지향하는 방법이며, ④ 사회복지사의 수준 높은 활약이 필요하며, ⑤ 과제를 변화노력의 1차적인 전술로 사용하며, ⑥ 다양한 실천이론과 개입방법을 수용할 수 있는 절충주의적(eclectic) 구조이다. 위기개입은 스트레스가 높은 사건, 성숙기 위기, 그리고 급변하는 전환기 상황 등 갑작스러운 위기상황을 다루는 것이기 때문에 그 잠재적인 사용 가능성은 과제중심의 개별사회복지실천보다 훨씬 제한적이다.

CI 방법은 결프전 때 외상사건(traumatic events)에 즉각 개입하기 위해 사용되었다. 개입 방법은 1회의 전화개입 치료모임에서부터 집단치료 개입까지 포함한다(Gilbar, 1992; West, Mercer & Altheimer, 1993). 사회복지사는 이런 외상사건을 다루는 기관에서 지도적인 역할을 하며 그 능력을 인정받고 있다(Bell, 1995). 지역에서는 공립학교에서 학생의 자살로 인한 슬픔을 다루는 데 있어서 사회복지사가 학교위원회와 가족들을 돕는 데 지도적인 역할을 해왔다(Komar, 1994).

1) 위기개입이론 원칙

CI이론의 기본은 사람이 위기에 처하면 잠재적으로 적응적이든 부적응적이든 그 위기에 적응하려고 한다는 개념이다. 위기개입 이론가들은, 대부분 위기상황은 4~8주 정도 시간범위에 있는데, 사람은 이 기간 동안 기능적으로 위기 이전 수준보다 낮거나 높은 정도에서 평형상태를 이루려고 한다. 위기가 해소되기까지 필요한 시간은 스트레스 정도에 따라 다른데, 암 수술을 받고 이에 대처하는 환자는 보통 4주에서 5년 정도 적응기간이 필요하고, 강간 피해자는 회복하는 데 6개월에서 몇 년이 걸린다(Barth, 1988: 92). 그러므로 삶의 위기는 각 사람의 기능수준을 영원히 손상시킬 수 있는 잠재적인 위협으로 볼 수도 있고, 또 개인의 감정과 대처능력을 성장시킬 기회를 제공하는 고통스러운 도전으로 볼 수도 있다. CI이론은 위기에 빠져 있는 클라이언트를 돕기 위해 즉각적인 개입의 중요성을 강조한다. 적시에 개입하는 것은 기능 악화를 예방할 뿐만 아니라 극심한 위기에서, 즉 방어능력이 저하되고 치료개입을 수용하려는 태도가 최고조에 달하게 하기 위해서 매우 중요하다.

대부분 CI이론가들은 카플란(Caplan, 1964)이 정의한 '위기' 개념을 인용한다. 즉 위기는 중요한 삶의 목적을 이루거나 욕구를 충족하려 할 때 장애로 안정된 상태가 혼란스러워진 경우 그리고 개인이나 가족이 일상적인 문제해결방식으로는 극복할 수 없을 정도로 안정이 깨진 상태를 말한다. 그러므로 위기는 억압적이고 파괴적이며 생리적, 심리적, 그리고 사회 기능적으로 나쁜 영향을 끼칠 수 있으며 감정의 교란, 운동기능 손상, 진행중인 행동에 부정적인 영향을 미칠 수 있다. 위기상황에는 주관적인 요소가 있는데 사람들의 지각이나 대처능력들이 매우 다양하고 폭넓기 때문이다. 어떤 개인이나 가족에게 아주 심한 스트레스가 되는 것이 다른 사람에게는 감당할 만한 것일 수도 있다. 그럼에도 불구하고 비록 위기상황이나 사건이(해로운 사건으로 상징되는) 다양하다고 해도, 대부분 자연재해, 사랑하는 사람의 죽음, 삶을 위협하는 질병이나 손상 또는 장애, 문화적 혼란, 강간, 혼외 임신, 그리고 비슷한 사건은 항상 위기이기 마련이다.

CI이론은 사람들이 위기에 반응하는 방식이 전형적으로 상이한 단계로 진행된다고 본다. 이론가는 세 가지 혹은 네 가지 단계로 분류한다. 여기에서는 여러 학자들이 발견한 단계를 종합해서 서술하고자 한다. 첫 번째 단계는 쇼크를 동반한 초기 스트레스 발생 그리고 심지어 위기감을 조장하는 사건을 부정하는 것 등이다. 스트레스를 줄이기 위해 사람들은 자신의 임시적인 문제해결기술에 의지해보고, 이런 방법으로 긴장을 완화하는 데 실패하면 이어지는 긴장은 한층 더 고조된다. 이 시점에서 개인이나 가족은 두 번째 단계로 들어가는데, 이 단계는 개인이 혼란스러워하고, 압도당하고, 무기력해지고, 분노하고, 또한 급성 우울증에 빠지기도 하는 등 극심한 긴장을 경험하는 것이 특징이다. 이 단계 기간은 그 해로운 사건의 본질과 개인의 대처능력과 감정 그리고 사회 원조체계의 반응정도에 따라 다양하다.

사람들은 2단계에서 3단계로 옮겨갈 때, 적합한 전략인지 부적합한 전략인지에 따라 달라지는 결과인, 여러 대처 전략들에 의지한다. 만약 전략이 적합하지 않는다면 스트레스는 계속 증가할 것이고 그 사람은 정신적으로 황폐해져 고통당할 것이며, 극단적인 경우 자살을 시도할 수도 있다. 만약 그 노력이 잘 적용된다면, 그 사람은 안정상태를 회복할 것이며 아마 더 높은 기능수준에 이르게 될 것이다.

CI이론에 따르면 위기기간은 제한적이며 사람들은 이 기간 동안 더 좋거나 더 나쁜 안정상태에 이른다. 결과적으로 클라이언트가 위기 이전 기능상태를 회복하거나 더 좋은 상태를 취하는 것을 목표로 즉각 개입하는 것이 매우 중요하다. 주 1회 50분 동안 진행하는 전형적인 치료모임으로 시작하는 것이 일반적이지만, 어떤 클라이언트는 심한 위기기간 동안은 매일 만나야 한다.

CI는 시간제한(일반적으로 6~8주)을 적용하지만, 어떤 클라이언트에게는 더 짧게 개입하기도 한다. 사회복지사는 적극적인 역할을 하면서 클라이언트에게 절실히 필요한 희망과 자신감을 불어 넣어줄 전문기술과 권위를 신중히 사용해야 한다. CI의 일시적인 초점은 '지금 여기' 에 있으며, 목표는 고통을 줄이고 안정을 찾는 것으로 제한한다. 비록 CI로 개인 또는 대인관계의 기능(사회 원조체계 도움을 받아 향상된 상호관계 기능과 같은)을 강화시키지만, 위기 이전의 역기능적 인격이나 심리적 갈등을 다루지는 않는다.

CI의 핵심은 클라이언트가 새로운 안정상태를 취할 수 있도록 과제들을 서술하는 데 있다. 사회복지사는 과제를 파악하는 데 직접적이고 활동적으로 역할을 해야 하지만 동시에 클라이언트가 자신의 능력을 펼칠 수 있도록 참여를 격려해야 한다. 클라이언트가 활발하게 참여하는 것이 자율성을 촉진하기 때문이다. 확실히 클라이언트가 활발히 참여할 수 있는 능력은 감정적으로 심각하게 고통을 받는 기간 동안에는 제한적이지만, 그런 고통이 감소하면 그 능력은 증가한다. 중요한 과제를 완수한 후, CI는 예상지도(anticipatory guidance)로 구성된 마지막 주요활동에 접어든다. 이 활동은 클라이언트가 미래 위기상황을 예상해 보고 미래에 직면하게 될 스트레스에 대해 대처전략을 세우도록 돕는 예방의 의미가 함축된 활동이다.

CI의 핵심개념을 살펴보면서 위기개입방법을 수행하는 절차들을 살펴보기로 한다.

2) 위기개입 시작단계

CI 시작단계 동안 사회복지사의 목표는, ① 클라이언트의 감정적 고통을 덜어주기, ② 사정 완수하기, ③ 클라이언트가 수행해야만 하는 관련 과제에 초점을 맞춰 개입전략 세우기이다. 다음은 이러한 과정에 초점을 맞춘 것이다.

(1) 감정적 고통 덜어주기

클라이언트의 감정을 끄집어내고 그 감정에 공감한다는 반응을 표현하는 것은 종종 클라이언트를 짓누르고 고통스럽게 하는 감정의 짐들을 벗어버리는 데 도움을 준다. 사회복지사는 또한 이런 감정이 극단적으로 고통스러운 상황에서 생겨나는 자연스러운 반응이라는 것을 재확인시켜 억압된 감정을 환기할 수 있게 격려하는 등, 감정적으로 필요한 부분을 지원해줄 수 있다.

심각한 위기에 처해 있는 클라이언트가 긴장과 불안으로 경직되었을 때, 심호흡하고 점진적으로 근육을 이완하는 과정(14장 참조)은 스트레스를 줄이고 안정을 되찾는 데 도움이 될 수 있다. 사회복지사는 또한 극단적인 경우 항불안성 또는 항우울성 약을 처방하는 것이 필요한지 고려해야 한다.

또 사회적 지지체계를 이용하여 클라이언트의 감정적인 고통을 줄일 수 있다. 친구나 사랑하는 사람은 특정위기에서 받는 파괴적인 충격을 완화하는 데 절실히 필요한 위로나 동정심을 제공하기도 한다. 클라이언트가 다니는 교회 성도는 감정적인 지지를 충분히 제공할 수 있는 훌륭한 자원이 될 수 있다. 사회복지사는 그런 자원을 다른 곳에서도 개발해야 한다.

(2) 사정

CI는 짧은 시간 동안 해야 하므로 사회복지사는 클라이언트의 감정적 고통을 사정하고 덜어주는 일을 동시에 해야 한다. 사정목표는, 위기상황(클라이언트에게 미치는 충격과 심각성)의 본질 규정하기, 위기로 몰아넣은 요소나 사건, 클라이언트의 적응능력, 위기상황을 완화하기 위해 조달할 수 있는 자원들이다. 이런 요소는 이후의 과제들을 구성하는 데 필수적이다.

물론 위기의 본질은 클라이언트가 받는 고통의 원인에 관한 가치 있는 단서를 제공한다. 예를 들어, 상실(losses)은 사람이 감정을 만드는 데 매우 중대한 자원을 빼앗고 전형적으로 슬픈 반응을 산출한다. 자신의 배우자에게 극단적으로 의존적이었던 한 클라이언트는 배우자 죽음에 대해 슬픔뿐만 아니라 이제는 모든 것에 혼자 대처해야 하는 자신의 능력에 관해 절망과 무기력이라는 감정으로 반응할지 모른다. 죽은 배우자나 부모 관계가 상극적이고 갈등적이었던 또 다른 한 클라이언트는 죽음에 대해 죄책감, 적대감, 혹은 심지어 안도감 등의 감정을 느낄지도 모른다. 그러므로 사회복지사는 클라이언트 각각에게 위기상황이 어떤 독특한 의미를 내포하는지 잘 파악해야 한다. 원인이 되는 사건이 클라이언트에게 주는 의미와 중요성을 파악하는 것은 클라이언트에게 크게 치료적일 수 있다. 사회복지사는 클라이언트 반응에 영향을 미치는 갑작스런 사건이나 요소를 찾아내어 환경을 새로운 시각으로 보도록 돕는다. 사실 많은 클라이언트가 위기상황 그 자체와 위기상황에 대한 자신의 반응을 포함해서 복잡한 의미에 대해 폭넓게 이해할 때 극적으로 호전된다.

클라이언트의 적응 대처능력을 사정하는 것은 현재의 기능수준뿐 아니라 위기 전의 수준도 파악하는 것이다. 확실히 클라이언트를 예전 수준으로 회복시키기 위해서는 먼저 그 수준을 확실히 알아야 한다. 또 적응능력을 직시하는 것도 적절한 과제를 만들고 개입기술들을 적절하게 선정하는 데 필수이다. 그러므로 사회복지사는 개인과 가족의 위기 이전의 기능수준에 대해 신속하게 사정해야만 한다.

(3) 문화적 요소들과 CI

위기상황에 대한 클라이언트의 반응을 사정하는 데 문화적인 요소들도 매우 중요하다. 위기 내용은 다양한 문화에 걸쳐 그 폭이 매우 넓은 것처럼 그에 대한 반응도 매우 다양하다. 예를 들면, 이혼이나 혼외 임신은 거의 모든 문화권에서 상당하게 고려하지만, 특히 제1세대 아시아계 미국인에게는 극단적인 위기상황으로 작용한다. 아시아 문화권에서 그런 사람은 사회적으로 매장되고, 체면을 잃으며, 부끄러움 등이 부여되기 때문이다. 어떤 경우 그런 상황에서 극단적인 스트레스로 자살할 수도 있다.

(4) 기능이 한계에 다다른 사람에 대한 위기개입

럭튼(Lukton, 1982)과 그 동료들이 강조했듯이, 보통 심리적으로 손상당하지 않은 사람으로 CI 사용을 제한할 필요는 없다. CI가 표적으로 삼는 집단은 만성적인 문제로 최소한의 기능만 하는 사람들에게까지 확대되어왔다. 뿐만 아니라 심지어 심각한 정신질환이 있는 사람에게도 도움을 준다. 사실 정신장애(psychotic break)라는 것은 위기상황에 반응하는 한 방편일 수도 있고, 또 효과적인 대처기제나 상호관계기술을 개발할 기회일 수도 있다(Lukton, 1982: 277). 위기개입팀은 개인과 그 가족이 안정한 상태가 되도록 즉각 도움을 주거나 정신질환 재발을 예방하기 위해 공공기관(병원 응급실, 청소년 상담실, 정신건강센터 등)에서 일해오고 있다.

(5) 원조체계 평가하기

CI에서 사정의 또 다른 측면은 클라이언트의 사회지지체계를 결정하는 것이다. "민간지원망(natural helping network)을 강화하는 개입은 위기개입에 많은 도움을 줄 수 있기 때문이다(Lukton, 1982: 280)." 사회복지사는 가족, 친구, 이웃, 성직자, 문화관계 집단을 동원하여 민간지원조직을 강화할 수 있다. 또 다른 가치 있는 자원은 같은 문제를 지닌 사람들로 구성한 자조집단(self-help groups)이다. 이 집단은 구성원들이 문제를 해결하기 위해서 서로 지지하고 도움을 준다.

9장에서 지지체계를 사정하는 것에 대해 논의한 바 있다. 15장에서는 지지체계에 대해 더 많이 논의를 할 것이다.

(6) 계약과 계획하기

위기개입에서 계약은 12장에서 서술한 요소와 기본적으로 같다. 안정상태를 회복하기 위한 포괄적인 목표는 모든 사례에 동일하게 적용되지만, 각 개인이나 가족의 독특한 특성이나 위기상황 본질에 따른 일반적인 혹은 특별한 과제는 매우 다양하다. 물론 비슷한 위기상황에서는 비슷한 과제가 필요한데, 특정 위기상황과 연관된 특정과제를 파악해놓은 논문이 많이 있다. 예를 들면, 강간(Holmes, 1981; Koss & Harvey, 1991), AIDS(Gambe & Getzel, 1989), 혼외 임신(Chesler & Davis, 1980), 그리고 문화적 이탈(Golan & Gruschka, 1971)에 대한 논문이다. 그러나 럭튼(Lukton, 1982)은 같은 종류의 위기상황이더라도 저자에 따라 다른 과제를 제시했음을 지적했다. 또 과제수행 순서도 각 클라이언트에 따라 다양하다. 따라서 사회복지사는 주된 과제를 협상하고 결정하는 데 기존의 지식을 가치 있게 사용할 수 있지만 클라이언트가 처해 있는 각 상황의 개별성을 반드시 고려해야 한다.

시간제한을 협상할 때 클라이언트가 '안정된 상태로 되돌아가는 데' 시간이 얼마 필요하다고 생각하는지 질문하여 클라이언트가 참여할 수 있도록 하는 것이 중요하다. 이것은 클라이언트의 자율성을 높이는 방법이기도 하다. 많은 경우 클라이언트는 단지 몇 주라고 대답할 수 있는데 이것이 보편적으로 요구되는 시간이다. 어떤 클라이언트는 2~3주라고 대답할 수 있는데, 사실 그 이상 필요하지는 않다. 클라이언트가 자신이 최선을 다해야 한다는 사실에 다소 저항적일 때 사회복지사는 4~8주 정도면 충분하다고 제안할 수 있고, 그보다 더 적은 기간으로도 충분하다는 것을 인식시키면서 클라이언트 자신이 기간을 설정하도록 요청할 수 있다.

(7) 과도기의 문제점들

시간제한에서 예외일 경우가 있는데, 클라이언트가 배우자나 자녀의 죽음, 이혼으로 편부모 가 된 것, 은퇴, 그리고 새로운 나라와 문화에 접하는 등 적응기간이 필요한 특정 과도기 상태이다. 골란(Golan, 1980, 1981), 럭튼(Lukton, 1982), 그리고 그 외 몇몇 사람은 "급격한 무질서 상태를 극복한 후 오랫동안 지속되는 자아정체감 변질이나 역할 변화(Golan, 1981: 264)"가 필요한 과도기 상태에서는 전통적인 CI가 적절하지 않다고 주장한다. 자녀를 잃는 경우, 비데카-셔먼(Videka-Sherman, 1987)은 자신의 연구에서 "자녀가 죽은 후 슬픔은 매우 오랫동안 지속되는데 아이의 죽음 후 곧 이은 1~2년 동안은 그 슬픔이 아주 심하기 때문에 사회복지사는 그런 심한 슬픔이 6개월이나 혹은 1~2년 안에 끝날 것이라는 비현실적인 기대감을 갖지 않도록 아주 조심해야 한다(p.109)"고 말한다. 바이스와 팍스(Weiss and Parkes, 1983)도 배우자를 잃은 한쪽이 그 죽음에 적응하는 데 필요한 시간에 대해 비슷한 결과를 보고했다. 이런 경우 CI 원칙은 무질서가 심한 단계에 더 적절하지만, 클라이언트가 새로운 역할에 적응하고 감정을 충족하도록 새로운 자원을 개발하기 위해 보다 확장된 서비스가 필요하다. 따라서 이런 집단의 위기종결 단계는 앞서 생각했던 것보다 더 오래 걸린다.

3) 과제수행

위기상황을 마무리하는 데 필요한 과제를 클라이언트가 성취할 수 있도록 사회복지사는 이 장 앞부분에서 설명했던 과제수행 지도안을 잘 살펴야 한다. 사회복지사는 더 적극적이고 직접적으로 역할을 해야 하며, 또 다른 접근방법을 사용할 때보다 더 많은 조언을 하도록 기대된다. 역시 중요한 것은 과제수행계획에 클라이언트를 참여시키고 가능한 한 클라이언트가 독립적으로 행동할 수 있도록 격려하고 강화하여 자율성을 기르는 것이다.

4) 예상 지도

CI 종결단계 동안(위기가 가라앉은 후) 사회복지사는 예상 지도(anticipatory guidance)를 착수해야 하는데, 그것은 중요한 예방의 의미를 지닌 활동이다. 이 활동은 CI의 강력한 특징으로 사회복지사가 이 활동을 모든 실천모델에 포함시키길 권한다. 예상 지도란, 클라이언트가 앞으로 일어날 위기를 예측하도록 돕고 이전 문제해결 단계에서 얻은 지식을 바탕으로 효과적인 대처전략을 세우는 것, 즉 클라이언트가 미래에 심각한 사건으로 압도당하는 것을 피할 수 있도록 하는 그런 대처전략을 계획하는 것이다. 이와 관련 전략은 고통의 근원을 분석하는 것, 과거의 위기상황에 대처해서 성공했던 노력들을 회상하고 인정하는 것, 욕구를 예상해보는 것, 지지체계나 여타 잠재 자원들을 알아보고 이용하는 것, 핵심과제를 구성하고 실행하는 것 등이다. 그러나 클라이언트가 미래에 일어날 모든 문제 상황을 잘 다룰 수 있을 것은 기대하지 않는 것이 중요하다. 사실 종결과정 동안 사회복지사는 클라이언트에게 지속적으로 관심을 표현하고 미래에 분명히 필요할 도움의 문이 열려 있다는 것을 클라이언트가 재확신할 수 있도록 하고 지속적으로 과정을 점검하기 위해 자신을 곧 다시 만날 거라고 설명해주어야 한다.[24)]

8. 인지적 재구성

개별사회복지실천, 상담, 심리치료에서 중요 이론은, 인간행동에서 인지가 중심역할을 한다는 데 동의한다. 그러나 인지기능 문제에 직접적이고 체계적으로 적용해서 이론과 기술을 개발한 것은 최근의 일이다. 30여년 전, 엘리스(Ellis, 1962)는 『심리치료에서의 이성과 정서(Reason and Emotion in Psychotherapy)』라는 책에서 '합리적-정서치료이론(rational-emotional therapy, RET)'을 내놓았다. 이 이론은 설득력이 강하다고 증명되었고, 그 이후 특히 지난 22년 동안 인지치료가 출현하게 되었다. 유아기나 청소년기(Weis et al., 1987)에서 노년기(Lam et al., 1987)까지 다양한 감정과 행동 중 중대한 잘못된 믿음이나 잘못된 행동양식이 있다는 내용을 담은 수많은 책과 논문들이 출간되었다. 이중 많은 출판물이 다양한 종류의 정신장애에 대한 인지치료(cognitive therapy, CT) 적용방법을 설명하고 있다. 이들 중 제일 비중 있는 책은 아마도, 『우울증 인지치료(The Cognitive Therapy of Depression』(Beck et al., 1979)인데 이는 우울증에 대한 결정판으로 널리 알려져 있다. 게다가 인지 · 행동치료는 항우울 약물치료법에 버금가는 두 가지 주요 심리치료 접근 중 하나라고 기록하고 있다(Elkin et al., 1986).

최근의 논문들을 보면 사회복지사가 인지치료를 주요 치료모델로 채택하고 있음을 알 수 있다. 코헨(Cohen, 1985)은 인지치료를 범죄자에게 사용한다고 보고했고, 바쓰(Barth, 1985)는 자녀를 학대하는 우울증 어머니를 인지 · 행동치료로 다루는 법을 기술했으며, 마샬과 마지(Marshall & Mazie, 1987)는 우울증치료에 대한 인지적 접근을 설명했다. 인지 · 행동적 접근은 또 자녀를 학대할 위기에 있는 부모의 분노를 줄이는 프로그램(Nugent, 1991; Whiteman, Fanshel, & Grundy, 1987), 아내를 구타하는 남편을 위한 치료 프로그램의 주요 구성요소이다(Eisikovits & Edleson, 1989). 슈로트와 핏저럴드(Schrodt & Fitgerald, 1987)는 청소년들과의 상담에서 인지치료 사용원리를 소개했다. 이것은 인지치료가 강한 경험적 지지를 받는다는 증거이고, 사회복지사가 사용하는 개입방법에서 주류가 됨을 말하는 것이다.

인지이론가가 내세우는 기본 전제는 모든 사회적 행동적 역기능은 사람이 자신이나 타인 그리고 다양한 삶의 환경에 대한 잘못된 생각에서 직접 비롯한 결과라는 것이다. 그러므로 효과를 최대화하기 위해서 사회복지사는 인지적 기능을 평가하거나 그 인지기능을 강화하기 위해 적절한

---

24) 사정상 CI에 대한 논의는 짧게 했다. CI에 대한 더 구체적인 설명을 원한다면 아귈레라와 메씩(Aguilera & Messick, 1982), 골란(Golan, 1978), 퍼리어(Puryear, 1979)의 책들을 참조하길 권한다. CI에 대한 비평은 럭튼(Lukton, 1982)의 논문을 추천한다.

개입방법을 적용하는 데 능숙해야 한다(9장, 11장 참조).

1) 인지적 재구성 사용

인지적 재구성은 클라이언트가 자신의 기능에 손상을 주는 역기능적이고 자기 파괴적인 사고나 잘못된 생각 등을 인식하도록 돕고, 대신 현실에 입각하여 기능을 강화하는 신념과 행동으로 대체하도록 돕는 데 특별히 유용하다. 인지적 재구성 기술은 특히 낮은 자존감에서 연유한 문제에 적절하다. 즉 대인관계에서 왜곡된 지각, 자신과 타인, 그리고 보편적인 삶에 대한 비현실적인 기대감, 비합리적인 공포, 불안, 우울증, 확신의 부족 등이다. 사회복지사는 인지적 재구성이 아동학대에 명확히 나타나는 충동 조절 문제를 돕는 데 특히 유용하다는 것을 알게 되었다.

인지적 재구성은 종종 다른 개입방법들(모델링, 행동시연, 이완훈련, 자기주장훈련, 약물치료, 그리고 둔감화 훈련)과 혼합해서 사용하는데, 여러 개입방법을 함께 사용하는 것이 하나의 개입방법을 사용하는 것보다 클라이언트가 변하는 데 더 강력하기 때문이다.

2) 주의 사항

비록 인지치료 이론가들이 역기능적인 감정적인 행동방식이 대부분 잘못된 믿음에서 비롯한다고 하지만 반드시 그것만이 유일한 이유는 아니다. 역기능이라는 것은 뇌세포 손상, 신경학적 장애, 갑상선 불균형, 혈당 불균형, 노화에 수반된 순환기 장애, 중독성 물질에서 유발한 소화불량, 영양실조, 다른 여러 형태의 신체 화학물질 불균형 등 다양한 생리물리학적 문제를 포함한다(Lantz, 1978). 결론적으로 인지적 재구성을 하기 전에 이런 가능성에 대해 충분히 고려해야 한다.

3) 인지치료 원칙

인지치료 원칙은 행동의 기본적인 결정인자이다. 사고는 사람이 스스로에게 말하는 진술로, 무의식적인 힘이기보다 내부의 대화이며 행동을 이해하는 열쇠이다. 이 첫째 주요 원칙을 정확히 이해하기 위해서 사회복지사는 생각과 감정을 명확히 구분해야 한다. 클라이언트(그리고 사회복지사 역시)는 종종 감정과 생각을 혼동하는데 그것은 대화에서 혼동을 일으키는 경향이 있으며, 인지적 재구성 기법을 성공적으로 수행하는 것을 방해한다. 이런 혼동은, "난 우리 결혼이 강한 결속력이 있다고 느낀다"라고 말하거나, "아무도 날 신경 쓰지 않는다고 느낀다"라는 대화에서 명확히 찾아볼 수 있다. 위의 두 메시지에서 '느낀다' 라는 단어는 일반적으로 다르게 사용한 것인데, 감정을 표현한 게 아니라 오히려 견해와 생각과 신념을 표현한 것이다. 생각은 느낌과 감정을 자아내고 또 그에 따라 수반하기도 하지만, 원래 그 자체는 느낌이 없다. 느낌은 감정을 수반한다. 슬픔, 기쁨, 실망, 흥분 등 5장에서 언급한 '감정의 단어와 현상' 목록의 수백 가지 느낌이 있다.

클라이언트가 느낌과 생각을 구분하도록 돕기 위해서 그 차이를 설명하고 양쪽 예를 보여주는 것이 효과적이다. 그런 후 클라이언트가 기능적으로 구분하는 데 실패할 때 개입하는 것이 중요하다. 클라이언트는 '인지의 자기감시(self-monitoring of cognitions)' 에서 느낌과 생각을 구분하는 능력이 필요하기 때문에 매우 중요하다.

인지치료에서 둘째 주요 원칙은 과거는 오직 잘못된 생각의 근원을 파악하기 위해서만 중요하다는 것이다. 행동을 조장하는 것은 과거가 아니라 현재의 잘못된 생각이다. 또 새로운 형식으로 된 생각은 학습할 수 있고 잘못된 생각의 근원과 관계없이 문제를 해결할 수도 있기 때문이다. 그러므로 인지치료의 초점은 대개 현재와 미래에 있다. 클라이언트는 현재의 어려움을 변명하기 위해 과거를 이용할 수 없다.

또 한 가지 인지치료의 주요 원칙은 건설적인 변화를 위해 클라이언트는 자신이 오해가 많은 문제를 만들어내거나 문제의 원인이 된다는 것을 깨달아야 한다는 점이다. 따라서 이런 잘못된 생각을 수정해야 할 책임이 자신에게 있음을 알아야만 한다. 우리의 관점에서는, 부적절한 자원과 불리한 환경조건을 포함해서 많은 요소가 클라이언트 문제에 기여한다는 인식과 그러한 가정은 조화를 이루어야 한다. 그래도 잘못된 생각과 잘못된 논리에 바탕을 둔 문제를 지닌 클라이언트에게는 이 원칙이 타당하다. 이 원칙의 취지는 클라이언트가 자신에 대해 최대한 책임질 수 있도록 사회복지사가 도와야 한다는 점이다.

4) 인지적 재구성 단계

인지적 재구성은 몇 개의 불연속적 단계로 구성되어 있다. 학자들마다 조금씩 다르게 정의하고 있지만 유사한 점이 훨씬 많다. 골드프라이드(Goldfried, 1977), 코미어(Cormier & Cormier, 1979) 등이 발견한 단계가 가장 유용하다. 그 단계는 다음과 같다.

(1) 자기진술, 가정, 신념 수용

클라이언트가 생활사건에 대한 정서적 반응을 중재하는(결정하거나 지배하는) 요소인 자기진술(self-statement), 가정(assumption), 신념(beliefs)을 수용하도록 돕는다.

클라이언트는 탐탁지 않다거나 배타적으로 보이는 과정은 열심을 다하려 하지 않기 때문에, 이것을 수용하게 만드는 것은 매우 중요하다. 클라이언트가 그것을 수용하기 위해서, 사회복지사는 인지적 재구성 원리를 제시하고 또 일상생활에서 인지가 감정을 지배하는 경험을 인용하여 타당성을 보여주어야 할 것이다. 가능하다면 자신이 경험한 예를 선택하는 것이 좋다. 그런 예가 훨씬 의미 있기 때문이다. 사회복지사를 도와 클라이언트가 원리를 수용하도록 하기 위해 다음 예를 제시하고자 한다. 부적절한 느낌과 사회적 무력감으로 사람들과 대인관계를 할 기회를 심하게 억제 당한 클라이언트에게 사회복지사가 원리를 수용하도록 설명한 예이다.

다른 사람에게 더 개방적으로 자신을 표현하려는 목표를 성취하기 위해 우리는 먼저 당신 마음속에서 두려움을 지속시키는 것이 무엇인지 알아내야만 해요. 그것은 바로 사회적 상황에서 당신이 어떤 생각을 하는지 인식하는 것인데, 다른 말로 하면 사회적 상황에 들어가기 이전과 그동안, 또 그 후에 당신이 자신에게 무엇이라고 말하는지 인식하는 거예요. 일반적으로 그런 생각은 자동적으로 일어나고 또 많은 생각을 완전히는 인식할 수 없을 거예요. 또 저는 당신이 사회적 상황에서 갖는 가정과 믿음을 발견하길 원해요. 아마 이것은 당신 인생에 커다란 믿음일 수도 있죠. 자기 패배적인 사고와 가정과 믿음을 깨닫는 것은 당신을 도와주는 사람들을 위해서라도 그것들을 버리는 데 있어서 매우 중요한 첫 번째 단계예요. 당신이 무엇을 생각하느냐가 당신이 느끼고 행동하는 것을 대부분 결정합니다. 예를 들면, 한 친구가 나에게 내가 중고차 대신에 새 차를 샀기 때문에 멍청한 놈이라고 말한다면 난 그 메시지와 관련한 수많은 의미나 자기진술을 만들 수 있는데, 그 모든 것의 결과는 각각 다른 느낌과 행동으로 나타날 거예요. 예를 들어, 제가 이렇게 여러 경우로 나누어 생각해 보았다고 하죠.

'그 친구 말이 맞을지도 몰라. 왜냐하면 그 친구는 똑똑하고 난 그 친구 판단을 존중하지. 왜 내가 중고차를 살 생각을 못했지? 그 친구는 날 바보로 생각할 게 틀림없어.'
만약 내가 이렇게 생각했다면, 난 스스로에게 불쾌해지고 아마 새 차를 산 것을 후회하고 그 새 차를 즐기지 못할 거예요.

'그 친구가 나를 멍청하다고 부를 줄 누가 생각했겠어? 그 친구가 바로 멍청한 놈이지. 바보 같은 친구!'
만약 내가 이렇게 생각했다면, 난 화가 나고 방어적이 될 거예요. 그리고 아마 새 차나 중고차의 장점에 관해 열띠게 토론하게 될 거예요.

'그 주제에 대해 서로 다른 생각을 하는 게 분명해. 비록 내가 그 친구 의견에 전혀 동의하지는 않지만 그 친구도 자기 의견을 말할 권리가 있지. 난 내가 새 차를 산 것에 대해 잘했다고 생각해. 그렇지만 내 결정에 대해 멍청하다고 말하는 건 맘에 안 드는군. 그 친구가 그렇게 말한다고 내가 바보가 되는 건 아니지만 그런 식으로 날 깔보는 태도는 기분이 좋지 않았다는 걸 알려줘야겠어.'

만약 내가 이렇게 생각했다면, 난 부정적인 감정을 경험하진 않을 거예요. 다른 사람 의견이 나와 다르지만 내 행동에 대해 좋은 기분을 느낄 것이고 그 친구의 둔감함에 대해서도 부정적인 영향을 받지는 않을 거예요.

물론 다른 경우도 가능하겠지만, 위 내용이 제가 말하려는 중심내용입니다. 당신이 자신의 두려움을 정복하는 데 도움을 주기 위해 당신이 자신에게 한 진술과 그것이 당신 감정과 행동에 어떠한 영향을 미치는지 함께 알아보는 것입니다. 문제를 만드는 생각과 신념을 파악한 후, 사회적 상황에서 더 개방적으로 자신을 표현하는 목표를 성취하기 위해 실제적인 다른 방법을 개발하는 작업을 시작할 것입니다.

원리를 단순하고 솔직하게 소개하면, 대다수 클라이언트는 긍정적으로 반응한다. 사회복지사가 원리를 설명하고 클라이언트의 반응을 유도하면서 토론하도록 하는 것이 중요하다. 그리고 클라이언트가 분명하게 수용하지 않거나 성실하게 실행하지 않을 때 인지적 재구성을 진행하지 않는 것이 중요하다. 다른 사람이 자신의 믿음을 강요한다고 생각하면 클라이언트는 자신의 신념을 바꾸는 데 반발하는 경향이 있기 때문이다.

(2) 역기능적 신념과 사고방식 파악

문제 아래 깔려 있는 사고의 역기능적인 신념과 사고방식을 파악하도록 돕는다.

일단 사고와 신념이 정서적 반응을 결정짓게 한다는 제안을 클라이언트가 받아들이면, 그 다음 과제는 클라이언트가 문제 있는 자신의 사고와 신념을 평가해 보도록 돕는 것이다. 이 단계에서는 고통스런 감정이 수반된 인지기능을 특히 강조하면서, 문제 있는 상황과 관련된 사건을 상세히 파악한다. 예를 들면, 어떤 클라이언트는 자신의 문제를 운명, 개인적으로 타고난 무기력함과 매력 없음, 그리고 자신의 한계를 벗어난 힘 탓으로 돌리기도 한다. 핵심적으로 잘못된 생각을 파악하는 데 있어서 사회복지사와 클라이언트가 어떤 신념을 바꿔야 하는지 서로 합의하는 것이 매우 중요하다. 합의점에 도달하는 방법은 수 없이 많지만, 클라이언트 자신이 활발하게 참여하고 기여한다고 느끼도록 동참시키는 방법이 제일 좋다. 바로 지난주에 일어난 문제 있는 사건이나 클라이언트가 변하고자 하는 목표문제를 둘러싼 사건에 초점을 맞추어 조사과정을 시작할 수 있다. 클라이언트와 함께 이 사건을 조사하고자 할 때, 명백한 행동, 인지(자기진술이나 이미지 따위 등), 그리고 감정적 반응에 관한 상세한 부분들을 도출해내는 것이 중요하다. 이 세 가지 측면 모두에 초점을 맞추는 것은, 클라이언트가 이들간의 관계를 파악하고 느낌과 행동을 결정하는 데 있어서 인지의 역할을 이해하도록 돕는 데 중요하다. 클라이언트는 자신의 신념과 자기진술을 파악하면서, 전에 그다지 비판적으로 분석해보지 않았던 자동적 사고(automatic thoughts)와 신념이 자신의 행동을 결정짓는 강력한 결정인자라는 사실을 점점 더 확실히 깨닫게 된다. 이러한 깨달음 후, 클라이언트는 자신을 이런 역기능의 생각과 신념에서 자유롭게 만드는 과제를 수행하겠다는 동기와 수용 의지를 강화한다.

조사할 때, 사건이 일어나기 전과 사건이 일어나는 동안 그리고 사건이 일어난 후에 갖는 사고와 느낌을 식별하는 것이 중요하다. 자기진술을 유도하기 위해서, 클라이언트에게 정확히 무엇을 생각하고 느끼고 행하였는지 회상하면서 마치 펼쳐진 그림처럼 그 상황을 재연해 보도록 요구한다. 만약 클라이언트가 이 일에 어려움을 느낀다면, 그 사건 이전과 그동안, 사건 후에 지녔던 사고와 느낌을 포함해 문제가 있는 사건을 눈을 감고 영화를 보듯 말하게 하는 것이 도움이 될 것이다.

사건 전 가정과 자기진술을 식별하는 것은 클라이언트

가 특정감정을 경험하게 만든 원인이 되는 인지 흐름을 집어내고 예측 가능한 형태로 행동하도록 만든다. 가령, 앞에서 인용했던 사회적으로 억제당했던 클라이언트의 예에서, 클라이언트는 점심식사 시간에 동료직원과 실망스러운 토론을 했던 그 사건이 일어나기 전에 다음과 같은 자기진술을 했었다.

> "내가 다른 사람들 틈에 끼는 걸 원하는지 나 자신도 잘 모르겠어. 만약 그렇게 끼게 된다면, 난 그냥 앉아서 혼자 남겨진 느낌일 거야."
>
> "틀림없이 내가 합석하지 않길 원할 거야. 아마 내가 정말 따분한 사람이라 생각할 걸."
>
> "내 생각에는 합석하는 게 좋겠어. 만약 그렇지 않으면 나한테 어디 있었냐고 물을 것이고 난 아마 서투른 변명을 늘어놓아야 할 거야."

이와 같은 자기진술을 하면서 클라이언트는 동료들과 합석하는 것에 대해 불편함과 염려를 느꼈다. 흔히 있는 일이지만, 이런 생각은 클라이언트를 패배하게 만드는 상황으로 몰고 가는 원인이 되었다. 클라이언트는 동료와 함께 식사하기로 결정했지만 긴장했고, 자기논쟁에 몰두했다. 이러한 몰두는 자기 패배적인 것인데, 왜냐하면 실수를 저지를지 모른다는 불안과 걱정으로 참여하고자 하는 행동을 제한하기 때문이다.

사건이 일어나는 동안의 자기진술을 잘 살펴보면 자기패배적인 사고와 느낌을 지속시키고, 개인의 효율성을 철저하게 낮추는 역기능적 사고를 찾을 수 있다. 예를 들면, 걱정에 빠져 있거나 또는 다른 사람이 부정적으로 반응할 가능성에 대해 너무 심하게 경계하는 클라이언트는 사람들과 토론할 때 충분히 '조화' 될 수 없으며, 또 호감을 불러일으키는 긍정적인 방법으로 자신을 표현하지 못한다. 다른 말로 하면, 자신을 충분히 나타내지 못하고, 자신이 상상하는 개인의 무기력함을 드러낼까 봐 갖는 공포와 자의식 때문에 사람들과 어울리기 어렵다. 이런 역기능의 사고가 미치는 파괴적인 영향을 조명하기 위해 조금 전 그 클라이언트의 자기진술 내용을 다시 살펴보기로 하자.

> "흠, 나는 다시 여기 있군. 언제나 그래왔듯이 말이야. 역시 난 기대에 미치지 못하는군."
>
> "뭔가 재미있는 말할 거리가 있었으면 좋았을 텐데……. 내 인생은 그저 방해물 같아 보이는군. 동료들은 아마 내가 말하는 어떤 것에도 흥미가 없었을 걸."
>
> "그 친구들은 심지어 내가 왜 거기에 참석했는지 의아해 할 거야. 난 그 집단에 전혀 도움이 되지 못할 거야. 그냥 없어져버렸으면 좋겠어."

이런 자기진술 또는 다른 자기진술을 보더라도 이 클라이언트는 자기 판단적 사고에 빠져 있음이 분명하다. 자신이 다른 사람들에게 줄 것이 아무 것도 없다고 생각하며, 그 생각에 따라 행동하고 그래서 활동적으로 참여할 가치가 없거나 사람들이 자신을 받아들이지 않을 거라는 느낌을 갖고 있다. 이런 사고에서 비롯한 편견과 자신에 대한 가정으로 이 클라이언트는 동료들과 지속적으로 상호관계를 시작할 가능성을 가로막고 있다.

다음 사건에서 클라이언트의 자기진술과 느낌은 초기 사고와 행동이 지속적으로 느끼는 것들에 얼마나 영향을 미치는지 드러내며 인지기능에 대한 지배력은 한층 더 드러난다. 사건에서 도출된 결과는 뜻하는 바가 많은데, 즉 클라이언트 자신의 행동 중 긍정적인 측면에 초점을 맞출 수 있을지, 그리고 성장을 촉진하는 도전을 찾아낼 수 있을지 아니면 자신의 개인적인 무기력함에 기인한 연속적인 실패 과정에서 이번에 또 한 번 일어난 하나의 사건에 지나지 않는다고 생각하는지 나타낸다. 물론 클라이언트가 만드는 사건의 의미는 미래에 일어날 비슷한 사건에 대한 태도와 느낌을 형성하는 데 강력한 힘을 발휘한다. 앞의 클라이언트의 사고와 느낌을 계속 살펴보자.

> "난 또 실패했어. 더구나 이젠 그만 노력하는 게 낫겠어. 나 자신

을 속일 필요는 없지. 난 정말 다른 사람들과 얘기할 수 없어."

"동료들은 내가 동참하는 걸 진심으로 원했던 게 아니야. 내게 신경 쓰지 못하는 건 당연하지. 내일 내가 그 친구들 틈에 끼지 않는다면 아마도 기뻐할 거야."

"이젠 더 이상 그 친구들과 점심식사를 안 할 거야. 나도 즐겁지 않고 분명히 그들도 그럴 거야. 내일은 나 혼자 식사해야겠어."

확실히 이 클라이언트의 사고는 결국 철저히 패배적인 느낌이 된다는 것을 볼 수 있다. 클라이언트가 순환적인 자기 패배적 사고방식에 개입하지 않는다면, 예전보다 사회적으로 더 움츠러들 것이다. 앞으로 우울증을 동반하는 더 심한 자기 비하적 사고를 경험할 수 있다.

사회복지사가 클라이언트와 자기진술을 식별할 때, 자기진술의 합리성 정도를 평가할 수 있도록 도와주는 것이 중요하다. 사고의 타당성을 비판적으로 분석하고 사회복지사의 지도를 받으면서 연습하면 클라이언트는 치료모임 밖의 비슷한 과정에 참여하는 데 필요한 경험을 얻게 된다. 그러나 클라이언트는 자신에게 있는 어떤 특정신념을 인식하지 못할 수 있는데, 특히 자신의 신념체계에 아주 깊게 빠져 있던 사람은 더욱 그렇다. 사실 클라이언트는 핵심적인 잘못된 생각에 집요할 수 있고, 더구나 그런 잘못된 생각의 타당성을 설득력 있게 변론할 수 있다. 따라서 사회복지사는 그런 비합리적 신념에 도전하거나 논박할 수 있어야 하고, 또 이런 신념을 포기하지 않아서 받게 될 대가나 불이익을 인식할 수 있도록 계속 도와줄 준비가 되어 있어야 한다.[25)]

클라이언트가 자기진술이나 신념을 평가할 수 있도록 돕는 기술은 다음과 같다.

- 특정 결론에 도달하게 된 경위를 묻는다.
- 역기능적인 견해나 신념을 지탱하고 유지하는 증거를 제시하도록 도전한다.
- 특정 행동의 결과가 두렵다고 과장하는 신념에 대해 논박하도록 도전한다.

이런 기술을 적용하는 예를 보여주기 위해 세 가지의 자기진술 또는 신념에 이어 클라이언트가 그 타당성을 평가할 수 있도록 안내하는 답변을 제시해 보았다.

① 자기진술 : "할 수 있는 한, 난 쉬지 않고 공부해야 해요. 만약 그 시험에서 내가 최고 점수를 받지 못한다면, 그건 끔찍한 일이죠."

a. "그 시험에서 정말로 네가 실패했다고 잠시 가정해보자. 그게 진정 뜻하는 게 뭘까?"

b. "그래, 네가 1등을 못한다면 그건 정말 큰 이변이겠지. 1등하는 것이 좋다는 것에 동의하지만, 왜 2등이나 15등 하는 것은 큰 불행일까?"

② 자기진술 : "전 정말 아이들을 돌봐주고 싶지 않지만, 만약 내가 그렇게 하지 않으면 그 사람은 무척 화낼 거예요. 감히 그 사람의 기분을 거스르고 싶진 않아요."

a. "아이들 엄마가 무척 화낼 거라는 생각은 무슨 판단에 근거한 거죠?"

b. "당신이 부탁을 거절하고 그 사람을 화나게 만들었다고 가정해 봅시다. 그렇다면 이제, 애들 엄마가 당신 행동에 비합리적으로 반응하도록 놔둘 것인지 그렇지 않을 것인지에 대해 답해야 할 거예요."

③ 자기진술 : "아내가 저를 약올리기 시작하면 제가 타임아웃을 하려고 해도 소용없어요. 아내는 제가 아내를 피한다고만 생각하지 내가 잠재적인 폭력상황을 피하려고 노력한다는 걸 이해하지 못하지요."

25) 월렌, 디귀셉, 웨슬러(Walen, DiGuiseppe & Wessler, 1980)가 신념을 논하는 이해하기 쉬운 전략들을 예시와 함께 설명한 이 참고서를 강력히 추천한다.

a. "부인이 당신을 믿지 않을 거라는 증거는 무엇인가요?"

b. "당신이 노력한다는 걸 부인이 이해 못하리라고 마치 확신하는 것같이 들리네요. 우리가 지금 노력하는 것과 당신 스스로 변하려고 시도하는 것에 대해 부인에게 설명해본 적이 있나요?"

잘못된 생각은 일반적으로 역기능적 행동과 결합해 있다. 그런 사고방식은 종종 한번의 치료모임으로도 구분해낼 수 있다. 다음 감정에 접근하면서 또 그 감정에 동반하는 사고를 유도하면서 사회복지사는 잘못된 생각을 좀더 일찍 식별할 수 있을 것이다. 역기능적인 사고는 전형적으로 다음과 같은 일군의 잘못된 인식을 포함한다.

- 자기 자신에 대하여
- 자신을 향한 타인의 인식과 기대에 대하여
- 자신에 대한 기대
- 타인들에 대한 기대

예를 들어, 비합리적인 자기 기대감을 갖는 것에 수반하는 잘못된 신념은 다음과 같다.

"내가 하는 모든 일에서 난 최고가 돼야 해."

"어떤 모험에서 만약 성공하지 못하다면 그건 정말 소름끼치는 일이야."

"오직 끊임없이 일하고 있을 때만 난 가치 있는 사람이야."

"난 내가 도달해야만 하는 뛰어난 수준에 한 번도 이르지 못했어."

"나 자신을 타인과 비교할 때, 난 정말 능력 없는 사람이야."

"난 어떠한 노력으로든 성공해야만 해. 만약 그렇지 못하다면 그건 내가 능력이 없기 때문이야."

잘못된 생각 방식이나 신념을 식별하고 각 독립체로 다루기보다 공통으로 적용되는 주제에 주목해야 한다. 잘못된 생각이나 신념의 공통되는 주제는, 클라이언트가 '자신에 대한 비현실적인 기대감을 없앤다'는 것이다. 이 중심주제에 집중하면 사고 아래에 깔려 있는 역기능적인 인지를 이해할 수 있다. 관련된 잘못된 생각은 이 중심주제에서 파생한 것에 불과하고, 잘못된 생각의 핵심을 제거하면 그 힘을 잃기 때문이다.

세션을 진행하는 동안 자기진술이나 신념에 대한 타당성을 평가하고 식별하는 훈련을 하면서 클라이언트가 스스로 자기감시(self-monitoring)를 할 수 있게 준비한다. 클라이언트에게 인지적 재구성을 소개하고 문제와 관련한 인지를 함께 알아본 후, 세션 동안 일어난 문제 있는 사건과 관련한 사고와 신념을 자기감시하도록 과제를 함께 협상하는 게 바람직하다. 클라이언트는 자기를 감시하면서 자신에 만연한 역기능적인 사고를 발견하게 되고 그것에 적극적으로 대처해야 할 필요성을 점점 절감하게 된다. 그러므로 자기감시는 클라이언트의 자각을 더 넓혀주고 나중에 대처 노력을 촉진하도록 길을 열어주는 것이다. 자기감시 그 자체만으로도 클라이언트는 자기 패배적 사고를 미연에 방지하고 스스로 이런 사고가 미치는 파괴적 효과와 비합리적 본성을 깨달을 수 있게 된다.

자기감시를 더 활성화하기 위해 사회복지사는 다음 예시와 같이, 클라이언트에게 정보를 기록하는 일지를 표로 작성할 것을 요청할 수 있다.[26)]

매일 쓰는 일지는 우선, 클라이언트가 기울인 노력에 초점을 맞추기 때문에 가치가 있고, 인지와 감정 사이에 연결을 명확히 하므로 가치가 있으며 또 그것이 역기능적인 감정, 사고, 이미지 정도와 그 영향력에 대한 가치 있는 정보를 사회복지사에게 제공하므로 가치가 있다. 더구나 클라이언트를 자극하여 클라이언트가 자기 생각을 합리적으로 분석하도록 촉진한다. 그러나 클라이언트가 일지를 쓰

26) 이 개념(schema)은 아론 베크(Aaron Beck)와 동료들이 개발한 개념을 근거로 한 것임을 밝힌다. 이는 『우울증의 인지 치료』(Cognitive Therapy of Depression)(New York: Guilford Press, 1979) 부록에 발표한 것이다.

는 과제를 너무 힘겨워하지 않도록 치료모임 동안 파악한 관련 사건 중 하루에 단 세 개 사건만 기록하도록 제한을 두는 것을 권한다. 그렇지 않으면 클라이언트는 그날 하루 동안 경험하게 될 문제 있는 사고들 때문에 그 과제를 과도한 짐으로 느낄 수 있기 때문이다. 치료 세션 동안 다른 역기능적인 신념이나 사고 방식이 발생한다면 자기감시 초점은 필요에 따라 옮길 수 있다.

날짜: 9월 8일 (화요일)

상황 또는 사건	감정 (1에서 10까지 척도)	신념 또는 자기진술 (1에서 10까지 척도)
1. 사장에게 하루 쉬겠다고 했다.	겁이 났다.(7)	사장은 귀찮아 할 것이고 날 비난할 것이다.(4)
2. 약국 직원이 내게 거스름돈을 모자라게 주었는데, 난 아무 말도 하지 않았다.	-귀찮았다.(4) -점원에게 말하기가 두려웠다.(8) -내 자신에게 혐오감을 느꼈다.(7)	-점원에게 말했어야 했다.(9) -점원은 불쾌했을 것이고 당황했을 것이다.(2) -성가시게 굴 가치가 없는 일이다.(3)

인지와 자기감시기능을 탐험하는 데에는 반드시 이미지를 포함한다. 이미지는 클라이언트 자신이 감정을 다스리는 데 핵심역할을 하기 때문이다. 어떤 클라이언트는 무서운 이미지, 즉 강간 이미지, 폭력 이미지 또는 마음에 새겨져 영원히 남을 것 같은 실제 장면 등에 대한 이미지를 지울 수가 없기 때문이다. 예를 들면, 어렸을 때 자신을 강간한 남자와 관련된 이미지와 기억 때문에 남편과 성관계하는 것에 심각한 어려움이 있는 클라이언트가 있다.

(3) 역기능적인 인지 식별

역기능적인 인지를 만드는 상황을 클라이언트가 식별하도록 돕는다.

사회복지사와 클라이언트가 일지를 함께 검토하면서 스트레스를 일으키는 상황과 관련한 생각과 문제 있는 감정을 계속 확인하고 그런 일이 거듭 일어나는 상황과 주제를 기록하는 것이 중요하다. 사회복지사와 클라이언트는 자아효능감과 자존감을 낮추는 상황과 스트레스가 발생하는 장소와 관련이 있는 핵심인물을 구체적으로 밝혀 그 상황에 맞는 적절한 대처전략과 과제를 수립할 수 있다. 예를 들어, 분노를 조절하는 데 어려움이 있는 클라이언트의 경우, 어떤 사람이나 상황이 분노를 쉽게 자극하는지 발견할 것이다. 어떤 클라이언트는 남편이나 자녀와 다툰 후 우울증을 경험한다는 것을 발견하게 된다. 어떤 사람은 다른 사람과의 만남에서 다소 비난받는다고 느끼면 자신은 부적절하고 가치 없다고 생각한다는 것을 발견하게 된다. 다시 말해 클라이언트는 자신에게 있는 약한 부분이 무엇인지 깨달아 역기능적인 생각이나 감정에 대한 민감성을 낮출 수 있다.

(4) 기능적인 자기진술로 전환

자기 패배적 인지 대신 기능적인 자기진술로 바꾸도록 클라이언트를 돕는다.

클라이언트가 자신에게 있는 역기능적 사고와 신념, 이미지에 대해 폭넓게 인식하게 되었을 때, 또 이런 것이 어떻게 부정적인 감정을 생산해내는지 깨닫게 되었을 때, 클라이언트는 기꺼이 이에 대한 대처방식을 배우기 위해 노력하게 된다. 이 대처전략은 부정적인 감정과 자기 패배적 행동을 제거하는 데 실제적이고 효과적인 '자기진술' 방법을 사용하는 것이다. 기능적인 자기진술은 대처노력을 더 용이하게 하고 용기를 북돋워준다. 그러나 그것만으로 되는 것은 아니다. 습관적이고 뿌리깊은 사고와 감정, 행동 방식을 새로운 방식으로 옮기려고 할 때 오래된 습관과 사고 및 감정 등에 내재한 질긴 속성을 무시해서는 안 된다. 사실 대처모델링(coping modeling)과 같이 대처 자기진술(coping self-statements)은 새로운 행동을 감행할 때 갖게 되는 어려움과 불안을 인지하는 것이다. 다음은 클라이언트에게 대처 자기진술을 소개하는 설명이다.

"지금까지 당신은 핵심이 되는 패배적 사고와 신념들에 대해 잘 식별해 보았습니다. 이제 우린 새로운 자기진술로 어떻게 그 자리를 대신할 것인지에 초점을 맞출 것입니다. 당신 입장에서 볼 때 매우 힘든 일이지만, 새로운 대처 자기진술을 연습하면서 옛날 것들이 사라져버리게 될 때쯤이면 그 새로운 방법이 당신 자신에게 아주 자연스럽게 느껴지는 걸 발견하게 될 것입니다."

이와 같이 설명한 후 자기 패배적 사고와 신념을 대신할 수 있는 대처 자기진술을 본보기로 보여주는 게 바람직하다. 모델링할 때, 사회복지사가 클라이언트의 역할을 할 것이라고 알려주고 클라이언트가 문제상황을 다룰 때처럼 혼잣말을 하겠다고 설명한다. 그 과정을 보여주기 위해 다시 앞에서 사회적으로 고립된 클라이언트 예를 인용할 것이다. 특히 동료들과 점심식사 모임에 참여했을 때 했던 패배적인 자기진술을 대신할 대처 자기진술을 본보기로 하겠다.

"나 자신도 한편으로는 사람들과 사귈 때 불편함을 피하고 싶어한다는 걸 잘 알지만, 그렇게 움츠러든다고 해서 더 나아질 건 아무 것도 없을 거야."
"내가 그 모임의 한 부분이 되기 위해 말을 많이 할 필요는 없지. 만약 내가 다른 사람들이 하는 말에 집중하고 내 자신을 잊는다면 열중할 수 있을 거야."
"동료들이 나를 대화에 참여하게 할거라고는 기대하지 않아. 만약 그 친구들이 그렇게 한다면 좋은 일이지만. 내가 만약 대화에 참여한다면 그 책임을 다해야 되겠지. 더 큰 노력과 용기가 필요하다고 해도 난 할 수 있어. 그렇게 하는 게 움츠러들거나 소외당하는 느낌보다는 훨씬 나아."

사회복지사는 자기진술을 완전히 습득한 모습을 모델링하기보다 오히려 클라이언트에게 계속되는 갈등을 보여주어야 한다. 자기진술과 비교해 볼 때, 대처 자기진술은 클라이언트의 실제 경험에 가깝기 때문에 중요하다. 대처 자기진술은 클라이언트의 갈등을 이해하고 공감하는 데 도움이 되며 앞으로 진행과정에 대해 큰 확신을 불어 넣어 준다.

대처 자기진술을 하는 방법을 시범한 후, 클라이언트에게 유사한 행동을 연습할 준비가 되었는지 묻는 것이 바람직하다. 조금만 용기를 북돋워주어도 클라이언트는 대부분 훈련하는 것에 동의한다. 훈련효과를 더 강화하기 위해 목표행동을 하기 전 클라이언트가 눈을 감고 연습할 바로 그 상황을 그려보도록 제안한다. 클라이언트가 상황을 성공적으로 그려보았다고 말하면, 이제 그 목표 행동을 생각할 때 전형적으로 경험하는 생각을 혼잣말로 해보라고 요청한다. 그러고 나서 대처 자기진술로 대치해보라고 요청하고 필요하면 도와준다. 클라이언트가 도움 없이 혼자서 자기진술을 기능적으로 만들어냈을 경우 사회복지사는 긍정적으로 반응해주고, 만약 클라이언트가 모순되는 생각들로 갈등할 때는 용기를 북돋워준다. 사회복지사는 클라이언트가 새로운 사고방식을 완전히 습득할 수 있는 자신의 능력에 대해 확신하지 못하고 의심을 표현할 것을 예상해야 하며, 이에 대해 사람들은 대부분 새로운 사고방식을 연습하면서 실수한다는 것을 설명해주어야 한다. 클라이언트 자신이 대처 자기진술을 만들어내는 능력에 비교적 편안한 느낌을 가질 때까지 연습을 계속한다. 클라이언트가 목표상황에 들어가기 전에 대처 자기진술을 사용하는 데 있어서 더 나은 확신을 보인다면, 사회복지사는 중간단계 전략으로 옮길 수 있다. 다음은 지금까지 인용해왔던 클라이언트 대처 자기진술 보기이다.

"그래 좋아요, 불안한 느낌이 든다는 말이군요. 그건 예상했던 바지요. 그래도 당신은 집중할 수 있고 다른 사람들에게 당신의 관심을 나타낼 수 있단 말이죠. 바로 그겁니다, 다른 사람을 보면서 미소지어보세요. 그 사람들이 얼마나 재미있게 이야기하고 있는지요. 만약 좀더 알고 싶다면 분명하게 물어보세요. 그렇게 하는 게 당신이 흥미가 있다는 걸 보여주는 것입니다."
"당신은 그 사람들이 얘기하는 주제에 대해 어떤 생각을 하고 계시군요. 당신 의견도 가치가 있어요. 가서 기회를 잡고 그것을 표현해보세요. 그런데 말을 할 땐 다른 사람들을 바라봐야 한다는 걸 기억하세요."

시범을 보여준 후, 클라이언트에게 그때까지 일어난 일에 대해 어떻게 느끼는지 물어본다. 클라이언트가 심히 불안해하거나 회의적이면 더 진행하기 전에 이런 감정부터 다루어야 하기 때문에 중요하다. 만약 클라이언트가 지속해서 긍정적으로 반응한다면, 사회복지사는 클라이언트에게 대처 자기진술을 시연해보도록 권할 수 있으며, 이것은 이미 앞에서 진행했던 각 단계와 같다. 클라이언트가 중간단계에서 하는 대처 자기진술이 초보적인 수준이라도 다음 단계로 갈 준비가 되어 있다고 볼 수 있다. 다음 예처럼 대처 자기진술 본보기를 따르는 것이 중요하다.

"그래, 난 결국 해냈어. 난 잘 견뎌냈고 심지어 몇 마디 말도 했지. 그것은 바람직한 방향으로 나아가는 한 걸음이었어."

"그건 진땀나는 일이었지만 잘 진행했고 예상보단 훨씬 더 잘했어. 난 잘했고 그 정도면 성공한 거야……. 내일 그 모임에 다시 참여할 거고 아마 더 잘해낼 수 있을 거야."

이와 같이 자기진술을 모델링한 후에 클라이언트의 반응이나 느낌을 잘 알아보아야 한다. 만약 준비가 되어 있다면 사회복지사는 클라이언트가 대처 자기진술을 좀더 시연할 수 있도록 진행할 수 있다. 클라이언트가 훈련한 것을 실제 상황에 적용하도록 하기 위해선 치료모임 동안에 열심히 연습할 수 있는 과제를 함께 협상하여 만드는 것이 좋다. 물론 클라이언트를 다그치지 않는 것이 중요한데, 과도한 압박감은 용기를 꺾을 염려가 있기 때문이다. 여기서 다시, 이 장 앞부분에서 살펴본 클라이언트의 준비성을 측정하기 위한 준비성 척도(Readiness scale)를 사용할 것을 권한다.

클라이언트가 지속적으로 자기를 점검하는 것은 '단계 4'를 수행하는 데 기본이다. 앞에서 제안한 형식을 이용해 매일매일 일지를 기록하는 것은, 클라이언트에게 적극적이고 지속적으로 노력하도록 촉진하고, 또 자기 패배적 자기진술을 대치할 대처 자기진술을 갖고 현실적인 시각으로 상황이나 사건을 볼 수 있도록 돕는다. 계속 일지를 기록하는 것과 과제를 수행하는 것이 클라이언트로 하여금 독립적으로 행동하도록 만든다.

자기 패배적 사고나 잘못된 생각을 대처 자기진술로 대치하는 것은 인지적 재구성에서 핵심이다. 그러나 이런 패배적 사고나 잘못된 사고는 자동적이고 깊게 박혀 있기 때문에 역기능적 사고들이 고집스럽게 잔존하는 경향이 있다. 그렇기 때문에 클라이언트는 종종 자신이 그 잘못된 사고들을 빠른 시간 안에 없애버리지 못하면 용기를 잃어버리게 된다. '단계 4'는 수 주(several weeks) 동안 진행하는 것임을 깨닫는 것이 중요하다. 클라이언트가 낙심하고 있을 때, 변화란 점진적인 것이고 사람들이 대부분 자신이 만족할 만한 수준까지 숙달하는 데는 수 주 걸린다는 걸 설명하면 클라이언트는 안심한다. 그럼에도 불구하고 사회복지사는 클라이언트가 매일 아침 자신이 깨달은 새로운 대처기술을 적용할 상황을 상상하면서 계획을 세우는 것을 재촉할 수 있다.

클라이언트에게 자동적인 역기능적 자기진술을 다루는 데 있어서 도움이 되는 또 다른 기술은, 처음 그런 생각을 인식했을 때 미리 잘라버리도록 격려하는 것이다. 클라이언트가 처음 그런 생각을 인식한다는 것은 대처기술을 적용하는 것이 필요하다는 신호임을 설명해준다. 적용하는 한 가지 방법은 역기능적인 사고를 지속하지 않겠다는 '선택'이 필수라는 걸 상기하면서 '자기 자신에게 말하는 것'이다. 그런 역기능적인 사고를 지속하도록 허락한다는 것은 바람직하지 않은 감정적 반응들을 만들어낸다는 것을 쉽게 예상할 수 있고, 또한 역기능적인 방식들을 더 강화할 것이다. 반대로 부정적인 자기진술을 미리 막아버린다면 부정적인 반응도 막을 수 있고 이 과정을 완수하는 데 있어서 또 다른 측면에서 성장하게 된다.

(5) 보상

성공적인 대처노력에 대해 자신에게 스스로 보상하도록 클라이언트를 돕는다.

자신의 실패나 부족함에만 신경을 쓰는 클라이언트, 또는 드물기는 하지만 스스로 우쭐대며 자랑하는 클라이언트에게는 이 단계는 특별히 중요하다. 대처노력을 강화하는 것이 목적인 이 단계는 클라이언트가 또 다른 새로운 기능적 인지방식을 배우는 과정에 흥미를 가질 수 있도록 돕는다.

이 단계를 실행하기 전, 먼저 개인이 스스로 점수를 주는 원리를 설명하는 것이 바람직한데, 다음을 살펴보자.

> "루이스, 당신은 이제 자기 패배적 사고를 대치하는 대처 자기진술을 만드는 데 어느 정도 성공을 경험했으니까, 그 성취에 상당하는 점수를 스스로 주는 방법을 배우는 것이 중요합니다. 스스로 자랑스러워하여 자신의 성공을 만끽하고 노력을 계속하도록 격려하는 것입니다. 또 당신 자신에 대해 좋다고 느끼는 감정을 배우는 중요한 방법입니다. 일단 내가 당신인 것처럼 가상하고 당신이 성공적인 대처 자기진술을 한 후 혼잣말로 당신이 스스로에게 보상하는 방법을 알려 드릴게요."

위와 같이 설명한 후, 사회복지사는 전형적인 칭찬의 자기진술을 시범으로 보여준다.

> "그것을 해 내리라고 나 자신조차 확신하지 못했지만 난 해내고야 말았어."
>
> "난 물러나지 않았어. 난 그런 부정적인 사고를 떨쳐버리고 계획대로 잘 진행해 나갔어."
>
> "그것은 커다란 진보였어. 물론 가야 할 길이 아직 멀지만 난 훌륭하게 출발했고 그건 정말 기분 좋은 일이야."

다음은 '단계 4' 에서처럼, 사회복지사가 설명한 것과 시범으로 보인 것에 대해 클라이언트가 반응하도록 유도해야 한다. 만약 클라이언트가 받아들이는 것처럼 보이면, 최근 이루어낸 성공사례를 다시 그려보도록 하고 또 그것을 소리내어 얘기하면서 자기진술을 만족스럽게 만드는 연습을 하도록 지도한다. 많은 클라이언트들은 긍정적인 자기진술이 낯선 것이므로 어색해 하거나 수줍어한다. 사회복지사의 깊은 이해와 격려는 대개 클라이언트가 시작할 수 있도록 격려하고 실제 그런 경험을 즐기기도 한다. 지속적으로 긍정적으로 반응하는 것, 사소한 것을 알아주는 것, 그리고 클라이언트가 성취한 미세한 정도의 성장을 알아주는 것은 무척 중요하다.

치료모임에서 실제 생활로 대처기술을 보다 쉽게 전환하기 위해, 진행과정이나 다른 일상생활에서 경험한 성취에 대해 긍정적인 자기진술을 만드는 등 클라이언트와 함께 협상하여 과제를 만드는 것이 중요하다. 다시 한번 말하건대, '자기점검(self-monitoring)' 은 가치 있는 도구이다. 클라이언트는 모든 일상생활에서 일어나는 성공(간과하기 쉬운 작은 일들을 포함해서)을 일지에 기록하고 성취한 것에 대해 스스로 점수 매길 수 있는 자기진술을 기록한다. 이 접근방법은 특히 부족함, 실패, 그리고 부정적인 경험 등의 사고방식을 제거하는 데 강력한 수단이 될 수 있다.

5) 인지적 재구성의 한계

클라이언트가 변할 수 있도록 돕는 데 있어서, 사회복지사는 단지 클라이언트의 단지 인지적 변화만으로도 새로운 행동을 하게 될 것이라는 잘못된 가정을 해서는 안 된다. 클라이언트는 사회기술이 부족하고, 새로운 행동, 즉 사회적 제의(social overtures), 개인적 감정 표현, 문제해결에 돌입, 그리고 자신에 대한 확신 등 행동을 효과적으로 수행하는 데 지도나 훈련이 필요하다. 인지적 재구성은 변화에 대한 인지적 장애물을 제거하고 새로운 행동을 감행할 의지를 길러주지만 필요한 기술을 얻도록 무장시켜주지는 않는다. 다음 장에서는 클라이언트가 자신에게 필요한 대처기술을 배우도록 돕는 행동적 개입에 초점을 맞춘다. 실제 상황에서 이런 기술과 인지적 재구성을 결합하면 원하는 변화에 효과를 미칠 수 있는 유력한 방법을 생산해 내게 된다.

제 14 장

클라이언트의 문제해결방법, 사회기술, 자기주장, 스트레스관리 강화

Enhancing Clients' Problem Solving, Social Skills, Assertiveness, and Stress Management

인간은 대처반응을 요구하는 상황, 사건, 그리고 문제에 끊임없이 직면한다. 일상생활의 다양한 요구에 효과적으로 대처하기 위해서는 결정하기, 의사소통, 문제해결, 갈등해결, 스트레스관리 등의 기술이 필요하다. 점점 많은 연구논문에서 정신건강을 건전하게 유지하고 행동을 적응하는 데에는 위와 같은 다양한 대처기술이 필수라고 주장한다. 문제가 있는 상황을 비효과적으로 대처한다면 일상 기능에 심각한 영향을 미칠 수 있는 정서장애나 행동장애를 초래할 수 있다.

클라이언트는 자신의 대처노력으로 문제상황을 해결하는 데 실패했을 때 전문가에게 도움을 구한다. 대처능력은 무척 다양하고 광범위한데, 어떤 클라이언트는 대처기술이 아주 보잘것없고 또 어떤 클라이언트는 다양한 대처방법이 있지만 심한 스트레스 때문에 일시적으로 문제를 해결하지 못하는 사람도 있다. 가장 빈번히 사회복지사의 주의를 끄는 사람은 전자에 속하는 사람이다.

지난 20여 년 동안, 사회복지사나 연구자는 클라이언트에게 있는 장, 단점이나 보완점과 함께 갖고 있는 자원을 평가하면서(8장 참조) 클라이언트의 대처능력을 키우는 데 관심을 쏟아왔다. 그리고 클라이언트의 기술을 개발하기 위해 많은 프로그램이 만들어졌다. 폭넓게 적용하는 네 가지 분야의 기술훈련은 문제해결기술, 사회기술, 자기주장, 스트레스관리로 이 장에서 다룰 주제이다. 16장에서는 가족, 집단, 기타 사회관계에서 핵심이 되는 대인관계기술에 초점을 맞추었다.

1. 문제해결기술

사회복지사는 클라이언트에게 문제해결기술(problem-solving skills)을 가르쳐 미래에 직면하게 될 많은 어려움에 효과적으로 대처할 수 있게 도와줄 수 있다. 문제해결방법을 습득하는 가장 큰 장점은 원칙을 이 상황에서 저 상황으로 적용할 수 있다는 점이다.

여기에서 몇 가지를 명확히 하고 넘어가려고 한다. 앞서 문제해결과정에 대해 반복해서 설명했기 때문에, 클라이언트가 문제해결전략을 적용하는 법을 배우는 데 왜 또 다른 부가적인 도움이 필요한지 다소 어리둥절할지도 모르겠다. 결국 클라이언트와 사회복지사는 문제 해결의 과정을 시작할 것이고, 이는 논리적으로 그 과정을 배우게 된다는 것이 아닌가? 클라이언트는 대부분 문제해결과정에 대해 무엇인가 배우지만 일반적으로 클라이언트가 배우는 것은 불완전한 경향이 있다. 많은 사회복지사가 문제해결 방법에서 독립적인 요소들을 정확하게 설명하는 데 어려움을 느낀다. 클라이언트가 개별적인 문제에 대처할 때 문제해결방법으로 돕는 것과 미래에 있을 문제에 대한 대처방안을 준비시키기 위해 클라이언트에게 문제해결방법의 원칙을 가르치는 것은 서로 다른 과정이다. 따라서 여기에서 권하고 싶은 것은 사회복지사는 두 과정 모두에 관여하여 현재 문제를 해결할 뿐 아니라 클라이언트에게 닥칠 미래의 대처능력을 강화할 수 있어야 한다는 사실이다.

이 제안은 새로운 것이 아니다. 약 25년 전 몇몇 행동주의 심리학자들(D' Zurilla & Goldfried, 1971)은 사회복지사가 클라이언트의 문제해결기술을 강화하도록 도울 것을 주장했다. 이 학자들은 비정상적이고 혼란스럽게 보이는 많은 행동을 삶에 도전적인 문제를 해결하는 데 실패한 비효과적인 행동결과로 볼 수 있으며, 이것으로 원치 않는 결과, 즉 불안이나 우울증을 초래한다고 주장했다. 이들의 견해를 지지하는 연구들이 뒤를 이었는데, 스피백, 플렛, 그리고 슈어(Spivack, Platt, & Shure, 1976)는 두 가지 주요 결과를 발표했다. 첫째는 '정상적인' 사람에 비해 비정상적인 사람이 문제해결기술이 뒤떨어진다는 것이다. 후자의 경우 가상의 문제상황에서 정상적인 사람보다 가능한 해결방안을 더 적게 만들어내고, ② 때로 반사회적 해결방안을 제안하기도 하고, ③ 해결방안 결과를 예측하는 것에 매우 부정확하다는 것을 보고하기도 했다. 다른 연구에서는 갈등이 있는 결혼생활은 다른 상황보다 문제해결능력이 떨어진다는 비슷한 결과를 보고했다(Vincent, Weiss, & Birchler, 1976). 후속연구들도 이런 결과를 강화하고 있는데, 행동장애가 있는 청소년들(Tisdelle & St. Lawrence, 1988), 반사회적 아동(Kazdin et al., 1987), 우울증이 있는 아동(Weisz et al., 1987), 외상후 스트레스 장애(post-traumatic stress disorder)가 있는 베트남 참전군인(Nezu & Carnevale, 1987), 정신병적 자살환자(Schotte & Clum, 1987), 알코올중독자(Jacob et al., 1981), 그리고 정신분열증 환자(Kelly & Lamparski, 1985) 등에 관한 논문들이 있다.

스피백과 그의 동료들(Spivack et al., 1976)이 밝혀낸 둘째 결과는, 문제해결훈련을 체계적으로 받은 청소년에 관한 몇몇 연구계획에서 유용한 결과를 얻었다는 것이다. 관련 있는 작업에서 유사한 결과를 얻었는데, 즉 반사회적 행동양식을 가진 아동(Kazdin et al., 1987), 비행을 저지르지 않은 초기 청소년(LeCroy & Rose, 1986), 비행전 청소년(Kifer et al., 1974), 그리고 비행청소년(Tisdelle & St. Lawrence, 1988)들에게 갈등상황을 좀더 효과적으로 다룰 수 있도록 문제해결기술을 가르치고 훈련시켜 좋은 결과를 얻었다는 것이다. 다른 연구결과에 따르면 이 훈련으로 가족이 더 조화롭게 기능하는 데 도움을 주었다고 보고한다(Blechman, 1974; Blechman et al., 1976).

또 다른 연구(Nezu, 1985)에서 효과적인 문제해결자라고 스스로 판단하는 사람은 우울증이나 불안 등의 문제가 적고 내부 통제력이 뛰어났으며, 자신이 비효과적인 문제해결자라고 생각하는 사람보다 스트레스가 적었다고 한다.

따라서 사회복지사가 접하는 가장 성가신 문제 중 많은 부분이 바로 삶의 문제를 다루는 능력이 부적절한 클라이언트라는 것은 분명하다. 체계적인 노력으로 이런 결함을 개선하고 더 높은 수준에서 기능하게 되었다는 연구결과들은 많은 가능성을 제시한다.

결정을 내리고 문제를 해결하는 데 체계적으로 접근하는 방법을 습득하면 클라이언트는 다음과 같은 이득을 얻게 된다.

- 가족이나 집단 구성원 사이에서 상호협동, 단결, 그리고 상호존중을 촉진하는 과정을 배운다.
- 결정을 내리거나 문제를 해결하는 데 역기능적인 방법으로 발생할 수 있는 대인관계 갈등을 방지한다.
- 스트레스가 만들어내는 문제를 효과적으로 해결하여 긴장, 불안, 그리고 우울증을 줄인다.
- 광범위하고 다양한 대처방안을 만들어 최대한 효과적으로 결정하거나 해결방안을 고르는 기회를 강화한다.
- 가족이나 집단 구성원이 자신이 선택한 과제수행에 최선을

다할 가능성을 강화한다.

- 미래에 닥칠 문제상황에서 사용할 수 있는 문제해결방법을 습득하여 자신감, 자아효능감, 자존감을 높인다.
- 아이들을 문제 해결을 위하여 효과적으로 노력하는 활동에 참여시키고 그런 노력을 하도록 가르치고 지도하여 역기능적 대처방식을 발전시키는 것을 막는다.

위에서 설명한 이득에서 볼 수 있는 원리, 즉 독립적인 문제해결원리의 핵심은 예방기능이다. 클라이언트가 실제 생활로 전환할 수 있는 기술을 점차 습득해감에 따라 사회복지사에 대한 의존도는 점차 줄고 자기신뢰가 증가한다.

클라이언트에게 가르쳐야 할 문제해결전략이나 방법을 설명하기 전에, 결정하기나 문제해결과 관련한 이론이 다른 사람을 도와주는 직업에만 한정된 것이 아니라는 것을 명확히 하고 싶다. 기업에서 결정하는 것, 정부정책 형성, 공공행정, 그리고 여러 분야에서 학자들은 효과적인 문제해결이 매우 중요하기 때문에 수많은 논문이나 책에서 이 주제에 관심을 쏟았다. 분야에 관계없이 학자들은 효과적인 문제해결이 몇몇 불연속적 단계로 구성된 체계적인 접근이라는 것에 동의한다. 또 기본적인 구성요소에 대한 견해도 비슷하다. 여기에서 설명하는 전략은 몇몇 학자, 즉 주로 재니스와 만(Janis & Mann, 1977), 고든(Gordon, 1970), 그리고 제이콥슨과 마골린(Jacobson & Margolin, 1979)의 생각을 종합한 것이다. 이 전략을 가족과 집단에서 전형적으로 직면하는 대인관계 상황에 적용해보았다.

2. 문제해결기술을 배우도록 클라이언트 준비시키기

문제해결단계를 설명하기 전에 개입을 시작하는 데 필요한 조건을 논의하고자 한다. 먼저 클라이언트를 준비시키는 것이 중요하다. 만약 클라이언트가 ① 과정을 배우는 것, ② 사회복지사와 또는 상호 협동해서 노력하는 것을 잘 따라주지 않는다면 이 개입방법을 사용하는 것은 무익하기 때문이다. 원조과정 초기에 클라이언트가 이런 조건 중 어느 것도 충족할 수 없는 경우가 종종 발생하기 때문에, 사회복지사는 클라이언트가 과정에 적극 참여하고 상호 협조적인 분위기를 조성하는 데 기꺼이 협조하도록 해야 한다.

클라이언트가 협조하는 태도를 갖게 하는 몇몇 전략은 다음과 같다.

1) 초기 계약과정 동안 기초작업

문제해결기술을 배우는 것은 사회복지사가 부부, 가족, 그리고 집단과 작성하는 모든 계약 중 핵심적인 요소이다. 기억하겠지만, 11장에서 사회복지사가 모든 구성원이 결정하기에 '참여'할 것이라는 계약서를 새로운 집단과 함께 작성하기를 권했고, 첫 번째 치료모임에서 사회복지사가 결정하기 단계를 가르치는 것이 필요하다고 강조했다. 또 10장에서 많은 가족에게 역기능적 대인관계 방식과 몇몇 구성원 또는 모든 구성원을 무시하는 비효율적인 결정하기 형식(분노와 근심과 갈등이 반복해서 일어나는)이 있음을 강조했다. 따라서 효과적인 문제해결 방법을 적용하는 것을 학습목표로 협상할 수 있는 기회는 클라이언트 가족을 만나는 모임 동안 종종 생긴다. 예를 들면, 다음과 유사한 문제가 있는 많은 가족, 부부와 작업을 할 수 있다.

> "자녀양육에 대한 생각이 완전히 달라서 끊임없이 마찰하게 되고 따라서 아이들도 혼란스러워 해요."
>
> "우리 가족은 누가 설거지하고, 방 청소하고, 잔디를 깎을 것인지 놓고 끊임없이 말다툼해요. 우린 그저 무슨 일이든 함께 할 수 없다는 생각이 들어요."

위의 예는 공통적으로 가족의 핵심기능을 수행하는 것과 관련하여 문제해결방법에서 가족들이 협조적으로 일하는 데 실패한 경우이다. 불평을 '바람'이라는 용어로 생각해 본다면 사회복지사는 협조적인 문제해결에 초점을 맞추고 서로 문제해결방법을 배운다는 목표를 협상할 수 있도록 길을 평탄하게 닦아주어야 한다. 아래는 위에서 나온 문제에 대한 답변의 한 예이다.

"두 분은 자녀를 양육하는 데 있어서 서로 방식이 다르다고 말씀하시는 것 같은데 그것 때문에 두 분 사이에 불화가 있고 또 아이들도 힘들게 하는 것 같군요. 제 판단으로는 두 분은 서로 차이점을 극복할 것과 또 '부모로서 함께 일하는 방법을 배울 필요'가 있다는 생각이 드는군요."

(가족구성원에게) "끊임없는 말다툼으로 긴장감이 조성되고 결국 아무런 결론도 내지 못한다는 말씀 같군요. 제가 느끼기에 한 가족으로 일을 처리하기 위해 계획하고자 할 때 일하는 방법을 배운다면 가족 일들을 개선할 수 있다고 생각합니다."

클라이언트는 일반적으로 이런 메시지에 대해서 긍정적으로 반응하며 협조적으로 문제를 해결하는 방법을 배우는 것을 수용하는 태도를 보인다. 그러면 사회복지사는 치료모임 후반부에 클라이언트에게 있는 문제와 비슷한 어려움을 효과적으로 해결했다고 입증한 문제해결과정을 클라이언트가 왜 배워야 하는지 신중히 생각해볼 것을 제안할 수 있다. 또 계약기간 동안 클라이언트가 결정하는 법을 배운다든지 또는 결혼이나 가족문제를 과도한 갈등 없이 처리하는 방법을 배우는 등 스스로 목표를 선택하도록 한다. 만약 클라이언트가 그런 목표를 잘 파악하지 못한다면, 사회복지사는 클라이언트가 초기에 내놓은 문제에 대해 언급할 수도 있고 확인된 문제를 처리하는 데 효과적인 문제해결전략을 개발하도록 제안하거나 미래에 닥칠 수 있는 유사한 문제를 피하는 방법을 제안할 수도 있다.

2) 문제해결과정을 배워야 하는 필요성 설명

이 전략을 앞서 시도했던 전략과 함께 사용하거나 또는 나중에 편리한 시간에 소개할 수도 있다. 이 전략을 앞의 내용처럼 실행할 경우 클라이언트가 문제를 해결하는 데 협조할 수 있도록 그 이득에 대해 보다 폭넓게 설명해주어야 한다. 후자의 경우, 클라이언트가 긴장을 초래하는 경쟁적이고 비생산적인 대인관계에 있다는 것을 관찰했다면 사회복지사는 대인관계에 미치는 파괴적인 효과를 강조하면서 어떻게 모든 구성원이 역기능적 행동에 한 몫을 담당하는지 관심을 갖도록 유도한다. 그리고 문제해결 전략을 잘 배운 사례를 보여주면서 좌절감을 이용할 수 있다. 사회복지사가 계획을 잘 실행하고 적절한 시기에 개입한다면 클라이언트는 종종 문제해결전략을 배우려는 목표를 계약에 포함시키는 등 수정작업을 기꺼이 받아들인다. 다음은 로즈와 게리(Rose & Gary) 부부의 세 번째 인터뷰에서 이 개입전략을 적용한 예이다. 이 부부는 결혼생활의 여러 면에서 심한 갈등을 내포한 어려움 때문에 도움을 호소해 온 경우이다. 게리가 여덟 살짜리 아들 대니(Danny)를 다루는 문제에 대해 로즈가 비난하고 있는 부부의 과열된 공방전에 사회복지사가 개입한 내용이다.

사회복지사 : 두 분은 지금 서로 무척 화가 나 있는 상태인데, 만약 이런 식으로 계속한다면 더욱 화만 날 것 같습니다. 잠시 멈추고 두 분 사이에 어떤 일이 일어났는지 살펴보는 게 어떨까요?

게리 : 젠장, 선생님 말씀이 맞아요. 전 지금 화가 났습니다. 저 사람은 언제나 자기가 모든 답을 다 알고 있다고 생각한단 말이에요. 마치 내 의견은 하나도 쓸모 없다는 것처럼 말이에요.

로즈 : 그건 사실이 아니에요. 당신도 잘 알고 있잖아요. 단지 당신이 대니에게 너무 많은 걸 기대하고 있다는 것뿐이에요.

게리(역겹다는 듯이 머리를 흔들며) : 소용없어요. 도대체 내 말을 들으려 하지 않아요.

사회복지사 : 잠깐만요! 두 분이 지금 다소 감정이 격해 있고 그것을 해소하는 것이 어렵다는 것도 잘 알고 있지만, 무

엇이 잘못되어 가는지 바로 보는 게 무척 중요합니다. 지금 그렇게 해보시겠습니까? (둘 다 동의함) 두 분 다 대니를 어떻게 길러야 하는지 각자 의견이 있습니다 — 그렇죠? (둘 다 끄덕임) 두 분은 서로 자신이 옳다는 믿음이 있고, 그것을 서로에게 확신시키고자 노력하고 있어요. 그리고 서로 말을 들으려 하지 않고 자신의 의견이 무시당하고 있기 때문에 화가 많이 나 있는 상태이지요. 그래서 한층 더 말다툼이 심해지는 거예요. 그렇죠? (둘 다 있었던 일을 시인함) 두 분은 '누가 옳은가' 라는 전쟁터에 들어가 있습니다. 그곳에 빠져 있다가는 두 분 모두 패배하게 됩니다. 서로 심하게 분노할 것이고 대화는 바로 조금 전처럼 깨져버릴 것입니다.

로즈 : 네, 정말 잘 설명해주셨어요. 그렇다면 우린 어떻게 해야 하나요?

사회복지사(미소를 지어 보이며) : 두 분께서 전혀 질문하지 않으실 줄 알았습니다. 농담이고, 제가 제안하고 싶은 것은 말다툼을 피하는 문제해결방법을 배우자는 목표에 두 분이 함께 노력할 것을 고려해 달라는 것입니다. 함께 일하고, 상대방 견해를 이해하려고 노력하고, 누가 옳은가 고민하기보다 두 사람 모두 용납할 만한 해결책을 함께 찾는 것입니다. 이 방법을 배울 때의 이점은 서로 적대시하는 대신 함께 일하는 방법을 배운다는 것이지요.

게리 : 변하는 데 도움이 좀 되겠군.

사회복지사 : 그럼 시작하겠는데, 흥미가 있을 겁니다. (둘 다 동의의 의미로 끄덕임) 두 분이 한 번 도전해볼 만한 목표라는 느낌이 듭니까?

로즈 : 전 준비되었어요. 우리에게 정말 도움이 될 것 같군요. 우리가 지금 하고 있는 방법은 효과가 없어요, 정말 그래요. 게리, 당신은 어떻게 생각해요?

게리 : 해봅시다.

협조적으로 일을 하겠다고 약속을 얻는 것은 변화 과정에 도움을 주는 분위기를 만드는 데 결정적인 단계이지만, 그렇게 하겠다는 약속만으로 충분하다고 생각하는 것은 경솔한 것이다. 습관적인 대인관계 방식을 깨트리기 위해선 지속적으로 노력해야 한다. 이 원리는 이미 형성된 집단에도 똑같이 적용할 수 있는데, 구성원 자신이 다른 상황에서 습관적으로 사용하던 대화방식을 집단으로 가져오기 때문이다. 더구나 사람들은 자신에게 이미 있던 기술만 사용할 줄 안다. 따라서 어떤 클라이언트가 협조적으로 문제해결방법을 배운다는 것은 새로운 기술을 배운다는 것을 의미한다. 다음 두 전략은 조직의 구성원이 협조적인 상황을 성취하는 데 핵심이 되는 것이다.

3) 상호 협조적으로 상호작용하도록 개입

이 전략에 관련된 전술은 이중구조이다. 첫째, 사회복지사는 부정적이고 경쟁적이고 파괴적인 상호작용 방식을 발견하기 위해 적극적으로 개입한다. 그러한 역기능적인 상호작용을 방지하기 위해 사회복지사는 부정적이고 비난하는 발언을 바꿔야 할 필요, 바람, 요구 등을 표현하거나 다시 정의해야 한다. 둘째 전술은 건설적인 방식으로 재구성하거나, 클라이언트가 자신의 필요를 표현하고 경청하고 감정을 개인화하고 긍정적으로 피드백하도록 가르쳐 협조적으로 상호작용하도록 유도하는 것이다. 협조적 상호작용의 잠재력은 클라이언트가 새로운 방식으로 행동하는 것을 배우고 그것에서 이득을 경험하도록 한다. 협조한다는 이점을 경험한다는 것은, 클라이언트가 다른 관계에서 성공과 만족을 얻도록 강화한다는 것 그리고 다음에는 사회복지사나 조직의 다른 구성원과 협조하는 또 다른 노력을 촉진시키는 것을 말한다. 다음은 부모와 청소년기 딸이 대화한 인용문으로 이러한 기술을 적용한 예이다.

딸(부모에게) : 아빠, 엄마는 절 따라 다니며 괴롭게 해요. 내 일은 내가 알아서 할 테니까 절 좀 가만히 놔두실 수 없으세요? (공격, 비난의 메시지)

아빠 : 네가 들어와야 할 시간에 들어온다면 우린 네 일에 간섭 않을 거야. (역 공격 메시지)

딸 : 아빠, 엄마가 절 귀찮게 하지만 않는다면 아마 좀더 제 시간에 들어올 맘이 생길 거예요. 게다가 다른 애들보다 더 빨리 집에 돌아오길 바라잖아요. 그게 불공평하다는 거예요. (더 거세게)

엄마 : 11시가 이른 시간이라고 생각하진 않는다. (방어적으로 반응)

사회복지사 : 잠깐 멈추시고, 여기 있는 사람들 모두를 괴롭히는 것에 대해 더 깊이 이해할 수 있는지 살펴보았으면 합니다. 여러분은 모두 충족되지 않은 어떤 욕구가 있는데, 그 욕구가 무엇인지 확인하고 다시 시작하도록 하지요. 전 여러분이 각자 서로 욕구가 무엇인지 경청하고 이해하도록 노력하시길 바랍니다. 동의하지 않으실 수 있지만, 왜 동의하지 않는지 잠시 생각해 보세요. 이해하도록 노력하세요. 그럼 베티와 다시 시작하도록 하지요. 네가 한 말을 듣고 네가 집보다 밖에서 활동하기 원한다는 생각이 들었는데, 넌 더 자유로워지길 원하지, 그렇지?

가족 구성원 간에 언어적 공격, 비난의 메시지, 방어, 역공격 등 파괴적인 상호작용이 있음을 주목한다. 사회복지사는 비난의 메시지를 욕구라고 해석하고 개입을 시작한다. 이어서 구성원 간에 서로 귀기울여 들어주고 서로 욕구를 이해하려고 시도해줄 것을 요구한다. 계속해서 대화로 돌아가 보자.

딸 : 예! 정말 그래요. 정말이지 항상 잔소리 듣는 데 지쳐버렸어요.

사회복지사 : 좋아. 지금은 네가 원하는 것만 생각해 보도록 하자. 네가 원하는 긍정적인 변화가 무엇인지 부모님께 자세히 말씀드려보지 않겠니? 아빠, 엄마가 해주셨으면 하는 게 무엇인지 말씀드려봐. 그 분들이 잘못하고 있는 것에 대해 네가 어떻게 느끼는지가 아니라. 알겠지? (욕구에 초점을 맞추면서 긍정적으로 변하도록 제안)

딸 : 그럴게요. 전 아빠, 엄마가 제게 좀더 자유를 주셨으면 해요. 전 두 분이 저를 통제하려고 한다는 느낌이 들어요. 그렇지만 제 삶은 제가 꾸려 나갈 수 있어요. 두 분은 저를 신뢰하지 못하는 것같이 행동하세요.

사회복지사(부모에게) : 베티는 더 자유롭고 싶고 또 한 사람의 성인으로 대우받고 싶다고 두 분께 말하고 있습니다. 두 분 모두 그런 메시지를 받으셨습니까? (계속해서 딸의 욕구에 초점을 맞추고 있음, 부모에게 전달된 의미를 점검)

아빠 : 예, 하지만…….

사회복지사 : '하지만' 이란 단어는 나중을 위해 잠시 보류하지요. 그렇게 해주시겠지요? 고맙습니다. 바로 지금은 자신의 욕구를 이해하는 데 힘을 다하는 게 중요합니다. (부모에게) 그럼 이번에는 두 분 욕구를 들어보는 게 어떨까요. 두 분은 각자 어떤 긍정적인 변화를 원하십니까?

엄마 : 나는 베티가 더 일찍 집에 돌아왔으면 좋겠어요. 그 애가 늦게까지 밖에 있으면 걱정이 돼요.

사회복지사 : 어떤 두려움 같은 게 있다는 말씀으로 들리는데요. 그 두려움이 무엇인지 베티에게 말씀해주실 수 있겠어요?

엄마 : 베티야, 네가 원래 착한 아이라는 걸 난 잘 안단다. 하지만 난 정말 걱정이 돼. 아무리 착한 아이라도 밤늦도록 함께 몰려다니면서 너무 오랜 시간을 보내다 보면 문제가 일어날 수 있단 말이야.

사회복지사(베티에게) : 베티야, 엄마가 네게 말씀하시는 걸 잘 알아들었으면 해. 엄마는 지금 너에 대한 염려를 표현하고 계신 거야 — 너를 믿지 못하거나 통제하려는 게 아니고 말이야. (엄마에게) 왜 그렇게도 걱정하시는 거예요? 베티에게 말씀해주시겠어요? 조금 있다가 제가 왜 이런 질문을 했는지 말씀드릴게요.

마지막 대답에서 사회복지사는 엄마의 두려움이 베티를 못 믿거나 통제하려는 의도가 아닌 긍정적인 걱정에서 비롯되었음을 명확히 한다. 이 장면에서 어떻게 긍정적인 상호관계와 이해를 유도해냈는지 주목해 보라. 다음에 계속되는 대화에서도 나타나지만, 마지막 질문에서 사회복지사는 좀더 긍정적인 느낌을 유도해내기 위해 노력했다.

엄마 : 저, 베티야. 그건, 우리가……. 저, 네가 우리에겐 하나 밖에 없는 딸이기 때문이야. 우린 너를 사랑해. 어떠한 나쁜 일도 원치 않아.

사회복지사 : 이제 제가 왜 그런 질문을 했는지 말씀드릴게요. 베티가 두 분께 너무나 소중하기에 그렇게 걱정했다는 것을 제가 느꼈습니다. 그러나 그 메시지가 베티에게 잘 전달되었는지 확실치 않았어요. (베티에게) 너는 부모님이 너를 통제하길 원한다고 생각했지. 그러나 부모님이 전달하는 모든 부정적인 메시지 이면에는 너에 대한 사랑과 관심이 깔려 있어, 이제는 알겠니? (부모의 긍정적인 관심을 명확히 밝혀주고 또 긍정적인 피드백을 촉진)

딸 : 이젠 알겠어요. 그러나 예전에는 그런 느낌을 받지 못했어요, 전혀!

사회복지사 : 그렇지만 이젠 알게 되었지. 그 사실에 대해 넌 어떤 기분이 드니? 부모님께 말씀드리겠니? (긍정적인 피드백에 초점 유지)

딸 : 좋아요. 아주 기분이 좋아요. 결국 아빠 엄마는 그렇게 나쁘지 않죠.

사회복지사 : 그래, 아마 네가 서로 좀더 이해하기 시작한 것 같구나. (아빠에게) 우린 아직 아버님 말씀을 듣지 못했군요. 아버님이 원하는 것이 무엇인지 우리에게 알려주실 수 있으세요? (아버지의 필요와 욕구에 대한 논의로 옮김)

아빠 : 제 아내가 매우 잘 표현했습니다. 뭐 달리 덧붙일 건 없어요.

사회복지사 : 그렇지만 전 베티가 아빠에게 직접 듣길 원해요. 아빠 느낌을 베티에게 말씀해주실 수 있겠습니까?

대화 앞부분에서 사회복지사는 가족들이 각자 욕구를 식별하게 했는데, 이는 이 장 뒷부분에서 더 논의할 문제해결방법의 중요한 단계임을 주목하기 바란다. 또 사회복지사는 식구들이 부정적인 메시지로 되돌아가려 할 때마다 적극적으로 개입했다. 엄마의 말에 담긴 염려와 진실한 사랑에 마음을 맞추게 하여 긍정적인 상호관계로 방향을 다시 잡았다. 그렇게 하여 사회복지사는 서로 배려하는 느낌을 유도했고 전형적인 역기능적 상호관계가 상호 협조적인 대화의 씨를 뿌리는 단계로 전환되도록 하였다. 이 전략은 문제를 긍정적으로 다루는 대화를 통해 구성원들이 최초로 '성공' 하는 경험을 제공한다.

사회복지사는 부정적인 상호관계를 긍정적인 상호작용으로 전환해야 할 책임이 있다. 초기에 평가할 때를 제외하고는 클라이언트가 파괴적으로 대화하도록 그냥 놔두는 것은 대상이 부부이든, 가족이든, 집단이든 건설적인 목적이라고 볼 수 없다.

4) 상호 협조적인 노력 인정

이 전략은 클라이언트의 자발적인 협조행동을 강화하고 긍정적인 행동변화와 거기에서 얻을 수 있는 이득의 효과를 연결지어 강조하면서 얻게 될 이익을 강조한다. 상호 협조적 행동은 긍정적인 결과를 만들기 때문에 강화하지만, 상호 협조적인 노력을 인정하고 칭찬하여 그런 행동을 더 강화할 수 있다. 클라이언트가 상호 협조적인 행동과 유익한 결과를 뚜렷이 인식할 수 있게 도와 스스로 협조적으로 상호작용을 하도록 선택하게 한다. 다음은 그런 예이다.

사회복지사(집단에게) : 저를 정말 기쁘게 했던 일이 있어 짚고 넘어가려 합니다. 여러분도 기억하시다시피 첫 번째 치료모임에서 우리는 모두 서로 문제를 더 깊이 이해하고 해결책을 찾는 데 협조하겠다고 동의하였습니다. 물론 지난 번 치료모임에서 다소 같은 시간에 서로 말하려 해서 다툼이 좀 있었습니다. 그러나 저를 기쁘게 했던 것은 조금 전 몇 분 동안 줄리가 자신의 문제를 함께 나누었듯이 우리는 하나의 집단으로 진정한 활동을 시작했다는 것입니다. 모든 사람이 귀기울여 들었고, 누구도 방해하지 않았고, 또 여러분 중 몇몇은 줄리가 자기 문제를 표현하도록 도와주기까지 했습니다. 결과적으로 줄리는 마음을 열고 우리와 함께 더 많은 것을 나누었습니다. 전 여러분이 한 집단으로 열심히 시작한 것에 대해 깊은 감동을 받았습니다. 줄리, 당신은 어떻게 느꼈는지 듣고 싶군요.

줄리 : 음, 처음에는 무척 힘들었지만 방금 말씀하셨듯이 점점 쉬워졌습니다. 정말 모든 사람들이 제게 힘이 된다고 느꼈어요. 정말 기분이 최고였어요.

5) 문제를 체계에 속한 것으로 규정

클라이언트가 문제를 드러냈을 때, 가까운 사람들은 그 문제가 단지 그 사람에게만 국한된 것으로 보고 집단의 어떤 다른 부분과 관계 있음을 부인하는 경향이 있다. 그러나 체계이론적 관점에서 보면, 한 구성원에게 있는 문제는 바로 그 체계의 문제이며 다른 구성원은 해결책을 찾는 데 공동으로 책임져야 한다. 또 문제해결에 모든 구성원이 기여한다거나 잘못된 것을 바로잡는 작업에 모두 참여한다면 결과는 훨씬 더 효과적이다. 이미 형성된 집단에 합류하는 경우, 신입 구성원은 다른 구성원들에게 예전부터 있었던 문제에 기여한 바 없기 때문에 상황은 조금 다르다. 그러나 새로운 체계의 한 부분이 된다면, 개인은 다른 구성원을 돕는 데 열심을 다하게 되고 또 집단이 효과적으로 기능하도록 돕기 위해 책임을 서로 나누게 된다. 집단이 더 발달하면서 모든 참여자들은 집단의 역기능적 과정에 적당한 방법으로 대처하고 또 모두 그것에서 탈출할 능력도 갖게 된다.

다음은 참여자가 어떻게 문제 상황에 대처하는가에 관한 전형적인 예이다.

- 애덤스 부인은 남편이 자신과 시간을 거의 보내지 않는다고 불평한다. 남편도 이에 동의하지만 부인이 자기를 끊임없이 빈정거리고 귀찮게 하기 때문에 집 밖에서 보내는 시간이 늘어날 수밖에 없다고 설명한다.
- 숍은 부인이 성적으로 먼저 다가오기를 원한다고 표현한다. 부인은 자신도 그렇게 하고 싶지만 과거에 그렇게 시도했을 때 남편이 자신을 거절했다고 말한다. 상처받지 않기 위해 부인은 그런 위험을 감수하지 않겠다고 결심했다.
- 열다섯 살짜리 앨런의 부모는 앨런이 매일의 생활에 대해 전혀 말하지 않는다고 불평했다. 앨런도 그 사실에 동의하지만 과거에 그렇게 해보았으나 부모님은 자신을 비난하거나 잔소리만 늘어놓았다고 설명하였다.

위 예에서 참석자 모두가 문제상황에 한 가지 이상의 역할을 하고 있음을 알 수 있다. 사회복지사가 해야 할 과제는 모든 사람에게는 존중해야 할 부분(respective parts)이 있음을 깨닫고, 적절한 행동으로 바꾸는 데 동의하도록 돕는 것이다. 이것은 쉽지 않다. 사람은 자신보다 다른 사람의 괴로운 행동에 더 민감하고 집중하는 경향이 있기 때문이다. 따라서 대부분 문제를 해결하기 위해서는 다른 사람이 바뀌야 한다고 생각하는 경향이 있다. 그러나 사회복지사는 클라이언트가 협조적으로 상호작용하도록 개입하고 지도하면서 문제상황에 대해 각자 인식을 드러내고 뿐만 아니라 다른 사람의 견해를 주의 깊게 듣도록 도와줄 수 있다. 더 나아가서, 성공적인 변화는 각 개인이 자신의 행동을 고치려고 노력한 데서 나오는 것이지 다른 사람을 바꾸려는 데서 성취되는 것이 아니라는 것을 설명하여 클라이언트 자신이 주의하고 고쳐야 할 부분에 대해 받아들일 수 있도록 도울 수 있다.

사람들에게 문제는 우리 모두에게 있다고 생각하도록 돕는 가장 효과적인 전략은, 자신이 얻을 수 있는 이익(self-interest)에 호소하는 것이다. 만약 자신이 얻을 수 있는 수익성을 볼 수 있다면 해결책을 찾아내는 데 동참하려 할 것이다. 예를 들어, 남편이 아내의 우울증이나 불행이 자신에게 어떻게 부정적인 영향을 미치는지 알게 된다면 부인과 관계하는 데 조금 수그러들거나 자신의 만족이나 행복을 줄이면서까지 아내가 우울증을 극복하도록 도움을 받으려 할 것이다. 이런 과정을 거치면서 그도 역시 자신이 아내 우울증에 얼마나 원인이 되었는지 이해하게 될 것이다. 마찬가지로 만약 사회복지사가 한 개인의 향상된 기능이 체계 관계와 연대감을 강화한다는 것을 구성원들이 모두 깨닫도록 도와준다면 구성원은 문제해결에 더욱 적극적으로 참여해야 한다는 책임을 수용할 것이다.

문제는 함께 공유하는 것임을 분명히 하고 참여자가 모두 집단을 지속시키는 역할을 한다는 것을 명확히 하여 참여자들이 기꺼이 긍정적인 행동으로 변화를 시도하도록 촉진한다. 어떤 한 사람이 의지를 밝히면 다른 사람도 따라서 의지를 키우는 경향이 있다. 누구도 문제의 유일한 원인이 될 수 없으며, 따라서 창피를 당할 사람은 아무도 없다. 또 다른 사람들이 그 부분에 대해 이해하려고 충분히 노력하고 있음을 알게 될 때, 그리고 변하기 위해 스스로 열심을 다할 때, 어려운 문제가 그냥 해결되는 경우도 있다.

3. 문제해결과정

클라이언트가 상호 협조적으로 작용하기 시작하거나 그 상호작용에 수반하는 행동에 대해 각성하기 시작하거나, 또는 문제해결과정을 배우기로 계약하면 클라이언트에게 문제해결과정을 소개하고 이것을 각자가 갖고 있는 몇 가지 문제에 적용해 보도록 안내하는 것이 바람직하다. 공식적인 과정을 설명하기 전에 문제해결과정을 효과적으로 사용하기 위한 전제조건을 설명하는 것이 매우 중요하다. 클라이언트가 문제해결과정을 더 잘 수용하고 성공적으로 실행할 수 있도록 준비하기 위해서는 이에 필요한 조건과 거기에 뒷받침되는 법칙에 대해 신중하게 설명해야 한다. 클라이언트에게 과정을 소개할 때에는 다음과 같이 본질을 밝히면서 시작하는 게 좋다.

"문제해결과정이 무엇인지 살펴보면서 시작해 봅시다. 기본적으로 이것은 여러분이 어떤 문제를 해결하는 데에 더 잘 협조하고 효과적으로 결정하도록 만드는 접근방법입니다. 여기에는 여러분이 문제를 정확히 파악하고 여러 가지 해결 가능한 방안을 만들어 그 중 가장 가능성 있는 방안을 선택하도록 하는 많은 단계가 있습니다. 최선의 선택은 여러분 욕구에 가장 잘 맞는 것을 고르는 것이고 그 다음 단계는 다른 사람 욕구가 무엇인지 이해하고 파악하도록 돕는 것입니다. 물론 지침이 있어 함께 일하는 데 도움을 주며 쓸데없고 비생산적인 다툼은 피하게 해줍니다."

그 과정이 효과적이라는 것과 클라이언트가 각 단계와 지침을 성실히 수행할 경우에만 성공적으로 적용할 수 있음을 명확히 밝히는 것이 매우 중요하다. 그러나 아무리 의지가 강하다고 해도 습관적인 상호작용 방식으로 되돌아가려 할 것이고, 만약 그것을 허용한다면 마침내 다시 다투고, 비난하고, '누가 이기느냐' 하는 게임을 시작하게 될 것이다. 이런 이유로 문제해결방법을 다른 상호작용과 분리하는 것이 매우 중요하다. 클라이언트는 문제해결과정에 참여하겠다고 동의할 때부터 구조화된 상호작용 방식을 성실히 수행해야 함을 명심해야 한다. 치료모임에서 사회복지사는 클라이언트에게 이 단계와 지침을 충실히 이행하도록 지시할 것이다. 그리고 클라이언트는 치료모임 밖에서 습관이 되어버린 상호작용 방식에 다시 빠지지 않도록 주의해야 한다.

4. 문제해결과정 동안 상호작용 관리

문제해결과정에서 실제 단계들을 가르치기 전에 사회복지사는 클라이언트의 상호작용을 다루고 각 단계를 충실히 수행하도록 하여 성공적인 결과를 성취하도록 지시할 준비가 되어 있어야 한다. 끝으로 사회복지사는 클라이언트가 다음 지침을 준수하도록 도와야 한다.

① 지침 1 : 문제를 자세하게 언급한다

문제를 정확하게 파악하기 위해서 문제를 자세하게 표현하는 것은 중요하다. 그렇게 하면 다른 사람들이 자신의 걱정과 욕구를 구체적으로 파악할 수 있다. 더 자세히 말하면 문제를 자세히 설명하면 애매모호하거나 일반적인 용어로 표현하면서 생기는 혼동과 오해를 피할 수 있다. 사회복지사는 클라이언트가 자신의 문제를 자세하게 드러낼 수 있도록 구체적인 기술을 사용할 수 있다. 클라이언트가 문제를 포괄적으로 설명할 때 사회복지사는 세부사항을 자세하게 설명해달라고 요구하고 문제점을 구체적으로 지적하는 것이 얼마나 중요한지 명확하게 해두어야 한다.

② 지침 2 : 과거의 어려움보다 현재 문제에 초점을 맞춘다

사회복지사가 클라이언트의 문제를 규정할 때 현재에 초점을 맞추는 것이 중요하다. 클라이언트가 과거 수많은 문제행동을 생각해낼 때 환경이나 세부 사항에 대해 불필요하고 쓸모 없이 논쟁하는 경향이 있다. 최근의 어려움에 대한 몇 가지 세부사항은 때로 문제 있는 행동을 지적하는 데 분명 도움이 되지만 아주 조금만 지나쳐도 역효과를 초래한다. 그러므로 사회복지사는 현재 문제에 초점을 맞추는 것이 필요하다. 자세히 설명하면 클라이언트와 계약을 맺고 클라이언트가 다른 사람에 대한 언어적 공격수단으로 과거 사건을 들추어 장황하게 인용할 때 현재 과정에 다시 초점을 되돌리도록 개입해야 한다.

③ 지침 3 : 한 번에 한 가지 문제에만 초점을 맞춘다

클라이언트는 종종 문제를 하나 내놓은 후 바로 또 다른 문제로 옮겨가는 경향이 있다. 그것은 노력을 분산시키고 원조과정을 약화시킨다. 초점일탈(sidetracking)은 주의를 딴 데로 끄는 고의적인 전술의 결과일 수도 있고, 또는 어떤 사람은 잠시도 한 주제에 머무르지 못하는 어려움에서 비롯할 수도 있다.

클라이언트가 초점에서 일탈할 때 사회복지사가 개입하여 원래 문제로 되돌아가도록 하는 것이 중요하다.또 이런 행동을 지적하여 클라이언트가 자신의 행동을 식별할 수 있도록 돕고, 그런 행위가 문제해결 노력에 어떻게 방해가 되는지 명확히 해주는 것이 중요하다. 더 나아가 클라이언트가 하고 있는 것이 무엇인지 식별하도록 요청하여 그런 일이 일어났을 때 독립적으로 처리하도록 도와줄 수 있다. 클라이언트는 대개 이런 초점일탈 행위를 정확히 식별해낸다. 초점일탈을 줄이는 효과적인 방법 중의 하나는 치료 세션 중 상호작용을 감시하는 과제, 즉 초점일탈을 피하려고 노력하면서 다른 사람이 초점을 일탈하였다는 사실에 주의를 집중하여 다시 원래 주제로 초점을 맞추는 과제를 클라이언트와 함께 만드는 것이다.

④ 지침 4 : 다른 사람이 자신의 문제를 나눌 때에는 경청한다

이 지침은 이야기하는 사람의 걱정이나 감정의 타당성에 대해 판단을 중단하고, 반대의견을 표현하거나 문제해결을 위해 이렇게 저렇게 충고하는 자연스러운 경향을 억제하는 것을 의미한다. 다른 사람이 말할 때 충분히 이해하도록 피드백을 주면서 생각을 확인하는 것이 좋다. 자기가 들은 내용을 요약하는 것은 문제를 말한 사람 자신이 의도한 메시지를 다른 사람이 정확히 이해했는지 확인하는 효과적인 방법이다.

이 지침은 문제를 나눈 사람에 대한 반응이 긍정적이고 협조적인 분위기인지 아니면 방어적인 분위기가 강한지 알아내는 데 있어서 중요하다. 비록 피드백이 조작적이거나 기계적인 것 같아 보여도 이것은 협조적인 대화를 강화하는 강력한 방법이다.

사회복지사는 메시지를 듣는 사람이 주의 깊게 듣고 의도와 감정을 이해하려고 노력하도록 가르쳐 클라이언트가 이 지침을 실행하도록 촉진할 수 있다. 그리고 클라이언트에게 자신의 생각을 깨닫고 그 사람 입장에 서서 그 입장을 충분히 동감하도록 요청하라. 메시지를 받은 후 지금까지 얘기한 그 사람과 함께 자기가 들은 것을 확인해 본다. 그리고 그 메시지에 부정적으로 반응하는 사람이 있을 경우 개입하도록 준비하라. 메시지를 보낸 사람이나 받은 사람이 모두 그 메시지의 의도에 동의할 때까지 피드백을 사용하여 지도해야 한다.

⑤ 지침 5 : 긍정적이고 건설적인 방식으로 문제들을 함께 나눈다

어떤 사람이 문제를 말할 때, 말하는 태도에 따라 다른 참여자가 협조적이 되기도 하고 방어적이 되기도 한다. 다른 참여자의 행동이 내재되어 있는 문제나 관심사를 표현할 때, 그 사람을 비난하거나 공격하는 태도 없이 표현하는 것이 중요하다. 비난하는 투로 문제를 표현하는 것, 즉 "당신은 내 감정 따위엔 관심도 없어요" "내가 얼마나 열심히 일하는지 당신은 알지도 못해요" 또는 "넌 너무 늦게까지 밖에 있었어" 등의 말투는 방어적이거나 역비난하는 경향이 있고 과정을 시작하기도 전에 망치는 결과를 초래한다. 따라서 누가 문제를 말할 때에는 긍정적으로 의도를 표현하고, 다른 사람의 잘못에 초점을 맞추기보다 개인적인 감정을 그냥 혼자만 갖고 있는 채 시작하는 것이 중요하다. 자신의 관심사를 소개할 때 효과적인 방법 중 하나는 그 메시지를 말하기 전에 긍정적이고 배려하는 메시지를 먼저 말하는 것이다. 예를 들어, 다음의 두 메시지를 대조해보고 듣는 사람의 입장이 어떠할지 생각해 보라.

(10대 미혼모가 엄마에게)

"엄마, 엄마는 좋은 분이고 늘 저를 걱정하신다는 걸 잘 알아요. 늘 표현하지는 않았지만 정말 고맙게 생각해요. 그렇지만 아이를 갖는 문제는 제가 결정해요. 이 문제를 결정하는 데 전 엄마가 강요하는 것이 아니라 지지해주었으면 해요."

"엄마, 엄마는 항상 내 일에 간섭하시는데, 이젠 정말 잔소리 좀 그만하세요. 이 아이는 내 아이이고 내가 결정할 거란 말이에요."

클라이언트가 다른 사람을 비난하거나 공격하지 않고 문제를 표현하면서 도움을 구하도록 해야 한다. 클라이언트가 부정적인 태도로 문제나 관심을 표현할 때에 사회복지사는 파괴적인 상호작용을 막기 위해 즉각 개입하는 것이 필요하다. 사회복지사는 비난의 메시지가 얼마나 다른 사람을 격분하게 하는지 설명하고, 클라이언트에게 부정적인 메시지에 대한 반응을 표현해 보라고 요구하여 자신의 감정에 영향을 주는 긍정적인 메시지와 부정적이고 비난적인 메시지를 구분하도록 도울 수 있다. 이렇게 구분한 다음, 사회복지사는 클라이언트가 문제나 관심사를 긍정적인 태도로 말해보도록 지도한다. 클라이언트들이 지속해서 상호작용할 동안 사회복지사는 아마 여러 번 개입해야 할지도 모른다. 이것은 습관화된 옛 대화방식의 힘이 무척 강해 클라이언트가 자주 이전 방식으로 되돌아가기 때문이다.

문제를 말할 때 클라이언트는 지나치게 일반화하거나 절대적인 발언, 즉 "넌 일을 마친 후 깨끗이 뒤처리를 한 적이 '한 번도' 없어" 또는 "넌 '언제나' 그 일을 하라고 내가 말해야만 해" 등 이러한 표현을 피하는 방법을 배워야 한다. 지나친 일반화는 비난하는 내용을 포함할 뿐 아니라 정확하지도 않기 때문에 대화에 부정적인 영향을 미친다. 그런 메시지를 받는 사람은 대개 그 비난이 타당성이 없다고 반증하며 역공격을 하게 된다. 그러면 언쟁으로 이어지고 싸움은 점점 더 고조된다.

클라이언트가 지나치게 일반화한 메시지를 보낼 때는 즉각 개입이 필요하다는 신호이다. 그럴 때 사회복지사는 그러한 상호작용을 중단하고 그 메시지가 지나친 일반화라고 명명하고(무슨 뜻인지 설명하면서) 그 메시지의 파괴적인 효과를 명확히 설명해주어야 한다. 그리고 메시지를 보낸 사람에게 정확하고 긍정적인 어법으로 메시지를 전달하도록(필요하다면 지도해주면서) 요청할 수 있다.

5. 문제해결단계

사회복지사는 문제해결과정 단계를 설명하면서 클라이언트가 각 단계를 완전히 습득하도록 돕는 기술들을 제시할 것이다. 클라이언트가 이 과정을 이해하고 적용하도록 돕기 위해서 사회복지사는 클라이언트에게 각 단계목록이 적힌 참고자료를 나누어 줄 수 있다.

클라이언트와 그 과정에 대해 논의하기 전에 과제를 실행할 때 결과를 언제나 정확히 예측할 수 있는 것이 아니기 때문에 최종적인 결정이나 해결책이 언제나 원하는 결과를 만들어내는 것은 아님을 설명하는 것이 중요하다. 실제 이것이 기대할 수 있는 전부이고, 이 결과는 대개 수많은 요소들 간에 이루어지는 상호작용의 부산물로 그 중 몇몇은 예상치 못했던 것들일 수 있기 때문이다. 문제해결과정 단계는 다음과 같다.

1) 단계 1 : 문제를 인식한다

사람들은 종종 그 문제가 아주 심각해서 더 이상 무시하지 못할 때까지는 문제에 직면하지 않는다. 또 문제에 직면하는 것이 불편하기 때문에 어떤 사람은 그 문제를 합리화해버리거나 문제가 그냥 없어지겠거니 하는 마음으로 무시하기도 한다. 물론 어떤 문제들은 해결하려고 어떤 행동을 취하지 않아도 저절로 해결되기도 하지만, 많은 경우 문제는 더 악화되고 확대되어 때로 회복 못할 정도로 손상을 입거나 엄청난 비용을 지불해야 하거나 또는 정신적인 고뇌에 빠지게 만들기도 한다.

클라이언트들에게 이 단계를 솔직 명료하게 설명하고 문제가 생긴 초기단계는 대개 충분히 감당할 수 있지만 그것을 무시했을 때에는 그 심각성이 증가할 것임을 강조한다.

2) 단계 2 : 문제를 분석하고 참여자의 욕구를 파악한다

이 단계는 매우 중요하다. 문제상황에 있는 참여자가 문제를 자세히 분석하기도 전에 종종 미숙하게 해결책을 생각하기 때문이다. 따라서 이런 해결책은 엉뚱하기 일쑤이고 시간과 힘을 낭비하고 낙담하게 만드는 원인이 되기도 한다. 누구의 해결책을 채택할 것인지 놓고 다른 해결책을 제안한 사람과 대립할 수도 있다. 사실 클라이언트는 '문제해결' 에서 먼저 욕구를 평가하고 그 후 생각한 모든 욕구를 충족하는 해결책을 만들기보다는 서로 대립하는 해결책을 놓고 말다툼하면서 '시작' 하기도 한다.

사회복지사는 클라이언트가 문제를 분석할 수 있도록 도우면서 문제에 오랫동안 빠져 있지 않고 또한 문제의 원인이 되는 뿌리를 발견하기 위해 깊은 탐험에 빠지지 않는 것이 중요하다. 원인을 찾아 헤매는 것은 목표가 아니다. 그렇게 하면 종종 건설적이지 않은 사색에 빠지기 때문이다. 클라이언트의 문제를 일으킨 요소들을 밝히고 관계한 모든 사람들이 만족하도록 문제를 해결하려는 참여자의 욕구를 파악하는 것이 바로 문제를 분석하는 목적이다. 문제를 명확히 규정하기 위해 클라이언트는 다음의 지침을 충실히 따르는 법을 배워야 한다.

- 문제 있는 행동들을 지적하고 그것과 관련된 느낌을 명백히 표현한다.
- 누가 그 문제의 어느 부분을 맡고 있는지 분석한다.
- 문제상황과 밀접한 관계가 있는 참여자들의 욕구가 무엇인지를 구체화한다.

앞에서 처음 두 지침에 대해 길게 논의했기에 또 다른 설명은 필요 없을 것 같다. 그러나 세 번째 지침은 자세히 설명할 가치가 있다. 문제상황에서 참여자의 욕구를 구체화한다는 것은 두 가지 이유에서 아주 중요하다. 첫째, 문제를 수용하기 위해서는 그 어떤 해결책이라도 모든 참여자의 욕구를 충족해야 한다는 것이다. 따라서 욕구를 미리 파악해서 클라이언트가 가능한 범주에서 해결책을 생각할 수 있도록 하는 것이 논리적이다. 둘째, 다른 사람에 대해 불평할 때보다 개인적인 욕구를 함께 나눌 때 다른 참여자들은 특정 클라이언트에 대해 수용적으로 집중하여 듣게 된다. 문제해결방법에 있어서 욕구를 파악한다는 것은 다른 사람의 욕구를 정하거나 그것에 대해 함께 이해하도록 노력함으로써 서로의 관심과 존중을 키울 수 있기 때문에 결국 상호협조를 강화하게 된다. 다시 강조하면, 욕구를 파악한다는 것은 생각하는 모든 욕구를 가장 잘 충족시킬 수 있는 해결책에 이르도록 반듯한 길을 열어준다. 즉 효과적인 문제해결을 보증하는 것이다. 다음은 클라이언트의 욕구를 파악하는 메시지를 드러내는 예이다.

"난 당신이 친구들과 어울려 며칠 밤씩이나 술집에 가는 게 싫어요. 당신이 나와 함께 지내는 시간이 너무 적을 때에는 난 당신에게 중요한 사람이 아니라는 느낌이 들어요. 난 당신과 더 많은 저녁 시간을 함께 보내고 싶어요."

"당신이 내 친구들 앞에서 내 비밀을 들춰낼 때에는 정말 굴욕감이 들어요. 난 당황하는 일이 일어날지도 모른다는 두려움 없이 내 친구들을 집으로 데려올 수 있기 바래요."

위 예에서 메시지를 보내는 사람이 문제 있는 행동, 상황 배경, 그 행동에 대한 감정적 반응, 그리고 충족되지 않은 욕구나 바람을 자세히 설명하고 있음을 주목하라. 또 메시지를 보내는 사람은 자신만의 감정을 잘 지키고 비난하는 발언을 피하고 바로 지금에 초점을 맞추고 있다.

참여자의 욕구를 파악한다는 것은 특히 가족치료모임에서 진행 과정을 신중하게 구조화하고 적극적으로 개입해야 하는 것으로, 이는 클라이언트 욕구를 말하다가 힐난과 비난으로 매우 재빨리 옮겨가기 때문이다. 방어적인 반응을 막기 위해서는 때로 타인을 향한 'I-message(나 전달 메시지)' 모델을 사용하고 또 자신의 감정을 정확히 파악하고 욕구를 명확히 표현하도록 계속되는 메시지 부분을 사용하여 부정적인 메시지를 재구성하도록 돕는 것이 필요하다. 더욱이 초기 메시지가 의도하는 의미를 이해했는지 확실히 짚고 넘어가기 위해 피드백을 사용하여 '문제' 메시지를 '이해' 하는 입장에서 받아들일 수 있도록 지도해야 한다.

클라이언트에게 서로의 욕구를 파악하고 가치를 부여하는 방식에서 과정을 구조화하기 위해 다음과 같은 행동 절차를 따르기를 권한다.

1. 문제를 가장 효과적으로 해결하는 방법은 모든 사람들의 욕구를 최대한 잘 충족하는 것이라고 설명한다.
2. 모든 사람의 욕구는 중요하며 누구도 문제해결과정에서 제외되는 일이 없을 거라고 명확히 한다. 모든 참여자는 차례로 돌아가면서 자신의 욕구를 말해야 하며 다른 사람을 잘 이해하기 위해 주의 깊게 들을 것을(명확화를 염두에 두고) 요구한다.
3. 욕구를 파악했을 때 그것을 받아 적을 자원자를 구한다. 만약 누구도 지원하지 않는다면 어떤 한 사람에게 요구하든지 사회복지사 본인이 해야 한다.
4. 자유롭게 토론할 수 있도록 격려하고, 때로 표현한 욕구가 애매모호하거나 혼동될 땐 다시 명확히 해가면서 모든 사람들이 돌아가며 자신의 욕구를 표현할 것을 요청한다. 최초로 자기 문제를 내놓은 사람부터 시작한다. 욕구를 기록했음을 확실히 하고, 기록자는 각자의 욕구가 정확하게 기록되었는지 참여자들이 확인하도록 하고 아무도 빠지지 않도록 주의한다.

참여자가 자신의 욕구를 파악하기 전에 다른 참여자들로 인해 자기의 욕구가 논쟁거리가 된다거나 또는 갈등의 잠재성이 확실할 때에는 누구의 욕구가 더 고상한지 논쟁하지 않도록 요청하는 것이 중요하다. 욕구를 파악하는 것 그 자체가 제한선임을 강조하라. 우선순위를 정하고 갈등을 해소하는 것은 문제해결과정 마지막 부분에 해당함을 명확히 해야 한다. 또 욕구를 논의하는 동안 발생할 비난과 논쟁을 중지하도록 개입하는 것 역시 매우 중요하다.

부부나 가족 등 집단의 문제를 해결할 때 욕구를 파악하는 것은 중요하다. 여기에서는 특히 문제해결과정을 보여주기 위해 가족체계를 선택한다. 테일러 씨 가족은 자동차를 사용하는 문제로 자주 승강이를 벌인다. 사회복지사는 이 상황을 가족들이 문제해결기술을 배울 기회로 보았고 부부와 운전을 할 수 있는 나이의 10대 두 자녀, 버트와 린네이도 문제해결과정을 배우기로 했다.

테일러 부부는 '누가 자동차를 사용하는가' 에 관해서

가족 구성원들 간에 지나치게 말다툼하는 것이 문제라고 정의했다. 부부는 자신이 꼭 참석해야 할 모임에 가야 할 때 문제가 될 정도로 아이들이 차를 너무 과도하게 사용한다고 말한다. 아이들은 자신도 특별활동에 참석하기 위해 차가 필요하다고 항의한다. 사회복지사는 가족성원이 모두 욕구가 있고 목표는 모두의 욕구를 충족할 최선의 해결책을 찾는 것이라고 설명하면서 개입하기 시작했다. 테일러 씨는 알겠다고 고개를 끄덕였고, 버트와 린네이에게 그들의 욕구도 중요하며 원하는 해결책을 찾도록 함께 일할 것이라고 말했다. 사회복지사는 기록이 중요하다고 설명했고, 린네이가 기록자로 봉사할 것을 자원했다. 계속되는 토론에서 다음과 같은 욕구를 파악할 수 있었다.

버트 : 데이트하러 가거나 다른 학교에서 운동경기 할 때 차가 필요함

린네이 : 여학생 클럽 모임, 자동차 전용 영화관, 친구들과 다른 여가활동을 나갈 때 필요함

엄마 : 일주일에 한 번 미장원 갈 때, 식품가게에 갈 때, 일주일에 몇 번씩 홀로 계신 어머니를 방문하고 심부름하러 가야 할 때 차가 필요함

아빠 : 화요일에 볼링 하러 갈 때, 대개 금요일 저녁에 아내와 함께 외식 나갈 때 그리고 일하러 갈 때 차가 필요함

욕구를 파악해 보았고 이제 테일러 가족은 단계 3으로 나아갈 준비가 되었다. 테일러 가족과 단계 4에서 다시 만날 것이다.

3) 단계 3 : 가능한 해결책을 만들기 위해 브레인스토밍 이용하기

올바른 결정을 위해 사회복지사는 수많은 가능한 대안을 강구해야 한다. 그렇지 않으면 한정된 내용만을 숙고할 수 있어 고작 한두 개 뻔한 결론만 얻게 되고, 전망 있는 대안을 간과하게 된다. '브레인스토밍' 은 많은 가능한 해결책을 산출하는 자유로운 토론으로 폭넓은 가능성을 만들어낸다. 따라서 모든 참여자들이 주저하거나 대안들을 많이 만들어낼 능력이 없다면 사회복지사가 나서서 가능한 해결책을 제안하는 것이 바람직하다. 효과적으로 결정을 내리는 목적은 단순히 만족하는 것이 아니라 최고로 가능한 해결책에 이르는 것이다.

브레인스토밍 할 때는 생산성을 최대로 높이기 위해 참여자들이 생각을 서로 개방하고 받아들이는 분위기를 조성하는 것이 매우 중요하다. 그러므로 사회복지사는 모든 참여자들이 누군가가 내놓은 제안을 비난하거나 비웃지 않도록 요청해야 한다.

브레인스토밍 방법은 개방적이고 자발적이고 자유분방해야 한다. 목표는 제안한 어떤 의견도 평가해서는 안 되고 흥미롭게 참여할 수 있어야 한다. 계속되는 평가과정을 더 용이하게 하기 위해서는 기록자가 제안한 해결책을 종이 한 장 또는 칠판에 쓰고 한쪽에 등급을 매길 공간을 만드는 것이다. 여기에 대해서는 뒤에서 자세하게 설명할 것이다.

4) 단계 4 : 참여자들의 욕구를 고려하면서 각 제안을 평가하기

이 단계는 결정 내리기 과정의 핵심이다. 만약 참여자들이 만족스럽게 앞 단계를 완수했다면 협조하는 마음자세로 4단계에 들어서는데, 이때는 이미 전 단계에서 나온 의견 중 각 참여자의 욕구와 반대되는 해결책을 평가할 준비가 되어 있다. 4단계 목적은 각 해결책에 대한 찬반양론을 신중하게 평가해서 모든 참여자의 욕구에 맞는 최고의 대안에서 하나를 선택하는 것이다. 이런 방법으로 해결책을 평가하면 쓸모 없고 비생산적인 논쟁을 피하고 동의하는 결정법칙을 사용할 수 있다. 문제해결방법은 권력다툼을 피하기 때문에 '패자 없는' 방법이다. 최종 해결책은 모든 참여자들을 만족시키기 때문에 사실상 모든 사람이 '이긴 것' 이다.

가능한 해결책들	등급			
	엄마	아빠	버트	린네이
1. 차를 하나 더 산다	−	−	+	+
2. 차가 필요한 사회적, 여가적 활동을 줄인다	0	−	−	−
3. 가능하면 버스를 타거나 걷고 자동차 이용을 줄인다	+	+	+	+
4. 여러 가지 행사가 있을 때에는 자동차 함께 타기(car pools)를 시도한다	+	+	+	+
5. 다른 커플과 함께 하는 데이트(double-date)를 자주 하여 자동차 사용횟수를 줄인다	+	+	+	+
6. 매주 또는 매달 초 모두 모여 각자 차를 써야 하는 때를 정하고 서로 협상한 우선순위에 따라 계획을 작성한다	+	+	+	+

이 단계를 수행하기 위해 사회복지사는 참여자가 자신들이 얘기한 해결책들을 각각 평가하도록 안내해야 한다. 기록자가 제안한 대안들을 읽고 참여자들은 그 해결책에 대해 돌아가면서 자신의 기대욕구에 얼마나 부합하는지 등급을 매긴다. 등급 매기기는 받아들일 수 있는 해결책일 경우 플러스(+) 기호로, 받아들일 수 없는 해결책일 경우에는 마이너스(−) 기호로, 욕구를 아주 조금 충족시킨다면 제로(0) 기호를 사용하여 기입한다. 등급을 매기는 데에 숫자 1에서 10까지 사용하는 방법도 가능한데, '내 욕구를 전혀 충족하지 못할 때'는 1을, '내 욕구를 충분히 만족시킬 때'는 10을 쓴다.

이 과정을 살펴보기 위해 테일러 가족 상황으로 되돌아가 보면, 테일러 가족은 각자 욕구를 충족하는지 아닌지에 따라 등급을 매기는 것으로 선택했다.

모두 모여 등급을 조사한 결과 제안 1과 2는 모든 구성원의 욕구를 충족시키지 못했는데, 토론하면서 이 두 가지 제안은 더 고려할 필요가 없으므로 삭제했다. 그러나 제안 3, 4, 5, 6은 모든 구성원이 플러스로 등급을 매겼기 때문에 전망이 있는 대안이다. 구성원들은 이 해결책이 서로에게 갈등을 일으키지 않는다고 결론짓고 문제를 적절히 해결하기 위해 통합하는 것을 검토하기로 했다.

3번 제안에 대해 고려할 때, 아빠는 수요일에 차가 필요한 경우를 제외하고는 일하러 갈 때에는 버스를 탈 수 있다고 했다. 엄마는 그 주에 쓸 물품을 계획하고 매주 하는 쇼핑 횟수를 줄여 자동차 사용을 줄이겠다고 자원하고 나섰다. 또 할머니에게 갈 때, 친구 집에 놀러가거나 식품을 사는 것을 한꺼번에 하여 차 사용을 줄일 수 있다고 생각하고, 할머니와 전화를 더 자주 하는 것으로 보상하기로 했다.

4번 제안에 대해서 테일러 씨는 볼링시합이 있는 저녁은 친구들과 자동차를 함께 탈 수 있기 때문에 이런 제안을 했다고 의도를 말했다. 린네이와 버트도 클럽모임이나 운동경기 때 다른 친구들과 자동차를 함께 타겠다고 동의했다. 버트는 또 친구 커플과 함께 더블 데이트를 더 자주 하여 5번 제안에 동참할 것을 동의했다. 가족들은 6번 제안이 말다툼을 막고 모두 공정하게 결정할 수 있을 것 같다고 동의했다.

대안을 선택하는 과정이 테일러 가족처럼 부드럽게 진행되지 않을 때가 많고, 걸림돌이 많을 수도 있다. 또 두 개 이상 대안을 놓고 참여자의 의견이 똑같은 숫자로 갈리기도 하는데, 그래도 최종으로 하나만 선택해야 한다. 이런 경우 사회복지사는 참여자들이 더 깊이 있게 토론하도록 도와야 한다. 최상의 방법은 참여자들이 찬반양론에 대해 자세히 알아보고 각 부분의 중요성 정도에 따라 중요도를 매기는 것이다. 이 과정을 더 용이하게 하려면 기록자가 객관적으로 비교하기 쉽게 찬반양론 목록을 만든다. 중요도를 매길 때, 참여자들이 각 제안의 결과에 대해서 숙고하도록 하고, '이 결정이 문제 핵심을 다루어 지속해서 이득이 될 것인지, 아니면 단순히 일시적으로 편안하게 하고 나중에 더 어렵게 만드는 등 피할 수 없는 일을 단지 미루는 것뿐인지' '이 결정이 참여자들 간의 관계형성에 어떤 영향을 미치는지' '잠정적으로 미칠 영향을 평가할 수 있는 충분한 정보를 모았는지' '이 결정에 장애가 될 모든 상황은 예상했는지' '개인의 편견으로 대안을 선택한 것은 아닌지' 등을 마음 속에 새기도록 지도해주어야 한다. 사회복지사는 참여자들이 각자의 생각을 공유하도록 격려하고 간과하기 쉬운 결과를 지적해서 토론할 수 있도록 적극적이고 핵심적인 역할을 수행해야 한다. 이러한 면에서 사회복지사의 활동은 참여자들에게 모델이 되므로 매우 중요하다. 특히 결정을 통해 얻는 결과를 숙고하는 모델링은 더 중요한데, 많은 클라이언트가 충동적이어서 자신의 행동에 대한 결과를 예측하는 데 실패하는 경향이 있기 때문이다.

수용 가능한 해결책에 대해 참여자들이 찬반양론으로 토론한 후, 앞에서 설명한 1에서 10까지의 등급법을 사용해 등급을 매기도록 요청한다(왜냐하면 지금 토론하는 제안은 모두 받아들인 것이기 때문에 '플러스-마이너스' 방법은 더 이상 유용하지 않다). 새로운 등급법에 근거해서 전체적으로 가장 높은 점수를 받은 해결책 하나를 참여자들이 선택하도록 돕는다.

5) 단계 5 : 선택한 대안 실행하기

참여자들이 대안을 선택한 후에는, 확신과 즐거움을 갖고 그 대안을 실행해야 한다고 설명한다. 참여자들이 올바른 결정을 내리는 데 최선을 다했고, 전심으로 그 대안을 실행함으로써 성공적인 결과를 얻을 수 있는 기회를 강화할 것이라고 말한다. 이 점을 강조하는 것은 중요한데, 어떤 사람은 의심하며 망설이는 습관 때문에 행동을 지연하거나 확신하지 못한 채 방황하는 경향이 있기 때문이다. 또 어떤 사람은 내키지 않는 태도로 결정사항을 수행하는데, 이는 성공적으로 문제를 해결하는 데 방해가 된다. 참여자들의 결점 때문이 아니라 제대로 그것을 수행하지 않기 때문에 수많은 해결책이 성공하지 못하는데, 이는 망설임, 의심, 서투른 솜씨를 두려워하는 데서 나온 결과들이다.

6) 단계 6 : 결과 평가하기

효과적인 문제해결방법은 참여자들이 대안을 실행했다고 끝나는 것이 아니다. 인간의 오류성과 변화무쌍한 삶 때문에 신중히 선택하고 잘 실행한 해결책이라도 때때로 희망하는 결과를 성취하는 데 실패하는 경우가 있다. 계속해서 말하건대, 참여자들이 선택한 행위의 효과성을 체계적으로 모니터하는 것은 무척 중요하다. 신중하고 지속적으로 관찰하여 계속 기록하는 것은 클라이언트가 결과를 정확하고 객관적으로 평가할 수 있도록 돕는 것이다. 그리고 대안을 계획대로 잘 실행하고 있는지 판단하는 데 도움을 준다.

클라이언트가 해결책을 평가하는 것을 돕기 위해 모니터하는 것이 가치 있음을 설명하고, 클라이언트가 상호간에 받아들일 수 있는 모니터 전략을 개발하도록 돕는 것이 중요하다. 적당한 전략으로 요구되는 행동을 수행했는지 여부를 일지에 매일 기록하는 것 또는 테일러 가족처럼 차 사용을 줄이는 것에 대해 말다툼하는지 여부를 가리기 위해 기록하는 경우도 있다. 마찬가지로, 아이가 짜증을 내는 버릇을 줄이기 위해 전략을 수행했던 부모는 몇 주 동안 짜증 빈도를 기록하는 일지를 써서 전략의 효과를 평가할 수 있다.

조금 덜 엄격한 모니터 방법은 정기적으로 모임을 하는 것인데, 여기에서 참여자들은 해결책을 어떻게 진행하는지 나눈다. 예를 들어, 어떤 집단 구성원은 과제를 수행하기 위해 개발한 전략이 실제 효과가 있는지 몇 주 동안 살펴볼 수 있다. 부부나 가족을 위해 계획한 모임도 참여자들이 지속적으로 상호 협조하는 노력을 촉진한다는 이점이 있다.

하나의 해결책을 일정 기간 동안 시도했지만 긍정적인 결과를 얻지 못할 때, 참여자들은 틀림없이 이 해결책이 비효과적이라고 결론지을 것이다. 하지만 문제를 정확하게 평가하지 못했을 수도 있고, 모든 잠재적인 장애물을 충분히 예상하지 못했을 수도 있다. 좀더 노력한다면 더 효과적인 해결책을 찾아낼 수 있을 것이다. 더 효과적인 다른 해결책을 찾도록 참여자들을 돕기 위해서는 2단계로 돌아가 그 과정을 반복한다. 첫 번째 해결책이 실패한 이유는 문제를 체계적으로 서술하는 것이 부정확했기 때문일 수도 있다. 참여자들이 문제를 정확하게 서술했다고 확신하더라도 3단계로 돌아가 다른 대안을 주의 깊게 살펴보거나 부가적인 것을 하나 더 만들도록 한다. 클라이언트가 효과적이면서 시기 적절한 제안을 할 수 있도록 사회복지사는 지침이나 앞에 제시한 단계를 따르도록 돕는다.

6. 클라이언트의 문제해결기술 개발 촉진

첫 번째 치료모임에서 부부나 가족이 문제해결기술을 개발할(사회복지사의 도움으로) 목적에 동의하더라도 사회복지사는 좀더 나중까지 이 기술을 실제로 '가르치지' 않아도 된다. 첫 치료모임에서 사회복지사의 중요한 역할 중 하나는 집단 구성원을 존중하면서 집단이 문제해결을 '동의하여 결정' 하는 방법을 사용하도록 돕고 그 단계들을 가르치는 것이다. 문제해결 방법은, 그 단계를 쉽게 배우기 위해 학습경험을 구조화하여 집단, 가족, 부부에게 가르칠 수 있다. 그러나 구성원들이 최대한 상호작용하는 형태에서 이 단계를 실제 실행하게 된다. 사실 사회복지사의 궁극적인 목적은 클라이언트가 다른 사람들과 상호관계하면서 문제해결단계를 자발적으로 적용하는 방법을 배울 수 있도록 돕는 것이다.

클라이언트는 처음에 그 단계와 지침에 익숙해지는 데 많은 노력을 기울여야 한다. 심지어 부부, 가족, 집단 치료모임에서 사회복지사는 참여자들이 궤도에서 벗어나거나 역기능적으로 상호작용하기 시작할 때 적극적으로 개입해야 한다. 또 구성원에게 무엇이 잘못되어 가는지 살펴보길 요청하고 올바르게 행동하도록 요구하여 본궤도로 돌아가야 할 책임을 점진적으로 증가할 수 있다.

클라이언트가 다른 사람과 상호 협조적으로 결정을 내릴 수 있는 능력은 여러 부분에서 본질적으로 성장했음을 반영하는 것이다. 클라이언트의 문제해결 노력을 평가할 때 이 점을 잊지 말아야 한다. 여러 사람의 동의를 얻어 결정하고 실행하는 것은 많은 구성원들이 각자의 스타일을 수정해야 하는 접근방법이므로 클라이언트는 문제해결과정을 시도하는 것에 망설일 수도 있다. 또 새로 형성된 집단이 지금까지 같이 문제를 해결해본 경험이 없는 사람들일 경우, 모든 욕구를 만족시킬 수 있는 문제해결과정을 만들기는 어렵다. 사실 이미 형성된 집단이 용이한 방법으로 문제해결을 지속하는 능력이 있다는 것은 집단 발달단계과제를 성취했다는 확실한 증거이다.

다음은 사회복지사가 진술한 예이다. 이 사회복지사는 첫 번째 집단 치료모임에서 클라이언트의 문제해결기술을 수월하게 발달시키는 역할을 하고 있다.

- "우리가 결정을 내릴 때, 행동방침을 결정하기 전에 첫째 구성원들의 욕구를 우선 생각하고 그 다음 여러 가지 가능성 있는 해결책들을 생각하도록 합시다."
- "우리가 지금 경험한 것은 동의해서 결정한 한 예입니다. 이 과정을 경험하면서 무엇을 알았습니까?"
- "저는 우리 집단이 이 문제를 공략한 방법, 즉 모든 사람의 욕구를 고려하는 방법을 선택해서 무척 기쁘게 생각합니다. 몇 가지 대안 중 한 가지 해결책을 선택했는데 모두 이 결정에 만족하는 것 같습니다."

집단 구성원들이 문제해결과정을 경험하도록 개입하고(1번 진술), 상호 협조적으로 결정을 내리기 위해 토론하도록 돕고(2번 진술), 성공과 성장을 인정해서(3번 진술) 클라이언트 스스로 문제를 해결하는 책임감을 갖도록 도울 수 있다.

7. 사회기술훈련

지난 20여 년 동안 많은 논문에서 평가와 함께 사회기술훈련(social skills training, SST) 프로그램에 관하여 다루었다. 사회기술훈련 프로그램은 예방과 교정을 위한 폭넓고 다양한 기술을 가르친다. 사회기술훈련은 클라이언트에게 현재 환경에서, 인생주기 단계(life-cycle stages)에서, 예상되는 역할관계에서 효과적으로 기능하는 데 필요한 기술을 습득할 기회를 제공한다. 여기에서는 예방과 교정을 위한 사회기술훈련 프로그램 원칙을 설명하고, 목표집단을 식별하고, 다양한 기술을 열거하고, 다양한 기술을 가르치는 데 사용할 형식을 설명할 것이다.

1) 사회기술훈련의 목적과 적용

35년 전 라포포트(Rapoport, 1961)를 시작으로, 유능한 사회복지사들이 사회복지실천에서 중요한 예방 프로그램 개발을 촉진해왔다. 예방 프로그램은 미래의 부적응, 불행, 잠재능력 개발 실패, 생산성 상실 등에 관한 가능성을 줄이는 대처기술을 배워 사회적 역기능을 예방하려는 노력이다. 또 사회기술훈련은 정신건강치료, 위탁보호, 약물남용치료 프로그램, 공공지원, 교정시설 등의 치료 프로그램보다 비용이 적게 든다.

많은 연구논문에서는 유아기와 청소년기에 적절한 사회화를 학습하는 것이 적응에 중요하다고 기록한다. 적절하게 사회화할 기회를 박탈당한 아동은 중요한 사회화 기술을 배우지 못한다. 그런 아동은 다양한 개인적, 대인 관계적 어려움을 경험할 위험에 처해 있다. 예를 들어, 한 연구(Weisz et al., 1987)에 따르면, 아이들이 자신이 무능력하다고 생각하는 것은 아동기 우울증과 연결된다고 보고한다. 다른 연구들(summarized in LeCroy, 1983)은, 아이들이 건전하게 사회화하기 위해 동료관계를 형성하는 기술이 중요하다고 보고하였다. 이런 연구결과, 사회복지사들은 게임형식을 사용하는 프로그램(LeCroy, 1987)을 포함해서 예방기술훈련 프로그램을 개발했다(LeCroy & Rose, 1986).

예방사회기술훈련 프로그램은 르크로이(LeCroy, 1983)가 중학교 때 익혀야 하는 세 가지 기본 기술, 즉 다른 사람들에게 부탁하기, 친구들의 강압(peer pressure)에 견뎌내기("마약은 싫다" 라고 말하기 등 전제조건), 그리고 친구관계 유지하기 등을 가르치는 데 사용했다. 제이슨과 버로우(Jason & Burrow, 1983)는 고등학교 3학년 학생들이 학교를 졸업하고 사회로 진입하는 전환기 문제를 돕는 SST 프로그램을 개발했다. 쉰케, 블라이드, 질크리스트(Schinke, Blythe, & Gilchrist, 1981)는 학교세팅에서 청소년들에게 임신예방 기술을 가르치는 데 사회기술훈련 프로그램을 사용하였다.

치료프로그램에서 사회기술훈련 원칙은 위에서 설명한 것과 비슷하다. 사회적 역기능은 일반적으로 자존감 성취, 만족스런 상호작용 형성, 다양한 사회적 역할을 효과적으로 수행하는 데 핵심이 되는 사회기술 부족과 관련이 많다. 사회기술은 외로움과 우울증, 역기능적 결혼생활, 부모-자녀의 문제, 가족 붕괴, 취업문제, 다양한 정신건강 문제, 그 외 다양한 문제의 원인이 된다. 결과적으로 사회기술훈련 프로그램은 다양한 실천현장에서 제공하는 서비스이다. 예를 들면, 자녀를 학대할 위험이 있는 어머니에게 사회적 지원을 확대하는 것을 목표로 하는 사회기술훈련 프로그램은 러벨과 리치(Lovell & Richey, 1991)가 개발하였다. 또 다른 프로그램으로는, 일시보호기관에 있는 여성을 대상으로 그들이 일상 기능을 수행하기 위해 필요한 기술을 배우도록 돕기 위해 개발된 프로그램도 있다(Breton, 1984).

치료를 목표로 사회기술훈련에서 선택한 기술은 클라이언트의 성격과 기관이 돕는 클라이언트의 문제에 따라 다양하다. 더 일반적인 기술은 다양한 양육기술, 자기주장, 다른 사람 말 경청하기, 메시지를 명확하게 보내기, 감정을 개별화하기, 부탁하기, 대화를 시작하고 지속하기, 친구 만들기, 분노 관리하기, 문제를 해결하기 등이 있다. 많은 클라이언트가 사회기술, 즉 공공 교통수단 사용하기, 식사 주문하기, 전화 걸기, 대화 시작하기 등의 사회기술이 부족하다.

2) 부족한 기술 사정

사회기술훈련을 적용하는 첫 번째 단계는, 훈련이 필요한 기술이 무엇인지 결정하는 것이다. 부족한 기술이 쉽게 드러나면 이것은 간단한 문제이다. 예를 들면, 쉽게 화를 내고 분노를 폭력적이고 파괴적인 방법으로 발산하는 청소년은 자극적인 것에 대처하고 분노를 조절하는 기술이 부족한 것이다. 예를 들면, 칭찬을 받아들이거나 비난에 극도로 민감한 것을 극복하려는 클라이언트는 문제를 파악하고 특정한 사회행동을 배우기 위해 도움을 요청한다. 그러나 다양한 기술이 부족하거나 결점이 상당히 미묘한 클라이언트의 경우, 사정하는 것은 더 복잡하다. 예를 들면, 부모-자녀 간의 문제는 격려, 인정, 기대감 표현, 한계 정하기, 짜증과 조르는 것 다루기, 엄격함과 그것을 지속하는 것, 유연성, 비난이나 잔소리 없이 아이들의 말 들어주기 등 양육기술이 부족하기 때문에 발생할 수 있다. 정신분열증이 있는 클라이언트는 사회기술이 매우 제한적이기 때문에 광범위한 사회기술훈련이 필요하다. 커란과 동료들(Curran et al., 1985)은 정신분열증이 있는 사람을 대상으로 사회기술훈련을 진행하는 경우, 심리사회기능의 주요 영역을 다루고 환자들이 적절하게 대처하지 못하는 스트레스 원인을 명확히 하는 척도를 사용할 것을 권한다. 결혼과 가족문제를 다루는 행동지향적 사회복지사는 결혼생활의 다양한 역할을 수행하는 데 상대방의 기술을 사정하는 다양한 또 다른 도구들을 개발했다.[27]

3) 사회기술 요소 식별

훈련이 필요한 사회기술을 선택하는 단계는, 기술을 더 작은 구성요소 또는 하위기술로 나누는 것이다. 이 과정은 13장에서 토론했던 것과 같이, 과제들을 구체적인 행동으로 분석하는 것과 똑같은 과정이다. 사회기술을 세부행동으로 나눌 때에는, 구체적인 행동은 물론 인지적, 감정적 구성요소를 고려해야 한다. 왜냐하면 두려움과 불확실성을 미리 해결해야 클라이언트는 요구되는 행동들을 효과적으로 수행할 수 있기 때문이다. 이 과정은 이 장 뒷부분 자기주장훈련을 다룰 때 설명할 것이다.

4) 훈련형식

사회기술훈련은 치료모임에서 개인적으로나 집단적으로 행할 수 있다. 집단상황에 초점을 맞추기로 했지만, 원칙과 단계가 외형상 조금도 다르지 않기 때문에 개인적인 상황에도 본질적으로 똑같은 형식을 적용할 수 있는 것이다. 물론 집단에 적용할 때, 11장에서 토론했듯이 구성원들을 준비시키는 것이 중요하다. 일단 집단이 형성되면 대개 다음 단계를 밟는다.

(1) 학습목적 논의 및 기술 설명

첫 번째 단계는 구성원이 선택한 기술을 성공적으로 배우는 데 매우 중요하다. 참여자는 그 기술을 습득하는 것이 이득이 됨을 믿어야 한다. 참여를 높이기 위해 적용 가능한 상황을 언급하고 그 기술을 간략하게 소개한 다음 클라이언트를 어려움에 처하게 하고 비효과적인 대처 때문에 불리한 결과를 초래한 사회상황들을 이야기하도록 권한다. 예를 들어, 친구들의 압력에 대해 자기주장의 기술을 선택했다면, 사회복지사는 아래와 비슷한 메시지를 사

---

27) 이와 관련이 있는 방법은 *Handbook of Measurements for Marriage and Family Therapy*(Fredman & Sherman, 1987)에 있다.

용할 수 있다.

"확고한 마음으로 '아니오!' 라고 말하는 법을 배우고 다른 친구들의 압력에 굴복하지 않는 것은, 네가 정말 하고 싶지 않은 것이나, 너를 어려움에 빠뜨리는 상황에서 피하도록 도움을 준단다. 아마 너희 중 상당수가 종종 친구의 압력에 굴복하고 나중에 후회해본 기억이 있을 거야. 나에게도 그런 기억이 있어(한 예를 말한다). 너희들은 어떻지? '아니오!' 라고 말하고 싶었던 적이 있던 사람이 얘기해주겠니?"

참여자들이 경험을 나눌 때, 집단을 신뢰할 것을 권한다. 참여자들이 자신의 경험을 나눈 후 기술을 배워서 얻을 수 있는 이득이 무엇인지 생각할 수 있는 기회를 주어 동기를 강화할 수 있다. 이점이 되는 목록(예를 들면, 마약을 시작하지 않으면 자존감이 높아진다)을 칠판에 쓰면서 논의를 시작할 수 있다. 이점을 말한 사람을 칭찬하면서 그 내용을 칠판에 적고, 좀더 명확히 할 필요가 있을 때에는 부연설명을 부탁한다.

(2) 사회기술을 구성하는 요소 확인

사회기술이란 많은 요소로 구성된다는 것을 설명한다. 그리고 각 요소를 칠판에 적고 그 기술을 성공적으로 실행하기 위해서 그 중요성에 대해 설명하라. 그 기술을 구성하는 요소 때문에 어떤 어려움이 있었는지 질문하면서 참여자들을 논의에 포함시키는 것이 중요하다(예를 들면, 인지적, 감정적 요소들—만약 문제행동에 동참하지 않았을 때 동료들의 반응에 대한 두려움). 이 집단에서 각 요소들을 논의하고 연습할 것이라고 설명한다.

(3) 시범(model)

앞에서 대리경험으로 배우는 것은 자신의 효능감을 높이는 두 번째로 강력한 자원이라고 한 것을 기억해보자. 이 자원을 알아보기 위해 기술적 요소를 시범해보거나(완전 습득보다는 모형을 따라해보기) 또는 참여자 중 그 기술을 시범으로 보여줄 지원자가 있는지 물어볼 수 있다. 모델을 관찰한 참여자들이 비판하고 토론하는 것은 효과적 또는 비효과적 기여를 평가하는 데 효과가 있다.

(4) 각 요소를 이용한 역할극

기술을 배우는 가장 효과적인 방법은 그 기술을 사용하는 것이 편안하게 느껴질 때까지 연습하는 것이다. 참여자들은 돌아가면서 각 요소들을 연습하고, 기술을 발전시킬 수 있도록 서로 피드백을 해주는 것이 필요하다. 사회복지사는 참여자들이 해야 할 역할을 설명해주고 다음 지원자에게 역할극을 시작하도록 요청한다. 사회복지사는 참여자들이 흔히 만나는 전형적인 문제상황이 무엇인지 조사하고 이에 대한 단계를 준비한다. 또는 참여자들의 도움을 받아 관련 상황을 알아볼 수도 있다. 기술을 위해 서로 피드백 해줄 것이다. 참여자들이 할 역할을 설명하면서 무대를 설정하고, 다음 지원자에게 역할극을 시작하도록 요청한다. (사회복지사는 참여자가 흔히 겪는 전형적인 문제상황을 잘 알아보고 그 내용을 바탕으로 이 단계를 준비해야 한다.) 처음에는 쉬운 상황에서 시작하여 참여자들이 그 기술들을 적용하는 데 익숙해지면 좀더 힘든 역할극을 진행한다. 역할극을 시작하기 전에 참여자에게 나중에 서로 피드백 할 수 있도록 주의 깊게 관찰할 것을 요청한다.

(5) 역할극 평가

역할극을 마친 후, 참여자는 서로 피드백 한다. 마음을 열 수 있는 분위기를 조성하기 위해서 처음에는 참여자들에게 긍정적인 피드백을 하도록 격려한다. 자칫하면 간과하기 쉬운 역할극의 긍정적인 면에 대해 피드백을 덧붙여 평가과정을 시작할 수 있다.

최대한 이득을 얻기 위해 피드백은 언어와 비언어적 행동 모두를 포함해야 한다. 예를 들면, 어떤 참여자는 적절한 단어를 사용하고 있지만 반대 의견이 있는 사람과 눈 마주치기를 피하거나 마지못해 하는 목소리로 망설이듯 말할 수도 있다. 그런 비주장적인 행동이 뚜렷이 나타날 때 그 참여자가 그런 행동을 수정할 수 있도록 더 많은 연습을 하는 것이 좋다. 다시 말해, 아주 사소한 발전에도 긍정적으로 피드백 해주어야 하며, 긍정과 부정의 측면 모두 초점을 맞추면서 참여자들이 스스로 역할극 수행에 대해 평가를 하도록 하고, 역할극 하는 동안 경험했던 감정을 나누도록 요청한다. 역할극 수행을 방해하는 감정에 대해 논의하는 것은 기술을 효과적으로 실행하는 데 장애물이 되는 것이 무엇인지 알아내는 데 가치 있는 일이다.

(6) 기술요소 역할극에 통합

참여자들이 역할극을 하고 또 다양한 기술들을 적절히 습득했다면, 이번에는 사람을 바꾸어 역할극을 다시 실행해 본다. 역시 참여자들이 서로 의견을 말하고 또 그 기술과 관련해 자아효능감을 보일 때까지 연습을 계속한다. 자아효능감을 평가하는 간단한 방법 중 하나는 그 기술을 적용할 준비상태를 1에서 10까지 스스로 등급을 매기는 것이다.7이나 그보다 높게 점수를 준다면 일반적으로 충분히 습득했음을 의미한다.

(7) 실제 삶의 상황에 사회기술 적용

이 단계는 기술훈련의 마지막 시험으로 기술을 실제 사회상황에 적용해 보는 것이다. 이 단계는 매우 중요하다. 이번 주 동안 실제 일어날 것 같은 상황을 유도하고 새롭게 습득한 기술을 이 실제 상황에 적용하는 데 열심히 하도록 참여자들을 충분히 준비시키는 것으로 시작한다. 기술의 구성요소들을 살펴보는 것과 기술을 적용하도록 연습하는 것은 참여자들을 더욱 준비하도록 만든다. 이에 대한 설명모임을 하여 참여자들이 그 기술을 적용할 때 경험한 것들을 논의하고 분석하는 기회를 제공한다. 사회복지사는 성공적인 행동과 인지의 결과에 관심을 두면서 클라이언트의 성공을 인정하고 격려해야 한다. 즉 사회복지사는 참여자들이 자아효능감을 강화하고 배우는 데 초점을 맞추도록 집중적으로 노력한다.

물론 모든 참여자들이 성공했다고 보고하지 않을 수 있고, 또 성공적인 결과를 만들어낸 클라이언트라도 노력 과정에서 발생한 수많은 결함을 보고할 수 있다. 그러므로 '보고모임'은 기술을 강화하고 세련되게 하는 부가적인 훈련 기회를 제공한다. 따라서 이 7단계는 참여자들이 원하거나 그럴 필요가 있을 경우 몇 주 정도 연장할 수 있다.

8. 자기주장훈련

자기주장이 부족한 것은 대인관계에서 많은 어려움으로 작용하기 때문에 자기주장훈련(assertiveness training, AT)은 임상적으로 거의 모든 진단과 행동장애 분야에 적용해왔다. 특히 매맞는 아내와 때리는 남편과 관련해서 자기주장훈련은 1970년에 발간된 『당신의 완전한 권리: 자기주장 행동을 위한 지침서』(Your Perfect Right: A Guide to Assertive Behavior, Alberti & Emmons, 1970, 1974)라는 책으로 명성을 높였고 그 후 미국 전역으로 확산되었다. 적어도 한 연구결과에 따르면, 직장에서 자기주장훈련을 받은 사람은 직업 만족도가 더 높게 나타났다(Rabin & Zelner, 1992).

자기주장 개념은 학자에 따라 다양하게 정의되고 있다. 여기서는 다양한 정의를 통합하고 학자들이 주장하는 견해를 덧붙여 자기주장을 정의하려고 한다. 자기주장이란 개인이 자신의 의견, 감정, 바람 등을 표현할 때 심지어 비난, 거절, 그리고 징벌 등의 결과를 낳을 위험이 있더라도 타인의 권리와 감정을 존중하면서 구체적인 행동요소를 표현하는 것이다. 자기주장은 경험적 연구에서 다양한 자기주장 목록을 밝힌 것처럼 단일한 개념이 아니다(Burcell, 1979). 버셀(Burcell)은 다음과 같이 비교적 뚜렷하게 구별되는 자기주장 행동이나 그 반응을 구분했다. ① 요청 거절하기, ② 인기 없는 의견이라도 표현하기, ③ 개인의 결점 시인하기, ④ 칭찬 받아들이기, ⑤ 긍정적인 감정 표현하기, ⑥ 행동변화 요구하기, ⑦ 대화를 시작하고 유지하기가 그것이다.

따라서 자기주장의 첫 단계는 특정반응 훈련을 요하는 부분을 분류하는 일이다. 그 다음, 앞에서 기술훈련 방법에서 설명했던 그 단계와 지침을 클라이언트가 그대로 따를 수 있도록 준비시키는 것이다. 훈련은 집단이나 개인 차원에서 행할 수 있다. 다른 사회기술훈련에서와 마찬가지로, 시범(modeling), 행동시연(behavioral rehearsal), 그리고 지도된 연습(guided practice)은 자기주장훈련의 중요한 면이다. 과도한 설명을 피하기 위해 자기주장훈련에 포함된 단계를 일일이 묘사하진 않겠지만, 슈뢰더와 블랙(Schroeder & Black, 1985)이 대화 행동을 가르치기 위해 자기주장훈련을 사용한 부분을 참조해 보길 권한다.

1) 문화적 요소들

자기주장에 대해 더 논의하기 전에, 문화적으로 규정된 역할이 이런 자기주장 행동을 금지하는 사람들에게 적당하지 않다는 것을 짚고 넘어가야 한다. 예를 들면, 아시아계 미국인들은 권위에 대해 복종할 것을 지시한다. 마찬가지로, 전통적으로 히스패닉(Hispanic), 라티노(Latino), 그리고 문화배경이 아시아(Asian)인인 여성은 남편에게 복종할 것을 요구받는다. 그런 클라이언트에게 자기주장훈련은 문제를 해결하기보다 오히려 더 복잡하게 할 수도 있다. 그럼에도 불구하고 소수민족 클라이언트들은 당연한 법적 권리를 주장할 수 있어야 한다. 따라서 사회복지사는 관료구조를 다룰 때 클라이언트가 자기주장을 할 수 있도록 돕는 옹호자 역할도 해야 한다.

2) 다른 반응형태와 자신감 구분

자기주장훈련을 위해 클라이언트를 준비시킬 때, 자기주장을 '공격성'이나 '비주장적인' 반응형태와 구분하는 것이 중요하다. 앞서 언급한 자기주장에 관한 정의에 대해 덧붙이고 싶은 것은, 자기주장적으로 변한 사람의 기본 메시지는 자신이 '중요하다'는 것과 자신의 생각, 인식, 의견이 중요하다고 생각하는 것이다. 반대로 비주장적인 사람은 "솔직한 감정, 사고, 믿음을 표현하는 데 실패하고, 결과적으로 다른 사람이 자신을 파괴하도록 하거나 다른 사람이 자신의 감정과 사고를 쉽게 무시하도록 하고, 소심하고, 자기 말살적 형태로 표현하여" 자신의 권리를 파괴해 버린다(Lange & Jakubowski, 1976: 9).

세 번째 반응형태인 '공격성'(자기주장과 비주장에 이어서)은 레인지와 자쿠보우스키(Lange & Jakubowski, 1976)가 정의한 것처럼, "개인의 권리를 위해 직접 맞서고 자신의 사고, 감정, 믿음을 타인의 권리를 파괴하는 방법으로 표현한다(p.10)." 공격적인 사람은 다른 사람을 지배하려 하고, 다른 사람의 욕구, 바람, 감정을 무시한다.

클라이언트는 종종 전문적 도움을 구하는데(또는 강제로 구하도록 요구받는데), 이것은 문제 원인이 공격성과 수동성이 혼재한 습관적인 형태로 나타나기 때문이다. 이런 어려움을 오랫동안 경험하게 되면 낮은 자존감, 우울증, 심한 불안감 등을 느끼게 된다.

3) 언어적 행동과 비언어적 행동 일치

메시지의 비언어적 요소는 자기주장적 진술을 강화하거나 보충하기도 하고, 또 그것에 반대되기도 한다. 예를 들면, 자신의 손을 꽉 움켜쥐거나, 마룻바닥만 바라보거나, 말을 더듬는 사람은 메시지에 자기주장적 내용이 얼마나 있든지 관계없이 자신 있어 보이지 않는다. 그러므로 사회복지사는 그런 행동이 자기주장, 공격성, 비주장적 중 어떤 의미를 담고 있는지 찾아내기 위해 클라이언트의 비언어적 행동을 관찰해야만 한다. 위 세 가지 반응형태와 관련이 있는 일반적인 비언어적 행동은 다음과 같다.

자기주장	공격성	비주장적
느긋함	노려봄 주먹을 꽉 쥠	회피하거나 지나가는 눈맞춤
직접적 눈맞춤	이를 악물다	초조한 몸짓
확고하고 절제 있는 말투	꼭 다문 입술	부드럽고, 흐느끼고, 우는 목소리
유창한 말	경직된 몸 자세	주저하는 말투
적당히 다양한 얼굴 표정	조소하거나 무시하는 목소리	긴장된 웃음, 헛기침
부드러운 표현과 손짓	큰 소리로 말하기 손가락질	양손에 땀이 남

4) 자기주장에 대한 인지적 · 지각적 장애물

자기주장을 개발하는 것은 사회복지사나 클라이언트에게 쉬운 일이 아니다. 클라이언트는 때로 자신이 간절히 원하는데도 불구하고 자기주장을 하지 못하도록 방해하는 극단적인 긴장감이나 감정의 마비를 종종 경험한다. 이런 강력한 감정은 일반적으로 잘못된 깊은 신념(대개 클라이언트의 애매하거나 제한된 자각)의 산출물이다. 결과적으로 사회복지사는 클라이언트가 이런 잘못된 신념에 대해 자각하고 그것을 현실적인 개념으로 바꾸도록 도와야 한다.

자기주장을 막는 일반적인 오해들은, ① 다른 사람에 대한 책임감이 자기 자신의 바람이나 권리보다 더 중요하다는 믿음, ② 다른 사람을 기쁘게 하거나 감동을 주는 것에 지나치게 관심을 갖는 것, ③ 다른 사람에 대해 스스로 자기주장 하는 결과에 대해 극단적으로 두려워하는 것 등이다. 첫째 오해에 대해서 말하면, 많은 클라이언트가 어릴 때부터 다른 사람의 필요와 욕구를 비교하여 자신의 필요와 욕구를 똑같이 중요하게 생각한다면 이는 나쁘거나 이기적인 것이라고 믿도록 조건지어왔다. '좋은' 사람이라고 느끼기 위해서 다른 사람의 욕구에 아주 민감해야 하고 때로 즐겁게 해주기 위해 자신에게 엄청난 대가를 치르더라도 극적인 방법까지 동원할 준비가 되어야 한다는 것이다. '싫다' 고 말하는 것은 자동적으로 죄책감이나 나쁜 기분을 느끼게 한다. 슬프게도 이런 사람은 자기 욕구와 필요에는 손도 못 대보고 다른 사람의 욕구와 기대에 좌우된다.

둘째와 셋째 형태의 오해는 첫째와 관련이 있다. 타인을 기쁘게 하고 감동을 주려는 과도한 욕구는, 다른 사람들이 얼마나 인정하는가와 직접 비례하여 자신의 가치를 판단하는 잘못된 믿음에서 나온 것이다. 부모가 사랑과 인정을 아량 있게 표현하지 않아 나름대로 부모를 기쁘게 해드리려 했던 어렸을 적 경험에 뿌리를 둔 그 믿음은, 다른 사람의 반응에만 자신의 자존감을 연결한다. 그런 상황에서 자존감은 기껏 보잘것없는 정도이고, 타인이 불쾌해 할까봐 걱정하는 생각으로 눌려 있다.

셋째 형태 오해는, 만약 자신이 자기 권리, 욕구 또는 느낌을 주장하면 재앙을 얻을까 봐 두려워하는 것이다. 어렸을 때 부모님 지시에 잘 따르지 않아 심하게 벌을 받았던 사람들은 자신이 만약 무엇을 주장한다면 신체적으로나 언어적으로 학대를 받지 않을까 하는 막연한 두려움을 경험한다. 앞에서 언급했듯이 클라이언트가 장애물을 극복할 수 있게 돕기 위해서는 인지적 재구성(13장 참조), 행동시연, 그리고 스트레스관리(다음 부분 주제)를 통합한 방법으로 접근해야 한다.

9. 스트레스관리

스트레스관리는 사람들이 삶의 문제와 연관하여 긴장이나 스트레스를 더 효과적으로 대처하도록 돕는 공통의 목적이 있는 모든 접근방법에 쓰이는 광범위한 용어이다. 이런 접근은 사람들이 스트레스가 많은 사건이나 상황에 과도하게 반응하지 않는 대처 기술을 사용하도록 돕기 위한 것이다. 예를 들면, 스트레스관리기술은 사람들이 경험하는 극단적인 긴장, 감정이나 충동억제 실패, 그리고 자신과 타인에게 손상을 입힐 수 있는 폭력적인 방법으로 표현하는 것에 경직되지 않도록 하는 것이다. 그러므로 스트레스관리기술을 훈련하는 것은, 스트레스에 대해 극단적으로 불안해하거나 분노로 반응하는 사람들을 위해 널리 사용되고 있다. 여기에서 설명하는 스트레스관리 접근방식이란 스트레스가 많은 상황에 대해 클라이언트의 생체학적, 인지적 · 지각적, 그리고 행동적 요소가 어떻게 반응하는지 구체적인 기술, 즉 다면적 접근인 스트레스 예방접종(Meichenbaum, 1977)을 의미하는 것이다. 먼저 긴장완화 훈련에 초점을 맞추겠는데, 이는 생체학적 요소를 다루는 스트레스 예방접종의 통합된 부분이다. 긴장완화 훈련은 불안을 줄이고, 감정을 통제할 수 있는 한도 내에서 유지하도록 개입하는 데 이용한다. 바타노(Vattano, 1978)는 근육이완과정을 설명하고 이 개입방법을 스트레스관리에 사용하도록 권한 최초의 사회복지사이다.

1) 긴장완화훈련

과도한 긴장과 분노의 두 가지 주요 생리적 요소는 숨이 가쁜 것과 근육이 팽창하는 것이다. 긴장완화훈련은 심호흡하는 것과 근육이완운동, 두 가지 요소를 목표로 삼는다. 이 긴장완화훈련은 다양한 스트레스와 관련하여 신체적 증상(고혈압, 긴장성 두통, 불면증, 그리고 불안 등)이 있는 클라이언트를 돕는 데 성공적이다. 긴장완화훈련은 또 출산할 때 사용하는 라메즈(Lamaze, 1958) 방법의 중심이다.

사회복지사는 특별히 다음과 같은 클라이언트를 위해 긴장완화훈련을 사용한다.

- 장기적으로 긴장해 있고 불안한 사람
- 위기상황으로 급성불안을 느끼는 사람
- 예상되는 다양한 사건이나 상황에 대해 두려워하고 불안해하는 사람
- 긴장성 두통, 편두통, 가슴팽창, 호흡곤란, 그리고 의학적 원인이 아닌 기타 생리심리학적 반응을 나타내는 사람
- 불면증으로 고통받는 사람
- 분노 통제에 어려움이 있는 사람
- 보통 정도의 우울증이 있는 사람

긴장완화훈련의 주요 이점은 클라이언트가 집에서 연습할 수 있고 쉽게 배울 수 있는 단순한 과정이기 때문에 단 몇 주만에 그 과정을 모두 습득할 수 있다는 것이다. 또 다른 이점은 클라이언트가 다양한 스트레스 상황에서 단축된 형태의 근육이완법을 사용하여 긴장을 줄이고 대처 노력을 강화할 수 있다.

2) 주의 사항

이 훈련법을 다양한 상황에 적용할 수 있지만 이 모델과 모순이 되는 점 그리고 다른 한계점이 있기 때문에 분별력을 갖고 사용해야 한다. 예를 들면, 긴장완화훈련은 사람들이 위기를 겪은 뒤에 겪는 감정을 통제하는 데 이용해야 하고, 위기를 조장하거나 위기를 만들어내는 상황에 대처하는 방법으로 사용해서는 안 된다. 만약 그 위기가 갑작스러운 실직, 가족의 붕괴, 주거상실, 계획에 없는 임신 또는 다른 여러 스트레스에서 발생한 것이라면 사회복지사는 그 위기의 근원을 다루는 다른 각도에서 개입해야 한다. 그러나 클라이언트가 정신이 혼미하거나 전전긍긍하거나 또는 강한 감정에 짓눌릴 때, 근육이완법은 다시 평정을 찾도록 돕는(그래서 자신들의 문제를 탐색하기 시작하도록 하는) 유용한 부가물이다.

다른 주의 사항은, 뇌성마비와 같은 동작장애(motor disorder) 또는 근육이나 골격장애(skeletal disorder) 등이 있는 클라이언트와 관련한 것이다. 이런 클라이언트는 의사의 허가 없이 근육이완운동을 해서는 안 된다.

3) 긴장완화훈련 실행

클라이언트에게 긴장완화에 대해 교육할 때, 다음에 쓰인 지침을 고려하는 것이 중요하다.

(1) 과정에 대한 원칙을 설명하고 동의를 얻는다

최대한 클라이언트의 협조를 얻기 위해 사회복지사는 근육이완 목적에 대해 설명하고 동의를 얻는다. 경험에 따르면 클라이언트는 전형적으로 과도한 긴장, 불안 또는 두려움에서 발생하는 불편함에서 이완하기 위해 스스로 그 과정에 참여할 것을 기꺼이 동의한다. 원칙을 설명할 때 다음과 같은 사실들을 포함하길 권한다.

- 과도한 긴장감의 원인과 그 역효과
- 근육이완의 이득효과
- 근육이완의 다양한 이용법
- '근육감각'의 개발 필요성, 즉 과도한 긴장이 존재한다는 것을 인식하기
- 과정을 완전히 습득하기 위한 연습의 필요성

(2) 이완에 도움이 되는 조건을 밝힌다

이완훈련의 최적 조건은 쾌적하고 조용한 환경이다. 거기에 이완 자세를 취할 수 있는 가구가 있어야 하는데, 예를 들면, 안락의자나 패드를 댄 긴 의자 등이 있으면 좋다. 집단으로 교육할 때 만약 적당한 가구가 없으면 바닥에 매트나 담요를 깔아 사용할 수도 있다.

클라이언트는 자유롭게 운동할 수 있도록 헐렁한 옷을 입어야 한다. 집에서 연습할 때에도 이런 옷을 입으라고 권하는 것이 바람직하다. 근육이완이 더욱 용이해짐으로써 환경조건은 덜 중요해진다. 사실 궁극적인 목표는 스트레스를 많이 받는 상황에서 느긋해질 수 있는 법을 배우는 것이다.

(3) 클라이언트 교육 지침

클라이언트에게 근육이완법을 가르치기 위해 제이콥슨(Jacobson, 1929)과 번스타인과 볼코벡(Berstein & Borkovec, 1973)이 함께 개발한 통합과정인 지침을 다음과 같이 제안한다. 사회복지사는 이 지침을 다 외우다시피 공부하기를 권하며, 클라이언트 개인이나 집단에 적용하기 전에 친구나 친척 또는 학교 동료에게 먼저 실행해보길 권한다.

1. 과정을 적용할 시간이 충분해야 한다. 예비논의, 과정실행, 후속논의와 계획하기는 보통 50분 정도의 치료모임 대부분을 차지한다.
2. 근육을 조이는 것이 근육을 최대한 긴장하라는 뜻이 아님을 클라이언트에게 설명한다. 근육을 극단적으로 조이는 것은 근육을 상하게 할 수도 있는데, 근육을 조였을 때 불편함을 느끼는 정도로 충분하다.
3. 이완법을 가르칠 때, 근육이완을 강화하기 위해 클라이언트에게 숨을 깊게 들이마시고 모든 공기를 다 내뱉고 그리고 '긴장을 푼다(relax)'라는 단어를 생각하라(숨을 깊게 쉬는 것은 긴장이 풀린다는 단어를 생각하는 것만큼 이완을 촉진한다)고 설명해준다. 그리고 함께 실습할 것을 권한다. 서너 차례 숨을 깊이 들이마시기와 완전히 내뱉기를 보여준다. '긴장을 푼다'는 단어에 집중하면서 그대로 따라할 것을 권한다. 처음 두 근육군에 이 과정을 상기시켜주겠지만 나중엔 그런 것 없이 스스로 이 호흡방법을 원한다고 설명한다.
4. 클라이언트가 근육을 이완할 때 아마 따뜻하거나 묵직하거나 따끔따끔한 아픔을 느낄지도 모른다고 설명해준다. 놀랄 필요는 없고 단지 이완을 성공적으로 성취함을 말한다.
5. 함께 근육이완법을 연습할 거라고 설명한다. 클라이언트와 협조하여 연습하는 것은 적절한 시간에 지도할 수 있고 올바른 행동을 시범으로 보여줄 수 있다는 장점이 있다.
6. 느긋하고 편안한 목소리로 말하되 너무 꾸미는 것은 피한다. '긴장을 푼다'는 단어를 쓸 때는 천천히 그리고 부드럽게 이완을 촉진하는 태도로 표현한다.

(4) 클라이언트가 과정을 적용하도록 지도

앞서 했던 과정을 마치면 이제 클라이언트가 이완훈련을 적용하도록 지도할 준비가 되었다.

클라이언트를 지도하는 데 다음과 같은 다섯 가지 행동

지침(Bernstein & Borkovec, 1973)이 있다.

1. 클라이언트가 근육군에 충분히 주의를 기울이도록 한다.
2. 클라이언트가 근육군에 긴장을 주도록 지시한다(나중에 근육군 목록과 긴장을 주는 방법을 소개하겠다).
3. 클라이언트에게 긴장상태를 유지하고(5~7초 동안), 영향을 받은 근육의 감각을 느끼라고 요청한다.
4. 클라이언트가 근육을 이완하도록 지도한다.
5. 클라이언트가 긴장에 수반되는 불편한 느낌과 반대되는 이완의 기분 좋은 느낌을 자각하도록 지도한다(이완의 간격은 대략 10초 정도이다).

클라이언트가 근육긴장의 다양한 정도를 느낄 수 있도록 각각 세 번씩 각 근육군들을 긴장 · 이완하는데, 두 번째와 세 번째 수축할 동안 그 긴장 정도를 점점 줄인다.

근육이완법에 실제로 들어가기 전에 클라이언트가 편안한 자세를 취하길 요청한다. 그리고 다른 16개 근육군을 가르쳐줄 거라고 설명한다. 잘 듣고 지도를 신중하게 따르도록 요청한다.

근육이완이 어느 정도 성과를 거두었는지 알아보기 위해 클라이언트에게 이완 정도를 1에서 10까지 척도로 물어보는데, 1은 완전한 이완상태이고 10은 극도의 긴장상태이다. 만약 클라이언트가 긴장으로 불편을 보고하면 이완 정도를 깊게 하기 위해 부가과정을 진행해도 좋다. 자기최면(Lechnyr, 1980a)과 비슷한 이 과정을 다음과 같이 클라이언트가 10번 심호흡을 하도록 교육한다.

제 말을 아주 주의 깊게 들으면서 다른 모든 생각은 일체 닫아버리십시오. 숨을 깊고 천천히 쉬십시오. (심호흡의 본을 보여준다.) — 네, 그렇게요. 자, 이제 제가 1에서 10까지 천천히 세겠습니다. 각 숫자마다 여러분은 점점 더 평안하고 느긋해질 것입니다. 10번째 숨을 쉴 때 여러분은 아주 나른해지고 서서히 잠이 올 것입니다. 자, 이제, 하나! (멈춤), 점점 더 나른해집니다. 둘! (더 짧게 멈춤), 계속해서 점점 더 편안해집니다. (매 숫자마다 더 깊게 이완하면서 부드럽고 편안한 목소리로 천천히 숫자를 세어나간다.)

숫자 세기가 끝났을 때, 클라이언트는 깊이 이완이 되었을 것이고 또 가벼운 최면상태에 있을 수 있다. 그 상태에 잠시 있으면서 즐기도록 한다. 약 20초 정도 멈춘 후, 다음과 같이 지시한다.

이제 5에서부터 거꾸로 숫자를 세겠는데, 매 숫자마다 여러분은 점점 더 깨어나는 기분을 느낄 것입니다. 제가 마지막 '하나!' 라고 할 때 여러분은 완전히 깨어나게 되고 상쾌하고 느긋한 기분이 될 것입니다.

다 끝나고 클라이언트가 깨어나면 나중에 스스로 심호흡과 숫자 세기 등을 하면서 혼자 이 과정을 할 수 있을 거라고 설명한다. 이것은 자기최면 형식인데 많은 사람들이 잠자리에 들 때나 긴장을 풀고 싶을 때 사용한다고 설명해줘도 좋다.

(5) 훈련 후 관리

근육이완 훈련과정을 마친 후, 다른 기술과 마찬가지로 이 기술도 연습을 많이 해야 한다고 강조한다. 이 기술을 완전히 습득하려면 앞에서 말했던 그런 환경에서 매일 20~30분 정도 연습해야 한다. 매일 연습한 후, 근육이완 정도를 점수로 체크하여(1~10점) 발전 정도를 평가할 수 있다.

클라이언트가 이 16개 근육집단 이완 연습을 일주일 혹은 이주일 동안 한 후 훈련 성과에 대해 만족한다고 보고했다면, 그 클라이언트는 이제 더 간소한 형식의 근육이완법으로 나아갈 수 있는 준비가 된 것이다. 그런 형식 중 하나는 신체 주요 해부학적 구조를 바탕으로 16개 군을 4개로 통합하여 줄이는 방법이며 다음과 같다.

- 손가락, 손, 팔꿈치 아래, 팔꿈치 위
- 얼굴과 목 근육

• 어깨, 등, 가슴, 그리고 배 근육
• 위 다리, 무릎아래 다리, 발, 그리고 발가락

이 네 가지 근육군 이완법 훈련은 앞에서 설명했던 것과 비슷하다. 이 훈련과정을 마친 후 클라이언트가 일주일 동안 매일 네 가지 근육군을 이완하는 연습을 하도록 교육한다.

클라이언트가 이 과정을 성공적으로 수행했다고 보고하면, 여러분은 '회상(recall)' (Bernstein & Borkovec, 1973)이라는 한층 더 진보된 과정을 진행할 수 있다. 이 과정을 이용하면 클라이언트는 먼저 그 근육에 긴장을 주지 않고 다만 앞서 행했던 과정에서 경험했던 감각을 회상하여 근육을 이완할 수 있다. 이 회상과정을 클라이언트에게 소개할 때 다음과 같이 설명할 수 있다.

이제 여러분은 근육을 긴장시킬 필요 없이 근육을 이완하는 기술을 배우겠습니다. 손과 위 · 아래팔 근육을 느슨하게 하고, 지난 일주일 동안 같은 근육들을 이완하는 연습을 했을 때 감각이 어땠는지 기억하고 지금과 비교해보십시오. 지금은 그저 평안히 그것을 즐기십시오. 만약 긴장이 남아 있다면, 그 근육에 '긴장이 풀린다' 는 메시지를 보내면서 긴장이 흘러 나가도록 하십시오.

이 회상과정에서 근육을 조이지 않기 때문에 근육군은 단 한번에 느슨해진다. 심호흡하면서 10까지 세는 것은 클라이언트가 보고한 이완 정도에 따라 다시 할 수도 있고 그렇지 않을 수도 있다.

클라이언트가 회상과정을 다 해냈다면, 일상의 스트레스를 다루는 방법으로 이 이완법을 적용할 준비가 된 것이다. 과도한 긴장을 감지했을 때, 숨을 깊고 천천히 쉬면서, '긴장이 풀린다' 는 말을 생각하면서 주어진 상황에 필요한 근육긴장이 아닌 것(예를 들면, 얼굴, 가슴, 배 근육)은 의식적으로 느슨하게 한다. 의식적으로 근육이완법을 연습하여 일생 동안 이용 가능한 가치 있는 대처도구를 개발한 것이다. 클라이언트가 이 기술을 이용할 수 있는 상황은 다음과 같다. 신경이 분열된 상황에서 운전할 때, 밤늦도록 집에 돌아오지 않는 자녀를 기다릴 때, 시험을 치를 때, 말할 때, 회피하고 싶은 상황을 다루어야 할 때, 상사에게 말할 때, 성적(sexual) 두려움을 극복해야 할 때, 자의식을 줄여야 할 때, 분노를 통제해야 할 때, 다양한 종류의 불합리한 두려움을 제거할 때 등이다.

10. 스트레스 예방훈련(SIT)

이 개입방법은 앞에서 설명한 이완법 훈련, 인지적 대처기술, 행동적 예행연습을 통합한 방법이다. 스트레스 예방훈련(stress inoculation training, SIT)은, 예방접종처럼 스트레스에 일부러 노출시켜 클라이언트가 스트레스 상황에 대처할 기술을 강화하고 그것에 눌리지 않고 오히려 대처기술을 키우는 충분한 힘을 갖게 하는 것이다. 대처기술을 습득하면서 클라이언트는 더 큰 대처능력을 요구하는 위협요소가 늘어난 상황에 노출된다. 따라서 '예방접종' 잠재력은 기술습득 정도에 따라 점차 증가한다. SIT를 적용하여 성공한 사례가 많은데, 그 중 불안한 상황에서 긴장과 두려움 줄이기, 자극적인 상황에서 분노 다스리기, 신체적인 고통에 대처하기 등이 있다. SIT는 실제로 긴장과 두려움을 줄이고 감정과 충동을 관리하는 거의 모든 상황에서 효과적으로 적용할 수 있을 것이다. 예를 들면, SIT는 아동이나 배우자 학대의 경우 효과적으로 사용할 수 있다. 월트킨(Wertkin, 1985)은 SIT가 심지어 사회복지실천대학원과정의 심한 스트레스를 줄이는 데 효과가 있음을 밝혔다.

SIT는 세 개의 주요 단계, 즉 ① 교육, ② 예행연습, ③ 적용으로 구성된다. 이제부터 여기에 대해 설명할 것이다. 우선 SIT를 분노 다스리기에 적용한 예이다.

1) 교육단계

이 단계의 목적은 SIT원리를 설명하고, 클라이언트가 스트레스를 주는 사건에 대해 자신의 반응을 잘 이해할 수 있도록 쉬운 말로 설명하는 것이다. 보통 이 단계는 1회 정도로 가능하고 기본적으로 교육하는 것이기 때문에 이 단계를 집단에서 할 수 있다. 이때 SIT에 대하여 잘 설명해야 하는데, 만약 클라이언트가 SIT를 잘 이해하지 못하고 논리적으로 받아들이지 못한다면 이 과정에 전심으로 참여하지 않을 수 있기 때문이다.

SIT원리를 설명하면서 감정의 반응은 그저 한 가지 반응 형태 그 이상의 것임을 강조해야 한다. 게다가 감정이란 것을 파악한다는 것은 그것을 일으키는 것이 무엇인지 깨닫고, 감정이 오르는 징표가 무엇인지 인식하고, 스트레스를 주는 상황에서 감정을 적절히 표현할 수 있는 새로운 대처방법을 개발하는 것을 말한다. 다음은 그런 원리를 설명하는 한 예이다.

> "당신은 어떤 특정상황에서 분노(두려움, 불안, 긴장)를 통제하는 데 어려움을 겪어왔습니다. 분노를 통제하는 법을 배우려면 분노를 충분히 이해하는 것이 필요한데, 즉 분노를 유발하는 것이 무엇이며, 화가 났다는 징표는 무엇이고, 화가 났을 때 스스로 무슨 말을 하며 실제 무엇을 하는지 이해해야 합니다. 또 분노를 일으키는 상황에 대처할 새로운 방법을 배워야 합니다. 그럼 화가 쌓이는 것을 방지할 수 있습니다. 스트레스 예방훈련은 이러한 다양한 과제를 성취하기 위해 고안한 것입니다. 첫 번째 모임에서 이 모든 문제를 함께 살펴봅시다. 무슨 궁금한 점은 없나요?"

만약 클라이언트가 이 원리를 받아들이고 또 수용하는 것 같아 보이면 이 훈련개념을 소개하고 계속 진행한다. 만약 질문하거나 의심하는 듯하면 그런 클라이언트에게 초점을 맞추는 것이 중요하다. 왜냐하면 가장 최선의 결과는 클라이언트가 의지를 갖고 적극 참여하는 데 달려 있기 때문이다. 이때 설명하는 개념구성은 문제를 일으키는 스트레스 본질에 달려 있다. 다시 말하면 대중 앞에서 말하는 것을 두려워하는 클라이언트를 위해 예방접종법을 실시한다고 하면 개념구성은 극심한 분노를 일으키는 스트레스 원인에 관련된 개념구성과 아주 많이 다를 것이다.[28)]노바코(Novaco, 1975)[29)]는 분노에 대해 세 가지의 하위반응(인지적, 신체-감정적, 행동적 반응)으로 구성된 스트레스에 대한 감정적 반응이라고 정의했다. 분노에 대한 반응으로 이런 것이 어떻게 연관되는지 이해하기 위해서 클라이언트는 먼저 그 개념이 무엇을 의미하는지 이해해야 하고 그 후 그 개념을 개인적인 경험에 어떻게 적용할 수 있는지 알아내야 한다.

인지적 요소는 클라이언트가 자극적 상황에 직면했을 때 만들어내는 자기진술과 연관이 있다. 이런 자기진술에는 상황을 평가하는 것이 포함되는데, 즉 다른 사람들의 의도와 동기를 평가하여 다른 사람의 행동을 예측하고, 자신의 개인적 의도, 즉 자기 기대감과 이미지에 대해 평가하고, 상황의 중요성 정도를 측정하고, 가능성 있는 결과를 예상한다. 그러나 어떤 클라이언트는 위의 자기진술 중 분노를 통제하는 데 역효과가 있을 만한 유형은 제외해버리기도 한다. 자기의도나 상황의 중요성을 측정하는 데 실패한다면 어떤 클라이언트는 자극적인 상황을 만났을 때 난폭하고 충동적으로 덤벼들기도 한다. 그런 클라이언트는 "어떻게 이 상황을 '이해' 할 수 있을까?" 또는 "내가 발끈 화를 내면 어떤 결과를 초래할까?" 라고 스스로 질문하지 못한다. 클라이언트가 스스로 '하지 않는' 말은 종종 '하는' 자기 진술만큼이나 중요하다.

자극적인 상황에서 클라이언트가 자기진술의 중요성을 평가하도록 돕기 위해, 분노를 키우거나 반대로 자기통제를 유지하는 두 가지 종류의 상반된 자기진술을 예로 드는 것이 도움이 된다. 다음은 사용할 수 있는 보기이다.

---

28) 몇몇 스트레스 요인의 타입들과 관계 있는 개념구조에 대한 논의는, Meichenbaum(1977)을 참조하라.

29) 이 부분에 관한 많은 내용은 이 참고문헌에 근거한 것임을 밝힌다.

● 파괴적인 자기진술

"저런 나쁜 자식이 날 이겨보겠다고 생각하는 거야? 내가 맛을 보여주겠어."

"저 여자 능글맞은 얼굴 좀 봐. 날 정말 깔보나 본데, 꼭 복수하고야 말겠어."

"저 거만한 자식이 자기 명령대로 다 될 거라고 생각하는 게 틀림없어. 한두 대 맛을 보여줘야겠어."

● 건설적인 자기진술

"그 여잔 정말 바보같이 행동하는군. 냉정함을 되찾아야겠어. 그렇지 않으면 무슨 일을 낼지 나도 모르겠어."

"저 녀석 정말 날 화나게 하는 일이면 뭐든지 다하는구먼. 그렇지만 감당할 수 있어. 심호흡하자. 그래, 맞아. 내게 오는 걸 허락하지 않으면 되는 거야."

"오, 이런. 이거 정말 땀나는구먼. 저 녀석은 정말 분별없는 놈이야. 그렇지만 난 조절할 수 있어. 만약 내가 냉정함을 잃는다면 끔찍하게 엉망진창이 될 거야."

이와 비슷한 예를 논의하면서 클라이언트는 일반적으로 자기진술의 중요성을 쉽게 이해한다.

분노를 일으키는 인지적 요소를 설명한 뒤, 신체-감정적인 면에 대해 설명한다. (다시 말하지만, 사회복지사는 클라이언트가 그 개념을 스스로 적용하기 전에 일반적인 개념에 대해 설명을 끝마쳐야 한다.) 이 요소는 분노 발생에서 비롯하는 생리학적, 감정적 징후를 말한다. 클라이언트가 이 요소의 중요성을 이해하기 위해 대처기술을 사용해야 하는 신호로 분노의 신체적, 감정적 징후를 설명한다. 이런 신호를 인식하면서 클라이언트는 통제 불가능한 정도까지 분노하기 전에 눌러버릴 수 있다. 긴장과 감정을 쌓아두는 것은 분노반응의 농도를 증가시키는 경향이 있기 때문에 신체-감정적 요소가 중요하다는 것을 강조해야 한다.

분노가 일어날 때 보이는 생리적 징후는 몸의 긴장, 땀나는 손바닥, 심장박동수 증가, 가쁜 호흡, 어금니 꽉 물기, 꽉 다문 입술, 위장장애 등이 있다. 사람들은 각자 조금씩 다른 모습으로 긴장을 경험하기 때문에 클라이언트는 자기 고유의 '징후'를 알아야만 한다. 초기의 감정적 반응으로 짜증, 흥분, 분노의 느낌 등이 있다.

분노의 행동적 요소는, 뒤로 물러나거나 또는 적대적이고 공격적인 행위, 부정적인 결과를 초래하는 행위가 있다. 예를 들면, 어떤 사람은 배우자가 언어적으로 공격할 때 폭력적이고 파괴적으로 분노를 폭발할 때까지 분노를 쌓아두고 곪도록 놔두는 경우가 있다. 또 어떤 사람은 역공격(예를 들면, 이름 부르기 또는 맞서 비난하기)하면서 자극에 공격적으로 반응하기도 한다. 두 경우 모두 분노가 점점 더 상승하고 과열된 상호관계가 최고조에 달해 심지어는 폭력사태에까지 이른다.

1단계는 클라이언트의 개별적 분노가 발생하는 형태를 알아보고 강한 분노반응을 일으키는 자극을 분석해 보는 것이다. 중요한 것은, 사회복지사가 그런 상황에서 경험하는 자기진술과 느낌에 특별히 초점을 맞추면서 클라이언트가 분노를 일으키는 상황을 정확히 파악하도록 안내해야 한다.[30] 클라이언트가 분노를 일으키는 개인적인 형태를 정확히 집어내도록 도와주는 효과적인 방법으로 눈을 감고, 마치 자극적인 사건을 영화로 보는 것 같이, 경험하는 사고와 느낌과 반응을 말하게 하는 것이다. 이 첫 번째 모임 결과, 클라이언트는 다음과 같은 과제들, ① 화가 났을 때 자신의 자기진술을 모니터하기, ② 분노를 일으키는 스트레스 상황에 대해 더 깊이 있게 분석하기, ③ 인덱스 카드에 분노를 자극하는 상황에 대한 목록을 작성하고 자극하는 강도에 따라 순위 매기기 등을 수행하도록 권한다. 이런 과제는 치료모임에서 제시한 개념을 더욱 공고히 하

30) 만약 분노를 유발하는 상황이 가족이나 친척 또는 클라이언트가 자주 접하는 사람들이라면, 클라이언트가 화내는 행동을 수정하는 데 도움을 주도록 이런 주요 인물들을 포함하는 노력을 기울여야 한다.

는 데 도움이 되며 또 2단계를 준비하는 것이기도 하다.

2) 예행연습단계

교육단계는 집단에서 할 수 있는 반면 그 다음 단계부터는 보통 개별적으로 수행한다. 예행연습단계는 직접적인 행동과 인지적 재구성 등 클라이언트의 대처기술을 돕는 것인데, 특별히 독백(self-dialogue)을 강조한다. 직접적인 행동은 두 가지 다른 면이 있다. ① 두려움, 고통, 분노를 일으키는 대상이나 상황에 대해 정보 얻기, ② 이완훈련이 그것이다. 행동하기에 앞서 원리를 설명하고 협조를 얻는 것이 중요하다.

분노를 통제할 능력을 잃는 것을 예방하기 위해 정보를 얻는다는 의미는 분노를 자극하는 스트레스 원인의 본질을 분석하는 것으로 1단계에서 시작했던 초기작업을 더욱 공고히 하는 것이다. 클라이언트가 분노를 자극하는 상황에 대해 분석한 과제를 보고할 때 더 깊이 있게 분석하고 논의하게 된다. 이때 사회복지사는 잘못된 방어나 공격으로 이끌지도 모를 비현실적인 상황에 대해 바로 평가할 수 있도록 도와주어 클라이언트 자각의 한계를 넓힐 수 있다. 노바코(Novaco, 1975)에 따르면 클라이언트가 하는 부정적인 자기진술은 타인의 실수를 참지 못하고, 성공에 대해 비현실적으로 자기 기대감이 있으며, 타인에 대한 과도한 기대감, 비판에 대한 과도한 민감성, 누가 잘못했을 때 반드시 대가를 치러야 한다는 믿음 등을 드러낸다. 클라이언트의 자존감을 위협하는 상황에 관심을 모아야 한다. 이는 부정적인 감정을 부추기는 공격적이거나 방어적인 행동으로 겪게 되는 상황이다.

직접적인 행동의 둘째 측면은, 앞부분에서 자세히 소개한 이완훈련이다. 이완훈련을 시작하기 전에 이완이라는 것은 긴장이나 분노와 모순되는 것으로, 그래서 그 과정을 가르친다고 설명하는 것이 중요하다. 자극적인 상황이 예상될 때나 분노가 일어날 징후가 보일 때, 클라이언트는 분노를 누그러뜨리기 위해 심호흡 방법이나 근육이완법을 사용할 수 있다.

2단계 인지적 재구성요소는 ① 클라이언트에게 습관적이고 부정적이고 분노를 자아내는 자기진술을 긍정적인 자기진술로 바꾸는 것, ② 자극적인 상황에 건설적으로 대처하도록 돕는 것 등이다. 노바코(Novaco, 1975)와 마이켄바움(Meichenbaum, 1977)이 동의한 바에 의하면, 독백은 화나도록 하는 자극과 관계가 있으며 분노반응은 다음 네 가지 단계로 바라봐야 한다는 것이다.

마이켄바움과 터크(Meichenbaum & Turk, 1976: 6-9)는 각 단계에서 사용할 수 있는 긍정적이고도 스트레스를 줄일 수 있는 다양한 자기진술들을 개발했다. 이 진술과 친숙해지길 권한다. 분노를 통제하기 위한 스트레스 예방법의 네 가지 단계에 해당하는 자기진술은 다음과 같다.

● 1단계 : 자극에 준비하기

"이건 분명 화가 날 일이지만, 난 참을 수 있어."

"기억해! 깊게 심호흡하고 느긋하게 있는 거야. 그러면 영향을 미치지 못할 거야."

● 2단계 : 충격과 직면

"화가 나서 득이 되는 건 아무 것도 없어. 더 나빠질 뿐이지."

"계속 침착함을 유지하면서 이 상황을 이겨낼 거야."

● 끓어오름에 대처하기

"점점 더 긴장되는 나 자신을 느낄 수가 있어. 심호흡하고 행동을 천천히 해야겠어."

"사람들이 내게 짜증낼 수도 있지만 난 냉정함을 유지해야만 해."

● 화낸 것에 대해 반성

a. 대처가 성공적이었고 갈등이 해소되었을 때

"결국 난 내 체면을 망치지 않고 그걸 해냈어. 정말로 기분이 좋군."

"생각했던 것보다 난 더 잘해냈어. 난 정말이지 이젠 내 분노를 통제할 수 있어."

b. 갈등을 해소하지 못했을 때

"비록 대성공은 아니었지만 그렇다고 실패한 것도 아니야. 이렇게 힘든 문제는 원래 해결하는 데 시간이 많이 걸리지."

"너무 집착할 필요는 없어. 더 악화시킬 뿐이야. 지금보다 훨씬 나빴을 수도 있는 일이야."

마지막 단계에서 자기진술이 성공적인 것도 있고 실패인 것도 있음을 주목하라. 실패할 가능성이 있음을 아는 것은 중요하다. 또 클라이언트에게 그 가능성에 대해 예방하는 것도 중요하다. 결국 계획을 아무리 잘했어도 항상 성공적으로 대처하는 것은 아니며, 심지어 개인의 능력을 넘어선 도전(예를 들면, 다른 사람의 완고한 행동들)이 닥쳐올 때에는 예상치도 못한 결과를 얻기도 한다. 클라이언트가 실패한 결과들을 어쩔 수 없는 일로 볼 수 있도록 도와주고 또 실패로 끝내기보다 계속 노력해야 한다는 증거로 해석할 수 있도록 도와주어 클라이언트가 심하게 낙담하거나 삶에 대해 실망하는 상황에 짓눌리는 것을 예방할 수 있다.

앞서 논의한 대처기술을 배운 후, 클라이언트는 처음 치료모임에서 인덱스 카드에 적었던 스트레스를 유발하는 상황을 상상하면서 그 상황에서 이 기술들을 사용하는 예행연습을 한다. 그 상황 목록 중 가장 스트레스를 덜 받는 상황에서부터 시작하는데 먼저 스스로 대처진술하고, 심호흡하고, 근육이완법을 한다. 사회복지사는 필요할 때에만 지도해준다. 클라이언트가 어떤 한 상황을 성공적으로 다루어 자기능력에 자신감을 얻으면 다음 단계로 넘어가고, 그러면서 예방능력은 점차 커진다. 이 과정 동안 사회복지사는 클라이언트가 진행한 과정에 대해 인정해주고 스스로 자기진술을 만들도록 격려하는 것 또한 중요하다. 클라이언트는 스트레스 상황의 최고단계를 정복할 때까지 이 과정을 계속한다. 가상 스트레스 상황에서 이 기술을 연습하라는 숙제는 치료모임 때마다 계속 진행해야 한다.

3) 적용단계

이 단계는 클라이언트가 새로 습득한 대처기술을 실제 삶의 상황이나 다른 가상의 스트레스 상황에 적용하거나 또는 사회복지사가 다른 역할을 하는 가상의 스트레스 상황에 적용해보는 것이다. 이 마지막 활동에서 사회복지사는 클라이언트가 감당할 수 있는 한도 내에서 클라이언트가 지닌 대처기술에 도전하기에 충분한 자극이 되는 역할을 '철저히' 해내야 한다. 대처기술의 효과성을 검증할 수 있는 최종 증거는 그 조건에서(in vivo) 성공적으로 대처하는 것이며, 클라이언트 자신이 예전에 짓눌렸던 상황을 이젠 정말 잘 처리할 수 있다고 확신할 때 자신감은 증가하는 것이다.

마지막으로 SIT는 클라이언트에게 끊임없이 연습하고 그래서 예방능력을 더 강화하고 유지할 것을 지시함으로써 종결한다. 필요한 경우 더 오랜 시간이 걸릴 수도 있지만, 일반적으로 SIT는 5~6회 세션으로 종결한다.

제 15 장

환경개선, 자원개발, 그리고 기획

Modifying Environments, Developing Resources, and Planning

1. 클라이언트의 필요와 환경자원 간의 불균형이 미치는 영향

1장에서 설명한 것과 같이 사회복지전문직은 "인간 복지증진 그리고 빈곤과 억압의 경감에 헌신하는 것이다(CSWE, 1995: 97)." 더 나아가 사회복지교육은 학생들에게 "사회복지 교육과 사회적, 경제적 정의의 역동과 결과를 이해"하는 틀을 제공하고 "학생들에게 사회적 변화를 촉진시킬 수 있는 기술을 제공하는 것이다(앞의 책, pp.101)." 마지막으로, 위기에 처한 사람들에게 사회복지를 실천하도록 하는 것을 포함하여 사회적, 경제적 정의를 촉진하는 데 초점을 두어야 한다. 사회복지실천 프로그램은 "차별, 경제적 박탈과 억압 패턴, 역동과 결과에 대해 이론적이고 실천적인 내용을 제시해야 한다. 교과과정은 유색인, 여성, 그리고 게이와 레즈비언 등 동성연애자에 대한 내용을 포함해야 하며 위에 언급한 내용에 덧붙여, 나이, 인종, 문화, 계급, 종교, 그리고 물리적, 정신적 능력에 따라 차별 받는 사람도 포함해야 한다(앞의 책, pp.101-102)."

이런 목표에 접근하기 위하여 이 장에서는 사회적, 물리적 환경을 증진하기 위해 사용하는 개입기법에 주목할 것이다. 클라이언트가 환경에 적응하도록 원조한 사회복지사의 초기 노력은 잘못된 방향인 것 같은 인식이 커갔다. 환경을 클라이언트에게 맞게 변화시킬 필요가 있다는 사실은 점점 주목을 받고 있다. 예를 들어, 시설(정신병원이나 소년원)에서 클라이언트를 치료하던 사회복지사는 이런 보호환경에서 나타난 변화가 종종 집이나 지역사회 환경에서는 지원을 받지 못하는 경우가 있다는 것을 인식하게 되었다. 클라이언트가 위협적인 요소를 다루거나 가정이나 지역사회 환경에서 지지적인 자원을 이용할 수 있도록 훈련받지 않은 경우, 치료를 통해 나타난 성과는 위협을 받았다. 결과적으로 사회복지사는 부적절한 환경자원 때문에 특별히 어려움을 당하는 취약한 클라이언트 집단에 대해 보다 많은 관심을 기울이게 되었다. 위험에 처한 클라이언트의 환경을 개선하는 데 필요한 혁신적이고 직접적인 서비스와 옹호, 사회정책과 프로그램 촉진 및 개발, 사회적 관심이 급격히 증가하고 있다는 것을 많은 연구들을 보면 알 수 있다.

2. 취약한 클라이언트 집단과 개입의 유형

클라이언트와 환경 간의 불균형은 다음 두 가지 주요한 상황에서 야기된다. ① 다양한 발달단계에 있는 사람들이 일반적으로 요구하는 자원이 상당한 정도로 결핍하거나, ② 발달상의 문제(예를 들어, 정신지체, 자폐증, 소아마비, 학습장애, 선천적 기형, 귀먹음 등), 무능력, 정신장애, 퇴행성장애, 심각한 스트레스, 문화적 혼란, 자연재해로 인한 특별한 필요가 그것이다.

1) 유형 1 : 발달단계에서 필요한 자원의 결핍

첫 번째 유형에 취약한 사람들은, 방임이나 학대, 부적절한 양육환경에 있는 영아, 아동, 그리고 청소년, 가난한 환경에 사는 아동과 성인, 인종 · 민족 · 나이 · 성별 그 밖의 요인 때문에 자원과 기회를 박탈당한 사람들, 배우자 또는 다른 가족 구성원에게 따뜻함, 사랑, 그리고 존중감을 받지 못하는 성인, 필수적인 지원체계가 부족한 사람들이다. 두 번째 유형의 취약한 사람은, 장애를 유발하는 질병에 시달리거나 다양한 형태의 육체적 · 정신적 장애를 겪는 어린이와 성인, 스스로 돌볼 능력이 없는 고령의 클라이언트, 난민 · 자연재해의 결과로 집과 소유물을 잃게 된 사람들이다.

이러한 취약집단의 상황을 개선하기 위해 다양한 형태의 개입을 활용할 수 있다. 개입방법은 다양하지만 일반적인 몇 가지 전략으로 구체화할 수 있다. 내용은 다음과 같다.

- 가족관계를 증진하는 것
- 가정환경 자원을 보충하는 것
- 지원체계를 발전, 증진하는 것
- 클라이언트를 다른 환경으로 옮기는 것
- 사례관리를 하는 것
- 조직과 제도 간에 상호작용을 강화하는 것
- 제도적 환경을 개선하는 것
- 클라이언트의 역량을 강화하는 것
- 새로운 자원을 개발하는 것
- 옹호와 사회행동을 사용하는 것
- 계획하고 조직하는 것

다음 내용에서 이러한 전략과 이 전략들을 적용할 취약계층에 관해 논의할 것이다. 지면이 제한되어 특별한 개입방법을 구체적으로 논의하는 데 어려움이 있기 때문에 개입방법을 보다 깊이 설명할 수 있는 참고문헌들을 소개할 것이다.

먼저 환경적인 개입은 일반적으로 다른 개입과 병행해서 사용함을 강조하고 싶다. 문제는 다차원적이고 다양한 체계와 하위체계 간에 상호교류하는 것이기 때문에 환경에만 중점을 둔 개입은 개인의 장애를 무시하는, 문제의 한 측면만을 강조할 수 있다. 부모에게 방임되고 학대받은 아이는 종종 부모가 제공하는 사회적인 환경을 개선하는 것 외에 특별한 주의를 요하는 심리적인 상처가 있다. 더 나아가서 아이의 행동이 부모에게 영향을 주어 육체적, 성적 학대를 유발하는 주요 원인이 될 수도 있다. 이런 점에 대해 생각하는 또 다른 방법은 역할극을 하면서 참여자 모두 주인공이 되거나 또는 다른 사람 입장에 서보는 것이다. 틀림없이 더 나은 관점을 알게 될 것이다.

(1) 가족관계를 증진하는 것

가족에서 구성원은 양육, 지도, 보호, 영양, 건강관리, 사랑, 교제와 같은 기본적인 인간적 필요를 충족하기 위한 일차적 자원을 각각 구성한다. 종종 부모와 배우자는 다른 가족 구성원에게 필요한 감정적인 자원을 제공하는 능력이 부족하다. 또 서로의 감정적인 필요에 응답하는 능력을 손상하는 파괴적인 방법으로 상호반응할 수도 있다. 가족치료는 가족의 기능을 강화하기 위해 선호하는 개입이다. 16장에서 보다 자세하게 이 개입방법에 대해서 다룰 것이다. 따라서 이 장에서는 더 이상 언급하지 않기로 한다.

부모가 자녀를 학대하거나 자녀에게 무관심할 때, 아니

면 적절하게 보살피거나 지도하지 못할 때, 사회복지사는 종종 가족기능을 강화하기 위한 다양한 개입을 사용해왔다. 그러한 개입법 중 유명한 것이 카두신과 마틴(Kadushin & Martin, 1988: 83-142)이 요약한 가정중심보호(home based care)이다. 가정중심보호는 대체로 아동이 위탁가정에 의뢰되거나 아동보호시설에 입소하는 것을 막기 위해 부모기능을 강화하는 것이 목표이다. 마찬가지로 이것에 대해서도 16장에서 다룰 것이므로 여기서는 더 이상 언급하지 않을 것이다.

가정중심보호에 덧붙여, 학대의 위험이 있는 아이의 가족을 원조하기 위한 개입방법은 부모에게 원조하는 것(Miller et al., 1984)과 가사지원(Kaduchin & Martin, 1988: 143-172), 아동에 대한 직접개입(Lamb, 1986), 부모를 대상으로 하는 집단지도(Kruger et al., 1979), 부모자조집단(Parent Anonymous) 활용(Moore, 1983), 사회서비스와 사회원조 혼용(Miller & Whittaker, 1988), 부모교육 프로그램을 이용하는 것(Barozzi & Engel, 1985) 등이 있다.

(2) 한부모, 재혼, 동성부부 가족

어떤 가족은 가족기능에 장애가 있을 위험이 있다. 그러한 가족구조는 종종 부모와 아동 양쪽에게 비정상적으로 큰 스트레스를 야기한다. 한부모는 종종 재정적인 어려움과 일반적으로 두 부모가 분담하던 이중역할을 완수해야 하는 스트레스로 괴로움을 겪는다. 더하여 한부모(single parent)는 그런 다중역할과 충돌하는 개인적, 사회적인 요구가 있다. 가핀켈 등(Garfinkel & McLanahan, 1986)은 편모와 자녀에게 유익한 책을 저술하였다. 키스맨(Kissman, 1991) 역시 (페미니스트의 관점에서) 한부모 가정을 이해하고 상담하는 데 유용한 지침에 대해 유익한 책을 집필하였다. 그리프(Grief, 1985)는 편부를 대상으로 이혼과정에서 다양한 단계의 양육에 이르는 경험을 조사한 책을 출판하였다. 보웬(Bowen, 1987) 역시 편부의 문제에 대해 책을 저술하였다.

재혼가정(stepfamilies) 역시 가족 구성원 간에 감정적 연대 부재, 자녀의 충성심 분리, 가족 구성원 간에 불분명한 기대, 이전 가족과 다른 생활양식, 쫓겨날지 모른다는 의문, 역할을 정하는 데 있어서 갈등과 관련한 스트레스로 위험에 처해 있다. 비셔와 비셔(Visher and Visher, 1988)는 재혼가정에 사용할 수 있는 치료기법을 정의하는 권위 있는 책을 저술하였다. 휫셋과 랜드(Whitsett & Land, 1992)는 계부모(특별히 의붓어머니)의 역할 부담으로 스트레스를 언급한 조사 결과를 보고하고 이러한 가족에게 사용할 수 있는 대처 전략을 이야기한다. 달 등(Dahl, Cowgill & Asmundsson, 1987)은 재혼가족들과의 면접을 기초로 발견한 내용을 보고했다. 이들 저자들은 재혼가정에게 대체적으로 첫 해는 어려운 시기이며, 가족으로서의 유대감과 소속감을 형성하는 데 3년에서 5년이 걸린다고 보고한다.

게이와 레즈비언 부모도 동성애와 관련한 사회의 낙인과 그 결과로 사회적인 지원이 부족하기 때문에, 가족기능을 손상하는 스트레스에 취약하다. 16장에서 다시 이야기하겠지만, 여기서는 일단 레비(Levy, 1992)와 페리어(Faria, 1994)가 레즈비언 부모 가족들과 관련하여 대처능력을 강화하는 방법에 대해 조사한 논문을 언급한다.

2) 유형 2 : 발달장애로 야기되는 특수한 필요

(1) 청각장애, 신체적 · 정신적 발달장애가 있는 가족 구성원

어떤 가족은 부모와 다른 가족 구성원을 힘들게 하는 특수한 필요가 있는 성원 때문에 가족 역기능이 일어나기 쉽다. 출생 때부터 귀가 멀거나 청력이 심각하게 손상된 구성원이 있는 가족이 종종 보살핌을 받는다. 청각장애 아이의 부모는 90% 이상이 정상이며 따라서 대다수 아이들의 청각장애에서 제기되는 특별한 필요에 익숙하지 못하다. 프리젠(Pridgen, 1991)은 청각장애인의 필요에 대해서 묘사하였고 그 가족을 위한 지역사회 자원에 대해서 언급하였다.

발달장애(지체)가 있는 가족 구성원을 둔 가족 역시 가족 역기능을 방지, 완화하기 위하여 종종 특별한 서비스가 필요하다. 가먼 등(Gammon & Rose, 1991)은 발달장애아동 부모를 원조하기 위해 개발한 프로그램에 대해 언급하였고, 위트만 등(Whitman, Grave & Accardo, 1989)은 정신지체 부모에게 부모기술을 원조하기 위해 고안한 프로그램을 설명하였다. 바베로(Barbero, 1989)는 정신지체인이 주류 사회에 참여할 수 있도록 그러한 사람을 돌보는 가족의 부담을 완화하는 지역사회의 주간치료 프로그램에 대해서 언급하였다. 발달장애아동이 있는 가족을 위한 자원은 도시 외곽지역에는 드물지만, 휘엔과 테일러(Fiene & Taylor, 1991)는 이런 가족의 필요에 부합하는 사례관리 접근방법에 대해서 묘사하였다.

신체장애가 있는 아이는 그 아이의 상황에 대해 부모가 적대적으로 반응하거나 특수한 발달상의 필요를 적절하게 충족시켜주지 못해 위험에 처할 수 있다. 버니어(Bernier)는 장애아동 부모 사례와 관련한 요인에 대해서 묘사하였고, 맬리코프 등(Malekoff, Johnson & Klappersack, 1991)은 전문요원이 학습장애가 있는 아동의 부모와 협동하는 방법에 대해서 언급하였다.

가족에게 가장 스트레스가 심하고 힘든 것은 심각한 정신장애(만성정신분열증)가 있는 가족원의 욕구에 반응하려고 시도할 때이다. 이런 가족을 지원하는 방법에 대해 연구를 많이 진행해왔고, 심리교육적 접근방법이 가장 효율적인 것으로 증명되었다(Hogarty, 1989). 사이먼 등(Simon, McNeil, Franklin & Cooperman, 1991)은 다섯 가지 심리교육 치료모델에 대해서 검토하고, 연구결과를 언급하고, 임상적인 함의에 대해서 토론하였다. 주간보호(day care) 프로그램과 지역사회에 기초한 심리사회적 재활 프로그램은 정신장애인과 가족에게 중요한 자원이다(Peterson, Patrick & Rissmeyer, 1990).

(2) 중증환자와 노인의 부양의무자

심각한 질병이 있거나 허약한 노인들은 정서적으로 부담스럽고 육체적으로 소모적인 광범위한 보살핌이 필요하다. 고령인구와 암 · AIDS같이 심각하고 때때로 치명적인 병을 앓는 사람들이 늘고 있으며, 사회복지사는 환자 본인과 보호자에 대해 점점 더 많은 관심을 기울이고 있다. 이에 대한 다양한 논문들은 환자의 필요, 보호자가 경험한 스트레스, 다른 선택 가능한 대안, 적절한 간호를 위한 결정과정, 보호자에게 필요한 지원체계에 대해 초점을 두고 있다. 만성질환과 장애와 관련한 가족 간호에 대한 언급은 비에겔 등(Biegel, Sales & Schulz, 1991), 그리고 파서넷 등(Parsonnet & O' Hare, 1990)의 저술에도 나타나 있다. 케이츠 등(Cates, Graham, Boeglin & Tielker, 1990)은 가족에게 미치는 AIDS의 영향을 언급하였고, 랜드 등(Land & Harangody, 1990)은 AIDS 환자의 파트너를 위한 지지집단 활용에 대해서 보고하였다. 애나사타스 등(Anasatas, Gibeau & Larson, 1990)을 비롯한 많은 사람들이 노약자의 보호자에 대해서 연구를 진행하고 있다. 토슬랜드 등(Toseland, Rossister, Peak & Smith, 1990)은 노약자의 부양의무자를 지원하는 개별개입과 집단개입 방법의 효과를 비교 연구하였다. 심리적인 문제와 관련이 있을 때에는 개별적인 개입방법이 가장 효과적이었으며, 지지에 대한 요구가 중심문제일 때는 집단개입 방법이 가장 효과적임을 밝혀냈다.

3. 가정환경자원을 보충하는 것

부족한 가정환경자원(home environment)을 보충하여 클라이언트와 그 가족이 격리와 시설수용으로 뒤따를 수 있는 상처와 심리적인 손상 없이 종종 클라이언트의 필요를 충족시켜주는 것이 가능해졌다. 외출이 불가능한 사람에게 식사를 배달해주는 방문간호사(visiting nurses)와 도시락배달 서비스(meal on wheels)는 노약자, 장애자가 독립적으로 살아가는 것을 가능케 하였다. 게다가 이전에는 다른 사람들과 함께 살아야만 했거나 또는 시설에서 거주해야 했던 장애인들에게도 이제는 자립생활에 대한 교육과 아울러 가사를 할 수 있도록 생활도구를 제공하고, 자립센터에서 일하도록 돕고, 옷을 입고 여타 일상활동을 수행할 수 있도록 돕는 자원봉사자를 지원해서 독립적으로 살아갈 수 있는 능력을 얻게 되었다(Mackelprang & Hepworth, 1987; Milofsky, 1980).

1) 가사 지원 서비스

가사 지원 서비스(homemaker service)는 주부역할을 적절히 수행할 수 있는 부모가 없는 가정에 유용한 자원이다. 가사 지원 서비스는 쇼핑, 청소, 균형 있는 식사 준비, 가계 관리, 빨래, 이런 기술을 클라이언트에게 가르치는 것 등을 포함한다. 자원봉사자는 인간관계를 효과적으로 하는 방법이나 아동양육 기술 등을 보여줌으로써 클라이언트가 그러한 기술을 배울 수 있게 한다. 자원봉사자는 언제든지 즉각 도움을 줄 수 있어 클라이언트와 점차 신뢰를 구축할 수 있으며, 클라이언트에게 '올바른 정서적 경험' 을 제공하여 긍정적인 변화를 이끈다(Stempler & Stempler, 1981). 여기에 인용된 저자들은 가정을 지원하는 데 있어서 사회복지사와 가정봉사원들은 동반자로서 협력관계임을 규정한다. 그리고 그 예로 아동방임으로 인하여 보호서비스가 필요한 불안정한 가정을 원조하는 훌륭한 팀워크 사례를 제시했다.[31)]

2) 가사 도구

독거세대를 포함하여 어떤 가족단위는 건강과 효과적인 가정관리에 필수적인 기본적 자원이 부족하다. 예를 들어, 난민들은 때때로 적절한 주방기구, 따뜻한 옷가지, 침대, 담요 심지어는 음식도 없이 힘들게 살아간다. 수입이 충분하지 않은 장기 거주자라 할지라도 역시 필수품을 얻거나 낡고 때때로 위험하기까지 한 설비를 교체하고 싶은 욕구가 있다.

사회복지사는 가난한 사람들이 긴급하게 필요한 물품을 파악하는 전략적인 위치에 서 있다. 필요를 파악한 후 사회복지사들은 그것들을 개선하는 데 필요한 활동을 주도할 책임이 있다. 이것은 사람들의 요구를 충족시킬 수 있는 적절한 기관에게 주의를 촉구하거나 클라이언트가 필요한 것을 얻도록 사회복지사가 직접 노력하는 것을 포함한다. 사회복지사들은 교회, 시민단체, 민간 봉사조직같이 어려운 사람들에게 물품을 제공하는 기관과 접촉하거나, 공공부조기관에게 특별기금을 요청할 수도 있으며, 저소득층을 위한 중고품 가게에서 필요한 물품을 구입하도록 클라이언트를 원조할 수도 있다. 또는 요구가 광범위한 집단을 돕기 위해 프로그램을 조직할 수도 있다.

3) 자녀의 탁아문제

아이를 양육하는 여성 중 절반 이상이 일하는 상황에서, 아이들에 대한 탁아 서비스는 많은 가족에게 필수적이다. 한 예로, 메사추세츠주의 취업 어머니를 대상으로 조사한 결과 2세 이하 유아의 45%가 어떠한 형태로든 부모 이외의 사람에게 보살핌을 받고 있는 것으로 나타났다(Marshall, 1991). 사실상 탁아는 아동에게 '정상적인 경험' 이라고 마샬(Marshall)이 지칭할 정도로 보편화되어 있다.

탁아형태는 다양한데, 가장 보편적인 것은 가족 간에 지원하는 연계망이다. 프랭켈(Frankel, 1991)은 취학 전 아동의 80%가 친척집에서 보살핌을 받는 친척탁아 형태라고 언급했다. 친척이 아닌 조직적인 탁아 서비스를 받는 아동은 대다수 자기집에서 다른 가정의 아이들(일반적으로 대여섯 명을 넘지 않는)을 보살피는 주부가 운영하는 가정탁

---

31) 가사 지원 서비스를 다양하게 활용하는 것에 대해 폭넓게 토론하기 위해서는 Kadushin과 Martin의 저술을 추천한다(1988: 143-172).

아소에 맡겨지는 것으로 나타났다. 또 민간 또는 공공기금으로 조직된 센터도 탁아 서비스를 제공한다. 후자 중에서 취학 전 아동을 대상으로 하는 가장 규모가 큰 서비스는 연방정부기금으로 운영되는 조기교육(head start) 프로그램으로, 이는 미국의 약 40만 명 가량의 저소득층 아이들에게 전일 탁아 서비스를 제공한다. 저소득층 가정은 일반적으로 사설 탁아소는 물론 주부가 운영하는 가정탁아 서비스도 경제적으로 감당할 여유가 없다.

조기교육과 같은 프로그램은 일하는 저소득가정에게 중요한 자원이다. 이 프로그램을 통해 어린이들은 풍요로운 환경을 제공받을 뿐만 아니라 다른 사람들을 관찰하고 의사소통하며 상호작용하는 기술을 개발하는 기회를 얻을 수 있기 때문이다. 다양한 탁아활동 역시 어린이들이 신체적인 힘과 균형을 기르고 긍정적인 자기관념을 형성하도록 원조한다. 탁아 프로그램은 특별히 일하는 어머니에게 유용하다. 부모와 자녀에게 창조적이고 건강한 이별 경험을 할 수 있게 할 뿐 아니라, 아이들이 쉽게 학습할 수 있는 시기에 조기학습 경험을 제공한다는 점에서 모든 가정에 유용하다. 게다가 탁아 프로그램은 문제가정을 식별하고 가족기능을 강화할 수 있는 서비스를 제공한다(Friedmann & Friedmann, 1982).

공공탁아 서비스의 또 다른 장점은 자격이 있는 저소득층 아동이 매일 두 끼의 식사와 한 번의 간식을 먹을 수 있다는 것인데, 이 비용은 연방정부 농림부에서 운영하는 아동보호음식프로그램(Child care food program)에서 조성한다.[32)]

4. 지지체계 개발과 증진

8장과 9장에서 사회적인 지원제도 부재 또는 부적합성이 문제를 광범위하게 야기함을 살펴보았다. 최근 몇 년간, 사회복지사는 점점 더 자연적이거나 인위적인 지원망을 연계하고 꼭 필요한 자원을 제공할 수 있는 새로운 제도를 개발하는 개입방법을 적용해왔다. 지지체계 수가 많다고 해서 꼭 좋은 것은 아니다. 지지체계에 대한 개인의 욕구와 희망은 다양하다. 예를 들어, 심각하고 만성적인 정신질환을 앓고 있는 사람들은 쉽게 과민반응에 빠질 수가 있는데 많은 사람들이 관련되는 것보다는 적은 인원이지만 효과적으로 기능하는 사회적인 지원망이 더 유용하다.

1) 자연적인 지지체계

친척, 친구, 이웃, 교회, 클럽, 가정 주치의 등은 자연적인 지지체계(natural support system)이다. 일반적으로 그 지역사회에 뿌리를 둔 사람은 어려움이 닥쳤을 때 협조적으로 반응하는 지지망을 구축해왔다. 그러나 심지어 그 지역출신조차 혈연관계가 약하고, 가까운 친구가 부족하거나, 이웃 또는 다른 잠재적인 지지집단과 연계가 없는 경우가 있다. 또 어떤 클라이언트는 집에만 있기 때문에 충분히 활용 가능한 많은 지지체계와 접촉이 부족하다. 신흥도시에 새로 이주한 사람들도, 아무리 문화장벽을 뛰어넘거나 새로운 언어를 배워야 할 필요가 없어서 좀더 쉽게 자연적인 지지체계를 개발할 수 있다 할지라도, 역시 지지체계는 부족한 상황이다.

2) 취약한 사람과 지지체계

사회 주류에 속하지 못한 집단은 만족스러운 사회기능에 필요한 필수적인 지지체계에 접근하는 것이 어렵다. 인구가 적은 농촌지역에 거주하고 낙인이 찍혔으며(예를 들어, AIDS에 걸린 사람들), 이동에 제약이 있고, 사회기술이

32) 여러 다른 형태와 그 활용, 또한 정책과 이슈들을 포함한, 주간 보호 서비스(day care)에 관해서 더 탁월한 토론을 원한다면, Frankel(1991)의 글과 Kadushin과 Martin의 논문을 추천한다. 저소득가족을 위한 주간 보호 서비스(day care)와 관련한 이슈에 관해 토론하기 위해서는 Marshall(1991)과 Marshall과 Marx(1991)가 쓴 글이 유용하다.

부족한 것 과 같은 요인으로 지지체계에서 고립되는 결과를 초래할 수 있다. 다음은 이러한 소외집단을 위한 지원 제도에 대해서 살펴보고자 한다.

(1) 농촌지역

사회서비스가 부족한 경향이 있는 농촌에서 사회복지사는 지역의 자연적 원조망(natural helping network)의 일부분인 원조자와 완전히 친숙해져야 한다. 토착 원조자들은 지역 사회복지사, 식료품 상인, 이발사, 보험 판매원, 목사, 시민운동가, 학교선생님, 보건소 간호사, 지역 공무원 등이 있다. 또 사회복지사는 사회복지사 또는 지역 봉사모임 지도자의 조언으로 위기상황 때 지역에 도움을 주어 명성을 얻고 지역주민의 마음을 얻은 또 다른 토착 원조자를 만날 수도 있다. 컨클린(Conklin, 1980)은 시골공동체에서 토착 원조자가 얼마나 유용한지에 대해 언급하였다. 자연적인 원조자의 효율성에 대해서는 패터슨과 여러 학자(Patterson et al., 1988)가 서술한 바 있다. 코헨과 아들러(Cohen & Adler, 1986)는 도시 거주자와 사회적 관계망을 연결하는 역할에 대해서 언급하였고, 미첼(Mitchell, 1986)은 자원봉사자를 비정규적인 사회적 원조망을 강화하는 데 어떻게 유용하게 활용할 수 있는지 보고하였다.

라운드 등(Rounds, Galinsky & Stevens, 1991)은 농촌지역의 소외문제에 대처하는 하나의 혁신적인 방법을 제시하였는데, 전화회의라는 전화기술을 활용해서 지지집단을 거주자 집으로 데려오는 것이다. 저자는 지리적 고립으로 지지집단에 쉽게 접근할 수 없었던 AIDS 환자를 위해 이러한 방법을 언급하였다. 물론, 이 절차는 다른 집단을 위해서도 활용할 수 있다. 사회복지사는 또 전화를 이용하여 고립된 클라이언트가 동일한 어려움(예를 들어, 장애, 배우자와의 사별, 무기력증)이 있는 다른 사람들과 우정을 키워나갈 수 있도록 할 수 있다. 도시에 살지만 집 밖으로 나갈 수 없는 사람도 전화로 다른 사람과 연결할 수 있을 것이다.

(2) 문화적으로 고립된 사람들

난민과 이민자는 가까운 친척을 제외하면 지지체계가 전적으로 부족하다. 앞 장에서 지리적인 이동과 문화충격으로 받은 외상 스트레스에 대해서 자세히 설명했지만, 이러한 스트레스가 꼭 이민자에게만 국한된 것은 아니다. 보호구역에서 도시지역으로 이주한 미국 원주민들과 에스키모도 자신의 문화와 도시생활에서의 차이를 경험할 때 이는 이민자가 경험할 때 차이 이상으로 크기 때문에 스트레스 정도는 동일하거나 더 클 수 있다.

지리적, 문화적으로 고립된 사람들을 위한 지지체계는 종종 이전에 이주한 같은 문화집단에 속한 사람들과 접촉하면서 개발할 수 있다. 도시지역에서 그런 집단들은 동일한 문화적 배경 때문에 대부분 같은 곳에 모이고, 많은 경우 미국에 새로 전입하는 사람을 도울 수 있는 상호 협조조직을 형성한다.

종교조직 역시 이민자들을 위한 잠재적인 지지체계가 될 수 있다. 예를 들어, 불교는 인간봉사에 대해 오랜 역사를 지니고 있다. 동남아시아 난민을 위한 불교인들의 상호협조조직이 미국의 여러 곳에 존재한다(Canda & Phaobtong, 1992). 유대교와 기독교 난민조직을 위한 종교조직도 마찬가지이다.

이주 단계에 따라 이민자에게 필요한 지원과 봉사유형은 다양하다. 드라크만(Drachman, 1992)은 이민자 단계에 따라 필요한 서비스를 결정하는 데 유용한 틀을 제시하였다.

(3) 지지체계로서 교회

어떻게 종교조직이 잠재적으로 이민자에게 유용한 지지체계가 될 수 있는지 살펴보았다. 또한 그것은 미국인 클라이언트에게도 풍부한 자원이 될 수 있다. 교구와 신도회는 자연적이고 생태적인 구조이고 따라서 준거집단, 영적 자극, 사회활동, 레크리에이션 활동, 가정 방문, 클라이언트가 아플 때 단기간의 가정관리, 노인과 이동이 불가능한 자를 위한 구체적인 봉사 등 클라이언트에게 필요한 다양한 자원을 제공할 것이다. 조셉과 콘라드(Joseph &

Conrad, 1980)는 '교구 이웃 공동체'가 제공할 수 있는 잠재적인 자원에 대해서 정의하였다.

(4) 자녀를 학대하거나 방임하는 부모

가바리노 등(Garbarino, Stocking and associates, 1980)과 발류(Ballew, 1985)는 아동학대와 방임 사례를 발견, 예방, 그리고 치료하는 사회복지사를 지원하기 위해 어떻게 친척, 이웃, 그리고 친구들을 지지체계로 이끌 것인지에 대한 지침을 제시했다. 이러한 지지체계는 유용할 뿐 아니라 사실상 필수적이다. 왜냐하면 사회복지사는 클라이언트와 제한된 시간에만 함께 할 수 있는 반면, 지지체계 구성원은 위기가 발전할 때 즉시 도울 수 있으며, 전문인력이 하기에는 불가능한 모니터링을 지속적으로 할 수 있기 때문이다.

연구결과 자녀를 방임하는 어머니는 정상적인 지지자로 간주될 수 있는 이웃과 거주하더라도 종종 외로움과 소외의 감정을 느끼는 것으로 나타났다(Polansky, Ammons & Gaudin, 1985). 이러한 문제들을 인식한 상태에서 로벨과 리키(Lovell & Richey, 1991)는 어머니가 다른 사람과 체계적으로 사회관계를 맺는 데 필수적인 사회기술을 배울 수 있도록 지원하는 사회기술훈련 프로그램을 개발하였다. 비맨(Beeman)은 자녀를 학대하거나 방임하는 부모는 같은 지역의 그렇지 않은 부모에 비해 관계망을 활용하는 데 숙련되지 못함을 보여주었다(Beeman, 1995)

다른 연구자들(Miller & Whittaker, 1988)은 자녀를 잘못 다룰 위험이 있는 가족에게 사회적 지원을 증가할 수 있는 '혼합' 프로그램을 개발하였다. 다른 효과적인 지지 프로그램은 서로 아기를 돌보아주는 협조자로 구성되어 있다. 이러한 조정은 항상 아동을 돌보아야 한다는 책임감에 얽매여 있는 부모에게 자유로운 휴식을 제공한다.

(5) 다른 표적집단

자연적인 사회지지망(social support network)을 사용하는 것은 정신질환이 있는 클라이언트(Biegel & Naparstok, 1982; Gottlieb, 1985)와 AIDS 환자 가족들(Kello & Sykes, 1989)을 비롯하여 여러 다양한 표적집단과 치료 작업하는 데 매우 유용한 것으로 증명되었다. 건강한 사람에 비해 사회적 관계망(social network) 수가 5~6명밖에 되지 않는 정신분열증 클라이언트에게 사회적 지지망은 특별히 필요하다(Crotty & Kulys, 1985). 노숙자들(Hutchinson, Searight & Stretch, 1986)과 고령자들(Sauer & Coward, 1985) 역시 사회적 지지를 동원하는 것이 유용하다.[33)]

3) 사회적 지지의 한계점

몇몇 저서가 관계망치료원리와 기술에 대해서 언급하였지만(Froland et al., 1981; Gottlieb, 1981; Rueveni, 1979; Whittaker, Garbriano & associates, 1983), 사회적 관계망 개념을 사용하는 제도적인 탐구는 아직 초기단계이다. 맥린타일(McIntyre)이 상기하는 바와 같이, "현재 관계망 개념에 대해서는……, 개념과 방법 그리고 수단에 대한 의미를 구체화하거나 주의 깊게 검토하기보다 종종 은유와 유추에 가깝게 사용한다"고 언급했다. 맥린타일은 후속 연구를 위해 문제와 방향뿐 아니라 사회적 관계망에 대한 지식에서 경향과 강점 그리고 차이점을 지적한다. 쉴링 등의 연구자(Schilling, Schinke & Weatherly, 1988) 또한 사회복지사가 지지체계망의 잠재력을 과대평가하는 것과 일반적으로 공동체에서 사회적 지원이 부족한 성인 노숙자, 가출 청소년, 그리고 정신질환자의 문제를 사회적 지지의 축적만으로 해결할 수 있다고 제안하는 것은 비현실적이라고 경고한다. 쉴링(1987)은 사회적 지지체계의 본질적인 성격에 대해서 인식하지만, 동시에 지지를 강화하려는 개입을 부적절하게

---

33) 모든 표적집단을 위해 사회지원을 동원하는 과정을 설명한 탁월한 참고서적은 Gottlieb의 책이다.

실행할 경우 부정적인 결과를 초래할 수 있다고 경고한다. 사회복지사가 차등을 두고 사회적 지지 개입방법을 활용하도록 돕기 위해 어슬랜더와 리트윈(Auslander & Litwin, 1987)은 주어진 개입방법의 적합성과 효율성을 검토할 수 있는 분석적인 패러다임을 개발하였다.

4) 자조(상호원조)집단

광범위한 사회적 지지체계로 사용되는 자조집단은 동일한 조건, 경험, 문제상황을 공유하는 사람으로 구성된다. 그리고 그러한 공통요인과 관련하여 각자 대처능력을 향상하기 위해 상호협조를 모색한다. 이런 집단이 제공하는 원조는 무상으로 이용이 가능하고 직업적인 전문성보다 구성원의 경험에 기초한다. 집단에 가입한 초기에, 다른 사람(집단 구성원)을 돌볼 수 있다는 사실을 아는 것만으로도 구성원들에게 중요한 지지 원천이 된다.

5) 자원봉사자 활용

자원봉사자는 클라이언트의 환경을 강화하려는 사회복지사에게 자원이 되어왔다. 사실 전문직으로서 사회복지실천은 초기 자원봉사자가 심은 씨앗에서 성장한 것이다. 자원봉사자는 보상 없이 사회기관과 클라이언트에게 봉사하는 사람들이다. 1980년대에 사회봉사 분야에 지원하는 정부기금이 급격하게 삭감된 결과, 자원봉사자가 제공하는 자원의 중요성이 매우 확대되었다. 한 예로 클라이언트의 사회적 지지체계망을 확장하기 위해 자원봉사자를 더 활용한 것을 들 수 있다(Mitchell, 1986).

자원봉사자는 폭넓은 분야에서 활동하고 따라서 사회봉사기관에서 제공하는 서비스를 확장하였다. 예를 들어, '빅 브라더(Big Brothers)(Royfe, 1960)' 는 아버지가 없는 남자아이들과 1 대 1 관계를 맺는 성인남자의 자원봉사자 조직이다. 팬저 등(Panzer, Wiesner & Dickson, 1978)은 발달장애아동을 위해 고안한 유사한 지역 프로그램을 기술하였다. 대학생도 정서장애아동과 지속적으로 관계를 맺는 자원봉사자로서 봉사하였다(Witkin, 1973). 자원이 풍부한 사회복지사 또한 고등학생과 대학생이 협력하여 학교 성적이 좋지 않은 아동이나 부모의 관심, 또는 원조가 부족한 아동을 지도하였다. 또 어떤 사회복지사는 이웃에 사는 노인이 아동가정에서 아이를 양육하고 돕도록 자원봉사활동에 참여시킨다. 이러한 시도는 아이들의 삶을 풍요롭게 할 뿐 아니라 사회에 기여하려는 은퇴한 사람의 욕구도 충족시켜준다.

자원봉사자는 또 아동학대와 방임을 예방하는 것(Rosenstein, 1978), 학대하는 부모를 선도하는 것(Withey, Anderson, Lauderdale, 1980), 클라이언트가 외래치료를 받도록 돕는 것, 장기 입원해 있는 시각장애인이나 아동에게 책을 읽어주는 것, 집에서 요양중인 환자를 방문하여 즐겁게 해주는 것, 우울증이 있는 노인(Frankel & Gordon, 1983)과 죽어 가는 환자에게 친구가 되어주는 것 등 중요한 활동을 할 수 있다. 또 통역자, 자원공급자, 변호사로서 봉사하는 등 사회의 약자와 불리한 사람들이 필요한 서비스와 구체적인 자원을 지원할 수 있다.

골덴(Golden, 1991)은 신중하게 선정한 성숙한 성인들을 경제력이 매우 낮고 사회복지서비스가 매우 적은 공동체에서 상담가로 활용하는 방안에 대해 보고하였다. 자원봉사자는 24시간 기초훈련을 받은 후 수퍼비전을 받는다. 다양한 문제에 대해 성공적으로 카운슬링 서비스를 제공하고 복잡하고 까다로운 문제는 전문가에게 의뢰한다. 이 프로그램은 뉴욕주, 록랜드 카운티에서 20년간 진행하였다.

자원봉사자는 또 클라이언트의 물리적인 환경을 개선하는 역할도 성공적으로 하였다. 사회복지사들은 교회와 청년조직, 봉사클럽, 노동조합, 학교와 대학을 대상으로 집과 정원을 개선하는 일—자원봉사자들이 클라이언트의 물리적 환경을 개선하기 위해 할 수 있는 많은 일 중 하나—에 투입할 자원봉사자들을 모집하였다.

자원봉사 프로그램을 활용하는 것은 단순한 일이 아니다. 사실 파인쉬타인과 카바나흐(Feinstein & Cavanaugh,

1976)는 "자원봉사기술을 적절하게 활용하지 못하는 것은 종종 자원봉사자 자신 때문이 아니라 대개 준비가 되어 있지 않거나 자원봉사자를 다룰 뜻이 없는 전문종사자들 때문이다"라고 주장한다(p.14). 자원봉사자를 활용하는 데 사회복지사가 직면하는 중요한 과제는 자원봉사자에게 만족을 주고 성장을 유도하는 기회를 제공하는 것이다. 덧붙여 자원봉사 프로그램을 수행하는 데 모집, 심사, 훈련, 배치, 수퍼비전을 주는 기술이 필요하며, 전문인력과 자원봉사자 사이에 긍정적인 공동작업 관계를 유지해야 한다.

하우저와 슈와츠(Haeuser & Schwartz, 1980)는, 좋은 자원봉사 프로그램은 임상서비스와 관리 두 분야에서 전문적인 자원봉사운영 지도력이 필요하다고 주장한다. 슈와츠(1984)는 자원봉사자와 사회기관 사이의 상호작용의 주제를 다룬 많은 글들을 수집하였다. 헌트와 패스칠(Hunt & Paschall, 1984)은 정신건강 분야의 서비스를 개선하기 위해 활용한 자원봉사자 집단과 관련이 있는 많은 지침들을 제시하였다. 그 지침 중 많은 부분은 다른 세팅에도 적용할 수 있다.

6) 공식적인 지지체계

많은 유형의 사회기관과 지역사회 자원은 환경적인 지원이 필요한 클라이언트의 필요에 대한 반응이었다. 예를 들어, 구세군은 단기간의 음식과 피난처를 제공하며, YWCA, 시민센터 같은 조직은 사회적 교류, 레크리에이션, 기술과 취미교육을 위한 기회를 제공한다. 적십자는 많은 사람에게 영향을 미치는 자연재해, 산불, 사고 등에서 발생한 희생자들에게 피난처와 음식, 의료서비스를 제공한다. 뿐만 아니라 다양한 유형의 병원, 요양소, 숙박치료 센터, 교정기관은 집중적인 보살핌과 특별한 유형의 환경이 필요한 사람들에게 자원을 제공한다.

사회기관은 스트레스 또는 지지체계가 급격하게 감소하는 공통된 환경, 문제, 발달상의 위기(예를 들어, 죽음, 이혼, 은퇴)의 결과로 특별한 욕구가 있는 클라이언트 집단으로 구성된 지지체계를 제공한다. 이런 집단은 자조집단과 유사한 상호지원 기능을 한다. 성장집단은 구성원이 선발되고 전문가가 집단의 리더로 활동한다는 점에서 자조집단과 다르다.

5. 클라이언트를 다른 환경으로 옮기는 것

이 전략은 사람들을 친근한 환경에서 덜 친근하거나 매우 다른 환경으로 옮기는 것을 의미하기 때문에 지금까지 살펴본 것 중 가장 극단적인 방법이라고 할 수 있다. 일상적인 환경에서 이동하는 것은, 일반적으로 다양한 정도의 외상을 유발하기 때문에, 다른 전략이 실현 불가능하거나 용납할 수 없는 환경을 치유하는 데 실패했을 때 최후 해결책으로 사용한다. 이 전략은 주어진 환경에서 취약한 클라이언트의 안전, 건강, 복지를 안전하게 지키기 위해서 필수적인 자원을 동원하는 것이 불가능하거나 조기에 충분히 개발할 수 없을 경우에만 적합하다. 이 전략을 사용해야 할 상황은 다음과 같다.

- 아동 또는 청소년이 신체적인 학대와 방임을 당할 때
- 아동이 성 학대를 받을 때
- 여성이 신체적으로 학대받을 때
- 고령의 부모가 학대받을 때
- 통제할 수 없는 어린이
- 특별한 보살핌이 필요한 특수한 필요가 있는 클라이언트
- 퇴거 또는 자연재해로 집을 잃었을 경우

위에 열거한 내용 중 처음 네 개는 클라이언트의 건강, 안전 또는 신체적, 정신적 발달이 위기에 처했기 때문에 현재 상황에서 클라이언트를 옮기는 것이다. 아동의 경우, 사회복지사는 위험에 처한 아이의 건강과 안전—사실상 생명—을 보호하는 막중한 책임이 있다. 종종 외과의사나 아동의 학교 교사가 제기한 불평이 접수되거나 의뢰가 성

사되었을 때, 사회복지사는 부모의 기능을 강화하는 노력을 병행하면서 아동을 집에 남겨둘 것인지 아니면 위험의 정도가 심하기 때문에 즉시 임시 피난처, 친척집 또는 입양가정으로 옮길 것인지 신중하게 평가, 사정해야 한다.

1) 아동에 대한 보호

(1) 영속적인 보호를 위한 계획

학대 또는 방임이 극에 달했거나 부모가 필수적인 보살핌을 제공할 수 없을 때, 아동을 옮기도록 결정해야 한다. 어떤 행동을 취하는 것이 아동에게 가장 도움을 줄 수 있는지 결정하는 것은 복잡한 문제이기 때문에 결정을 내리는 것 자체가 어려울 수 있다. 아동은 소속감에 대한 강력한 욕구가 있다. 그것은 자신을 수용하고 사랑하는, 안정적인 환경에서 살 때 발달한다. 위탁가정에 보내는 것은 상처를 주는 것이며, 반복적으로 위탁가정을 옮기는 것은 불안정, 타인에 대한 불신, 적대감, 그리고 낮은 자존감을 유발한다. 아동이 한 위탁가정에서 다른 위탁가정으로 옮겨다닐 때 나타나는 몇 가지 심리적인 손상 때문에, 근래에는 '영구적인 보호계획(permanency planning)'을 강조하고 있다. 즉 사회환경이 파괴된 아이들을 위한 계획으로, 아이들을 위탁받은 가정에서 그 아이들이 영구성 또는 소속감을 가질 수 있도록 기회를 주는 것이다. 영구성을 가지면서 아동은 사람에 대해 애착을 갖는 방법을 개발할 수 있을 것이다. 그러나 이러한 애착은 아동과 부모(또는 대리부모) 간에 중요한 몇몇 요소가 존재할 때에만 가능하다. 지속성(아동의 필요에 대처하는 지속적이고 예측 가능한 가능성), 안정성(부모-자식관계에 주 장애물이나 스트레스가 없는 것), 부모에게 있어서 자식의 중요성과 그 반대의 경우를 보강하는 상호적인 교류 등이 그것이다(Hess, 1982). 영속성은 아동이 점진적으로 가치체계를 습득하고 정체감을 개발할 수 있는 구조를 제공하기 때문에 필수적이다.[34]

(2) 집중적인 가정중심 서비스

아동에게 영속성은 매우 중요하다. 그래서 아동복지 사회복지사는 가능하면 아이가 자기 가정에 머물 수 있도록 노력해야 한다. 이를 위해서는 가정관리, 식사준비, 위생관리 등을 개선하고 부모기술을 개발하고 의사소통을 증가시키고 폭력 스트레스에 대처하는 방법을 가르치고 결혼관계를 강화하고 아동의 신체적, 도덕적 복지를 위협하는 환경을 제거하기 위해, 부모와 가족체계가 함께 작업하는 것이 필요하다. 이러한 목표를 성취하기 위해, 근래 집중적인 가정중심 서비스 모델이 개발되었다(16장 참고). 학대받는 아동이 집에 머물거나 되돌아올 수 있을 정도로 가족의 기능을 강화하는 것은 일반적으로 사회복지사 이외에도 외과의사, 판사, 지역 간호사, 경찰, 성직자, 정신건강 전문가, 학교 선생님, 아동 교육가 등 다원적으로 개입하고 여러 분야에서 접근해야 한다.

성공적으로 개입하기 위해서는 필수적인 많은 원칙과 규율이 있기 때문에 사회복지사는 아동과 그 가족을 적절한 서비스 제공자에게 연결하는 능숙한 운영자 역할을 맡아야 한다. 적극적으로 이 역할을 완수하는 것은 매우 중요하다. 터너(Turner, 1984)는 보고서에서 그 중요성을 강조했다. 위탁가정에 의뢰되거나 성공적으로 부모와 재결합한 아동은 광범위한 지역사회 서비스를 받은 반면, 부모와 재결합한 이후 다시 부모와 떨어져야 했던 아동은 훨씬 적은 서비스를 받는 것으로 나타났다. 아동배치에 대한 또 다른 연구(Kapp, 1982)는 아동보호 전문가가 아동과 가족의 필요를 좀더 충족시키는 데 지역사회 자원을 고려하고

34) 영속성 계획의 방법과 개념에 대한 심도 있고 다양한 토론을 원한다면 말루치노(Maluccio), 페인(Fein), 옴스테드(Olmstead)가 쓴 책을 참고할 수 있다. 셜츠와 블락스버그(Seltzer & Bloksberg, 1987)도 영속성 계획과 입양가족에 미치는 영향에 대해서 논하였다.

활용할 필요가 있음을 제안하였다.

(3) 재결합

보호시설로 아동을 보내야 할 경우, 아동이 가족과 떨어지면서 받게 될 심리적 손상을 최소화하고 가족이 성공적으로 가능한 한 빨리 재결합할 수 있도록 돕는 노력은 매우 중요하다. 재결합에 대한 연구는 드물지만, 몇몇 연구(George, 1990; Katz, 1990)는 위탁기관에 있는 시간이 길수록 또 특별히 보호기관을 옮겨다니는 횟수가 많을수록 가족과 성공적으로 재결합할 가능성은 감소한다는 것을 명확히 보여주고 있다.

몇몇 가족의 경우, 부모가 변하지 않고 또 다른 학대가 지속될 위험성이 높거나, 아동을 적절하게 보살필 잠재적인 능력이 부족하기 때문에 재결합 가능성이 낮다. 약물을 남용하는 부모와 성공적으로 재결합할 가능성은 특히 낮은데, 이는 페인과 스테프(Fein & Staff, 1991)가 언급했듯이, "자녀에 대한 보살핌과 양육이, ……중독의 유혹보다 덜 중요한 듯하기" 때문이다(p.341).

재결합하더라도 결과가 반드시 긍정적인 것은 아니다. 바스와 베리(Barth & Berry, 1987)는 다른 경우와 비교했을 때, 아동과 친부모가 재결합하는 것은 "학대에서 자유로워지고 아이가 정상적으로 성장하는 데 필요한 복지서비스 획득에 있어서 종종 실패할 수 있다는 의미임을 발견하였다. 이런 놀라운 발견으로 우리가 깨달은 사실은 재결합한 가정에 대해 2년에서 3년 정도 장기적이고 좀더 집중적인 서비스를 제공해야 한다는 점이다.

(4) 입양

입양은 공격적인 환경 개입방법으로서 아동을 위해 환경을 거의 모두 바꾸는 것이다. 친부모가 아동을 적절하게 원조하는 데 지속적으로 실패하고, 유능한 부모가 될 수 있는 능력이 부족할 경우, 사회복지사는 다른 영구적인 보호방법을 계획해야 한다. 1980년 입양원조와 아동복지법(Adoption Assisstance and Child Welfare Act, P.L. 96-272)에 따르면 재결합이 가능한 선택이 아닐 경우 입양을 선호한다. 이 경우 역시 아동을 입양하는 데 필수적으로 고려해야 하는 것은 그 시기이다. 물론 나이가 어릴수록 입양이 쉬우며 심한 신체장애와 의료적 문제가 있는 아동, 형제 · 자매가 많은 경우, 소수인종의 아동은 입양이 더 어렵다(Katz, 1990). 캣츠는 그의 논문에서 아동들에게 영구적인 보호를 제공하기 위해 아동복지법에서 제시한 다섯 가지 영구적인 보호를 위한 방법(permanency-planing)을 충실하게 실시할 때 평균적으로 약 1년 정도에 아이들이 자신들의 가정으로 되돌아가거나 입양될 수 있다고 하였다. 캣츠는 "만성정신질환, 약물남용, 주요 범죄경력, 성적 일탈, 반복적인 아동학대나 방임, 계속적으로 위탁가정을 옮긴 아동, 지속적인 가정 폭력"(p.222) 등등의 문제가 있는 가정에서 선정한 아동 39명을 대상으로 조사를 하였다. 연구팀에서 가설로 세운 내용은, 이 아동들에게 집중적이고 특별한 영구적인 보호를 위한 계획된 서비스를 제공하지 않고는 쉽게 집으로 돌아가거나 입양되지 않을 것이라는 점이다.

다섯 가지 영구적인 보호를 위한 방법을 충실히 따른 결과, 연구팀은 평균 13.1개월 내에 39명 아동 중 30명(76%)이 영속성을 얻은 것을 확인할 수 있었다. 30명 가운데 28명이 위탁부모에게 입양되었고, 2명은 자기 부모와 재결합하였다. 이 연구결과는 매우 인상적이다. 여기에서 이 결과를 언급한 이유는, 영구적인 보호를 위한 전문적이고 집중적인 서비스를 제공할 경우 대다수 아동이 위탁가정 사이를 표류(한 위탁가정에서 다른 위탁가정으로 옮겨 다니는 것)하는 것을 피할 수 있다는 증거를 제공하기 때문이다.[35]

35) 지면의 한계로, 여기에서 언급하는 다섯 가지 방법을 구체적으로 설명하는 것은 피하겠다. 대신 캐츠(Katz, 1990)의 글을 읽어볼 것을 권한다.

조사결과를 언급하면서, 바스와 베리(1987)는 심지어 좀 더 성장한 아동을 입양할 경우에도 입양은 원래 가족과 재결합하였을 때와 다른 긍정적인 결과를 나타냈다고 하며, 입양을 아동을 위한 영구적인 보호방법으로 선호하는 것으로 결론지었다.

(5) 다른 보호 형태

후견인제도는 입양 다음으로 선호하는 방법이다. 후견인제도와 관련된 결과에 대해 알려진 내용은 거의 없지만, 장기적인 위탁보호는 그동안 예상했던 것보다 더 바람직한 것으로 나타났다. 연구결과는 이 선택이 혈육관계를 배제하는 것이 아님을 보여준다. 위탁가정에 있는 많은 아동이 형제·자매와 관계를 유지하고 있으며 절반 이상이 위탁가정에서 나온 후 친부모 중 한 사람과 같이 사는 것으로 나타났다.

어떠한 방법을 도입하든지, 부모역할을 하는 성인은 서비스를 지원하는 것뿐만 아니라 부모기술도 공식적으로 훈련받아야 한다. 베리(1988)는 아동복지기관에서 사용하는 부모훈련 프로그램에 관하여 검토한 후, 부모역할을 하는 사람들에게 부모훈련이 제공되지 못하는 경우가 종종 있는 것을 발견하였다고 하며, 친부모, 양부모, 위탁부모에게 부모훈련을 하는 경우 아동의 배치가 실패할 가능성은 감소할 것이라고 결론지었다.

아동이 자기집에서 떠나 다른 곳으로 가야 할 경우에도 다른 선택이 가능하다. 그런 선택 중 하나가 가족중심의 집단보호(family-centered group care)이다(Finkelstein, 1980). 이 개입은 아동을 대리가족과 같은 환경으로 옮기지만, 가능한 한 빨리 영구적으로 아동의 짐을 덜어주는 것을 목표로 문제가정에 지속적으로 초점을 유지한다. 가족의 의사소통을 원활히 하여 가족기능을 강화하는 것에 목표를 둔다. 부모는 거주시설을 적어도 일주일에 두 번 방문하여 더 생산적으로 의사소통하고 자녀에 대한 통제력을 획득하는 방법을 배운다.

2) 청소년, 구타당하는 여성, 학대당하는 노인

(1) 청소년을 위한 독립생활훈련

청소년의 경우, 영구적인 보호계획이 때때로 비현실적이라는 것을 발견하면 사회복지사는 청소년에게 독립적인 생활을 할 수 있도록 준비시켜왔다. 쿡(Cook, 1988)은 독립적인 생활을 위한 프로그램 경향과 욕구에 대해서 검토했는데, 저서 『아동복지』에서 다루는 모든 이슈는 이러한 선택과 관련이 있는 중요한 주제에 집중된다.[36] 게다가 심스(Sims, 1988)는 다양한 독립생활 프로그램 유형, 그것과 관련된 한계점과 문제, 성공적으로 성인기로 이행할 수 있도록 적절히 준비하기 위해 충족해야 하는 청소년들의 필요에 관해서 언급하였다.

(2) 구타당하는 아내를 위한 쉼터

아내가 구타당하는 경우 역시 다른 환경으로 옮길 필요가 있다. 지역사회는 여성들에게 쉼터, 법적 서비스, 재정지원, 상담을 제공하는 프로그램을 개발하여왔다. 구타당하는 아내를 위한 쉼터는 필수이며, 효과적이며 다차원적으로 접근해야 한다(8장, 19장 참조).

(3) 노인학대

환경변화가 필요한 또 다른 사람은 자녀나 친척에게 학대를 받는 노인이다. 이 문제는 점차 광범위해졌고, 연방·주·지방 차원에서 이 문제를 해결하기 위해 법을 제정하였다.[37] 사회복지사는 노인학대에 대해 더 많이 알아

36) *Child Welfare*, LXVII, 11/12, 1988.
37) 개선이 필요한 조치뿐 아니라 그런 법률과 정책의 약점은 필리슨과 잉그만(Filison & Ingman, 1989)이 논의하였다. 다른 관련 서적으로는 퀸과 토미타(Quinn & Tomita, 1986)와 스타인메츠(Steinmetz, 1988)가 저술한 것이 있다.

야 하고 이 취약집단이 필요한 것은 무엇이고 그것을 얻을 수 있는 자원에는 어떠한 것이 있는지 숙지해야 한다.

3) 그 외

(1) 통제된 치료환경으로 옮기기

정상적인 생활에서 살아가는 것이 불가능할 정도로 행동적, 감정적 어려움을 표현할 때, 때때로 통제된 치료환경으로 옮기는 것이 필요하다. 이러한 집단 중 하나는 가족들이 쫓아냈거나 포기한 청소년, 위탁가정이나 그룹홈에 제대로 적응하지 못한 집 없는 청소년이다. 이들에 대한 사례기록을 살펴보면, 대체로 감성적 · 행동적 문제가 있고, 배치에 실패했거나 다른 다양한 전문 인력과 관련이 있는 것을 알 수 있다(Morrissette & McIntyre, 1989). 이 내용은 노숙자 보호시설에 있는 집 없는 젊은이들에 관한 것이다.

여전히 어떤 그룹홈은 가능한 한 언제라도 아이들을 집으로 돌려보내는 것을 목표로 하는데, 이 목표를 위해 부모가 몇몇 프로그램에 치료 파트너로서 참여한다(Krona, 1980). 프로그램은 청소년 유형과 관심 정도, 부모의 개입 정도 등에 따라 다양하다. 부모가 자녀를 위해 적합한 환경을 제공하는 데 실패할 때, 시설에 대한 대안으로 그룹홈을 성공적으로 활용해왔다.

고든(Gordon, 1978)은 전문가와 시설에 거주하는 아이들이 '참여 민주주의' 방식으로 운영하는 것으로 묘사했다—즉 10대가 공동으로 집을 운영하는 것이다(p.362). 직원 간에 더 상호 존중하게 되고, 아이들은 마치 건강하고 정상적으로 기능하는 것 같으며, 손상되지 않은 가정의 자녀들이 부모와 형제들에게 그러는 것처럼 점차 직원과 서로 좋아하게 된다. 따라서 아이들은 그 환경에서 점진적으로 영속감을 느끼게 된다. 로젠, 피터슨, 왈쉬(Rosen, Peterson & Walsh, 1980)는 가정과 같은 환경에서 모델링과 인지행동을 이용하여 심각한 장애가 있는 청소년을 치료하는 거주치료센터에 대해 설명하였다. 위태커(Whittaker, 1979) 역시 정서장애가 있는 청소년을 위한 보호시설치료와 관련이 있는 권위 있는 책을 집필하였다.

(2) 시설에 위탁하는 것

다른 사람의 안전에 위협을 가하는 청소년의 경우, 안전한 시설은 필수이다. 현재 경향은 근래까지 그래왔듯이 비행청소년을 큰 주립시설에 수용하는 것보다 대안적인 지역사회 청소년센터에 수용하는 것이다. 이상적으로 지역사회센터는 보호아동에게 문제해결기술 개발, 다른 성장 경험을 할 수 있는 치료적인 집단 경험뿐 아니라 교육적, 오락적, 사회적 기회들을 제공한다. 덧붙여, 이런 센터에서 프로그램은 청소년이 가능한 때 언제라도 집에 돌아갈 수 있도록 가족기능을 강화하는 데 목표를 두고 치료해야 한다. 지역사회 청소년센터의 주된 이점은 일반적으로 해당 청소년의 집과 비교적 짧은 거리에 있기 때문에 가족과 친밀한 접촉을 유지하는 것이 가능하다는 점이다.

심각한 정서장애가 있는 청소년을 위해서는 종종 특별한 환경이 필요하다. 많은 정신병원과 지역사회 정신건강센터는 정신병동을 갖추고 있어 환자는 지역사회에서 치료받을 수 있다.

이런 프로그램들은 가능한 한 빨리 환자가 집에 돌아갈 수 있도록 한다. 그래서 지역적으로 고립된 대규모 정부시설에 배치돼 외상과 낙인받는 것을 피할 수 있도록 해준다. 몇몇 환자는 지역사회시설에서 제공할 수 있는 것보다 더 오랜 기간 동안 보살핌이 필요하여 대규모 시설에 입원해야 할 필요가 있다. 그러나 후자의 경우도, 환자가 가능한 한 빨리 지역사회로 돌아가는 것을 지향한다.

(3) 물리적 환경의 변화

물리적 요소는 때때로 환경변화를 강요한다. 호흡기질환을 앓는 클라이언트에게 공기오염이 심한 환경은 위험할 수 있다. 적절하지 않은 난방이나 냉방시설은 공중위생에 문제를 야기할 수 있으며, 아동과 취약한 사람의 건강과 안전을 위협할 수 있다. 어떤 가족은 사생활과 적절한 수면공간이 부족한 혼잡한 아파트로 입주해야 할 수도 있다. 때로는 정부기관이나 주인에게 압력을 행사하여 어느 정도 환경을 개조하는 것이 가능하지만, 어떤 상황은 자원이 부족한 채 남아 있다. 이러한 경우, 환경변화만이 유일한 생존 가능한 대안일 수 있다.

6. 사례관리 이용하기

사례관리자(case manager)의 역할은 무엇보다도 클라이언트와 환경 사이에서 일을 진행하는 것이다. 사실 사례관리는 주요 장애(예를 들어 허약한 노인, 발달장애나 정신장애가 있는 사람)가 있는 많은 클라이언트가 복잡하고 통합되지 않은 휴먼서비스 전달체계를 사용하는 데 어려움이 있기 때문에 욕구를 충족시킬 수 없음을 인식하고, 직접 사회복지실천현장에 뛰어든 선두로서 발돋움하였다(Austin,1990). 입원하지 않은 만성정신질환자와 같은 취약한 집단은, 기관에서 서비스를 제공하지 않거나 클라이언트가 자기 욕구를 알지 못하기 때문에 중요한 욕구를 충족시키지 못한다(McCreath, 1984; Ely, 1985). 이런 클라이언트 집단은 물리적인 유동성, 정신적 능력, 성숙함, 언어능력과 자원에 대한 지식, 경험, 자신에게 필요한 자원을 얻고자 하는 자기주장 능력이 부족할 수 있다. 중요한 욕구를 충족시키지 못한 취약한 사람은 결과적으로 고통받게 되고 기능상 퇴보하게 되는 취약성이 증가된다.

사례관리가 필요한 취약집단은 전형적으로 건강관리, 정신건강, 재활, 교육, 아동보호, 주거, 고용체계와 그 밖의 관련 있는 체계에서 제공할 수 있는 폭넓은 서비스와 자원이 필요하다. 클라이언트의 욕구가 폭넓어지면서, 서비스 제공자 중 중요한 사람이 사례관리자가 되며 일반적으로 사회복지사가 그 역할을 맡는다. 사례관리자는 체계적이고 시기 적절한 방법으로 서비스 전달체계를 계획하고 조정할 책임이 있다. 사례관리자는 부가적으로 어떤 서비스가 필요한지 확인하고, 서비스를 중복으로 제공하는 것을 피하기 위해, 해결하기 어려운 문제가 있는 클라이언트를 다루는 통일된 전략들을 개발하기 위해 그리고 서로 어긋나는 일을 피하기 위해서 다른 기관과 의사소통을 하거나 회의를 개최할 권한이 있다.

사회복지사는 지역사회자원에 대한 지식과 의사소통기술, 옹호기술을 갖추고 있기 때문에 사례관리자로 적합하며, 1장에서 정의한 것처럼 전문가 목적과 목표와도 잘 부합된다. 기억을 되살려보면 사회복지사의 중요 목적은, ① 자원을 획득할 수 있도록 사람들을 원조하기, ② 개인과 환경 안에서 상호작용 촉진하기, ③ 사람들에 대한 전체적인 반응으로 사회와 조직을 만드는 것을 포함한다. 그러므로 사례관리자로 일하는 것은 사회복지정신과 일치한다.

1) 사례관리자의 다양한 역할

사회복지사는 특정 기관과 세팅 유형에 따라 다소 다른 사례관리자로 역할을 한다. 지역사회정신건강 세팅에서 사회복지사는 한 클라이언트에게 사례관리자와 치료자로서 기능한다(Johnson & Rubin, 1983; Lamb, 1982). 반대로 사회복지사는 사례관리자 역할을 실제로 수행하는 병원의 팀원인 준전문가에게 수퍼비전을 줄 수 있다(Altman,1982). 흥미롭게도, 15개 지역사회-지원 프로젝트에서 역할을 하는 사례관리자에 대한 전국적 조사에서 사례관리자의 60%가 치료자로서 훈련받은 것으로 나타났다. 조지아주의 정신건강센터 사례관리자에 대한 또 다른 조사에서도 여전히 관리직의 75%가 사례관리자에게 치료를 수행할 것을 기대하고 있었다(Bagarozzi & Kuttz, 1983).

그러나 다른 세팅에서 사례관리자는 일반 사회복지사(generalist)로서 역할하고 치료는 하지 않는다. 제한적으로 상담하지만 높은 수준의 전문적인 치료가 필요할 때는 클라이언트를 의뢰한다. 사례관리자의 실제 기능과 활동은 실천 세팅과 클라이언트 유형에 따라 다양하다. 사회기술이 극도로 제한적이고, 현실과의 접촉이 부족하고, 욕구가 극도로 다양한 만성정신질환 노숙자인 클라이언트에게 사례관리자는 적절한 주거와 건강관리, 생활 구호품을 받을 때까지 서비스 전달을 조정해나가는 적극적이고 지속적인 역할을 한다.

반대로 발달장애아 가족을 대하는 데 있어서 사례관리자는 가족에게 초점을 맞추고 부모들이 스스로 조정자로서 역할을 할 수 있도록 부모의 역량을 강화하는 데 목적을 둔다. 이러한 경우, 사례관리자는 장애아동의 욕구를 이해하고 아동의 욕구에 부응하는 지역사회자원을 사용할 수 있도록 부모를 지원한다. 사례관리자는 부모가 아동의 욕구를 충분히 조정할 수 있다고 느낄 때 서비스를 종결한다.[38)]

사례관리는 단일한 서비스가 아니다. 각 문헌마다 사례관리에 대한 다양한 개념을 담고 있다(예를 들어, Austin, 1990; Moore, 1990; and Roberts-DeGennaro, 1987). 그러나 모든 사례관리 모델은, 필수불가결한 자원과 클라이언트를 연계하는 기능과, 클라이언트가 가능한 한 독립적으로 자신에게 필요한 자원을 확보할 수 있도록 역량을 강화하는 기능을 기본적인 전제조건으로 공유한다. 자원에 대한 지식과 자원을 클라이언트와 연계하는 기술(3장 참조), 클라이언트가 시대 흐름에 적절한 자원과 서비스를 받도록 확고히 하는 사후 관리기술은 모든 사례관리 역할에서 공통적이다.

어떤 사람은 사례관리가 전통적인 사회복지실천과 어떻게 다른지 묻는다. 무어(Moore, 1990)가 "사례관리는 단지 사회복지사가 새 옷을 입은 것뿐이다(p.444)" 라고 언급한 것처럼, 사회복지사는 모두 다양한 상태에서 사례관리자로 종사한다. 엄밀하게 사례관리는 '일반' (generalist)업무로 이해하지만 다른 의미에서 사례관리자는 지역사회자원에 대한 지식(도움을 받는 사람들이 말하는 실천영역에서)을 소유하고 클라이언트의 유익을 위해 지역사회자원을 이용하는 기술들을 적용하는 '전문가' (specialist)이다.

38) 지방에서 발달장애아동을 둔 부모에 대한 사례관리모델에 대한 기술은 피네와 테일러(Fiene & Taylor, 1991)의 글을 참고할 수 있다.

2) 경험에 입각한 모델

역할을 수행하는 데 있어서 사례관리자는 자원과 클라이언트를 연계하는 중개역할뿐 아니라 더 많은 일들을 수행한다. 사례관리자는 문제-해결과정의 모든 측면을 이행할 능력이 있어야 한다. 사례관리가 휴먼서비스 분야를 공유한다는 것과 "아무도 사례관리가 무엇인지 잘 알지 못한다" 는 것을 인식하고 있는 로드만(Rothman, 1991: 520)은 48명의 사례관리자에 대한 조사와 132개 관련저술을 고찰한 것을 바탕으로 경험적 근거를 둔 사례관리모델을 개발하였다. 여기에서는 사례관리단계에 대해 서술하고, 그 단계에 대해 간략하게 논의하고자 한다.

(1) 기관에 접근

사례관리자는 클라이언트가 기관에 의뢰되었을 때 가능한 한 빨리 약속을 잡고 접수하여 기관에 대한 클라이언트의 접근력을 촉진해야 한다. 사례관리자는 서비스 체계에서 동떨어진 사람들(예를 들어 노숙자, 정신장애자, 허약한 노인들)이 서비스를 받게 하기 위하여 지역사회에 접근(outreach)하는 노력을 해야 한다.

(2) 인테이크

이 단계는 클라이언트 문제와 욕구를 탐색하고 서비스 자격요건과 재정상태를 결정하는 것과 관련이 있다. 기관의 서비스에 대해 정보를 제공하고 욕구를 조사한다. 신뢰를 형성하는 기술과 정보를 유도하는 기술이 필요하다.

(3) 사정

문제를 좀더 자세히 정의하고 필요할 때 부가적이고 이차적인 정보들을 획득한다. 장애가 있는 클라이언트의 대처능력과 가족이 필요한 지원체계로서의 역할을 할 수 있는지 등의 가능성을 결정하기 위해 주의 깊게 사정한다.

정확하게 사정하기 위해서는 기관의 다른 분야 전문가들의 협력이 필요하다.

(4) 목표 설정

클라이언트와 사례관리자가 무엇을 개선해야 하는지 공동으로 인식하여 결정하는 것이 바로 목표이다. 단기 목표와 장기 목표 모두 명확해야 한다. 예를 들어 심각한 신체적, 정신적 증상을 치료하는 것과 재활 프로그램의 적용과 맞게 주거를 확보하는 것, 자존감을 세우는 것 등이 이에 속한다. 목표는 클라이언트의 능력을 현실적으로 이끌어내는 것이다.

(5) 개입계획 세우기 또는 자원 확인과 지표화하기

이 단계는 개입계획(예를 들어, 상담이나 치료, 서비스 계획)과 자원과 클라이언트를 연계하는 것이 뒤얽혀 연결되기 때문에 본질적으로 이중적이다. 필요한 자원을 얻을 수 있는 시기가 적절하지 않을 수도 있고 외부기관의 요구에 따라 서비스 접근 계획을 바꿔야 할 수도 있다. 자원은 해당 기관과 전화통화를 하거나 개인적으로 만나 확인할 수 있다. 사례관리자는 유용한 자원목록 파일을 갖추어야 하고 자원을 연결할 때 이를 활용할 수 있어야 한다. 사정할 때와 마찬가지로 클라이언트는 가능한 한 모든 개입계획에 함께 참여해야 한다.

(6) 클라이언트 연계

예상했던 것처럼, 로드만이 접촉한 응답자들은 자원과 클라이언트를 연계하는 데 매우 공통적인 활동을 하는 것으로 나타났다. 3장에서 제시한 것처럼 자원과 클라이언트들을 연계하는 것은 적극적이고 촉진적인 것이다. 로드만은 "연계하기 위해서 클라이언트를 준비시키는 것은 자세한 정보를 제공하는 것과 어려움을 예측하도록 하는 것, 역할극 하기, 첫 방문 때 클라이언트와 동행하는 것 등이다"라고 언급했다.

(7) 모니터링과 재사정

이행한 조치가 지역사회에서 클라이언트에게 적절하게 유지되고 있는지 아니면 그렇지 않은지 결정하는 것은 매우 중요한 과정이다. 해당 기관이나 직원들에게 전화하거나 클라이언트를 방문하고 전화하는 데 필요한 시간을 실질적으로 할당해야 모니터링을 적절하게 수행할 있다. 신중하게 모니터링하면 위기상황을 예측할 수 있고 그에 따라 사례관리자는 시기 적절하게 치료적 조치를 취할 수 있다.

장기보호의 경우, 지속적으로 재사정하는 것이 필수이다. 재사정은 공식적이거나 비공식적으로 행할 수 있지만 일정한 시간 간격을 두고 행해야 한다. 그리고 초기사정 단계에서 클라이언트의 문제상황 중 특정 측면에 대한 기초선을 측정하기 위해 사용한 도구들을 재사정할 때 다시 사용하게 되는데, 이때 클라이언트가 적극적으로 참여할 수 있게 해야 한다.

(8) 결과평가

결과평가는 목표를 어느 범위에서 어떻게 결정할 것인지(예를 들어 주거 정하기, 의료보호 확실히 받기, 독립생활 능력 획득하기 등)에 따른다. 사정단계에서 실행한 기초선 측정은 결과평가에서 다시 적용한다. 심각한 장애가 있는 클라이언트는 종종 명확하지 않은 서비스를 요구하기 때문에 결과평가하기에는 부적절하다.

3) 사례관리의 다른 기능

전술한 로드만(1991)의 연구에서 나타난 것처럼 사례관리자가 행하는 많은 공통적인 기능이 있다. 그 기능은 다음과 같다.

(1) 관계기관 협력

연계 기능을 강화할 수 있는 외부 기관과 업무 관계를 효과적으로 만들어나가는 데 매우 중요한 기능이다. 공식적이든 비공식적이든 정책이나 협약은 상호 이해를 증진시키고 의뢰 절차를 정하기 위해 공식화한다. 이러한 계약은 서비스를 위해 접촉해야 하는 사람들을 명확히 하는 것을 의미하기도 한다. 관계기관들은 협조적이어야 하며, 의뢰할 때나 사후관리 문제로 만났을 때 상호 도움을 줄 수 있어야 한다.

(2) 상담

일반적으로 직접 치료를 시도하거나 검사하는 것이 아니라 정보를 제공하거나 조언을 해 주는 수준에 한정한다. 오히려 상담은 "문제 해결, 현실성 검사, 사회기술, 주거, 돈 문제, 부모역할, 취업과 같은 영역에서 실제로 원조하는 것" 이다(Rothman, 1991: 525).

(3) 치료

앞서 이야기한 것처럼, 치료는 정신보건세팅에서 대부분 수행하는 사례관리자 기능이다. 로드만의 연구에서 응답자 다수가 치료는 과거보다 현실에 초점을 맞추어야 하고 일상 문제에 적응할 수 있도록 클라이언트를 원조하는 데 목적을 두어야 한다고 지적한다. 그리고 개인이나 집단을 대상으로 치료할 수 있다. 또 응답자는 가족 구성원이 의도하는 변화를 유지하거나 강화기키는 데 사례관리자가 개입해야 한다고 대답했다.

(4) 옹호

최근의 비평가들은 사례관리가 반드시 클라이언트의 역량을 강화하는 형태는 아니라고 제시한다(Cnaan, 1994).[39] 역량강화를 확고히 하는 것은 사례관리의 한 부분이며, 옹호는 클라이언트에게 보류된 서비스를 받도록 클라이언트를 지원하기 위해 간헐적으로 적용하는 방법이다. 뒤에서 옹호에 대해 다룰 것이므로 여기서는 자세하게 다루지 않겠다.

4) 사례관리자가 돕는 취약한 인구집단

사례관리자의 연계기능을 효과적으로 수행하기 위해서 사회복지사는 취약한 사람의 욕구와 관련 지역사회 자원, 필요한 물품과 서비스를 제공하는 기관정책과 절차에 대해 포괄적으로 알고 있어야 한다.

사례관리자가 대하는 취약집단의 욕구는 각 집단마다 일반적으로 광범위하고 다양한 클라이언트로 구성되어 있어 다양하다(예를 들어, 9장에서 언급한 노숙자는 광범위하고 다양한 욕구를 가진 이질적인 인구집단이다). 지면상의 제약으로 각 집단의 욕구를 다 논할 수는 없으므로 여기에서는 취약집단과 관련이 있는 참고문헌을 제시하겠다.[40]

특히 농촌지역에서 취약집단은 필요한 자원을 항상 이용할 수는 없다. 따라서 사례관리자는 때때로 다른 기능을 수행해야 하는데—즉, 자원을 개발하는 것이다. 뒤에서 자원개발에 대해 논할 것이므로 여기에서는 그 주제에 대해 다루지 않을 것이다.

---

39) 다양한 세팅에서 사례관리자의 다양한 기능에 관해 보다 심도 있게 논의하기 원한다면 모슬리(Moxley, 1989), 로스(Rose, 1992), 그리고 보르키스와 그리니(Vourlekis & Greene, 1992)를 추천한다.

40) 에이즈 환자(Gillman, 1991), 학교의 10대 임신모(Weinman, 1989), 심한 정신장애가 있는 성인(Bush, Langford, Rosen & Gott, 1990), 발달장애가 있는 아동(Fiene & Taylor, 1991), 어렸을 때 성 학대를 당한 정신질환자(Rose, Peabody & Stratigeas, 1991), 노인 노숙인(Kutza & Keigher, 1991), 발달장애 성인(Kaplan, 1992), 허약한 노인(Fauri & Bradford, 1986), 노숙인(Bean, Stefl & Howe, 1987), 10대 부모(Brindis, Barth & Loomis, 1987), 성인 신체장애인(Akabas, Fine & Yasser, 1982), 피난민과 이민자(Drachman, 1992), 만성질환자(Harris & Bergman, 1987)와 위탁아동, 아동학대 또는 방임 위험이 있는 다중의 욕구가 있는 가족(Ballew, 1985; Compher, 1983; Turner, 1984).

7. 조직과 시설의 상호작용 강화

클라이언트의 욕구를 효과적으로 충족하기 위해서는 여러 조직과 학문분야의 공동노력과 협력이 필수적이다. 공동계획, 역할정의, 기관장 간의 지속적인 회담, 모니터 과정에서 혼란을 피하고, 적절하게 업무관계를 유지하는 것이 필요하다. 이러한 과정은 이미 논한 것처럼, 사례관리로 촉진시킬 수 있다.

조직 간에 효과적으로 상호작용하는 것은 클라이언트 단독이나 가족, 동일한 조건을 공유하는 클라이언트 집단의 환경을 강화하는 데 종종 필요하다. 첫 번째 경우, 사회복지사는 가정과 학교사이에서 중재역할을 하여 아동의 학교환경을 강화할 수 있다. 또 학교에서 아동의 기능을 강화하는 선생님과 긴밀하게 협력할 수 있도록 부모를 지원할 수 있다. 유사하게 사회복지사는 불필요한 입원치료를 피하고 클라이언트가 외래치료와 재가 서비스를 받으면서 지역사회에서 계속 거주할 수 있도록 다양한 노력들을 조정할 수 있다. 두 번째 경우, 사회복지사는 요양소나 수용시설 또는 주간보호 센터의 수준을 끌어올리기 위하여 다른 건강관리 전문가와 협력할 수도 있다. 사회복지사는 또한 노인을 위한 이동수단을 강화하거나 발달장애아동의 교육과 여가를 위해 정부관료와 일할 수 있다.

한 환경에서 다른 환경으로 바뀔 때에도 효과적으로 상호작용을 해야 한다. 예를 들어, 클라이언트가 정신질환자 수용시설이나 교도기관에서 퇴소하여 지역사회나 가족에게 돌아갈 때, 지속적으로 서비스를 제공하고 지원하는 것은 필수이다. 반면, 클라이언트 또는 가족이나 시설이 적응해야 할 스트레스에 대처할 수 없거나 준비되어 있지 않을 수도 있다. 이러한 변화가 이를 수도 있고 모든 면에서 치명적인 실패가 될 수도 있다. 지속적으로 연락하고 협력하여 퇴원계획을 세우고, 퇴원 후에도 긴밀하게 관리하는 것이 필요하다.

8. 기관환경 개선하기

앞서 정신병원, 요양소, 수용 치료센터, 10대를 위한 그룹홈과 같은 상황에서 삶의 질을 강화하기 위해 행한 몇몇 조치를 언급하였다. 여기에서는 제도적 환경에 대한 세 가지 주요 측면, 즉 직원, 프로그램, 물리적 시설들을 강화하는 방법에 대해서 간략하게 살펴볼 것이다.

물론 직원은 기관환경의 중심이다. 직원이 수용자나 환자의 욕구에 잘 반응하고, 환자를 보살피는 데 헌신적이며, 서로 마음이 잘 맞을 때, 기관환경은 온정적이 되고 관심을 기울이는 모든 부분의 복지와 성장에 이바지하는 분위기가 된다. 반대로 직원이 비인간적이고, 냉정하고, 마찰을 일으키고, 수용자와 상호작용이 거의 없으면, 기관의 분위기는 메마르고, 차갑고, 퇴보하며, 도덕성도 낮아진다. 온정적이고 수용적이며 진심으로 관심을 갖고 다른 사람을 원조할 수 있는 직원은 지지적인 기관환경을 만들어가는 첫 번째 단계이다. 그러한 직원은 클라이언트와 신뢰를 쌓는 데 중요한 역할을 한다.

기관의 프로그램도 중요하다. 동기화하고, 건설적이고, 성장을 증진하는 프로그램은 클라이언트의 기능을 강화하는 경향이 있다. 반면 나태함을 조장하는 보호적인 보살핌은 클라이언트의 기능을 약화한다. 1950년대 정신병원에서 도입한 사회환경 프로그램(socioenvironmental program)은 대부분 희망이 없다고 간주했던 환자들이 거주하는 병동을 없애는 기적적인 결과를 낳는 데 공헌하였다.

기관 프로그램의 중요한 요소는 수용자가 어느 정도 선택권을 행사할 수 있고 자신의 일상생활을 통제할 수 있는지와 관계가 있다. 자신을 행복하게 만드는 것에 대해 통제권이 별로 없을 때 사람들은 대부분 속수무책이고, 무가치하게 느끼고, 우울하게 되는 경향이 있다. 선택권과 통제권을 강화하기 위해서 진보적인 기관들은 가능한 범위에서 민주적인 참여 방법으로 기관관리를 조성해야 한다. 정신병원과 교도소에서는 수용자들이 의사결정과정에 참여하는 병동 자치회가 있다. 몇몇 요양소에서조차 선택권을 존중하는 수용자 자치회가 있다. 머서와 케인(Mercer & Kane, 1979)이 요양소 환자에 대해 연구한 결과, 식물을 기를 수 있는 선택권과 환자 자치회를 할 수 있는 실험집단이 통제집단에 비해 무가치함은 줄고 신체적 활동과 심리사회적인 기능은 증가한 것으로 나타났다.

기관 프로그램의 다른 측면은 청소년을 교육하는 것, 성인을 대상으로 지적으로 자극을 주는 것, 수감자가 훈련받을 기회를 얻는 것, 결함이 있는 수용자를 위해 사회기술 훈련 프로그램을 실행하는 것, 사회개입 기회를 주는 것 등을 포함해야 한다. 미술, 음악, 댄스치료는 기관에서 표현력과 창의력을 증진하는 한 방법으로 그에 관한 수많은 저서가 있다. 켈렌(Kelen, 1980)은 요양소 환자에게 시를 감상하고 쓰는 법을 가르치는 것이 환경적 개입과 관련이 있다는 연구를 하였다. 실험적 개입에 참여할 수 있도록 선택한 환자들은 참여하지 않은 집단보다 자기표현력과 복지 수준이 증가한 것으로 나타났다.

또 다른 프로그램으로는 요양원(nursing home)에서 생활하는 외로운 환자들을 자원봉사자가 방문하고 오락 프로그램을 제공하는 등의 활동을 더 풍부하게 하는 것들이다. 어떤 프로그램은 인간과 동물의 동반자적인 결속을 이용하기도 한다. 쿨리, 오스텐더프와 빅커튼(Cooley, Ostendorf & Bickerton, 1979)은 요양시설에 있는 인디언 환자들을 위한 혁신적인 프로그램을 소개했다. 그 프로그램은 매월 인디언 보호구역에 거주하는 지도자와 청소년들이 방문하고 관련 서적들을 갖고 요양원을 방문하도록 함으로써 인디언들이 요양원에서 느끼는 소외감을 극복하고 그들의 고유 문화와 더 연계할 수 있도록 한 것이다. 저자들에 따르면 이 프로그램으로 요양원에 있는 인디언 환자들의 삶은 굉장히 풍요롭게 되었다고 한다.

기관환경을 강화하는 마지막 요소는 물리적 시설과 공간을 사용하는 것과 관련이 있다. 사회적 상호작용을 촉진하고 사생활을 보호하는 편의시설은 매우 바람직하다. 보행할 수 있는 수용자의 경우 텔레비전과 게임기를 갖춘 휴게실은 사회적 상호작용과 건설적인 활동을 촉진한다. 이같이 활발한 신체활동이 가능한 물리적인 시설은 교도소 같은 곳에서 중요하다.

요양시설과 병원은 환자들이 바깥 풍경을 바라볼 수 있도록 환자 가까운 곳에 창문을 설치하는 것이 바람직하다. 여러 환자가 방을 함께 사용할 때, 서로 편하게 느끼는 사람끼리 룸메이트로 선택할 수 있도록 권한을 주어야 한다. 불편한 사람과 제한된 공간을 함께 쓰는 것처럼 사기를 저하시키는 것은 없다. 룸메이트를 정하는 데에는 분명히 다른 요소들도 작용하며 따라서 완벽한 배치는 거의 불가능하지만, 사회복지사는 환자의 욕구에 민감해야 하고 룸메이트를 잘못 선정한 것으로 환자복지에 부정적인 영향을 미칠 때에는 행정직원에게 이 사실을 정확하게 알려서 그 환자를 옹호해야 한다.

9. 클라이언트 역량강화하기

취약한 클라이언트 집단은 무기력하고 무력하여 필요한 환경자원을 스스로 이용하지 못하고 스트레스 상황에 효과적으로 대처하지 못한다. 사례관리자는 클라이언트가 가능한 한 충분하게 자신의 삶을 통제할 수 있도록 클라이언트의 역량강화(empowerment)를 원조해야 한다. 역량강화란 클라이언트가 자신의 욕구, 복지, 만족감을 강화하는 데 환경과 상호작용을 할 수 있는 능력을 재습득하거나 얻도록 하는 것을 의미한다. 물론 힘을 얻는다는 것은 필요한 자원을 환경에서 얻을 수 있음을 의미한다. 또 유능함, 자존감, 지원체계, 개인의 행동이나 다른 사람과 협력하는 활동으로 자신의 삶의 상태를 개선할 수 있다는 신념과 밀접하게 관련이 있다. 그러나 이러한 특성이나 요소는 환경의 질에 따라 서로 영향을 받는다. 사람의 욕구와 그에 상응하는 자원이 풍부한 환경은 긍정적인 속성들을 촉진시킨다. 반대로 중요한 환경의 결함은 무기력, 무력감, 낮은 자존감, 우울증을 조장한다.

구티어레즈(Gutierrez, 1994)는 자기-효능감 증진과 새로운 기술 개발 및 역량강화는 무기력함의 원인에 대한 비판적인 자각을 발달시킨다고 제안하였다. 환경에 대처할 때 무기력함을 자주 경험하는 집단으로는 빈민과 억압받는 사람들이 있다. 이민자와 피난민, 유색인, 중독자, 낙인받거나 차별을 받는 사람이나 사회자원에 접근하는 데 거부당한 사람, 그리고 역량강화의 중요한 방법인 사례관리가 필요한 사람들로 앞서 확인한 취약한 집단이 있다. 무기력을 경험하는 클라이언트가 자신의 잠재된 역량을 개발하고 힘을 발휘하여 필요한 자원을 획득하도록 원조하는 것이 역량강화의 목적이다. 다음은 특정 취약계층, 편부모, 에이즈 환자, 이민자에 대한 역량강화 방법에 대해 살펴볼 것이다.

1) 편부모

편부모(single-parents)라면 누구나 유사한 좌절과 부담을 경험한다는 것을 인식하는 것만으로도 역량을 강화할 수 있다. 효과적인 방법은 편부모를 위한 지원망의 발달을 촉진시키거나 배우자가 없는 부모모임(parents without partners)의 지부와 같은 지지집단과 연계하는 것이다. 사회지원 집단은 편부모가 겪는 고통스런 고독감이나 좌절감을 다루어 아동학대가 발생하지 않도록 예방한다. 이혼스트레스를 경험하는 부모에게도 지지집단은 필요하다.

일하는 편부모는 일반적으로 아동양육 문제에 직면한다. 따라서 사회복지사는 서로 아이들을 보살펴주는 공동자원인 부모협동조합을 만들도록 촉진할 수 있다. 편부모(맞벌이 부모)를 지원하기 위한 아동양육 프로그램을 조직하고 옹호 활동을 하는 것도 편부모의 역량을 강화하는 방법이다.

2) 에이즈 환자

우리 사회에서 에이즈 환자는 대부분 수치심을 느끼고, 필요한 자원과 정서적 지원에 접근하는 것을 거부당하는 사회적 낙인을 경험한다. 더 나아가 "에이즈는 무능력, 자포자기, 거부, 증오, 신체적 · 정신적 퇴보, 기형과 같은 끔찍한 부정적인 상황과 관련이 있다(Haney, 1988: 251)." 이러한 시각은 에이즈 환자에게 강력한 영향을 미치고, 사랑하는 사람에게서 격리되거나 직업활동과 사회적 상호작용, 외모, 여가활동, 미래에 대한 계획, 희망, 꿈과 같은 만족감이나 자존감 자원이 소멸되어 역량이 저하된다. 이러한 극심한 상실의 고통으로 에이즈 환자는 고독감과 소외감, 외로움을 경험하고 때로는 의료적인 치료를 거부하고 잠적해 버리기도 한다.

1988년 초기 에이즈로 사망한 패트릭 하니(Patrick Haney, 1988)는 에이즈 환자의 역량을 강화하기 위한 안내서를 유물로 남겼다. 다음의 논의점은 그가 사망한 지 몇 달 후에 출판된 그의 저서를 바탕으로 한다.

에이즈 환자(그리고 무기력함을 느끼는 사람)의 역량을 강화하는 중요한 단계는 자신이 희생자라는 사고방식을 수정하는 것이다. 스스로를 희생자라고 인식하는 것은 수동성과 무능력함을 조장한다. 에이즈를 앓는 한 사람이 익명으로 하니에게 이야기한 내용을 살펴보면 이를 잘 알 수 있다(1988).

> 희생자라는 사고를 하지 않는 것이 나를 살아 있게 하죠…… 병을 알았을 때 난 무기력했고 그것을 수동적으로 다루는 것 외에는 아무 것도 할 수 없었어요. 난 내 주위를 돌아볼 수 있었고 힘을 다해 나를 격려해주는 매우 고무적인 사람들을 만났어요. 그 사람들은 계속 에이즈에 대해서는 'no' 라고 말했지요. 그 사람들이 나에게 희망을 주었고, 힘을 주었어요(p.252).

에이즈 환자가 희생자라는 사고방식을 포기하도록 원조하기 위해서는, 사회복지사 스스로 에이즈 환자를 희생자라고 믿어서는 안 된다. 오히려 에이즈 환자는 자신의 삶에서 만족감과 의미를 지속해서 발견할 수 있는 능력이 있는 사람들이다.

에이즈 환자의 역량을 강화하는 또 다른 방법은, 최상의 상황을 만들 수 있는 기회에 좀더 초점을 맞추고 질병의 숙명론적인 측면에 대해서는 초점을 덜 맞추는 것이다. 에이즈라는 질병 자체가 갖는 실제적이고 비극적인 측면을 부정하려는 것은 아니다. 그러나 에이즈 환자들의 예상 수명이 과거 몇 년 동안 지속해서 증가하고 있는 것이 현실이다. 더구나 역량강화는 최상의 삶을 만드는 데 초점을 맞추는 것이지 죽어 가는 삶에 초점을 두는 것이 아니다. 개인적인 경험에 대해 하니가 언급한 내용은 유용한 정보로 도움을 준다.

> 내가 경험했던 긍정적인 결과는……, 내 한계를 받아들이고, 내 강점으로 대처하고, 목적을 분명히 하고, 동시에 삶을 살아가는 방법을 알고, 지금 여기에서 내 삶의 선에 초점을 맞추는 것이다. 내가 잘 알지 못하는 사람과 때로는 전혀 알지 못하는 사람들, 내 가족과 친구, 연인에게 사랑과 완전한 지지를 얻은 것은 매우 감명 깊은 경험이었다(p.252).

에이즈 환자를 정서적으로 지지하는 것은 아무리 강조해도 지나치지 않다. 에이즈 환자에게 지지적인 가족과 친구가 부족하다면, 사회복지사는 지지해줄 수 있는 다른 사람들을 발굴하도록 지원하고, 환자 자신도 스스로 보살피고 지지적이 될 수 있도록 원조해야 한다. 또 감베와 게첼(Gambe & Getzel, 1989)이 설명한 지지집단을 구성하는 데 참여할 수 있다. 게첼(1991)은 에이즈 환자에게 적용할 수 있는 생존 방법에 대해 설명했는데, 즉 에이즈로 고통받는 사람들을 원조하기 위하여 지지집단의 지도자가 갖추어야 할 지식에 관한 내용이다. 대인(Dane, 1989)은 에이즈 환자와 그 가족에게 위기개입 방법을 적용하는 것에 대해 논하였다.

하니는 지지집단의 영향을 '중요한 세력' 으로 언급했다. 집단에 참여하면서 이전에 가졌던 '죽음은 피할 수 없다' 는 사고방식을 극복하는 데 도움을 받았다고 말했다.

> 나는 공포를 이겨냈고 내가 해낸 것에 감사한다. 거의 3년 동안 에이즈를 앓은 두 명을 만났는데, 이들은 유머러스하고 잘 웃었으며 좋은 시간을 보냈다. 치명적인 병을 앓고 있는 두 사람이 아무 것도 잘못된 것이 없는 것처럼 행동하는 것을 상상해 보라. 그 두 사람은 건강한 사람처럼 행동했고, 내가 하고 있던 부정적인 사고방식을 없애주었다. 이 병을 대처하는 첫 배움이었고……, 난 내가 있어야 할 곳을 발견하였다(p .252).

에이즈 환자의 능력을 강화하는 것은 지역사회와 함께 일하는 것을 의미한다. 다양한 집단을 동원하고, 지역주민을 교육하고, 서비스 망을 개발하고, 각기 다른 서비스를 조정하는 것 등이다. 뉴욕에서 에이즈 환자에게 서비스를 제공했던 예로, 엘리치(Ehrlich)와 무어(Moore)의 저널을 추천한다(1990).

사례관리자는 에이즈 환자를 보호하기 위한 연락망을 확고히 해야 한다. 라운즈(Rounds, 1988)는 농촌지역에 거주하는 에이즈 환자를 위한 자원 개발에 대해 논하였다. 하니(1988)는 큰 도심지의 저소득층 밀집지역에 사는 에이즈 환자의 욕구를 충족시키는 것과 관련이 있는 이슈에 대해서 유사한 논문을 저술했다.

3) 이민자와 난민

이민자와 피난민은 외국 사회에 이주한 초기의 흥분이 감소하면서 새로운 곳에서 희망과 꿈을 실현하기 힘들다는 것을 깨달은 이후 일반적으로 무기력함을 경험한다.

이민자와 피난민의 역량을 강화하기 위한 초기 노력은 생활필수품과 같은 기본적인 욕구를 원조하는 것이다. 적절한 주거와 옷, 음식, 건강관리가 부족하고 , 지속해서 필수품들을 살 돈이 부족하다면 자신의 역량 을 느끼기 힘들다. 따라서 사회복지사는 초기에 주거와 옷, 잠자리, 직업을 얻고, 스스로 가족을 부양할 수 있을 때까지 임시로 수입을 보장하는 등 집중적으로 지원해야 한다.

또 주거와 교통, 쇼핑, 일자리 구하기, 은행 이용 등 주류

문화에 대해서 가르쳐야 한다. 뿐만 아니라 건강관리, 교육 지역사회 서비스, 지역사회 대중매체, 관련 법률, 정부, 정책과정과 같은 사회기관과 자원에 대해서 알려주어야 한다. 역량강화의 또 다른 측면은 자신의 권리에 대해 배우고 고용주와 의사, 소방서, 경찰, 식료품 가게, 선생님, 이웃 등과 대화하는 기술을 개발하는 것이다. 여전히 중요한 것은 같은 인종이나 외부에서 사회적 관계망을 형성하도록 원조하는 것이다. 이와 관련하여 초기에 성공적으로 미국문화에 적응한 같은 인종집단 구성원은 '요령을 배우고자 하는' 이민자와 피난민을 지원하는 훌륭한 자원이 된다(Comeron & Talavera, 1976). 만약 도움을 줄 수 있는 마땅한 동족이 없을 경우, 사회의 지도자들(일반적으로 사회의 연장자는 훌륭한 자원이 될 수 있다)이 이들을 옹호하고 가르치며 친구를 사귀는 데 도움을 줄 수 있다. 후원자를 조직하는 것도 한 방법이다. 사회복지사는 필요한 자원을 제공하거나 조직적인 장벽을 무너뜨릴 목적으로, 동맹과 연합체에 참여하도록 하거나 이를 지원하여 역량을 강화할 수 있다. 아시아계 이민자와 그 가족의 역량을 강화하는 방법에 대해서는 히라야마(Hirayama)와 세틴건(Cetingon)이 다루었다(1988).

이민자 각 개인과 그 집단이 주류 문화에 적응하도록 지원하는 노력에 덧붙여, 이들이 더 광범위한 문화에 적응하도록 자신의 강점과 대처기술을 깨닫게 하는 것도 중요하다(Chau, 1990).

10. 새로운 자원 개발하기

앞서 클라이언트의 환경을 풍부하게 하기 위해 사회복지사가 적용하는 수많은 자원과 개입방법을 확인하였다. 여기에서 기억해야 할 점은, 욕구를 인식하고 필요한 자원을 획득하는 것은, 이 일에 관심이 있는 사람들을 조직하고 그 조직에서 지도력을 행사하는 헌신적인 사람들의 노력으로 점진적으로 이루어진다는 점이다. 그러나 필요한 자원은 대부분 그 지역사회에서는 얻을 수 없는 것이 많으며 특히 규모가 작은 사회일수록 더욱 그러하다.

새로운 자원을 개발하려는 노력은 현재로서는 클라이언트들이 필요한 자원을 현재로서는 지역사회에서 얻을 수 없다는 것이 명확할 때 조직하는 것이 필요하다. 예를 들어, 급속하게 확장되는 지역사회에서 여성은 사회적 기회와 여가의 기회가 부족하고 제한적일 수 있다(Gaylord, 1979). 청소년은 레크리에이션 시설이나 프로그램에 접근하지 못할 수 있으며, 성인 남성은 술집에 가는 것 이외에는 여가시간을 활용할 기회가 부족할 수 있다. 그리고 편부모 중 소수만 주간보호 프로그램을 이용할지도 모른다—아마 단지 몇몇 사람의 욕구만 채울지도 모른다. 이러한 결함의 결과, 신흥도시에서는 일반적으로 다음과 같은 사회문제가 나타난다. 즉 여성 우울증 발생률이 높고 청소년비행이 폭증하거나, 알코올중독과 매춘이 만연하고, 강간이 심상치 않은 빈도로 일어나며, 아동학대와 가족해체가 높은 수준으로 발생한다.

이러한 문제를 예방하거나 최소한 줄이기 위해서 사회복지사는 여성을 위한 지원체계를 개발하고, 모든 연령층을 위해 여가활동 프로그램을 개설하며, 아동학대를 감시하고 예방하는 지역고유의 연계망을 개발하고, 강간위기 프로그램을 만들고, 성인교육 프로그램을 개발하고, 이웃 지원망을 개발해야 하는 등 많은 도전에 직면하게 된다. 사회복지사는 현존하는 사회서비스 기관과 긴밀하게 협력해야 하며, 지역사회 지도자들의 협조를 얻어야 한다. 그리고 취약한 사람들로 구성된 과업집단을 조직하고 옹호해야 하고, 정부관료와 기업이 함께 할 수 있도록 해야 하며, 법과 공공자금이 필요할 때 주 입법자들에게 영향을 미칠 수 있게 로비를 해야 한다.

사회복지사는 클라이언트를 위한다는 측면에서보다 함께 일한다는 측면에서, 조직활동을 가능하게 하는 역할을 한다. 이것은 다음과 같은 이유에서 중요하다.

1. 클라이언트가 계획을 수행하고 공식화하는 데 적극적으로

참여할 때 성공적인 결과를 획득할 수 있는 기회는 훨씬 풍부해진다. 클라이언트는 자원 부족의 영향을 직접적으로 받기 때문에, 가치 있는 정보를 제공할 수 있고 극적이고 강압적인 방법으로 책임 있는 당국에 자신의 곤경을 표현할 수 있다. 게다가, 클라이언트의 수는 강점이다. 정부 관료들은 공식적인 회의에서 단지 소수의 사회복지사와 클라이언트를 만날 때보다 다수가 조직을 만들어 상황에 대해서 이야기할 때 더 감명을 받는 것 같다.

2. 클라이언트가 자원을 계획하고 개발하는 데 참여할 때 좀더 자원을 잘 사용하고 선전하고 가치 있게 하고 보호하며 강화하는 것 같다.
3. 소비자가 자원을 개발하는 데 참여할 때 그 자원은 소비자 구미에 최상으로 적합한 것 같다.
4. 클라이언트가 환경을 개선하는 데 참여한다고 느낄 때 자신의 역량을 경험한다. 자신의 욕구를 주장하면서 사회에서 불이익을 받아온 많은 사람들에게 만연되어 있는 무기력함을 감소시킬 수 있다. 자신의 운명을 스스로 만들어 가는 역량을 갖고 그것을 행사하는 것을 배운다.
5. 공동의 목적을 위해서 다른 사람과 함께 일하면서 사람들은 동질감과 소속감을 얻는다. 행동집단은 표현된 목적을 별 문제로 여기지 않는 다른 구성원들에게도 본질적으로 가치 있는 지원망이 된다.

앞선 목록에서 내포하는 것처럼, 새로운 자원을 개발하기 위한 도전은 앞으로 논의할 옹호와 사회행동을 수반한다.

1) 노숙자를 위한 자원

취약집단 중 노숙자는 4장에서 살펴본 것처럼 이질적인 집단이지만, 아마도 가장 큰 욕구가 있을 것이다. 노숙자는 모두 공통적으로 쉼터와 음식에 대한 욕구가 있다. 또 어떤 노숙자는 건강관리, 정신건강 치료, 약물치료, 직업, 구직 상담, 재활 서비스, 사회 지원망에 대한 욕구가 있다.

사실상 각 지역사회가 다양한 것처럼, 노숙의 원인에 따라 자원은 다양해야 한다. 흥미롭게도, 미국시장회의(U.S. Conference of Mayors)에서 수집한 13개 시에 대한 자료에서 노숙자의 약 2/3가 소수인종임이 나타났다. 그 중 거의 52%는 흑인이다(First, Roth, & Arewa, 1988). 수집한 자료를 분석한 결과, 소수인종의 노숙은 실직된 소수인종의 청소년들은 시장에 적합한 기술이 부족하고 저소득층을 위한 주택이 없거나 비싼 것과 관련이 있음을 알았다. 노숙자들에게 쉼터, 음식, 다른 필수품을 제공하는 것이 필요하지만 장기적인 해결을 위하여 연방정부, 주정부, 그리고 지방정부의 노력이 필요하다. 정부는 분명한 정책결정으로 문제의 근본적인 원인을 제거해야 하며 사회정의와 평등과 관련하여 이 이슈를 고려해야 한다. 이 점에 대해서 오하이오주의 노숙자들을 인터뷰하여 얻은 자료가 있다. 이들은 "노동시장에 접근할 기회를 얻는다면 취업할 것이며 그렇게 되길 바란다고 하였다. 사회정책은 현재 노숙인과 또 노숙할 위험에 처한 사람들을 고용하는 데 목표를 두어야 한다(First, 1998: 123)."

만성적인 정신질환을 앓거나 약물중독이 있는 사람도 노숙자 집단 중 일부를 차지한다. 이 사람들에게는 음식과 쉼터뿐 아니라 건강관리와 정신건강 서비스, 약물치료, 때로는 정신의학적 평가(사정), 단기입원이 시급하게 필요하다. 그러나 이 사람 중 몇몇은 극도로 의존적이고 불신에 차 있고 정신건강 관리체계에 연루되는 것을 조심스러워한다. 지역사회에서 후원하는 쉼터 프로그램은 정신건강 프로그램에서 기금을 조성하여 보조를 받는데, 이러한 기관에서 일하는 사회복지사는 만성정신질환 노숙자와 비공식적으로 친근하게 만나면서 그들이 서비스를 제공받을 수 있게끔 하고, 정신질환 노숙자들을 적절한 자원에 연결하도록 사례관리 기술을 사용한다. 다행스럽게도 전문가와 헌신적인 사람들과 제휴한 몇몇 지역사회 지도자들은 노숙자를 위한 효과적인 방문자 쉼터 프로그램을 성공적으로 설립하였다. 이 시설의 직원들은 차츰 클라이언트에게 신임을 얻고 사회 지지망의 중요한 자원이 되었다. 또 몇몇 시설은 지지체계 기능뿐만 아니라 노숙자들을 치료하고 기술을 개발하는 기능도 수행하였다(Berton, 1984; Ely, 1985). 만성정신질환 노숙자와 함께 작업하는 궁극적인 목적은, 영구적인 주거에서 살도록 하는 것이며, 정신건강 프로그램과 연결하는 것, 그리고 건강관리, 사회복귀, 사회적 지지에 대한 욕구를 충족시키는 것이다.

벨처(Belcher, 1988)는 정신질환 노숙자의 욕구와 관련 자원 사이에서 발생하는 차이에 대하여 논하였다. 조직적인 실재뿐 아니라 이러한 집단의 욕구를 인식하는 치료모델은 벨처와 에프로스(Ephross)가 제안하였다(1989). 카롤로프와 앤더슨(Karoloff & Anderson, 1989)은 알코올중독 노숙자들을 위한 무알콜(alcohol-free) 생활센터에 대해서 저술하였고, 블랑커츠(Blankertz, 1990) 등은 알코올중독과 정신질환이 있는 노숙자를 대상으로 한 실천에 대해 논하였는데, 이 논의에는 적극적인 접근(아웃리치, outreach)에 관한 것도 포함하였다. 코헨(Cohen, 1989)은 정신질환 노숙자를 대하는 유용한 안내서를 출간하였다.

응급쉼터(emergency shelter)는 편부모 노숙자 가족에게 제공하고 있다. 쉼터, 음식, 신체적 안전에 대한 가족들의 평범한 실제 욕구를 채워주는 것 이외에도 사회복지사는 위기개입, 문제해결, 과업 중심 서비스, 자신의 생애주기에 대한 면접 등 통합치료를 제공해야 한다. 지면상의 한계로 이러한 접근방법에 대해서 자세하게 다룰 수는 없지만, 필립스(Phillips, 1988)의 저서를 참고할 수 있다. 이들 서비스에 대한 결과평가에 의하면 많은 가족들이 세운 목표를 성취하는 의미 있는 변화였다고 하였다.

밀스와 오타(Mills & Ota, 1989)는 디트로이트 지역의 노숙자 여성과 아동(대부분 흑인)에 대해서 설명하면서 적절한 소득지원 프로그램과 기본적인 생활기술훈련 프로그램을 제공하고 정신건강서비스를 전달해야 한다는 정책적 함의에 대해서 논하였다. 존슨과 크루프거(Johnson & Kreufger, 1989)는 여성 노숙자에 대해 전반적으로 다룬 내용을 저술하였다.

10대 노숙자 또한 여전히 광범위한 문제와 욕구를 표현하는 매우 취약한 인구집단이다. 커츠, 자비스와 커츠(Kurtz, Jarvis & Kurtz, 1991)는 남서부 주에서 행한 지역조사 논문을 발표했다. 10대 노숙자들은 대부분 안정적이고 지지적인 가족이 부족하였고, 단편적인 아동복지체계의 희생자였다. 이 저자들은 10대 노숙자를 위해 지역사회를 기반으로 한 지속적이고 통합된 보호가 필요하다고 주장하였다.

최종적으로 노인은 소규모이지만 새로운 형태의 노숙자 집단이다. 커츠와 케이거(1991)는 고위험 집단(high-risk population)의 특별한 욕구와 특성 그리고 이 집단에게 필요한 응급조치와 장기 서비스에 대해서도 논했다.

11. 옹호와 사회행동 적용하기

옹호활동(advocacy)은 ① 클라이언트에게 제공되지 않는 자원과 서비스를 얻을 수 있도록 하고, ② 클라이언트에게 불리한 영향을 미칠 실천, 절차, 정책들을 수정하며, ③ 필요한 자원이나 서비스를 제공받을 수 있는 새로운 법률이나 정책들을 증진시키기 위해 클라이언트와 함께 또는 클라이언트를 대표하여 일하는 과정이다.

옹호는 사회복지사가 행해야 할 의무이다. 이 의무는 전문가 윤리규정에 명시되어 있다. 클라이언트를 옹호하는 것은 사회복지사의 윤리적 책임으로, 윤리강령 VI장에서 명백하게 설명하고 있다.

> 사회복지사는 모든 사람들에게 필요한 자원, 서비스, 기회에 접근할 수 있도록 보장해주는 역할을 해야 한다. (2항)
> 사회복지사는 사회조건을 개선하고 사회정의를 증진하기 위해 정책과 입법을 바꾸려고 옹호해야 한다. (6항)

그러나 사회복지사는 어떤 옹호행동이 가장 적절한지에 대한 윤리적인 딜레마에 직면한다. 이에 대해서는 길버트와 스펙트(Gilbert & Specht, 1976)의 저서를 참고하기 바란다.

1) 사례옹호와 계층옹호

옹호는 관련이 있는 두 개 측면으로 구체화 된다. 첫째는 수혜와 서비스를 받을 수 있도록 그리고 존엄성을 보호하면서 서비스를 제공받을 수 있도록 개별 클라이언트와 가족과 함께 또는 그들을 대표해서 일하는 것이다. 개인이나 가족을 대표하는 옹호는 이러한 측면 때문에, '다른 사람의 소송을 변호하는 사람' 이라는 사전적 정의에 가깝고, 따라서 이를 사례옹호(case advocacy)라고 명명한다.

옹호의 둘째 측면은 특정계층이나 집단의 모든 사람들에게 영향을 미칠 수 있는 정책, 실천, 법의 변화를 도모하는 것이다. 따라서 이러한 유형을 계층옹호(class advocacy)라고 부른다. 계층옹호는 훨씬 광범위하며 본질적으로는 사회행동의 한 형태이다. 두 가지 옹호유형은 서로 다르지만 또 서로 밀접하게 연관되어 있다. 홈스(Holmes, 1981)는 역기능적인 정책 때문에 특정 서비스나 수혜자격을 거부당한 클라이언트를 위해 사례옹호 활동을 하는 것이 하나의 전례가 되어 결국 같은 상황에 있는 다른 사람들에게 영향을 미친다고 지적하였다. "즉 계층옹호는 사례옹호가 확장된 형태라고 볼 수 있다(Holmes, 1981: 33-34)." 최근 워싱턴 주에서 일하는 사회복지사 353명을 대상으로 무작위 조사한 결과, 사회복지사는 사례옹호와 계층옹호에 모두 관여한다고 보고하였다. 기관의 목적과 기능은 직업과 관련하여 옹호활동에 강력하게 영향을 미친다. 따라서 기관에서 사회복지사는 대부분 개별적인 사례에 초점을 맞추는 경향이 있다. 그렇게 하면서 동시에 사회복지사는 종종 개인적으로 자원봉사자 역할을 하면서 계층옹호활동을 한다(Ezell, 1994).[41)]

41) 옹호활동기법에 대해서는 페니치(Panitch, 1974)의 저서를 참고할 수 있다.

2) 옹호를 위한 지침

옹호는 다음 내용을 포함하여 여러 상황에 적절하게 적용해야 한다.

- 기관이나 직원이 자격요건이 있는 클라이언트에게 서비스와 급여 주기를 거절할 때
- 비인간적인 방법으로 서비스를 전달할 때(예를 들어, 성폭력 피해자에게 굴욕감을 줄 때)
- 클라이언트가 인종, 종교, 신앙이나 그 밖의 다른 요소 때문에 차별을 받을 때
- 서비스와 급여의 차가 곤란과 역기능의 원인이 될 때
- 정부나 기관 정책이 자원과 급여가 필요한 사람들에게 부정적인 영향을 미칠 때
- 클라이언트가 자신을 위해서 효과적으로 행동할 수 없을 때
- 많은 사람들이 공통으로 자원이 유용하지 않다고 할 때
- 위기상황에서 클라이언트가 즉시 서비스와 급여를 받아야 하는 특별한 욕구가 있을 때(예를 들어, 심한 병을 앓고 있거나 급박한 재정적 욕구가 있는 이민자들)
- 클라이언트가 시민권이나 법적 권리를 거부당했을 때
- 조직의 시설이나 절차가 클라이언트에게 부정적으로 영향을 미칠 때

19장 '조직의 장애 극복하기' 에서 위에 제시한 많은 상황을 좀더 자세하게 논의할 것이다.

옹호의 표적은 개인과 기관, 또는 조직체, 공공 관료, 법정, 입법자들, 정부부서가 될 수 있다. 그러므로 전술은 표적체계를 고려하여 다양해야 하며, 조직의 정책을 이해해야 함은 물론 조직이 어떻게 구성되어 있고 어떻게 기능하는지 알아야 한다(Rothman, 1991). 후에 논의하겠지만, 옹호활동은 단지 그 사안을 논의하는 수준에서 투쟁하는 단계

에 이르기까지 자기를 주장하는 정도가 매우 다를 수 있다.

소신과 캘룰럼(Sosin & Calulum, 1983)은 사회복지사가 적절한 옹호행동을 계획하는 것을 원조하는 유용한 옹호 유형을 개발하였다. 옹호상황이 동맹이나 중립 또는 반대의 정황에 있는지에 따라서, 사회복지사는 무엇을 옹호해야 하고 알맞은 옹호수준(개별적, 행정, 정책)은 무엇이며 또 어떠한 전술을 적용해야 하는지 결정할 수 있다.

앨버트(Albert, 1983)는 정부 행정기관에서 규범을 정하는 관계 차원에서 옹호과정을 분석하였다. 법적인 틀에서 과정을 고찰하면서 유용한 안내서를 출판하였는데, 규범을 정하거나 규제하는 과정에 개입하는 기술과 기회가 무엇인지 확인하였다. 널만(Nulman, 1983)과 핀더휴이스(Pinderhughes, 1983)는 가족을 위한 옹호와 역량강화에 대해 논한 유용한 기사를 썼다. 펄만과 에드워즈(Pearlman & Edwards, 1982)는 사회복지사가 주변 환경을 효과적으로 개선하는 목적이 있는 클라이언트 옹호집단을 조직하는 방법에 대해서 논하였다.

3) 자기결정권과 옹호

옹호를 고려할 때, 사회복지사는 클라이언트의 자기결정권(self-determination)을 주의 깊게 살펴야 한다. 클라이언트가 자신의 권리를 주장하는 것을 원하지 않는다면 사회복지사는 윤리적으로 그런 클라이언트의 바램을 존중해야할 의무가 있다. 클라이언트가 행동을 취할 것을 희망한다면 사회복지사는 클라이언트의 피고용인으로 클라이언트의 이익을 대변해야 한다(Kutchins & Kutchins, 1978). 또 클라이언트의 바람 이상으로 옹호활동을 더 진행해서는 안 된다. 사회복지사는 옹호활동에서 있을 수 있는 부정적인 측면에 대해 클라이언트와 함께 논의할 책임이 있다. 예를 들어, 옹호는 관련된 표적체계와 부정적인 상호관계를 맺을 수 있고, 미래에 클라이언트에게 불이익이 될 수 있는 사람에게 적개심이나 나쁜 감정을 갖게 할 위험이 있기 때문이다. 옹호행동을 수행하는 것은 일반적으로 많은 부담과 긴장을 초래한다. 더군다나, 긍정적인 결과를 확신할 수도 없다. 그러나 가능성 있는 부정적인 결과에 대해서 논하고, 과도하게 사기를 저하시키지 않도록 노력하면서 클라이언트가 찬반에 대해 저울질하다가 최종에는 스스로 결정하도록 돕는 것이 중요하다.

또 하나 여전히 주의해야 할 것은, 옹호행동을 취하기 전에 사회복지사는 현재 클라이언트 상황에서 주장 행동을 하는 것이 정당한지 확실히 해야 하는 점이다. 자원제공을 거부당한 것, 차별 당한 것, 외모 때문에 초라하게 취급당한 것 등에 관해 클라이언트가 설명하는 것은 확실히 중요하나 동시에 사실을 왜곡하지는 않아야 한다. 예를 들어, 의료적인 치료를 거부당했다고 주장하는 클라이언트가 사실은 의사 처방전에 따르지 않았을 가능성도 있다. 이와 유사하게, 기관에서 오랜 시간 동안 기다리는 차별을 경험했다는 클라이언트의 불평은 사실 차별이기보다는 기관에 지원하는 기금이 줄어 직원을 감축한 결과일 수도 있다. 주의 깊게 상황을 사정하면 바람직하지 않고 당황스러운 결과를 초래할 수도 있는 조급하고 잘못된 결론을 피할 수 있다.

4) 옹호활동과 사회행동 기술

옹호와 사회행동(social action) 기술은 다양하다. 따라서 문제 성질에 따라 기법을 결정해야 한다. 클라이언트 · 가족 · 집단의 바람, 옹호활동의 표적이 되는 체계의 성질, 사회복지사의 특징적이며 개별적인 스타일, 정치적 풍토, 사회복지사가 속한 기관이 다른 개입을 지지하는 경우 등 고려해야 하는 상황은 다양하다. 상황에 따라서 사회복지사는 여러 가지 개입방법을 적용할 수 있지만, 사회복지사가 고려해야 할 중요한 규칙은 필요한 수준 이상의 방법을 사용하지 말고, 주어진 목적을 달성할 수 있는 정도에서만 행동(투쟁)하라는 것이다. 투쟁은 어떤 경우에는 필요하지만, 어떤 경우 잘못된 것을 상쇄하는 것보다 이것으로 인해 치르는 비용이 더 클 수 있고 부정적인 결과를 낳을 수 있기 때문에 신중하게 적용해야 한다.

다음은 옹호와 사회행동에서 가장 자주 적용하는 기술이다.

(1) 다른 기관과 협의하기[42)]

어떤 기관에서 자원을 거부하거나 비인간적으로 처우하는 등 문제가 있을 때, 불만의 원인이 되는 행정가나 담당 직원과 함께 사례회의를 연다. 이에 관한 정보를 확실히 하기 위해서는 해당 클라이언트와 동반하는 것이 바람직하다. 이런 상황을 정면으로 다루는 방법을 배우는 것은 클라이언트에게 강점이 된다. 기관 측에서 무관심하거나 혹은 혁신적인 방법을 강구할 의지가 없어 보이면, 고위 책임자를 만나거나 다른 더 강력한 방법을 동원하여 불만사항을 좀더 강하게 전달해야 한다.

(2) 이사회에 재검토하도록 호소하기

결과평가 형식을 통하여 클라이언트의 만족도를 조사한다. 때때로 이런 조사를 통하여 클라이언트가 부당하게 서비스나 급여를 거부당했다는 정보를 얻을 수 있다. 대부분의 기관들은 클라이언트가 부당하게 서비스나 급여를 거부당했다고 생각할 때 호소할 수 있는 경로와 과정이 있다. 성공적으로 호소하는 경우 절차와 정책들을 바꿀 수도 있다.

(3) 법적 행동

클라이언트의 권리가 침해당했을 때 앞에서 설명한 개입방법만으로는 불만의 원인을 제거하지 못하는 경우, 법적인 소송을 하는 것은 적절한 대안이 될 수 있다. 그러나 클라이언트는 개인 변호사를 고용할 자원이 부족하기 때문에 공공기금을 이용하여 통합 방식의(United Way)법률서비스 기관이나 기타 법률 서비스와 연계하는 것이 필요하다.

(4) 관계부처 간 상임위원회 형성

개별 기관이 필요한 변화에 성공적으로 영향을 미치지 못할 때, 몇몇 기관에서 공통의 문제에 대하여 노력을 연합한다. 이때 상임위원회는 문제기관이나 조직의 실천들을 수정하고, 지역사회 서비스 간에 차이를 좁히는 것을 목적으로 하는 행동계획을 수립할 수 있다.

(5) 전문가 증언 제공하기

사회복지사는 공공정책을 개선하는 데 영향을 미친다. 정치적으로 클라이언트 문제와 욕구에 대해서 강력하게 이야기하여 강력한 힘을 행사할 수 있다. 그리고 자원을 개발하는 데 강력한 힘을 발휘할 수 있다. 때때로 편집장이나 논설위원에게 편지를 보내는 형식으로 실행하기도 한다.

(6) 연구와 조사에서 정보 얻기

사회복지사가 자신의 입장을 지지하는 확고한 자료를 제공할 수 있을 때 공식적인 증언의 효과는 훨씬 강화된다. 그러므로 연구, 조사, 문헌을 고찰해서 얻은 정보로 무장한 사회복지사는 공청회에서 때때로 통찰력을 갖고 적의 있는 질문에 대답할 때, 정부 관료와 입법자들과 직접적으로 접촉할 때 이 정보들을 적용할 수 있다.

(7) 지역사회 관련 부분 교육하기

때때로 진보적인 정책과 프로그램을 개발하는 데 가장 강력한 적은, 이슈를 결정하는 사람들이 그 문제를 무시하는 것이다. 일반적으로 특별히 정부와 결정권자들을 교육하기 위해서는, 출판 캠페인을 포함하여 모든 매체를 교육방법으로 고려해야 한다. 전화 접촉, 지역 방송 프로그램

---

42) 클라이언트를 조직하고 사회행동을 계획하는 다양한 기술에 대해 보다 깊이 있게 알기 원하면 Haynes와 Mickelson(1986)의 저서를 참고할 수 있다. 이 책은 유용한 자원으로 정치영역에서 영향력 있는 사회변화를 이루는 방법들에 대해 다루고 있다.

은 공공 이슈에 관심을 갖는다. 지역, 주, 정부 수준의 집회에서 패널토론을 하거나 영향력 있는 시민단체 회의에서 연설하는 것도 한 방법이다.

(8) 정부관료나 입법자들과 접촉하기

이 방법은 필요한 정책과 프로그램을 만드는 데 강력한 방법이 될 수 있다. 사회복지사는 직접 입법자나 공공관료와 접촉할 수 있다. 또는 입법자가 어떤 안건을 판단하기 위해 정보가 필요할 때 상임위원회의에 참석하여 적절한 정보를 제공할 수 있다. 효과적으로 노력하기 위해서, 사회복지사는 어떻게 특별한 이익집단이 입법자에게 영향을 미치는지에 대하여 박식해야 한다. 스미스(Smith, 1979)는 입법자에게 영향을 미치는 것과 관련하여 여섯 개의 '일반화(보편화)' 에 대해 설명하였다. 여기에서는 간략하게 그 중 두 개만 언급한다. 그러나 가능하면 전문을 읽어 볼 것을 강력히 추천한다.

첫 번째 일반화는 "입법자의 역할에 대한 개념(또는 방침)을 아는 것이 이익집단에 대한 입법자의 태도가 역할 개념과 일반적으로 일치하기 때문에 중요하다(p.235)." 는 것이다. 입법자가 스스로 자신을 촉진자, 저항자, 중립자 중 어떤 역할로 가정하는 지 알 때 입법자의 행동을 이해할 수 있다. 일반적으로 촉진자는 특정 이익집단의 정보를 존중하고 경험에 대해서 아는 것이 많다. 입법자가 어떤 유형인가에 따라 어떤 특정집단이 이익집단 역할을 할 수 있는지 알 수 있다.

두 번째 일반화는 "기술적이고 정치적인 정보를 제공하는 것이 입법자가 정치적인 과정에 반응하는 데 유의미한 영향을 미친다(p.253)." 는 것이다. 관련 지식을 구비하는 것이 얼마나 가치 있고 유용한지에 관해서는 네 개 주의 입법과정에 대한 연구결과에서 확인된다. 중요한 것으로 "다른 것에 비중을 두는 집단이나 사람에게 미치는 영향을 지배하는 가장 중요한 요소는 입법자에게 기술적이고 정치적인 정보를 모두 제공하는 집단능력이다(p.2553)." 분명히 입법자에게 영향을 미치는 사회복지사는 첫째 과업을 수행해야 한다.

(9) 기관의 연합 형성하기

이 기술은 특정 목적에 전념하는 임시집단을 형성하는 것이다. 이 개입의 이점은 두 가지이다. 첫째, 결정권자는 많은 기관이 공통된 전선을 표명할 때 좀더 영향을 받는 경향이 있다. 둘째, 많은 다른 조직과 공동의 노력으로 연합할 때 상대방의 공격에 덜 치명적이 된다. 그러나 패니치(Panitch, 1974)가 지적한 것처럼 연합에 동참할 때 문제는 "단지 한 기관이 갖는 이슈를 너무 일반화하여 각 기관의 바람을 충족하기에는 역부족일 수 있다(p.331)."

(10) 클라이언트 집단 조직하기

이것은 공통적인 문제가 있는 성원을 구성하여, 사회를 바꾸는 행동집단을 형성하는 것과 관련이 있는 기법이다. 사회기관은 집단을 형성하고, 행동을 취하도록 고무하고, 정보를 얻을 수 있게 하고, 그 문제를 해결할 수 있는 가장 적절한 사람에게 접근할 수 있도록 하고 그리고 다른 지역사회 집단과 일치하여 행동하도록 지원하는 자문역할을 수행한다. 클라이언트 집단을 조직하는 것은 특별히 정치적 관점에서 무력함을 느끼는 소수집단에게 적당하다. 럼(Lum, 1992: 202)은 공공주택 프로젝트에서 제외된 흑인의 권리를 옹호하기 위해서 흑인집단을 조직한 성공 사례를 설명한다.

(11) 청원하기

의사결정자의 관심을 이슈에 집중하도록 하는 데 사용하기도 하고 유권자 목소리를 표현하여 공공관료의 책임에 압력을 행사하는 데 사용할 수도 있다.

(12) 지속적인 욕구표현

이 기법은 지속적으로 공문을 보내고 전화하는 등 보통 수준에서 호소하는 정도를 넘어서 관료들에게 공세를 퍼붓는 것이다. 법적으로 정당한 것이지만 압력전술로서는 괴롭힘에 가깝고 반항적인 결과를 초래할 수도 있다.

명백한 것은, 상술한 개입방법은 모두 사례옹호와 사회행동을 함께 포함해야 한다는 것이다. 효과적인 사회행동은, 그린넬과 카이트(Grinnell & Kyte, 1974: 482)가 다음에 제시한 것처럼 단계에 따라 합리적이고 계획적인 접근방법을 취하는 것이다.

- 문제 정의
- 사람, 구조 또는 변해야 할 체계에 대한 체계적 진단
- 변화를 증진할 수 있는 추종 세력과 그것을 저지할 수 있는 저항 세력 모두 사정
- 특정한 목적 확인
- 목적이 바람직한 사회행동전략이나 기제를 신중하게 매치
- 행동계획을 수행하기 위한 실행 가능한 계획수립
- 행동으로 야기된 변화에 대한 피드백 과정 계획 구체화

이러한 과정에 덧붙여 효과적인 사회행동을 위해서 다른 요소도 필요하다. 모든 개개 사회복지사가 이러한 요소들을 갖추고 있지는 않지만, 오코넬(O' Connell, 1978: 199)은 효과적으로 사회행동을 펼치는 기관은 다음과 같은 특성을 따른다고 주장한다.

- 사회행동의 대의명분(목적)은 가치 있는 것에 눈을 뜨게 하는 것이다.
- 그 목적에 대해 순수하게 관심을 갖는다.
- 목적에 초점을 유지할 수 있는 능력이 있다.
- 명분만이 아닌 변화를 모색하는 방법으로 활동을 받아들인다.
- 끈기, 즉 "효과적인 시민활동을 위해서 첫 번째로 필요한 것은 끈기이다."[43]
- 성공적인 옹호활동은 정부와 서비스 체계가 정말 어떻게 조직되었고 또 앞으로 어떻게 변해야 하는지 이해하는 것이다. 맹목적인 감정으로는 몇 번은 일을 할 수 있지만, 지속적으로 노력하기 위해서는 나름대로의 방법(know-how)이 필요하다.
- 어떤 주요한 목적을 이루기 위해서는 실제 그 집단을 구성하는 실체(real numbers)가 필요하다. 정치가는 분노를 외치는 소음 이면에 있는 유권자를 본다. 따라서 사회행동에서 실체를 만드는 것은 권력 있는 사람을 한편으로 만드는 것이며, 이러한 형태가 효과적으로 사회행동을 할 수 있는 최상의 형태이다. 그러나 권력자와 구성원 중 한쪽을 선택해야 한다면, 구성원을 선택해야 한다.
- 효과적으로 사회행동을 하려면 해당 기관은 독립적이어야 한다. 누구와 협조하거나 어떤 논쟁에서도 자유로워야 한다.

12. 사회기획 · 지역사회 조직

환경을 강화하고 사회조건을 개선하는 거시적인 접근으로, 사회기획(social planning, SP) · 지역사회조직(community organization, CO)[44]의 실천적인 방법들은 전형적인 실천활동을 넘어선다. 사회복지사가 소속되어 있는 중심 단위는 이웃, 시민 집단, 조직의 대표, 기관의 행정부, 정부 리더와 같이 좀더 큰 체계이다. 전형적으로 사회복지사가 연합하여 다양한 주거집단 사회문제를 해결하고자 지향하고 있다. 지난 30년에 걸쳐 미국의 정부정책과 프로그램 범위는 사회문제에 초점을 둔 광범위한 기획의 결과이다. Community Health Act(1963), Economic Opportunity(1964), Model Cities Program(1967), Housing and Community Development Act(1974), Jobs Training Partnership Act(1983), Title XX

43) 'Common Cause Organization'의 리더인 존 가드너(John Gardner)가 한 말이다.

44) 지면의 한계상, SP/CO에 대해서 단지 간략하게 요약하였다. 좀더 포괄적으로 고찰하기 원한다면, 길버트와 스펙트(Gilbert & Specht, 1987) 그리고 모로니(Moroney, 1987)가 집필한 장을 추천한다. 앞서 언급한 내용보다 훨씬 풍부한 정보를 제공할 것이다. 각 장마다 SP/CO에 관한 관련서적과 논문에 대한 참고문헌을 광범위하게 수록하고 있다.

amendment to the Social Security Act(1974) 등이 그 예이다. 사회계획가가 초점을 두고 있으며 또 중점을 두어야 하는 현행 문제는 아동과 배우자 학대, 약물중독, 10대 임신과 아동양육, 10대 가출, 편부모 가족의 빈곤, 소수인종의 높은 실직률, 만성정신질환과 장애가 있는 사람들의 문제이다.

사회복지사는 일반적으로 큰 체계와 도시 중심부에서 전문적으로 SP/CO를 수행하는 역할을 하지만, 도시 외곽지역(지방)에서는 직접 사회복지사가 SP/CO 활동에 종사한다. 이때 사회복지사는 보건에 대한 욕구가 있는 주민들의 교통수단 부족, 아동보호에 대한 욕구, 아동경시와 학대문제, 여가 프로그램에 대한 욕구, 노인소외 등과 관련한 문제를 개선하기 위해 계획을 세우는 데 지역사회 지도자와 협력해야 한다. 그러므로 모든 사회복지사는 SP/CO와 관련된 기술과 원칙에 대해서 최소한 기본적인 지식을 갖고 있는 것이 중요하다.

직접적인 실천처럼, 문제해결과정은 SP/CO 실천에도 중심이다. 그러나 거시적인 수준의 문제해결과정은 미시적인 수준과는 매우 다르다. 그리고 SP/CO에서 사회복지사는 "노동조합가, 정치가, 도시와 지역 계획자처럼 같은 유형의 노력을 기울이는 다른 영역의 전문가들과 좀더 공통점이 있는 것 같다(Gilbert & Specht, 1987: 610)." 문제해결과정을 수행하기 전, 계획가-조직가는 SP/CO 운동을 수행하는 것을 지원해주거나 기금을 제공해줄 사람을 모집하거나 확인해야 한다. 또 계획하거나 조직하는 것에 목적이 되는 문제를 확인하거나, 이미 확인된 문제를 해결하기 위해 함께 일할 것에 동참해야 한다.

다음 단계는 목적을 선택하고 계획을 발전해나가는 것이다. 즉 모인 사람들이 함께 움직일 수 있도록 동원하고, 조직적이고 정치적으로 지원하는 것, 자원 모금, 목적을 달성하는 데 필요한 지역사회 지원을 받는 것 등이다. 이러한 활동에는 직접 실천에서 적용한 것과 같은 몇몇 기술이 필요하다. 예를 들어, 상담기술, 상호 협력관계와 집단역동에 대한 지식을 적용하여 집단 발달을 촉진하는 기술이다. 이 외에도 정책분석, 프로그램 평가, 조사, 자료관리, 사회 정치적인 과정을 구체화하는 기술이 필요하다.

1) 문제확인과 분석

어떤 이론가들은 SP/CO에서 문제해결과정을 다른 방식으로 개념화한다. 각 이론가들은 관련 업무를 얼마나 정교하게 하는가에 따라 단계를 다르게 정의한다. 여기에서는 길버트와 스펙트(Gilbert와 Specht, 1987: 613)가 확인한 4단계 과정을 사용한다. ① 문제의 확인, 분석, ② 행동의 계획, 발달, ③ 계획수행, ④ 결과평가가 그것이다. 추상적인 개념수준에서 이 과정은 직접 실천의 문제해결과정과 비슷하다.

첫째 업무인 문제확인과 분석은 표적체계 상태를 사정하는 것이다(예를 들어, 이웃체계, 지역사회, 군, 주 등). 문제분석에 대한 개념적인 접근은 다양하지만, 공통적인 요소는 "상황 때문에 사회가치가 위협받고 있는지 확인하고, 문제규모와 영향 정도를 자세하게 분석하는 것, 문제의 인과관계 윤곽을 그리는 것" 이다(Moroney, 1987: 598). 더 나아가 정치적인 환경에 대해 다루고, 문제를 다루는 표적체계의 준비정도를 사정하며, 문제를 완화하고 개선하기 위해 자원을 할당하는 것이 문제분석이다.

문제원인을 확인하는 것은 문제를 분석하는 핵심이다. 과학적인 방법으로 발견하지만, 이러한 과정은 이론적인 전제조건과 문제분석의 가치에 따라 다양하다. 다양한 측면의 설명이 입증하는 것처럼 빈곤, 범죄, 10대 임신, 다른 사회문제원인도 마찬가지이다. 문제원인을 확인하기 위한 접근은 연령, 성, 인종, 임금 수준, 심각성, 지속 기간 등에서 비롯한 사회문제의 발생과 분포, 그리고 관련 자료를 모으는 것에서 시작한다. 자료를 분석한 후 문제 원인에 대해 추론한다.

문제분석에 적용하는 또 다른 유용한 방법은 필요한 서비스와 재정 자원에 대한 욕구를 예측하기 위해 정보산출기법을 적용하는 것이다. 이 기법에는 사회조사, 미래 인구와 인구의 구성에 대한 예측, 동향과 확률분석 등이 있는데, 이것에 관해 자세하게 다루는 것은 이 책의 범위를 벗어나기 때문에 이 정도에서 그치기로 하자.

문제분석의 또 다른 측면은 욕구사정이다. 욕구사정과 관련한 업무는 초점체계에서 얻을 수 있는 것으로, 초점체계는 위험에 처한 다수 그리고 혁신적인 방법이 필요한 사람들이다. 그러나 욕구는 네 가지 다른 방법, 즉 ① 규범적인 욕구, ② 인식된 욕구, ③ 표현된 욕구, ④상대적인 욕구로 정의되는 복합적인 개념이기 때문에 욕구를 사정하는 것은 어려운 업무이다(욕구에 대한 이러한 다른 측면에 대해 자세히 알고자 하면 모로니(Moroney, 1987)를 참고할 수 있다). 욕구를 사정한다는 것은 전문가의 판단이나 사회조사를 이용하거나(규범적인 욕구), 공적인 포럼을 개최하거나(인식된/지각한 욕구), 서비스를 요구하는 사람의 프로파일과 수를 결정하거나(표현된 욕구), "다른 지리적 영역에 따른 서비스 수준 차이, 인구집단과 사회적 병리의 차이를 설명하는 각 지역의 통계 가중치(Moroney, 1987: 599)"를 측정하여 상대적인 요구를 사정하는 것이다. 각 접근방법마다 욕구의 서로 다른 측면을 다루기 때문에 욕구를 포괄적으로 사정하기 위해서는 네 가지 접근을 모두 적용해야 한다.

2) 행동계획 발전

문제를 확인하고 분석한 후, SP/CO의 다음 단계는 행동을 계획하는 것이다. 이상적으로 합리성 개념은 행동계획을 발전시켜 가는 과정에서 구체화된다. 이러한 개념 위에 기획가는 어려운 상황을 예측하고 이해하고 설명하기 위해 얻은 정보를 객관적으로 사용하고자 하는 것이다. 경제적 합리성은 초점이 되는 문제에 대한 단독적이거나 최상의 구제책을 결정하는 것이다. 이상적으로 개선책을 선택하는 것은 모든 합리적인 전략들을 확인하고, 각 전략의 결과에 대해 사정하고 평가하는 것을 수반한다. 각 대안에 대해서 비용-효과성을 평가하는 것도 과정의 일부분이다. 비용-효과성은 적은 투자(개입)로 최상의 수익(결과)을 얻는 것과 관련이 있다.

사실 합리성이라는 개념에 전적으로 기반을 둔 기획과 조직화는 일반적으로 실용적이지 않다. 대안을 결정하는 것은 전형적으로 초점체계에서 정치적인 현실, 제한된 기금, 특정 이익 집단에 대한 가능한 영향을 포함하여 복합적인 요소들을 고려해야 한다. 이러저러한 현실의 중요성 때문에, "최상의 프로그램 해결책을 고안하는 기술적인 측면은 관련 이익집단의 동의가 필요한 사회 정치적인 행동 맥락에서는 덜 강조된다. 이러한 관점에서 거래, 교환, 타협, 의견일치 등과 상호 협력하는 것은 두드러진 특성이다(Gilbert & Specht, 1987: 614-615)." 이상적인 것은 아니지만 이러한 접근방법을 "점진적으로 결정하기(incremental decision making)" 라고 부른다. 왜냐하면 탁월한 실행과정(그러나 거부당할지도 모르는 계획)을 선택하기보다 현 정책의 단점을 개선시키고자 하기 때문이다. 이것과 관련하여 한 연구결과(Gilbert & Specht, 1979)에 따르면 노인을 위한 자원할당에 관한 법률 Title XX는 이 법안을 개정하는 데 필요한 강력한 정치적 지지를 동원할 수 있었기 때문에 긍정적인 결과를 얻게 되었음을 보고한다.

3) 계획(plan) 수행

계획을 받아들인 후, 지원을 동원하고, 기금을 할당하고, 선택한 프로그램을 수행한다. 이것은 프로그램 선택, 교육, 직원 지도감독을 포함하여 내부 행정업무를 수행하는 것과 관련이 있다. 내부조직 간에 의사소통을 하는 것과 의사소통의 질 통제, 소비자와 직원에게 모두 이득을 주는 절차와 정책수립 등이다. 다른 업무는 다른 서비스조직, 모금 자원, 소비자 집단, 정부당국, 노동자조합 등 외부 관계를 관리하는 것이다. 이러한 다양한 실체들과 긍정적인 관계를 유지하는 것은 중요하다. 왜냐하면 새로운 프로그램을 실행하기 위해서는 이러한 외부 지원 없이는 불가능하기 때문이다. 그러므로 외부관계를 관리하는 것은 프로그램을 계획하는 사람과 지역사회를 조직하는 사람에게 필요한 중요한 활동이다.

4) 결과 평가

평가는 프로그램 성공 정도를 사정하고 프로그램을 개선하는 방법을 확인하는 것이다. 프로그램 영향에 대해 지속적이고 체계적으로 평가하는 것으로, 자료관리기술을 개발하고 실행하는 기술이 필요하다. 자료를 체계적으로 분석하는 것은 프로그램이 효과적으로 기능하는지, 계획한 목적을 완수했는지 결정하는 척도이다. 또 프로그램 평가는 어떠한 전략이 어떠한 상황과 어떤 인구 집단에 가장 효과적인지 알려준다.

프로그램을 평가하려면 조사설계, 측정기술, 통계분석 전문가가 필요하다. 이 과정을 수행하는 데 필요한 지식은 프로그램 평가를 다루는 조사 과정에서 얻을 수 있다(이 장에서 이 내용을 다루는 것은 주제를 벗어나는 것이므로 다른 서적을 참조하기 바란다).

여기에서는 지역사회 프로그램 기획의 효과성을 강화할 수 있는 혁신적인 접근을 소개한다. 첫째 접근은 '발달상의 연구(developmental research)'를 적용하는 것이다. 이 방법은 엄밀하고, 체계적이고, 다른 분야와 타 학문에서 취득한 많은 기법과 방법들로 구성된 특이한 방법이다. 이 접근의 정교한 방법론은 사회조사와 발달, 모델 개발과 관련된다.

덜 체계적이지만, 둘째 방법은 퀘벡 지역(Gulati & Guest, 1990)에서 실행하였다. 이 접근방법은 자연적인 원조망에 중점을 두고, 시민들이 문제를 분석하고 개선책을 계획하며, 클라이언트를 소비자로 보기보다 서비스를 공급하는 동반자로 보고, 근거리에 함께 거주하면서 지역 프로그램과 서비스를 통합하고 조정하는 것을 촉진하며, 예방에 초점을 맞추고, 광범위한 다 학문적 팀을 활용하며, 조직적인 구조에서 융통성을 키우고, 중앙집권적인 행정체계에서 벗어나는 것이다. 그래서 자신들의 특별한 요구에 부응하는 프로그램을 지역차원에서 개발할 수 있다. 이 접근방법은 풀뿌리 지역사회계획 모델에 가깝다.

제 16 장

부부와 가족관계 향상

Enhancing Couple and Family Relationships

1. 클라이언트의 상호작용 패턴의 치료적 관계

사회복지사는 가족과 부부를 다양한 세팅에서 다양한 목적으로 만나게 된다. 가족복지는 가족치료에 제한된 것이 아니다. 이 장에서는 클라이언트와 중요한 인물들과의 상호작용을 향상시키는 기술과 개입방법을 논의할 것이다. 이 장의 내용을 숙지하고 관련 기술을 익히면 사회복지사로서 숙련도를 향상시킬 수 있을 것이다.

- 원조과정에서 부부와 가족(자발적으로 왔거나 의뢰 또는 강제적으로 오게 된)과 계약하고 첫 세션을 조화롭게 진행하는 것
- 긍정적인 피드백과 미래 지향적인 선택을 하도록 도움으로써 부부와 가족들의 상호작용을 향상하도록 원조하는 것
- 상호작용시 역기능적 패턴을 수정하는 것
- 상호작용을 손상시키는 오해나 왜곡된 인지를 수정하는 것
- 역기능적 가족구조를 수정하는 것

이 장에서 논의하는 개입방법과 기술은 부부와 가족에 적용 가능하지만, 대부분 17장에서 논의한 집단치료 개입과도 관련이 있다.

2. 부부와 가족의 첫 접촉

부부와 가족체계의 기능을 향상시키기 위하여, 사회복지사는 체계 구성원들과 계약을 맺는 기술과 체계에 초점을 맞추는 기술을 익혀야 한다. 일반적으로 클라이언트는 체계적인 관점에서 생각하지 않기 때문에, 사회복지사는 서비스를 제공할 때 개인들이 요구하는 것을 성급하게 들어주기보다 부부와 가족과 함께 하는 일을 격려하는 방식으로 첫 접촉을 관리하는 것이 중요하다. 그래서 여기서는 초점을 맞출 체계지향적(system-oriented) 개입을 하는 데 필요한 기초 작업으로 첫 접촉을 취급하는 방법을 서술할 것이다.

45) 가족의 문제와 과정은 복잡하기 때문에, 사회복지사는 주로 한 세션에 1시간 30분 정도 가족과 만난다.

1) 첫 전화접촉

만약 초기접수(intake)를 담당한 사회복지사가 전화통화로 이미 가족들에 관한 사항을 조사하였으면, 사회복지사가 첫 면접에서 할 일은 약속하는 것과 관련하여 그 외 세부사항을 수행하는 것이다.[45] 만약 이전에 전화 접촉이 없었다면, 사회복지사는 먼저 몇 가지 필수사항을 확인해야 한다. 그 중 한 가지는 가족수준에서 개입하는 것이 적절한지 결정하는 것이다. 사회복지사는 일반적으로 전화를 건 사람이 가족이나 함께 살고 있는 다른 사람들, 즉 친척이나 친구 또는 동거자와 어려움이 있다고 호소하면 가족적 접근을 탐색할 수 있다. 전화한 사람의 문제가 친밀한 사람과의 문제가 아니라면(예를 들어, 고용주나 다른 곳에 사는 부모) 처음에는 전화건 사람만 만나는 것으로 약속한다.

첫 전화접촉의 다른 중요한 목적은 첫 면접에 누가 참석할 것인가를 결정하는 것과 전화한 잠재적 클라이언트와 라포(rapport)를 형성하는 것이다. 클라이언트의 이야기에 공감하면서 첫 만남에 대해 기대할 수 있도록 하는 것은 때로는 어려운 일이다. 짧게 설명했지만 앞장에서 묘사한 기술이 이런 과제를 수행하는 데 도움이 될 것이다.

첫 번째 접촉은 짧아야 하며 전화한 사람의 개인적 문제와 얽히는 것을 피하기 위해 관련된 사실에만 초점을 맞춘다. 다음 지침은 도움이 될 것이다:

① 클라이언트에게 문제를 간략히 서술하도록 하고 클라이언트의 메시지에 공감적으로 반응하라

이 전략은 라포를 형성하는 데뿐만 아니라 중요한 정보를 얻는 데도 도움이 된다. 또 문제와 관련된 사람이 누구인지 정보를 이끌어내라. 처음 면접에서 필요한 라포를 형성하고 클라이언트의 문제를 들었다고 생각한 때, 문제에 대한 클라이언트의 관점과 관련된 감정을 요약하고 클라이언트의 필요와 욕구를 강조하라.

② 다른 기관에서 클라이언트를 의뢰했거나 명령으로 온 경우, 사회복지사는 의뢰한 사람, 의뢰자가 표현한 의뢰목적과 의뢰 환경 등을 설명해야 한다

클라이언트가 의뢰된 경우 잠재적 클라이언트가 어떤 선택을 할 수 있는지 알려주어야 한다. 즉 의뢰된 클라이언트의 경우 사회복지사와 만날 수도 있고 만나지 않을 수도 있으며 무엇을 이야기해야 할 것인지 선택할 수도 있음을 이야기 해주어야 한다. 또 명령으로 의뢰된 경우에는 클라이언트 선택이 어떤 영향을 미칠 것인지 설명해주어야 한다(Rooney, 1992).

③ 가족과 만나는 것이 적당하다고 생각되면, 다음과 같은 말로 클라이언트에게 '가족접근방법(family approach)'을 소개하라

"설명하신 문제의 경우, 다른 가족이 면접에 참여하는 것은 도움이 됩니다. 제 경험으로는 한 사람이 힘들면 다른 가족원도 마찬가지로 스트레스와 어려움을 경험합니다. 가족들은 서로 영향을 주기도 하고 받기도 하기 때문이지요. 중요한 것은 가족 중 한 사람이 변하면 다른 가족들도 이에 적응하고 변해야 한다는 것입니다. 원하시는 그런 변화는 개별적으로 만날 때보다 온 가족을 만나 함께 노력할 때 훨씬 빨리 성취될 수 있습니다. 이런 이유에서 다른 가족원도 원조과정에 참여하도록 권하고 싶습니다."

④ 첫 세션에 어떤 가족성원을 만나고 싶은지 구체화하라

가족체계지향을 지지하는 사회복지사는, 처음부터 전가족이 참여할 것을 강조한다. 그러나 처음부터 가족 전체를 만나는 것은 특별한 기술이 필요하기 때문에 경험이 없는 사회복지사가 전 가족을 만나는 것은 어려운 일이다. 따라서 다음과 같이 권한다. 만약 아동 문제가 있는 부모라면, 부모가 강력히 원하고 특별한 문제(예를 들어, 아동이 자살하겠다고 위협하는 경우)가 없으면 첫 세션에서는 아동 없이 부모나 한 쪽 부모만 참석하도록 한다. 또 이 세션에 부모역할을 하거나 보호자 역할을 하는 다른 어른(예를 들어, 동거자나 할머니)들의 참석을 권한다. 그런 다음 다른 가족성원도 만나고 싶다고 해야 한다.

전화를 건 사람이 배우자나 동거인과 문제가 있다면, 첫 세션에 그 사람을 데려오라고 하라. 하지만 첫 세션에 혼자 오기를 원한다면 그렇게 하라. 하지만 다음 번에는 배우자나 파트너와 먼저 개별면접을 해야 한다는 것을 이야기해주어야 한다. 파트너에게도 '똑같은 기회' 를 주어야 그 문제에 대해 균형 잡힌 관점을 얻을 수 있다고 말해주어야 한다.

어떤 클라이언트는 첫 세션에 다른 가족성원을 데리고 오지만, 다른 사람은 "제 남편은 일하러 가야 해요" "그이가 오고 싶어하지 않아요" "그 사람은 이 문제와 상관없어요" 라고 말하면서 거절한다. 이것은 다른 가족원이 세션에 참여하고 싶어하지 않는 것을 의미하지만 또 한편 그 사람이 다른 성원을 이 문제에 끌어들이고 싶어하지 않는다는 것을 의미할 수도 있다.

부부나 부모 또는 다른 가족성원을 함께 만날 때 장점이 있지만, 전화한 사람(잠재적 클라이언트)이 가족접근에 대해 어떻게 반응하는지 주의 깊게 살펴야 한다. 그렇지 않으면 처음 접촉이 마지막 접촉이 될 수도 있다. 만약 클라이언트가 공개적으로 다른 가족원들을 참여시키고 싶지 않다고 하면 그 이유를 살펴보아야 한다. 만약 전화로 얘기하기 어려우면, 첫 세션에서 물어보아야 한다. 그렇게 하면서 다른 가족원들이 이 문제를 해결하는 데 중요한 역할을 할 수 있음을 강조해야 한다. 만약 그래도 클라이언트가 원치 않으면, 클라이언트가 데리고 오기를 원하는 사람이 누구인지 물어보면서 '있는 곳에서 시작' 해야 한다. 가필드(Garfield, 1981)가 지적한 것처럼, "사람들은 치료자가 언제 가족이 참여해야 하는지, 그것을 강조해야 할 시기가 언제인지, 그리고 그것을 겸손히 받아들일 때가 언제인지 알려주기를 원한다(p.9)."

클라이언트가 계속 다른 가족들이 세션에 참석하는 것을 원치 않는다고 하면, 가족들과 직접 연락할 수 있도록 허락을 구하라. 허락을 받으면 다음과 같이 전화할 수 있다.

> X씨, 저는 ______입니다. 아시겠지만, 부부문제로 부인께서 저와 만났습니다. 부인께서 당신이 매우 바쁘다고 하셨지만 한번 오실 수 있는지 여쭤보려고 전화드렸습니다. 참석하셔서 문제에 대해 어떠한 입장이신지 이야기해주시면 큰 도움이 될 것입니다. 그것은 부인을 돕는 데 있어서 많은 도움이 될 것이며 또 결혼생활의 어려움을 해결하는 데에도 도움이 될 것입니다. 다음주 수요일 오후 4시에 시간이 있으십니까?

이러한 메시지를 전한 후 클라이언트 반응을 살펴야 한다. 비록 한 세션이라도 참석하는 것이 매우 중요하다고 사회복지사의 입장을 반복하겠지만, 그래도 여전히 클라이언트가 참석하지 않겠다고 하면 존중해야 하며 더 이상 부담을 주어서는 안 된다. 너무 부담을 주면 클라이언트를 멀어지게 하며 다른 성원이 후에 참석할 기회마저 잃게 되는 것이다. 사회복지사는 가족들과의 접촉을 능숙하게 조절하면서, 앞으로의 세션에서 핵심적인 부분, 즉 가족성원이 원조과정에 참여하는 것을 가능하게 만들도록 노력해야 한다.

2) 부모와의 첫 만남 관리

앞에서 초보 사회복지사는 첫 세션에 부모만 만나고 그 다음 회기부터 아이들을 만나는 것을 권장했다. 이런 전략은 사회복지사로 하여금 그 가족문제에 좀더 친숙할 수 있는 시간을 주고, 정보에 기초하여 다른 가족원과 계약을 맺는 것에 관해 수퍼바이저나 감독관과 계획을 세우거나, 후에 일어날 수 있는 문제에 대해 계획을 세우는 데 도움을 준다. 첫 세션에 부모와 만나는 것은 부모와 라포를 형성하고 다음 세션부터 아이들이 함께 참석하게 되면서 부모들에게 영향을 줄 수 있는 잠재력을 높인다. 또 아이들을 만나기 '전' 에 부모에게 수정할 것이 있는지 사정할 수 있는 기회를 제공하기도 한다.

첫 세션에서 부모와 처음 만날 때, 사회복지사는 문제아로 이름 붙여진 아이의 꼬리표를 떼어줄 수 있다. 비록 부모 생각에는 이 아이가 가족문제를 일으키는 데 책임이 있다고 생각할 수 있지만 그런 마음으로 가족면접에 참여하게 되면 문제가 있는 아동이 방어적이 되고 원조과정에 참여하는 것을 거부할 가능성이 있다는 것을 명확히 해야 한다. 또한 사회복지사는 비록 한 명이 가족에게 긴장을 일으키는 원인이 될지라도 모든 가족원이 그 문제에 포함되어 있고 어떤 변화가 필요하다는 것을 강조해야 한다.

첫 세션에서 부모와 면접하는 것은 문제아라고 규정된 아이를 어떻게 원조과정에 데려올 수 있을지 계획을 세우는 데 도움이 된다. 예를 들어, 문제아라고 규정된 아동만 보기보다 다른 아이들과 함께 있을 때 보거나 연령이 비슷한 형제들과 함께 볼 수도 있다. 문제가 있는 아동을 다른 가족들과 함께 보는 것은 문제가 그 아이 개인에게만 있는 것이 아니라 체계에 존재하는 문제로 본다는 메시지를 전하는 것이기도 하다.

사회복지사는 먼저 부모를 만나 왜 부모가 전문가에게 도움을 구하게 됐는지 아이에게 설명하도록 돕고, 아동이 준비할 수 있도록 조언해줄 수 있다. 부모가 설명할 때 (가족에 문제있는 아동이 있다는 것이 아니라) '가족' 이 문제가 있다고 해야 한다. 또 부모는 아이들이 사회복지사와 만나서 무엇을 할 것인지 대략 얘기해주어야 하며 다음 세션에 참여하는 것에 주저하는 이유가 무엇인지도 주의 깊게 들어야 한다.

또 부모가 아동과 함께 세션에 참석할 때 부모가 아동에게 건설적으로 행동하는 방법에 대하여 조언할 수 있다. 예를 들어, 사회복지사는 부모에게 비난하는 말을 삼가고, 아이의 긍정적인 행동에 초점을 맞추고, 아이의 이야기를 주의 깊게 들으면서 개방적으로 의사소통 할 수 있는 분위기를 만들라고 제안한다. 더 나아가 사회복지사는 부모와 가진 첫 세션에서 발견했던 역기능적 의사소통을 삼가도록 요구할 수도 있다. 초기 세션에서 부모가 아동과 긍정적으로 관계를 맺도록 지시하는 것이 아주 중요하다. 이때 사회복지사의 핵심 역할은 가족 구성원 간에 긍정적으로 상호작용 하도록 하는 것이다.

만약 부모가 첫 세션에 '문제있는' 아동과 함께 오면 사회복지사는 아동과 먼저 면접을 해야 한다. 그래서 부모에게 먼저 들은 정보만으로 편향된 사고를 갖지 않고, 아이에게 '이야기할' 기회를 주어야 한다. 아동과 면접한 후, 부모와 면접하고 그 다음에 참여한 모든 가족과 면접하도록 한다. 이때 사회복지사는 가족문제의 체계적 특성을 강조하고, 가족성원들 각자 개인의 목표를 서로 이야기하도록 하며 가족 공동의 목표를 세우도록 도와야 한다.

3. 첫 가족세션의 운영

부부치료나 가족치료에서 첫 세션은 아주 중요하다. 첫 세션에 관한 클라이언트의 경험은 원조과정에 참여하고 특정한 목표를 정하여 함께 일할 계약을 맺을지 아니면 그만 둘 것인지를 결정짓는 데 큰 부분을 차지한다. 클라이언트는 첫 세션을 원조과정의 전형이라고 생각한다. 가족과 앞으로 할 작업에 대해 확고한 기초를 세우기 위해 사회복지사는 몇 가지 목적을 수행하는 것이 중요하다. 이와 같은 목적은 앞장에서 이미 확인한 것들과 본질적으로 같다. 하지만 다음 내용에서는 특별히 가족이나 부부와 함께 일할 때 어떻게 성취할 수 있는지 설명할 것이다. 그리고 이는 지식과 기술을 확고히 하는 데 도움이 될 것이다.

① 집단으로서 가족과 제휴하며 개별 성원과 개인적인 관계를 성립하라

가족(또는 집단)과 함께 일할 때, 사회복지사는 하나의 단위로서 가족전체와의 '연결성' 을 발전시키는 동시에 가족성원 간의 관계를 향상시키기 위해 여러 기술을 사용해야 한다. '사회화' 기술은 가벼운 대화를 주고받는 것으로 긴장을 줄이기 위해 세션을 시작할 때 사용한다.

사회복지사는 가족체계로 들어가는 것을 촉진시키기

위해 연합이나 커플링 기술(Minuchin, 1974)을 사용할 수 도 있다. 사회복지사가 가족과 '연합'하는 한 가지 방법은, 비록 나중에 개입할지라도, 가족규칙을 존중해주는 것이다. 사회복지사는 또 위협받는 성원을 지지하거나 강점을 강조하여 가족을 수용하고 있음을 전할 수 있다. 사회복지사는 그 가족의 언어와 용어를 사용하고 의식적으로 자신과 클라이언트 사이에서 비슷한 점을 찾는다.

세 번째 기술, '촉진시키기'는 개별 성원과 정서적 연결 관계를 만들기 위해 감정이입하는 것을 말한다. 감정이입은 말이 없는 가족성원과 관계를 발전시키는 데 특히 유용하다. 일례로, 가족성원이 새 토론 주제에 대해 자발적으로 참여하지 않을 때 사회복지사는 반응을 청한다. 예를 들어, "잔, 저는 당신이 여기 와서 무엇을 배웠는지 그리고 경험했는지를 말하지 않았다고 생각해요. 당신이 어떻게 느끼는지 말해줄 수 있어요?"라고 얘기할 수 있다. 그리고 사회복지사는 성원들이 말하거나 행동하는 것에 대해 감정이입하여 반응할 수 있다. 그래서 사회복지사는 과묵하거나 자기주장이 약한 클라이언트에게 관심을 표현하고 감정을 표현하도록 기다리거나 부담감 없이 이야기할 수 있도록 격려한다. 클라이언트의 언어적이고 비언어적인 표현에 대한 사회복지사의 감정이입을 반복적으로 경험한 클라이언트는 더 적극적으로 세션에 참여하게 된다.

앞에서 설명한 전략 외에, 사회복지사는 시간분배에 신경을 써야 하며 성원들에게 동등하게 주의를 기울여야 한다. 또 한 사람이 다른 사람을 대신해서 이야기하거나, 다른 사람을 비난하거나 무시하는 이야기를 할 때 적절하게 개입해야 한다(그 기술은 뒤에서 설명할 것이다). 이렇게 개입할 때 개인들에 대해 긍정적으로 관심을 보여주고 각 사람의 독특한 공헌에 가치를 부여해줄 수 있다.

사회복지사는 또 가족들과 서로 질문하고 관찰하면서 라포를 형성할 수 있다. 예를 들어, "당신이 얘기한 것에 따르면, 가족 모두 자신이 말할 때 다른 가족들이 좀더 주의 깊게 들어주기 원한다는 것이 나타나네요." 이런 반응은 집단 수준에서 가족성원의 '연결성'을 발달시킬 뿐만 아니라 가족이 하나의 단위로 기능함을 깨닫게 한다. 그리고 이 단위의 구성원으로서 공통된 소망과 목표와 공유된 감정이 있음을 자각하게 한다.

② 기대치를 명확히 하고 원조과정에 대한 주저함을 탐구하라

가족성원은 원조과정에 대해 매우 다양하게 그리고 종종 왜곡되게 인식하며 세션에 참여하는 것을 불안해 할 수도 있다. 이런 부분에서 완전한 참여에 장애가 되는 것을 확인하기 위해(이것은 실제 계약을 맺기 위한 전제조건이다), 가족성원에게 다음과 같이 질문하여 가족의 반응을 유도하는 것은 도움이 된다.

"오늘 이곳에 오시는 것에 대해 어떤 느낌이 드셨습니까?"

"1에서 10까지 점수가 있는데, '1'은 '나는 이곳에 전혀 오고 싶지 않았다'이고 '10'은 '나는 이곳에 몹시 오고 싶었다' 입니다. 점수는 몇 점입니까?"

개별 가족성원의 두려움, 불안, 그리고 희망을 도출해내기 위해, 가족에게 초점을 넓히고 다음과 같이 물어볼 수 있다. "저는 다른 사람들도 그렇게 느끼는지 궁금하네요……" 가족원들이 서로 비슷하게 느낀다면, 다른 가족성원에게 약간 소외감을 느낌에도 불구하고 어떤 공통된 감정을 경험하고 있음을 알게 되면서 서로 이끌리게 되는 계기가 된다. 원조과정에 참여하면서 느끼는 두려움을 탐구하는 것은 종종 원조과정에 대한 부정적 감정을 감소시키고 클라이언트가 이런 감정을 처리할 수 있게 한다. 어떤 클라이언트가 지속해서 참여에 강한 거부감을 보인다면, 한두 가지 질문을 통하여 주저함을 지적할 수 있으며 이에 대한 그들의 반응을 탐구할 수 있다.

"어떻게 하면 당신이 좀더 편하게 참여하도록 할 수 있을까요?"

"어떤 기분인지 알겠는데 우선 세션이 끝날 때까지 계시다가 다음에 다시 올 것인지 그때 결정하시겠습니까?"

사회복지사는 원조과정의 참여에 대해 협상하려는 의지를 명백히 하고 참여할지 아닌지 선택할 권리는 클라이언트에게 있음을 인정한다. 이러한 태도로 클라이언트는 종종 나머지 세션에 참여하는 것에 대한 부정적 감정을 줄이고 때로는 다음 회기에 참석할 수도 있다. 바우만(Bauman, 1981)은 참여를 꺼리는 가족원을 참여시키는 전략으로 다음을 언급했다.

이 방법은 참석할 의무가 없는 청소년이나 어른들을 세션에 참여시킬 때 유용하다. 즉 가족원에게 세션 중에 아무 말을 하지 않아도 되며, 책을 읽도록 하거나, 아무 것도 하지 말고 세션에만 참석하라고 하는 것과 같은 역설적 기법들이다. 이와 같은 태도는 8회까지 계속될 수도 있지만, 결국 두려움은 사라지고 클라이언트는 완전하게 참여하게 된다. 예민한 문제를 거론할 때조차 참석을 거부했던 클라이언트나 침묵을 지키는 가족원이 방어적인 태도를 잊고 과정에 참여하는 것을 볼 수 있다(p.19).

③ **원조과정의 성격과 역할을 명확히 하라**

주저함과 불안을 조사할 때, 사회복지사는 원조과정을 설명하고 사회복지사와 클라이언트의 역할을 명확히 해야 한다. 세션 초기에 이에 대해 설명할 필요가 없으면 사회복지사는 클라이언트와 계약을 맺는 세션까지 설명을 미룰 수도 있다.

④ **원조과정의 참여에 대한 선택을 확실히 하라**

클라이언트가 의뢰된 경우, 사회복지사는 클라이언트에게 이 만남이 클라이언트의 욕구를 충족시킬 수 있을 것이라고 생각하는지 이야기 나누도록 한다. 만약 클라이언트가 긍정적이라면 의뢰한 곳과 상관없이 무엇을 논의하기를 원하는지 명확히 한다. 강제적인 명령에 의한 것이라면, 사회복지사가 무엇을 하도록 요구받았고(보고서를 제출하는 것과 같은) 클라이언트에게 허락된 것이 무엇인지 명확히 해줄 필요가 있다. 예를 들어, 반드시 다루어야 할 문제 외에 걱정하는 다른 문제까지 다룰 것인지 선택할 수 있다.

⑤ **가족이 문제를 인식하도록 도출하라**

문제를 처음 논의할 때, 사회복지사는 다음과 같이 질문할 수 있다. "왜 도움을 구하기로 하셨나요?"(자발적인 접촉의 경우), "원하는 변화는 어떤 것입니까?" "어떻게 하는 것이 가족에게 더 이로울까요?" 바커(Barker, 1981)는 가족문제를 구조화하여 처음 논의하는 데 필요한 사회복지사의 역할에 대해 다음과 같이 논의한다.

부모에게 먼저 묻고, 자녀에게 묻는 것이 제일 좋다. 양쪽 부모 모두 다 있으면, 치료자는 두 사람 모두에게 질문하고 누가 대답할 것인지 부모 스스로 결정하도록 한다. 누가 대답할 것인지 물으면서 치료자는 부모 중 누가 좀더 관심이 있는지 알 수 있다. 그 단계 마지막에 치료자는 문제에 대한 모든 사람들의 의견을 구하고 그 문제를 풀기 위해 어떤 노력을 했는지 물어봐야 한다. 가족들이 문제를 해결하기 위해 어떤 방법을 시도했는지 확인하는 것은 매우 중요한 일이다(p.54).

⑥ **가족성원의 요구와 욕구를 확인하라**

사회복지사가 가족과 문제에 대해 논의하기 시작하면, 메시지 속에 담겨 있는 가족의 요구를 경청하고 클라이언트에게 알려줄 수 있다. 다음은 그 예이다.

가족원 중 누군가의 요구가 충족되지 않아 오늘 여기에 오신 것입니다. 따라서 가족문제에 대해 이야기를 할 때 그 요구가 무엇인지 분명히 해야 하며, 그래서 질문을 하겠습니다. 다시 말해 변화를 위해 목표와 계획을 세울 때 욕구가 있는 가족원을 고려할 것입니다.

다음 예와 같이 사회복지사는 감정이입적 반응을 통하

여 세션 초기에도 참가자의 욕구를 알아낼 수 있다.

제드(16세, 부모에게) : 부모님은 한 번도 제가 친구들과 무엇을 하는 걸 허락하지 않았어요. (분노하고, 원망하고, 속은 것 같고 질식할 것 같은 기분: 더 많은 자율성과 자유를 원한다.)

사회복지사 : 제드야, 넌 상자 속에 갇힌 듯하고 부모님께서 너를 너무 통제하신다고 느끼는 것 같구나. 넌 부모님이 너를 좀더 신뢰하고 더 많이 자유롭게 놓아주셨으면 하는 것 같은데……, 네가 원하는 것이 무엇인지 내가 정확하게 들었니?

진행되는 논의에 못마땅해 하는 다른 가족원이 메시지를 방해하거나 또는 무시하는 태도를 취할 수도 있다. 예를 들어, 제드의 아버지(B씨)는 다음과 같이 말할 수도 있다.

"우리는 네가 원한다고 해서 아무 데나 막 돌아다니는 것을 허락하지 않는 것뿐이란다. 특히 요즈음 집에 오는 그 친구와 돌아다니는 것은 허락할 수 없다. 왜냐하면 더 많은 문제를 일으킬 것이 분명하니까."

이럴 때 사회복지사는 일시적으로 '클라이언트의 주의를 붙잡아두는 기술'을 사용하여 사회복지사가 클라이언트의 욕구를 조사할 때 방해가 되는 다른 클라이언트의 훼방을 예방할 수 있다. 그 기술은 다음 발췌문에서 설명하는 것처럼 즉각적인 목적을 성취하기 위한 상호작용에 초점을 두면서 참여자의 감정을 인식하는 감정이입적 반응을 보이는 것이다.

아드님에 대한 걱정이 무엇인지 알겠군요. 아드님이 너무 풀어지는 것을 원하지 않으시는군요. 제가 보기에는 아버님이 논의하고 싶은 중요한 문제가 있으신 것 같은데, 이는 조금 후에 함께 다룰 것입니다. 지금은 먼저 아버님이 제드가 원하는 것이 무엇인지 확인해 보시라고 부탁드리고 싶습니다. 지금 제드가 한 말을 듣고, 제드에게 필요한 것은 무엇이고 무엇을 원한다고 들으셨나요?

이렇게 설명한 후, 사회복지사는 가족원들 서로가 욕구를 인식하도록 도와야 한다.

욕구에 대해 처음 논의할 때, 사회복지사는 성원들이 각자 욕구에 대해 잘못 받아들인 부분을 고쳐주고 그 사람의 입장에서 지지할 것을 설명해주어야 한다. 예를 들어, 사회복지사는 아들(제드) 입장에서 논의를 이끌 거라고 생각하는 B씨의 두려움을 없애야 한다.

"욕구를 분명히 하는 것이 문제해결에 도움이 됩니다. 해결방법을 고려할 때 아버님이 지적하신 그 문제에 대해 아버님과 제드 모두에게 도움이 될 수 있는 방법들이 무엇인가 생각하고 두 사람 모두 욕구를 충족시킬 수 있는 것을 선택하게 될 것입니다.

욕구를 탐색할 때, 다양한 가족관계 맥락(예를 들어, 남편 · 아내, 어머니 · 딸)에서 참가자의 욕구를 규정하는 것이 중요하다. 다음은 사회복지사가 아버지 욕구에 초점을 두는 것을 제시하겠다. 사회복지사가 아버지와 아들의 공통된 욕구를 찾아내기 위해 어떻게 하는지 주목하기 바란다.

사회복지사 : 아마 제가 제드의 욕구에 초점을 맞춰서 이야기한다고 느끼셨을 겁니다. 그건 각자 원하는 것이 무엇인지 아는 것이 중요하기 때문입니다. 지금은 제가 여러분의 욕구를 파악할 수 있도록 도와주세요. 아버님은, "난 제드가 자꾸 돌아다니는 것을 도저히 참을 수가 없어요.

---

46) 사회복지사가 아버지 감정을 반영하는 반응을 사용하여 말이 끊어진 부분부터 시작하고 있음을 주지하라.

그게 걱정스러워요" 라고 말씀하셨습니다.[46] 아버님은 어떤 욕구가 있습니까?

B씨 : 저는 그 애가 어디로 가는지 알고 싶습니다. 결국 제가 그 아이에 대한 책임이 있기 때문이지요. 그리고 제드가 밖에 나갔을 때 말썽을 피우지 않기를 바랍니다.

사회복지사 : 제드야, 아버지가 하신 말씀을 다시 한번 말해줄 수 있니?

제드 : 아버지는 제가 어디에서 무엇을 하는지 알고 싶어하세요.

사회복지사 : 좋아. 아버지가 원하는 걸 그렇게 잘 말해줘서 고맙다. 이제 내가 아버지가 하신 말씀을 좀더 자세히 말해볼게. 내 생각엔 아버지께서 '난 내 아들에 대해 무척 마음을 쓰기 때문에 그렇게 해야 한다고 생각합니다' 라고 하신 것 같구나.[47] 맞습니까, 아버님? (아버지가 고개를 끄덕거린다)

사회복지사 : 아들에게 직접 말해주시겠어요?

B씨 : 난 너를 걱정한단다. (머뭇거림) 난 오랫동안 네 인생에서 배제된 것 같았단다.

사회복지사 : 제드에게 아버님이 느끼는 것에 대해 좀더 말씀해주세요.

B씨 : 우린 더 이상 대화하지 않잖아. 난 너와 함께 사냥이며 낚시며 다니던 때가 그립단다. 거의 아들을 잃은 것 같아.

사회복지사 : 제가 느끼기에 지금 아버님과 제드 사이에 거대한 바다가 가로놓여 있는 것 같네요. 제가 보기엔 '난 네가 미치도록 그리워' 라고 말씀하시는 것 같습니다. 제 생각엔 우린 지금 아버님이 느끼시는 가장 중요한 욕구를 안 것 같습니다. 제드와 좀더 가깝게 느끼길 원하시죠. (제드에게) 지금 네가 느끼는 점에 대해 아버지께 말씀드리렴.

제드 : 전 아버지가 그렇게 생각하시는 줄 몰랐어요. 전 아버지가 그렇게 말씀하시는 걸 한 번도 본 적이 없어요.

사회복지사 : 어떻게 느끼는지 말씀드리렴.

제드 : 기분이 별로예요. 뭐라 말해야 할지 모르겠어요. 항상 아버지는 제 친구들에 대해 험담을 하세요. 그리고 제가 하는 모든 일에 비판적이에요.

사회복지사 : 나한테 말고 아버지께 직접 말씀드리렴. 그리고 네가 원하는 것도 말씀드려.[48]

제드 : 전 아버지와 항상 제 친구에 대해 논쟁하는 것으로 대화를 끝내지 않았으면 좋겠어요.

사회복지사 : 내 생각에 여기서 너와 아버지가 공통으로 갖는 욕구를 찾은 것 같구나. (고개를 끄덕이는 B씨를 바라보며) 아버지와 좀더 가까워지는 것에 대해선 어떻게 생각하니? 그걸 바라니?

제드 : 예, 저도 아버지와 함께 나눴던 좋은 시절이 그리워요.

사회복지사는 공통된 욕구를 규명하고 강조하면서 참가자들이 차이보다는 비슷한 점에 초점을 맞추도록 잠재적으로 개입할 수 있다. 또 목표를 형성하고 관계를 향상하기 위해 서로 노력하게 할 수 있다.

⑦ 문제를 가족 문제로 한정하고 환자라고 지적된 사람에 대한 낙인을 떼어내라

앞에서 문제의 체계적 본질을 규명할 수 있는 메시지 유형을 살펴보았다. 그것을 가족치료 세션에도 적용하기 위해 모든 가족 구성원의 관점을 강조하는 것이 중요하다. 왜냐하면 가족 구성원은 다른 구성원의 변화노력을 가장 잘 지지할 수 있고, 또 모든 구성원은 가족이 받는 스트레스를 완화시키길 원하기 때문이다. 그리고 관계의 질을 높일 수 있고 서로 지지할 수도 있기 때문이다.

문제는 가족에게 있음을 알리려는 노력에도 불구하고 어떤 가족 구성원은 다른 사람 탓으로 돌리려고 저항할 수

47) 이 경우, 사회복지사는 클라이언트의 말에서 긍정적 감정을 표현하기 위해 부가적 감정이입을 하고 있다. 또한 그것은 참가자의 돌봄을 강조하고 더욱 긍정적 상호작용을 촉진시키는 기술이다.

48) 사회복지사는 자꾸 제드가 아버지에게 직접 말하도록 요구한다. 클라이언트는 종종 민감한 주제에 대해 그 사람에게 직접 얘기하는 법을 배우는 것이 필요하다.

있다. 이런 경우 다음 두 가지를 시도하라. 첫째, 사회복지사는 누군가를 문제 원인으로 만드는 것에 공모하지 않음을 보여주기 위해 행동을 조심하라. 위에서 설명했듯이 가족 구성원 간에 일어나는 문제점을 단순한 행동과 반응에 근거하여 이해하기보다 순환적인 모델에 입각해서 생각해야 한다. 가족체계는 상호 호혜적인 성격을 띠고 있으며 가족 구성원은 상호작용 패턴을 유지하려는 경향이 있다.

중요한 규칙은 가족문제에 한두 사람이 책임이 있다고 생각되면 즉각 반응하지 말고 다른 가족성원이 그 사람의 행동에 어떻게 기여하는지 의식적으로 관찰하는 것이다. 둘째, 문제의 원인이라는 낙인을 없애고 가족 구성원이 모두 가족문제에 각각 어느 정도 책임이 있음을 인식시켜야 한다. 이 목적을 달성하는 데 효과적인 전략은 가족 구성원 개개인의 행동에 초점을 맞추면서 구성원 간의 관계를 탐구하는 것이다. 예를 들어, 형제관계, 아버지와 아들들의 관계, 마지막으로 가족 모두(아버지 · 어머니 · 아들 · 아들)의 상호관계를 살펴본다. 이처럼 다양한 하위체계에 개입하는 계획을 세우는 것도 필수인데, 이것에 대해서는 뒷부분에서 다룰 것이다.

낙인을 떼어내는 다른 전략은 처음부터 불평을 호소하는 문제점에 대해 비난하는 사람의 역할에 초점을 맞추는 것이다. 이것으로 가족 구성원이 모두 한 사람만 비난하는 것을 막고, 그렇게 하는 자신도 문제에 책임이 있음을 부각시키기 위한 것이다. 이 전략을 더 자세히 설명하기 위해 그룹홈에 남아 있기보다는 자신의 여자친구와 함께 독립하기로 결정한 만성 정신질환을 앓고 있는 아들을 둔 어머니에 관해 생각해 보자. 아들에게 문제를 맞추기보다 사회복지사는 그 문제상황에 대한 어머니의 참여에 초점을 두고 다음과 같은 질문을 할 수 있다.

> "어머니는 아드님이 당신 말을 듣지 않는다고 하셨습니다. 이 문제로 아들과 의논할 때, 어떤 식으로 접근하셨습니까?"
>
> "아들이 어머님과 말하고 싶지 않다고 할 때, 어떻게 반응하십니까? 그런 순간에 어떤 경험을 하셨습니까?"

먼저 어머니에게 질문한 후, 사회복지사는 어머니와 아들 사이의 반응을 나눌 수 있다. 그리고 다음과 같이 질문하여 규명된 문제에서 아들이 무슨 역할을 할 수 있는지 결정할 수 있다.

> "어머니는 어떤 방식으로 자신의 관심을 나누려고 하셨나요?"
>
> "어머니가 그렇게 하실 때 당신은 어떻게 반응하셨어요?"
>
> "어머니와 대화하고 싶어지려면, 어머니가 어떻게 하셨으면 좋겠어요?"

이런 질문은 문제의 상호호혜적인 성격을 강조한다. 나아가 마지막 질문은 각 참석자가 상대에게 기대하는 긍정적인 행동을 규정할 수 있게 한다. 만약 두 사람 다 수용적이면, 사회복지사는 한 주 동안 서로 관계를 향상시킬 수 있는 과제를 만들도록 도와줄 수 있다.

사회복지사가 비난하는 사람에게 초점을 유지하는 다른 방법으로는, '불평하는 것' 을 '요청' 으로 바꾸도록 하는 것이다. 다음 예를 살펴보자.

> 딸(병약한 어머니에게) : 전 어머니가 커피를 많이 마시고 침대를 적시기 때문에 시트를 가느라 밤에 밖에 나갈 수가 없어요.
>
> 사회복지사 : 캐롤, 전 캐롤이 어머니가 어떻게 달라졌으면 좋겠는지 어머니께 말씀드렸으면 해요.

이 전략은 문제가 있다고 규정된 사람에게 초점을 돌리는 데 도움을 준다. 게다가 이런 개입으로 불평하는 사람이 스스로 무엇을 원하는지 생각해 보게 하고 바라는 변화에 대해서 그 사람에게 유용한 정보를 제공하도록 한다.

부모가 아이들에 대해 불평할 때 사회복지사가 취할 수 있는 다른 전략은 아이들 문제에 대처할 때 부모가 협조하는 방법에 초점을 맞추는 것이다. 즉 부모가 자녀를 다루는 방법에 대하여 동의하지 않거나, 역기능적 의사소통을 하거나 아이를 부부 관계에서 볼모로 잡고 있는 경우 이에 대해 초점을 맞추어야 한다. 만약 부모가 여기에 이의를 제기하면(예를 들어, "저는 우리 관계가 아이문제와 무슨 관계가 있는지 모르겠어요"), 사회복지사는 한쪽 부모의 관점을 충분히 탐구하고 그리고 다른 한쪽 부모가 생각하고 있는 염려가 무엇인지를 도출해야 한다. 하지만 탐색 마지막 부분에서 사회복지사는 문제가 있는 아이들을 돕기 위해 부모가 서로 의사소통하고 함께 협조하는 것이 중요함을 강조해야 한다. 다른 주제로 넘어가기 전에, 사회복지사는 부모가 부부관계를 점검하고 도움이 되는 방향으로 변할 의향이 있음을 명시하는 간이 계약을체결하는 것 또한 중요하다.

문제가 있는 사람에게서 초점을 이동하고, 가족 구성원이 각자 이 문제에 책임이 있음을 알리는 다른 전략으로, "아이의 변화를 격려하기 위해 당신이 변하고 싶은 것은 무엇입니까?" 라고 묻는 것이다. 이 메시지를 다르게 표현하면 다음과 같다.

> "제가 알기에 당신은 ____가 약간 변하기를 원하지요. 그러나 또한 _____가 효과적으로 대처하는 데 도움을 주기 위해 당신도 어떤 변화를 고려하고 있는 것으로 알고 있는데요."

가족 구성원이 (다른 사람의 변화를 기다리는 것이 아니라)개인적 변화에 책임을 지도록 도울 때, 구성원은 서로를 변화시킬 수 없으며 각자가 자신의 변화에 집중할 때에만 문제를 완화할 수 있음을 강조하는 것이 중요하다.

⑧ 개인이나 가족의 강점을 강조하기 시작하라

가족과 일할 때 사회복지사는 두 가지 수준의 힘—개별 성원의 힘과 가족의 힘—을 강조한다. 개인수준에서 사회복지사는 개인의 힘과 자원을 관찰하고, 가족이 그것에 주의 집중하도록 한다. ("당신은 유머감각이 정말 좋네요. 그래서 우리가 면접시간에 너무 심각해지는 것을 막을 수 있었다고 생각해요.") 가족수준에서 사회복지사는 가족에게서 관찰한 강점을 이야기해준다. ("여러분은 물론 문제가 있지만 서로 신뢰한다고 생각해요. 서로에게 강한 충성심이 있는 것 같아요.")

⑨ 가족 패턴에 대해 정보를 얻기 위해 질문하라

- 무엇이 가족을 여기에 오게 했는가? 누가 그런 결정을 내렸는가? 그것을 결정하기 위해 어떻게 하였는가
- 가족에서 누가 누구와 가장 가까운가? 누구의 사이가 제일 덜 친한가? 가족 간의 친밀성에 대해 어느 정도 만족하는가?
- 가족에서 가장 불행한 사람은 누구인가? 그 다음은 누구인가?
- 가장 논쟁을 잘하는 사람은 누구인가? 가장 논쟁을 하지 않는 사람은 누구인가?
- 누가 가장 집안일을 많이 도와주는가? 그 반대는 누구인가?

이전에 설명한 사정방법에 따라 가족 패턴에 관해 질문하라. 사회복지사와 가족의 문화가 다를 수 있으므로 문화와 관련하여 질문하라. 가족은 전통적으로 권위에 대해서 어떤 방식으로 접근하는가? 분노를 표출하는 방법은? 애정을 표현하는 방식은? 의사결정은? 이런 질문을 하면서 사회복지사는 그 가족의 문화를 알 수 있다.

⑩ 반복되는 역기능적 의사소통에 가족의 주의를 끌고 이런 패턴을 변화시키기 원하는지 토의하라

만약 역기능적 의사소통이 첫 세션에서 일어난다면(그런 경우가 많은데), 사회복지사는 그것에 초점을 맞추지 않고 반작용적으로 개입해야 한다. 예를 들어, 사회복지사는 감정을 공감적으로 반영하여 비난하는 메시지를 중립적인 것으로 바꿀 수 있으며 메시지를 보낸 사람이 원하는 것으로 바꿀 수 있다. 또는 한 사람이 다른 사람을 대신해서 이야기할 때 사회복지사는 본인이 자신의 관점을 이야기하도록 개입할 수 있다. 세션이 진행되면서 사회복지사는 다음과 같은 반응으로 가족의 주의를 역기능적 의사소통으로 이끌 수 있다.

"저는 가족성원 간에 어떻게 행동하고 어떤 상황들을 만들어 가는지 관찰했습니다. (그러한 행동과 상황에 대해 설명) 당신도 저와 같은 생각이십니까?"

"당신이 ……에 관해 이야기할 때 무엇이 잘못되어 가는지 아셨습니까?"

이런 질문으로 클라이언트가 역기능적 의사소통을 인지하게 한다. 참석자에게 자신의 행동을 분석하고 그런 의사소통을 개선하기 원하는지 생각해 보도록 자극할 수 있다. 이를 위해 다음과 같이 질문해 본다.

"이 문제에 대해 어떻게 이야기하기 원하십니까?"

"이런 문제를 어떻게 해결하기 원하십니까?"

"어떻게 다르게 관계 맺기 원하십니까?"

"관계를 바꾸기 위해 어떻게 행동하시겠습니까?"

"행동은 관계에서 생겨납니다. 행동을 바꾸는 것이 당신에게 어느 정도 중요합니까?"

처음 세션과 그 다음 세션에서 이런 질문들을 하면서 가족 구성원들이 다른 가족 구성원과의 관계에서 자신의 행동을 어떻게 정의하고 과연 행동을 바꾸기 원하는지 선택하도록 도와 줄 수 있다. 자신의 행동을 수정하기 원한다면 원조과정에서 이러한 노력과 관계가 있는 목표를 세울 수 있다.

⑪ 가족 구성원들이 더 긍정적인 방법으로 다른 사람과 관계하도록 돕기 시작하라

이 목적을 성취하기 위한 전략은 뒷부분에 있다.

⑫ 가족이 변할 수 있다는 희망을 이야기하라

12장에서 이미 논의하였지만 사회복지사는 가족원들로 하여금 그들 개개인이 어떻게 가족이 현재 경험하고 있는 스트레스를 줄일 수 있는지 인식하게 함으로써 희망을 고취시킬 수 있다. 만약 가족 구성원이 이 문제를 줄이기 위해서는 다른 사람이 변해야 한다고 잘못 믿는다면 그들은 무기력하게 느낄 것이고 실패할 것이다.

⑬ 무엇을 원하고(want) 무엇이 필요한지(needs)에 기초하여 조사한 후 개인과 가족의 목표를 세워라

목표는 가족성원의 개인적 목표, 전체 가족의 목표, 하위체계에 속한 목표를 포함해야 한다. 목표를 규명하는 것은 드 세이저(de Shazer, 1988: 5)가 언급한 '기적적인 질문(miracle questions)'을 이용하여 초기면접에서도 할 수 있다. "어느 날 밤, 당신이 자고 있을 동안 기적이 생겨 당신이 생각한 대로 결혼생활이 완벽해졌습니다. 아침에 일어났을 때 결혼생활이 어떻게 달라졌을까요?"

이 질문을 할 때, 대부분 부부나 가족은 평화, 존경, 감사, 안전함, 열린 의사소통의 긍정적 상태, '새로운' 기적적인 관계를 묘사할 것이다. 이렇게 클라이언트가 바라는 상태는 가족과 사회복지사 모두 노력해야 하는 목표이다.

⑭ 다음 세션에도 오거나 계약에 참여하려는 가족성원의 동기를 측정하라

가족 구성원들이 항상 감정을 드러내는 것은 아니기 때문에 가족이 모두 다음 세션에 올 것이라고 기대하지 말아라(사회복지사가 문제를 해결하는 것과 관련하여 가족들이 흥미를 갖게 하고 성공적으로 관계를 맺었다고 해도). 참가자들이 초기 세션과 마지막 세션에서 태도가 얼마나 달라졌는지 그 차이를 평가하기 위해 척도를 사용할 수 있다. 또 다음 세션에 참여하는 것에 망설이는지 물어볼 수 있다. 문제를 탐색한 후, 만약 주저하던 가족 구성원이 다음 세션에도 오기로 결정하면, 다음 세션에서 계속 각자의 감정을 논의할 것이라고 말해주어라. 어떤 사람은 완전히 참여하는 것을 결정하기 전에 몇 차례 세션에 참여하는 것이 필요함을 강조하라. 만약 가족성원들이 충분히 동기를 갖게 되면, 다음 세션 시간을 정하고 누가 참여할지 등을 결정하라.

한 성원이 가족과 함께 만나는 것을 원하지 않으면 개인적으로 한 번이나 그 이상 세션을 가질 수 있음을 말해주어라. 긍정적으로 정서적 경험을 하는 관계를 맺기 위해 사회복지사가 노력하는 동안, 한편으로 가족을 참여시키기 위해 장애를 없애는 데 시간을 소비하게 된다. 이것과 병행하여, 역기능적 과정을 수정하고 규명하는 것을 돕는다. 어떤 사람이 세션에 참여하지 않기로 결정하면, 다른 가족 구성원들이 노력할 수 있도록 지지하고 최소한 방해가 되지 않도록 도와야 한다.

⑮ 한 주 동안 성취해야 할 과업에 대해 협상하라

과업은 개인이나 가족이 규정한 목표와 직접 관련이 있어야 한다.

⑯ 논의한 문제와 형성된 목표 과업 그리고 진전 등을 요약하는 것으로 세션을 끝낸다

주요 주제, 목표, 그리고 성취한 과업을 요약하면서 세션을 끝내는 것은 세션에서 무엇을 성취했는지 알고, 희망을 갖게 하고, 변화노력 추진력을 증가시킨다.

4. 미래와 긍정적인 것에 초점

사회복지사는 가족과 만났을 때, 치료적 분위기를 만들어야 하는 책임이 있다. 아직 여기에서는 다루지 않았지만, 사회복지사는 세션의 분위기를 장악하고 변화를 만들기 위해 치료적 환경을 조성해야 한다. 이 목적을 위해 적절할 때마다 사회복지사는 클라이언트가 미래를 위해 선택하는 것을 도와주어야 한다. 변화의 가장 큰 장애물은 미래에 어떻게 되기를 바라는가보다 자꾸 자신에게 무엇이 없는지, 뭐가 잘못되었는지에 초점을 맞추는 것이다. 그래서 사회복지사는 세션마다 자주 이렇게 물어야 한다. “미래에 당신은 이것에 대하여 무엇을 하실 수 있습니까?” 그리고 클라이언트에게 집에서도 이 관점을 적용할 것을 권유하라. 사회복지사나 클라이언트를 위한 지침이 되는 개념으로 ‘미래를 위한 선택은’ 다음과 같은 방법으로 사용될 수 있다.

- 어떤 다툼이 있을 때 각자 다시 이런 일이 일어나는 것을 막기 위해 미래에 어떻게 할 것인지 고려하는 것으로 재빨리 논의를 이끌 수 있다.
- 기분이 상한 클라이언트의 어떤 불평이나 비판도 앞으로 변화가 필요한 부분에 대한 정보로 해석할 수 있다. 수혜자 또한 필요한 변화에 대한 정보를 줄 수 있다.
- 의사소통을 중단하는 것은 다음과 같이 해석할 수 있다. “이번 일로 이것을 미래에 적용시킬 때는 무엇을 배울 수 있는가?”
- 서로 이익이 충돌하는 것은 클라이언트가 ‘윈-윈’ 전략을 적용해야 함을 시사한다. “어떻게 지금 이 문제를 해결할 수 있고, 그렇게 해서 미래에 기분이 좋아질 수 있는가?”

‘미래를 위한 선택(opting for the future)’은 사회복지사와 클라이언트가 문제와 이슈에 대해 어떻게 초점을 맞출 것인가에 대한 지침이자 철학이다. 그것은 미래에 관한 것으로, 미래는 새롭고 희망이 있고 ‘과거의 잘못으로’ 더럽혀지지 않은 존재이다.

동시에 클라이언트에게 미래에 무엇을 할 것인지를 요구한다. 각 클라이언트가 매순간 대답해야 할 질문은 “나는 어떻게 하면 미래에 좀더 잘 할 수 있을까?”이다.

또 클라이언트가 자신의 성공을 평가하고 확신할 것을 요구한다. “우리는 어떻게 해서 지금 이렇게 평화와 사랑과 친밀감을 누릴 수 있게 되었나?” 그리고, “미래에 어떻게 이것을 유지할 것인가?”

클라이언트는 자신의 성공에 대한 검사기관이 된다. 그리고 변화가 가능한 것에 초점을 맞춘다. 클라이언트가 같은 편이 되어 긍정적인 조건을 창조하기 위해 움직이게 한다.

물론 사회복지사는 무엇이 가능한지 자신의 비전을 갖고 클라이언트가 희망찬 미래를 만드는 것을 도울 수 있다. 사회복지사는 세션이 시작할 때마다 그동안 목표나 과제 성취에 대해 그리고 다른 사람과 긍정적으로 관계한 것 등에 대해 질문하여 클라이언트가 미래에 초점을 맞추게 할 수 있다. 문제에 초점을 두어 이야기하는 것을 습관으로 만든 클라이언트는 처음에는 이것에 저항할지도 모르지만 만약 사회복지사가 지속해서 문제에 대해 이야기하기를 멈추고 작은 것이지만 긍정적인 변화에 관심을 갖도록 하면 클라이언트는 사회복지사의 비전에 적응하고 스스로 변화에 대해 이야기를 할 수 있게 된다. 클라이언트가 이 방법을 적용하도록 하기 위해 사회복지사는 클라이언트가 집에서 다른 가족들과 상호작용 할 때 '미래를 위한 선택' 을 하도록 격려하고 그 다음 세션에서는 성공한 경험(횟수)을 나누도록 하는 것이다.

이런 접근방법을 보완하기 위해, 위너-데이비스(Weiner-Davis, 1992)는 클라이언트에게 무엇이 효과적이고 왜 그런지 결정하기 위해 '예외적 시간(exceptional time)' 에 초점을 맞추는 법을 가르친다. 그리고 습관적으로 생산적인 행동을 하도록 격려한다. 예외에 초점을 두는 것은 할 수 없는 것에 주목하기보다 할 수 있는 것을 확인하여 클라이언트의 역량을 강화하고 희망을 주는 것이기 때문에 문제를 줄어들게 한다. 또 문제가 고정된 것이 아니라 변화 가능하다는 것을 클라이언트가 인지하게 한다. 마지막으로 예외에 초점을 두는 것은 다음과 같은 특수한 상황이 발생했을 때 어떻게 해야 할지 청사진을 제공한다.

'미래를 위한 선택' 은 다른 사람들에 대해 긍정적 피드백을 향상하도록 클라이언트를 격려하고 변화과정에서, 생생한 치료적 목표인 관계를 향상하는 철학적인 지침이 된다. 의미 있는 다른 사람에게 긍정적인 피드백(배려, 시인, 격려, 애정, 감사 등등)을 받는 것은 자존감과 정서적인 안정, 자신감, 그리고 다른 가치 있는 존재로 인정받는 느낌을 갖는 데 중요한 자원이 된다.

클라이언트가 긍정적인 피드백을 많이 하도록 격려하기 위해 사회복지사는 다음과 같은 기술이 있어야 한다.

1) 긍정적인 피드백을 사정하도록 클라이언트 끌어들이기

관계는 긍정적인 피드백에 대한 다른 사람의 욕구를 충족시키지 못하기 때문에 종종 형식적인 것이 된다. 그러므로 클라이언트에게 얼마나 자주 또 어떻게 긍정적 피드백을 하는지 질문하여 의사소통 차원을 직접 조사할 수 있다. 이 목적을 성취하기 위해 가족이나 부부와 면접할 때 다음과 같이 질문할 수 있다.

"당신이 가족에게 관심을 갖고 있다는 것을 어떻게 표현하십니까?"

"그런 표현을 얼마나 자주 하십니까?"

"얼마나 자주 가족들의 긍정적인 행동에 대해 칭찬과 같은 피드백을 하십니까?"

가족문제가 심각한 경우는 클라이언트 자신이 긍정적 표현을 거의 한 적이 없음을 인식하게 된다. 어떤 경우에는 클라이언트가 긍정적인 느낌을 거의 경험하지 못할 수 있다. 그러나 사실 표현한 것보다 긍정적인 것을 더 경험하는 것이 보통이다.

어떻게 배우자나 가족구성원이 긍정적인 피드백을 하는지 탐색하는 것 외에, 다른 사람에게 어떤 피드백을 받기 원하는가 하는 감정도 탐색해야 한다. 이런 것들을 탐색하기 위해 다음과 같이 질문할 수 있다.

"당신이 한 행동에 대해 다른 가족에게서 긍정적인 피드백을 받은 것이 마지막으로 언제였습니까?"

"가족 구성원에게 받는 긍정적 피드백에 대해 만족하십니까? 어떤 변화를 원하십니까?"

클라이언트가 어떻게 긍정적 메시지를 보내고 긍정적 피드백을 얼마나 받기 원하는지 논의하는 것은 반복적인 싸움과 비판, 무시와 비난하는 메시지 등으로 막혀있던 긍정적인 의사소통의 길을 여는 역할을 한다.

2) 긍정적인 피드백의 중요성에 대해 클라이언트 교육하기

긍정적 피드백을 받기 원하는 욕구에 대해 클라이언트와 이야기 나누면 이것이 대인관계에서 얼마나 중요한지 깨닫게 된다. 사회복지사는 긍정적인 피드백의 중요성에 대해 클라이언트의 인식을 넓히고 그러한 인식을 갖도록 동기를 부여할 수 있다. 이것을 설명하는 논리는 직접적이고 클라이언트 자신의 욕구와 경험에 부합하기 때문에 일반적으로 쉽게 받아들여진다.

이것은 부모-자녀, 부부, 가족, 다른 사람과의 관계 등에 따라 다르게 설명해야 하지만 다음 이론은 여러 형태의 관계에 적용 가능하다.

- 모든 사람은 높은 도덕성을 유지하기 위해 긍정적인 피드백이 필요하다.
- 최고의 노력을 발휘하기 위해 사람들, 특히 어린이들은 격려와 인정이 필요하다.
- 자연스러운 사랑과 인정을 표현하는 것은 요구를 받고 표현하는 것보다 훨씬 강력하다.
- 관계와 가족생활에서 만족과 행복을 느끼는 것은 가족 구성원이 서로 얼마나 긍정적 피드백을 주고받는지 그 정도에 달려 있다.
- 격려와 인정은 비판과 불신보다 훨씬 강한 동기를 부여한다.
- 누구나 사랑, 인정, 격려가 필요하다.
- 당연한 것으로 받아들이는 감정은 관계의 안정성을 위협한다.
- 가족 간에 사랑과 존경은 화목하고 행복한 가정생활을 위한 필수조건이다.
- 긍정적인 피드백은 매일 필요하다. 간혹 피드백을 주고받는 것은 자아존중감을 유지하는 데 불충분하다.
- 만약 긍정적 피드백을 주고받는 능력을 키우지 않으면 개인, 부부, 가족은 잠재력을 개발하는 데 실패하게 된다.

3) 긍정적 피드백에 대한 욕구를 표현하도록 클라이언트 가르치기

클라이언트에게 자신의 감정과 원하는 것을 표현하도록 도와주는 것이 필요하다. 아래는 긍정적 피드백에 대한 욕구를 표현한 예다.

파트너 : 난 당신에게 그다지 중요하지 않은 것 같다는 생각이 들어 요즘 힘들었어요. 당신은 너무 늦게까지 일했고 지난주에 우리는 한 번도 같이 있지 못했어요. 난 당신이 아직도 날 사랑하는지 알고 싶어요.

청소년 : 전 어제 제 성적표를 보신 부모님의 반응을 보고 실망했어요. 이번 학기엔 정말 열심히 공부했지만, 하나 있는 B만 보시는 것 같더군요. 나머지는 모두 A였는데 그건 보지도 않으시고요. 때때로 제가 부모님을 기쁘게 해드릴 수 있는지 의아해요. 전 제가 어떻게 해야 부모님이 기뻐하실지 알고 싶어요.

앞에서 클라이언트가 메시지를 전하는 것을 어떻게 도울 수 있는지 논의하면서 그 즉시 개입하여 클라이언트가 자신의 감정과 욕구를 어떻게 분명하게 전할지 그것을 문장을 만들도록 돕는 것을 예를 들어, 설명하였다.

4) 긍정적인 피드백에 대한 다른 사람의 욕구를 클라이언트에게 가르치기

긍정적인 피드백에 대한 다른 사람의 욕구를 클라이언트가 민감하게 인식할 수 있도록 다른 사람의 이야기를 주의 깊게 경청하는 방법을 가르치는 것이 필요하다. 사람들은 자신의 욕구를 공개적으로 분명하게 표현하지 않기 때문에, 클라이언트는 단순히 듣는 것을 넘어서 노력해야 한다. 불평, 의문, 다른 사람의 행동 뒤에 가려진 욕구를 파악할 수 있어야 한다.

5) 긍정적인 지각 개발하기

긍정적 피드백을 하기 전에, 먼저 감정, 긍정적 기여, 상대의 행동에 대해 알아야 한다. 어떤 클라이언트는 다른 사람들의 긍정적인 태도나 행동을 잘 지각하지만, 어떤 사람들은 다른 사람의 약점이나 결함을 습관적으로 잘 발견한다. 체계로서 가족과 부부는 다른 사람이 하지 않은 일에만 계속 초점을 맞출 수 있다. 그래서 사회복지사는 부정적 인식을 없애고 긍정적 행동에 초점을 맞추는 법을 가르쳐야 한다. 방법은 다음과 같다.

(1) 부부가 긍정적인 것에 예민하도록 하기

앞에서 말했듯이 사회복지사는 자기 패배적 행동이나 가족 구성원의 목표를 달성하는 데 방해가 되는 것들을 제거하는 것 외에 가족이나 부부가 긍정적인 것을 지각하도록 하는 목표를 포함하여 클라이언트가 다른 가족원의 점진적인 성장이나 강점에 관심을 갖고 일하도록 하는 것을 계약할 수 있다. 사회복지사는 원조과정 초기단계부터 긍정적인 것에 초점을 두도록 하며 긍정적인 것을 강조하는 것이 자연스러운 행동이 되도록 한다. 다음은 클라이언트와의 세 번째 면접 초기에 사회복지사가 이와 같은 역할을 어떻게 수행하였는지 보여주는 예이다.

이번 주에 무엇이 잘못 되었는지 묻는다면 아마 몇 가지 잘못된 일들을 이야기하실 수 있겠지요. 그런데 전 대신 이제부터 몇 분 동안 '좋았던' 것이 무엇인지 질문하려 합니다. 아마 어려울 수도 있습니다. 그러나 가족의 긍정적인 면에 초점을 두는 것을 배우고 긍정적인 변화를 인식하는 데 중요하기 때문에 긍정적인 변화에 초점을 두고 이야기하도록 도와드리려고 합니다.

(2) 진전 상태를 검토하고 점진적인 성장을 인정하기

사회복지사는 가족 구성원들이 매 세션 끝에 가족 전체나 각 가족원이 성취한 점진적인 성장이나 일을 함께 검토하여 긍정적인 변화에 대해 가족들이 민감해질 수 있도록 할 수 있다. 어느 정도 성장했는지 원조과정에서 알아차리기 힘들 정도로 서서히 나타나므로 사회복지사는 클라이언트가 이런 긍정적인 변화에 주의를 기울이도록 특별히 노력해야 한다. 다음 발췌문은 실제 부부치료 세션의 일부다. 이 세션에서 자신과 다른 사람의 감정에 대해 잘 인지하지 못하는 남편이 오토바이를 수리하는 데 400달러를 사용한 것에 대해 이야기했다. 오토바이 수리비가 너무 비싸기 때문에 아내는 오토바이를 수리한 것에 대한 남편의 기쁨에 동참할 수 없었다.

아내 : 내가 오토바이 고친 얘기를 더 이상 하지 않아서 무척 실망한 것 같군요.

남편 : 그래! 그걸 고친 것에 대해 당신이 좋아하지 않아 난 상처받았어.

사회복지사(남편에게) : 방금 말씀하신 것에 대해서 뭔가 다른 것을 느끼셨어요?

남편 : 내가 '상처' 라고 한 것 말이오?

아내 : 믿을 수 없군요!

사회복지사 : 그건 큰 진전이에요, 릭. 전 당신이 그렇게 자연스럽게 감정을 표현할 수 있다는 것이 믿어지지 않아요.

남편 : 난 그 말을 하면서 늙고 유약한 사람이 되어버린 것 같소. 난 지금 막 '실패한 것 같아요.' 당신이 날 이래라 저래라 할 수 있잖아요.

사회복지사 : 그렇지 않아요! 유약하기보다 자신의 감정을 표현하는 방법을 더욱 잘 알게 된 거예요. 또 스스로 변한 것에 대해 빨리 알게 된 것 같아 고맙고요. 부인도 저와 똑같이 느끼셨을 거예요. 부인이 '믿을 수 없군요' 라고 한 것을 들으셨죠?

이 발췌문에서 사회복지사는 남편이 자신의 성장과 아내가 그에 대해 눈치챈 것을 관찰할 수 있게 해주었다. 남편보다 지적으로 더 능숙한 부인은 남편에게 긍정적인 피드백을 주는 것을 이미 초기면접 과정에서 배웠다. 추상적으로 생각하는 것이 매우 힘든 남편이 지난 다섯 달 동안 천천히 이에 대한 기술을 익혔다는 것은 놀라운 일이다. 그것은 사회복지사가 ① 기술을 보여주고 끈기 있게 설명한 노력, ② 클라이언트의 능력과 자원에 대해 강조한 것, ③ 점진적으로 성장하고 있는 사인을 클라이언트가 인지하게 한 것 때문이었다.

성장을 강조하기 위해 사회복지사는 클라이언트의 현재 기능과 초기 기능을 대조할 수 있다. 다음은 그러한 예이다.

(가족에게) : 이번이 네 번째 세션입니다. 첫 세션과 비교해 어떤 변화가 있었는지 말씀해보실 수 있나요? 저도 몇 가지 관찰한 게 있는데, 우선 여러분 이야기를 듣고 싶군요.

(3) 인지를 향상시키기 위한 과업

사회복지사는 클라이언트에게 세션 사이에 해야 할 과업을 주어 긍정적 지각을 발달하는 데 도움을 줄 수 있다. 예를 들어, 한 주일 동안 서로 긍정적인 피드백을 준 횟수를 세어서 기록하는 과제를 주어 긍정적인 피드백이 증가한 것에 대해 인식하게 할 수 있다.[49] 클라이언트(그리고 사회복지사는)가 성취한 것에 대해 확실하게 윤곽을 잡고 후에 향상 정도를 평가할 수 있는 기초선을 설정할 수 있다. 모니터링을 하는 것도 도움이 되는데, 클라이언트가 계획하지 않고도 바람직하게 행동하는 빈도가 증가할 수 있기 때문이다.

다른 방법은 배우자의 긍정적인 면에 대해 목록을 작성하는 것이다. 클라이언트는 10가지 항목을 적어 배우자와 의논하지 말고 다음 세션에 가져온다. 그리고 세션에서 배우자에게 내용을 읽어준다. 이런 방법은 긍정적 피드백을 주고받는 행위에 도움이 된다.

긍정적인 피드백을 읽은 후, 사회복지사는 긍정적 피드백을 들었을 때의 반응에 대해 물어볼 수 있다. 이러한 질문으로 클라이언트는 긍정적 반응을 보고하고 긍정적 피드백의 이점을 다시 한번 강조하는 기회를 얻는다. 그리고 사회복지사는 클라이언트에게 작성한 목록을 매일 보게 하고, 이 외에 또 다른 긍정적인 행동을 더 추가하라고 지시한다. 그리고 배우자뿐 아니라 특히 자신이 좋아하지 않는 다른 사람에게도 확대하여 적용하라고 한다. 다른 사람에 대해 체계적으로 긍정적 생각을 하면, 클라이언트는 점점 더 긍정적인 것들을 인지할 수 있게 된다.

6) 긍정적인 피드백을 주고받도록 격려하기

클라이언트가 긍정적인 피드백을 전하는 방법을 학습하기 위해 사회복지사는 자신의 언어로 메시지를 만들고 다른 사람에게 긍정적 피드백을 주도록 연습시킨다. 클라이언트는 다른 사람에게 말하지 않았지만 자신이 경험한 가장 최근의 긍정적인 경험에 대해 얘기한다. 이렇게 사회복지사는 적절하게 교육적인 개입을 하면서 클라이언트가 긍정적 메시지의 요소들을 개념화하도록 돕고 긍정적인 경험을 나누는 기술을 발달시킬 수 있게 한다.

사회복지사는 또 긍정적 피드백을 주는 것과 마찬가지로 이것을 어떻게 받아들여야 할지 가르칠 필요가 있다. 어떤 클라이언트는 긍정적 피드백을 곡해하여 자아존중감을 향상시킬 수 있는 의미 있는 정보들을 무시하는 경우가 있기 때문이다.

7) 클라이언트가 긍정적인 피드백의 수준을 높이도록 도와주기

앞의 내용을 대략 마치면, 클라이언트는 긍정적 피드백 비율을 높일 수 있는 준비가 되었다. 이때 사회복지사는 클라이언트에게 더 높은 수준의 긍정적 피드백을 주는 과제를 제시할 수 있다. 물론 클라이언트가 원하는지 동의해야 한

49) 간단하게 횟수를 측정하는 방법은 유용하다.

다. 클라이언트에게 처음 시작할 당시 정한 기초선 범위에서 조금씩 긍정적 피드백을 '향상시킬' 것을 권유한다. 예를 들어, 처음에 아내에게 하루에 0.8회 긍정적 피드백을 주었던 남편은 하루에 두 번 주는 것을 목표로 할 수 있다. 그것은 클라이언트가 원하는 정도까지 서서히 늘리면 된다.

어떤 클라이언트는 목표량을 맞추기 위해 별로 성의 없이 긍정적 표현을 하기도 한다. 그럴 때 사회복지사는 그런 표현은 오히려 피드백을 주는 사람이나 받는 사람에게 모두 불쾌함을 줄 수 있다고 주의를 주어야 한다. 반면 클라이언트가 긍정적인 피드백을 주도록 노력하면 후에는 긍정적인 면에 대해 더 주의를 기울일 수 있게 되고 긍정적 피드백을 자연스럽게 할 수 있게 된다는 것을 강조해야 한다.

과업 수행을 계획할 때, 과업수행의 연속성을 생각하는 것은 중요하다. 이것은 장애물을 미리 예측하는 것과 관계가 있는데 흔히 직면하는 두 가지 장애물은 다음과 같다. 첫째, 부드러운 감정을 표현하는 것을 불편하게 생각하는 클라이언트는 다음과 같이 말한다. "이건 저에게 자연스럽지 않습니다." 이때 사회복지사는 새로운 행동을 습득하는 것은 어색하고 힘든 일이라고 클라이언트에게 공감하면서, 그러나 이런 새로운 행동이 다소 불편하더라도 참고 노력하면 점차 긍정적으로 표현하는 것이 자연스러워질 거라고 설명한다.

둘째, 흔히 볼 수 있는 장애는 클라이언트가 긍정적으로 피드백 할 때 다른 사람이 우호적으로 받아들이지 않는 것이다. 왜냐하면 어떤 클라이언트의 경우 이전에 긍정적 피드백을 한번도 한 적이 없으므로 다른 사람들이 그것을 회의적으로 보는 것은 당연하다. 사회복지사는 클라이언트에게 모델링하면서 또는 적절한 대처방법을 연습해 보도록 하여 다른 사람의 회의적인 태도를 다루는 방법을 가르쳐야 한다. 그리고 그런 장애에도 불구하고 계속 해야 함을 강조한다.

모든 과업과 함께 계속 경험을 검토해 보는 것은 아주 중요하다. 클라이언트는 어려움을 경험했을 수도 있고, 지속해서 부적절함이나 불쾌함을 경험하였을 수도 있고 또는 다른 사람들에게서 아주 긍정적인 반응을 경험했다고 말할 수도 있다. 결과를 고찰하는 것은 중요하다. 왜냐하면 사회복지사는 클라이언트를 격려하고 긍정적인 피드백을 제공하고 성공을 확신시켜야 하며 때로는 노력이 더 필요하다는 것을 지적해줄 수 있기 때문이다.

클라이언트는 자신의 긍정적 피드백 정도를 늘리는 과업을 수행하는 동안 계속 기록해야 한다. 클라이언트는 모니터링함으로써 자신이 이룬 진전을 기록할 수 있을 뿐 아니라 그것을 기록할 때 긍정적인 행동을 강화할 수 있다. 물론, 궁극적 강화는 향상된 상호작용에서 얻을 수 있다. 다른 사람에게 긍정적인 피드백을 주면서 클라이언트는 다시 긍정적인 피드백을 돌려 받을 수 있는 기회를 얻는 것이다.

(1) 부부를 위한 과업

부부가 서로 긍정적으로 상호작용 하기 위해 개발된 프로그램 중 하나가 스튜어트(Stuart, 1980)가 개발한 프로그램이다. 이 프로그램은 부부 사이에 배려하는 행동을 증가시키기 위해 개발한 것으로, 부부 각자에게 "당신이 배려받는다고 느끼기 위해서는 배우자가 어떻게 했으면 좋겠습니까?" 라고 질문하여 상대에게 바라고 기대하는 행동이 무엇인지 찾아 이야기하여 상대 배우자에게 중요한 자원이 되도록 돕는 것이다. 한 배우자가 상대방이 자신을 배려한다고 생각하는 행동이 무엇인지 이야기하는 동안 다른 배우자는 그것을 기록한다. 그 뒤에 사회복지사는 배우자에게 각자 기록한 목록 중 몇 가지를 구체적으로 선정하여 실제 행동에 옮기도록 한다. 그리고 목록에 있는 행동 중 하나를 실행에 옮겼을 때 배우자가 이것을 인지하고 긍정적인 피드백을 주도록 한다.

(2) 가족과 부부를 위한 과업과 활동

가족 간에 긍정적 피드백을 늘리는 과업 중 하나는 '그것은 누구?' 라는 추측 게임이다. 이 게임에서 가족원은 동

그렇게 앉고 부모는 구성원들에게 종이와 연필을 준다. 그리고 부모는 각자 자기 오른쪽 옆에 있는 사람의 좋은 점을 적으라고 한다(가족 중에 글을 못 쓰는 사람이 있으면 다른 사람에게 적어달라고 부탁해도 된다). 그리고 그것을 접어서 모자에 넣고 섞는다. 그런 다음 모자에서 쪽지를 꺼내서 큰 소리로 읽고 그 내용이 누구에 관한 것인지 알아맞히는 게임이다. 가족이 자리를 바꿔가면서 가족원 모두 한 번씩 할 수 있을 때까지 반복한다. 이 게임으로 가족원 각자 긍정적 피드백을 얻는다.

가족이나 집단원에게 긍정적 피드백을 강화하는 연습은 집단 구성원이나 가족원들이 한 사람씩 돌아가면서 다른 사람에게 스포트라이트를 비추는 것이다. 이 방법을 집단에 적용할 때에는 집단원들이 서로 충분히 잘 알게 된 다음에 시도하는 것이 적절하다. 그리고 집단을 준비시키는 데 필요하다면 사회복지사가 먼저 집단원의 성장과 강점에 대해 피드백을 주면서 시작할 수도 있다.

(3) 부모를 위한 과업

부모가 자녀에게 긍정적 피드백을 더 많이 주도록 사전에 준비하는 과정으로 먼저 아이 각각에 대해 기능적, 역기능적 행동목록을 만들어 보라고 요구할 수 있다. 그리고 그 중 가장 바꾸고 싶은 세 가지 역기능 행동을 선택하게 한다. 한 주 동안 그 세 가지 행동을 하지 않았을 때 긍정적 피드백을 주라고 한다(예를 들어, 아이가 형제와 싸우지 않을 때). 또 아이가 부모가 원하는 행동을 잘했을 때 긍정적 피드백을 주라고 한다(예를 들어, 아동이 정직하게 이야기하거나 지시한 과제를 잘 수행할 때). 바람직하지 않은 행동을 하는 자녀를 둔 부모의 경우 이런 기술을 사용하는 데 장애가 있는 경우가 많다. 예를 들어, 잔소리하지 않으면 아이가 결코 옷을 정리하거나 숙제하지 않을 수 있다. 그런 경우, 먼저 부모는 그런 행동을 잘 할 경우 보상이 있음을 알려주어 아이들을 동기화시켜야 한다.

아이들 행동에 대한 부모의 관심은 주로 행동을 수정하거나 강화하는 것이므로, 사회복지사는 부모가 긍정적인 피드백을 주는 방법과 아이들의 긍정적 행동에 대해 체계적으로 보상하는 방법을 학습하도록 연습시키는 것이 아주 중요하다. 예를 들어, 어떤 아이는 때때로 다른 형제에게 친절하게 대하고, 우스갯소리로 가족을 기쁘게 하고, 책임감 있는 태도를 보일 수 있다. 하지만 부모는 불행하게도 종종 그런 행동을 당연하게 여긴다. 하지만 아이는 자신이 이미 하고 있는 그 같은 행동으로 부모를 기쁘게 한다는 사실을 알아야 한다. 만약 아이가 어떻게 행동하기를 바란다면, 실제 그렇게 행동했을 때 부모는 긍정적 피드백을 주어야 한다. 다음의 부모 메시지에서 어떻게 아이 행동을 생각하는지 주목하기 바란다.

"내가 네 유머감각을 얼마나 좋아하는지 알았으면 해. 네 유머감각은 정말이지 날 재미있게 하고 하루를 기쁘게 만든단다."

"난 네가 달려와 나를 껴안는 게 참 좋단다. 아주 기분 좋은 일이야. 네 사랑이 느껴져. 내가 너를 얼마나 사랑하는지 너도 알았으면 좋겠구나."

"조금 전에 내가 동생을 밀었냐고 물었을 때, '네' 라고 사실대로 말해줘서 고맙게 생각한단다. 내가 화가 나서 물었을 때, 그렇게 말하기는 쉽지 않았을 거야. 정직한 것은 참 중요하단다. 네가 그렇게 선택한 것에 기쁘게 생각한다."

부모가 이런 말을 자주 사용하면, 아이 인격형성에 중요한 영향을 미친다. 가족이 서로 정서적으로 지지하고 격려하여 가족문제를 예방하는 것은 매우 중요하다. 이 방법은 가족성원 모두의 자아존중감을 향상시킨다.

5. 역기능적 상호작용 수정 전략

클라이언트가 공통적으로 표출하는 불평은 반복되는 논쟁, 힘이나 권위에 대한 도전, 독립과 의존과 관련된 갈등, 의견을 결정할 때의 불일치, 역할분담에 대한 마찰, 다른 부정적 의사소통형태 등을 포함하여 상호작용의 어려움이다. 11장에서 보았듯이, 다른 사람과의 관계에서 사람들은 다양한 형태의 역기능적 상호작용을 반복한다. 더 기능적으로 의사소통하고 상호작용하기 위해, 적절한 개입과 기술을 사용할 줄 아는 전문가가 되어야 한다. 여기에서는 부부, 가족, 집단과 다른 형태의 인간관계를 위해 일할 때 사용할 수 있는 지침과 기술을 소개하려고 한다. 클라이언트에게 의사소통기술을 가르치는 것은 클라이언트의 역기능적 의사소통을 고치는 데 중요하다.

1) 메타커뮤니케이션

역기능적 의사소통을 수정하기 위해 참석자들은 우선 자신의 의사소통, 즉 자기 행동과 정서적 반응 그리고 그런 것이 상호작용에 미치는 영향에 대해 논의해야 한다. 이것을 메타커뮤니케이션(metacommunication)이라고 하는데, 즉 커뮤니케이션에 대한 커뮤니케이션을 말한다. 사회복지사가 클라이언트와 방금 일어난 일에 대해 의사소통 할 때에도 메타커뮤니케이션을 하게 된다. 실제로 많은 부부, 가족, 집단치료에서 메타커뮤니케이션을 한다. 이처럼 사회복지사가 원조관계 상황에서 일어나는 상호반응에 대해 논의하면 그것은 메타커뮤니케이션을 하는 것이다. 왜냐하면 그것으로 말과 행동의 의미를 분명하게 알 수 있기 때문이다. 메타커뮤니케이션에 대한 다른 예는, 주의를 끄는 말이나 다른 사람의 불분명한 말에 대해 '확인' 하는 말이다.

메타커뮤니케이션은 효과적인 커뮤니케이션을 위해 필수적이며, 그것을 잘 활용하면 (메시지의 의미를 확인함으로써) 불필요한 오해를 피할 수 있고 공격적이거나 귀에 거슬리는 표현을 수정할 기회를 얻는다. 더 나아가서 메타커뮤니케이션을 잘 활용하는 사람은 다른 사람과 관계할 때 반대와 분열을 최소화할 수 있다. 사회복지사의 주요 역할은, 클라이언트가 효과적으로 메타커뮤니케이션을 배울 수 있도록 돕는 것이다.

메타커뮤니케이션을 잘 하도록 돕는 것이 모든 클라이언트 체계에 중요한 일이지만, 이중구속이나, 불평, 불일치되는 대화 등의 역기능적 의사소통 패턴을 보이는 가족에게 더욱 중요하다. 역기능적인 의사소통 양식을 포함하는 메타커뮤니케이션이 가족원들에 대하여 미치는 유해한 영향으로 그들을 방지하는 것이 아주 중요하다. 어떤 경우 메타커뮤니케이션을 거의 하지 않을 수도 있는데 이때 가족원 중 가장 약한 사람이 낮은 자아존중감을 갖게 되고, 자아 정체감이 불분명하며, 왜곡된 세계관을 갖게 되고, 혼란한 사고체계에 빠지게 만든다. 그래서 그런 가족에게 메타커뮤니케이션을 효과적으로 하도록 개입하는 것이 중요하다. 다음 발췌문은 14세의 앤(Ann)과 부정확한 의사소통을 하는 어머니 T부인(Ms. T) 사이의 의사소통을 향상시키기 위해 메타커뮤니케이션을 사용한 예다.

사회복지사 : 앤, 체육시간에 뭘 했는지 말해줄 수 있니? 체육시간에 무척 힘들었다고 알고 있는데 말야.

티 부인 : 다른 아이들 앞에서 옷을 갈아입거나 샤워하는 일은 그 애에게는 아주 힘든 일이에요. 그 애는 자신이 마치 어항 속에 있다고 느껴요. 제 말은, 저도 중학교 때 그런 경험을 했기 때문에 그럴 거라고 알 수 있다는 말이죠. (앤은 고개를 떨구고 마루를 쳐다본다.)

사회복지사 : 죄송합니다만, 티 부인. 어머니가 앤을 대신해서 이야기하고 계시는군요. 그런데 앤, 어땠는지 너한테 직접 듣고 싶구나. (티 부인이 앤의 대변인 역할을 하는 것에 개입함.)

앤 (고개를 조금 들며) : 생각해 보니, 조금 나아진 것 같아요. 체육 선생님도 저에게 간섭하지 않으셨어요. 사실은 지난주에 선생님은 훨씬 다정하게 대해줬어요. 그리고 나는……. (티 부인이 끼어 든다.)

티 부인 : 앤, 그건 나아진 게 아니란다. (독립된 사람으로서 앤의 부당성을 증명하면서) 넌 여전히 샤워할 때 모든 사람들이 너를 쳐다보는 것 같잖니.

사회복지사(어머니에게) : 전 샤워에 대해 어떻게 생각하는지 본인에게 듣고 싶군요. (앤에게) 난 네 어머니 관점을 알고 있지만, 네 경험에 대해서는 모르겠구나.

앤 : 실은, 어머니가 말한 것과 같지는 않아요. 몇 주 전까지는 아주 나빴지만, 지금은 몇몇 친구들을 사귀었고 샤워도 함께 해요. 이젠 별로 나쁘지 않아요.

티 부인 : 하지만 넌 그렇게 말하지 않았잖아……. (사회복지사가 다른 부적합한 말을 막기 위해 개입한다.)

사회복지사 : 앤, 어머니가 너에 대해 처음에 말했을 때 넌 상심한 것처럼 마루를 쳐다보고 있었어. 어머니가 너에게 말할 때 어떻게 느끼는지 말해주지 않을래? (메타커뮤니케이션을 표현하도록 격려한다.)

앤 : 때로는 괜찮아요. 하지만 엄마, 엄마는 항상 제가 어떻게 느끼는지 아는 것은 아니에요. 엄마는 엄마 감정과 제 감정을 혼합해서 말하고 그게 절 혼란스럽게 해요. 제 자신에 대해서는 제가 말하고 싶어요.

티 부인 : 하지만 얘야, 난 단지 널 도와주려고 그랬단다. 네가 얼마나 힘들어하는지 알고 있거든. 내 말, 이해하지?

앤 : 그래요, 하지만 너무 자주 그렇게 하진 말았으면 좋겠어요.

사회복지사 (어머니에게) : 도와주려는 마음 알아요. 하지만 앤이 말하는 걸 들으셨죠? (티 부인의 인지를 확인하기 위해 메타커뮤니케이션을 사용함)

티 부인 : 내가 자기 기분을 말하는 걸 원하지 않는다는 것 말인가요?

사회복지사 : 예. 제 생각에 앤의 말은 자신이 독립적일 필요가 있다는 것 같은데요. 그렇지, 앤? (메타커뮤니케이션을 사용해 말의 의미를 확인)

앤 : 예, 전 성장하고 싶어요. 더 이상 어린 소녀로 남아 있고 싶지 않아요. (티 부인이 멈칫한다.)

사회복지사(두 사람 모두에게) : 지금 나눈 얘기는 앤이 성장하도록 도울 뿐 아니라 의사소통을 향상시키는 데 매우 중요합니다. (티 부인에게) 비록 도우려고 그랬지만 앤의 감정을 짐작하는 것이 때론 부정확할 때가 있지요. 앤을 이해하고 싶으시면 지레짐작하기 전에 물어보시는 게 더 좋을 것 같습니다. (앤에게) 어머니가 널 이해하도록 돕기 원하면, 어머니에게 대신 말씀하시지 말라고 말씀드리는 것이 좋을 것 같구나. 그리고 네 진짜 감정을 속에 감춰두지 말고 말하렴. 방금 전에 어머니와 나눈 대화는 인상적이었단다. 너에겐 무척 힘든 일이었다는 걸 알아.

발췌문에서 앤과 어머니가 일상적으로 하는 파괴적 대화 코스를 따르지 않도록 사회복지사가 강하게 개입한 것에 주목하기 바란다. 티 부인이 앤의 대변인 역할을 하는 것을 막고 티 부인의 행동이 앤에게 미치는 영향에 대해 메타커뮤니케이션 하여 역기능적 의사소통 패턴을 어떻게 수정할 수 있는지 설명하면서 의사소통을 교정하려고 했다. 물론 지속적으로 변하기 위해 시간을 두고 계속 개입해야 한다.

2) 역기능적 가족규칙 수정하기

역기능적 가족규칙은 가족원 기능을 매우 손상시킬 수 있다. 가족규칙은 은밀한 것이므로, 가족규칙을 바꾸기 위해서는 먼저 밖으로 드러내놓아야 한다. 사회복지사는 가족원들이 상호작용에서 규칙의 영향을 인지하도록 메타커뮤니케이션으로 가족을 도와야 한다. 가족규칙을 공개적으로 논의하면서 가족의 필요를 더 잘 충족시킬 수 있는 더 좋은 규칙에 대해 논의할 수 있다. 사회복지사는 다음과 같이 설명하면서 가족이 가족규칙을 생각하도록 준비시켜야 한다.

> 가족이 경험하는 문제를 다루기 시작하면서 가족이 어떻게 기능하는지 더 잘 알아야 합니다. 가족은 어떤 규칙에 따라 행동합니다. 때로 아주 분명한 규칙도 있습니다. "식탁에서 떠날 때, 자기가 먹은 그릇은 자기가 치워야 한다"는 것은 모든 가족원이 따라야 할 일종의 규칙입니다. 이것은 아주 분명한 규칙입니다. 왜냐하면 "음식을 먹은 후에 어떻게 해야 합니까?" 하고 질문하면 가족이 모두 쉽게 대답할 수 있기 때문입니다. 그러나 숨겨져서 잘 알아채기 어려운 규칙도 있습니다. 이러

한 규칙이 가족을 지배합니다. 그래서 가족원들은 이 규칙에 따라 행동하지만 그것을 인지하지 못하기도 합니다. 이제 몇 분 동안, 전 여러분이 이 두 가지 종류의 규칙을 더 잘 이해할 수 있도록 그리고 여러분 가정에 어떤 규칙이 있는지 인식할 수 있도록 도움이 될 만한 질문을 몇 가지 할 것입니다.

사회복지사는 가족이 잘 아는 분명한 규칙목록을 만들도록 한다. 그리고 필요하면 "잠잘 때 규칙은 무엇입니까?" (또는 텔레비전을 보거나 집을 보는 것 등에 관한 규칙은 어떠합니까?) 와 같은 질문을 할 수도 있다. 가족이 분명하면서 인지하기 쉬운 규칙들을 말하고 나면, 사회복지사는 10장에서 논의한 사정하는 차원에서 목록을 갖고 물어보면서 은밀한 다른 규칙들에 대하여 논의하도록 유도한다. 예를 들어, 사회복지사는 화를 내거나 긍정적 감정을 표현할 때 또는 의사를 결정할 때나 권력관계에서 어떤 규칙이 존재하는지 물어볼 수 있다. 가족과 장시간 그것에 열중하기보다 사회복지사는 가족 행동에 많은 영향을 미치는 숨겨진 규칙을 찾기 위해 노력해야 한다. 그리고 가족들과 논의하면서, 어떤 규칙은 가족들이 잠재력을 발휘하는 데 방해가 되고 각 구성원이나 가족 전체의 성장에 파괴적이거나 복리에도 방해가 된다는 것을 강조해야 한다.

규칙에 대한 개념을 설명한 후, 사회복지사는 가족들이 가족 상호작용 패턴에 영향을 주는 규칙을 인식하는 데 이 개념을 활용하도록 도와야 한다. 존슨 씨 부부와 세 딸이 참석한 세 번째 가족치료 세션을 살펴보자.

마르타(14세) : 언니는 내 옷장에서 말도 없이 내 블라우스를 꺼내 갔어. 그것 때문에 정말 화가 나.

신시아(15세) : 응, 하지만 너도 내 빗을 지난주에 빌려가서 아직 돌려주지 않았어.

아버지 : 너희들은 남의 물건을 빌릴 때 허락을 받는 것부터 배워야겠구나.

사회복지사 : 잠깐 멈추시고 무슨 일이 있었는지 살펴보세요. 마르타, 네가 무슨 일을 했는지 알겠니?

마르타 : 언니는 나를 미치게 만들어요.

사회복지사 : 네가 아직 화가 나 있어서 그걸 알기는 좀 어렵겠지만 좀더 생각해 보자. 넌 무엇이라고 했었지?

마르타 : 내가 언니(신시아) 때문에 화가 났다고 말했어요.

사회복지사 : 좋아! (신시아에게) 그리고 넌 무어라고 했지?

신시아 : 마르타는 제 물건을 돌려주지 않았기 때문에 그런 말할 자격이 없다고 말했어요.

사회복지사 : 너희 둘은 처음에 논의한 서로에게 비난하는 말을 한 거란다. 그렇게 생각하니? (소녀들 고개를 끄덕인다. 아버지에게) 저는 딸들이 말다툼할 때 아버지가 어떻게 개입하셨는지 좀더 알고 싶은데요.

아버지 : 난 아이들이 다투고 서로 비난하는 것을 그만두게 하려고 했죠.[50)]

사회복지사 : 이제 숨겨진 가족규칙을 찾아봅시다. (가족에게) 제가 몇 가지 질문을 하는 동안 숨겨진 규칙이 뭔지 알아맞출 수 있는지 보지요. (13살 제니퍼에게) 넌 이번 싸움에는 개입하지 않았는데 너도 가족 중 누군가와 싸우니?

제니퍼(웃으며) : 엄마와 언니들요.

사회복지사 : 어머니와 싸울 때, 무슨 일이 일어나니?

제니퍼 : 만약 아버지가 계시면 말리세요. 어떤 때는 아버지가 어머니는 위층으로 올라가라고 말씀하시고 저랑 얘기를 나눠요.

사회복지사(어머니에게) : 남편이 그렇게 할 때 당신은 어떻게 하세요?

어머니 : 어떤 때는 남편에게 제니퍼나 다른 아이 문제를 다루게 하지요. 그런데 우리 싸움에서조차 그렇게 하면 몹시 화가 나요. 그래서 결국 저와 싸우게 되지요.

---

50) 사회복지사는 가족원들에게 자신의 행동을 물어보는 기술을 사용하고 있다. 이런 기술을 사용하여 성원에게 자신의 행동이 역기능적 상호작용에 기여한 바를 되돌아보게 한다.

사회복지사 : 이런 상황에서 어떤 일이 일어나는지 아는 데 좀 더 많은 노력이 필요할 것 같네요. 아버님께서는 이런 상황에서 어떤 규칙이 존재하는지 설명하실 수가 있으신지요?

아버지 : 난 항상 우리 가족이 싸우는 것을 막으려고 한 것 같네요.

사회복지사 : 아버님은 가족의 중재자처럼 보입니다. 제 생각에 그것은 무척 힘든 역할 일 것 같은데요.

아버지 : 하지만 난 보상을 바라고 한 일은 아니었소!

사회복지사 : 더 많은 규칙이 있는 것 같은데요. 누가 아버지를 중재자로 만들었죠?

마르타 : 우리가요.

사회복지사 : 맞아. 그건 아버지의 규칙이 아니고 가족의 규칙이야. 그건 나머지 가족이 싸움을 하면 아버지가 말리는 거지.

이 시나리오에는 생각해 볼 것이 많이 있지만 사회복지사는 하나의 주요 규칙을 확인하는 데 초점을 맞추었다. 이 가족에게 있는 특정 패턴화된 상호작용을 좀더 탐구해 본 후, 사회복지사는 가족원들이 이전 규칙을 계속 유지하기 원하는지 아닌지 결정하는 것을 도울 수 있다. 이 때 다음과 같이 질문할 수 있다.

아버지에게

"가족들의 싸움을 말리는 데 실제적으로 얼마나 효과적이었습니까?"

"당신이 그 역할을 하지 않는 경우, 가족에게 일어날 일 중 가장 두려운 것은 무엇입니까?"

"가족 중재자 역할에서 벗어나고 싶으십니까?"

다른 가족원들에게

"싸움에서 아버지가 계속 제3자로 남아 있길 바랍니까?"

"아버지가 중재자 역할을 그만둘 때, 서로 관계에서 가장 위험한 것은 무엇입니까?"

"당신 스스로 싸움을 끝내고 싶습니까?"

위 질문은 가족원 모두에게 초점을 맞추고, 가족들이 체계에서 그 행동의 기능이 무엇인지 결정하는 데 도움을 준다. 가족이 규칙을 수정하도록 돕는 것으로 사회복지사는 논쟁을 해결하는 새로운 기술을 가르쳐야 한다. 또 사회복지사는 아버지에게 중재자로서 역할을 점차 그만두고 가족 스스로 갈등을 해결하도록 지도해야 한다.

3) 즉시 현장에 개입하기

메타커뮤니케이션 형태에서, '즉시 그 현장에서(on-the-spot)' 개입하는 것은 부부나 가족 사이에 역기능적 상호작용이 일어날 때 그 패턴을 수정하는 데 효과적이다. 즉시 현장에서 개입하는 것은 클라이언트가 불분명하거나 거슬리는 표현을 할 때, 정확하게 의사전달이 안 될 때, 행위자가 의도하지만 그렇게 표현되지 않을 때, 파괴적 상호작용이 일어날 때 등에 적합하다. 이러한 개입방법을 사용할 때 사회복지사는 지금 한 의사소통(의사소통 형태에 명칭을 붙여라. 그렇게 하면 클라이언트는 자신의 역기능적인 행동을 인식할 수 있다)의 파괴적 영향에 초점을 맞추고 좀더 효과적으로 의사소통 할 수 있도록 가르치고 지도해야 한다.

다음 인용문은 이 개입기술을 사용한 예이다. 이 인용문에서 사회복지사는 어느 한쪽이 옳다고 할 수 없는 어려운 상황에 개입한다.

남편 : 난 분명히 당신이 가게에 갈 때, 방향제를 사오라고 했소. 분명히 기억하고 있소.

아내 : 당신이 그랬다고 생각할 뿐이지 그러지 않았어요. 만약 그런 말을 했다면 제가 기억하고 있을 테니까요.

남편 : 하지만 기억하지 못하잖소. 난 분명히 말했고, 당신은 잊은 게 분명해.

사회복지사 : 잠깐 멈추고 무슨 일이 있었는지 생각해 봅시다.

각각 한 가지 사건에 대해 다르게 기억하고 있고, 누가 맞는지 아무도 몰라요. 서로 상대방이 틀렸다고 확신하고 있기 때문에 여기서 논쟁을 그만두는 게 좋을 것 같습니다. 이건 여러분 문제를 푸는 데 전혀 도움이 되지 않고 오히려 더욱 거리만 만들 수 있어요. 다시 처음으로 돌아가서, 제가 상황을 좀더 효과적으로 다루는 방법을 보여 드리겠습니다.

역기능적 상호작용을 규정하고 클라이언트가 건설적으로 논의하도록 이끈 후, 사회복지사는 역기능적 의사소통과 관련한 문제로 개입하지만 클라이언트가 스스로 역기능적 행동을 규정하고 클라이언트 자신이 그것을 수정하도록 도전한다. 예를 들어, 사회복지사는 "잠깐만요!" 하면서 상호작용을 중단시킬 수 있다. "방금 전 당신이 한 일을 다시 생각해 보고, 그것이 어떻게 이어질지 생각해 보세요"라고 말한다. 만약 클라이언트가 자신의 문제의 본질을 알아내는 데 실패하면, 사회복지사는 다시 한번 역기능적 과정에 대해 명명하고 더 효과적인 과정을 모색할 수 있다. 역기능적 패턴을 수정할 때, 중재자는 클라이언트가 자신의 역기능적 행동을 알아차리고 그것을 메타커뮤니케이션하고, 새롭게 얻은 의사소통 기술로 대체하도록 한다. 물론 궁극적 목표는, 세션을 진행하는 동안 집중적으로 노력해서 역기능적 과정을 제거하는 것이다.

4) 즉시 현장에 개입하기 위한 지침

(1) 내용보다 과정에 초점을 맞춘다

사회복지사는 갈등내용보다 상호작용 과정에 초점을 맞추어 클라이언트의 의사소통을 향상시키는 데 훨씬 더 많은 도움을 줄 수 있다. 갈등은 일반적으로 내용 자체보다 클라이언트가 그것을 어떻게 다루는가에 더 많이 좌우된다. 앞의 인용문에서 본 것처럼 갈등상황에서 누가 옳은가를 판가름하는 것은 얕보기, 우세권 다툼, 이름 부르기, 위협하기, 폭력으로 이어지기 등 역기능적 과정에서 비롯하는 파괴적 영향에 비하면 중요하지 않다.

논쟁을 일으킨 주제가 무엇인지 무시하고 대신 클라이언트가 주의 깊게 다른 사람의 이야기를 듣고 효과적으로 의사결정을 하도록 돕는다. 그리고 클라이언트가 스스로 감정을 살피고, 자기 쪽 문제를 살피고, 긍정적 피드백을 늘리고 부정적인 피드백을 줄이며, 양보하기, 경쟁적 상호작용 피하기 등에 초점을 맞추도록 돕는다. 물론 클라이언트는 수많은 갈등 상황에 직면하지만 만약 서로 존중하고 자존감을 지켜주는 등 효과적으로 의사소통을 한다면 관계를 손상하지 않고 그 문제를 다룰 수 있다. 실제로 서로 잘 적응하는 가족과 그렇지 않은 가족에게 있는 차이는 갈등상황이 얼마나 많은가가 아니라 어떻게 처리하는가에 있다.

(2) 일반적이고 평가적인 피드백보다 세부적이고 중립적인 피드백을 준다

사회복지사가 개입할 때, 중립적인 방법으로 피드백 하는 것은 아주 중요하다. 클라이언트의 잘못을 지적하지 않고, 문제를 만드는 특정 행동에 대해서만 지적해야 한다. 행동을 평가하는 피드백은 방어심을 만들고, 일반적 피드백은 행동을 바꿔야 할 필요성을 잃게 만든다. 남편이 아내를 노려보며 다음과 같이 말한다고 생각해 보자. "내가 당신 부모님 집에 갔을 때, 당신은 내내 당신 어머니하고만 있었고 날 짐짝 취급했어. 앞으로는 당신 혼자만 가." 일반적이고 평가적인 메시지는 다음과 같다. "가쓰, 그런 말은 별로 좋지 않은 의사소통이네요. 좀더 나은 걸로 다시 해보세요." 앞의 것과 대조해서 중립적이고 세부행동을 지시하는 메시지는 다음과 같다. "가쓰, 전 당신이 바바라한테 말할 때, 잘못했다는 의미에서 바바라를 노려보고 '너' 메시지를 보내는 것을 보았어요. 그래서 바바라는 매우 놀라고 화가 난 거고요. 바바라에게 당신 말이 어떤 영향을 미쳤는지 피드백을 받는 게 좋을 것 같습니다. 바바라, 가쓰가 한 말에 대해 어떻게 느끼는지 직접 말해주실래요?"

마지막에, 사회복지사가 한 얘기는 클라이언트 말이 역기능적이라는 것을 의미하지만, 평가적 판단을 하는 것은 피한다. 더욱이 특정행동에 대해 언급하면서 피드백을 받자고 함으로써 클라이언트가 자신의 행동을 받아들이고 수정할 기회를 제공한다.

(3) 공평히 책임질 수 있도록 개입한다

가족상담은 한 명 이상이 참석하는 것이기 때문에, 사회복지사는 한 사람만 대인관계에 책임이 있는 것처럼 간주하는 것은 피해야 한다. 그렇지 않으면, 그 사람은 사회복지사나 다른 사람이 자신을 비난하는 것으로 느낄 것이다. 사회복지사는 책임을 나누고, 공평함의 본을 보이며, 한 사람만을 비난하는 것을 막아야 한다. 더욱이 한 사람이 다른 사람보다 문제에 책임이 더 많다고 할지라도, 그 체계에 있는 사람들은 모두 어느 정도 그 문제에 기여했다. 다음 인용문은 부부 치료세션에서 균형 있게 개입한 예이다.

아내 : 당신이 퇴근 후 아이를 돌보지 않겠다고 한 말은 날 몹시 화나게 해요. 내가 다시 직장에 다니는 것에 동의해놓고서 이제 와서 시간을 내서 아이를 돌보려 하지 않는군요. 당신이 아이를 돌보고 내가 직장으로 돌아가는 것보다 자기 경력을 쌓는 것이 더 중요하다고 생각하는 것 같아요.

남편 : 난 이제 막 새 직장을 잡았고 지금은 시간을 낼 수가 없어. 당신도 알잖아. 게다가 난 우리가 아직은 아기를 가질 준비가 되지 않았다고 말했잖아. 난 정말 지금은 아기를 돌볼 수 없어.

사회복지사 : 두 분 모두 합리적인 욕구와 이유가 있지만, 어떤 이유이든 이 일을 해결할 수 없군요. (아내에게) 남편이 아이를 돌보고 당신이 다시 직장으로 돌아가기로 한 약속을 지키지 않는 것에 분개하고 있군요. (남편에게) 새로운 직장을 잡았기 때문에, 지금은 아이를 돌볼 시간이 없다고 느끼시는군요. 그러면 서로 좀더 나은 방법이 무엇일까 생각해 봅시다.

위 예에서 사회복지사는 감정이입하고 있으며, 두 사람 각자의 감정을 이해한다. 그러면서 사회복지사는 어느 한 쪽 편을 들지 않고 중립을 유지한다. 감정이입 반응은 참석자들이 공격적일 때 메시지를 부드럽게 만드는 효과가 있다.

위와 같이 역기능적 상호작용이 일어날 때, 사회복지사는 세 명이나 네 명 또는 가족 전체에 개입해야 한다.

(4) 시간과 초점을 공평하게 하여 균형 있게 개입한다

가족은 다양하게 상호작용을 하기 때문에 사회복지사는 무엇에 개입할지 선택해야 하는데 이때 모든 성원이 자신의 관심에 초점을 맞출 기회를 줘야 한다. 그런 상황에 개입할 때, 몇몇 사람이 상호작용을 독점하는 것같이 보이지만, 상황을 잘 탐구해 보면 덜 적극적인 사람은 무언가 하지 않으면서 문제에 기여하는 것을 알 수 있다. 따라서 사회복지사는 그 상황을 유지하는 모든 사람의 책임을 고려하고 '행동하는 것'과 '행동하지 않는 것' 모두에 개입해야 한다.

(5) 참여자들이 서로 직접 메시지를 보낼 수 있게 한다

가족 구성원은 좀더 효과적으로 서로 의사소통하는 법을 배울 필요가 있기 때문에, 사회복지사는 중재인으로 행동하기보다 서로 의사소통을 할 수 있도록 촉진해야 한다. 클라이언트는 종종 배우자나 다른 가족에 대해 사회복지사에게 불평하는데, 그렇게 되면 서로에게 이야기하는 것은 더욱 어렵게 된다. 그래서 사회복지사는 관련이 있는 사람에게 다시 직접 말할 수 있도록 해야 한다. "파트너에게 직접 말해주시겠습니까?"

그러나 때로 사회복지사는 가족성원들이 다른 가족원에 대한 적의, 비난, 비판 등을 직접 말하게 함으로써 실수를 할 때도 있다. 그런 경우 상황을 더욱 악화시키고 가족원 간의 싸움으로 번질 수 있다. 그래서 직접 말하게 하기 전에 그 말에 대해 숙고해야 한다. 그런 말을 할 때 클라이언트 감정을 조절하고, 불평을 변화의 요구로 바꾸고, 메타커뮤니케이션과 목소리 톤, 얼굴 표정을 조절하여 긍정적 상호작용을 촉진할 수 있도록 적극 개입해야 한다.

일례로, 클라이언트가 말을 시작하면서 눈을 맞추지 않으면 사회복지사는 다음과 같이 눈을 맞추고 이야기하라고 지시해야 한다.

"잠시만 멈춰 주십시오. 당신은 __에게 말하지 않고 저한테 말했습니다. 이제 다시 시작해서, 이번에는 저에게 말고 직접 __에게 얘기하세요."

5) 갈등에서 벗어나도록 클라이언트 돕기

가장 흔한(그리고 파괴적인) 역기능적 상호작용 형태는 참여자들 사이에 분노와 원망이 생기면서 논쟁이 급격히 심해지는 것이다. 부부사이에 경쟁심은 심해지고, 한쪽은 다른 쪽이 이기도록 놔두지 않는다. 그렇게 되면 논쟁을 일으키게 된 원래의 내용은 부차적인 것이 되고 논쟁은 권력이나 체면에 관한 문제로 바뀐다.

경쟁적으로 싸우는 것을 피하기 위해, 역기능적인 과정에 대한 메타커뮤니케이션을 사용해, 경쟁적 갈등은 모든 사람에게 부정적 감정과 정서적인 소외감을 일으키기 때문에 참여자 모두 지게 된다는 것을 강조해야 한다. 싸움에서 이기는 것보다 상호 존경심을 잃지 않는 것이 더욱 중요하다는 점도 강조해야 한다.

이성적으로 행동하기 위해 갈등을 피하는 방법을 도입해야 한다. 가장 좋은 방법은 다음과 같다.

"잘 들어보세요. 이건 누군가가 옳고 그르냐의 문제가 아닙니다. 논쟁을 시작하면 서로 화가 나게 되고 누구도 그렇게 되기를 원하지 않습니다."

논쟁을 그만두어야 함을 신호하는 암호를 가르쳐서 세션과 세션 사이에 논쟁이 일어나지 않도록 도울 수 있다. 부부에게 자신에게 맞는 암호를 만들도록 하면 대부분 기꺼이 그렇게 한다. 클라이언트가 개발해낸 암호는 다음과 같다. '휴전' '평화' '타임아웃' 이다.

싸움을 멈추는 과정을 배우기는 쉽지만, 당시에는 경쟁적으로 반응하는 평소의 반사적 패턴 때문에 실제 적용하는 것은 어렵다. 그래서 처음에는 자주 개입해야 하고, 점차 스스로 그렇게 할 수 있도록 유도해야 한다. 다음 세션에 참여하기 전에 집에서 논쟁하게 될 때, 논쟁을 중지하고 암호를 사용하는 과제를 얼마나 적용할 것인지 협상하는 것은 이 방법을 일상생활로 옮기는 데 매우 중요한 역할을 한다.

6) 역기능적인 보완적 상호작용 수정하기

경쟁적 상호작용과 반대로 지배적인 한쪽 편에 대해 다른 편이 복종하거나 수동적으로 행동하는 것이 특징이다. 관계에서 이런 보완적 형태는 한 사람이나 두 사람 모두에게 역기능적임은 이미 오래 전에 증명되었다. 수동적 파트너는 지배적인 파트너에 대한 분노가 쌓이고 수동적 저항이나 도전을 나타내기도 한다. 더욱이 지배적인 파트너는 자신의 역할에 대해 피곤해 하거나 상대방의 수동성과 연약함을 무시할 수 있다. 어떤 경우도 이런 관계는 파괴적이다.

역기능적 보완적 상호작용을 수정하기 위해 두 사람 모두 함께 과정에 참여하는 것은 필수이다. 순응적 파트너는 좀더 주장을 해야 하고, 지배적 파트너는 권력을 나누고 상대 주장을 격려하는 법을 배워야 한다. 이런 관계를 다룰 때에는 상대방이 받아들일 수 없거나 위협을 느낄 정도로 변화를 강제하면 관계가 심각하게 혼란스러워지기 때문에 이 점에 주의해야 한다.

7) 상호 변화에 대해 협상하여 동의하기

부부치료나 가족치료 동안, 클라이언트는 때때로 상대

방(다른 가족원)이 상호 변화에 동의한다면 특정한 행동을 바꿀 것을 즉각 제안한다. 이러한 조건적 제안은 관계에서 무의식적으로 균형을 유지하려는 시도를 나타낸다. 리더러와 잭슨(Lederer & Jackson, 1968)은 이를 '보상(quid pro quo)' 이라고 설명했다. 예를 들어, 부부의 경우 만약 배우자가 성적 요구를 덜하겠다는 데 동의하면, 더욱 애정으로 대하겠다는 데 동의할 수 있다. 부모는 아이들이 언제까지 숙제를 다 끝내면 TV 보는 것을 허락한다고 동의할 수 있다. 상대가 변화에 동의할 때 다른 쪽도 더 변화를 받아들이기 쉬워지는 이유는 두 가지이다. 첫째, 사람들은 얻는 것이 있다는 것을 알 때 주려는 경향이 강해진다. 둘째, 모든 사람이 변화에 동의하면 자신이 상호작용에 문제를 일으키는 것이 아니라고 생각하게 되고 아무도 체면을 잃지 않는다.

상호 변화를 계약하는 것은 변화를 유도하는 강력한 방법이다. 상호 계약은 많은 사람들이 다른 사람이 먼저 변하기를 기다린다는 점에서 특정한 이점이 있다. 다른 이점은 클라이언트가 변화라는 모험에 서로 함께 참여한다는 것이다. 이런 상호 참여는 관계의 다른 차원에서 협력의 씨앗이 될 수 있고 경쟁적 상호작용을 해온 부부에게 더욱 효과적이다.

아직 경쟁적 상호작용에서 벗어나지 못했거나 문제에 대해 서로 비난하는 클라이언트는 상호 계약을 싫어한다. 그래서 클라이언트가 서로 욕구를 표현하고 주의 깊게 들을 수 있을 때까지 이 기술을 사용할 것을 권한다. 또 관계를 향상시키기 원한다는 약속을 받는 것도 필수이다. 제이콥슨(Jacobson, 1978)은 클라이언트가 서로 헌신이나 관계에 대한 배려가 아니라 세션에서 정한 규칙 때문에 변화가 일어난다고 보는 경우, 변화 가치를 절하할 수 있다고 한다. 그러므로 클라이언트에게 관계를 향상하기 원한다는 약속을 명확하게 받는 것이 결정적이라고 언급한다. 그래서 클라이언트가 다른 사람을 배려하는 것이 변하려는 동기에서 가장 중요한 요소임을 확실히 하도록 권유한다. 다음 인용문은 이러한 사회복지사의 노력을 볼 수 있다.

사회복지사(남편에게) : 변화에 동의하는 이유에 대해 부인에게 말해주시겠어요?

남편 : 제 생각에는 제 아내도 이미 알고 있을 것 같은데요.

사회복지사(남편에게) : 그래도 다시 한번 확인해주시겠습니까?

남편(아내에게) : 당신 알고 있지?

아내 : 네 그래요. 하지만 당신한테서 듣고 싶어요.

남편 : 단 한 가지 이유는……, 제기랄 당신은 세상에서 내게 가장 소중한 사람이란 말이오. (목이 멘다) 한번도 보여준 적 없지만, 그건 사실이오.

아내 : 고마워요. 듣기 좋은데요.

사회복지사는 여러 다른 문제상황에서 상호작용을 향상시키기 위해 다음 예와 같이 상호 계약 맺기를 사용할 수 있다.

- 만약 부인이 친정어머니에게 아이들 교육에 대해 잔소리하지 마시라고 이야기한다면 남편은 부인과 처갓집을 더 자주 방문할 것에 동의한다.
- 아이들이 일정액을 저축하면 부모도 용돈을 더 올려준다고 동의한다.
- 저녁 먹으라고 부를 때 남편이 신문 읽기를 그만두면, 아내도 정시에 식사를 제공하는 데 동의한다.
- 아내가 이야기 도중 끼어들거나 반대하지 않고 남편의 이야기를 들어준다면, 남편도 더 자주 자신의 감정을 표현하기로 동의한다.

상호 계약에서, 클라이언트에게 최대한 책임을 부여하는 것이 좋다. 그렇게 하여 클라이언트는 더 적극적으로 변화에 참여할 수 있다. 더 나가서 클라이언트는 종종 사회복지사가 생각지도 못한 참신하고 건설적인 제안을 하기도 한다. 클라이언트의 참여를 유도하기 위해, "당신들 모두 이런 상황에 대해 불행한 것이 확실합니다. 상황을 좀더 개선하기 위해 할 수 있는 일이 무엇인지 제안을 들어보고 싶은데요" 라고 말할 수 있다. 조금만 격려하면 클라이언트는 대부분 제안할 수 있다. 그러나 먼저 사회복지사가 가능한 상호 행동을 제안하여 클라이언트를 격려해야 할 수도 있다. 이때 클라이언트가 너무 과도하게 제안하지 않도록 안내해야 한다. 클라이언트는 즉시 크게 변하기를 원하는데 이것은 거의 비현실적이다. 서서히 변한다는 것을 생각하면서 클라이언트에게 과도하게 욕심을 부리는 것은 오히려 실패와 실망을 부를 수 있다는 것을 알려야 한다. 더욱이 실패하면 원조과정에 대한 확신마저 흔들릴 수 있다. 그래서 클라이언트의 능력과 동기에 적당히 맞추는 것이 필수이다. 작은 상호 변화를 성공적으로 수행하면, 주는 쪽이나 받은 쪽이나 모두 이득이 되고 더 많은 동기를 갖게 된다.

초기과업은 상대적으로 간단하고 성공하기 쉬워야 한다. 갈등할 때 초기과업은 대면접촉을 피하는 것으로 할 수 있다. 예를 들어, 아이는 방을 치우기로 하고 어머니는 아이가 좋아하는 과자를 사주기로 하는 것이다.

주의할 점은 클라이언트가 동시에 여러 가지 변화를 시도하지 않도록 하는 것이다. 여러 가지 과업을 동시에 하는 것은 노력도 많이 들고 성공할 기회도 적다. 반대로 한 가지 일에 노력을 집중하는 것은 성공 가능성을 높인다.

클라이언트와 제안을 논의할 때 걱정, 염려, 수행에 대한 반대 등을 의미하는 비언어적 표현에 주의해야 한다. 때때로 클라이언트는 반대하기를 주저하고 꼭 지킬 의도가 없어도 동의한다. 특히 부모와 아이 같이 권력수준이 다를 때 그런 일이 일어날 수 있다. 하지만 그런 비언어적 실마리에 감정이입하여 반응하면 염려를 없앨 수 있다. 염려의 본질과 원천을 찾아내서 그것을 풀 수 있도록 도와야 한다. 만약 변화의 제안을 거절하면, 클라이언트가 원하는 변화가 무엇인지 먼저 규정하도록 한다. 핵심은 클라이언트가 꺼리는 계약은 피해야 한다는 점이다.

즉 클라이언트가 기꺼이 수행할 의사가 있는 상호 계약을 제안한 후, 그 계약을 지킬 수 있도록 도와야 한다. 다음 세션 전까지 클라이언트가 해야 할 특정과업을 정해주는 것이다. 과업수행 단계에 따라 과업을 수행하는 계획을 세우는 것은 중요하다. 과업수행 계획을 세울 때, 각자 자신이 수행할 계약에 대해 신념을 가져야 함을 강조해야 한다. 다음 문장을 보자.

> "여러분은 변화로 좀더 좋아질 수 있고 그래서 변화에 동의해 준 것을 기쁘게 생각합니다. 하지만 이런 변화를 성공적으로 수행하기 위해 각자 다른 사람과 상관없이 자신이 할 일을 수행해야 합니다. 상대가 먼저 할 때까지 기다리면 다음 세션까지 서로 기다리기만 할 것입니다. 기억하세요. 다른 사람이 과업에 실패한 것이 여러분의 변명이 될 수 없습니다. 만약 상대가 동의한 내용을 지키지 않더라도 여러분은 각자 수행한 부분으로 만족을 얻을 수 있습니다."

참여자에게 모두 개인의 책임감을 강조하고, 다음 세션에 올 때 과업을 수행하지 않은 것에 대해 다음과 같은 말로 정당화하지 않도록 주의를 주어야 한다. "그 사람은 자신이 해야 할 과업을 수행하지 않았어요. 전 알고 있어요. 그래서 저도 하지 않았어요."

다음 세션 때 과제수행 경험을 듣는 것은 아주 중요하다. 모두 과제를 잘 수행했으면 서로 긍정적 피드백을 더 많이 하면서 논의하고 긍정적 상호작용을 수행하는 다른 방법들에 대한 논의로 이끈다. 한 명이나 그 이상 약속을 지키지 않았으면, 지난 주 상호작용에 대해 묻고, 과제수행에 장애물이 무엇이었는지 초점을 맞춰야 한다.

8) 가족의 주의 끌기

부부와 가족의 역기능적 의사소통을 막는 창조적 개입은 사회복지사에게 도움이 된다. 넬슨과 트레퍼(Nelson & Trepper, 1992)의 『가족치료에서의 101가지 개입』은 치료과정에 도움이 되는 실제적이고 창조적인 개입방법을 제공한다.

9) 클라이언트에게 요구하도록 가르치기

대부분 클라이언트는 자신이 다른 사람에게 원하는 것이 무엇인지 인식하는 데 어려움이 있으며, 그런 욕구를 다른 사람에게 분명하고 확실하게 표현하는 것도 어려워한다. 의사소통에 실패하는 많은 경우, 다른 사람이 클라이언트가 바라는 것을 해주도록 부탁하는 것이 아니라 고압적인 태도로 요구하기 때문이다. 사회복지사는 클라이언트가 변화를 원할 때 다른 사람에게 그것을 명확하게 요청하도록 격려하여 클라이언트의 파괴적 의사소통과정을 수정할 수 있다.

클라이언트가 거의 사용해 본 적이 없는 요청하는 방법은 다음과 같이 사회복지사가 클라이언트에게 쉽게 가르칠 수 있는 간단하면서도 강력한 기술이다.

- 불평의 다른 한 면은 채워지지 않은 욕구나 바라는 것을 의미한다. 당신이 가지지 못하는 것에 대해 불평을 터뜨리는 대신 자신에게 필요한 것을 말하라. 긍정적 요구를 취소하는 것을 피하라. "네가 그걸 원치 않는다는 것을 알아. 하지만……."
- 그렇게 요청하는 것이 당연한 것처럼 하지 말고 다른 사람들이 기꺼이 받아들일 수 있도록 요청하라. "이렇게 좀 해주시겠습니까?" 혹은 "이렇게 해주시면 무척 감사하겠습니다."
- 각 사람이 요청할 권리가 있다는 것에 동의하라. 하지만 또 각 사람이 요청을 거절할 수 있는 권리도 있다는 것에 동의하라. 또 서로 같은 편이기 때문에 상대방 요청에 대해 단호하게 "아니오"라고 거절 할 수 없다는 것에 동의하라. 대신 상대방 요청을 받아들일 수 없는 것이면 다른 것을 요청하도록 하든지 아니면 문제를 해결하기 위해 다른 방법은 없는지 물어 보라.
- 상대가 원망하면서 요청하면 누구도 요청을 들어주기 위하여 "네"라고 하지 않음에 동의한다.

10) 클라이언트가 과거를 포기하도록 돕기

과거에 누적된 상처에서 벗어나지 않고는 관계를 맺을 수 없다. 종종 그런 상처는 부부나 가족에 악순환되고, 싸움의 불씨가 된다. 과거에 머무르는 것은 대화를 시도하려는 클라이언트의 가장 공통적이고 파괴적인 문제 중 하나다.

사회복지사는 24시간이 지난 일은 절대 얘기하지 않도록 하여 클라이언트가 습관적으로 과거에 초점을 맞추는 것을 포기하도록 도울 수 있다. 과거에 대해 일시 정지를 선언하는 것으로 클라이언트는 파괴적 의사소통을 멈추게 된다. 또 적당한 문제해결전략을 구할 때까지 치료 세션 동안 문제에 대해 얘기하지 않도록 할 수 있다. 그리고 쳇바퀴 도는 것처럼 계속 갈등하는 것은 의미 없음을 지적해야 한다. 치료 후반기에 사회복지사는 '과거의 상처'를 연습하게 할 수도 있다. 이 연습에서 얼마나 오래되었든 또 그것이 무엇이든 관계없이 아직 갖고 있는 과거의 상처 목록을 만들고 그 '상처'에 등급을 매기도록 한다. (1 = 제일 낮은 정도, 10 = 제일 높은 정도). 그리고 어떤 상처를 잊어버릴지 또는 그것을 다른 것과 교환할 것인지 논의한다.

6. 오해와 왜곡된 인지 수정

클라이언트는 종종 잘못된 신념에 기반해서 인식하기도 한다. 이것으로 가족관계에 불만이 생기고, 서로 원망하고, 역기능적 상호작용을 하게 된다. 다음은 잘못된 신념에 관한 예다.

- 당신에게 상처를 주든지 이득을 주든지 사람을 사귀는 것은 중요하다.
- 권위가 있는 모든 사람(특히 경찰)은 다른 사람에게 손해를 주는 일에 자신의 권력을 이용한다.
- 우리 가족의 불화는 비밀로 해야 한다. 그렇지 않으면 다른 사람들이 우리 가족을 나쁘게 생각할 것이다.

다른 사람에 대한 비현실적 기대와 신화는 관계에 오해를 일으킨다. 신화와 비현실적 기대는 분명하지 않은 경우가 많으므로, 사회복지사는 배우자, 결혼, 가족관계에 대한 클라이언트의 기대를 탐구하면서 유추해야 한다. 신화는 믿음, 배우자, 가족, 친척에 대한 기대를 만들면서 가족의 작용을 지배하는 규칙과 유사하다. 리더러와 잭슨(Jackson & Lederer, 1968), 글릭크와 케슬러(Glick & Kessler, 1974), 골든버그와 골든버그(Goldenberg & Goldenberg, 1991)는 상호작용에 심하게 영향을 주는 수많은 신화와 비현실적 기대를 규정했다. 아래는 그런 신화에 대한 일반적 예다.

- 가족원은 가족에서 자신의 모든 정서적 욕구를 채워야 한다.
- 배우자는 말하지 않고도 상대의 욕구, 느낌, 원하는 것을 알아야 한다.
- 서로 잘 맞고 사랑한다면, 아무런 노력 없이도 성공적인 관계를 지속할 수 있다.

오해와 신화를 없애기 위해, 클라이언트가 그것을 인지하면서 부드럽게 그 오류를 받아들이도록 하고 그것이 관계에 어떤 영향을 주는지에 초점을 맞춰야 한다. 오해와 신화는 클라이언트가 불쾌하게 여기는 현실에 직면하지 않게 하고, 자신이 위협적으로 인식하는 변화로부터 스스로를 보호하기 때문에 그것을 포기하는 것에 종종 갈등한다. 사회복지사는 본질적 변화를 위해, 변화는 두려움을 수반하고 새로운 행동을 배우고 실천하기 위해서 위험이 따른다는 것을 인식해야 한다. 사회복지사는 이처럼 클라이언트에게 있는 두려움에 대하여 감정이입하여 반응하고 변화에 대한 클라이언트의 양가감정을 지지하면서 힘을 줄 수 있다.

이 과정을 묘사하기 위해, 극도의 긴장과 두려움에 떠는 17세 청소년이 있는 가족을 생각해 보자. 가족치료 동안 부모가 아이에게 학업문제로 지나치게 스트레스를 주면서 의사가 되기를 기대한다는 것을 알아냈다. 이 가족은 열심히만 하면 누구나 원하는 사람이 될 수 있다는 신화를 갖고 있는 것이 분명하다. 신화를 깨고, 부모의 기대를 바꾸고, 아들에 대한 압력을 줄이기 위해, 사회복지사는 부모를 따로 만났다. 다음은 그 세션의 일부분이다.

사회복지사 : 게리가 화학과 물리에 초인적인 노력을 들이고 있지만 여전히 힘들어하는 것이 걱정입니다. 그 아이는 무슨 일이 있더라도 의사가 되어야 한다고 믿고 있고 그렇게 긴장하고 있는 한 가지 이유는 노력에도 불구하고 자신은 그렇게 되기 어렵다는 것을 깨달았기 때문이라는 인상을 받았습니다. 게리에게는 부모님 기대에 부응하는 것이 아주 중요한데, 지금은 게리는 아무리 노력해도 점점 힘들어지고 있습니다.

아버지 : 저도 걔가 열심히 한다는 것은 알고 있습니다만 잘될 것입니다. 게리가 진정으로 원하면 의사가 될 수 있습니다. 저도 스스로 그렇게 믿었다면 의사가 될 수 있었을 텐데, 전 그러지 못했습니다. 전 너무 많이 놀았거든요. 전 게리가 같은 실수를 하지 않기를 바랍니다.

사회복지사 : 게리에 대한 염려는 알겠습니다. 하지만 부모님이 원하기만 하면 할 수 있다는 신념을 게리에게 주입시킨다는 인상을 받았습니다. 그래서 게리는 자신의 노력과 상관없이, 그렇게 하지 못하는 것을 자기 탓으로 돌리고 있습니다.

어머니 : 그럼 당신은 정말 열심히 노력하면 무엇이든 할 수 있다고 생각지 않으세요?

사회복지사 : 그 신념은 사람마다 있는 차이에 대해 말할 때에는 적절하지 않습니다. 사람들은 모두 다른 적성과 재능이 있습니다. 제 경우, 치과의사, 보석사, 외과의사, 피아니스트 같은 손가락이 민감해야 하는 직업은 가질 수 없습니다. 또 공간관계를 시각화하기가 어렵기 때문에 기술자가 되기도 어렵습니다. 모든 사람은 적성이 있고 한계도 있습니다. 직업을 선택할 때 중요한 점은 내 적성에 맞느냐 하는 것입니다. 저는 두 분께서도 자신의 적성과 한계를 알고 계시다고 생각합니다.

가족에게 있는 신화를 찾을 때, 사회복지사는 게리에게 나쁜 영향을 미친 신화에 초점을 맞추고 있다. 이 점을 주지하라. 또 사회복지사는 진심으로 자신의 한계를 드러냈다. 이런 방법은 추상적인 것에서 구체적인 것으로 초점을 바꾸고 잘못된 신념에 대한 매우 설득력 있는 증거가 된다. 사회복지사는 나아가 신화를 부모 자신에게 적용하도록 요구하면서 그 신화가 타당하지 않음을 부모가 이해하도록 시도하였다.

사회복지사는 또 다른 사람에 대해 왜곡되게 인지하여 역기능적으로 상호작용하는 클라이언트를 자주 만난다. 10장에서 기억할 수 있듯이, 다른 사람에게 꼬리표(낙인)를 붙이는 것은 그런 인지적 왜곡의 주요 형태이다. 꼬리표를 붙이는 것은 블라인더를 치는 것과 같은 효과이다. 다른 사람의 힘, 한계, 감정, 신념, 관심, 목표, 태도, 희망에 대해 바로 인식하지 못하게 방해한다.

사회복지사가 꼬리표(낙인)를 붙여서 부르는("넌 게을러" "멍청해" "쌀쌀맞아" "딱딱해" "믿을 수 없어") 과정을 관찰하고 그 즉시 개입하는 것이 중요하며, 꼬리표가 붙은 사람(낙인은 방어감과 분노를 만든다)에게 미치는 부정적 효과를 강조해야 한다. 또 다른 사람에게 꼬리표를 붙이는 것은 다른 사람에 대한 인지를 제한하고, 마찰을 만들고, 친밀감을 갖지 못하게 한다. 이러한 파괴적 효과에 초점을 맞추어, 사회복지사는 클라이언트가 다른 사람에게 꼬리표를 붙이지 않도록 주의해야 한다. 그리고 꼬리표가 붙여진 경험이 있는 클라이언트가 좌절감을 느끼지 않도록 감정이입하여 반응하는 것은 중요하다.

아내(남편에게) : 제이미가 학교에서 잘하고 있다는 통지서를 보고 흥분해서 당신한테 말했는데, 당신 의 반응은 그때 어땠어요? '치' 그게 다지요. 당신은 남의 흥이나 깨는 사람이에요.

사회복지사 : 잠깐만요. 무슨 일이 일어났는지 봅시다. (아내에게) 렉스의 반응에 실망했다고 말했고, 지금도 그렇게 말하고 있어요. 얼마나 좌절감을 느꼈는지 이해해요. 하지만 남편은 흥을 깨는 사람이라고 딱지를 붙이면 남편은 방어적이 되고 주제에서 벗어나게 되지요. 잠깐 두 분이 지금 무엇을 느끼시는지 이해해 보도록 합시다.

상대방에게 꼬리표를 붙여서 말하지 않도록 한 후 사회복지사는 클라이언트가 자신의 감정과 인지를 점검하도록 돕고 변화를 위해 구체적으로 상대방에게 무엇을 원하는지 설명하도록 요청한다.

7. 역기능적 가족동맹 수정

10장에서 강조한 것처럼, 모든 가족은 서로에 대한 제휴 패턴을 발달시킨다. 그리고 그것은 개인의 성장이나 가족의 생존능력을 향상시킬 수도 손상시킬 수도 있다. 그런 제휴를 수정하기 위한 개입은 일반적으로 다음과 같다.

- 배우자나 다른 가족과 유대가 약할 때 혹은 한 명이 다른 사람을 조정할 때
- 가족 중 두 사람이 다른 사람과 적절히 유대하는 것을 방해할 정도로 너무 밀착하여 연합할 때
- 두 사람이, 세 번째 사람과 동맹해서 불만족이나 갈등에 대처하려고 할 때. 이것이 삼각관계 현상인데, 예를 들어 부모가 아이를 부부갈등의 볼모로 잡는 경우가 있다.
- 가족이 서로 분리되어 있거나 서로 정서적 지지가 없이 각자 생활할 때
- 적절한 가족역할 형성을 방해하는 가족이 아닌 다른 사람(친구나 친척)과 동맹관계를 형성할 때

개입할 때 사회복지사는 다음 내용을 위해 노력해야 한다.[51]

- 동맹 해체하기 : 단계를 단절하는 것이다. 예를 들어, 사회복지사는 한쪽 부모로 하여금 자신의 남자친구와 파괴적

관계를 단절하도록 도울 수 있다.

- 동맹 발전시키기 : 새로운 동맹을 만들거나 발달하지 않은 관계를 강화한다. 사회복지사는 새 아버지와 아들 관계를 발달시키거나 낯선 형제들과 정서적 유대를 발달시키는 것을 도울 수 있다.
- 동맹 재강화하기 : 동맹을 유지하거나 범위와 힘을 증가시킨다. 일례로 사회복지사는 부부에게 효과적인 부부체계를 수행할 수 있도록 도울 수 있다.
- 동맹 느슨하게 하기 : 정서적으로 너무 밀착되어 있는 관계를 풀어주고 정서적 에너지를 다른 사람에게 다시 줄 수 있도록 돕는다.

사회복지사가 가족동맹(family alignments)을 수정하기 위해 개입하기 전에, 이 동맹을 과연 수정할 것인지, 또 어떻게 수정할 것인지 가족과 함께 결정해야 한다. 사회복지사가 해야 할 첫 번째 과업은 가족들이 자신의 동맹실태를 관찰할 수 있게 하는 것이다. 이것은 가족에게 동맹에 대해 생각해 보도록 질문하면서 시작할 수 있다.

"어려운 문제에 부닥치거나 도움이 필요할 때, 가족 중 누구를 찾습니까?"

"때때로 가족 중 누구와 더 친하고 편을 가르게 됩니까? 누가 누구와 그렇게 하나요?"

"가족은 대부분 갈등합니다. 누구와 주로 싸우십니까? 다른 사람은 주로 누구와 싸웁니까?"

사회복지사는 또 세션에서 분명하게 드러나는 연합과 동맹에 가족들이 집중하도록 할 수 있다 . 예를 들면, 다음과 같다.

[파트너에게] : 당신이 가족의 중심에 있는 것 같네요. 대화가 대부분 당신에게 향하는 것 같고, 당신(다른 파트너)은 거의 지켜만 보고 있네요.

가족원들이 동맹을 알게 되면, 사회복지사는 다른 가족원과 좀더 가까워지고 싶은지 그리고 그것을 방해하는 장애물이 무엇인가 알고 싶은지 생각해 보도록 유도한다.

가족동맹을 관찰하는 다른 방법은 종이를 주고 가족관계를 그림으로 그려보라는 것이다. 가족원을 각자 사각형으로 그린다. 사각형 크기나 위치는 상관없다. 사회복지사는 그 사각형의 크기나 위치로 관계가 얼마나 가까운지 혹은 먼지 나타내도록 유도한다. 그림을 다 그리고 나면, 그 뒷면에 자기가 바라는 관계를 그리라고 한다. 그 다음 토론하면서 각자가 그린 그림을 보여주고 의견을 나누게 하고, 가족 조정과 정서적 거리에 대해 결론내릴 수 있도록 도와준다. 그 후 사회복지사는 클라이언트 각자가 바라는 관계를 그린 그림에 대해 설명해달라고 한다. 토론 중에 사회복지사는 더 친해지고 싶은 성원들의 마음을 강조하고 그렇게 바뀔 수 있는 목표를 설정하도록 돕는다.

가족구조를 분석하기 위한 또 다른 전략은 가족조각(family sculpting)을 사용하는 것이다(Constantine, 1978; Jefferson, 1978; Papp, 1976). 이 기술은 가족원들이 공간적으로 스스로 위치하여 가족관계를 몸으로 표현하면서 하나의 그림(tableau)을 완성하는 것으로 가족동맹을 표현한다. 가족 조각은 역기능적 가족연합을 보여주고 관계를 재조정해야 함을 인식시켜주는 매우 효과적인 기술이다. 때문에 사회복지사는 이 기술을 잘 사용할 수 있어야 한다.

사회복지사의 도움으로 가족들은 자신의 가족구조에 대해 논의하게 되는데, 이렇게 논의하면서 종종 가족들은 기존의 가족연합을 바꿔야겠다고 자극 받는다. 사회복지사는 다음 개입방법으로 다양한 가족연합 형태를 수정하려는 가족을 도울 수 있다.

---

51) 몇몇 목록은 구조적 가족치료를 논하는 아폰테와 반듀센(Aponte & Van Deusen, 1981)의 책에서 발췌하여 적용한 것이다.

1) 부모의 연합 강화하기와 세대 간 경계 표시하기

기능적인 가족은 부모연합(parental coalitions)이 강하고 세대 간 경계도 분명해서 부모가 아이와 삼각관계를 형성하지 않고, 아이들이 부모체계에 들어오는 것을 허락하지도 않는다. 그래서 부모연합이 약한 가족과 일할 때에 사회복지사는 부부가 관계를 강화할 수 있도록 돕고 아이들과 상호작용에서 연합전선을 형성할 수 있도록 도와야 한다. 반면, 아이는 가장 허용적인 부모와 주로 관계를 맺고 부모 중 한쪽에 특권과 정서적 지지와 사랑을 요구한다. 그런 아이는 부모 한쪽과만 친하고 다른 쪽과는 적대적이다. 그래서 부모가 분열하게 되고 아이와 '배제된' 부모 사이에 긴장이 형성된다. 이런 적대적 가족 분위기의 폐해는 특히 나이 든 아이들이 있는 재혼 가족에게 많다. 부모와 자녀 사이에 정서적 유대가 부족하기 때문이다. 이런 가족이 직면하는 도전은 두 가족이 합쳤을 때 가족단위(unity)와 응집력을 발달시킨다는 점이다. 부부연합을 강화하는 전략은 다음과 같다.[52]

① 부부, 가족 전체, 아이들과 따로따로 만난다. 부부만 따로 만날 때 사회복지사는 욕구를 명확히 하고 부부연합을 강화하는 과업을 발달시킬 수 있다. 이런 만남은 또 세대 간 경계를 가시화한다.

② 아이들을 빼고 부부만 밖에 나가서 할 수 있는 활동을 해보라고 한다. 부모는 아이들과 상관없이 계획을 세워서 실행하고, 도착할 시간을 아이들에게 알리고 집을 나선다. 돌아와서 간단하게 설명하고 아이들이 어떤 태도를 취하더라도 방어적으로 대하지 않는다. 그런 일을 몇 차례 반복하면 세대 간 경계를 만들 수 있고 아이들에게 부모의 사적 영역에 침범하지 말 것을 확실하게 전달할 수 있다.

③ 어떤 결정을 내리거나 행동할 때 부모-자녀 사이에 연합전선을 형성할 것에 부부가 동의한다. 사회복지사는 어떻게 하는 것이 적절하게 행동하는 것인지 결정할 때 부모가 아이들을 대신 결정하지 않고 물러설 수 있도록 돕는다. 또 아이가 한쪽 부모에게만 접근하면 그 부모는 다른 가족들과 문제를 논의하고 함께 결론에 도달할 수 있도록 결정 내리기를 연기하기로 동의한다. (물론 예외는 있다. 즉각 결정해야 할 때도 있다). 또 부모는 어느 한쪽이 아이를 훈계하고 있을 때 참견하지 않기로 동의한다.

④ 다음 동의한 내용은 결혼관계에서 부부 사이에 결정하는 것과 관련된 규칙에 관한 것이다.

- 무언가 관계에 대해서 긍정적인 것을 말할 때에는 모든 사람에게 말하고, 부정적인 말을 할 때는 부부끼리 말한다.
- 부부의 친밀한 생활과 상대방의 사생활에 대해 비밀을 지켜주기 위해 관계의 프라이버시와 통합성을 유지한다.
- 상대방에 대한 농담을 삼가고 다른 사람 앞에서 난처하게 하지 않는다.
- 중요한 재정적 결정을 내릴 때에는 서로 하나이듯 행동한다.
- 모든 가족원과 관련하여 '외부인(예: 사위, 며느리)' 과 같은 문제를 해결하기 위해서는 '누구 때문인가' 대신 '무엇이 도움이 될까' 에 초점을 맞춰 함께 행동한다.

부부는 또한 가족관계의 경계를 명확히 하고 가족갈등을 줄이기 위해 라슨(Larsen, 1991)이 규정한 가족지침을 따를 수도 있다.

- 가능한 한 아이들 문제를 비밀로 다루어라. 아이들의 사생

52) 이 전략은 매슨과 오비르네(Masson & O'Byrne, 1984)가 서술한 기술에 부분적으로 기초하고 있다.

활을 보호하고 부모-자녀 관계의 통합성도 보호한다.

- 아동에게 크게 해를 미치는 것이 아니라면 부부는 각자 다른 사람의 간섭 없이 직접 아이들 문제를 다룰 수 있도록 하라. 만약 그 방식에 너무 차이가 많이 나면 부부가 따로 논의하여 조정할 수 있을 것이다.
- 부모로서 각자 가지고 있는 문제를 다룰 수 있을 것이라고 믿어라.
- 이름 부르기, 꼬리표 달기, 소리지르기나 그 외 다른 정서적, 신체적 학대를 하지 마라.
- 한쪽 부모가 아이 문제에 대해 다른 배우자에 대항하여 편들기를 하지 마라.
- 아이들끼리 서로 적대적인 동맹을 형성하는 것을 막아라.
- 아이들 앞에서 싸우지 말아라. 또는 배우자에게 반대하는 쪽으로 아이를 끌어들이거나, 다른 배우자를 대적하기 위하여 아이와 정치적 동맹을 형성하지 마라.
- 아이의 비밀을 다른 사람에게 쉽게 말하지 마라.
- 다른 사람 앞에서 가족원에 대해 비판하거나 나쁘게 말하지 마라. 또 아이들 앞에서 배우자 흉을 보지 말고 아이들에게 부부관계에 속한 문제로 부담을 주지 마라.

경계를 강화하는 것은 대부분 가족과 부부에게 필요하며 전체 치료과정 동안 이슈가 될 수 있다. 사회복지사는 경계를 재구성하고 즉시 현장에서 개입하여 역기능적 동맹을 해체하는 것으로 클라이언트를 도울 수 있다. 적당할 때, 사회복지사는 관계 전략 가운데 클라이언트를 돕기 위해 가족이 이전에 만들어 놓은 목록을 다시 살펴보는 것이 필요하다.

2) 공간 이용하기

사회복지사는 공간을 이용해 의사소통을 촉진하고 가족이 자리를 배치하는 것을 보면서 정서적 유대를 강화하거나 약화시킬 수 있어야 한다. 또 주로 불평을 호소하는 사람을 불평 대상 건너편이 아닌 옆에 앉히는 게 좋다. 이렇게 하여 평소에 하던 의사소통의 패턴을 깨뜨린다.

3) 가족원들을 다양하게 묶어서 세션 진행하기

어떤 형태의 가족연합을 수정해야 하는지를 결정한 것에 기초하여 사회복지사는 계획한 것에 따라 가족들이 변하기 위해 변화기회를 주는 개별 세션을 준비할 수도 있다. 만약 아버지를 제외하고 어머니와 아들이 강하게 뭉쳐 있다면, 몇몇 세션은 관계를 발전시키기 위해 아버지와 아들만 참석하게 할 수 있다. 이 기간 동안 사회복지사는 부부관계를 강화하기 위해 부부끼리 만나는 것도 병행할 수 있다. 사회복지사가 클라이언트 사이의 유대를 느슨하게 할 때, 클라이언트가 정서적 욕구를 느끼지 않도록 다른 가족원과의 유대를 강화하기 위해 노력해야 한다.

4) 관계를 강화하거나 동맹을 재조정하기 위해 과업 형성하기

사회복지사는 다양한 방법으로 가족원들을 묶어 동맹을 수정할 수 있다. 예를 들어, 아버지와 한 아들의 유대가 강하고, 아버지와 다른 아들의 유대가 약하면, 후자의 관계를 강화하는 동안 전자의 관계도 유지하는 것은 중요하다. 그래서 사회복지사는 아버지가 매일 각 아들과 함께 보내는 시간을 정하고 일주일에 한 번 같이 활동을 할 수 있도록 계획한다. 또 다른 경우, 사회복지사는 어머니와 동맹을 맺는 아이가 그렇지 않은 아이를 놀리는 것을 수정하는 방법을 찾아야 한다. 동맹을 깨기 위해 사회복지사는 아이에게 일주일 동안 어머니에게 다른 아이가 긍정적 행동을 한 것에 대해 보고하라고 요구할 수 있다. 다른 방법으로 사회복지사는 어머니와 부정적 피드백("난 그 일에 대해 알 필요가 없구나. 어쨌든 고맙다")을 하지 않는 것에 대해 협상할 수도 있다. 또 편애 받는 아이가 다른 아이에 대해 긍정적인 정보를 말해주면 보상을 할 수도 있다.

8. 가족보존하기

앞에서 가족과정을 수정하기 위한 여러 중요한 개입방법들에 대해 논의했다. 하지만 때로 가족에게 닥치는 스트레스가 너무 커서 전통적인 방법이 가족을 다루는 데 별로 효과적이지 않을 때도 있다. 일례로 심하게 붕괴된 가족은 폭력, 신체적 · 성적 학대, 아이들의 탈선, 비행, 가출 등에 둘러싸여 있다.

심각한 정서장애가 있는 아이들이 가족에서 이탈되는 것을 막기 위해 가족보존 서비스나 일시보호소 등을 제공한다. 아이를 옮기는 시기가 임박했을 때 집중적인 서비스를 제공한다(Maluccio, 1990: 17). 이러한 서비스는 이 책에서 추구하는 가치와 일치한다. 그것은 사람은 변화될 수 있다고 믿으며, 클라이언트를 동료로 생각하고, 가족이 역량을 가질 수 있도록 촉진시키고, 희망이 서서히 스며들게 하는 것은 사회복지사의 책임이라고 보는 것이다(ibid., p.20). 게다가 구체적인 것을 강조하면서 시간 제한적이고, 위기에 초점을 맞추는 것은 이 책이 추구하는 관점과 일치한다(Cole & Duva, 1990). 여기에서 강력한 가족보존 서비스란 사정, 계약, 다른 자원제공자와 연계하는 것, 지지망 조직, 상담 등을 포함한다. 이러한 접근방법은 이민 1세대 가족과 레즈비언 가족을 포함하여 수많은 인구집단에 적용해왔다(Faria, 1991; Sandau-Beckler & Salcido, 1991). 가족보존 서비스는 아동이 어떤 기간 동안 통제집단에 있는 아동보다 가정에서 분리되는 것을 방지하는 것으로 보였지만 그 차이는 시간이 지나면서 없어지는 것으로 나타났다. 가족보존 서비스를 아동학대가 일어나는 가정을 위한 만병통치약으로 받아들이기보다는, 문제가 발생해서 아이를 다른 곳으로 옮기는 것을 고려할 때 사용할 수 있는 중요한 대안의 하나로 보아야 할 것이다.

제 17 장 사회복지실천에서 집단에 대한 개입

Intervening in Social Work Groups

11장에서 언급하였듯이, 사회복지사는 과업, 치료, 지지 집단을 포함하는 다양한 집단을 운영한다. 사회복지와 관련된 목적이 있는 어떤 집단에서든 목적달성을 위해 집단과정을 용이하게 하는 것이 지도자의 기본 과업이다. 치료집단에서 지도자는 개인 성원과 집단 양자가 성장할 수 있도록 심층적이고 조화롭게 개입한다. 이처럼 지도자는 복잡한 역할을 수행하면서 의미 있는 집단경험을 끌어내고, 집단의 치료적 특성을 형성하고, 집단과정에서 중요한 순간에 방향과 초점을 제시하기 위해 다양한 수준의 의사소통을 파악해야 한다. 마지막으로 지도자는 모든 개입 과정에서 집단이 성숙한 단계에 이르기까지 각 단계에 적합하게 개입해야 한다. 과업집단에서 지도자는 집단 목적을 달성할 수 있도록 지원하는 데 다양한 기능을 수행한다. 이 장에서는 먼저 치료집단과 과업집단을 다룰 것이다.

지도자의 개입은 집단 발달단계와 관련이 있기 때문에, 여기에서는 먼저 집단의 발달단계에 대해서 살펴보겠다.

1. 집단발달단계

모든 집단은 각 단계에서 속도와 이슈에 차이가 있지만 공통적으로 집단이 완전하게 성숙하는 과정에서 자연적인 발달단계를 거친다. 집단발달의 각 단계를 파악함으로써 각 단계에서 다루어야 할 독특한 행동을 예측할 수 있고 집단에서 발생하는 행동의 중요성을 인지할 수 있다. 각 단계의 특성을 이해하는 지도자는 집단발달과 목적을 달성하도록 규범적 행동을 북돋을 수 있는 적합한 개입방법을 사용할 수 있다. 그리고 지도자는 개인이나 집단발달을 저해하는 장애물을 제거할 수 있고, 집단의 성장기간 동안 어느 시점에 필요한 지도자의 활동 수준을 고려하여 적합한 선택을 할 수 있다.

그러나 각 단계에 대해 잘 모르면, 지도자는 첫 모임에서 심층적으로 집단을 관찰하기 시작하면서 집단성원을 미리 예상하거나 초기 발달단계에서 전형적으로 나타나는 불일치나 소란 등을 보고 집단이 실패할 것이라고 성급하게 결론 내리는 실수를 하게 된다. 또 지도자는 집단이 보다 성숙한 발전단계로 접근하는 과정에서 나타나는 긍정적 행동을 격려하기보다 무시하는 실수를 할 수도 있다. 게다가 지도자는 집단발달의 중요한 단계에 적절하게 개입하지 못할 수도 있다. 예를 들면 과업에 집중하기, 의사결정에서 모든 성원을 고려하기 자유롭게, 감정표현하기, 훈련된 집단의 특성인 다양한 행동을 받아들이기 등이 그

것이다.

집단발달에 관한 다양한 모델들을 통해 사회복지사는 관찰한 내용과 집단의 특성을 조직하고, 집단 행동을 규명하는 틀을 갖게 된다. 모든 모델은 집단발달단계를 4~6단계로 구분하여 설명한다. 여기에서는 갈랜드 등(Garland, Jones, Kolodny, 1965)의 모델을 사용할 것이다. 이 모델은 다섯 단계로 구성되어 있다.

1) 1단계 : 친밀 전 단계—접근과 회피행동

갈랜드 등의 모델에서 1단계는 성원들이 접근하고 회피하는 행동을 설명한다. 이는 책임 지기, 타인과의 상호작용, 프로그램 활동과 사건에 대해 망설이는 것 등으로 집단에 속하기를 주저하는 것이다. 참여를 주저하는 것은 우유부단한 발언에서 드러나며, 성원은 보통 침묵을 지키고, 자신의 문제와 집단과의 첫 만남에서 오는 불편한 감정에 사로잡혀 있다. 성원들은 종종 두려워하거나 의심하는 경향이 있으며, 자신이 표현한 것에 대해 다른 성원들이 어떻게 반응할지 우려하거나 지배, 공격, 고립, 거부, 적의에 대해 두려워한다. 그래서 성원은 조심스럽게 행동하고, 때때로 화도 내고, 그러면서 집단이 원하고 기대하는 행동을 인식하려 한다.

성원들은 또 다른 성원의 사회적 지위나 역할을 자신의 잣대로 규정하거나, 자기소개를 정형화하거나, 지적 토론에 집중하는 경향이 있다. 또한 이 단계에서 성원들은 집단이 자신에게 어떤 혜택을 줄 것인지 명확하지 않고, 집단목적에 대해서도 잘 이해하지 못한다. 동시에 성원들은 집단의 제한점에 대해서 시험해보고, 지도자가 얼마나 능력이 있는지를 확인하고자 하며, 지도자가 권리와 상처, 창피한 감정에서 성원들을 얼마나 보호할 수 있을지 확인하려 한다. 성원들은 다른 성원과 공통점이 있는지 찾고, 그들 사이에서 살아남을 수 있는 역할을 찾거나 승인, 수용, 존경 등을 추구하면서 집단을 향해 움직인다. 초기에는 대부분 지도자를 중심으로 의사소통을 한다. 어떤 성원은 집단 이슈나 구조와 관련된 것을 결정하거나 성원의 행동을 통제하는 면에서 사회복지사가 직접 개입하기를 요구할 수도 있다.

2) 2단계 : 권력과 통제단계—변화의 시간

지각하지 못하는 사이에 집단의 발단단계는 1단계에서 2단계로 접어든다. 성원들은 집단경험이 안정적이고, 초기감정을 투입한 경험이 보상받고 가치 있는 것이었다고 생각하며, 자율, 권력, 통제와 관련된 문제에 관심을 갖게 된다. 이 단계의 준거틀은 '변화(transition)' 이다. 성원들은 상황을 이해하고 예상할 수 있게 되면서 관계의 틀을 구성하려고 노력한다. 따라서 친밀하지 않은 관계에서 친밀한 관계로 바뀌면서 겪게 되는 모호성과 혼란을 극복해야 한다. 집단에서의 투쟁을 거쳐, 성원들은 다른 성원과의 관계에서 '서열' 에 신경을 쓰게 된다. 성원들은 지지받고 보호받기 위해서 자신과 유사한 다른 구성원들에게 관심을 둔다. 그리고 구성원들은 차츰 하위집단과 위계 또는 일련의 사회적 질서를 만들어낸다. 집단과정은 점차 다양하게 구분되면서 관계가 결속되는 형태를 띠게 된다.

이 시기에는 대립하는 하위집단들이 자주 갈등을 겪으며, 지도자와 권위 있는 인물, 밖으로 배회하는 성원에 대해 분노를 표출하는 집단경향이 나타난다. 집단에 대해 매력을 상실하는 경우, 적의, 철회, 집단의 목적에 대한 혼란 등으로 나타난다. 낮은 지위에 있는 성원에 대한 언어적 침해, 공격, 거부 등도 자주 나타나며, 하위집단에 속하지 못한 고립된 성원은 다음 모임에 참석하지 않을 수도 있다. 집단에서 소속감을 경험하지 못한 성원은 갈등적인 집단 경험보다 집단 외부에서 매력적인 것을 찾으려 한다. 즉 집단에서는 소속감이 고갈되면 집단 존립 자체가 위태로울 수 있다.

3) 3단계 : 친밀단계－친밀한 관계 발전

개인적인 자율성, 동기, 권력과 관련된 문제들을 정리하고 해결하면서 집단은 '친밀 전 단계'인 권력과 통제단계에서 친밀단계로 변한다. 이 단계에 접어들면, 갈등은 사라지고 성원 간에 개인적 소속감은 강해지며, 집단경험에 대해 중요하게 인식한다. 성원들은 자신감과 '공동체성'이 성장하는 것을 경험하며, 집단 목적에 대해 깊이 동의하고, 이 목적을 지원하는 계획과 과업을 수행하려는 동기가 높다. 성원 각자의 독특성을 인지하기 시작하면서 상호 신뢰하기 시작한다. 자연적으로 각 성원에게 있는 감정과 문제를 드러내기 시작하며, 집단의 의견을 찾기 시작한다. 반면, 성원들은 바람직한 친밀감을 형성하기 위해 자신에게나 타인과 관계하는 데 갈등을 일으킬 수 있는 부정적 감정을 억누른다. 처음 모임과 달리, 성원들은 참석하지 않은 성원에 대해 진실한 관심을 표명하고 참석하지 않은 사람들을 모임에 다시 참석시키기 위해 연락을 하거나 방문할 수도 있다.

3단계에서는 집단의 문화, 양식, 가치체계에 따라 집단의 '특성'이 나타난다. 개인의 관심이나 기질 또는 다른 긍정적 힘에 따라 분명하게 규범을 세운다. 성원들은 각자 집단에 기여할 수 있는 바에 따라 지위를 정하며, 지도력 유형을 굳게 다진다. 성원들 간에 관계의 틀은 친밀하게 바뀌는데 성원들은 집단경험을 가정과 같이 느끼게 되며, 다른 성원들을 친자매처럼, 지도자를 집단의 '아버지'나 '어머니'로 부르기도 한다.

4) 4단계 : 분화단계－집단정체성 발달과 내적 준거틀

4단계는 집단 응집력과 조화로 표현된다. 성원들은 친밀감이라는 단어를 사용하거나 집단에서 다른 사람을 자신 옆에 앉게 하기도 한다. 이 단계에서 집단 중심의 기능이 이뤄지며, 개인과 집단의 욕구는 조화를 이룬다. 다른 집단의 성원이나 보완적 방식으로 참여하고 있는 성원들은 개인적 감정표현에서 상당히 큰 자유를 경험하거나 집단의 다른 성원이 감정과 생각을 잘 받아들이고 있다는 것에서 자신이 진실로 수용되고 있다는 감정을 느낄 것이다. 점차적으로 집단은 성원 개개인의 욕구에 비례하여 정서적으로 지원하는 상호협조체계로 변모하게 된다.

새로 발견한 자유와 친밀감을 경험하면서 성원들은 집단경험을 독특한 것으로 인지하기 시작한다. 집단은 그 자체의 관습과 구조를 형성하는데, 즉 집단은 그 자체의 준거틀을 형성한다. 집단기능에 관습과 전통적 방법이 등장하며, 집단 목적을 적절히 반영하는 '집단' 이름이나 휘장을 선택한다. 집단의 에너지는 성원들이 명확하게 이해하고 받아들이는 목적이나 과제를 수행하는 것에 집중된다. 집단활동과 조직구조(예를 들어 책임자, 의무, 기대참석률, 원칙 등)를 지원하는 유연하고 기능적인 역할이 발달한다. 집단위계는 보다 융통성을 지향하며, 지속적인 특별한 경험이나 능력을 개발하기 위해 성원들은 지도자 역할을 당연한 것으로 받아들인다.

집단이 분화단계에 도달하면, 성원들은 '문제를 다루면서' 경험을 축적하여왔으며, 자신의 욕구와 처한 상황을 적절히 의사소통하고 다른 사람을 지원하고, 집단에서 발달한 복잡한 상호관계를 이해하는 데에서 자신의 감정과 타인의 감정을 분석하는 기술을 획득한다. 집단 기능에 대해 이해하면서, 집단은 갈등을 공개적으로 드러내며 집단 발달을 저해하는 장애물을 확인하게 된다.

모든 의사결정은 만장일치를 반영하여 철저히 지킨다. 동의하지 않았기 때문에 억압받거나 미성숙한 집단행동으로 무시되는 경우는 없으며, 대신 집단은 다른 생각을 가진 성원의 입장을 신중히 고려하고 차이점을 해결하기 위해 또는 성원 간의 공통된 의견을 모으기 위해 노력한다. 신입 성원은 집단발달의 촉매역할을 하는데, 일반적으로 신입성원은 집단 가치에 대해 강하게 확신하는 기존성원들에 대해 놀라워할 것이다. 성원들은 소속감을 갖기 전에 느꼈던 비밀스러운 수치심을 집단모임에서 자연스럽게 이야기한다. 집단에서 자신의 역할과 관계를 확실히 하면서 다른 집단과 갖는 모임에 흥미를 보이거나 집단 외부의 문화를 집단에 가져오기도 한다.

5) 5단계 : 종결단계—헤어짐의 시간

이 국면에서 성원들은 이별하기 시작한다. 다른 성원이나 지도자와 맺었던 굳은 관계를 느슨하게 하며, 욕구를 충족할 새로운 자원을 찾는다. 성원들은 집단을 떠나는 것에 대해 다양한 감정을 경험하게 된다. 그러나 집단 종료 시기에 가까워지면서 1단계에서 보여주었던 접근-회피 전략을 다르게 회고하거나 다양한 반응들은 점차 줄어든다. 성원들은 호기심의 감정을 다시 느낄 것이며 성원 관계는 점점 분리되며 형성되었던 긴밀함은 깨진다. 집단을 종료하는 시기에 지도자나 다른 성원에 대한 분노를 표출할 수 있으며, 이전에 잠잠했던 말싸움이 다시 등장하거나, 지도자에게 더욱 의존적이 될 수도 있다. 집단에서 경험했던 유익함도 종종 거부한다. 이별에 대한 이런 반응은 순간적으로 또는 집단적으로 나타나는데, 이것은 집단 종결에 대한 포기, 거부, 이해의 잠재된 감정과 집단에서 가진 긍정적 감정을 조화시키려는 노력이다.

종결은 집단이 달성한 것을 평가하고 숙고하며 배운 것을 공고히 하는 시간이다. 또 해결하지 못한 과제를 해결해야 하고, 초점을 맞추어 피드백을 주고받는 시간이며, 집단에서 획득한 관계를 음미할 수 있는 좋은 시간이다. 집단에 대한 관심을 거두어들이고 외부에 에너지를 쏟기 시작하는 성원은 두려움, 희망, 미래, 다른 사람에 대한 관심 등을 이야기할 것이다. 또 집단에서 배운 것을 다른 상황에 어떻게 적용할 것인지, 집단을 재조직하거나 추후모임을 어떻게 할 것인지 이야기하게 된다.

2. 집단발달단계와 지도자의 역할

앞서 말했듯이 지도자 역할은 집단발달에 따라 변한다. 랭(Lang, 1972)과 헨리(Henry, 1992)는 지도자란 특정한 역할을 수행하거나 집단주기에 따라 각기 다른 위치를 차지한다고 개념화했다. 집단성원의 욕구, 능력, 특성과 집단발달단계에 따라 지도자의 역할은 기본적인 역할부터 촉진하는 역할까지 연속선상에 있다. 마찬가지로 지도자가 집단에서 차지하는 위치도 중심부터 주변에 이르기까지 달라진다.

집단 초기단계에서 가장 중요한 지도자 역할은 집단에 참여할 지원자를 선택하는 것이다. 지도자는 집단을 구성할 사람을 모으는 데에 항상 중심에 있어야 한다. 지도자가 집단형태를 잡고, 집단본질과 기능에 대해 미리 생각하며, 집단 구성원을 인터뷰하고, 각각의 잠재적인 성원과 치료계약을 맺는 기간 동안 지도자는 끊임없이 중심에 있어야 한다. 이런 일련의 지도자 역할과 위치는, 집단논의를 시작하고 지도하며, 구성원들이 참여하도록 독려하고, 구성원 간의 상호계약과 집단계약이 조화를 이루기 시작하는 집단 초기단계 내내 계속된다.

집단이 새로운 단계로 접어들면 지도자는 의도적으로 다양한 역할을 수행하면서 집단을 존중하는 입장에서 중심 위치에 선다. 헨리(Henry, 1992)는 이에 대해 다음과 같이 언급했다.

> 사회복지사가 중심 위치와 중요한 역할에서 한 발 물러나면서 성원들은 사회복지사가 해왔던 것들을 대체하기 시작한다. 영화의 페이드아웃(fade out) 기법처럼 사회복지사가 사라지면 집단체계가 점점 등장하는 것이다. 그러나 집단의 내 · 외부체계가 모든 기능을 수행할 만큼 아직 안정되지 않았기 때문에, 사회복지사는 집단이 제 속도를 낼 수 있도록 해야 하며 때로는 체계가 유지되도록 그 전 단계로 되돌릴 수도 있다. 이것은 바로 사회복지사의 역할이 다양함을 의미하는 것이며 사회복지사의 위치가 중심에 있어야 하는 이유이다. 이런 사회지

사의 역할과 위치는 바로 이 시기에 협상하게 되는 상호계약의 일부분이 될 것이다(p.34).

[표 17-1] 단계, 역동, 그리고 지도자의 초점

단 계	역 동	지도자 초점
친밀 전 단계	근접거리 탐색 접근 · 회피 신뢰와 관련된 이슈, 최초의 동의 문제에 대한 지적 사고 외적 특성이나 경험에 근거한 상호작용 자기보호와 위험도가 낮은 행동 자기 주변정리 지도자나 다른 성원을 판단하기 개인 또는 집단 목적형성 집단에 책임이 있어 보이는 지도자 집단의 안정성과 욕구충족에 대한 성원의 평가 자기노출과 거절에 대한 두려움 집단목적에 대한 불확실 목적이나 집단에 대한 약한 동의	관찰과 접근 집단목적 명확화 집단기준 설정 개인의 목적을 세우도록 독려 성원에게 바라거나 기대하는 것 명확화 두려움, 모호함에 대한 토론 조장 정중하게 신뢰 지원 제공, 거리를 두는 것 허용 탐색을 가능하게 하기 집단구조 제공 도움을 요청하고 주는 역할에 대해 계약 성원들 간에 연결을 가능하게 하기 경청하는 모델제시 저항에 초점 맞추기 참여기회 보장
권력과 통제의 단계	반항, 권력투쟁 권력을 증가시키기 위한 정치적 제휴 지위, 계급, 영향력에 대한 관심 집단구조, 과정에 대해 불만 지도자 역할에 대한 도전 비공식적 지도력, 당파적인 지도자 등장 개인의 자율, 모두 자기를 위해 행동 역기능적 집단역할 규범, 동질감 위기, 위험에 빠질 가능성 증가 지도자나 다른 성원 시험해보기 지도자에게 의존 자신의 일에 대해 집단 실험 프로그램 무산, 계획적인 피드백은 적고, 비판이 많은 상태	개인의 안전과 속성 보호 지도력에 대한 도전을 방어하지 않고 처리하기 권력투쟁을 명확화 관심을 집단으로 돌리기 차이에 대한 표현과 수용을 독려하기 명확하고 직접적인 의사소통을 가능하게 하기 비생산적인 집단과정에 대한 규명 인식의 왜곡 규명 의견을 달리하는 하위집단에 대한 성원들의 평가를 가능하게 하기 합의에 의해 결정된 사항에 대해 집단이 책임을 갖도록 하기 일반적인 갈등, 권력 투쟁에 대해 명확히 하기 집단의 치료목적과 일관된 규범의 독려 강점과 성취한 것에 대한 지속적인 인정 '여기 그리고 지금' 에 집중하기
친밀단계	개인적 관여 강화 자신과 물질 공유 다른 사람의 욕구에 접근하기 위해 노력 집단경험의 중요성 인식 개성의 성장과 변화 서로 드러내기, 위험 무릅쓰기 합의한 결정에 동의 인지적 재구조화 시작 목적설정의 중요성	지도력 독려 집단이 동요할 때 융통성 있는 역할 맡기 개인의 목적에 초점을 맞추도록 원조 심층적인 수준에서 탐색, 피드백 격려 인정, 지지, 차이점 격려 지도자의 행동을 줄이기 집단 작업에 대해 지도 다른 역할에 대한 경험 독려 집단 내외에서 새로운 기술사용 독려

단 계	역 동	지도자 초점
친밀단계	집단을 독립적으로 관리하는 능력 증가 감정적 혼란 소멸 성원이 내세우는 주제 등장 피드백 구성	성원이 변화에 대해 책임성을 갖도록 함 성공에 대한 일관된 피드백 주기
분화단계	'여기 그리고 지금' 에 집중 높은 수준에서 신뢰, 응집 감정을 자유롭게 표현 상호원조 차이를 완전하게 수용 집단을 하나의 개체로 보기 집단 목적에 대한 명확화 안전, 소속의 감정, '우리' 의 감정 서로 다른 역할 집단이 스스로 방향 잡기 인지적인 부분에 집중해서 다루기 목적지향 행동 개인의 목적달성을 위해 집단 밖에서 일하기 성원들이 역량강화를 느낌 개방적, 자발적 의사소통, 자기직면	목적의 달성과 기술 교환에 대해 강조 집단자치의 지원 응집을 강화하는 행동 촉진 지원과 직면을 조화롭게 제공 통찰을 행동으로 변환하여 격려 공통 주제를 해석하고 탐색 주제를 보편화하기 문제에 대한 깊은 수준의 탐색 격려 목적과 과업완수의 재검토 개인과 집단의 성장 자극 집단 외부에서 새로운 행동을 적용하는 것 지원
종결단계	검토와 평가 집단 외부에서 출구 개발 안정화와 일반화 미래에 대한 계획 개인적, 집단적 성장 인정 이별에 대한 슬픔과 분노 두려움, 희망, 개인이나 다른 사람에 대한 분노 표현 부인과 퇴행 분리, 거리를 두게 됨 강한 상호작용 감소 집단 외부에서 어떻게 계속할 것인지 계획 재구성, 추후 모임에 대한 이야기	이별 준비 종결에 대한 평가와 감정을 가능하게 하기 개인과 집단 과정에 대해 검토 개인의 에너지를 집단으로부터 자신의 과정으로 전환하기 개인 간에 분리를 가능하게 하기 해결하지 못한 과제에 대한 해결 독려 개인이 만든 변화 강화 평가도구 사용

헨리는 이처럼 지도자가 다양한 역할을 하면서 중심에 위치하는 것은 갈등·불균형 단계(갈랜드, 존, 콜로드니 이론에 따르면 권력과 통제단계) 동안 계속된다고 주장한다. 집단이 유지 또는 기능 단계(분화와 친밀단계)에 접어들면, 지도자는 촉진자역할을 하면서 주변으로 물러난다. 집단이 자신을 통제할 능력을 획득하면 지도자는 중심역할보다 자원을 제공하는 역할을 수행한다. 헨리는 이때 지도자가 집단체계의 경계에 위치하게 될 것이라고 언급한다. "집단은 스스로 유지하고 내·외 구조 모두 잘 진행하기 때문에, 집단 자체를 하나의 개체로 인식하고 집단 자체 방식대로 기능한다(p.34)."

헨리는 집단이 종결단계로 접어들면 지도자는 각자 독립적인 과정을 시작하는 성원을 대신하여 다시 한번 중요한 역할과 중심 위치를 차지하게 된다고 주장하였다. 이 시기에 지도자 역할은 초기 발달단계로 퇴행하는 집단을 돕고 성공적으로 종결하도록 지원하는 것이다.

지도자의 역할과 위치의 변화는 [표 17-1]에 나타나 있다. 이 표는 집단의 발달단계 동안 지도자가 어디에 초점을 두어야 하는지 설명한 것이다. 갈랜드 등(Garland, Jones, & Kolodny, 1965), 로즈(Rose, 1989), 헨리(Henry, 1992), 코레이(Corey, 1992) 등이 연구한 자료에서 얻은 것이다.

3. 집단의 구조적 요소에 개입하기

지도자 역할의 중요성과 지도자 위치의 중심성은 성원들이 집단의 치료기능에 어느 정도 책임감이 있는지와 관련이 있다. 또 다른 차원에서는 집단의 치료적 특성을 형성하기 위해 어느 정도 개입해야 하는지, 상대적인 필요성 정도와 관계가 있다. 이러한 까닭에서 구성원 각자의 변화 과정을 위해 매개물을 만들게 된다. 이런 관점에서 집단발달의 단계를 거치면서, 지도자는 다음의 집단 요소를 구성하는 데에 특별한 주의를 기울여야 한다.

- 응집
- 규범구조
- 역할구조
- 하위집단구조
- 지도력구조

사실 시간이 흐르면서 이런 구조가 발전하는 것은 집단 발달현상이다(Rose, 1989; Yalom, 1985). 그렇지만 치료적 특성과 집단의 영향을 판단하는 데 있어 다음 요소들은 중요하기 때문에 각 부분마다 계속해서 고려해야 한다.

1) 응집

집단에서 응집은 중심역할을 하기 때문에 지도자는 이런 긍정적인 힘을 반드시 독려해야 한다. 지도자는 서로 관계없는 사람들이 관계를 맺도록 할 수 있으며, 집단에서 지나치게 친밀한 사람들이 하위집단으로 관계를 확장하게 할 수 있다. 게다가 지도자는 "누가 참석하고 참석하지 않았는지 보세요…… '우리' '우리를' '우리의' 등을 언급하면서 참석자들을 하나로 하기"에 따른 행위로 응집력을 독려한다(Henry, 1992: 167).

지도자는 구성원들에게 코멘트하면서 응집력 발달을 독려하고 응집력 표현을 강화한다. 헨리는 지도자가 집중해서 중점을 두어야 하는 응집력 신호를 다음과 같이 설명하였다.

> 성원 중 한 명이 갈등이나 말싸움 이후 모임에 참석하지 않다가 다시 돌아왔다면, 이는 집단이나 다른 성원 또는 집단이 하는 일에 매력을 느끼고 있다는 신호이다. 성원이 다시 집단에 속하거나 형태를 재구성한다거나, 집단이 하는 일에 함께 머문다면 이것 역시 집단이 하는 일에 매력을 느끼고 있다는 증거이다. 성원이 다른 성원의 부재나 존재를 인지하고 사회복지사에게 다른 성원에 대해 정보를 요청하는 것도 다른 성원에 대해 매력을 느끼고 있음을 보여준다. 성원이 다른 사람을 고려하여 행동하는 것은 집단에 대해 매력을 느낀다는 증거이다. 성원들이 집단이 무엇을 하고, 어디에서 하며, 어떻게 그곳에 갈 수 있는지 등에 대해 더 많은 책임감을 갖는 것 역시 집단경험에 대해 매력을 느낀다는 증거이다.

이런 응집의 지표는 집단발달단계에서 다음 단계로 넘어가는 특징일 수 있지만, 집단 초기단계에 그냥 나타나는 것일 수도 있다.

지도자는 상호작용을 증진하여 집단에서 매력과 응집력을 키울 수 있다. 즉 성원들이 성공적으로 목표를 달성하도록 도와주거나, 기대한 바를 채워주거나, 욕구를 만족시켜주거나, 개인이 혼자서는 획득할 수 없는 보상이나 자원에 접근하거나 위신을 세울 수 있는 기회를 제공하는 방법 등이 있다(Toseland & Rivas, 1995).

역설적으로 지도자는 이처럼 집단경험으로 응집력을

높이려고 했음에도 불구하고 종결단계에서는 응집력을 낮추려는 노력을 해야 한다. 갈빈(Garvin)은 다음과 같이 지적하였다.

> 성원들은 적절한 때에 대안적 관계성에 더 매력을 느껴야 하기 때문에, 집단에 대해 덜 매력을 느끼도록 도움을 받아야 한다. 따라서 사회복지사는 집단 응집력을 얻으려는 원칙을 역으로 적용해야 한다. 예를 들어, 모임의 횟수를 줄이거나 모임시간을 짧게 하는 등 집단성원이 서로 만나는 횟수를 줄여야 한다. 사회복지사는 집단갈등 해결을 덜 강조하거나 종결에 대처하는 방법을 제외하고 공통된 경험이나 태도에 주의를 덜 기울일 수 있다. 그러나 이런 유형의 집단과정이 끝까지 유지되는 집단심리치료에서는 이런 방법이 적합하지 않을 수도 있다(p.222).

2) 규범구조

집단이 발달하면서 치료목적을 지지하는 쪽으로 규범이 발달하는 것만은 아니다. 예를 들면, 집단은 자기만족을 위해 몇 개 부분으로 쪼개지거나 통제하기 위해 경쟁하는 하위집단으로 구분될 수 있다. 게다가 성원들은 반복해서 집단과제에 초점을 두기보다 사교의 장으로 집단을 발전시킬 수도 있다. 어떤 성원은 다른 성원을 희생양으로 만들거나, 다른 성원을 성가시게 하거나, 집단에 해가 된다며 비난하기도 한다. 이런 행동은 집단에서 서로 도와 문제를 경감하는 능력을 잠식하게 될 것이다.

11장에서 서술했듯이 지도자의 핵심역할은 집단행동을 발전시키고 집단의 치료목적을 방해하거나 지원하는 새로운 행동을 사정하는 것이다. 지도자가 새롭게 등장하는 행동경향에 대해서 판단하였다면, 집단이 기능적으로 행동할 수 있도록 개입하고 개인이나 집단에게 파괴적인 행동을 수정하는 데 도움을 주어야 할 것이다.

지도자는 첫 모임에서 규범적인 '지침'을 포함하는 명시적인 계약을 맺으면서, 집단의 치료적 환경을 만들고 일종의 '작업하는 집단'으로 단계를 시작한다. 치료적 행동을 촉진시키기 위해 다음과 같은 기준을 만들 수 있으며, 처음 모임의 기록을 남겨 차후 모임에서 그 기준을 얼마나 받아들였는지 사정을 할 수 있다.

- 문제를 해결하는 데 합의에 의해 결정하는 방법 사용하기
- '나' 입장에서 말하여 감정과 발언을 개별화하기. 예를 들어, '나'는 이렇게 (생각해) (느껴) (원해)……
- 집단과제나 임무에 초점 맞추기
- 토의 초점을 과거보다 주로 현재에 맞추기
- 개인이나 집단의 힘, 발전에 대해 광범위한 초점을 갖기
- 다른 사람 앞에서 그 사람을 '이야기거리'로 만들지 않기
- 의사소통에 장애가 되거나 집단이 하는 일에 방해가 되는 문제가 발생할 경우 '하던 일을 멈추는 것'에 동의하기

개입단계를 시작하기 위해 지도자는 성원에게 집단을 돕는 많은 방법 중 계약기준을 항상 살펴보는 것이 중요하다는 것과 계약은 일회적인 것이 아니라 계속 지켜져야 하는 것임을 강조한다. 그리고 집단이 성숙해지면서 계약에 동의하게 된다는 점을 강조해야 한다. 집단이 완전히 성숙하기 위해 이런 기준을 지키는 것은 매우 중요하다.

덧붙여 치료적 규범을 받아들이는 데 도움이 되는 구조적 기준을 만들기 위해, 지도자는 성원들이 다음의 지침(각 성원들이 따라야 할 지침)을 받아들이도록 도와줄 수 있다.

- 신뢰하도록 도울 것 : 다른 사람이 위험을 감수하거나 신뢰하는 어떤 태도를 보여주기를 기다리기보다 먼저 신뢰에 관한 이슈를 논의하기 시작한다.
- 지속해서 느끼는 감정을 표현할 것 : 지루함, 분노, 실망 등의 감정을 덮어버리기보다 집단발달과 관련한 감정을 공개한다.
- 얼마나 많이 자신을 드러낼 것인지 결정할 것 : 개인의 이슈를 공유할 때 무엇을, 얼마나, 언제 드러낼 것인지 책임져

야 한다.

• 관찰자가 아닌 적극적 참여자가 될 것 : 다른 사람이 말한 것에 대해 모른 채 지나가지 말고 반응을 공유한다. 비판적인 관찰 대상이 되는 것을 피하도록 한다.
• 자세히 그리고 명확하게 듣기 : 다른 사람의 피드백을 완전히 받아들이거나 거부하지 말고, 자신을 위해 어떤 것을 받아들일지 결정한다.
• 일관된 피드백에 주의를 기울일 것 : 만약 여러 정보원에서 동일한 피드백을 일관되게 받는다면 그것은 상당히 타당하다고 보아야 할 것이다.
• 자신에게 초점 맞추기 : 문제에 대해 언급할 때 자신의 역할에 대해서 얘기한다. 광범위한 상황으로 초점을 확산시키거나 또는 집단 외부사람에게 초점을 두지 않아야 한다.

물론 지도자는 각 성원들이 적용하기 바라는 개인적인 규범 행동이나 욕구를 분명하게 하기 위해 또는 그 규범 행동이나 욕구가 과연 무엇인지 그 존재를 인정하기 위해 개입한다.

역할구조(또는 역할들)는 규범과 밀접하게 관련되어 있다. 토슬랜드와 리바스(Toseland & Rivas, 1995)는 다음과 같이 설명한다.

> 집단성원이 모두 어느 정도 공유할 것이라고 기대하는 것이 규범인데 반해, 역할은 집단에서 개인이 수행하는 기능과 관련하여 기대하는 것이다. 다양한 상황에 따라 다르게 정의되는 규범과 달리 역할은 집단성원이 수행하기를 바라는 특수한 기능이나 과제와 관련이 있는 행동으로 정의한다(p.68).

집단에서의 역할은 의장이나 비서 같은 공식적 지위 그리고 중재자, 광대, 낙인이 찍힌 사람, 희생자 같이 비공식적 지위로 나뉜다. 지도자는 리더십이나 집단성원의 기술을 증진하는 것과 같은 치료적 목적에서 공식적 집단역할을 사용할 수 있다. 지도자는 집단에 존재하는 반치료적인 역할을 분명히 인지해야 한다. 예를 들어, 집단성원들이 어떤 다른 성원을 비난하거나, 과도하게 지도자에게 의존하거나, '치료자 역할'을 하거나, 집단에 무관심하는 등의 행동에 주의를 기울여야 한다.

갈빈(Garvin, 1986)은 집단의 후반기에 성원은 역기능적 역할에 묶일 가능성이 있음을 밝혔다.

> '광대'는 보다 진지하게 행동하기를, '중재자'는 주변으로 물러나 있기를 바랄 것이며 수동적인 사람은 자기주장 행동을 하기 원할 것이다. 집단 상호작용을 창조하는 역할을 인식하는 지도자는 개인의 목표를 달성하거나 효과적인 집단을 만드는 데 방해가 되는 사안들에 주의해야 한다(p.112).

역기능적인 역할이 드러나는 시기가 바로 중요한 개입 시기이다. 갈빈(1986)은 이 시기에 성원이 갖는 비공식적 역할을 확인하는 개입방법을 사용하도록 지시한다. 지도자는 집단에서 심판, 개그맨, 양육자, 대변인, 반대만 하는 자의 역할을 하는 사람이 누구인지 투표로 질문할 수 있다. 그 결과에 대한 토론은 집단과정을 바꿀 수 있으므로 매우 중요하다. 역기능에 개입하는 또 다른 방법은, 성원들이 생각하는 특수한 역할을 설명해주거나 성원들이 그런 역할을 수행하기 위해 취하는 행동을 정확하게 관찰하는 것이다. 어떤 성원이 집단 피드백을 좋아하는지, 방어를 줄이려는 방향으로 움직이거나, 다른 성원에게 상황에 맞추어 적절하게 통제하는지 물어보아야 한다. 이렇듯 집단성원들에게 집단 피드백에 대해 어떻게 생각하는지 물어보는 것은 성원들이 노력하여 무언가를 얻고자 하는 경우에 매우 중요하다.

역할수행의 또 다른 측면은 학생, 부모, 부인, 노동자, 친구, 은퇴한 사람과 같은 미래에 수행하거나 아니면 이미 하고 있는 역할의 욕구를 충족시키기 위해 성원들이 그 역할을 습득할 수 있도록 돕는 것이다. 성원들은 자신의 상호작용을 파악하거나, 자신의 역할에 접근하는 새로운 방식의 상호작용을 적용하는 역할 연습을 한다. 이런 관점에서 갈빈(1987)은 집단이 성원의 역할 수행을 돕는 방법 또는 성원들이 원하는 행동을 자극하는 방법을 사용할 것을 제안한다. 지도자는 14장에서 제시한 행동시연이나 다른 기술훈련 등을 활용하여 성원들이 스스로 자신의 행동을 바꿀 수 있는 전략을 활용해야 한다.

3) 하위집단 구조

하위집단은 집단에 다양한 영향을 주면서 필연적으로 출현하는데, 집단기능을 유용하게 하거나 집단과정에 묻히기도 한다. 부정적인 하위집단은 집단에서 충성과 배제의 이슈를 불러일으키기도 하며, 지도자의 권위에 도전하거나 같은 하위집단에 속한 성원들만 단편적으로 의사소통 하기도 한다. 지도자는 다음과 같은 전략을 사용하여 이 같은 하위집단의 영향을 반드시 수정해야 한다.

- 의견을 달리하는 하위집단의 존재이유와 영향에 대해 토론한다. 토슬랜드와 리바스(1984: 62)는 "집단목표 설정, 의사소통, 상호작용, 의사결정 과정의 문제를 드러내면서 집단 전체에 긍정적인 영향을 주는 하위집단구성 이유에 대해서 진지하게 이야기해야 한다"고 하였다.
- 프로그램이나 구조를 만들어서 부정적 하위집단의 영향을 중화해야 한다. 지도자는 좌석배치를 변경하거나, 모든 성원에게 피드백을 받을 수 있는 '원형 의견개진(round robin)'을 사용하거나, 공통된 집단과제에 주목하는 하위집단에 성원을 서로 다르게 배치한다거나, 프로그램 자료를 사용하거나, 분리된 하위집단 성원과 함께 하는 방법을 사용하여 의견을 달리하는 하위집단이 집단의 공통과제를 수행할 수 있게 한다.
- 집단에 완전히 소속되지 못한 성원을 위해 많은 에너지가 필요하지 않은 안정적인 위치나 역할을 만들어야 한다. 그러나 때로는 이들이 집단활동에 참여하도록 해야 한다(Balgopal & Vassil, 1983).
- 힘있는 하위집단이나 개인은 자신의 힘을 포기하거나 또는 다른 성원에게 관심을 두는 데 그 힘을 사용하도록 한다. 즉 다른 성원에게 관심 갖기를 독려하거나, 아니면 다른 사람에게 지배력을 갖는 것이 스스로 좋지 않다는 것을 인식하게 한다(Garvin, 1987).
- 힘없는 성원에게 집단 활동을 준비하거나 집단의 자원을 보존하거나 중요한 역할을 수행하도록 한다. 관찰자, 의장, 비서 등의 역할을 맡게 할 수 있다.
- 의견을 달리하는 하위집단과 연계하는 방법을 찾고 그 하위집단이 원하는 것이 무엇인지 표현한다(Garvin, 1987).
- 위와 같이 하위집단에게 집단에 유용한 역할이나 과업을 만들어 합법적인 힘을 얻을 수 있는 방법을 제공한다.

4) 지도력 구조

집단에서 지도자는 집단 목적, 개인의 목표, 집단을 유지하는 일련의 행동을 한다. 장기적으로 볼 때 지도자 역할은 다음과 같다.

> 지도자는 집단 지도력과 그와 관련된 행동들을 모든 성원에게 분배해야 한다. 그래서 성원들이 최소한 일부 지도력을 갖고 보상을 주고, 통제할 수 있도록 해야 한다. 집단 지도자가 해야 할 중요한 역할은 집단이 수행하는 일에 계속 중점을 두면서 동시에 지도자의 역할을 중심 위치에서 서서히 주변으로 약화시켜나가는 것이다. 그러나 집단 지도자는 성원이 스스로 집단 방향을 설정할 수 있을 때까지 충분한 책임을 유지해야 한다(Rose, 1989: 200).

로즈(Rose)는 성원들이 지도력을 갖는 것이 다음 세 가지 이유에서 매우 중요하다고 언급한다. 첫째, 성원들은 지도력을 높이 평가하는 다른 사회집단에서도 적용할 수 있는 핵심기술을 개발한다. 둘째, 성원들이 지도력을 가질수록 더 많이 집단에 투자할 것이다. 셋째, 지도력을 갖고 행동하는 것은 광범위하고 다양한 사회상황에서 자주 무기력을 경험했던 성원들에게 힘을 주고 자기효능감(selfefficiency)을 높일 것이다.

지도자는 전체로서 집단과 개인이 권력을 공유할 수 있는 분위기를 조성해야 한다. 지도자는 ① 성원-지도자 간의 대화보다 성원-성원 간의 대화를 독려하고, ② 성원에게 '집단 의제로 무엇을 결정했으면 좋겠느냐' '다음 모임 방향을 어떻게 할까' 와 같은 질문을 하고, ③ 성원이 스스로 힘을 발휘하여 처음으로 집단에 영향을 미치려고 할 때 토착 지도력을 지원하고, ④ 첫번 모임 동안 성원들이 상호공유와 상호원조를 시도할 때 이를 격려함으로써 그러한 분위기를 만들 수 있다.

집단성원이나 경쟁하는 하위집단이 집단의 힘을 장악하려 할 때 집단지도력에 문제가 발생한다. 지도력에 대한 도전(혹은 결핍)으로 통제, 책임의 분담, 의사결정에 대한 집단적 갈등이 불가피해진다(Corey & Corey, 1992). 그러나 그러한 집단성원 또는 하위집단에게 낙인을 찍지 말아야 하는데, 왜냐하면 이러한 행동(노력)은 개인적으로 의미 있는 역할을 하여 집단이 성공하도록 시도하는 것으로 해석할 수도 있기 때문이다(Hurley, 1984). 다음 문장은 통제와 관련된 이슈를 설명한 예이다.

> "난 당신들이 나와 이야기를 하고 싶어하지 않기 때문에 당신들과 대화하기 싫어요. 난 단지 보고 들으면서 습득합니다."
> "항상 관심을 끄는 몇몇 사람이 있어요. 내가 무슨 일을 하든 난 주목받지 못하는 것 같군요. 특히 지도자는 나에게 관심이 없는 것 같아요."
> "여러분은 바오로에게 더 많은 관심을 가져야 해요. 바오로는 몇 번이나 울었는데 여러분은 바오로를 보살피지 않았어요."

지도자는 지도력에 대한 도전에 즉각 감정적으로 반응하기 위해, 다른 성원들에게 지도력 스타일과 관련하여 피드백을 줄 것을 요구하고 무엇을 어떻게 해야 되는지 질문하면서 성원의 감정을 살펴보아야 한다(예를 들면, '내가 어떤 면에서 당신을 힘들게 하나요?'). 또 다른 방법은 진실하게 반응하는 것이다. 코레이와 코레이는 지도자가 개인적인 도전에 자신이 어떻게 반응하는지 뿐만 아니라 '저항집단' 이 표현한 다른 장애물들을 인식해야 한다고 강조한다. 지도자는 집단과정이 잘못되었을 때 성원들이 개인적으로 어떻게 영향을 받았느냐에 초점을 두기보다 종종 '문제가 있는 성원' 이나 문제가 된 상황에 초점을 두는데 이것은 개입의 초점을 잘못 맞추고 있는 것이다.

> 전형적으로 지도자에게는 감정의 범주가 있다. 지도자 역할에 도전한다고 인식하여 위협받는 감정, 성원들의 협조와 열정이 부족하다는 감정, 과연 자신이 집단을 지도할 만한 역량이 있는가에 대한 회의, 전형적으로 문제를 만드는 몇몇 성원에 대한 불쾌감, 어떤 행동을 자극하기 원하면서 집단이 너무 느리게 진행된다고 염려하는 것 등이다(p.155).

성원들의 반응을 무시한다면 지도자는 집단에서 발생하는 상호작용에서 배제된 채 남아 있게 된다. 대신에 코레이와 코레이는 다음과 같은 지도자유형을 주장한다.

> 갈등과 저항을 무시하기보다 직접 다룰 수 있어야 한다. 지도자가 방어적 행동을 다루는 데 있어 가장 강력한 자원은 지도자 자신에게 있는 사고, 감정, 관찰이다. 집단이 진행되는 것에 대한 지도자 자신의 생각과 감정을 성원들과 공유할 때—그러나 성원들에 대한(특히 문제를 만드는 성원) 불평이나 비난을 말하는 것은 아니다—지도자는 성원과 지도자 사이에 구조적인 상호작용과 진실한 경험을 나눌 수 있게 된다(p.155).

심지어 도전받거나 공격받는 상황에서도 끊임없이 진실하게 반응하면, 성원들은 이런 방식을 전적으로 받아들이게 되는데, 이것은 성원들이 집단에서 피할 수 없이 직면하는 성원들 간의 차이점에 효과적으로 대응하게 하는 데 중요하다.

4. 집단발달단계에서 지도자의 개입

앞서 언급하였듯이, 지도자는 항상 집단의 발달단계를 에 따라 역할을 수행해야 한다. 여기서는 보다 자세하게, 갈랜드, 존스, 콜로드니(1965)가 설명하는 지도자 역할의 핵심적인 측면에 대해서 다뤄보도록 하겠다.

1) 친밀 전 단계

잠재적인 성원이 집단경험에 적응하도록 하는 개별면담은, 성원이 집단을 효과적으로 활용하도록 지도자가 준비시키는 최초의 노력이다. 처음 모임에서 성원들이 기본적인 집단과정을 경험할 수 있도록 준비시키는 데에는 다양한 방법이 있다. '치료적 작업환경을 조성하는 것, 효과적인 작업집단의 특징적 행동과 태도, 집단의 구조와 목적을 제공하는 명백한 지침을 설정하고 지키고자 하는 욕구, 집단과 관련된 문제를 윈-윈(win-win)전략으로 결정하는 것의 중요성'이 바로 그것이다. 연구에 따르면, 초기단계 동안 집단과정을 직접 지도하고 가르치는 것은 집단발달을 촉진시키는 경향이 있다고 한다(Corey & Corey, 1992; Dies, 1983).

지도자는 성원들이 초기에 갖는 관심거리를 확인해야 한다. 초반 모임에서 성원은 집단에서 얻고 싶은 것에 대해 망설인다. 대부분 성원은 또 집단 경험을 두려워하고 염려한다. 다른 성원들이 자신을 어떻게 인식할지 걱정하며, 대화하는 데 압력을 받지는 않을지, 다른 사람들이 자신을 잘못 이해하거나 어리석게 여기지는 않을지, 언어적 공격을 받지는 않을지, 진정으로 변화 과정을 거치고 싶어 하는지 걱정한다.

지도자는 모든 성원들에게 처음 집단모임에서 느낀 감정을 공유하면서 이런 불안에 대해 설명하고 불안감을 가라앉히도록 도울 수 있다. 이런 방법 중 하나는 성원에게 현재 집단에 참석해 있는 자신의 감정 정도를 1점 '나는 여기에 있고 싶지 않다'에서, 10점 '나는 집단에 있는 것이 아주 편하다'까지 척도를 사용해 점수를 매기도록 하는 것이다. 그리고 성원들에게 왜 그런 점수를 매겼는지 설명하게 한다.

성원의 두려움에 초점을 두면서 지도자는 모든 성원의 감정과 반응을 끌어내고, 성원들이 완전하게 자신의 감정을 공개하는 것이 중요하다는 것을 확인한다. 그리고 집단은 이런 이슈들을 자유롭게 표현할 수 있는 안전한 공간이 되어야 함을 강조한다. 또한 지도자는 집단 성원이 갖는 두려움을 제시하면서 여기서부터 집단의 규정을 만들어내도록 제안할 수 있다.

지도자는 로스(1989))가 개발한 척도를 사용하여 질문하면서 성원의 초기 관심사를 파악하고 새로운 집단 발달을 파악할 수 있다. 예를 들어, '오늘 모임이 당신에게 얼마나 유익했습니까?' '오늘 모임에서 당신이 참여한 것을 서술해 보세요' '당신 자신 또는 당신의 문제와 관련하여 어느 정도 집단에 개방적이었는지 측정해보세요' '당신이 오늘 집단모임에서 토론했던 문제나 상황이 얼마나 중요한 것입니까?' '오늘 모임에서 당신의 감정을 가장 잘 표현한 것에 동그라미를 하세요(예를 들어, '즐거웠다' '지겨웠다' '실망했다' '관심 있었다' '만족한다')' '오늘 모임에 당신은 얼마나 만족하십니까?'와 같이 질문할 수 있다.

초반에 지도자는 집단의 목적, 집단이 수행해야 하는 방식, 기본적인 규칙을 점검해야 한다. 리드(Reid, 991: 205)는 성원들이 이런 정보를 이미 알고 있을 것이라고 강조했다. 그러나 반복해서 점검하는 것은 매우 중요한데, 왜냐하면 모임 초기에 성원들은 '자신이 집단 목적을 제대로 이해하지 못한다거나, 자신에게 무엇을 기대하는지 알지 못한다'고 생각하기 때문이다. 만약 지도자가 집단발달 초반에 이런 이슈들을 명백히 하지 않으면, 그것들은 자주 집단 내부에 돌아올 것이며 집단의 진보를 훼방할 것이다.

처음 면접에서 성원들은 자신이 달성하고 싶은 일반적 목표에 대해 지도자와 계약을 맺는다. 처음 시기 동안 지도자는 개별적인 목적과 집단의 목적을 '조화'시켜야 한다. 이 혼합된 계약은 이후 지도자와 개별성원 간의 치료적 계약에서부터, 개별성원과 집단 간의 상호계약으로 확장하게 된다. 헨리(1992: 80)가 주장한 것처럼 지도자는 처음 모임에서 '각 개인의 목표를 인정할 수 있는 집단기능을 토론하는 데 모든 성원이 참여할 수 있도록' 해야 한다. '자기 공개과정' 에서 공통되는 요소를 발견한 헨리는 '목적 질문서(Goal Questionnaire)' 를 상호계약에 사용한다. 이것은 성원에게 두 개 문항을 질문하고 답하는 것으로, 질문은 ① "당신이 여기에 함께 하는 이유가 무엇이라고 생각하십니까?" ② "함께 달성하고 싶은 것을 위해 당신은 무엇을 하려고 하십니까?" 이다. 이런 질문에 관해 토론하면서 집단은 발전하기 위해 무엇을 시작해야 하는지 알게 된다(pp.83-88).

초반 모임 동안 진행중인 계약과정에서 지도자는 성원들이 자신의 일반적 목적을 정교하게 하도록 돕는다. 코레이와 코레이(1992: 121-122)는 다음 예를 사용하여 집단목적을 명확하게 하는 데에 지도자가 어떤 역할을 하는지 묘사한다.

성원 : 저는 제 감정을 알고 싶어요.

지도자 : 어떤 감정이 당신을 힘들게 하나요?

성원 : 전 화나는 감정을 다루고 싶어요.

지도자 : 당신 삶에서 화나게 만드는 사람이 있나요? 가장 하고 싶은 얘기는 무엇인가요?

보다 명확하고 구체적인 목표를 세우기 위해 지도자는 6장에서 설명한 구체화기술을 사용할 수 있다. 코레이(1990: 94)는 성원들이 자기 주제에 관심을 갖도록 돕기 위해서 '읽고, 반응하고, 쓰는 것' 을 독려하고, 선별한 책을 제시하거나, 모임 도중이나 모임 사이에 지속해서 나타나는 반응을 기록할 것을 권한다. 성원들은 자기가 기록한 내용의 요점을 집단에 발표할 수 있으며, 이것으로 성원들은 세션 중 연속되는 활동의 가치를 알게 될 것이다.

생산성과 만족도를 극대화하기 위해, 지도자는 모임 시작과 끝을 잘 다뤄야 한다. 코레이와 코레이(1992)는 다음 과정에 따라 모임을 시작할 것을 권한다.

- 성원들에게 모임에서 원하는 것에 대해 간략히 발표할 기회를 준다.
- 지난 모임 이후 성과물을 성원들이 공유할 수 있도록 한다.
- 지난 모임과 관련하여 피드백을 끌어내고, 지난 모임에 대해 지도자가 반응한다.

집단모임을 마치기 위해서 코레이와 코레이(1992)는 요약과 집단경험의 통합, 다음과 같은 과정을 거쳐야 함을 강조한다.

- 성원들에게 오늘 모임에서 있었던 일이 자신에게 어떠했는지 묻는다.
- 집단경험을 통해서 자신에 대해서 알게 된 것을 간략히 확인하도록 한다. 성원들이 원하는 것을 얻었는지 확인하며, 그렇지 않았을 경우 얻기 원하는 것이 무엇인지 확인한다.
- 성원들에게 다음 모임에서 탐색하기 원하는 주제나 질문, 문제가 있는지 물어본다.
- 성원들에게 모임 밖에서 새로운 기술을 실행하는 데 무엇을 하고 싶은지 표현하도록 한다.
- 긍정적 관찰과 관련된 것과 그들과 관련된 지도자의 반응이나 관찰에 대해서 특히 성원들 간에 관찰한 긍정적인 것, 그와 관련된 지도자의 반응이나 관찰에 대해 서로 피드백을 주도록 한다.

모임 시작과 끝을 다루는 기술은 모임과 모임 간에 연속성을 갖게 한다. 이런 연속성으로 구성원은 집단에서 얻은 통찰력과 새로운 행동을 일상생활로 확장시킬 수 있다.

2) 권력과 통제단계

권력과 통제단계는 집단이 집단 역동성과 색체와 분위기를 갖추어 가는 시기이다. 집단은 개인과 하위집단으로 구분되며, 집단 목적과 집단과정 · 구조에 대해 불만과 불안함을 표현하기도 하며, 지도자에게 도전하기도 한다. 동시에 집단 스스로 일을 처리하는 능력을 보여준다. 이 시기 동안에 집단이 서로 다른 개별 문제에 대처하고, 집단 자체의 통제력을 갖추도록 하는 것이 지도자 역할이다. 다음 전략들은 지도자가 자신의 책임감을 덜 수 있게 하는 방법이다.

(1) 변화를 최소화하기

권력과 통제단계 동안 폐쇄된 형태인 집단은 지도자가 바뀌는 것, 모임 장소 이동, 성원이 증가하거나 감소하는 것, 모임 시간 변화 등 내외 압력요소에 영향받기 쉽다. 도주, 사망, 물리적 폭력과 같은 외적으로 드러나는 사건이나, 정치적 혼란, 지역 · 국가수준에서 발생한 자연적 사건 등에 영향을 받는다.

이런 변화나 사건은 집단발달의 어느 단계에서든지 집단에게 압력을 준다. 그러나 권력과 통제단계는 성원들이 집단에 대해 완벽하게 몰입하지 못했고 따라서 쉽게 실망할 수 있기 때문에 특별히 더 다루기 어렵다. 새로운 성원을 추가하거나 집단 지도자를 변경하는 것은 집단성원에게 특별히 더 스트레스를 주는데, 이는 성원들은 새로운 지도자나 성원처럼 전혀 모르는 사람에게 자신을 드러내는 것이 위험하다고 여기기 때문이다. 지도자를 잃는 것은 관계 맺기가 힘들거나 집단에 몰입해서 자기 위치를 확고히 한 사람에게 실망스러운 결과를 안겨준다.

또한 사전논의 없이 집단구조가 크게 변하면, 집단성원은 지도자나 기관이 의사결정의 중요성을 무시하거나 집단의 중요성을 무시하는 것으로 결론을 내린다. 그러나 종종 변화는 불가피한데 지도자는 변화를 최소화하고 성원들에게 앞으로 일어날 일에 대비하고 성원들이 감정에 대해 '함께 다루도록' 돕는 것은 당연하다.

(2) 조화롭게 피드백 하도록 독려하기

권력과 통제기간 동안 지도자는 반드시 긍정적 피드백과 부정적 피드백이 조화를 이루어야 한다. 집단성원들은 가장 권위 있는 사람에게 움직이는 경향이 있으며 지도자는 피드백을 조화롭게 하기 위해 집단의 관심을 끌어내어 부정적 상호작용에 개입할 수 있다. 지도자는 긍정적 반응뿐만 아니라 부정적 반응에도 초점을 맞추기 위해 성원들에게 계약조항을 재확인해야 한다. 다음은 성인으로 구성된 집단 초반 모임의 예이다.

게리(웨인에게, 짜증난다는 목소리로) : 당신이 그렇게 속사포처럼 이야기하면 난 내가 심문 당하는 것 같단 말이에요.

웨인 : 난 내 행동을 그렇게 이해하는지 몰랐어요. 솔직히 난 당신에 대해 더 많이 알고 싶을 뿐이에요.

지도자 : 처음 모임에서 웨인 당신은 집단에서 당신이 다른 사람을 이해하는 방식에 대해 다른 사람들은 어떻게 생각하는지 반응을 얻고 싶다고 했어요. 지금 그런 반응을 얻은 것 같은데요.

웨인 : 예. 전 어떻게 해야 할지 모르겠군요. 하지만 전 진정으로 다른 사람들이 절 어떻게 받아들이는지 알고 싶어요. 전 게리가 말한 것에 대해 놀랐어요.

지도자(웨인에게) : 좋아요. 전 당신에게 한계가 있다는 것을 이해해요. 그리고 집단 초반에 이렇게 위험을 무릅쓴 것에 대해 고마워요. (집단을 향해) 지금 게리가 웨인에게 한 말은 이 집단에서 처음으로 피드백을 주고받은 것입니다. 전 여러분이 다른 성원의 문제를 확인하는 것뿐 아니라, 긍정적 관찰에 대해 공유한다는 계약내용을 재확인시켜드리고 싶습니다. 그렇게 하면서 여러분이 자신의 말을 자신의 것으로 하도록 돕겠습니다.

집단에서 처음 피드백을 주고받은 경험은 이후 모든 것을 설정하는 데 매우 중요한 의미가 있다. 지도자는 집단이 허울을 벗어내고 친밀단계로 넘어가려고 시도하는 최초의 노력임을 인식하도록 개입하면서, 이를 성공적으로 경험하도록 하고 '긍정적인 부분에 집중하기'가 집단의 한 특징이 될 수 있도록 돕는다. 집단에는 부정적 반응과 긍정적 반응이 수반된다는 것을 성원들이 확신할 때, 집단 참여도가 높아지고 집단 피드백을 요청할 때에도 성원들이 동기를 가질 수 있을 것이다.

집단이 각 성원에게 긍정적 피드백을 주도록 돕는 것에 더하여 지도자는 모임 동안 집단이 달성한 과제를 지지하는 긍정적 행동에 대해서 피드백을 이끌어낼 수 있다. 성원들이 토론에 참여하고, 질문에 답하고, 자신을 드러내는 위험을 무릅쓰고, 다른 성원을 돕고, 차례로 돌아가며 의견을 말하고, 당면문제에 대해 집단 전체가 관심을 갖고, 서로 다른 가치 · 신념 · 의견을 받아들이고, 집단이나 성원이 의미 있는 성취를 이루도록 하는 것이 지도자의 역할이다.

이전의 다른 세션에서 집단 발달을 지연시켰던 파괴적인 행동들이 사라지기 시작하면, 지도자는 변화를 강조할 수 있다. 휘파람 불기, 다른 사람의 의자를 치우기, 다른 사람이 말할 때 딴청부리기, 다른 사람에 대해 물리적 · 언어적으로 '방해하기', 물건을 갖고 장난치기, 집단과 무관한 주제 가져오기, 논쟁, 말 끼어 들기와 같은 파괴행동은 집단이 성숙하면서 사라지게 된다.

성원이 긍정적 피드백을 인지하고 받아들이도록 돕는 지도자 역할은 다음과 같다.

토미(팻에게) : 난 당신이 가끔 낙담하는 걸 알지만, 당신이 네 명의 아이를 키우면서도 아직까지 일하고 있는 것을 존경해요. 만약 저라면 백 만년이 지나도 그렇게 못할 거예요.

팻 : 제가 항상 그렇게 하는 것은 아니에요. 사실, 전 제 아이들에게 제대로 하지도 못해요.

지도자 : 팻. 당신 이야기를 들으니 자신이 엄마로서 부적격하다고 생각하는 것 같은데—잠깐 여쭙겠는데요, 당신이 그런 감정들을 되돌리고 싶으신지 아니면 예전에 당신이 했던 것을 말씀하시는 건가요?

팻 : 아마도, 제가 토미 칭찬을 이해하지 못한 것 같네요. 전 제가 그럴 만한 가치가 있다고 생각하지 못했어요.

지도자 : 누군가 긍정적인 피드백을 했을 때 여러분들도 팻과 똑같은 감정을 갖는지 궁금하군요.

이 마지막 반응(지도자의 반응)은 긍정적 피드백을 수용하는 데 어려움을 겪었던 것에 대해 토론하면서 다른 집단 성원들의 경험까지 포함하는 것으로 주제를 넓히고 있다.

지도자는 개별성원이나 집단이 긍정적 메시지를 받는 데 불편함을 느끼는 역기능적 인지유형(예를 들면, "나는 일을 완벽하게 해야 해" 또는 "내가 잘할 수 있는 것은 아무 것도 없어")을 확인하는 데 도움이 되길 바란다. 지도자는 이전 경험을 들면서, 어떻게 집단경험이 긍정적인 피드백에 잘 반응할 수 있게 하는지를 강조할 수 있다.

(3) 효율적인 의사소통 증진하기

효율적인 의사소통을 증진하기 위해 매순간 개입하는 것은 권력과 통제단계에서 특히 중요하다. 앞에서 관계를 만족스럽게 하는 개인의 효능과 능력을 증진시킬 수 있는 다섯 가지 관계기술을 설명했다. ① 긍정적 피드백, ② 공감적 경청(듣는 사람의 기술), ③ 진실한 반응(말하는 사람의 기술), ④ 문제 해결과 의사 결정, ⑤ 요청하기(자신의 욕구를 표현하기)이다. 덧붙여 개인이 집단에서 유용하게 의사소통 할 수 있는 방법으로, 말할 차례 기다리기 · 해결책을 제시하기 전에 문제를 어떻게 탐색할 것인지 배우기 · 다른 사람이 아닌 자신에 대해서 말하기 · 의도한 것을 타인에게 잘 전달하기 등이 있다. 마지막으로, 성원들은 효과적 반응과 비효과적 반응을 구분하는 것을 배우고 자신의 의사소통방법에서 부정적으로 고정된 반응을 제거하는 목표를 세우면서 도움을 받을 수 있다.

지도자는 이런 기술을 사용하고 모델링하여 성원들이 효과적으로 의사소통할 가능성을 증진시킨다. 덧붙여 '코치' 역할을 하면서 다음에서 설명한 것처럼 집단의 의사소통을 효과적으로 형성하도록 개입하여 성원들이 기술을 습득하도록 도울 수 있다.

① **부정적 의사소통 제거**

내가 당신이라면 규정하거나, 판단하거나, 가르치려 하거나, 비판, 풍자, '해야 한다'와 '하는 것이 당연하다' '항상' '절대로'와 같은 말을 사용하지 않을 거예요. 우리의 집단 계약처럼, 헐뜯기, 판단하기, 다른 사람에게 초점을 두는 간접적 의견보다 자신의 관점을 얘기하도록 노력해보세요.

② **메시지를 자기의 것으로 만들기('I-message' 사용하기)**

이것은 'you' 메시지에 해당하는 예입니다. 내가 만약 당신이라면 'I'로 시작해서 다시 해볼 거예요. 당신의 감정과 당신이 원하고 필요한 것을 확인하도록 해보세요.

③ **차례대로 말하기**

바로 지금 몇 사람이 동시에 말하고 있어요. 우리 모두 말할 수 있도록 규칙을 지키도록 하세요. 상대방의 말을 듣는 것은 매우 중요하답니다.

④ **상대방에게 직접 말하기**

지금 여러분은 집단에 대해서 말하고 있지만, 제가 생각하기에는 00를 말하는 것 같군요. 이럴 경우, 00에게 직접 말하는 것이 나을 것 같아요.

⑤ **개방형 질문**

리츠가 자기 방식대로 이야기할 수 있도록 폐쇄형 질문에서 개방형 질문으로 바꾸도록 하세요. (지도자는 이 두 개의 질문 방식이 어떤 차이가 있는지 설명한다.)

⑥ **청취**

다른 사람이 말하는 것을 주의 깊게 듣도록 하세요. 상대방이 자기 감정을 꺼낼 수 있게, 문제 원인을 잡아낼 수 있도록 도와주세요.

⑦ **문제탐색 대 문제해결**

집단이 너무 빨리 충고하면, 성원들은 깊은 수준에서 감정을 공유하지 못하거나, 문제를 완전히 드러내지 못하게 됩니다. 리처드에게 집단이 관찰한 결과를 말하기 전에, 우리 모두 리처드가 갖고 있는 고민을 공유할 수 있도록 5~10분 시간을 주어야 합니다.

⑧ **진실함**

지금 이 순간, 무엇을 느끼고 있는지 위험을 감수하면서 집단에 얘기할 수 있나요? 계속 입을 다물고 계신데, 당신이 무엇을 경험하고 있는지 집단에게 말하는 것이 좋을 것이라고 생각합니다.

⑨ **요청**

당신은 집단에 대해서 불평만 하는군요. 어떤 불평이라도 좋습니다. 집단에게 무엇이 필요한지 말하세요. 요청하세요.

위에서 설명한 예와 같이, 성원들이 의사소통을 형성하는 순간마다 개입하는 것은 집단의 치료적 잠재력을 높인다.

(4) 치료적 규범 형성하기

초반에 설명하였듯이, 지도자는 집단이 만들어 가는 규범의 본질에 대해 관심을 가져야 한다. 권력과 통제 단계에서는 다양한 집단경향이 형성되고 권력구조와 집단 의사소통 형태를 만드는 데 지도자가 개입할 수 있는, 그리고 집단이 문제를 해결하거나 협상하는 것을 '선택'할 수 있는 단계이다.

집단의 치료적 규범을 형성하는 데 지도자는 다음과 같은 경우 개입해야 한다.

- 파괴적 행동이 지속적으로 집단과업을 방해할 경우
- 한 명 혹은 여러 명이 집단 발표시간을 독점할 경우
- 한 명 혹은 여러 명이 집단 발달단계에서 벗어나 있는 경우

또는 상처, 분노, 역겨움, 실망, 거절과 같은 강한 감정을 경험했을 경우
- 성원 몇 명이나 또는 전체 집단이 성원 한 명에 대해 이야기를 시작할 경우
- 사교적인 면이 집단과업을 방해할 경우
- 성원들이 감정이 실린 내용에 대해 합리적으로 분석하는 경우
- 한 명 혹은 여러 명이 농담, 풍자, 비평 등에 대해 적의를 표현할 경우
- 한 명 혹은 여러 명 또는 집단 전체가 한 명에게 캐묻는 경우
- 집단이 성원에게 문제에 대해 완벽히 탐색하도록 독려하지 않고 충고하거나 제안할 경우
- 성원이 최근에 경험한 문제 · 감정 · 생각 · 반응에 대해 자기공개(self-disclosure) 하지 않고 장황하고 구구절절이 설명할 경우
- 한 명 혹은 여러 명 또는 집단 전체가 '침묵' 하는 경우
- 성원 한 명이 '공동지도자(co-leader)' 역할을 하는 경우
- 집단이 성원을 희생양으로 삼거나, 집단문제로 인해 이런 성원을 비판하는 경우
- 수동적이거나, 공격적이거나, 거부하는 반응을 보이는 성원을 공격하는 경우

성원들이 집단과정에서 장애물을 표현할 때, '지금-여기' 에서 일어나는 것에 관심을 갖도록 하는 것도 지도자 역할이다. 지도자는 성원에게 특별한 행동이나 일어난 일에 대해 기술하게 하여 간략하게 정리할 수 있으며, 그 후에 집단에 투입하도록 요청해야 한다. 집단이 문제에 봉착했을 경우 의사를 결정하는 행동을 취하기보다 토론이나 문제 해결을 유용하게 하는 것이 지도자의 과제이다. 결단에 책임을 지는 것은 집단 몫이다.

헨리(1992)는 권력과 통제단계에서 이슈를 집단에게 되돌리는 것이 지도자의 핵심역할이라고 하였다.

> 성원들이 집단의 소유권을 갖고 경쟁할 때, 사회복지사가 취하는 가장 최선의 개입은 논쟁에 뛰어들어 이슈나 결론을 집단으로 되돌리는 것이다. 사회복지사는 권력을 완전히 포기하지 말고 이전에 가졌던 것보다 직접적이고 활동적으로 기능을 수행해야 한다(p.148).

그러나 헨리가 밝혔듯이 갈등으로 가득 찬 모임 마지막이 끝날 때, 지도자는 사건이 일어난 과정과 이끌어 가는 과정에 대해 제안하며 개입해야 한다. 이런 경우 종료나 결단시기에 지도자는 이슈를 집단으로 되돌리지 말고 "성원들이 당면한 문제에서 어떤 정보를 얻었는지, 성원들이 경험한 불만 수준은 어느 정도인지 확인해야 한다" (p.151).

지도자가 집단에서 문제가 되는 이슈를 조급하게 끝내지 말아야 하지만 집단성원이 비판하고, 낙인찍고, 다른 사람을 '깎아 내리고', 그들끼리 논쟁할 경우 지도자는 즉각 그 과정에 재집중하도록 개입해야 한다. 지도자는 성원 간에 논쟁이 정화되거나 도움이 된다고 판단했을 경우 그냥 두어도 된다고 생각할 수 있다.

그러나 이와는 달리, 많은 연구에 따르면 공격은 공격을 유발하며 갈등에 적절하게 개입하지 않으면 성원들은 자기분노를 다루는 방식을 지속하도록 자극한다. 지도자가 수동적일 때 물리적 싸움단계까지 갈등을 고조시킬 수 있다. 이런 심각한 경우에 지도자가 개입하지 않으면, 지도자의 행동을 면밀히 관찰하고 있는 성원들은 지도자가 자신들을 지켜주지 못할 것이기 때문에 집단에서 위험을 감수하는 것이 매우 위험하다고 생각한다.

이렇듯 역기능적인 집단과정이 발생했을 경우 지도자가 즉각 개입하는 것은 매우 중요하다. 그렇지 않을 경우, 지도자는 집단에서 '한 발 물러선' 위치에 있게 되거나, 효과적으로 변화를 끌어낼 수 있는 능력을 상실하게 된다. 따라서 지도자는 심각한 집단장애가 발생하였을 경우 필요하다면 손뼉을 크게 치거나, 일어서거나, 집단성원보다 크게 말하거나, 논쟁하는 성원들 사이에 앉거나 하는 방식으로 단호하게 반응해야 한다.

전체 집단의 문제(개별태도나 행동과 반대로)에 개입할

경우 지도자는 한 사람의 문제만을 끄집어내거나 '제쳐놓지' 않기 위해서 둘, 셋, 넷, 혹은 집단 전체에 집중하여 개입의 효율성을 높여야 한다. 사실 개별성원이나 하위집단의 파괴적이거나 자기-패배적인 행동이 다른 성원에게 직접적인 영향을 주지는 않는다. 이런 행동은 집단에 영향을 줄 뿐만 아니라 집단이 이런 행동을 형성하고 강화한다. 성원이나 집단에서 지속적으로 발생하는 역기능적인 행동에 지도자가 개입하는 것은 모든 참여자에게 이익이 될 것이다.

예를 들어, 성인 집단에서 다음과 같이 지도자가 개입하는 것을 고려해보도록 하자. "마크와 지니, 당신들은 휘파람을 불면서 집단에 끼어 들었습니다. 우리는 모두 당신들이 집중하기를 바랍니다." 이 메시지는 바람직하지 않은 행동의 책임을 두 성원에게만 묻고 집단에서 무슨 일이 발생했는지 고려하지 않고 있다. 결론적으로 지도자가 위와 같은 메시지를 보낼 경우 긍정적 변화를 가져오기보다 부정적 행동을 강화할 가능성이 있다. 이는 다음의 이유 때문이다.

- 두 사람(마크와 지니)의 행동에 짜증을 내는 지도자와 함께하는 사람('좋은 녀석')과 집단에 불쾌감을 준 지도자에 반대하는 두 사람('나쁜 녀석')으로 집단을 양극화할 가능성이 있다.
- 지도자가 내린 해결책("우리는 당신들이 집중했으면 해요.")은 집단을 운영하거나 그 문제를 해결하는 데 오히려 방해가 된다.
- 지도자의 둔감한 개입은 그 두 사람의 산만한 행동에 내포되어 있는 메시지 "지금 이 집단은 우리의 욕구를 채워주지 못하고 있어"라는 공유하고 있지만 표현되지 못한 의미를 파악하지 못한 것이다.

지도자는 이런 역기능적 행동에 직면할 때 이 행동이 집단성원에게 어떻게 영향을 미치고 집단성원에게 영향을 받았는지 판단해야 하며 더불어 반드시 집단과정에서 행동을 분석하고 개입해야 한다. 똑같은 상황에서 지도자는 다음과 같이 행동할 수 있다.

"전 지금 어떤 일이 일어나는지 관심이 있어요. 여러분 중 몇 명은 참여하지 않았고, 몇몇은 휘파람을 불고 있고, 또 몇몇은 낙서하고 있어요. 거의 대부분 토론에 참여하지 않고 있네요. 개별적으로 보면 여러분은 집단에서 각기 다른 곳에 있는 것 같아요. 전 지금 여러분이 무엇을 경험하고 있는지 확인해보고 싶어요."

위 메시지는 모든 성원을 대상으로 하고 있으며, 현재 일어나는 일에 대해 중립적으로 서술하면서 집단과정을 독려하고 있다. 지도자는 집단에 결론을 내리지 않음으로써 집단토론을 파괴하는 권위적 역할을 하기보다 가능하게 하는 역할을 하고 있다.

3) 친밀과 분화단계

친밀과 분화단계는 집단이 본격적으로 작업하는 국면으로 구성된다. 집단발달 초반단계의 핵심 이슈는 신뢰 대 불신, 투쟁 대 권력, 자기-초점 대 타인에게 집중하기이다. 그러나 작업국면의 핵심 이슈는 드러내기 대 익명성, 진실 대 장난, 자발성 대 통제, 수용 대 거절, 응집 대 분화, 책임성 대 비난으로 바뀐다(Corey & Corey, 1992).

작업국면에서 지도자는 지속적으로 성원들이 갈등을 인정하고 해결하며, 개인의 문제를 공개하고, 자신들의 문제에 책임성을 갖고, 집단이 선호하는 결정을 내리게 하여 건강하게 선택하도록 돕는 조건을 형성해야 한다.

작업국면과 약간 떨어져 존재하면서, 지도자는 치료적 집단조건을 강화하는 기회가 보다 많다. 지도자는 피드백 과정을 강화하는 데 초점을 두거나, 성원들이 즉각 피드백을 주도록 돕거나, 전반적이기보다 구체적으로 그리고 비심판적인 방법으로 피드백을 제공하게 하거나, 문제행동뿐 아니라 강점에 관련하여 피드백을 줄 수 있게 해야 한다(Corey & Corey, 1992).

지도자는 이슈와 감정, 성원들이 공유하는 공통적인 필요에 집중하여 개별성원과 집단의 성장을 강화할 수 있다. 코레이와 코레이는 다음과 같이 언급했다.

> 상처받거나 실망을 주는 환경은 사람이나 문화에 따라 매우 다르다. 그러나 그런 감정의 결과는 공통적이다. 비록 우리가 같은 언어를 말하지 않거나, 같은 사회에서 생활하지 않다 하더라도, 즐거움과 슬픔이라는 감정으로 연결되어 있다. 집단성원이 더 이상 일상의 경험에서 잃을 것이 없거나, 이런 보편적인 인간 주제에 대해 깊은 갈등을 공유할 때 집단 응집력은 최상이 된다(p.209).

이 단계와 관련하여 코레이와 코레이가 밝힌 공통 주제는 다음과 같다.

> 거절당하는 것에 대한 두려움, 고독과 방임에 대한 감정, 열등과 남의 기대를 채우는 것에 실패한 감정, 고통스러운 기억, 행한 것이나 행하지 않은 것에 대한 죄의식이나 후회, 삶에 존재하는 가장 나쁜 적의 발견, 친밀감에 대한 욕구와 두려움, 성적 정체성이나 성적 역할에 대한 감정, 부모에 대한 미해결 과제이다(p.210).

이 목록이 모든 것을 표현하지 않지만 집단과정에 참여한 구성원들이 서로 발견하고 인식할 수 있는 인간의 공통 주제가 될 수 있다(p.210).

작업국면에서 지도자는 성원이 자신의 특성이 타인과 어떤 차이가 있는지 확인하려는 끊임없는 분화경향을 지원해야 한다. 지도자는 이런 차이를 표현하도록 하지 않으나 이렇게 나아갈 수 있도록 자극해야 한다. 지도자는 다음 경우를 주목해야 한다.

> 여기 저기 숨겨진 재능과 이전에는 접근할 수 없을 것이라고 믿었던 자원에 대한 접근, 바라던 기술을 습득하는 경우가 있다. 성원은 이전에 말하지 않았던 욕구를 개발하거나 다른 성원이 생각하지 않았던 것을 해석하거나, 집단작업에서 한 부분을 촉진하거나 종합하는 기능을 할 수 있다(Henry, 1992: 183).

작업국면은 집단 목적을 달성하는 데 강하게 초점을 두는 시기이다. 이 단계 동안 집단 작업은 대부분 초반 모임에서 계약한 것을 완수하기 위한 것이다. 토슬랜드와 리바스(Toseland & Rivas, 1995)는, 지도자는 성원들이 (집단과정 내내) 목적을 계속 주지할 것이라고 생각해서는 안 된다고 주장한다. 대신 지도자의 핵심역할은 주기적으로 목적을 확인하고 이 목적 아래 작업 노력을 체계적으로 조직하도록 돕는 것이다. 그러면 구성원 각자와 지도자는 같은 이슈에 초점을 두게 된다.

지도자는 모든 성원이 목적을 위해 활동하는 데 시간을 할당하고 있는지 계속적으로 점검해야 한다. 토슬랜드와 리바스는 지도자가 성원들을 도울 것을 제안한다. 집단은 개별성원이 목적을 달성하도록 도울 수 있는 시간이 있어야 하고, 지도자는 그렇게 함으로써 모든 성원이 도움을 받을 수 있다는 것을 알려주어야 한다. 시간이 허락하는 한 개별성원이 집단목적을 위해 일하는지 지속해서 점검해야 한다. 성원들이 도움을 받으면서 개인의 경험과 관련한 것을 공유하도록 독려함으로써 지도자는 상호원조 규범을 세울 수 있다. 덧붙여, 어떤 성원이 주의를 끌지 못하는 과정을 점검하여 다음 모임에 그 성원들이 참여하도록 독려할 수 있다. 토슬랜드와 리바스는 다음과 같이 말하였다. "이렇게 하면 소수성원에게만 계속 주의를 기울이거나 지속되는 것을 막고, 계약을 이행하지 않으려는 가능성을 감소시킬 수 있다(p.202)."

마지막으로, 지도자는 모임에서 치료적 목적과 과업을 점검할 수 있는 체계적 방법을 세워야 한다. 이런 과정이 없다면 아무렇게나 점검하거나 집단에 강하게 참여하는 몇몇 사람에게만 집중하게 될 것이다. 즉 집단에 강하게 참여하지 않는 사람은 주목받지 못하는 것이다. 체계적으로 점검하지 않는 경우, 적절한 추후 지도를 받지 못한 채 과제가 끝나기도 한다. 토슬랜드와 리바스(1995)가 밝혔듯이, 성원들은 모임과 모임 중간에 과제의 결과에 대해 보고할 기회를 갖지 못할 경우 좌절하게 된다. 매주간 과정에 대해 기대하는 것은 성원들이 모임을 지속하면서 목표를 향해 함께 나갈 수 있도록 동기를 자극한다. 이렇게 한다면 계약 내용을 계속 주지시킬 필요도 감소하며, 성원들에게 독립과 성취감을 준다.

작업국면에서 지도자는 성원들이 역기능적 행동을 하도록 유지시켰던 사고와 신념을 합리적으로 분석할 수 있게 노력을 집중해야 한다. 토슬랜드와 리바스(1984)에 따르면, 집단성원은 다음과 같은 경향이 있다.

(1) 사건을 과도하게 일반화하거나 (2) 사건의 특정 부분에 선택적으로 집중하거나 (3) 통제범위를 벗어난 사건에 대해 지나치게 책임감을 갖거나 (4) 미래 사건에 대해 최악의 결과만을 생각하거나 (5) 양분론적 사고를 취하거나 (6) 과거의 특정 사건결과에 대해 미래에도 똑같을 것이라고 가정하는 경향을 보인다(p.217).[53)]

4) 종결

종결단계는 집단에 강하게 몰입한 사람, 강한 지원과 독려, 이해를 받았던 경험이 있는 사람, 문제에 대해 효과적으로 도움을 받았던 사람에게는 어려운 단계이다. 지도자는 성원들이 종결단계를 성공적으로 완수하기 위해 말러(Mahler, 1969)가 '종결식'이라고 불렀던 기민한 개입을 해야 한다. 20장에서 종결단계의 주요 이슈들에 대해서 확인하고 클라이언트가 종결을 용이하게 받아들이고, 집단 외부에서도 변화를 일반화할 수 있는 변화-유지 전략에 대해서 언급할 것이다. 여기서는 종결단계를 계획적으로 진행하는 지도자 역할에 대해서 살펴보고자 한다. 지도자는 집단이 완벽하게 '종결식'을 할 수 있도록 다음 전략을 선택할 수 있다.

- 집단에서 다루었던 주제나 관심사는 집단 외부에서도 직면할 수 있는 것임을 확신시킨다. 또 집단에서 받았던 진실한 피드백을 집단 외부에서도 받을 수 있으며, 이런 반응에 대처함으로써 도움을 받을 수 있음을 확신시킨다(Toseland & Rivas, 1995).
- 성원들이 기술을 습득하고 연습할 수 있는 다양한 상황을 활용하여 집단 외부에서 접하게 될 여러 상황을 준비하게 한다(Toseland & Rivas, 1995).
- 마지막 몇 차례 모임에서는 집단환경과 다른 호의적이지 않은 환경에서 경험할 가능성이 있는 실패에 어떻게 반응할지 토론하도록 돕는다. 성원들이 자신이 갖고 있는 기술과 능력으로 문제를 독립적으로 해결할 수 있다는 신념을 가질 수 있게 한다. 또 주장훈련, 효과적인 의사소통, 문제해결과 같은 개입방법에 내재된 치료원칙을 가르친다(Toseland & Rivas, 1995).
- 성원들이 자신의 갈등, 포기, 분노, 슬픔, 상실의 감정을 확인하도록 도우면서 종결에 대한 지도자의 반응을 공유한다.
- 성원 자신이나 집단에 대한 긍정적 감정을 강화한다. 목적을 달성할 수 있다는 것을 깨닫고, 자신의 삶에 대해 책임진다는 데서 나오는 잠재력, 남을 도울 수 있다는 만족감, 자존심, 유용함, 집단경험을 성공적으로 마치면서 갖게 되는 성장과 성취감이 긍정적인 감정이다(Lieberman & Barman, 1979; Toseland & Rivas, 1995).
- 성원들이 모임 처음부터 마지막까지 집단과 성원들 간에 나누었던 말들 그리고 자신과 다른 구성원에 대해 알게 된 것을 표현하고 다시 살펴보거나 통합할 수 있도록 돕는다. 또 성원들이 만족한 것과 불만족한 것에 대해, 모임에서 어떤

53) 위와 같은 이슈들, 그리고 그 외에 자기 패배적인 클라이언트의 태도에 관해 더 자세하게 알기 원하면 다음과 같은 문헌을 참고할 수 있다. 마이켄바움(Meichenbaum, 1977), 번스(Burns, 1980), 토슬랜드와 리바스(Toseland & Rivas, 1995), 로즈(Rose, 1989).

방법이 가장 영향을 미쳤는지 알아보도록 한다. 마지막으로, 성원에게 집단에서 경험했던 친밀, 따뜻함, 유머, 즐거움의 순간뿐 아니라 갈등이나 고통의 순간도 지속해서 떠올리기를 요청한다(Toseland & Rivas, 1995).

- 집단종결 이전의 마지막 몇 모임에서 성원들 각자에게 자기 의제를 달성하기 위해 남은 시간을 사용하도록 제안한다. 지도자는 "지금이 마지막 모임이라면, 여러분은 지금까지 이룬 것에 대해 어떻게 생각합니까? 그리고 여러분이 바라던 것과 다른 것은 무엇입니까?" 라고 질문할 수 있다(Toseland & Rivas, 1995: 229).
- 헨리(1992:124)는 성원들 간에 해결하지 못한 과제에 대해 다음과 같은 방법, 즉 서로 간략한 문장을 얘기하는 연습을 하면서 종결할 수 있다고 제시하였다. "제가 정말로 좋았던 것은, 여러분이 보여준 방식입니다……(한 예로, 정말 말하기 힘든 것을 결국 얘기했을 때 여러분은 긍정적으로 반응해주었습니다. 그처럼 구성원 간에 어떤 구체적인 행동이 변한 것입니다)" 그리고 "그러나 난 우리가……(그 두 사람 사이에 특별히 어떤 구체적인 행동 변화가 있기 바랍니다. 지금까지 그렇게 하지 않았지만 이제는 더 직접적으로 서로 이야기할 기회를 만들었으면 합니다.)"—와 같은 문장을 각 사람이 말하면서 종결한다. 이렇게 하면서 새로운 이슈를 만들지 말고 현재상황을 종료할 것을 제안한다.
- 성원들이 집단을 떠난 이후에 초점을 두고 집단에서 피드백을 끌어낸다. 집단종결시에 각자 개별적인 변화를 계약하도록 하거나 집단과 맺은 계약을 재고해보도록 할 수 있다(Toseland & Rivas, 1995).
- 개별성원은 각자 집단에서 어떻게 인식되었으며, 집단은 각자에게 어떤 의미였으며, 구성원 각자 성장한 내용은 무엇인지 확인하도록 한다. 다른 성원들은 어떻게 인식했는지 피드백 주도록 요청한다. 성원들이 집단과정 동안 획득했던 인식을 강화하도록 신중하게 피드백 해야 한다(예를 들어, "내가 가장 좋아하는 당신의 특성은..", "당신의 힘이 막혀 있는 이유는 내가 보건대……", "당신이 기억하기를 바라는 몇 가지는……")(Corey, 1990: 512).
- 집단이 성공했는지 판단하거나 지도자 개입을 평가하는 도구를 사용한다. 이런 측정은 다음과 같은 이점이 있다. ① 개입해서 얻은 구체적인 효과에 대해 지도자의 전문적 관심사를 서술한다. ② 지도자의 지도력기술을 향상시킬 수 있다. ③ 집단의 효율성에 대해 기관이나 기금주에게 설명할 수 있다. ④ 동의한 목적을 달성하는 데 있어서 지도자가 개인성원이나 집단과정을 사정하도록 돕는다. ⑤ 성원들은 집단에 대한 만족감이나 불만족을 표현할 수 있다. ⑥ 비슷한 목적이나 비슷한 상황에서 집단방법을 사용하는 다른 사람과 공유할 수 있는 지식을 개발할 기회를 제공한다(Reid, 1991; Toseland & Rivas).

5. 새로운 발전

사회복지실천에서 역량강화를 위해 집단을 활용하는 것에 대한 관심이 높아지고 있다. 예를 들어, 루이스(Lewis, 1991)는 역량강화에 초점을 맞춘 집단사회복지실천을 기반으로 페미니스트 이론과 해방이론(liberation theory)의 영향을 들고 있다. 페미니스트 이론은 평등주의적이고 참여적이며, 각 개인의 일상생활 경험을 그 상황에서 확인하고자 한다. 다른 한편으로 해방이론은 불평등한 위치에 있는 사람들이 경제적, 정치적 행동에 참여하는 것에 초점을 맞춘다. 다른 연구자들은 유색인종과 이민자 클라이언트 집단의 특별한 욕구에 초점을 맞추고 있다(Congress & Lynn, 1994). 마지막으로 톨만과 몰리도(Tolman & Molidor, 1994)는 1980년대 집단 사회복지실천에 관한 연구를 개괄하면서, 인지행동집단이 다수였으며, 아동의 사회기술을 향상시키는 프로그램들이 많았다고 지적했다.

● 과업집단에 대한 실천

11장에서 설명했듯이 전문적인 사회복지실천의 중요한 측면은 과업실행을 포함한다. 치료집단과 반대로 과업집단은 목적을 달성하고, 결과물을 생산하거나 정책을 개발하기 위해 형성된다(Ephrose & Vassil, 1988). 대부분 학생의 신분으로 학문적인 과업집단에서 출발하여 기관 직원으로 계속 과업을 진행하고 실천현장에서 과업집단의 지도자가 된다. 즉 생애 전반에 걸쳐 과업집단에 참여하게 되는 것이다. 과업집단에 효과적으로 참여한다는 것은 집단의 공식적인 지도자의 기술에만 의존하는 것은 아니다. 예를 들어, 사회복지사는 때로 집단과정에서 자신의 지식을 활용하여 여러 분야와 교류하여 효과적으로 참여하게 된다. 사회복지사는 초점을 맞추어야 하는 문제를 확인하고, 관련된 사람들을 모으고, 집단발달단계에 주의를 기울이고, 갈등상황을 조정하는 과정에서 과업집단을 원조할 수 있다.

① **문제규명**

지도자는 집단이 그 영역에서 해결할 수 있는 문제를 효과적으로 규명하도록 도울 수 있다(Toseland & Rivas, 1995). 이 과정에서 문제를 제대로 정의하기 전에 성급하게 해결책을 제시하려는 것을 피해야 한다. 적절한 문제와 목적을 정의할 때, 집단은 브레인스토밍과 같은 기술을 이용할 수 있다. 그리고 초점을 맞추어야 하는 핵심문제를 선택하기 전에 가능한 한 여러 문제를 고려하는 명목집단(nominal group) 기술을 사용할 수도 있다. 브레인스토밍은 여러 가지 다양한 의견을 표현하는 것이지 평가하는 것은 아니다. 명목집단기술은 집단성원들이 개인적으로 잠재적인 문제목록을 작성하고 순위를 매기는 것이다(Toseland & Rivas, 1995). 집단으로서 문제를 평가하고, 우선순위를 매기기 전에 모든 것을 목록으로 정리하면서 개개인의 잠재문제를 계속 모으는 것이다.

② **관련된 집단성원 모집**

집단성원은 모두 집단의 기능을 명확하게 이해하고, 이를 정책 아젠다와 의사결정에 포함시켜야 한다. 역할을 할당하면 목적을 달성하기 위해 성원들은 서로 의존할 것이다. 모든 성원들이 적정한 수준에서 개개인의 정보를 알 수 있도록 인적 자료를 공유해야 한다. 성원 간의 상호작용을 촉진시키기 위해 작은 집단으로 나누어 브레인스토밍 하는 것은 도움이 될 것이다. 다른 성원이 가진 특별한 기술과 경험, 관점들을 인정하는 것도 신입성원들에게 더 확신을 줄 수 있다. 새로운 성원들과 의견을 나누면서 더 확실하게 촉진될 수 있다.

③ **집단발달단계 인식**

과업집단에도 집단발달단계는 있다. 비록 어떤 이슈가 다시 발생하는 것과 같이 한 방향으로 일어나는 것이 아니지만, 집단을 그 이전의 단계로 되돌림으로써 발생한다. 친밀 전 단계에서, 각 개인은 공통의 목적을 세우지 않았기 때문에 집단에 대해 다양한 기대를 갖고있다. 집단 정체성이 발달하는 초기단계에 집단성원은 서로 알고 있고 함께 활동을 하고 있다는 사실에 영향을 받을 수 있다. 예를 들어, 어떤 성원은 같은 직장의 동료이거나 과거에 다른 프로젝트에서 함께 활동했을지도 모른다.

권력과 통제단계에서는 집단이 추구할 프로그램이나 생각을 둘러싸고 종종 경쟁한다. 이러한 갈등은 토론하고 결과물을 이끌어내기 때문에 굳이 피할 필요는 없다. 때로 의사결정에 활용할 수 있는 요소가 충분히 있음에도 불구하고 회피하며 갈등을 피하기도 한다. 서로 다른 의견이 존재하고 그 의견들의 장점을 평가하는 이 단계에서 규범을 선정하는 것은 집단의 목적달성에 도움이 된다. 사실, 지도자는 개인 간에 갈등을 조정하고 통제하는 반면에 의견을 중심으로 갈등하도록 자극해야 한다. 이것에 실패하면 성원의 잠재적 기여는 감소하고 따라서 생산물도 감소한다.

이런 건강한 갈등이 없으면 대안적 사고나 관점을 표현하지 못하거나 '집단적 사고' 의 위험이 존재하게 된다. 지도자(와 성원)는 '의견' 차이의 이유를 표현하게 하고, 갈등에서 야기된 질문에 답하는 데 필요한 정보를 명확히 하면서 다른 성원을 도울 수 있다. 집단지도자와 성원은 이렇게 하면서 의사소통을 형성하고, 자신을 모두에게 이해시키고, 반응하고, 제공하고, 진술을 요약하는, 의사소통 기술을 사용할 수 있다. 집단지도자는 성원이나 성원의 의견을 평가절하하지 않고, 정중함을 유지하고, 어떤 성원이라도 때로는 집단에 기여할 수 있음을 시사하면서 생산적 작업환경을 만드는 데 기여할 수 있다(Toseland & Rivas, 1995: 306-307).

제 18 장 부가적 감정이입, 해석, 직면

Additive Empathy, Interpretation, and Confrontation

1. 클라이언트 자기인식의 의미와 중요성

자기인식(self-awareness)은 일반적으로 건전한 정신건강에 필수라고 인식하는 중요한 요소이다. 고대 그리스 철학자 소크라테스의 유명한 격언, '너 자신을 알라' 에 반영되어 있는 바와 같이 오랫동안 인간은 자기인식의 중요성을 인식하여왔다. 자기인식은 흔히 자발적 클라이언트가 추구하는데 이는 원조과정, 특히 변화추구단계(change-oriented phase)에서 필수이다. 문제를 해결하고 바꾸려는 노력을 적절하게 이끌 때 효과적으로 변화할 수 있는데, 이는 변화되어야 하는 행동과 환경을 얼마나 정확하게 인식하느냐에 달려 있다.

이 장에서 언급하는 자기인식이란 용어는 현재 작용하는 영향력을 광범위하게 인식하는 것을 말한다. 따라서 사회복지사는 클라이언트가 자신의 욕구와 결핍, 동기, 정서, 믿음, 역기능적 행위, 그리고 타인에게 미치는 영향에 대해 인식을 확장하도록 도와야 한다. 우리는 자기인식이라는 용어를 문제에 대한 원인론적 통찰과 관련하여 사용하지는 않는다. 왜냐하면 앞장에서 살펴보았듯이, 사람들은 이러한 통찰력 없이도 변할 수 있고 변하기 때문이다. 그러나 때로 과거를 간략하게 탐구하는 것이 생산적이고 현명할 수 있는데, 예를 들면, 배우자가 서로 매력적이었던 특성이 어떤 것인지 확인한다든가, 성기능 장애를 야기하는 요인들을 확인한다든지, 만성적인 문제를 사정하거나 이전에 경험했던 성공을 강조하는 경우이다. 이러한 경우에도, 과거 자체에 주목하는 것이 아니라 과거사가 현재에 미치는 영향을 살펴보면서 현재를 바꿀 수 있음을 클라이언트에게 강조한다. 따라서 얻은 정보들을 *현재*의 작업과 *현재*의 문제에 관련하여 과거를 탐구하는 것이 중요하다.

사회복지사에게는 클라이언트가 자기인식을 확장하도록 돕는 다양한 기술이 있다. 부가적 감정이입, 해석, 직면은 가장 광범위하게 사용하는 방법이다. 이 장에서는 이러한 기법이 무엇인지 정의하고 이 기술들을 활용하기 위해 필요한 방법들을 구체화한다. 그리고 이 기술을 효과적으로 사용하는 데 필요한 지침을 제시한다. 마지막으로 이 기술을 개발할 수 있는 훈련방법을 제공한다.

2. 부가적 감정이입과 해석

감정이입은 원조과정에서 사회복지사에게 필수불가결한 것이다. 앞에서 원조과정 초기단계에서 다양한 감정이입을 어떻게 사용하는지 설명했다. 행동지향단계(action-oriented phase) 동안 부가적 수준의 감정이입은 클라이언트가 자기인식을 확장하고, 직면으로 받을 수 있는 충격을 완화하며(이 장 뒷부분에서 논의한다), 관계에서의 반응과 변화에 따르는 장애들을 탐구하고 해결하기 위해 사용된다(19장 참조). 사회복지사는 목표달성단계 동안 상호 수준에서 감정이입을 계속 사용해야 함을 명심해야 한다. 왜냐하면 초기단계에서 사용하는 감정이입의 목적은 원조과정 전반에 걸쳐 지속되기 때문이다. 차이점이라면, 부가적 수준의 감정이입은 초기단계에서는 드물게 사용되지만 행동지향단계에서는 중요한 위치를 차지한다는 점이다.

부가적 감정이입 반응은 클라이언트가 표현하는 것을 넘어서는 것이며 따라서 어느 정도는 사회복지사가 추론해야 한다. 이러한 이유로 클라이언트에게 감정, 인지, 반응, 행동유형을 만들어내도록 작용하는 영향력을 해석해주기 때문에 이러한 반응들은 어느 정도 해석적이다. 실제로 정신분석을 포함하여 철저하게 연구한 후, 루버스키와 스펜스(Luborsky & Spence, 1978)는 정신분석학자들이 사용하는 해석은 감정이입적 의사소통과 근본적으로 같다고 결론지었다. '해석'을 통한 통찰은 정신분석치료의 기본원칙에서 중요한 위치를 차지하고 있다.

여러 다른 이론을 지지하는 학파(예를 들어, 클라이언트중심이론, 게스탈트이론, 실존이론 등)는 해석을 사용하는 것을 피한다. 그러나 또 어떤 이들은(Claiborn, 1982; Levy, 1963) 이론경향과 관계없이 상담과정에서 해석은 필수라고 지지하며, 많은 행동주의 사회복지사들 역시(의도적이건 아니건) 해석의 기능을 수행한다.

의미론적, 개념적 혼란은 관점의 차이를 만들어낸다. 그러나 최근 저서들은 개념을 명료화하고 혼란과 모호함을 줄이는 경향이 있다. 레비(Levy, 1963)의 개념에 기초하여 클레이본(Claiborn, 1982)은 이론적 경향이 무엇이든 해석은 클라이언트의 관점과 다르게 나타나며 따라서 해석의 기능은 그러한 관점에 따라 변화를 준비하게 하는 것이라고 정의했다(p.442) 이러한 관점에서 보면 해석은 클라이언트가 자신의 문제를 다른 관점에서 보도록 도와주는 것으로 행동치료과정에 새로운 가능성을 여는 긍정적 효과가 있다. 모순된 관점을 강조하는 이러한 특정한 견해는 재구조화(Watzlawick et al., 1974), 재명명(Barton & Alexander, 1981), 긍정적 함축(Selvini-Palazzoli, Boscolo, Cecchin & Prata, 1974), 긍정적 재해석(Hammond et al., 1977), 부가적 감정이입과 전통적 정신분석학적 해석을 포함한 다양한 이론들에서 말하는, 많은 변화유도기법을 포함할 정도로 매우 광범위한 것이다. 그러므로 동일한 임상상황에 관련하여 해석 내용은 사회복지사의 이론적 경향에 따라 다양하게 나타난다. 그러나 연구결과(1982, Claiborn 요약), 내용상 크게 다른 해석들도 클라이언트에게는 유사한 영향을 끼친다는 것을 보여준다(p.450)

레비(1963)는 해석을 의미론적인 것(semantic)과 명제론적인 것(propositional), 두 가지 범주로 분류한다. 의미론적 해석은 사회복지사가 지니고 있는 개념적 어휘에 따라(예를 들면, '좌절되었다' 라는 어휘는 상처받았거나 환멸을 느낀다는 것을 의미한다) 클라이언트가 경험한 것을 묘사한다. 따라서 의미론적 해석은 부가적 감정이입 반응과 밀접한 관계가 있다. 명제론적 해석은 클라이언트의 문제상황에 포함되는 요인들 간의 인과적 관계를 주장하는 사회복지사의 관념 또는 설명을 말한다(예를 들어, 당신이 다른 사람을 불쾌하게 하는 것을 피하려고 할 때, 당신 스스로 불쾌해지고 결국 당신이 이용당한다고 느끼면서 다른 사람에 대해 분노하게 된다).[54)]

사회복지사는 클라이언트의 인식과 너무 동떨어지게 해석하거나 부가적 감정이입반응(우리는 이 용어들을 상호교환 가능한 것으로 사용한다)을 보이는 것을 피해야 한다.

---

54) 클레이본(Claiborn, 1982)은 이 주제에 관한 두 가지 모두 해석유형과 포괄적인 논의에 대한 많은 사례를 제시한다. 다른 연구자들(Beck & Strong, 1982; Claiborn, Crowford, & Hackman, 1983; Dowd & Boroto, 1982; Feldman, Strong, & Danser, 1982; Milne & Dowd, 1983) 또한 다양한 해석유형의 효과를 비교하는 것에 대해 보고했다.

스파이스만(Speisman, 1959)의 연구에 따르면, 적절한 해석은(클라이언트 경험 주변에 존재하는 감정들을 반영하는 것) 자기탐구와 자기인식을 촉진하지만, 지나치게 깊은 해석은 클라이언트의 저항을 불러일으킨다. 왜냐하면 깊게 해석하는 것은 클라이언트 경험과 너무 동떨어져서 비논리적이거나 관계없는 것처럼 보이고 그 결과 그 해석이 정확할 수 있음에도 불구하고 거부하는 경향이 있다. 다음은 부적절하게 깊이 해석한 예이다.

클라이언트 : 우리 사장은 정말 독재입니다. 사장은 프랜을 제외하곤 누구에게도 믿음을 보여주지 않아요. 사장 판단으로는 프랜은 아무 잘못도 할 수 없는 사람입니다. 난 그 얼굴에 펀치를 날리고 싶어요.

사회복지사 : 사장은 당신이 아버지에게 가졌던 감정과 동일한 감정을 불러일으키는 것 같아요. 당신은 사장이 프랜을 좋아한다고 느끼는데, 프랜은 아버지가 편애하던 당신 누이를 상징하죠. 당신이 독재자라고 느끼는 사람은 당신 아버지이며, 사장을 보면서 아버지를 향한 분노를 다시 경험하는 거죠. 당신 사장은 단지 당신 아버지의 상징일 뿐입니다.

클라이언트는 이러한 해석을 거부하고 아마도 화를 낼 것이다. 사회복지사가 정확하게 해석한 것일지라도 클라이언트는 사장에 대한 감정과 싸워나가고 있다. 아버지에 대한 감정으로 초점을 옮기는 것은 '클라이언트 관점'이라는 목표를 잃는 것이다. 다음 해석은 거부감을 덜 유발한다. 왜냐하면 클라이언트의 현재 경험과 관련짓고 있기 때문이다.

"당신은 사장에게 분노하네요. 왜냐하면 사장은 당신이 보기에 정말 좋아할 수 없는 사람처럼 보이고 또 프랜에 대해 편파성을 보여주기 때문이지요(상호적 감정이입). 그 감정은 당신이 2주 전 즈음 표현했던 감정과 비슷하군요. 부모님과 휴가 보낼 때 아버지는 당신이 한 모든 일에 꼬투리를 찾아내는 것만 같고, 누이에게는 칭찬만 한다는 것을 이야기했죠. 이전에 당신은 아버지가 누이를 언제나 편애했고 당신이 아버지를 기쁘게 해줄 수 있는 것은 아무 것도 없는 것 같다고 말했어요. 난 그러한 감정들이 당신이 직장에서 경험하는 감정들과 연관되어 있는 거라고 생각해요."

앞의 메시지에서 사회복지사가 해석의 근거를 조심스럽게 언급하고 그것을 시험적으로 제시했다는 것에 주목해야 한다. 이는 다음 부분, '해석과 부가적 감정이입 사용을 위한 지침'에서 논의할 문제이다.

5장에서 부가적 감정이입과 관련하여 논의하고 설명했기 때문에 이 장에서는 이 주제를 다루지 않을 것이다. 그보다 ① 더 깊은 감정, ② 감정, 사고, 행동의 함축적 의미, ③ 욕구와 목표, ④ 행위의 숨겨진 목적, ⑤ 깨닫지 못한 강점과 잠재능력에 대해 클라이언트의 자기인식을 확장하는 데 있어서 해석과 부가적 감정이입을 사용하는 것에 국한하여 논의할 것이다.

1) 심층적 감정

클라이언트는 보통 어떤 감정을 제한적으로 인식하며, 단지 어렴풋이 그것을 지각한다. 더구나 감정적 반응행동은 다양한 감정을 포함하는 경우가 많지만, 클라이언트는 단지 지배적이거나 표면적인 감정만을 경험한다. 어떤 클라이언트는 분노 같은 부정적 감정만을 경험하며 상처, 실망, 동정심, 외로움, 공포, 보살핌과 같이 좀더 예민한 감정에 영향을 받지 못하기도 한다. 따라서 부가적 감정이입반응(의미론적 해석)은 클라이언트가 인식의 먼 언저리에 있는 감정들을 알아채도록 도움을 준다. 또 이러한 감정들을 좀더 뚜렷하고 충분히 경험하고 자신의 인성을 보다 많이 인식하고(전체 감정 범위를 포함하여), 표면으로 나타나는 감정들을 자신의 경험 전체로 통합할 수 있게 한다.

사회복지사는 몇 가지 목적을 위해 클라이언트가 자신의 감정을 더 확장하여 인식할 수 있도록 부가적 감정이입을 활용한다. 다음 예문을 보자.

클라이언트의 언어적 메시지에서 의미하고 암시하는 감정 확인

클라이언트(6회 세션) : 우리가 나아지고 있다고 느끼는지 궁금하군요. (클라이언트는 숨겨진 감정을 구체화하는 질문을 종종 한다.)

사회복지사 : 마치 당신은 경과에 만족하지 않은 것 같군요. 현재 진행된 것들에 실망을 느끼고 있는지 궁금하군요.

표면적 감정 뒤에 깔려 있는 감정 확인

클라이언트 : 난 저녁마다 할 일이 없어서 지루해요. 볼링장에 가서 사람들이 게임 하는 것을 구경했는데 별 도움이 되지 않는 것 같아요. 삶이란 정말 지루해요.

사회복지사 : 난 당신이 공허함을 느끼고 매우 우울하다는 인상을 받았습니다. 난 당신이 외로움을 느끼고 그런 공허함을 채워줄 친구를 원하는지 궁금하네요.

클라이언트가 최소화한 감정에 집중하기

클라이언트(경증의 정신지체로 사회적으로 고립된 30세 여성) : 제인(다른 주에 사는 오랜 친구)을 만나지 못해서 다소 실망스러워요. 제인은 실직했고 그래서 비행기 예약을 취소해야만 했죠.

사회복지사 : 난 당신이 얼마나 실망했는지 이해할 수 있을 것 같아요. 사실 지금까지도 기분이 가라앉아 보이는군요. 제인이 방문할 것을 기대하고 계획을 짰을 텐데 당신에겐 정말 상처였을 겁니다.

클라이언트가 모호하게 경험한 감정의 본질을 명확히 하기

클라이언트 : 벤이 다른 여자와 결혼하기 위해 이혼을 원한다고 말했을 때 난 말문이 막혔어요. 난 그 이후로 '이건 있을 수 없는 일이야' 라고 스스로 말하면서 멍한 상태로 걸어다녔어요.

사회복지사 : 마음의 준비가 되어 있지 않은 당신에게 그건 강한 충격이었을 것입니다. 그런 일이 실제 일어났다고 받아들이기 어려울 정도로 상처를 받은 거죠.

비언어적으로 드러낸 감정 확인

클라이언트 : 언니가 휴가 동안 조카들을 봐줄 수 있는지 물었는데, 물론 난 그렇게 할 거예요. (얼굴을 찌푸리고 한숨을 쉰다.)

사회복지사 : 그렇지만 당신이 내쉰 한숨은 그렇게 하고 싶지 않다는 것을 말해주네요. 바로 지금 당신이 보낸 메시지는 언니가 그렇게 부탁한 것은 공평하지 않고 당신에게는 매우 부담스러운 짐이기 때문에 화가 난다는 거예요.

2) 감정, 사고, 행동에 숨어 있는 의미들

부가적 감정이입과 해석은 클라이언트가 감정, 사고, 행동의 의미를 만들고 개념화하는 것을 돕는다. 따라서 사회복지사는 무엇이 클라이언트의 감정, 사고, 행동에 동기부여 하는지 이해하고, 그들 행동이 문제, 목표와 어떻게 관련 있는지 알아내며 사고, 감정, 행동의 의미와 유형을 분별해내는 것을 돕는다. 클라이언트는 자신의 행동과 경험에서 유사함과 의미를 식별함에 따라, 별개의 존재들을 통합하고 궁극적으로 응집력 있는 전체로 합쳐나가게 된다. 결국 클라이언트는 자기인식을 키워나가는데 이는 각각의 퍼즐조각을 맞추는 과정과 같다. 앞서 예로 들었던 동료를 편애하는 사장에게 분노를 느끼는 클라이언트에 대해 해석하는 것이 이러한 종류의 부가적 감정이입반응의 예이다(명제론적 해석 범주에도 역시 적용된다).

좀더 구체적으로 사회복지사는 클라이언트가 특정한 유형의 사람이나 환경에서 나타나는 다루기 힘든 감정을 식별하도록 돕기 위해 해석이나 부가적 감정이입을 사용할 수 있다. 예를 들어, 클라이언트는 비판적인 사람에게 의기소침해질 수 있고 또는 그들이 뭔가 수행해야만 하는 상황에서(예를 들어, 이야기해야 하거나, 시험을 치를 때) 극단적으로 불안을 느낄 수 있다. 따라서 사회복지사는 부정적 지각구조나 인지 재구조화로 개조할 수 있는 역기

능적 인지 유형을 확인하는 데 부가적 감정이입을 사용한다. 클라이언트는 자신의 유능하고 성공적인 행동 증거들을 간과하고 불완전성을 보여주는 사소한 지표들만 집중하여 받아들이는 경우가 있다. 이와 비슷하게 사회복지사는 클라이언트가 어떤 부정적인 결과를 절대적인 불행으로 인식하기 때문에 사소한 사건이나 두렵고 회피하고 싶은 일들이 가져올 수 있는 부정적인 결과를 예측한다는 것을 클라이언트가 이해하도록 돕는다. 한 클라이언트는 최근 심한 낙상으로 부분마비가 된 오랜 친구를 방문하는 것을 두려워했다. 사회복지사는 클라이언트가 두려워하는 것은 그 친구를 방문했을 때 일어날 수 있는 부정적 사건들이라는 것을 탐구해 낸 후에, 다음과 같은 것들을 확인했다.

"내가 그 친구를 보고 운다면 무슨 일이 일어날까?"

"내가 그 친구를 빤히 쳐다본다면 무슨 일이 일어날까?"

"내가 말 실수를 한다면 무슨 일이 일어날까?"

부가적 감정이입반응을 사용하여 사회복지사는 다음과 같이 대답했다.

"만약 위 상황 중 어떤 한 상황에 처하게 된다면 당신에게 그것은 틀림없이 불행인가요?" 클라이언트는 쉽게 동의했고, 그러자 사회복지사는 공포스러운 반응 행동을 각각 토의하면서 실제 관점에서 상황을 살펴보도록 돕기 위해 인지 재구조화를 적용했다. 누군가는 클라이언트가 두려워하는 대로 반응할 것이며 만약 공포스러운 어느 하나의 방법으로 반응한다면 불편하겠지만 확실히 재앙은 아니라는 점을 명확히 하면서 더 깊이 토론했다. 이렇게 하면서 클라이언트는 상황에 완전히 좌우되기보다 자신이 반응하는 방법에 대해 어느 정도의 제어할 수 있는 능력이 있다고 결론지었다. 그리고 난 후 행동연습을 하면서 클라이언트가 확신했던 불행의 공포는 점차 관리, 통제할 수 있는 정도로 줄어들었다.

또 사회복지사는 개인 간에 관계에 좋지 않은 영향을 미치는 왜곡된 지각을 클라이언트가 인식할 수 있도록 하는 데 부가적 감정이입을 사용할 수 있다. 부모는 아이들에게서 자신이 혐오하는 특성들을 지각하기 때문에 아이들을 거부하게 된다. 그러나 이전 연구에 따르면, 부모는 자기 내부에 있는 동일한 특성을 혐오하며 이러한 자기혐오를 아이들에게 투사한다고 밝히고 있다. 클라이언트의 자기 인식(역시 왜곡된)이 아이들에 대한 지각을 어떻게 왜곡시키는지 인식하도록 도와줌으로써, 사회복지사는 클라이언트가 자기 아이들을 그들 자신과는 다른 독특한 개인으로 지각하고 받아들이며 구별할 수 있도록 하였다.

부부는 서로 부적절한 지각과 반응을 야기하면서 부부관계에서 유사한 지각 왜곡이 일어난다. 이는 이성인 부모와 이전에 맺었던 관계에서 해결되지 않은 다루기 힘든 감정의 결과로 나타나는 것이다.

3) 욕구와 목표

부가적 감정이입의 또 다른 중요한 용도는 클라이언트가 자신의 메시지에서 암시하고 있지만 완전히 인식하지 못하는 욕구와 목표를 인식하도록 도와주는 것이다. 곤경에 처한 사람들은 성장하고 변한다는 측면에서보다 종종 문제 그 자체에서 생각하고 그 문제로부터 구원받는다는 견지에서 생각하는 경향이 있다. 그러나 후자는 대부분 전자에 포함된다. 클라이언트가 자기 메시지에 내포된 성장을 향한 추진력을 좀더 인식할 때 그런 가능성을 수용하고 점차 열의를 더하게 된다. 이러한 종류의 부가적 감정이입은 자기인식을 확장할 뿐 아니라, 다음 상호 변화의 예에서 설명하는 것처럼 동기화를 고양한다.

다음 예시에서 볼 수 있듯이 함축된 욕구와 목표를 강조하는 부가적 감정이입 메시지는 목표를 분명하게 공식화하고 결국 변화지향 행동을 하게 한다. 게다가 그러한 메시지는 문제에 압도되어 스스로 노력하면서 얻는 성장에 대한 긍정적 욕구를 인식하지 못하는 의기소침한 클라이언트에게 희망을 불러일으키는 중요한 역할을 한다. 따라서 이러한 유형의 메시지는 원조과정 초기단계와 변화지향단계에서 주된 역할을 담당한다.

클라이언트 : 난 항상 이용당한다는 것에 넌덜머리가 나요. 내 가족 모두 그런 나를 당연하게 여깁니다. '착한 엘라, 언제나 엘라에게 의지할 수 있어요.' 난 그런 말에 진저리가 나지만 내가 할 수 있는 건 단지 손톱을 물어뜯는 것뿐이에요.

사회복지사 : 엘라, 그것이 왜 당신을 화나게 하는지 생각해 보세요. 당신은 진정한 자신을 찾고 싶다는 욕구를 말하는 것 같아요. 다른 사람 요구나 요청에 좌우되기보다 당신 스스로 책임지고자 하는 욕구죠.

클라이언트 : 그런 방식으로 생각해 보진 않았지만 당신이 옳아요. 내가 바라는 게 바로 그거예요. 내가 그렇게 될 수 있다면요.

사회복지사 : 아마도 그게 당신 자신을 위해 설정하려는 목표일 거예요. 그건 적절한 것이고 잘 성취할 수 있다면 당신이 말했던 억눌린 감정에서 자유로워질 겁니다.

클라이언트 : 그래요, 맞아요. 그것을 목표로 설정하는 것이 너무나 좋은 것 같아요. 내가 진정 그것을 성취할 수 있다고 생각하세요?

4) 행동의 근저에 숨어 있는 동기에 대한 인식 확장

사회복지사는 때때로 클라이언트가 역기능적 유형의 행동에 토대가 되는 근본적인 동기를 좀더 완전하게 인식하도록 돕기 위해 해석을 사용한다. 다른 사람들은 클라이언트의 동기를 잘못 해석할 수 있으며, 역기능적 행동의 모호한 영향 때문에 스스로 제대로 인식하지 못할 수 있다. 이러한 동기 가운데 두드러지는 것은 다음과 같다. '미약한 자존감을 보호하는 것' (예를 들면, 어떤 실패의 위험에 연관되는 상황을 회피함으로써), '불안을 유발하는 상황을 피하는 것' '무능하고 부족하다는 감정을 보상하는 것' 등이다. 다음은 표면적 행동과 그러한 행동에 내재된 목적을 설명한 전형적인 예이다.

- 성적이 낮은 학생은 학교에서 거의 노력하지 않는다. 왜냐하면 ① 진정으로 노력하지 않는다는 전제하에 실패를 정당화하거나(능력이 없다는 공포를 직면하기보다), ② 기대에 부합하지 못할 때 인정과 애정을 보이지 않는 부모를 비난하려고 하기 때문이다.
- 클라이언트는 자신과 타인에게 자신의 기저에 깔린 공포와 부적절한 감정을 숨기기 위해 겉으로 허세를 부린다.
- 클라이언트는 깊이 내재한 죄의식을 씻기 위해 스스로 육체적, 정신적 고통을 자처한다.
- 클라이언트는 패배자가 되도록 운명지어졌다거나, 자기 능력을 넘어서는 환경으로 결정된 삶을 살아간다는 신화를 유효하게 하기 위해 자기 패배적으로 행동한다.
- 클라이언트는 지배되거나 제어된다는 공포에 대항해 자신을 보호하기 위해 타인과 친밀한 관계를 지지하는 것을 피한다.
- 클라이언트는 공격적이고 거칠게 행동하는데, 이는 타인과 거리를 유지하여 거절의 위험을 피하기 위해서이다.

해석은 클라이언트가 이전에 공개한 정보에 기반을 두어야 한다. 해석을 지지하는 정보가 없다면 해석은 클라이언트가 받아들이기 힘든 고찰에 지나지 않으며, 이러한 고찰은 많은 경우 사회복지사의 투사에서 나오는 것이며 대부분 부정확하다. 심리역동적 해석을 하는 사회복지사는 '공론적인 심리분석가(armchair psychoanalysts)' 로 가장 잘 묘사된다. 이러한 사회복지사가의 부적절한 해석은 자신의 박학다식함을 다른 사람에게 보여주기 위해 계산적으로 사용하는 것으로 실제로 대부분 부정적이다. 클라이언트는 이러한 사회복지사의 해석을 공격적인 것으로 간주하거나 사회복지사 능력에 의문을 표한다. 다음은 해석을 적절히 사용하여 내재하는 동기에 대한 인식을 확장한 예이다.

클라이언트 Mr. R(33세, 부인과 함께 거주)은 부인의 권유로 부부치료를 받고 있다. 부인은 부부관계에서 소원함을 불평했고, 남편이 애정을 좀처럼 먼저 보이지 않기 때문에 거절의 감정을 느꼈다. 부인이 먼저 애정을 보였을 때, 남편은 뒤로 물러나면서 부인을 피했다. Mr. R에 대한 탐색적 면접에서 남편의 어머니는 매우 지배적이고 규제적이었으며 여전히 그렇다는 것을 밝혀냈다. 남편은 어머니에게 온정을 거의 보이지 않았으며, 절대적으로 필요한 사람으로 여기지 않았다. Mr. R과 개별면담을 하여 얻은 다음 발췌록은 어머니와 부부가 함께 영화를 보러간 주말에 일어났던 사건에 초점을 맞추고 있다. Mr. R은 남편의 손을 잡기 위해 다가갔으나 Mr. R은 돌연히 그것을 피했다. 부인은 이후에 상처받고 거절당했다는 자신의 감정을 표현했으나 논의는 생산적이지 못했고 의사소통은 긴장되어 있었다.

다음은 극장에서 일어난 사건에 대해 Mr. R과 토의한 내용이다.

클라이언트 : 난 내가 캐롤의 손을 잡지 않았을 때 캐롤이 상처받았다는 것을 알아요. 내가 왜 그랬는지 모르겠지만 정말 그런 게 저를 질리게 해요.

사회복지사 : 당신은 부인이 당신에게 애정 어린 접촉을 위해 다가갔을 때 왜 당신이 물러서게 됐는지 궁금한 거군요. 난 그 순간 당신이 뭘 생각하고 느꼈는지 궁금하네요.

클라이언트 : 잠시만요…… 내 생각엔 캐롤이 그럴 거라고 예상하고 있었던 것 같아요. 난 단지 영화를 즐기고 싶었고 날 혼자 내버려두길 바랐어요. 캐롤이 내 손을 잡는 것이 화가 났던 것 같아요. 그런데 내가 생각할 때 그건 말도 되지 않아요. 왜 내가 사랑하는 여인이 손을 잡는 것에 화를 내야만 했을까요?

사회복지사 : 짐, 당신은 정말로 좋은 질문을 했어요. 그건 당신이 지금 결혼생활에서 겪고 있는 많은 어려움을 풀 수 있는 열쇠예요. 왜 당신이 그런 행동을 했는지 답을 찾을 수 있도록 당신과 생각을 공유하도록 하죠. 당신은 캐롤이 당신 손을 잡았을 때 분노를 느꼈다고 얘기했어요. 당신이 표현한 그 감정에 기초하자면, 캐롤이 먼저 뭔가를 시작했을 때 당신이 긍정적으로 반응하면 캐롤에게 복종한다는 느낌이 드는 것 같아요. 그리고 당신이 캐롤에게 지배당하지 않는다고 확신하기 위해서 뒤로 물러서는 건 아닌지 궁금해요(숨겨진 목적). 제안할 수 있는 또 다른 원인은, 당신이 성장할 때 어머니가 당신을 통제한다고 느꼈고 그런 방식으로 부인 캐롤에게 분노했다는 겁니다. 지금까지도 당신은 의무 이상으로 캐롤을 대하는 것을 피하고 있어요. 난 어머니와 당신 관계의 결과로 여성에게 통제받는다는 데에 지나치게 민감해졌고, 이 때문에 캐롤의 어떤 행동에도 분노하는 거라고 생각해요(반응의 뒷부분은 해석의 합리적 근거를 제공한다).

5) 인식하지 않은 강점과 잠재능력

해석과 부가적 감정이입의 또 다른 중요한 목적은 클라이언트의 강점과 개발되지 않은 잠재능력을 인식하는 것이다. 클라이언트의 강점은 다양한 방식으로 나타나는데 사회복지사는 이를 긍정적으로 지각하는 방법을 지속해서 개발하여 클라이언트가 표현한 미묘한 징후에 민감해져야 한다. 클라이언트는 종종 자신의 약점에 몰입되어 있기 때문에 사회복지사의 민감성은 더 중요하다. 게다가 강점을 인식하는 것은 클라이언트에게 희망을 불러일으키고 변할 수 있는 용기를 창출하는 경향이 있다.

클라이언트가 자신의 강점을 인식할 수 있도록 끌어내는 것은 자존감을 고양하고 새로운 행동에 수반하는 위험부담을 받아들일 수 있도록 용기를 준다. 사회복지사는 현저한 한계가 있는 클라이언트라도 의식적으로 노력하여 클라이언트가 자신의 강점을 점점 더 인식하게 한다. 예를 들어, 다소 정신적으로 지체되고 뇌손상을 입은 클라이언트가 자신은 아무 쓸모도 없는 사람이라고 한탄한다. 뇌손상뿐 아니라 집 밖으로 나가는 것 등에 많은 공포가 있다.

클라이언트는 심장기금을 위해 이웃들에게 기부금을 부탁하러 다니는 것이 자신에게는 큰 노력이었다고 말했다. 그러나 그 일을 하면서 경험한 긴장과 불안에도 불구하고 만족을 주었기 때문에 가치 있는 일이었다고 믿었다. 사회복지사는 다른 사람을 위해 그렇게 노력할 정도로 걱정하는 것은 중요한 강점이라고 대답했다. 다른 사람을 보살피는 것은 많은 사람들이 하지 못하는 가치 있는 일이며, 이러한 명백한 강점에 비추어볼 때 클라이언트는 확실히 쓸모없는 사람이 아니라고 덧붙였다. 클라이언트는 밝게 미소지으면서 아마도 자신이 정말로 좋은 특성이 있을 거라고 생각했다. 이 사례는 클라이언트가 겉으로 보기에 평범한 사건을 이야기할 때 명백하게 드러나는 클라이언트의 강점에 대한 수많은 예 중 하나일 뿐이다.

6) 해석과 부가적 감정이입을 사용하기 위한 지침

이러한 기법을 사용하기 위해서는 상당한 기술이 필요하다. 다음 지침은 이 기술을 습득하는 데 도움을 줄 것이다.

① 안정된 관계로 발전할 때까지 부가적 감정이입 사용을 자제하라

왜냐하면 부가적 감정이입 반응은 클라이언트의 자기인식을 넘어서며, 이로 인해 클라이언트가 사회복지사의 동기를 잘못 해석하고 방어적으로 반응할 수 있기 때문이다. 클라이언트가 사회복지사의 의도에 믿음을 가질 때, 클라이언트는 인내하며 부가적 감정이입과 해석적 반응효과를 받아들일 수 있다. 욕구와 목표, 강점과 잠재능력을 확인하는 메시지를 관련시키는 부분은 예외인데, 양자 모두 원조과정 초기단계에서 적절하게 행할 수 있다. 이러한 경우에도 초기단계에 과도하게 강점을 확인하는 것은 피해야 하는데, 어떤 클라이언트는 그러한 메시지를 진실하지 않은 아첨으로 해석하기 때문이다.

② 클라이언트가 자기탐색을 시작하거나 자기탐색을 준비했을 때 해석을 사용하라

자기탐색을 시작할 준비가 안 된 클라이언트나 집단은 사회복지사의 해석적 노력에 저항하기 쉽고, 그러한 노력을 자신들을 정형화된 형식에 맞추려는 사회복지사의 시도로 해석할 수 있다.

③ 클라이언트 인식 저변에서 해석적 반응을 사용하고, 클라이언트 인식이나 경험과 너무 동떨어진 인식을 끌어내는 시도는 피하라

클라이언트는 일반적으로 자신의 경험과 밀접하게 관련된 반응은 받아들이지만, 사회복지사의 추측에서 나오는 것들에 저항한다. 클라이언트를 새로 인식한 통찰로 급하게 몰아 부치는 시도는 좋지 않다. 왜냐하면 많은 깊은 해석들이 부정확한 것으로 판명되며, 사회복지사에 대한 클라이언트의 믿음을 감소시키고, 이해가 부족하다는 것을 나타내는 것이며, 저항을 야기하는 등 부정적 영향을 만들어내기 때문이다. 사회복지사는 자신의 반응이 정확하다고 논리적으로 확신을 가질 정도로 충분한 정보를 갖고 해석을 사용해야 한다. 또한 해석의 기초가 되는 지지적 정보를 클라이언트와 공유해야 한다.

④ 연속적으로 여러 가지 부가적 감정이입반응을 시도하는 것을 피하라

왜냐하면 해석적 반응은 생각하고 요약하며 융합할 시간이 필요하며, 연속적인 반응은 클라이언트를 당황하게 하는 경향이 있기 때문이다.

⑤ 시험적(tentative) 용어로 해석적 반응을 표현하라

왜냐하면 해석적 반응은 어느 정도 추론을 포함하며, 언제나 실수할 가능성이 있기 때문이다. 시험적 표현은 그러한 가능성을 개방적으로 인정하는 것이며, 클라이언트가 동의하거나 동의하지 않을 수 있다. 만약 사회복지사가 독단적이거나 고압적인 태도로 해석한다면 솔직한 피드백을 제공하기가 어렵고 실제로는 해석을 거부하면서도 외견상으로는 동의할 수 있다. 시험적인 표현의 예로는, " ~이 아닐까 생각합니다." "당신 감정은 ~와 관련이 있지 않을까요?" "아마도 당신은 이러한 방식으로 느낄 거예요. 왜냐하면…" 등이다.

⑥ 해석적 반응이 정확한지 확인하기 위해 해석한 후 클라이언트 반응에 조심스럽게 주목하라

해석적 반응이 정확할 때 클라이언트는 타당성을 확인하고 관련된 것들을 끌어내어 자기탐색을 계속하거나 그 순간에 적합한 태도로 정서적으로 반응한다(예를 들면, 관련된 감정을 환기하는 것). 해석이 부정확하거나 미흡할 때 클라이언트는 언어적으로나 비언어적으로 그것의 부당성을 표현하고, 주제를 바꾸거나, 정서적으로 철회하며, 논쟁하거나 방어적이 되며, 해석을 무시하는 경향이 있다.

⑦ 만약 클라이언트가 해석적 반응에 부정적으로 반응한다면 실수 가능성을 인정하고, 클라이언트 반응에 감정이입적으로 반응하며 사려 깊게 주제 토론을 계속하라

해석적, 부가적 감정이입 반응기술을 확장하도록 돕기 위해 이 장 마지막 부분에는 모델링할 수 있는 반응과 다양한 훈련기법을 소개한다.

3. 직면

'직면(confrontation)'은 클라이언트의 자기인식을 고양하고 변화를 촉진하는 도구라는 점에서 해석, 부가적 감정이입과 비슷한 것으로 클라이언트가 자신의 문제를 유지하거나 그에 영향을 미치는 사고, 감정, 행동과 대면하는 것을 말한다. 직면은 클라이언트가 선호하고 존중하는 자원으로부터 이루어질 때 가장 적절하다. 따라서 클라이언트와 접촉하면서 너무 성급하게 직면하는 것은 종종 부정확할 수 있다. 그럼에도 불구하고 클라이언트가 자신과 타인에게 위협을 가하거나 법규를 위반한 경우, 사회복지사는 원조관계가 발전하기 전에 클라이언트를 직면시킬 책임이 있다. 이런 직면은 함부로 사용해서는 안 되는데, 접촉 초기단계에서는 그들은 주의를 끌고 싶어하지 않기 때문이다(Rooney, 1992).

개입 중간단계에서 사회복지사는 클라이언트가 성장과 목표성취를 향한 발전에 저항하는 힘을 인식하고 변화를 향한 노력을 수행할 동기를 고양하도록 돕기 위해 직면을 사용한다. 직면은 클라이언트가 자신의 사고, 믿음, 감정과 행동에서 모순과 불일치의 맹점을 알고, 역기능적 행동을 생산하거나 영속화하는 경향이 있을 때 특히 의미 있다. 물론 자기인식에서 맹점은 누구에게나 보편적이다. 왜냐하면 모든 인간은 자신만의 인식 배경에서 벗어날 수 없고 스스로 객관적으로 볼 수 없는 한계를 경험하기 때문이다.

사회복지사는 클라이언트의 문제를 외부관점에서 볼 수 있다는 장점이 있으며, 이러한 점 때문에 클라이언트의 왜곡된 지각, 회피 행동 등 역기능적 행동유형들을 바꿀 수 있는 새로운 관점과 치료적 피드백을 제공할 수 있다. 사람들은 자신의 일반적 대처유형이 효과적이지 않을 때 이러한 새로운 관점과 치료적 피드백에 도움을 구하게 되는 것이다.

부가적 감정이입과 직면은 공통점이 많다. 기술적인 직면은 변화를 방해하는 장애물 근저에 깔린 클라이언트의 감정을 구체화한다. 변화에 대한 장애물에 종종 공포가 포함되어 있기 때문에 직면을 효과적으로 사용하기 위해서는 고도의 감정이입과 관련된 기술이 필요하다. 사실 효과적인 직면은 감정이입적 의사소통을 확장한 형태이다. 왜냐하면 클라이언트의 모순과 비일관성에 초점을 맞추는 것은 클라이언트의 감정, 경험, 행동을 깊이 있게 이해하면서 얻을 수 있기 때문이다.

직면은 다른 사람을 '도와주는' 방식이 아니라 신중하게 사용하는 도구라는 것을 명심해야 한다. 직면을 자주 사용하는 사회복지사는 촉진적인 상황을 만드는 것을 습득하지 못하며 자신의 세팅이 자신의 가치를 평가해주지 못하는 '취약' 한 것으로 간주한다. 사회복지사는 직면의 필요성과 그것을 전달할 좋은 방법에 초점을 두어야 한다. 한 인간으로서 클라이언트에 대한 관심을 전달하지 않으면서 직면을 오용하고 남용하는 것은 비윤리적이며 효과도 없다.

사회복지사는 진전이 없는 것에 대한 좌절을 발산하기 위해 직면을 사용할 것이 아니라, 직면기술의 범위를 갖는 것이 중요하다. 사회복지사는 자기직면 촉진에서부터 단호한 직면(assertive confrontation)까지 연속선상에서 직면을 고려해야 한다(Rooney, 1992). 즉 무엇이 자기 행동과 가치 사이에 관계를 고찰하도록 하는지 질문함으로써, 클라이언트는 종종 '자기직면' 을 시작할 수 있다. 기술적으로 고안된 접수양식은 클라이언트에게 원인을 지각하고 관계에 관해 심사숙고하도록 함으로써 유사한 기능을 한다. 이러한 직면은 안정적이며 바람직하고 클라이언트가 저항하지 않는다.

클라이언트는 자기직면으로 자기 자신과 문제에 대해 확장하여 인식하면서 스스로 모순과 불일치를 인식하고 직면하는 경향이 있다. 자기직면은 일반적으로 사회복지사가 주도하는 직면보다 선호되는데, 이는 위험부담이 적고 클라이언트가 스스로 직면을 시작하는 경우 그러한 통찰을 통합하는 데 있어 클라이언트가 저항하여 장애가 되는 경우가 없기 때문이다. 클라이언트가 자기직면을 사용하는 정도는 매우 다양하다. 정신적으로 성숙하고 자기 성찰적인 사람은 자기직면에 자주 참여하지만, 자신의 감정과 동떨어져 있고 타인에 대한 영향을 인식하지 못하며 자신의 어려움을 타인이나 환경 탓으로 돌리는 사람은 자기직면에 참여하지 못한다.

유도질문은 사회복지사의 역할에서 좀더 적극적인 직면 형태일 수 있지만 역시 존중하는 태도로 전달해야 한다. 사회복지사는 클라이언트가 자기 사고, 가치, 믿음과 행동 사이의 잠재적인 모순을 고찰하도록 질문한다. 또 클라이언트 자신을 낙인찍도록 요구하는 질문보다 사실과 관련된 내용을 질문할 때 더 효과적이다. 예를 들어, 약물의존 문제가 있는 클라이언트에게 "알코올에 대해 무기력한가요?" 라고 묻는 것은 클라이언트가 스스로 알코올중독자임을 낙인찍도록 요구하는 것이다. 반면 "일시적인 의식상실을 경험한 적이 있나요?" "술이 있을 때 다른 사람과 함께 문제를 다루는 것이 더 쉽다고 느꼈나요?" "한번 음주하기 시작하면 쉽게 멈추지 못한 적이 있나요?" 라는 질문은 음주는 주의가 필요할지도 모르는 문제라는 것을 암시한다(Citron, 1978).

어떤 절박한 상황일 때, 유도질문으로 촉진되는 기술적인 자기직면에만 의존할 수 없을지도 모른다. 이런 경우 그보다는 더 단호한 직면을 사용해야 한다. 단호한 직면은 문제를 일으키는 사고, 계획, 가치와 믿음 간의 관계를 서술형태로 진술한다. 이러한 단호한 직면은 좀더 위험부담이 큰 기법인데, 클라이언트가 직면을 비판, 강한 반박 또는 거절로 해석할 수 있기 때문이다. 역설적으로 종종 직면에 가장 많이 참여해야 할 클라이언트에게 이러한 반응의 위험 부담이 가장 크다. 왜냐하면 이러한 클라이언트는 좀처럼 자기직면에 참여하지 않기 때문이다. 이런 클라이언트는 자아개념이 약한 경향이 있고 따라서 아무 것도 의도하지 않은 메시지를 비판으로 해석하기 쉽다. 게다가 시기를 놓치거나 직면을 제대로 실행하지 않으면 클라이언트는 이를 언어적 공격으로 지각할 수 있으며 원조관계에 심각한 손상을 입힐 수 있다. 따라서 직면을 사용하는 것은 예리한 시기와 기술이 필요하다. 사회복지사는 직면을 사용할 때, 도움을 주려는 의도와 의지를 전하기 위해 특별한 노력을 기울여야 한다. 그렇지 않으면 직면은 적대감을 유발하거나 클라이언트를 공격하고 소외시킬 것이다.

효과적인 단호한 직면은 네 가지 요소를 포함한다. ① 염려의 표현, ② 클라이언트의 목적, 믿음 또는 노력에 대한 기술, ③ 목적, 믿음, 노력과 단절되고 일치하지 않는 행동(또는 행동의 부재), ④ 모순된 행동으로 인해 일어날 수 있는 부정적 결과.

직면에 대한 반응 형식은 다음과 같이 도식할 수 있다.

(원하기 때문에)
(믿기 때문에)
(애쓰기 때문에)
나는 당신이 ______________ 걱정이 된다.
(바라는 결과 설명)

당신의 ______________ 는(은),
(모순되는 행동형태 또는 행동의 부재)

______________ 를(을) 만들어낼 수 있기 때문이다.
(가능한 부정적 결과)

이 형식은 단지 예이다. 이 요소들을 다양한 방법으로 조직할 수 있으며, 각자의 스타일로 발전시키길 바란다. 예를 들어, 다음 예처럼 이미 알려진 목적과 가치와 일치하지 않는 행동의 영향을 분석하기 위해 클라이언트에게 도전할 수 있다.

가석방된 남자에게

"난 당신이 감옥으로 돌아가지 않길 원한다는 걸 압니다. 나도 당신이 감옥에 돌아가는 걸 원치 않아요. 당신도 그걸 느꼈을 거라고 생각합니다. 하지만 사실대로 말하면, 당신은 감옥에 가기 전 함께 문제를 일으켰던 사람들과 다시 어울리기 시작했어요. 당신은 전과 같은 길로 향하고 있고 우리 둘 다 그 길 끝이 어디인지 알고 있어요."

위의 예에서 사용한 직면에서 사회복지사는 클라이언트가 갖고 있는 이미 알려진 목적(감옥에 돌아가지 않는 것)을 언급하면서 시작했고, 그 목적에 대해 동조를 표현했다는 것에 주목해야 한다. 다음으로 사회복지사는 목적과 모순되는 클라이언트의 행동(이전에 함께 문제를 일으켰던 같은 패거리들과 어울리는 것)에 관심과 염려를 보여준다. 사회복지사는 모순되는 행동 때문에 일어날 수 있는 부정적 결과(문제를 일으켜 감옥으로 돌아가는 것)에 초점을 맞추면서 직면을 결론짓는다. 직면반응에 관한 다음의 예문에서 같은 요소들에 주목해 보자.

가족상담 세션에서 아버지에게

"Mr. D, 잠시 멈추고 당신 하는 것을 살펴봅시다. 당신은 자녀들이 당신을 두려워하지 않고 열린 마음으로 얘기하길 원하죠. 그렇죠?" (아버지는 동의했다.) "그래요, 그렇다면 당신이 스티브에게 방금 했던 행동을 생각해 봅시다. 학교수업이 끝난 후 스티브가 한 일에 대해 얘기하기 시작했을 때 당신은 스티브 얘기를 자르고 그를 나무랐어요. 스티브가 얼마나 빠르게 입을 다물었는지 알아챘나요?"

아이를 학대하는 어머니

"헬렌, 난 당신에게 느끼는 걱정이 있어요. 당신은 피터를 다시 맡고 싶다고 말했죠. 그리고 우리는 부모집단에 참여하는 것이 그 목적을 달성할 수 있는 계획의 일부분이라는 데 동의했어요. 그런데 당신은 늦잠 때문에 연속해서 두 번이나 모임에 참여하지 않았어요. 난 당신이 목적을 달성하는 데 실패할 것 같아 매우 걱정이 됩니다."

단호한 직면을 사용하는 것은 클라이언트를 방어적으로 만들거나 소외시킬 위험이 있기 때문에 관심과 의도를 표현하는 것이 중요하다. 그렇게 하여 직면 이면에 내포한 동기를 오해할 가능성을 줄일 수 있다. 목소리 톤 역시 도우려는 의도를 전달하는 데 중요하다. 만약 사회복지사가 따뜻하고 염려하는 목소리로 직면을 전달하면, 클라이언트는 공격당한다는 느낌을 훨씬 덜 받는다. 반면 비판적인 톤을 사용하면 언어적으로는 비판하려는 의도가 전혀 없더라도 잘못 받아들일 수 있다. 메시지의 언어적 측면보다 비언어적 측면을 더 신뢰하는 경향이 있기 때문이다.

1) 직면 사용을 위한 지침

직면을 효과적으로 사용하는 데 있어서 다음과 같은 지침을 기억하기 바란다.

① 법규위반이나 자신과 타인에게 긴박하게 위험을 초래할 경우 원조관계 단계에 관계없이 직면해야 한다

이러한 직면은 관계 발전을 저해할 수 있지만 자신과 타인에게 해를 끼칠 위험이 훨씬 중요하기 때문에 직면을 사용해야 한다.

② 가능하면 효과적인 원조관계로 발전할 때까지 직면을 피한다

클라이언트가 자신의 목적을 방해하는 자신의 행동(또는 행동의 부재)에 대해 깊이 생각했고 자신 또는 타인에게 절박한 위험이 아닌 상황일 때 직면이 가능하다. 초기 접촉에서 감정이입하는 반응을 하는 것은, 이해하고 있음을 전달하고 라포를 형성하며 사회복지사의 관점과 전문성에 대한 믿음을 키워준다. 믿음과 신뢰의 토대에서 클라이언트는 직면을 더 쉽게 받아들이고 어떤 경우에는 그것을 환영하게 되는 것이다.

③ 직면기법을 함부로 사용하지 않는다

일반적으로 클라이언트의 맹점을 위험부담이 적은 다른 방법으로 다루기 힘들 때 사용하는 기법이 직면이라는 사실을 명심하라. 어떤 사회복지사는 빈번하게 직면을 사용하는데, 좋은 결과를 내는 기법이라는 점 때문이라고 고백했다. 리버만 등(Liberman, Yalom & Miles, 1973)은 이러한 논쟁에 이의를 제기한다. 연구결과에 따르면, 파괴적인 집단지도자일수록 높은 수준에서 직면을 행하고 구성원들을 빈번하게 공격하며, 구성원들에게 즉각적인 변화를 요구하는 경향이 있다는 것을 보여준다. 이러한 유형의 리더십은 부정적 결과를 가져온다고 결론지었다. 시기적으로 부적절하고 과도한 직면은 클라이언트에게 심리적으로 손상을 입힐 수 있다.

분별력 있게 직면을 사용해야 하는 또 다른 이유는, 어떤 클라이언트는 강력한 힘을 가진 직면의 역효과에 굴복할 수 있기 때문이다. 사회복지사를 즐겁게 해주기 위해(또는 불쾌하게 하지 않기 위해) 클라이언트는 일시적으로 자신의 행동을 수정할 수 있다. 그러나 단지 사회복지사의 기대에 부응하기 위해 변하는 것은 수동성과 의존성을 낳으며, 양쪽 모두 실질적인 성장에 도움이 되지 않는다. 어떤 클라이언트는 이미 과도하게 수동적이며, 따라서 순종하도록 압력을 넣는 것은 역기능적 행동을 강화할 뿐이다.

④ 따뜻하고, 걱정하고, 보살피는 분위기에서 직면을 전달한다

앞에서 강조했듯이 사회복지사가 차갑고, 비인간적이며, 비판적인 방식으로 직면을 사용한다면, 클라이언트는 공격당한다는 느낌을 받기 쉽다. 반대로 사회복지사가 진정한 감정이입적 염려와 함께 직면을 시작한다면, 클라이언트는 직면에서 의도하는 도움을 더 쉽게 인식한다.

⑤ 가능할 때마다 자기직면을 장려한다

사회복지사가 주도하는 직면에 비해 자기직면은 장점이 있다는 이전 논의를 상기하라. 자신을 탐구하여 습득하는 것은 독립심을 낳고 클라이언트가 새롭게 얻은 자기인식 위에 행동할 수 있는 가능성을 높인다. 사회복지사는 클라이언트가 간과하는 주제, 행동 또는 불일치에 대해 주의를 환기시키거나, 상황을 더 깊게 분석하도록 장려하여 역기능적 상호작용에 직접 개입하고 개인, 부부, 가족 또는 집단에 도전한다. 이러한 맥락에서 자기직면을 촉진하는 반응은 다음과 같다.

"잠시 멈추고 당신이 방금 한 것을 살펴봅시다."
"당신이 방금 무엇을 했죠?"

불일치를 강조하면서 자기직면을 할 수 있도록 다음과 같이 유도하는 질문으로 반응할 수 있다.

"당신이 방금 말했던 것(또는 행동했던)이 얼마나 적절한지 알기 힘들군요."
"난 당신이 어떻게 느꼈을지 이해할 수 있어요. 하지만 어떻게 그것이(행동을 표현한다.) 당신을 더 나아지게 만든다는 거죠?"

"당신이 말한 것은 당신이 달성하려는 것과 모순되어 보입니다. 당신은 어떻게 생각하나요?"

클라이언트가 자신을 드러내는 표현의 역동적인 의미를 간과하거나, 그들이 나타내는 감정이 탐색된 감정과 일치하지 않을 때 다른 기법을 유용하게 사용할 수 있다. 이런 기법들은 클라이언트에게 메시지를 반복하도록 요청하거나, 스스로 주의 깊게 경청하거나, 메시지의 의미를 심사숙고하는 것들을 포함한다. 이런 기법의 예는 다음과 같다.

"난 당신이 방금 말했던 것이 얼마나 중요한지 확실히 깨닫기 바랍니다. 그걸 반복해 보세요. 하지만 이번에는 당신 스스로도 주의 깊게 경청하세요. 그리고 그것이 당신에게 의미하는 바를 저에게 말해 보세요."

함께 상담하는 배우자에게

"조안이 당신에게 아주 중요한 뭔가를 얘기했는데 난 당신이 정말로 그것을 이해했는지 확신할 수 없군요. 조안, 반복해주시겠어요? 그리고 밥, 난 당신이 매우 주의 깊게 경청하기를 바랍니다. 그리고 조안과 함께 조안이 얘기한 것을 당신이 이해했는지 점검해 보세요."

집단 구성원에게

"당신은 성원들에게 당신 자신에 관해 더 나은 감정을 느낀다고 방금 얘기했지만 그렇게 표현하진 않았어요. 이번엔 당신 감정과 관련하여 자신에게 귀를 기울여보시고 다시 말씀해주세요."

⑥ 클라이언트가 극단적인 정서적 긴장상태를 경험할 때 직면을 사용하지 않는다

직면은 불안을 일으키는 경향이 있고 이 때문에 클라이언트가 매우 긴장해 있을 때는 직면보다 지지기법을 사용하는 것이 유용하다. 불안이나 죄책감에 압도된 클라이언트는 직면을 받아들이기 어렵고, 직면에서 혜택을 얻지 못한다. 이런 경우 클라이언트는 과도한 긴장상태로 손상을 입을 수 있다.

직면은 최소한의 내적 갈등이나 불안을 경험하는 클라이언트에게 적절하게 사용할 수 있는데, 이때 직면은 다른 사람이 지각한 클라이언트의 문제행동의 견지에서 적절해야 한다. 적절한 동기를 갖고 유지하는 데에는 일정 정도 불안이 필요한데, 자기만족적이고 다른 사람의 욕구와 감정(이러한 것들은 불안을 야기한다)에 둔감한, 일반적으로 성격장애로 표현되는 클라이언트에게는 이러한 면이 결여되어 있다. 촉진적인 상황에서 직면은 자신의 행동을 탐색하고 건설적인 변화를 만드는 데 필요한 불안을 가져올 수 있다.

⑦ 직면을 사용한 후 감정이입적 반응이 뒤따라야 한다

클라이언트는 사회복지사의 기술적인 직면도 공격적인 것으로 받아들일 수 있기 때문에 반응에 매우 세심한 주의를 기울여야 한다. 클라이언트는 종종 언어적으로 표현하여 반응하지 않기 때문에 사회복지사는 상처, 분노, 혼란, 불편함, 당황함, 분개 등을 암시하는 비언어적인 단서들에 특별히 주의할 필요가 있다. 만약 클라이언트가 이러한 반응을 나타내면 이를 탐색하고 감정이입하여 반응하는 것이 중요하다. 이러한 반응에 대해 토론하면서 클라이언트는 자기 감정을 환기할 수 있고, 사회복지사는 도움을 주려는 의도를 명확히 할 수 있으며, 클라이언트가 자신의 부정적인 감정을 다루는 것을 도와줄 수 있다. 만약 사회복지사가 부정적인 감정을 인식하지 못하거나 클라이언트가 그러한 감정을 표현하는 것을 억제한다면, 그 감정은 심화되고 역으로 원조관계에 영향을 미칠 수 있다.

클라이언트는 어느 정도 불안이 있고 직면에 반응할 것이다. 실제로 직면은 난국을 타개하기 위해 일시적으로 필요한 불균형을 만드는 데 사용된다. 불안과 불균형은 클라이언트가 모순을 제거하고 건설적으로 변화하는 치료목적에 부합한다. 직면에 뒤이은 감정이입반응은 이러한 불안을 약화시키기 위한 것이 아니라 직면을 행하는 사회복지사의 동기가 부정적으로 해석될 때 나타나는 다루기 힘든 반응을 해결하기 위한 것이다.

⑧ **직면 후 즉각적인 변화를 기대하지 마라**

비록 인식은 변하기 시작했지만, 클라이언트는 통찰을 한 후 즉각 변하지 못하는 경우가 많다. 클라이언트가 직면을 완전하게 받아들이더라도 일반적으로 이에 상응하여 점진적으로 변한다. '조금씩 나아가는 것(working through)'이라고 알려진 이러한 변화과정은 갈등과 그 갈등에 대한 클라이언트의 전형적인 반응을 반복해서 검토하고 변화를 적용할 수 있는 상황을 확장해나가는 것을 말한다. 불행하게도 경험이 없는 사회복지사는 즉각적인 변화를 강요하여 클라이언트에게 심리적으로 손상을 입힌다.

2) 단호한 직면을 위한 지침

앞에서 지적했듯이 직면은 다음 경우에 적절하다. ① 법규위반이나 자신이나 타인의 복지와 안전에 긴박한 위협이 있을 때, ② 불일치, 모순, 역기능적 행위(명시적이든 암시적이든)가 진전을 방해하거나 난관을 만들 때, ③ 클라이언트가 자신의 행동을 인식하도록 하거나 변화를 시도하는 데 자기직면과 유도질문이 효과적이지 못할 때이다. 인식적 · 지각적, 감정적, 행위적 기능에 불일치가 존재할 수도 있고, 이러한 기능들이 상호작용 하는 것과 관련되기도 한다. 불일치와 일관되지 못한 유형을 포괄적으로 분석하는 것은 이미 다루었다(Hammond et al., 1977: 286-318). 따라서 여기에서는 단지 이러한 것들 중 흔히 발생하는 것에 초점을 맞춘다.

(1) 인지적 · 지각적 불일치

많은 클라이언트는 정확하지 않거나 불충분한 정보를 제공하는 역기능적 행위를 보인다. 직면은 이러한 행위를 수정하도록 도와야 한다. 예를 들어, 클라이언트는 알코올중독, 정상적 성행위, 아동발달단계에 따른 합당한 기대 지침을 잘 모를 수 있다. 오히려 스스로 잘못된 생각을 하고 있다. 전문가들의 경험에 따르면, 자기비하적 인지는 가장 일반적인 경우이다. 심지어 재능 있고 매력적인 사람도 자기 자신을 열등하고, 무가치하며, 부적절하고, 매력없고, 바보 같다고 생각할 수 있다. 이러한 인식은 종종 깊이 박혀 있어서 광범위한 원조활동 없이는 변하지 않는다. 다른 재능들을 깨닫게 하는 직면은 자기비하 관점을 치료하는 데 유용하다. 또 다른 인지적 · 지각적 불일치 예는 대인관계에서 왜곡된 지각, 비합리적 공포, 대립되는 생각이나 고정관념, 문제부정, 난관에 대한 책임회피, 문제에 대한 효과적인 대안 발견 실패, 행동 결과에 대한 검토 실패 등이다. 9장에서 이러한 역기능 범주를 살펴보았다.

(2) 정서적 불일치

정서적, 감정적 영역이 일치하지 않는 이유는 인지적 · 지각적 과정과 복잡하게 얽혀 있다. 감정은 클라이언트가 어떤 상황, 사건, 기억 때문이라고 생각하는 인식적 의미로 형성되기 때문이다. 예를 들어, 사람은 다른 사람이 의도적으로 자신을 모욕하거나 얕보거나 배신했다고 결론내리고 그것에 대해 강하게 분노할 수 있다. 이것은 다른 사람의 의도를 크게 왜곡하여 지각한 데 기초한다. 이러한 경우 사회복지사는 클라이언트에게 그 느낌에 대해 적절하고 구체적이며 실제적인 정보를 제공하고, 타인의 의도에 대해 다른 의미를 생각하게 하고, 클라이언트의 감정을 현실에 맞게 재조정하도록 돕는다.

사회복지사가 일반적으로 접하는 정서적 불일치는 클라이언트가 고통스러운 감정에서 벗어나기 위해 의도와 반대되는 느낌을 표현하면서 실제 느낌을 부인하거나 최소화하려는 것이다(예를 들어, 배우자나 자녀를 사랑하면서 비난하거나 부정적 감정을 표현하는 경우). 또는 비언어적인 감정 표현과 반대되는 언어적 표현을 하기도 한다(예를 들어, "아니, 난 실망하지 않아"라고 말하면서 눈물을 흘리며 떨리는 목소리로 말하는 경우). 정서적 불일치에 대한 온화한 직면은 고통스러운 감정을 발산시키기 위한 것이며, 클라이언트는 자신이 억압하고 표현하지 않은 감정을 이해해주는 사회복지사에게 감사한다. 만약 클라이언트가 괴로운 감정에 직면할 준비가 되어있지 않다면, 사회복지사는 조심스럽게 진행하고 다음 단계로 미루는 현명함을 보여야 한다. 클라이언트에게 무리하게 직면을 사용하면 클라이언트는 불가항력적인 감정을 느끼고 그에 따라 사회복지사에게 적대감을 가질 수 있기 때문이다.

(3) 행동의 불일치

클라이언트는 자신과 남에게 어려움을 만드는 많은 역기능적 행동양식과 생활양식을 드러낼 수 있다. 이러한 양식이 다른 사람 눈에는 잘 띄는 것임에도 불구하고 클라이언트 자신은 그 양식과 타인에 대한 영향을 파악하지 못하는 경우가 있다. 그러므로 직면할 때에는 이러한 양식과 그 파괴적 영향에 대해 클라이언트가 인식을 확장할 수 있도록 도와야 한다. 9장에서([표 9-3]), 사회복지사가 직면하는 무수한 역기능적 양식을 열거하였다. 여기서 다시 그것을 반복하지는 않을 것이다. 다만, 그 중에서 흔히 볼 수 있는 부분들에 주목한다.

무책임한 행위는 사회생활에서 뿐만 아니라 대인관계에서도 클라이언트에게 심각한 어려움을 초래한다. 자녀에 대한 무관심, 직업유지에 대한 미약한 노력, 업무수행에서 신뢰성 결여, 재산 관리 실패—이러한 태만함은 종종 심각한 재정적, 법적, 대인관계 혼란을 초래하고 결국 실직으로 이어질 수 있다. 소외, 그리고 재산, 양육권, 자부심 심지어 개인의 자유를 상실하는 것으로 이어질 수 있다. 종종 원조과정에서 클라이언트는 무책임하게 행동한다. 지각, 문제에 대한 진술 거부, 약속을 이행하지 않는 것, 회비미납 등이 그런 예이다. 이런 클라이언트에게 효과적으로 직면하기 위해서는, 클라이언트가 책임을 회피했을 때 발생할 수 있는 부정적인 결과를 방지하는 것을 돕고 싶다고 호의를 갖고 적극적으로 접근해야 한다. 클라이언트가 자기 행동이나 나태를 합리화하고 부정하고 책임을 회피하도록 허용하는 것은 해가 된다. 나아가 사회복지사는 클라이언트만이 자신을 괴롭히는 압력을 줄일 수 있다는 것을 인식하도록 도와주어 클라이언트 자신의 어려움에 대해 타인이나 환경을 비난하는 것에 직면해야 한다.

또 다른 행위의 불일치는, 의도된 목표나 가치와 일치하지 않는 행위를 반복하는 것과 관련이 있다. 청소년들은 흔히 야심찬 목표를 얘기한다. 그러한 목표를 달성하기 위해서는 많은 훈련과 교육이 필요한데도 불구하고 학교에서 자주 꾀만 부리면서 노력하지 않는 경우가 많다. 또는 반대로 자신의 목표와 정면으로 상반되는 방식으로 행동하기도 한다. 배우자나 부모도 이와 비슷하게 행동할 수 있는데, 결혼생활, 가족생활을 좀더 좋게 하는 목표를 지지하면서도 지속해서 마찰을 일으키는 행동을 하고 더 나아가 관계를 파괴하기도 한다. 이럴 경우 자기 패배적 행동을 중단하도록 도와주는 데 바로 직면을 활용한다. 어떤 경우, 클라이언트가 지속해서 파괴적이고 비정상적인 행동양식을 단념하도록, 다른 방법과 일련의 치료(19장에서 논의한 직면의 특수한 형태)를 사용할 수도 있다.

직면이 필요한 불일치나 역기능적 행동의 다른 세 가지 범주는 조작적 행위, 역기능적 의사소통, 변화에 저항하는 것이다. 집단에서 특정 구성원이 집단을 통제하고 다른 구성원들을 괴롭히거나 놀리며 집단 지도자의 권위를 약화시키거나 다른 파괴적인 책략을 꾸미려는 경우가 생긴다. 이러한 행위들을 허용하면 집단구성원 상실, 집단 능률성 약화, 집단의 조기 해체 등을 초래할 수 있다. 이러한 바람직하지 않은 결과를 피하기 위해서 리더는 이러한 행위에 대한 다른 구성원들의 반응을 이끌어내어 파괴적으로 행동하는 성원에 직면토록 한다. 이런 경우 미리 정해진 지침에 따라 리더는 다른 구성원들이 공격적인 구성원들을 집단 목적을 건설적으로 달성하는 데 참여하고 포용하도록 북돋아야 한다.

개별, 공동, 집단 세션에서 역기능적 의사소통은 자주 발생하기 때문에, 사회복지사는 좋은 결과를 얻기 위해 직면을 활용하게 된다. 역기능적 의사소통 진행 도중 또는 직후에 개입하는 것은 클라이언트가 자신의 역기능적 행위의 부정적 효과를 직접 경험하게 하는 강력한 수단이다(예를 들어, 방해하기, 공격하기, 단언하기, 비난하기 등). 사회복지사는 역기능적 의사표현에 대해 청취자의 부정적인 반응으로 초점을 옮겨 클라이언트가 자신의 행동이 얼마나 남을 공격하고 소외시키며 수세에 몰리게 했는지, 또 의도한 목표와 상반되는 결과를 어떻게 만들어내는지 직접 피드백 받을 수 있게 한다.

직면은 클라이언트가 변하고 그와 관련하여 원조관계에서 저항을 다루는 데 중요한 도구이다. 만약 클라이언트가 원조과정이나 사회복지사에게 부정적인 감정을 갖고 괴로워하게 된다면 차라리 원조과정을 그만두고 스스로 문제를 해결하려 할 정도로 감정이 격해질 수 있다. 만약 가족구성원이나 집단이 산만하고 관련성 없거나 또는 역기능적 행동을 함으로써 변화에 저항하게 한다면, 아마도 사회복지사에 대한 신뢰(여러 가지 이유에 의해)와 원조관계를 지속하려는 동기를 잃을 것이다. 이러한 이유로 사회복지사는 클라이언트의 저항에 초점을 맞추고 그 문제를 해결하는 데 최우선순위를 두어야 한다. 이 문제의 중요성 때문에, 다음은 그 문제에 대해 살펴보기로 한다.

4. 부가적인 감정이입과 해석기술 연습

부가적인 감정이입과 해석기술을 연습하기 위해, 다음 훈련을 제시한다. 각 클라이언트의 메시지를 읽고 요구하는 반응유형을 결정한다. 그리고 실제 클라이언트와 직면과정에 있다고 가정하고 취했을 반응을 명확히 서술한다. 반응을 서술하는 데 있어서 해석적인 부가적 감정이입반응에 대한 지침을 명심하라. 그리고 반응한 내용과 각 연습 끝 부분에 나오는 모범 사례를 비교한다.

- **모범적인 해석과 부가적 감정이입 사례**

① **백인여성**(미국인 흑인여성 사회복지사에게)

최소한 제 경우로 봐서 당신은 백인을 수용하는 것 같군요. 그러나 웬일인지 당신 앞에서는 편하지 않네요. 제 생각엔 저 때문인 것 같아요. 전 사실 그동안 흑인들에 대해 잘 몰랐거든요.

→ 막연하게 표현한 감정을 명확하게 하기

"당신이 왜 그런지 전혀 생각할 수 없더라도 여전히 약간은 저에 대해 불편해 한다는 걸 알겠어요. 당신은 흑인들과 가까이 지내지 않았고 그래서 여전히 저를 얼마나 신뢰할 수 있는지 확신할 수 없으신 겁니다."

② **기혼여성**(28세)

내 인생이 내 것 같지가 않아요. 내 인생은 남편의 직장, 남편의 시간, 남편의 요구대로 이끌리는 것 같아요. 그러니까 전 제 정체성이 없는 것 같아요.

→ 함축된 요구와 목표

"제가 듣기에 당신은 자신을 남편의 연장선이라고 느끼는 것 같군요. 그리고 또 다른 부분에서 자신을 되찾고 권리가 있는 독립된 한 사람이 되길 원하는 것 같습니다."

③ **교도소 수감자**(31세, 지난주에 예정된 가석방이 취소된 상태)

이봐, 도대체 일이 어떻게 돼 가는 거야? 여기서 난 3년간 잘 지내왔고 마침내 가석방 날짜를 받았어. 당신은 내가 여기서 나가게 되어서 참 좋아한다고 생각하겠지. 그것 때문에 내가 초조해져서 식당에서 소동을 일으킨 거야. 내 말은, 정말 재수가 없었다는 거야. 이제 도대체 내가 언제 가석방될지 누가 알겠어?

→ 행동에 숨겨진 목적, 내면의 감정

"그러니까 당신은 무슨 일이 있었는지 매우 혼란스러운 거군요. 식당에서 싸운 일이 이해되지 않는 거네요. 칼, 초조해 하고 있다는 걸 아십니까? 제 생각엔 당신이 과연 여기서 나갈 수 있을까 걱정하는 것 같네요. 혹시 밖에 나가기가 두려워서 지난주에 일을 저지른 것이 아닌가 생각되는군요."

④ **남자**(18세)

'기술학교'에 진학하는 것에 대해 얘기하려는 요점이 뭐죠? 전 고등학교를 졸업하지 못했고 다른 곳에서도 마찬가지일 거예요. 그냥 절 포기하세요. 전 단지 인생의 낙오자예요.

→ 자기 뒤에 숨어 있는 믿음

"도전해 보기도 전에 이미 패배했다고 생각하는 것 같군요. 시도해봤자 희망이 없다는 거군요. 제이, 그런 식으로 졌다고 생각하는 것은 능력이 없어서가 아니라 스스로 실패할 운명에 처해 있다고 생각하기 때문이고, 그 때문에 제가 필요한 겁니다. 그런 생각이 당신의 진짜 적입니다."

⑤ **미망인**(54세)

지난 일요일은 어머니날이었어요. 자식들 누구도 카드 한 장 보내지 않았죠. 적어도 내가 살아있는지 확인해야 하는 건 아닌가요?

→ 더 깊은 감정

"전화조차 하지 않았다는 것에 대해 정말로 상처받고 분개한 것은 이해할 수 있어요. 정말, 지금 그렇겠군요. 그건 너무나 깊은 상처입니다."

⑥ **여비서**(21세)

혼자 있을 땐 타이핑하는 것에 문제가 없어요. 그런데 사장이나 누군가가 내 어깨 너머로 보고 있을 때에는 아무것도 못하겠어요. 난 정말 단단히 얽매여 있는 것 같아요.

→ 근저에 숨어 있는 생각과 감정

"당신의 그런 느낌은 기대에 부응하지 못할까 봐 두려워서 생긴 것은 아닌지 걱정되는군요."

⑦ **기혼 여성**(26세, 5파운드 과체중)

주말에 쿠키나 케이크를 한 판 만들 때면, 남편은 마치 제가 다이어트를 포기하기라도 한 것처럼 한심하다는 눈빛으로 쳐다봐요. 단지 그이가 디저트를 좋아하지 않기 때문에 그러는 건 불공평하다고 생각해요. 전 디저트를 좋아하고 주말에만 먹지요. 그리고 많이 먹지도 않고요. 최소한 주말에는 디저트를 먹을 수 있다고 생각해요.

→ 실현되지 않은 강점

"폴라, 당신 말은 인상적입니다. 디저트를 주말에만 먹는 것으로 제한하고 잘 절제하는 것은 훌륭해요. 사실 당신의 절제력은 다른 사람보다 강해 보여요. 당신과 남편은 디저트에 대해 서로 차이가 있지요. 그건 나름대로 일리가 있어요. 그러나 그건 정말로 서로 다른 점이지요. 두 사람 생각 중 어느 것이 맞거나 틀리다고 할 수 없어요. 당신은 당신이 좋아하는 대로, 그 사람은 그 사람이 좋아하는 대로 할 자격이 있어요."

⑧ **공공부조 수혜자**(최근 산업재해로 척추장애를 갖게 된 남성)

이렇게 누워서 지내는 게 정말 실감이 납니다. 애들이 뭔가 필요할 때 제가 구해줄 수 없다는 걸 깨달아요. 그래서 저는 뭐랄까 쓸모 없는 인간이란 걸 느낍니다. 밥벌이를 해야 할 텐데 말입니다.

→ 실현되지 않은 강점과 암시적 요구

"스티브, 당신이 느끼는 좌절을 이해할 수 있어요. 그리고 당신이 갖고 있는 진짜 강점을 표현하는 방법을 아셨으면 해요. 당신은 자립해서 가족에게 좀더 도움이 되고 싶어하십니다. 그 바람으로 육체적 힘이 필요하지 않은 새로운 기술을 배울 기회를 찾아볼 수 있어요."

⑨ **우울증 남성**(53세)

예, 일은 잘 하고 있습니다. 그렇지만 별 거 아니지요. 누구나 할 수 있는 일이니까요. 제가 해온 모든 일들이 다 그렇죠. 뭐 하나라도 정말 가치 있는 건 없어요.

→ 숨어 있는 사고 유형

"켄트, 당신이 무슨 일을 했느냐는 그리 중요하지 않은 것 같아요. 당신은 세계기록을 세우고 나서도 그것이 가치 있다고 생각하지 않을 겁니다. 오랫동안 스스로 제대로 평가하지 않은 것이 문제가 아닐까요? 자신에 대해 어떻게 생각해왔는지 더 듣고 싶습니다."

⑩ **어머니(29세, 아이들을 등한시해왔음)**

모르겠어요. 그냥 상당히 혼란스러워요. 가끔 애들을 쳐다보면 더 좋은 엄마가 되고 싶어져요. 그런데 애들이 싸우거나 성질을 부리거나 우는 소리를 하면 저는 이성을 잃어요—그냥 딴 데로 가버리고 싶어져요. 아무 데나요—그래서 다시는 돌아오지 않는 거죠. 우리 애들은 더 좋은 엄마를 둘 자격이 있어요.

→ 숨어 있는 감정과 암시적 요구

"그러니까 당신은 감정적으로 자신을 서로 다른 길로 몰아가고 있군요. 좋은 엄마가 되고 싶어하지만 동시에 이성을 잃으면 초라하다고 느끼는군요. 가끔은 아이들을 돌보는 것이 너무 벅차서 자신이 적합하지 않다고 느끼고 있습니다. 한편으로는 아이들을 잘 다루는 방법을 배우고 싶은데, 다른 한편으로는 모든 걸 버리고 떠나고 싶어하는군요."

5. 직면기술 연습

다음 연습은 불일치와 역기능적 행위에 관한 인식적 · 지각적, 정서적, 행동적인 세 가지 경험영역 모두와 관계가 있다. 클라이언트와 사회복지사의 대화에서 표현한 그대로 살펴보고 상황을 요약한 글을 읽은 후, 불일치유형을 파악하고 실제 상황에서 사회복지사로서 어떻게 할 것인지 대답(이미 제시한 지침을 숙지하면서)해보도록 한다. 그리고 난 다음 대답과 모범사례를 비교한다. 모범사례라는 것은 단지 가능한 적절한 대답 중 하나임을 명심하라. 대답과 모범사례가 얼마나 비슷한지 또는 다른지 그리고 지침에 따랐는지 여부를 주의 깊게 분석하는 것이 중요하다.

● 모범적인 직면 사례

① 10대 딸을 성추행한 것으로 유죄판결을 받고 법정 명령으로 온 리온과 지난 몇 주 동안 상담해왔다. 리온은 최근 약속에 두 차례 15분 늦었고, 오늘은 20분 늦었다. 그동안 개입과정에서 그 문제를 단지 피상적으로만 접근해왔다.

클라이언트 : 오늘 늦어서 미안합니다. 차가 역시 많이 막혔어요. 당신도 알지 않습니까?

→ 클라이언트의 무책임하고 저항하는 행동

"테드, 오늘 늦은 것에 대해 걱정입니다. 세 번 연속해서 지각이고, 그만큼 우리 시간이 줄어드는 겁니다. 그런데 제가 걱정하는 것은 그 이상입니다. 당신은 여기 와야 한다는 것을 싫어하고 법정에서 지시한 것에서 벗어나고 싶어한다는 것을 압니다. 그러나 그런 식으로는 과제를 수행할 수 없습니다. 당신이 이런 식으로 하면, 전 당신에게 별 도움도 될 수 없고 법정에 낼 보고서도 잘 써드릴 수 없습니다. 물론 여기 오는 건 당신에게 불편한 일입니다. 여기 오는 것에 대해 어떻게 생각하는지 듣고 싶습니다."

② 클라이언트인 한 부부와 다섯 번째 면담을 하고 있다. 이들 목표 중 하나는 상호 적대감을 일으키는 말다툼을 예방하고 결혼생활에서 갈등을 줄이는 것이다.

아내 J : 이번 주는 정말 무시무시했어요. 전 잘 차려입고 제때 식사를 차려주려고 했어요. 이 사람이 그러길 원한다고 말했던 것처럼 말이에요. 그런데 참 허탈함을 느꼈어요. 화요일에 남편이 제 뒤로 와서는……(남편이 끼어 든다.)

남편 J(화를 내며) : 잠깐만, 당신은 절반만 말하는군. 월요일에 당신이 한 일에 대해서는 그냥 지나치고 있잖아.(아내가 끼어 든다.)

아내 J : 아, 그건 잊어버려요. 무슨 소용이에요? 남편은 제 생각은 전혀 안 해요. 날 그렇게 대할 수는 없어요.

남편 J : (메스꺼운 듯 머리를 흔든다.)

→ 역기능적 의사소통, 의도된 목표와 행동 간에 불일치

"그만하시고 지금 무얼 하고 있는지 한번 보세요. 서로 가까워지고 싶어하면서도 서로 방어적으로 만들고 있는 것이 걱정입니다." (남편에게) "J씨, 부인께서는 당신과 함께 어떤 중요한 감정을 나누려 하고 있었는데, 당신이 그걸 막으셨어요." (아내에게) "그리고 당신도 J씨가 말씀하실 때 똑같이 그렇게 하셨어요. 동의하지 않으시겠지만 서로 말하는 것을 듣고 이해

하려고 노력하는 것이 중요합니다. 지금처럼 서로 말을 가로막고 비난하는 것을 계속하신다면 지금과 달라질 것이 없습니다. 저는 그렇게 되는 것을 바라지 않아요. 처음으로 되돌아가서 다시 시작합시다. 이번에는 서로 상대방 입장이 되어서 이해하려고 노력합시다. 서로 정말 이해하고 있는지 점검해주세요. 그러면 자기관점을 표현할 수 있습니다."

③ 클라이언트는 약간 지능이 낮은 젊은 성인이며 사회적, 정서적 문제 때문에 사회복귀기관에서 소개받았다. 클라이언트는 젊은 여자와 데이트하는 데에 강한 관심을 보이고 있으며 근처 수퍼마켓 종업원인 슈를 열심히 쫓아다녔다. 슈는 이 남자에게 관심이 없음을 나타냈고 클라이언트가 더 이상 노력하지 않도록 하기 위해 분명히 애를 썼다. 다음 발췌문은 일곱 번째 개입과정 상황이다.

클라이언트 : 전 오늘 아침에 슈가 일하는 계산대를 지나갔어요. 전 슈에게 쇼에 같이 가고 싶다고 말했어요.

사회복지사 : 아, 그랬더니 뭐라고 하던가요?

클라이언트 : 아주 바쁘다고 하더군요. 몇 주 기다렸다가 다시 말하려고 합니다.

→ 역기능적, 자기비하적 행동

"피터, 저는 당신이 슈를 얼마나 많이 생각하고 또 얼마나 데이트하고 싶어하는지 압니다. 그렇지만 계속 데이트를 요구하는 것은 걱정이 됩니다. 왜냐하면 슈가 승낙하지 않고 있고 데이트하는 것을 원하지 않는 것처럼 보이기 때문입니다. 제 걱정은 이러한 당신 행동 때문에 스스로 상처받고 실망할지도 모른다는 겁니다. 전 당신에게 여자친구가 생겼으면 합니다. 그러나 슈보다 다른 사람과 데이트하는 것이 아마도 훨씬 쉬울 겁니다."

④ 16세 토니는 청소년교정기관에 있는 한 치료집단 구성원이다. 이전 개입단계에서 토니는 집단 진행과정을 혼란시키기 위해 다른 구성원들을 화나게 해서 신경질적이고 방어적으로 반응하게 만든 것에 우쭐해 하고 만족감을 얻은 듯이 보였다. 토니는 이전 네 번째 개입단계에서 한 집단성원에게 다음의 메시지를 보냈다.

토니 : 수요일 댄스파티 때 네가 메이지를 꼬셔보려고 한 걸 난 알아. 넌 네가 아주 능력이 있다고 생각하지, 그렇지?

→ 마찰을 일으키기 쉬운 도발행동

"잠깐만, 난 지금 토니 네가 한 말에 대해 불안하고 걱정이 되는구나. 그건 정말 심술인 것 같아. 이전에 우린 서로 지지해주고 도와주기로 규칙을 정하지 않았니. 토니, 딴 사람들이 너를 어떻게 받아들이는지 알아보지 않겠니?"

⑤ 클라이언트는 26세로 한 아이의 어머니이다. 감정을 마음속에 숨기고 있다가 통제할 수 없는 지경에 이르면 폭발적으로 화를 분출한다.

클라이언트 : 전 이웃을 믿을 수 없어요. 이웃 여자는 점심시간에 자기 자식을 보내서 산드라와 놀게 하고는 사라져버려요. 옆집 애가 점심을 먹지 않은 게 확실하기 때문에 제가 해결해주죠. 그 여자가 저보다 돈이 많은데도 말이에요.

사회복지사 : 그 여자가 그렇게 하면 어떤 느낌이 드나요?

클라이언트 : 아, 뭐 별로요. 하지만 그건 불쾌한 일이죠.

→ 표현한 것과 실제 감정 간의 불일치

"그래요. 그런데 당신이 별로 신경 쓰지 않는다는 것이 걱정되네요. 제 생각엔 화가 나서 상황을 바꾸고 싶어하는 것 같아요. 당신 느낌을 다시 한번 살펴봅시다. 정오에 집에서 점심을 준비하는데 이웃에 사는 아이가 문을 두드린다고 상상해보세요. 상상이 되나요? 지금 느낌이 어떻고 또 어떤 생각이 드시나요?"

⑥ 부부와 10살에서 17살까지 자녀 네 명과 함께 사는 한 가족에게 몇 주 동안 개입해왔다. 어머니는 가족의 대변인 역할을 하는 독재적 인물이고, 아버지는 수동적이고 말투가 부드러운 사람이다. 10대인 딸 티나는 다음 인용문

처럼 자신을 표현한다.

티나 : 할아버지 댁에 갈 때면 항상 싸움이 일어나는 것 같아요. 할머니는 너무 권위적이에요. 저는 거기 가는 게 싫어요.

어머니 : 티나, 그건 사실이 아니야. 너는 거기 가는 걸 언제나 좋아했잖아. 넌 할머니와 항상 가깝게 지냈잖아.

→ 역기능적 의사소통 : 티나의 감정과 경험을 불확실하게 함

"블랙 부인, 방금 무슨 일을 하셨지요? 잠깐 멈추고 티나 말에 어떻게 대답했는지 생각해보세요. 그러면 왜 티나가 당신과 더 많은 것을 공유하지 못하는지 이해하실 수 있을 겁니다." (또는) "티나, 방금 어머니께서 하신 말에 대해 지금 당장 어떻게 느끼는지 어머니에게 말씀드릴 수 있겠니? 어머니가 그걸 아셔야 너와 더 잘 이야기하실 수 있을 것 같구나."

⑦ 일곱 번째 개입과정에서 집단 구성원들은 사회적 상호작용에서 겪는 각자의 어려움에 대해 열심히 토의하고 있다. 구성원 중 한 여자가 휴가기간 중에 만난 한 우스운 모습의 사람에 대해 이야기하면서 주제에서 벗어나기 시작했고, 그러자 다른 구성원들도 덩달아 자신들이 만난 '괴짜들'에 대해 우스운 일화를 이야기한다.

→ 목표와 행동 간의 불일치 : 주제 일탈

"지금 이 모임에서 무얼 하고 있는지 걱정이 됩니다. 여러분은 지금 무슨 일이 일어나고 있다고 생각하십니까?"

⑧ 클라이언트는 매력적이고, 잘생겼으며 지적인 여자로 자기중심적이고 냉소적인 남자와 결혼한 지 3년째이다. 네 번째 개입과정에서(개별면담), 클라이언트는 눈물을 글썽이며 말한다.

클라이언트 : 남편이 요구한 건 뭐든지 했어요. 체중을 10파운드 줄이고, 남편 직장일도 도왔어요. 골프도 같이 했고 심지어 제 종교도 바꿨어요. 그런데도 남편은 여전히 만족하지 않아요. 저에게 무슨 문제가 있는 겁니다.

→ 스스로 오해함—인식적 · 지각적 불일치

"얀, 당신이 방금 한 말은 자신을 낮추고 스스로 좋은 점을 생각할 여지를 남기지 않는 것 같습니다. 당신은 자신이 문제가 있으며 어떤 면에서 부족하다고 잘못 생각하고 있습니다. 저는 전혀 그렇지 않다고 생각해요. 당신은 도저히 기쁘게 하기 힘든 남자와 결혼했어요. 그리고 그것이 더 큰 문제입니다. 앞에서 함께 이야기했던 것처럼, 자신에 대해 좋게 생각하고 자신을 옹호하면서 남편 문제는 남편 문제로 내버려두는 것이 과제입니다. 남편이 인정해주는지 아닌지에 따라 좌우된다면, 당신은 자신을 하찮게 생각할 겁니다."

⑨ 클라이언트는 30대 초반에 결혼한 부부이다. 최초 개입과정에서 다음 상황이 발생했다.

아내 : 우리는 그동안 사소한 일로 싸웠던 것 같아요. 이 사람은 정말로 화가 나면 이성을 잃고 저를 못살게 굴어요.

남편 : 진짜 문제는 이 사람이 저보다 친정 부모님을 더 생각한다는 겁니다. 도움이 필요한 건 제가 아니라 이 사람입니다. 이 사람이 잘만 하면 저는 화를 내지 않습니다. 이 사람한테 어떤 일을 가장 우선해야 하는지 말씀해주십시오. 제가 늘 얘기했지만, 이 사람은 들으려 하지 않습니다.

→ 기만하는 행동

"저는 문제 원인에 대해 여러분이 잘 추측하고 있는지 잘 모르겠습니다." (남편에게) "만약 당신이 제가 부인에게 좀더 잘하라고 말하기를 기대하신다면, 당신은 아마 실망하실 겁니다. 제 역할은 두 분이 문제상황을 잘 볼 수 있게 해서 지금 상황을 적절하게 바꿀 수 있게 돕는 것입니다. 만약 당신이 부탁하신 일을 제가 한다면, 저는 두 분께 큰 해를 입히는 겁니다. 그런 식으로는 문제가 나아지지 않습니다."

⑩ 클라이언트 가족은 부모와 자녀 두 명으로 구성되었다. 15살인 테리는 학교에 결석이 잦으며 마리화나를 피운다. 16살인 앤지는 모범생이며 부모에게 총애를 받는다. 이 가족은 테리가 정학처분을 받은 후 학교 측에서 개입을

의뢰한 것이다. 성공적인 사업가인 아버지는 이 가족치료에 내키지 않는 태도를 보여왔으며 이러한 태도는 현재 네 번째 개입과정까지 계속되고 있다.

어머니 : 이번 주에도 달라진 점은 별로 없어요. 모두 바빴고, 우리는 서로 볼 시간이 정말 많지 않았어요.

아버지 : 제 생각엔 앞으로 3주간 쉬는 것이 좋겠습니다. 일은 잘 돌아가고 있고 저는 사무실에서 회계감사가 있는데 매우 바쁠 것 같아요.

→ 행동과 목적 사이의 저항, 불일치

"물론 여러분이 무얼 하시는지는 여러분에게 달려 있습니다. 하지만 가족 구성원으로서 더욱 더 깊이 관여하고 서로 지지하는 데 동의하셨습니다. 그렇게 하기 위해서는 지속해서 참여해야 합니다. 그렇지 않으면 상황은 그리 변하지 않을 겁니다." (아버지에게) "당신이 뒤로 물러나는 것은 인상적이군요. 사업이 중요하다는 것은 이해합니다만, 제 생각엔 과연 스스로 정하신 목표에 진심으로 전념할 것인지 결정하셔야 한다고 생각합니다."

제 19 장

사회복지 실천에 대한 도전

The challenges of Social Work

1. 변화에 대한 장애물

목표달성을 향한 과정은 결코 평탄하지 않다. 변화 과정은 빠른 성장기, 정체기, 그리고 난국 또 가끔은 짧은 퇴보기와 같은 것이 있다. 심지어 이러한 과정을 시작하는 것 자체가 비자발적 클라이언트나 가족들에게는 하나의 도전일 수 있다. 예를 들면, 아동학대나 배우자학대 문제의 경우가 그러하다. 변화 정도나 비율은 아주 다양한데 이는 많은 변수에 영향을 받기 때문이다. 이 변수 가운데 가장 중요한 것은 클라이언트의 동기와 강점, 문제의 심각성과 지속기간, 변화를 지지하거나 변화를 방해하는 환경요인, 그리고 필요한 자원을 얻는 데 제도의 반응이나 반응이 부족한 경우들이다. 이 장에서는 변화에 방해가 되는 장애물을 확인하고, 과도하게 발전을 방해하거나 클라이언트가 조기종결을 재촉하지 않도록 그러한 장애물을 다루는 방법에 초점을 맞춘다.

우선 관계반응(relational reaction)의 주제를 확인하고 가능한 장애물을 논의할 것이다. 이들은 클라이언트, 사회복지사, 인종과 문화를 초월하는 관계, 그리고 클라이언트에 대한 성적인 매력에서 찾을 수 있다. 다음으로 변화에 대한 개인과 가족의 저항을 다루는 데 초점을 둘 것이다. 마지막의 주요 부분은 변화에 대한 조직적 장애물을 다루는 것과 관련이 있다. 그리고 관계 반응들을 다루는 것과 관련하여 기술을 개발하는 연습으로 이 장을 마친다.

2. 관계반응

사회복지사-클라이언트 관계는 특별히 자발적인 클라이언트를 돕는 과정을 촉진하는 매개물이다. 사실 관계의 질은 사회복지사의 영향, 개입에 대한 클라이언트의 수용 정도, 클라이언트를 돕는 과정의 최종 결과를 결정짓는다. 더 나아가 사회복지사와 맺은 원조관계는 많은 클라이언트에게 긍정적인 변화 원인이다. 클라이언트는 긍정적인 관계에서 자기존중과 자신이 가치 있는 존재라는 느낌을 받게 된다. 지속적으로 보살핌 받는 관계를 이전에 경험해 보지 못한 클라이언트에게, 사회복지사와 맺은 관계는 이전 삶에서 경험한 정서적 박탈에 대한 보상이라는 의미에서 교정역할을 하는 정서적 경험일지도 모른다.

사회복지사와 클라이언트 관계는 너무 중요하기 때문에, 사회복지사가 기술적으로 관계를 형성하고 그것을 회복한 상태로 유지하는 것은 아주 중요하다. 이전 장에서 건전한 관계를 형성하는 데 필요한 특성과 기술을 논의했다. 관계를 유지하는 기술은 중요하다. 왜냐하면 관계를 더 좋게 또는 더 나쁘게 만드는 감정은 원조과정에 참여하는 사람들 간에 끊임없이 존재하기 때문이다. 그러므로 긍정적인 원조관계를 유지하기 위해서는 그러한 관계에 위협이 되는 요인들을 찾아내 기술적으로 다루어야 한다. 다음은 이러한 요인들에 대해 상세하게 다룬 내용이다.

3. 사회복지사-클라이언트 관계에서 위협을 인식하고 다루기

사회복지사와 클라이언트 사이에 상호 긍정적인 감정이 특징인 원조관계는 개인의 성장과 성공적인 문제해결에 도움이 된다. 앞서 논의했듯이 사회복지사는 온정, 수용, 무조건적 관심, 공감, 진실성, 그리고 자발성을 높은 수준으로 구사하여 긍정적인 관계를 형성하기 위해 노력한다. 그러나 이러한 노력에도 불구하고 어떤 클라이언트는 여러 가지 이유로 긍정적으로 반응하지 않기도 한다. 사회복지사 역시 어떤 성격적 특성이나 문제유형이 있는 클라이언트에게 긍정적으로 반응하는 데 어려움을 느끼기도 한다. 심지어 긍정적인 관계를 형성한 경우에도, 여러 가지 다양한 사건과 매순간 처리해야 하는 업무가 관계의 지속적인 발전을 저해하기도 한다. 사회복지사는 관계에서 무언가 잘못된 방향으로 나아가고 있음을 알려주는 것에 주의를 기울여야 한다. 사회복지사가 이러한 것을 인지하고 효과적으로 관리하지 못하면, 불필요한 난국을 맞을지도 모르며 더 나아가 관계를 조기 종결할지도 모른다. 이후에 논의하겠지만, 여기서는 클라이언트에게, 사회복지사에게, 그리고 클라이언트와 사회복지사의 역동적인 혼합에서 발생하는, 관계에서의 위협요인에 초점을 맞출 것이다.

1) 여기 그리고 지금 반응

클라이언트는 사회복지사와의 관계에서 일시적인 틈을 만드는 감정적 반응을 종종 경험한다. 그러나 만약 사회복지사가 이를 인지하고 기술적으로 다루지 못한다면 그 감정적 반응은 원조과정에서 큰 장애물로 확대될지도 모른다. 다음은 상처, 실망, 분노, 두려움, 거부감, 그리고 그 밖의 부정적인 감정들을 낳을 수 있는 사회복지사의 전형적인 행동 예이다.

- 클라이언트가 경험하는 중요한 감정을 인식하지 못하는 것
- 클라이언트가 비난이나 비방이라고 해석할 수 있는 메시지를 보내는 것
- 태만해지거나 클라이언트를 무시하는 것
- 클라이언트가 성장하고 있음을 인정하지 못하는 것
- 내용이나 시간상 적절치 않게 직면을 사용하는 것
- 클라이언트가 이전에 밝힌 중요한 정보에 대해 기억하지 못하고 있음을 나타내는 것
- 게으름을 피우거나 약속을 취소하는 것
- 졸리거나 침착하지 못해 보이는 것
- 반대하거나 논쟁하거나 과도하게 충고하는 것
- 클라이언트가 계획한 행동과정을 인정하지 않는 것
- 클라이언트(또는 하위집단)의 반대편에 서 있는 것처럼 보이거나 실제로 그렇게 하는 것
- 토의를 좌지우지하거나 클라이언트를 자주 방해하는 것
- 클라이언트가 실행하기에 어렵다고 느끼는 조언이나 과제를 주는 것
- 비자발적 클라이언트에게 법적 명령을 넘어서는 힘을 생활영역에 사용하는 것

앞에 나열한 사건이나 상황 중 몇몇은 사회복지사의 실수와 관련이 있고, 또 몇몇은 클라이언트의 오해와 관련이 있다. 원인이 무엇이든지 클라이언트의 감정과 생각을 드러낼 때 그것들을 이해하고 토의하여 확대되는 것을 막는

것은 아주 중요하다. 클라이언트는 종종 자신의 부정적인 반응에 대해 토의하려 하지 않을 수도 있다. 그리고 만약 사회복지사가 비언어적 단서에 민감하지 않다면, 그러한 감정과 인식은 머물다가 사라져버릴 수도 있다. 그런 상황을 피하기 위해서 비언어적 단서들을 포함하여 부정적인 반응들을 지각하는 것이 반드시 필요하다. 비언어적 단서에는 시무룩한 얼굴 표정, 안절부절 하는 것, 한숨쉬는 것, 깜짝 놀라는 것, 얼굴을 찌푸리는 것, 주제를 바꾸는 것, 조용해지는 것, 기침하는 것, 얼굴을 붉히는 것, 몸에 힘을 주는 것 등이 있다. 사회복지사가 단서들을 발견했다면, 상담의 초점을 '여기 그리고 지금(here-and-now)' 의 감정과 인식으로 옮기는 것이 중요하다. 사회복지사는 자신의 인식이 정확한지 점검한 후 시험적으로 실행해야 한다. 만약 정확하다면, 클라이언트의 불편에 대해 진심으로 관심을 갖고 있음을 표현하고 클라이언트가 지금 경험하고 있는 것을 이해하고자 하는 자신의 마음을 전달하면서 민감하게 계속해나가야 한다. 문제가 되는 감정과 생각에 대해 토의를 촉진하는 반응의 예는 다음과 같다.

"난 내가 방금 말한 것에 대해 당신이 반응하고 있음을 알고 있습니다. 내 말을 당신이 어떤 의미로 받아들였는지 그리고 지금 그것에 대해 어떻게 생각하고 느끼는지 나와 얘기해 보지 않으시겠습니까?"

"당신은 지금 괴로워 보입니다. 난 당신이 경험하고 있는 것을 이해하고 싶습니다. 내가 혹시 당신에게 괴로운 생각이나 감정이 들게끔 말했거나 행동했는지요?"

사회복지사를 향한 부정적인 감정이나 인식에 대해 토의하는 것은 클라이언트에게 지극히 어려운 것임을 명심해야 한다. 비록 클라이언트의 생각이나 감정이 전적으로 비현실적이더라도 따뜻하게 경청하고 받아들이면 위협을 감소할 수 있다. 클라이언트 생각이나 감정을 이끌어내어, 오해를 수정하고, 의도를 명확히 하고, 실수를 고치고, 또는 역기능적 신념이나 사고유형을 밝힐 수 있는 기회를 갖는 것이다. 사실 어떤 클라이언트는 완벽하지 않음을 인정하고, 모욕감을 느끼지 않으면서 자신의 실수를 사과하는 모델(사회복지사의 행동)을 배울 수 있다. 더욱이 클라이언트는 사회복지사가 자신의 감정이나 생각에 관심이 있으며 실수로 또는 직무상 발생하는 잘못에 대해 사과하는 모습을 보면서 자기존중감을 획득할 수 있다. '여기 그리고 지금' 의 생각과 느낌을 생산적으로 토의하고 난 후, 대부분의 클라이언트는 긍정적인 감정을 되찾고 다시 자기 활동을 재개한다.

그러나 가끔, 클라이언트가 자신의 부정적인 생각이나 감정을 숨기는 데 성공해서 사회복지사가 비언어적 표현을 간과하고 지나가는 경우도 있다. 그렇게 되면 그 감정들은 방해하는 행동, 지나치게 정중한 모습, 방어적 반응 또는 그 밖의 다른 저항 형태로 표출되어 클라이언트가 부정적으로 관계하고 있음이 확실해질 때까지 악화된다. 다시 한번 강조하지만, 앞서 언급한 방법으로 클라이언트를 괴롭히는 것에 초점을 맞추고 반응하여 관계에 우선순위을 두는 것은 아주 중요하다. 클라이언트의 부정적 반응을 다룬 후, 문제가 되는 감정이나 생각이 발생했을 때 '소계약(minicontract)' 을 협의하는 것도 도움이 된다. 이러한 협의의 목적은 미래의 비슷한 상황이 재발하는 것을 피하고 사회복지사에 대한 부정적인 반응을 토의하는 데 사회복지사는 개방되어 있음을 알리는 것이다. 부정적 감정이나 생각을 표현하는 것을 배우는 것은 그러한 반응을 억제하여 자기 자신과 다른 사람에게 피해를 주는 클라이언트에게는 행동의 지침이 될 수도 있다.

2) 병리적이거나 서투른 사회복지사

모든 사회복지사가 때때로 실수를 저지르는 것은 사실이지만, 어떤 사회복지사는 반복적으로 실수를 저질러 되돌릴 수 없는 해를 끼치거나 클라이언트에게 정신적인 피해를 입히기도 한다. 고테쉘트와 리버만(Gotteshfeld & Lieberman, 1979)은 그러한 사회복지사를 병리적이라고 언급하고 "클라이언트만큼 해결되지 않은 많은 문제들로 고통 당하고 있는 치료자들이 있다"라고 지적했다(p.388). 인품이 나쁘고 독선적이고 지배적이며, 판단적이고 요구하는 태도를 보이며, 엄격하고 약속에 습관적으로 늦으며, 성적으로 난잡하고 선심을 쓰듯 돌봐주는 사회복지사는 클라이언트에게 어려움을 주거나 건강하지 않은 의존을 만들어낸다. 이러한 면이 있는 사회복지사는 조기에 클라이언트를 떠나보내는 경향이 있다. 대부분의 자발적 클라이언트는 이러한 면을 발견하고 그 계약을 종결짓는다. 비자발적인 클라이언트는 일방적으로 종결이 결정되기도 한다. 사회복지사는 그러한 클라이언트와 접촉을 피하고 다른 사회복지사에게 의뢰하기 쉽다. 따라서 수퍼바이저는 한 사회복지사에게서 그런 경우가 자주 반복될 때에는 주의를 기울여야 한다.

이러한 사회복지사는 클라이언트와 기관, 전문직에 피해를 준다. 따라서 다른 사회복지사는 해로운 사회복지사를 알게 되었을 때 어떤 조치를 취해야 할지 결정해야 하는 어려운 상황에 직면한다. 고테쉘트와 리버만(1979)은, "클라이언트에게 치료적으로 도움이 되지 않는 상황을 무기력하게 바라보는 것은 고통스럽다. 그러나 동료의 능력에 대해 판단하는 것 또한 고통스럽고 어려운 일이다(p.392)"라고 표현했다.

분명히 사회복지사 개개인이나 기관은 병리적인 사회복지사로부터 클라이언트를 보호할 책임이 있다. 고테쉘트와 리버만은 "클라이언트를 돕기 위해 설립된 기관은 그 기관의 목적을 해치는 병리적인 직원을 받아들여서는 안 된다(p.392)"라고 주장하였다. 그러나 그런 상황을 수정하려는 조치는 클라이언트의 권리뿐만 아니라 사회복지사의 권리도 보호해야 한다. 왜냐하면 사회복지사의 행동에 대해 편향되거나 부당한 보고로 부당하게 판단될 수도 있기 때문이다. 클라이언트의 권리를 보호하기 위해서, "전문직업적 행위도 자문, 수퍼비전 또는 동료평가 과정을 거치면서 재조사를 해야 한다(Gottesheld & Lieberman, 1979: 392)." 동료들의 평가 결과 잘못이 인정되면 미국에서는 미국사회복지사협회(NASW)의 가까운 지부나 주정부 자격심의위원회에 의뢰한다. 이들 지부와 위원회는 비윤리적이고 비전문적 행위에 대한 불만을 조사하는 위원회를 갖추고 있다.

3) 인종적 · 문화적 장애물

사회복지사가 클라이언트의 문화에 대해 잘 모르거나 소수집단 사람들과 일한 경험이 별로 없는 경우, 클라이언트는 사회복지사와의 인종적이거나 문화적인 관계에서 부정적 반응을 경험할 수 있다. 소수민족집단에 속하는 사회복지사도 소수인종 사회복지사에 익숙한 클라이언트보다 다수민족집단에 속하는 클라이언트의 가치에 더 익숙하다. 프락터와 데이비스가 썼듯이, 백인 사회복지사는 다른 문화 현실에 대해 잘 알지 못한다. 그러한 문화적 갈등 때문에 체제의 대표자인 백인을 불신하는 유색인종 클라이언트나 거부당할 것을 두려워하는 백인 사회복지사는 모두 인종적인 그리고 민족적인 차이를 토론하는 것을 불편해 한다(Proctor & Davis, 1994).

그래서 서로 다른 문화에 속한 사회복지사와 클라이언트는 같은 문화에 속한 사람들과 제한된 상호작용을 해왔기 때문에 서로 다른 점을 경험하게 될 것이다. 이런 경우에, "공간은 고정화된 '지식'과 편견으로 채워질 것이다. 그러나 본질적인 무지는 그대로 남아 있다(Gitterman & Schaeffer, 1972)." 이러한 상황에서는 상호 방어하는 것은 효과적인 의사소통에 장애가 된다. 너무 자주 이러한 갈등을 피하기 위해 문화적, 인종적 차이를 무시하면서 실천한다(Proctor & Davis, 1994: 316)

감정이입적 의사소통은 인종적으로 그리고 문화적으로 다른 이들 사이의 관계에서 자주 발견되는 차이를 보완해주는 기본 기술이다. 클라이언트의 분노와 의심에 감정이입적으로 반응하는 것은 앞에서 지적했듯이, 수용과 이해를 설명하면서 이러한 부정적 감정들을 없앨 수 있다. 실증적 조사자료에 의거해서, 몇몇 저자들은(Banks, 1971;

Cimbolic, 1972; Santa Cruz & Hepworth, 1975) 학생이 여러 인종과 민족을 대상으로 일하도록 하기 위해서, 교육자는 학생들이 높은 수준의 공감, 존중, 그리고 진실성과 같이 상황을 촉진시킬 수 있는 요소를 습득할 수 있도록 훈련시켜야 한다고 주장한다.

이러한 상황을 촉진하는 요소를 높은 수준으로 습득하더라도 어떤 특정 클라이언트에게는 인종적 차이를 극복하는 것이 역부족일 수 있다. 아프리카계 미국인 클라이언트가 자신을 개방하지 않는 원인을 분석하면서, 리들리(Ridley, 1984)는 백인 사회복지사가 유색인종인 클라이언트와 실천하는 데 있어 가장 주요한 장애물로 '문화적 편집증(cultural paranoid)'을 규정하는 유형학을 발달시켰다. 어떤 아프리카계 미국인 클라이언트는 효과적인 의사소통이 불가능할 정도로 백인을 불신하는데, 이러한 경우 같은 인종의 사회복지사가 더 바람직하다. 물론 문화적 편집증은 비자발적 상태와 겹치는 부분이 있어, 상당한 정도 불신이 있는 비자발적 클라이언트는 종종 같은 인종의 사회복지사에게도 접근을 제한하는 경우가 있다.

백인 사회복지사에 대한 아프리카계 미국인이 부정적으로 반응하는 또 한 가지 원인은 아프리카계 미국인에 대한 감정의 이중성을 백인 사회복지사들이 잘 인식하지 못하기 때문이다. 한편으로는 흑인에 대한 차별과 억압에 대해 적절히 인식하지 못한 결과, 사회복지사는 아프리카계 미국인의 분노, 두려움, 불신, 그리고 무력감에 대해 민감하지 못하다. 그런 사회복지사는 아프리카계 미국인을 정형화하고 공감하는 데 제한적이다. 다른 한편으로 어떤 백인 사회복지사는 아프리카계 미국인을 지나치게 의식해서, 클라이언트의 개인 문제를 인식하지 못하고 그것을 인종적 요소 탓으로 잘못 이해하기도 한다. 이런 일이 일어나면, 쿠퍼(Cooper)가 정리했듯이, "클라이언트는 자신의 개인적 풍요와 복잡성을 잃는 경향이 있다. 사람을 문화적인 전달 체계로만 취급하는 것은 위험하다(p.76)." 그렇다면 분명히 백인 사회복지사는 아프리카계 미국인과 공감해야 하지만 지나치게 의식하는 정도까지 되지 않아야 한다.

사회복지사는 문화적으로 그리고 인종적으로 다른 사람과 일하는 것에 대해 교육을 받아야 한다. 사회복지사는 함께 일하는 집단의 역사를 국가차원과 지역 차원에서 모두 알고 있어야 하며, 그런 집단이 억압을 받는 방법과 억압의 결과에 대해서도 알고 있어야 한다. 또 문화를 반영하는 문학, 미술작품, 그리고 영화를 활용하여 그 집단의 문화적 강점을 알아야 한다. 마지막으로 특별한 문화에 속한 사람과 함께 일하기 위해 민족적 문제와 관련된 실천을 목표로 하는 직원훈련(staff training)에 참가하는 것도 바람직하다.

4) 신뢰와 전이반응에서의 어려움

클라이언트가 사람을 신뢰하는 능력은 매우 다양하다. 자존심이 높고 대인관계 기능이 좋은 사람은 사회복지사를 접한 후 곧 자기 문제를 연구하기 시작한다. 그러나 사회복지사가 온정, 관심, 공감하는 좋은 의도에도 불구하고, 어떤 클라이언트는 수주 내지는 수개월 동안 사회복지사를 시험하며 방어를 철회하지 않는다. 앞서 언급했듯이 도움을 원하지 않는 비자발적 클라이언트가 선뜻 사회복지사를 믿을 것이라고 기대해선 안 된다. 그런 클라이언트를 설득하는 것은 보통 역효과를 내기 쉽다. 불신에 가득 찬 클라이언트는 말보다 행동을 믿는다. 즉 헌신적이거나 동의한 과업을 수행하는 사회복지사는 결국 믿을 만한 가치가 있다고 여기게 된다.

그런 클라이언트를 만나면 사회복지사는 인내하고 참아야 한다. 신뢰와 긍정적 관계를 성립하기 전에 자기를 드러내게 하는 것은 클라이언트를 소원하게 하거나, 사회복지사를 시험하는 기간을 더 길게 하거나, 클라이언트가 관계 중단을 재촉하는 결과를 가져온다. 이러한 클라이언트는 선뜻 관계에 참여하지 않고, 초기회합 동안 자기 문제를 피상적으로만 표출하기 때문에, 과정을 시간적으로 제한하는 것은 부적절하다. 사실 원조 과정에 이러한 클라이언트가 지속적으로 관여할 수 있도록 노력해야 한다. 종종 그런 클라이언트는 약속을 취소하거나 놓쳐버린다. 그리고 만약 사회복지사가 전화를 걸거나 가정방문을 하거나 또는 편지를 쓰는 등 노력을 하지 않으면(마지막 방법이 가장 효과가 적다), 클라이언트는 흔히 다시는 돌아오지 않는다. 이러한 클라이언트 중 많은 이들이 절박하게 도움이 필요하며, 약속을 제대로 지키지 않는 것은 동기가 부족하기보다 회피하는 경향임을 인식하는 것이 중요하다. 사회복지사가 클라이언트의 회피행동 뒤에 숨어 있는 두려움에 맞설 수 있도록 돕는다면 이는 치료에 도움이 된다. 반면 이러한 결함으로 클라이언트가 관계를 끝내도록 내버려둔다면 클라이언트는 회피행동을 영구적으로 지속하게 될 것이다.

사회복지사에 대한 비현실적인 인식과 반응을 전이반응(transference reactions)이라고 한다. 클라이언트가 다른 사람(대개 부모, 부모를 대신하는 사람, 형제자매)과 과거에 경험하면서 느꼈던 소망, 두려움, 그리고 다른 감정을 사회복지사에게 전이하는 것이다. 전이반응은 발전을 저해할 뿐 아니라 다른 대인관계에도 어려움을 야기한다. 어떤 남자는 어머니나 양어머니에게 거부당했거나 학대당했다고 느끼기 때문에 여성을 신뢰하는 데 어려움이 있다. 유사한 예로, 어떤 사람은 권위 있는 모든 사람들을 원망하고 반항하기도 하는데, 이는 부모의 경험에서 거만하고 처벌적이고 지배적이며 착취적이라는 인식을 갖고 그런 사람들을 잘못 인지하기 때문이다.

전이반응은 대인관계를 어렵게 만드는 과잉일반화된 그리고 왜곡된 인지와 관계가 깊다. 치료관계에서 발전을 방해하기도 하지만 성장을 위한 기회가 되기도 한다. 사실 치료적 관계는, 클라이언트의 대인관계 행동과 조건화된 인지 패턴 그리고 감정을 분명히 드러내는 사회의 축소판이기 때문에, 이러한 맥락에서 클라이언트는 종종 다른 관계에서 자신을 괴롭히는 것과 사실상 동일한 '여기 그리고 지금' 방식으로 그대로 반응한다. 따라서 사회복지사는 그러한 클라이언트가 자신의 왜곡된 인지를 깨닫고 사회복지사를 비롯한 다른 사람들에게 정신적 이미지, 신념 또는 태도를 과잉 일반화하여 투사하기보다 고유한 개인으로 차별할 수 있도록 대인관계에서의 인지 능력을 개발하도록 해야 한다.

원조과정에서 전이반응이 발생하는 정도는 상당히 다양하다. 시간 제한적이고 과업 중심적인 개입에서 전이반응이 일어날 가능성은 가장 적다. 치료가 오래 지속되고, 과거에 초점을 맞추며, 정신 내적 과정을 심도 있게 분석하는 것과 관련될 때, 전이는 원조과정에서 중추적인 역할을 한다. 정신분석치료와 장기치료 그리고 인간심리를 향하는 치료는, 사실 전이를 일으키는 경향이 있다. 반면 과업중심, 행동주의, 그리고 위기개입 치료는 그렇지 않다. 유사하게 부부와 함께 일하면 전이가 발생할 가능성이 적다. 반면 어느 한쪽 배우자와 일하면 클라이언트는 전이반응을 하고 사회복지사 입장에서 지나치게 동일시하게 된다.

클라이언트의 유형은 전이반응 발생을 결정하는 중요한 요인으로 작용한다. 예를 들면, 공공 부조, 아동복지, 그리고 교정 세팅에서, 많은 클라이언트가 정서적으로 박탈당한 배경이 있으며, 이전에 불신과 두려움을 주는 사회복지사를 만났거나 클라이언트에게 모욕감과 분노로 대하였던 사회복지사에 대한 경험, 클라이언트를 무기력하게 간주한 사회복지기관에 대한 경험으로 사회복지기관을 찾는 데에 양가감정을 느낄 수 있다. 이러한 감정으로 클라이언트는 역설적인 상황에 놓이게 된다. 한편으로는 대처기술이 제한되어 자신의 문제에 대해 도움을 받기 원하며 의존하고자 한다. 그러나 다른 한편으로는, 두려움과 부정적 감정이 강해서 전문가와 관계 맺는 것이 어렵다. 따라서 이러한 클라이언트 중 다수가 공개적으로 도움을 주려는 노력을 거부하거나, 성취하고 독립적이 되도록 성장하는 것을 가로막는 수동적이고 의존적 방법에 매이는 경향이 있다.

이런 해로운 반응에 대응하기 위해서 사회복지사는 클라이언트가 자신을 받아들이고 도움을 받아들이도록 해야 한다.

5) 전이반응 다루기

어떤 기관이나 개입에서도 사회복지사는 전이반응에 부딪치게 되므로 대처할 수 있도록 준비해야 한다. 다음 예는 일반적으로 경험하는 전이반응의 예이다.

- 어떤 클라이언트는 사회복지사의 외모가 오빠와 닮았기 때문에 자기 문제를 밝히는 데 엄청난 어려움을 겪었다.
- 어떤 클라이언트는(아버지가 잔인하고 압제적인 사람이었다) 자신에게 무엇을 하라고 말하는 사람에게는 그 사람이 누구이든지 상관없이 화를 내기 때문에 부부치료에 저항했다.
- 어떤 클라이언트는 사회복지사가 자신에게 진심 어린 관심을 가질 수 없으며 단지 직업적으로 자신을 볼 뿐이라고 확신한다.
- 어떤 클라이언트는 사회복지사의 메시지를 오해하여 감정을 억제한 결과, 거의 모든 관계를 끝내버렸다.

비록 이러한 반응이 과거에서 파생한 것은 사실이지만, '여기 그리고 지금' 상황에서 명확히 드러난다. 클라이언트가 자신의 본래 모습에 통찰력을 갖도록 과거에 초점을 두는 방법으로 전이반응을 가장 잘 해결할 수 있는지에 대해서는 의문의 여지가 있다. 과거경험은 현재에 작용할 수 있으며, 현재의 부정확하고 왜곡된 지각에 초점을 둠으로써 과거경험에서 파생된 반응은 해결될 수 있다. 어떤 클라이언트에게는 과거 아픈 경험과 상황을 떠올리면서 과거로 잠시 돌아가는 것이, 정서적으로 카타르시스를 느끼고 사고, 감정, 그리고 행동의 역기능의 원인을 이해하도록 돕는 기회가 되기도 한다.

클라이언트가 어린 시절, 신체적 또는 성적 학대 등 외상성 스트레스를 경험했다면, 과거경험을 차분하게 설명하고 탐색하는 것은 그 경험의 부정적 영향을 이해하고 거기에서 회복하는 데 특히 중요할 것이다(Rosenthal, 1988; Wartel, 1991). 어린 시절의 외상 경험(예를 들면, 강간이나 끔찍한 전쟁 경험 등)에 초점을 두는 것은 그런 경험에서 받은 심리적인 상처를 치유하는 데에도 필수적이다.

그러나 위에서 언급한 상황을 제외하고, 과거에 지나치게 초점을 두는 것은 역효과이며, 현재의 문제해결 노력을 다른 데로 돌리고 불필요하게 치료를 연장하게 만든다. 더 나아가 비현실적인 감정과 인지 그리고 신념을 갖게 한 오래된 원인에 초점을 맞추는 것이 '여기 그리고 지금' 그것의 타당성을 따지는 것보다 문제해결에 더 효과적이라는 증거가 없다.

전이반응을 다루기 위해서는 우선 클라이언트가 표현하는 것을 인식해야 한다. 다음은 전형적인 예이다.

- 집착하거나 의존적인 방법으로 또는 지나치게 칭찬이나 재확신을 얻으려는 방법으로 사회복지사에게 관계하는 것
- 지나친 칭찬이나 비위를 맞추면서 사회복지사를 기쁘게 하려는 것
- 사회복지사에게 개인적인 질문을 많이 하는 것
- 사회복지사와 논쟁하거나 괴롭히면서 도발적으로 행동하는 것
- 사회복지사의 흥미를 묻는 것
- 사소한 이유로 약속을 자주 변경하는 등 특별한 관심을 끌려는 것
- 사회복지사를 식사나 파티 등에 초대하여 사교상 관계하려는 것
- 사회복지사에 대해 꿈이나 환상을 갖는 것
- 방어적으로 반응하거나 거부당한다고 느끼거나 현실적인 이유 없이 비난이나 벌을 예상하는 것
- 개인적인 호감을 표현하거나 선물을 주는 것
- 시시덕거리거나 야한 옷을 입거나 애정 어린 행동을 하는 등 유혹하듯 행동하는 것
- 사회복지사가 약속을 취소하거나 연기하는 경우, 퇴행하거나 파괴적인 방법으로 행동하는 것
- 면담할 때 이상하게 조용하거나 산만하거나 조는 것
- 약속 시간에 늦거나 정해진 시간 이상으로 머물려고 하는 것
- 클라이언트의 평소 스타일과 현저하게 다른 스타일의 옷을

입거나 행동하는 것

클라이언트가 위 행동이나 이외에 전이반응의 다른 가능한 징후들을 나타내면, '지금 그리고 여기'의 감정으로 초점을 옮겨야 한다. 왜냐하면 그러한 반응들은 일반적으로 클라이언트의 생산적인 작업을 방해하고 원조과정을 해치기 때문이다. 사회복지사가 전이반응을 다루는 데 다음과 같은 지침은 유용할 것이다.

1. 클라이언트의 반응이 비현실적이지 않으며 사회복지사의 행동에 기인한 것일 수 있다는 가능성을 항상 고려해야 한다. 자기성찰과 토론으로 사회복지사가 클라이언트의 행동이 현실적이라고 판단하면 자기 행동에 책임을 지고 진실하게 반응해야 한다.

2. 클라이언트가 과거 어떤 중요한 사람이 그렇게 했듯이 사회복지사가 치료에 도움이 안 되는 방법으로 반응하길 기대한다면, 그러한 기대를 거절하고 다른 식으로 반응하는 것이 중요하다. 기대와 전혀 상반되는 반응은 일시적으로 불균형을 만들어내지만 클라이언트는 사회복지사를 과거의 인물과 다르게 인식하게 된다. 클라이언트는 사회복지사에 대해 과거 경험에 기반을 두고 영속적인 비현실적 기대를 하기보다 사회복지사를 독특한 실제 사람으로 이해해야 한다.

3. 그러한 감정이 언제 그리고 어떤 방식으로 나타나는지 살펴 왜곡된 인지의 원인을 클라이언트가 스스로 확인하도록 도와야 한다. 그러한 감정과 관련한 전례와 의미 있는 요인들을 주의 깊게 살펴야 한다. 실제 감정을 즉각 드러내어 왜곡된 인지를 수정하려고 하지 말고, 언제 그리고 어떻게 문제의 감정이 나타나는지 우선 살펴서 클라이언트가 과잉일반화경향과 과거 경험에 기반을 둔 잘못된 의미의 속성, 타당하지 못한 가정을 모두 인식하도록 돕는다. 이러한 인식은 조건화된 인식태도에서 기인한 감정과 실제에 근거한 감정이나 반응을 구별할 수 있도록 돕는다.

4. 클라이언트는 자기 감정의 비현실적인 근원을 구분해내고, 그러한 감정을 유발한 왜곡을 인식한 후, 사회복지사의 실제 감정을 공유해야 한다. 이것은 클라이언트가 기분이 상했거나 상처를 입었거나 화가 났거나 거부당했거나 하는 식의 감정을 느낄 때, 재확신을 얻게 하는 자원이 될 수 있다.

5. 사회복지사가 감정을 살피고 난 후, 클라이언트가 다른 관계에서도 유사한 반응을 경험했는지 알아보도록 도와야 한다. 사회복지사는 클라이언트가 다른 관계도 어렵게 만드는 왜곡 경향을 식별하도록 도울 수 있다.

6) 역전이 반응

사회복지사는 잘 발견하고 효과적으로 다루지 않으면 원조관계를 손상시킬 수도 있는 역관계반응(adverse relational reactions)을 경험할 수 있다. 이러한 감정은 현실적일 수도, 비현실적일 수도 있다. 비현실적인 경우, 전이와 대조적으로 '역전이(countertransference)'라고 표현한다. 이 현상은 사회복지사가 과거 경험했던 관계에서 파생한 감정, 소망, 무의식적 방어유형과 관련이 있다. 사회복지사의 객관적 인식을 방해하고 클라이언트와의 긍정적인 상호작용을 차단한다.

역전이는 왜곡된 인식과 감추어진 부분, 소망과 치료를 방해하는 감정반응과 행동을 만들어내면서 관계를 악화시킨다.

예를 들어, 분노를 자기 인격에 통합시키지 못하는 사회복지사는 클라이언트가 분노를 표현할 때, 과도하게 불편해하고 그러한 감정을 표현할 수 없도록 주의를 딴 곳으로 옮겨버린다.

부모에게 거부당한 감정을 해결하지 못한 사회복지사는 무관심하고 냉담한 클라이언트와 따뜻하게 관계를 맺는 데 어려움을 느낄지도 모른다.

권위주의 부모에게 분노의 감정을 해결하지 못한 사회복지사는 반항적인 청소년과 지나치게 동일시하여 클라이언트의 부모를 비난하는 감정을 경험한다.

배우자가 성실하지 못하고 지배적이거나 성적으로 억제된 기혼 사회복지사는 유사한 문제를 겪는 클라이언트와 지나치게 동일시하여 그들이 묘사하는 결혼생활의 어려움에서 클라이언트가 초래한 부분에 대해서 무관심하다.

그리고 마지막으로 사랑받고 존경받기를 지나치게 원하는 사회복지사는 매혹적으로 행동하거나 클라이언트를 감동시키려고 노력한다.

역전이를 어떻게 다룰 것인지 논의하기 전에, 전형적인 예를 밝히는 것은 매우 중요하다.

- 클라이언트에게 지나치게 관심을 갖는 것
- 클라이언트에 대해 끊임없이 에로틱한 환상을 가지거나 꿈을 꾸는 것
- 클라이언트와 면담하는 것을 두려워하거나 즐거워하는 것
- 특정 클라이언트와 한 약속에 계속 늦거나 잊어버리는 것
- 클라이언트와 특정 문제에 대해 얘기하는 것을 불편해 하거나 방어적으로 느끼는 것
- 클라이언트를 향해 적대감을 느끼거나 클라이언트와 공감을 잘 할 수 없는 것
- 클라이언트의 어려움에 대해 다른 사람들을 배타적으로 비난하는 것
- 끊임없이 지루함과 졸림을 느끼거나 클라이언트를 거부하는 것
- 계속 면담을 일찍 마치거나 정한 시간을 넘도록 클라이언트를 내버려두는 것
- 클라이언트를 감동시키거나 클라이언트에게 감동을 받으려고 지나치게 노력하는 것
- 클라이언트를 잃는 것에 대해 지나치게 염려하는 것
- 클라이언트와 논쟁하거나 클라이언트의 비난과 고발에 방어적이 되거나 상처를 입는 것
- 지나치게 염려하고 클라이언트가 스스로 할 수 있는 일을 대신 해주는 것
- 클라이언트의 성생활에 대해 이상하게 호기심을 갖는 것
- 특정 유형의 클라이언트를 받아들이거나 좋아하는 데 어려움을 느끼는 것 (실제에 기반을 둔 것일 수도 있다.)

클라이언트를 향한 비현실적 감정이나 위에 나열한 것과 같은 반응을 알게 되면, 사회복지사는 즉시 적절한 교정 수단을 취해야 한다. 그렇지 않으면 역전이로 인해 사회복지사는 충분한 도움을 줄 수 없고, 어려움을 겪거나 클라이언트의 역기능에 기여하게 된다. 또는 사회복지사-클라이언트의 원조관계의 효과성을 손상하게 된다.

일반적으로 역전이를 해결하는 첫 단계는(이 단계가 전부인 경우도 종종 있다) 자기성찰이다. 자기성찰은 감정, 반응, 인식, 그리고 행동의 원천을 발견하기 위해서 스스로 분석적으로 대화하는 것과 관련이 있다. 자기성찰을 촉진하는 질문의 예는 다음과 같다.

"나는 왜 이 클라이언트와 있으면 불편한 것일까? 내가 좀더 자유롭게 관계할 수 없는 무언가가 내면에서 진행되는 것일까?"
"나는 왜 이 클라이언트가 싫을까?(또는 지루함, 조급함, 성가심) 내 감정은 이성적인가 아니면 난 이 클라이언트를 보고 과거 누군가를 상기하는가?"
"나는 왜 너무 많이 얘기하고 또 너무 많이 조언했나? 내가 클라이언트에게 무엇인가 주어야 한다고 느끼는 것은 아닌가?"
"난 왜 끊임없이 누군가의 편을 드는가? 내가 누군가와 지나치게 동일시하여, 배우자(또는 부모의 또는 아이들의)의 감정을 경시하지는 않는가? 과거 내가 겪었던 유사한 감정들이 내 객관성을 해치는 것은 아닌가?"

자기성찰은 종종 사회복지사가 클라이언트와 관계하는 데 현실적인 관점을 성취하거나 되찾도록 돕는다. 자기 감정에 대해 생각하고 신선한 생각을 얻도록 동료나 수퍼바이저와 이 주제에 대해 토론하고 자문을 받아야 한다. 클

라이언트가 가끔 자기 문제에 너무 근접해서 문제를 객관적으로 보지 못하다가 사회복지사 입장에서 문제를 바라볼 때 도움이 되는 것과 마찬가지로, 사회복지사도 관계 밖으로 한 발짝 물러서서 이 관계와 관련이 없는 동료나 자문가 또는 수퍼바이저의 편향되지 않은 관점에서 그 문제를 바라보는 것이 도움이 될 수 있다.

반복적으로 역전이 반응에 말려드는 사회복지사는 대인관계에 계속 영향을 미치는, 다년간 해결되지 않은 감정적 충돌이 있다. 그래서 효과성 범위는 제한되고, 클라이언트에게 역기능을 초래할지도 모른다. 그러한 '병리적인' 사회복지사는 스스로 전문적인 도움을 받아 자신의 어려움을 해결해야 한다. 그 밖에 어떤 사람은 이러한 전문직에 적합하지 않을 수 있다. 그래서 자신을 위해 그리고 클라이언트와 전문직업을 위해 직업을 바꾸는 것을 고려해야 한다.

7) 현실적인 사회복지사의 반응

특정 클라이언트를 향한 모든 부정적인 감정이 역전이 반응과 관련이 있는 것은 아니다. 어떤 클라이언트는 인품이 나쁘고, 거만하고, 미움을 받기 쉬우며, 상대방을 짜증나게 만드는 버릇이 있거나, 다른 사람에게 착취적이고 잔인할 수 있다. 심지어 가장 수용적인 사회복지사조차도 그런 클라이언트에게 긍정적인 감정을 갖기란 어려울 수 있다. 결국 사회복지사도 인간이다. 그래서 다른 사람을 싫어할 수도 있으며, 화가 나거나 가끔은 인내심을 잃을 수도 있다. 냉담한 클라이언트는 종종 절박하게 도움이 필요하다. 왜냐하면 공격적인 행동으로 다른 사람으로부터 자신을 고립시키면서도 그 이유를 알지 못해 혼란을 느끼기 때문이다.

사회복지사가 특정 클라이언트의 공격적 성향의 이면을 살핀다면, 가끔 거만하고 거친 외면 이면에는 다른 사람들이 잘 알아채지 못하는 바람직하고 정말 존경할 만한 자질이 있음을 알게 된다. 더 나아가 사회복지사가 클라이언트의 개인적인 내면을 들여다보면 아동기에 심각한 정서적 박탈, 신체학대 또는 다른 심각한 스트레스를 견뎌왔다는 것, 그리고 사회기술을 습득할 기회가 거의 없었다는 것을 가끔 발견하게 된다. 클라이언트의 귀찮은 행동에도 불구하고 따뜻하게 수용하는 것은 이러한 클라이언트에게는 교정적인 정서적 경험을 제공하는 것이다.

그러나 인품이 나쁜 클라이언트는 수용 그 이상의 것이 필요하다. 자기 행동의 어떤 측면이 다른 사람들에게 불쾌감을 주는지 피드백을 받고 새롭게 행동할 수 있도록 용기를 얻는 것 그리고 그것을 배우고 실천할 수 있는 기회를 필요로 한다. 주의 깊게 호의적인 맥락에서 피드백을 전달한다면 매우 도움이 될 수 있다. 피드백을 제공할 때, 방어를 야기하는 경향이 있는, 비판적이거나 비난하는 듯한 말을 피하도록 조심해야 한다. 그러한 예로, "당신은 너무 지나치게 우쭐대며 대화를 독점하고 있습니다" 또는 "당신은 다른 사람들의 감정에는 너무 무관심하며 상처를 주는 말을 합니다" 라는 말은 삼가야 한다.

클라이언트는 자기 행동을 묘사하고 설명하면서 그러한 자신의 행동에 대한 사회복지사의 반응을 개별화하는 메시지를 더 잘 받아들이는 것 같다. 사회복지사 자신의 감정에 대해 구체적으로 표현한 서술적인 메시지 예는 다음과 같다. "당신이 방금 나를 비웃듯이 말했을 때, 전 방어적이 되고 화가 나기 시작했습니다. 당신은 전에도 여러 번 그렇게 했습니다. 난 매번 꽁무니를 뺐지요. 난 당신과 소원하다고 느끼고 싶지 않습니다. 그리고 당신이 그러한 방식으로 다른 사람들과 관계하는 것은 아닌지 걱정이 됩니다." 물론 이 메시지는 매우 신뢰할 만하지만 견고한 관계가 형성되기 전에는 바람직하지 않을지도 모른다.

8) 클라이언트에 대한 성적 매력

클라이언트를 향한 낭만적이고 성적인 감정은 흔한 일임에도 불구하고 특히 위험한 것일 수 있다. 585명의 심리치료사(심리학자)를 대상으로 한 연구(Pope, Keith-

Spiegel, & Tabachnick, 1986)에 의하면, 오직 77명(13%)만 이 어떠한 클라이언트에게도 끌리지 않았다고 한다. 그러나 대부분(82%)은 클라이언트와의 성적인 관여(sexual involvement)를 심각하게 생각하지 않았고, 나머지 18% 가운데 87%는 단지 한 번이나 두 번쯤 관여하는 것은 생각해 보았다고 한다. 585명의 응답자 가운데, 약 6%는 클라이언트와 성적인 접촉을 했다.

그러므로 대부분의 사회복지사들은 어느 정도 클라이언트에게 성적 매력을 경험하는 것을 예상할 수 있다. 그러나 그러한 매력을 적절하게 다루는 것은 매우 중요하다. 자료에 의하면 다행히도 치료자들의 대부분이 성적인 유혹을 성공적으로 다루었다고 한다. 이 연구에서 성적 매력을 경험한 사람들 가운데 83%는 성적 매력(쌍방)은 상호적인 것이라고 믿었지만, 71%는 그들이 성적 매력을 느끼고 있음을 클라이언트가 알지 못했다고 믿었다. 그럴 경우라면, 그들은 성적인 매력을 느끼는 것이 과정에 해로운 영향을 끼치지 않는다고 생각했다. 오히려 클라이언트가 그들의 성적 매력을 알고 있다고 생각하는 치료자들은 그 효과가 해로운 것이라고 생각했다.

조사 대상자 가운데 6%만이 클라이언트와의 성적인 행위와 관련이 있었지만, 이러한 비율은 경종을 울리는 수치이다. 왜냐하면 성적인 관여는 대개 클라이언트에게 중대한 결과를 초래하여 클라이언트가 혼란을 경험하거나 강한 죄책감을 느끼거나 그 이후에 전문가를 신뢰하는 데 어려움을 겪을 수 있기 때문이다. 성적인 관여의 결과는 또한 사회복지사도 망연자실케 할 수 있는데, 즉 이것이 밝혀졌을 때, 불명예스러운 일이 되어 그 전문가 집단으로부터 축출될 수 있다. 이 점에 관해 NASW 윤리강령 개정판은 명백히 그 입장을 밝히고 있다. "사회복지사는 그러한 접촉이 상호합의가 된 것이든 강제적인 것이든 절대로 함께 일하는 클라이언트와 성적인 행위나 성적인 접촉을 해서는 안 된다(Section 1.09 5)." 따라서 클라이언트에게 성적 매력을 느끼는 것은 정상적인 것이지만 그러한 이끌림에 의해 행동하는 것은 전문적 관계에서는 비윤리적이다.

클라이언트를 향한 성적 매력을 효과적으로 다루기 위해, 비현실적인 감정과 반응에 대한 관계에서 앞서 밝힌 교정 수단—말하자면, 자기성찰을 하거나 수퍼바이저와 상담을 하는 것—을 취한다. 이것과 관련하여 앞서 언급된 조사에서 치료자들 중 57%가 클라이언트에게 성적으로 매료되었을 때, 수퍼비전이나 자문을 얻으려 했다는 것은 주목할 만하다. 당신도 유사한 상황에 처했을 때, 같은 수단을 취하게 될 것이다. 만약 그러한 감정이 제어되지 않고 그러한 감정이 상승한다면, 성적인 이끌림은 앞서 논의되었던 참담한 결과를 초래할 것이다. 클라이언트에 대해서 성적인 환상을 자주 경험하는 사회복지사들은 특별히 성적으로 관여하는 것에 빠지기 쉬워서, 스스로 치료를 받는 것을 고려해 보아야 한다.

어떤 사회복지사들은 클라이언트와의 성적인 활동에 관여하는 것을 정당하다고 생각하는데, 왜냐하면 이러한 활동들이 클라이언트로 하여금 사랑받고 있다고 느끼게 하며, 클라이언트가 성적인 문제를 극복할 수 있도록 도울 수 있다고 믿기 때문이다. 그러한 설명들은 일반적으로 표면적인 가장일 뿐이며, 클라이언트를 착취하는 데 대한 미약한 합리화이다. 전형적으로 그러한 성적인 활동들은 매력적이고 비교적 젊은 사람들에게로 한정되어 있다. 클라이언트와 성적으로 관련되어 있는 사회복지사는 자신에게 중대한 해를 줄 뿐만 아니라, 전문직업인으로서 대중적 이미지를 손상시키기도 한다.

4. 변화에 대한 저항 다루기

사회복지사와 다른 원조전문가는 사회복지사가 원하는 방향과 반대되는 클라이언트의 행동을 저항이라고 부르는 경향이 있다. '저항(resistance)'은 "마음을 터놓고 논의하지 않고, 고의적이든 아니든 어떤 방법으로든 변화 노력을 방해하는 것, 주저하는 것, 중지하는 것(Nelsen, 1975: 587)" 또는 "치료적 작업 과정을 방해하는 어떤 행동이나 태도(Strean, 1979: 70)"로 정의된다. 저항개념은 그런 반대에 클라이언트가 책임이 있다는 의미로 사용하는 경향이 있다.

그러한 비난을 피하는 첫 번째 단계는 오랫동안 형성되어왔던 버릇들, 예를 들면, 지나치게 겸손한 것, 과도하게 먹는 것, 담배를 피우는 것, 너무 말을 많이 하거나 적게 하는 것, 게으른 것 또는 거리낌없이 얘기하는 것 등 버릇을 고치려고 시도해 본 사람이라면 누구나 알고 있듯이, 변화에 반대하는 것을 하나의 보편적인 현상으로 인식하는 것이다. 버릇의 관성은 매우 강하다. 더욱이 변화는 만족을 포기하거나 갑작스럽거나 회피적인 상황에 정면으로 맞서는 것을 의미한다. 또 변화는 미지의 결과에 맞서 새로운 행동에 도전하는 것과 관련이 있다. 비록 현재 상태가 고통과 고뇌를 유발하지만, 적어도 그것은 친숙한 것이며, 습관적인 역기능적 행위 결과는 예측 가능하다.

앞장에서 언급했듯이, '반응저항(reactance)' 이론은 변화에 대한 반대를 고려하는 데 유용한 관점을 제공한다. 반응저항이론은 사회복지사에게 반대하는 클라이언트를 비난하기보다 귀중한 자유가 위협받을 때 예상되는 반응영역을 객관적으로 예견하도록 한다(Brehm, 1976). 예를 들면, 어떤 클라이언트는 위협받아왔던 부분을 철회하려고 시도함으로써 직접 자신의 자유를 되찾으려고 한다. 또 한 가지 흔한 반응은, 클라이언트가 자신에게 요구되는 정신적 가치는 따르지 않으면서 피상적으로만 순응하면서 빠져나갈 구멍을 찾거나 암암리에 자유를 다시 찾으려는 것이다. 셋째, 위협받는 행동과 신념은 그 이전보다 더 가치 있을지 모른다. 마지막으로, 위협을 유발하는 근원이나 사람에게 적대감이나 공격성으로 대응할 수 있다(Rooney, 1992: 130).

더 나아가 반응저항이론은 반대를 줄이기 위한 사전행동전략을 취한다. 예를 들면, 생활양식을 바꾸려는 압력을 인식한 클라이언트에게 있어, 만약 그런 압력이 자신의 자유로운 행동을 그대로 유지하면서 한정된 범위에서만 변화를 요구한다면, 반응저항을 덜 경험할 것이다. 둘째, 클라이언트가 강제로 선택해야 하는 것이 최소한이라고 인식할 때 반응저항은 감소한다(Rooney, 1992). 상황에 대한 클라이언트의 관점을 이해하고 낙인을 피하는 것 또한 반응저항을 줄일 수 있다(ibid., p.135)

1) 저항과 양가감정

위에서 언급했듯이, 저항이라는 용어는 함께 작업하는 클라이언트가 심각하게 거부하는 것을 내포한다. 불행히도 실제 실패의 원인은 부적절하거나 비효과적인 방법들인데도 종종 클라이언트 탓으로 돌리는 데 저항을 이용하기도 했다. 리더(Leader, 1958)는 저항을 클라이언트가 함께 작업하기 거부하는 것을 표명하는 것이 아니라 변화에 대한 양가감정을 나타내는 것으로 개념화했다. 그에 따르면 변화에 대한 클라이언트의 감정은 복잡하다. 즉 클라이언트는 변화를 원하는 경우도 드물고, 원하지 않는 경우도 드물다. 오히려 상반되는 감정이 공존한다. 클라이언트 일부는 변화에 동기화가 되어 있고, 또 일부는 이전 상태를 유지하려고 한다. 변화에 반대하는 감정에도 불구하고, 많은 클라이언트는 자신의 운명을 개선할 수 있는 힘이 이전 상태를 유지하려는 힘보다 강하기 때문에 변하게 된다. 리더는 더 나아가, 사회복지사가 저항에 대해 지나치게 걱정한다고 주장하면서, 다음과 같이 언급하면서 안타까워했다. "인생의 모든 측면에서 저항은 자연스러운 것이며 건강하다는 증거임을 완전히 이해한다면, 아마도 우리는 저항에 대해 덜 걱정하게 될 것이다(p.22)."

사회복지사는 변화에 대한 클라이언트의 양가감정을 인식하여 클라이언트가 자신의 감정을 성찰하고 바꾸어서 얻을 수 있는 이익과 불이익을 판단할 수 있도록 도울 수 있다. 사실 클라이언트가 자신의 감정을 성찰하고 이전 상태를 유지하는 것이 의미하는 것을 재평가할 때, 변화에 유리한 쪽으로 마음이 기울게 된다. 또 클라이언트가 변화에 반대하더라도 그러한 클라이언트를 수용하고 클라이언트의 자기 결정권이라는 측면에서 클라이언트의 권리를 옹호하면서 사회복지사는 변화를 유도할 수 있다. 왜냐하면 클라이언트는 사회복지사에게 어떤 압력도 받지 않고 스스로 결정할 수 있게 되기 때문이다. 이러한 요인이 중요한데, 왜냐하면 사회복지사에게 받는 압력때문에 종종 클라이언트는 저항하거나 반대할 수 있기 때문이다. 이런 관점에서 보면 변화에 반대하는 감정을 인식하고 받아들임으로써, 숨어 있는 감정을 드러내 원조과정의 토대를 침식하지 않도록 할 수 있다. 반대 감정을 인식하고 개방적으로 토의하고 받아들이는 것은 변화에 대한 갈망과 의지를 자유롭게 하는 것이다.

2) 변화에 대한 저항 예방하기

변화에 대한 저항은 변화에 대한 양가감정 이외에 다른 원인이 있을 수 있다. 클라이언트는 서비스 성격이나 특정한 개입을 잘못 이해하여 온전하게 협조하는 것을 꺼려할지도 모른다. 만약 이런 일이 생기면 서비스나 개입성격을 설명하고 필요한 것이 무엇인지 그리고 선택의 여지가 있는지 살펴야 한다. 또 클라이언트의 역할을 명확히 하고 클라이언트가 이 과정을 계속 진행시킬 것인지에 대해 자유롭게 선택할 수 있게 해야 한다. 이런 종류의 반대를 예방하는 가장 최선의 방법은 계약하고, 역할을 명확히 하고, 특정한 개입 이유를 설명하고, 질문을 유도하고, 걱정거리를 이끌어내고 토의하는 것과 자기 결정을 촉진하는 것을 철저히 하는 것이다.

다른 요인으로는 자신의 일상과 다른 행동이나 압도하듯 보이는 상황에 직면해야 하는 것에 우려하고 불안해 하는 것이다. 불안이 너무 강렬해서 클라이언트는 중대한 행위를 수행하는 것을 거부할지도 모른다. 이때 클라이언트의 어려움은 행동하지 못한 것에 대한 당황스러움과 혼재되어, 이후 사회복지사를 만나거나 문제상황에 대해 함께 토의하는 것을 거부할 수 있다. 이러한 형태의 반대는 불안을 예상하고 탐구하거나 모델링, 행동시연, 그리고 훈련을 통해 클라이언트가 행동할 수 있도록 준비시켜 예방할 수 있다. 13장에서 변화에 장애가 되는 요소를 해결하는 전략에 관해 논의했고 헵워스(Hepworth, 1979)가 다른 부분에서 이런 주제에 대해 언급했기 때문에, 여기서는 더 이상 논의하지 않을 것이다.

3) 전이저항

어떤 클라이언트는 발전에 장애가 되는 전이 반응에 빠진다. 즉 어떤 클라이언트는 사회복지사를 이상화하여 사회복지사-클라이언트의 관계를 다른 곳에서 얻어야 하는 의존적인 만족감의 대체물로 이용하려고 한다. 그런 클라이언트는 목표 달성에 초점을 맞추기보다 사회복지사에 대한 환상에 사로잡혀 있다. 또 어떤 클라이언트는 사회복지사가 자신의 비현실적인 기대를 충족시켜주지 못한다고 실망하거나 화를 낼 수도 있다. 사회복지사가 자신에게 신경 쓰지 않고 억누르며 자신을 거부한다고 인식하면서(부모를 그렇게 인식하듯이) 사회복지사를 향한 분노의 감정(부정적 전이)과 투쟁할지도 모른다. 그리고 클라이언트는 자신의 문제에 대해 생산적으로 일할 수 없게 된다. 만약 사회복지사가 이러한 클라이언트를 인식하고 감정에 대해 토의하고 그것들을 받아들이고 그것을 현실적인 관점으로 대체하면서 이러한 감정을 클라이언트가 해결할 수 있도록 돕지 않는다면, 클라이언트는 자신의 인식과 감정이 맞는다고 확신하면서 조기에 종결하게 될지도 모른다.

전이반응은 사회복지사가 적극적인 역할을 수행하고, 투사 가능성을 최소화하는 단기간 그리고 과업중심의 치료에서는 비교적 덜 나타난다. 더욱이 시간제한과 과업성취를 강조하는 것은 의존이나 강한 정서적 애착을 제한한다. 반대로 장기적인 내부지향적 치료는 의존과 전이를 일으키는 경향이 있다.

4) 변화에 대한 반대의사 표명

변화에 대한 반대는 여러 가지 형태로 나타난다. 그리고 클라이언트가 다른 형태로 표현하는 빈도도 세팅 종류, 클라이언트 인성, 그리고 인종과 사회경제적 지위 등에 따라 다양하다. 다음 장에서 살펴보겠지만, 다양한 문제를 가진 가족은 사회복지사를 무시하거나 소란을 야기하면서 가끔 반대의사를 표명한다. 반대로 좀더 말이 많은 중산층 클라이언트는 대화하면서 반대의사를 표명하는 경향이 있다(예를 들면, 이질적인 문제에 대해 지적으로 분석하거나 토론하는 등). 다음은 흔히 나타나는 반대의사 표명의 예이다.

- 정신적 저지(마음이 텅 비는 것)
- 오랜 시간 침묵
- 산만함 또는 마음의 방황
- 장황하게 오래 떠들거나 중요하지 않은 사항을 자세하게 설명하는 것
- 침착하지 못하거나 안절부절 하는 것
- 피상적인 것이나 전혀 관련이 없는 문제를 논의하는 것
- 거짓말하거나 일부러 사실을 잘못 전달하는 것
- 지적으로 분석하는 것(추상적인 생각에 초점을 맞추어 감정이나 문제를 회피하는 것)
- 주제를 바꾸는 것
- 고민스러운 사건이나 이전 세션 내용의 세부사항을 잊어버리는 것
- 약속에 늦거나 잊어버리거나 변경하거나 취소하는 것
- 문제를 최소화하고 기적적인 향상을 요구하는 것
- 세션이 끝날 때쯤 중요한 문제를 제기하는 것
- 서비스에 대해 비용을 지불하지 않는 것
- 세션에서 습득한 지식이나 기술을 일상생활에 적용하지 않는 것
- 무기력한 자세
- 자신의 행동을 바꾸지 않는 것을 정당화하기 위해 다음과 같이 다양하게 언어적으로 홍정하는 것

"나는 그것을 할 수 없었어요, 그것은 나에게 전혀 맞지 않아요."

"나는 절대 할 수 없어요!"

"나는 그걸 시도해 봤어요. 하지만 소용없었어요."

"나는 당신이 무슨 말을 하는지 이해할 수 있어요, 하지만……"

"나는 그렇게 다르지 않아요, 모든 사람들이…… 않나요?"

위의 현상들은 반드시 클라이언트가 변화에 반대하는 것을 의미하지는 않는다. 클라이언트가 계속 생산적으로 참여한다면, 이러한 현상이 나타난다고 특별하게 조치를 취하지 않아도 된다. 하지만 일단 클라이언트가 곤경에 처한 것처럼 보일 때는, 그들 행동을 변화에 반대하는 것으로 결론짓고 그러한 반대에 깔려 있는 요인을 탐색하는 것으로 초점을 옮기는 것이 안전할 것이다.

가족이나 집단세션에서도 반대가 나타날 수 있다. 개인 구성원들은 위 내용 중 몇몇 현상을 나타낼지도 모른다. 또 구성원은 하위집단을 구성하여 전체 집단과정에는 개입하지 않을 수도 있다. 집단에 나타나는 저항의 다른 형태는 개인 구성원을 희생양으로 만들기, 스스로 고립시키기, 그리고 참가하지 않기, 지도자가 집단과 관련된 책임을 맡도록 강요하기, 가벼운 농담하기, 주제에서 벗어나기, 조화롭게 일하기보다 세력 투쟁하기 등이 있다. 그리고 가족이나 집단 구성원 중 한 명이 변화에 반대할 때 그것은 다른 구성원들이 느끼는 감정을 표현하는 것일 수도 있음을 알아야 한다(Nelson, 1975: 591). 개인처럼 집단이 어려움에 처할 때에는 역효과를 낼 수 있는 활동에 에너지를 낭비하지 않도록 집단의 초점을 역기능 과정으로 옮겨야 한다.

5) 변화에 대한 반대 다루기

변화에 대한 반대는 보편적인 현상이기 때문에 가능한 한 모든 표출형태에 촉각을 곤두세울 필요는 없다. 더욱이 평범한 반대에 지나치게 초점을 두는 것은 사회복지사가 클라이언트 행동을 하나하나 모두 분석하고 철저하게 조

사한다는 느낌을 줄 수 있다. 확실치 않은 반대 표출에 과도하게 반응하는 것은 오히려 불필요한 반대를 유발할 수도 있다. 제1규칙(a rule of thumb)은 만약 반대가 발전을 저해할 만큼 강한 것이 아니라면, 무시하는 것이 최선이라는 것이다. 그래도 반대는 발전을 저해할 수 있고 또 어떤 경우에는 도움을 주는 관계에 손상을 줄 수도 있다. 따라서 클라이언트가 발전을 가로막는 반대를 표출할 때는 그것을 우선적으로 해결해야 한다. 클라이언트가 혼자 그 반대와 투쟁하도록 내버려둘 때 클라이언트는 원조 과정에서 철회하여 그 문제를 해결하고자 한다.

변화에 대한 반대를 다루는 첫 번째 단계는, 그러한 반대에 내재하는 감정을 '지금 그리고 여기' 관점에 입각하여 초점을 맞추어 토론하도록 하는 것이다. 이때 신중하고 기술적으로 다루는 것이 중요한데, 왜냐하면 사회복지사를 향한 개인의 감정은 흔히 반대와 관련되어 있으며 클라이언트는 이러한 감정을 공유하는 것에 어려움을 느끼기 때문이다(그렇지 않다면 벌써 그것을 공유했을 것이다). 공감, 따뜻함, 그리고 수용은 클라이언트의 왜곡된 감정을 제거하는 데 중요한 역할을 하는데, 이는 이러한 요소는 위협적이지 않은 대인적 분위기를 만들기 때문이다.

반대 원인을 탐색할 때는 표현 자체에 초점을 맞추기보다 클라이언트가 사회복지사에게 도움을 얻는 과정에서 경험하는 현상에 대해 근심스러운 생각과 감정을 나타내는 것으로 이해하는 것이 중요하다. 어려움에 처한 변화과정에 대해서 사회복지사가 염려하고 있다는 선의를 전달하는 진실한 반응은 어떤 어려움도 감당하려 한다는 사회복지사의 긍정적인 의도와 소망을 재확신시켜준다. 가끔 이전 세션에서 논의했던 내용에서 발생한 어려움의 원인이나 암시를 발견할 수 있다. 예를 들면, 클라이언트가 지극히 고통스러운 감정이나 수줍음, 죄책감 또는 문제상황에 대해 클라이언트 자신도 책임이 있다는 반응에 대해 폐쇄적인 개인의 감정을 토의했을 수도 있다. 그런 경우 사회복지사는 다음과 같은 방법으로 감정에 대해 토의할 수 있다.

"당신은 오늘 유난히 말이 없군요. 어떤 문제가 되는 감정과 싸우고 있어요. 난 지난번 세션으로 당신이 기분 나빴다는 것을 알고 있어요. 지금 당신 기분에 대해 저와 함께 얘기해 보는 것이 어떨까요?"

반대 원인에 대한 논의에서 두려움이 나타나기도 하는데 이는 개인의 감정을 살펴봄으로써 발생할 수 있는 두려움이다. 어떤 클라이언트는 자신이 미쳐가고 있다고 생각하여 만약 그러한 감정과 사고를 사회복지사와 공유한다면 사회복지사가 자신을 정신병원에 보낼 것이라고 잘못 생각한다. 또 어떤 클라이언트는 만약 아이를 향한 적대적 감정을 드러내거나 불륜에 대해 얘기한다면 사회복지사가 자신을 비난할 것이라고 두려워한다. 어떤 클라이언트는 만약 자신이 배우자에 대해 애정이 별로 없음을 고백한다면 사회복지사가 이혼을 종용할 것이라고 두려워한다. 사회복지사를 향한 감정과 관련하여 어떤 클라이언트는 만약 부정적인 감정에 대해 함께 얘기한다면 사회복지사가 상처를 입거나 화를 낼 것이라고 두려워한다. 반대로 만약 따뜻하고 애정 어린 감정을 함께 나눈다면 사회복지사가 우습게 생각하여 자신을 거부할 것이라고 두려워한다.

사회복지사가 반대의 원인에 대해 탐구하기 시작할 때, 어떤 클라이언트는 적절한 감정을 드러내는 것에 대해 확연하게 주저한다. 클라이언트의 주저함을 없애는 데 효과적인 기술은 다른 문제 감정을 드러내는 것에 대한 '여기 그리고 지금' 의 두려움에 감정이입적으로 초점을 맞추는 것이다. 민감성, 공감, 그리고 진실성은 당연히 클라이언트를 좀더 개방할 수 있도록 길을 열어준다.

클라이언트가 자기 감정을 공유하고자 할 때, 클라이언트의 강점을 믿고 재확신을 표현해주는 것은 종종 치료효과가 있다. 더 나아가 그러한 긍정적인 반응은 상호 개방에 도움이 되는 분위기를 조성하고 걱정스러운 결과를 제거하며 클라이언트가 위험한 감정을 드러내도록 한다.

6) 긍정적인 의미함축

이 방법은 클라이언트가 자신이 갖고 있는 문제감정을 노출한 후에도 체면과 자존심을 보호할 수 있도록 해주는 유용한 또 하나의 기술이다. '긍정적인 의미함축(positive connotation)' 이란 클라이언트의 바람직하지 못하거나 부정적인 행동을 긍정적인 의도를 갖고 보는 것이다. 이 기술을 사용할 때, 사회복지사는 행동에 담겨 있는 의미가 자신의 입장에 따라 긍정적으로도 부정적으로도 보일 수 있음을 알게 된다. 발전에 방해가 되는 것으로 보일 때, 반대는 부정적인 의미이다. 그러나 클라이언트의 관점에서 보면 똑같은 행동도 긍정적인 의도를 가질 수 있다. 다음은 이 점을 명백하게 보여주는 예이다.

① 클라이언트가 약속을 취소하고 다음 면담에 불참했다. 조사 결과 클라이언트는 어떤 행동 과정을 따르라는 사회복지사의 압력에 화가 나 있었다. 사회복지사는 그런 감정을 클라이언트가 자신의 결정권을 따르는 것으로 이해한다.

② 어떤 클라이언트가 사회복지사에 대해 낭만적인 환상에 빠져 있어 함께 일하는 것에서 빗나가고 있다. 사회복지사는 이런 낭만적인 환상을 클라이언트가 자기 스스로 부여한 고립에서 벗어나 친밀감을 느끼고자 하여 서서히 사회관계를 맺고자 하는 증거로 해석한다.

③ 장기간 침묵과 그것과 관련한 감정을 파악한 후, 한 배우자는 사회복지사가 지난번 세션에서 자기 배우자 편을 들었다고 장황하게 불평한다. 그러한 클라이언트의 반응은 이해받고 싶다는 그리고 사회복지사가 잘못 결론 내려 이 결혼을 더 나쁜 상태로 만들지 않을 것임을 확인하고 싶은 정당한 노력으로 사회복지사는 이해한다.

긍정적인 의미함축의 목적은 클라이언트의 반대를 용서하거나 왜곡된 인지를 강화하려는 것이 아니다. 오히려 그 목적은 클라이언트가 스스로 방어를 최소화하고 자신의 상처받기 쉬운 자존심을 보호하며 강점 관점으로 일관되게 행동하는 것이다. 중요한 것은, 클라이언트가 자신의 부적절한 반응이 왜곡된 인지에서 기인하는 것임을 알고 이후에 자신의 감정을 직접 표현할 수 있도록 하는 것이다.

7) 성장을 위한 기회로 문제를 재정의하기

이 기술은 긍정적인 함축과 관련이 있다. 왜냐하면 긍정적인 의미함축은 재명명(relabeling) 형태와 관련이 있기 때문이다. 클라이언트와 사회복지사는 모두 문제를 부정적으로 보는 경향이 있다. 더욱이 클라이언트는 행동의 치료과정에서 종종 새로운 행동을 시도하는 것을 '필요악'으로 본다. 따라서 새로운 행동은 문제와 필수과업을 다시 처방하여 답답하고 자기파괴적인 행동에서 자유로워지는 도전과 성장을 위한 기회로 삼도록 도울 수 있다. 재명명은 긍정을 강조한다. 즉 불편, 두려움, 변화에서 얻을 수 있는 이점을 강조한다. 이 기술을 사용할 때 극단적인 낙천주의 태도를 보이지 않는 것이 중요하다. 왜냐하면 두려움과 위협은 클라이언트에게 너무나 현실적인 것이어서 지나친 낙관은 클라이언트에 대한 이해부족을 의미하는 것일 수도 있기 때문이다. 재명명은 클라이언트의 문제를 최소화하지도, 새롭게 행동하는 데 있어 반성하는 두려움을 무시하지도 않는다. 클라이언트가 자기 문제에 대해 부정적인 요소뿐만 아니라 긍정적인 요소도 있다는 관점에서 조망하도록 돕는다. 다음 문제상황은 성장의 기회로 재명명하는 예들이다.

① 10대인 위탁아가 위탁부모가 밤에 귀가시간을 엄격히 제한한다는 이유로 도망쳤고 위탁부모가 '비합리적' 이라는 이유로 다시 집으로 돌아가는 것을 거부한다. 사회복지사는 지금까지 클라이언트가 해온 것처럼 도망치는 것보다 집으로 돌아가는 것이 정면으로 문제를 다루고 해결하려는 도전이라고 바꾸어 설명한다.

② 생활보호를 받는 한 어머니가 자신이 암에 걸렸다고 두려워하며 의사의 진찰을 거부한다. 사회복지사는 클라이언트의 두려움을 이해한다. 하지만 진단받는 것은 갑자기 발병할 가능성을 제거하고, 병이 더 발전하여 암에 걸리기 전에 치료받을 수 있는 기회라고 설명한다.

③ 경미한 뇌손상을 입은, 내성적인 젊은 사람이 언어 검사와 상담을 받기 위해 상담자를 대면하는 것을 두려워한다. 사회복지사는 그 불편함을 받아들인다. 하지만 그런 상황은 자신의 소질에 대해 더 알 수 있고 미래 계획을 세우는 데 선택권을 넓힐 수 있는 기회로 묘사한다.

8) 반대유형에 직면하기

어떤 경우에는 클라이언트의 몸에 배어 있는 역기능 행동양식이 지속되어 목표를 향해 발전하지 못하는 경우가 있다. 어떤 클라이언트는 외로움이나 우울함 같은 고통스러운 감정을 경험하는 것을 피하기 위해 과도하게 지적으로 분석한다. 또 어떤 클라이언트는 다른 사람들과 친해지지 않도록 그리고 고통스러운 거부를 경험하지 않도록 공격적인 방법이나 거리감을 느끼게 하는 냉담한 방법으로 관계를 맺는다. 어떤 클라이언트는 시종일관 다른 사람에게 책임을 전가하고, 자신이 겪는 어려움에 자신의 책임을 검토하거나 인정하지 않는다. 그러한 행동유형은 어려움을 초래하기 때문에 사회복지사는 그것을 인식하고 다루어야 한다. 표현된 목표와 목표달성을 해치는 행동 간의 불일치를 클라이언트가 직면하게 하는 것은 어려움을 극복하는 데 필요하다. 18장에서 직면에 대해 논의했기 때문에, 이 장에서는 특별한 직면상황, 즉 치료적 선택상황(therapeutic binds)에 대해서만 논의하기로 한다.

9) 치료적 선택상황 사용하기

가끔 사회복지사는 자멸적인 행동이 자기 문제를 영속시킨다는 것을 알고 있으면서도 계속 그런 행동에 집착하는 클라이언트를 만난다. 그런 경우 클라이언트를 치료적 선택상황(therapeutic binds)에 놓는 것은 문제행동을 수정하는 데 필요한 동기를 부여할 수 있다. 치료적 선택상황을 사용하는 것은 클라이언트가 자신의 자멸적인 행동에 직면하는 것과 관련이 있다. 클라이언트가 자신이 표현하는 의도와는 달리 어려움을 영속시키는 행동을 선택하는 데 스스로 책임을 지거나, 아니면 자기 행동을 바꾸어야만 한다는 것에 직면시키는 것이다. 만약 어떤 사람이 변화에 대한 어떠한 의도도 인정하지 않는다면, 치료적 선택상황에서 유일한 방법은 건설적으로 변화를 만드는 것이다. 다음은 성공적으로 치료적 선택상황을 사용한 예이다.

① 다른 사람들과의 관계에서 거부당할 것이라는 두려움을 해결하려는 강한 노력에도 불구하고 한 클라이언트는 계속 사교적인 초대를 거부하고 다른 사람들을 만나려는 노력을 전혀 하지 않는다. 사회복지사는 클라이언트를 다른 사람들과 연결시키려고 하기보다 사회적 고립을 영속화하는 분명한 선택에 직면시킨다.

② 한 청소년은 자신이 최대한 자유를 원한다고 주장함에도 불구하고 계속해서 학교에 무단결석하고 가족규칙을 어기고 반사회적인 행동을 한다. 사회복지사는 그 소년이 현명하게 자유를 누릴 준비가 덜 되었다고 반대한다. 왜냐하면 스스로 통제할 수 있는 능력이 있음을 보일 때까지 제 마음대로 관례를 무시하는 것은 법정이 통제하는 결과만을 가져올 것이기 때문이다.

③ 부부관계를 강화하는 부부치료를 받고 있음에도 불구하고 아내는 남편의 이전 외도에 대해 계속 비난한다. 계속되는 아내의 불만에 대해 남편은 그러한 관계에서 철회하는 것으로 반응한다. 사회복지사는 부부관계를 향상시키는 것보다 남편을 벌주는 것이 아내에게 더 중요한 것처럼 보인다고 강조하면서 아내를 자신의 모순된 행동에 직면시킨다.

치료적 선택상황을 사용하는 데에는 직면지침을 준수하는 것이 필수이다. 그래야만 클라이언트를 '심하게 비난하여' 소원하게 만드는 것을 피할 수 있다. 치료적 선택상황을 사용하는 것은 가능하지만 위험이 높은 기술이다. 그래서 사회복지사는 아껴가면서 그리고 귀에 거슬리는 효과를 공감과 관심으로 완화하면서 또 자멸적인 유형 뒤의 역동을 세심하게 조사하면서 사용해야 한다. 무엇보다도 사회복지사는 클라이언트를 돕기 위해 이 기술을 사용하고 있음을 확실히 해야 하며, 클라이언트가 반대하는 것에 대해 자신의 좌절감을 표현하기 위해 사용해서는 안 된다.

5. 복합적인 문제가 있는 가족들의 저항

이러한 가족은 사회복지사에게 특별한 도전적이다. 위기 기간 동안 서비스를 요구하고 급한 고민이 해결되면 기능은 향상되지 않았음에도 서비스를 철회할지 모른다. 그리고 계속 문제를 만드는데 아동학대, 가정폭력, 비행, 그리고 다양한 형태의 반사회적 행동을 하여 종종 지역주민들이 의뢰하는 비자발적인 클라이언트가 된다. 일반적인 개입방법과 친숙해지기 매우 어려운 이러한 가족은 법 집행 공무원, 법정, 교사, 그리고 아동보호서비스 직원들이 자신을 괴롭힌다고 느끼며 개입하는 것을 가족에 대한 침해라고 여겨 거부한다.

복합적인 문제를 갖고 있는 가족에게는 정서적인 · 경제적인 박탈의 문제가 만연해 있다. 이런 상황에 처해있는 어떤 부모는 불안정하고 성급하며 변덕스럽다. 사회복지사는 이런 가족과 원조관계를 형성하는 데 어려움을 겪는다. 왜냐하면 그러한 가족은 사회복지사를 불신과 양가감정, 적대감을 갖고 대하기 때문이다.

아동학대는 자주 이러한 가족 문제와 관련이 있다. 그래서 가족들이 사는 원래 거주지에서 가정환경과 가족기능에 대해 사정해야 한다. 이러한 가족을 돕는 주요 목적은 아동을 가정 밖에 방치하는 것을 예방하는 것이기 때문에, 가정환경과 가족 상호작용을 모니터링해야 한다. 다양한 문제가 있는 어떤 가족은 라디오나 TV를 크게 틀어놓거나 또는 사회복지사가 방문중일 때에 이웃들이 자유롭게 드나들게 하여 혼란스럽고 소란하게 만든다. 그리고 사회복지사가 일상의 기능을 관찰하는 것을 방해할지도 모른다. 예를 들어, 방문을 예상하면서도 집을 청소하고 빨래를 하고 아이들의 옷을 갈아 입히는 등 분주하게 움직인다.

16장에서 살펴보았듯이, 가정중심의 개입은 그러한 가족과 함께 일하는 데 있어서 점점 더 많이 이용되고 있다. 이러한 개입은 강점지향(strength orientation)의 특징이 있으며, 가족들이 자신의 가장 큰 문제에 대처할 수 있도록 돕는 데 초점을 맞춘다. 가정방문을 통해 사회복지사는 직접 문제와 상호작용을 보고, 다른 양육방법들을 시연하고 가르칠 수 있는지 평가할 수 있다. 사회복지사는 부모의 실수를 밝히기 위해 애쓰지 않고 오히려 강점과 가족을 유지하려는 노력을 지지한다. 그리고 이를 가족들이 깨달을 때 장애물은 감소한다. 그리고 계속 정기적으로 가정방문을 하면서 보여주는 사회복지사의 인내와 참을성은 진정으로 사회복지사가 자신들의 문제에 관심이 있나는 증거가 된다. 사회복지사가 이런 지점에 도달하면, 가족들은 축출의 위협, 이웃과 싸우는 것, 그리고 종국에는 가족관계에서 발생하는 문제 등 자신을 괴롭히는 문제에 대해 논의하기 시작할 수 있다.

의미 있는 관계로 발전하는 초기 징후는 아기들을 조용하게 만들고, 큰 아이들을 밖에 나가서 놀게 하고, 이웃의 방문에 양해를 구하고, 산만하게 만드는 전화를 받지 않는 등 클라이언트가 노력하는 모습에서 찾을 수 있다. 더 나아가 클라이언트는 문제에 충동적으로 대처하기보다 사회복지사와 매주 논의하기 위해 그 문제를 아껴두기 시작한다.

부모가 사회복지사의 도움에 마음을 열 때, 다양한 문제를 다루는 개입은 적절하게 효과를 볼 수 있다. 이때 탁월한 개입은 부모역할, 예산 세우기, 집안에서 해결해야 할 다양한 의무, 문제해결, 의사소통, 갈등해결, 그리고 주장하는 기술 가르치기가 포함된다. 이러한 가족은 보통 다양한 기관과 관련을 맺고 있기 때문에 다양한 서비스들을 조정해야 한다. 한 사람의 사례관리자(종종 사회복지사)가 조정하는 것이 가장 효과적이다.

일반적인 관점에서 다양한 문제가 있는 가족의 치료를 간략하게 언급했기 때문에, 이 장에서는 특별한 하위집단으로 초점을 옮겨보자. 이런 하위집단은 사회복지사가 점차 만나게 되는, 예를 들면, 아동학대나 배우자학대와 같은 문제가 있는 가족이다. 물론 학대행위를 표현하는 모든 가족이 다양한 문제가 있는 것은 아니다. 하지만 8장에서 살펴보았듯이 대부분 그러하다. 이러한 가족과 함께 하는 작업은 특별히 도전적이다. 왜냐하면 대부분 서비스를 받도록 법원에서 지시를 받았고, 폭력이나 성학대 가해자는 전형적으로 학대행위 정도를 인정하지 않거나 최소화하는 경향이 있기 때문이다. 12장에서 비자발적인 클라이언트에게 개입하는 기술에 대해 논의했다. 따라서 여기서는 아동의 신체적 학대, 아동의 성학대, 그리고 배우자학대에 대한 개입에 초점을 둔다.

6. 아동의 신체적 학대 다루기

최근에 아동의 신체적, 성적 학대에 대한 출판물이 급격히 증가했다. 이 장에서는 아동학대, 청소년학대, 배우자학대, 그리고 노인학대를 포함하는 가족폭력의 일반 주제를 다루는 권위 있는 저자들을 언급하고자 한다. 볼톤과 볼톤(Bolton &, Bolton, 1987), 길리스와 코넬(Gelles & Cornell, 1990), 허칭스(Hutchings, 1988), 그리고 스티쓰, 윌리엄, 로젠(Stith, Williams, & Rosen, 1990)이 있다. 또 몇 명의 저자들을 언급할 것인데, 이들의 저서는 특별한 대상집단을 다루거나 다음 장에서 언급하는 학대치료의 특별한 측면을 다룬다.

1) 아동을 가정에서 격리하기

미국의 영구계획(permanency planning) 정책은 반복되는 학대 위험으로 인해 아동 안전이 위협을 받을 때 마지막 수단으로 아동을 가정에서 격리하는 것을 강조한다.

2) 구체적인 서비스

아동학대 사례 중 많은 경우가 빈곤한 소수민족 가족과 관련이 있기 때문에 아동에 대한 권리보호는 수입, 적절한 주거, 음식보조(food stamps), 건강보호, 적절한 위생, 영양 등에 대한 기본적인 욕구가 가장 우선순위이다. 종종 이런 가족에게 필수자원들을 연결하기 위해서 사례관리가 필요한데, 기본적인 필요가 채워지지 않고서는 양육기술, 의사소통문제, 심리적 문제를 강조하는 것은 부적당하기 때문이다.

3) 피학대 아동 다루기

피학대 아동에 대한 개입은 개인치료, 집단치료, 사회기술훈련, 치료적 주간보호, 그리고 일시적인 쉼터 제공 등이 있다. 하우잉, 우더스키, 가우딘, 그리고 커츠(Howing, Wodarski, Gaudin & Kurtz, 1989)는 이러한 개입과 관련한 연구결과를 요약했는데, 다음 내용 중 상당수가 이 요약과 토론에 기반을 둔 것이다.

많은 사회복지사들이 피학대 아동 치료에서 개인치료(individual therapy)를 선호한다. 왜냐하면 아동의 독특한 욕구와 성숙정도에 맞게 응용할 수 있기 때문이다. 어린 아동을 대상으로는 놀이치료를 널리 활용하는데, 놀이는 아동이 자신을 표현하는 자연스럽고 호소력 있는 방법이기 때문이다. 아동과 함께 하는 개인치료는 제임스(James, 1989)가 저술한 책에서 발견할 수 있다. 이 책은 피학대 아동의 평가, 계획, 그리고 치료에 대해 자세한 지침을 줄 뿐만 아니라 관계를 형성하고 아이들이 두려움, 걱정, 그리고 비현실적인 자기 비난을 해결할 수 있도록 돕는 독창적인 기술들을 설명하고 있다. 놀이 외에, 예술, 드라마, 그리고 다른 표현을 자극하는 방법들을 포함한다. 말키오디(Malchiodi, 1990)는 폭력적인 가정의 아동과 함께 할 수 있는 예술치료에 관한 책을 썼다.

피학대 아동과 함께 할 수 있는 또 하나의 개입방법은 독서요법인데, 이는 주의 깊게 선택한 책을 사용하는 '책을 이용한 치료'를 의미한다(Pardeck, 1990). 아동은 독서요법 과정을 통해, 동일시와 투사 단계에서 시작하여 정화와 카타르시스 과정을 거쳐 통찰과 통합단계를 경험한다. 독서요법은, 놀이치료처럼 아동에게 자연스럽고 호소력이 있는 표현수단(이야기들)을 사용하는 이점이 있으며, 6~7세 아동에게 성공적으로 활용되어 왔다(사회복지사는 어린 아동에게 책을 큰 소리로 읽어준다). 파덱(Pardeck, 1990)은 이러한 접근방법의 효능을 지지하는 연구 결과를 언급하고, 피학대 아동과 함께 하는 독서요법에 유용한 책 목록을 주석을 달아서 제공했다.

(1) 집단치료

또래와의 상호작용이 중요하기 때문에, 집단치료는 모든 연령대의 피학대아동 치료에 널리 사용된다. 집단실천에 대한 대규모 연구에 따르면, 그러한 개입이 아동학대 피해자인 아동과 청소년에게 모두 긍정적인 결과였다고 밝혔다. 또한 주정부 보조금(block grants)을 도입한 1981년, 아동을 위한 강제적인 서비스가 없어졌다는 점에서 볼 때, 집단치료를 활용하는 것은 비용 효율성이라는 이점이 있다. 집단치료의 다른 이점은 하우잉과 동료들(1989)이 논의했다.

8장에서, 아동학대가 아동의 사회관계에 미치는 부정적인 영향에 관해 논의했다. 그리고 아동 중 70%가 또래와 잘 지내지 못한다고 밝힌 연구결과(Cohn, 1979)로 입증되었다. 집단 사회기술훈련(14장 참조)은 이런 아동들이 문제를 극복할 수 있도록 돕는 좋은 방법이다. 그러나 아직까지 이 방법은 체계적인 평가가 미흡한 상태이다.

(2) 쉼터와 치료적 주간보호 프로그램(therapeutic day care program)

애정 어린 양육과 격려 그리고 교육과 건강상태에 대해 모니터링 하는 치료적 주간보호 프로그램은 피학대아동의 기능을 증진시킨다(Culp, Heide, & Richardson, 1987)는 증거가 있다. 그 중 하나는 특히 피학대 여자아동은 자신의 가족 외부에서 매일 사회적 경험을 하는 것에서 도움을 받는다는 것을 지적하였다. 유사하게 학대받은 청소년을 위한 일시적인 쉼터 보호도 주목할 만한 성과가 있는데, 이는 다로(Daro, 1988)가 실시한 연구에서 설명하고 있다. 그러나 이러한 두 종류의 프로그램의 단점은 비용이 많이 든다는 점이다. 하지만 하우잉과 동료들(1989)이 지적했듯이, 지원한 일반 가정(volunteer homes)을 활용하면 그런 프로그램 비용은 감소할 수 있을 것이다.

4) 가족기능 향상하기

학대하는 가족의 많은 조건들은 학대 경험이 전혀 없는 가족에서도 발견할 수 있다. 학대 유무를 명백하게 설명하는 주요 요인은 학대 경험이 전혀 없는 가족에서 발견할 수 있는 높은 기능수준이다(Langley, 1991). 16장에서 논의한 개입방법은 가족들이 높은 기능수준을 갖추도록 도움을 줄 것이다. 더욱이 집중적인 가정중심 프로그램(16장 참조)은 가족기능을 강화하고, 가족들이 스스로 대처기술을 갖추어서 취약한 시기마다 기능이 손상되지 않도록 한다.

5) 부모양육기술 향상하기

구조화되어 있고 시간 제한적인 집단훈련 프로그램은 가족 및 아동복지기관에서 부모양육기술이 부족한 부모를 돕는 데 점차 널리 사용되고 있다. 일반적으로 이러한 프로그램은 체벌이나 흠을 잡고, 고함을 치고, 잔소리하고, 욕설하는 등 혐오스런 수단 대신에 듣기기술, 감정이입하는 의사소통, 아이들을 동기화하기 위한 긍정적인 강화 사용, 일관성 있는 통제, 그리고 건설적인 벌 등 다양한 방법을 포함한다. 이러한 접근방법에서 한 가지 중요한 부산물은 참가자들이 서로서로 그리고 지도자로부터 지지받는다는 것을 느낀다는 점이다. 몇몇 대규모 연구에서 부모양육기술훈련 집단결과가 성공적이었음을 보여준다(Howing 외, 1989).

부모-훈련 집단을 지도하는데, 참가자의 교육수준에 맞는 언어를 사용하고, 참가자의 실제 인생경험에 부합하는 상황을 채택하는 것은 중요하다. 더욱이 이 접근방법의 효능은 참가자들이 훈련 세팅에서 획득한 기술을 가정환경에서 사용할 수 있도록 돕기 위해 가정방문을 한다는 점이다. 이것은 특히 언어적 · 지적 기술이 제한적인 클라이언트와 함께 할 때는 필수이다. 또 부모양육기술훈련이 유일한 개입방법은 아님을 인식해야 한다. 왜냐하면 다른 요인들(예를 들어, 빈곤과 사회적 고립)도 중요하거나 또는 더 중요할 수 있기 때문이다. 많은 문제가 있는 가족들에게는 다양한 개입이 필요하다.

부모양육기술 프로그램 성공에 있어 또 하나 결정적인 요인은 부모의 참석을 유도하는 것이다. 종종 부모(특히 아버지)는 법정명령을 받고 프로그램에 참석하게 된다. 하우잉과 동료들이 연구한 자료(1989)에 따르면, 법정명령으로 참석률이 증가하고 자발적인 클라이언트 변화에 비슷한 수준으로 클라이언트의 행동이 변화되었다.

6) 문제해결 훈련하기

학대부모에 대한 개인의 통찰-지향적(insight-oriented) 치료에 관한 연구에 따르면(Howing 외 요약, 1989), 이러한 접근은 집단치료나 가족치료보다 덜 성공적이라고 한다. 이러한 결과가 의외는 아니다. 왜냐하면 통찰-지향적 치료는 일반적으로 사회경제적 수준이 낮은 클라이언트와 함께 할 때 성공적이지 못하기 때문이다. 하지만 기본적인 문제해결을 목표로 하는 상담은 방임하는 부모에게 효과적이다. 냉담한 부모와 효과적으로 연합하는 데에는 정기적인 가정방문과 24시간 개입할 수 있는 가능성이 중요한 요소이다.

7) 행동-지향적 개입

통찰-지향적인 치료를 지지하는 증거가 거의 희박한 것과 대조적으로, 행동-지향적 개입(behavioral oriented intervention)의 효능을 증명하는 연구는 많다. 이러한 개입은 부모가 아동 행동을 살펴보고, 바람직한 행동을 강화하고, 비신체적인 훈육방법을 사용하도록 가르치는 것이다. 또 13장과 14장에서 논의했던 것과 유사하게 주의 깊은 사정을 통해 얻은 행동적 기술을 이용할 수 있는데 언어적 지시, 모델링, 그리고 역할 연습, 지도된 연습, 스트레스관리, 그리고 인지적 재구조화가 포함된다. 하지만 한 가지 주의할 점은, 다른 것과 마찬가지로 행동적 개입안을 유일하게 사용해서는 안 된다는 것이다. 가족의 생태체계에 있어서 모든 관련 요인들을 다루어야 한다.

8) 사회적 고립 개선하기

사회적 고립으로 인해 아동을 학대하게 된 편모들과 함께 할 때는, 이중의 접근이 필요하다. 단순히 지지체계를 개발하려는 것은 불충분할 수 있는데, 왜냐하면 그러한 편모들은 대부분 지지적 관계를 개발하고 유지하는 기술이 부족하기 때문이다. 이러한 딜레마를 해결하기 위해, 러벨과 리치(Lovell & Richey, 1991)는 아동학대 위험이 있는 어머니가 성숙한 인간관계를 형성하고 강화하는 데 필요한 기술을 개발할 수 있도록 돕는 혁신적이고 호소력 있는 사회기술훈련 프로그램을 개발했다. 16주 동안 공식적인 훈련 프로그램을 진행한 후, 3개월간 후반기-훈련 사례관리를 진행한다. 이것은 "그러한 어머니들이 사회적 관계망을 성취하고 유지하며 목표를 향해 나아갈 수 있도록 돕기 위해 집단 구성원들과 함께 개인적 기반에 대해 상담하는 것(p.569)" 으로 구성되었다.

참가자들은 그 프로그램에 대단히 만족했고, 참가비율은 비자발적 클라이언트의 평균비율보다 더 높았다. 새롭게 확장된 우정이 실제로 비학대적인 규범과 행동으로 연결되는지에 대해서는 아직 연구되지 않았다. 그러나 이 접근방법은 유망하고 확장된 사회적 관계망은 중요한 목표가 될 수 있다.

9) 분노조절 개입

사람들이 분노를 조절할 수 있도록 개입하는 것은 학대부모를 위한 대부분의 치료계획에서 중요한 역할을 한다. 근원적인 분노는 아동학대 사례에서 공통적으로 나타나기 때문에 이러한 개입이 필요한 것을 쉽게 이해할 수 있다. 한 연구(Kadushin & Martin, 1981)에 따르면, 연구대상이 된 사례 중 85%에서, 부모의 폭력적 반응은 부모를 화나게 하는 아동의 행동을 인지하는 데서 발생한 분노와 관련이 있었다. 분명히 정서와 인지가 모두 관련이 있다. 왜냐하면 부모의 정서는 아동이 고의로 부모를 화나게 하거나 방해하려고 한다는 인지에서 나오기 때문이다. 따라서 치료적 개입에는 정서와 인지를 모두 다루어야 한다. 사실 대부분의 분노 조절 프로그램은 스트레스 예방, 즉 이완훈련과 인지적 재구조화의 요소들로 구성되어 있다.

화이트만 등(Whiteman, Fanshel, Grundy, 1987)의 연구는 중요하고 주목할 만하다. 그들은 자녀를 학대할 위험이 높다고 판단된 부모의 분노 반응을 감소시키기 위해 고안한 네 가지 서로 다른 개입 효과를 검증하는 연구를 진행했다. 무작위로 추출한 부모 네 집단과 통제집단 하나를 대상으로 실시한 개입방법들은 다음과 같다. ① 스트레스와 분노 반응과 관련된 자극을 경감시키기 위해 고안한 이완 과정, ② "인식, 기대, 그리고 부모가 직면한 스트레스뿐만 아니라 자녀에 대한 부모의 평가를 변화시키기 위한" 인지적 재구조화, ③ 부모의 습관적인 분노 반응을 대체하기 위한 문제해결기술 개발 ④ 앞의 세 가지 양식으로 구성된 복합적 개입방법이다.

이 네 가지 접근방법의 성과에 대해서는 자녀와 다른 사람들을 향한 분노, 성공적인 자녀 양육에 있어서 중요한 자질을 측정하는 척도를 사용하여 평가하였다. 이들 비교집단 모두에서 결과가 통제집단보다 우월한 것으로 드러났고 결국 네 번째 복합적 개입방법이 별개 양식보다 효과가 있었다. 개인적으로는 인지적 재구조화와 문제-해결 요소가 가장 효과적이었다. 이 연구결과를 참고하여 이 방법들을 활용할 것을 권유한다. 자세한 내용은 13장과 14장에서 언급했다.

10) 아동기에 학대받은 성인

점차 클라이언트를 돕는 전문직에 종사하는 사람들은 아동기학대가 이후 성인기 기능에 미치는 영향과 그 중요성을 인식하기 시작했다. 그러나 불행하게도 이렇게 급속하게 팽창하는 인식에 부합하는 연구를 진행하지는 못했다. 8장에서 아동기학대가 정신병적 장애와 어떻게 연결되는지 논했다. 아동기에 학대를 경험한 성인은 대부분 심각한 장애를 나타내지는 않지만 경미하고 지속적인 학대의 영향으로 기능이 저하되어 그 중 다수는 가족과 정신건강 기관의 주목을 받게 된다.

초기면접에서 아동기학대가 발생했는지 여부를 확인하기 위해서, 지나친 간섭보다는 온화하게 조사하는 것이 중요하다. 워텔(Wartel, 1991)은 폭력적 행동이 아동에게 어떻게 영향을 미치며 어른이 되었을 때 어떻게 문제를 야기하는지 설명하면서 교육적 관점을 취할 것을 추천했다. 학대받은 기억이 있는 사람은 공통적으로 죄책감과 수줍음을 경험하기 때문에, 워텔은 '학대'라는 용어를 사용하지 말고 대신 클라이언트가 자주 맞았는지, 모욕을 당했는지, 옷장에 갇혔었는지 또는 다른 심한 처벌을 당한 적이 있는지 등을 조사하는 것이 낫다고 주장한다.

만약 클라이언트가 실제로 학대가 발생했다고 인정하면, "학대를 명명하는 것이 필요하며 원인-결과 틀에 의거하여 증상과 연결해야 한다(p.159)." 아동기에 학대를 경험한 성인은 한 때는 자신을 보호하는 기능을 했던 방어유형을 계속해서 발전시킨다. 하지만 이는 이제 소용없으며 성인이 된 생활에서는 파괴적이기까지 하다는 사실을 밝혀야 한다. 흔한 유형들로, 가치가 없다고 느끼는 것(실제로 자신을 스스로 학대받아 마땅하다고 본다), 대인관계에서 만연해 있는 낮은 자존심, 기가 죽는 것, 다른 사람들을 기쁘게 하려고 지나치게 노력하는 것, 그리고 자신의 욕구를 충족시키지 않는 것 등을 들 수 있다.

이러한 방어유형을 변화시키는 것과 관련하여 목표를 협상하는 것은 성장과 좀더 충만한 인생을 향한 큰 진전이다. 이러한 성인과 함께 일하는 사람은 따뜻하고, 수용적이고 심지어는 애정 어리기까지 할 필요가 있다. 왜냐하면 이러한 클라이언트는 종종 신체적으로 학대를 받았을 뿐만 아니라 자존감, 자신감, 자기주장을 키우기 위해 필요한 애정, 수용, 그리고 정서적 지지를 박탈당했을 수도 있기 때문이다. 자존감과 자신이 존중받을 자격이 있다는 믿음을 갖는 것은 치료적 과정에서 중요한 일이다.

이러한 클라이언트는 또한 자신을 학대한 사람들을 향해 느끼는 분노와 상처—주로 깊이 잠재해 있는 감정들을 환기해야 한다. 따뜻하고 수용적인 환경에서 이러한 감정들을 표현하는 것은 클라이언트가 억압된 감정에서 벗어나 참을 수 없는 상황에서 자연스럽게 인간적으로 반응하도록 자신을 통합하게 한다.

아동학대 피해자인 성인을 돕는 것과 관련한 대부분의 저자들은 정신역동적 접근을 추천한다. 로젠탈(Rosenthal, 1988)과 워텔(1991)이 대표적인 학자이다. 또 치료집단 그리고 지지집단은 이러한 사람들이 다른 많은 사람들도 자신과 비슷한 충격을 겪었음을 인식하도록 돕고 다른 사람들에게 보살핌과 지지를 받는다고 느끼게 하는 데 특별히 유용하다. 그리고 자기주장훈련 집단은 순종과 비굴한 경향을 극복하는 데 특히 유용하다.

7. 성학대 다루기

지난 20년간, 아동기 때 성적으로 학대받은 유명인사들이 극적으로 대중들 앞에 드러내면서 대중적 관심을 얻게 되었다. 전문가들의 인식도 확장되어 이러한 주제를 다루는 문헌들이 많이 출판되었다.

1) 아동학대 보고

4장과 8장에서 논의했던 것처럼, 미국의 경우 사회복지사는 법적으로 아동성학대를 보고해야 하는 의무가 있다. 이는 학대가 발생했다고 믿을 만한 충분한 이유가 있을 때 그 아동, 청소년과 나누었던 비밀을 깨뜨려야 함을 의미한다. 이렇게 비밀보장을 깨뜨리면서 관계가 손상될 수 있는데 이러한 사회복지사의 행동은 법에서 강제하는 것이며 보호를 목적으로 하는 것이라고 아동이 이해할 수 있도록 조심스럽게 설명하여 관계의 손상을 최소화해야 한다. 킬고르(Kilgore, 1988)는 이에 대해 유사한 예를 들어, 설명한다. "만약 당신이 나에게 독약을 먹었다고 말한다면, 난 의사에게 말할 것이다" 또는 "만약 당신이 나에게 손목을 그었다고 말한다면, 난 당신 부모에게 말을 할 것이다." 만약 따뜻하고 지지적인 방법으로 설명한다면, 이러한 행동으로 아동은 사회복지사의 진정한 보살핌과 관심을 느끼고 관계는 강화될 것이다.

2) 아동 보호하기

신체적 학대와 마찬가지로, 가장 중요한 관심사항은 아동을 계속되는 성학대에서 보호하는 것이다. 몇몇 경우 부모는 법원결정에 따라 집에서 격리된다. 그런데 만약 부모가 편부모이거나 또는 다른 이유로 문제가 되는 부모를 격리하는 것이 불가능할 때, 아동을 친척집이나 쉼터 또는 다른 장소에서 보호 후견을 하는 것이 필요하다.

아동을 다른 곳으로 옮기거나 문제부모를 다른 장소로

옮기는 것을 결정할 때, 대체로 결정을 내리기 이전에 위험요인들을 조심스럽게 살펴보게 된다. 이러한 경향은 가족을 해체하는 것이 아동과 가족에게 상처를 준다는 인식에서 비롯한다. 고려해야 할 한 가지 중요한 요인은 아버지의 반복되는 괴롭힘에서 아동을 보호할 수 있는 어머니의 능력이다. 그리고 또 하나의 요인은 아동의 나이와 아동이 학대로부터 자신을 보호할 수 있는 아동 자신의 능력이다. 8장에서 살펴보았듯이, 어텐과 리치(Orten & Rich, 1988)는 아버지와 어머니, 아동의 성격을 고려한 학대 재발생 위험 척도(a risk reabuse scale)를 개발했다. 팔러(Faller, 1989)는 어머니, 아동, 그리고 학대 정도를 고려한 성학대 재발 위험을 평가하는 지침을 제공했다.

3) 성학대 피해자 다루기

성적으로 희생양이 된 아동의 치료는 신체적 학대와 관련하여 앞 단락에서 언급한 요인들과 관련이 있다. 충격(trauma)을 경험한 아동은 상당한 정서적 지지가 필요하다. 치료자는 조용하게 경청하고, 괴롭힘에 대해 논의할 때 클라이언트의 언어를 사용하며, 아동을 믿고, 아동이 자신의 고통스럽고 혼란스러운 감정을 표현할 때 민감하고 감정이입하여 반응해서 정서적 지지를 최대화해야 한다. 물론 피학대아동을 따뜻하게 받아들이고 아동이 자신을 가치 있으며 성학대와 상관없이 장점이 많이 있다고 느끼게 하는 것은 아주 중요하다. 또 비록 성적인 관계에서 어느 정도 기쁨을 경험했을지 모르지만 비난받을 필요가 없다고 믿으며 학대사건은 '아버지의 문제'에서 기인한 것이라고 보도록 돕는 것이 중요하다.

아버지나 양아버지가 집에서 격리될 때, 아동은 종종 자신을 비난한다. 이때 아동의 왜곡된 인지를 바로잡기 위해서 아버지가 나쁘며 그 자신의 문제를 극복할 때까지 집 외의 다른 곳에 머물러야 한다는 것을 언급하는 것은 유용하다. 많은 아동은 문제가 있는 아버지가 집에서 격리될 때 안도감을 느끼며, 사회적 관계망이 지지적으로 반응할 때 확실히 다시 일어서게 된다.

어린 아동은 성학대 경험을 해리(dissociating)하여 성학대 외상에 대처하는 경향이 있기 때문에, 치료 목표는 "분리된 자신의 여러 모습을 통합해서 클라이언트와 해리된 경험을 연결하는 것" (Kilgore, 1988: 229)이다. 이런 목표를 달성하고 아동의 상처받은 자존심을 강화하기 위해서 많은 기술들을 이용할 수 있다. 놀이치료, 예술치료, 독서요법, 그리고 다른 형태의 표현적 치료가 널리 이용되고 있다. 길(Gil, 1991)과 웹(Webb, 1991)은 학대받고 거부당한 아동에게 놀이치료를 적용하는 방법에 대한 책을 썼다. 맨델과 데이몬(Mandell & Damon, 1989)은 집단치료를 활용하는 것에 대해 논의했는데, 집단치료는 성학대를 받은 아동을 치료하는 데 자주 이용된다. 또 다른 도서는 종종 간과되는 성학대 받은 남성을 치료(Bolton, Morris, & MacEachron, 1989; Hunter, 1990을 참조)하는 것을 다룬다.

4) 어머니에 대한 개입

성학대 피해 아동 어머니와 함께 일할 때 가장 우선 고려해야 하는 것은 배우자나 가해자가 아동을 학대했다는 사실을 알게 되면서 겪는 위기에 대처할 수 있도록 돕는 것이다. 어머니는 그런 사건이 발생했다는 혐오스러운 현실에 직면했을 때, 종종 배신감, 분노, 그리고 당황스러움을 느끼게 된다. 어머니가 어떤 행동을 취해야 할지, 누구에게 얘기해야 할지, 결혼이나 다른 관계에 대해 무엇을 해야 할지 또는 가해자인 남성과 어떻게 관계를 갖고 그와 관련한 스트레스를 어떻게 처리해야 할지 등에 대해 결정해야 하는 스트레스에 대처할 수 있도록 돕기 위해, 위기개입은 가장 적합한 개입 방법이다(13장 참조). 어머니는 심사숙고하여 결정하기 전에 자신의 정서를 환기할 기회와 정서적 지지가 필요하다. 자녀가 학대당했다는 기억이 다시 살아난다면 이런 고통스러운 감정에 대처하는 데 도움이 필요하다. 이런 일이 발생하면 더 장기적인 개입이 필요하다.

한 가지 중요한 과업은 어머니가 가족에 대해 전적으로 책임을 지며, 남편과 아동의 관계를 살피면서 아동을 보호할 수 있도록 돕는 것이다. 그렇게 하기 위해서는 아버지가 일정 기간동안 집 밖에 머물러야 한다. 또 하나의 일은 어머니와 딸이 긍정적이고 강한 관계를 맺거나 다시 그러한 관계를 만들 수 있도록 하는 것이다. 이렇게 하면서 "어머니는 자녀에게 엄마로서의 역할을 수행하고 보호하며, 열린 대화를 나눌 수 있다(Pittman, 1987: 313)."

5) 가족에 대한 개입

비록 전문가들이 성학대가 발생한 가족에게 가족치료를 하는 것에 대해 절대적으로 찬성하지 않지만, 많은 사람들이 아동의 개인적 욕구를 간과해서는 안 된다는 단서를 달면서 가족치료를 선택한다. 몇몇 전문가들은 재결합한 이후 치료 후반기에만 가족치료를 해야 한다고 말한다. 하우잉 등(Howing et al., 1989)은 아동 학대에 대한 효과적인 개입에 대한 연구에서 이것과 다른 이슈들을 다루었다.

근친강간 문제가 있는 가족과 함께 일할 때 중요한 한 가지 요소는, 모든 가족 구성원들을 포함해야 하며 어린 아동을 서로서로 보호하기 위해서 '아버지의 문제' 에 대해 알고 있어야 한다는 것이다.

가족의 화합에 초점을 두는 것은 아주 중요하다. 부모 사이의 관계를 강화하고(어머니가 결혼 관계를 유지한다는 가정 아래) 세대 간 경계를 명확하게 하도록 노력해야 한다. 또 하나 중요한 과업은 가족들이 역할을 분명하게 정해 오직 부모만 어른 역할을 수행하고 아이들이 세대 경계를 흐리거나 부모와 부적절한 관계(예를 들면, 부모와 함께 목욕하거나 자는 것, 부모를 안마해 주는 것 또는 이성 부모와 레슬링을 하는 것)를 갖지 않도록 하는 것이다. 또 부적절한 성적 행위를 정의하고 모든 가족 구성원들이 수용할 수 있는 한도에서 행동하도록 책임을 명확히 하는 것에 초점을 두는 것이 중요하다.

6) 성학대 가해자 치료

성학대 피해자 치료에 관한 논문은 많지만 가해자 치료에 관한 논문은 상대적으로 적다. "아무도 다루려고 하지 않는 가족 구성원" (Horton, Johnson, Roundy, & Williams, 1989)이라는 어느 책은 성학대 가해자에 대해 언급하고 있다. 전문가들이 왜 가해자를 다루려고 하지 않는지 의문이다. 많은 가해자들이 전혀 치료를 받지 않거나 법에 의해 강제적으로 치료를 받는다 해도 그들이 만나는 치료자들은 성학대 치료 경험이 많지 않다(Dawson, 1986; Finkelhor, 1984).

성학대는 일반적으로 치료하기 어렵다. 왜냐하면 가해자는 자신에게 문제가 있다는 사실을 부인하고 치료에 저항하는 경향이 있기 때문이다. 법정명령이 없이 치료를 받는 사람은 거의 없을 것이다. 이렇듯 동기가 부족한 가해자들은 자신의 정서를 말로 표현하는 데 어려움을 느끼거나 마음을 터놓고 얘기하지 않는 등 문제가 있다. 이들의 저항과 부족한 언어표현 능력을 보완하기 위해서, 테일러(Taylor, 1990)는 치료 첫 달에 시, 산문, 예술, 그리고 콜라주(collage)를 활용한 비언어적 표현방법을 도입했다. 치료자들은 이러한 표현방법을 치료적 과정에 통합한다.

가해자와 성공적으로 치료과정을 진행하기 위해 가장 중요한 것은 성학대라는 범죄행위에 내포된 불쾌한 특성에도 불구하고 계속 온정을 갖고 수용하는 것이다. 어려운 도전일 수 있지만 대부분의 가해자들은 매우 가난한 사람이며 정서적으로 박탈되어 있고 어렸을 때 학대 경험이 있다는 것을 인식한다면, 이러한 도전은 감소될 수 있다. 결과적으로 자기 가족에게 표현하는 힘의 이면에서는 낮은 자존심, 부적절감, 그리고 외로움 등과 싸우고 있다. 대부분의 가해자는 정서적, 성적 성숙면에서 성인의 육체지만 아동수준이다.

치료목적 중 하나는 가해자가 자신의 욕구와 감정을 알고 그것을 기능적인 방법으로 표현하는 것을 배우는 것이다. 정신역동적 치료는 정서적 박탈을 포함하여 유아기 때

해결되지 않은 문제에 초점을 둔다. 이를 통해 가해자는 원가족에서 경험한 혼란과 현재 가족에서 발생하는 자신의 학대행동 간의 관계를 볼 수 있도록 도움을 받는다. 이러한 역동을 고찰하면서 가해자는 자신이 학대한 아이에 대해 동정하는 마음을 갖게 되고 자신이 경험했던 것과 유사한 끔찍한 경험으로 아이들을 내몰았음을 깨닫게 된다. 이렇게 하는 목적은 단순히 통찰력을 기르는 데 있는 것이 아니라 가해자가 현재와 미래에 관계를 맺는 데 있어 새롭고 적합한 방법을 배우도록 돕는 것이다.

메일츠키와 맥가번(Maletzky & McGovern, 1990)은 또 다른 접근방법으로 부정적 조건, 긍정적 조건, 그리고 조작적 조건 등을 포함하는 행동주의 접근방법을 언급했다. 다우슨(Dawson, 1986)과 프레이(Frey, 1987)는 집단 개입 방법을 제시했다.

7) 성학대 경험이 있는 성인 피해경험자 치료

성학대는 정서적, 사회적 발달을 심각하게 손상시키기 때문에 피해경험자들(survivors)은 성인기에 흔히 어려움을 겪게 되는데, 어떤 사람들은 8장에서 살펴보았듯이 그 정도가 매우 심각하다. 전형적으로 이러한 어려움 때문에 이들은 치료받으려고 하는 것조차도 어렵다. 아주 부드럽고 기술적으로 다루어야만 초기면접이나 치료과정에서 성학대 경험이 드러난다. 이러한 피해경험자들은 어렸을 때 사용했던 대처기술이 더 이상 기능하지 않을 때 치료받게 된다. 흔히 우울증(자살 시도도 가능하다), 정신장애, 약물 및 알코올 남용, 성기능장애, 식이장애, 악몽, 공포, 그리고 심지어는 환청 등의 문제가 있다. 또 이혼에 대한 협박이나 이혼, 거부, 부모-자녀문제, 심각한 대인관계 문제, 사랑하는 사람의 죽음 등 스트레스 요인으로 치료받기도 한다.

패턴 등(Patten, Gatz, Jones & Thomas, 1989)은 유아기 성학대의 외상 영향을 네 가지 범주로 나누었다. 이들 범주 구분은 핀클로오와 브라운(Finkelhor & Brown, 1986)이 성학대를 경험한 아동에게 적용하기 위해 개발한 범주와 유사하다. 간단히 말해서, 이러한 범주는 다음과 같다. ① 외상성 성적 특징 부여(부적절하고 역기능적인 방법을 발달시키는 성적 감정과 태도를 감추는 과정), ② 낙인, 학대받은 아동을 낙인하여 불쾌감, 수치, 그리고 죄책감을 느끼게 하고 자신의 이미지에 통합시키게 된다(어렸을 때 학대받은 성인들은 종종 스스로 '파손된 물건'으로 인지한다). ③ 배반, 의지하던 사람에게 상처받고 착취당했다는 사실을 알게 될 때, 아동과 성인이 느끼는 감정을 언급한다(하지만 아이들과 어른들은 자기 스스로 비난하기도 한다). ④ 무기력, 자신의 의지와 소망에 반하여 압도된 경험에서 야기된 무력감이다. 효과적인 치료는 위의 카테고리와 연관하여 개별적인 효과를 언급해야 한다.

로우와 세비지(Rowe & Savage, 1988)는 성적 기능에 미치는 영향은 학대 성질에 따라 다양하다는 점을 명확히 밝혔다. 이들은 성학대 형태를 소개하고 각 유형이 포함하는 치료법에 대해 토론했다.

낙인의 영향을 극복하기 위해서 클라이언트의 자기개념을 주의 깊게 탐색하는 것과 클라이언트가 왜곡된 요소들을 확인할 수 있도록 도와주는 것, 스스로 자신을 따뜻하게 수용하는 것이 중요하다. 또 클라이언트의 손상된 자기인식을 부드럽게 논박하고 그러한 부정적인 인식을 버리도록 목표를 협상하는 것이 유용하다. 이러한 목표를 효과적으로 달성하기 위해서는, 그러한 인식이 실제로 일어났던 일에 대해 대응할 만큼 충분히 성숙되지 않았을 때 형성되었다는 사실을 깨닫도록 도와주는 것이 필요하다. 그리고 지금은 부적절한 편부모가 자신을 이용했다는 사실을 깨닫고 부단한 노력으로 점차 자신을 비난하는 비현실적인 감정을 자아존중으로 바꿀 수 있도록 도와야 한다.

배신감 때문에 종종 다른 사람들을 신뢰하고 친밀한 관계를 맺기 어렵다. 따라서 아동기의 외상경험으로 생긴 남성 가해자에 대한 불신을 전체 성인 남성에게 과도하게 일반화한다는 사실을 스스로 이해하게 하는 데 치료의 목적을 둔다. 일부 남성은 정말 가학적이고 신뢰할 만한 가치가 없을 수 있다. 그러나 모든 남성(그리고 여성)이 그런 것은 아니다. 따라서 남성의 개념을 차별화하고 하나의 범주로 총괄하는 것을 피해야 한다. 인지 재구조화는 13장에서 자세히 설명했는데, 이 방법은 피해 여성이 자기 신념을 현실화하도록 한다.

역량강화 기술은 근친상간 피해경험자들이 무력감을 극복할 수 있도록 원조하는 데 활용된다. 집단접근방법은 다른 사람들과 함께 참여해서 여성들이 힘을 얻을 수 있으며 성학대에서 받은 영향을 확인하고 극복하는 데 활용되고 있다. 여기에서 주제는 집단성원들이 공유하는 무력감으로, 성원들은 자신의 요구와 느낌을 좀더 솔직하게 표현하도록 서로 격려하면서 힘을 얻는다. 성공과 성장에 대해 듣는 것으로 집단성원들은 자기주장 능력을 키우도록 격려 받는다. 15장에서 논의한 대로 자지주장훈련은 성학대를 받은 여성들을 위한 자조집단의 주요한 요소이다. 넬슨(1991)이 표현한 바에 따르면, 이러한 여성들의 역량을 강화하는 또 다른 수단은 '솔직하게 이야기하는 것' 이다. 즉 자신이 학대받아온 사실에 대해 공개하는 것이다.

일부 근친상간 성인 피해경험자는 집중적인 정신치료를 요하는 심각한 문제를 호소한다. 예를 들어, 많은 이들이 외상 후 스트레스 장애 징후들을 호소하고 더 포괄적인 접근을 요구한다. 이들은 피해상황을 자신의 삶 속에 포괄하고 그것을 힘의 원천으로 사용할 수 있는 피해경험자로 변할 때 비로소 극복하는 것이다(Patten et al., 1989: 198). 브라이어리(Briere, 1989)와 커토스(Courtois, 1988)는 아동기에 성학대를 받은 성인 피해경험자의 치료를 다룬 책을 썼다. 다른 이들(Cruz, Price-Williams, & Andron, 1988)은 특히 어렸을 때 성학대를 받기 쉬운 발달장애 여성들에게 초점을 맞추고 있다.

8. 배우자학대 치료하기

아이스코비츠와 에들레슨(Eisikovits & Edleson, 1989)이 여성을 구타한 남성에 대한 개입방법과 관련하여 발표한 포괄적이고 날카로운 보고가 이 내용 작성에 도움이 되었다. 이들은 생태학적 모델에 따라 구성했다. 이후의 서술은 그들의 내용에서 상당부분 발췌하였다.

1) 구타당한 여성의 욕구

피학대여성은 즉각적인 보호와 필요한 서비스를 제공해줄 수 있는 쉼터가 필요하다. 쉼터는 피해 여성과 아이들에게 피난처를 제공해주는 것뿐만 아니라, 여성들이 자신의 삶의 조건들을 재평가하고 선택사항들을 고민할 수 있도록 정서적 지지를 받을 수 있는 곳이다. 물론 쉼터는 일시적인데 피학대여성들은 긴급한 의료보호, 법률적 지원, 고용 지원 등 조치가 필요한 방법을 찾기 위해 상담도 필요하다. 그리고 잠재적 수입과 고용에 관해 상담하는 것은 중요하다. 왜냐하면 적절한 수입이 없으면 여성들이 스스로 자기결정을 할 수 없기 때문이다.

카푸로(Caputo, 1988)는 이러한 딜레마에 관해 연구했는데, 학대받는 아내의 70% 가량이 재정적인 안정이 보장된다는 이유로 여전히 가해자인 남편과 함께 살고 있다는 사실을 발견했다. 따라서 학대받은 여성이 공동의존 때문에 남편과 살고 있다는 사실은 잘못되었음을 입증한다.

비록 대부분의 도시지역센터에서 쉼터를 제공하지만, 구타당한 여성들을 위한 다른 자원은 아직 미비하거나 아예 존재하지도 않는 실정이다. 햄린(Hamlin, 1991)은 배우자학대 보호와 법적 강제, 약물, 사회서비스, 정신건강서비스, 가족서비스, 변호사 지원, 쉼터 보호, 재판관, 성직자, 고용상담과 물질적 서비스를 제공하는 지역사회에 위치한 기관의 대표자들로 구성된 가족보존팀(family preservation team)의 필요성에 대해 설득력 있는 사례와 모델 윤곽을 마련했다. 이 팀은 다양한 출처에서 자금을 모아, 개인적 사례상담과 자원개발, 개인을 위한 사례관리 서비스를 제공하고, 지역사회를 위한 예방과 교육서비스를 제공한다.

2) 체계중심 개입

아이스코비츠와 에들레슨(1989)이 학대를 가한 남성들에 대해 쓴 수 십여 권의 논문과 책 중에서 단 두 권만이 남성 개인에 대한 개입방법을 다뤘다. 체계이론(systems theory)에 기반한 사람들은, 부부치료(conjoint session)이든 집단치료이든 부부(couples)에게 개입하는 방법을 지지한다. 체계적 접근을 강력하게 지지하는 사람들은 폭력은 역기능적 체계의 산물이므로 체계에서 해결해야 한다고 주장한다. 8장과 이 장의 앞에서 이미 언급했듯이, 몇몇 페미니스트들은 여성에게 가하는 학대는 성(gender)과 관련이 있는 요인들에 기인한다는 일차적인 입장을 반대했다.

체계중심 개입(system-oriented intervention)은 부부 간에 순환적인 역기능적 상호작용에 초점을 두어, 각각 배우자가 폭력이 발생하는 다툼에 얼마나 기여했는지 알도록 한다. 체계중심개입을 하는 사회복지사는 의사소통 · 상호작용이론을 이용하여 양자가 자기욕구와 느낌을 비폭력적인 방법으로 표현하고, 경청하여 듣고, 효과적으로 문제를 해결하는 기술을 습득하도록 돕는다.

아이스코비츠와 에들레슨(1989)이 보고한 바에 의하면, 많은 체계중심적인 사회복지사들은 실제로 인식적 · 행위적 요소들을 개입에 포함시킨다. 그래서 이론과 개입방법이 밀접하게 일치하진 않는다. 실제로 위에서 열거한 방법들—폭력을 유발하는 단서를 식별하는 훈련, 긴장이 고조되었을 때 타임아웃(time-out)을 사용하는 훈련, 분노를 피하거나 줄이는 자기대화(self-talk)를 강조하면서 인식의 재구조화를 하는 것, 이완과정과 시각적 현상화 훈련으로 스트레스를 줄이고 분노를 통제하는 방법을 사용할 수 있다.

체계중심 개입방법의 결과를 일반적으로 선호했지만, 관련하여 보고된 연구들은 부정확한 결과기준을 활용했고 통제집단을 포함시키지 않았다. 따라서 확실한 결론을 내릴 수 없고 단지 체계에 기반을 둔 접근방법에 기대할 수도 있다는 것뿐이다.

학자에 따라 다르지만, 일부 학자들은 일정 조건하에서 부부치료를 사용할 것을 당부했다. 부부치료 방법이 사용될 수 없는 경우는 다음과 같다.

- 여성의 안전이 위태로울 경우
- 학대가 빈번하고 심각한 경우
- 약물의존이 존재할 경우
- 정신질환이 있을 경우
- 여성이 부부치료를 거부할 경우

이런 상황에서는 남성들이 부부상담을 시작하기 전에 먼저 치료(대개 집단치료)를 받아야 한다.

(1) 남성집단

아이스코비츠와 에들레슨(1989)은 가해 남성들을 위한 집단개입에 관하여 50여 가지 연구를 했다. 흥미롭게도 이 연구집단에서 개인적, 체계적 개입방법들과 관련한 글에서 부족한 성역할(gender-role) 사회화와 사회문화적 가치의 영향을 발견했다(이 요인은 나중에 논의한다). 집단개입 역시 사회학습관점(social learning perspective)을 강조했는데, 이것은 폭력적인 행동은 학습되며, 대응행동을 학습하여 대체할 수 있다고 본다.

대부분의 연구자들은 남성 5~20명으로 구성, 자신의 폭력에 대해 논의하는 집단 형태를 주장했다. 기본전제는 구타를 방지하기 위해 중요한 것은 가해 남성들 상호간에 자조를 북돋우고 다양한 의견과 폭넓은 사고를 제공하면서 사회적 고립상황을 깨뜨리는 것이다. 그러한 집단에 참여한 남성들에 관한 보고서는 다음처럼 반응을 나타낸다. "집단에 참여한 남성들은 집단치료(group treatment)를 변화를 강화하는 기제로 보았다. 그리고 남성들은 집단에서 개방하여 서로 토론하는 것 그리고 집단성원 간의 친밀감에 가치를 부여했다. 집단과정에서 토론할 때 남성들은 그 집단에서 다뤄진 특별한 기술에 중점을 두지 않고, 감정을 드러내는 것과 어떻게 감정을 표현하는지에 더 중점을 두었다(Eisikovits & Edleson, 1989: 398)."

치료를 마친 사람 중 59~84%가 폭력행위를 중단했고 이로써 집단치료가 효과적이었음을 입증했다(Eisikovits & Edleson, 1990). 비록 폭력행위를 중단한 것이 현저하게 나타난 향상이라고 볼 수 있지만 전체 과정을 설명해줄 수 없기 때문에 이 기준이 타당한지는 의문이다. 폭력행위를 중단한 많은 예에서, 남성들은 여전히 위협을 가하는 등 심리적 폭력을 지속했다. 그럼에도 불구하고 대개 가해자들에 대한 집단치료는 가장 강력한 개입방법 중 하나이다. 이후 개선이 필요한 부분은 윤리적으로 민감한 개입방법을 보다 체계적으로 통합하는 것이다(Williams, 1994).

(2) 경험에 기반을 둔 모델

에들레슨과 시어스(Edleson & Syers, 1990)는 다른 연구에서 답하지 못한 두 가지 기본 질문에 답하기 위해 연구를 설계했다. 기본적인 질문은 다음과 같다. ① 자조집단, 교육적인 부분에 초점을 맞춘 집단, 그리고 이 두 가지 형태를 결합한 집단의 비교효과는? ② 시간 제한적인 치료에서 상이한 강도(일주일에 한 번 만나는 것과 격주로 만나는 것)의 비교효과는? 실험집단으로 세 가지 유형의 집단을 다음과 같이 형성하였다.

교육에 초점을 맞춘 집단은 강의, 비디오 테이프, 역할극, 그리고 소집단 토론에 크게 의지했다. 이 유형은 다섯 가지 상이한 기준들을 포함하는데, ① '도입' ② '학대—어떻게 발생하는가' ③ '학대—그것이 사람들의 삶에 미치는 영향' ④ '왜 학대는 내 삶의 일부가 되었는가' ⑤ '어떻게 변해야 하는가' 이다.

자조집단은 비교적 구조화되어 있지 않았는데, 남성들의 선택으로 강의, 문제와 사건들에 대해 세부적으로 이야기하는 기회가 주어졌다. 전형적으로 만남의 일정 부분은 교육을 진행하고 이어서 각자 자신의 얘기를 할 개인시간을 주고 개인문제를 다뤘다.

두 가지 형태가 결합한 모델은 교육에 중점을 두는 것과 자조집단 형태를 통합했다. 세 가지 유형을 각각 두 가지 강도로 제공했다. 12주 동안 연속해서 2시간 15분을 지속해서 모임을 하는 것과 16주 동안 32세션 2시간 15분 동안 지속해서 모임을 하는 것이다.

결과를 평가하는 기준은 행동에 관한 29개 질문으로 구성되어 있는데, 남성들에게 자신의 폭력 정도에 관하여 묻는 것이다. 폭력에 대한 위협에서 실제 폭력행위까지 망라한다. 치료를 마친 후에 똑같은 질문을 했다. 그리고 6개월 후에는 가해자뿐만 아니라 피해자에게도 같은 질문을 했다.

측정결과는 명확하게 자조집단 유형보다 단기간 동안 교육에 초점을 맞춘 유형이 더 유리한 방향으로 나타났다. 게다가 강도가 덜한(12번 모임을 갖는 경우) 유형은 적어도 강도가 센(32번 모임을 갖는 경우) 유형과 거의 비슷한 결과를 얻었다. 폭력 감소뿐만 아니라, 폭력의 위협을 감소시키는 것도 교육집단은 자조집단보다 더 성과가 좋았다. 따라서 자조집단은 교육집단보다 효과가 적은 것 같다. 단기간 교육에 초점을 맞춘 집단은 최상의 결과들을 얻었다. 이에 더하여 이전 전달 가능성과 비용효과성이 있다면 이 개입방법은 정책입안자들에게 상당히 중요하다.

9. 변화에 대한 조직의 반대

기관운영에 있어서 사회복지사는 클라이언트와 대면하여 계약을 맺고 직접 서비스를 전달하기 때문에 기관정책의 영향과 서비스 전달체계를 평가하는 데 중요한 위치에 있다. 어떠한 정책이나 실천과정이 서비스전달을 방해할 때, 일선에서 일하는 사회복지사는 방해요인을 확인하고 개선방안을 제안할 수 있다. 조직체를 진단하고 촉진하는 역할도 수행한다. 이 내용에 관해서는 2장에서 간략하게 논의했다.

조직을 바꾸어 나가는 것은 복잡한 과정이다. 그리고 조직이 변화를 반대하는 것은 아마도 개인, 가족, 그리고 집단이 변화를 반대하는 것과 동일하다. 따라서 조직의 진단자와 촉진자 역할을 효과적으로 수행하기 위해서, 사회복지사는 조직이 변화에 반대하는 일반적인 요소에 관해 철저하게 알고 있어야 한다. 그래서 조직에 참여하면서 변화의 가능성을 높일 수 있는 적절한 전략을 세워야 한다. 프레이(1990)는 직접 실천하는 사회복지사가 조직의 잠재적인 반대를 평가하는 데 유용한 틀을 개발했다. 다음 부분에서 프레이가 개발한 틀의 기본적인 요소에 대해 소개할 것이다.

그 틀의 기본요소에 대해 논의하기 전에, 강조할 부분은 기관들이 사회복지사에게 필요한 변화를 확인시키고, 변할 수 있도록 제안하는 시스템을 제공해서 변화에 유용한 환경을 만들고 있다는 점이다. 그러한 환경에서 조직의 반대는 변화를 제안하는 조직체를 수용하면서 절충될지도 모른다.

1) 변화의 장점 인지

조직이 변화 제안을 받아들이는 것이 이득이 될 것이라는 사실을 인지하는 정도까지 반대 정도는 낮춰질 가능성이 있다. 조직 내부의 어떤 집단은 어떤 변화에 긍정적인 영향을 받을지도 모르고, 다른 집단은 부정적인 영향을 받을지도 모른다고 생각하는 것은 중요하다. 많은 서류작업을 실행할 컴퓨터를 구입해서 서비스를 전달하는 시간을 늘리기를 제안하는 것은 서비스를 제공하는 사람들에게는 수용되지만, 기관 담당자들은 여기에 강하게 반대한다. 명백하게 후자는 그러한 제안에 대해 반대할 가능성이 높다.

제안의 잠재적인 이점을 평가할 때 세 가지 상이한 집단들에게 주는 영향을 고려하는 것이 중요하다.

- 제안을 받아들이고 거부하는 데에 궁극적인 권한이 있는 경영진들
- 제안을 실행하도록 계획하고 감독할 책임을 지게 될 사람들
- 일단 실행했을 때 궁극적으로 변화과정을 수행하는(혹은 변화에 영향을 받는) 사람들

잠재적인 변화로 각 집단에 미칠 영향을 고려하여 사회복지사회복지사는 해로운 효과보다 이점에 더 무게를 실을 수 있고, 전자가 후자보다 명확하게 그리고 실질적으로 더 중요할 때 저항에 대항할 전략을 세울 수 있게 된다.

2) 노력

제안한 변화를 채택하고 실행하기 위해 노력하는 데는 시간과 에너지가 필요하다. 제안이 지지 받기 위해서는 제안이 갖는 이점이 투여할 노력보다 커야 하는데, 이는 조직비용의 한 형태이다. 요구되는 시간과 필요한 에너지 양이 클수록 제안한 변화에 더 저항할 것이다.

3) 위험

위험은 제안을 실행했을 때 발생할 수 있는 잠재적인 부정적 결과를 수반한다. 예상치 못한 문제들이 전개될지도 모르고, 기대하지 못한 비용이 발생할지도 모르며, 제안한 변화가 의도한 목적을 달성하지 못할 수도 있다는 실질적인 요인이다. 이런 현실적인 관점에서 변화에 선행하는 소건들이 반응할 때 어떤 것들을 수반할 것인지 고려하는 것이 필요하다. 만일 그러한 반응 결과가 어렵고 비용이 많이 든다면, 저항은 당연히 클 것이다.

프레이(1990)는 세 가지 유형의 위험성 높은 제안들의 조건을 제시했다.

- 상당한 정도 비용이 드는 제안(예를 들어, 값비싼 장비를 구입하거나 새로운 부서를 만드는 것)
- 단계별로 실행하기보다 전체적으로 채택해야 하는 제안
- 급진적이고 조직과 성원 혹은 대중의 지배적인 가치와 대립되는 제안

이 유형들과 같이 위험성이 높은 제안은 반대가 강할 것이다.

4) 비용

어떤 변화는 다른 것으로는 전환할 수 없는 비용(sunken cost)을 투자해야 한다. 현직교육, 자문비용과 같이 다른 형태의 자원으로 전환할 수 없는 돈, 시간, 에너지에 투자하는 것이 대표적이다. 반면 건물이나 장비와 같은 유형의 자산은 팔리거나 다른 자원으로 전환할 수 있다. 이처럼 비용을 투자해야만 하는 제안은 더 큰 잠재적인 손실을 수반하고 더 큰 반대에 부딪치게 될지도 모른다. 만일 그 제안이 바라는 결과를 가져오지 못하더라도 부분적으로 비용을 회복할 수 있는 제안과 비교했을 때 더욱 반대할 것이다. 게다가 이전에 내렸던 결정으로 비용을 확정시킬 수도 있다. 만일 새로운 제안들이 그런 자원들을 무시하거나 이용하지 않는다면 조직적인 반대가 예상될지도 모른다.

5) 이해가능성

복잡하고 이해하기 어려운 제안은 간단한 말로 표현한 제안보다 더 강한 저항을 유발할 가능성이 크다. 반대를 최소화하기 위해서 사회복지사는 상대방 입장을 충분히 고려해야 하며, 명확하고 이해할 수 있는, 즉 듣는 사람의 이해능력에 부합하는 언어로 의사소통을 해야 한다.

6) 능력

만일 제안을 실행할 때 그것을 실행할 조직의 능력이 그만큼 확보되지 못한다면, 높은 수위의 저항이 발생할 것이다. 자원이 부족한 현재 상황에서, 제안한 변화가 상당히 바람직하다고 할 때조차도 추가비용이 필요하다면 저항이 발생할 가능성이 있다. 그런 상황에서 반대를 극복하기 위해서는 실질적인 비용과 관련한 자원을 확인해야 한다. 몇몇 예에서 기존 자원을 다시 할당하는 것은 제안한 변화를 용이하게 만든다.

7) 제안의 깊이와 거리

깊이는 채택된 어떤 제안이 조직을 변화시키는 정도를 말한다. 패티(Patti, 1974)의 논문을 인용하면, 프레이는 세 가지 차원의 깊이를 제시한다. 첫 번째는 주변적인 변화로, 기관의 직원들이 기관의 정책과 프로그램을 수행하는데 지침이 되는 규칙과 과정을 바꾸는 것을 말한다. 예를 들어, 기관이용 시간을 연장하는 것은 정책이나 프로그램 완성 형태를 수정하거나 직원들의 수행결과를 평가하는 방법을 수정하면서 가능하다. 두 번째는 프로그램상의 변화로, 정책이나 프로그램을 수행하는 방법을 바꾸는 것을 말한다. 예를 들어, 집단개입의 활용을 늘린다거나 무기한 서비스를 시간 제한적인 방향으로 바꾸는 것이다. 세 번째는 조직의 기본적인 목표와 목적들을 변경하려는 제안들을 말한다.

제안한 변화의 정도가 클수록, 강한 저항이 발생할 가능성이 더 크다. 그리고 조직성원들이 수용하는 정도와 비용과 관련한 자원, 그리고 자문위원회를 증대시키기 위해 더 많은 노력을 기울여야 한다.

거리(distance)는 궁극적으로 변화를 제안하는 실천가가 그 제안을 결정할 행정가를 얼마나 움직였는가와 관계있다. 변화를 제안하는 사람과 그것을 결정하는 행정가 사이에 행정적 지위의 차이가 클수록 반대할 가능성은 더 커진다.

8) 사상과 이데올로기

지지하는 지식 기반이 거의 없는 너무 혁신적인 제안은 실행에 필요한 비용, 효과성, 그리고 절차에 관한 유용한 자료보다 반대에 부딪칠 가능성이 더 크다. 확실히 후자에 비해 전자가 위험 부담이 높고, 의사결정자는 위험부담이 높은 제안들을 지지하지 않을 것이다.

또 조직의 이데올로기에 부합하는 제안은 조직의 이데올로기와 벗어나는 제안보다 반대할 가능성이 적다. 따라서 자유주의적인 이데올로기를 가진 제안은 보수적인 가치를 지닌 조직에서 받아들일 가능성이 적으며, 그 반대의 경우에도 마찬가지이다. 조직이 강하게 수행할 다른 형태의 이데올로기의 경우에도 똑같이 적용될 수 있다. 예를 들면, 동성애자의 권리, 여성의 권리, 가족계획 경우가 그 예이다.

9) 욕구

조직성원들이 모두 혹은 대부분 문제를 해결하기 위해 무언가 행해야 한다고 생각한다면, 조직 내부의 일부 혹은 한 집단만이 변화에 대한 욕구를 인지할 때보다 반대 수위는 낮아질 것이다. 따라서 반대를 줄이기 위해 모든 집단은 문제를 인식하고 제안을 드러내어 가능한 한 많은 집단들의 목적에 부합하도록 하는 것은 매우 중요하다.

10) 일반성

일반성(generality)은 제안한 변화가 조직에 미치게 되는 체계적인 영향 정도를 말한다. 제안이 조직 하부체계에 모두 영향을 미친다면, 소수의 하부체계에 영향을 미치는 것보다 반대에 부딪칠 가능성이 크다. 유사하게 영향을 받는 하부체계가 클수록 반대가능성도 커진다. 제안한 변화가 높은 수위의 깊이와 일반성을 결합한다면, 양자가 갖는 기본적인 목표와 조직의 모든 성원은 영향을 받게 되고 반대의 정도는 최고 수준으로 발생할 것이다.

10. 조직의 장애 극복하기

클라이언트의 목표를 달성하기 위해 자원체계 연결망에서 중요한 요소인 사회기관과 다른 지역사회 조직과 제도적 기관에서 제공하는 서비스가 필요하다. 그러나 불행히도 조직을 돕는 것은 때때로 서비스를 충분히 그리고 효과적으로 전달하는 데 미흡할 수 있다. 표적인구를 겨냥하여 자원을 전달할 때도 마찬가지이다. 이러한 조직이 클라이언트의 욕구에 대한 책임감을 강화하는 방법을 강구하는 데 사회복지사는 전략적인 위치에 있다. 이러한 책임을 수행하기 위해 사회복지사는 때로 중재자와 옹호자(advocate)의 역할을 수행한다.

- 서비스 접근성을 높이는 것
- 클라이언트의 존엄성을 강화하는 방향으로 서비스 전달을 증진시키는 것
- 서비스를 받을 자격이 있는 모든 사람들에게 동등한 접근기회와 질을 보장하는 것

다음 부분에서는 이러한 활동에 대해 논의하고자 한다.

1) 서비스 접근성 향상

사회복지사는 자신이 속한 기관 행정가와 함께 일할 책임이 있고, 클라이언트가 서비스에 접근하기 용이하지 않을 경우 다른 조직의 직원과 일할 책임이 있나. 기관이 오전 8시부터 오후 5시까지만 서비스를 제공한다면 직장이 있는 사람들이 서비스를 이용하는 것은 실질적으로 불가능할지도 모른다. 가족서비스를 제공하는 기관인 경우, 융통성 있게 시간을 조절할 수 있다면 일하는 부모들이 많이 참여할 수 있을 것이다. 그래서 더 좋은 결과를 낳을지도 모른다. 또 주말에 직원들을 투입하여 서비스를 제공할 경우, 클라이언트가 위기에 처했을 때 다음주까지 기다리지 않고 위기상황에 대응할 수 있다. 시기 적절한 서비스 제공은 클라이언트가 서비스를 가장 필요로 할 때 서비스를 제공하는 것이다.

또 다른 예는 건강보호센터에서 일정을 수정해서 환자들이 몇 시간씩 기다리지 않게 하는 것이다. 몇몇 클라이언트는 오랜 시간 동안 기다릴 수 없는 조건과 상황에 처해 있다. 어떤 클라이언트는 지루해 하다가 절실하게 필요한 치료를 받지 못한 채 떠나기도 한다.

어떤 클라이언트는 서비스 기관이 접근 가능한 지역에 위치하지 않아서 서비스에 접근할 수 없다. 교통수단을 이용하고 아이를 맡기는 것이 어려워서 많은 클라이언트가 서비스를 받지 못할 수도 있다. 이러한 이유들로 많은 가족서비스 기관과 지역사회 정신건강센터는 본사만 설치하기보다 지역에 고루 지사를 두고 있다. 이것이 가능하지 않은 곳에서는 클라이언트 수송을 조정할 공무원과 가까이 일하는 것이 필요할지도 모른다.

대가족의 경우 가정방문 서비스를 제공하는 것은, 비록 아동들이 생산적으로 상담하는 것을 방해할 수도 있지만 상담하러 기관에 오기 위해 자녀를 돌보는 문제를 피할 수 있다. 어떤 기관은 그 지역 중심부에 사무실을 세우고, 아이들이 부모를 기다리면서 놀 수 있는 공간을 마련하여 그 문제를 해결해왔다.

신체적으로 허약한 다른 이들과 마찬가지로 노인들에게 서비스를 제공하는 기관들은 범죄율이 높은 지역은 피하는 것이 매우 중요하다. 벤딕(Bendick, 1980)은 이런 지역에 세운 기관은 노인들이 접근하기 어렵다고 보고했다. 왜냐하면 노인은 자신의 안전 때문에 그러한 지역에 가려하지 않기 때문이다.

2) 클라이언트 존엄성을 강화하는 서비스 전달

서비스가 필요한 어떤 사람은 기관 직원들의 행동 때문에 그리고 비밀을 보장해주지 않는 것 때문에 무안하거나 굴욕감을 느껴 서비스 이용을 포기하기도 한다. 예를 들어, 어떤 규모가 큰 공공기관은 개인의 사생활을 침해하는 부적절한 행동을 하는데, 다른 사람들이 볼 수 있거나 혹은 들을 수 있는 거리에서 상담한다. 심지어 어떤 직원은 클라이언트의 도덕성, 진실성, 성격, 혹은 공공부조를 받을 자격이 있는지 여부에 대해 불쾌한 말이나 표현으로 클라이언트를 공개적으로 혹은 교묘하게 판단할지도 모른다. 또 다른 직원은 무뚝뚝하거나 무례하거나 클라이언트의 개인적인 생활에 깊이 편파적으로 관여하여 불필요하게 클라이언트를 당황하게 하고 굴욕감을 느끼게 한다. 그러한 행동은 단순히 비인간적이라기보다는 비윤리적이다. 직원들이 그렇게 행동하는 것을 알게 된 사회복지사는 주의를 주어야 한다. 만일 그런 행동이 지속된다면, 책임 경영자와 논의하거나 지역 전문가조직에 이야기하는 것이 필요할지도 모른다.

클라이언트의 존엄성을 훼손하는 다른 상황은, 구체적인 원조나 서비스를 받을 자격조건을 충족하기 위해 불필요하게 오랜 시간 동안 기관에 가는 것을 요구한다. 사회복지사회복지사가 습관적으로 약속에 늦거나 빈번하게 약속을 취소, 변경하거나 혹은 친절하지 않을 때에도 클라이언트의 존엄성은 훼손될지도 모른다.

3) 자격이 있는 모든 사람에게 동등한 접근기회와 서비스 질 보장

다음의 일곱 가지의 이유 때문에 자원제공을 받지 못하거나 적은 양의 서비스를 받을지도 모른다. 각 요인에 대해 살펴볼 것이다.

(1) 제도적인 인종차별주의

제도적인 인종차별주의(institutional racism)는 우리 사회에 깊숙이 내재되어 서비스 전달과 자원의 이용가능성과 기회를 받는 것에 교묘하게 영향을 준다. 그러므로 사회복지사는 인종차별주의 현상에 민감하게 반응하여 자신과 다른 사람에게서 인종차별주의의 유해한 효과를 제거할 수 있어야 한다. 제도적인 인종차별주의의 영향은 태아기부터 시작해서 노인기로 끝날 때까지, 혹은 심지어 장례까지 전 생애에 걸쳐 영향을 미친다. 인종차별주의는 고용기회와 건강보호 서비스뿐만 아니라, 교육, 법, 경제, 정치 제도 전반에 만연해 있다.

사회복지사는 제도적인 인종차별주의를 말소하기 위해 노력할 윤리적인 책임감이 있다. 그것은 가치 있는 일이나 엄청난 도전이다. 이 도전을 위한 첫 번째 단계는 개인의 인종주의적 태도가 줄 수 있는 영향을 인식하는 것에서 시작한다. 사회복지사는 사회기관과 여타의 기관이 모든 사람을 동등하게 대우하는 것을 보장하기 위해 각 정책, 절차, 실천들을 분석해야 한다. 프런티 등(Prunty, Singer & Thomas, 1977)은 통합된 공립학교에서 인종 마찰을 줄이고 차별적인 관습들을 제거하기 위해 교사를 돕는 정신건강 사회복지사회복지사의 노력을 언급했다. 흑인아이들의 정학 횟수와 같은 제도적인 인종차별주의를 나타내는 교묘한 증거를 발견했다.

크로스(Cross)는 문화적 능력에 따라 기관들을 연속선상에 놓았는데, 많은 기관들이 이 연속선상 중간에 위치했고, 인종을 고려하지 않거나 소수를 위한 정책에 둔감했다. 문화적으로 파괴적인 정책을 수행하는 기관은 이보다 낮은 수준에 있다. 크로스는 20세기 초에 미국 원주민문화를 제거하기 위해 미원주민 가족과 아동에게 압력을 가한 학교정책에 대해 설명했다. 중간 수준 이상은 문화적으로 민감하거나 문화적으로 유능하게 실천하는 기관이다. 이러한 수준에 있는 기관들은 문화적으로 민감한 정책을 순조롭게 발전시키고 서비스 대상에게 미치는 차별적인 영향들을 조사한다.

(2) 사회경제적 수준, 나이, 혹은 민족적인 차별

차별의 다른 형태는 서비스 접근가능성을 제한하거나 열등한 서비스를 제공하는 것으로 나타날지도 모른다. 예를 들어, 스코필드(Schofield, 1964) 등은 심리치료사(코카서스의 중산층이 대다수)가 젊고 매력적이고 지적인 이성의 환자를 선호한다는 사실을 보여주었다. 따라서 가난하고 별로 지적이지 않고 나이가 많고 그다지 매력적이지 않고, 언어구사력도 떨어지는 환자들은 하급직원이나 환자 배치에 거의 발언권이 없는 직원에게 배치될지도 모른다. 게다가 그러한 환자는 아주 가끔, 그리고 보다 짧은 시간 동안 상담을 받게 된다. 결과가 어떻게 나오든 간에 어떤 환자들은 그러한 기관이나 정신건강센터에 접근할 동등한 기회가 없다는 것만은 사실이다.

어떤 클라이언트는 특정 민족 출신이라는 이유로 자원에 접근할 동등한 기회가 없다. 이전에 아시아계 미국인과 멕시코계 미국인이 정신건강서비스 이용에 대한 욕구가 작다는 사실(Sue & Zane, 1987)이 보고되었다. 정신건강센터가 이러한 소수집단 욕구에 반응하지 않는 경향이 있다는 것이다. 그리고 언어장벽이 서비스를 구하는 데 큰 걸림돌이 될지도 모른다. 아귈라(Aguilar, 1983)의 연구는 실제로 멕시코계 미국인 여성들의 저조한 정신건강보호 이용률의 가장 큰 이유는, 건강보호체계 특성에 있었음을 보여주었다. 이와 유사하게 슈와 맥키니(Sue & McKinney, 1975)는 아시아계 미국인의 정신건강서비스 이용률이 저조한 것을 발견했다.

소수민족에 속한 사람들이 서비스 이용을 방해하는 서비스 전달체계의 특징은 다음과 같다.

- 접근 가능성을 제한하는 센터의 지리적 위치
- 클라이언트가 아주 극소수인 민족에 속한 경우
- 언어 장벽
- 클라이언트의 가치, 믿음, 생활방식에 대한 지식 부족, 혹은 둔감함
- 민간요법 효과성에 대한 클라이언트의 믿음을 존중하지 않는 태도
- 클라이언트의 신뢰를 얻고 관계를 수립하기 위해 필요한 시간을 확보하지 못함
- 자기 문제 원인에 관한 클라이언트의 신념을 탐구하는 데 실패함
- 필요한 서비스를 구하려는 데서 실패하거나 불가능한 사람들을 찾지 못함
- 클라이언트를 혼란스럽게 하는 과도한 관료주의와 복잡한 행정절차
- 클라이언트의 기대에 적합한 치료를 하지 못함

서비스 전달체계를 소수민족 출신의 클라이언트의 욕구에 맞추기 위해 행정가 집단은 정책형성과정과 절차 그

리고 직원 채용과정에 그 민족을 대표할 만한 사람들을 포함시켜야 한다. 이에 대하여 기관정책과 서비스의 영향을 평가하기 위해 소수민족 대표를 기관의 위원회에 포함시키고 클라이언트와 주기적으로 만난다. 그리고 소수민족 집단에게 지속적인 투입을 보장하는 피드백 체계를 발전시켜야 한다. 소수민족 집단 통역, 사례 발견, 연구, 활동 촉진을 담당할 자원봉사자들을 모집하는 것은 또한 서비스 전달의 장애물을 제거하고 소수집단과 관계를 유지할 수 있게 한다.

(3) 자원을 차단하는 임의적인 결정

어떤 사람은 자격이 없다는 이유로 자원에 접근하는 것이 차단된다. 어떤 조직과 서비스 활동가는 어떤 클라이언트에게 가혹하며 자신의 권한을 사용하여 클라이언트에게 손해를 입힌다는 것은 불행하게도 사실이다. 이 글을 쓰고 있는 동안에도 공공복지체계의 개정은 진행중이지만, 잘하면 이는 몇몇 수급자로 하여금 일터로 돌아가게 도와줄 뿐이다. 최악의 경우 정책이 점차 빈곤계층을 처벌하는 방향으로 나가는 동안에는 필요한 혜택을 주지 않을 것이다. 클라이언트에게 임의로 서비스와 자원을 제한할 때, 사회복지사회복지사는 클라이언트가 그러한 자원을 확보하도록 옹호할 책임이 있다(15장 참조).

(4) 권리를 주장하는 능력이나 기술부족

어떤 클라이언트는 자신의 권리를 주장할 신체적, 정신적 능력이 부족하다. 따라서 혜택과 서비스에 접근할 때 기회가 동등하지 않다. 권리를 주장할 때 확실히 불리한 위치에 있기 때문에, 그러한 클라이언트는 자신에게 필요한 자원을 빼앗아 가는 부당함에 마지못해 따르는 경향이 있다. 예를 들어, 정신지체가 있는 사람들은 어떤 경우에 적절한 치료방법을 계획하는 데 필요한, 필수적인 지적 능력이 부족하다.

장애가 있는(특히 거동할 수 없는) 사람도 자원들을 얻기 위해 특별한 옹호 서비스가 필요할 것이다. 장애가 있는 사람은 일렬로 서거나 사무실에서 사무실로 이동하거나 복잡한 서류를 작성하거나 공공 진료소나 사무실에서 서비스를 얻기 위해 필요한 다른 활동들에 참여하는 능력이 부족하다. 게다가 거동할 수 없는 경우 보통 이러한 문제를 해결하는 방법에 대한 정보를 제공해주는 통신 네트워크에 대한 접근성이 떨어진다. 장애가 있는 사람들에게 또 다른 걸림돌이 되는 것은 스스로 자신이 영향력이 부족하고 자기 권리에 대해 전문가들과 의견이 다르다는 것을 어렵게 생각한다는 것이다. 와인버그(Weinberg, 1983)는 신체적인 장애가 있는 사람들의 권리와 존엄성이 어떻게 침해되는지 보여주고, 사회복지사가 할 수 있는 치료적 개입방안들을 제안했다.

이민자와 소수민족도 전형적으로 자신의 권리를 주장하는 능력에 한계가 있었다. 역사적으로 보면, 이들은 위험을 감수하기보다 불공정함을 마지못해 받아들이는 경향이 있다.

이민자 관점에서, 골란과 그루슈카(Golan & Gruschka, 1971)는 이스라엘에서 광범위하게 경험한 사실에 근거해서 새로운 이민자들을 통합하는 모델을 제시했다. 이 모델은 이민을 혼란과 위기가 발생하는 과도기 상태로 간주하면서, 이민자들이 스스로 자신을 새로운 지역사회, 종교, 혹은 국가로 통합하는 과업과 지역사회가 이민자들을 흡수하는 과업에 대해 상세히 설명했다. 이러한 과업은 두 가지 차원을 포함하는데, 즉 이민자와 지역사회 양자를 위한 물질적 차원의 과업과 심리사회적 차원의 과업이다. 이 모델에서 사회복지사는 이민자와 지역사회 모두가 각각 주어진 과업을 달성할 수 있도록 돕는 데 있어 조력자(enabler)나 촉매자 역할을 한다. 그래서 스트레스와 혼란을 최소화할 수 있도록 도와야 한다.

(5) 가용자원에 관한 지식이 부족하거나 그것을 활용하지 못함

많은 클라이언트들이 명백하게 이 요인 때문에 필요한 서비스를 받지 못하는 경향이 있다. 미국에서 영어를 하지 못하는 이민자와 소수인종은 이런 관점에서 보면 특히 불리한 위치에 있다. 왜냐하면 사회에서 가십 연결망에 의해 유포되는 서비스 정보를 입수하지 못하기 때문이다. 그러나 결코 이들만이 자원과 관련된 정보에 접근성이 부족한 것은 아니다. 시골이나 지리적으로 고립된 지역에 살고 있는 사람들 혹은 문맹이거나 시각, 청각장애가 있는 사람들도 확실히 불리한 처지에 놓여 있다.

모두에게 자원에 대한 접근성을 강화하기 위해서는 아웃리치 노력이 필요하다. 즉 공적 그리고 사적 서비스를 제공하는 조직은 생활을 개선시켜줄 수 있는 서비스나 자원을 자발적으로 찾지 않거나 모르고 있는 사람들을 대상으로 아웃리치를 할 수 있다. 토즐랜드(1981)는 아웃리치를 '서비스가 필요한 클라이언트를 확인하고, 이러한 클라이언트들에게 서비스를 제공하고, 클라이언트가 필요한 서비스를 사용할 수 있도록 도와주는 사회복지실천 방법'이라고 정의한다(p.227).[55] 일반적으로 사회복지기관과 접촉할 때 클라이언트가 주도권을 갖는 반면에, 아웃리치에서는 사회복지사회복지사가 적극적으로 잠재적인 클라이언트를 찾아 나서고, 접촉하고, 계약을 맺으면서 주도권을 갖는다.

아웃리치 활동은 전형적으로 포스터와 팸플릿을 배포하고, 대중매체를 통해 광고하고, 여러 매체에 홍보하고, 라디오나 텔레비전에 출현하고, 공공장소에 정보를 제공하는 창구(information booth)를 설치한다. 또한 클럽 모임에서 이야기하고, 심지어는 집집마다 방문하면서 의뢰하러 다니는 것 등 다양한 활동이 있다(Bendick, 1980). 효과적인 아웃리치는 잠재적인 소비자와 개인적으로 상호교류하는 것이 필요하다. 왜냐하면 매스 미디어 수단은 종종 서비스가 가장 필요하고 자격은 있지만 문맹인 클라이언트들의 관심을 얻지 못할 수도 있기 때문이다. 벤딕(Bendick, 1980)은 다른 사회서비스 전문가들에게 대면하고 상호교류 하는 방법으로 아웃리치 캠페인을 제안하는데, 이 전문가들은 잠재적으로 이용 가능한 서비스들의 혜택에 관해 정보를 알릴 수 있고, 가능성이 있는 클라이언트들을 의뢰할 수 있는 사람들이다. 시골지역에서는 원래 그 지역에 살고 있는 아이를 돌보는 사람들과 지방 공무원들도 지도 받아야 한다. 왜냐하면 비공식적인 의사소통 창구인 구전이 도시지역보다 시골지역에서 더 제한적인 경향이 있기 때문이다.

아웃리치 활동에 참여하는 사회복지사회복지사는 클라이언트의 개인생활 보호와 자기결정에 관한 권리에 민감해야 한다. 아웃리치는 사람들에게 이용 가능한 자원들과 혜택들을 알리는 것과 필요한 서비스를 이용하도록 동기를 강화하는 활동이다. 사람들에게 서비스를 강제하려는 것은 아니다.

미국에서는 영어를 구사하지 못하는 소수민들을 대상으로 아웃리치 활동을 할 때 그들의 모국어로 의사소통을 하는 것이 좋다. 이것이 불가능한 경우, 원주민 조력자를 중재자로 활용하는 것은 차선의 선택이다. 잠재적인 클라이언트들은 자신들의 언어로 의사소통 할 수 있을 때, 자원에 대해 설명하는 것을 더 잘 이해할 것이고, 제공하는 서비스와 혜택들을 받아들이고, 그것에 관해 질문하게 될 것이다.

(6) 법에 명시한 자원개발 권한행사에 실패

소신(Sosin, 1979)은 새로운 법령이나 규칙을 제정하는 것이 법적 실행을 보장하지는 않는다는 사실을 지적하면서 이 문제를 언급했다. 사실 새로운 법률을 무시하는 것은 보편적인 현상이다. 따라서 초기에 성공적인 노력들의 결과로 새로운 법률이 제정된 후에라도 옹호와 사회행동은 지속되어야 한다.

사회복지 이슈와 관련된 새로운 법령들은 사회적 우선

55) 아웃리치 서비스를 실행할 때 사회복지사를 돕기 위해서, 토슬랜드(1981)는 여섯 가지의 구체적인 단계를 포함하는 모델을 개발했다. 토슬랜드의 글을 읽을 것을 강력하게 추천한다.

권을 바꾸기 때문에 그러한 변화를 반대하는 권력을 가진 사람들은 저항하게 된다. 그 법령들을 실행할 책임이 있는 사람들은 새로운 법을 무시하고, 회피하고, 혹은 차츰 효력을 약화시키면서 법이 잠재적 수혜자들에게 주는 혜택을 부정하고 사회의 변화를 최소화하려고 할지도 모른다. 소신은 이러한 저항형태들을 열거하고 그것들을 극복하기 위한 전략들을 제시한다. 이 전략들은 세 가지 유형으로 구분된다.

1. 변화를 실행하는 권한이 있는 자가 변화를 많이 수용하도록 하는 것
2. 여러 가지 이유로 변화를 실행할 능력이 부족할 때 변화를 실행할 권한을 강화하는 것
3. 법령을 실행하지 못하도록 하는 권한의 취약성을 활용하는 것

이러한 각 방안에 대해 소신은 사회복지사회복지사들에게 가치 있는 지침과 주의사항을 제공한다.

(7) 역기능적인 정책과 절차

엄격하고 시대에 뒤떨어지며 어떤 면에서는 역기능적인 정책과 절차도 어떤 클라이언트가 자원에 접근하는 것을 제한하는, 의도하지 않은 효과를 가질 수 있다. 예를 들어, 문맹인 클라이언트는 기관의 서비스나 혜택을 위한 자격조건으로 많은 서류와 절차를 작성해야 할 때 결정적으로 불리한 위치에 놓이게 된다. 읽기 능력면에서 빈곤인구의 75%가 8학년(미국 학제 기준) 수준 혹은 그보다 더 낮은 수준이라는 사실에 비추어 볼 때, 공공복지기관들에서 요구하는 문서는 약 90%가 8학년 이상의 읽기 수준을 요구하기 때문에(Bendick & Cantu, 1978) 주요 문제라고 할 수 있다. 더욱이 기관문서 중 1/3은 대학 수준의 읽기 능력이 필요했다(Bendick, 1980: 272). 이런 상황이 명백하게 의미하는 바는 행정가들이 관료주의를 최소화하고, 서류형식을 간소화하고, 읽기 능력이 부족한 클라이언트가 서류를 작성할 수 있도록 도움을 제공해야 한다는 것이다.

벤딕에 따르면, 접근을 제한하는 다른 절차는 기관에서 요구하는 방문 횟수이다. 기관에 가기 위해 오랜 시간 동안 차를 타야 하는 시골지역의 클라이언트들에게 요구되는 방문수는 접근을 상당히 제한하며, 특히 현재 비싼 교통비는 더욱 제한 요건이 된다. 장애가 있거나 이동이 불가능한 클라이언트에게 그 문제는 더욱 심각하다. 그러한 사람들을 수용하기 위해서는, 가정을 직접 방문하거나 전화로 서비스 신청을 받는 것이 필수이다.

어떤 정책은 도움이 필요한 사람이 자원을 얻지 못하도록 한다. 벤딕은 이민자들이 자신의 수입을 증명할 수 없다는 이유로 푸드 스탬프(food stamp, 음식과 교환할 수 있는 쿠폰)를 받지 못했던 예를 인용한다. 이민자 집단의 대표는 임금을 속이고, 그들의 사회보장 기여금을 훔쳤는데, 음모가 드러날 수 있는 급여의 제공을 꺼렸던 것이다. 좀 더 융통성 있는 정책들은 사기행위를 제거하는 것을 목적으로 하는 옹호활동과 함께 이러한 상황을 분명히 개선할 필요가 있다.

서비스 접근성을 감소시키는 또 다른 요인은 요금 부과와 관련한 정책이다. 자원이 매우 제한적일 때, 기관은 많은 요금을 지불할 수 있는 클라이언트에게 서비스를 이용할 수 있는 최우선권을 제공하려 할 것이다. 소득에 따라 요금체계 등급을 매긴다면 말이다. 따라서 비록 그러한 기관들이 본래 경제적 지위와 무관하게 클라이언트에게 봉사하기 위해 만들어졌다고 하더라도, 가족서비스 기관과 같은 제3섹터의 기관들은 빈민에게 서비스를 제공하지 않게 되고, 결과적으로 행정관리자들은 스스로 딜레마에 빠지게 될 것이다. 왜냐하면 기관이 생존하기 위해서는 적절한 재정기반이 필요하기 때문이다. 딜레마를 해결하기 위해서, 자문위원회와 함께 기관의 목적을 검토하고 빈민에게 서비스를 지속적으로 보장하기 위한 방안들을 강구해야 한다. 이런 상황에서 유일한 개선방안은 아마도 외부재정을 늘리는 일일지도 모른다.

PART 4 종결과 평가국면

제 20 장 마지막 단계 : 종결과 평가

제 20 장
마지막 단계 : 종결과 평가
The Final Phase : Termination and Evaluation

원조과정 세 번째이자 마지막 단계는 종결이다. 원조관계와 과정을 어떻게 종결하는지에 따라 클라이언트가 획득한 성과를 유지하고 공식적으로 종결로 발전해나가는 데 결정적인 영향을 미친다. 따라서 참여자들이 이 단계에 대해 미리 계획을 세우고, 세심하고 능숙하게 다루는 것은 중요하다. 이 장에서는 종결과정에 영향을 미치는 여러 요소들을 중심으로 사회복지사와 클라이언트가 수행해야 할 적절한 과업을 알아보고 효과적으로 종결하는 데 필요한 기술들을 논의한다.

1. 종결단계의 과업들

성공적인 종결은 클라이언트가 사회복지사, 집단과의 분리를 적절하게 준비하고 클라이언트라는 역할에서 본래의 자신으로 변화하도록 돕는 것이다. 이를 위해 수행해야 할 과업들은 다음과 같다.

- 종결시기 결정하기
- 분리과정 동안 경험하는 정서적 반응 서로 해결하기
- 제공된 서비스와 목표달성 정도 평가하기
- 획득된 성과를 유지하고 계속 발전할 수 있도록 계획하기

2. 종결유형

기본적으로 다음과 같은 다섯 가지 유형의 종결이 있다. 앞에서 설명한 바와 같이 위에 소개한 과업 중 어떤 것은 특정 종결 유형에 부적절하지만 다른 종결유형에는 매우 적절한 경우도 있다. 그러므로, 과업의 중요성 차이는 각 유형의 종결을 논하고 난 후 더욱 명확해질 것이다.

1) 일방적인 조기종결

일반적으로 선호하는 종결방식은 원조과정에서 참여자들이 목표를 달성했기 때문에 함께 종결을 계획하는 것이다. 그러나 불행하게도 일부 클라이언트는 약속한 시간에 나타나지 않거나 피상적인 종결 이유를 제시하거나 문제를 더 이상 논의하기를 거절하면서 종결하기도 한다. 비자발적인 클라이언트는 일방적으로 종결하기 원하지만, 법적인 강제 때문에 계속할 수도 있다. 이 경우 출석하기는 하지만 심리적으로 참여한다고 보기는 어렵다. 실제로 가

끔 출석한다거나 늦게 와서 빨리 가버리는 경우가 많다. 어떤 클라이언트는 질병이나 죽음, 감금과 같이 스스로 통제할 수 없는 상황 때문에 혹은 다른 기관이나 다른 사회복지사에게 의뢰되어 관계를 종결할 수도 있다.

어떤 클라이언트는 세션이 끝날 무렵 다음부터 오지 않을 것이라고 말하여 사회복지사에게 종결 이유를 탐색할 기회조차 주지 않는 경우도 있다. 이럴 경우 사회복지사는, 종결은 갑자기 결정할 수 없는 중요한 문제임을 설명하고 그렇게 결정하게 된 요인이 무엇인지 탐색할 기회를 달라고 하는 것이 바람직하다.

일방적인 조기종결은 해결되지 않은 저항감의 표현일 수 있다. 클라이언트가 사회복지사에 대해 부정적인 감정을 느끼고 있다면, 사회복지사는 자신이 클라이언트의 감정을 상하게 했는지 염려하고 있음을 표현하고 그 문제에 대해 좀더 얘기해 보고 싶다고 말하는 것이 바람직하다. 클라이언트가 이에 응한다면, 19장에서 논의한 지침을 활용해서 그러한 감정을 해소할 수 있을 것이다.

어떤 클라이언트는 한두 세션 후 종결하면서 충분히 도움을 받았으며 더 이상 필요한 도움이 없다고 말하기도 한다. 실제로 최근 연구에 따르면(Presley, 1987; Toseland, 1987), 이러한 경우가 자주 있으며 이런 경우, 사회복지사는 조기종결이 클라이언트의 불만족과 부정적인 결과를 의미하는 것으로 여긴다고 한다. 하지만 클라이언트가 기적적으로 향상하기 바란다면, 그것은 오히려 문제를 부정하거나 소망하는 사고 때문일 수 있다. 실제로 어떠한 측면에서도 향상되지 않았다면, 클라이언트에게 솔직하게 이를 지적해주는 것이 좋다. 그러나 계속 상담할 것을 강요해서는 안 된다. 그리고 언젠가 다시 서비스를 요청한다면 그때 서비스를 제공해야 한다. 즉 사회복지사는 클라이언트의 자기결정권을 존중하는 한편 전문가로서 의견을 제시해야 할 의무를 다해야 한다. 다음은 이러한 이중적인 상황에서 어떻게 얘기할 수 있는지에 관한 예이다.

> "저도 이미 어려움이 해결되었다는 생각에 동의할 수 있다면 좋겠어요. 하지만 제가 보기엔 문제에 대한 근본적인 변화가 없었고, 지금 느끼시는 향상된 상태는 단지 일시적인 것일 수 있다고 생각합니다. 제가 생각하기에 아직은 많이 나아지지 못했다는 거죠. 하지만 그렇게 결정하셨다면 존중합니다. 만일 다음에라도 어려움을 해결하고자 하신다면 언제든지 찾아오시기 바랍니다. 저는 도와드리기 위해 여기에 있으며 여전히 많은 관심을 갖고 있음을 알아주셨으면 합니다."

위 메시지는 전문가의 권위가 있으면서 동시에 존중과 관심을 표현하고 있으며, 책임의 소재가 클라이언트임을 분명히 하고 있다. 이러한 방식으로 조기종결을 다루면 많은 클라이언트가 이후 더욱 동기화되어 추가 서비스를 받으러 돌아온다. 어떤 클라이언트는 처음부터 솔직하게 말했던 것에 고마움을 표현하기도 했다. 한편, 어떤 재정 지원처에서는 사회복지사가 시기상조라고 생각하는 종결에 대해서도 기능만 어느 정도 회복했다면 적절한 종결이라고 간주한다.

집단 역시 한 성원의 조기종결의 역효과를 경험할 수 있다. 조기종결하는 성원은 종결하겠다는 의도를 밝힐 수도 있고 밝히지 않았을 수도 있다. 또 사회복지사는 종결이유를 자유롭게 집단에서 다룰 수 없어 집단성원들이 조기종결한 성원에 대해 다룰 수 있는 기회를 주지 않을 수도 있다. 어떤 경우에서든지 집단성원들은 집단을 망가뜨리고 집단경험의 가치를 떨어뜨린 '반항적인' 조기종결을 하는 클라이언트에게 분노할 수 있다. 그 밖에도 집단성원들은 그러한 분노에 대한 죄책감이나 거부된 것에 대한 아픔, 집단이 투자할 만한 가치가 없는 것이 아닌지에 대한 의구심, 함께 집단을 떠나고 싶다는 바람을 가질 수도 있으며 가치로운 관계를 상실하면서 느끼는 슬픔 등을 경험할 수 있다. 떠나는 성원 역시 집단을 떠나는 것에 대한 양가감정, 집단에 남도록 강요받는 것에 대한 분노, 집단을 떠나는 것에 대한 죄책감 그리고 상실감 등을 경험하게 된다.

성원들의 반응을 다룰 수 있는 기회가 주어진다면, 집단은 집단 생존에 대한 위협을 느끼지 않으면서 한 성원의 종결에 대한 충격을 해결할 수 있다. 하지만 그러한 기회가 주어지지 않는다면, 한 성원의 조기종결은 집단의 사기에 부정적인 영향을 미칠 수 있다. 만일 그 성원이 집단의 다른 성원들과 충돌하여 떠났다면 부정적인 영향은 더욱 심각할 수 있다. 또 집단이 형성된 지 얼마 되지 않아 성원을 상실한다면 집단생존은 위협받을 수 있다. 어떤 성원이 논의과정 없이 종결했을 때, 사회복지사는 집단에서 이 사건을 토의하고 이 사건의 의미와 집단에 미치는 영향에 대해 성원들이 어떻게 인식하는지 판단하고, 종결한 성원이 다시 참여하기를 바라는지 함께 결정해야 한다.

위와 같은 감정들은 집단이 개별성원이나 집단지도자의 장기부재를 경험한다거나 사망이나 시설퇴소로 성원을 상실하게 됐을 때 혹은 성원이 시설에서 무단외출을 했을 때에도 발생할 수 있다. 공식적인 치료집단뿐 아니라 요양소 등 거주시설에서 함께 사는 집단일 경우라도 성원이 떠나거나 죽을 때, 집단은 심한 상실감을 경험할 수 있다. 따라서 사회복지사는 집단이 상실에서 경험하는 부정적인 감정들을 적절히 처리할 수 있도록 도와주는 것이 매우 중요하다.

2) 시간제한으로 결정된 계획된 종결

정해진 시간에 따라 서비스를 제공하는 기관이나 조직에서는, 그에 부합하는 종결을 계획해야 한다. 예를 들어, 학교에서 제공하는 서비스는 일반적으로 학년이나 학기가 끝날 때 중단한다. 병원이나 기타 거주시설이라면 서비스 제공기간은 입원이나 입소기간, 보험적용 등에 따라 결정된다. 따라서 서비스는 며칠 동안 제공될 수도 있고 몇 달간 제공될 수도 있다. 일정 학기나 학년 동안만 기관에서 일하는 사회복지학과 실습생이 서비스를 제공할 경우도 시간제한에 따라 종결을 계획한다.

이 같은 환경에서 제공하는 서비스 종결은 몇 가지 특징이 있다. 첫째, 한 학년이나 실습기간을 종료하는 시기로 서비스 종결 시기를 미리 정해놓게 되는데, 이렇게 정해진 종결의 경우, 클라이언트는 시간제한을 임의로 정했다고 해석하거나, 사회복지사가 떠나는 것을 유기나 포기로 인식하지 않는다. 종결시기를 미리 알고 있는 것은 분리와 관련한 감정들을 해결할 수 있는 충분한 시간을 준다. 그러나 이런 방식으로 맺는 종결은 학교에서 서비스 받던 학생들이 일시에 많은 서비스를 받지 못하게 된다는 단점이 있다.

기관기능과 관련하여 시간제한에 따라 결정하는 종결에서 흔히 발견할 수 있는 또 다른 특징은, 클라이언트 문제가 정해진 기간 동안 해결되지 않을 수 있다는 점이다. 따라서 미리 정한 종결시기는 어떤 클라이언트 경우에는 적절하지 않을 수 있다. 따라서 이들 클라이언트는 서비스와 원조관계를 중간에 잃게 되는 것에 강렬하게 반응할 수 있다. 따라서 사회복지사들은 시의적절하지 않은 분리로 인한 감정들을 해결하고 추가적인 서비스를 위해 클라이언트를 의뢰해주어야 하는 이중의 과업을 맡게 된다. 이에 대해서는 다음 부분에서 논의할 것이다.

학년이나 교육기간이 종료하여 이루어진 종결은, 사회복지사가 결정한 시간에 따른 종결의 경우만큼 긍정적인 결과들을 기대할 수는 없다는 어려움이 있다. 다시 말해, "앞으로 여덟 세션을 하기로 해요. 그 정도 기간이면 충분하니까요"라고 이야기하는 것이 "앞으로 여덟 세션을 하기로 해요. 그게 한 학기 동안 할 수 있는 최대한이거든요"라고 이야기하는 것보다 훨씬 긍정적인 기대를 갖게 할 것이다. 시간을 하나의 역동으로서 효과적으로 사용하기 위해서 정해진 기간에 서비스를 전달하는 것이 충분하다는 믿음을 주는 것이 좋다. 많은 연구에서 6~10회 상담한 개입 효과가 장기간 개입에서 얻는 효과와 비슷하다고 보고하면서 이러한 믿음이 정당한 것임을 보여주고 있다.

실습기간이 끝나 종결하는 것이라면, 실습생들은 자신이 지도감독 받고 있는 학생이라는 것과 기관을 떠나는 시기에 대해 클라이언트에게 미리 알려야 한다. 이에 대해 저메인과 기터만(Germain & Gitterman, 1980)은 실습생은 클라이언트에게 자신의 신분과 역할에 대해 알려야 할 윤리적 의무가 있다고 했다. 이러한 윤리적 의무를 준수하는 목적 외에도 실습에 대한 정보를 알리는 것은 상당히 실용적인 이유가 있다. 일단 이 책에서 반복하여 강조해 온 것과 같이, 원조과정에서 진실한 관계를 맺고 신뢰를 쌓는 것은 중요하다. 대부분의 클라이언트는 언젠가 실습생 신분을 알게 되기 때문에, 실습생이 자신의 신분을 숨기는 것은 신뢰를 형성한다거나 관계에서 완전히 전문가적 권위를 갖는 것을 어렵게 한다. 게다가 실습기간이 끝나가고 종결을 알려야 할 때, 자신의 상황을 이야기하지 않고 기관을 떠나는 이유를 설명하는 것은 매우 어색하다. 이러한 중요한 시기에 실습생으로서 신분을 밝히거나 혹은 좀더 숨기는 것은 신뢰를 급격히 떨어뜨리고, 원조관계에 매우 나쁜 영향을 미칠 수 있다.

3) 시간제한 양식에 따라 계획된 종결

미리 시간제한에 대해 협의하는 것은 종결과정에 중요한 영향을 미친다. 개입을 시작할 때부터 종결시기에 대해 아는 것은 정서적 밀착이나 의존성 정도를 제한하는 경향이 있으며, 이는 종결로 인해 클라이언트가 경험하는 상실감 정도를 감소시켜 줄 수 있다. 그리고 사회복지사는 역할에 좀더 적극적이며, '여기 그리고 지금(here & now)' 의 과업에 집중하여 의존성과 강렬한 정서적 밀착을 최소화할 수 있다. 따라서 이별에 대한 정서적 반응은 일반적으로 개방적 종결의 경우보다 훨씬 완화되는 경향이 있다. 그럼에도 불구하고 시간제한적 양식에서도 역시 클라이언트는 밀착된 관계를 형성하고 상실감을 경험한다. 따라서 사회복지사는 앞으로 논의할 종결에 대한 반응에 대해 민감해야 한다.

리드(Reid, 1978)는 과업중심적 접근에서 사회복지사는 마지막 바로 전 면접에서 이것이 마지막 과업임을 명확히 언급하여 공식적으로 종결을 시작하는 것이 좋다고 하였다. 이때 마지막 과업은 이전의 성공적이었던 과업들에 대한 반복이나 약간의 향상 정도로 정하는 것이 이상적이다 (p.179). 마지막 면접에서는 마지막 과업에 대한 결과들을 검토한 다음 ① 표적문제에 대한 클라이언트의 성과를 평가하고, ② 필요할 경우, 그 문제와 관련하여 지속적으로 해야 할 일들에 대해 계획을 세우고, ③ 지금까지 배워온 문제해결 방법들을 클라이언트가 일상적인 문제들에 전반적으로 적용할 수 있도록 도와주며, ④ 추후 세션을 계획하는 데 중점을 두어야 한다. 이들 활동은 다른 종결 유형에도 적용되는 것이기 때문에 이에 대해서는 후에 다루기로 한다. 한편 이러한 활동을 그대로 적용하는 것이 종결과정을 계속하는 것을 어렵게 할 수도 있는데, 만일 클라이언트와 사회복지사가 좀더 특별한 방식의 종결이 필요하다고 생각한다면 그것이 더욱 적절할 수 있다. 적용가능한 종결활동들은 다음과 같다.

(1) 서비스를 연장하는 것

추가시간 동안 클라이언트가 결정적인 발전을 할 수 있을 것으로 본다면, 서비스 기간을 연장할 수 있다. 추가 세션을 위해 재계약하는 것이 가능한 경우는, 원조과정 후반에 핵심 문제를 발견했거나 결혼, 기관퇴소, 양육권 재획득 등 클라이언트의 문제에 영향을 주는 변화를 예상할 수 있는 경우이다. 단지 세션을 연장하여 좀더 발전할 수 있다고 기대하는 것만으로는 정당한 이유가 될 수 없다. 리드(1978)가 지적한 바와 같이, "정규 서비스 기간 동안 별다른 성과가 없었다면, 몇 세션을 연장하더라도 많은 것을 이룰 가능성은 희박하다. 이것은 오히려 클라이언트나 사회복지사에게 시간 낭비일 뿐만 아니라 클라이언트에게 더욱 실패감을 줄 수 있다(p.184)."

클라이언트나 사회복지사 누구든 세션 연장을 제안할 수 있으며, 만일 클라이언트가 불필요하게 연장을 요구할 경우, 리드는 그 요구를 인정하되 연장 이유를 명확히 하는 것이 좋다고 한다. 대부분 클라이언트에게 정규 서비스 기간은 충분하다. 리드에 따르면, 사회복지사가 별다른 이유 없이 클라이언트에게 추가 세션을 바라는지 묻는 것은 좋지 않다고 언급한다. 추가로 서비스를 제공하여 매우 중요한 목표를 성취할 충분한 근거가 있을 경우에만 사회복지사는 서비스 연장을 추천해야 한다.

(2) 후속계약

종결 무렵에 중요한 문제가 드러났다거나 더욱 긴박한 문제에 밀려 다루지 못했다면, 처음 계약한 서비스 기간과 같은 기간 동안 서비스를 제공할 것을 협의할 수 있다. 어떤 경우든 클라이언트가 중요한 문제를 다룰 기회가 없었기 때문이다. 특히 개입기간 동안 다른 문제는 상당 정도 해결되었다면 새롭게 서비스 계약을 맺는 것은 바람직하다. 그러나 리드는 문제에 대해 관심을 갖는 것이 클라이언트가 아닌 사회복지사 자신이 아닌지 주의해야 한다고 경고한다. 리드(1978)는 만일 사회복지사가 클라이언트의 인식과 동기에 민감하다면 후속으로 계약할 일은 거의 없을 것이라고 한다.

그러나 포춘(Fortune, 1985c)에 의하면, 시간제한 양식을 사용하는 사회복지사 중 정해진 시간을 지키는 경우는 절반도 되지 않는다. 계획된 종결시기를 넘겨 서비스를 계속 제공하는 가장 흔한 이유는 다음과 같다. 클라이언트가 목표한 대로 진전하지 못한 경우, 사회복지사의 판단으로 클라이언트의 독립적 대처 능력이 의심되는 경우, 클라이언트가 계속 서비스 받기를 원하는 경우, 클라이언트의 상황이 다시 악화될 경우이다. 버지니아주의 사회복지학 석사 출신(MSW) 사회복지사 69명을 대상으로 한 조사에서, 오직 10% 사례에만 시간제한 양식을 사용했음을 알 수 있다. 이는 주목할 만하다(Fortune, Pearlingi, & Rochelle, 1991). 이러한 조사결과는 훌륭한 단기간, 시간제한적 서비스 제공 모형이 많이 개발되어 있음에도 불구하고 개방형 종결 양식을 무차별적으로 사용하고 있음을 보여준다. 그러나 최근 장기 서비스에 대한 기금제한으로 이러한 개방형 종결양식(open-ended) 서비스를 제공한 성과는 감소할 것으로 예상된다.

(3) 지속적인 보호차원에서 종결

지속해서 보호한다는 전제로 종결하는 경우는 클라이언트가 장기 보호받고 있으며 사회복지사가 전체 치료 프로그램 중 한 부분만을 맡은 경우에 적절하다. 예를 들어, 사회복지사는 클라이언트가 속한 보다 큰 범위의 치료 프로그램 일부를 책임지고 있는 기관의 임상팀 중 한 구성원일 수 있다. 따라서 사회복지사의 역할이 끝났더라도 팀의 다른 구성원은 전체 팀으로 계속 노력을 조정하는 역할을 할 수 있다.

또 사회복지사가 장기 서비스(아동복지 등)에서 클라이언트에 대해 독립적으로 책임을 지고 있지만, 특정 문제(가정관리 등)에 대해서는 다른 임상가와 과제중심 개입을 하기 위해 계약을 맺는 경우도 있다. 이때 과제중심 개입은 좀더 광범위한 개입의 일부분이다. 만일 사회복지사 자신이 과제중심 개입을 맡는 경우도 지금까지 개입은 종결하고 결과를 평가해야 한다.

(4) 시간제한형에서 개방형 양식으로 전환

사회복지사는 또 다른 대안으로 개방형 양식을 종결로 전환할 수 있다. 리드는 거듭 이런 방식으로 서비스를 연장하는 것이 좋지 않다고 말하지만, 개방형 종결로 전환하는 것이 필요한 상황은 종종 있다. 미국과 영국에서 수행한 다양한 연구결과에 따르면, 대부분의 클라이언트에게 시간제한적 개입은 적합하다고 결론 내리지만, 조사대상 클라이언트 중 15%~18%는 좀더 긴 시간이 필요하다고 지적한다. 기본(Gibbons)과 동료 연구자들은 장기 개입으로 전환하는 클라이언트는 매우 광범위하고 복합적인 문제가 있으며, 과제중심 접근에서와 같이 문제 초점을 제한하는 것을 꺼린다고 한다(p.209). 더욱이 미리 정해진 세션을 마치고 나서도 어떤 클라이언트는 계속 서비스 받기를 요청한다. 이런 경우 한 클라이언트가 서비스를 받는 것 때문에 다른 클라이언트에게 서비스를 제공하는 데 방해가 되지 않는다면, 그러한 요구를 존중하는 것이 좋다. 사회복지사는 개방 종결형 서비스로 전환하기 전에 평가 면접을 실시해야 한다.

개방형 종결양식으로 전환하면서 시간제한이란 요소를 지킬 수 없지만 리드가 지적한 바와 같이 과제중심 접근방법의 다른 요소, 즉 목표의 세분화, 계약의 공식화, 과업수행에 기반을 둔 개입, 초점과 계속성 유지, 진전에 대한 모니터링 등은 지속하는 것이 좋다. 그렇게 하면서 사회복지사는 개방형 종결양식의 큰 단점인 목적 없이 헤맨다거나 되는 대로 진행하는 것을 피할 수 있다.

(5) 의뢰

또 다른 대안은 클라이언트가 추가의 도움을 받을 수 있도록 의뢰하는 것이다. 사실 특별한 문제에 대해 적절한 자원을 찾아주는 것은 시간제한적 모델에서 가장 중요한 과업이다. 의뢰에 대한 구체적인 기술에 대해서는 3장을 참조한다.

(6) 비자발적 클라이언트와 종결

비자발적인 클라이언트와 종결하는 데 있어서 사회복지사가 무엇인가 잘못될 수 있을 것 같다는 우려 때문에 서비스를 일방적으로 연장하는 것은 피해야 한다. 클라이언트의 새로운 문제에 도움을 주기 위해 다른 지지체계를 마련하는 동안 세션 횟수나 빈도를 줄이면서 모니터링 하는 단계가 더욱 유용하다. 비자발적인 클라이언트는 자발적인 클라이언트가 종결할 때 경험하는 슬픔을 거의 경험하지 않는다. 반면 어려운 과업을 완수했다는 것과 이제는 자신의 삶을 간섭하는 기관이 없다는 것에 성취감을 느끼는 경우가 많다.

4) 개방형 종결양식을 포함한 계획된 종결

종결시기를 정하는 것은 개방형 종결양식에서 가장 중요한 과업이다. 이론적으로 인간은 끊임없이 성장할 수 있기 때문에 클라이언트가 최고의 성장을 이뤄낸 시기를 정하는 것은 간단한 작업이 아니다. 일반적으로 클라이언트가 세션에서 얻을 수 있는 것이 점차 감소된다고 판단한다면, 종결을 생각해 보는 것이 적절하다. 사회복지사는 클라이언트가 괄목할 만큼 발전했다고 생각한다면 클라이언트 역시 그렇게 인식하지 않은지 클라이언트 표현에 주의를 기울여야 한다. 만일 클라이언트가 한동안 상황이 좋아졌다고 이야기하면서 이제 서비스를 받지 않아도 되는지 묻는다면, 사회복지사는 클라이언트가 가까운 미래에 종결할 준비가 되었다고 생각할 수 있다. 클라이언트가 종결할 준비가 되었음을 확실히 한다면, 함께 종결에 대해 계획을 세워보자고 제안하는 것이 바람직하다.

종종 클라이언트는 종결에 대한 생각을 표현하는 것에 주저하기 때문에 만일 간접적으로 종결을 표현하고 있다는 인상을 받는다면 사회복지사는 종결에 대해 이야기를 꺼내야 한다. 클라이언트는 이제 더 이상 스트레스에 대해 말할 것이 없으며, 별로 스트레스를 느끼지 않는다고 말할 수 있다. 만일 클라이언트가 말한 것과 같이 실제로 분명한 발전이 있다면 계획했던 목표에 따라 클라이언트의 기능을 검토해 보자고 제안하는 것이 좋다. 클라이언트가 그러한 목표에 대해 만족할 만큼 성취했다고 표현하고 사회복지사 역시 동의한다면, 자연스럽게 종결로 방향을 잡아 나갈 수 있다.

사회복지사가 종결에 대해 실제로 어떤 기준을 삼고 있는지 연구한 자료는 많지 않다. 그러나 한 연구(Fortune, Pearlingi, & Rochelle, 1991)는 버지니아에서 일하는 69명의 사회복지사를 대상으로 사례를 종결할 때 실제 자주 사용하는 기준을 조사한 예가 있다. 자주 사용하는 기준은 순서대로 다음과 같다. ① 클라이언트의 행동과 상황에 대한 대처가 유의미하게 향상되었다. ② 클라이언트의 심리내적 기능이 눈에 띄게 향상되었다. ③ 치료 시작 단계에서 세운 목표를 달성했다. ④ 클라이언트가 종결을 희망한다. ⑤ 치료내용이나 이슈에서 나타나는 변화를 통해 종결할 것을 암시한다(p.368). 그러나 이 내용은 실제로 매우 빈번하게 사용하는 것이다. 이 외에도 종결을 위한 기준은 많이 있다. 이 조사를 수행한 연구자들은 "사회복지사는 목표를 달성한 후 종결하고자 하며 목표를 달성했는지 판단하기 위해서 클라이언트의 내적 그리고 외적 기능을 기준으로 한다"고 결론 내렸다(p.369).

5) 사회복지사가 종결을 재촉하는 경우

때때로 사회복지사는 고용관계 변화나 업무 재배정으로 클라이언트나 집단과 종결해야 할 경우가 있다. 이러한 유형의 종결은 대부분 클라이언트가 아직 계속 도움을 원하는 상황이기 때문에 클라이언트나 사회복지사 모두 많은 어려움을 느낀다. 정서적 반응은 매우 강렬한 반면 그러한 반응을 해결할 시간적 여유가 없는 경우가 많다. 이전에 부모에게 거부당하거나 유기 당한 경험이 있는 클라이언트는 특히 취약하여, 사회복지사가 떠나는 것으로 자아존중감에 상처를 입고 자신은 가치 없는 존재라는 믿음을 확인하면서 고통스러운 거부 경험으로 인식할 수 있다. 사회복지사 역시 이러한 반응이 가능하다는 것을 알기 때문에 클라이언트를 실패로 몰았다는 죄책감을 비롯하여 강렬한 정서적 경험을 할 수 있다. 이때 사회복지사는 종결에 대해 알리는 것을 계속 미룬다거나 자신의 죄책감을 과잉보상하기 위해 지나치게 사과하고 걱정하며 안심시켜 주면서 오히려 클라이언트가 부정적인 감정들을 표현하고 해소하는 것을 더욱 어렵게 하기도 한다.

사회복지사가 떠나면서 서비스를 종결해야 할 경우 가장 중요한 과업은 클라이언트가 자신의 감정을 처리하도록 도와주고 다른 사회복지사와 함께 할 수 있도록 준비하는 것이다. 이에 대해서는 다음 부분에서 더 자세히 논하도록 한다.

3. 종결에 대한 반응들

사회복지사 혹은 집단과 분리하는 경험은 종결의 고유한 부분이다. 분리는 전형적으로 복합적인 감정을 야기하는데, 이러한 감정의 강렬함은 성취 정도, 사회복지사와 밀착 정도, 종결 유형, 클라이언트가 의미 있는 타인과 분리한 경험에 따라 다양하다. 클라이언트가 성공적으로 자신의 목표를 달성했다면, 종결에 이르면서 어느 정도 자신감과 만족을 경험할 것이다. 그리고 강점과 자존감이 성장했다면 미래를 계속되는 성장에 대한 도전으로 긍정적으로 바라볼 수 있다.

1) 긍정적인 종결반응

개인, 부부, 가족, 집단치료에서 대부분의 클라이언트는 종결에 대해 긍정적인 감정을 경험한다. 일반적으로 성과가 주는 이점이 원조관계 상실감보다 훨씬 크기 때문이다. 실제로 클라이언트는 이전에 비해 통제감을 더 갖게 되었다고 보고하고, 클라이언트와 사회복지사 모두 그러한 성취에 기쁨을 경험한다. 특히 사회복지사가 강점지향의 문제해결 접근방법을 사용했을 때에는 더욱 그러한 경향이 있다. 더욱이 원조관계에서 모든 참여자들은 깊고 진실한 개인적인 만남을 경험하면서 풍성함을 느끼게 되고, 각 개인의 자아는 다른 사람들과 접촉하면서 성장한다.

최근 문헌은 종결반응을 다룰 때 클라이언트와 사회복지사에게 발생하는 슬픔과 상실감, 양가감정, 두려움 등 부정적인 반응을 강조해왔다. 하지만 어떤 연구결과들(Fortune, 1987; Fortune, Pearlingi, & Rochelle, 1992)은 이러한 믿음과 상반되는 결과를 제시한다. 이 연구결과에 따르면, 개방형 종결과 시간제한형 종결 모두 가장 흔한 반응은 성공과 진전에 대한 긍정적 감정, 치료경험에 대한 만족감, 치료 외의 건설적인 외부활동에 참여할 수 있는 시간과 돈이 생긴 것에 대한 즐거움과 치료에서 얻은 성과와 독립에 대한 자긍심 등이다. 클라이언트나 사회복지사 모두 부정적인 감정은 흔하게 나타나지 않았다.

2) 부정적인 종결반응

클라이언트와 사회복지사는 종결과정 동안 흔히 상실감을 경험한다. 실제로 상실감은 우리 삶에서 경험하는 많은 이별(학교에 다니기 위해 부모를 떠나는 것, 한 학년에서 다른 학년으로 올라가는 것, 졸업, 이사, 사랑하는 사람을 잃는 것 등)에서 발생하는 보편적인 반응이다. 이러한 상실은 가치를 두었던 사람과 이별하는 것에서 느끼는 '달콤한 슬픔' 과 같이 매우 감동적인 경험일 수 있다. 하지만 사회복지사에게 지나치게 의존적이었던 클라이언트는 이러한 달콤함을 거의 경험하지 못한 채 누구와도 대체할 수 없는 사람을 상실한 것으로 경험한다.

종결에 대한 이러한 부정적인 감정은 별로 흔한 경우는 아니지만, 개방형 종결의 심리사회적 치료에서 좀더 자주 발생한다(Fortune, 1987; Webb, 1985). 사회복지사가 장기간 클라이언트의 삶에 중요한 역할을 해왔기 때문에 어떤 클라이언트는 종결에 대해 매우 꺼릴 수 있다. 그러한 클라이언트는 종결을 일종의 외상으로 인식할 수 있으며, 한 가지 혹은 여러 형태로 종결에 대한 저항을 표현할 수 있다. 레빈슨(Levinson, 1977)은 다음과 같이 종결에서 발생하는 반응들을 정리하였다.

(1) 치료와 사회복지사에게 집착

앞에서 지적한 바와 같이 어떤 클라이언트는 원조관계를 통해 외부관계나 활동에서 더 좋은 결과를 성취하기 위한 방법을 배우기보다 원조관계 자체를 관계와 활동의 대체물로 생각하는 경향이 있다. 사회복지사는 이런 반응에 대비하여 처음부터 가능한 한 최단기간에 독립을 성취하도록 강조하고 클라이언트가 최대의 독립을 이루도록 조장한다. 사회복지사가 이러한 관점을 지향하면 클라이언트는 종결을 심각한 외상으로 인식하지 않게 된다. 그렇지 않으면 대다수의 클라이언트가 종결에서 심각한 어려움을 경험한다. 이것은 사회복지사가 클라이언트에게 집착하고, 클라이언트의 강점과 성장의 기회보다 약점, 결함, 병리에만 초점을 두어 그러한 어려움을 발생한 것은 아닌지 생각해 보아야 한다.

(2) 과거문제 재발

어떤 클라이언트는 치료 종결시점에 이를수록 공황을 겪고 상당기간 발생하지 않았던 과거 문제가 다시 발생하는 것을 경험한다. 최저기준 이하로 기능하는 클라이언트의 경우 자살을 시도하는 등 격렬한 행동으로 좀더 심각하게 반응할 수 있다. 하지만 이런 경우는 거의 드물며 극도로 불안정한 클라이언트 경우에만 나타난다. 클라이언트가 과거 문제가 재발되었다고 표현한다면, 문제를 중심으로 보기보다는 이후 삶과 관련하여 두려움과 불확실성에 대해 초점을 두는 것이 중요하다. 이러한 감정을 탐색하고 공감해준 후, 클라이언트가 이룬 진전에 대해 다시 한번 검토하고 클라이언트가 사용할 수 있게 된 강점과 사적 자원에 대해 믿음을 주는 것이 도움이 된다. 이때 경험하는 두려움을 해결해주고 클라이언트 스스로 실제로 향상했음을 다시 한번 확인하여 줄 때, 클라이언트는 흔히 자기효능감을 회복하고 미래에 대해 독립적으로 직면할 수 있게 된다.

(3) 새로운 문제 호소

원조관계를 계속하기 위한 방편으로 어떤 클라이언트는 종결 세션에서 새로운 스트레스나 문제를 호소한다. 더욱이 평소에 최소한의 의사소통을 하던 클라이언트가 갑자기 말문을 열 수도 있고, 어떤 클라이언트는 이전에 얘기하지 않았던 비밀스런 정보를 말할 수 있다. 사회복지사가 새로운 문제나 정보의 중요성을 최소화해서는 안 되지만, 종결에 대한 감정을 일단 탐색한 후 그 문제와 정보에 관심을 갖는 것이 중요하다. 전체 맥락 차원에서 살펴볼 때, 새로운 정보나 문제는 별로 중요하지 않은 경우가 흔하기 때문이다.

(4) 사회복지사에 대한 대리인 발견

사회복지사를 대신해줄 사람들을 발견하는 것이 사회 자원을 개발한다는 점에서 건설적일 수 있지만, 여전히 이것은 클라이언트가 의존할 다른 대상을 찾아 사회복지사를 상실한 것에 대해 보상하기 위한 방법일 수 있다. 보호적이고 부모 역할을 해줄 친구를 구하려는 클라이언트는 성장을 희생시키면서 의존성을 충족하려는 경향이 있다. 클라이언트가 이와 같은 경우라면, 사회복지사는 클라이언트가 이러한 역동을 인식하고 자신이 선택한 것이 어떤 결과를 가져올지 숙고해 보도록 도와주어야 한다.

집단성원 역시 지속적인 사회지지체계를 개발하기보다 단순히 다른 집단에 소속되어 집단에 대한 상실을 보상받으려 할 수 있다. 어떤 집단은 기관의 관여 없이 실패와 실망감 등 복합적인 감정을 안고 계속 집단을 유지하려고 할 수 있다. 실제로 집단이 끝날 때마다 다른 집단으로 옮겨 다니는 클라이언트를 많이 볼 수 있다. 그런 클라이언트는 변화를 거부하고, 집단에서 얻을 수 있는 안전과 보호를 찾아다닌다. 어떤 클라이언트가 이런 목적으로 집단에 참여한다는 것을 알게 된다면 지도자는 클라이언트가 집단 외부 사람들과 관계를 맺는 것에 대한 두려움을 탐색하고 해결하는 수단으로 집단을 활용할 수 있도록 클라이언트의 목표에 대해 협상하는 것이 좋다.

3) 사회복지사가 떠날 때 발생하는 감정 다루기

사회복지사가 기관을 떠나면서 종결한다면 클라이언트는 종종 슬픔을 경험하기 전에 다른 반응을 표현한다. 종결이 계획된 것이 아니고 별다른 예고 없이 진행된 것이기 때문에, 이때 반응은 때때로 다른 종류의 갑작스런 위기에서 발생하는 반응과 유사하다. 따라서 클라이언트는 임박한 상실에 대해 전혀 생각하지 않고, 아무 일도 없었던 것처럼 행동하는 식으로 반응할 수 있다. 클라이언트가 이렇게 행동하는 것으로 종결을 수월하게 받아들였다고 해석하는 것은 옳지 않다. 현재 평온하게 보이더라도 이것은 폭풍 전 고요일 수 있기 때문이다. 또한 반드시 직면해야 할 고달픈 현실로 인한 심리적 고통을 피해보려는 시도이다.

클라이언트가 자기 감정을 직면하도록 돕기 위해, 사회복지사는 종결이라는 주제를 다시 거론하여 클라이언트가 자신이 떠난 후에도 목표를 달성하도록 계속 노력할 수 있도록 돕고 싶다는 바람을 표현하는 것이 좋다. 종결에 대해 이야기할 때 감정적인 반응을 나타내는 비언어적 표현에 세심하게 주의를 기울이는 것이 중요하다.

또 사회복지사가 떠날 때 클라이언트가 흔히 경험하는 상처, 분노, 거절의 감정이 나타나는 것에 대한 이해를 구하는 감정이입적 의사소통이 필요하다. 부정적 감정을 갖고 있는 클라이언트를 도와주기 위해 자신의 능력을 과시하거나 잃어버리지 않고 건설적인 계획을 세우는 것은 매우 중요하다. 그런 계획은 클라이언트가 깨끗하게 종결할 결심을 하게 만들거나, 다른 곳으로 의뢰한 후 첫 세션에 두 사회복지사가 모두 참석하는 것일 수도 있다. 다음의 예는 진정한 관심과 감정이입을 전하면서 클라이언트가 종결에 대한 감정을 표현할 수 있도록 도와주는 표현이다.

> "저는 당신이 제가 떠나는 것에 대해 정말 복잡한 감정을 갖고 있다는 것을 알아요. 저 또한 당신이 아직 목표를 달성하지 못한 상황에서 떠나는 것이 얼마나 괴로운 일인지 알아주셨으면 해요. 저는 당신이 저를 믿기가 쉽지 않았다는 것을 알고, 당신 어려움을 돌아봐주지 않아서 화가 난다는 것을 이해할 수 있어요. 아마 제가 당신 입장이라도 그렇게 느낄 거예요. 하지만 당신은 지금 이 시점까지 저와 많은 것을 나눴어요. 그러니 제게 지금 당신이 어떻게 느끼는지 말해줄 수 있겠어요?"

클라이언트가 자기 감정에 대해 말할 때, 분노, 상처, 배신감, 거절당했다는 느낌, 자기비하감 등을 종종 드러낼 것이다. 자아존중감이 낮거나 거절당하거나 버려진 경험이 있는 클라이언트는 이런 감정을 가장 예민하게 나타낸다. 아동이나 청소년은 종종 사회복지사를 무시하거나, 사회복지사가 정말로 자신에게 관심이 있었던 게 아니라고 은근히 내비치거나, 자신을 버렸다는 것을 간접적으로 비난하는 메시지를 전하면서 공격한다. 사회복지사는 그 감정을 받아들이고 클라이언트에게 동조함을 표하며 집단성원이 각자의 감정을 직접 표현하도록 돕는다. 그리고 그 점에서 집단성원이 집단의 총체적인 경험에 비추어 감정을 생각하도록 도와야 한다. 집단 사회복지사는 다음 예문과 같이 진실하게 응답하여 그 상황을 실제 아이들이 느끼는 것보다 더 잘 다룰 수 있다.

> "내가 떠나는 것에 너희들이 화가 나는 것을 이해할 수 있어. 우린 프로그램 하는 동안 아주 가까워졌기 때문에 이렇게 끝내야 하는 것이 내게도 너무 힘들구나. 하지만 난 너희들과 함께 한 좋은 추억이 많이 있어. 내가 떠난다고 해서 너희가 만들어놓은 이 집단이 깨져버리지는 않을 거야. 난 떠나더라도 너희는 남아 있고, 내가 곧 새로운 지도자를 보내줄 거야."

그래도 성원은 계속 분노를 드러낼 수 있는데 그렇더라도 사회복지사는 그것을 다 받아주어 그런 감정이 없어지도록 해야 한다. 전형적으로 성원들은 계속 화를 내면서 사회복지사가 그것을 받아들인다고 느끼게 되고 ① 사회복지사가 떠나는 것이 개인적인 거부가 아니라는 것과, ② 비록 고통스러운 일이지만 인생은 그렇게 흘러간다는 것을 깨닫는다. 그리고 점점 자기 감정을 사려 깊게 조절한다. 이런 방식으로 부정적인 감정을 모두 해소하고 나면, 슬픔을 표현하고 참을 수 있게 되고 다시 사회복지사에게 좋은 감정을 느낄 수 있게 된다.

때때로 클라이언트는 사회복지사가 떠나기도 전에 분노와 상처를 표현하기도 하고 사회복지사를 거부하기도 한다. 청소년 집단성원은 사회복지사를 무시하거나 이제 더 이상 필요 없다고 말하는데, 실은 최상의 방어로서 공격하는 전략을 취한 것이다. 개인 클라이언트 역시 사회복지사가 갑자기 떠난 이후에 약속을 지키지 못하는 것에 대해 같은 방식으로 반응한다. 그래서 클라이언트가 사회복지사를 거부할 때 클라이언트에게 손을 내미는 것은 매우 중요하다. 그렇지 않으면, 클라이언트는 자신의 실패를 사회복지사가 진정한 관심을 기울이지 않은 것 때문이라는 증거로 해석하기도 한다. 그래서 전화하거나 집을 방문하는 등 개인적인 접촉은 중요하며 사회복지사가 클라이언트에게 관심이 있고 감정을 이해하고 있다고 재차 확신시켜주어야 한다. 클라이언트를 방문하는 것은 클라이언트에게 다시 관여하여 마음을 잡고 종결 과정을 망치지 않게 하는 좋은 방법이다. 하지만 어떤 클라이언트는 사회복지사의 권유에 끝까지 저항하며 "철저히 부정하거나 그 치료가 자기 삶에 아무런 영향을 미치지 못했다"고 공개적으로 치료자를 악평한다(Levinson, 1977: 486).

집단성원의 부정적 감정이 감소될 때 사회복지사는 집단을 유지하려는 성원의 바람에 동조한다. (즉 "전 여러분이 서로 관심을 갖고 집단을 계속 꾸려가기 원한다는 것을 알고 있어요") 그리고 집단을 끝낸다는 확신을 주는 것은 중요하다. 집단종료 계획을 확고히 하는 것은 성원들의 종결에 대한 분노를 더욱 효과적으로 다루게 될 것이다.

4) 실패로 인한 종결

때때로 사회복지사는 개방형 서비스에서, 아무리 문제를 극복하기 위해 노력해도 클라이언트가 절망 속에 갇혀 있을 때 종결하자고 말해야 한다. 때때로 집단도 성원들이 혼란스럽고, 실망하고, 지도자나 다른 성원에게 화가 난 채 성공적이지 못한 결과로 끝날 수도 있다. 원조과정이 실패로 끝나면, 종결시에 ① 더 좋은 결과를 막은 요인, ② 클라이언트가 앞으로 다른 도움을 구할 것인지의 느낌에 대해 토론해야 한다. 어떤 감정적 반응을 다루는 것은 이전에서 설명한 기술과 태도를 필수적으로 활용해야 한다. 부정적 감정을 성공적으로 다루기 위해, 사회복지사는 클라이언트가 그런 감정을 없애버릴 때까지 부정적인 감정에 초점을 두어야 한다. 그러면 사회복지사는 종결하면서 클라이언트의 감정적 반응을 한층 더 잘 이해할 수 있게 되고, 클라이언트의 삶과 적응유형을 모두 고려하면서 도움을 줄 수 있다.

앞에서 언급한 것과 같이, 반복하여 거절을 경험한 클라이언트는 종결을 사회복지사가 거절한 것으로 잘못 해석한다. 그래서 그 이전 경험이나 반응유형을 알고 있는 것이 사회복지사가 클라이언트 감정에 민감하게 반응하고 이런 요인이 현재 인지와 감정에 어떻게 인식되는지를 아는 데 도움을 줄 것이다. 분리에 대한 반응을 아는 것은 클라이언트에게 아주 중요한 일이다. 이러한 경험은 어쩌면 클라이언트가 처음 겪는 상처 없는 이별일 수 있다. 어떤 클라이언트에게 이러한 경험은 앞으로 겪게 될 다른 이별을 더 잘 다룰 수 있게 하는 이정표이기도 하다. 마지막 세션에 참석하지 못한 사람에게 편지를 보내는 것도 좋은 종결 방법 중 하나이다.

4. 평가

원조과정 성과를 측정하는 것은 직접적인 실천에서 점점 더 중요한 일이 되었다. 실제로 대다수 일선에서 일하는 사회복지사는 12장에서 논의한 것처럼 어떤 평가 형태를 취한다. 만약 체계적으로 얻은 측정 기준선이 있다면, 클라이언트가 종결할 때 평가를 준비할 수 있을 것이다. 아마도 이는 근본 원인을 되돌아보게 하고 그 과정에 적극 참여하는 등 클라이언트의 협력을 높일 것이다. 다음은 클라이언트에게 설명할 있는 간단한 예이다.

> "종결의 중요한 부분은 지금까지 한 것에 대한 평가와 함께 일하는 동안 무엇이 가장 그리고 최소한 당신에게 도움을 주었는지 명확히 하는 것입니다. 기관 입장에서, 서비스 질을 향상하기 위해 노력하고 있고, 저 또한 마찬가지입니다. 그래서 당신으로부터 피드백을 받는 것은 무엇보다도 중요합니다. 그래서 당신이 현재 보는 것에 대해 솔직하게 말해주고 피드백을 주는 것은 무엇보다도 가치 있는 일이 될 것입니다. 평가에 대한 질문이 있습니까?"

평가는 세 가지 다른 차원으로 구성된다. ① 성과, ② 과정, ③ 사회복지사이다. 각 차원에 대해 생각해 보자.

1) 성과

성과(outcome)에 대한 평가는 목표에 반하여 성취된 결과를 평가하는 것을 포함한다. 평가단계에서 성과를 평가하는 유용한 방법을 결정할 것이다. 만약 측정도구가 없다면, 클라이언트의 관점을 알고 그 생각과 사회복지사의 생각을 비교하기 위해 상담이나 질문지를 사용할 수 있다(물론 그런 과정은 단지 주관적인 자료를 제공할 뿐이고 정밀한 양적 평가로서는 부족하다). '전체 과정(general progress)'을 평가하기 위해, 함께 세운 목표를 추론하고 각 과정에서 각 목표를 달성한 수준을 클라이언트의 관점에서 도출해야 한다. 다음과 같은 척도로 달성 정도를 클라이언트에게 물어볼 수 있다:

5점 완전히 성취함
4점 대부분 성취함
3점 중간 정도 성취함
2점 약간 성취함
1점 전혀 성취하지 못함

비록 클라이언트의 판단에 맡기는 것이 바람직한 것은 아니지만, 클라이언트에게 최근에 목표를 성취한 실제 예를 들어달라고 요구함으로써 주관성을 줄일 수 있다. 그런 사건에 대해 간단히 토의하는 것 또한 사회복지사와 집단성원에게 자신감과 만족감을 높여주고 성취한 것에 대해 확인할 수 있는 기회를 제공한다. 평가에는 클라이언트가 자신이 경험한 과정을 인지하는 것에 더하여 평가에 사용할 수 있는 다른 기준도 포함해야 한다. 다른 집단성원의 판단과 중요한 몇몇 사람의 평가를 포함하는 것은 좀더 균형 있고 정확하게 사정할 수 있게 한다. 물론 사회복지사가 독립적으로 척도를 개발하여 평가할 수 있고 그 결과와 클라이언트 평가 결과를 종합하여 성과를 도출해낼 수도 있다.

만약 측정 기준선을 얻지 못했더라도, 종결시 변화 표적을 측정할 수 있는 도구를 사용한다면 가능하다. 예를 들어, 임상기준과 우울증이나 자아존중감 측정도구를 사용하여 비교할 수 있다. 클라이언트의 점수가 정상 수준에 속하는지 벗어났는지 판단할 수 있다. 이것은 매우 유용한 정보이다. 물론 만약 치료 이전에 평가한 자료가 없다면 치료가 효과적이었는지 추론할 수 없다는 한계가 있다.

클라이언트가 바라던 변화를 달성하였거나 그렇지 않더라도 평가는 상대적으로 간단하다. 상태변화 성과 예는 다음과 같다. 직장을 구했거나, 의료검사를 받았거나, 재활훈련을 받았거나, 부모훈련모임에 참석했거나, 출산 전 보호서비스를 받았거나 등이다. 상태의 변화 여부는 쉽게 알 수 있다. 클라이언트에게 변화가 일어났는지 직접 물어보고 결정할 수 있다. 뚜렷한 목표에 어떤 수행기준(즉 어떤 위생기준을 유지하는지 또는 적절하게 자녀를 훈계하는지)이 있다면, 사회복지사는 규정된 상태를 달성하였는지 판단해야 한다.

2) 성과—양적 결정

만약 측정기준이 평가기간 동안 문제나 표적행동 발생률이라면(11장에 제안한 것처럼), 측정기준선과 최근의 측정내용을 비교하여 평가한다. 이런 평가방법은 객관적이라는 장점이 있다.

표적행동의 양적 기준선을 측정하면서 얻는 부가적 장점은 평가 진행과정과 성과에서 컴퓨터의 도움을 받을 수 있다는 점이다. 뉴리어스와 허드슨(Nurius & Hudson, 1988)은 컴퓨터를 활용한 임상사정 시스템이 "사회복지사와 클라이언트에게 모두 문제를 사정하고 시간에 따라 과정을 모니터할 수 있게 해준다(p.358)"고 한다. 이들에 따르면, 컴퓨터는 다양한 측면에서 평가과정에 드는 시간과 수고를 줄인다.

주기적으로 기준선을 측정하고 측정도구를 그리기 위해 그래프를 사용하는 것은(12장 참조) 사회복지사와 클라이언트에게 모두 진행과정을 쉽게 볼 수 있게 해준다. 성과는 종결점을 포함하여 주기적으로 측정한 결과를 선으로 연결하여 변화를 보는 것만으로도 알 수 있다. 상대적으로 '평평한' 선은 거의 변화 없음을 의미한다. 전체적으로 선이 뚝 떨어지는 것은 만약 목표가 특정한 변화 표적(예를 들어, 분노를 터뜨리는 것, 학교에 결석하는 것, 자기비하하기 등)을 줄이거나 없애는 것이라면, 진행이 잘되었다는 것이다. 전체적으로 올라가는 선은, 목표가 특정 행동의 변화 빈도를 증가하는 것이라면(예를 들어, 자기확신, 사회적 접촉, 숙제 끝내기 등), 향상되었음을 의미한다.

어떤 긍정적 변화 사례는 그래프를 보는 것으로 명확히 알 수 있지만, 그것이 통계적으로 유의미한지 확실하지 않다(즉 우연히 변할 가능성은 5~100을 넘기지 않는다). 두 가지 주요 통계 절차는 얻은 차이가 유의미한지 테스트하는 것이다. 한 가지 절차인 쉬워트 차트(Shewart chart)는 초기기간 동안 측정치 평균과 표준편차를 계산하는 것이다. 수평축과 평행한 선은 기준선 측정의 평균을 말한다. 다른 두 평행한 수평선은 평균을 나타내는 선에서 표준편차만큼 떨어진 거리에 있는 선이다. 평균기준선을 없애고 두 표준편차 선을 넘어선 측정치(개입기간 동안과 종결)는 .05 수준에서 통계적으로 유의미하다는 것을 의미한다. 두 번째 방법은 셀러레이션 선 기술(celeration line technique)인데, 이것은 좀더 복잡한 방법으로 이 장에서 설명하기에는 적절하지 않은 것 같다. 두 절차 모두 자세한 설명이 필요하다. 블룸과 피셔(Bloom & Fischer, 1982: 442-472), 블리드와 트리퍼디(Blythe & Tripodi, 1989: 123-133)가 쓴 실천 평가에 관한 책을 참조할 수 있다.

3) 과정

평가의 다른 면은 클라이언트에게 도움이 되었는지 그리고 클라이언트가 원조과정을 어떻게 인지했는가와 관련이 있다. 원조과정에서 진전시키거나, 진전을 방해했던 기술과 사건들에 대해 클라이언트로부터 피드백 받으면 사회복지사는 어떤 기술을 연마하고 또 어떤 기술을 버려야 하는지 알 수 있으며 따라서 분별력을 갖고 기술을 사용할 수 있게 된다. 예를 들어, 자신만만한 클라이언트일수록 적합한 기술을 우울한 클라이언트에게 사용하게 되면 반대효과를 얻게 된다. 윤리적 측면에서 사회복지실천의 중요한 면은 효과를 높이기 위해 끊임없이 노력하는 것인데 이는 클라이언트가 사회복지사의 개입을 어떻게 인지하는지 체계적으로 피드백을 받는 것이다.

때때로 이러한 피드백은 많은 정보와 확신을 줄 뿐만 아니라 겸손하게 한다. 사회복지사는 긍정적 성과를 단지 클라이언트를 알기 위해 완벽하게 사용한 기술 때문이라고 보지만 실제로는 클라이언트가 포기했을 때에 목표를 이루고 유지하려는 사회복지사의 의지가 더 큰 도움이 될 수 있다. 집단성원도 이처럼 종종 집단 과정이나 다른 성원들의 행동에 따라 사회복지사가 간과한, 특히 도움이 되는 요소인 어떤 면을 명확히 한다. 이것은 사회복지사가 한 개입을 정밀하게 계산하기보다 변화를 유발하는, 불명확하거나 일반적인 요인이다(Yalom, 1980: 1-2) 물론 핵심은 긍정적인 변화를 유발할 수 있는 일반적인 요소를 잘 알아 실천에 통합하고 치료적 효과를 향상시키는 것이다.

4) 사회복지사

어떤 세팅에서는 사회복지사가 제공한 서비스에 대한 만족도뿐만 아니라 구조적인 문제에 대한 평가도 한다. 가령 대기실이 적합한지, 주차가 편리한지, 신청부터 첫 만남까지 시간이 얼마나 소요되는지, 직원은 얼마나 친절한지 등등 이러한 내용을 포함한 평가지를 만들어 클라이언트에게 공식적 피드백을 받는다. 행동, 태도, 공헌도에 대해 피드백을 구하는 것은 원조과정에 긍정적 또는 부정적으로 영향을 미칠 수 있다. 사회복지사가 비평을 환영하고 진정으로 비평을 요구한다면 클라이언트도 기탄 없이 말할 것이다. 결과로서의 피드백은 매우 중요하다. 클라이언트는 전형적으로 부정적인 요소보다 긍정적인 요소를 말한다. 게다가 긍정적 피드백이 갖는 가치는, 이러한 피드백으로 사회복지사는 자기 강점을 더 잘 알게 되고 미래에 더 자주 그 강점들을 활용하게 된다. 부정적인 피드백은 비록 때때로 고통스럽지만, 주의를 산만하게 하거나 반치료적인 행동, 태도, 매너리즘을 알려준다는 점에서 역시 매우 도움이 된다. 클라이언트가 자기도 모르는 맹점이 있듯이 사회복지사도 마찬가지다. 비평은 사회복지사를 성장의 길로 인도한다. 클라이언트와 마찬가지로 변화에 앞서 인식하는 것이 중요하다.

5. 성취한 것을 통합하고 유지전략 계획하기

원조과정의 목적은 클라이언트에게 현재 자신의 문제를 해결하는 것을 도와주는 것뿐만 아니라 미래에 닥칠 수 있는 다른 어려움에 대처할 수 있도록 클라이언트를 강하게 만드는 것이다. 이와 유사하게 집단사회복지실천에서 중요한 목적은 성원들에게 집단에서 성공적으로 상호작용하도록 돕는 것뿐만 아니라 새로 개발한 대인관계 기술을 더 넓은 사회관계로 확대할 수 있도록 돕는 것이다. 따라서 종결에서 다른 중요한 일은 클라이언트에게 과정을 통해 얻은 것을 통합하고 이를 유지하는 계획을 세우는 것이다. 최근 이러한 과업에 대해 점차 관심이 집중되고 있는데, 이는 사후 연구에서 많은 클라이언트가 공식 원조기간 동안 성취한 것을 유지하지 못한다는 놀라운 결과를 보였기 때문이다. 이런 관심은 르젭니키(Rzepnicki, 1991)가 저술한 「개입 성과의 지속성 향상시키기: 1990년대의 도전」이라는 논문 제목에 잘 나타나 있다. 성취한 것을 유지하는 데 실패하는 이유는 다음과 같은 여러 가지 요인에 기인한다.

• 습관적 패턴으로 돌아가려는 자연스러운 경향 (예를 들어,

알코올이나 약물남용 등)
- 개인적 그리고 환경적 스트레스 요인
- 사회활동이나 여가활동을 위한 환경적 기회의 부족
- 긍정적 지지체계 부재
- 미숙한 사회기술
- 기능적인 행동을 재강화하는 것 부족
- 환경변화에 대한 미흡한 대처
- 동료 압력에 저항하는 것 실패
- 역기능적 가족환경으로 돌아가는 것
- 부적절하게 설정한 새로운 행동

유지전략을 계획할 때, 이러한 요인에 관여해야 하며 클라이언트가 그런 것에 대처할 수 있도록 준비시켜야 한다. 르젭니키(1991)는 치료효과를 저해하는 위의 요인들을 규명했고 이를 예방하기 위해 설계한 수많은 반대 전략을 수립했다.

클라이언트가 자신의 문제를 되돌아보고 그런 문제를 해결하기 위해 밟아왔던 단계를 분석해 보는 것은 성취한 것을 강화하는 데 도움이 된다. 이런 고찰과정에서 사회복지사의 역할은 클라이언트가 14장에서 정의한 것처럼 독립적 문제해결 기본단계를 포함하여 효과적인 문제해결 원리를 파악할 수 있도록 돕는 것이다. 그리고 사회복지사는 삶의 일반적인 문제에 이 원리를 어떻게 적용할 수 있는지 이해시킨다. 클라이언트가 독립적인 문제해결방법을 습득하고 사회복지사가 다양한 문제상황에서 이 개입방법을 응용할 수 있도록 잘 인도했다면, 클라이언트는 이미 변화 가능한 적응 기술과 능력을 갖춘 것이다. 종결시에 사회복지사는 각 문제에 따라 어떻게 이 과정을 적용했는지 복습하고, 미래에 닥칠 여러 문제에 이 과정을 어떻게 활용할 수 있는지 재강화해야 한다. 근육이완법, 인지재구조, 자아대화법, 다양한 대인관계 기술과 같이 일반적 응용이 가능한 구체적인 기술들도 재검토해야 한다. 그리고 클라이언트가 일상 생활에서 경험하는 문제에 이 기술들을 어떻게 적용할지를 고려하도록 자극해야 한다.

미래에 경험할 스트레스에 클라이언트가 준비하는 다른 방법은, 13장에서 논의했던 지침들을 예견하는 것이다. 즉 클라이언트가 스트레스와 부정적 강화를 예상하고 적절한 대처방법을 찾도록 한다. 예를 들어, 이전에 청소년 범죄에 가담한 경험이 있는 클라이언트는 동료들에게 괴롭힘을 당하고 조롱당하며 놀림감이 되는 것을 예상할 수 있으므로 유해한 영향에 저항할 수 있도록 자기대화(self-dialogue)와 자아재강화(self-reinforcement)를 계획할 수 있다. 어떤 경우 사회복지사가 적극적으로 클라이언트를 도와 변화를 유지하는 데 방해가 되는 요인들을 밝혀낼 필요가 있다.

6. 재발 방지

종결에서 변화유지 전략을 세우는 것은 모든 클라이언트에게 중요한 일이다. 더욱이 쉽게 퇴보하거나 매우 상습적이라고 알려진 클라이언트 집단에게는 특히 결정적이다. 이러한 집단은 다음과 같다.

- 약물 그리고/또는 알코올 중독 클라이언트
- 분노 통제 그리고/또는 성적 충동에 취약한 클라이언트(예를 들어, 자녀와 배우자 폭행자, 노출증자, 소아기호증자[56], 연쇄 강간자)
- 반복적 비행이나 범죄행위 경력이 있는 클라이언트
- 흡연 그리고/또는 과식습관을 버리지 못하는 클라이언트

성공적으로 치료했음에도 불구하고, 위 클라이언트는 종결 후 내적 강요나 충동, 열망이 계속된다. 이러한 충동과 열망에 사로잡힌다는 것은 클라이언트가 이런 것에 적

56) 소아기호증자는 아이들을 성적으로 희롱하는 어른을 말한다.

응한 방식이며, 또 클라이언트가 스스로 통제를 유지하거나 퇴보하는 데 환경의 영향이 매우 지대함을 의미한다.

최근에 사회복지사와 연구자들은 재발을 방지하기 위해 더욱 정교해진 전략들을 발전시켰다. 위 목록에서 제시한 문제를 유발하는 요인은 매우 복잡하기 때문에, 재발을 막기 위한 효과적인 전략은 다차원적이어야 한다. 이런 전략은 전형적으로 개인 내, 개인 간, 환경체계와 하위체계에 있다. 자기관리 과정은 중심역할을 하며 인지 재구조화와 스트레스 대처법이 이에 포함된다. 개인 간 전략은 의사소통법, 문제해결법, 사회기술훈련법 등이 있다. 환경적 전략은 가족관계강화법, 긍정적 사회지지체계 개발법, 교육기회 향상, 오락이나 다른 건설적 여가활동을 제공하는 것 등을 포함한다.[57)]

1) 재발방지 프로그램 모델

여기에서는 실제 교정기관에서 실행했던 것으로 약물비행에 관련한 재발방지 모델을 설명할 것이다. 약물문제가 있는 클라이언트는 약물사용·재발과 비행으로 돌아갈 확률이 매우 높기 때문에 사후보호와 지역사회로 돌아가는 것을 계획하는 데 큰 도전이 된다. 기관에서 교육한 이후에 효과적으로 사후보호하는 것이 원조 전문가의 주된 관심사이다.

ADAPT 프로젝트(Catalano, Wells, Jenson, & Hawkins, 1989)로 알려진 사후보호 모델(aftercare model)은 비행이나 약물남용을 유발하는 요인을 조직하는 재활 사회개발 모델에 기초한다. 이런 요인을 조직하는 것은 연구자나 사회복지사가 최대한 강력하게 개입할 수 있도록 개입지점을 명확하게 세분화한다.

프로젝트 ADAPT를 세우기 전에, 캐탈라노와 동료들은 재발과 상습성과 관련한 치료 전, 치료, 치료 후 요인들을 명확히 하였다. 이러한 위험 요인분석에 기초해, 사회개발 모델에 따라 사람을 변화시키는 요인을 조직했다. 위험 요인은 다음과 같다(Catalano et al., 1989: 571-572).

- 적당한 기회나 참여 부족
- 적절하고 활동적인 여가활동 부재
- 학교나 직장에 참여 부족
- 마약을 사용하지 않거나 비행하지 않는 친구가 거의 없음
- 적절한 행동이나 상호작용에 대한 보상 부족
- 가족지지 부족
- 학교에서 마찰
- 학업 실패
- 기술 부족
- 사회기술, 학업기술 부족
- 자아통제(분노, 충동, 약물 사용)기술 부족
- 거절(약물, 알코올, 반사회적 행동)기술 부족

사후보호 프로그램을 설계하는 것은 각 위험요인을 모두 다루는 다방면적인 것이다. 지면 제약으로 이 정교한 프로젝트를 상세하게 논의하지 못하지만 요약하면, 개입은 청소년들이 시설에 있을 때부터 시작해 퇴소 후 6개월까지 계속된다. 개입은 10주 사회복귀 프로그램 동안 클라이언트와 함께 일한 사례관리자가 조정한다. 이 기간 동안 목표 정하기, 기술훈련, 학교, 집, 앞으로의 활동에 관련하여 다른 장소들을 방문하는 것 등이 이루어진다.

사후관리 기간인 6개월 동안, 사례관리자는 가족(또는 대안적 장소), 학교, 고용서비스, 위험 요인들과 관계한 다른 체계와 함께 클라이언트가 지역사회로 돌아가는 것을 촉진한다. 또 사례관리자는 클라이언트가 이런 체계와 긍

57) 지면 제약상, 이 장에서 재발방지전략을 모두 토의하지는 못한다. 어떤 집단에 초점을 맞추든 그와 관련이 있는 우수한 저술에 관심을 갖기를 바란다. Brownell, Marlatt, Lichtenstein, Wilson(1986); Daley(1987, 1991), 그리고 Marlatt & Gordon(1985)은 재발에 관한 다양한 요인을 규명하는 논문과책을 썼고, 중독과 관련된 신념과 신화에 대해 논의하고, 재발교육과 중독이나 충동장애 클라이언트를 위한 치료 모델을 제시했다.

정적인 관계로 발전할 수 있는 기술을 향상하도록 돕고 사회활동과 지지적이고 친사회적인 사회 관계망을 형성할 수 있도록 돕는다. 또 사례관리자는 클라이언트를 지지하여 클라이언트가 사회관계를 형성하고 적절한 활동을 하는 등의 노력을 기울이도록 한다.

지면의 제약으로 이 모델의 발전방향과 수행과정 그리고 그와 관련한 혁신적이고 예시적 활동에 대해 정의할 수 없다. 모델 설계는 경험에 기초하여 엄격하게 하였고, 이 모델은 사회개발이론과 생태체계이론을 효과적으로 결합한다. (저자는 생태체계이론에 대해서는 언급하지 않았다.)

2) 지지체계 이용

어떤 클라이언트는 치료에서 성취한 효과가 위태롭게 되어 다음 치료로 이어질 수 있다. 왜냐하면 클라이언트는 사회기술이 부족하고 지지체계가 불완전하기 때문이다. 이런 경우 클라이언트는 스스로 사회활동이나 지지에 대한 욕구를 채울 수 있는 사회적, 친목적 자조집단을 만들어 재발을 막도록 하는 것이 중요하다. 노인을 위한 노인센터, 한 부모를 위한 파트너가 없는 부모모임, 자녀학대 부모를 위한 익명의 부모모임, 정신장애인을 위한 회복센터 등은 취약한 클라이언트를 위해 좋은 지지집단 중 일부이다. 사회기술을 지속해서 훈련하는 것은 어떤 클라이언트에게는 의미 있는 사회적 관계 형성을 가능하게 할 수도 있다. 사회복지사는 클라이언트에게 문제를 통제할 수 없는 지경에 이르면 도움을 받으러 돌아오라고 격려할 수 있다. 비록 클라이언트가 문제에 독립적으로 대처할 수 있는 능력이 있음을 확신하도록 하는 것도 중요하지만, 지속적으로 관심을 보여주어 필요할 때 언제든지 돌아올 수 있게 하는 것도 중요한 일이다.

3) 효과촉진 면담

독립상태와 변화를 유지하기 위한 다른 전략은 효과촉진 상담(booster interview)을 하는 것이다. 종결 후 주기적으로 부가 세션을 갖는다. 치료에서 얻은 효과를 촉진하는 이러한 상담은 대다수의 클라이언트에게는 바람직하지만, 부부치료를 받아왔던 사람들에게 특히 필요하다. 어떤 사후 연구(Jacobson, Schmaling, & Holtzworth-Munroe, 1987)는 행동적 부부치료를 받은 지 2년 후에는 효과가 감소한다는 결과를 제시했다. 또 "부부들은 효과촉진 회기(booster sessions)라는 아이디어에 상당한 호감을 보이는 것처럼 보인다. 실은 어떤 사람은 효과적인 회기를 제안하기도 전에 자발적으로 필요하다고 말했다(p.194)" 고 언급했다. 이런 사실에 기초하여 저자는 치료 후 단계를 포함하는 단기 부부치료를 재구성했다. 이 과정에는 사후관리와 효과촉진 상담을 제공한다. 이는 부부치료 1단계 기간 동안 가르쳤던 과업을 복습하는 과정이다(p.194). 효과촉진 상담을 활용한 다년간 경험은 선행 연구보고와 일치했다.

4) 도전하는 클라이언트

재발방지를 위해 추천하는 다른 전략은 클라이언트가 변화(그리고 계속 성장하도록)를 유지하도록 초점을 두는 것이다. 그러기 위해서는 적절한 전략을 개발해야 한다. 한 사회복지사가 클라이언트에게 "당신은 얼마나 변화를 유지하고 싶습니까?" 라고 물었을 때 클라이언트는 일관되게 '영원히' 라고 대답했다. 이 대화는 변화를 유지하는 전략을 개발할 필요성을 강조하기 위한 좋은 개시다. 변화는 우연하게 유지되는 게 아니라 개인이 목표를 설정하고 계속 매진하면서 정기적으로 그 과정을 모니터 할 때 가능하다. 이 점을 클라이언트에게 강조하는 것만으로도 큰 영향을 미친다. 어떤 부부는 결혼일지를 쓴다. 이 부부는 규칙적으로 서로 평가해주고 결혼관계를 향상시키기 위한 추가적인 목표를 세운다. 사회복지사는 이런 식으로 다른 클라이언트에게 조언해줄 수 있다.

7. 사후 세션

평가, 변화유지와 밀접하게 관련 있는 것은 종결 이후 사후 세션을 활용하는 것이다. 웰스(Wells, 1981)는 사후 세션은 모든 클라이언트에게 필요한 사회복지실천이라고 언급했다.

사후 세션은 클라이언트와 사회복지사에게 모두 이롭다.[58] 많은 클라이언트가 종결 후 계속 진보한다. 사회복지사는 그런 이득에 대한 확신을 갖고 클라이언트에게 계속 노력하도록 독려한다. 사회복지사는 또 사후 세션 동안 간단한 숙식의 도움을 줄 수 있다. 사후 세션은 변화 지속성을 평가하는 기회도 되는데, 원조관계의 일시적인 영향 이상으로 얻은 것을 클라이언트가 유지하는지 측정할 수 있다. 계획된 사후 세션의 또 다른 이익은 사회복지사가 지속적으로 관심을 갖고 있다는 것을 보여줌으로써 클라이언트가 종결의 충격을 최소화할 수 있다는 점이다.

사후 세션이 원조과정에서 중요한 부분임을 인식하기 위해, 원조과정 초기에 그 내용을 설명하고 과정을 진행하면서 때때로 상기시킨다. 이렇게 사후 세션이 계획의 일부임을 명확하게 하는 것은, 클라이언트가 사후 세션을 사생활 침해나 사회복지사의 개인적인 호기심을 만족하기 위한 것으로 인식하는 위험을 방지한다.

웰스는 사회복지사가 너무 구체적으로 사후 세션 날짜를 잡기보다 계획한 시간이 지난 후 클라이언트에게 연락하여 사후 세션을 적절하게 조정하는 것이 바람직하다고 언급했다. 사회복지사는 일정 시간 가격을 두어 클라이언트가 성취한 것을 스스로 시험할 기회를 더욱 명확히 하고 공식 원조 기간 동안 얻은 학습과 변화를 더욱 확고히 해야 한다. 클라이언트가 더 긍정적으로 기대할 수 있도록, 사회복지사는 클라이언트가 사후 세션을 '진보를 확인하는 기회' 로 삼을 것을 권한다.

사후 세션에서 사회복지사는 일반적으로 개입 기간보다 비공식적으로 관계한다. 사회복지사는 적절한 범위에서 클라이언트가 성취한 것에 대해 대화를 나누고 적절한 때 사후 개입 측정치를 구한다. 사후 세션은 또 사회복지사의 노력에 대해 더 많이 평가할 수 있는 기회이다. 무엇이 가장 도움이 되었는지, 무엇이 가장 도움이 되지 않았는지 되돌아 볼 수 있다. 더 많이 노력할수록 더 확실한 이득을 얻을 수 있다. 클라이언트가 생활에 적용할 수 있도록 치료에서 얻은 것은 무엇인가? 마지막으로, 사회복지사는 필요하다면 더 많은 도움을 줄 수도 있다. 사후 세션에서 사회복지사는 클라이언트가 기능적으로 퇴보하는 것을 막도록 적절한 원조를 계획하는 것이다.[59]

---

58) 이 내용은 대부분 Wells가 저술한 *Planned Short-Term Treatment*(2nd Edition, 1994, New York: The Free Press)에서 논의한 내용에 기초한다.

59) 사후상담을 실행하는 더 많은 지침을 얻으려면 정신치료환자를 위한 사후상담에 관한 버나드(Bernard, 1985)의 논문을 추천한다.

Bibliography

References

Abell, N. (1991). The index of clinical stress: A brief measure of subjective stress for practice and research. *Social Work Research and Abstracts, 27*(2), 12-15.
Abramson, J. (1988). Participation of elderly patients in discharge planning: Is self-determination a reality? *Social Work, 33*(5), 443-448.
Abramson, M. (1985). The autonomy-paternalism dilemma in social work. *Social Work, 27*, 422-427.
Accreditation standards and self-study guides, Council on Social Work Education, (1995).
Aguilar, I. (1972). Initial contact with Mexican-American families. *Social Work, 20*, 379-382.
Aguilar, M. (1983). *Patterns of health care utilization of Mexican-American women.* Unpublished doctoral dissertation, University of Illinois, Urbana-Champaign.
Aguilera, D., & Messick, J. (1982). *Crisis intervention: Theory and methodology* (4th ed.). St. Louis: Mosby.
Akabas, H., Fine, M., & Yasser, R. (1982). Putting secondary prevention to the test: A study of an early intervention strategy with disabled workers. *Journal of Primary Prevention, 2*, 165-187.
Albert, R. (1983). Social advocacy in the regulatory process. *Social Casework, 64*, 473-481.
Alberti, R., & Emmons, M. (1970, 1974). *Your perfect right: A guide to assertive behavior.* San Luis Obispo, CA: Impact Publishers.
Alcabes, A. A., & Jones, J. A. (1985). Structural determinants of clienthood. *Social Work, 30*, 49-55.
Alcalay, R., Ghee, A., & Scrimshaw, S. (1993). Designing prenatal care messages for low-income Mexican women. *Public Health Reports, 108*(3), 354-362.
Allen-Meares, P., & Lane, B. A. (1987). Grounding social work practice in theory: Ecosystems. *Social Casework, 68*, 515-521.
Altman, H. (1982). Collaborative discharge planning. *Social Work, 27*, 422-427.
American Psychiatric Association (1987). *Diagnostic and statistical manual of mental disorders* (3rd ed., rev.), Spitzer, R. L. et al. (Eds.). Washington, DC: American Psychiatric Press.
Anastas, J. W., Gibeau, J. L., & Larson, P. J. (1990). Working families and eldercare: A national perspective in an aging America. *Social Work, 35*(5), 405-411.
Anderson, S., & Grant, J. (1984). Pregnant women and alcohol: Implications for social work. *Social Casework, 65*, 3-10.
Anderson, S., Mandell, D. (1989). The use of self-disclosure by professional social workers. *Social Casework, 70*(5), 259-267.
Aponte, H. J. (1977). Anatomy of a therapist. In P. Papp(Ed.), *Family therapy: Full length case studies.* New York: Gardner Press.
Aponte, H., & Van Deusen, J. (1981). Structural family therapy. In A. Gurman & D. Kniskern (Eds.), *Handbook of family therapy* (pp. 310-360). New York: Brunner/Mazel.
Applegate, J. S. (1992). The impact of subjective measures on nonbehavioral practice research: Outcome vs. process. *Families in Society, 73*(2), 100-108.
Arnowitz, E., Brunswick, L., & Kaplan, B. (1983). Group therapy with patients in the waiting room of an oncology clinic. *Social Work, 28*, 395-397.
Aronson, H., & Overall, B. (1966). Treatment expectations of patients in two social classes. *Social Work, 11*, 35-41.
Associated Press (1991). Tempe *Daily News Tribune.* (January 9, 1991).
Attneave, C. (1982). American Indians and Alaska native families. In M. McGoldrick, J. Pearce, & J. Giordano(Eds.), *Ethnicity and family therapy* (pp. 55-83). New York: Guilford Press.
Auerback, S., & Moser, C. (1987). Groups for the wives of gay and bisexual men. *Social Work, 32*, 321-325.
Auslander, G. K., & Litwin, H. (1987). The parameters of network intervention: A social work application. *Social Service Review, 61*, 26-29.
Austin, C. D. (1990). Case management: Myths and realities. Families in Society, 71(7), 398-405.
Bagarozzi, D., & Anderson, S. A. (1989). *Personal, marital, and family myths.* New York: Norton.
Bagarozzi, D., & Kurtz, L. F. (1983). Administrators' perspectives on case management. Arete, 8, 13-21.
Bahou, C., & Gralnick, M. (1989). High-risk conversations: A response to Reamer. *Social Work, 34*(3), 262-264.
Bailey-Dempsey, C., & Reid, W. J. (1995, March). *Paradigm shifting: Preparing social work students for interdisciplinary practice.* Council on Social Work Education. Annual Program Meeting, San Diego, CA.
Balgopal, P., & Vassil, T. (1983). Groups in social work: *An ecological perspective.* New York: Macmillan.
Ballew, J. (1985). Role of natural helpers in preventing child abuse and neglect. *Social Work, 30*, 37-41.
Bandura, A. (1977). Self-efficacy: Toward a unifying theory of behavioral change. *Psychological Review*, 84, 191-215.
Bandura, A., Lipsher, D., & Miller P. (1960). Psychotherapists' approach-avoidance reactions to patients' expressions of hostility. *Journal of Consulting Psychology, 24*, 1-8.
Banks, G. (1971). The effects of race on one-to-one helping interviews. *Social Service Review, 45*, 137-144.
Banks, G., Berenson, B., & Carkhuff, R. (1967). The effects of counselor race and training upon Negro clients in initial interviews. *Journal of Clinical Psychology, 23*, 70-

72.
Barber, J. G. (1995a). Politically progressive casework. Families in Society: The Journal of Contemporary Human Services, 76(1), 30-37.
Barber, J. G. (1995b). Working with resistant drug abusers. *Social Work, 40*(1), 17-23.
Barbero, S. L. (1989). Community-based, day treatment for mentally retarded adults. *Social Work, 37*(6), 545-548.
Barker, P. (1981). *Basic family therapy*, Baltimore: University Park Press.
Barozzi, R., & Engel, J. (1985). A survey of attitudes about family life education. *Social Casework, 66*, 106-110.
Barret, R. L., & Robinson, B. E. (1990). *Gay Fathers.* Lexington, MA: Lexington Books.
Barth, R. P. (1985). Beating the blues: Cognitive-behavioral treatment for depression in child-maltreating mothers. *Clinical Social Work Journal, 13*, 317-328.
Barth, R. (1988). Theories guiding home-based intensive family preservation services. In J. K. Whittaker, J. Kinney, E. M. Tracy, & C. Booth(Eds.), *Improving practice technology for work with high risk families: Lessons from the "Homebuilders" social work education project* (pp. 91-113). Seattle: Center for Social Welfare Research, School of Social Work, University of Washington.
Barth, R. P., & Berry, M. (1987). Outcomes of child welfare services under permanency planning. *Social Service Review, 61*, 71-92.
Barth, R. P., & Derezotes, D. (1990). *Preventing adolescent abuse: Effective intervention strategies and techniques.* Lexington, MA: Lexington Books.
Barth, R., & Schinke, S. (1984). Enhancing the supports of teenage mothers. *Social Casework, 65*, 523-531.
Bartlett, H. (1970). *The common base of social work practice.* New York: National Association of Social Workers.
Barton, C., & Alexander, J. (1981). Functional family therapy. In A. Gurman & D. Kniskern (Eds.), *Handbook of family therapy* (pp. 403-443). New York: Brunner/Mazel.
Barusch, A. (1991). *Elder care: Family training and support.* Newbury Park, CA: Sage.
Bassuk, E. L., Rubin, L., & Lauriat, A. S. (1986). Characteristics of sheltered homeless families. *American Journal of Public Health, 76*, 1097-1101.
Bates, M. (1983). Using the environment to help the male skid row alcoholic. *Social Casework, 64*, 276-282.
Bauman, M. (1981). Involving resistant family members in therapy. In A. S. Gurman(Ed.), *Questions and answers in the practice of family therapy* (pp. 16-19). New York: Brunner/Mazel.
Bean, G. J., Stefl, M. E., & Howe, S. R. (1987). Mental health and homelessness: Issues and findings. *Social Work, 32*, 411-416.
Beavers, W. (1977). *Psychotherapy and growth: Family systems perspective.* New York: Brunner/Mazel.
Beck, A. (1974). Phases in the development of structure in therapy and encounter groups. In D. Wexler & L. Rice(Eds.), *Innovations in client-centered therapy*. New York: Wiley.
Beck, A., Kovacs, M., & Weissman, A. (1979). Assessment of suicidal intention. *Journal of Consulting and Clinical Psychology, 47*, 343-352.
Beck, A., Resnik, H., & Lettieri, D. (Eds.). (1974). *The prediction of suicide.* Bowie, MD: Charles Press.
Beck, A., Rush, A., Shaw, B., & Emery, G. (1979). *Cognitive therapy of depression.* New York: Guilford Press.
Beck, A., Ward, C., Mendelson, M., Mock, J., & Erbaugh, J. (1961). An inventory for measuring depression. *Archives of General Psychiatry, 4*, 561-571.
Beck, J., & Strong, S. (1982). Stimulating therapeutic change with interpretations: A comparison of positive and negative connotation. *Journal of Counseling Psychology, 29*, 551-559.
Becvar, D. S., & Becvar, R. J. (1988). *Family therapy: A systemic integration.* Boston: Allyn & Bacon.
Beeman, S. (1993). *Social network structure and interaction among neglecting and nonneglecting mothers.* Unpublished doctoral dissertation, University of Chicago.
Behroozi, C. S. (1992). A model for work with involuntary applicants in groups. *Social Work with Groups. 15* (2/3), 223-238.
Belcher, J. (1988). Rights versus needs of homeless mentally ill persons. *Social Work, 33*(5), 398-402.
Belcher, J., & Ephross, P. (1989). Toward an effective practice model for the homeless mentally ill. *Social Casework, 70*(7), 421-427.
Bell, J. L. (1995). Traumatic event debriefing: service delivery designs and the role of social work. *Social Work, 40*(1), 36-43.
Bendick, M. (1980). Failure to enroll in public assistance programs. *Social Work, 25*, 268-274.
Bendick, M., & Cantu, M. (1978). The literacy of welfare clients. *Social Service Review, 52*, 56-68.
Bennett, C. J., Legon, J., & Zilberfein, F. (1989). The significance of empathy in current hospital based practice. *Social Work in Health Care. 14*(2), 27-41.
Berenson, B., & Mitchell, K. (1974). *Confrontation: For better or worse!* Amherst, MA: Human Resource Development Press.
Berg, R. A., Franzen, M. D., & Wedding, D. (1987). *Screening for brain impairment: A manual for mental health practice.* New York: Springer.
Berlin, S. B., and Marshy, J. C. (1993). *Informing Practice Decisions.* New York: Macmillan.
Bernal, G., & Fiores-Ortiz, Y. (1982). Latino families in therapy: Engagement and evaluation. *Journal of Marriage and Family Therapy, 8*, 357-365.
Bernard, H. S. (1985). Follow-up interviews with psychotherapy patients. *Psychotherapy, 22*, 22-27.
Bernier, J. C. (1990). Parental adjustment to a disabled child: A family-systems perspective. *Families in Society, 71*(10), 589-596.
Bernstein, A. (1972). The fear of compassion. In B. B. Wolman (Ed.), *Success and failure in psychoanalysis and psychotherapy* (pp. 160-176). New York: Macmillan.
Bernstein, A. G. (1981). *Case managers: Who are they and are they making any difference in mental health service delivery?* Unpublished doctoral dissertation, University of Georgia, Athens.
Bernstein, B. (1977). Privileged social work practice. *Social Casework, 66*, 387-393.
Bernstein, D., & Borkovec, T. (1973). *Progressive relaxation training: A manual for the helping professions. Champaign*, IL: Research Press.
Berry, M. (1988). A review of parent training programs in child welfare. *Social Service Review, 62*, 302-323.
Bertcher, H., & Maple, F. (1985). Elements and issues in

group composition. In P. Glasser, R. Sarri, & R. Vinter(Eds.), *Individual change through small groups* (pp. 180-202). New York: Free Press.

Berwick, D. (1980). Nonorganic failure to thrive. *Pediatrics in Review, 1*, 265-270.

Besharov, D. (1990). *Recognizing child abuse*. New York: Free Press.

Beutler, L. E. (1983). *Eclectic psychotherapy: A systematic approach.* New York: Pergamon Press.

Beutler, L. E., & Clarkin, J. (1990). *Systematic treatment selection: Toward targeted therapeutic interventions.* New York: Brunner/Mazel.

Biegel, D., & Naparstek, A. (Eds.). (1982). *Community support systems and mental health.* New York: Springer.

Biegel, D. E., Sales, E., & Schulz, R. (1991). *Family caregiving in chronic illness.* Newbury Park, CA: Sage.

Biestek, F. (1957). *The casework relationship.* Chicago: Loyola University Press.

Biggs, D. A., & Blocher, D. H. (1987). *Foundations of ethical counseling.* New York: Springer.

Blankertz, L. E., Cnaan, R. A., White, K., Fox, J., & Messinger, K. (1990). Outreach efforts with dually diagnosed homeless persons. *Families in Society, 71*(7), 387-395.

Blechman, E. (1974). The family contract game: A tool to teach interpersonal problem solving. *Family Coordinator, 23*, 269-281.

Blechman, E., Olson, D., Schornagel, C., Halsdorf, M., & Turner, A. (1976). The family contract game: Technique and case study. *Journal of Consulting and Clinical Psychology, 44*, 449-455.

Bloom, M. (1975). *The paradox of helping: Introduction to the philosophy of scientific practice.* New York: Wiley, 231-232.

Bloom, M., & Fischer, J. (1982). *Evaluating practice: Guidelines for the accountable professional.* Englewood Cliffs, NJ: Prentice Hall.

Blum, K. (1991). *Alcohol and the addictive brain: New hope for alcoholics from biogenetic research.* New York: Free Press.

Blythe, B. J., & Tripodi, T. (1989). *Measurement in direct practice.* Newbury Park, CA: Sage.

Bolton, F., & Bolton, S. (1987). *Working with violent families.* Newbury Park, CA: Sage.

Bolton, F., Morris, L., & MacEachron, A, (1989). Males at risk: The other side of child abuse. Newbury Park, CA: Sage.

Bonkowski, S., Bequette, S., & Boomhower, S. (1984). A group design to help children adjust to parental divorce. *Social Casework, 65*, 131-137.

Borden, W. (1991). Stress, coping, and adaptation in spouses of older adults with chronic dementia. *Social Work Research and Abstracts, 27*(1), 14-21.

Borkovec, T., & Sides, J. (1979). Critical procedural variables related to the physiological effects of relaxation: A review. *Behavior Research and Therapy, 17*, 119-125.

Boszormenyi-Nagy, I., & Spark, G. (1973). *Invisible loyalties: Reciprocity in intergenerational therapy.* New York: Harper & Row.

Bowen, G. L. (1987). Single fathers in the Air Force. *Social Casework, 68*, 339-344.

Bozett, F. W. (1987). *Gay and lesbian parents.* Westport, CT: Praeger.

Brehm, S. S. (1976). *The Application of social psychology to clinical practice.* New York: Wiley.

Brehm, S. S., & Brehm, J. W. (1981). *Psychological reactance: A theory of freedom and control.* New York: Academic Press.

Breton, M. (1984). A drop-in program for transient women: Promoting competence through the environment. *Social Work, 29*, 542-546.

Breton, M. (1985). Reaching and engaging people: issues and practice principles. *Social Work with Groups, 8*(3): 7-21.

Briar, S. (1964). The family as an organization: An approach to family diagnosis and treatment. *Social Service Review, 38*, 247-255.

Bricker-Jenkins, M. (1992). Building a strengths model of practice in the public social services. In Saleeby, D.(Ed.), *The strengths perspective in social work practice*(pp. 122-135). New York: Longman.

Brickner, P. W., Scharer, L. K., Conanan, B., Elvy, A., & Savarese, M. (1985). *Health care of homeless people.* New York: Springer.

Briere, J. (1989). *Therapy for adults molested as children.* New York: Springer.

Brill, C. K. (1990). *The impact on social work practice of the social injustice content in the NASW Code of Ethics.* Doctoral dissertation, Brandeis University.

Brindis, C., Barth, R. P., & Loomis, A. B. (1987). Continuous counseling: Case management with teenage parents. *Social Casework, 68*, 164-172.

Brown, G. (1982). Issues in the resettlement of Indochinese refugees. Social Casework, 63, 155-159.

Brown, J. L. (1988). Domestic hunger is no accident[Guest editorial]. *Social Work, 33*, 99-100.

Brown, L., & Levity, J. (1979). A methodology for problem-system identification. *Social Casework, 60*, 408-415.

Brown, L., & Zimmer, D. (1986). An introduction to therapy issues of lesbian and gay male couples. In N. Jacobson & A. Gurman (Eds.), *Clinical handbook of marital therapy.* New York: Guilford Press.

Brownell, K., Marlatt, G., Lichenstein, E., & Wilson, G. T. (1986). Understanding and preventing relapse. *American Psychologist, 41*(7), 765-782.

Bruckner, D. F., & Johnson, P. E. (1987). Treatment for adult male victims of childhood sexual abuse. *Social Casework, 68*, 81-87.

Bryer, J. B., Nelson, B. A., Miller, J. B., & Krol, P. A. (1987). Childhood sexual and physical abuse as a factor in adult psychiatric illness. *American Journal of Psychiatry, 44*, 1426-1430.

Buccll, M. (1979). *An empirically derived self-report inventory for the assessment of assertive behavior.* Unpublished doctoral dissertation, Kent State University, Kent, OH.

Budner, S., Chazin, R., & Young, H. (1973). The indigenous nonprofessional in a multiservice center. *Social Casework, 54*, 354-359.

Burman, S., & Allen-Meares, P. (1991). Criteria for selecting practice theories: Working with alcoholic women. *Families in Society, 72*, 387-393.

Burns, D. (1980). *Feeling good.* New York: Avon Books.

Bush, C. T., Langford, M. W., Rosen, P., & Gott, W. (1990). Operation outreach: Intensive case management for severely psychiatrically disabled adults. *Hospital and Community Psychiatry, 41*(6), 647-649.

Butcher, J., & Koss, M. (1978). Research on brief and crisis-oriented psychotherapies. In S. Garfield & A. Bergin(Eds.), *Handbook of psychotherapy and behavior change*(pp. 725-767). New York: Wiley.
Butler, R. (1975). *Why service? Being old in America.* New York: Harper & Row.
Butz, R. A. (1985). Reporting child abuse and confidentiality in counseling. *Social Casework, 66*, 83-90.
Caesar, P. L., Hamberger, L. K. (1989). *Treating men who batter: Theory, practice and programs.* New York: Springer.
Cain, R. (1991a). Relational contexts and information management among gay men. *Families in Society, 72*(6), 344-352.
Cain, R. (1991b). Stigma management and gay identity development. *Social Work. 30*(1), 67-71.
Camayd-Freixas, Y., & Amaro, H. (1984). *The measurement of Hispanic bilingualism and biculturality in the workplace.* Boston: Massachusetts Department of Social Services, Office of Human Resources.
Cameron, J., & Talavera, E. (1976). An advocacy program for Spanish-speaking people. *Social Casework, 57*, 427-431.
Campbell, J. A. (1990). Ability of practitioners to estimate client acceptance of single-subject evaluation procedures. *Social Work, 35*(1), 9-14.
Canda, E. (1983). General implications of Shamanism for clinical social work. International *Social Work, 26*, 14-22.
Canda, E., & Phaobtong, T. (1992). Buddhism as a support system for Southeast Asian refugees. *Social Work, 37*(1), 61-67.
Caplan, G. (1964). *Principles of preventive psychiatry*. New York: Basic Books.
Caputo, R. (1988). Managing domestic violence in two urban police districts. *Social Casework, 69*(8), 498-504.
Card, D. (1990). *Counseling same-sex couples*. New York: Norton.
Carkhuff, R. (1969). *Helping and human relations: Practice and research.* New York: Holt, Rinehart & Winston.
Carter, B., & McGoldrick, M. (Eds.) (1988). *The changing life cycle-A framework for family therapy*(2nd ed.). New York: Gardner Press.
Catalano, R., Wells, E. A., Jenson, J. M., & Hawkins, J. D.(1989). Aftercare services for drug-using institutionalized delinquents. *Social Service Review, 63*(4), 553-577.
Cates, J. A., Graham, L. L., Boeglin, D., & Tielker, S. (1990). The effect of AIDS on the family system. *Families in Society, 71*(4), 195-201.
Chandler, S. (1985). Mediation: Conjoint problem solving. *Social Work, 30*, 346-349.
Chau, K. L. (1990). A model for teaching cross-cultural practice in social work. *Journal of Social Work Education, spring/summer, 2*, 124-133.
Chelune, G. J. (1979). Measuring openness in interpersonal communication. In G. Chelune & Associates(Eds.), *Self-disclosure.* San Francisco: Jossey-Bass.
Cherbosque, J. (1987). Differential effects of counselor self-disclosure statements on perception of the counselor and willingness to disclose: A cross-cultural study. *Psychotherapy, 24*, 434-437.
Chesler, J., & Davis. S. (1980) Problem pregnancy and abortion counseling with teenagers. *Social Casework, 61*, 173-179.
Cimbolic, P. (1972). Counselor race and experience effects on black clients. *Journal of Consulting and Clinical Psychology, 39*, 328-332.
Cingolani, J. (1984). Social conflict perspective on work with involuntary clients. *Social Work, 29* (September-October), 442-446.
Citron, P. (1978). Group work with alcoholic poly-drug involved adolescents with deviant behavior syndrome. *Social Work with Groups, 1* (1), 39-52.
Claiborn, C. (1982). Interpretation and change in counseling. *Journal of Counseling Psychology, 29*, 439-453.
Claiborn, C., Crawford, J., & Hackman, H. (1983). Effects of intervention discrepancy in counseling for negative emotions. *Journal of Counseling Psychology, 30*, 164-171.
Cnaan, Ram A. (1994). The new American social work gospel: case management of the chronically mentally ill. *The British Journal of Social Work, 24*(5), 533-557.
Cohen, B. -Z. (1985). A cognitive approach to the treatment of offenders. *British Journal of Social Work, 15*, 619-633.
Cohen, C., & Adler, A. (1986). Assessing the role of social network interventions with an inner-city population. *American Journal of Psychiatry, 56*, 278-288.
Cohen, M. B. (1989). Social work practice with homeless mentally ill people: Engaging the client. *Social Work, 34*(6), 505-509.
Cohn, A. H. (1979). Effective treatment of child abuse and neglect. *Social Work, 24*, 513-519.
Cole, E., & Duva, J. (1990). *Family preservation: An orientation for administrators & practitioners.* Washington, DC: Child Welfare League of America.
Community Care Corporation Accreditation Standards and Self-Study Guides(1995). Council on Social Work Education.
Compher, J. (1983). Home services to families to prevent child placement. *Social Work, 28*, 360-364.
Compton, B. R., & Galaway, B. (1994). *Social work processes* (5th cd.). Pacific Grove, CA: Brooks/Cole.
Congress, E. P. (1994). The use of culturagrams to assess and empower culturally diverse families. *Families in Society: The Journal of Contemporary Human Services, 75*(9), 531-538.
Congress, E. P., & Lynn, M. (1994). Group work programs in public schools: ethical dilemmas and cultural diversity. *Social Work in Education, 16*(2), 107-114.
Conklin, C. (1980). Rural care-givers. *Social Work, 25*, 495-496.
Connell, S. (1987). Homelessness. *In Encyclopedia of social work*(Vol. 1, pp. 789-795). Silver Spring, MD: National Association of Social Workers.
Constantine, L. (1978). Family sculpture and relationship mapping techniques. *Journal of Marriage and Family Counseling, 4*, 19-25.
Cook, R. (1988). Trends and needs in programming for independent living. *Child Welfare, 67*, 497-514.
Cooley, R., Ostendorf, D., & Bickerton, D. (1979). Outreach services for Native Americans. *Social Work, 24*, 151-153.
Cooper, S. (1973). A look at the effect of racism on clinical work. *Social Casework, 54*, 76-84.
Coplon, J., & Strull, J. (1983). Roles of the professional in mutual aid groups. *Social Casework, 64*, 259-266.
Corcoran, K., & Fischer, J. (1987). *Measures for clinical practice*. New York: Free Press.

Corcoran, K., & Vandiver, V. (1996). *Maneuvering the maze of managed care: Skills for mental health practitioners.* New York: Free Press.

Corey, G. (1990). *Theory and practice of group counseling.* Pacific Grove, CA: Brooks/Cole.

Corey, M. S., & Corey, G. (1992). *Groups: Process and practice* (4th ed.). Pacific Grove, CA: Brooks/ Cole.

Cormier, W., & Cormier, L. (1979). *Interviewing strategies for helpers: A guide to assessment, treatment, and evaluation.* Pacific Grove, CA: Brooks/Cole.

Coudroglou, A., & Poole, D. (1984). *Disability, work, and social policy.* New York: Springer.

Coulton, C. (1979). A study of the person-environment fit among the chronically ill. *Social Work in Health Care, 5,* 5-17.

Coulton, C. (1981). Person-environment fit as the focus in health care. *Social Work, 26,* 26-35.

Couper, D. P. (1989). *Aging and our families: Handbook for caregivers.* New York: Human Sciences Press.

Courtois, C. A. (1988). *Healing the incest wound: Adult survivors in therapy.* New York: Norton.

Cowan, B., Currie, M., Krol, R., & Richardson, J. (1969). Holding unwilling clients in treatment. *Social Casework, 14,* 146-151.

Cowger, C. D. (1992), Assessment of client strengths. In D. Saleeby (Ed.), *The strengths perspective in social work practice*(pp. 139-147). New York: Longman.

Cowger, C. D. (1994, May). Assessing client strengths: clinical assessment for client empowerment. *Social Work, 39*(3), 262-267.

Cox, E. O. (1991). The critical role of social action in empowerment oriented groups. *Social Work with Groups, 14*(3-4), 77-90.

Cross, T. L., Bazron, B. J., Dennis, K., & Issacs, M. R.(1989). *Toward a culturally competent system of care.* Washington, DC: Georgetown University Child Development Center.

Crotty, P., & Kulys, R. (1985). Social support networks: The views of schizophrenic clients and their significant others. *Social Work, 30,* 301-309.

Cruz, V. K., Price-Williams, D., & Andron, L. (1988). Developmentally disabled women who were molested as children. *Social Casework, 69*(7), 411-419.

Cueller, I., Harris, L. C., & Jasso, R. (1980). An acculturation scale for Mexican-American normal and clinical populations. *Hispanic Journal of Behavioral Sciences, 2*(3),199-217.

Cull. J. G., & Gill; W. S. (1991). *Suicide Probability Scale(SPS).* Los Angeles: Western Psychological Services.

Culp, R. E., Heide, J., & Richardson, M. T. (1987). Maltreated children's developmental scores: Treatment versus nontreatment. *Child Abuse and Neglect, 11*(1),29-34.

Curran, J. P., Sutton, R. G., Faraone, S. V., & Guenette, S.(1985). Inpatient approaches. In M. Hersen & A. S. Bellack (Eds.), *Handbook of clinical behavior therapy with adults* (pp. 445-483). New York: Plenum Press.

Curriculum Policy Statement. (1995). Council on Social Work Education.

Cutler D., & Madore, E. (1980). Community-family network therapy in a rural setting. *Community Mental Health Journal, 16,* 144-155.

Dahl, A. S., Cowgill, K. M., & Asmundsson, R. (1987). Life in remarriage families. *Social Work, 32,* 40-44.

Daley, D. C. (1987). Relapse prevention with substance abusers: Clinical issues and myths. *Social Work, 32,* 138-142.

Daley, D. C. (1991). *Kicking addictive habits once and for all. A relapse prevention guide.* New York: Lexington.

Dane, B. O. (1989). New beginnings for AIDS patients. *Social Casework, 70*(5); 305-309.

Dane, B. O. (1991). Anticipatory mourning of middle-aged parents of adult children with AIDS. *Families in Society, 72*(2), 108-115.

Dane, B. O., & Simon, B. L. (1991, May). Resident guests: social workers in host settings. *Social Work, 36*(3), 208-213.

Dane, E. (1985). *Professional and lay advocacy in the education of handicapped children.* New York: Routledge & Kegan Paul.

Danish, J., D'Augelli, A., & Hauer, A. (1980). *Helping skills: A basic training program.* New York: Human Sciences Press.

Daro, D. (1988). *Confronting child abuse: Research for effective program designs.* New York: Free Press.

Davenport, J., & Reims, N. (1978). Theoretical orientation and attitudes toward women. *Social Work, 23,* 307-309.

Davies, D. (1991). Interventions with male toddlers who have witnessed parental violence. *Families in Society, 72*(9), 515-524.

Davis, L. E., & Gelsomino, J. (1994). An assessment of practitioner cross-racial treatment experiences. *Social Work, 39*(1), 116-123.

Davis, L. V. (1987). Battered women: The transformation of a social problem. *Social Work, 32,* 306-311.

Davis, L. V. (1991). Violence and families. *Social Work, 37*(5), 371-373.

Davis, L. V., & Hagen, J. L. (1992). The problem of wife abuse: The interrelationship of social policy and social work practice. *Social Work, 37*(17), 15-20.

Dawson, R. (1986). Fathers anonymous—A group treatment program for *sexual offenders. In B. Schlesinger(Ed.), Sexual abuse of children in the 1980's: Ten essays and an annotated bibliography* (pp. 70-79). Toronto: University of Toronto Press.

De Anda, D. (1984). Bicultural socialization: Factors affecting the minority experience. *Social Work, 29,* 172-181.

De Anda, D., & Becerra, R. (1984). Support networks for adolescent mothers. *Social Casework, 65,* 172-181.

Delgado, M. (1977). Puerto Rican spiritualism and the social work profession. *Social Casework, 58,* 451-458.

Denton, R. (1989, March). *The religious fundamentalist family: Training for assessment and treatment.* Paper presented to the Annual Program Meeting of the Council on Social Work Education, Chicago.

Denton, W. (1991). The role of affect in marital therapy. *Journal of Marital and Family Therapy, 17*(3), 257-261.

DeShazer,S. (1988). *Clues: Investigating solutions in brief therapy.* New York: Norton.

Devore, W., & Schlesinger, E. (1981). *Ethnic-sensitive social work practice.* St. Louis: Mosby.

Dies, R. R. (1983). Clinical implications of research on leadership in short-term group psychotherapy. In R. R. Dies & R. MacKenzie (Eds.), *Advances in group psychotherapy: Integrating research and practice*(American Group Psychotherapy Association Monograph Series) (pp. 27-28).

New York: International Universities Press.
Diorio, W. D. (1992, April). Parental perceptions of the authority of public child welfare caseworkers. *Families in Society: The Journal of Contemporary Human Services, 73*(4), 222-235.
Donovan, D., & Marlatt, G. A. (1988). *Assessment of addictive behaviors*. New York: Guilford Press.
Dore, M. M., & Dumois, A. O. (1990). Cultural differences in the meaning of adolescent pregnancy. *Families in Society, 71*(2), 93-101.
Doster, J., & Nesbitt, J. (1979). Psychotherapy and self-disclosure. In. G. Chelune & Associates (Eds.), *Self-disclosure* (pp. 177-224). San Francisco: Jossey-Bass.
Doster, J., Surratt, F., & Webster, T. (1975, March). *Interpersonal variables affecting psychological communications of hospitalized psychiatric patients*. Paper presented at meeting of Southeastern Psychological Association, Atlanta.
Dougherty, A. M. (1990). *Consultation: Practice and perspectives.* Pacific Grove, CA: Brooks/Cole.
Douglas, H. (1991). Assessing violent couples. *Families in Society, 72*(9) 525-533.
Dowd, E., & Boroto, D. (1982). Differential effects of counselor self-disclosure, self-involving statements, and interpretation. *Journal of Counseling Psychology, 29*, 8-13.
Drachman, D. (1992). A stage-of-migration framework for service to immigrant populations. *Social Work, 37*(1), 61-67.
DuBray, W. (1985). American Indian values: Critical factors in casework. *Social Casework, 66*, 30-37.
Dudley, J. R. (1987). Speaking for themselves: People who are labeled as developmentally disabled. *Social Work, 32*, 80-82.
Duehn. W., & Proctor, E. (1977). Initial clinical interactions and premature discontinuance in treatment. *American Journal of Orthopsychiatry, 47*, 284-290.
Duvall, E. (1977). *Marriage and family development*(5th ed.). Philadelphia: Lippincott.
Dyer, W. (1969). Congruence and control. *Journal of Applied Behavioral Science, 5*, 161-173.
D'Zurilla, T., & Goldfried, M. (1971). Problem solving and behavior modification. *Journal of Abnormal Psychology, 78*, 107-126.
Edleson, J. (1984). Working with men who batter. *Social Work, 29*, 237-242.
Edleson, J., & Frank, M. D. (1991). Rural interventions in woman battering: One state's strategies. *Families in Society, 72*(9), 543-551.
Edleson, J., & Syers, M. (1990). Relative effectiveness of group treatment for men who batter. *Social Work Research and Abstracts, 26*(2), 10-17.
Edwards, A. (1982). The consequences of error in selecting treatment for blacks. *Social Casework, 63*, 429-433.
Edwards, E. (1983). Native-American elders: Current issues and social policy implications. In R. McNeely & J. Colen (Eds.), *Aging in minority groups*. Beverly Hills, CA: Sage.
Ehrlich, E. J., & Moore, P. A. (1990). Delivery of AIDS services: The New York State response. *Social Work, 35*(2), 175-177.
Eisikovits, Z. C., & Edleson, J. L. (1989). Intervening with men who batter: A critical review of the literature. *Social Services Review, 63*(3), 384-414.
Elbow, M., & Mayfield, J. (1991). Mothers of incest victims: Villains, victims, or protectors? *Families in Society, 72*(2), 78-85.
Elkin, I., Shea, T., Watkins, J., & Collins, J. (1986). *Comparative treatment outcome findings*. Presentation of the NIMH Treatment of Depression Collaborative Research Program. Paper presented at the annual meeting of the American Psychiatric Association.
Ellis, A. (1962). *Reason and emotion in psychotherapy*. New York: Lyle Stuart.
Ely, A. (1985). Long-term group treatment for young male schizopaths: *Social Work, 30*, 5-10.
Ephross, P. H. and Vassil, T. V. (1988). *Groups that work: Structure and process.* New York: Columbia University Press.
Epstein, L. (1985). *Talking and listening: A guide to interviewing.* Columbus, OH: Merrill.
Epstein, L. (1988). *Brief treatment: A task-centered approach.* New York: McGraw-Hill.
Epstein, L. (1990). *Brief treatment and a new look at the task-centered approach.* New York: Macmillan.
Erickson, S. (1988). *Family mediation casebook*. New York: Brunner/Mazel.
Ewalt, P. L. (1994, September). Welfare-how much reform? *Social Work, 39*(5), 485-486.
Ezell, M. (1994). Advocacy practice of social workers. *Families in Society, 75*, 1, 36-46.
Falicov, C. (1982). Mexican families. In M. McGoldrick, J. Pearce, & J. Giordano (Eds.), *Ethnicity and family therapy*(pp. 134-163). New York: Guilford Press.
Faller, K. (1989). Decision making in cases of intrafamilial child sexual abuse. *American Journal of Orthopsychiatry, 58*, 121-128.
Faller, K. (1990). *Understanding child sexual treatment.* Newbury Park, CA: Sage.
Faria, G. (1991). Educating students for family-based practice with lesbian families. In *Empowering families*(pp. 15-21). Proceedings of the Fifth Annual Conference on Family Based Services: National Association for Family Based Services, Cedar Rapids, IA.
Faria, G. (1994). Training for family preservation practice with lesbian families. *Families in Society, 75*(7), 416-422.
Farina, A., Burns, G. L., Austad, C., Bugglin, C., & Fischer, E. H. (1986). The role of physical attractiveness in the readjustment of discharged psychiatric patients. *Journal of Abnormal Psychology, 95*, 139-143.
Fatout, M. (1990). Consequences of abuse on relationships of children. *Families in Society, 71*(2), 76-81.
Fauri, D. P., & Bradford, J. B. (1986). Practice with the frail elderly in the private sector *Social Casework, 67*, 259-265.
Fein, El, & Staff, I. (1991). Implementing reunification services. *Families in Society, 72* (6), 335-343.
Feinstein, B., & Cavanaugh, C. (1976). *The new volunteerism: A community connection.* Cambridge, MA: Schenkman.
Feld, S., & Radin, N. (1982). *Social psychology for social work and the mental health professions.* New York: Columbia University Press.
Feldman, D., Strong, S., & Danser, D. (1982). A comparison of paradoxical and nonparadoxical interpretations and directives. *Journal of Counseling Psychology, 29*, 572-579.

Fiene, J., & Taylor, P. (1991). Serving rural families of developmentally disabled children: A case management model. *Social Work, 36*(4), 323-327.
Filinson, R., & Ingman, S. (Eds.) (1989). *Elder abuse: Practice and policy.* New York: Human Sciences Press.
Fine, M., Akabas, S., & Bellinger, S. (1982). Cultures of drinking: A workplace perspective. *Social Work; 27*, 436-440.
Finkelhor, D. (Ed.) (1984). *Child sexual abuse: New theory and research.* New York: Free Press.
Finkelhor, D., & Associates (1986). *A sourcebook on child sexual abuse.* Newbury Park, CA: Sage.
Finkelhor, D., & Browne, A. (1986). Initial and long-term effects: A conceptual framework. In D. Finkelhor, S. Araji, L. Baron, A. Browne, S. D. Peters, & G. E. Wyatt (Eds.), *A sourcebook on child sexual abuse*(pp.186-187). Newbury Park, CA: Sage.
Finkelstein, N. (1980). Family-centered group care. *Child Welfare, 59*, 33-41.
Finn, J., & Rose, S. (1982). Development and validation of the interview skills role-play test. Social Work Research and Abstracts, 18, 21-27.
First, R. J., Roth, D., & Arewa, B. D. (1988). Homelessness: Understanding the dimensions of the problem for minorities. *Social Work, 33*, 120-124.
Fisch, R., Weakland, J., & Segal, L. (1982). *The tactics of change: Doing therapy briefly*. San Francisco: Jossey-Bass.
Fischer, J. (1976). *The effectiveness of social casework.* Springfield, IL: Charles C Thomas.
Fischer, J. (1978). *Effective casework practice: An eclectic approach.* New York: McGraw-Hill.
Fischer, J., & Corcoran, K. (1994). *Measures for clinical practice*(2nd. ed.). New York: Free Press.
Flaherty, J. A., Gaviria, F. M., & Pathak, D. S. (1983). The measurement of social support: The Social Support Network Inventory. *Comprehensive Psychiatry, 24*, 521-529.
Flapan, D., & Fenchal, G. (1987). *The developing ego and the emerging self in group therapy.* Northvale, NJ: Aronson.
Folberg, J., & Milne, A. (1988). *Divorce mediation: Theory and practice.* New York: Guilford Press.
Fortune, A. E. (1985a). Treatment groups. In A. E. Fortune (Ed.), *Task-centered practice with families and groups*(pp. 33-44). New York: Springer.
Fortune, A. E. (1985b). *Task-centered practice with families and groups*. New York: Springer.
Fortune, A. E. (1985c). Planning duration and termination of treatment. *Social Service Review, 59*(4), 647-661.
Fortune, A. E. (1987). Grief only? Client and social worker reactions to termination. *Clinical Social Work Journal, 15*(2), 159-171.
Fortune, A. E., Pearlingi, B., & Rochelle, C. D. (1991). Criteria for terminating treatment. *Families in Society, 72*(6), 366-370.
Fortune, A., Pearlingi, B., & Rochelle, C. D. (1992). Reactions to termination of individual treatment. *Social Work, 37*(2), 171-178.
Fowler, R. C., Rich, C. L., & Young, D. C. (1986). San Diego suicide study, Ⅱ: Substance abuse in young cases. *Archives of General Psychiatry, 43*, 962-965.
Frank, P. B., & Golden, G. K. (1992). Blaming by naming: Battered women and the epidemic of co-dependence. *Social Work, 37*(1), 5-6.
Frankel, A. J. (1991). The dynamics of day care. *Families in society, 72*(1), 3-10.
Frankle, H., & Gordon, V. (1983). Helping Selma: A report on a therapist-volunteer relationship. *Social Casework, 64*, 291-299.
Fraser, M., & Hawkins, J. (1984). Social network analysis and drug misuse. *Social Service Review, 58*, 81-87.
Fraser, M. W., Pecora, P. J., & Haapala, D. A. (1991). *Families in crisis: The impact of intensive family preservation services.* Hawthorne, NY: Aldine dc Gruyter.
Fredman, N., & Sherman, R. (1987). *Handbook of measurements for marriage & family therapy.* New York: Brunner/Mazel.
Freed, A. (1978). Clients' rights and casework records. *Social Casework, 59*, 458-464.
Freed, A. (1988). Interviewing through an interpreter. *Social Work, 33*, 315-319.
Frey, C. (1987). Minimarathon group sessions with incest offenders. *Social Work, 32*, 534-535.
Frey, G. A. (1990). A framework for promoting organizational change. *Families in Society, 71*(3), 142-147.
Friedlander, M. L., & Schwartz, G. S. (1985). Toward a theory of strategic self-presentation in counseling and psychotherapy. *Journal of Counseling Psychology, 32*, 485.
Friedman, D., & Friedman, S. (1982). Day care as a setting for intervention in family systems. *Social Casework, 63*, 291-295.
Friedrich, W. (1990). *Psychotherapy of sexually abused children and their families.* New York: Norton.
Froland, C., Pancoast, D., Chapman, N., & Kimboko, P.(1981). *Helping networks and human services.* Beverly Hills, CA: Sage.
Gagliano, C. K. (1987). Group treatment for sexually abused girls. *Social Casework, 68*, 102-108.
Gallo, F. (1982). The effects of social support networks in the health of the elderly. *Social Work in Health Care, 8*, 65-74.
Gambe, R, & Getzel, G. S. (1989). Group work with gay men with AIDS. *Social Casework, 70*(37), 172-179.
Gambrill, E., & Barth, R. (1980). Single-case study designs revisited. *Social Work Research and Abstracts, 16*, 15-20.
Gammon, E. A., & Rose, S. (1991). The coping skills training program for parents of children with developmental disabilities. *Research on Social Work Practice, 1*(3),244-256.
Garbarino, J., & Ebata, A. (1983). The significance of ethnic and cultural differences in child maltreatment. *Journal of Marriage and the Family, 45*(4), 773-783.
Garbarino, J., Stocking, S., & Associates (1980). *Protecting children from abuse and neglect.* San Francisco: Jossey-Bass.
Gardner, R. A. (1971). *Therapeutic communication with children.* New York: Science House Press.
Garfield, R. (1981). Convening the family: Guidelines for the initial contact with a family member. In A. Gurman(Ed.), *Questions and answers in the practice of family therapy* (pp. 5-9). New York: Brunner/Mazel.
Garfinkel, I., & McLanahan, S. S. (1986). *Single mothers and their children.* Washington, DC: Urban Institute Press.

Garland, J., Jones. H., & Kolodny, R. (1965). A model for stages in the development of social work groups. In S. Bernstein (Ed.), *Explorations in group work*. Boston: Milford House.
Garvin, C. (1981). *Contemporary group work*. Englewood Cliffs, NJ: Prentice Hall.
Garvin, C. (1985). Practice with task-centered groups. In A. E. Fortune (Ed.), *Task-centered practice with families and groups* (pp. 45-57). New York: Springer.
Garvin, C. (1986). Assessment and change of group conditions in social work practice. In P. H. Glasser & N. S. Mayadas (Eds.), *Group workers at work: Theory and practice in the 80's*. Totowa, NJ: Rowman & Lillifield.
Garvin, C. (1987). *Contemporary Group Work* (2nd ed.). Englewood Cliffs, NJ: Prentice Hall.
Garvin, C., Reid, W., & Epstein, L. (1976). A task-oriented approach. In R. Roberts & H. Northern (Eds.), *Theories of social work with groups*. New York: Columbia University Press.
Gaylord, M. (1979). Relocation and the corporate family: Unexplored issues. *Social Work, 24*, 186-191.
Gazda, G. M. (1989). *Group counseling: A developmental approach* (4th ed.). Boston: Allyn & Bacon.
Gelles, R., & Cornell, C. P. (1990). *Intimate violence in families*. Newbury Park, CA: Sage.
Gendlin, E. (1967). Therapeutic procedures in dealing with schizophrenics. In C. Rogers, E. Gendlin, D. Kiesler, & C. Truax (Eds.), *The therapeutic relationship and its impact: A study of psychotherapy with schizophrenics*. Madison: University of Wisconsin Press.
Gendlin, E. (1974). Client-centered and experiential psychotherapy. In D. Wexler & L. Rice (Eds.), *Innovations in client-centered therapy*. New York: Wiley.
George, R. M. (1990). The reunification process in substitute care. *Social Service Review, 64* (3), 422-457.
Germain, C. (1973). An ecological perspective in casework practice. *Social Casework, 54*, 323-330.
Germain, C. (1977). An ecological perspective on social work practice in health care. *Social Work in Health Care, 3*, 67-76.
Germain, C. (1979). Ecology and social work. In C. Germain (Ed.), *Social work practice: People and environments* (pp. 1-2). New York: Columbia University Press.
Germain, C. (1981). The ecological approach to people-environmental transactions. *Social Casework, 62*, 323-331.
Germain, C., & Gitterman, A. (1980). *The life model of social work practice*. New York: Columbia University Press.
Getzel, G. S. (1991). Survival modes for people with AIDS in groups. *Social Work, 36* (1), 7-11.
Ghali, S. (1982). Understanding Puerto Rican traditions. *Social Work, 27*, 98-102.
Giannandrea, V., & Murphy, K. (1973). Similarity of self-disclosure and return for a second interview. *Journal of Counseling Psychology, 20*, 545-548.
Gibbons, J., Bow, I., & Butter, J. (1979). Clients' reactions to task-centered casework: A follow-up study. *British Journal of Social Work*, 9, 203-215.
Gibbs, L. & Gambrill, E. (1996). *Critical thinking for social workers*. Thousand Oaks, CA: Pine Forge Press.
Gibson, J., & Gutierrez, L. (1991). A service program for safe-home children. *Families in Society, 72* (9), 554-562.
Gil, E. (1991). *The healing power of play: Working with abused children*. New York: Guilford Press.
Gilbar, O. (1992). Workers' sick fund (kupat holim) hotline therapeutic first intervention: A model developed in the Gulf War. *Social Work in Health Care, 17*(4), 45-57.
Gilbert, N. (1977). The search for professional identity. *Social Work, 22*, 401-406.
Gilbert, N., & Specht, H. (1976). Advocacy and professional ethics. *Social Work, 21*, 288-293.
Gilbert, N., & Specht, H. (1979). Title XX planning by area agencies on aging: Effects, outcomes, and policy implications. *Gerontologist, 19*, 264-274.
Gilbert, N., & Specht, H. (1987). Social planning and community organizations. *Encyclopedia of social work*(Vol. 2, pp. 602-619). Silver Spring, MD: National Association of Social Workers.
Gillman, R. (1991). From resistance to rewards: Social workers' experiences and attitudes toward AIDS. *Families in Society, 72* (10), 593-601.
Gingerich, W. J. (1984). Generalizing single-case evaluation from classroom to practice setting. Journal of Education for *Social Work, 20*, 74-82.
Giovannoni, J., & Billingsley, A. (1970). Child neglect among the poor: A study of parental adequacy in families of three ethnic groups. *Child Welfare, 49*, 196-204.
Gitterman, A. (1996). Ecological perspective: Response to Professor Jerry Wakefield. *Social Service Review, 70*(3), 472-475.
Gitterman, A., & Schaeffer, A. (1972). The white professional and the black client. *Social Casework, 53*, 280-291.
Giunta, C. T., & Streissguth, A. P. (1988). Patients with fetal alcohol syndrome and their caretakers. *Social Casework, 69* (7), 453-459.
Glick, I., & Kessler, D. (1974). *Marital and family therapy*. New York: Grune & Stratton.
Golan, N. (1978). *Treatment in crisis situations*. New York: Free Press.
Golan, N. (1980). Intervention at times of transition: Sources and forms of help. *Social Casework, 61*, 259-266.
Golan, N. (1981). *Passing through transitions: A guide for the practitioner*. New York: Free Press.
Golan, N., & Gruschka, R. (1971). Integrating the new immigrant: A model for social work practice in transitional states. *Social Work, 16*, 82-87.
Gold, M. (1986, November). (As quoted by Earl Ubell.) Is that child bad or depressed? *Parade Magazine*, 2, 10.
Gold, N. (1990). Motivation: The crucial but unexplored component of social work practice. *Social Work, 35*, 49-56.
Golden, G. K. (1991). Volunteer counselors: An innovative, economic response to mental health service gaps. *Social Work, 36* (3), 230-232.
Goldenberg, I., & Goldenberg, H. (1991). *Family therapy: An overview* (3rd ed.). Pacific Grove, CA: Brooks/Cole.
Goldfried, M. (1977). The use of relaxation and cognitive relabeling as coping skills. In R. Stuart (Ed.), *Behavioral self-management* (pp. 82-116). New York: Brunner/Mazel.
Goldstein, E. G. (1983). Issues in developing systematic research and theory. In A. Rosenblatt & D. Waldfogel(Eds.), *Handbook of clinical social work*. San Francisco: Jossey-Bass.
Goldstein, H. (1983). Starting where the client is. *Social Casework, 64*, 267-275.
Gomes-Schwartz, B., Horowitz, J., & Cardarell, A.(1990).

Child sexual abuse. Newbury Park, CA: Sage.
Gomez, E., Zurcher, L. A. Farris, B. E., & Becker, R. E.(1985). A study of psychosocial casework with Chicanos. *Social Work, 30*, 477-482.
Gomez, M. R. (1990). Biculturalism and subjective mental health among Cuban Americans. *Social Service Review, 64*(3), 375-389.
Gordon, J. (1978). Group homes: Alternative to institutions. *Social Work, 23*, 300-305.
Gordon, T. (1970). *Parent effectiveness training*. New York: P. H. Wyden.
Gordon, W. (1962). A critique of the working definition. *Social Work, 7*, 3-13.
Gordon, W. (1965). Toward a social work frame of reference. *Journal of Education for Social Work, 1*, 19-26.
Gordon, W., & Schutz, M. (1977). A natural basis for social work specializations. *Social Work, 22*, 422-426.
Gottesfeld, M., & Lieberman, F. (1979). The pathological therapist. *Social Casework, 60*, 387-393.
Gottlieb, B. (Ed.) (1981). *Social networks and social support.* Beverly Hills, CA: Sage.
Gottlieb, B. (1985). Assessing and strengthening the impact of social support on mental health. *Social Work, 30*, 293-300.
Gottlieb, B. (Ed.) (1988). *Marshaling social support*. Newbury Park, CA: Sage.
Gould, K. (1988). Asian and Pacific Islanders: Myth and reality. *Social Work, 33*, 142-147.
Graves, B., & Accardo, P. J. (1989). Training in parenting skills for adults with mental retardation. *Social Work, 34*(5), 431-434.
Green, J. (1982). *Cultural awareness in the human services*. Englewood Cliffs, NJ: Prentice Hall.
Greenbaum, L., & Holmes, I. (1983). The use of folktales in social work practice. *Social Casework, 64*, 414-418.
Greif, G. L. (1985). *Single fathers*. Lexington, MA: Heath.
Griffin, R. E. (1991). Assessing the drug-involved client. *Families in Society, 72* (2), 87-94.
Grinnell, R., & Kyte, N. (1974). Modifying the environment. *Social Work, 19*, 477-483.
Gross, E. (1995). Deconstructing politically correct practice literature: The American Indian case. *Social Work, 40*(2), 206-213.
Grunebaum, H. (1986). Harmful psychotherapy experience. *American Journal of Psychotherapy, 40*, 165-176.
Guendalman, S. (1983). Developing responsiveness to the health care needs of Hispanic children and families. *Social Work in Health Care, 8*, 1-15.
Gulati, P., & Guest, G. (1990). The community-centered model: A garden variety approach or a radical transformation of community practice? *Social Work, 35* (1), 63-68.
Gurman, A. (1977). The patient's perception of the therapeutic relationship. In A. Gurman & A. Razin (Eds.), *Effective psychotherapy: A handbook of research*. New York: Pergamon Press.
Gutierrez, L. M. (1990). Working with women of color: An empowerment perspective. *Social Work, 35* (2), 149-153.
Gutierrez, L. M. (1994). Beyond coping: an empowerment perspective on stressful life events. *Journal of Sociology and Social Welfare, 21*(3), 201-219.
Gwyn, F., & Kilpatrick, A. (1981). Family therapy with low-income blacks: A tool or-turn-off? *Social Casework, 62*, 259-266.
Hackney, H., & Cormier, L. (1979). *Counseling strategies and objectives* (2nd cd.), Englewood Cliffs, NJ: Prentice Hall.
Haeuser, A., & Schwartz, F. (1980). Developing social work skills for work with volunteers. *Social Casework, 61*, 595-601.
Hagen, J. L. (1987a). The heterogeneity of homelessness. *Social Casework, 68*, 451-457.
Hagen, J. L. (1987b). Gender and homelessness. *Social Work, 32*, 312-316.
Haley, J. (1963). *Strategies of psychotherapy*. New York: Grune & Stratton.
Hall, M. (1978). Lesbian families: Cultural and clinical issues. *Social Work, 23*, 380-385.
Hamlin, E. R. (1991). Community-based spouse abuse protection and family preservation teams. *Social Work, 36* (5), 402-406.
Hammond, D., Hepworth, D., & Smith, V. (1977). *Improving therapeutic communication*. San Francisco: Jossey-Bass.
Hampton, R. L. (1990). *Black family violence: Current theory and research.* Lexington, MA: Lexington Books.
Handbook of accreditation standards (1995, 5th ed.). Commission on Accreditation, Council on Social Work Education. Alexandria, VA.
Haney, M., & Rabin, B. (1984). Modifying attitudes toward disabled persons. *Archives of Physical Medicine and Rehabilitation, 65*, 431-436.
Haney, P. (1988). Providing empowerment to the person with AIDS. *Social Work, 33*, 251-253.
Hardy, K. (1989). The theoretical myth of sameness: A critical issue in family therapy and treatment. In G. W. Saba, B. M. Karrer, & K. Hardy (Eds.), *Minorities and family therapy* (pp. 17-33). New York: Hawthorne Press.
Harris, M., & Bergman, H. C. (1987). Case management with the chronically ill. *American Journal of Orthopsychiatry, 57*, 296-302.
Hartford, M. (1971). *Groups in social work*. New York: Columbia University Press.
Hartman, A. (1981). The family: A central focus for practice. *Social Work, 26*, 7-13.
Hartman, A. (1993). The professional is political. *Social Work, 38*(4), 365, 366, 504.
Hartman, A. (1994). Diagrammatic assessment of family relationships. In B. R. Compton, & B. Galaway (Eds.), *Social work processes* (5th ed) (pp. 153-165). Pacific Grove, CA: Brooks/Cole.
Hartman, A., & Laird, J. (1983). *Family centered social work practice.* New York: Free Press.
Hartman, C., & Reynolds, D. (1987). Resistant clients: Confrontation, interpretation and alliance. *Social Casework, 68*, 205-213.
Harvey, Y., & Chung, S. (1980). The Koreans. In J. McDermott, Jr., W. Tseng, & T. Maretzki (Eds.), *People and cultures of Hawaii* (pp. 135-154). Honolulu: University of Hawaii Press.
Haynes, K. S., & Mickelson, J. S. (1986). *Affecting change: Social workers in the political arena.* White Plains, NY: Longman.
Hegar, R. L. (1989). Empowerment-based practice with children. *Social Service Review, 63*(3), 372-383.
Henderson, S. (1982). The significance of social relationships in the etiology of neurosis. In C. M. Parkes & J.

Stevenson-Hinde (Eds.), *The place of attachment in human behavior* (pp. 205-231). New York: Basic Books.
Henderson, S., Duncan-Jones, P., Byrne, D., & Scott, R. (1980). Measuring social relationships: The interview schedule for social interaction. *Psychological Medicine, 10*, 723-734.
Henry, M. (1988). Revisiting open groups. *Groupwork, 1*, 215-228.
Henry, S. (1992). *Group skills in four-dimensional approach* (2nd ed.). Pacific Grove, CA: Brooks/Cole.
Hepworth, D. (1964). The clinical implications of perceptual distortion in forced marriages. *Social Casework, 45*, 579-585.
Hepworth, D. (1979). Early removal of resistance in task-centered casework. *Social Work, 24*, 317-323.
Hepworth, D. H. (1993). Managing manipulative behavior in the helping relationship. *Social Work, 38*(6), 674-684.
Hepworth, D. H., Farley, O. W., & Griffiths, J. K. (1988). Clinical work with suicidal adolescents and their families. *Social Casework, 69*, 195-203.
Herz, F., & Rosen, E. (1982). Jewish families. In M. McGoldrick, J. Pcarcc, & J. Giordano (Eds.), *Ethnicity and family therapy* (pp. 364-392). New York: Guilford Press.
Hess, P. (1982). Parent-child attachment concept: Crucial for permanency planning. *Social Casework, 63*, 46-53.
Hill, B., Rotegard, L., & Bruininks, R. (1984). The quality of life of mentally retarded people in residential care. *Social Work, 29*, 275-281.
Hirayama, H., & Cetingok, M. (1988). Empowerment: A social work approach for Asian immigrants. *Social Casework, 69*, 41-47.
Ho, M. (1976). Social work with Asian Americans. *Social Casework, 57*, 195-201.
Ho, M. K. (1987). *Family therapy with ethnic minorities.* Newbury Park, CA: Sage.
Hochschild, A. (1989). *Second shift*. New York: Viking Penguin.
Hoehn-Saric, R., Frank, J., Imber, S., Nash, E., Stone, A., & Battle, C. (1964). Systematic preparation of patients for psychotherapy - I. Effects on therapy behavior and outcome. *Journal of Psychiatric Research, 2*, 267-281.
Hogarry, G. (1989). Meta-analysis of the effects of practice with the chronically mentally ill: A critique and reap praisal of the literature. *Social Works 34*(4), 363-372.
Holmes, K. (1981). Services for victims of rape: A dualistic practice model. *Social Casework, 62*, 30-39.
Holmes, T., & Rahe, R. (1967). The social readjustment rating scale. *Journal of Psychosomatic Research, 11*, 213-218.
Homma-True, R. (1976). Characteristics of contrasting Chinatowns: 2. Oakland, California. *Social Casework, 57*, 155-159.
Honey, E. (1988). AIDS and the inner city: Critical issues. *Social Casework, 69*, 365-370.
Horton, A. L., Johnson, B. L., Roundy, L. M., & Williams, D. (Eds.) (1989). *The incest perpetrator: A family member no one wants to treat.* Newbury Park, CA: Sage.
Howing, P. T., Wodarski, J. S., Gaudin, J. M., & Kurtz, P. D. (1989). Effective interventions to ameliorate the incidence of child maltreatment: The empirical base. *Social Work, 34*, 330-338.
Hudson, W. (1992). *Walmyr Assessment Scales*. Tempe, AZ: Walmyr.
Hudson, W, & Ricketts, W. A. (1980). A strategy for the measurement of homophobia. *Journal of Homosexuality, 5*, 357-371.
Hull, G., Jr. (1982). Child welfare services to Native Americans. *Social Casework, 63*, 340-47.
Hunt, G., & Paschall, N. (1984). *Volunteers forming effective citizen groups*. Lanham, MD: University Press of America.
Hunter, M. (1990). *The sexually abused male: Vol. 2. Application of treatment strategies.* Lexington, MA: Lexington Books.
Hurley, D. J. (1984). Resistance and work in adolescent groups. *Social Work with Groups, 1*, 71-81.
Hurst, C. E. (1992). *Social inequality: Forms, causes and consequences*. Boston: Allyn & Bacon.
Hurvitz, N. (1975). Interactions hypothesis in marriage counseling. In A. Gurman & D. Rice (Eds.), *Couples in conflict* (pp. 225-240). New York: Jason Aronson.
Hutchings, N. (1988). *The violent family: Victimization of women, children and elders*. New York: Human Sciences Press.
Hutchinson, E. D. (1987). Use of authority in direct social work practice with mandated clients. *Social Service Review, 61*, 581-598.
Hutchinson, J., Lloyd, J., Landsman, M.J., Nelson, K. & Bryce, M. (1983). *Family-centered social services: A model for child welfare agencies.* Oakdale, Iowa: The National Resource Center on Family Based Services, The University of Iowa.
Hutchinson, W., Searight, P., & Stretch, J. (1986). Multidimensional networking: A response to the needs of homeless families. *Social Work, 31*, 427-430.
Hystad, N. (1989). *The Alcohol Use Profile.* Two Harbors, MN: Chemical Dependency Publications.
Ingersoll, S. L., & Patton, S. O. (1990). *Treating perpetrators of sexual abuse.* Lexington, MA: Lexington Books.
Ivanoff, A., Blythe, B. J., & Briar, S. (1987). The empirical clinical practice debate. *Social Casework, 68*, 290-298.
Ivanoff, A. M., Blythe, B. J., & Tripodi T. (1994). *Involuntary clients in social work practice: A research-based approach.* New York: Aldine de Gruyter.
Jacob, T., Ritchey, D., Cvitkovic, J., & Blane, H. (1981). Communication styles of alcoholic and nonalcoholic families when drinking and not drinking. *Journal of Studies on Alcohol, 42*, 466-482.
Jacobson, E. (1929). *Progressive relaxation*. Chicago: University of Chicago Press.
Jacobson, N. (1978). A stimulus control model of change in behavioral couples' therapy: Implications for contingency contracting. *Journal of Marriage and Family Counseling, 4*, 29-35.
Jacobson, N., & Margolin, G. (1979). *Marital therapy*. New York: Brunner/Mazel.
Jacobson, N., Schmaling, K., & Holtzworth-Munroe, A.(1987). Component analysis of behavioral marital therapy: 2-year follow-up and prediction of relapse. *Journal of Marital and Family Therapy, 13* (2), 187-195.
Jaffe, P., Wolfe, D., & Wilson, S. K. (1990). *Children of battered women.* Newbury Park, CA: Sage.
James, B. (1989). *Treating traumatized children: New insights and creative interventions*. Lexington, MA: Lexington Books.
James, K., & MacKinnon, L. (1990). The "incestuous family"

revisited: A critical analysis of family therapy myths. *Journal of Marital and Family Therapy, 16* (1), 71-88.
James, P. (1991). Effects of a communication training component added to an emotionally focused couples therapy, *Journal of Marital and family Therapy, 17*(3), 263-275.
Janis, I., & Mann, L. (1977). *Decision making: A psychosocial analysis of conflict, choice, and commitments.* New York: Free Press.
Jason, L. A., & Burrows, B. (1983). Transition training for high school seniors. *Cognitive Therapy and Research, 7*, 79-92.
Jayaratne, S., & Levy, R. (1979). *Empirical clinical practice.* New York: Columbia University Press.
Jefferson, C. (1978). Some notes on the use of family sculpture in therapy. *Family Process, 17*, 69-75.
Jenkins, S. (1981). *The ethnic dilemma in social services.* New York: Free Press.
Jennings, H. (1950). *Leadership and isolations.* New York: Longmans Green.
Johnson, A. K., & Kreuger, L. W. (1989). Towards a better understanding of homeless women. *Social Work, 34*(6), 537-540.
Johnson, P., & Rubin, A. (1983). Case management in mental health: A social work domain. *Social Work, 28*, 49-55.
Jones, L. (1990). Unemployment and child abuse. *Families in Society. 17*(10), 579-586.
Jones, R. (1983). Increasing staff sensitivity to the black client. *Social Casework, 64*, 419-425.
Jordan, C., & Franklin, C. (1995). *Clinical assessment for social workers.* Chicago: Lyceum Books.
Joseph, M., & Conrad, A. (1980). A parish neighborhood model for social work practice. *Social Casework, 61*, 423-432.
Joyce, K., Diffenbacher, G., Greene, J., & Sorakin, Y.(1983). Internal and external barriers to obtaining prenatal care. *Social Work and Health Care, 9*, 89-93.
Jung, M. (1976). Characteristics of contrasting Chinatowns: 1. Philadelphia. Pennsylvania. *Social Casework, 57*, 149-154.
Kaduchin, A., & Martin, J. A. (1981). *Child abuse: An interactional event.* New York: Columbia University Press.
Kaduchin, A., & Martin, J. A. (1988). *Child welfare services.* New York: Macmillan.
Kadushin, G., & Kulys, R. (1993). Discharge planning revisited: what do social workers actually do in discharge planning? *Social Work, 38* (6), 713-726.
Kagan, R., & Schlosberg, S. (1989). *Families in perpetual crisis.* New York: Norton.
Kane, R. A., & Kane, R. L. (1981). *Assessing the elderly: A practical guide to measurement.* Lexington, MA: Lexington Books.
Kantor, D., & Lehr, W. (1975). *Inside the family: Toward a theory of family process.* San Francisco: Jossey-Bass.
Kaplan, K. (1992). Linking the dcvelopmentally disabled client to needed resources: Adult protective services case management. In B. S. Vourlekis & R. R. Greene (Eds.), *Social work case management*. Hawthorne, NY: Aldine de Gruyter.
Katz, D. (1979). Laboratory training to enhance interviewing skills. In F. Clark, M. Arkava, & Associates(Eds.), *The pursuit of competence in social work* (pp. 205-226). San Francisco: Jossey-Bass.
Katz, L. (1990). Effective permanency planning for children in foster care. *Social Work, 35*(3), 220-226.
Kazdin, A. (1979). Imagery elaboration and self-efficacy in the covert modeling treatment of unassertive behavior. *Journal of Consulting and Clinical Psychology, 47*, 725-733.
Kazdin, A., Esveldt-Dawson, K., French, N. H., & Unis, A. S. (1987). Problem-solving skills training and relationship therapy in the treatment of antisocial child behavior. *Journal of Consulting and Clinical Psychology, 55*, 76-85.
Keefe, T. (1978). The economic context of empathy. *Social Work, 23*, 6, 460-465.
Kelen, J. (1980). *The effects of poetry on elderly nursing home residents.* Unpublished doctoral dissertation; University of Utah, Salt Lake City.
Kelly, J. A., & Lamparski, D. (1985). Outpatient treatment of schizophrenics: Social skills and problem-solving training. In M. Hersen & A. S. Bellock (Eds.), *Handbook of clinical behavior therapy with adults* (pp. 485-506). New York: Plenum Press.
Kelly, J., & Sykes, P. (1989). Helping the helpers: A support group for family members of persons with AIDS. *Social Work, 34*(3), 239-242.
Kennard, W., & Shilman; R. (1979). Group services with the homebound. *Social Work, 24*, 330-332.
Kifer, R., Lewis, M., Green, D., & Phillips, E. (1974). Training predelinquent youths and their parents to negotiate conflict situations. *Journal of Applied Behavior Analysis, 7*, 357-364.
Kilgore, L. C. (1988). Effect of early childhood sexual abuse on self and ego development. *Social Casework, 69*(4), 224-230.
Kinney, J., Haapala, D., & Booth, C. (1991). *Keeping families together: The homebuilders model.* Hawthorne, NY: Aldine de Gruyter.
Kiresuk, T. J. & Garwick, G. (1979). Basic goal attainment procedures. In B. R. Compton & B. Galaway (Eds.), *social work processes* (2nd ed., pp. 412-421). Homewood, IL: Dorsey Press.
Kirk, S. A., & Kutchins, H. (1988), Deliberate misdiagnosis in mental health practice. *Social Service Review, 62*, 225-237.
Kissman, K. (1991). Feminist-based social work with single-parent families. *Families in Society, 72*(1), 23-28.
Klein.A. (1970). *Social work through group process.* Albany, NY: School of Social Welfare, State University of New York at Albany.
Klier, J., Fein, E., & Genero, C. (1984). Are written or verbal contracts more effective in family therapy? *Social Work, 29*, 298-299.
Komar, Arne A. (1994). Adolescent school crises: structures, issues and techniques for postventions. *International Journal of Adolescence ana Youth 5*(1/2), 35-46.
Kopp, J. (1989). Self-observation: An empowerment strategy in assessment. *Social Casework, 70* (5), 276-284.
Koroloff, N. M., & Anderson, S. C. (1989). Alcohol-free living centers: Hope for homeless alcoholics. *Social Work, 34* (6), 497-504.
Koss, M. P., & Harvey, M. R. (1991). *The rape victim: Clinical and community interventions* (2nd ed.). Newbury Park, CA: Sage.

Kratochvil, M. S., & Devereux, S. A. (1988). Counseling needs of parents of handicapped children. *Social Casework, 69* (7), 420-426.
Krona, D. (1980). Parents as treatment partners in residential care. *Child Welfare, 59*, 91-96.
Kruger, L., Moore, D., Schmidt, P., & Wiens, R. (1979). Group work with abusive parents. *Social Work, 24*, 337-338.
Kuhn, D. R. (1990). The normative crises of families confronting dementia. *Families in Society, 71*(8), 451-459.
Kumabe, K., Nishida, C., & Hepworth, D. (1985). *Bridging ethnocultural diversity in social work and health*. Honolulu: University of Hawaii Press.
Kurtz, P. D., Jarvis, S. V., & Kurtz, G. L. (1991). Problems of homeless youths: Empirical findings and human services issues. *Social Work, 36*(4), 309-314.
Kutchins, H., & Kirk, S. A. (1988). The business of diagnosis: DSM-Ⅲ and clinical social work. *Social Work, 33*, 215-220.
Kutchins. H., & Kirk, S. (1995). Should DSM be the basis for teaching social work practice? No! *Journal of Social Work Education, 31* (2), 159-165.
Kutchins, H., & Kutchins, S. (1978). Advocacy in social work. In G. Weber & G. McCall (Eds.), *Social scientists as advocates* (pp. 13-48). Beverly Hills, CA: Sage.
Kutza, E. A., & Keigher, S. M. (1991). The elderly "new homeless": An emerging population at risk. *Social Work, 36*(4), 288-293.
Laing, R. (1965). Mystification, confusion, and conflict. In I. Boszormenyi-Nagy & J. Framo (Eds.), *Intensive family therapy: Theoretical and practical aspects*. New York: Harper & Row.
Lake, R., Jr. (1983). Shamanism in Northwestern California: A female perspective on sickness, healing and health. *White Cloud Journal of American Indian Mental Health, 3*, 31-42.
Lam, D. H., Brewin, C. R., Woods, R. T., & Bebbington, P. E. (1987). Cognition and social adversity in the depressed elderly. *Journal of Abnormal Psychology, 96*, 23-26.
Lamaze, F. (1958). *Painless childbirth: Psychoprophylactic method*. London: Burke.
Lamb, H. (1982). *Treating the long-term mentally ill*. San Francisco: Jossey-Bass.
Lamb, S. (1986). Treating sexually abused children: Issues of blame and responsibility. *American Journal of Orthopsychiatry, 56*, 303-307.
Land, H. (1988). The impact of licensing on social work practice: Values, ethics and choices. *Journal of Independent Social Work, 2*(4), 87-96.
Land, H., & Harangody, G. (1990). A support group for partners of persons with AIDS. *Families in Society, 71*(8), 471-481.
Lane, F. E. (1986). Utilizing physician empathy with violent patients. *American Journal of Psychotherapy, 40*, 448-456.
Lang, N. (1972). A broad range model of practice in the social work group. *Social Service Review, 46*, 76-89.
Lange, A., & Jakubowski, P. (1976). *Responsible assertive behavior*. Champaign, IL: Research Press.
Langley, P. A. (1991). Family violence: Toward a family-oriented public policy. *Families in Society, 72*(9), 574-576.
Lantz, J. (1978). Cognitive theory and social casework. *Social Work, 23*, 361-366.
Larsen, J. (1975). *A comparative study of traditional and competency-based methods of teaching interpersonal skills in social work education*. Unpublished doctoral dissertation, University of Utah, Salt Lake City.
Larsen, J. (1980). Accelerating group development and productivity: An effective leader approach. *Social Work with Groups, 3*, 25-39.
Larsen, J. (1982). Remedying dysfunctional marital communication. *Social Casework, 63*, 15-23.
Larsen, J. (1991). *I'm a day late and a dollar short and it's okay: A woman's survival guide for the 90's*. Salt Lake City: Deseret Books.
Larsen, J., & Hepworth, D. (1978). Skill development through competency-based education. *Journal of Education for Social Work, 14*, 73-81.
Larsen, J., & Mitchell, C. (1980). Task-centered, strength-oriented group work with delinquents. *Social Casework, 61*, 154-163.
Leader, A. (1958). The problem of resistance in social work. *Social Work, 3*, 19-23.
Lebow, G., & Kane, B. (1992). Assessment: Private case management with the elderly. In B. S. Vourlekis & R. R. Greene (Eds.), *Social work case management*. Hawthorne, NY: Aldinc de Gruyter.
Lechnyr, R. (1980a). Hypnosis as an adjunct in crisis intervention. *Behavioral Medicine, 7*, 41-44.
Lechnyr, R. (1980b). Tuning-in patients: Biofeedback instrumentation in clinical practice. *Behavioral Medicine, 7*, 13-23.
LeCroy, C. W. (Ed.), (1983). *Social skills training for children and youth*. New York: Haworth Press.
LeCroy, C. W. (1987). Teaching children social skills: A game format. *Social Work, 32*, 440-442.
LeCroy, C. W., & Rose, S. (1986). Evaluation of preventive interventions for enhancing social competence in adolescents. *Social Work Research and Abstracts, 22*, 8-16.
Lederer, W., & Jackson, D. (1968). *The mirages of marriage*. New York: Norton.
Lee, E. (1989). Assessment and treatment of Chinese-American immigrant families. In G. Saba, B. Karrer, & K. Hardy (Eds.), *Minorities and family therapy* (pp. 99-120). New York: Hawthorne Press.
Lee, K., & McGill, C. (1991). Confronting the lack of resources for patients with AIDS dementia complex. *Social Work, 36*(6), 473-475.
Lehrer, P. (1982). How to relax and how not to relax: A reevaluation of the work of Jacobson. *Behaviour Research and Therapy, 20*, 417-425.
Lemmon, J. A. (1985). *Family mediation practice*. New York: Free Press.
Lester, L. (1982). The special needs of the female alcoholic. *Social Casework, 63*, 451-456.
Levick, K. (1981). Privileged communication: Does it really exist? *Social Casework, 62*, 235-239.
Levine, B. (1967). *Fundamentals of group treatment*. Chicago: Whitehall.
Levinson, D. (1989). *Family violence in cross-cultural perspective*. Newbury Park, CA: Sage.
Levinson, H. (1973). Use and misuse of groups. *Social Work, 18*, 66-73.

Levinson, H. (1977). Termination of psychotherapy: Some salient issues. *Social Casework, 58*, 480-489.
Levy, C. (1973). The value base of social work. *Journal of Education for Social Work, 9*, 34-42.
Levy, C. (1979). *Values and ethics for social work practice.* Washington, DC: National Association of Social Workers.
Levy, E. F. (1992). Strengthening the coping resources of lesbian families. *Families in Society, 73*(1), 23-31.
Levy, L. (1963). *Psychological interpretation*. New York: Holt, Rinehart & Winston.
Lewis, B. (1985). The Wife Abuse Inventory: A screening device for the identification of abused women. *Social Work, 30*(1), 32-35.
Lewis, E. (1991). Social change and citizen action: A philosophical exploration for modern social group work. *Social Work with Groups 14*, 3-4, 23-34.
Lewis, J., Beavers, W., Gossett, J., & Phillips, V. (1976). *No single thread: Psychological health in family systems.* New York: Brunner/Mazel.
Lewis, K. (1980). Children of lesbians: Their point of view. *Social Work, 25*, 198-203.
Lewis, R., & Ho, M. (1975). Social work with Native Americans. *Social Work, 20*, 379-382.
Lie, G-Y, & Inman, A. (1991). The use of anatomical dolls as assessment and evidentiary tools. *Social Work, 36*(5), 396-399.
Lieberman, M. (1980). Group methods. In F. Kanfer & A. Goldstein (Eds.), *Helping people change*(pp. 470-536). New York: Pergamon Press.
Lieberman, M., & Borman, L. (Eds.) (1979). *Self-help groups for coping with crisis.* San Francisco, CA: Jossey-Bass.
Lieberman, M., & Videka-Sherman, L. (1986). The impact of self-help groups on the mental health of widows and widowers. *American Journal of Orthopsychiatry, 56*, 435-449.
Lieberman, M., Yalom, I., & Miles, M. (1973). *Encounter groups: First facts.* New York: Basic Books.
Lister, L. (1987). Contemporary direct practice roles. *Social Work, 32*, 384-391.
Lockhart, L. L., & Wodarski, J. S. (1989). Facing the unknown: Children and adolescents with AIDS. *Social Work, 34*(3), 215-221.
Long, K. A. (1986). Cultural considerations in the assessment and treatment of intrafamilial abuse. *American Journal of Orthopsychiatry, 56*, 131-136.
Longres, J. F. Toward a status model of ethnic sensitive practice. *Journal of Multi-Cultural Social Work, 1*(1), 41-56.
Lopez, D., & Getzel, G. S. (1987). Strategies for volunteers caring for persons with AIDS. *Social Casework, 68*, 47-53.
Lorion, R. (1978). Research on psychotherapy and behavior change with the disadvantaged. In S. Garfield & A. Bergin (Eds.), *Handbook of psychotherapy and behavior change*(pp. 903-938). New York: Wiley.
Lott, J. (1976). Migration of a mentality: The Filipino community. *Social Casework, 3*, 165-172.
Lovell, M. L., & Richey, C. A. (1991). Implementing agency-based social-support skill training. *Families in Society, 72*(9), 563-572.
Low, S. (1984). The cultural basis of health, illness, and disease. *Social Work in Health Care, 9*, 13-23.
Luborsky, L., & Spence, D. (1978). Quantitative research on psychoanalytic therapy. In S. Garfield & A. Bergin(Eds.), *Handbook of psychotherapy and behavior change*(pp. 331-368). New York: Wiley.
Lukton, R. (1982). Myths and realities of crisis intervention. *Social Casework, 63*, 275-285.
Lum, D. (1982). Toward a framework for social work practice with minorities. *Social Work, 27*, 244-249.
Lum, D. (1992). *Social work practice and people of color: A process-stage approach* (2nd ed.). Pacific Grove, CA: Brooks/Cole.
MacFarlane, K., Waterman, J., et al. (1986). *Sexual abuse of young children: Evaluation and treatment.* New York: Guilford Press.
Mackelprang, R., & Hepworth, D. H. (1987). Ecological factors in rehabilitation of patients with severe spinal cord injuries. *Social Work in Health Care, 13*, 23-38.
Mahler, C. (1969). *Group counseling in the schools.* Boston: Houghton Mifflin.
Mahoney, M. J. (1974). *Cognition and behavior modification.* Cambridge, MA: Ballinger.
Malchiodi, C. (1990). *Art therapy with children from violent homes.* New York: Brunner/Mazel.
Malekoff.A., Johnson, H., & Klappersack, B. (1991). Parent-professional collaboration on behalf of children with disabilities. *Families in Society; 72*(7), 416-424.
Maletzky, B. M., & McGovcrn, K. B. (1990). *Treating the sexual offender*. Newbury Park, CA: Sage.
Maluccio, A. (1979). Perspectives of social workers and clients on treatment outcome. *Social Casework, 60*, 394-401.
Maluccio, A. N. (1990). Family preservation: an overview. in A. L. Sallee & J. C. Lloyd; (Eds.), *Family preservation: Papers from the Institute for Social Work Educators.* Riverdale, IL: The National Association for Family-Based Services.
Maluccio, A. N., Fein, E., & Inger, D. (1995). Family reunification: Research findings, issues and directions. *Child Welfare, 73*, 489-504.
Maluccio, A. N., Fein, E., & Olmstead, K. (1986). *Permanency planning for children: Concepts and methods*. New York: Tavistock.
Mandell J. G., & Damon, L. (1989). *Group treatment of sexually abused children.* New York: Guilford Press.
Mann, B., & Murphy, K. (1975). Timing of self-disclosure, reciprocity of self-disclosure, and reactions to an initial interview. *Journal of Counseling Psychology, 22*, 304-308.
Marburg, G. (1983). Mental health and Native Americans: Responding to the biopsychosocial model. *White Cloud Journal of American Indian Mental Health, 3*, 43-51.
Marckworth, P. (1990). Practice skills and knowledge: Views from the field. In A. L. Sallee & J. C. Lloyd(Eds.), *Family preservation: Papers from the Institute for Social Work Educators*(pp. 29-31). Riverdale, IL: The National Association for Family-Based Services.
Maretzki, T., & McDermott, J. (1980). The Caucasians. In J. McDermott, W. Tseng, & T. Maretzki (Eds.), *People and cultures of Hawaii*(pp. 23-52). Honolulu: University of Hawaii Press.
Marks, I. (1975). Behavioral treatments of phobic and obsessive-compulsive disorders: A critical appraisal. In M. Hersen, R. Eisler, & P. Miller (Eds.), *Progress in*

behavior modification*(pp. 65-158). Newbury Park, CA: Sage.
Marlatt, G. A. (1988). Matching clients to treatment: Treatment models and stages of change. In D. M. Donovan & G. A. Marlatt (Eds.), *Assessment of addictive behaviors*(pp. 474-483). New York: Guilford Press.
Marlatt, G. A., & Gordon, J. R. (1985). *Relapse prevention: Maintenance strategies in the treatment of addictive behaviors*. New York: Guilford Press.
Marlatt, G. A., & Miller, W. R. (1984). *Comprehensive Drinking Profile.* Odessa, FL: Psychological Assessment Resources.
Marshall, N. L. (1991). The changing lives of young children: Infant child care as a normative experience. *Families in Society, 72*(8), 496-501.
Marshall, N. L., & Marx, F. (1991). The affordability of child care for the working poor. *Families in Society, 72*(4), 202-211.
Marshall, T. K., & Mazie, A. S. (1987). A cognitive approach to treating depression. *Social Casework, 68*, 540-545.
Mass, A. (1976). Asians as individuals: The Japanese community, *Social Casework, 57*, 160-164.
Masserman, J. (1965). Historical-comparative and experimental roots of short-term therapy. In L. Wolberg(Ed.), *Short-term psychotherapy*(pp. 44-66). New York: Grune & Stratton.
Masson, H., & O'Byrne, P. (1984). *Applying family therapy.* New York: Pergamon Press.
Mattaini, M. A. & Kirk, S. A. (1991). Assessing assessment in social work. *Social Work, 36*(3) 260-266.
May, P., Hymbaugh, K., Aase, J., & Samet. J. (1983). The epidemiology of fetal alcohol syndrome among American Indians of the Southwest. *Social Biology, 30*, 374-387.
Mayadas, N. (1983). Psycho-social welfare of refugees: An expanding service area for social work. *International Social Work, 26*, 47-55.
Mayadas, N., & O'Brien, D. (1976). Teaching casework skills in the laboratory: Methods and techniques. In *Teaching for competence in the delivery of direct services*(pp. 72-82). New York: Council on Social Work Education.
Mayer, J., & Timms, N. (1969). Clash in perspective between worker and client. *Social Casework, 50*, 32-40.
McCarty, P., & Betz, N. (1978). Differential effects of self-disclosing versus self-involving counselor statements. *Journal of Counseling Psychology, 25*, 251-256.
McCown, W., & Johnson, J. (1992). Therapy with resistant families: *A consultation-crisis model*. Binghamton, NY: Haworth Press.
McCreath, J. (1984). The new generation of chronic psychiatric patients. *Social Work, 29*, 436-441.
McDermott, C. J. (1989). Empowering the elderly nursing home resident: The resident rights campaign. *Social Work,34*(2), 155-157.
McDonald, T., & Marks, J. (1991). A review of risk factors assessed in child protective services. *Social Service Review, 65*(1), 112-132.
McGoldrick, M. (1982a). Ethnicity and family therapy. In M. McGoldrick, J. Pearce, J. Giordano (Eds.), *Ethnicity and family therapy*(pp. 3-30). New York: Guilford Press.
McGoldrick, M. (1982b). Irish families. In M. McGoldrick, J. Pearce, & J. Giordano (Eds.), *Ethnicity and family therapy*(pp. 310-339). New York: Guilford Press.
McGoldrick, M., & Gerson, R. (1985). *Genograms in family assessment*. New York: Norton.
Mclntyre, E.L.G. (1986). Social networks: Potential for practice. *Social Work, 31*, 421-426.
McNeely, R., & Badami, M. (1984). Interracial communication in school social work. *Social Work. 29*, 22-25.
McPhatter, A. (1991). Assessment revisited: A comprehensive approach to understanding family dynamics. *Families in Society, 72*, 11-21.
Meenaghan, T. M. (1987). Macro practice: current trends and issues. In *Encyclopedia of social work*(18th ed., pp. 82-89). Silver Spring, MD: National Association of Social Workers, pp. 82-89.
Meichenbaum, D. (1977). *Cognitive-behavior-modification.* New York: Plenum Press.
Meichenbaum, D., & Turk, D. (1976). *The cognitive-behavioral management of anxiety, anger, and pain.* In P. Davison (Ed.), The cognitive-behavioral management of anxiety, anger, and pain(pp. 1-34). New York: Brunner/Mazel.
Meichenbaum, D. C., & Turk, D. C. (1987). *Facilitating treatment adherence: A practitioner's guidebook.* New York: Plenum.
Mercer, S., & Kane, R. (1979). Helplessness and hopelessness among the institutionalized aged. *Health and Social Work, 4*, 90-116.
Merton, R. (1957). *Social theory and social structure.* Glencoe, IL: Free Press.
Meyer, C. (1970). Social work practice: *A response to the urban crisis.* New York: Free Press.
Meyer, C. (Ed.). (1983). *Clinical social work in the eco-systems perspective.* New York: Columbia University Press.
Meyer, C. (1990, April 11). *Can social work keep up with the changing family?* [Monograph]. The fifth annual Robert J. O'Leary Memorial Lecture. Columbus, Ohio: The Ohio State University College of Social Work, 1-24.
Milgram, D., & Rubin, J. S. (1992). Resisting resistance: Involuntary substance abuse group therapy. *Social Work with Groups, 15*(1), 95-110.
Miller, J. L., & Whittaker, J. K. (1988). Social services and social support: Blended programs for families at risk of child maltreatment. *Child Welfare, 67*, 161-174.
Miller, K., Fein, E., Howe, G., Gaudio, C., & Bishop, G.(1984). Time-limited, goal-focused parent aide service. *Social Casework, 65*, 472-477.
Miller, W. R. (1983). Motivational interviewing with problem drinkers. *Behavioral Psychology, 11*, 147-172.
Mills, C., & Ota, H. (1989). Homeless women with minor children in the Detroit metropolitan area. *Social Work, 34*(6), 485-489.
Milne, C., & Dowd, E. (1983). Effect of interpretation style and counselor social influence. *Journal of Counseling Psychology, 30*, 603-606.
Milner, J. S., Halsey, L. B., & Fultz, J. (1995). Empathetic responsiveness and effective reactivity to infant stimuli in high-risk and low-risk for physical child-abuse mothers. *Child Abuse and Neglect, 19*(6), 767-780.
Milofsky, C. (1980). Serving the needs of disabled clients: A task-structured approach. *Social Work, 25*, 149-152.
Mindel, C. H., Habenstein, R. H., & Wright, R. (1988). *Ethnic families in America.* New York: Elsevier.
Minuchin, S. (1974). *Families and family therapy.*

Cambridge, MA: Harvard University Press.

Mitchell, M. (1986). Utilizing volunteers to enhance informal social networks. *Social Casework, 67*, 290-298.

Mizio, E. (1974). Impact of external systems on the Puerto Rican family. *Social Casework, 55*, 76-83.

Montero, D., & Dieppa, I. (1982). Resettling Vietnamese refugees: The service agency's role. *Social Work, 27*, 74-81.

Montiel, M. (1973). The Chicano family: A review of research. *Social Work, 18*, 22-29.

Moore, C. (1986). *The mediation process*. San Francisco: Jossey-Bass.

Moore, J. (1983). The experience of sponsoring a parents anonymous group. *Social Casework, 64*, 585-592.

Moore, S. T. (1990). A social work practice model of case management: The case management grid. *Social Work, 35*(5), 444-448.

Morgan, R. (1961). Is it scientific to be optimistic? *Social Work, 6*, 12-21.

Moroney, R. M. (1987). Social planning. *Encyclopedia of social work, II* (pp. 593-602). Silver Spring, MD: National Association of Social Workers.

Moroz, K., & Allen-Meares, P. (1991). Assessing adolescent parents and their infants: Individualized family service planning. *Families in Society, 72*(8), 461-468.

Morrison, B. (1983). Physical health and the minority aged. In R. McNeely & J. Colen (Eds.), *Aging in minority groups*. Beverly Hills, CA: Sage.

Morrissette, P., & Mclntyre. S. (1989). Homeless young people in residential care. *Social Casework, 70*(10), 603-610.

Moxley, D. P. (1989). *The practice of case management*. Newbury Park, CA: Sage.

Moynihan, R., Christ, G., & Silver, L. G. (1988). AIDS and terminal illness. *Social Casework, 69*, 380-387.

Mudrick, N. R. (1991). An underdeveloped role for occupational social work: Facilitating the employment of people with disabilities. *Social Work, 36*(6), 490-495.

Mulinski, P. (1989). Dual diagnosis in alcoholic clients: Clinical implications. *Social Casework, 70*(6), 333-339.

Mullen, E. J., & Dumpson, J. R. (Eds). (1972). *Evaluation of social intervention*. San Francisco: Jossey-Bass.

Napier, A. (1991) Heroism, men and marriage. *Journal of Marital and Family Therapy, 17*(1), 9-16.

National Association of Social Workers. (1973). *Standards for social service manpower*. New York: National Association of Social Workers.

National Association of Social Workers. (1977). 1977 Delegate assembly policy statement-Volunteers and the social service systems. *NASW News*, 22, 39.

National Association of Social Workers. (1980). NASW code of ethics. *NASW News, 25*, 24-25.

National Association of Social Workers. (1981). NASW working statement on the purpose of social work. *Social Work, 26*, 6.

National Association of Social Workers. (1991). *NASW News, 36*(10), 13.

National Association of Social Workers. (1995, September). *Revised code of ethics* (Draft). Washington, DC.

National Committee for Prevention of Child Abuse. (1990, March). *Child abuse fatalities continue to rise: The results of the 1989 annual fifty state survey*. Chicago: Author.

Nelson, J. (1975). Dealing with resistance in social work practice. *Social Casework, 56*, 587-592.

Nelson, M. (1991). Empowerment of incest survivors: Speaking out. *Families in Society, 72*(10), 618-624.

Nelson, T., & Trepper, T. S. (1992). *101 interventions in family therapy*. Binghamton, NY: Haworth Press.

Nelson-Zlupko, L., Kauffman, E. & Dore, M. M. (1995). Gender differences in drug addiction and treatment: implications for social work intervention with substance abusing women. *Social Work, 40*, 1, 45-54.

Neumann, D. (1989). *Divorce mediation: How to cut the cost*. New York: Holt.

New York Victim Services Agency. (1982). *Experiences of women with services for abused spouses in New York City*. New York: Author.

Nezu, A. M. (1985). Differences in psychological distress between effective and ineffective problem solvers. *Journal of Counseling Psychology, 32*, 135-138.

Nezu, A. M., & Carnevale, G. J. (1987). Interpersonal problem solving and coping reactions of Vietnam veterans with posttraumatic stress syndrome. *Journal of Abnormal Psychology, 96*, 155-157.

Nicholson, B., & Matross, G. (1989). Facing reduced decision-making capacity in health care: Methods for maintaining client self-determination. *Social Work, 34*(3), 234-238.

Norton, D. G. (1978). *The dual perspective: Inclusion of ethnic minority content in the social work curriculum*. New York: Council on Social Work Education.

Novaco, R. (1975). *Anger control: The development and evaluation of an experimental treatment*. Lexington, MA: Heath.

Nugent, W. (1991). An experimental and qualitative analysis of a cognitive-behavioral intervention for anger. *Social Work Research and Abstracts, 27*(3), 3-8.

Nugent, W. (1992). The affective impact of a clinical social worker's interviewing style: A series of single-case experiments. *Research on Social Work Practice, 2*(1), 6-27.

Nulman, E. (1983). Family therapy and advocacy: Directions for the future. *Social Work, 28*, 19-22.

Nurius, P. S., & Hudson, W. W. (1988). Computer-based practice: Future dream or current technology. *Social Work, 33*, 357-362.

Nurius, P. S., & Hudson, W. (1993). *Computer assisted practice: Theory, methods, and software*. Belmont, CA: Wadsworth.

O'Connell B. (1978). From service to advocacy to empowerment. *Social Casework, 59*, 195-202.

Office of Policy Development (1988). *Report to the president on the family*. Washington, DC: The White House.

O'Hare, T. (1991). Integrating research and practice: A framework for implementation. *Social Work, 36*(3), 220-223.

O'Leary, K., Shore, M., & Wieder, S. (1984). Contacting pregnant adolescents: Are we missing cues? *Social Casework, 65*, 297-306.

Oritt, E., Paul, S., & Behrman, J. (1985). The perceived Support Network Inventory. *American Journal of Community Psychology, 13*(5), 565-582.

Orlinsky, D., & Howard, K. (1978). The relationship of process to outcome in psychotherapy. In S. Garfield & A. Bergin (Eds.), *Handbook of psychotherapy and behavior*

change (pp. 283-329), New York: Wiley.
Orten, J, D., & Rich, L. L. (1988), A model for assessment of incestuous families. *Social Casework, 69*(10), 611-619.
Palmer, B., & Pablo, S. (1978). Community development possibilities for effective Indian reservation child abuse and neglect efforts. In M. Lauderdale, R. Anderson, & S. Cramer (Eds.), *Child abuse and neglect: Issues on innovation and implementation* (pp. 98-116). Washington, DC: U.S. Department of Health, Education and Welfare.
Panitch, A. (1974). Advocacy in practice. *Social Work, 19*, 326-332.
Panzer, B., Wiesner, L., & Dickson, W. (1978). Program for developmentally disabled children. *Social Work, 23*, 406-411.
Papp, P. (1976). Family choreography. In P. Guerin (Ed.), *Family therapy* (pp. 465-479). New York: Gardner Press.
Paquin, M. (1981). Self-monitoring of marital communication in family therapy. *Social Casework, 62*, 267-272.
Parad, H., & Parad, L. (1968). A study of crisis-oriented planned short-term treatment. *Social Casework, 49*, 346-355.
Pardeck, J. T. (1990). Bibliotherapy with abused children. *Families in Society, 71*(4), 229-235.
Parlee, M. (1979). Conversational politics. *Psychology Today, 12*, 48-56.
Parloff, M., Waskow, I., & Wolfe, B. (1978). Research on therapist variables in relation to process and outcome. In S. Garfield & A. Bergin (Eds.), *Handbook of psychotherapy and behavior change* (pp. 233-282). New York: Wiley.
Parsonnet, L., & O'Hare, J. (1990). A group orientation program for families of newly admitted cancer patients. *Social Work, 35*(1), 37-40.
Parsons, R. J. (1991). The mediator role in social work practice. *Social Work, 36*(6), 483-487.
Parsons, R. J., & Cox, E. O. (1989). Family mediation in elder caregiving decisions: An empowerment intervention. *Social Work, 34*(2), 122-126.
Patten, S. B., Gatz, Y. K., Jones, B., & Thomas, D. L.(1989). Posttraumatic stress disorder and the treatment of sexual abuse. *Social Work, 34*(3), 197-202.
Patterson, D., & Hepworth, D. (1989). *A comparative study of multiple personality disordered and borderline personality disordered inpatients.* Unpublished study. Salt Lake City: University of Utah Graduate School of Social Work.
Patterson, S. L., Germain, C. B., Brennan, E. M., & Memmott, J. (1988). Effectiveness of rural natural helpers. *Social Casework, 69*, 272-279.
Patti, R. J. (1974). Organizational resistance and change. *Social Service Review, 48*, 367-383.
Patton, M. Q. (1991). *Family sexual abuse: Frontline research and evaluation.* Newbury Park, CA: Sage.
Pearlman, M., & Edwards, M. (1982). Enabling in the eighties: The client advocacy group. *Social Casework, 63*, 532-539.
Penka, C. E., & Kirk, S. (1991). Practitioner involvement in clinical evaluation. *Social Work, 36*(6), 513-518.
Perlman, G. (1988). Mastering the law of privileged communication: A guide for social workers. *Social Work, 33*(5), 425-429.
Perlman, H. (1957). *Social casework: A problem-solving process.* Chicago: University of Chicago Press.
Perlman, H. (1968). *Persona: Social role and responsibility.* Chicago: University of Chicago Press.
Peterson, C., Patrick, S., & Rissmeyer, D. (1990). Social work's contribution to psychosocial rehabilitation. *Social Work, 35*(5), 468-472.
Phillips, M. H., DeChillo, N., Kronenfeld, D., & Middleton-Jeter, V. (1988). Homeless families: Services make a difference. *Social Casework, 69*, 48-53.
Pilisuk, M., & Parks, S. H. (1988). Caregiving: Where families need help. *Social Work, 33* (5), 436-440.
Pillemer, K. A., & Wolf, R. S. (Eds.). (1986). *Elder abuse: Conflict in the family.* Westport, CT: Auburn House.
Pincus, A., & Minahan, A. (1973). *Social work practice: Model and method.* Itasca, IL: Peacock.
Pinderhughes, E. (1982). Afro-American families and the victim system. In M. McGoldrick, J. Pearce, & J. Giordano (Eds.), *Ethnicity and family therapy* (pp. 108-122). New York: Guilford Press.
Pinderhughes, E. (1983). Empowerment for our clients and ourselves. *Social Casework, 64*, 331-338.
Pines, B., Krieger, R., & Maluccio, A.(1993). *Together again: Family reunification in foster care*. Washington, DC: Child Welfare League of America.
Pirog-Good, M., & Stets, J. (Eds.). (1989). *Violence in dating relationships: Emerging social issues*. Westport, CT: Praeger.
Pittman, F. (1987). *Turning points: Treating families.* New York: Norton.
Pittman, F. (1991). The secret passions of men. *Journal of Marital and Family Therapy, 17*(1), 17-23.
Polansky, N. A., Ammons, P. W., & Gaudin, J. M., Jr. (1985). Loneliness and isolation in child neglect. *Social Casework, 66*, 38-47.
Ponce, D. (1980). The Filipinos: The Philippine background. In J. McDermott, Jr., W. Tseng, & T. Maretski (Eds.), *People and cultures of Hawaii* (pp. 155-163). Honolulu: University of Hawaii Press.
Pope, K. S., Keith-Spiegel, P., & Tabachnick, B. G. (1986). Sexual attraction to clients; *American Psychologist, 41*, 147-158.
Potter-Efron, R., & Potter-Efron, P. (1992). *Anger, alcoholism and addiction: Treating anger in a chemical dependency setting.* New York: Norton.
Prager, E. (1980). Evaluation in mental health: Enter the consumer. *Social Work Research and Abstracts, 16*, 5-10.
Presley, J. H. (1987). The clinical dropout: A view from the client's perspective. *Social Casework, 68*, 603-608.
Pridgen, N. H. (1991). Community-based counseling services for deaf and hard-of-hearing individuals. *Families in Society, 72*(3), 174-176.
Proctor, E. (1990). Evaluating clinical practice: Issues of purpose and design. *Social Work Research and Abstracts, 26* (1), 32-40.
Proctor, E. K., & and Davis, L. E. (1994). The challenge of racial difference: skills for clinical practice. *Social Work, 39*(3), 314-323.
Prunty, H., Singer, T., & Thomas, L. (1977). Confronting racism in inner-city schools. *Social Work, 22*, 190-194.
Puryear, D. (1979). *Helping people in crisis.* San Francisco: Jossey-Bass.
Queralt, M. (1984). Understanding Cuban immigrants: A cultural perspective. *Social Work, 29*, 115-121.
Quinn, M. J., & Tomita, S. K. (1986). *Elder abuse and neglect.* New York: Springer.

Rabin, C., Blechman, E. A., Kahn, D., & Carel, C. A. (1985). Refocusing from child to marital problems using the Marriage Contract Game. *Journal of Marital and family Therapy, 11*, 75-85.

Rabin, C., & Zelner, D. (1992). The role of assertiveness in clarifying roles and strengthening job satisfaction of social workers in multi-disciplinary mental health settings. *The British Journal of Social Work, 22*, 1, 17-32.

Raimy, V. (1975). *Misunderstandings of the self.* San Francisco: Jossey-Bass.

Rapoport, L. (1961). The concept of prevention in social work. *Social Work, 6*, 3-12.

Rapp, C. (1982). Effect of the availability of family support services and decisions about child placement. *Social Work Research and Abstracts, 18*, 21-27.

Rapp, C. A., & Chamberlain, R. (1985). Case management services for the chronically mentally ill. *Social Work, 30*, 417-422.

Rauch, J. B. (1988). Social work and the genetics revolution: Genetic services. *Social Work, 33*(5), 389-395.

Rauch, J. B., Sarno, C., & Simpson, S. (1991). Screening for affective disorders. *Families in Society, 72*(10), 602-609.

Reamer, F. (1988). AIDS and ethics: The agenda for social workers. *Social Work, 33*(5), 460-464.

Reamer, F. (1989). *Ethical dilemmas in social service* (2nd ed.). New York: Columbia University Press.

Reamer, F. (1992). *AIDS and ethics*. New York: Columbia University Press.

Red Horse, J., Lewis, R., Feit, M., & Decker, J. (1978). Family behavior of urban American Indians. *Social Casework, 59*, 67-72.

Register of clinical social workers, Vol. 1 (1976). Washington, DC: National Association of Social Workers.

Reid, K. E. (1991). *Social work practice with groups: A clinical perspective*. Pacific Grove, CA: Brooks/Cole.

Reid, W. (1970). Implications of research for the goals of casework. *Smith College Studies in Social Work, 40*, 140-154.

Reid, W. (1975). A test of the task-centered approach. *Social Work, 22*, 3-9.

Reid, W. (1977). Process and outcome in the treatment of family problems. In W. Reid Sc L. Epstein (Eds.), *Task-centered practice. Self-help groups and human service agencies: How they work together*. Milwaukee: Family Service of America.

Reid, W. (1978). *The task-centered system*. New York: Columbia University Press.

Reid, W. (1985). *Family problem solving*. New York: Columbia University Press.

Reid, W. (1987). Task-centered research. In *Encyclopedia of social work*(Vol. 2, pp. 757-764). Silver Spring, MD: National Association of Social Workers.

Reid, W. J. (1992). *Task strategies*. New York: Columbia University Press.

Reid, W. J. (1994, June). The empirical practice movement. *Social Service Review, 68*(2), 165-184.

Reid, W., & Epstein L. (1972). *Task-centered casework*. New York: Columbia University Press.

Reid, W., & Hanrahan, P. (1982). Recent evaluations of social work: Grounds for optimism. *Social Work, 27*, 328-340.

Reid, W., & Shyne, A. (1969). *Brief and extended casework*. New York: Columbia University Press.

Remine, D., Rice, R. M., & Ross, J. (1984). Management as a practice model. *Social Casework, 68*, 466-470.

Reynolds, C., & Fischer, C. (1983). Personal versus professional evaluations of self-disclosing and self-involving counselors. *Journal of Counseling Psychology, 30*, 451-454.

Rhoades, E. R. (Ed.) (1990). Minority aging: Essential curricula content for selected health and allied health professionals. Health Resources and Service Administration, Department of Health and Human Services. DHHS Publication No. HRS (P-DU-90-4). Washington, DC: U.S. Government Printing Office.

Rhodes, M. L. (1986). *Ethical dilemmas in social work practice.* London: Routledge & Kegan Paul.

Rhodes, S. (1977). Contract negotiation in the initial stage of casework. *Social Service Review, 51*, 125-140.

Ridley, R. (1984). Clinical treatment of the nondisclosing black client: A therapeutic paradox. *American Psychologist, 39*, 1234-1244.

Roberts, C. S., Severinsen, C., Kuehn, C., Straker, D., & Fritz, C. J. (1992). Obstacles to effective case management with AIDS patients: The clinician's perspective. *Social Work in Health Care, 17*(2), 27-40.

Roberts-DeGennaro, M. (1987). Developing case. New York: Columbia University Press.

Robinson, J. B. (1989). Clinical treatment of Black families: Issues and strategies. *Social Work, 34*, 323-329.

Robinson, V. (1930). *A changing psychology in social work.* Chapel Hill: University of North Carolina Press.

Rogers, C. (1957). The necessary and sufficient conditions of therapeutic personality change. *Journal of Consulting Psychology, 22*, 95-103.

Rogler, L. H., Malgady, R. G., Costantino, G., & Blumenthal, R. (1987). What do culturally sensitive mental health services mean? The case of Hispanics. *American Psychologist, 42*, 565-570.

Ronnau, J. P., & Marlow, C. R. (1995). Family preservation: Poverty and the value of diversity. *Families in Society, 74*(9), 538-544.

Rooney, R. H. (1988). Socialization strategies for involuntary clients. *Social Casework, 69*, 131-140.

Rooney, R. H. (1992). *Strategies for work with involuntary clients*. New York: Columbia University Press.

Rose, S. D. (1989). *Working with adults in groups: Integrating cognitive-behavioral and small group strategies*. San Francisco: Jossey-Bass.

Rose, S. M. (Ed.) (1992). *Case management and social work practice*. White Plains, NY: Longman.

Rose, S. M., & Black, B. (1985). *Advocacy and empowerment: Mental health care in the community.* New York: Routledge & Kegan Paul.

Rose, S. M., Peabody, C., Stratigeas, B. (1991). Responding to hidden abuse: A role for social work in reforming mental health systems. *Social Work, 36* (5), 408-413.

Rosen, A. (1972). The treatment relationship: A conceptualization. *Journal of Clinical Psychology, 38*, 329-337.

Rosen, A., Proctor, E. K., & Livne, S. (1985). Planning and direct practice. *Social Service Review, 59*, 161-177.

Rosen, P., Peterson, L., & Walsh, B. (1980). A community residence for severely disturbed adolescents: A cognitive-behavioral approach. *Child Welfare, 59*, 15-25.

Rosenfeld, J. (1983). The domain and expertise of social

work: A conceptualization. *Social Work, 28*, 186-191.
Rosenstein, P. (1978). Family outreach: A program for the prevention of child neglect and abuse. *Child Welfare, 57*, 519-525.
Rosenthal, K. (1988). The inanimate self in adult victims of child abuse and neglect. *Social Casework, 69*(8), 505-510.
Roth, W. (1987). Disabilities: Physical. In *Encyclopedia of social work*(Vol. 1, pp. 434-438). Silver Spring, MD: National Association of Social Workers.
Rothman, J. (1989). Client self-determination: Untangling the knot. *Social Service Review, 59*(4), 598-612.
Rothman, J. (1991). A model of case management: Toward empirically based practice. *Social Work, 36*(6), 521-528.
Rothman, J., Gant, L. M., & Hnat, S. A. (1985). Mexican-American family culture. *Social Service Review, 59*, 197-215.
Rotunno, M., & McGoldrick, M. (1982). Italian families. In M. McGoldrick, J. Pearce, & J. Giordano (Eds.), *Ethnicity ana family therapy* (pp. 340-363). New York: Guilford Press.
Rounds, K. A. (1988). AIDS in rural areas: Challenges to providing care. *Social Work, 33*, 257-261.
Rounds, K. A., Galinsky, M. H., & Stevens, L. S. (1991). Linking people with AIDS in rural communities: The telephone group. *Social Work, 36*(1), 13-18.
Rowe, W., & Savage, S. (1988). Sex therapy with female incest survivors. *Social Casework, 69*(5), 265-271.
Royfe, E. (I960). The role of the social worker in a big brother agency. *Social Casework, 41*, 139-144.
Rubenstein, D., & Timmins, J. (1978). Depressive dyadic and triadic relationships. J*ournal of Marriage and Family Counseling, 4*, 13-24.
Rubin, A. (1985). Practice effectiveness: More grounds for optimism. *Social Work, 30*, 469-476.
Rubin, B. (1982). Refugee settlement: A unique role for family service. *Social Casework, 63*, 301-304.
Rubin, S. (1978). Parents' group in a psychiatric hospital for children. *Social Work, 23*, 416-417.
Rueveni, U. (1979). *Networking families in crisis*. New York: Human Sciences Press.
Ryan, N., Puig-Antich, J., Ambrosini, P., Rabinovich, H., Robinson, D., Nelson, B., Ivengar, S., & Twomey, J. (1987). The clinical picture of major depression in children and adolescents. *Archives of General Psychiatry, 44*(11), 854-861.
Rzepnicki, T. L. (1991, March). Enhancing the durability of intervention gains: A challenge for the 1990s. *Social Service Review, 65* (1), 92-111.
Saba, G. W., Karrer, B. M., & Hardy, K. (Eds.) (1989). *Minorities and family therapy*. New York: Hawthorne Press.
Sager, C., Brayboy, T., & Waxenburg, B. (1970). *Black ghetto family in therapy: A laboratory experience*. New York: Grove Press.
Sakai, C. E. (1991). Group intervention strategics with domestic abusers. *Families in Society, 72*(9), 536-542.
Saleeby, D. (Ed.) (1992). *The strengths perspective in social work practice*. New York: Longman.
Salter, A. C. (1988). *Treating child sex offenders and victims*. Newbury Park, CA: Sage.
Saltzman, A. (1986). Reporting child abuse and protecting substance abusers. *Social Work, 31*, 474-476.
Sandau-Beckler, P. A., & Salcido, R. (1991). Family preservation services for first generation Hispanic families in an international border community. In *Empowering families*(pp. 119-129). Proceedings of the Fifth Annual Conference on Family Based Services: National Association for Family Based Services, Cedar Rapids, IA.
Sander, F. (1976). Aspects of sexual counseling with the aged. *Social Casework, 58*, 504-510.
Santa Cruz, L., & Hepworth, D. (1975). Effects of cultural orientation on casework. *Social Casework, 56*, 52-57.
Sarri, R. (1987). Administration in social welfare. In *Encyclopedia of social work* (Vol. 1, pp. 27-40). Silver Spring, MD: National Association of Social Workers.
Satir, V. (1967). *Conjoint family therapy*, Palo Alto, CA: Science & Behavior Books.
Sauer, W. J., & Coward, R. T. (1985). *Social support networks and the care of the elderly*. New York: Springer.
Saunders, D. (1977). Marital violence: Dimensions of the problem and modes of intervention. *Journal of Marriage and Family Counseling, 3*, 43-54.
Schilling, R. F. (1987). Limitations of social support. *Social Service Review, 61*, 26-29.
Schilling, R. F., Schinke, S. P., & Weatherly, R. A. (1988). Service trends in a conservative era: Social workers rediscover the past. *Social Work, 33*, 5-9.
Schinke, S. P., Blythe, B. J., & Gilchrist, L. D. (1981). Cognitive-behavioral prevention of adolescent pregnancy. *Journal of Counseling Psychology, 28*, 451-454.
Schinke, S., Blythe, B., Gilchrist, L., & Smith, E. (1980). Developing intake-interviewing skills. *Social Work Research and Abstracts, 16*, 29-34.
Schneider, L., & Struening, E. (1983). SLOF: A behavioral rating scale for assessing the mentally ill. *Social Work Research and Abstracts, 19*, 9-21.
Schofield, W. (1964). *Psychotherapy: The purchase of friendship*. Englewood Cliffs, NJ: Prentice Hall.
Schopler, J., & Galinsky, M. (1974). Goals in social group work practice: Formulation, implementation and evaluation. In P. Glasser, R. Sarri, & R. Vinter (Eds.), *Individual change through small groups*. New York: Free Press.
Schotte, D. E., & Clum, G. A. (1987). Problem-solving skills in suicidal psychiatric patients. *Journal of Consulting and Clinical Psychology, 55*, 49-54.
Schrier, C. (1980). Guidelines for record-keeping under privacy and open-access laws. *Social Work, 25*, 452-457.
Schrodt, G. R., & Fitzgerald, B. A. (1987). Cognitive therapy with adolescents. American *Journal of Psychotherapy, 41*, 402-408.
Schroeder, H. E., & Black, M. J. (1985). Unassertiveness. In M. Hersen and A. S. Bellack (Eds.), *Handbook of clinical behavior therapy with adults* (pp. 509-530). New York: Plenum Press.
Schwartz, F. (1984). *Voluntarism and social work practice: A growing collaboration*. New York: University Press of America.
Schwartz, G. (1989). Confidentiality revisited. *Social Work, 34*(3), 223-226.
Seagull, E. A. (1987). Social support and child maltreatment: A review of the evidence. *Child Abuse and Neglect, 11*, 41-52.
Segal, U. A. (1991). Cultural variables in Asian Indian

families. *Families in Society, 72*, 233-244.
Seligman, M. E. P. (1975). *Hopelessness: On depression, development and death*. San Francisco: W. H. Freeman.
Seligman, M. (1991). Grandparents of disabled grandchildren: Hopes, fears, and adaptation. *Families in Society, 72*(3), 147-152.
Seltzer, M. M., & Bloksberg, L. M. (1987). Permanency planning and its effects on foster children. *Social Work, 32*, 65-68.
Selvini-Palazzoli, M., Boscolo, L., Cecchin, G., & Prata, G. (1974). The treatment of children through brief therapy of their parents. *Family Process, 13*, 429-442.
Selzer, M. L. (1971). The Michigan Alcoholism Screening Test: The quest for a new diagnostic instrument. *American Journal of Psychiatry, 127*, 1653-1658.
Sheafor, B., Horejsi, C. R. and Horejsi, G. A. (1994). Techniques and guidelines for social work practice (3rd ed.). Boston: Allyn & Bacon.
Shelby, R. (1992). *If a partner has AIDS: Guide to clinical intervention for relationships in crisis*. Binghamton, NY: Haworth Press.
Shernoff, M. (1990). Why every social worker should be challenged by AIDS. *Social Work, 35*(1), 5-8.
Shimkunas, A. (1972). Demand for intimate self-disclosure and pathological verbalization in schizophrenia. *Journal of Abnormal Psychology, 80*, 197-205.
Shulman, L. (1984). *The skills of helping individuals and groups* (2nd ed.). Itasca, IL: Peacock.
Siegel, M., & Roberts, M. (1989). Recruiting foster families for disabled children. *Social Work, 34*(6), 551-553.
Simon, C. E., McNeil, J. S., Franklin, C., & Cooperman, A. (1991). The family and schizophrenia: Toward a psychoeducational approach. *Families in Society, 72*(6), 323-333.
Simonson, N. (1976). The impact of therapist disclosure on patient disclosure. *Journal of Transpersonal Psychology 23*, 3-6.
Sims, A. R. (1988). Independent living services for youths in foster care. *Social Work, 33*(6). 539-542.
Siporin, M. (1975). *Introduction to social work practice*. New York: Macmillan.
Siporin, M. (1979). Practice theory for clinical social work. *Clinical Social Work Journal, 7*, 75-89.
Siporin, M. (1980). Ecological systems theory in social work. *Journal of Sociology and Social Welfare, 7*, 507-532.
Sistler, A. (1989). Adaptive care of older caregiving spouses. *Social Work, 34*(5), 415-420.
Skinner, H. A. (1982). The Drug Abuse Screening Test. *Addictive Behaviors, 7*, 363-371.
Slater. J., & Depue, R. (1981). The contribution of environmental events and social support to serious suicide attempts in primary depressive disorder. *Journal of Abnormal Psychology, 90*, 275-285.
Sluzki, C. (1975). The coalitionary process in initiating family therapy. *Family Process, 14*, 67-77.
Smaldino, A. (1975). The importance of hope in the case work relationship. *Social Casework, 56*, 328-333.
Smith, V. (1979). How interest groups influence legislators. *Social Work, 24*, 234-239.
Smith, V. G., & Hepworth, D. (1967). Marriage counseling with one marital partner: Rationale and clinical implications. *Social Casework, 48*, 352-359.
Solomon, B. (1976). *Black empowerment: Social work in oppressed communities*. New York: Columbia University Press.
Sosin, M. (1979). Social work advocacy and the implementation of legal mandates. *Social Casework, 60*, 265-273.
Sosin, M., & Caulum, S. (1983). Advocacy: A conceptualization for social work practice. *Social Work, 28*, 12-17.
Specht, H., & Courtney, M. E. (1994). *Unfaithful angels: How social work has abandoned its mission*. New York: Free Press.
Specht, H., & Specht, R. (1986a). Social work assessment: Route to clienthood (Part Ⅰ). *Social Casework, 67*, 525-532.
Specht, H., & Specht, R. (1986a). Social work assessment: Route to clienthood (Part Ⅱ). *Social Casework, 67*, 587-593.
Speisman, J. (1959). Depth of interpretation and verbal resistance in psychotherapy. *Journal of Consulting Psychology, 23*, 93-99.
Spivack, G., Platt, J., & Shure, M. (1976). T*he problem-solving approach to adjustment*. San Francisco: Jossey-Bass.
Spungen, C., Jensen, S., Finkelstein, N., & Satinsky, F.(1989). Child personal safety: Model program for prevention of child sexual abuse. *Social Work, 34*(2), 127-131.
Steinmetz, G. (1992). Fetal alcohol syndrome. *National Geographic, 181*(2), 36-39.
Steinmetz, S. K. (1988). *Duty bound elder abuse and family care*. Newbury Park, CA: Sage.
Stempler, B., & Stempler, H. (1981). Extending the client connection: Using homemaker-caseworker teams. *Social Casework, 62*, 149-158.
Stith, S. M., Williams, M. B., & Rosen, K. (1990). *Violence hits home: Comprehensive treatment approaches to domestic violence*. New York: Springer.
Stokes, J. P. (1983). Components of group cohesion: Intermember attraction, instrumental value, and risk taking. *Small Group Behavior, 14*, 163-173.
Stordeur, R. A., & Stille, R. (1989). *Ending men's violence against their partners*. Newbury Park, CA: Sage.
Strean, H. (1979). *Psychoanalytic theory and social work practice*. New York: Free Press.
Streeter, C. L., & Franklin, C. (1992). Defining and measuring social support: Guidelines for social work practitioners. *Research on Social Work Practice, 2*(1), 81-98.
Strom, K. (1992, September). Reimbursement demands and treatment decisions: A growing dilemma for social workers. *Social Work, 37*(5), 398-403.
Stuart R. (1980). *Helping couples change*. New York: Guilford Press.
Sue, S., & McKinney. H. (1975). Asian Americans in the community mental health care system. *American Journal of Orthopsychiatry, 45*, 111-118.
Sue, S., & Moore, T. (1984). *The pluralistic society: A community mental health perspective*. New York: Human Sciences Press.
Sue, S., & Zane, N. (1987). The role of culture and cultural techniques in psychotherapy. *American Psychologist, 42*, 37-45.
Surber, R, W., Dwyer, E., Ryan, K. J., Goldfinger, S. M., & Kelley, J. T. (1988). Medical and psychiatric needs of the homeless— A preliminary response. *Social Work, 33*,

116-119.
Tafoya, T. (1989). Circles and cedar: Native Americans and family therapy. In G. A. Saba, B. M. Kerrer, & K. Hardy(Eds.), *Minorities and family therapy* (pp. 71-94). New York: Hawthorne Press.
Taft, Jessie (1937). The relation of function to process in social casework. *Journal of Social Work Process, 1*(1), 1-18.
Taube, P. A., & Barrett, S. A. (Eds.) (1983). (DHHS Publication No. ADM 83-1275). Washington, DC: U.S. Government Printing Office.
Taussig, I. M. (1987). Comparative responses of Mexican-Americans and Anglo-Americans to early goal setting in a public mental health clinic. *Journal of Counseling Psychology, 34*, 214-217.
Taylor, B. (1988). Social skills travel training in social work practice. *Social Casework, 69*(4), 248-252.
Taylor, J. W. (1990). The use of nonverbal expression with incestuous clients. *Families in Society, 71*(10), 597-601.
Thomas, E. (1977). *Marital communication and decision making: Analysis, assessment, and change*. New York: Free Press.
Thomas, E. (1978). Research and service in single-case experimentation: Conflicts and choices. *Social Work Research and Abstracts, 14*, 20-31.
Thomas, E. (1989). Advances in developmental researche. *Social Sevice Review, 63*, 578-597.
Thomlison, R. (1984). Something works: Evidence from practice effectiveness studies. *Social Work, 29*, 51-56.
Thompson, T., & Hupp, S. C. (1991). *Saving children at risk: Poverty and disabilities*. Newbury Park, CA: Sage.
Timberlake, E., & Cook, K. (1984). Social work and the Vietnamese refugee. *Social Work, 29*, 108-114.
Tisdelle, D. A., & St. Lawrence, J. S. (1988). Adolescent interpersonal problem-solving skill training: Social validation and generalization. *Behavior Therapy, 19*, 171-182.
Tolman, R. M. & Molidor, C. E. (1994). A decade of social group work research: Trends in methodology, theory and program development. *Research on Social Work Practice, 4*(2), 142-159.
Tomm, K. (1981). Circularity: A preferred orientation for family assessment. In A. Gurman (Ed.), *Questions and answers in the practice of family therapy* (pp. 84-87). New York: Brunner/Mazel.
Toseland, R. (1977). A problem-solving group workshop for older persons. *Social Work, 22*, 325-326.
Toseland, R. (1981). Increasing access: Outreach methods in social work practice. *Social Casework, 62*, 227-234.
Toseland, R. (1987). Treatment discontinuance: Grounds for optimism. *Social Casework, 68*, 195-204.
Toseland, R. W., Ivanoff, A., & Rose, S. R. (1987). Treatment conferences: Task groups in action. Working effectively with administrative groups. *Social Work with Groups 2*, 79-93.
Toseland, R., & Rivas, R. (1984). *An introduction to group work practice*. New York: Macmillan.
Toseland, R. W., & Rivas, R. S. (1995). *An introduction to group work practice* (2nd ed.). Boston: Allyn & Bacon.
Toseland, R., Rossiter, C., Peak, T., & Smith, G. C.(1990). Comparative effectiveness of individual and group interventions to support family caregivers. *Social Work, 35*(3), 209-217.
Tracy, E. M., & Whittaker, J. K. (1990). The Social Network Map: Assessing social support in clinical practice. *Families in Society, 71*(8), 461-470.
Treatment: An introduction to interpersonal helping in social work practice. New York: Aldine de Gruyter.
Tripodi, T., & Epstein, I. (1980). *Research techniques for clinical social workers*. New York: Columbia University Press.
Truax, C., & Carkhuff, R. (1964). For better or for worse: The process of psychotherapeutic personality change. In (pp. 118-163) *Recent advances in the study of behavior change* . Montreal: McGill University Press.
Truax, C., & Carkhuff, R. (1967). *Toward effective counseling and psychotherapy: Training and practice.* Chicago: Aldine-Atherton.
Truax, C., & Mitchell, K. (1971). Research on certain therapist interpersonal skills in relation to process and outcome. In A. Bergin & S. Garfield (Eds.), *Handbook of psychotherapy and behavior change* (pp. 299-344). New York: Wiley.
Tsui, P., & Schultz, G. L. (1985). Failure of rapport: Why psychotherapeutic engagement fails in the treatment of Asian clients. *American Journal of Orthopsychiatry, 55*, 561-569.
Tsui, P., & Schultz, G. L. (1988). Ethnic factors in group process: Cultural dynamics in multi-ethnic therapy groups. *American Journal of Orthopsychiatry, 58*, 136-142.
Turnbull, J. E. (1988). Primary and secondary alcoholic women. *Social Casework, 69*(5), 290-297.
Turnbull, J. E. (1989). Treatment issues for alcoholic women. *Social Casework, 70*(6), 364-369.
Turner, J. (1984). Reuniting children in foster care with their biological parents. *Social Work, 29*(6), 501-506.
Umbreit, M. S. (1993, January). Crime victims and offenders in mediation: An emerging area of social work practice. *Social Work, 38*(1), 69-73.
U.S. Department of Justice. (1986). *Preventing domestic violence against women*. Washington, DC: Bureau of Justice Statistics.
U.S. Federal Bureau of Investigation. (1988). *Uniform crime reports.* Washington, DC: Author.
VandeCreek, L., Knapp, S., & Herzog; C. (1988). Privileged communication for social workers. *Social Casework, 69*, 28-34.
Van Hook, M. P. (1987). Harvest of despair: The ABCX model for farm families in crisis. *Social Casework, 69*, 273-278.
Vattano, A. (1972). Power to the people: Self-help groups. *Social Work, 17*, 7-15.
Vattano, A. (1978). Self-management procedures for coping with stress. *Social Work, 23*, 113-119.
Videka-Sherman, L. (1987). Research on the effect of parental bereavement: Implications for social work intervention. *Social Service Review, 61*, 102-116.
Videka-Sherman, L. (1988, July-August). Meta-analysis of research on social work practice in mental health. *Social Work, 33-34*, 325-337.
Vigilante F. W., & Mailick, M. D. (1988). Needs-resource evaluation in the assessment process. *Social Work, 33*, 101-104.
Vincent, J., Weiss, R., & Birchler, G. (1976). A behavioral analysis of problem solving in distressed and

nondistressed married and stranger dyads. *Behavior Therapy, 6*, 475-487.
Visher, E. B., & Visher, J. S. (1988). *Old loyalties, new ties.* New York: Brunner/Mazel.
Vogel, E., & Bell, N. (I960). The emotionally disturbed child as the family scapegoat. In N. Bell & E. Vogel(Eds.), *A modern introduction to the family*. New York: Free Press.
Vourlekis, B. S., & Greene, R. R. (1992). *Social work case management*. Hawthorne, NY: Aldine de Gruyter.
Voydanoff, P., & Donnelly, B. M. (1990). *Adolescent sexuality and pregnancy*. Newbury Park, CA: Sage.
Wakefield, J. (1995, March). *Invited presentation at the Council for Social Work Education Annual Program Meeting*. San Diego, CA.
Wakefield, J. C. (1996). Does social work need the ecosystems perspective? Part Ⅰ. Is the perspective clinically useful? *Social Service Review, 70*(1), 1-32.
Wakefield, J. C. (1996). Does social work need the ecosystems perspective? Part Ⅱ. Does the perspective save social work from incoherence? *Social Service Review, 70*(2), 183-213.
Wakefield, J. C. (1996). Does social work need the ecological perspective? Reply to Alex Gitterman. *Social Service Review, 70*(3), 476-481.
Walen, S., DiGiuseppe, R., & Wessler, R. (1980). *A practitioner's guide to RET*. New York: Oxford University Press.
Wallace, J. (1989). A biopsychosocial model of alcoholism. *Social Casework, 70*(6), 325-332.
Waltz, T., & Groze, V. (1991). The mission of social work revisited: An agenda for the 1990's. *Social Work, 36*(6), 500-504.
Wartel, S. (1991). Clinical considerations for adults abused as children. *Families in Society, 72*(3), 157-163.
Watson, H., & Levine, M. (1989). Psychotherapy and mandated reporting of child abuse. *American Journal of Orthopsychiatry.*
Watzlawick, P., Weakland, J., & Fisch, R. (1974). *Change: Principles of problem formulation.* New York: Norton.
Weaver, D. (1982). Empowering treatment skills for helping black families. *Social Casework, 63*, 100-105.
Webb, N. B. (1985). A crisis intervention perspective on the termination process. *Clinical Social Work Journal, 13*, 329-340.
Webber, H. S. (1995). The failure of health-care reform: An essay review. *Social Service Review, 69*(2), 309-322.
Weick, A., & Pope, L. (1988). Knowing what's best: A new look at self-determination. *Social Casework, 69*, 10-16.
Weinberg, N. (1983). Social equity and the physically disabled. *Social Work, 28*, 365-369.
Weiner-Davis (1992). *Divorce-busting*. New York: Summit Books.
Weinman, M. L. (1989). Joint case management planning for pregnant teenagers in school. *School Social Work Journal, 14*(1), 1-8.
Weiss, B. S., & Parish, B. (1989). Culturally appropriate crisis counseling: Adapting an American method for use with Indochinese refugees. *Social Work, 34*(3), 252-254.
Weiss, R. (1974). The provisions of social relationships. In L. Rubin (Ed.), *Doing unto others* (pp. 17-26). Englewood Cliffs, NJ: Prentice Hall.
Weiss, R., & Parkes, C. (1983). *Recovery from bereavement.* New York: Basic Books.
Weissman, A. (1976). *Industrial social services: Linkage of problem formulation and problem resolution.* New York: Norton.
Weissman, H. H., Epstein, I., & Savage, A. (1983). *Agency-based social work: Neglected aspects of clinical practice.* Philadelphia: Temple University Press.
Weissman, H. H., Epstein, I., & Savage, A. (1987). Exploring the role repertoire of clinicians. *Social Casework, 68*, 150-155.
Weisz, J. R., Weiss, B., Wasserman, A. A., & Rintoul, B. (1987). Control-related beliefs and depression among clinic-referred children and adolescents. *Journal of Abnormal Psychology, 96*, 58-63.
Wells, C. C., & Masch, M. K. (1986). *Social work ethics day to day.* White Plains, NY: Longman.
Wells, K., & Biegel, D. E. (Eds.)(1991). *Family preservation services: Research and evaluation.* Newbury Park, CA: Sage.
Wells, R. (1975). Training in facilitative skills. *Social Work, 20*, 242-243.
Wells, R. A. (1982). *Planned short-term treatment*. New York: Free Press.
Wells, R. A. (1994). *Planned short-term treatment* (2nd ed.). New York: Free Press.
Wells, R. A., & Gianetti, V. J. (Eds.) (1990). *Handbook of the brief psychotherapies*. New York: Plenum Press.
Wertkin, R. A. (1985). Stress-inoculation training: Principles and application. *Social Casework, 66*, 611-616.
West, L., Mercer, S. O., & Altheimer, E. (1993). Operation Desert Storm: The response of a social work outreach team. *Social Work in Health Care, 19*(2), 81-98.
Whiteman, M., Fanshel, D., & Grundy, J. (1987). Cognitive-behavioral interventions aimed at anger of parents at risk of child abuse. *Social Work, 32*(6), 469-474.
Whitman, B. Y., Graves. B. & Accardo, P. J. (1989). Training in parenting skills for adults with mental retardation. *Social Work, 34*(5). 431-434.
Whitman, B. Y., & Webb, N. B. (1991). *Play therapy with children in crisis*. New York: Guilford Press.
Whitsett, D., & Land, H. (1992). Role strain, coping, and marital satisfaction of stepparents. *Families in Society, 73*(2), 79-92.
Whittaker, J. (1979). *Caring for troubled children*. San Francisco: Jossey-Bass.
Whittaker, J., Garbarino, J., & Associates (1983). *Social support networks: Informal helping in the human services*. Hawthorne, NY: Aldine.
Whittaker, J. K., & Tracy, E. M. (1989). *Social treatment: An introduction to interpersonal helping in social work practice*. New York: Aldine de Gruyter.
Wiehe, V. R. (1990). *Sibling abuse: Hidden physical, emotional and sexual trauma*. Lexington, MA: Lexington Books.
Wile, D. (1978). Is a confrontational tone necessary in conjoint therapy? *Journal of Marriage and Family Counseling, 4*, 11-18.
Williams, O. J. (1994). Group work with African American men who batter: Toward more ethnically sensitive practice. *Journal of Comparative Family Studies, 25*(1), 91-103.
Wilson, J. (1987). Women and poverty: A demographic overview. *Woman and Health, 12*, 21-40.
Wilson, S. K., Cameron, S., Jaffe, P., & Wolfe, D. (1989).

Children exposed to wife abuse: An intervention model. *Social Casework 70*(3), 180-184.

Wilson, V. (1990). The consequences of elderly wives caring for disabled husbands. *Social Work, 35*(5), 417-421.

Wiseman, J. C. (1990). *Mediation therapy: Short-term decision making for couples and families in crisis*. New York: Lexington Books.

Wisniewski, J. J., & Toomey, B. G. (1987). Are social workers homophobic? *Social Work, 32*, 454-455.

Withey, V., Anderson, R., & Lauderdale, M. (1980). Volunteers as mentors for abusing parents: A natural helping relationship. *Child Welfare, 59*, 637-644.

Witkin, L. (1973). Student volunteers in a guidance clinic. *Social Work, 18*, 53-57.

Witkin, S. (1991). Empirical clinical practice: A critical analysis. *Social Work, 36*(2), 158-163.

Wolberg, L. (1965). The technique of short-term psychotherapy. In L. Wolberg (Ed.), *Short-term psychotherapy* (pp. 127-200). New York: Grune & Stratton.

Wolff, J. M. (1990). Bite marks: Recognizing child abuse and identifying abusers. *Families in Society, 71*(8), 493-499.

Wong, W. (1983). *Present-day American Samoan family life: A training resource*. University of Hawaii School of Social Work.

Wood, K. (1978). Casework effectiveness: A new look at the research evidence. *Social Work, 23*, 437-458.

Wood, K., & Geismar, L. L. (1989). *Families at risk: Treating the multiproblem family*. New York: Human Services Press.

Wood, W. N. L. (1987). Homosexuality in the family: Lesbian and gay issues. *Social Work, 32*, 143-148.

Wright, R., Saleeby, D., Watts, T., & Lecca, P. (1983). *Transcultural perspectives in the human services: Organizational issues and trends*. Springfield, IL: Charles C Thomas.

Wyatt, G. E., & Powell, G. J. (1988). *Lasting effects of child abuse*. Newbury Park, CA: Sage.

Wyers, N. L. (1987). Homosexuality in the family: Lesbian and gay issues. *Social Work, 32*, 143-148.

Yalom, I. (1980). *Existential psychotherapy*. New York: Basic Books.

Yalom, I. (1985). *The theory and practice of group psychotherapy* (2nd ed.). New York: Basic Books.

Yalom, I., & Lieberman, M. (1971). A study of encounter group casualties. *Archives of General Psychiatry, 25*, 16-30.

Yankelovich, D. (1981). New rules in American life: Searching for self-fulfillment in a world turned upside down. *Psychology Today, 15*, 35-91.

Young, B. (1980). The Hawaiians. In J. McDermott, W. Tseng, & T. Maretzki (Eds.), *People and cultures of Hawaii* (pp. 5-24). Honolulu: University of Hawaii Press.

Yuker, H. E. (Ed.) (1988). *Attitudes toward persons with disabilities*. New York: Springer.

Zastrow, C. (1987). *Social work with groups*. Chicago: Nelson-Hall.

Zastrow, C., & Kirst-Ashman, K. (1990). *Understanding human behavior and the social environment* (2nd ed.). Chicago: Nelson-Hall.

Zborowski, M., & Herzog, E. (1952). *Life is with people: The culture of the shtetl*. New York: Schocken.

Zeiss, A., Lewinsohn, P., & Munoz, R. (1979). Nonspecific improvements effects in depression using interpersonal skills training, pleasant activities schedules, or cognitive training. *Journal of Consulting and Clinical Psychology, 47*, 427-439.

Zingale, D. P. (1985). The importance of empathic responding in the psychotherapeutic interview. *International Social Work, 28*, 35-39.

Zipple, M., & Spanioli L. (1987). Current educational and supportive models of family intervention. In A. B. Hatfield & H. R Lefley (Eds.), *Families of the mentally ill*. New York: Guilford Press.

Zung, W. (1965). A self-rating depression scale. *Archives of General Psychiatry, 12*, 63-70.

Zwick, R., & Atkinson, C. C. (1985). Effectiveness of a client pretherapy orientation videotape. *Journal of Counseling Psychology 32*, 514-524.

찾아보기

용어편

ㄱ

ㄴ

ㄷ

ㄹ

ㅁ

ㅂ

ㅅ

ㅇ

ㅈ

ㅊ

ㅋ

ㅌ

ㅍ

ㅎ

기타

인명편

ㅁ

ㅂ

ㅅ

ㅇ

ㅈ

ㅊ

ㅋ

ㅌ

ㅍ

ㅎ

사회복지실천이론과 기술

초판 1쇄 인쇄 2004년 3월 29일
초판 2쇄 발행 2007년 2월 28일

지은이 / Hepworth, Rooney, & Larsen
옮긴이 / 허남순 한인영 김기환 김용석
펴낸곳 / 사회복지 전문출판 나눔의집
펴낸이 / 박정희
주 소 / 서울시 구로구 구로3동 182-13 대륭포스트타워 II 1205호
전 화 / 02-2082-0260~2
팩 스 / 02-2082-0263
www.ncbook.co.kr

값 22,000원
ISBN 89-5810-011-7